스펄전 설교전집 33

야고보서 · 베드로전후서

The Treasury of the Bible

신지철 옮김

스펄전 설교전집
야고보서·베드로전후서

The Treasury of the Bible

신지철 옮김

CH북스
크리스천
다이제스트

차례

■ 　 야 　 고 　 보 　 서

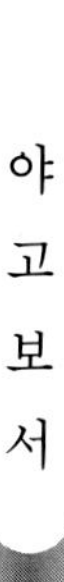

야고보서

야고보서

제

1

장

—

온갖 시련들 가운데서도
온전히 기뻐하라!

—

"내 형제들아 너희가 여러 가지 시험을 당하거든 온전히 기쁘게 여기라 이는 너희 믿음의 시련이 인내를 만들어 내는 줄 너희가 앎이라 인내를 온전히 이루라 이는 너희로 온전하고 구비하여 조금도 부족함이 없게 하려 함이라" — 약 1:2-4

2절에서, 야고보는 이스라엘의 열두 지파에 속했던 사람들 중에서 기독교로 개종한 이들을 "내 형제들아"라고 부릅니다. 이처럼 기독교는 서로 하나가 되게 하는 위대한 능력을 지니고 있습니다. 기독교는 세상 사람들 중에서 하나님의 자녀들을 찾아냅니다. 그리고 이들을 서로 하나님의 자녀 관계로 맺어 줍니다. 기독교는 우리에게 그리스도인으로서의 본질적인 결합에 대해서 일깨워 줍니다. 하나님의 은혜의 끈, 곧 성령으로 우리를 하나로 묶어 줍니다. 곧, 누구든지 하나님의 영으로 거듭난 사람은 동일한 성령으로 거듭난 다른 모든 사람들의 형제가 됩니다. 그리스도의 동일한 피로 구속받았기 때문에, 우리는 모두 형제로 불립니다. 우리는 동일한 영생을 소유하고 있습니다. 우리는 동일한 하늘 양식을 먹고 살아갑니다. 동일한 머리이신, 살아 계신 그리스도와 우리는 연합되어 있습니다. 우리는 동일한 목적을 추구합니다. 우리는 동일한 하나님 아버지를 사랑합니다. 우리는 동일한 약속들을 상속받는 사람들입니다. 그리고 우리는 동일한 하늘나라에서 영원히 함께 살 것입니다. 따라서 우리는 이 땅에 사는 동안 항상 형제를 사랑해야 합니다. 순결한 마음으로, 우리는 서로 뜨겁게 사랑해야 합니다. 말뿐인 사랑이 아니라, 진실한 행위가 뒤따르는 사랑을 분명하게 보여 주어야 합니다. 세상 사람들의 형제애가 겉치레이거나 거짓된 것일지라도, 별들이 빛나는 하늘 아래에서 신자들의 형제애는 가장 참된 것이어야 합니다.

"형제들"이라는 단어로 편지를 시작하면서, 야고보는 여러 가지 시련들 가운데 있는 신자들에게 형제로서의 진정한 동정심을 나타내고 있습니다. 동정심은 그리스도인의 친교에서 중요한 요소입니다. 바울도 이렇게 말했습니다. "너희가 짐을 서로 지라. 그리하여 그리스도의 법을 성취하라"(갈 6:2). 현재 우리들이 시험을 당하고 있지 않다고 하더라도, 바로 지금 이 순간 시험을 당하고 있는 사람들이 있습니다. 기도할 때마다, 우리는 그들을 기억하며, 그들을 위해서 기도해야 합니다. 왜냐하면 언젠가 우리도 시험당할 때가 올 것이며, 또한 시련의 도가니 속에 놓이게 될 수 있기 때문입니다. 우리가 필요할 때 다른 사람들의 동정심과 도움을 받고 싶은 것처럼, 지금 시련을 겪고 있는 사람들에게 우리의 동정심과 도움을 아낌없이 줍시다. 우리가 그들과 함께 연합되어 있음을 상기하며, 시험에 얽매여 있는 사람들을 기억합시다. 그리고 현재 고통을 당하고 있는 사람들은 육신으로 함께 고통을 겪고 있는 바로 우리들 자신이라고 기억합시다.

형제들이 겪는 여러 가지 시련을 의식하면서, 야고보는 그들에게 용기를 불어넣으려고 합니다. 그래서 그는 말합니다. "내 형제들아, 너희가 여러 가지 시험을 당하거든 온전히 기쁘게 여기라"(1:2). 우리는 확신과 담대함을 가져야 합니다. 그것은 우리가 받은 고귀한 소명에서 중요한 한 가지 요소입니다. 또한 우리의 형제들 가운데 아무도 낙심하거나 절망하지 않게 하는 것이 우리의 의무입니다. 성숙한 신앙인은 다른 사람들을 고무시키고, 용기를 북돋아 줍니다. 그런데 진정으로 회개할 때, 우리는 건전한 슬픔을 느끼기도 합니다. 그렇지만 하나님의 은혜는 슬픔을 낳지 않습니다. 은혜는 용서의 기쁨으로 인도합니다. 은혜는 사람들을 비참하게 만들지 않습니다. 은혜는 사람들의 눈에서 모든 눈물을 닦아줍니다. 우리가 꾸어야 할 꿈은 지옥에 이르는 을씨년스러운 계단으로 끌어 내리려는 마귀에 대한 것이 아닙니다. 우리는 꿈속에서 천사들이 오르락내리락 하는 사다리를 보아야 합니다. 그 사다리의 꼭대기는 눈부시게 빛나는 하나님의 보좌로 인도해 줍니다. 이와 같이 복음의 메시지는 기쁨과 즐거움에 관한 것입니다. 만약 세상 사람들이 모두 복음을 깨닫고 받아들인다면, 이 세상은 더 이상 황량한 곳으로 머물러 있지 않을 것입니다. 그곳에는 기쁨이 넘칠 것입니다. 활짝 핀 장미처럼 이 땅은 번영할 것입니다. 모든 이들의 마음속에 하나님의 은혜가 넘치게 하십시오. 그러면 이 땅은 영원한 찬양으로 가득 찬 성전이 될 것입니다. 나아가 삶의 온갖 시련들도 가장 커다란 기쁨의 이유들이 될 것입니다. 그래서 야고보는 "모든 기쁨"(KJV) ― "온전히 기쁘게"(개역개정) ― 이라고 의미심장하게 표현하고 있습니다.

　　여러 가지 시험을 당할 때, 마치 시험을 당하고 있는 이들에게 온갖 기쁨이 몰려드는 것처럼, 야고보는 아름답게 묘사하고 있습니다. 이러한 은혜를 베푸시는 하나님을 찬양합시다. 그래서 모든 형제들을 비난하는 것이 아니라, 이들의 용기를 북돋워 주는 것이 우리가 해야 할 일입니다. 곧, 우리들은 빛 가운데 행해야 합니다. 빛은 빛을 비추어서, 모든 것을 영화롭게 합니다. 또한 빛은 해(害)를 받은 것도 유익한 것으로 변화시켜 줍니다. 따라서 우리는 고난을 겪고 있는 이들에게 매우 진지하게 말할 수 있습니다. 하나님이 전능하신 손으로 연단하시는 과정에서 잘 인내하시기 바랍니다. 그 뿐만 아니라, 여러 가지 시험을 당할 때, 온전히 기쁘게 여기십시오. 왜냐하면 이러한 시험들이 영원히 지속되는 증표(證票)와 좋은 것을 가져올 것이기 때문입니다. 고난을 당하고 있는 이들은 머지않아 기쁨으로 곡식 단을 거둘 것이 확실하므로, 지금 눈물을 흘리며 씨를 뿌리는 것에 만족할 수 있을 것입니다.

　　서론적인 언급을 이 정도에서 마무리하고자 합니다. 이제 곧바로 본문의 내용에 관해서 살펴보고자 합니다. 이 본문의 주제는 고난에 관한 것입니다. 고난에 대해서 말하면서, 야고보는 본문에서 네 가지를 언급합니다. 우리는 그것들을 주목해 볼 필요가 있습니다. 첫째, 유혹에 의해서 공격을 받는 핵심적인 부분은 바로 여러분의 믿음이라는 것을 야고보는 지적합니다. 모든 화살들은 여러분의 믿음을 겨냥하고 있습니다. 여러분의 믿음을 연단하기 위해서 풀무불이 타오르고 있습니다. 둘째, 고난을 통해서 얻어지는 무한한 가치를 지닌 축복을 우리는 분명히 알아야 합니다. 곧, 믿음의 연단을 통해서, 여러분의 믿음이 올바른 믿음인지 아닌지 밝혀지게 됩니다. 셋째, 시련의 과정을 통해서 빚어지는 인내라는 매우 소중한 미덕을 간과하지 말아야 할 것입니다. 인내가 영혼을 부요하게 해준다는 것은 너무나도 분명합니다. 마지막으로, 그러한 인내와 관련하여, 시련과 인내를 통해서 이르게 되는 영적인 온전함에 대해서 우리들은 살펴볼 것입니다. "이는 너희로 온전하고 구비하여 조금도 부족함이 없게 하려 함이라"(1:4).

1. 첫째, 시험이나 시련에 의해서 공격받는 핵심적인 부분에 대해서 생각해 봅시다.

바로 여러분의 믿음이 시험을 당하는 것입니다. 여러분은 그러한 믿음을 가졌다고 추측됩니다. 그러나 만약 여러분이 진정한 신자가 아니라면, 여러분은 하나님의 백성이 아닙니다. 참된 형제도 아닙니다. 사탄과 그의 영향력 아래에 있는 이 세상은 특별히 여러분의 믿음을 매우 미워합니다. 만약 여러분이 믿음을 지니고 있지 않다면, 사탄과 세상은 여러분의 대적자들이 되지 않을 것입니다. 믿음은 하나님이 선택하신 백성의 표지입니다. 따라서 하나님의 원수들은 모든 신실한 신자들과 원수 관계에 놓여 있습니다. 특별히 이 원수들은 신자들에게 독을 내어뿜습니다. 하나님은 친히 뱀과 여인 사이에 적의가 있게 하셨습니다. 또한 뱀의 후손과 여인의 후손 사이에 적의가 있게 하셨습니다. 그래서 적대감이 구체적으로 드러나기 마련입니다. 뱀은 여인의 후손, 곧 참된 씨의 발뒤꿈치를 뭅니다. 그러므로 조롱, 핍박, 유혹과 시련 등이 믿음의 길을 포위하며 공격합니다. 믿음의 손은 모든 악과 맞서 싸웁니다. 반면에 모든 악은 믿음을 대항합니다. 믿음은 하나님이 주시는 복된 은혜의 선물입니다. 믿음은 하나님을 매우 기쁘시게 합니다. 그러나 믿음은 마귀를 매우 불쾌하게 만듭니다. 우리의 믿음으로, 하나님은 크게 영광을 받으십니다. 반면에 우리의 믿음 때문에, 사탄은 몹시 난처하게 됩니다. 사탄은 믿음에 격노합니다. 왜냐하면 믿음에 의해서, 사탄은 자신이 패배하고, 하나님의 은혜가 승리한다는 것을 알기 때문입니다.

믿음의 시련은 결국 하나님께 영광을 가져옵니다. 그래서 분명히 하나님은 믿음의 시련을 통해서 우리가 주님의 은혜를 찬양하도록 이끄실 것입니다. 왜냐하면 믿음은 하나님의 은혜로 지속되고 성장하기 때문입니다. 우리의 최고의 목적은 하나님을 영화롭게 하는 것입니다. 만약 시험을 통해서 우리의 존재 목적에 좀 더 온전하게 반응할 수 있게 된다면, 우리가 시험을 당하는 것도 좋을 것입니다. 그래서 이 설교의 앞부분에서, 여러 가지 시험을 당할 때, 그것을 온전히 기쁘게 여기라는 권면을 우리는 이미 살펴보았습니다.

　　믿음으로, 우리는 구원받았고, 의롭다고 인정받았습니다. 또한 언제나 하나님께 가까이 나아갈 수 있게 되었습니다. 따라서 믿음이 공격을 받는 것은 전혀 놀라운 일이 아닙니다. 그리스도를 믿음으로, 우리를 지배하던 죄의 권세로부터 우리는 해방되었습니다. 그리고 하나님의 자녀가 되는 권세를 받았습니다. 마치 심장이 사람의 몸에 없어서는 안 되는 것처럼, 믿음은 구원을 받는데 꼭 필요한 것입니다. 그래서 대적자의 날카로운 창들은 주로 우리에게 필수적인 은혜, 곧 믿음을 겨냥하고 있습니다. 믿음은 대열의 맨 앞에 서 있는 기수(騎手)와도 같습니다. 대적자는 기수와도 같은 믿음을 공격 목표로 삼습니다. 기수를 쳐서 넘어뜨려서 싸움에서 이기려는 것입니다. 만약 주춧돌과도 같은 믿음이 제거된다면, 하나님으로부터 의롭다고 인정받았던 사람은 이제 무엇을 할 수 있겠습니까? 만약 닻줄이 끊어져 버린다면, 배가 어디로 표류할지 알 수 있을까요? 그래서 공의와 진리를 대적하는 어둠의 모든 권세들은 언제나 우리의 믿음에 대항해서 싸웁니다. 하나님에 대한 우리의 확신을 흔들어서 없애려고, 온갖 시험이 떼를 지어 몰려올 것입니다.

　　우리는 오직 믿음으로 살아갑니다. 그리스도를 믿음으로, 우리는 새로운 삶을 시작했습니다. 믿음으로, 우리는 계속해서 살아갑니다. "오직 의인은 믿음으로 말미암아 살리라"(합 2:4; 롬 1:17). 만약 믿음을 잃어버리면, 영생도 없습니다. 그래서 우리들을 대적하는 권세들은 모든 곳의 중심을 이루는 이 장려한 성(城), 곧 우리의 믿음을 주로 공격합니다. 믿음은 여러분의 보석, 기쁨, 그리고 영광입니다. 순례자의 길에 불쑥 나타나는 강도들은 그들의 힘을 모아서 여러분의 믿음을 빼앗으려고 합니다. 그러므로 여러분의 가장 소중한 보물, 믿음을 꼭 붙드시기를 바랍니다.

　　또한 믿음으로 그리스도인들은 놀라운 일들을 행합니다. 앞서 간 사람들이 용기가 넘치는 영웅적인 위업을 세웠다면, 그것도 믿음을 통해서입니다. 믿음은 싸움의 원리인 동시에 정복의 원리입니다. 그러므로 이스라엘 백성이 이집트에서 우거(寓居)할 때, 바로가 남자 아이들이 태어나면 죽이라고 명령했던 것처럼, 하나님의 자녀의 믿음을 없애버리려는 것이 사탄의 정책입니다. 그리스도인에게서 믿음을 빼앗는 것은 삼손에게서 머리털 일곱 가닥을 잘라내는 것과 같다고 말할 수 있습니다. 긴 머리털이 잘려나가자, 삼손에게 블레셋 사람들이 들이닥쳤습니다. 하나님은 나실인의 규정을 어긴 삼손을 이미 떠나가셨습니다. 이와 같이 세상 풍조의 무지막지한 힘이 여러분의 믿음을 공격한다고 하더라도, 여러분은 놀라지 마십시오. 왜냐하면 믿음은 여러분의 영적인 집의 주춧돌이기 때문입니다. 이 땅에서 겪게 되는 온갖 시험들과 시련들에도 불구하고, 여러분의 믿음이 견고하여 흔들리지 않기를 바랍니다. 그래서 죽음의 순간과 마지막 심판의 날에, 여러분의 믿음이 참되다고 인정받으십시오. 이 땅에서 믿음을 저버린 사람에게는 화(禍)가 있을 것입니다. 요단 강의 물이 넘쳐흐르면, 그는 거센 물결에 휩쓸려 내려가고 말 것입니다.

이제 믿음이 어떻게 시련을 당하는가에 대해서 생각해봅시다. 본문 2절에 의하면, 우리는 "여러 가지 시험(들)", "다양한 종류의 시험들"을 당한다고 말합니다. 다시 말해서, 우리는 대단히 많고 다양한 시험들을 겪게 된다는 뜻입니다. 어쨌든 이 시험들은 실제적이며 구체적입니다. 야고보의 편지가 전달되었던 이스라엘의 흩어져 있는 열두 지파는 특별히 많은 시련을 겪은 사람들이었습니다. 먼저, 유대인으로서, 이들은 다른 모든 나라 사람들로부터 극심한 박해를 받았습니다. 그 다음, 그리스도인이 되자, 이들은 동족으로부터의 잔혹한 핍박을 견뎌야 했습니다. 이방인으로서 그리스도인이 된 사람은 유대인 그리스도인보다는 어느 정도 작은 위험에 노출되어 있었습니다. 왜냐하면 유대인 그리스도인은 이방종교와 유대교라는 위아래의 맷돌 사이에서 짓이겨졌기 때문입니다. 친구들과 친척들로부터 자주 심한 박해를 받았습니다. 그래서 유대인 그리스도인은 이들을 피해서 달아나야 했습니다. 유대인이 아닌 다른 모든 사람들이 유대인을 매우 싫어했는데, 그는 어디로 가서 몸을 숨길 수 있었겠습니까? 우리는 그와 같이 위험한 처지에 놓여 있지 않습니다.

그러나 초대교회 시절부터 오늘날에 이르기까지 하나님의 백성은 시련이 거짓말이 아니라는 것을 깨달을 수 있습니다. 하나님의 집에 있는 지팡이는 가지고 놀 수 있는 장난감이 아닙니다. 풀무불이 타오르고 있는 곳은 여러분의 차가운 몸을 금방 따뜻하게 하여, 기분 좋게 해주는 아늑한 장소가 아닙니다. 느부갓네살 왕이 지피게 했던 풀무불처럼, 때때로 시련이라는 풀무불은 우리 스스로 감당할 수 있는 것보다 일곱 배나 더 뜨겁습니다. 그래서 시련의 불길은 타올라서 완전히 태워 없애버리기도 한다는 것을 하나님의 자녀들은 경험으로 알고 있습니다. 우리가 받는 시험은 신경과민이 빚어낸 것이 아닙니다. 사람들이 지닌 어렴풋한 두려움이 만들어 낸 도깨비도 아닙니다. 여러분은 욥의 인내에 대해서 들었습니다. 욥은 참으로 많은 고난들을 극심하게 받았습니다. 그리고 욥이 모든 시련 가운데 인내한 것도 사실입니다. 만약 우리 가운데 시련을 겪은 어떤 사람이 자신의 경험에 대해서 구체적으로 말해준다면, 우리는 그것을 듣는 모든 사람들에게 다음 사실을 납득시킬 수 있을 것입니다. 곧, 우리가 겪었던 고난들과 시험들은 소설과 같이 꾸며낸 이야기가 아닙니다. 삶 속에서, 우리는 그것들을 정말로, 구체적으로, 쓰라리게 겪었습니다.

그리고 그리스도인들이 당하는 시험들 자체는 원래 그들이 죄를 짓기 쉽게 만드는 특색을 지니고 있다는 사실을 주목해야 합니다. 왜냐하면 2절에 사용된 "페이라스모스"라는 헬라어 명사가 시험에 빠지게 하는 성향을 지닌 단어라고 이해하지 않았다면, 번역자들은 그것을 "시험"이라고 번역하지 않았을 것이기 때문입니다. 그래서 "페이라스모스"라는 헬라어 단어는 본문에서(KJV) "시험"(temptation)으로 번역되었습니다. 그 낱말은 단순히 시련(trial)이라는 뜻만을 지닌 것이 아닙니다. 고통은 대체로 사람을 거룩하게 만드는 것이 아니라, 죄를 짓도록 유도합니다. 고난을 겪으면, 사람은 믿음을 잃어버리기가 매우 쉽습니다. 그것은 곧 죄를 짓는 것입니다. 고난의 소용돌이 속에 있으면, 사람은 하나님께 불평하기가 쉽습니다. 그것은 바로 죄악의 행위입니다. 그는 어려운 처지에서 빠져나오려고, 잘못된 방법을 사용하기가 쉽습니다. 그러면 죄를 짓게 될 것입니다. 그래서 주님은 우리에게 이렇게 기도하라고 가르쳐 주셨습니다. "우리를 시험에 들게 하지 마옵시며"(마 6:13). 이처럼 시련(trial)은 그 자체에 시험(temptation)으로 이끄는 요인을 어느 정도 지니고 있습니다. 만약 하나님의 풍성하신 은혜로 시험에 빠지게 하는 요인이 제거되지 않는다면, 그것은 우리를 죄악으로 인도할 것입니다.

모든 시련은 반드시 시험으로 유혹하는 요인을 어느 정도 지니고 있다고 나는 생각합니다. 그러나 하나님은 악에게 시험받으실 수 없으십니다. 또한 하나님은 스스로 아무도 시험하지 않으십니다(참고. 약 1:13). 그러나 우리는 이 사실을 하나님의 목적과 의도와 관련시켜서 이해해야만 합니다. 하나님은 아무도 악을 행하도록 유혹하시지 않습니다. 그렇지만 죄악이 다가와서, 사람들을 덫에 걸리게 하려고 온갖 시도를 하는 곳에, 하나님은 그들을 놓아 두시기도 합니다. 그것은 그들이 얼마나 진실하고 신실한지 하나님이 시험해 보시려는 것입니다. 그것을 통해서, 하나님은 하나님의 종들이 자신들과 다른 사람들에게 얼마나 올바른 사람들인지 입증하려는 의도를 갖고 계십니다. 하나님은 우리를 유혹 많은 이 세상에서 데려가시지 않습니다. 우리의 유익을 위해서, 하나님은 우리를 이곳에 계속해서 남아 있게 하십니다. 우리는 타락한 본성을 물려받았습니다. 향락적인 성향을 통해서, 또한 시련들을 통해서, 타락한 본성은 우리에게 죄를 짓는 계기들을 제공합니다.

그러나 우리는 하나님의 은혜로 본성이 지닌 악한 성향을 극복할 수 있습니다. 그리하여 심지어 환난으로부터도 유익한 것을 이끌어 냅니다. 여러분은 때때로 악한 것에 대한 강한 충동을 느끼지 않았습니까? 특별히 악한 영이 날뛰고 있는 어두컴컴한 시간에 더욱 그러한 충동을 느끼지 않았습니까? 어둠 속을 너무 걸어서 피곤하고, 발을 헛디뎌서 거의 넘어질 뻔했던 경험을 한, 무시무시한 시련의 시기에, 여러분은 자신에 대해서 매우 염려할 수밖에 없지는 않았었습니까? 여러분이 지닌 덕목 가운데 시험의 비바람에 시달리지 않았던 것이 있습니까? 여러분의 사랑이 때때로 심한 시련을 받아서 미움으로 변질될 위험이 있었던 적은 없었습니까? 하늘 아래 이곳에서, 줄곧 은(銀) 구두를 신고 다녔던 것처럼 기분 좋게, 어떤 좋은 일이 처음부터 끝까지 문제 없이 잘 진행되었던가요? 이 열악한 풍토에서, 서리나 마름병에 시달리지 않고 활짝 폈던 하나님의 은혜의 꽃이 있습니까? 우리는 강을 거슬러 올라가야 합니다. 그리고 물살을 거슬러서 나아가야 합니다. 우리를 금방이라도 파멸시키려는 홍수에 맞서서 싸워야 합니다. 이처럼 시련들뿐만 아니라, 악의가 스며 있는 시험들도 그리스도인의 믿음을 공격합니다.

그렇다면 시련들이나 시험들은 구체적으로 어떤 모습으로 나타날까요? 그것에 대해서 우리는 다음과 같이 말할 수 있을 것입니다. 각 사람이 겪는 시련이나 시험은 다른 사람이 겪는 것과는 서로 다르다는 사실입니다. 하나님은 아브라함을 이렇게 시험하셨습니다. 하나님은 사라를 통하여 낳은 외아들을 그분이 지시하시는 산에서 번제로 드리라고 아브라함에게 명령하셨습니다(창 22:2). 우리 가운데 아무도 그와 같은 시험을 겪은 사람은 없습니다. 앞으로도 그런 시험을 당하지 않을 것입니다. 우리는 자녀를 잃어버리는 시련을 당할 수도 있습니다. 그러나 우리를 시험하시려고 자녀를 희생 제물로 바치라는 명령을 하나님은 결코 우리에게 하지 않으실 것입니다. 그것은 특별히 아브라함에게만 주어진 시험이었습니다. 아브라함에게 그것은 필요하고 유익했기 때문입니다. 그렇지만 분명히 우리에게는 그러한 시험이 주어지지 않습니다.

　　복음서에는 예수님이 어떤 부자 청년을 시험하셨던 이야기가 소개됩니다. "예수께서 이르시되 네가 온전하고자 할진대 가서 네 소유를 팔아 가난한 자들에게 주라 그리하면 하늘에서 보화가 네게 있으리라"(마 19:21). 이 말씀을 읽고, 어떤 이들은 이렇게 생각했습니다. '그렇다면 자신의 소유물을 전부 나누어 주는 것이 모든 사람의 의무임에 틀림없다.' 그러나 이 주장은 근거 없는 것입니다. 누구든지 자신의 외아들을 희생 제물로 바쳐야 하는 것은 아닙니다. 또한 자신의 모든 재산을 나누어 주어야 하는 것이 모든 사람의 의무는 아닌 것입니다. 이 두 가지는 특정한 사람들에게 주어진 시험들이었습니다. 이처럼 어떤 사람들에게는 이들에게만 해당되는 특별하고 가혹한 시험들이 주어졌습니다. 우리는 스스로 시험해서는 안 됩니다. 다른 사람들이 어떤 시련이나 시험을 받도록 바라서도 안 됩니다. 다만 하나님이 우리에게 명령하신 시험들을 우리가 잘 감당하기만 하면 되는 것입니다. 왜냐하면 하나님은 우리를 위해서 그것들을 지혜롭게 선택하셨기 때문입니다. 나에게는 어떤 것이 매우 가혹한 시험이지만, 그것이 여러분에게는 전혀 시험거리가 되지 않을 수도 있습니다. 반면에 여러분이 겪는 어떤 호된 시련을 내가 당한다면, 그것이 나에게 아무런 어려움을 제공하지 않을 수도 있습니다.

　　우리가 때로 서로 심하게 비난하는 이유 가운데 한 가지가 바로 이 점 때문입니다. 왜냐하면 우리가 어떤 특별한 점에서 강하다고 느끼면, 시험에서 넘어진 사람도 그 점에서 반드시 강해야만 한다고 우리는 주장하기 때문입니다. 따라서 그 사람이 의도적으로 진지하게 결심해서, 그러한 잘못된 행위를 했다고 우리는 강변(强辯)합니다. 그러나 이것은 지나친 추측입니다. 어떤 시험이 우리에게 별 것이 아니기 때문에, 그것이 다른 사람에게도 틀림없이 별 것이 아니라고, 우리는 성급하게 결론을 내립니다. 그러나 그것은 매우 그릇된 판단입니다. 어떤 시험이 여러분이나 나에게는 아무런 시험거리가 되지 않을 것입니다. 그렇지만 독특한 성격을 지니고 특별한 상황에 놓여 있는 어떤 사람에게 그것은 대적자의 강하고 무시무시한 공격일 수 있습니다. 그래서 아무런 악한 의도가 없었지만, 그는 애처롭게도 대적자 앞에서 쓰러지고 마는 것입니다. 2절에서, 야고보는 "여러 가지 시험"이라고 말합니다. 그는 왜 이렇게 표현하는지 잘 이해하고 있었습니다.

　　사랑하는 여러분, 때때로 이러한 여러 가지 시험들은 그것들이 놓여 있는 주변 상황으로부터 큰 힘을 얻습니다. 그리고 피할 길을 막아 버립니다. 그래서 야고보는 "너희가 여러 가지 시험을 당하거든"이라고 말합니다. 시험을 당하면, 우리는 함정에 빠져서 나오는 길을 알지 못하는 사람들과 같습니다. 복병을 만난 군인들처럼, 또는 두세 명의 노상강도들을 만나서, 악한 사람들의 수중(手中)에 떨어졌다고 느꼈던 여행자들처럼, 우리는 위험한 상황에서 빠져나오는 길을 잘 모릅니다. 이처럼 시험을 당하는 사람들은 어떤 길로 돌아가야 할지 잘 알지 못합니다. 그들은 포위된 것처럼 보입니다. 그들은 사냥꾼의 올무에 걸린 새와 같이 여겨집니다. 바로 이것이 여러 가지 시험이 가져오는 큰 불행입니다. 시험은 우리의 길을 막습니다. 이럴 때, 믿음이 길을 잘 안내하지 않으면, 우리는 가시밭으로 된 미로에서 헤맬 수밖에 없습니다.

　　시험은 우리를 때로는 갑자기 찾아옵니다. 그래서 우리는 시험에 빠지게 됩니다. 안심하고 있을 때, 삶이 평안할 때, 덤불 속에서 뛰쳐나오는 사자처럼, 갑자기 재난이 우리에게 다가옵니다. 욥의 자녀들이 맏아들의 집에서 음식을 먹고 있었을 때, 갑자기 광야에서 강풍이 불어왔습니다. 그 결과, 욥은 모든 자녀들을 잃고 말았습니다. 욥이 소유한 소들은 밭을 갈고 있었고, 양들은 그 근처에서 풀을 먹고 있었습니다. 그런데 갑자기 스바의 강도들이 나타나서 그것들을 모두 끌고 갔습니다. 낙타들이 짐을 싣고 가고 있었는데, 갑자기 하늘에서 하나님의 불이 떨어져서 그것들을 살라 버렸습니다. 순식간에 욥은 이 모든 소유물을 잃게 되었습니다. 소식을 전하는 어떤 사람이 욥에게 말을 마치기도 전에 다른 사람이 도착해서 다른 불길한 소식을 전했습니다. 욥에게는 숨쉴 겨를도 없었습니다. 연거푸 내리치는 날벼락과 같은 소식들이었습니다. 이처럼 예상하지 못했는데 여러 가지 시험이 다가오면, 우리가 받는 믿음의 시련은 매우 가혹합니다. 이러한 점들에 비추어 볼 때, 야고보가 다음과 같이 말했다는 것은 이상하지 않습니까? "너희가 여러 가지 시험을 당하거든 온전히 기쁘게 여기라."

　　야고보가 이 편지를 보냈던 당시는 소동과 투옥과 십자가 처형이 자주 일어났습니다. 그야말로 칼과 불의 시대였습니다. 그 당시 그리스도인들은 수천 명씩 원형극장에서 잔혹하게 죽임을 당했습니다. 사람들은 "그리스도인들을 사자에게로!"라는 구호를 자주 들을 수 있었습니다. 가장 담대했던 신자들도 때때로 "우리의 믿음이 과연 참된 것인가?"라고 스스로 묻지 않을 수 없었습니다. 그것은 여러분을 놀라게 하지 않습니까? 그 당시 그리스도인들은 다음과 같이 묻기도 했습니다. 모든 사람들이 혐오하는 이 믿음은 과연 거룩한 것입니까? 이 믿음이 하나님으로부터 온 것입니까? 그렇다면, 왜 하나님은 직접 개입하셔서 하나님의 백성을 구해 주시지 않습니까? 우리는 믿음을 저버려야 합니까? 우리는 그리스도를 부인해서라도 살아 남아야 합니까? 아니면, 숱한 고문들을 당하면서, 피투성이가 되어 순교에 이르기까지, 우리의 신앙을 계속해서 담대하게 고백해야 합니까? 그리스도에게 끝까지 신실하면, 결국 보답을 받습니까? 영광의 면류관이 참으로 있습니까? 영원한 지복(至福)의 삶이 있습니까? 과연 죽은 자들이 마지막 날에 부활합니까?

　　이러한 의문들이 그 당시 박해와 순교에 직면했던 사람들의 마음속에 떠올랐습니다. 그러나 그들은 이러한 의문점들을 명백하게 극복했습니다. 순교자들의 믿음은 간접적으로 얻은 것이 아니었습니다. 부모로부터 물려받은 것이 아니었습니다. 그들은 매우 진지하게 믿었습니다. 그들은 죽음을 두려워해서 뒤로 피하거나, 옆으로 비켜서지 않았습니다. 수많은 군중 앞에서, 그들은 그리스도에 대한 자신들의 믿음을 담대하게 고백했습니다. 그러자 마침내 이교도들은 큰 소리로 외쳤습니다. "저들의 믿음에는 무엇인가 불가사의한 것이 있어! 저들의 믿음은 하나님으로부터 온 종교임이 틀림없어. 그렇지 않다면, 어떻게 저들이 저런 혹독한 고통을 온전히 기쁘게 받아들일 수 있겠는가?" 바로 이것이 하나님이 선택하신 백성의 믿음이었습니다. 그것은 성령의 역사로 말미암은 것이었습니다.

　　여러 가지 시험을 통한 핵심적인 공격 목표는 우리의 믿음이라는 것을 이제 여러분은 깨닫게 되었습니다. 대적자의 모든 불화살을 방패로 막아서 무력하게 할 수 있는 사람은 복이 있습니다.

2. 본문의 내용을 좀 더 분명하게 이해하기 위해서,
지금부터 믿음의 시련을 통해서 얻어지는
값을 헤아릴 수 없는 축복에 대해서 살펴보겠습니다.

　　우리가 받는 축복은 무엇입니까? 곧, 우리의 믿음이 시련을 통해서 연단받아 참 믿음으로 입증되는 것입니다. 두 주일 전에, 나는 여러분에게 기초를 튼튼하게 놓지 않아서 그의 집이 무너져버리고 말았던 어떤 사람에 대해서 설교했습니다. 설교가 끝난 다음, 많은 사람들이 스스로 이렇게 말했을 것입니다. "하나님, 우리가 그와 같은 사람이 되지 않게 하시옵소서. 또한 우리의 영혼이 의지할 수 있는 견고한 토대를 갖게 하시옵소서." 예배를 드린 후, 여러분은 집으로 갔습니다. 여러분은 소파에 앉아서 스스로 물어보았을 것입니다. "과연 내가 이러한 튼튼한 기초를 갖고 있을까?" 여러분은 스스로 질문하고 논쟁하고 결론을 내리는 등의 과정을 겪었을 것입니다. 여러분은 좋은 의도에서 그렇게 했습니다. 그렇지만 그것으로부터 여러분을 본질적으로 변화시키는 많은 것을 얻었으리라고 나는 추측하지 않습니다. 자신의 내면을 자세히 들여다본다고 해서, 우리가 확실한 위로를 얻는 것은 아니기 때문입니다. 그래서 실제적이며 구체적인 시련을 겪는 것이 좀 더 만족스러운 결과를 가져다줍니다. 그렇다고 여러분은 스스로 자신을 시험해 보아서는 안 됩니다. 왜냐하면 하나님이 보내시는 시련들에 의해서만 여러분의 믿음이 그분의 의도에 맞게 효과적으로 입증되기 때문입니다. 여러분이 훌륭한 군인인지 아닌지는 싸움터에서 알게 됩니다. 어떤 배가 잘 만들어졌는지 아닌지는 감독관의 정밀 검사만으로는 잘 알 수 없습니다. 배를 바다에 내보내서, 폭풍우를 얼마나 잘 견디는지를 점거한 후에야 그 배의 견고성이 가장 잘 증명될 것입니다. 사람들은 에디스톤(Eddystone:영국 콘월(Cornwall) 지방의 작은 마을인 레임 헤드(Rame Head)로부터 남서쪽으로 약 14km의 바다 한가운데 위치함 – 역주)이라는 거대한 바위 위에 새 등대를 세웠습니다. 이 등대가 온전하게 서 있을는지 우리는 어떻게 알 수 있습니까? 우리는 그것에 대해서 어떤 법칙들과 원리들에 근거하여 판단합니다. 그런 다음, 구조물이 상당히 안전하다고 인정합니다. 그러나 적어도 몇 년 동안 숱한 폭풍우를 잘 견뎌낸 뒤에야, 그 등대가 안전하게 건설되었는지에 대해서 우리는 분명하게 알 수 있습니다.

영적인 양식으로서 하나님의 말씀이 꼭 필요하듯이, 우리를 시험하는 것으로서 시련들이 우리에게 필요합니다. 나는 옛날 언약궤 안에 놓인 전형(典型)을 보고 경탄하지 않을 수 없습니다. 십계명이 새겨진 두 돌판 이외에, 그 안에는 두 가지, 곧 만나를 담은 금항아리와 싹이 난 아론의 지팡이가 함께 가까이 놓여 있었습니다. 하늘의 양식과 하늘의 통치가 어떻게 나란히 조화를 이루고 있는지 살펴보십시오. 놀랍게도 하나님은 우리에게 양식뿐만 아니라 동시에 징계도 주십니다. 이처럼 그리스도인은 만나가 없어도 살 수 없지만, 지팡이가 없어도 살 수 없습니다. 그 두 가지는 반드시 서로 조화를 이룹니다. 하나님은 큰 자비를 베푸셔서, 시련 아래에서 여러분의 구원을 입증해 주실 뿐만 아니라, 하나님의 영의 위로를 통해서 구원을 계속 이루어 가십니다. 우리를 거룩하게 만드는 고난들은 우리의 믿음을 입증해주는 역할을 합니다. 불로 단련하지만 결국 없어지고 마는 순금보다 이 믿음은 더욱 소중한 것입니다.

　우리가 피하지 않고 잘 견딜 수 있을 때, 시련은 우리의 신실함을 증명해 줍니다. 곤경에서 벗어나면, 그리스도인은 스스로 이렇게 말합니다. "예, 나는 신실함을 온전히 지켰습니다. 그것을 저버리지 않았습니다. 하나님은 찬양받아 마땅하신 분입니다. 나는 위협을 두려워하지 않았습니다. 많은 것을 잃어버렸을 때, 주저 앉지 않았습니다. 핍박을 받았어도, 하나님께 신실했습니다. 이제 신앙이 단순히 입으로만 고백하는 것이 아니라, 하나님에게 진정으로 헌신하는 것임을 확신하게 되었습니다. 하나님의 권능으로 도움을 받아서, 내 믿음은 불 시험을 견뎌냈습니다."

　그 다음, 믿음의 시련은 우리가 믿는 교리가 옳다는 것을 입증해 줍니다. 여러분은 이렇게 말할 것입니다. "예, 그래요. 나는 스펄전 목사님이 교리들에 대해서 상세히 설명하는 것을 들었습니다. 그리고 나는 그것들이 참되다고 믿었습니다." 그러나 교리 해설을 듣고 나서, 그것이 옳다고 믿는 것만으로는 부족합니다. 만약 여러분이 언제 병에 걸렸을 때, 그 교리들을 통해서 어떤 위로를 얻었다면, 그때서야 여러분은 그것들이 참됨을 분명히 아는 것입니다. 만약 여러분이 죽음의 문턱에까지 이르게 되었을 때, 복음이 기쁨과 즐거움을 주었다면, 여러분은 복음이 참으로 진리라는 사실을 깨닫는 것입니다. 이처럼 체험에 근거한 지식이 가장 훌륭하고 확실한 것입니다. 만약 어떤 사람들이 죽음을 마치 승리자처럼 통과하는 것을 보았다면, 여러분은 이렇게 말했을 것입니다. "이것은 영생이 참이라는 것을 확실히 증거해 주는 거야. 영생에 대한 내 믿음은 단순한 추측이 아니야. 나는 직접 보았어." 우리가 싼 값을 치르고 이 확신을 사기라도 한 것입니까? 그러한 확신을 얻도록 하나님이 우리를 그것에 이르게 하는 길 위에 두셨을 때, 우리는 그것을 온전히 기쁘게 여겨야 하지 않겠습니까? 의심은 시련보다 더 나쁜 것이라고 여겨집니다. 복음의 진리나 그것의 유익함을 의심하게 되는 것보다, 나는 차라리 어떤 고난을 겪는 것을 선택하겠습니다. 분명히 복음은 심지어 우리의 심장에 흐르는 피로 값을 치러서라도 살 만한 가치가 있는 귀중한 보석입니다.

그 다음, 시험을 당할 때에도 여러분이 하나님에게 꼭 달라붙어 있을 때, 하나님에 대한 여러분의 믿음은 확실하게 입증됩니다. 여러분 자신의 진실성뿐만 아니라, 여러분의 믿음이 하나님으로부터 온 것인지 증명됩니다. 연단 받지 않은 믿음이라면, 어떻게 그 믿음에 의존할 수 있겠습니까? 만약 여러분이 가장 어려운 시련의 시기에도, "나는 하나님께 내 짐을 맡깁니다. 그분이 나를 붙잡아 주실 것입니다"라고 말한다면, 그것은 하나님이 선택한 사람의 믿음입니다. 시험 가운데, 여러분의 옷을 더럽히지 않게 해달라고 기도를 통해서 하나님께 부르짖을 때, 그분이 그렇게 하도록 도와주신다면, 여러분이 지닌 믿음은 분명히 성령이 여러분의 영혼에 심어주신 믿음입니다. 고난의 큰 싸움을 싸우고 승리자가 되었을 때, 나는 정말로 하나님을 믿었다는 것을 깨닫습니다. 또한 이 믿음은 내가 언약의 축복들에 동참하게 해준다는 것을 압니다. 이것에 근거해서, 내 믿음이 올바른 믿음이라고 분명하게 주장할 수 있습니다.

나 자신의 연약함을 통해서, 하나님의 위대한 권능을 배운다는 것은 매우 유쾌한 일입니다. 시험을 당할 때, 우리가 어떤 부분에서 가장 연약한지 제대로 간파할 수 있습니다. 바로 그 때, 우리가 기도하면 하나님은 우리에게 꼭 필요한 힘을 주십니다. 하나님은 장애물을 제거하는데 알맞은 도움을 주십니다. 상처에 연고(軟膏)를 발라 주십니다. 필요한 바로 그 시간에 우리에게 꼭 필요한 은혜를 주십니다. 이 사실은 우리의 믿음을 더욱 굳세게 만들지 않습니까?

믿음에 대한 여러분의 동기가 순수하다는 것을 심지어 사탄에게까지 증명할 수 있다는 것은 아주 멋진 일입니다. 바로 그것이 욥이 시련을 통하여 얻었던 커다란 유익이었습니다. 욥의 행위에서, 사탄은 외적인 측면에 대해서는 문제삼지 않았습니다. 욥의 믿음과 행위의 동기와 관련해서 이의를 제기했던 것입니다. 사탄은 이렇게 말합니다. "하나님으로부터 받은 것 때문에 욥은 하나님을 섬기는 것입니다. 하나님은 욥과 그의 모든 소유물을 보호하시려고 울타리를 쳐 주지 않으셨습니까? 욥이 하나님에게 보이는 사랑은 다만 하나님으로부터 무엇인가를 얻으려는 것에 불과합니다. 그는 하나님 자신에 대해서는 아무런 관심도 없습니다. 오로지 자신이 드러내는 미덕(美德)이 보상받기를 바랄 뿐입니다." 과연 그럴까요? 욥은 시험을 받았습니다. 겨우 목숨만 부지하고, 모든 것을 잃어버렸습니다. 그렇지만 욥은 이렇게 외칩니다. "비록 그가 나를 죽이실지라도 나는 그를 의지하리라"(욥 13:15, KJV). 욥은 어떤 것을 주시는 하나님뿐만 아니라, 그것을 다시 가져가시는 하나님도 찬양했습니다. 그러자 마귀는 더 이상 뻔뻔스럽게 욥을 비난할 수 없었습니다. 이처럼 욥의 양심에 비추어 볼 때, 하나님에 대한 그의 순수한 사랑은 명백하고 확고한 것이었습니다. 형제자매 여러분, 상상할 수 있는 모든 고통과 고난을 잘 인내하는 것은 흔들리지 않는 확신을 위해서 치르는 작은 값이라고 나는 생각합니다. 이 확신은 우리를 의심으로부터 영원히 벗어나게 해줄 것이기 때문입니다. 이 믿음의 바위 위에 서 있는 여러분에게 파도가 들이닥친다고 해도 전혀 염려하지 마십시오. 그러므로 여러분이 여러 가지 시험을 당할 때, "온전히 기쁘게" 여기십시오. 왜냐하면 그 시련을 통해서, 여러분의 사랑과 믿음이 참되다고 입증될 것이기 때문입니다. 또한 여러분이 진정으로 거듭난 하나님의 자녀라는 사실이 증명될 것이기 때문입니다.

　　야고보는 2절에서 "여기라"고 말합니다. 어떤 사람이 훌륭한 회계사가 되려면, 잘 훈련받아야 합니다. 회계사라는 직업을 위해서 필요한 것을 배워야만 합니다. 만약 우리 가운데 어떤 이들이 경리 사원의 도움 없이 스스로 장부를 정리하고 지출과 수입을 관리해야 한다면, 그것을 얼마나 엉망으로 만들어 놓겠습니까! 우리는 흑자인지 적자인지를 파악하느라고 애를 먹을 것입니다. 그러기에 우리가 스스로 힘들게 계산하는 것보다, 비용을 들여서 처리하는 것이 더 쉬울 것입니다. 그러나 어떤 이가 일단 부기법에 대해서 배우고 나서, 그 일을 처리한다면, 그는 재정 상황의 실상(實狀)에 쉽게 도달할 것입니다. 그는 올바로 산출하는 방법을 배웠습니다. 그래서 어떤 오류도 그의 눈길을 피할 수 없습니다. 그런데 야고보는 우리에게 계산 전문가, 곧 신령한 회계사를 보내줍니다. 우리가 고난의 한가운데에서 어떻게 계산해야(count) 하는지 가르쳐 줍니다. 그는 세속적인 이성(理性)이 계산하는 것과는 다른 계산법을 우리에게 제시합니다. 성전세를 낼 때 사용되던 세겔은 일반적인 상거래를 할 때 사용되던 화폐와 달랐던 것입니다.

　　마찬가지로 믿음에 근거한 계산은 인간적인 판단에 기초한 것과는 다릅니다. 야고보는, 펜을 손에 잡고 재빨리 앉아서 그가 불러주는 대로 제대로 쓸 것을 우리에게 명령합니다. 이제 여러분은 "여러 가지 시험"이라고 받아쓷니다. 여러 가지 시험은 우리에게 이익을 가져다줄 것 같지 않습니다. 그 다음, 야고보는 "믿음의 시련"을 쓰라고 명합니다. 바로 "믿음의 시련"이라는 이 유용한 자산이 그 거래가 많은 이익을 보도록 이끌어줍니다. 시련은 불과 같습니다. 시련의 불은 다만 우리가 지닌 불순물만을 태웁니다. 그것은 순도를 높여서 금을 더욱 빛나게 해줍니다. 여러분, 시련의 과정을 반드시 이익을 가져오는 것으로 간주하십시오. 여러 가지 시험을 당하거든 그것에 대해서 슬퍼하지 말고, 온전히 기쁨으로 여기십시오. 왜냐하면 믿음의 시련은 여러분의 믿음을 입증해 줄 것이기 때문입니다. 이처럼 온갖 시련을 온전히 기쁨으로 여길 만한 충분한 이유가 있습니다. 이제 좀 더 깊이 있게 다루어 보겠습니다.

3. 시련에 의해서 갖게 되는 소중한 미덕, 곧 인내에 대해서 생각해 봅시다.

왜냐하면 "믿음의 시련은 인내를 만들어 내는 줄" 우리가 알기 때문입니다. 오, 소중한 인내! 평상시에 우리는 잘 인내합니다. 그러나 정작 인내가 꼭 필요할 때, 우리는 전혀 인내하지 못합니다. 진정으로 인내할 줄 아는 사람은 시련을 겪은 사람입니다. 그렇다면 하나님의 은혜로 어떤 인내를 얻게 됩니까? 첫째, 그는 불평 한 마디 없이, 시련을 하나님으로부터 오는 것으로 받아들이는 인내를 배웁니다. 묵묵히 참고 따르는 것은 어느 날 갑자기 이루어지지 않습니다. 하나님의 뜻에 우리의 영혼이 전적으로 복종하기까지는 여러 가지 요인이 작용합니다. 때로 오랜 세월 동안 앓아 온 육신의 질병, 정신적인 의기소침, 사업의 실패, 또는 여러 차례 가족을 여의게 됨 등, 다양한 사연이 있습니다. 많이 우는 것을 겪은 뒤에야 어린아이는 젖을 떼게 됩니다. 여러 번 징계를 당한 뒤에야, 하나님의 자녀는 하나님 아버지의 뜻에 순종하게 됩니다. 점차적으로 우리는 하나님의 뜻을 거스르는 것이 쓸모 없음을 배우게 됩니다. 하나님의 뜻과 우리의 뜻이 서로 양립할 수 없음을 깨닫게 됩니다. 그래서 마침내 하나님의 뜻이 우리의 뜻이 되기를 바랍니다. 오, 형제자매 여러분, 여러 가지 고난이 여러분을 이렇게 이끌어 준다면, 여러분은 승리자입니다. 여러분이 모든 시험을 온전히 기쁘게 여길 것으로 나는 확신합니다.

둘째, 또 다른 종류의 인내는, 시험을 당하는 것을 통해서, 학대와 중상과 모욕에 분개하지 않고 그것들을 잘 참을 수 있는 것입니다. 그는 그러한 감정을 예민하게 느낍니다. 하지만 그것을 온순하게 참습니다. 그의 주인이신 예수님처럼, 그는 반박하려고 입을 열지 않습니다. 욕을 욕으로 갚지 않습니다. 반면에 저주의 말을 들으면, 축복의 말을 합니다. 마치 사람이 도끼로 찍으면, 도끼에 향료를 묻게 해주는 백단(sandalwood) 나무처럼 말입니다. 모든 것을 바라며, 모든 것을 참으며, 또한 쉽게 성내지 않는 거룩한 사랑은 복이 있습니다. 오, 친구여, 시련을 통해서 하나님의 은혜가 여러분을 결코 화 내지 않고 묵묵히 인내하게 이끌어 준다면, 또한 언제나 사랑을 실천하게 해준다면, 여러분은 사소한 위로를 받지 못했을 수 있습니다. 그러나 여러분은 신뢰할 만한 성품을 갖게 된 것입니다.

셋째, 고난을 통해서, 하나님은 우리에게 또 다른 형태의 인내를 습득하게 하십니다. 곧, 너무 급하게 서두르지 않고 행동하는 것입니다. 우리의 열정을 지혜로 균형을 맞추기도 전에, 우리는 서둘러서 쏜살같이 달려 나가며 하나님을 섬기려고 애씁니다. 마치 모든 일을 한 시간 안에 마쳐야 하는 것처럼, 그렇지 않으면 우리가 아무것도 이룰 수 없는 듯이 생각합니다. 시련의 학교에서 연단을 받고 나서, 마음의 준비가 충분하게 이루어진 다음에, 우리는 하나님의 거룩한 일을 시작해야 합니다. 우리가 얼마나 보잘것없는 피조물인지, 또한 얼마나 영광스러운 주님을 섬기는 것인지 인식하면서, 우리는 그리스도를 위해서 꾸준히 굳은 의지로 일해야 합니다. 전능하시고 지혜로우시므로, 여호와 하나님은 결코 불필요하게 서두르지 않으십니다. 주 예수님을 닮아가는 것에 비례해서, 우리는 마음의 불안을 몰아내고 감정의 격분을 물리치게 될 것입니다. 예수님의 일은 메시야로서의 사명을 평생 동안 성취해야 하는 위대한 것이었습니다. 예수님은 결코 당황하시거나, 흥분하시거나, 염려하시거나, 서두르지 않으셨습니다. 그러나 예수님의 어떤 제자들은 그렇지 못했습니다. 예수님은 외치지 않으셨으며, 목소리를 높이지도 않으셨으며, 또한 그 소리를 길거리에 들리게 하지도 않으셨습니다(사 42:2). 그는 자신의 때가 아직 이르지 않았다는 것을 아셨습니다. 하나님 아버지가 그에게 맡겨주신 일을 성취하기까지, 많은 날들 동안에 예수님은 앞을 향해서 단호하게 나아가셨습니다. 이러한 인내는 황제의 이마에서 반짝이는 보물보다도 더욱 가치 있는 보석입니다. 우리는 인내라는 소중한 보석을 갖기를 사모해야 합니다. 때로 우리는 필요 이상으로 서둘러 실수하게 되어, 여러 가지 난처한 상황에 빠집니다. 기도하는 것을 소홀히 해서, 하나님의 손에 모든 문제들을 맡기지 않을 때, 반드시 우리가 이런 불행한 결과에 이르게 됩니다. 우리는 너무 힘차게 달려서, 넘어질 수도 있고, 숨을 쉬는 것이 힘들 수도 있습니다. 따라서 인내심을 온전히 갖추지 못하면, 무분별한 노력으로 말미암아 우리는 일을 성취할 수도 있지만, 낭패를 겪을 수도 있습니다.

그 다음, 전혀 의심하지 않고 기다릴 수 있을 때, 그것도 또한 인내의 훌륭한 모습입니다. 모든 그리스도인이 배우고 실천해야 할 두 단어가 있습니다. 어떤 이들은 이 단어들을 대수롭지 않게 여깁니다. 곧, 기도하고 기다리는 것입니다. 주님을 기다린다는 것은 기도한다와 기다리며 견딘다는 두 가지 의미를 모두 내포합니다. 만약 세상 사람들이 올해에도 회개하지 않으면, 어떻게 될까! 만약 예수님이 내일 오시지 않는다면, 어떻게 될까! 만약 우리의 환난들이 여전히 지속된다면, 어떻게 될까! 만약 전쟁이 계속된다면, 어떻게 될까! 그러나 연단을 받고 하나님의 은혜로 하나님이 주시는 시련의 진정한 유익을 얻은 사람은 차분하게 기다리며, 하나님이 도와주실 것을 바랍니다. 형제자매 여러분, 인내는 매우 소중한 것입니다! 여러분에게 이 인내가 부족합니까? 성령께서 고난의 과정을 통해서 여러분에게 그것을 주실 것입니다.

또한 하나님의 불가사의한 섭리와 기이한 말과 내면적인 의혹에도 불구하고, 이 인내는 조금도 흔들리지 않는 믿음의 모습을 보여줍니다. 성숙한 그리스도인은 이렇게 말합니다. "나는 나의 하나님을 믿습니다. 그래서 그 비전이 이루어지는 것이 늦어진다고 해도, 나는 그것을 기다릴 것입니다. 나의 때는 아직 이르지 않았습니다. 먼저 가장 어려운 일들을 겪고 나서, 나중에 가장 좋은 것들을 누리는 것이 나에게 예비하신 하나님의 계획인 것 같습니다. 그러므로 나는 예수님의 발 앞에 앉아서, 그가 내 비전을 이루어 주시기까지 기다리겠습니다."

형제자매 여러분! 만약 우리가 이러한 인내를 배운다면, 우리는 높은 경지에 오른 것입니다. 여러분은 햇볕에 그을린 선원을 봅니다. 그는 바다가 곧 자기 집 같은 사람입니다. 그의 얼굴은 구리처럼 갈색이고, 피부는 마호가니 나무 색깔처럼 되었습니다. 그의 근육은 단단한 떡갈나무 속처럼 단단해 보입니다. 그는 철로 만들어진 것처럼 강인해 보입니다. 육지에서 생활하여 연약해 보이는 우리와 그는 얼마나 다릅니까? 어떻게 그가 극심한 고난에 익숙하게 되었습니까? 폭풍에 맞설 수 있게 되었습니까? 남서풍이 불든지 아니면 북서풍이 불든지, 전혀 개의치 않게 되었습니까? 어떤 날씨라고 하더라도, 그는 배를 몰고 바다로 나갈 수 있습니다. 그는 배 위에서도 주저앉거나 쓰러지지 않고, 계속 서 있을 수 있습니다. 어떻게 그가 이러한 능력을 갖추게 되었을까요? 거대한 파도에 맞서가며, 오랜 세월 동안 그는 일을 했기 때문입니다. 해변에 머물러 있기만 했다면, 그는 그렇게 건장한 바닷사람이 될 수 없었습니다. 마찬가지로 시련은 결코 쉽게 습득할 수 없는 영적인 강인함을 성도들에게 가져다줍니다. 여러분이 오랫동안 학교를 다닌다고 해도, 그곳에서는 인내에 대해서 제대로 배울 수 없습니다. 여러분은 페인트로 원하는 색을 뺨에 칠할 수 있습니다. 그러나 큰 파도와 울부짖는 바람과 맞서가며 얻은 구릿빛 색깔 그 자체를 만들어 낼 수 없습니다. 강한 믿음과 불굴의 인내는 고난을 통해서 얻습니다. 사나운 비바람이 몰아칠 때, 어떤 진가(眞價)를 발휘하는 사람은 고난을 통해서 이미 잘 준비된 사람들입니다. 이런 사람들은 교회 안에도 불과 몇 사람밖에 되지 않습니다. 굳건한 인내와 거룩한 강인함의 상태에 도달하기 위해서, 우리는 위로부터나 아래로부터 주어지는 숱한 고난들의 대가를 치러야 합니다. 그것은 그럴만한 가치가 충분히 있습니다. 시련이 우리에게 인내를 가져다줄 때, 우리는 이루 헤아릴 수 없을 만큼 부요해집니다.　주님은 이 소중한 은혜를 우리에게 더욱 풍성하게 주십니다. 예수님의 명령을 따라서, 베드로가 낚시를 던져 잡은 물고기 입 속에 반 세겔의 동전이 있었듯이(마 17:27), 거룩한 시련은 하나님의 은혜로 고난을 잘 견디는 이들에게 영적인 풍요를 가져다줍니다.

4. 마지막으로, 이 모든 것은 우리에게 더 좋은 것을 가져다줍니다.

그것이 네 번째 대지입니다. 곧, 시련은 우리를 영적으로 더욱 온전케 해준다는 것입니다. "너희로 온전하고 구비하여 조금도 부족함이 없게 하려 함이라"(1:4). 형제자매 여러분, 사람이 이 세상에서 얻을 수 있는 가장 가치 있는 것은 자신의 진정한 자아(自我)와 가장 밀접한 관계를 갖고 있는 것입니다. 어떤 사람이 좋은 집을 소유하고 있습니다. 좋습니다. 그것도 어느 정도 가치 있는 일입니다. 그런데 만약 그가 심한 병에 걸린다면, 그 훌륭한 저택이 무슨 소용이 있겠습니까? 어떤 사람이 멋있는 옷을 입고, 산해진미를 먹고 삽니다. 그것도 어느 정도 의미가 있습니다. 그런데 그가 갑자기 말라리아에 걸려서 벌벌 떨고 있습니다. 또한 소화 불량으로 식욕을 잃어버렸습니다. 그러자 음식을 전혀 입에 댈 수도 없고, 좋은 옷을 입고 밖으로 나갈 수도 없게 되었습니다. 어떤 사람이 신체적으로 대단히 건강하다면, 그것은 앞에서 말한 것보다는 더 나은 가치를 지닌 선물입니다. 건강은 부(富)나 명예나 학식보다도 훨씬 더 소중한 것입니다. 우리 모두는 그것을 인정합니다. 몸이 그렇게 건강한 데도 불구하고, 만약 그의 자아가 정신적으로 깊숙이 병들어 있다고 가정해 봅시다. 그래서 그의 안에서 욕정이 불타오르고, 못된 짓을 저질러서, 스스로 불명예를 초래하여 곤란한 처지에 놓이게 되었다면, 그가 강건한 신체를 지닌 것이 무슨 의미가 있습니까? 그렇다면 우리에게 가장 좋은 것은 무엇입니까? 그것은 인내로서 사람을 좀 더 훌륭한 사람으로 만들어 줍니다. 곧, 사람을 올바르고, 진실하며, 순전하고 또한 거룩하게 만듭니다. 어떤 사람이 좀 더 훌륭한 사람이 된다면, 그는 의심할 여지 없는 유익을 얻은 것입니다. 그래서 믿음의 시련을 통해서, 고난이 인내를 낳고, 또한 그 인내가 그리스도 예수 안에서 우리를 온전하게 만든다면, 우리가 당하는 여러 가지 시련을 기뻐해야 합니다. 하나님의 은혜에 의한 고난은 모든 영적인 능력을 발달시켜서, 우리를 모든 면에서 잘 준비된 사람들로 만들어 줍니다. 따라서 고난은 우리의 친구이자 협력자입니다. 우리는 고난을 "온전히 기뻐하며" 환영해야 합니다.

또한 고난은 우리가 지닌 약점들을 찾아냅니다. 그래서 우리의 약점들에게 주의를 기울이게 합니다. 시련을 받는 과정에서, 우리는 문제점들을 깨닫습니다. 그리고 나서 하나님께 나아가, 우리는 이 문제점들에 대해서 아룁니다. 그러면 하나님은 우리를 도와주셔서, 온전하고 모든 면에 잘 준비되어서 조금도 부족함이 없게 해주십니다.

그뿐만 아니라, 하나님의 축복과 은혜로 시련에 잘 대처하면, 그것은 우리가 잘 인내하게 해주고, 또한 우리를 성숙하게 만듭니다. 과연 '성숙'이라는 단어가 무엇을 의미하는지 설명하기가 쉽지 않습니다. 그러나 다른 사람들이 결코 겪어 보지 않은 여러 가지 고난을 통과한 사람들에게는 어떤 원숙함이 있습니다. 우리는 그 원숙함을 잘못 이해하거나 모방할 수 없습니다. 과일이 참맛을 내려면, 알맞은 분량의 햇빛이 필요합니다. 적절하게 햇빛을 받으면, 과일은 우리 모두가 좋아하는 달콤하고 향기로운 맛을 지닌 것으로 성장해 갑니다. 이 사실은 사람들에게도 마찬가지입니다. 관대하고 고상하고 은혜로운 성품을 지닌 사람으로 성장하려면, 우리에게 어느 정도의 고난이 필요한 것 같습니다. 여러분은 분명히 그러한 성품을 지닌 남자들과 여자들을 알고 있을 것입니다. 그리고 스스로 이렇게 말했을 것입니다. "나도 저 사람들처럼 되고 싶어. 저들은 그토록 평안하고 침착하고 자기 절제를 잘하고 행복해 보여. 어떤 사람은 분명히 행복하다고 느낄 만한 상황에 놓여 있지 않은데도, 자신의 처지에 만족하고 있어. 저들은 이처럼 모든 일에 성숙한 판단을 내려. 저들은 주로 영적인 대화를 많이 나누고 있어. 그토록 저들은 진실하고 성숙한 사람들이야. 정말이지, 나는 꼭 저들처럼 되고 싶어." 믿음의 연단은 이들이 진귀한 체험을 많이 하게 했습니다. 그러한 체험을 통해서, 이들은 성령의 열매를 맺게 되었습니다. 그래서 이들은 그토록 성숙하고 온전한 사람들이 될 수 있었던 것입니다.

　사랑하는 형제자매 여러분, 영적으로 성숙한 사람은 모든 면에서 잘 준비된 사람입니다. 많은 시험을 통과하지 않고서는 우리는 이런 사람이 결코 될 수 있습니다. 내가 말하려는 의도를 조금 자세하게 설명하겠습니다. 우리를 거룩하게 만드는 시련은 순화된 마음을 빚어냅니다. 우리 가운데 어떤 이들은 본성이 거칠고 친절하지도 않습니다. 그러나 얼마 후에 친구들은 그들에게서 거친 성격이 점차 사라져가는 것을 알아차리게 됩니다. 또한 그들이 자신들에게 상냥하게 대하자 매우 기뻐합니다. 어떻게 이들에게 이런 변화가 일어나게 되었을까요? 여러 가지 어렵고 아픈 일들이 이들을 갈고 닦은 것입니다. 하나님의 은혜 아래, 이들이 쓰라리게 맛보았던 우울과 실패와 극심한 고통과 가족과의 이별 등이 천성적으로 거친 성품을 부드럽게 만들었습니다. 그래서 예수님처럼 온유하고 겸손하게 변화된 것입니다. 한편 거룩하게 만드는 고난은 우리가 좀 더 많은 **동정심**을 갖도록 해줍니다. 기계에 기름이 꼭 필요하듯이, 동정심은 교회에 반드시 있어야 합니다. 고난을 전혀 당해보지 않은 사람은 시련을 겪고 있는 하나님의 자녀에게 동정심을 베풀려고 할 때, 매우 난처해합니다. 그는 친절하게 최선의 노력을 기울입니다. 그렇지만 어떻게 그 일을 처리해야 할지 알지 못합니다. 그렇지만 시련의 매를 많이 맞아본 사람은 괴로워하는 사람들의 아픔을 공감할 수 있습니다. 그럴 때, 우리는 주님이 기름 부으신 위로자들로 차츰차츰 인정받게 됩니다. 이처럼 우리 자신의 시험을 통해서, 우리는 시험받는 이들을 도와줄 수 있게 됩니다.

　또한 고난을 통해서 철저하게 정화(淨化)된 다음에, 사람들이 좀 더 신중하고 **겸손하게** 된 것을 여러분은 분명히 알아차리지 않았습니까? 그들은 이전처럼 성급하게 말하지 않습니다. 신중하게 헤아려 보고나서 말합니다. 비록 연단을 받은 후에 이제는 영적으로 온전한 사람들이 되었지만, 그들은 스스로 자신들이 전적으로 온전하다고 주장하지 않습니다. 그들은 자신들이 성취한 일들에 대해서는 거의 말하지 않습니다. 하지만 하나님의 넘치는 자비에 대해서는 많은 이야기를 합니다. 다른 사람들은 잘 모르겠지만, 문 뒤에서 하나님 아버지의 손으로 맞았던 채찍질을 그들은 회상해 봅니다. 그리고는 잘못을 범하고 있는 이들에게 부드러운 음성으로 타이릅니다. 고난은 예수님이 엄청나게 큰 교만의 이마에 던지시는 돌입니다. 인내는 교만의 꼭대기를 잘라내는 칼입니다.

또한 그들은 감사를 가장 잘하는 사람들입니다. 부상으로 인해서, 침대에서 한쪽 발만이라도 움직일 수 있게 해주신 하나님을 찬양하는 것이 무엇인지를 나는 경험한 적이 있었습니다. 여러분은 그것을 대단한 것으로 여기지 않을 수 있습니다. 그러나 그 당시 그것은 내게 큰 축복이었습니다. 이처럼 극심한 고난을 당해본 사람들은 모든 것과 관련하여 하나님을 찬양하게 됩니다.

어떤 여인이 있었습니다. 그 여인은 아침 식사로 겨우 빵 한 조각과 물 한 잔을 들고 이렇게 말했습니다. "주 예수님, 이렇게 좋은 음식을 주서서 감사합니다!" 분명히 이 여인은 고난을 겪어 본 사람이 틀림없습니다. 그렇지 않다면, 그렇게 진정으로 감사를 표현할 수 없었을 것입니다. 어떤 나이 든 청교도 목회자에 관한 이야기입니다. 어느 날 온 가족의 저녁 식사로 청어 한 마리와 감자 몇 개가 전부였습니다. 그 때 이 목사님은 이렇게 기도했습니다. "하나님을 찬양합니다! 바다와 땅을 샅샅이 뒤지셔서, 오늘 저녁 우리에게 이렇게 훌륭한 음식을 마련해 주서서 감사합니다." 만약 그 목회자가 고난을 통해서 연단을 받지 않았었다면, 어떤 부유한 사람들이 종종 그렇게 하는 것처럼 그는 이 빈약한 식사에 콧방귀를 뀌었을 것입니다. 그들은 매우 비싸고 기름진 음식인데도 그것을 비웃는 경우가 자주 있는 것입니다. 이와 같이 고난을 겪었던 사람은 감사하는 사람으로 변화됩니다. 그것은 결코 작은 일이 아닙니다.

그 다음, 하나님의 은혜를 통해서, 고난을 경험하는 이들은 대체로 소망을 계속 붙들고 있는 사람들입니다. 배를 타고 갈 때 폭풍우가 몰아치면, 대체로 사람들은 그것이 배를 파선시킬 것이라고 두려워합니다. 그러나 이미 겪어본 사람들은 이전에도 폭풍이 사납게 몰아쳤지만, 파선되지 않았던 경우를 기억합니다. 그리고 매우 침착하고 용기 있게 대처합니다. 이들의 용기는 다른 사람들도 절망하지 않게 해줍니다.

또한 고난을 맛보는 이들은 이 세상에 살지만, 이 세상에 속하지 않는 사람들입니다. 이 세상에서 너무 많은 고난을 겪었기 때문에, 죄악이 넘치는 이 험한 세상은 이들이 영원히 살 수 있는 곳이 아니라고 생각합니다. 이들의 둥지에는 헤아릴 수 없이 많은 가시들이 있기 때문에, 이곳은 이들이 계속해서 살아갈 집이 될 수 없다고 판단합니다. 이와 같이 하나님의 자녀들은 영원히 시들지 않는 온갖 아름다운 꽃들이 활짝 피어 있는 하나님 나라로 날아갈 준비가 되어 있는 새들과 같습니다.

　　마지막으로, 이렇게 많은 시련을 겪은 사람들 가운데 때때로 매우 신령한 사람들이 있습니다. 이들의 깊은 영성은 다른 사람들에게 많은 유익을 줍니다. 존 번연(John Bunyan: 1628-1688. 영국의 청교도 작가 및 설교자)의 「천로역정」이라는 신앙 소설에 등장하는 담내함 씨(Mr. Greatheart)는 순례자의 무리를 하늘나라의 도성에까지 인도합니다. 그는 그 과정에서 많은 시련을 겪었습니다. 그렇지 않았다면, 그는 그렇게 많은 사람들을 하늘의 안식처로 인도하는데 적합한 인물이 될 수 없었을 것입니다. 사랑하는 형제자매 여러분! 여러분도 언젠가 하나님의 교회에서, 인도자와 도우미가 되기를 원하십니까? 그러한 일에 적합한 사람이 되려면, 여러분도 마찬가지로 많은 고난을 통해서 준비되어야 합니다. 시련을 통해서 얻어지는 온갖 미덕을 갖기를 원하지 않으십니까? 예수 그리스도 안에서 온전한 사람이 되기를 바라지 않으십니까? 만약 그러시다면, 여러 가지 시련과 시험을 온전히 기쁨으로 환영하십시오. 그리고 그것들과 함께 하나님께로 날아가십시오. 온갖 시련과 시험을 보내주신 하나님을 찬양하십시오. 여러분이 끝까지 잘 인내하며, 그것들을 견딜 수 있도록 도와 달라고 하나님께 기도하십시오. 그리고 인내를 온전히 이루십시오. 그래서 하나님의 영으로 인도함을 받아서, 여러분이 "온전하고 구비하여 조금도 부족함이 없게" 하십시오. 예수님의 일을 위해서, 보혜사 성령님이 여러분에게 4절의 말씀이 이루어지게 하시기를 축원합니다. 아멘.

제
2
장

—

열심히 구하는 이들을 위한 사랑의 권면

—

"너희 중에 누구든지 지혜가 부족하거든 모든 사람에게
후히 주시고 꾸짖지 아니하시는 하나님께 구하라
그리하면 주시리라" — 약 1:5

만약 여러분이 문장의 앞뒤 관계를 잘 살펴본다면, 5절은 특별히 고난을 당하고 있는 사람들에게 말하고 있다는 것을 곧바로 알게 될 것입니다. 많은 시험을 당하고 극심한 시련을 겪은 성도들도 때로 어찌할 바를 모릅니다. 비록 그들이 지금 당하고 있는 모든 고난들로부터 마침내 좋은 결과가 나올 것이라고 믿지만, 이 생각 저 생각으로 혼란스러워서 그들은 당장 무엇을 해야 할지 잘 모릅니다. 야고보의 이 말은 성도들의 이러한 상황과 시기에 잘 어울리는 권면입니다. "너희 중에 누구든지 지혜가 부족하거든 하나님께 구하라." 하나님은 고난당하는 하나님의 자녀에게 기꺼이 지혜를 주실 것입니다. 그래서 그들의 믿음의 시련이 인내를 낳고, 여러 가지 시험을 당할 때 그들이 온전히 기쁘게 여기도록 하려는 것입니다.

그런데 하나님이 구하는 자에게 지혜를 주신다는 약속은 어떤 특별한 경우에만 한정시켜서 적용해서는 안 될 것입니다. 왜냐하면 "너희 중에 누구든지"라는 표현은 그 대상이 매우 광범위하기 때문입니다. 우리들의 필요가 무엇이든지, 또한 우리들을 당황하게 하는 심각한 문제가 무엇이든지 간에, "너희 중에 누구든지 지혜가 부족하거든 하나님께 구하라"는 권고와 함께, 5절의 말씀은 우리를 위로해주고 있습니다.

　본문은 누구보다도 하나님을 위해서 일하고 있는 사람들에게 큰 위로를 줄 것입니다. 자신이 지닌 지혜보다도 더 큰 지혜를 필요로 한다는 사실을 깨닫지 못하면, 여러분은 하늘에 계신 주님을 위해서 오랜 기간 동안 일할 수 없습니다. 왜냐고요? 그리스도의 십자가의 의미에 대해서 캐어묻는 사람을 인도하고자 할 때, 비록 이 일이 단순한 것 같아 보이지만, 우리는 때로 자신의 영적인 무능력과 어리석음을 깨닫지 않을 수 없습니다. 신앙생활에 느슨해진 이들을 책망하고, 낙심한 이들을 위로하고, 타락한 이들을 돌이키게 하고, 영적으로 무지한 이들을 이끌어 주려면, 우리는 하나님으로부터 가르침을 받아야만 합니다. 그렇지 않으면, 성공보다는 실패를 더 많이 경험할 것입니다. 천사가 속삭이듯이 매우 부드러운 음성으로, 모든 진지한 그리스도인 일꾼에게 이 본문은 이렇게 말합니다. "너희 중에 누구든지 지혜가 부족하거든 하나님께 구하라." 만약 여러분이 사람들에게 말하기 이전에, 하나님을 신실하게 섬기고, 또한 그의 말씀을 진지하게 듣는다면, 여러분의 입술에는 지식이 흘러넘치게 될 것입니다. 여러분의 혀는 지혜의 말씀들을 쏟아낼 것입니다. 만약 여러분이 예수님의 발 앞에 앉아서 배운다면, 주님은 영혼을 구원하는 원리와 방법에 대해서 가르쳐주실 것입니다. 그러면 여러분은 지혜로워져서 영혼을 구원하는 일에 귀하게 쓰임받을 것입니다.

　그런데 구세주를 찾고 있는 이들에게 나는 지금 가장 따뜻한 연민의 마음을 품고 있습니다. 본문은 "너희 중에 누구든지"라고 말하고 있습니다. 따라서 구세주를 찾고 있는 이들도 이들 가운데 포함시키는 것이 분명히 옳다고 나는 생각합니다. 그들은 그리스도를 찾고 있습니다. 그렇지만 그들은 지금 어둠 속에 있습니다. 그들의 영혼은 그리스도를 간절히 바랍니다. 하지만 그들의 영혼의 빛은 너무 희미합니다. 그 희미한 빛으로 그들은 그리스도가 계신 곳으로 스스로 갈 수 없습니다. 그래서 그들은 부르짖습니다. "오, 구세주를 어디서 찾을 수 있는지 내가 알 수만 있다면 좋으련만! 내가 그의 보좌 앞에까지 나아갈 수 있다면!" 자신의 죄와 어리석음을 갑자기 깨닫게 된 이 사람들에게 이 본문은 마치 예레미야가 언급하는 길르앗의 유향과 같을 것이라고 나는 생각합니다. "길르앗에는 유향이 있지 아니한가 그곳에는 의사가 있지 아니한가 딸 내 백성이 치료를 받지 못함은 어찌 됨인고"(렘 8:22). 이 본문은 이들에게 이렇게 말하고 있다고 여겨집니다. "만약 너희가 가엾은 죄인이라면, 또한 지혜가 부족하거든, 모든 사람에게 후히 주시고 꾸짖지 아니하시는 하나님께 구하라." 그러면 그리스도를 찾고 있는 이들을 위로해 주는 일을 이제 시작해 봅시다. 성령 하나님이 그 일이 효과적으로 이루어지도록 도와주시길 바랍니다.

I. 첫째로, 대부분의 찾고 있는 사람들에게 크게 부족한 것, 곧 지혜에 대해서 여러분의 주의를 불러일으키고자 합니다.

지혜가 부족한 데에는 여러 가지 이유들이 있습니다. 이유들 가운데 하나는 때로 그들을 어리석은 사람들로 만드는 그들의 교만입니다. 엘리사 선지자가 수리아 왕의 군대장관 나아만에게 요단 강물에 몸을 일곱 번 씻으라고 지시했을 때처럼, 그들이 어떤 큰일을 하라는 명령을 받았다면, 그것을 이행했을 것입니다. 그런데 그들은 하찮은 것이라고 여겨서 씻고 깨끗해지려고 하지 않았습니다. 인간의 타락한 마음은 하나님이 제시하시는 구원의 단순한 방법을 반대합니다. "무엇이라고요? 그리스도를 통해서 이미 성취된 의로움을 받아들이는 것 이외에는 내가 해야만 하는 일이 아무것도 없다고요? 스스로 구원을 얻으려는 행위를 그만두라고요? 그 대신, 단순히 나무에 못 박힌 그리스도만을 바라보고, 그에게서 나의 모든 구원을 발견하라고요?" 이렇게 반문(反問)하며, 교만한 마음은 말합니다. "그렇다면, 나는 그것을 전혀 이해할 수 없습니다." 타락한 마음은 구원을 사랑하지 않기 때문에, 그것을 이해할 수 없습니다. 거듭나지 않은 영혼이여, 구원을 사랑하지 않아서 구원에 이르는 가장 단순한 방법을 깨달을 수 없습니까? 그렇다면 죄인들이 그리스도에게 나아오지 못하는 모든 어려움의 뿌리에는 십중팔구 교만한 마음이 도사리고 있다고 나는 믿습니다. 만약 교만이 구원의 길에서 벗어나게 하고, 여러분을 어리석게 만든다면, 하나님에게 나아가십시오. 그것에 관해서 하나님으로부터 지혜를 구하십시오. 하나님은 여러분이 지닌 교만의 어리석음을 밝혀주실 것입니다. 단순히 예수님을 믿는 것이 구원에 이르는 가장 안전하고 올바른 길이라고 하나님은 가르쳐주실 것입니다. 만약 여러분이 행함을 통해서 구원을 얻는다면, 그 방법은 여러분에게 타당하지 않다는 사실을 하나님은 깨우쳐주실 것입니다. 만약 그렇다면, 여러분은 구원을 얻기 위해서 무엇을 할 수 있겠습니까? 만약 어떤 느낌으로 구원을 받는다면, 그것도 마찬가지로 여러분에게 적합하지 않을 것입니다. 여러분의 딱딱하고 무딘 마음은 무엇을 느낄 수 있겠습니까? 어떻게 스스로 여러분의 마음을 부드럽게 만들 수 있겠습니까? 여러분은 스스로 할 수 없습니다. 그러므로 오직 믿음으로 구원을 받는 것입니다. 그것은 하나님의 은혜로 말미암는 것입니다. 오, 여러분이 충분히 지혜로워져서, 여러분 앞에 제시된 금으로 된 왕의 홀(笏)에 허리를 구부리고 입맞춤을 할 수 있기를 바랍니다. 또한 돈 없이 값없이, 여러분이 와서 포도주와 젖을 사기를 원합니다. 그리고 온 마음으로, 온전한 기쁨으로, 이 완전한 의로움, 이미 성취된 구원을 받아들이시기를 축원합니다. 어둠 속에서 구원을 갈망하는 모든 영혼을 위해서, 그리스도께서 이 구원을 성취하시고 가져오셨습니다.

　　또한 위에서 언급한 것과는 다른 부류의 어리석은 사람들도 많이 있습니다. 이들은 스스로 절망하게 되어, 지혜가 부족하게 됩니다. 아마도 희망을 잃어버리는 것만큼 사람을 정신 나간 사람처럼 보이게 만드는 것은 없을 것입니다. 배가 가라앉고 있으며, 집채만한 파도가 배를 곧 집어삼키고야 말 것이라고 느낄 때, 선원은 배 위에서 앞뒤로 왔다 갔다 하며 술 취한 사람처럼 비틀거립니다. 왜냐하면 그는 그 상황에서 어찌할 바를 모르기 때문입니다. 오, 불쌍한 사람이여! 여러분이 죄악의 끔찍함을 알게 될 때, 여러분이 절망하기 쉽다는 사실에 나는 놀라지 않습니다. 여러분을 삼키려고 하는 몹시 굶주린 늑대 떼처럼, 많은 죄악이 울부짖으며 여러분 뒤에 바짝 다가와 있을 때, 여러분이 심지어 스스로 목숨을 끊을 각오를 한다는 것을 나는 이상하게 여기지 않습니다. 그래서 죄책감 아래에 있을 때, 사람들이 극심한 유혹을 받는다는 것은 이상한 일이 아닙니다. 그리고 지금 여러분도 무엇을 해야 할지 잘 모릅니다. 그렇지만 여러분이 동요하지 않고 차분하게 있을 수 있다면, 나는 여러분에게 평안에 이르는 길을 분명하게 보여줄 수 있습니다. 그러면 절망해야 할 아무런 이유가 없다는 것을 여러분은 이해하게 될 것입니다. 왜냐하면 예수님이 죽으셨다가 다시 살아나셨기 때문입니다. "그러므로 자기를 힘입어 (그리스도를 통해서) 하나님께 나아가는 자들을 온전히 구원하실 수 있으니 이는 그가 항상 살아 계셔서 그들을 위하여 간구하심이라"(히 7:25). 그러나 여러분은 내가 하는 말에 귀를 기울일 수 없습니다. 여러분의 마음이 어수선하고 뒤숭숭하기 때문입니다. 또한 이 위로의 말이 다른 모든 사람에게 적용될 수 있지만, 오직 자신에게는 그렇지 않다고 생각하기 때문입니다. 여러분이 염려와 혼란의 소용돌이 속에 있어서, 여러분에게는 지혜가 부족합니다. 존 번연(John Bunyan)이 자주 말했듯이, 여러분의 마음은 번민으로 매우 혼란스러워하고 있습니다. 그러므로 여러분이 하나님께 지혜를 구하기를 간절히 바랍니다. 여러분의 처지가 아무리 복잡하고 심각하다고 하더라도 하나님께 구한다면, 그분은 여러분에게 지혜를 깨닫게 해주시며, 여러분을 가장 안전한 길로 인도해 주시기를 기뻐하실 것입니다.

또 다른 측면에서 생각해보면, 의심할 바 없이, 복음의 기본 진리에 대해서 올바로 배우지 않아서 지혜가 부족한 사람들이 많이 있습니다. 선택의 교리와 관련하여, 사탄이 많은 소심한 사람들을 괴롭힌다는 것은 안타까운 일입니다. 그 교리를 올바로 이해한다면, 그것은 위로로 가득 차 있습니다. 그러나 잘못 가르쳐서 오해된다면, 그것은 때때로 죄인들을 하나님의 자비로부터 가로막는 빗장이 됩니다. 사실상 그 교리는 못 들어오도록 어느 누구도 차단하는 것이 아니라, 수많은 사람들이 자비 안에 들어오게 해서, 이들을 보호하는 것입니다. 죄책감 아래에 놓여 있는 동안에는, 많은 사람들은 대속(代贖)의 교리를 이해하지 못합니다. 만약 그리스도가 그들의 죄를 없애주시고 슬픔을 가져가셨다는 사실을 그들이 깨달을 수 있다면, 만약 그들이 "대속"(substitution)이라는 말을 제대로 이해할 수 있다면, 빛은 들어올 것입니다. 그러나 영적인 무지로 인해서, 이해를 가로막는 창문이 굳게 닫혀 있습니다. 만약 거미줄을 없애고 더러운 것을 깨끗이 닦는다면, 그리스도에 관한 지식의 빛이 비쳐 들어올 것입니다. 그러면 그들이 그리스도의 구원 안에서 기뻐할 것입니다. 사랑하는 친구들이여! 여러분이 이해하기 어려운 교리로 인해서 혼란스럽고 미로에 빠져 있습니까? 그렇다면, 본문은 여러분에게 다가와서 이렇게 말합니다. "누구든지 지혜가 부족하거든 하나님께 구하라."

또한 그리스도인으로서의 신앙 체험에 관한 무지는 지혜가 부족한 것에 대한 또 다른 원인을 제공하기도 합니다. 어떤 사람들은 자신들이 느꼈던 것을 나에게 말하며, 여러 가지 질문들을 했습니다. 나에게 자신들의 감정을 말할 때, 그것은 그들에게 너무 놀라운 것이었습니다. 그래서 나의 모든 머리카락이 곤두서는 것을 볼 것이라고 그들은 십중팔구 기대했었습니다. 그러나 그때 나는 말했습니다. "아, 그래요. 맞아요. 나도 이전에 똑같은 것을 느꼈었습니다. 그것은 그리스도에게로 가는 거의 모든 사람이 공통적으로 가는 길입니다." 그러자 그들은 매우 놀라는 것 같아 보였습니다. 이처럼 가장 안전한 바로 그 길을 여러분은 가장 위험한 길이라고 생각합니다. 그리스도에게로 인도하는 그 길을 여러분은 마치 지옥으로 인도하는 길처럼 근거 없는 상상을 합니다. 예를 들면, 여러분은 자신이 영적인 측면에서 발가벗겨지는 것을 그토록 두려워합니다. 또한 그것의 가치에 대해서 거의 알지 못합니다. 여러분은 이렇게 말합니다. "분명히 밖으로 내던져버리려고, 나를 이렇게 발가벗기는 거야." 그러나 주님이 지금 입고 있는 옷을 벗기시는 것은 주님이 마련하신 구원의 옷을 곧바로 여러분에게 입히시려는 것입니다. 외과 의사는 수술 칼로 정교하게 잘라냅니다. 그런데 여러분의 생각은 마치 의사가 죽이려고 잘라낸다고 추측하는 것과 같습니다. 의사는 고치기 위해서 도려내는 것입니다. 지은 죄가 얼마나 무섭고 큰지를 하나님이 여러분에게 깨닫게 하실 때, 이제 하나님은 자비가 많으신 분이라는 사실을 잊어버리셨다고 여러분은 터무니없이 상상합니다. 그러나 여러분에게 하나님은 참으로 은혜가 풍성하신 분입니다. 여러분이 하나님의 은혜에 대해서 올바로 이해하고 평가하도록, 하나님은 가장 좋은 방법을 사용하고 계십니다. 구세주를 찾는 가엾은 영혼인 여러분에게 생명의 길은 새로운 길입니다. 그래서 낯선 길이기도 합니다. 따라서 여러분은 그 길에 관한 지혜가 부족합니다. 끝까지 그 길을 가기까지, 여러분은 때때로 실수들을 할 것입니다. 그러기에 본문은 사랑이 담긴 충고를 여러분에게 들려줍니다. "하나님께 구하라." "하나님께 구하라."

　　이제까지 살펴본 대로, 여러분을 지혜가 부족하게 만드는 여러 가지 요인들이 있습니다. 그런데 여러분을 인도하시는 하나님의 섭리는 여러분을 몹시 당황하게 하고 낙담시키는 어떤 특징들도 지니고 있습니다. 여러분이 주 예수님에 대해서 생각하기 시작한 이후로, 세상에서의 일들은 여러분에게 서로 엇갈리게 진행되고 있습니다. 내면적으로 고통을 겪을 뿐만 아니라, 이상하게도 여러분은 외적으로도 고통에 시달리고 있습니다. 한편으로 그것은 여러분이 미쳤다고 말하는 친구들로부터 옵니다. 예수님을 믿는 것 때문에, 하나님께서 이들도 우리와 똑같이 미치게 하셨으면 좋겠습니다! 다른 한편으로는, 여러분이 스스로 전혀 통제할 수 없는 상황으로부터 그러한 고통이 비롯되는 것입니다. 하나님의 백성이 타고 가는 배를 완전히 부서지게 만드는 것은 하나님에게 이례적인 일이 아닙니다. 그러나 하나님은 자신의 약속을 이루셔서, 여러분의 머리카락 하나도 잃어버리게 하시지 않습니다. 만약 하나님이 여러분이 타고 있는 배에 두 개의 거대한 파도를 갑자기 일어나게 하셔서, 부서진 배의 조각들만 여러분에게 남아 있다고 해도, 나는 놀라지 않습니다. 여러분이 그리스도에 대한 믿음을 확고하게 갖고 있다면, 분명히 하나님은 여러분을 항구까지 안전하게 인도하실 것입니다. 내면적으로는 양심의 회초리를 맞고 있는데도, 외부적으로는 고난의 채찍질을 더하시는 것이 하나님에게는 흔히 있는 일입니다. 이 두 가지 채찍질은 교만하고 완고한 사람들을 겸손하게 만듭니다. 그들을 예수님의 발 앞으로 인도하려고 주어지는 것입니다. 솔로몬이 아이와 관련해서 말한 것처럼 우리에 대해서도 이렇게 말할 수 있을 것입니다. "아이의 마음에는 미련한 것이 얽혔으나 징계하는 채찍이 이를 멀리 쫓아내리라"(잠 22:15). 사랑하는 여러분, 하나님은 날카로운 채찍으로 여러분에게서 어리석음을 없애십니다. 또한 성경에 이렇게 기록되어 있습니다. "상하게 때리는 것이 악을 없이하나니"(잠 20:30). 그러므로 하나님은 여러분의 상처들을 검고 푸르게 만드십니다. 심지어 하나님이 여러분의 상처들을 곪게 하실지라도, 그래서 이사야 선지자처럼, "발바닥에서 머리까지 성한 곳이 없이 상한 것과 터진 것과 새로 맞은 흔적뿐이거늘"(사 1:6)이라고 여러분이 말할 수밖에 없을 때까지도, 나는 놀라지 않을 것입니다. 하나님의 영원한 자비는 극도로 비참한 여러분의 처지를 이용하실 것입니다. 그래서 여러분의 심각한 고난은 여러분을 그리스도에게로 인도해 줄 것입니다. 이처럼 여러분이 이런 비참한 처지와 심각한 고난을 겪지 않는다면, 여러분은 스스로 그리스도에게 결코 나아갈 수 없기 때문입니다.

이러한 고통스러운 묘사를 이제 마무리하고자 합니다. 자신들의 두려움과 무지뿐만 아니라, 사탄에 의해서 맹렬한 공격을 받기 때문에, 많은 사람들에게는 지혜가 부족합니다. 존 번연(John Bunyan)은 우리에게 아볼루온에 관한 이야기를 들려줍니다(Apollyon: 헬라어의 음역으로서, "파괴자"란 뜻이다. 히브리어 명사 "아바돈"에서 유래되었다. 동사는 "아바드"로서, "멸망시키다", "파괴시키다"라는 뜻을 지니고 있다. 계 9:11 참조 - 역주). 「천로역정」에서 아볼루온은 외칩니다. "어떤 왕도 자신의 백성을 잃어버리는 것을 원하지 않는다." 물론 아볼루온도 자기 백성을 잃어버리는 것을 원하지 않습니다. 자신의 백성들이 잇따라서 만왕의 왕이신 예수님의 깃발 아래로 모여드는 것을 보게 되자, 그는 분노하며 울부짖습니다. 그리고 하나님의 자비로부터 그의 백성들을 되돌아오게 하려고, 모든 수단과 방법을 동원합니다. 영혼이 하나님께로 돌아오기 시작하는 그 결정적인 순간에, 아볼루온은 혼잣말을 합니다. "저들이 가는 것을 지금 막아야 해. 그렇지 않으면 영원히 돌이킬 수 없어. 내가 지금 이 싹을 뽑아버리지 않는다면, 그것은 꽃을 피우고 열매를 맺을 것이다. 그러나 만약 내가 서리를 내리게 해서 싹이 시들게 한다면, 내가 이 새싹을 죽일 수 있을 것이다." 이처럼 파괴자는 근심하는 영혼들에게 맹렬한 공격을 퍼붓습니다. 천국에 이르는 좁은 길에 있는 작은 문(the Wicket Gate) 앞에 절망의 늪(the Slough of Despond)을 파놓은 자는 바로 아볼루온이었습니다. 작은 문 앞에는 큰 개가 지키고 있었습니다. 큰 개가 짖어대자, 자비(Mercy)라고 불리는 가엾은 여인은 놀라서 거의 기절하는 상태에 이르렀습니다. 그 여인은 너무 기운이 없어서 작은 문을 두드릴 수 없게 되었습니다. 그때 아볼루온은 자신의 모든 종들에게 명령합니다. "이제 깨어나려고 하는 저 영혼에게 화살을 마구 쏘아대라. 그 영혼이 나에게서 막 도망가려고 한다. 무저갱의 군사들이여, 전통의 화살들을 모두 쏘아라. 지옥의 악령들이여, 매력이 넘치는 너희의 유혹들을 모두 퍼부어라. 저 영혼을 불신앙의 교묘한 말들로 설득하라. 하나님을 모독하는 섬뜩한 말들로 위협하라. 왜냐하면 지금 저 영혼을 잃어버리면, 내가 그것을 영원히 찾을 수 없기 때문이다. 그러므로 무저갱의 사자들이여, 저 영혼을 붙잡아라. 제발 있는 힘을 다해서, 저 영혼을 꼭 붙잡아라."

　지금 여러분은 이와 같은 곤경에 빠져 있습니다. 여러분의 마음은 어리석습니다. 여러분의 죄와 무시무시하게 공모(共謀)하여, 사탄과 이 악한 세상은 여러분을 파괴시키려고 합니다. "너희 중에 누구든지"라는 이 소중한 말씀이 없다면, 가엾고 겁 많은 여러분이 스스로 무엇을 할 수 있겠습니까? 그 말씀은 틀림없이 여러분을 의미합니다. "너희 중에 누구든지 지혜가 부족하거든 모든 사람에게 후히 주시고 꾸짖지 아니하시는 하나님께 구하라 그리하면 주시리라"(약 1:5).

2. 이제 본문의 두 번째 요점에 관해서 언급하고자 합니다.
구하는 자가 호소하는 적합한 장소에 관해서입니다.
곧, "하나님께 구하라"입니다.

　사랑하는 친구들이여, 하나님을 올바로 믿고 섬긴다는 것이 무엇인가에 대해서, 또한 살아 계신 하나님과 긴밀한 인격적인 관계를 맺는 것이 꼭 필요하다는 것에 대해서, 나는 여러분을 끊임없이 가르쳐 왔습니다. 여러분은 그 사실을 잘 알고 계십니다. 비록 여러분이 이 말씀을 나에게로부터 벌써 수천 번이나 들었겠지만, 나는 여러분에게 그것을 지금 다시 한 번 일깨워 주어야만 하겠습니다. 곧, "하나님께 구하라"는 본문 말씀입니다. 어떤 중개 역할을 하는 대상이나, 종교 의식이나, 사람이 없을지라도, 구하는 자는 하나님으로부터 직접 가르침을 받을 수 있다는 사실을 이제 여러분은 깨닫게 되었습니다. 본문은 좋은 책들로부터 지시를 받으라고 말하지 않습니다. 책들은 보조적인 자료로서 매우 유익할 것입니다. 그러나 아무리 훌륭한 책들이라고 하더라도, 그 내용을 무조건적으로 따른다면, 여러분을 잘못 인도할 수 있습니다. 예를 들면, 필립 도드리지(Philip Doddridge 18세기 영국 비국교도 목회자, 찬송가 작가)의 「영혼 안의 종교의 기원과 발전」(*The Rise and Progress of Religion in the Soul*)이라는 책은 훌륭하고 경탄할 만합니다. 그렇지만 많은 사람들이 이 책에 불필요할 정도로 매여 있었다고 나는 확신합니다. 많은 사람들이 이 책을 읽고 회심을 경험했습니다. 또한 수많은 사람들이 이 책을 통해서 영적인 도움을 받았습니다. 그러나 그 책에도 취약점이 있습니다. 그래서 만약 여러분이 그 책을 맹목적으로 따른다면, 그 책을 전부 읽고 그 안에 제시된 권고들을 따른다고 해도, 여러분은 위안을 얻지 못할 것이라고 나는 감히 말합니다. 인간적인 안내는 모두 불완전하듯이, 우리가 사람들을 신뢰하지만 이스라엘의 위대한 목자이신 하나님을 잊어버린다면, 우리의 시도는 실패할 것입니다. 그런데 영적인 문제가 어떤 사람에게 진정으로 해결되지 않은 상태에 있다면, 그는 매우 위험한 상황에 놓여 있는 것입니다. 그러면 어떤 교활한 거짓 교사가 그를 휘어잡아서, 이단 교리와 비성경적인 가르침에 빠지게 할 수 있습니다. 그러기에 본문은 "누구든지 지혜가 부족하거든 목회자에게 가서 구하라"고 말하지 않습니다. 그것은 그가 할 수 있는 일 가운데 가장 바람직하지 않은 일입니다. 왜냐하면 목회자도 모든 것을 알지 못하기 때문에, 그릇된 조언을 받을 수도, 또한 그것을 제시할 수도 있기 때문입니다. 따라서 성경은 "하나님께 구하라"고 권면합니다. 그러나 하나님을 제쳐 놓고, 우리는 책들이나, 사람들이나, 종교 의식에 기꺼이 참여하고자 하는 모든 준비가 되어 있습니다. 마음으로 진정한 예배를 전혀 드리지 않으면서도, 사람은 두 눈과 두 팔과 무릎과 입으로 하나님께 열심히 예배를 드리는 잘못을 범할 수 있습니다. 하나님의 은혜로 우리의 마음이 다시 새로워지지 않으면, 우리는 모두 마음으로 하나님께 예배드리는 것에서 완전히 벗어나 있는 것입니다.

후안 데 발데스(Juan de Valdes: 1490-1541, 스페인 태생으로서 개혁 성향을 지닌 로마 가톨릭 신학자이며 인문주의자)는 이렇게 말했습니다. "어떤 무지한 사람이 십자가를 손에 들고 말합니다. '이 십자가는 내가 그리스도를 묵상하는 것을 도와줄 것이다.' 그러고 나서 그는 십자가 앞에 머리를 깊이 숙입니다. 그러나 그리스도에 대해서는 전혀 생각하지 않습니다. 따라서 그는 십자가의 진정한 의미에는 이르지 못합니다." 또한 발데스는 다음과 같이 말합니다. "어떤 학자가 책을 들고 말합니다. '이 책이 하나님 나라의 신비에 대해서 나에게 가르쳐줄 것이다.' 그런데 그는 경건의 신비에 대해서 깊이 생각해보지도 않고, 그 책을 단순히 기계적으로 읽어내려 갑니다. 그래서 그는 내용을 깊이 묵상해보지 않아서, 진리를 파악하지 못한 채, 그 책에만 머물고 맙니다." 하나님이 기꺼이 받으시는 것은 몸의 움직임이 아니라, 마음의 활동입니다. 곧, 생각으로 하나님과 세밀하게 대화하는 것입니다. 또한 하나님의 영과 긴밀한 교제를 나누려고 다가오는 하나님의 자녀의 영을 하나님은 영접하십니다. 하나님은 영으로 예배하는 것을 기쁘게 받으십니다. 그러므로 본문은 "책에서 구하라"고 말하지 않습니다. 또한 "목회자에게 구하라"고 말하지도 않습니다. 오직 "하나님께 구하라"고 권면합니다.

　　무엇보다도 먼저, 구하는 자가 스스로 묻고, 자신의 상상이나 느낌을 따르지 않도록 하십시오. 인간의 안내는 모두 불완전한 것입니다. 그래서 여러분이 자신을 안내한다면, 자신에게 가장 나쁜 안내자가 될 것입니다. 본문은 말합니다. "하나님께 구하라." 어떤 사람이 분명하고 진지하게 이렇게 말합니다. "나는 이스라엘의 여호와 하나님께 무릎을 꿇었습니다. 성령님을 통해서, 나를 인도해주시고 지도해주실 것을 예수님의 이름으로 하나님 아버지께 기도했습니다. 그 다음 하나님의 책을 펴고, 하나님이 나의 안내자가 되셔서, 나를 말씀으로 인도해주실 것을 간청했습니다." 그와 같은 사람은 곧 구원의 지혜를 얻게 된다는 것을 나는 확신합니다.

　　하나님께 진정으로 구하는 것을 절대로 그만두지 않도록 여러분 모두에게 간절히 바랍니다. 그리고 여러분이 나에게 구하는 것에 만족하시지 않기를 나는 하나님의 이름으로 간청합니다. 하나님께 감사하게도, 모든 신자들이 제사장들인 것과 마찬가지로, 나도 한 사람의 제사장에 지나지 않습니다(참조. 벧전 2:9). 나는 교회를 다스릴 수 있는 특별한 직책을 갖고 있지 않습니다. 오직 하나님만이 교회의 주권자이십니다. 형제자매 여러분, 또한 집사들이나 장로들에게 구하는 것에도 만족하지 마시기 바랍니다. 하나님은 그들 가운데 많은 이들을 지혜롭게 하셨습니다. 그래서 어려움을 겪고 있는 사람들을 도와주게 하셨습니다. 그러나 어떤 성도가 아무리 경건하고 거룩하다고 하더라도, 어느 누구의 조언에도 만족하지 마십시오. 그 대신 하늘과 땅의 주인이신 하나님께 직접 나아가십시오. 그리고 하나님께 말하십시오. "주 하나님, 나를 가르쳐 주시옵소서! 오 하나님, 하나님의 길을 내게 보여주시옵소서! 하나님의 진리의 말씀을 내게 가르쳐 주옵소서!" 지혜의 이차적인 근원에게로 가라는 명령을 여러분은 받지 않았습니다. 지혜의 근원이시며, 모든 것을 아시는 하나님께 가라는 명령을 여러분은 받았습니다. 그래서 본문은 말합니다. "하나님께 구하라." 이와 같은 권고는 분명히 좋은 것입니다. 여러분에게 이러한 권고를 하는 데에 어떤 불순한 동기가 있을 것이라고 여러분은 우리를 의심할 필요가 없습니다. 우리가 구하는 것은 여러분의 유익이지, 우리 자신의 영광이 아니기 때문입니다. 여러분은 총본부로 찾아가서, 거기서 도움을 구하는 것이 가장 바람직할 것입니다. 만약 그곳에서 안내를 요청하면, 여러분은 틀림없이 올바로 인도함을 받을 것입니다. 어떤 사람들은 "보십시오. 이곳에서 조언을 구할 수 있습니다"라고 말합니다. 반면에, 다른 사람들은 "아닙니다. 저곳에서 구해야 합니다"라고 주장합니다. 그러나 여러분이 하나님께로 가서, 그분의 지도를 통해서 하나님의 말씀을 배운다면, 여러분에게 지혜를 얻을 것입니다. 어떻게 여러분이 그렇게 할 수 있을까요?

이 점과 관련하여, 삼위일체 가운데 복된 한 분이 계신다는 사실을 기억하십시오. 우리에게 진리에 대해서 가르치는 것이 그분의 특별한 임무입니다. 그래서 지혜를 구하기 위해서 여러분이 하나님께 나아간다면, 기꺼이 그렇게 하십시오. 왜냐하면 구하는 이에게 지혜를 주는 것이 그분의 본성이자 임무이기 때문입니다. 이 목적을 위해서, 성령님은 여러분에게 보내심을 받았습니다. "아버지께서 내 이름으로 보내실 성령 그가 너희에게 모든 것을 가르치고 내가 너희에게 말한 모든 것을 생각나게 하리라"(요 14:26). 하나님께 나아갈 때, 여러분은 이렇게 말씀하십시오. "오, 하나님 아버지! 하나님은 우리에게 성령님을 계시해 주시기를 기뻐하셨습니다. 성령님은 우리의 어둠에 빛을 비추시고, 영적인 무지를 없애주십니다. 오, 하나님의 영이 내 안에 거주하게 하소서. 하나님의 말씀을 통해서, 또한 하나님이 세우신 목회자들을 통해서, 나는 성령님에 의해서 기꺼이 가르침을 받기를 원합니다. 그렇지만 나는 먼저 하나님께 나아왔습니다. 왜냐하면 하나님 자신과 분리된다면, 하나님의 말씀도 목회자들도 나에게 아무것도 가르쳐 줄 수 없다는 사실을 내가 잘 알기 때문입니다. 오, 여호와 하나님, 나를 가르쳐주소서!"

그렇다고 성경을 소홀히 해도 된다고 내가 여러분에게 말하는 것이 아닙니다. 절대로 내 의도는 그렇지 않습니다. 또한 하나님이 보내신 성령님과 더불어 말씀을 전하는 목회자들을 여러분이 경시해도 된다는 것이 결코 아닙니다. 성령님에게 종속적인 역할을 하는 대상으로서, 성경과 하나님의 목회자들을 바라보라는 것이 내가 의도하는 것입니다. 그러므로 곧바로 하나님께 가십시오. 하나님께 구하십시오. 왜냐하면 성경 안에는 사람을 죽이는 율법의 문자가 들어 있기 때문입니다. 하나님께 나아가면, 오직 성령님만이 하나님의 말씀이 지닌 생명력이 넘치는 본질과 다시 살아나게 하는 권능을 여러분에게 깨닫게 해줍니다. 햇빛을 통해서 여러분은 사물을 볼 수 있습니다. 그러나 사랑하는 여러분, 성령님이 없으면, 여러분은 영적으로 눈이 먼 사람들입니다. 성령님이 깨우쳐 주시지 않는다면, 여러분이 복음에 대한 이론적인 교육을 잘 받는다고 하더라도, 여러분은 이전처럼 복음의 내용을 이해하지 못하는 어리석은 사람인 것입니다. 그러므로 성령님이 여러분을 가르치시게 하십시오. 그러면 여러분은 이 땅에서의 삶과 참된 경건에 대해서 필요한 모든 것들을 알게 될 것입니다. 내가 이제까지 여러분에게 말씀드린 것을 요약한다면 두 가지입니다. 한 가지는 구하는 자에게 크게 부족한 것은 "지혜"라는 것입니다. 또 한 가지는 오직 하나님에게서만 우리는 지혜를 얻을 수 있다는 사실입니다.

3. 셋째로 하나님에게 나아가는 올바른 방법에 대해서 말하고자 합니다.

"하나님께 구하라." 이 말은 얼마나 단순합니까? "하나님께 구하라." 분문에는 어떻게 구하라는 형식이 구체적으로 제시되지 않았습니다. 아무런 말로도 규정되지 않았습니다. 아무런 방법도 지시되지 않았습니다. 특별한 시간이 정해진 것도 아닙니다. 붉은 글씨로 주의 사항들이 인쇄된 것도 아닙니다. 그저 매우 간단한 말로 "하나님께 **구하라**"고 기록되어 있습니다.

그런데 구하는 사람에게 하나님이 자비를 베푸시는 데에도 불구하고, 그것을 원하지 않는 사람이 있다면, 그는 자비를 맛보지 못하고 죽어 마땅할 것입니다. "구하라"는 의미에 대해서 깊이 살펴보기 이전에, 우선 단순하게 생각해 보고자 합니다. 하나님이 구하는 자에게 지혜를 주시는 것은, 단지 그가 지혜를 구하기 때문입니다. 그렇다면 지혜로워지기를 전혀 구하지 않으려는 사람의 어리석음에 대해서 내가 무슨 말을 할 수 있겠습니까? 지난날에 여러분이 그러한 어리석음을 범한 것을 하나님이 용서해 주시기 바랍니다. 앞으로 여러분이 그런 어리석은 일을 다시 되풀이 하지 않도록, 하나님이 도와주시기를 원합니다.

본문은 "하나님께 구하라"고 말합니다. 이 말에는 지혜를 구하는 한 가지 방법이 넌지시 전제되어 있습니다. 곧, 자신이 무지하다는 사실을 먼저 고백해야 한다는 것입니다. 자신이 무지하다는 사실을 깨닫기 이전에는, 아무도 지혜를 구하지 않을 것입니다. 사랑하는 여러분, 하나님에게 여러분의 무지를 고백하십시오. 여러분이 여기 있는 것과 마찬가지로 하나님은 지금 이 자리에 계십니다. 여기 계신 하나님께 이렇게 말하십시오. "오 하나님, 이전에 내가 자신에 대해서 생각했던 것만큼 지혜롭지 못하다는 사실을 나는 이제 깨달았습니다. 나는 어리석고 쓸모 없는 존재입니다. 하나님, 나에게 지혜를 가르쳐 주시옵소서." 철저하게 고백하십시오. 이것이 여러분을 참된 기도로 이끌어줄 것입니다.

또한 하나님께 구한다는 것은 하나님을 믿는다는 사실을 내포하고 있습니다. 만약 어떤 대상이 정말로 존재하는지 의심한다면, 우리는 그 대상에게 무엇인가를 요구할 수 없습니다. 만약 어떤 사람이 우리가 부탁하는 것을 들어줄지에 대해서 매우 의심하고 있다면, 우리는 그런 사람에게 아무것도 구하려고 하지 않을 것입니다. 사방을 둘러보아도 들어 줄 사람이 아무도 없는 것이 확실한데, 누가 사하라 사막에서 큰 소리로 외치겠습니까? 사랑하는 성도 여러분, 여러분은 하나님이 계신 것을 분명히 믿습니다. 그렇다면 하나님께 구하십시오! 하나님이 지금 여기 계신 것을, 또한 여러분이 부르짖는 것을 하나님이 들어주심을 여러분은 믿지 않으십니까? 여러분이 구하는 것을 주시려고, 여러분의 부르짖음에 응답하심을 하나님은 기뻐하신다는 것을 여러분은 믿지 않으십니까? 하나님이 분명히 존재하시고, 하나님이 바로 여기 계시며, 또한 여러분이 구하는 것을 들어주심을 여러분이 믿으신다면, 이제 여러분에게 지혜가 없음을 고백하십시오. 예수님의 이름으로, 여러분에게 약속된 지혜를 달라고 하나님께 지금 구하십시오.

또한 하나님께 나아가서 이와 같이 구하는 방법에는 구원은 하나님의 은혜로 이루어진다는 명백한 관점이 내포되어 있습니다. 본문은 "하나님에게 돈을 주고 사라", "하나님에게 당연한 것처럼 요구하라", "하나님에게 가서 얻어라"고 말하지 않습니다. 결코 그렇게 말하지 않습니다. 단순히 "하나님께 구하라"는 것입니다. 그것은 거지가 하는 말과 같습니다. 거지는 자선(慈善)을 구합니다. 길거리에서 마주치는 거지가 여러분에게 구하듯이, 여러분은 하나님께 구해야 합니다. 그러면 여러분이 가난한 사람들에게 주는 것보다 훨씬 더 많은 것을 하나님은 여러분에게 풍성하게 주실 것입니다. 그렇지만 그렇게 받을 만한 공로가 전혀 없음을 여러분은 고백해야만 합니다. 만약 여러분이 그 사실을 인정하지 않는다면, 하나님도 여러분의 기도를 들어주시지 않습니다. 이제 여러분에게 지혜가 없음을 인정하고, 또한 죄를 자백하며, 하나님께 나아갑시다. 하나님은 그분을 열심히 구하는 자들에게 상주시는 분임을 믿으십시오. 그러면 하나님은 영혼을 구원하는 지혜를 바로 지금 여러분에게 주실 것입니다.

　여기서 하나님을 의지해야 한다는 사실을 인정하는 것에 대해서 잘 살펴보십시오. 야고보는 다른 곳에서는 지혜를 찾을 수 없다는 것을 알고 있습니다. 지혜는 오직 하나님으로부터만 오는 것입니다. 그는 지혜의 유일한 근원이신 하나님에게로 구하는 자의 눈을 돌리게 합니다. 그리고 구하는 자가 "터진 웅덩이"로부터 떠나게 합니다(렘 2:13). 사랑하는 여러분, 위에서 말한 대로 하십시오. 본문은 이 점을 너무 분명하게 말하고 있기 때문에, 나의 설명이 더 이상 필요 없는 것처럼 느껴집니다. 본문은 "하나님께 구하라"는 권고를 오직 여러분이 실행하기만을 원하고 있는 것처럼 여겨집니다. "하나님께 구하라"는 말씀을 들으면서, 이 거대한 건물 안에 앉아 있는 수많은 사람들 가운데 어떤 이들은 속으로 이의(異意)를 제기할 것이라고 추측됩니다. 어떤 사람은 말할 것입니다. "그렇지만 나는 '하나님께 구하라'는 말을 전혀 이해할 수 없습니다." 또 다른 사람은 이렇게 말할 것입니다. "나는 '하나님께 구하라'는 말을 온전하게 깨달을 수 없습니다." 만약 여러분이 이처럼 몇 가지 이의를 제기한다면, 또한 여러분이 스스로 매듭을 묶고서, 예수님을 믿기도 전에 그 매듭을 풀기를 원할 만큼 어리석다면, 나는 여러분에게 이 말밖에는 들려줄 것이 아무것도 없습니다. 곧, 영혼을 멸망시키게 될 매듭을 여러분이 스스로 묶지 않도록 조심하라는 것입니다. 그러나 지혜를 구하기는 하지만 뜻대로 되지 않아서, 여러분이 고통을 당하고 있다면, 하나님의 이름으로 나는 여러분에게 말합니다. "지금, 곧 하나님께 구하십시오." 집에 갈 때까지, 여러분은 기다릴 필요가 없습니다. 여러분이 앉아 있는 자리를 떠날 때까지, 기다릴 필요도 없습니다. 한나가 성막에 올라가서 기도했던 것처럼, 지금 조용히 마음속으로 이렇게 기도하십시오. "오, 하나님, 나를 가르쳐 주시옵소서. 그리스도의 십자가 아래로 인도해 주시옵소서. 예수님을 볼 수 있도록 도와 주시옵소서. 오늘 내 영혼을 구원해 주시옵소서. 의심에서 비롯되는 여러 가지 갈등을 해결해 주시옵소서. 이 의문들에 응답해 주시옵소서. 겸손히 구하는 자가 되게 해주셔서, 온전히 자비로우신 하나님의 발등상 앞에 내가 엎드리게 하옵소서. 그래서 그리스도의 대속의 희생제물을 통해서, 죄 사함을 받게 하옵소서." "구하라." 이 말이 전부입니다. "하나님께 구하라."

4. 넷째로, 본문은 구하는 자를 위한 많은 격려를 내포하고 있습니다.

여기서 네 가지 격려에 대해서 소개하고자 합니다. "모든 사람에게 주시는 하나님께 구하라." "모든 사람에게 주시는 분"이라니, 하나님은 얼마나 많은 대상을 포함시키십니까? 그 범위가 얼마나 넓은지에 대해서 생각해 보고자 합니다. 하나님은 모든 사람에게 생명과 건강과 음식과 의복을 주십니다. "하나님이 그 해를 악인과 선인에게 비추시며 비를 의로운 자와 불의한 자에게 내려주심이라"(마 5:45). 이처럼 모든 피조물은 하나님의 은총을 받고 있습니다. 숲속에 있는 푸른 잎사귀 위에 기어다니는 매우 작은 벌레로부터 창조주의 뜻에 따라서 하나님을 찬양하며 빠르게 날아다니고 있는 천사에 이르기까지, 위대하신 만군(萬軍)의 하나님의 은혜로운 선물을 받지 않은 피조물은 하나도 없습니다. 이와 같이 하나님은 모든 사람에게 은혜를 베푸십니다. 그렇다면 눈물 어린 눈으로 하늘을 진지하게 바라보며, 다음과 같이 외치는 사람에게 하나님은 은혜로운 선물들을 더욱 풍성하게 주실 것입니다. "하나님 아버지, 나에게 지혜를 주시옵소서. 그리하여 하나님의 아들의 죽음을 통해서, 하나님과 화목하게 하시옵소서." 조지 허버트(George Herber:신앙시인)가 말했던 것처럼, 풀잎은 이슬을 달라고 기도해 본 적이 없습니다. 그런데도 모든 풀잎에는 이슬이 맺혀 있습니다. 만약 여러분이 은혜의 이슬을 달라고 날마다 부르짖는데도, 여러분에게 하늘의 이슬이 내리지 않는다고요? 그것은 있을 수 없는 일입니다. 여러분의 자녀가 "아버지, 나는 순종하기 원해요. 나는 거룩해지기 원해요"라고 여러분에게 말한다고 상상해 봅시다. 그리고 여러분에게 그렇게 해줄 능력이 있다고 가정해 봅시다. 여러분은 그것을 진정으로 거절할 수 있습니까? 아닙니다. 자녀가 여러분으로부터 받을 때 느끼는 기쁨보다 여러분이 자녀에게 줄 때의 기쁨이 더욱 클 것입니다.
　　그러나 본문을 그렇게 넓은 의미로만 이해해서는 안 된다고 말하는 사람들
도 있습니다. 그것은 고려해 볼 만합니다. 곧, 하나님이 **구하는** 사람 모두에게 주
신다는 말에는 제한적인 조건이 암시되어 있다고 나는 생각합니다. 제한적인 조
건에 대해서 본문에는 구체적으로 언급되어 있지 않습니다. 그러나 나는 그것이
내포되어 있다고 판단합니다. 왜냐하면 하나님은 영적인 은사들이나 선물들을
모든 사람에게 똑같이 넘치도록 주시지 않기 때문입니다. 방자하며 사악하게도,
어떤 사람들은 하나님의 은혜가 넘치는 호의를 거부하기 때문에, 그것을 제대로
체험하지 못한 채 살다가 죽는 사람들도 있습니다. 그러나 하나님은 진정으로
구하는 모든 사람에게 은혜를 넘치도록 베푸십니다. 우리는 이 사실을 인정할
수 있습니다. 그리고 오늘 아침 바로 이곳에서, 여러분 가운데서도 수백 명이 그
것이 사실이라고 증거할 것입니다.　여기 서 있는 나도 증인입니다. 나 또한 하
나님을 구했었습니다. 하나님은 내가 구하는 것을 들어주셨습니다. 온갖 두려움
으로부터 나를 구원해 주셨습니다. 사랑하는 형제자매 여러분, 여러분도 위대한
군인처럼 뛰어오를 수 있다는 것을 나는 알고 있습니다. 만약 여러분에게 다음
과 같이 말하는 것이 합당하다고 여겨지면, 지체 없이 고백하십시오. "이 불쌍한
사람은 부르짖었습니다. 그러자 하나님은 응답해 주셨습니다. 야곱의 하나님은
하나님의 자녀의 부르짖음을 멸시하거나 싫어하지 않으셨습니다." 자, 여러분,
하나님이 그의 얼굴을 구하는 수없이 많은 사람들의 간구를 들어주시는데, 왜
여러분의 간구를 들어주시지 않겠습니까? 수백, 수천, 수만 명의 사람들이 하나
님께 나아가서 간구했습니다. 그들 가운데 거절당한 사람이 한 사람도 없지 않
았습니까? 그런데 하나님이 여러분의 간구부터 거절하시기를 시작한다고 상상
하십니까? 여러분 가운데 어떤 사람이 하나님께 구했지만 거절당한 최초의 사람
이 될 것 같습니까? 그렇다면 여러분은 얼마나 이상한 운명 아래 놓여 있는 것입
니까? 마치 다른 세상에 살고 있는 사람처럼, 여러분은 이렇게 슬프게 외쳐야 할
것입니다. "나는 하나님의 은혜를 구했지만, 그것을 받지 못한 최초의 사람입니
다. 나는 그리스도의 십자가 밑에서 울었지만, 하나님의 자비를 얻지 못했습니
다. 나는 '여호와여, 나를 기억하소서'라고 말했습니다. 그렇지만 하나님은 나를
기억하는 것을 원하지 않으셨습니다." 그러나 이렇게 말해야 하는 상황은 여러
분에게 결코 일어나지 않을 것입니다. 지옥이 이와 같은 유일한 사례를 발견하

고, 그것에 대해서 자랑하게 될 일은 없을 것입니다. 하늘은 이와 같은 단 한 번의 실례에 의해서 자신의 명예가 더럽혀지는 것을 허락하지 않을 것입니다. 여호와와 그의 권능을 구하십시오. 항상 그의 얼굴을 구하십시오. 여호와를 구하는 여러분은 하나님의 은혜를 풍성히 체험하며 살 것입니다.

우리를 위로해 주는 또 다른 한 가지는 하나님이 모든 사람에게 넘치게 주신다는 사실입니다. 우리가 거지에게 하찮은 것을 아주 조금 주듯이, 하나님은 우리에게 그렇게 주시지 않습니다. 무한하게 부요하신 하나님은 우리의 두 손에 가득하게 주십니다. 솔로몬 왕은 하나님께 지혜를 구했었습니다. 그러자 하나님은 그에게 부요와 권세도 주셨습니다. 구약에 소개되는 거의 모든 기도의 실례를 살펴보면, 하나님은 구하는 것보다 열 배나 더 많이 주셨습니다. 야곱은 단지 "먹을 떡과 입을 옷"을 구했지만(창 28:20), 하나님은 레아와 라헬을 통한 자식들과 많은 가축들을 그에게 주셨습니다(창 33장). 이와 같이 하나님은 "우리가 구하거나 생각하는 모든 것에 더 넘치도록 능히" 주실 수 있는 분입니다(엡 3:20). 이것이 하나님의 마음이자, 늘 하시는 일입니다. 하나님은 그의 약속들을 반드시 이행하십니다. 또한 어떤 이들에게 은을 주어도 충분한데도, 하나님은 이들에게 금을 주시는 것을 더 좋아하십니다. 그는 아낌없이 주십니다. 하나님이 어떤 분이신지 경험해 본다면, 우리는 그가 지극히 후하신 분임을 깨닫게 될 것입니다. 하나님이 여러분부터 인색하게 대하기 시작하실 것이라고 여러분은 생각합니까? 하나님이 여러분의 모든 죄를 전적으로 용서해 주신다고 해서, 그가 이전보다 더 가난해지시는 것은 결코 아닙니다. 또한 하나님이 여러분의 모든 죄를 용서해 주시지 않는다고 해서, 이전보다 더 부자가 되시는 것도 아닙니다. 왜 하나님이 은총을 베푸시는 것을 아까워하시겠습니까? 여러분은 모든 죄악들을 말끔히 씻어버리기를 원합니다. 그것들을 깨끗이 씻을 수 있는 은혜의 강물이 있습니다. 여러분이 여러분의 영혼에 새로운 활력을 주기를 바랍니다. 하나님은 메마른 땅을 흥건하게 적실 수 있는 큰물을 넘쳐흐르게 하실 수 있습니다. 성경은 그리스도의 측량할 수 없는 부요에 대해서 증거합니다(참조. 엡 3:19). 오, 리워야단 같은 무서운 죄인들이여! 여러분이 죄 사함을 받고 자유롭게 헤엄칠 수 있도록, 여기에 은혜의 큰 바다가 있습니다. 오, 코끼리처럼 거대하고 굼뜬 죄인들이여! 여러분을 모두 태우고서도 대홍수의 큰 물결 위에서 안전하게 떠다닐 수 있는 방주가 여기에 마련되어 있습니다. 오, 무시무시한 죄인들이여! 여러분의 교만의 죄는 하늘에까지 이르렀습니다. 정욕을 향한 여러분의 발길은 지옥의 수렁에 빠지고 말았습니다. 그러나 하나님이 마련하신 거룩한 피난처는 심지어 여러분 같은 무서운 죄인들도 모두 받아들일 만큼 충분히 넓습니다.

우리를 위로해주는 세 번째 말씀은 "꾸짖지 아니하시는"이라는 말씀입니다. 그것은 우리를 기분 좋게 해주는 말입니다. 많은 빚을 지고 있는 어떤 친구가 있습니다. 그는 당신에게 돈을 빌리고 싶어합니다. 당신은 그 친구를 도와주면서, 이렇게 말합니다. "꼭 기억하게! 나는 자네에게 돈을 빌려주는 것을 좋아하지 않아. 그리고 자네가 이렇게 계속해서 빚을 지고 살아서는 안 되네." 또한 어떤 믿음의 형제가 당신에게 경제적인 도움을 청합니다. 당신은 그 형제를 이미 여러 번 도와주었습니다. 이제 또 도와달라고 합니다. 이번에도 도와주기는 하지만, 그를 꾸짖으며, 매우 뻔뻔스럽다고 당신은 말합니다. 그러면서 입으로는 직접 말하지 않지만, 그를 바라보면서 표정으로 이렇게 말한다고 가정합시다. "이 형제가 이렇게 난처한 처지에 몰려서는 안 되는데. 어떻게든지 사업 여건을 조금이라도 개선시켜야 하는데. 참 답답하군." 그러면 그 형제는 마음속으로 이와 같이 생각할 것입니다. '그가 나에게 도움을 주는 것은 매우 고마운 일이야. 그렇지만 그에게 도움을 요청할 수밖에 없는 것은 나에게는 대단히 창피한 노릇이야. 왜냐하면 도움을 받을 때마다, 나는 그에게 뼈아픈 가르침을 받아야만 하거든.' 우리가 좋은 의도를 갖고 친구나 형제에게 그렇게 말한다는 것을 나는 의심하지 않습니다. 그러나 이런 우리와는 대조적으로, 하나님은 구하는 자를 결코 꾸짖지 않으십니다. 하나님은 넘치도록 주십니다. 하나님은 구하는 자를 거칠게 책망해서 은혜의 눈부신 빛을 흐리게 하지 않으십니다. 주님은 이렇게 말씀하시지 않습니다. "아, 죄인이여! 어떻게 그런 끔찍한 죄를 저지를 수 있는가! 내가 너를 용서해 주기는 하지만, 그러나 … " 예수님의 비유에 나오는 아버지는 집으로 돌아온 탕자에게 그렇게 말하지 않았습니다. 탕자가 집에 돌아왔을 때, 아버지가 다음과 같이 말했을 것이라고 어떤 사람은 추측합니다. "그래, 사랑하는 아들아, 나는 너를 용서한다. 그러나 네가 그와 같은 일을 저지르는 것을 내가 다시는 보지 않게 해라. 나의 재산 중에서 너의 몫을 받아서, 그와 같이 낭비하다니, 너는 얼마나 못된 짓을 했느냐? 이전처럼 많은 재물을 나는 결코 소유하지 못할 것이다. 너는 내 재산의 절반을 탕진해 버렸다. 네가 어디에 가 있었는지 이제 생각해 보아라. 창녀들과 함께 네 몫을 허비해 버리다니, 너는 아버지의 이름과 인격에 불명예를 가져왔다. 나는 너를 용서한다. 하지만 나는 네 못된 행위를 잊어버릴 수 없다." 사랑하는 형제자매 여러분! 탕자의 비유에서, 아버지는 그렇게 말하지 않았습니다. 탕자는 자신이 저지른 죄악들을 기억했습니다. 그러나 아버지는 탕자가 행한 모든 잘못들을 잊어버렸습니다. 뿐만 아니라, 그는 기뻐서 외쳤습니다. "이 내 아들은 죽었다가 다시 살아났으며 내가 잃었다가 다시 얻었노라"(눅 15:24). 오, 불쌍한 영혼들이여! 만약 여러분이 구세주의 마음을 알았다면, 여러분은 죄악 가운데 머무르지 않았을 것입니다. 만약 여러분이 하나님 아버지의 무한한 사랑을 깨달았다면, 여러분은 불신앙에서 떠나기를 망설이지 않았을 것입니다.

> "주님의 가슴은 부드러움으로 만들어졌고,
> 주님의 마음에는 사랑이 넘치네."

비록 여러분이 어리석다고 하더라도, 지혜를 구하는 것을 거부할 만큼 어리석은 사람이 되지 않기를 바랍니다. 이제 이렇게 기도하십시오. "오 하나님, 나를 가르쳐 주시옵소서. 오늘 하나님의 사랑하는 아들을 믿게 하옵소서."

마지막으로, 네 번째의 위로에 대해서 생각해 보고자 합니다. 곧, "그리하면 주시리라." 지난 밤에 본문을 훑어보면서, 나는 과연 "그리하면 주시리라"는 마지막 문장이 필요한 것인지 스스로 물어보았습니다. "모든 사람에게 후히 주시고 꾸짖지 아니하시는 하나님께 구하라"는 내용이면 '이미 충분한 것이 아닌가?' 라고 혼자 생각해 보았습니다. 만약 하나님이 모든 사람에게 주신다면, 하나님은 구하는 자에게 분명히 주십니다. 그렇다면 "그리하면 주시리라"는 약속은 쓸데없이 덧붙여진 것이 아닐까요? 이 의문과 관련하여, 나는 다음과 같은 결론에 이르렀습니다. 만약 이 말이 불필요하다면, 그것은 본문에 포함되지 않았을 것입니다. 어떤 추론이 명백하게 사실인 데도 불구하고, 단지 추론하는 것만으로는 만족하지 못하는 어떤 사람들이 있습니다. 그것은 바로 타락한 인간의 본성이 지니고 있는 두려움을 반영하는 것입니다. 이런 성향을 지닌 사람들은 매우 분명한 말들로 다양하게 표현된 약속의 말씀을 듣기를 원합니다. 따라서 본문에 "그리하면 주시리라"고 다시 한 번 확실하게 약속하는 말씀이 들어 있는 것입니다. "그렇게 될 것이다" 또는 "그렇게 될 수 있다"라고 되어 있지 않습니다. 그 대신에, "그리하면 주시리라"고 아주 분명하게 표현되어 있습니다.

그렇다면 지혜가 어떤 사람에게 주어진다는 말입니까? "너희 중에 누구든지 지혜가 부족하거든"이라고 본문은 말합니다. 그러자 어떤 사람이 이의를 제기합니다. "그렇지만 나는 어떤 명단에도 들어 있지 않은데요. 나는 완전히 외톨이인데요." 그래도 당신은 분명히 "너희 중에 누구든지"라는 대상 가운데 포함되어 있습니다. 또 다른 사람은 이렇게 주장합니다. "아, 나는 개인적으로 어떤 끔찍한 실수, 어떤 무서운 죄를 범했습니다. 그것을 내가 차마 입에 담을 수도 없습니다. 그 죄가 나에게 영원한 저주를 가져왔다고 나는 믿고 있습니다." 그렇지만 분명히 본문은 이렇게 말합니다. "너희 중에 누구든지." 한 가지 예를 들겠습니다. 어떤 문이 열려져 있습니다. "너희 중에 누구든지 배고픈 사람은 이 안으로 들어오라"는 음성이 문 안으로부터 들려옵니다. "분명히 저 사람들이 의도하는 대상에 나는 포함되지 않을 것이다"라고 스스로 두려워해서, 배가 고픈 데에도 불구하고, 내가 문 밖에 머물러 있어서는 안 될 것입니다. 그것과는 반대로 나는 이렇게 말해야 할 것입니다. "저들은 내가 밖에 서 있는 것을 원하지 않아. 저들은 초대하는 대상을 매우 명확하게 표현했어. '너희 중에 누구든지'라고 쓰여 있잖아. 나도 분명히 사람의 아들들 가운데 한 사람이야. 그렇다면 당연히 잔치에 참석하러 들어가야지."

만약 하나님이 여러분을 못 들어오게 하시고자 한다면, 그는 그것을 좀 더 구체적으로 표현했을 것입니다. 여러분을 들어오지 못하도록 암시하는 말은 전혀 없습니다. 본문은 "너희 중에 누구든지 지혜가 부족하거든"이라고 기록되어 있습니다. 그렇습니다. 여러분도 분명히 포함되어 있습니다. 지혜가 부족한 여러분은 그 대상에 해당 됩니다. 본문은 대상에 대한 자격을 제한하지 않습니다. 그 대상은 여러분에게까지 확대됩니다. 왜냐하면 여러분은 자신이 얼마나 어리석은지를 깨닫고 있기 때문입니다. 본문은 "그리하면 주시리라"고 약속합니다. 그런데도 여러분은 이렇게 말합니다. "나는 그것을 얻지 못한다고 생각합니다." 여러분은 하나님을 거짓말쟁이로 만들어서는 안 됩니다. 어떻게 하나님을 모독하는 그런 생각을 할 수 있습니까? 야고보는 이렇게 권면합니다. "하나님께 구하라. 그리하면 주시리라." 그런데도 어떤 사람은 말합니다. "나의 죄악들이 너무 커서, 나는 받지 못할 것입니다!" "하나님께 구하라. 그리하면 주시리라"는 대단히 긍정적인 하나님의 말씀과 대립되는 것은 아무것도 없다고, 또한 있을 수 없다고 나는 생각합니다.

하나님은 성경 말씀을 통해서 주장하시는 것과는 다른 의도를 갖고 계시다고 여러분은 추측합니까? 오, 죄인이여! 그렇다면 여러분은 이제까지 행한 모든 죄악들에다가 하나님이 거짓말쟁이라고 생각하는 죄를 더하려는 것입니까? 하나님은 그에게서 지혜를 구하라고 여러분을 권면하십니다. 그리하면 하나님은 여러분에게 반드시 지혜를 주실 것이라고 약속하십니다. 여호와를 의심하지 마십시오. 여호와의 신실하심을 불신하지 마십시오. 겸손하게 두려워 떨면서 구세주의 십자가 아래로 곧바로 나아오십시오. 위대한 대속의 희생제물로서, 높이 들리신 그리스도를 바라보십시오. 피가 흘러내리고 있는 그의 상처들을 자세히 살펴보십시오. 가시 면류관으로 인해서 생긴 상처들로부터 흘러나온 붉은 핏방울들이 아직도 맺혀 있는 그의 이마를 주목해 보십시오. 그리스도를 바라보십시오. 그리고 사십시오. 십자가에 달리신 그리스도를 바라보는 데에 생명이 있습니다. 그리스도를 바라보면, 여러분이 구원을 받을 것이라고 약속되었습니다. 이 자리에 있는 모든 죄인이 본문 말씀을 주의를 기울여서 사려 깊게 읽고 믿음으로 받아들이시기를 권합니다. 본문이 여러분에게 제시하는 약속을 한 사람의 예외도 없이 이 자리에 있는 모든 사람이 받아들일 때까지, 오늘 해가 지지 않게 해달라고 하나님께 간구하십시오. 예수님의 공로로 인해서, 성령님이 이제 그의 신령한 축복을 여러분에게 넘치게 하시기를 축원합니다. 아멘.

제
3
장

—

첫 열매

—

"그가 그 피조물 중에 우리로 한 첫 열매가 되게 하시려고
자기의 뜻을 따라 진리의 말씀으로 우리를 낳으셨느니라"
— 약 1:18

믿음에 의한 칭의론(the doctrine of justification by faith)을 열렬히 주장한 믿음의 옹호자인 마르틴 루터는, 자기를 대적하기 위하여 야고보서를 인용한 반대자들에 대한 적대감 때문에, 야고보서를 정경으로 인정하기를 꺼렸습니다. 왜냐하면 루터는 야고보가 바울의 이신칭의론을 잘못 이해했다고 생각했기 때문입니다. 그러나 야고보가, 다른 사도들과 마찬가지로, 사람에게 주어지는 각양 좋은 은사들을 은혜로 말미암아 하나님께서 선물로 주셨다고 믿은 것은 의심할 여지 없이 확실합니다. 야고보는 1장 17절에서 "온갖 좋은 은사와 온전한 선물이 다 위로부터 내려오나니"라고 말함으로써, 인간이나 어떤 자유로운 행위에서 나온 것은 아무것도 없음을 강조합니다. 완벽하고 선한 은사들은 인간의 더러운 본성 위에 피어난 귀하고 풍요로운 꽃과 같습니다. "온갖 좋은 은사와 온전한 선물이 다 위로부터 빛들의 아버지께로부터 내려오나니." 야고보는 어떻게 영광을 돌려야 하는지를 알았습니다.

"모든 영광이 하나님께 속하였나니
그에게 모든 영광을 돌릴지라."

사도 야고보는 이 사실을 부인할 수 없었습니다. 즉, 그는 면류관을 받으시기에 합당한 하나님께 면류관을 드리고, 영광 받으시기에 합당한 하나님께 영광을 돌렸습니다.

이 저녁에 같은 심령으로 하나님의 음성을 기다리며, 하나님께 경배와 찬미를 드리기를 원하면서, 여러분이 본문의 말씀을 묵상하시기를 바랍니다. 본문의 말씀은 오직 성도에 대해서만 말씀하고 있습니다. 그러나 이 자리에 모인 모두가 구원받은 것은 아니기 때문에 성도와 비성도를 구별해야만 할 필요가 있습니다. 그러므로 저는 우리 모두가 하나님의 자녀가 아니라는 사실보다는, 모두가 만세 반석에서 안식할 수 없다는 것이 더 두렵습니다. 양심이 말하도록 하여 각자가 스스로를 판단하십시오. 그리고 이제, 두렵지만, 언젠가는 어떤 사람은 심판관이신 하나님 우편에, 또 어떤 사람은 좌편에 나뉘어 서는 것처럼 스스로 판단하여 서 보십시오.

구원받은 하나님의 자녀인 신자에게는 새로이 시작된 족보와 운명이 있습니다. 먼저는 출생의 특권을 인지하게 됩니다. 그런 다음, 그 특권에서 나오는 실제적인 결과에 주목하게 됩니다.

**1. 이미 언급된 특권은 우리로 하여금 새 생명을 얻게 하며,
우리가 하나님의 말씀을 통하여 새로운 피조물이 되게 합니다.**

"자기의 뜻을 따라 우리를 낳으셨느니라." 중생과 이에 따르는 모든 복은 완전히 절대적인 그러나 은혜로우신 의지를 통해서 우리에게 주어집니다. 하나님께서 반드시 복을 허락해 주셔야 한다는 법은 없습니다. 그분께서 원하신다면 주시지 않을 수도 있는 것입니다. 우리는 공의 외에는 아무것도 하나님께 부르짖을 것이 없습니다. 여기에는 하나님께서 우리의 죄를 벌하시는 것이 따릅니다. 왜냐하면 우리는 하늘의 주재자를 대적한 중죄인이기 때문입니다. 우리는 하나님의 나라에서 지닐 수 있었던 모든 권리들을 박탈당했습니다. 죄인을 처벌하는 정당성은 공의를 바탕으로 하며, 지금 우리가 외칠 수 있는 유일한 권리입니다. 그러므로 이제부터 우리는 단순히 하나님의 손길 속에서 그분의 선고를 기다려야 합니다. 하나님은 자신이 원하신다면 모든 인류를 구원하실 수 있습니다. 그러나 한 사람도 구원하시지 않을 수도 있습니다. 또한 하나님께서 원하신다면 어떤 사람을 자비의 증표로 삼으실 수 있으며, 그의 행위에 합당한 상을 그 이웃으로 하여금

받도록 하실 수도 있습니다.

이것이 하나님만이 하실 수 있는 권리입니다. 그래서 그분은 자신의 주권적인 특권을 선포하십니다. 여러분은 천둥소리처럼 성경을 통해서 하나님의 말씀을 듣고 있습니까? "내가 긍휼히 여길 자를 긍휼히 여기고 불쌍히 여길 자를 불쌍히 여기리라 하셨으니 그런즉 원하는 자로 말미암음도 아니요 달음박질하는 자로 말미암음도 아니요 오직 긍휼히 여기시는 하나님으로 말미암음이니라"(롬 9:15-16). 어떤 사람들은 맹목적으로 이 교리에 대해 화를 내며, 마치 속일 수 없는 사실을 무례하게 언급하는 것같이 생각하기도 합니다. 저들은 대개 이 문제를 대할 때 입에 거품을 물고 달려듭니다. 자, 그들로 하여금 그렇게 하도록 놓아둡시다. 이 진리는 여전히 반석처럼 굳게 서 있으며, 영원한 언덕처럼 움직이지 않습니다. 여호와는 자신의 문제를 설명하시지 않으십니다. 하나님은 하늘의 군대와 이 낮은 땅의 사람들 가운데서 자신이 원하시는 일을 하십니다.

> "인간이여 잠잠하라.
> 어떤 피조물이 감히
> 하나님의 놀라운 의지를 반박하리요?
> 그분의 일을 묻지 말라.
> 다만 떨림으로 잠잠하라."

형제들이여, 여러분과 저는 은혜를 통해서만 볼 수 있는 이 주권을 기쁘게 음미할 수 있습니다. 다른 사람들이 타락한 길로 접어들어 멸망해 가는 동안, 우리는 우리에게 주어진 놀랍고 구별된 그 사랑으로 복 받고 있습니다. 하나님께서 자비를 베푸시는 유일한 동기는 그분 자신의 뜻에 있습니다. 그래서 우리에게 하나님의 자비는 값진 것입니다. 우리가 기도하기 전에, 하나님을 찾기 전에, 자발적으로 행하시는 그분 자신의 뜻으로 우리에게 무한히 사랑하시는 자비를 허락해 주십니다. 그런데, 너그러운 사람은 대게 자신의 관대를 고무하지 않으면 안 됩니다. 저들은 섬겨야 할 필요가 있을 것입니다. 저들은 남의 호소를 들어 주어야 합니다. 저들은 때때로 어쩔 수 없이 하지 않으면 안 됩니다. 어떤 좋은 사례가 저들의 마음을 사로잡아야 합니다.

그러나 "자기의 뜻을 따라" 하나님은 어떤 자극이나 선동 없이 오직 스스로 움직이셔서, 이루셔야 할 모든 것을 우리에게 행하십니다. 왜냐하면 하나님은 궁휼을 베푸시기를 기뻐하시기 때문입니다. 그래서 하나님의 이름과 본성은 사랑이십니다. 게다가 태양처럼 당신의 영원하신 궁휼을 베푸시는 것이 하나님께는 당연한 일입니다. "그가 자기의 뜻을 따라 우리를 낳으셨느니라."

나의 형제들이여, 와서 우리가 허물과 죄로 죽었을 때 우리를 사랑하신 주님을 찬미합시다. 우리가 궁휼함을 입을 자격이 없다는 것을 생각하면서, 처음부터 영원히 값없이 주시는 하나님의 자비를 찬송합시다. 우리는 이 자비를 거역했습니다. 이 자비를 알았을 때 우리는 멸시했습니다. 자비가 우리에게 주어졌을 때 무시했습니다. 오랫동안 저항했습니다. 오! 제가 말하고자 하는 것은, 우리가 이것을 생각할 때에 무한하신 주재자 앞에 겸손히 머리를 숙여야 한다는 것입니다. 영원히 참으시며 자비로우신 그분께 감사합시다. 하나님 자신처럼, 그의 사랑은 그 자체 외에 어떤 동기가 있는 것이 아닙니다. 이 사랑은 이유가 없고, 사람이 다 알 수 없으며, 하나님 자신의 마음속에서 충만하고 자유롭게 존재합니다. 왜냐하면 하나님은 자기 뜻대로 행하시며, 자기 자신의 선하신 기쁨을 따라서 우리에게 궁휼을 베푸시기 때문입니다.

그러므로 우리가 받은 은사는 "그가 자기의 뜻을 따라 우리를 낳으셨느니라"는 말씀에 잘 나타나 있습니다. 우리는 하나님의 권능으로 다시 태어나게 되었습니다. 우리의 첫 출생은 육체적인 창조입니다. 둘째 출생인 중생은 재창조입니다. 우리는 단번에 창조되었으며, 바로 하나님께서 우리를 창조하셨습니다. 이 육체는 하나님의 놀라운 솜씨로 만든 걸작품입니다. 그리고 이 영혼은 하나님의 권능의 피조물입니다. 오, 하나님! 당신은 모든 영들의 아버지이십니다. 우리는 당신의 자녀입니다. 당신은 홀로 계신 분이십니다! 다시 만들어진 우리의 존재는, 첫 창조와 마찬가지로 하나님의 위대한 작품이며, 하나님의 유일무이한 작품이고, 하나님의 완전한 걸작품입니다. 자신의 뜻을 따라 하나님은 우리에게 새로운 삶을 주셨습니다. 그리고 새로운 피조물로 만드셨습니다.

사랑하는 형제들이여! 오늘 밤 우리가 이 새로운 피조물이라는 사실을 믿으십니까? 아마도 어떤 사람들은 때때로 이것에 대해 의심할 것입니다. 또한 어떤 사람은 새로운 피조물이 될 수가 없습니다. 그리고 변화된 모습을 의식하지도 못합니다. 그러나 가장 의심을 많이 하는 성도들조차도, 더 이상 이 세상에 있지 아니하고 죽음을 지나 참 생명에 이르면 이 사실을 확실히 깨닫게 될 것입니다.

사랑하는 친구들이여, 자기 마음을 돌이켜 보십시오. 마음을 살피시는 위대한 분, 그리고 인간을 다스리시는 분에게 지금 드려진 기도가 여러분의 입술과 마음에서 우러나오도록 하십시오. "오, 하나님! 우리를 살피소서. 우리를 시험하소서." 진실로 진실로 여러분에게 말하노니, 만약 여러분이 처음보다 낫지 아니하면 멸망당할 것입니다. 만일 여러분이 가장 훌륭한 도덕성과 가장 올바른 예절과 여러분이 할 수 있는 가장 모순이 없는 도덕적 행위보다 더 낫지 않다면, 여러분은 결코 하나님 나라에 들어가지 못합니다.

"네가 거듭나야 하겠다." 이 선언은 천국 문에 서 있는 파수꾼처럼 굳게 서 있습니다. 또한 이 선언은, 천국 문에 들어가려는 사람이 얼마나 상냥하며 도덕적이며 곧으며 훌륭해야 하는가가 중요한 것이 아니라, 반드시 거듭나야만 한다는 것을 보여주는 좋은 본보기입니다.

교회 제직 여러분, 정치가 여러분, 영주 여러분, 귀족 여러분, 여러분은 반드시 거듭나야 합니다. 경건의 슬하에서 귀여움을 받으며 양육받은 여러분, 법을 어긴 적이 없다고 생각하는 여러분, 가정의 즐거움과 세상적인 쾌락에 빠져 있는 여러분, 여러분은 반드시 거듭나야 합니다. 만일 여러분이 여인으로부터 태어났다면, 어떻게 부정한 것에서 정한 것이 나올 수 있겠습니까? 여러분은 반드시 육체에서 영으로 옮겨 가야 합니다. 이것은 하나님 자신의 사역입니다. 그렇지 않으면 아무런 소용이 없습니다. 이것은 모든 피조물의 갈등과 투쟁을 초월한 초자연적인 변화입니다. 이것은 성령님의 영원한 권능의 표현입니다. 그렇지 않으면 하나님이 계신 곳으로 여러분은 갈 수가 없습니다. 거듭남으로 말할 수 없이 값진 특권을 소유하고 있다고 믿는 나의 형제자매들이여, 여러분은 복받았습니다. "그가 자기의 뜻을 따라 우리를 낳으셨느니라."

여러분은 두 번 태어났습니다. 여러분은 다른 것에 속하지 않았다고 강조함으로 하나님의 자녀가 되었습니다. 비록 여러분은 전에는 죽었으나 지금은 살아 있습니다. 여러분은 비록 육에 속해 있으나 영에 속한 사람입니다. 비록 여러분은 이전에는 멀리 떠나 있었으나 이제는 가까이 있습니다. 이렇게 된 것은 전적으로 하나님의 주권적인 의지의 결과입니다. 그러므로 하나님을 송축합시다. 하나님을 송축합시다. 하나님 앞에서 여러분의 마음을 겸손하게 가지십시오.

이러한 유일한 변화가 여러분 안에서 어떻게 이루어지게 되었는지 다음에 명백하게 기록되어 있습니다. "그가 자기의 뜻을 따라 진리의 말씀으로 우리를 낳으셨느니라.” 사람은 언제나 복음의 즉각적인 도움이 없이는 구원받지 못합니다. 어떤 사람들은 하나님의 영이 항상 진리를 통해서 역사하시며, 이 진리는 죄의 자각을 일으키는 것임에 틀림없다고 말합니다. 그러나 이 진리는 전혀 하나님의 복을 받지 못한 수많은 사람들에게도 신실하게 증거됩니다. 또 어떤 사람들은 하나님의 영이 하나님의 말씀과는 별개로 인간을 중생시킨다고 말합니다. 그러나 이 말은 성경이 우리에게 말하는 것이 아니기 때문에 받아들일 수가 없습니다. 왜냐하면 말씀과 성령은 항상 불가분의 관계에 있기 때문입니다. 성경은 하나님의 말씀을 죽은 문자라고 말하지 않습니다. 성경은 “하나님의 말씀은 살아 있고 활력이 있어 좌우에 날선 어떤 검보다도 예리하다”(히 4:12)고 말씀합니다.

한편, 성경은 말씀이 성령과는 달리 사역하신다고 말하지 않습니다. 말씀과 성령은 그 보조를 함께 합니다. “하나님이 짝지어 주신 것을 사람이 나누지 못할지니라.” 나의 친애하는 형제자매들이여 여러분은 말씀을 들음으로, 혹은 말씀을 읽음으로, 혹은 이미 잊어버렸던 어떤 거룩한 말씀을 기억함으로 참 소망을 다시 얻게 되지 않으셨습니까? 여러분은 그렇게 된 것을 기억하실 것입니다. 위대한 맥체인(Good McCheyne)은 종종, “말씀에 의지하십시오. 하나님의 말씀이 영혼을 구원합니다. 하나님의 말씀에 대한 설명이 아닙니다”라고 말합니다. 저는 이 말씀을 믿습니다. 바로 이것이 모든 사람을 구원으로 이끄는 하나님의 권능입니다.

이 말씀은 무엇을 뜻합니까? 사람으로 하여금 새 생명을 얻게 하는 것은 무엇입니까? 말씀, 특별히 인간의 영혼을 각성시키는 말씀은 십자가의 도를 전파합니다. 사랑하는 여러분, 어느 누구도 율법을 통하여 거듭난 사람은 없습니다. 율법은 사람을 치며, 죽음과 파멸 속으로 그를 떨어뜨리고, 상처를 입힙니다. 그러므로 인간이 어떻게 되어야 할 것과 어떻게 되면 좋을 것과 그가 나쁜 짓을 한 것과 그가 받을 처벌에 대해 이야기하는 것은 결코 그를 소생시킬 수 없습니다. 그에게 전해야 할 것은 “하나님께서 그리스도 안에 계시사 세상을 자기와 화목하게 하시며 그들의 죄를 그들에게 돌리지 아니하시고”(고후 5:19)라는 말씀입니다. 이 말씀은, 마음이 하나님과 화평과 생명과 안전으로 향하게 된다는 것을 의미합니다.

십자가의 도를 버리는 것은 모든 것을 버리는 것과 마찬가지입니다. 복음에서 속죄를 제하는 것은 복음을 죽이는 것입니다. 그들은 흡혈귀처럼 산 사람의 피를 빨아서 결국 그를 죽이고 맙니다. '피'라는 말은 성경에서 나타나는 가장 엄숙하고 중요한 것 중 하나입니다. "그 아들 예수의 피가 우리를 모든 죄에서 깨끗하게 하실 것이요"(요일 1:7)라는 말씀은 모든 계시의 진리 중에서 가장 비중이 큰 말씀에 속합니다. 어색하게 이 교리를 말하는 사람, 혹은 확신 없이 이 교리를 지키는 사람은 설교단에 서는 것보다 차라리 잠자는 편이 더 낫습니다. 왜냐하면 그는 영혼을 다스릴 수 없기 때문입니다. 그런 사람은 자신의 죄를 회개해야 합니다. 그리고 결코 하나님의 사역자로 위장하지 말기를 바랍니다.

오! 여러분이 만일 말씀으로 소생하게 되었다면, 그 말씀을 다른 사람에게 증거하십시오. 만일 복음이 여러분에게 구원을 가져다주었다면, 그 복음을 이웃을 위해 증거하십시오. 그리고 모든 사람에게 그리스도께서 죄인들을 위해 죽으셨다고 전파하십시오. 여러분이 힘이 닿는 한, 주 예수 그리스도를 믿는 사람마다 영생을 얻는다는 것을 알게 하십시오. 어떻게 그리스도께서 죄인의 죄를 대속하셨는가를 전파하십시오. 마귀가 분풀이할 때에 어떻게 우리를 대신한 그리스도께 헛되이 분풀이했으며, 칼이 범죄함을 일깨울 때에 어떻게 칼이 양 대신에 목자를 찔렀으며, 사랑하는 구주께서 어떻게 하셨는지를 전파하십시오.

> "우리가 참지 못하는 것을 참으시며
> 아버지의 의로운 분노를 인내하셨네."

이제 본론으로 돌아가서, 저는 신자들의 마음속에 거룩한 감사와 겸손한 소망을 상기시키고자 합니다. 그러면 신자들은 하나님께서 하신 것을 돌이켜 보고 "자기의 뜻을 따라 진리의 말씀으로 우리를 낳으신" 그분의 이름을 찬미할 것입니다.

2. 이제는 이 특권에 따르는 실천적인 의무에 대해 겸손하게 관심을 가져야 합니다.

많은 사람에게 주어졌고, 많은 사람에게 요구되기도 하는 보편적인 법칙 — 복음 아래에 있는 것과 마찬가지로 율법 아래에 있는 — 이 있습니다. 이 법칙은 하나님의 위대한 집을 통치하는 것 중의 하나입니다. 그러면 우리는 어떤 목적, 즉 "그 피조물 중에서 우리로 한 첫 열매가 되게 하시려고" 하시는 목적으로 인해 태어났습니다.

이것은 인간이 모든 피조물보다 더 뛰어난 위엄을 지니고 있다는 것을 의미합니다. 하나님은 인간을 만물의 영장으로 창조하셨습니다. 더군다나 하나님은 성도들을 다른 모든 사람보다 더 귀한 보화로 여기십니다. 저는 지난 주일 저녁, 주의 백성들이 회심하지 않았다면, 이 땅에 살고 있는 가장 위대한 왕들보다 더 말할 수 없이 뛰어나신 하나님께서 저들을 보실 때, 가장 불쌍하고 천한 자들이 될 수밖에 없다고 감히 말씀드렸습니다. 하나님께서 저들을 내려다보실 때, 저들은 시냇가의 보잘것없는 조약돌에 지나지 않습니다. 그러나 하나님은 그들을 하나님의 왕관에 달릴 보석이요 옥이요 보물로 여기십니다. 그래서 하나님은 그들을 기쁘게 취하십니다. 그들은 하나님의 특별한 보물들입니다. 친애하는 형제들이여, 여러분 자신의 특권을 살펴보십시오. 여러분은 예외 없이 모두가 귀중하게 이 땅에 한 사람으로 태어나 거듭났으며, 하나님의 마음에 사랑스럽게 되었으며, 하나님의 가슴에 가까이 기대게 되었습니다.

그러나 여러분은 이러한 사실에 따르는 의무에도 관심을 가지시기를 바랍니다. 오늘 이 아침 여러분께 말씀드리는 것은, 첫 열매가 추수 때 수확되어 하나님께 드려지게 된다는 점입니다. 신명기 26장에서 몇 절을 읽겠습니다. 이 부분은 첫 열매에 대해 많은 것을 말해 주며, 우리로 하여금 실제로 그렇게 되도록 도울 수 있습니다.

신명기 26장 1-4절을 봉독하겠습니다. "네 하나님 여호와께서 네게 기업으로 주어 차지하게 하실 땅에 네가 들어가서 거기에 거주할 때에 네 하나님 여호와께서 네게 주신 땅에서 그 토지의 모든 소산의 맏물을 거둔 후에 그것을 가져다가 광주리에 담고 네 하나님 여호와께서 그의 이름을 두시려고 택하신 곳으로 그것을 가지고 가서 그 때의 제사장에게 나아가 그에게 이르기를 내가 오늘 당신의 하나님 여호와께 아뢰나이다 내가 여호와께서 우리에게 주시겠다고 우리 조상들에게 맹세하신 땅에 이르렀나이다 할 것이요 제사장은 네 손에서 그 광주리를 받아서 네 하나님 여호와의 제단 앞에 놓을 것이며." 한 절 한 절씩 읽어 내려갈 때에, 봉헌자가 하는 말 가운데 주의해야 할 곳은 11절입니다. "네 하나님 여호와께서 너와 네 집에 주신 모든 복으로 말미암아 너는 레위인과 너희 가운데에 거류하는 객과 함께 즐거워할지니라."

야고보서에 따르면, 하나님은 우리를 구원하시기를 기뻐하십니다. 그래서 우리가 하나님께 드려지는 헌물로서 우리 자신을 드리도록 말입니다. 그것은 마치 이스라엘 족속이 하나님 앞에 희생을 드리기 위하여 곡식의 첫 열매를 가득 담은 광주리를 가지고 나아가는 것과 같습니다.

본문을 잘 살펴보십시오. 이것은 하나님께서 명하신 것입니다. 첫 열매를 드리는 것은 하나님 자신의 규례에 따르는 것입니다. 내 형제들이여, 내가 오늘 저녁에 여러분이 자신의 재산의 일부분을 하나님께 드려야 하는 의무가 왜 필요한가를 이야기하고 싶지만, 그러나 여러분은 이것의 뜻을 이미 잘 알고 있으리라고 믿습니다. 어떤 성도들은 그 의무를 잘 감당하고 있지만, 어떤 성도들을 그렇지가 않습니다. 부자들은 부를 나누어 주어야 하며, 그래야만 가난한 이들이 풍부하게 될 것입니다. 왜냐하면 잘 나누어 주는 사람은 하나님께서 그들의 마음에 풍부하게 되돌려 주신다는 것을 종종 발견하기 때문입니다. 그러나 저는 이 의무에 대해 지금 바로 말하지는 않겠습니다.

예를 하나 말씀드리겠습니다. 소크라테스의 생일 때 그의 제자들이 각기 그에게 선물을 가지고 왔습니다. 그러나 아무것도 없는 한 가난한 제자가 있었는데, 그는 소크라테스에게 말하기를, "오, 스승이여! 저는 저 자신을 당신께 저의 선물로 바치겠습니다"라고 했습니다.

여러분은 하나님의 성도이기 때문에 여러분의 재산에 대하여 아무런 말을 하지 않겠습니다. 모든 재산은 다 하나님께 속한 것입니다. 여러분은 그 재산을 관리하는 청지기에 불과합니다. 여러분의 시간에 대해서도 아무런 말을 하지 않겠습니다. 시간도 여러분께 속한 것이 아니라 하나님께 속한 것이므로, 만일 여러분이 낭비한 시간을 벌충하지 않는다면 여러분은 시간에 대하여 그만큼 염려하게 될 것입니다. 그러나 나는 여러분 자신에 대해 말하겠습니다. 이것이 하나님의 규례입니다. 그리스도의 피로 구원받은 모든 사람은 자기가 자기의 것이 아님을 알게 됩니다. 왜냐하면 그는 값으로 산 바 되었기 때문입니다. 만일 여러분이 하나님 앞에 무릎 꿇기를 거부한다면, 여러분은 피의 대속을 거부하는 것입니다. 만일 여러분 자신이 구원받았다는 것을 인정한다면, 여러분은 여러분 자신의 것이 아니고 그리스도께 속한 몸이라는 것을 또한 인정해야 합니다.

신앙을 고백한 여러분, 이 교회의 성도 여러분, 내가 엄숙하게 이 사실을 여러분에게 말씀드린다면, 그리스도께 매일매일 여러분 자신을 헌신하시겠습니까? 여러분은 정직하게 "나에게는 사는 것이 그리스도다"라고 말할 수 있습니까?

여러분이 그렇게 말하지 않는다면 무엇인가 잘못되었으며, 여러분이 종이 되겠다고 고백한, 하나님께 잘못 행동하고 있다는 것을 명심하십시오.

내가 생각하기에 진정한 그리스도인은 자기 삶의 중요한 목적을 하나님 나라의 확장과 구세주의 영광을 선포하는 데 두어야 하며, 유명무실한 그리스도인이 되지 말아야 하고, 때때로 집에서 기도드리는 것보다 더 매일매일 영적인 삶을 살아야 하며, 자신의 정력과 은사와 시간과 다른 모든 수단을 사용하여 주 하나님을 섬겨야 합니다. 충심으로 여러분께 말하거니와, 하나님의 종들인 여러분은 하나님께 복종해야 합니다. 자신의 모든 정력과 힘을 자신을 위해 낭비한다면, 여러분은 하나님의 종이 아니라 자기 자신의 종이 될 뿐입니다. 만일 그리스도께서 여러분 안에 거하신다면, 여러분은 그리스도께만 영광을 돌릴 것입니다. 자기 자신의 직업을 위해, 자신의 이름을 위해 사는 것은 그리스도께 영광 돌리는 것과 아무 상관이 없습니다.

내가 아는 어떤 신자들 중에는 교회 생활에 나태하지만 잘되는 사람이 있고, 다른 많은 사람들처럼 즉각 회심하지 않는 사람도 있고, 자신의 영혼을 주님께 드리지 않으려는 사람도 있으며, 어떤 방법을 사용해서라도 전도하여 신자의 수가 많아져야 함에도 불구하고 그렇게 행하지 않는 사람들이 있습니다. 이런 사람들은 주님께서 키를 들고서 알곡과 가라지를 구분하시려고 오실 때, 화 있을진저! 여러분께 말하노니, 심판의 날에 예수님께서 심판장으로 앉으실 때에 이런 사람들은 화 있을진저! 예수님은 레위 자손을 정결케 하시며, 참 신앙을 가지지 않아 썩은 자들을 심판의 날에 지옥 불에 던지실 것입니다. 그리스도를 잘 섬기지 못한 사람은 나무나 풀이나 그루터기처럼 되어 불에 던져질 것입니다. 내가 두려운 마음으로 이것을 말하는 것은, 우리들 중에 아직도 자기 자신을 위해서 살거나, 심지어 십자가의 도를 전파하는 것까지도 자기의 이기적인 목적을 위해서 하는 사람이 있기 때문입니다.

오, 그리스도의 향기를 나타내기보다는 자기의 향기를 나타내기 위하여 그리스도를 증거하고 있다는 것이 얼마나 두렵습니까? 만일 그렇게 된다면 그리스도께 드린 헌신이란 없는 것입니다. 그렇게 되면 그리스도께 대한 봉사를 우리 자신의 자랑으로 변질시키는 것이며, 그래서 그리스도를 해치게 되며, 우리 자신에게는 슬픔을 가져다줄 뿐입니다. 이제 자기를 그리스도께서 피로 산 사람이라고 생각되는 분은 오십시오. 내가 여러분께 청하오니 여러분의 약점을 고백하러 오십시오. 그리고 하나님의 은혜를 구하십시오. 이제부터는, 참 생명을 지니기만 하면 여러분은 그리스도와 함께 사는 것입니다. 그리고 여러분 자신을 그리스도께 드리십시오. 여러분의 진정한 예배와 영혼과 마음과 육체를 하나님께 드리기를 기도합니다. 그렇지 않으면 여러분은 자신을 기만하는 것이 됩니다.

그러나 본문의 다음 절에서, 헌물은 봉헌자 편에서 하나님께 기꺼이 드리게 되는 것임을 알 수 있습니다. 구약 시대에는 징계 받은 사람이나 합당치 않은 사람은 아무도 하나님의 성막에 들어갈 수 없었습니다. 만일 이스라엘 백성이 첫 소산을 택하여 하나님께 드리지 않았다면, 이것은 그 자신의 문제이며, 그 자신에게만 해당되는 문제였습니다. 이스라엘 민족은 범죄하면 하나님의 복을 잃었습니다. 그러나 그들이 첫 소산을 하나님께 드리면, 하나님은 그들을 자원하여 드린 자를 사랑하셨습니다. 이것은 그들이 하나님께 아낌없이 드린 것입니다.

그러므로, 사랑하는 형제들이여, 내가 오늘 밤 여러분의 재산을 하나님께 드리라고 말한다면, "부득이한 마음으로 드리지 말고 자원하는 마음으로 드리십시오." 하나님께 봉사하기 위하여 여러분의 시간을 드리라고 내가 말한다면, "지극히 높으신 하나님께 꺼리지 말고 기쁘게 드리십시오." 내가 여러분께 말씀드리고 또 하나님께 기도드리는 것은, 여러분 자신을 즐겁게 하나님께 드리라는 것입니다. 여러분을 권면하는 것이 나의 일입니다. 그러나 마음 상태가 정당할 때 권면을 감사하게 받아들일 것입니다. 마음이 먼저 열려 있어야 합니다. 심령이 가난한 자는 복이 있다고 증거하는 사람은 행복합니다. 그래서 우리들에게 이것을 기억하여 깨닫게 하는 이는 복이 있습니다.

다른 성구를 말씀드리겠습니다. "형제들아 내가 하나님의 모든 자비하심으로 너희를 권하노니 너희 몸을 하나님이 기뻐하시는 거룩한 산 제물로 드리라 이는 너희가 드릴 영적 예배니라"(롬 12:1). 여러분은 사도 바울이 말한, "내가 너희를 권하노니"라는 말씀을 주의해 보셨습니까? 이 말은 간절하게 부탁하는 말입니다. 나도 "내가 여러분을 권하노니"라고 말씀드리겠습니다.

오! 시간은 유수와 같습니다. 임종의 자리에서 주님을 섬길 기회를 낭비했다고 후회해 본들 무슨 소용이 있겠습니까? 나는 임종의 자리 옆에 서 있었습니다. 선한 사람들과 함께 있었습니다. 그곳에는 어둠과 슬픔이 있었습니다. 왜냐하면 그들이 마땅히 살아야 할 삶을 살지 못했음을 고백했기 때문입니다. 불성실하게 살아서 여러분의 임종의 침상이 가시로 가득하게 되지 않기를 간절히 바랍니다!

나의 형제들이여, 여러분은 그리스도를 위하여 할 일을 다 하고 있습니까? 여러분이 이제까지 봉사할 때 등한히 여겼다고 생각되는 부분이 있습니까? 나의 젊은 형제들이여, 여러분은 청춘의 정력과 모든 경험에서 나오는 지혜로, 자신에게 맡겨진 모든 재능을 발휘하고 있다고 확신합니까? 미처 발견하지 못한 재능은 없습니까? 아직도 주님을 위해 해야 할 어떤 일이 있지는 않습니까? 내가 할 수는 없지만, 하나님께서 우리에게 주신 은혜로 전적으로 거룩해질 수는 없습니까? 여러분 가운데 소수, 혹은 다 그럴지도 모르지만, 자기의 생업이나 일상적인 소명을 포기할 수 없을지도 모릅니다. 왜냐하면 여러분도 잘 아시다시피, 장사를 하거나 거리 청소부 노릇을 하는 것 역시 하나님의 영광을 위해 먹고 마시는 것과 같은 일이기 때문입니다. 마음이 바르기만 하면 어떤 일을 해도 상관없습니다. 그것으로도 충분히 하나님께 영광을 돌릴 수 있습니다. 가정부나 보모나 부둣가의 노동자나 목수나 미장이나 장사꾼이나 사업가나 정치가나 점원 등 이런 모든 사람들은 국가를 유지하기 위해 필요합니다. 그들이 하는 모든 것 가운데 하나님을 경외하고 근면하다면 그들은 그리스도의 사역자로 인정되며, 그 사역자의 전 시간은 좀 더 거룩한 일에 헌신하게 됩니다. 간절히 권하노니, 할 수만 있거든 즐겁게 기꺼이, 강제나 압력 없이 사랑하는 여러분의 심령이 계획하는 모든 방법으로 그리스도께 여러분 자신을 헌신하십시오. 여러분 자신을 산제사로 드리십시오.

내가 신명기 26장을 읽었을 때, 여러분은 그 사람이 바구니에 곡식의 첫 소산을 기꺼이 드렸음을 알았을 것입니다. 그러나 그는 하나님께 그 소산을 직접 드리지는 않았습니다. "제사장은 네 손에서 그 광주리를 받아서"라는 말씀을 기억하십니까? 봉헌자는 자신의 손으로 직접 바구니를 가져다가 하나님께 드릴 수가 없었습니다. 제사장만이 가능합니다. "제사장은 네 손에서 그 광주리를 받아서 네 하나님 여호와의 제단 앞에 놓을 것이며"(신 26:4).

하나님께 우리 자신을 드리는 것은 하나님의 명령이며, 기꺼이 자원하는 마음으로 실천해야 하며, 중보적으로 표현되어야 합니다. 그러나 우리는 직접적으로 하나님께 자신을 드릴 수가 없습니다. 예수 그리스도를 통해서만 가능합니다. 여러분과 내가 할 수 있는 어떤 것도 스스로 지존자에게 용납될 수가 없습니다. 그리스도께서 자기의 보혈로 우리의 흠을 씻으셔야만 합니다. 그분은 자기의 공로로, 우리가 할 수 없는 일을 실천하셨습니다. 우리들은 순전하고 거룩하신 하나님이 받으실 만큼 깨끗하지 못합니다. 주 예수 그리스도만이 우리를 거룩하고 정결하게 하실 수 있다고 나는 생각합니다.

그러므로 다음과 같이 말할 수 있습니다. "제가 여기 있나이다. 불쌍하고 무가치한 인간입니다. 죄로 타락한 인간입니다. 그러나 주님을 섬기기를 원합니다. 당신께 저의 모든 능력과 시간을 드리기를 소원합니다. 오, 주여! 제가 지닌 모든 것은 죄로 붙들었으며, 저 자신이 타락하였습니다. 죄를 위하여 단번에 피 흘리신 당신의 자비로운 손을 저에게 펴 주소서. 당신의 손길을 저에게 주옵소서. 아버지의 보좌로 저를 인도하소서. 그러자 당신께서 말씀하시기를, '아버지여, 불쌍한 죄인의 마음을 당신께 드립니다. 그는 기꺼이 자신의 마음을 당신께 드렸습니다. 그래서 제가 선하게 받았습니다. 제가 당신께 그것을 드립니다. 당신 것입니다. 또한 제 것입니다. 아버지여, 당신을 위하여 살려다 핍박받은 불쌍한 심령을 도우소서. 손과 혀, 그 안에서 모든 능력을 발휘할 수 있도록 은혜로 도우소서. 왜냐하면 당신의 영광을 위해서, 또한 당신 홀로 영광을 받으셔야 하기 때문입니다.'"

형제들이여, 올해 첫 안식일에 와서 여러분의 심령을 하나님께 드리십시오. 제사장 되신 예수 그리스도께 자신을 드리십시오. 내 모습 이대로 받으시도록 기도합시다. 영원한 보좌 앞에 드려지도록 기도합시다. 그러면 "사랑받으시기에 합당한" 사람들이 될지도 모릅니다.

그 후에 봉헌자가 하나님께 은혜를 입고 있음을 고백하는 모습이 나타납니다. 신명기 26장 나머지를 다 읽을 시간이 없지만, 곡식의 첫 소산을 들고 있는 경건한 유대인에 대해서는 말할 수 있습니다. 그들의 선조는 수리아인이었습니다. 그는 애굽으로 내려갔습니다. 그곳에서 하나님께서 그들을 번창하게 하셨습니다. 그 후에 이스라엘 민족은 광야로 인도되었으며, 하나님의 사랑을 통하여 언약의 땅을 소유하게 되었습니다. "그래서 이제" 효과적으로 그가 말하는 것은 "내게 주신 당신의 것을 당신께 드립니다." 이제 여러분과 내가 오늘 밤 새롭게 우리 자신을 하나님께 드린다면, 주께서 우리를 인도하신 모든 방법을 기억해 봅시다. 물론 우리 중 어떤 이들은 그리스도를 처음 사랑하였을 때 소년소녀에 지나지 않았습니다. 우리가 방금 다음과 같은 찬송을 부르고 있었을 때 ─ "오, 행복한 날! 나의 주, 나의 하나님인 당신께로 내 마음이 정해진 날" ─ 나는 그렇게 오래 전에 사람들이 예수께로 마음을 정한 것이 얼마나 큰 복이며 특권인지 생각하지 않을 수 없습니다.

18년 전 어느 날, 내가 그다지 나이를 먹지 않았을 때에 예수님은 나의 마음을 이끄셨습니다. 이것이 나의 삶에 가장 큰 비중을 차지하였으며, 이로 인해 나는 예수님을 찬양하는 삶을 살게 되었습니다. 내가 이 일을 연기했겠습니까? 15세가 되기 전에 내가 주님을 알았더라면! 좀 더 어릴 때, 곧 어린 아이일 때 주님을 사랑했더라면! 그러나 그 이후 우리가 겪은 경험은 어떠했습니까? 많은 변화가 있었습니다. 기복이 많았습니다. 우리는 배은망덕과 부주의가 많았으나 하나님은 신실과 인자를 베푸셨습니다. 우리는 오늘 밤 그분의 사랑과 불변성과 오래 참으심과 용서하시는 은혜를 찬양할 수 있습니다. 그러나 그 노래에서 표현된 모든 음조는 우리에게 다음과 같이 말하는 것 같습니다. "자신을 드리시오. 새롭게 드리시오."

모든 죄를 용서받았고, 모든 은혜를 잘 누리고, 모든 기도를 응답받고, 모든 시련에서 구원받고, 모든 갈등을 이겨 내고, 모든 자비로운 행위를 행함으로, 형제들이여 권하노니, 여러분 자신을 하나님께 산 제사로 드리십시오. 오! 만일 그리스도를 위해 희생하는 성품을 결코 지니지 못한다면, 그 성품을 소유하도록 노력하십시오. 평범한 그리스도교는 붙잡을 가치가 없습니다. 그러나 사람을 사로잡고, 떨기나무가 불길에 휩싸여 있으나 타지 않는 것처럼, 그를 휩싸고 있는 참 그리스도교는 여러분을 행복하게 해줄 것입니다. 이 참 신앙은 눈을 불타게 하며, 세상이 주는 어떤 기쁨보다 더 영혼을 강하게 흔듭니다!

신앙 고백자의 절반은 참 신앙이 무엇을 의미하는가를 알지 못한다는 것을 엄숙하게 말씀드립니다. 우리들은 이 신앙을 결코 지니고 있지 않습니다. 우리들은 엎질러진 우유처럼 소용없는 신앙을 갖고 있으며, 신앙의 깊은 곳까지 도달하지 못하고 있습니다. 여러분은 자기를 포기하면 할수록, 그리스도를 위하여 과감히 일할 수 있습니다. 그리스도를 여러분의 마음 중심에 모시면 모실수록 하나님께서 여러분을 축복하실 것입니다. 이 삶이 여러분에게 임하시기를 축원합니다. 그리스도를 멀리하면 할수록, 냉담한 종교에 만족하면 할수록, 그것이 피로와 괴로운 짐과 견디기 힘든 습관이 될 뿐임을 알게 될 것입니다. 즐길 만한 잔치도 아니며, 하나님이 사랑하실 만한 일도 아니고, 여러분의 마음을 진정으로 꽉 움켜쥘 수 없음을 또한 알게 될 것입니다.

봉헌자가 헌물을 드린 후 그는 자기의 길을 갔습니다. 신명기 26장에서 그는 마음의 즐거움과 모든 복을 받았다고 말합니다. 첫 소산을 드리는 것은 전체적으로 복입니다. 첫 소산이 거룩하다면 인간도 역시 거룩하다는 것이 하나님의 규례입니다. 자, 이제 여러분이 하나님의 복을 받았다면, 내 사랑하는 성도들이여, 하나님께 헌신하십시오. 오, 여러분은 말합니다. "아이들이 원하는 대로 변화하지 않습니다." 어떻게 여러분은 자기 자신을 변화시켰습니까? 오, 여러분은 말합니다. "아이들은 자라지만 그들이 회심할 것이라고 생각하지 않습니다." 여러분은 어떤 식으로 하나님과 친밀하게 지냅니까? "이곳에 나의 하인들이 있습니다. 저희들 중에서 누군가는 교회에 다니며 믿음으로 사는 것을 보기를 소망합니다." 여러분 자신의 경우는 어떻습니까? 율법과 자연의 법칙들이 확실하게 존재하고 있으므로, 여러분 자신이 하나님 가까이 사는 것으로 인해 율법과 자연의 법칙들을 찾을 수가 있습니다. 그리하여 여러분은 다른 사람들에게 복의 통로가 될 것입니다. "하나님은 우리에게 자비하심으로 우리를 복주십니다. 우리에게 자기의 얼굴을 비추시며, 자기의 길을 땅으로 알게 하시며, 당신의 구원하시는 능력을 열방에 나타내십니다." 이 복은 그의 백성에게 먼저 임했으며, 그 후에 모든 나라에 임했습니다. 여러분은 "내가 이스라엘에게 이슬과 같으리니 그가 백합화 같이 피겠고 레바논 백향목 같이 뿌리가 박힐 것이라", 그리고 "그 그늘 아래에 거주하는 자가 돌아올지라"는 약속을 잊으셨습니까? 여러분 자신을 헌물로 하나님께 드릴 때, 여러분이 영향을 끼친 사람은 여러분에게 임한 그 은혜로 복받을 것입니다.

참 부흥은 가정에서 먼저 시작되어야 합니다. 잡초를 제거하기를 원한다면, 낫을 들고 정원으로 나가십시오. 아름다운 꽃을 재배하기를 원한다면 화단을 만드십시오. 그러므로 전체 가정을 운영하시는 성령의 은혜를 원한다면, 아버지로서, 어머니로서, 형으로서, 누나로서, 종으로서, 혹은 현재 무엇이 되었든지 간에 자신의 영혼 속에 풍성한 은혜를 채울 수 있도록 간구하십시오. 그러면 여러분께 하나님의 은혜가 임할 것입니다. 오, 형제자매들이여! 곡식의 첫 소산을 담은 바구니처럼 지금 주님께 자기 자신을 드리십시오. 그러면 모든 일 가운데 하나님의 복을 풍성하게 받으실 수 있습니다. 복이 여러분이 좋아하는 모양으로 임하지 않을지라도, 모든 것이 합력하여 선을 이루게 됩니다. 여러분이 원하시는 만큼 여러분의 가정이 하나님과 함께 하지 아니할지라도, 여러분은 하나님께서 여러분과 모든 것 가운데 순서대로 확실히 영원한 언약을 맺으셨다는 것을 느낄 수 있을 것입니다.

이것이 하나님의 자녀인 여러분께 말했던 전부입니다. "와서 하나님께 자신을 드리라"는 말은 순전히 위선에 불과할지 모릅니다. 오, 아닙니다! 여러분은 하나님께 드릴 수가 없습니다. 여러분의 심령은 그분께 합당치 않기 때문에 용납될 수가 없습니다. 그러나 오직 은혜로 가능하다는 말씀을 드리고 싶습니다. 비록 하나님께 드린 것이 아무것도 없을지라도, 하나님께 간구할 것은 있습니다. 여러분의 심령이 하나님께 드릴 수 있는 그런 것이 못 되더라도, "취하소서, 주님! 인쳐 주소서"라고 말씀드리십시오. 예수님의 마음은 언제나 여러분을 취하실 수 있으시며, 예수님의 사랑은 언제나 여러분을 용납하십니다. 그래서 여러분은 주는 사람이 아니라 받는 사람이 될 수 있습니다. 여러분은 말합니다. "내가 어떻게 받을 수 있겠는가?"

나는 이 추운 겨울날 불쌍하고 굶주린 사람들을 종종 대접합니다. 그들이 나의 보잘것없는 식탁에 둘러앉을 때, 그들이 가져온 주전자들은 가득 차 있지 않습니다. 그들 중 어떤 이들은 빈 주전자를 가져옵니다. 그리고 그 빈 주전자를 채웁니다. 자, 그리스도를 필요로 하는 모든 사람은 빈 주전자와 같습니다. 불쌍하고, 비었고, 결핍된 심령들입니다.

그리스도를 영접하기를 원한다면 여기에 그분의 계명이 있습니다. "믿으라, 그러면 살리라." 믿는다는 것은 신뢰하는 것이며, 털어 놓는 것이며, 기대는 것이며, 의지하는 것입니다. 그리스도를 의지하십시오. 그리스도를 신뢰하십시오. 그러면 그리스도께서 여러분을 구원하실 것입니다. 왜냐하면 그리스도를 의지하지 않는 어느 누구도 그분을 찾을 수가 없기 때문입니다. 오, 죽어가는 심령 가운데서 순전한 확신으로, 부활하신 그리스도께 지금 인도되시기를 바랍니다. 여러분의 모든 심령을 하나님께 드리고 나면, 여러분은 여러분을 위해 죽으신 그리스도를 위하여 살게 될 것입니다. 여호와 하나님께서 그리스도를 위하여 여러분에게 복주시기를 바랍니다. 아멘.

제
4
장

—

설교 전에, 설교 중에,
그리고 설교 후에

—

"그러므로 모든 더러운 것과 넘치는 악을 내버리고 너희 영혼을 능히 구원할 바 마음에 심어진 말씀을 온유함으로 받으라 너희는 말씀을 행하는 자가 되고 듣기만 하여 자신을 속이는 자가 되지 말라" — 약 1:21-22

형제자매 여러분, 하나님의 말씀이 선포되는 것을 듣고 있는 것은 좋은 일입니다. 비록 아무리 저속한 동기에서 어떤 사람들이 복음을 들으러 왔다고 하더라도, 그들이 복음을 들으려고 왔다는 것 그 자체는 좋은 일입니다. 심지어 어떤 사람들은 무엇인가를 훔치려고 교회에 왔었다는 이야기를 우리는 가끔 들었습니다. 그렇지만 값비싼 물건 대신에, 하나님의 말씀이 그들의 마음에 의해서 도난당했다는 말을 우리는 들었습니다. 옛날에 복음을 증거하는 개신교 목회자들의 설교들을 염탐하기 위해서 구교에 속한 교회들이 스파이들을 많이 보냈었다는 것을 들었습니다. 이들은 설교 내용을 낱낱이 받아 적었습니다. 그래서 개신교 목회자들의 설교 내용 가운데 잘못된 교리를 찾아내어서, 그들이 그것에 근거해서 처벌을 받게 하려는 의도였습니다. 그러나 몇몇의 경우에 오히려 스파이들이 설교를 통해서 은혜를 받고 개신교로 개종하는 일이 일어났습니다. 바로 그와 같은 것이 그리스도의 복음이 지닌 능력입니다. 그리스도의 복음은 복음의 가장 극심한 대적자들도 불러내어서 그들의 영혼을 구원합니다. 세찬 불길을 끌려고 불에 다가가는 사람은 불의 열기에 압도당할 수도 있는 것입니다. 휴 래티머(Hugh Latimer: 1487-1555, 종교개혁 이전에는 워스터[Worcester] 교구의 로마가톨릭 주교, 후에는 영국성공회 신부가 됨. 1555년 메리 여왕 치하에서 화형당함)는 사람들이 교회에 나갈 것을 권면하면서, 다음과 같은 재미있는 말을 들려줍니다. 어떤 여인이 있었습니다. 수면제를 먹었는데도 불구하고, 그 여인은 수많은 밤에 잠을 제대로 잘 수 없었습니다. 그러자 그 여인은 누군가 자기를 교회에 데려다 준다면 그곳에서 잠을 잘 수 있을 것이라고 말했다고 합니다. 왜냐하면 그 여인은 목회자가 설교할 때, 가끔 편안하게 가벼운 잠을 즐겼기 때문이었습니다. 심지어 휴 래티머는 이렇게까지 말했습니다. "사람들이 교회에 전혀 오지 않는 것보다는 차라리 설교 시간에 잠을 자러 교회에 오는 것이 더 좋은 것입니다." 그는 덧붙여서 말했습니다. "그들이 졸고 있는 동안에도 말씀에 의해서 사로잡힐 수 있기 때문입니다."

과연 그렇습니다. 병에 걸린 사람은 의사들이 있는 곳에서 지내는 것이 당연한 것입니다. 왜냐하면 그곳에 있으면 언젠가 그는 병에서 나을 수 있기 때문입니다. 만약 사람들이 전쟁의 포화가 빗발치는 한가운데 있다면, 부상을 당하기가 쉽습니다. 만약 복음의 화살들이 날아오는 곳에 간다면, 그들은 그것들을 맞고 쓰러져서, 옛 사람이 죽고 새 생명을 소유한 사람들로 다시 태어날 수 있습니다. 소나기가 내리면, 바깥에서 자라는 식물은 수분을 흠뻑 빨아들일 수 있습니다. 그러므로 우리는 기도하는 집, 곧 교회에 들어오려는 누구에게도 함부로 이렇게 말해서는 안 됩니다. "당신이 교회에 나오려는 동기가 너무 저속하고 비열하기 때문에, 당신은 절대로 이곳에 들어올 수 없습니다." 아닙니다. 동기가 어떻든지, 우리는 교회에 들어오려는 모든 사람들을 환영해야만 합니다. 예배 시간 중에, 하나님이 사람들을 만나러 찾아오십니다. 그래서 여러분이 하나님을 만나실 수 있는 것입니다. 하나님의 진리가 선포될 때, 여러분은 그것을 들으실 수 있습니다. "그러므로 믿음은 들음에서 나며 들음은 그리스도의 말씀으로 말미암았느니라"(롬 10:17).

어떤 경우라고 하더라도, 사람들이 말씀을 들으려고 교회에 나오는 것은 좋은 것입니다. 그러나 좀 더 훌륭한 동기에서 교회에 나오는 것이 더 바람직하다는 생각이 이제 여러분에게 떠오를 것입니다. 우리는 은혜스러운 방법으로 사람들을 최대한 모으려고 노력해야 합니다. 닥치는 대로 사람들을 끌어당겨서는 안 됩니다. 농부는 밭에 씨를 뿌리기만 한다면 분명히 어느 정도의 농작물을 거두어들일 것이라고 기대합니다. 만약 지혜로운 농부라면, 그는 적은 분량을 수확하는 것에 만족하지 않습니다. 그는 거름을 많이 주고, 밭을 잘 갈아서, 많은 수확을 얻으려고 할 것입니다. 왜냐하면 오늘날에는 가장 풍작이라고 하더라도, 그것은 기껏해야 그가 필요로 하는 것보다 많은 양이 아니기 때문입니다. 그러므로 형세자매 여러분, 광석에서 가장 많은 금을 뽑아내려는 사람들처럼, 우리는 설교라는 거룩한 의식을 통해서 가장 좋은 것을 가장 많이 받도록 합시다. 하나님을 만나려는 소망을 갖고 거룩한 모임에 나아갑시다. 우리가 함께 모이는 가장 중요한 목적은 그것을 통해서 하나님을 만나는 것입니다. 은혜의 보좌 앞에 나오기 이전에도, 보좌 앞에 있을 동안에도, 보좌를 떠난 이후에도, 우리는 함께 모이는 것을 통해서 가장 크고 가장 많은 유익을 얻으려는 의도를 갖고 행동합시다. 죄악으로 죽은 영혼들이 하나님의 말씀을 들을 때, 성령님을 통해서 그들 가운데 때때로 영생을 얻는 일이 일어납니다. 또한 하나님의 말씀은 이미 하나님의 자녀가 된 이들에게 영적인 생명력이 더욱 넘치도록 가장 좋은 수단을 제공합니다. 우리 자신의 잘못으로 말미암아, 단 한 가지 축복이라도 잃어버리는 일이 없도록 합시다. 온갖 시험거리가 많은 오늘날, 하나님의 말씀은 우리에게 매우 소중합니다. 하나님의 말씀을 사소한 것으로 여기지 맙시다.

**1. 복음을 듣기 위한 올바르고 합당한
준비에 대해서 숙고해 보고자 합니다.
곧, 복음을 듣기 전에 우리가 무엇을 해야만 합니까?**

하나님께 예배드리러 나아오는 것과 또한 복음을 들으려고 오는 것에 대해서 우리가 생각해 본다면, 그것을 위해서 어떤 마음의 준비가 있어야만 한다는 생각이 각 사람에게 떠오를 것입니다. 누구의 이름으로 우리가 모였는지 깊이 생각해 봅시다. 그러면 우리는 분명히 아무런 생각 없이 몰려들지는 않을 것입니다. 우리가 어떤 대상에게 예배를 드리는지 숙고해 봅시다. 그렇다면 사람들이 불이 난 곳으로 쏜살같이 달려가듯이, 우리가 하나님이 임재하시는 곳으로 급하게 달려가지는 않을 것입니다. 하나님이 떨기나무 한가운데로부터 타오르는 불꽃 안에서 자신을 나타내실 때, 하나님의 사람 모세는 "네가 선 곳은 거룩한 땅이니 네 발에서 신을 벗으라"는 명령을 받았습니다(출 3:5). 그렇다면 사랑하는 독생자이신 그리스도 예수 안에서 자신을 계시하시는 하나님에게 나아갈 때, 우리는 자신을 어떻게 준비해야만 합니까? 잠이 덜 깬 채, 비틀거리면서 예배 장소로 가서는 결코 안 됩니다. 또는 놀이 장소를 찾아가는 것과 다를 것이 거의 없듯이, 이리저리 어슬렁거리면서 예배를 드리는 곳으로 발걸음을 옮겨서도 절대로 안 됩니다. 만약 우리가 무가치한 생각들과 허영으로 가득 찬 마음을 가지고 예배드리러 간다면, 우리는 많은 유익을 기대할 수 없습니다. 만약 우리가 어리석음으로 가득 차 있다면, 우리는 스스로 하나님의 진리가 우리 마음속으로 들어오지 못하게 할 것입니다. 그러므로 하나님이 우리에게 기꺼이 주시려고 예비하신 것을 받아들일 준비를 우리는 해야만 합니다. 예복을 입지 않고 혼인 잔치에 참석했던 사람이 정죄를 받았다면(참조. 마 22:11-13), 하나님의 말씀 잔치에 습관적으로 찾아오기는 하지만, 하나님이 베푸시는 영적인 진수성찬을 전혀 맛보지 않으려는 사람들에게 우리는 무슨 말을 해야 합니까? 자신들의 영혼에 묻어 있는 죄악의 더러움을 말끔하게 씻으려는 의도가 전혀 없어서 하나님의 성전을 더럽히는 사람들에게 우리는 어떤 말을 들려주어야 합니까? 따라서 죄 많은 피조물이 지극히 거룩하신 하나님에게 가까이 나아올 때는 반드시 준비를 진지하게 해야만 합니다.

사랑하는 형제자매 여러분, 지난 한 주간 동안 우리가 했던 일들과 우리의 삶의 모습을 자세히 살펴봅시다. 지극히 높으신 분의 거룩한 성소에 나아오기에 합당한 사람이 우리 가운데 있습니까? 나는 손으로 만든 성소들을 가리키는 것이 아닙니다. 그 대신, 나는 하나님과 교제하는 내적이며 신령한 성전으로 나아오는 것을 의미하는 것입니다. 우리가 자신의 내면을 깨끗하게 씻지 않은 채, 어떻게 거룩하신 하나님에게 나아갈 수 있습니까? 이 더러운 세상에 놓인 그토록 진흙투성이인 길을 여행하고 나서, 발에 묻은 먼지를 깨끗이 씻지 않고, 우리가 어떻게 하나님에게 나아갈 수 있습니까? 이 세상의 일 때문에, 우리는 엿새 동안 매우 바쁘게 지냅니다. 그런데 거룩한 안식일에 대해서 엿새 동안 전혀 생각해 보지도 않고, 그날을 위해서 준비되어 있을 수 있습니까? 나는 제대로 준비되어 있다고 믿지 않습니다. 심지어 이교의 사원에서도 엄숙하고 신비스러운 종교 의식을 거행하기 이전에, 의전관(儀典官)은 이렇게 외칩니다. "신성을 모독하는 속된 자들은 이곳을 즉시 떠나라! 신성을 모독하는 속된 자들은 이곳을 즉시 떠나라!" 그렇다면 방황하는 생각들로 가득 차 있는 우리에게도 어떤 의전관이 다음과 같이 외쳐야 하지 않을까요? "헛된 생각들이여, 여기를 떠나라! 거룩하신 하나님이 바로 이곳에 계시다." 이사야가 본 환상에 의하면, 스랍들이 "거룩하다 거룩하다 거룩하다 만군의 여호와여"라고 외칠 때, 그들은 두 날개로 자기의 얼굴을 가렸습니다(참조. 사 6:2-3). 그렇다면 영광스러운 하나님 앞으로 가까이 나아올 때, 매우 경건하고 겸손하고 거룩하고 진지한 자세가 우리에게 어울리는 것입니다.

형제자매 여러분, 참으로 그래야 마땅합니다. 만약 우리의 마음이 거룩한 예배를 드리는 것에 항상 몰두해 있다면, 하나님의 영광 이외에 다른 생각이나 염려를 하지 않는다면, 또한 이 세상의 번거롭고 추한 일들로부터 완전히 벗어났다면, 하나님의 말씀을 듣기 이전에 우리가 준비를 올바르게 해야 한다고 내가 이렇게 진지하게 말하지 않아도 될 것입니다. 그러나 안타깝게도 우리의 실상은 그렇지 않습니다. 우리는 "입술이 부정한 사람들이요, 입술이 부정한 백성 중에 거주합니다"(사 6:5). 우리는 아직 거룩한 하나님의 나라에 들어가지 않았습니다. 그곳에서는 영화롭게 된 성도들과 천사들이 우리에게 반갑게 인사할 것입니다. 아직 우리는 우리의 대적들인 가나안 사람들을 모두 없애지 못했습니다. 날마다 우리를 미혹시키고 멸망시키려는 그들을 우리는 경계해야 합니다. 여러분, 지극히 높으신 분에게 가까이 나아가기 원하십니까? 그렇다면 우리의 안과 주변에 거하는 죄악 때문에, 우리는 회막과 제단 사이에 있는 물두멍의 물로 먼저 우리 자신을 깨끗하게 씻어야만 합니다(참조. 출 30:18; 40:7).

예배를 위해서 어떤 준비가 필요하다는 사실에 대해서 사람들의 의견이 일치합니다. 오늘 여기서도 눈으로 확인할 수 있는 표지들을 보십시오. 주일이 밝아오기 이전에, 평상시에 입는 옷보다 더욱 깨끗하고 밝고 좋은 옷을 여러분은 준비해 놓았을 것입니다. 그러나 그것은 외면적이며 평범한 사항입니다. 왜냐하면 껍데기 안에 알맹이가 들어 있는 것이기 때문입니다. 엿새 동안에 입던 옷을 벗어버리고, 사람들은 주일에는 가장 좋은 옷을 입습니다. 왜냐하면 사람들은 그들이 믿는 하나님에게 어떤 경외심을 표현해야만 한다고 본능적으로 느끼고 있기 때문입니다. 이렇게 좋은 옷으로 갈아입는 선한 의도가 때때로 다른 사람들에게 멋있게 보이려는 것으로 변질될 것 같아 나는 두렵습니다. 그러나 근본적인 취지는 다음과 같아야 합니다. "나는 오늘 하나님께 예배드리러 교회에 간다. 따라서 나는 깨끗하지 않은 몸이나 더러운 의복을 입고서 그곳에 갈 수 없다. 나는 가장 좋은 옷을 입고 가는 것을 원한다. 그래서 하나님과 하나님의 집에 모인 사람들에게 경의를 표하려고 한다." 여러분이 좋은 옷을 입는 것보다 마음을 깨끗하게 씻으라는 것이 내가 당부하고 싶은 말입니다. 하나님 앞에 새 옷을 입고 가는 것보다는 새로워진 마음으로 나아가십시오. 옛날 요엘 선지자는 이렇게 말했습니다. "너희는 옷을 찢지 말고 마음을 찢고 너희 하나님 여호와께로 돌아올지어다"(욜 2:13). 오늘 나는 여러분에게 이런 말을 들려주고자 합니다. "육신을 꾸며주는 화려한 옷보다, 우리 주 예수 그리스도의 은혜로 의와 거룩함의 옷을 입으십시오." 사실상 좋은 옷으로 바꾸어 입는 데에도, 하나님이 계시다는 것과 그의 거룩한 이름을 찬양하는 것을 시인한다는 의도가 반영되어 있습니다. 하나님의 말씀을 들으러 갈 때, 특별히 필요한 몇 가지를 우리가 잊지 않고 잘 준비하도록 하나님이 인도해 주시기를 바랍니다.

이러한 준비를 하는데, 버려야 할 어떤 것들이 있다는 것을 본문은 말해 줍니다. 무엇을 버리라고 본문은 말해 줍니까? "그러므로 모든 더러운 것과 넘치는 악을 내버리고." 하나님의 말씀을 받기 이전에, 우리는 반드시 어떤 것들을 제거해야만 합니다. 그렇다면 그것들은 무엇입니까? 본문은 모든 더러운 것이라고 언급합니다. 그런데 모든 종류의 죄는 더러운 것입니다. 그렇지만 대부분의 사람들은 그렇게 생각하지 않습니다. 어떤 사람들은 죄를 쾌락이라고 부릅니다. 더욱이 죄악을 장식품으로 여기는 사람들도 나는 알고 있습니다. 그러나 여기서 야고보를 통해서 말씀하시는 하나님의 영의 판단에 의하면, 모든 죄는 더러운 것입니다. 그리고 거듭난 모든 사람들도 모든 죄는 더러운 것이라는 견해를 갖고 있습니다. 하나님의 영이 그의 눈에서 비늘 같은 것을 없애주신 바로 그날로부터, 그 경건한 사람은 죄를 구역질나는 것으로 여겼습니다. 곧, 죄는 거룩하신 하나님이 보시기에 가증스러운 것입니다. 생각들로 짓는 죄는 더러운 생각들이 빚어내는 것입니다. 말을 통해서 짓는 죄는 더러운 입이 만들어 내는 것입니다. 행위로 범하는 죄악은 삶을 추악한 것으로 변질시킵니다. 율법이 범하여지는 곳마다, 오염시키고 냄새나게 하는 어떤 것이 있습니다. 하나님뿐만 아니라 선한 사람도 그것을 참을 수 없습니다. 자, 형제자매 여러분! 하나님 앞에 나올 때, 성령님의 도우심으로 여러분은 모든 죄를 낱낱이 자백하고 버리고 미워해야만 합니다. 그리스도의 보배로운 피를 믿음으로, 여러분은 모든 죄악을 깨끗이 씻어야만 합니다. 왜냐하면 불의에 빠져 있는 동안에는, 우리가 하나님 앞에 나아간다고 해도, 그가 우리를 기쁘게 받아주시지 않기 때문입니다. 우리가 죄악으로부터 멀리 떨어져 있기 이전까지, 우리는 하나님으로부터 멀리 떨어져 있을 수밖에 없습니다. 여러분도 잘 알고 있는 대로, 더러운 것은 우리의 품위를 떨어뜨리는 것입니다. 그것은 오직 거지들이나 도둑들에게서 발견할 수 있습니다. 그것은 곧 죄입니다. 또한 더러운 것은 모든 청결한 사람들에게는 거슬리는 것입니다. 몸과 옷을 깨끗하게 하는 것을 소홀히 하는 사람들과 우리는 친밀하게 사귈 수 없습니다. 너무 더러워서, 그들은 거의 살아 있는 쓰레기통이라고 불릴 만합니다. 아무리 가난한 사람도 자신을 깨끗하게 해야 합니다. 그렇지 않으면, 그는 자기와 대화를 나누는 사람들이나 옆에 앉아 있는 사람들에게 불쾌한 존재가 됩니다. 이와 같이 신체적인 더러움은 우리에게 몹시 불쾌한 것입니다. 그렇다면 인간의 죄악이 지닌 더러움은 순결하고 거룩하신 하나님에게 어떻겠습니까? 하나님이 죄를 얼마나 싫어하시는지를 우리는 이루 다 표현할 수 없습니다. 하나님은 죄를 온 마음으로 송두리째 미워하십니다. 하나님이 여러분을 기쁘게 받아주시기를 원합니까?

그렇다면 이제까지 즐기던 죄악들에 계속해서 탐닉해서는 안 됩니다. 여러분을 매혹시키던 정욕을 버리는 것을 아까워해서도 안 됩니다. 또한 불의한 행위를 은밀하게 지속해서도 안 됩니다. 마음이 죄악을 줄곧 쫓아다니면서, 우리가 하나님을 섬긴다면, 하나님은 우리의 섬김을 더러운 것으로 여기실 것입니다. 여호와께서 이와 같이 말씀하십니다. "너희는 떠날지어다 거기서 나오고 부정한 것을 만지지 말지어다 여호와의 기구를 메는 자들이여 스스로 정결하게 할지어다"(사 52:11). 하나님은 더러운 손으로 성전의 기구들을 만지는 것을 원하지 않으십니다. 이 사실을 우리가 신중하게 생각해 보았습니까? 만약 하나님이 진노하시는 것을 여러분이 원하지 않는다면, 모든 더러운 것을 버리십시오. 우리 자신이 하나님의 마음에 거슬린다면, 우리의 모든 행위도 하나님의 눈에 거슬리는 것입니다. 왜 다음과 같은 말씀이 기록되어 있는지 기억하십시오. "여호와께서 아벨과 그의 제물은 받으셨으나 가인과 그의 제물은 받지 아니하신지라"(창 4:4-5). 먼저, 하나님은 사람을 받으셨습니다. 그 다음, 제물을 받으셨습니다. 곧, 먼저 아벨을 받으시고, 그러고 나서 그의 제물을 받으셨습니다. 만약 하나님이 어떤 사람을 기뻐하시지 않으면, 그가 하나님을 섬기는 것도 기뻐하시지 않습니다. 만약 여러분이 정결하지 않다면, 여러분이 부르는 찬송과 찬양이 아무리 아름답다고 하더라도, 그것이 하나님의 귀에 훌륭한 음악으로 들릴 것이라고 상상하지 마십시오. 여러분이 드리는 기도가 기분을 좋게 하는 향기처럼 하나님에게 올라갈 것이라고 생각하지 마십시오. 모든 더러움을 말끔하게 씻지 않으면, 여러분이 드리는 찬양과 기도는 하나님께는 고약한 냄새를 풍기는 것입니다. 그래서 하나님은 그것을 몹시 싫어하십니다. 그리고 하나님의 말씀을 올바로 깨달으려면, 우리는 죄악의 더러움을 반드시 씻어버려야 합니다.

더욱이 죄는 불쾌한 것일 뿐만 아니라, 위험한 것입니다. 아직도 어떤 사람들은 더러움이 질병을 의미한다는 사실을 알지 못합니다. 그렇지만 우리는 마침내 그 사실을 배워서 알고 있습니다. 깨끗하지 않으면, 건강할 수 없다는 것을 사람들은 이해하기 시작했습니다. 더러운 것을 지니고 있는 사람은 질병의 세균들에게 온상(溫床)을 제공하고 있는 것입니다. 그래서 그는 가족과 이웃을 해치는 존재가 됩니다. 더러운 사람은 대중을 죽이는 자, 자신을 죽이는 자, 또한 다른 사람들을 죽이는 자입니다. 죄는 자신의 영혼에게 상상할 수 있는 것 가운데 가장 위험한 것입니다. 그것은 사람이 신체적으로는 살아 있더라도, 영적으로는 죽은 사람으로 만듭니다. 따라서 죄는 치명적인 질병입니다. 자신에게 죄악을 퍼뜨리는 사람은 지옥으로부터 멀지 않습니다. 죄악을 계속해서 사랑하면, 그는 결코 천국에 들어갈 수 없습니다. 이마에 죄라는 문둥병을 지닌 채, 여러분은 성전 마당을 밟으며 하나님 앞에 보이러 나아가기를 원합니까? 여러분은 죄라는 무서운 전염병을 성전으로 옮기려고 합니까? 그것은 반드시 제거되어야 합니다. 오, 하나님, 이 일을 잘 해결할 수 있도록 은혜를 베풀어 주시옵소서!

본문에는 적어도 세 가지 죄악들에 대해서 언급되고 있습니다. 그 가운데 하나는 **탐욕**입니다. 거룩하지 않은 이익을 얻으려는 욕망은 부정한 재물을 소유하게 합니다. 왜냐하면 그것은 사람들이 더러운 행위를 하도록 잘못 인도하기 때문입니다. 그런 욕망이 없었다면, 사람들은 그릇된 행위를 하려는 생각을 떠올리지도 않았을 것입니다. 만약 부(富)에 대한 욕망이 마음속에 들어온다면, 그것은 마음을 송두리째 썩게 만듭니다. 야고보는 "너희 금과 은은 녹이 슬었으니"라고 말합니다(약 5:3). 금과 은뿐만 아니라, 사실상 그 사람 자신도 좀이 먹고 녹이 슬게 됩니다. 만약 사람의 마음이 더러움으로 가득 차 있다면, 또한 어떻게든지 더러운 이익을 얻고자 하는 욕망으로 들끓는다면, 그런 사람은 복음을 들는다고 해도, 그것을 통해서 유익을 얻기에는 매우 부적합한 상태에 놓여 있습니다. 여러분은 그의 마음속에 복음을 넣어줄 수 없습니다. 욕망의 황금 빗장이 그의 마음 문을 굳게 잠가 놓았기 때문입니다. 그의 영적인 상태는 내가 이전에 이야기를 나누었던 어떤 선장과도 같습니다. 그 선장이 고래를 잡으러 바다로 나갔었습니다. 육지로 잠시 돌아왔을 때, 그는 주일날 교회에 가서 설교를 듣게 되었습니다. 예배를 마친 후, 그는 목사님에게 다음과 같이 말했습니다. "목사님, 설교 내용이 나에게는 전혀 도움이 되지 않습니다. 나는 설교 시간 동안 줄곧 어디서 고래를 잡을 수 있을지에 대해서 생각하기만 했습니다. 지금 내 머릿속에는 고래밖에는 아무것도 들어 있지 않습니다. 나는 고래를 잡아야만 합니다. 그리고 당분간 고래 이외에 나는 아무것도 생각할 수 없습니다." 이익을 얻으려는데 혈안이 된 사람도 분명히 이 선장과 똑같을 것입니다. 그의 마음속에는 다른 것은 전혀 없고 오직 상품을 생산하고 판매하는 일로만 가득 차 있습니다. 허영의 시장(Vanity Fair: 존 번연의 「천로역정」에 등장, 후에 윌리엄 새커리가 1848년에 출판된 자신의 소설 제목으로 삼았음)에 가게를 가지고 있는 사람은 참된 진리를 구매하기에는 적합하지 않습니다. 왜냐하면 그는 오직 허영이라는 상품을 사고팔기 때문입니다. 탐욕스러운 사람은 우상 숭배자입니다. 자신이 품에 앉고 있는 죄를 모두 극복하기 이전에는, 그는 하나님이 주시는 은혜로운 선물들을 받을 수 없습니다. 그는 거룩하신 여호와께 가까이 나아가기에는 너무 더럽습니다. 하나님, 그가 부(富)라는 우상 숭배로부터 벗어날 수 있도록 그를 도와주시옵소서!

　또한 정욕도 더러운 것입니다. 그것은 틀림없이 맞는 말입니다. 그래서 그것에 대해서 나는 더 자세하게 설명할 필요가 없을 것입니다. 술에 취한다든가 아니면 방탕에 빠진다든가, 인간의 욕정은 여러 가지 형태로 나타납니다. 그런데 동물적인 욕정에 탐닉하는 삶은 하나님의 순전한 말씀을 제대로 받아들일 수 없습니다. 그 사실을 우리의 타락한 본성도 분명하게 가르쳐 줍니다. 몇 가지 예를 들어보겠습니다. 어떻게 흠 없는 순결함이 짐승처럼 욕정에 탐닉하는 삶을 사는 사람에게 갑자기 찾아와서, 그와 함께 지낼 수 있겠습니까? 어떻게 온전히 거룩하신 성령님이 음탕한 욕망의 동굴과 같은 마음을 지닌 사람에게 찾아와서, 그의 안에 거하실 수 있겠습니까? 소돔 사람들이 롯의 권고를 듣고 어떤 유익을 얻었던가요? 어떤 사람이 스스로 정욕의 방에서 나와서, 여호와의 집으로 갈 수 있습니까? 형제자매 여러분, 정욕에 매인 사람은 스스로 갈 수 없습니다. 만약 우리가 하나님을 영과 진리로 예배드리기 원한다면(참조. 요 4:24), 우리는 모든 더러운 것을 반드시 버려야 합니다.

본문과 관련시켜서 살펴보면, 또한 더러운 것은 특별히 성내는 것을 의미합니다. 본문을 한번 읽어 보십시오. 그러면 여러분은 금방 알게 될 것입니다. "사람이 성내는 것이 하나님의 의를 이루지 못함이라 그러므로 모든 더러운 것을 내버리고"(약 1:20-21)라고 기록되어 있습니다. 어떤 사람들은 성이 나면 두 번 다시 해서는 안 될 말을 합니다. 또는 너무 화가 나면, 생전 처음으로 매우 험한 말을 하기도 합니다. 그러한 것은 우리 시대보다도 야고보가 살던 시대에 틀림없이 더 심했을 것입니다. 그런데 성난 사람은 지독한 욕설들을 퍼붓습니다. 섬뜩한 말들을 돌려서 말합니다. 그러나 이것들은 사실상 쓸데없이 넘치는 악입니다. 하나님의 자녀는 성냄과 분노와 악의(惡意)를 버려야 합니다. 여러분이 어떤 형제와 적대 관계에 있는 동안에 어떻게 화평의 말씀을 받아들일 수 있겠습니까? 여러분에게 잘못한 사람들을 용서해 주지 않는데 어떻게 하나님의 말씀을 듣고 여러분이 용서받기를 바랄 수 있겠습니까? 여러분이 주일 아침이나 저녁에 교회에 오기 이전에 기도할 것을 우리는 누누이 당부합니다. 그래서 온유하고 부드러운 마음으로 예배드리러 오라고 권면합니다. 그래야만 여러분은 마음속에 접붙여지는 말씀을 받을 수 있습니다. 사람이 성내는 것은 너무 더러운 것입니다. 그것은 하나님이 원하시는 의로움을 이룰 수 없습니다. 또한 욕정과 악의가 가마솥처럼 들끓는 마음속에서는 하나님의 의로움이 열매를 맺을 수 없습니다. 원한으로 사무치고 분노하며 악의로 가득 찬 마음은 서로 용서하라는 복음의 진정한 의도를 받아들이기가 매우 어렵습니다. 그러므로 모든 더러움, 특별히 모든 적대 감정을 우리가 온전히 버릴 수 있도록 하나님이 우리를 도와주시기를 간절히 바랍니다.

본문에는 "넘치는 악"이라는 표현이 덧붙여져 있습니다. 그것은 무엇을 의미합니까? 하나님의 자녀 안에 있는 악은 그것이 무엇이든지 간에 불필요한 것입니다. 곧, 하나님의 자녀 안에는 악한 것이 없어야만 합니다. "넘치는 악," 또는 사악(邪惡)함이 넘치는 것은 필요하지 않은 것이 넘치도록 있는 것입니다. 하나님의 자녀에게 그것은 전혀 쓸모가 없는 것입니다. "넘치는 악"이라는 표현은 "더러운 것"이라고 바로 앞에 나오는 말과 의미가 다른 것이 아닙니다. 그것은 동일한 사항을 다른 관점에서 보는 것입니다. 아마도 여러분은 생기 없는 꽃이 불과 몇 송이만 피어 있는 장미나무를 본 적이 있을 것입니다. 그것을 보고나서, 왜 그런지 의문을 품었을 것입니다. 그것은 원래 좋은 품종의 장미나무였습니다. 또한 비옥한 땅에 심어졌습니다. 그런데 볼품없는 몇 송이의 꽃밖에는 피우지 못했습니다. 그래서 여러분은 그 장미나무를 여기저기 자세히 살펴보았습니다. 마침내 여러분은 그 장미나무 뿌리에 쓸데없는 잔뿌리들이 붙어 있는 것을 발견했을 것입니다. 이 불필요한 것들은 원래 이 장미나무를 접붙임한 들장미나무에서 자라난 것이었습니다. 이것들이 이 장미나무로부터 생명력, 곧 수액(樹液)을 많이 빼앗아 갔던 것입니다. 그래서 이 장미나무는 여러분이 기대했던 것만큼 많은 숫자의 아름다운 꽃들을 활짝 피게 하지 못했습니다. 이 넘치는 악, 곧 들장미나무에서 나온 것들은 그 장미나무에 해(害)를 가져다주었습니다. 하나님의 자녀 여러분! 만약 어떤 잘못된 것에 여러분의 힘을 쏟아 붓는다면, 여러분은 하나님을 올바로 섬길 수 없습니다. 여러분의 넘치는 악은 말하자면 들장미나무로부터, 곧 여러분의 옛날 성품으로부터 나오는 것입니다. 옛날 성품의 잔뿌리들을 가능한 한 많이 잘라내어 버리는 것이 가장 좋은 것입니다. 그래서 여러분이 지닌 모든 힘을 장미나무에, 곧 새로워진 여러분의 성품에 주입시켜야 합니다. 그러면 하나님의 은혜로 말미암아, 아름다운 꽃들이 많이 활짝 피게 될 것입니다. 오, 하나님의 백성이여! 주일에 이곳에 올 때, 맨 먼저 넘치는 악을 잘라내는 거룩한 가지치기를 해야 합니다. 왜냐하면 가지치기를 하지 않고는 접목(椄木)을 할 수 없기 때문입니다. 접목을 하려면, 정원사는 먼저 나무의 어떤 부분에서 일부를 잘라냅니다. 그 다음, 그것을 다른 나무의 줄기 또는 뿌리에 붙입니다. 이처럼 우리에게 필요 없는 "넘치는 악"이 먼저 제거되어야만 합니다. 그래야만 하나님의 말씀이 우리의 온유한 마음에 심어지게 됩니다. 이 말씀은 우리 영혼을 능히 구원할 수 있습니다. 우리 마음에 새겨지고 비축(備蓄)되어야 할 것은 바로 하나님의 말씀입니다.

　육신의 땀과 때로 더러워지고 질병으로 감염된 옷들은 벗어서 내버려야 합니다. 만약 우리가 하나님의 말씀을 듣고 유익을 얻고자 한다면, 우리는 그런 옷들을 더 이상 입어서는 안 됩니다. 다시 입으려고 그런 옷들을 옷장에 넣어두어서는 안 됩니다. 다시는 손도 대지 않으리라고 굳게 결심한 후에, 우리는 그 옷들을 도벨의 불(참조. 왕하 23:10; 렘 7:31) 속에서 타고 있는 쓰레기들 가운데 던져버려야만 합니다. 이 더러운 것들에게 우리는 화형 선고를 내려야 합니다. 하나님의 뜻에 의해서, 첫 열매인 그리스도 안에서 우리는 이제 하나님의 새로운 피조물이 되었습니다. 그렇다면 우리의 모든 더러운 것을 어떻게 해야만 하겠습니까? 여러분은 거룩하신 하나님의 자녀입니다. 여러분이 "넘치는 악"과 이제 무슨 상관이 있습니까? 사도 바울이 멜리데 섬에서 자신의 손을 물었던 독사를 불 속에 떨쳐 버렸듯이(행 28:3-5), 여러분이 죄를 떨쳐 버릴 수 있도록, 하나님이 여러분을 도와주시기를 기도합니다.

왜 죄를 떨쳐 버려야 합니까? 복음을 들으려고 올 때, 왜 여러분은 이 점을 유의해야 합니까? 왜냐하면 이 모든 악한 것들, 곧 "더러운 것과 넘치는 악"이 우리의 마음을 빼앗기 때문입니다. 이 악한 것들이 오염시키는 것으로서, 탐욕이나 음란이나 또는 분노 등을 예로 들 수 있습니다. 이것들은 우리의 생각들을 지배하고 있습니다. 따라서 말씀을 들어도 우리가 복을 받기가 어렵습니다. 이것들은 말씀의 씨앗이 마음속으로 들어오는 것을 막는 바위들입니다. 또한 이것들은 뿌려진 씨를 쪼아 먹는 공중의 새들입니다. 그리고 돋아난 싹을 자라지 못하게 하는 가시덤불입니다(참조. 눅 8:5-15). 그러므로 "모든 더러운 것과 넘치는 악"을 내버립시다. 만약 우리가 겨로 가득 채워진 그릇을 갖고 이곳으로 온다면, 어떻게 그릇에 밀을 넣을 것을 기대할 수 있습니까? 만약 우리가 이 더러운 것을 그대로 지니고 이곳에 온다면, 어떻게 하나님의 순전하고 썩지 아니하는 말씀이 우리에게 꿀보다 더욱 달콤하게 들리기를 바랄 수 있습니까?

뿐만 아니라, 죄는 복음에 대해서 편견을 갖게 합니다. 어떤 사람은 "설교가 나에게 즐거움을 주지 않습니다"라고 말합니다. 여러분의 경우는 어떻습니까? 엿새 동안 여러분은 대체로 어떤 것을 즐기셨습니까? 지난 밤에 즐겼던 것 가운데 어떤 맛이 여러분의 입에 아직도 남아 있습니까? 또 어떤 사람은 "나는 저 사람에게는 참을 수 없습니다"라고 말합니다. 만약 그렇다면, 그것은 그 사람이 신실하지 않다는 것에 대한 한 가지 증거일 것입니다. 그런데 아합 왕이 엘리야 선지자를 좋아했습니까? 언젠가 어떤 낯선 사람이 상담을 하려고 나를 찾아 왔습니다. 내가 하는 말을 듣고, 그는 매우 화가 났습니다. 그러자 자리에서 일어나 나가버렸습니다. 그는 내 말에 가슴이 몹시 아팠던 것 같습니다. 하지만 그때 내가 말했던 것은 하나님의 순수한 진리였습니다. 잘못된 삶을 살고 있던 그 사람이 진리의 말씀을 듣고 화를 냈던 것입니다. 나는 그것에 대해서 유감스럽게 생각할 수 없었습니다. 왜냐하면 하나님의 순결한 말씀을 듣고, 변화되기를 거부하는 그와 같은 사람은 그렇게 반응할 수밖에 없었기 때문입니다. 만약 그가 이 사실을 깨달을 수 있었으면 좋을 텐데! 그러한 행동은 그 사람의 성품이 어떠한지, 또한 자신이 영적으로 어떤 상태에 놓여 있는지를 드러내 줍니다. 여러분은 그리스도의 종들이 하나님을 기쁘시게 하지 않는 사람들을 그저 기쁘게만 해줄 것이라고 생각하십니까?

어떤 사람이 한 청교도 목회자를 찾아와서 이렇게 말했습니다. "내 주인님이 오늘 아침 목사님의 설교를 들으셨습니다. 그는 신성모독적인 언어를 사용하는 것을 비판하는 목사님의 설교에 몹시 화가 나셨습니다. 왜냐하면 내 주인님은 평상시에 말을 하실 때, 때때로 하나님의 이름을 남용하시면서 욕을 하시거든요." 그 청교도 목회자가 무엇이라고 말했을까요? 그는 이렇게 대답했습니다. "만약 당신의 주인이 나의 주님이신 하나님을 화나게 했다면, 그는 자신을 화나게 하는 말을 듣는 것이 마땅합니다. 나는 설교에서 했던 말을 전혀 취소할 수 없습니다." 만약 어떤 사람들이 복음을 듣고서 화가 난다면, 그것은 그들 자신이 먼저 하나님을 화나게 하고 있기 때문입니다.

이전에 자신이 깊은 믿음을 지니고 있다고 고백했던 사람들이 점점 신앙에 회의를 품게 되는 경우가 있습니다. 그러면 그들 가운데 대부분은 다른 사람들에게서 이런저런 결점을 찾아내기 시작하는 공통점을 지니고 있습니다. 그들의 삶에는 아직 다른 사람들에게 알려지지 않은 은밀한 죄악이 있습니다. 그렇게 해서, 그들은 자신의 양심을 가리려는 것입니다. 마귀는 목회자를 비난하도록 이런 사람들을 유혹합니다. 왜냐하면 복음이 죄를 자각하는 그들의 양심을 괴롭게 추궁해서, 그들이 죄악 가운데서 불편함을 느끼기 때문입니다. 만약 여러분이 하나님의 말씀을 기쁘게 듣고, 그것을 통해서 유익을 얻기를 원한다면, "모든 더러운 것과 넘치는 악을 내버려야" 합니다. 왜냐하면 이것들은 하나님의 말씀에 대해서 여러분이 편견을 갖게 하기 때문입니다. 그러면 여러분은 하나님의 말씀을 올바로 깊이 있게 깨달을 수 없습니다. 따라서 말씀을 듣고 유익을 얻을 수도 없습니다. 하나님이 여러분을 권면하는 나의 이 말들을 축복해 주시기 바랍니다. 여러분 가운데 어떤 이들은 때때로 말씀을 듣기에는 부주의한 태도로 이곳에 왔을 것입니다. 이제부터는 여러분이 모두 준비된 마음으로 하나님의 백성이 드리는 거룩한 예배에 나오시기를 바랍니다.

2. 두 번째로 "설교 중에"라는 주제에 대해서, 곧 설교를 어떠한 마음가짐으로 들어야 하는지에 대해서 말하고자 합니다.

하나님의 말씀을 주의 깊게 들으려면 어떻게 해야 합니까? 이 점과 관련하여, 21절 후반부에는 이렇게 기록되어 있습니다. "너희 영혼을 능히 구원할 바 마음에 심어진 말씀을 온유함으로 받으라." 그렇다면 우리가 맨 처음에 해야 할 일은 받는 것입니다. 하나님 나라의 복음과 관련하여, "받는다"라는 말은 우리에게 매우 중요한 것을 깨우쳐 주는 단어입니다. 받는 것은 문(門)과 같은 역할을 합니다. 그것을 통해서, 하나님의 은혜가 우리에게 들어오기 때문입니다. 우리는 무엇인가를 행함으로 구원을 얻는 것이 아닙니다. 단순히 받아들임으로 구원받습니다. 우리가 하나님에게 무엇인가를 드리는 것에 의해서가 아니라, 하나님이 우리에게 주시는 것을 받음으로 구원받습니다. 그러므로 말씀을 들을 때, 우리는 그것을 받아들여야만 합니다. 귀로만 들어서는 안 됩니다. 말씀의 뜻을 이해해야 합니다. 또한 말씀을 마음과 양심으로 받아들여야 합니다. 이 소중한 보물을 사랑하며 기억 속에 잘 간직해야 합니다. 여러분은 말씀을 받아들여야만 합니다. 그렇지 않으면, 말씀은 여러분에게 하나님의 축복을 가져다줄 수 없습니다.

여러분 주목하십시오! 하나님의 말씀을 듣는다는 것은 잔치에 초대받는 것입니다. 만약 어떤 배고픈 사람이 잔치에 참석은 했지만 진수성찬을 바라보기만 한다면, 어떻게 되겠습니까? 만약 잔치에서 주어지는 것을 아무것도 받지 않는다면, 그는 올 때와 마찬가지로 배고픈 채로 떠나야 하지 않겠습니까? 설교를 통해서 말씀을 듣는 것은 하늘에서 소나기가 내리는 것과 같습니다. 만약 수많은 빗방울이 끊임없이 떨어져도 땅에 전혀 흡수되지 않는다면, 그 땅에 무슨 일이 일어나겠습니까? 만약 논밭의 메마른 고랑들에 빗물이 전혀 스며들지 않는다면, 소나기가 무슨 도움이 되겠습니까? 약은 치료하는 큰 능력을 갖고 있습니다. 그렇지만 만약 약을 받아서 먹지 않는다면, 그것은 사람의 몸속을 깨끗하게 할 수 없습니다. 이와 같이 어떤 좋은 것이 정말로 우리 것이 되기 이전에, 먼저 주어지는 그 좋은 것을 우리가 받아야만 합니다. 성경을 읽거나 말씀을 들을 때, 나는 내 영혼의 모든 문들을 활짝 열어 놓는 것을 좋아합니다. 뿐만 아니라, 내 마음의 창문들도 모두 활짝 열어 놓는 것을 기뻐합니다. 그 다음, 내 영혼은 이렇게 외칩니다. "지극히 복되신 성령님, 들어오시옵소서! 하나님의 생명이시여, 들어오시옵소서! 성령님, 이 여관에 당신을 위한 방이 없다는 말씀을 하지 마십시오. 부디 들어오시옵소서. 이 집에 있는 모든 방들을 차지하시옵소서. 그리고 지금부터 영원히 이 집의 주인이 되시옵소서!"

사랑하는 형제자매 여러분! 밀려들어오는 복음의 물결을 막으려고, 여러분의 영혼을 굳게 닫지 마십시오. 그 반대로, 댐을 무너뜨리십시오. 그래서 여러분이 말씀의 강물에 푹 잠기기까지, 강물이 여러분에게 흘러들어오게 하십시오. 말씀을 받으십시오. 안타깝게도 많은 사람들이 말씀을 통해서 유익을 얻지 못합니다. 왜냐하면 물이 대리석 위를 흐를 때처럼, 말씀이 이 사람들 속으로 들어가지 않기 때문입니다. 하나님의 진리를 통해서 우리가 복을 받고자 한다면, 그것이 우리의 마음속으로 받아들여져야만 합니다. 성령님이 권능으로 역사하셔서, 우리가 말씀을 기꺼이 받아들이게 해주시기를 기원합니다. 왜냐하면 성령님이 도와주시지 않으면, 우리가 말씀을 올바로 들을 수도, 또한 깨달을 수도 없기 때문입니다.

그 다음, "온유함으로 받으라"는 말씀이 덧붙여져 있습니다. 온유하지도 않고 또한 가르침을 잘 받아들이지도 않는 심정(心情)을 지녔기 때문에, 많은 사람들이 복음을 받아들이지 않습니다. 그들은 하나님의 집으로 오기는 합니다. 그곳에서 그들이 차지하려는 유일한 자리는 심판석입니다. 그들은 하나님의 말씀에 대해서 거침없이 비판합니다. 그래서 사람들은 그들이 마치 하나님의 하나님, 곧 하나님에 대해서 최종적인 판단을 내리는 자들이라고 상상할 것입니다. 하나님의 말씀에 대해서 판단하지 마실 것을 나는 여러분에게 당부합니다. 여러분이 원하시는 대로, 여러분은 나에 대해서 판단하실 수 있습니다. 나에게 그것은 사소한 일입니다. 왜냐하면 나는 사람들의 판단에 대해서 별로 염려하지 않기 때문입니다. 그러나 살아 계신 하나님이 우리를 어떻게 판단하시느냐는 대단히 중요한 문제입니다. 만약 설교자가 하나님의 말씀에 대해서 진정으로 선포한다면, 그것을 심판하는 자리에 앉아 있는 사람에게 화(禍)가 있을 것입니다. 왜냐하면 바로 이 말씀이 마지막 날에 그를 심판할 것이기 때문입니다. 하나님의 말씀에 의해서, 우리는 재판을 받는 것입니다. 또한 취조를 당하고 정밀 조사를 받습니다. 만약 온유하라는 모든 요구를 거부하고, 우리가 재판석에 올라가서 하나님을 우리 앞에 소환하려고 한다면, 우리에게 화가 있을 것입니다. 비판을 일삼던 사람들이 먼 훗날 여호와의 자비를 구할 때, 그들은 죄인들로 판정받을 것입니다. 따라서 하나님이 주시는 메시지는 가르침을 순순히 받아들이는 마음으로 받아들여야만 합니다. 때때로 하나님의 말씀이 여러분을 책망할 수 있습니다. 그러나 여러분은 그것을 온유함으로 받아야 합니다. 또한 말씀은 여러분의 잘못들을 지적해서, 여러분을 놀라게 할 수 있습니다. 그래도 여러분은 그것을 온유하게 받아들여야 합니다. 하나님의 말씀을 들을 때, 처음에는 그 깊은 진리를 우리가 온전히 깨닫지 못할 수 있습니다. 때로 하나님의 지혜는 우리에게 너무 높고 깊으며, 또한 두려운 것입니다. 그러나 온유함으로 그것을 받으십시오. 이 세대의 사람들은 이러한 정신적인 태도를 지니고 있지 않습니다. 그러나 살아 계신 하나님은 우리가 온유하고 겸손한 마음으로 말씀을 받아들이기를 원하십니다. 온유하게 말씀을 받아들이는 것을 통해서, 우리는 또한 하나님의 권능을 지닌 진리를 받아들이게 됩니다. 그래서 그것은 우리의 영혼을 구원할 수 있습니다. 여러분이 회개하지 않으면, 또한 어린아이처럼 되지 않으면, 여러분은 하늘나라에 들어갈 수 없습니다. 예수님의 발 앞에 앉아서, 그에게 배우는 사람들에게 천국의 문은 활짝 열려 있습니다. 만약 예수님이 여러분의 주인이 아니라면, 여러분은 그의 종이 아닙니다. 만약 여러분이 예수님의 가르침을 의심해서 받아들이지 못한다면, 여러분은 그의 제자가 아닙니다. 왜냐하면 그리스도의 가르침에 의혹을 품는다면, 그것은 예수님 자신을 거부하는 것이기 때문입니다. 예수님을 의심하는 것은 모든 사람에 대한 주권을 지니고 있다는 그의 주장에 반역하는 것입니다. 만약 여러분이 하나님의 은혜로 복을 받기를 원한다면, 말씀을 온유함으로 받으십시오.

그렇다면 무엇을 받아들여야 합니까? 본문은 말합니다. "마음에 심어진 **말씀**을 온유함으로 받으라." 우리가 사람들의 말들을 온유함으로 받으라는 것이 아닙니다. 왜냐하면 사람들은 말들을 많이 하지만, 그것들에는 깊은 의미가 별로 없기 때문입니다. 그러므로 하나님의 말씀을 온유함으로 받으라고 권면합니다. 왜냐하면 하나님의 말씀은 모두 진리이며, 이 점에서 하나님의 말씀은 하나이기 때문입니다. 또한 하나님의 입으로부터 나오는 말씀의 한 마디 한 마디에는 권능이 있기 때문입니다. 한 마디의 말씀으로, 하나님은 하늘과 땅을 창조하셨습니다. 하나님의 권능의 말씀으로, 하늘의 모든 별들이 지금도 여전히 운행되고 있습니다. 하나님의 말씀 한 마디에 의해서, 머지않아 땅뿐만 아니라, 하늘도 혼들릴 것입니다. 그러므로 온유한 마음으로 그 말씀을 들으십시오. 죄에 대해서 입증하고, 또한 죄는 반드시 벌을 받는다고 증거하는 그 말씀을 들으십시오. 하나님의 비교할 수 없이 위대하고 값없는 은혜와 아버지의 독생자를 통해 주어지는 대속(代贖)에 대해서 증거하는 그 말씀을 들으십시오. 대속의 죽음을 통해서, 하나님의 아들은 인류를 대신해서 하나님의 공의와 거룩함을 만족시키시고, 인간의 죄를 없애는 길을 마련하셨습니다. 하나님의 말씀 전체를 온유한 마음으로 받아들이십시오. 한 마디의 말씀도 거부하지 말고, 말씀을 모두 받아들이십시오.

우리가 알고 있는 대로, 하나님의 말씀은 아무리 작은 것이라고 하더라도, 곧 일점일획이라도 소중한 것입니다. 우리는 말씀의 일점일획도 존중해야 합니다. 여러분과 나는 창세기의 처음부터 요한계시록의 마지막까지, 또한 그 안에 있는 모든 일점일획의 말씀을 전부 받아들여야만 합니다. 만약 하나님의 말씀을 취사선택하고, 또한 잘라내고 새겨 넣는다면, 우리 안에는 온유함이 없는 것입니다. 우리가 누구이기에 "이 말과 저 말은 하나님의 진정한 말씀이 아니다"라고 감히 주장할 수 있겠습니까? 하나님의 말씀 중에서 본질적인 것과 그렇지 않은 것을 결정하려고 하는 당신은 도대체 누구입니까? 우리에게 말씀을 주신 하나님은 하찮은 것들을 기록하게 하시지 않았습니다. 여러분이 여호와의 말씀을 최상의 것과 완전한 것으로 받아들이는 것이 절대적으로 필요합니다. 만약 지극히 높으신 하나님이 사람들에게 계시하시려고 내려주시는 것 가운데 어떤 부분을 받아들이기를 의도적으로 거부한다면, 여러분은 구원받지 못할 것이 틀림없습니다. 그러므로 신실하신 하나님의 진리의 말씀을 온유하고 겸손한 마음으로 받으십시오. 우리는 그 말씀에서 한 점이라도 분리시킬 수 없습니다.

또한 본문에 "마음에 심겨진 말씀"이라고 기록되어 있습니다("심겨진 말씀"은 헬라어로 "엠퓌토스 로고스"로서, "접붙여진, 이식[移植]된 말씀"이라는 뜻이다. 그리고 헬라어 원문에는 "마음에"에 해당하는 단어가 없지만, 개역한글성경에는 첨가되어 번역되었다 —역주). 헬라어 "엠퓌토스 로고스"는 개정역(The Revised Version)에는 "이식된 말씀"(the implanted word)이라고 번역되었습니다. 흠정역(The Authorized Version)의 "접붙여진 말씀"(the engrafted word)보다 이것은 더 문자적인 번역일 것입니다. 나는 좀 더 오래되고 널리 사랑받고 있는 "접붙여진 말씀"이라는 번역을 따르겠습니다(개역개정을 따라서, 이 책에서는 앞으로 "심겨진 말씀"으로 번역함—역주). 접붙이기를 할 때, 맨 먼저 하는 일은 나무의 일부를 잘라서, 나무에 깊은 상처를 내는 일입니다. 하나님의 말씀을 받아서 마음에 심어진 사람들 가운데, 먼저 진리에 의해서 잘려지거나 상처를 입지 않은 사람은 아무도 없습니다. 접붙임을 하려면, 두 군데에 상처를 내야 합니다. 여러분은 먼저 나무의 일부를 잘라내어 상처를 냅니다. 그 다음에 그것을 접붙이려는 더 좋은 나무에 상처를 냅니다. 십자가에서 상처 입은 구세주가 와서 우리의 상처 입은 마음과 살아 있는 접촉을 한다면, 그것은 복된 접붙임이 아닙니까? 우리의 피 흘리는 마음이 피 흘리는 구세주에게 접붙임을 받을 때, 그것은 진정한 축복이 아닙니까? 영적인 접붙임은 다음과 같은 것을 의미합니다. 먼저, 상처받은 마음이 열려야 합니다. 그 다음, 상처받고 피 흘리는 사람의 마음속으로 살아 있는 말씀이 온유하게 받아들여져서, 그곳에 심겨져야 합니다. 곧, 상처로 인해서, 마음에 갈라진 틈이 생깁니다. 또한 틈 때문에, 마음이 열려지게 됩니다. 그러면 열려진 틈에 접붙임이 이루어집니다. 정원사는 나무와 접붙이려는 가지를 꼭 동여맵니다. 이 새로운 생명, 이 새로운 가지가 옛 나무줄기에 붙여졌습니다. 그 둘은 서로 결합되어 살게 될 것입니다. 맨 먼저, 정원사는 나무와 접붙이는 가지를 꼭 붙들어 맵니다. 그 다음, 접합된 곳에 진흙을 바릅니다. 그러면 그 둘은 곧 각자 자라나게 됩니다. 얼마 후에 접붙여진 가지는 무럭무럭 자라서 좋은 결과를 가져옵니다. 잘라내어 접붙여진 것은 옛 나무에서 성장합니다. 그것은 옛 나무의 진액을 빨아들입니다. 그래서 옛 나무를 변화시켜서 새로운 열매를 맺게 합니다. 비록 옛 나무에 접붙여져 있지만, 접붙여진 그 가지는 최상품의 특성을 지니고 있습니다.

　　이것과 비슷한 방법으로, 우리는 하나님의 말씀이 우리 마음에 심어지기를 바라고 있습니다. 그러기 위해서, 먼저 우리의 마음이 갈라지고 열려야 합니다. 하나님의 말씀과 우리의 마음이 결합될 때까지 말씀이 갈라진 틈에 놓아져야 합니다. 그러면 마음은 말씀을 붙잡기 시작합니다. 마음은 말씀 안에서, 믿고 소망하기 시작합니다. 말씀을 사랑합니다. 말씀 안에서, 말씀이 가르치는 것에 일치하게 성장합니다. 그리고 좋은 열매를 풍성히 맺게 됩니다. 사도 바울은 이렇게 말합니다. "내가 그리스도와 함께 십자가에 못 박혔나니 그런즉 이제는 내가 사는 것이 아니요 오직 내 안에 그리스도께서 사시는 것이라"(갈 2:20). 이것은 놀라운 고백이 아닙니까? 곧, 그리스도께서 신자 안에서 매일 함께 사신다는 것입니다. 다른 말로 표현한다면, 영원한 새 생명이 우리 안에서 살면서, 그것에 어울리는 온갖 열매를 맺는다는 것입니다. 이와 같이 우리가 새 생명 안에 살면, 우리는 새 생명의 열매를 맺습니다. 그리스도는 하나님 안에 있는 생명, 곧 영원한 새 생명을 가지고 우리에게 오셨습니다. 그리고 그는 내 안에서 함께 사십니다. 오, 얼마나 복된 접붙임이 이루어졌습니까! "마음에 심어진 말씀을 온유함으로 받으라."

또한 여러분은 믿음으로 하나님의 말씀을 받아들여야 합니다. 왜냐하면 여러분을 능히 구원할 수 있는 것으로 여러분이 말씀을 간주해야 하기 때문입니다. 하나님의 말씀의 권능을 믿으십시오. 구원의 시작부터 완성까지, 여러분을 온전히 구원할 수 있는 것으로 말씀을 받으십시오. 두 가지 방법을 통해서, 말씀은 구원을 이룹니다. 첫째, 여러분이 그리스도의 피와 의(義)를 받아들임으로, 여러분의 죄가 제거됩니다. 둘째, 여러분이 예수 그리스도를 여러분의 구주(救主)와 주님으로 또한 여러분의 생명과 모든 것으로 받아들이므로, 죄로 오염된 본성이 변화됩니다. 하나님의 말씀 안에는 권능이 있습니다. 만약 여러분이 말씀을 마음 안으로 받아들이면, 그것은 마음에 심어지게 됩니다. 그 말씀이 여러분을 효과적이며 완전하게 구원할 것입니다. 그것은 다만 구원받게 될 것이라는 희망만을 주는 것이 아닙니다. 여러분을 실제적으로 구원할 것입니다. 지금, 삶 전체를 통해서, 또한 영원히, 말씀은 여러분을 구원해 줄 것입니다. 오, 영혼을 구원할 수 있는 말씀을 사람들이 어떤 귀로 들어야 마땅한 것입니까! 가장 크게 입을 벌려서, 이 생명수를 마셔야 마땅하지 않겠습니까! 생명수인 말씀을 스펀지처럼 모두 흡수하기 위해서, 얼마나 우리는 지혜로워야 하겠습니까! 또한 얼마나 우리가 기드온의 양털처럼 하늘의 이슬로 흠뻑 적셔지기를 원해야만 하겠습니까! 얼마나 우리는 쟁기로 잘 갈아진 밭처럼 되기를 원해야 하겠습니까! 쟁기로 밭을 갈면, 딱딱했던 흙이 부서지고 부드러워져서, 모든 빗방울이 흙 속으로 잘 스며들게 됩니다. 우리가 이미 소유한 새 생명이 우리 안에서 이전의 육신적인 삶을 온전히 몰아내기를 간절히 바랍니다. 그러면 우리는 육신의 정욕에 이끌리던 옛날의 생활 방식을 더 이상 따르지 않을 것입니다. 그래서 우리는 전적으로 새로운 권능 안에서 살게 됩니다. 우리의 마음에 하나님의 말씀이 이미 심어진 것을 기뻐합시다.

이제까지 설교를 듣는 동안에 취해야 할 태도에 대해서 언급했습니다. 설교를 듣기 이전에 그것을 잘 듣기 위해서 준비하는 일에는 반드시 성령님의 도우심이 필요합니다. 뿐만 아니라, 우리가 설교를 통해서 진리의 말씀을 듣고 그 뜻을 깨닫는 데에도 성령님이 꼭 도와주셔야만 합니다.

3. 마지막으로, 설교 이후에
우리가 어떻게 행동해야 할 것인지에 대해서
간략하게 생각해 보고자 합니다.

"너희는 말씀을 행하는 자가 되고 듣기만 하여 자신을 속이는 자가 되지 말라"(22절).

첫째, 22절 전반부의 명령은 긍정적인 내용을 담고 있습니다. 곧, "너희는 말씀을 행하는 자가 되고"라고 기록되어 있습니다. 사랑하는 여러분, 나는 이 설교단에 나와서 여러분에게 설교를 많이 했습니다. 그러나 내가 설교단에 설 때마다, 나의 마음은 다음과 같은 소망으로 점점 더 무거워졌습니다. 곧, 내 설교가 여러분에게 무익한 것이 되지 않기를 바라는 것입니다. 여러분이 말씀을 들을 뿐만 아니라, 말씀을 행하는 자가 아니라면, 나는 여러분에게 쓸모 없는 존재일 것입니다. 여러분은 하나님의 말씀을 듣고 회개하고 더러운 것을 내버리라는 권면을 자주 들었습니다. 그렇다면 회개하십시오. 또한 여러분의 더러운 것을 내버리십시오. 성령 하나님이 그렇게 할 수 있도록 여러분을 인도해 주시기를 바랍니다. 곧, 회개하고 더러운 것을 버리라는 것을 듣는 것에만 머무르지 않고, 그것을 실천하라는 것입니다. 주 예수 그리스도를 믿으라고 내가 끊임없이 설교하는 것을 여러분은 이제까지 누누이 들어왔습니다.

그리고 여러분은 믿음에 관한 모든 것을 듣고 배워서 알고 있습니다. 그런데 여러분, 정말로 믿으셨습니까? 참으로 예수님이 여러분의 구주이며 그리스도라고 믿으셨습니까? 만약 그렇지 않다면, 내가 설교를 통해서 이렇게 외치는 것이 무슨 소용이 있겠습니까? "주 예수를 믿으라 그리하면 너와 네 집이 구원을 받으리라"(행 16:31). 사랑으로 행하는 살아 있는 믿음으로부터(참조. 갈 5:6) 비롯되는 이 모든 복된 의무들 — 복음을 듣고, 믿고, 배우고, 실천하는 것 — 에 대해서 나는 여러분에게 일깨워 주어야만 합니다. 그러나 여러분이 이 미덕들, 곧 복된 의무들을 자기 것으로 하지 않는다면, 그것들에 대해서 듣기만 하는 것은 무익한 것입니다. 왜냐하면 행하는 것은 듣는 것보다 훨씬 좋은 것이기 때문입니다. 어떤 사람들은 조금밖에 알고 있지 못하지만, 그들은 알고 있는 것을 대부분 실천합니다. 반면에 많이 알고 있지만, 알고 있는 것을 거의 실천하지 않는 사람들도 있습니다. 조금밖에 알지 못하지만 그것을 대부분 실천하는 사람이 있다면, 그는 앞으로 하나님의 은혜를 더 풍성하게 받게 될 것이라고 나는 믿습니다. 어떤 사람이 회사를 경영하는 방법에 대해서 잘 알고 있습니다. 그런데 그가 회사를 세우지 않는다면, 그의 지식은 아무런 쓸모가 없을 것입니다. 어떤 훌륭한 의사가 있습니다. 그가 환자를 전혀 받지 않는다면, 그는 좋은 의술을 갖고 있지만, 병자를 고쳐줄 수 없습니다. 어린아이들을 가르치는 방법을 잘 알고 있는 어떤 사람이 있습니다. 그러나 그는 그들을 전혀 가르치려고 하지 않습니다. 그렇다면 그는 실제적으로는 어린아이들을 지도하는 선생님이 아닙니다. 만약 어떤 교사가 자신이 알고 있는 것이 적지만 그것을 학생들에게 열심히 가르치고 있다면, 자기가 깨닫고 있는 모든 지혜를 자기 혼자만 간직하고 있는 어떤 위대한 철학자보다도 그는 더 훌륭한 선생인 것입니다.

　　우리는 어떤 구름이 비를 오게 할 것인가 아닌가, 또한 얼마나 오게 할 것인가 등으로 구름에 대해서 평가하기도 합니다. 그러나 사람들에 대해서는 그들의 실제적인 행위에 비추어 보아서 평가합니다. 세상은 항상 교회를 살펴보고 있습니다. 그것은 교회의 가르침을 듣기 위해서라기보다는 교회가 하는 일들을 보기 위해서입니다. 다음과 같이 물어보는 사람은 불과 몇 명이 안 됩니다. "비국교도의 교회에서는 어떤 교리들을 가르칩니까?" 하나님을 두려워하지 않는 세상은 외칩니다. "우리가 관심을 갖기에는 교리는 귀찮다. 그 대신, 저 교회가 하는 좋은 일은 과연 무엇인가?" 만약 그 교회에 다니는 사람들이 이기적이고 거짓되고 위선적이라면, 세상은 그런 열매를 맺는 나무를 비난할 것입니다. 대부분의 사람들은 성경을 읽지 않습니다. 그렇지만 그들은 여러분의 행동을 자세히 살펴봅니다. 그들은 목회자가 복음에 대해서 설교하는 것을 들으러 오려고 하지 않습니다. 그런데도 그들은 이렇게 말합니다. "그 목회자의 설교를 듣는 이 사람들이 다른 사람들보다 더 훌륭하지 않다면, 왜 힘들게 그곳에 가서 우리가 그의 설교를 들어야 합니까?" 그래서 말씀을 듣기는 하지만 실천하지 않는 사람들이 들어야 마땅한 비난을 그들 대신에 목회자가 받게 됩니다. 오, 영원한 성령님이 우리 안에서 역사하셔서 하나님의 기뻐하시는 뜻대로 우리에게 소원을 두고 행하게 하시기를 바랍니다(참조. 빌 2:13). 만약 설교를 통해서 말씀을 듣고 있는 사람들이 그것을 실천하지 않는다면, 매 주일마다 아무것도 한 일이 없는 것과 마찬가지입니다. 이 설교들을 통해서 이루어진 것이 아무것도 없는 것입니다. 회중(會衆)에 의해서 실천되어진 것이 아무것도 없는 것입니다. 또한 이렇게 많은 사람들이 모였다고 하더라도, 이 대형 집회들을 통해서 이루어진 것이 아무것도 없는 것과 마찬가지입니다. 말씀을 실천하는 것은 곡식을 수확하는 것과 같습니다. 듣고, 믿고 또한 배우는 것은 밭을 갈고 씨를 뿌리는 것에 지나지 않습니다.

둘째, 22절 후반부의 명령은 금지하는 내용을 지니고 있습니다. 본문은 말합니다. "듣기만 하는 자가 되지 말라." 듣기만 하는 사람들은 말씀을 낭비하는 사람들입니다. 듣기만 하는 이들은 얼마나 불쌍한 피조물입니까? 왜냐하면 커다란 귀를 가지고 있지만, 그들은 손을 지니고 있지 않기 때문입니다. 어떤 유명한 철학자가 있었습니다. 어느날 그는 광장에서 대단히 많은 사람들에게 철학에 대한 강연을 했습니다. 매우 감동적이었습니다. 그러자 청중은 그에게 박수갈채를 보냈습니다. 그 강연을 통해서, 추종자들이 많이 생겼을 것이라고 그 철학자는 추측했습니다. 그런데 갑자기 시장의 개장(開場)을 알리는 종이 울렸습니다. 그러자 한 사람도 남지 않고 모두 떠나갔습니다. 강연을 들었던 사람들은 장사를 해서 이익을 남겨야 했습니다. 그들의 사고방식에 의하면, 어떤 철학도 물질적인 이익과 비교될 수 없었습니다. 따라서 시장의 종이 울릴 때까지만, 그들은 듣고 있었습니다. 오로지 듣고 있던 사람들에 지나지 않았기 때문에, 그들은 종이 울리자 듣는 것도 즉시 그만두었습니다. 나는 설교를 듣고 있는 여러분 가운데에도 그런 사람들이 있을 것 같아서 두렵습니다. 만약 마귀가 죄와 쾌락과 세상적인 즐거움과 사악한 이득을 위해서 종을 울린다면, 말씀을 듣고 경탄하기만 하는 사람들은 재빨리 이곳을 떠나갈 것입니다. 세상의 소리가 너무 커져서, 이들에게 말씀의 소리가 들리지 않게 됩니다. 말씀을 듣기만 하는 사람들은 그것을 일시적으로만 듣는 사람들입니다. 지금 내 앞에 있는 분들 가운데 말씀을 단지 듣기만 하는 사람들이 있을 것입니다. 여러분의 집들의 출입문 위에 십자가를 달아 놓고, 또한 그 위에 "주여, 우리에게 자비를 베푸소서!"라고 써서 붙이는 특별한 표시를 우리는 할 수 없을 것입니다. 만약 내가 그렇게 한다고 해도, 회개하지 않고 말씀을 실천하지 않아서, 하나님이 재앙으로 런던을 징계하실 것입니다.

사랑하는 여러분, 말씀을 단지 듣기만 해서, 결과적으로 하나님을 비웃고, 여러분 자신을 파멸시키는 이 일을 당장 그만두시기를 바랍니다. 만약 어떤 사람이 영생을 얻지 못한다면, 그는 복음을 듣기만 하고 그것을 받아들이고 실천하는 것을 거부하는 사람일 것이 분명하다는 사실을 기억하십시오. 이 말을 대문자로 기록하시기 바랍니다. 곧, "어떤 사람이 구원받지 못한다면, 분명히 그 사람은 오랜 세월 동안 말씀을 듣기만 했습니다. 수많은 사람들이 믿고 영생을 받은 장소에서, 그 한 사람은 말씀을 듣기만 했습니다." 장차 그가 지옥에 가면, 그 사람의 방문 위에는 이렇게 씌어 있을 것입니다. "이 사람은 자신의 의무를 알고 있었다. 그러나 그것을 이행하지 않았다." 그 사람이 있게 될 방이 게헨나의 한가운데에 만들어져 있을 것입니다. 그것은 지옥에서도 가장 어두운 곳에 있는 감방(監房)입니다. 어떤 사람이 예수 그리스도를 구주로 영접하는 것을 의도적으로 거부하면, 그는 그리스도로부터 거절당하는 비참한 화(禍)를 반드시 입게 될 것입니다. 여러분, 지금 여러분 안에 들어오시려는 그리스도를 거절하지 않도록 주의하십시오. 장차 그리스도는 그를 거절한 사람들이 천국에 들어오는 것을 거부할 것입니다. 어떤 사람의 마음이 점점 더 완악해진다면, 그는 회심할 기회를 영원히 잃어버리고 맙니다. 그러면 그는 장차 영원한 형벌에 처해질 수밖에 없습니다.

> "하늘나라의 기쁨을 업신여기는 이들은
> 가장 깊은 지옥에서 슬피 운다네.
> 하나님의 사랑의 끈을 끊어버린 이들은
> 자신의 손발에 묶인 쇠사슬의 차가움을 느낀다네."

마지막으로, 22절은 "자신을 속이는 자"라는 엄숙한 말로(영어 흠정역[KJV]에서) 끝을 맺습니다. 이 말과 관련해서, 브라운리그(Ralph Brownrig, 1592-1659; 1642년에서 1659년까지 엑서터[Exeter]의 영국성공회 주교였지만, 칼빈주의적인 사상을 받아들임)는 다음과 같이 말했습니다. "속이는 것은 나쁜 것입니다. 자신을 속이는 것은 더욱 나쁜 것입니다. 그렇지만 당신의 영혼과 관련된 문제에서, 당신 자신을 속이는 것은 가장 나쁜 것입니다." 아, 안타깝습니다! 많은 사람들이 이러한 비참한 상황에 놓여 있습니다. 그런데 위와 같은 삼단논법은 그 내용이 논리적으로 완벽하지 않을 수 있습니다. 그것은 단순히 점층법적으로 논리를 펼치는 것에 불과한 것처럼 보일 수 있습니다. 그런데 사람들은 단순히 말씀을 듣기만 하는 것으로부터 자신들에게 유리한 해석을 이끌어 내려고 합니다. 실제적으로는 하나님의 말씀이 여러분을 정죄하고 있는데도 불구하고, 여러분이 말씀에 대해서 단순히 이론적으로만 잘 알고 있으면, 그것을 곡해시켜서 자신에게 유리한 방향으로 해석하기가 매우 쉽습니다. 스스로 속기를 원하는 사람은 말씀이 사형 선고를 내리는데도 불구하고, 그것을 무죄 판결로 위조할 수 있습니다. 자신들에게 모든 것이 잘못 진행되고 있는데도 불구하고, 많은 사람들은 모든 것이 잘 진행되고 있다고 착각합니다. 그들은 항상 복음을 듣습니다. 그래서 그들은 자신들이 하나님으로부터 버림받는 것은 불가능하다고 여깁니다. 그들은 복음을 올바르게 잘 알고 있는 목회자의 지도를 받고 있습니다. 그렇다면 어떻게 그들이 구원받지 못하는 자들이 될 수 있겠습니까? 그들은 복음과 관련하여 이론적으로 잘 알고 있습니다. 잘못된 교리를 듣는다면, 그들은 그것에 동의하지 않을 것입니다. 그들은 영적인 분별력을 지니고 있습니다. 누가 그들에게 비정통적인 내용을 가르친다면, 그들은 참지 않을 것입니다. 나는 그들이 그릇된 내용을 받아들이지 않으리라는 것에 대해서 매우 기뻐합니다. 그러나 그들은 이러한 분별력을 통해서 일종의 우상을 만듭니다. 슬프게도, 그들의 분별력은 단지 우상에 불과합니다. 자신들의 목회자가 의심의 여지 없이 건전한 믿음을 지니고 있기 때문에, 수많은 신자들은 자신들도 그 목회자와 마찬가지로 건전하게 믿고 있다고 생각합니다. 자신들이 목회자의 설교와 가르침을 잘 들을 수 있는 판단력을 지니고 있기 때문에, 그들은 분명히 일등 교인들일 것이라고 추측합니다. 만약 그들에게 약점들이 있다고 하더라도, 하나님이 그것들을 간과해 주실 것이라고 믿습니다.

오, 형제자매 여러분, 이와 같은 어리석은 자들이 되지 마십시오! 그러한 잘못된 추측에 근거해서, 여러분 자신을 속이지 마십시오. 왜냐하면 스스로 자신들을 위로하고 있는 사람들이 이끌어 낸 결론은 전혀 사실이 아니기 때문입니다. 만약 여러분이 말씀을 실천하지 않는다면, 그것을 더 잘 들을수록 죄가 더 많은 것입니다. 복음에 대해서 분명하고 올바르게 배웠는데도, 만약 여러분이 그것을 받아들이지 않는다면, 구원받지 못하는 것에 대해서 여러분에게 변명할 여지가 더욱 없어지는 것입니다. 복음이 와서 마음의 문을 더욱 강하게 두드리고 있는데, 만약 여러분이 마음의 문을 빗장으로 더욱 완벽하게 걸어 잠근다면, 또는 "좀 더 알맞은 때에, 복음을 듣기 위해서 당신을 부르러 사람을 보내겠습니다"라고 말한다면, 여러분은 더욱 무서운 죄를 짓는 것입니다. 여러분이 집으로 돌아가면, 설교에서 들은 말씀을 최선을 다해서 실천하도록 하나님이 여러분 가운데 한 사람 한 사람을 도와주시기를 바랍니다.

여러분은 도널드와 샌디가 주고받았던 말을 이미 들어서 알고 있습니다. 이것을 다시 말해야만 하는 것을 부끄럽게 여겨야 할 것 같습니다. 그러나 이 이야기는 우리에게 잘 들어맞는 것입니다. 예배가 끝나자마자, 도널드는 평상시보다 일찍 곧바로 집으로 돌아갔습니다. 몹시 아파서 예배에 참석할 수 없었던 샌디가 물었습니다. "도널드, 설교가 벌써 끝났니?" 그러자 그는 대답했습니다. "아니, 그렇지 않아. 설교를 통해서 이미 모든 것이 말해졌지만, 그래서 말로 하는 설교는 벌써 끝이 났지만 그것을 실천하는 것은 아직 시작하지도 않았어."

이 설교를 통해서 주어진 하나님의 말씀을 실천하기 위해서, 여러분이 골방에서 열심히 기도하시기 바랍니다. 또한 흠이 없고 거룩한 삶을 통해서, 말씀을 철저하게 행하시기를 원합니다. 여러분 각자가 모든 더러운 것을 내버리며, 일주일 내내 말씀을 실천합시다. 그리스도와 같이 살기를 간절히 바라며, 거룩하신 주님의 손을 꼭 잡고 그리스도와 함께 갑시다. 또한 성령 충만하기를 사모합시다. 예수님의 이름으로, 하나님이 여러분에게 이 모든 것을 허락해 주시기를 축원합니다.

제
5
장

—

거울로 자기의 얼굴을 보는 사람

—

"누구든지 말씀을 듣고 행하지 아니하면 그는 거울로 자기의 생긴 얼굴을 보는 사람과 같아서 제 자신을 보고 가서 그 모습이 어떠했는지를 곧 잊어버리거니와 자유롭게 하는 온전한 율법을 들여다보고 있는 자는 듣고 잊어버리는 자가 아니요 실천하는 자니 이 사람은 그 행하는 일에 복을 받으리라"— 약 1:23-25

지난 주일에는, 어떻게 하나님의 말씀을 올바로 듣는지에 관해서 여러분에게 말씀드렸습니다. 설교 전에, 설교 중에, 그리고 설교 후에 어떻게 행동해야 하는가에 대해서 우리는 살펴보았습니다. 내가 지난 주일에 말씀드린 것이 여러분의 마음속에 계속해서 새겨져 있고, 그 말씀이 좋은 열매를 맺는 것을 하나님이 허락하시기를 기원합니다. 오늘 설교에서는 말씀을 진정으로 듣고 복 받는 사람과, 그것을 듣기는 했지만 잊어버렸기 때문에 복을 받지 못하는 사람을 구별해 보고자 합니다. 말씀을 듣는 것과 관련된 주제에 대해서, 오늘 다시 다루는 것을 양해해 주시기 바랍니다. 강해 설교들을 듣거나 읽는 모든 사람들에게 내가 축복의 통로로 쓰임받기를 간절히 사모하면서, 나는 마음속으로 신음하고 있습니다. 여러분이 말씀을 듣고 실천하는데 있어서 더 나아지지 않는다면, 어떤 다른 목적을 위해서, 내가 이 강대상에 그렇게 자주 서 있어야 합니까? 또한 여러분 앞에 나의 영혼을 쏟아 부어야 하겠습니까? 만약 내가 뿌리는 모든 씨앗들이 굳은 땅 위에 떨어져서, 새들이 쪼아 먹거나, 아니면 뿌리를 내리지 못한다면, 나는 불행한 농부입니다. 그렇게 되도록 허락하지 않으신 하나님을 찬양합니다. 이곳에서 우리는 많은 열매를 거두었습니다. 그렇지만 우리가 더 많은 열매를 거둘 수 있게 되기를 진심으로 열망합니다. 우리 가운데 아직도 진리에 대해서 무감각한 사람들이 있습니다. 그래서 하나님의 말씀이 그들 안에 심어지지 않습니다. 이 사람들은 결코 구원받지 못하는 것인가요? 그들은 여전히 계속해서 말씀을 듣습니다. 정중한 태도로 말씀을 존중하며 듣습니다. 그러나 그들은 아직 말씀을 행하는 자들이 아닙니다. 사도 바울처럼, 우리는 탄식해야 할 것 같습니다. "그러나 그들이 다 복음을 순종하지 아니하였도다"(롬 10:16). 그들은 복음을 들었습니다. 그것을 어느 정도 이해했습니다. 그러나 그들은 그것에 순종하지 않았습니다. 말씀의 명령에 순종하도록 그들을 강권하는 권능과 함께 복음이 그들에게 오지 않았습니다. 왜냐하면 그들이 복음을 듣고 실천하지 않았기 때문입니다. 만약 마지막 날에 이곳에서의 복음 사역과 관련하여, 내가 기쁨이 아니라 슬픔으로 하나님 앞에서 결과 보고를 해야 한다면, 그것은 나에게 비극적인 일입니다. 왜냐하면 그것이 나의 가슴을 아프게 하겠지만, 여러분에게도 나의 수고가 도움이 되지 않았을 것이기 때문입니다. 심판 날에, 내 설교를 들었던 여러분을 만나게 된다는 것을 나는 압니다. 또한 그때 하나님이 나에게 복음 사역과 관련된 보고서를 요구하신다는 것도 압니다. 가장 철저하며 양심적으로, 그 보고서가 작성될 것입니다. 여러분은 그 보고서에 어떻게 기록되어 있을까요? 마지막 심판의 날, 찬란한 영광의 빛 아래에서, 그것이 읽혀질 것입니다. 이 세상에서의 모든 날들은 그날을 위해서 있는 것입니다. 어떤 내용이 여러분에 대해서 기록되어 있을까요? 나는 여러분 모두를 그리스도에게 순결한 동정녀로 드리기를 간절히 원합니다. 그러나 그렇게 되지 못할 것 같아서 두렵습니다. 여러분 가운데 어떤 사람들에게는 나의 달음질이 헛되고 수고가 무익하게 될 것 같아서 두렵습니다. 그럴 가능성이 있다는 것을 생각하면, 나는 슬퍼서 머리를 떨어뜨리게 됩니다. 오, 사랑하는 청중 여러분! 복음을 거부하여 여러분 자신들의 영혼을 파멸시키는 것으로 인해서, 나를 기진맥진하게 만들지 마십시오. 지금 즉시 우리 주 예수님에게 돌아오시기 바랍니다. 그날에 그리스도 안에서, 여러분이 하나님 아버지의 환대를 받으시기를 원합니다. 자비가 무한하신 하나님이 여러분에게 이러한 은혜를 베푸시기를 축원합니다.

본문에는 두 가지 사항에 대해서 명백하게 언급되어 있습니다. 첫째, 말씀을 듣고 행하지 않는 사람에 대해서입니다. 그는 말씀을 듣지만, 유익을 얻지 못합니다. 그는 "거울로 자신의 얼굴을 보는 사람"으로 표현되어 있습니다. 둘째, 말씀을 통해서 유익을 얻는 사람이 소개됩니다. 그는 "온전한 율법을 들여다보고 있는 자"라고 묘사되어 있습니다. 성령님이 도와주셔서, 우리가 이 두 부류의 사람들을 분명하게 파악할 수 있기 바랍니다.

1. 첫째로, 거울을 보는 것에 대한 언급이 있습니다.

거울을 보는 것이 대단한 일은 아닙니다. 여성은 말할 것도 없이, 모든 시대에 걸쳐서, 사람들은 자신의 모습을 보는 것을 좋아합니다. 옛날에는 오늘날과 같이 얼굴 모습을 선명하게 비쳐주는 거울이 없었습니다. 옛날 사람들은 반질반질하게 광택을 낸 놋쇠나 그것과 비슷한 금속으로 만들어진 거울을 사용했습니다. 이 거울들도 그것들을 들여다보는 사람들에게 상당히 분명하게 그들의 얼굴 모습을 비쳐주었습니다. 이스라엘 백성이 이집트를 빠져나올 때, 매우 급하게 나왔는데도 불구하고, 여인들은 자신들이 사용하던 거울들을 갖고 나왔던 것을 우리가 알 수 있습니다(참조. 출 38:8). 그것은 여인들의 특성에 부합되는 행위였습니다. 다른 것들을 가지고 나오는 것을 잊어버릴 수 있었겠지만, 여인들은 거울들을 갖고 나오는 것을 잊어버리지 않았습니다. 화장을 하기 위해서, 여인들에게 거울은 반드시 필요했던 것입니다. 그런데 광야 생활을 할 때, 여호와에 대한 이 여인들의 신앙심이 허영심을 이겼습니다. 왜냐하면 제사장들이 손과 발을 씻는데 필요한 물두멍, 곧 큰 대야를 만들어야 했을 때, 회막 문에서 시중들던 여인들은 자신들이 사용하던 거울로 그것을 만들도록 헌납하였기 때문입니다. 그런데 거울을 사용하는 것은 지금도 일상생활 속에서 사소한 일들 가운데 하나일 것입니다. 거울에 반짝이며 비추어지는 주변의 재미있는 풍경을 보고 여러분은 미소를 지어본 적이 있을 것입니다. 이처럼 사람들이 흥미 있는 풍경을 보고 웃는 모습은 많은 사람들이 복음을 들으며 그 내용을 평가하는 태도와 비슷한 점이 있다는 것을 넌지시 알려주지 않습니까? 만약 어떤 설교자가 널리 알려진 사람이라면, 그의 설교를 들으려고 많은 사람들이 몰려옵니다. 그들은 설교를 듣고, 어떤 영적인 축복을 받으려는 것이 아닙니다. 그 대신, 그들이 그 유명한 목회자의 설교를 들었다는 것을 다른 사람들에게 자랑하기 위해서입니다. 또한 그가 어떠한 사람인지 한번 경험해봄으로써 그들의 호기심을 만족시키려는 것입니다. 설교한다는 것은 나의 삶에서 참으로 대단히 무거운 짐입니다. 그러나 여러분 가운데 어떤 사람들에게 그것은 기분 전환에 지나지 않습니다. 여러분의 이러한 태도는 나에게 개구리 우화를 연상시켜 줍니다. 그 우화에 나오는 소년들은 개구리들에게 돌을 던집니다. 그러자 불쌍한 개구리들이 말합니다. "돌을 던지는 것이 너희들에게는 재미있는 놀이겠지! 그렇지만 그것은 우리에게 죽음을 가져온단다." 오늘 여러분은 한가하게 호기심을 갖고 내 설교를 들을지 모릅니다. 그러면서 설교 내용에 대해서 매우 혹독하게 비판할 수도 있을 것입니다. 그러나 만약 여러분이 복음이 주는 복들을 받지 못하면, 나는 가슴이 섬뜩해집니다. 세속적인 동기를 갖고 복음을 듣는다면, 그것은 여러분에게는 재밌거리일 것입니다. 그러나 그것은 나에게는 죽음을 뜻합니다. 내가 최선을 다해서 진지하게 목회했는데도 불구하고, 여러분이 저주에 이를 수 있다는 가능성에 대해서 생각할 때, 지옥의 안개와도 같은 어두침침한 그림자가 내 마음에 어른거립니다. 내가 열심히 일하지만, 아무런 결과를 얻지 못할 수도 있는 것입니까? 그것보다 더 안타까운 것은 내가 가르치고 설득하고 간청했던 모든 것들이 여러분에게 책임을 더해 준다는 사실입니다. 그러면 여러분은 장차 더욱 무거운 죄의 짐 아래 놓이게 되는 것이 아닙니까? 그러한 무서운 일이 일어날 수 있다는 것을 생각할 때, 하나님의 종으로서 나는 두려워 떱니다. 만약 여러분이 하나님을 믿고 그를 의지하는 삶을 산다면, 내 삶이 의미가 있을 것입니다. 그러나 만약 여러분이 하나님에게 끝까지 돌아오지 않는다면, '내가 차라리 태어나지 않았으면 좋았을걸!' 하며, 나는 괴로워할 것입니다. 나는 진지하게 진리를 선포합니다. 하지만 그것이 회개하지 않는 여러분에게 결국 죽음의 쓴맛을 보게 한다면, 차라리 손바닥으로 바닷물을 퍼내는 것이 나에게 더 좋을 것입니다. 오, 여러분! 마지막 날에, 복음을 듣는 것은 가장 진지하고 엄숙한 과제라는 사실이 밝혀질 것입니다. 많은 사람들은 복음을 듣는 것을 가볍게 여기고 있습니다. 그러나 그것은 결코 사소한 일이 아닙니다. 거울을 들여다보면서 재미를 느끼는 것보다 그것은 이루 말할 수 없이 중요한 일입니다. 앞으로 얼마나 오랜 시간이 지나야 여러분이 이 사실을 깨달을 수 있을까요?

"거울로 자기의 생긴 얼굴을 보는 사람"과 관련하여, 맨 먼저 이 점을 상기시켜 주고자 합니다. 하나님의 진리의 말씀을 듣는다는 것은 거울을 보는 것과 같습니다.

어떤 설교자들은, 설교를 통해서 아름다운 그림들을 그려서 사람들에게 보여주는 것이 그들에게 주어진 일이라고 생각합니다. 그러나 사실은 그렇지 않습니다. 설교자는 진리에 대해서 디자인하고 스케치하는 것이 아닙니다. 거울에 비치는 어떤 물체를 보여주는 것처럼, 그는 성경에 비춰진 진리를 단순히 사람들에게 보여주는 것입니다. 도덕적이며 영적인 의미에서 말한다면, 우리는 있는 그대로의 모습이 비추어지도록 성경을 향해서 거울을 꼭 붙들고 있는 것입니다. 그래서 사람들이 스스로 그 모습을 보게 합니다. 더욱이 우리는 스스로 이러한 거울을 만드는 것도 아닙니다. 단지 그 거울을 꼭 붙잡고만 있습니다. 우리의 생각이 아니라, 반드시 하나님의 생각을 사람들의 마음속에 들려주어야만 합니다. 그러면 그것은 듣는 사람에게 자신이 누구인지 깨닫게 해줍니다. 여호와의 말씀은 감추어진 비밀들을 계시해 줍니다. 그것은 듣는 사람에게 어떤 삶을 살아야 하는지 가르쳐 줍니다. 또한 그 사람의 생각과 마음속에 어떠한 것들이 들어 있는지 보여줍니다. 그래서 말씀에 들어 있는 하나님의 생각은 그 사람의 진정한 자아(自我)가 무엇인지 깨우쳐 줍니다.

복음을 듣는 많은 사람들은 단지 복음의 표면만을 바라봅니다. 그래서 단지 그것의 표면적인 내용만이 그들의 마음에 영향력을 미칩니다. 복음에 대한 기초적인 내용만을 받아들일지라도, 그것은 받아들이는 사람에게 자신의 모습을 어느 정도 보게 해줍니다. 그래서 그에게 유익한 도움을 줄 것입니다. 만약 그 사람이 그 가르침을 올바르게 따른다면, 그것은 지속적인 도움을 줄 것입니다. 형제자매 여러분, 그러나 초보적인 가르침만으로는 중요한 축복들을 받는 것을 기대할 수 없습니다. 복음에 의해서 부요해지기를 원하는 사람은 반드시 복음을 깊이 파야만 합니다. 꾸준히 더욱 깊이 파야 합니다. "좋은 품질의 금을 더 많이" 캐내려고 하는 사람은 반드시 광맥을 따라서 갱도(坑道)를 더욱 깊이 파내려가야만 합니다. 새들이 물의 표면을 살짝 스치고 순식간에 날아오르는 것처럼, 우리의 생각이 말씀의 표면만 스치고 지나가지 않도록 주의합시다. 반면에, 조개들 속에 은밀하게 들어 있는 진주를 찾으려고 바다 속으로 깊이 잠수하는 해녀들처럼, 우리도 하나님의 말씀 안으로 깊숙이 몰입합시다.

거울처럼, 성경은 사람의 본성을 정확하게 반영해 줍니다. 그래서 말씀은 사람이 자신의 모습을 올바로 보게 해줍니다. 다른 사람들이 그를 보는 것처럼 보게 하지 않습니다. 왜냐하면 다른 사람들은 때때로 실수를 하기 때문입니다.

또한 자신이 자신을 보고 싶은 대로 보는 것과도 다릅니다. 왜냐하면 그는 자신을 불공평하게 평가하기가 매우 쉽기 때문입니다. 그러나 하나님이 그 사람을 보듯이, 성경은 그가 자기 자신을 올바로 보게 합니다. 성경이 죄인을 어떻게 묘사하는지 살펴보십시오. 오, 사람이여, 바로 그것이 여러분의 모습입니다! 여러분의 타락한 마음, 반역하는 의지, 어두워진 이해력을 보십시오. 형제자매 여러분! 그 마음, 그 의지, 또한 그 이해력이 바로 여러분의 것입니다. 하나님의 진리의 말씀을 들을 때, 죄인의 눈에 비치는 자신의 모습은 어떠합니까? 말씀을 들여다보면서, 그는 이렇게 말할 것입니다. "나는 나 자신이 이 모습보다는 훨씬 더 아름답다고 생각했습니다. 이 주근깨와 점들이 있으리라고는 결코 상상할 수 없었습니다. 내가 그렇게 찡그린 표정을 하고 있다는 것을 전혀 알지 못했습니다. 내 얼굴에서 어떤 부분은 너무 크고, 또한 다른 부분은 지나치게 작다는 사실도 몰랐습니다." 이처럼 거룩한 책, 하나님의 말씀은 인간의 본성에 대해서 아첨하지 않습니다. 사실 그대로 말해 줍니다. 또한 진정한 설교자도 그와 같은 비열한 짓은 시도하지 않습니다. 인간의 본성에 대해서 다음과 같이 명백하고 솔직하게 성경에 증거되었습니다. "다 치우쳐 함께 무익하게 되고 선을 행하는 자는 없나니 하나도 없도다"(롬 3:12). 하나님의 말씀이 계시되면, 우리의 양심이 일깨워집니다. 또한 우리는 자신의 영적인 참 모습을 있는 그대로 볼 수 있습니다. 그 모습을 보고나서, 그것이 자신이 이제까지 그토록 자랑하던 바로 그것이라고는 거의 상상하지 못했을 것입니다. 하나님의 은혜로 영적인 시력이 회복되면, 사람은 자기 자신의 참 모습을 봅니다. 그러면 추하지만 진정한 자신의 모습을 매우 미워하게 됩니다. 그래서 자신이 깨끗해지고 새로워지는 것을 추구하게 됩니다. 만약 그것을 추구하지 않는다해도, 그는 적어도 자신의 비참한 모습을 보기는 했습니다. 그리고 자신의 영적인 실상을 깨닫는 기회를 가졌습니다.

하나님의 말씀에 비추어진 자신의 모습은 살아 있는 그대로의 모습입니다. 아마도 여러분은 거울에 비친 자기 모습을 보고 매우 놀라서 그것에 사납게 짖어대던 개를 본 적이 있을 것입니다. 만약 자기가 흉내 내는 소리가 반향된다면, 앵무새는 그것을 자기가 모방하고 있는 대상이 내는 소리라고 착각할 것입니다. 이와 같이 모든 동작과 소리가 정확하게 그대로 반영되기 때문에, 개나 앵무새가 놀라는 것은 당연할 것입니다. 그것들은 자신들이 놀림을 받고 있다고 추측할 것입니다. 그런데 진정한 설교자는 사람들의 삶을 철저하게 파헤쳐서 그것을 낱낱이 밝히기도 합니다. 그래서 때로 그들의 생활에 대해서 세부적으로 언급하는 경우도 있습니다. 참된 목회자는 사람들의 삶의 모습을 충실하게 묘사하지만, 그것은 실제적으로 하나님의 말씀의 거울에 비추어진 생생한 모습 그대로인 것입니다. 선지자 나단이 다윗 왕에게 말했던 것처럼, 손가락으로 어떤 사람을 가리키며, "당신이 바로 그 사람이요"라고 말할 필요가 거의 없습니다. 왜냐하면 설교를 듣고 있는 사람은 어떤 말씀이 자신에 대해서 말하고 있다는 것을 스스로 깨닫기 때문입니다. 거울 속에 비치는 사람의 모습은 움직입니다. 표정도 바뀝니다. 겉모습도 변합니다. 마찬가지로, 하나님의 말씀도 다양한 단계와 감정과 상황에 따라서, 사람에 관해서 설명합니다. 진리 그 자체인 성경은 사람에 관한 모든 것을 알고 있습니다. 그리고 성경은 알고 있는 것을 말해 줍니다. 설교를 듣는 사람들 가운데 많은 사람들이 종종 이렇게 말합니다. "어떤 사람이 분명히 목사님에게 나와 관련된 그 사실을 말해 주었을 것입니다." 그렇습니다. 누군가 설교자에게 말해 주었습니다. 당신이 침실에서 행하는 일을 하나님 자신이 그의 종에게 계시해 주셨습니다. 성령님은 분명한 의도를 갖고 목회자의 손을 인도하십니다. 그래서 목회자는 성령님이 원하시는 사람들의 머리 위에 안수하는 것입니다. 사람들은 흔히 설교자가 그들이 겪고 있는 상황을 구체적으로 알고, 거기에 알맞은 설교를 해주기를 원합니다. 그러나 하나님이 보내신 종에게 여러분의 처지에 관해서 무엇인가를 말해줄 필요가 없습니다. 왜냐하면 그것에 대해서 잘 모르기 때문에, 그는 더욱 큰 권능으로 설교할 것이기 때문입니다. 당신은 설교를 들으러 가서, 자신의 정체를 속일 수 있습니다. 그러나 심지어 거짓 선지자라 하더라도, 선지자 아히야처럼 변장한 당신을 알아차리고 나서 이렇게 말할 것입니다. "여로보암의 아내여, 들어오라 네가 어찌하여 다른 사람인 체하느냐 내가 명령을 받아 흉한 일을 네게 전하리니"(왕상 14:6). 갈대아의 술사들은 느부갓네살 왕에게 다음과 같이 말했습니다. "왕께서 그 꿈을 종들에게 이르시면 우리가 해석하여 드리겠나이다"(단 2:4). 그렇지만 그들은 그 꿈을 해석하지 못했습니다. 오직 다니엘만이 그 꿈의 내용을 알았고, 또한 그것을 해석할 수 있었습니다. 그것을 통해서, 다니엘은 하나님이 보내신 사람으로 인정받게 되었습니다. 그런데 어느 누구도 어떤 사람들의 마음속에 있는 것에 대해서 목회자에게 속삭여주지 않았지만, 사람들은 그가 설교 중에 그것을 사실 그대로 말하는 것을 들을 수 있습니다. 그때 사람들은 마음속으로 이렇게 외칠 것입니다. '바로 하나님의 지혜와 권능으로 목사님이 말씀하신다.' 이전에 우리 마음속에 들어 있던 것, 심지어 우리 자신도 미처 깨닫지 못했던 감춰진 것들을 복음은 밝혀줍니다. 그것은 복음이 진리라는 사실과 하나님의 권능을 지니고 있다는 것을 입증해 주는 중요한 것 가운데 한 가지입니다.

　　말씀의 거울은 우리가 일상생활에서 사용하는 거울과는 다릅니다. 보통 거울은 단지 우리의 외적인 모습만을 보여줍니다. 헬라어 원문("토 프로소폰 테스 게네세오스")에 의하면, 사람은 하나님의 말씀을 통해서 문자적으로는 "자신의 출생의 얼굴", 다시 말해서 "자신의 본성의 얼굴"을 보는 것입니다. 말씀을 읽고 듣는 사람은 그것을 통해서 자신의 행위뿐만 아니라, 또한 자신이 지닌 동기와 갈망과 자신의 내면적인 상태 등도 볼 수 있습니다. 마치 푸주한(漢)이 칼로 도살된 짐승의 몸통을 자르고, 그것 안에서 모든 내장을 도려내어 보여주듯이, 하나님의 말씀은 우리의 내면을 파헤쳐서 그 모습을 우리에게 있는 그대로 보여줍니다. "하나님의 말씀은 살아 있고 활력이 있어 좌우에 날선 어떤 검보다도 예리하여 혼과 영과 및 관절과 골수를 찔러 쪼개기까지 하며 또 마음의 생각과 뜻을 판단하나니"(히 4:12).

　　둘째, 말씀을 듣는 많은 사람들은 말씀의 거울로 자신의 모습을 보는 것입니다. "그는 거울로 자기의 생긴 얼굴을 보는 사람과 같아서 제 자신을 보고 가서" (23-24절). 정말로 그는 자신의 모습을 봅니다. 왜냐하면 그렇게 하지 않을 수 없기 때문입니다. 하나님의 계시에 전적으로 눈이 멀 정도로, 그는 그렇게 어설프게 말씀을 듣는 사람이 아닙니다. 그는 봅니다. 그는 자신을 봅니다. 그는 자신의 본성의 얼굴을 봅니다. 자신이 어떠한 본성을 지녔는지를 깨닫습니다. 그는 설교를 들으며 깊이 생각합니다. 그래서 말씀의 진리를 자신에게 어떻게 적용할지 알아냅니다. 그리고 자신의 약점과 결점에 주목합니다.

　　때로 자신에 대해서 너무 선명하게 보기 때문에, 그는 자신이 본 것에 대해서 놀라게 됩니다. 사마리아 여인처럼, 그는 이렇게 외칩니다. "내가 행한 모든 일을 내게 말한 사람을 와서 보라"(요 4:29). 미개인들이 맨 처음 거울을 보면, 그들은 어떻게 반응할까요? 그들은 깜짝 놀라서, 뒤로 물러섭니다. 그리고 서로 이렇게 묻습니다. "어떻게 이런 일이 일어날 수 있지?" 사랑하는 여러분! 여러분 가운데 아직 회개하지 않은 사람들은 말씀이 때때로 여러분의 아픈 곳들을 찌를 때, 쩔쩔맸던 적은 없었습니까? 그때마다 여러분은 자신의 진정한 모습을 너무 명백하게 보았을 것입니다. 그 진실을 부인하고, 그것으로부터 도망갈 수 없었을 것입니다. 그 대신, 그것에 대한 놀라움으로 가득했을 것입니다. 그렇지만 여러분이 놀라고 있기만 한다면, 내면의 비참한 모습을 본 것이 여러분에게 무슨 소용이 있겠습니까?

이와 같이 설교를 듣는 이들은 말씀의 거울이 훌륭하다는 것을 찬양할 줄 압니다. 그것이 신뢰할 만하다고 좋게 말합니다. 여러분은 그들이 이런 말을 하는 것을 들어보았을 것입니다. "그 사람은 하나님의 진정한 종입니다. 그는 매우 진실하고 용기 있게 설교합니다." 이들의 이러한 평가는 좋습니다. 그런데 말씀과 관련하여, 이들은 더 이상 긍정적인 진전을 보여주지 못합니다. 아, 슬프게도, 위와 같은 칭찬을 받을 수 없는 설교자들이 오늘날 많이 있습니다. 나는 어떤 특수한 거울을 본 적이 있습니다. 그것은 실제의 모습보다 내 얼굴을 더 길게 만들기도 하고, 또 더 넓게 만들기도 하는 것이었습니다. 이것으로는 내 얼굴 모습을 결코 있는 그대로 볼 수 없었습니다. 이처럼 인간의 본성에 대해서 미화시키거나 거짓되게 말하는 목회자들을 나는 알고 있습니다. 한편, 만약 거울이 얼굴에 묻어 있는 검댕이나 때를 분명하게 보여주고 있는데도, 얼굴을 깨끗하게 씻지 않는다면, 무슨 의미가 있습니까? 사랑하는 여러분, 나는 여러분에게 언제나 신실하기를 원합니다. 만약 여러분이 자신에게 신실하지 않다면, 나의 신실함이 여러분에게 무슨 도움을 줄 수 있겠습니까? 만약 여러분이 주 예수님에게 더러운 것들을 없애 달라고 간구하지 않는다면, 내가 여러분에게 그것들을 보여주어야 할 필요가 어디 있습니까?

여러분 가운데 많은 사람들은 이것보다는 어느 정도 더 앞으로 나아갑니다. 왜냐하면 자신의 모습을 있는 그대로 바라본 이후에, 이들은 한 걸음 더 나아가서 진지하게 결심하기 때문입니다. 예, 그렇습니다. 이들은 이렇게 결심합니다. "나는 회개할 것입니다. 예수 그리스도를 구주로 믿을 것입니다. 죄악된 행위들을 버리고, 공의를 실천할 것입니다." 그러나 아쉽게도 이들의 좋은 결심은 연기처럼 곧 사라지고 맙니다. 그래서 아무런 열매를 맺지 못합니다. 말씀에 비추인 자신들의 적나라한 모습을 보고나서, 이들은 스스로의 힘으로 자신의 마음과 생각과 삶을 변화시켜야 한다는 결심을 합니다. 그러나 그들 자신의 힘만으로는 그들의 결심을 만족할 만하게 실행할 수 없습니다. 오, 사랑하는 여러분! 그러므로 여러분은 거듭나야만 합니다. 왜냐하면 여러분이 위로부터 다시 태어나지 않는다면, 여러분 자신이 지닌 선한 능력이란 아침 구름이나 새벽이슬과 같기 때문입니다. 이것들은 곧 사라져 버립니다. 이와 같이 여러분의 훌륭한 감정들과 결심들도 마찬가지입니다. 이 교회, 이 기도의 집에서, 하나님의 지혜와 권능을 의지하지 않고, 스스로 실천하고자 하는 사람들이 얼마나 많이 있었습니까? 그렇지만 이렇게 생각하는 사람들의 결심은 그만 물거품이 되고 말았습니다. 우리의 과일 나무들에 많은 꽃들이 피었습니다. 그것들은 많은 수확을 기대하게 했습니다. 그러나 안타깝습니다. 비바람으로 인해서, 많은 꽃들이 나뭇가지에 꼭 붙어 있지 못했습니다. 함박눈송이처럼 땅바닥에 떨어지고 말았습니다. 이와 같이 설교를 듣고 있는 많은 사람들의 마음속에도 풍성한 열매를 기대하게 하는 꽃들이 활짝 피어 있습니다. 그러나 그 꽃들은, 다시 말해서 그 결심들은 영혼을 구원하는 열매를 맺지 못합니다. 오, 하나님의 영이시여, 그와 같은 일이 일어나지 않도록 이 교회를 변화시켜 주시옵소서! 연약해서 변하기 쉬운 그들을 도와 주시옵소서! 결심하고, 또 결심하지만, 그것을 실천에 옮기지 못해서, 그들이 죄악 가운데 죽지 않게 하옵소서!

　　그 다음에 어떤 말씀이 기록되어 있습니까? "제 자신을 보고 가서 그 모습이 어떠했는지를 곧 잊어버리거니와"(24절)라는 말씀에 대해서 진지하게 생각해 보시기 바랍니다. 곧, 많은 사람들이 말씀 안에서 그들이 본 것으로부터 떠나간다는 것입니다. 24절에서, 두 가지 주요한 요소는 "보고 가서, 곧 잊어버린다"는 것입니다. 이 두 가지는 서로 밀접하게 연결되어 있습니다. 내가 그것이 강조하는 바를 여러분에게 충분히 전달하는 것은 쉽지 않습니다. 본문에 언급되고 있는 사람은 자기 자신의 모습을 매우 급하게 봅니다. 마치 지나가면서 보는 것처럼 봅니다. 곧바로 떠나갑니다. 그리고는 자신의 모습이 어떠한지 금방 잊어버리고 맙니다. 왜냐하면 그는 급하고 부주의하게 스쳐가는 듯이 보았기 때문입니다. 그는 말씀을 들었습니다. 그러나 그것으로 끝이었습니다. 그의 마음속에 말씀이 더 이상 울려 퍼지지 않았습니다. 설교가 끝나면, 말씀을 듣는 것도 끝나버린 것입니다. 이처럼, 말씀의 거울을 통해서 자신의 실질적인 모습을 보고난 이후에, 많은 사람들은 특별히 시간을 내어서 자신에 대해서 더 이상 생각해 보려고 하지 않습니다. 내일 아침이 되면, 그들의 머리와 귀에는 사업과 관련된 생각과 이야기로 가득 채워질 것입니다. 아침에 그들은 상점 창문들의 덮개를 열어 제칩니다. 하지만 동시에 그들은 영혼의 창문들을 덮개로 씌워버립니다. 그는 사무실에서 일에만 몰두합니다. 그러므로 그는 기도의 골방에 들어갈 수 없습니다. 그의 성경책 위에는 사업 장부들이 차곡차곡 쌓여 있습니다. 진정한 부를 추구하기 위해서, 그는 전혀 시간을 내지 않습니다. 덧없이 흘러가버릴 사소한 일들이 그의 마음을 지배하고 있습니다. 여러분은 세상일을 "사업"이라고 부릅니다. 그런데 여러분은 영혼이 구원받거나 저주받는 일을 너무 사소한 것으로 여기고 있기 때문에, 그것을 위해서 아무 때라도 잠시 시간을 낸다면 충분하다고 생각하는 것입니까? 과연 여러분의 생각이 그렇지 않습니까? 마지막 숨을 몰아쉴 때까지, 여러분은 구원과 관련된 문제를 미루려는 계획을 갖고 있지 않습니까? 하나님이 이 어리석은 짓으로부터 여러분을 구원해 주시기 바랍니다. 세상 사업에만 몰두하는 것으로 인해서, 더 이상 여러분의 영혼을 손상시키지 않기를 간절히 원합니다.

한편 자신들을 몰두하게 만들 만한 어떤 특별한 일이 없는 사람들도 있습니다. 이들은 말씀의 거울로 어느 정도 관심을 갖고 자신들의 모습을 봅니다. 그 다음에, 이들은 삶의 즐거움을 찾아서 자기들의 길을 걸어갑니다. 무엇을 하며 시간을 보내야 하는지, 또한 지루한 시간을 어떻게 하면 빨리 지나가게 하는지가 그들이 주로 해결해야 할 어려운 과제입니다. 만약 소중한 일을 위해서 아껴야 할 시간을 멸망을 향해서 가는 길 위에서 여러분이 헛되이 사용하고 있다면, 여러분이 미래는 어떻게 되겠습니까? 도중에 어떤 사람을 우연히 만나게 되어, 그가 어디로 가느냐고 묻는다면, 여러분은 농장이나 상점으로 가고 있다고 대답할 수 없을 것입니다. 여러분은 농장이나 상점을 갖고 있지 않기 때문입니다. 또한 여러분은 주어진 시간 속에서 무엇을 해야 할지 잘 모릅니다. 그렇지만 슬프게도 여러분은 자신의 영혼과 하나님에 대해서 숙고해 보려고 잠깐의 시간도 할애하지 않습니다. 오, 그래서는 안 됩니다. 자신들의 길을 고집하고 있기 때문에, 이런 사람들의 영혼은 지금 지옥을 향해서 가고 있습니다. 하나님, 이들에게 무한한 자비를 베풀어 주시옵소서! 이들에게 지혜를 더하셔서, 이들이 천국으로 가는 길을 발견하고, 그곳으로 걸어가게 하시옵소서!

아, 어떤 사람들은 죄악의 길을 걸어갑니다! 이들은 단순히 즐거움이나 사업을 추구하는 것이 아닙니다. 이들이 가는 길은 하나님의 말씀을 명백하게 위반하는 행위입니다. 나는 이들의 행위가 끔찍한 것이라고 생각합니다. 이들은 하나님의 말씀을 듣는 것으로부터 마귀의 말을 말하는 것으로 나아갑니다. 이들은 하나님의 집으로부터 죄악의 집으로 갑니다. 또한 이들은 거룩한 곳으로부터 속된 곳으로 나아갑니다. 깨끗한 곳으로부터 더러운 곳으로 갑니다. 이들은 죄 사함을 받은 속죄소로부터 비방하는 자리로 나아갑니다. 이처럼 말씀을 건성으로 듣고 곧 잊어버린다면, 그것으로부터 아무런 선한 것도 나오지 않습니다. 나는 그 사실에 놀라지 않습니다. 어떤 사람이 거울로 얼굴을 봅니다. 그러고 나서 자신의 얼굴을 더욱 더럽히는 길을 간다면, 거울이 그에게 무슨 소용이 있습니까? 비록 모든 사도들이 차례대로 설교한다고 할지라도, 심지어 주님 자신이 말씀하신다고 해도, 만약 여러분이 말씀을 듣자마자 죄악의 길로 돌아가서, 그곳에서 머뭇거리며, 하나님과 영원한 것을 고의적으로 무시하는 삶을 산다면, 여러분은 말씀을 듣는 것으로부터 아무런 유익을 얻을 수 없습니다.

　본문에는 거울로 자신들을 모습을 보고 나간 이후에, 그들이 보았던 모든 것을 잊어버린다는 내용이 뒤따릅니다. 그들이 보았던 것을 잊어버린다는 것은 그들에게 매우 해로운 것입니다. 이것은 다윗의 말과는 얼마나 다릅니까? "내가 주의 법도들을 영원히 잊지 아니하오니"(시 119:93). 사악한 자들은 하나님을 잊어버립니다. 하나님의 은혜를 받은 사람은 "그의 법도를 기억하여 행하는 자"(시 103:18)입니다. 인간의 말을 잊어버리십시오. 그러나 하나님의 말씀을 기억하는 데에 열심을 품으십시오. 왜냐하면 말씀을 잊어버리면, 그것을 행할 수 없기 때문입니다. 말씀을 잊어버리는 자들은 그것을 실천해야만 한다는 사실도 잊어버립니다. 이들은 민수기에 기록된 하나님의 명령에 순종하지 않습니다. "너희가 보고 여호와의 모든 계명을 기억하여 준행하고"(민 15:39). 우리가 퍼처스(Samuel Purchas, 1575?-1626; 영국성공회 목회자이며, 여행기 작가, 1613년부터 세상과 종교에 관한 순례 여행기를 출판함)의 「순례 여행기」(*Pilgrimages*)를 보면, 옛날의 어떤 스페인 사람들에 관한 이야기를 읽을 수 있습니다. 이들은 배에서 쪼르륵 소리가 날 정도로 배가 고팠었습니다. 마침 바닷가에 많은 물고기 떼가 지나가고 있었습니다. 그들은 분명히 그것들을 보았습니다. 그렇지만 그들은 너무 게을러서, 물고기를 잡지 않았습니다. 여러분 가운데 많은 사람들이 이들과 같은 사람들이 아닙니까? 하나님의 말씀이 여러분의 앞을 지나가고 있습니다. 그러나 많은 사람들은 그것을 자기 것으로 받아들이지 않습니다. 그러므로 그것을 적용할 수도 없고, 실천할 수도 없습니다. 왜냐하면 이런 사람들은 말씀을 진지하게 받아들이려고 주의를 기울이지 않기 때문입니다. 그래서 말씀에 순종하지 않습니다. 이들은 말합니다. "목사님, 가겠습니다." 그러나 이들은 가야 한다는 사실을 잊어버립니다. 이들은 말씀이라는 값비싼 진주를 보았습니다. 그렇지만 그것을 사는 것을 잊어버렸습니다. 이들은 하나님의 말씀을 갖고 놀이를 합니다. 그리고 그 말씀 앞에 결코 솔직해지지 않습니다.

말씀을 잊어버리면 사람은 자기만족에 빠지게 됩니다. 그 과정은 이렇습니다. 먼저 말씀의 거울을 들여다보면, 자신이 그렇게 추한 사람이라는 사실에 그는 어느 정도 놀라게 됩니다. 그렇지만 그는 자기가 가고 싶은 길을 걸어갑니다. 그리고 자신과 비슷한 부류의 사람들과 어울립니다. 그러자 자신이 추한 모습을 지닌 사람이라는 사실을 곧바로 잊어버립니다. 따라서 그는 이전처럼 자신의 삶에 익숙해집니다. 또다시 매우 편안하다고 느낍니다. 세상의 흐름에 빠져서, 그는 자신이 이웃 사람들만큼 깨끗하다고 판단합니다. 왜냐하면 그는 자신의 얼굴에 검댕이 묻어 있다는 사실을 잊어버렸기 때문입니다. 이와 같이 영적으로 완전히 무지하게 되면, 자신의 더러운 모습을 잊어버린 채, 사람은 자신이 훌륭하다고 확신하기까지 합니다. 그러나 그것은 대단히 잘못된 것입니다. 영적으로 어두워지게 되면, 어느 곳에도 평안이 없습니다. 그런데도, 그는 "평강하다 평강하다"(렘 6:14)라고 그릇되게 외칠 수 있습니다. 경고의 나팔 소리가 울려 퍼져도, 그는 더 이상 그것을 듣지 못합니다. 어떤 것이 이러한 상황보다 더 치명적일 수 있습니까? 그러므로 배우고 나서 곧바로 잊어버리는 것보다는 차라리 알지 못하는 것이 더 좋을 것입니다.

또한 하나님의 말씀을 잊어버리는 사람은 자신을 점점 더 부주의한 사람으로 만듭니다. 한번 거울을 보고나서도 자신을 씻지 않았다면, 그 사람은 또다시 가서 거울을 보아도, 계속해서 더러운 상태에 머물기가 매우 쉽습니다. 어떤 사람이 단순히 장난으로 마음속으로 "늑대다!"라고 외쳤다면, 그는 계속해서 그런 부주의한 태도를 가질 것입니다. 마침내 그가 진심으로 "늑대다!"라고 부르짖는 상황이 발생한다고 해도, 그는 조심하지 않을 것입니다. 이와 같이 어떤 사람이 장난하는 것처럼 하나님의 말씀에 대해서 부주의하게 대할 때, 그는 멸망의 문에서 가까운 곳에 있는 것입니다. 그러므로 심심풀이로 복음을 듣지 않도록 조심하십시오. 그것은 영원한 파멸의 바로 이전 단계입니다. 복음에는 우리를 구원하시려는 하나님의 계획이 담겨 있습니다. 우리가 복음을 단지 기분 전환을 위해서 듣는다면, 우리가 구원받을 가능성은 거의 사라지게 됩니다. 천국으로 가느냐 아니면 지옥으로 가느냐의 문제로 장난하는 사람은 천국에 갈 수 있는 모든 소망을 곧 잃어버리고 말 것입니다. 그래서 그는 지옥으로 급히 내려가게 될 것입니다.

　　그렇습니다. 하나님의 말씀을 잊어버리면, 더 많은 죄를 짓게 된다는 것을 덧붙여서 말하고자 합니다. 왜냐하면 우리가 하나님의 말씀을 들으면, 거기에는 어떤 결과가 뒤따르기 때문입니다. 나에게는 설교를 올바르게 해야 하는 책임이 있습니다. 여러분에게는 설교를 잘 들어야 할 책임이 있습니다. 하나님이 복음을 통해서 여러분이 영적으로 어떠한지를 이미 깨우쳐 주셨는데도 불구하고, 여러분 가운데 아직 회개하지 않은 사람들이 있습니까? 회개하지 않았다면, 여러분의 마음은 그리스도의 보혈로 깨끗이 씻어지지 않았습니다. 나아가 여러분은 더욱 무서운 죄들을 더 많이 짓게 되었습니다. 여러분은 여전히 말씀의 빛과 지혜를 거부합니다. 그래서 죄악을 계속해서 범하게 됩니다. 그러므로 여러분의 죄악은 더욱더 검어져 갑니다.

　　이제까지 하나님의 말씀을 듣기만 하고, 실천하지 않는 사람에 대해서 대충 살펴보았습니다. 나는 이 자리에 앉아 있는 어떤 사람도 이런 사람이 되는 것을 원하지 않습니다. 그렇지만 나는 아직까지 예수 그리스도를 잘 모르는 모든 사람이 말씀을 자신의 양심에 개인적으로 적용시키기를 바랍니다. 성령 하나님이 지금 이곳에 오셔서 각 사람의 양심에 말씀의 진리를 강권적으로 들려주시기를 기도합니다. 오, 사랑하는 여러분! 여러분은 하나님의 거룩한 구원 계획을 받아들이지 않겠습니까? 하나님의 말씀의 거울에 비친 가련한 모습을 여러분은 이미 보았습니다. 그 얼굴을 깨끗이 씻어서 아름다워지는 것을 여러분은 원하지 않습니까? 여러분은 자신이 얼마나 더럽다는 것을 압니다. 예수 그리스도의 피에 의해서, 모든 죄로부터 깨끗하게 씻어지는 것을 원하지 않습니까? 마치 여러분을 고소할 아무런 율법이 없는 것처럼, 여러분을 초대하는 복음이 없는 것처럼, 또한 여러분을 용서할 그리스도가 없는 것처럼, 여러분은 계속해서 불순종의 길을 걸어갈 것입니까? 마치 천국도 없고 지옥도 없으며, 또한 하나님도 영원한 생명도 없는 것처럼, 여러분은 그렇게 살다가 언젠가 죽을 것입니까? 은혜가 풍성하신 하나님이 여러분이 말씀에 대해서 중요하지 않게 여기거나 그것을 쉽게 잊어버리지 않도록 도와주시기를 바랍니다. 만약 말씀을 가볍게 여기거나 잊어버린다면, 결국 여러분의 믿음은 헛된 것으로 드러나게 될 것입니다. 그러므로 여러분이 말씀을 통해서 하나님이 예비하신 축복을 받기를 간절히 기도합니다. 그렇지 않으면, 말씀에 의해서 저주를 받습니다.

2. 이제부터는 하나님의 말씀을 진정으로 들어서 복 받는 사람에 대해서 다루고자 합니다.

좀 더 주의 깊게 들으시기 바랍니다. 그는 단순히 거울을 들여다보는 사람이 아닙니다. 본문에 "율법을 들여다보는 자"로 묘사되고 있습니다. 곧, "자유롭게 하는 온전한 율법을 들여다보고 있는 자는 듣고 잊어버리는 자가 아니요 실천하는 자니 이 사람은 그 행하는 일에 복을 받으리라"(25절).

지금 이 순간 내 마음속에는 언약궤의 속죄소 위에 있는 두 그룹들의 모습이 떠오릅니다. 이 그룹들은 우리에게 모범을 제시합니다. 그것들은 정금으로 만들어진 은혜의 보좌(시은좌) 위에 있었습니다. 우리가 서 있는 곳은 그리스도가 대속을 이루신 곳입니다. 우리는 그곳에서 안식을 얻습니다. 그룹들이 은혜의 보좌에 붙어 있듯이, 우리도 그리스도의 대속과 연결되어 있습니다. 따라서 우리는 계속해서 대속의 장소 안에 머물러 있습니다. 마치 언약궤 안에 놓여 있는 온전한 율법을 들여다보기를 원하는 것처럼, 그룹들의 눈들은 은혜의 보좌를 내려다봅니다. 그리고 우리도 그리스도의 대속을 통하여 바라봅니다. 우리가 들여다보는 것은 마치 투명한 유리처럼 순결한 정금과도 같은 것입니다. 다시 말해서, 중보자이신 그리스도를 통해서, 우리는 자유롭게 하는 완전한 율법을 들여다봅니다. 그룹들처럼, 우리는 복된 무리들 안에 있습니다. 그들처럼, 우리도 사랑을 주고받으며, 서로 사랑의 눈길로 바라봅니다. 우리가 함께 서 있는 곳은 대속의 자리입니다. 우리는 그리스도의 인격과 그의 말씀에 대해서 함께 연구합니다. 여호와께서 명령을 하신다면 곧 날아갈 수 있도록 날개들을 펼치고 있는 천사들처럼, 우리는 모두 준비된 자세를 취하고 있습니다. 이 점에서, 우리는 그룹들과 같다고 말할 수 있습니다. 그들처럼, 우리도 지극히 높으신 분의 은밀한 처소에 살고 있습니다. 빛 가운데 거하시는 하나님의 빛이 바로 그곳에 비칩니다. 하나님이 임재하심으로 인해서, 그곳에는 영광이 가득합니다. 마치 거울을 들여다보는 것처럼, 우리가 하나님의 말씀을 부주의하게 들여다보아서는 안 됩니다. 그 대신, 우리는 새 언약 아래 있는 우리의 율법으로서 말씀을 진지하게 응시해야 합니다. 사도들이 몸을 구부려서 무덤 안을 들여다보았던 것처럼(참조. 요 20:3-5), 우리는 하나님의 복된 율법을 부지런히 연구해야만 합니다. 또한 깨끗해지고 새로워진 마음으로 하나님의 율법을 항상 즐거워해야 합니다.

하나님의 율법은 들여다볼 만한 충분한 가치를 지니고 있다는 사실에 대해서 잘 깨달아야 합니다. 여기서 "율법"이라는 말은 단순히 십계명만을 가리키는 것이 아닙니다. 그것은 그리스도 예수 안에서 요약되고 성취되고 또한 모범을 보여주면서 제시된 법을 뜻합니다. 복음의 말씀, 곧 그리스도 예수 안에서의 생명의 법은 우리가 깊이 묵상할 만한 가치가 있습니다. 예수님은 우리가 그것을 지키라고 요구하셨습니다. 그것은 여호와가 우리 안에 두고 우리의 마음에 새기겠다고 구약 시대의 선지자들을 통해서 약속하셨던 거룩한 율법을 가리킵니다. 그것은 믿음의 법이지, 자신의 의를 주장하는 법이 아닙니다. 그것은 하나님의 은혜의 계명으로서, 예수 그리스도를 주님으로 믿고, 그의 계명들을 지키라는 법입니다. 하나님의 모든 율법은 숙고해 볼 만한 가치가 있습니다. 왜냐하면 우리가 알지 못해서 율법을 범할 수 있기 때문입니다. 또한 율법을 알고 있었더라면 피할 수 있었던 징계를 받을 가능성도 있는 것입니다. 따라서 우리가 어떤 율법에 대해서 모른다면, 그것은 하나의 함정입니다. 우리가 알지 못하기 때문에, 그곳에 빠질 수 있습니다. 그러므로 율법에 온전히 순종할 수 있도록, 그것에 대해서 잘 배우는 것이 하나님의 모든 신실한 자녀들의 의무입니다.

더욱이 하나님의 말씀은 "온전한 율법"이라는 것입니다. 인간이 만든 모든 법은 불완전합니다. 그러나 여호와의 법은 온전합니다. 그리스도의 손 안에 있는 법은 그 자체로서 완전합니다. 그것에는 지나침도 없고 부족함도 없습니다. 그 법은 그것에 순종하는 사람들을 온전하게 만듭니다. 그 법은 온전하신 그리스도의 인격을 통해서 제시된 것입니다. 또한 그것은 온전하신 성령님에 의해서 우리 안에서 역사합니다. 그 법은 우리의 모든 성품을 어루만지며 변화시킵니다. 그래서 우리의 속사람을 온전히 아름답게 만듭니다. 율법을 만드신 하나님은 사랑이십니다. 그는 거룩하시고 순결하신 분입니다. 그러한 하나님이 만드신 법, 곧 사랑의 법인 동시에 거룩하고 순결한 법을 누가 들여다보려고 하지 않겠습니까?

나아가 하나님의 말씀은 "자유롭게 하는 온전한 율법"이라고 본문에서 일컬어집니다. 옛 언약 아래 있는 율법은 속박을 가져다주었습니다. 그러나 그리스도 안에 있는 율법은 자유롭게 해줍니다. 주님의 계명들 안에서 행하기 이전까지,

우리는 결코 자유 안에서 행할 수 없습니다. 그리스도의 멍에를 메는 사람은 주님의 자유인입니다. 오, 형제자매 여러분, 우리의 눈길을 돌려서 "자유롭게 하는 온전한 율법"을 들여다봅시다. 왜냐하면 자유는 보석보다 소중하기 때문입니다. 오직 하나님의 마음과 뜻을 따르는 사람들만이 이 자유를 누릴 수 있습니다.

말씀을 진정으로 듣는 사람은 그것을 깨닫고, 자신의 성품 안에서 그것의 힘을 느끼기까지, 목숨을 다하고 마음을 다하고 이해력을 다해서, 자유롭게 하는 온전한 율법을 들여다봅니다. 그는 가장 진귀한 것을 듣는 사람이기 때문에, 청중(聽衆)의 왕이라고 말할 수 있습니다. 이런 사람은 하나님의 뜻이 무엇인지 깨닫는 것을 즐거워합니다. 뿐만 아니라, 그는 그 뜻을 실천하는 것을 기뻐합니다. 그는 율법이 지닌 순수함의 높이와 지혜의 넓이와 영적인 깊이를 압니다. 그것을 더욱 많이 알면 알수록, 그는 그것에 대해서 더욱더 감탄합니다. 그가 율법에 대해서 아무리 많이 알고 있다고 해도, 그것은 지나친 것이 아닙니다. 여전히 그는 밤낮으로 율법을 묵상해야 합니다. 그러면서 그는 이렇게 외칩니다. "내가 주의 법을 어찌 그리 사랑하는지요 내가 그것을 종일 작은 소리로 읊조리나이다"(시 119:97). 모든 면에서 철저하게 그 온전한 율법을 따를 수 있기를 그는 항상 기도합니다. 그리고 그의 기도가 응답되어지는 것에 비례해서, 그는 더욱 고요하고 깊은 평안을 누립니다. 여기서 잠시 설교하는 것을 멈추고, 여러분에게 묻습니다. 여러분은 율법의 수정 거울을 들여다보는 이 복된 무리에 속하기를 원합니까? 여러분이 그러기를 바란다면, 일이 분 동안 나를 주목해 보십시오. 내가 이곳에 서 있는 동안, 나는 말씀의 거울을 들여다보며 동시에 나 자신도 바라볼 것입니다. 그러나 이 두 대상을 바라보는 것만으로는 나에게 충분하지 않습니다. 내가 더욱 많이 볼 수 있을 때까지, 나는 계속해서 그 거울을 들여다볼 것입니다. 놀랍게도 다른 모습이 나타나는 것을 내가 볼 때까지, 나는 줄곧 그 신비로운 거울, 곧 말씀을 들여다볼 것입니다. 이윽고 어떤 신비스러운 존재가 이 거울에 분명하게 나타납니다. 그 낯선 존재의 얼굴은 얼마나 아름답고 장엄한지요! 나의 얼굴 모습이 그의 얼굴 속으로 녹아 들어갈 때까지, 나는 계속 들여다봅니다. 그러면 마침내 그의 모습만 보입니다. 나는 오직 그의 안에서만 나타나는 것입니다. 그는 얼마나 사랑스러운지요! 그는 모든 사람들 가운데 가장 뛰어난 분입니다. 이제 나는 사도 바울이 다음과 같이 말한 것을 이해할 수 있습니다. "우리가 다 수건을 벗은 얼굴로 거울을 보는 것 같이 주의 영광을 보매 그와 같은 형상으로 변화하여 영광에서 영광에 이르니 곧 주의 영으로 말미암음이니라"(고후 3:18).

> "이 거울은 고마운 거울입니다.
> 이것을 들여다보는 모든 눈들을 고쳐줍니다.
> 이 샘에 무엇이든지 보여주십시오.
> 이 샘은 보여주는 모든 것을 깨끗이 씻어줍니다."

이것은 분명히 존 번연의 신앙 소설 「천로역정」에 나오는 자비(Mercy)가 갈망했던 거울입니다. 번연은 이 거울에 대해서 다음과 같이 말합니다. "그런데 그 거울은 대단히 특별한 것이었습니다. 한편으로, 그것은 사람의 얼굴 모습을 분명하게 보여주었습니다. 다른 한편으로, 그것을 돌리면 순례자들의 왕 자신의 얼굴과 그의 겉모습을 명확하게 보여주었습니다. 예, 정말입니다. 나는 말을 할 수 있는 그들과 직접 대화를 나누어 보았습니다. 거울 속에서, 그들은 예수님의 머리에 있는 가시 면류관을 보았다고 말했습니다. 또한 그들은 주님의 손과 발과 옆구리에 있는 못자국들도 보았다고 이야기했습니다."

25절에 언급되고 있는 사람은 자유롭게 하는 율법을 들여다봅니다. 그리고 그는 그리스도 안에 있는 모든 완전함을 봅니다. 하나님의 은혜로 놀라운 기적이 일어나서, 자신의 얼굴이 그리스도의 형상 안으로 흡수되어 사라질 때까지, 그는 율법을 들여다보고 또 들여다봅니다. 분명히 이것은 들여다볼 만한 가치가 있습니다. 이것은 단지 여러분 자신의 모습을 보려고 거울을 들여다보는 것보다는 이루 말할 수 없이 뛰어난 것입니다. 나는 여러분에게 다음과 같이 말하지 않을 수 없습니다. "와서, 말씀을 보십시오. 이 말씀은 내가 행한 모든 것에 대해서 말해 줍니다. 이 말씀은 하나님으로부터 온 것이 아닙니까?" 그것이 전부가 아닙니다. 내가 말해야 할 것이 더 있습니다. 곧, 말씀 안에서, 지금 나는 예수님을 봅니다. 그러므로 나는 외칩니다. "내가 행한 모든 일을 내게 말한 사람을 와서 보라 이는 그리스도가 아니냐"(요 4:29).

그리고 자유롭게 하는 온전한 율법을 들여다보고 있는 사람은 그리스도만 보는 것이 아닙니다. 그 안에서, 그는 하나님의 영원하신 영을 보기 시작합니다. 성령님은 자유롭게 하는 율법과 함께 진리에 대해서 증거합니다. 또한 그 진리를 통해서, 성령님은 들여다보는 사람에게 역사합니다. 그러면 그 사람은 이렇게 말합니다. "오, 이것은 참으로 복된 율법입니다. 이제 그 율법이 깨끗해지고 새로워진 내 마음에 기록되었습니다." 이처럼 말씀 안에서 우리가 성령님을 볼 수 있다는 것은 얼마나 신비스러운 일입니까? 성령님은 우리 안에서 하나님의 기쁘신 뜻을 위하여 우리에게 소원을 두고 행하게 하십니다(참조. 빌 2:13). 그래서 성령님 자신이 선포하신 율법에 우리가 순종하게 하십니다.

그렇습니다. 온전한 율법을 들여다보는 사람은 머지않아 하나님 아버지를 보게 됩니다. 왜냐하면 마음이 깨끗한 사람은 하나님을 볼 것이기 때문입니다. 하나님의 율법을 사랑하고 실천하는 사람들은 하나님을 닮아갑니다. 사랑스러운 자녀들로서, 그들은 하나님을 닮아가는 사람들입니다. 하나님의 뜻을 잘 알고, 그것을 사랑하고, 또한 그것에 대해서 연구하는 사람들은 서서히 하나님 아버지의 형상을 받게 됩니다. 그래서 마침내 그들은 하나님의 자녀라고 불릴 것입니다. 이와 같이 하늘에 계신 아버지의 뜻을 행하는 사람들은 거룩하신 삼위일체를 보고, 또한 그분을 압니다. 하나님 아버지와 하나님의 아들과 성령 하나님과 우리가 친밀한 교제를 나눈다는 것은 얼마나 큰 기쁨입니까! 오, 오직 마음을 새롭게 함으로 변화를 받아 하나님의 선하시고 기뻐하시고 온전하신 뜻이 무엇인지 분별하도록 하십시오!(참조. 롬 12:2)

사랑하는 여러분, 내가 말해야만 하는 모든 것을 나는 오늘 아침에 여러분에게 다 말할 수 없습니다. 이 주제는 너무 심오해서, 이 주제와 관련된 모든 것을 내가 여러분에게 다 밝혀줄 수 없습니다. 또한 나 자신이 말씀 안에서 보는 모든 것을 내가 여러분에게 보여줄 수도 없습니다. 하나님의 빛을 통해서, 반드시 여러분 스스로 그것을 들여다보아야 합니다. 그리고 여러분이 말씀 안에서 본 것이 또한 여러분 자신 안에서도 보일 때까지, 말씀을 들여다보고, 또 들여다보십시오. 여러분이 하나님의 진리에 대해서 밤낮으로 묵상하면, 성령님이 축복해주시고 역사하셔서, 여러분의 성품이 점점 그리스도의 성품으로 변화될 것입니다.

그리고 "자유롭게 하는 온전한 율법을 들여다보고 있는 자"라는 본문에서, 들여다보고 "있는 자"(KJV: "he continues")라는 표현을 주의 깊게 살펴보십시오. 따라서 본문에 언급되고 있는 사람은 율법을 끊임없이 묵상합니다. 또한 그것에 변함없이 신실합니다. 하나님의 율법은 그에게 항상 구속력을 지니고 있는 법입니다. 그뿐만 아니라, 그는 계속해서 율법을 실천합니다. 그는 시작은 잘 하지만 얼마 가지 않아서 옆길로 벗어나는 사람이 아닙니다. 그는 계속해서 여호와의 법에 겸손히 순종하여, 점점 더 거룩한 삶을 살게 됩니다. 그리고 성도의 궁극적 견인(the final perseverance of the saints)이라는 하나님의 은혜에 의해서, 그는 계속해서 앞으로 나아갑니다. 바로 이것이 율법을 계속해서 들여다보고 있는 자가 받을 축복입니다. 그러나 어느 날 신앙을 고백하지만 그 다음 날 그것을 무시하는 사람은 이 축복을 받지 못합니다. 오늘은 그리스도를 위해서 열정을 지니고 있지만, 내일은 미지근해지는 사람도 마찬가지입니다. 여호와의 축복을 받는 사람은 하나님의 은혜에 의해서 계속해서 그 축복 안에 머무르게 됩니다.

나는 언젠가 폴란드의 유명한 왕에 대한 이야기를 들었습니다. 그는 훌륭한 업적을 많이 세웠습니다. 자신이 뛰어난 인물이 될 수 있었던 것은 자신이 행했던 은밀한 습관 때문이라고 그는 고백했습니다. 그의 아버지는 매우 고상한 사람이었습니다. 그는 아버지의 작은 초상화를 항상 지니고 다녔습니다. 그는 자주 그것을 들여다보았습니다. 전쟁에 나갈 때마다, 그는 아버지의 초상화를 들여다보곤 했습니다. 그것을 통해서 그는 커다란 용기를 얻었습니다. 왕궁의 집무실에 앉아 있을 때에도, 그는 아버지의 그림을 은밀히 들여다보곤 했습니다. 그리고 왕처럼 품위 있게 행동했습니다. 왜냐하면 아버지의 초상화를 들여다볼 때마다, "내 아버지의 이름에 불명예를 가져오는 짓을 나는 절대로 하지 않을 것이다"라고 그는 굳게 다짐했기 때문입니다.

이것은 그리스도인이 본받아야 할 대단히 훌륭한 습관입니다. 곧, 그리스도인은 하나님의 뜻을 항상 자기 마음속에 간직하고 있어야 합니다. 그래서 어떤 행동을 할 때마다, 반드시 하나님의 뜻에 의견을 구해야 합니다. 하나님의 자녀로서 내가 어떻게 해야 하는지 하나님의 뜻에 꼭 물어보아야 합니다. 예수 그리스도가 자신의 보배로운 피의 값으로 산 하나님의 사람으로서, 내가 어떤 길을 가야만 하는지 질문해야만 합니다. 그런데 어떤 사람들은 여러분이 언제나 하나님의 뜻대로 계속해서 살 수 없다고 말합니다. 설교를 들으면, 이들은 여러분이 더욱 경건해진다고 추측합니다. 기도 모임에 참석하면, 여러분의 믿음이 좀 더 깊어진다고 이들은 주장합니다. 그렇지만 여러분이 하루 종일 믿음대로 살며 하나님의 뜻에 충실할 수 없다고 생각합니다. 그러나 형제자매 여러분, 우리는 여호와의 말씀 안에서 살아가야 합니다. 그렇지 않으면, 우리에게는 진정한 믿음이 없는 것입니다. 경건한 삶은 가게에서도 부엌에서도 거실에서도 또한 길거리에서도 이루어져야 합니다. 그것은 거룩함을 이루어가는 끊임없는 싸움입니다. 우리는 하나님의 온전한 뜻이 담겨 있는 말씀을 들여다보는 것을 날마다 온종일 계속해야만 합니다. 우리가 거룩해지기 위해서 하나님의 말씀을 믿어야 합니다. 주님과 같이 되기 위해서, 날마다 주님을 바라보아야 합니다. 내 눈동자 위에 구세주의 형상이 그려진다면 얼마나 좋겠습니까! 그러면 그리스도를 통하지 않고는, 나는 아무것도 볼 수 없을 것입니다. 여러분의 마음속에 있는 모든 방에 그리스도의 초상화를 걸어 놓는다면, 그것은 바람직한 일입니다. 나는 여러분이 살고 있는 집에 그렇게 하라고 말하는 것이 아닙니다. 만약 그렇다면, 그것은 우상 숭배로 이어질 수 있습니다. 그 대신, 여러분의 생각과 마음속에 있는 모든 방에 그리스도의 그림을 걸어 놓으라는 것입니다. 언젠가 나는 온통 거울들로 장식되어 있는 방에 들어갔던 적이 있습니다. 그 방에 들어서자마자, 아마도 내 모습을 열다섯 개나 보았던 것 같습니다. 나의 판단으로는, 하나면 충분하지, 분명히 열넷은 필요하지 않았던 것입니다. 그러나 나의 모든 존재가 그러한 방처럼 되기를 나는 원합니다. 그리스도가 내 안에 들어오실 때마다, 나는 모든 곳에서 그가 자신의 모습을 볼 수 있기를 바랍니다. 위에서도 밑에서도, 왼쪽에서도 또한 오른쪽에서도, 곧 그리스도가 내 안에 있는 모든 곳에서 그의 형상을 바라볼 수 있다면 얼마나 좋겠습니까! 오, 내 본성의 가장 은밀한 곳에도 그리스도의 빛이 비추고 있어서, 내 마음속에 어두운 부분이 아무 곳에도 없다면! 오, 그리스도처럼 살아서, 내가 그의 삶을 새롭게 나타낼 수 있다면!

우리는 거울 안에 있는 자신의 모습만 들여다보아서는 안 됩니다. 우리 자신이 거룩하신 주 예수님의 모든 아름다움을 반영하는 거울이 되어야 합니다. 그러나 이것은 일시적으로가 아니라, 반드시 계속해서 이루어져야 한다는 것을 기억하시기 바랍니다. 왜냐하면 진실한 마음을 지닌 사람은 자유롭게 하는 온전한 율법을 계속해서 들여다본다고 본문에 명시되었기 때문입니다.

이제 마지막으로, "이 사람은 그 행하는 일에 복을 받으리라"는 말씀에 대해서 자세히 생각해 보고자 합니다. "이 사람", 곧 말씀을 실천하는 "이 사람"이라는 표현에 주목하시기 바랍니다. 이 지시대명사는 손가락과 같은 역할을 합니다. 어떤 사람이 기도하러 성전에 올라갔습니다. 그는 얼마나 훌륭한 신사처럼 보이는지요! 그는 두 눈썹 사이에 눈에 잘 띄도록 경문(經文: 성경구절들이 기록된 양피지가 들어 있으며, 가죽으로 만들어진 매우 조그만 검은색 상자 — 역주)을 달았습니다. 그의 겉옷 끝에는 옷술이 달려 있습니다. 그는 푸른색으로 정교하게 짜인 기다란 옷술을 자랑합니다. 그는 매우 높은 지위에 있는 사람입니다. 그 사실을 한눈에 보아서 알 수 있습니다. 그는 성전 안에서도 눈에 잘 띄는 곳에 서 있습니다. 그런데 그가 당당한 모습으로 거만하게 이렇게 기도합니다. "하나님이여 나는 다른 사람들과 같지 아니함을 감사하나이다"(참조. 눅 18:11). 흥미롭게도 성경은 그에 관하여 많은 설명을 해주지 않습니다. 그와는 대조적으로, 저쪽에 어떤 불쌍해 보이는 사람이 울면서 서 있습니다. 그는 눈에 잘 띄는 곳으로 갈 생각도 못합니다. 또한 감히 눈을 들어 하늘을 쳐다보지도 못합니다. 내면적으로 심한 아픔을 겪고 있는 사람처럼, 때때로 가슴을 칩니다. 마침내 그는 다음과 같이 부르짖습니다. "하나님이여 불쌍히 여기소서 나는 죄인이로소이다"(참조. 눅 18:13). 예수님은 세리를 가리키며 이렇게 말씀하셨습니다. "저 사람이 아니고, 이 사람, 바로 이 사람이 의롭다 하심을 받고 그의 집으로 내려갔느니라"(참조. 눅 18:14). 예수님은 그에게 가까이 가셨습니다. 그의 머리에 손을 얹고, 바로 이 사람이라고 말씀하셨습니다.

　　앞부분에서, 우리는 거울로 자기의 생긴 얼굴을 보고나서, 자신이 이전에 걷던 길을 걸어갔던 사람에 대해서 살펴보았습니다(23-24절). 그러나 이제 우리는 그에 관해서 관심을 가질 필요가 없습니다. 그는 중요한 인물이 아닙니다. 그러나 여기에 율법을 들여다보고 있는 사람이 있습니다. 그는 계속해서 들여다봅니다. 성령님은 그를 다른 모든 사람들과 구별해 주셨습니다. 그리고 그에 대해서 "이 사람"이라고 표현하셨습니다. "이 사람"은 하나님으로부터 복을 받은 사람입니다. 아마도 그는 값이 비싸고 멋있는 옷을 입지 않았을 것입니다. 그는 거친 면직물(綿織物)로 된 평범한 겉옷을 입었을 것입니다. 그렇지만 그는 하나님의 영에 의해서 "이 사람"이라고 선택되고 구별되었습니다. 아마도 그는 많은 교육을 받지 않았을 것입니다. 여러분은 유명한 대학교 안에서 그를 만날 수 없을 것입니다. 또한 저명한 학자들과 그가 진화론에 대해서 논쟁을 주고받는 것을 듣지 못할 것입니다. 그렇지만 그는 "이 사람"입니다. 본문에서, "이 사람은 복을 받으리라"고 소개되고 있습니다. 그런데 이런 남자는 어디에 있습니까? 또한 이런 여인은 어디에 있습니까? 여러분도 그런 사람이라고 불리고 선택될 수 있을지 판단해 보십시오. 그는 마음에 새겨진 율법을 사랑합니다. 여러분도 그 사랑 안에 거하고 있는지 살펴보시기 바랍니다.

"이 사람은 그 행하는 일에 복을 받으리라." 어떤 사람은 이 말씀을 듣고, 이렇게 질문합니다. "오, 진정한 믿음을 지닌 사람이 복 받는 것을 내가 보지 못하는데요!" 그렇지 않습니다. 당신은 말씀을 실천하지 않아서 보지 못하는 것입니다. 이 사람은 "그가 행하는 일에"(KJV: "in his deed"; 개역한글: "그 행하는 일에") 복을 받는 것입니다. 하나님의 계명들을 지키면 큰 상급을 받습니다(참조. 시 19:11). 대체로 신앙의 내용을 구체적으로 실천하는 데에 신앙생활의 축복이 있습니다. 교리에 대해서 숙고하기만 하는 것이 아니라, 하나님의 말씀에 순종해야 축복을 받습니다. 그러므로 본문에서 "이 사람은 그(의) 행하는 일에 복을 받으리라"고 표현된 것입니다. 말씀에 순종하여, 그의 주님이자 주인이신 분을 구체적으로 섬기기 때문에 그는 복을 받습니다. 이 사람은 그가 행하는 일을 위해서가 아니라, "그가 행하는 일 안에서" 복을 받는 것입니다. 어떤 사람이 말씀에 순종하여 그것을 실천한다면, 그것은 하나님이 창세 전부터 말씀을 행하는 그 사람을 선택하시고 축복하셨다는 사실을 증거해 줍니다. 그가 말씀을 행하여 자신의 경건함을 보여주는 것은 하나님이 그를 선택하셨다는 증거입니다. 그가 자신의 거룩함을 생활 속에서 구체적으로 이루어가는 것은 그가 구속받았다는 증거입니다. 그가 하나님의 뜻을 따르는 것은 그가 하나님의 아들로 입양되었다는 증거입니다. 장차 그리스도가 그의 백성을 영화롭게 하실 때, 자신의 거룩함을 삶으로 보여준 하나님의 자녀는 그날에 축복을 받습니다.

만약 여러분이 복음을 듣고 축복을 받지 못했다면, 그 이유가 무엇인지 이제 깨닫게 되었을 것입니다. 여러분은 거울을 얼핏 들여다보기만 합니다. 그것이 전부입니다. 그러나 많은 선한 것이 여러분에게 주어질 수 있었습니다! 거울에 비친 멋있는 모습을 본 다음에, 여러분은 이전처럼 살기 위해서 옛날에 걸었던 길을 그대로 걸어갔습니다. 그러므로 여러분은 복을 받지 못합니다. 만약 여러분이 지극히 높으신 분의 뜻과 마음이 비치는 하늘의 거울을 올바로 계속해서 들여다보았다면, 또한 하나님의 율법이 가리키는 길을 갔다면, 여러분의 사정은 지금보다는 더 좋게 변했을 것입니다. 여러분은 말씀을 단순하게 들여다보는 거울로 삼았습니다. 그 대신에, 만약 여러분이 그것을 창문으로 삼아서 그리스도 안에서 하나님을 발견했다면, 또한 그리스도 안에서 온전한 거룩함을 얻었다면, 나아가 그리스도를 신뢰하고 의지했다면, 주님은 여러분에게 좀 더 고상하고 홀륭한 삶을 살 수 있게 하셨을 것입니다. 그래서 여러분은 그리스도를 닮을 수 있었을 것입니다. 그 결과로, 여러분이 행하는 일에 복을 받았을 것입니다. 옛날 이스라엘 백성이 에발 산과 그리심 산에서 했던 것처럼, 나는 오늘 아침 여러분에게 축복과 저주를 선포합니다(참조. 신 11:29). 말씀의 거울을 살짝 들여다보기는 하지만 그 이상은 아무것도 하지 않는 사람들에게는 저주가 있을 것입니다. 반면에, 자유롭게 하는 온전한 율법을 주의 깊게 들여다보고, 또한 그리스도의 형상으로 변화될 때까지 계속해서 들여다보는 사람들에게는 복이 있을 것입니다. 여러분은 어떤 것이 임하기를 바라십니까? 영원하신 하나님의 영이 여러분을 지금 엄숙하고 진지하고 진실하게 그리스도와 자유롭게 하는 온전한 율법 가까이로 인도하셔서, 여러분 모두에게 저주 대신 축복이 임하게 하시기를 축원합니다. 삼위일체 하나님께 영광이 세세토록 있기를 바랍니다. 아멘, 아멘.

제
6
장

—

사랑과 정결

—

**"하나님 아버지 앞에서 정결하고 더러움이 없는 경건은
곧 고아와 과부를 그 환난 중에 돌보고 또 자기를 지켜
세속에 물들지 아니하는 그것이니라" — 약 1:27**

믿음의 외면적인 문제, 곧 믿음을 어떻게 실천해야 하느냐에 대해서, 사람들은 많은 논쟁을 하였습니다. 또한 많은 글들을 썼습니다. 한편으로, 많은 사람들이 그것에 자신들의 열정을 쏟아 부었습니다. 다른 한편으로, 현실에서 믿음이 올바로 실행되지 않는 것에 분노하였습니다. 어떤 사람들은 다음과 같이 생각합니다. 자신들이 화려하게 꾸미지는 않았지만 매우 멋있어야만 한다고 생각합니다. 또한 다른 사람들의 시선을 의도적으로 끌려고 하지는 않지만, 자신들이 매우 인상적으로 보여야 한다고 그들은 주장합니다. 비록 우리는 그것을 다른 이름으로 부르기 원하지만, 그들은 이른바 "빛나는" 일들을 좋아합니다. 이와 같이 "믿음은 외면적으로 과연 어떤 모습으로 나타나야만 하는가?"에 대해서 많은 사람들은 매우 궁금해합니다. 믿음은 어떤 옷을 입어야만 합니까? 퀘이커교의 신자들처럼 소박한 옷을 입어야 합니까? 아니면 로마가톨릭에서처럼 찬란하게 장식된 예복을 입어야만 합니까? 어떻게 우리는 믿음의 내용을 외면적으로 올바르게 표현할 수 있을까요?

글쎄요. 사랑하는 여러분, 우리는 아마도 이 문제에 대해서 오랫동안 논쟁할 수 있을 것입니다. 그러나 아마도 모든 사람을 만족시키는 답변을 얻지 못할

것입니다. 그러나 성경적인 전례(典禮) 및 순수한 외적인 예배, 곧 믿음의 내면적인 원리들을 외면적으로 올바르게 실천하는 것은 고아와 과부를 그 환난 중에 돌보는 것입니다. 또한 우리 자신들을 지켜서 세속에 물들게 하지 않는 것입니다. 사랑과 정결은 기독교가 입어야 하는 두 가지 중요한 옷입니다. 한때 로마가톨릭교회는 사랑의 행위(charity)에 대해서 극단적으로 평가했습니다. 그래서 많은 사람들은 자선을 경건의 시작이자 마지막으로 여겼습니다. 사실상 자선에는 훌륭한 요소들이 많이 있습니다. 어떤 사람들은 자선을 혐오하지만, 나는 그것을 전반적으로 싫어할 수 없습니다. 자선의 관점에 기초해서, 사람들은 이 나라의 곳곳에 가난한 사람들을 접대하는 집들을 세웠습니다. 그래서 가난한 이들은 이 휴식처에서 저 휴식처로 옮겨 다녔습니다. 이들은 음식과 잠자리를 무료로 제공받았습니다. 현재의 제도가 지니고 있는 많은 심각한 문제점들에도 불구하고, 가난한 자들과 관련하여, 본래 우리는 결점이 많은 법률이나 시설들을 갖추고 있었던 것은 아닙니다. 그러나 불행하게도 자선이 모든 것이라고 생각하게 되었습니다. 반면에, 정결은 지나치게 무시되었습니다. 그 결과, 원래 불쌍하고 가난한 자들을 돕고 무지한 자들을 가르치는 사람들이 살게 하기 위해서 지은 집들도 개탄할 만한 정도로 쾌락과 죄악의 소굴이 되고 말았습니다. 고아들과 과부들을 돌보는 종교적인 기관으로서, 수도원은 하나님 아버지 앞에서 순결하고 더럽혀지지 않은 믿음을 보여주는 곳이어야만 했습니다. 그렇지만 세상적인 죄악에 오염되지 않았다는 것으로 유명한 수도원은 거의 없었습니다. 그 반대로, 수도원은 불결함과 사악함으로 악명이 높았습니다. 수도원에 대해서 사람들이 많은 비난을 퍼붓는 것에는 다소 과장된 것도 있다고 나는 믿습니다. 그렇지만 슬프게도 비난 가운데 상당한 부분은 정당한 것이었습니다. 그래서 자신들이 주장하는 것과는 정반대로, 하나님에게 온전히 헌신해야 한다고 기대되었던 사람들이 그렇게 거룩한 사람들은 아니었습니다. 그러므로 수도원에서 정결은 점점 빛을 잃어가고, 반면에 자선의 행위는 강조되었습니다.

그런데 오늘날 우리가 정결에 대해서는 대단히 강조합니다. 그렇지만, 자선 행위에 대해서는 지나치게 약하게 말하지 않는지 걱정됩니다. 어려운 처지에 있는 고아들과 과부들을 돌보는 것은 선택 사항이 아닙니다. 가끔 자신들의 모든 재산을 고아원 등에 기부하는 소수의 세상 사람들이 있습니다. 자선이 이들만의 특권이 되어서는 안 됩니다. 모든 그리스도인은 신앙의 외적인 옷을 입어야 합니다. 다시 말해서, 반드시 사랑(charity: 자선, 자비로운 행위)을 베풀어야 합니다. 특별히 가장 궁핍한 사람들에게 그들이 필요로 하는 것들이 제공되어야 합니다. 거짓으로 없는 체하는 이들이 아니라, 실제로 없는 사람들에게 주어져야 합니다. 고아들과 과부들은 생존에 필수적인 것이 부족해서 고통당하는 사람들입니다. 고아들은 육신의 생명을 연장시켜 주는 빵을 스스로 일을 해서 얻을 수 없습니다. 울고 있는 어린 자녀들에게 둘러싸인 과부는 가난 속에서 신음하고 있습니다. 만약 우리가 하나님 아버지 앞에서 정결하고 더러움이 없는 경건(믿음)을 지니고 있다면, 우리는 이러한 사람들에게 따뜻한 사랑의 마음을 보여줄 뿐만 아니라, 반드시 그것을 현실적이며 구체적으로 실천에 옮겨야만 합니다. 가난하고 궁핍한 사람들을 신중하고 주의 깊게 배려해서 우리가 이들에게 사랑을 넘치게 실천한다면, 그것은 우리에게 하나님의 축복을 가져다줄 것입니다. 오늘날에도 사랑의 구체적인 실천이 대단히 필요합니다. 우리가 이 분야에서 해야 할 일을 충분하게 하고 있다고 추측하는 사람들도 있을 것입니다. 그렇지만 실상은 전혀 그렇지 않습니다.

한편 정결함이 없는 사랑은 아무런 유익이 없을 것입니다. 만약 우리가 거룩한 삶을 살지 않는다면, 우리에게 있는 모든 것으로 우리는 가난한 사람들을 헛되이 구제할 것입니다. 또한 헛되이 우리의 몸을 불사르게 내어줄 것입니다. 거룩함이 없이는 아무도 주를 보지 못할 것입니다(참조. 히 12:14). 만약 우리가 세상으로부터 나오지 않는다면, 그래서 우리를 더럽히는 세상의 영향력으로부터 우리를 깨끗하게 하지 않는다면, 우리는 아직 정결하고 더럽혀지지 않은 믿음이 무엇인지 제대로 배우지 못한 사람들입니다. 우리는 교리에 대한 정통적인 가르침을 배웠을 것입니다. 종교적인 문제들과 관련하여, 우리는 대단히 넓고 깊은 지식을 지니고 있을 것입니다. 우리는 자신이 히브리인 중에 히브리인이며, 바리새인 중에 바리새인이라고 생각할 수도 있을 것입니다. 그리고 율법 규정을 지키는 것에 있어서는 흠이 없다고 여길 수도 있을 것입니다. 그러나 만약 우리가 하나님의 은혜로 세상으로부터 자신을 깨끗하게 지키지 않는다면, 우리는 하나님 앞에서 단지 소리 나는 구리와 울리는 꽹과리가 될 것입니다.

사랑(자선)에 대해서 내가 앞에서 말한 내용을 기억하면서, 우리는 이제 특별히 정결과 관련해서 본문에서 말하고 있는 것에 대해서 살펴보려고 합니다. 첫째, 그것은 **구별**을 가리킵니다. 거기에 사용된 단어들의 이면을 들여다보십시오. 그러면 그것들이 분명히 구별을 암시한다는 것을 알 것입니다. 둘째, 그것은 우리에게 물들지 않는 것을 강조합니다. "또 자기를 지켜 세속에 물들지 아니하는 그것이니라." 그리고 셋째, 그것은 자신을 주의 깊게 살필 것을 힘주어 말합니다.

1. 첫째로, 사랑하는 여러분, 만약 여러분이 본문에 사용된 단어들의 이면을 살펴보면, 여러분은 그것들이 구별을 가리킨다는 것을 곧 깨닫게 될 것입니다.

"자기를 지켜 세속에 물들지 아니하는 그것이니라"는 말씀은, 본문에서 언급되고 있는 사람은 세상에 속하지 않는다는 사실을 넌지시 비춰줍니다. 그는 세상 안에 있습니다. 그러나 그는 분명히 세상에 속한 사람이 아닙니다. 그와 세상은 관련이 없으며, 서로 다릅니다. 그는 세상과 완전히 구별된 존재입니다. 따라서 세상의 연못에서 묻은 한 방울의 물이라도 그를 더럽게 할 것입니다. 심지어 그가 세상 안에 있는 동안에도, 그는 전적으로 세상적인 것의 밖에 있어야만 합니다. 지난 월요일 밤에 이곳에서 연극이 상연되었습니다. 그것을 보면서, 사람들은 틀림없이 즐거운 시간을 보냈을 것입니다. 그리고 젊은 신앙서적 행상인이 전하는 말을 듣고 큰 교훈을 얻었을 것입니다. 여러분 가운데 그를 보았던 사람은 그의 모습을 금방 떠올릴 수 있을 것입니다. 그는 키가 작은 사람이었습니다. 또한 등에 짐을 지고 있었습니다. 어떤 키가 큰 사람이 다가와서, 그에게 이렇게 말을 걸었습니다. "키가 작은 친구! 당신은 의용군(義勇軍)에 속해 있습니까?" 그러자 키가 작은 사람은 대답했습니다. "아니오. 나는 왕의 군대에 속해 있습니다." 그 말을 듣고, 키 큰 사람이 다시 말했습니다. "당신은 키 작은 바보군요. 왜냐고요? 이 나라는 왕이 없는 나라이기 때문입니다. 그래서 당신은 왕의 군대에 속할 수가 없습니다." 그러자 신앙서적 행상인이 대답했습니다. "그것 때문에, 내가 정말 바보인지는 잘 모르겠습니다. 그렇지만 당신은 내가 다른 나라에 속해 있다는 것을 알고 있습니까?" 그러자 키 큰 사람이 이렇게 대꾸했습니다. "당신이 다른 나라에 속해 있다는 말이 무슨 뜻입니까? 당신은 분명히 외국인이 아니지 않습니까?" 그 말에 행상인은 다음과 같이 대답했습니다. "내가 외국인이라고는 주장하지 않겠습니다. 하지만 나는 이 나라에서 나그네와 같다고 말할 수 있습니다. 내가 당신에게 이미 말한 대로, 나는 다른 나라에 속해 있기 때문입니다. 그리고 내가 절대로 바보가 아니라는 사실도 증명할 수 있습니다.

왜냐하면 내가 속해 있는 그 나라에는 왕이 있기 때문입니다. 그리고 나는 그 왕의 군대에 속해 있습니다. 당신이 그 군대에 들어가려면 어떻게 해야 하는지 알고 싶습니까? 내 짐 속에 책 한 권이 있습니다. 당신이 그 책을 사서 읽으면, 거기에 나의 왕과 그분의 군대에 관한 모든 것이 기록되어 있습니다."

내가 짤막하게 다시 소개한 것처럼, 연극의 대사는 훌륭했습니다. 또한 그것은 참된 진리에 대해서 표현했습니다. 만약 우리가 위로부터 진정으로 새롭게 태어난 사람들이라면, 여러분과 나는 이 세상에서 나그네와 순례자로 살아가야 하는 것입니다. 집시들처럼, 우리는 이 땅에 들어왔습니다. 우리는 이곳저곳에 장막을 치며 살아가야 하는 것입니다. 우리가 지속적으로 머무를 수 있는 도성은 이 땅에 없습니다. 아브라함이 가나안 땅에 임시로 거주했던 것처럼, 우리는 얼마 동안 이 땅에 살고 있습니다. 그리고 우리 주변에 살고 있는 가나안 사람들과 우리는 아무런 관계가 없습니다. 우리는 다른 나라에 속해 있기 때문입니다. 다른 말로 표현한다면, 우리는 하늘 나라의 시민입니다. 아브라함처럼, 우리는 영원한 터가 있는 성을 기다리고 있습니다. 그것은 바로 하나님께서 계획하고 세우신 성입니다(참조. 히 11:10). 그런데 세상적으로 살려고 노력하면서, 자신이 그리스도인이라고 주장하는 사람들이 가끔 있습니다. 그러나 세상적인 그리스도인은 비정상적이며, 논리적으로도 맞지 않습니다. 왜냐하면 세상과 그리스도인은 서로 양립할 수 없기 때문입니다.

아닙니다. 사랑하는 여러분, 만약 우리가 진정으로 주님께 속해 있다면, 우리는 세상과는 구별된 사람들입니다. 어떻게 우리가 세상과 구별되었는지에 대해서 두세 가지만 언급하려고 합니다.

첫째, 하나님의 선택에 의해서, 우리는 세상과 구별되었습니다. 이 세상 안에 있는 사람들 가운데 주 예수 그리스도에게 속한 사람들이 있습니다. 그들은 하나님의 자녀로서, 하나님 아버지가 그리스도에게 주신 사람들입니다. 최후의 만찬에서 예수님은 하나님 아버지에게 이렇게 기도하셨습니다. "세상 중에서 내게 주신 사람들에게 내가 아버지의 이름을 나타내었나이다 그들은 아버지의 것이었는데 내게 주셨으며 그들은 아버지의 말씀을 지키었나이다"(요 17:6). "내가 그들을 위하여 비옵나니 내가 비옵는 것은 세상을 위함이 아니요 내게 주신 자들을 위함이니이다 그들은 아버지의 것이로소이다"(요 17:9). 이와 같이 이들은 하나님 아버지가 그리스도 예수 안에서 세상을 창조하기 이전부터 선택한 사람들입니다. 하나님은 자신의 기쁘시고 선하신 뜻대로 그들을 예정하셨습니다. 그래서 이들을 사랑해 주서서, 하나님 앞에서 거룩하고 흠이 없게 하셨습니다(참조. 엡 1:4). "하나님이 미리 아신 자들로 또한 그 아들의 형상을 본받게 하기 위하여 미리 정하셨으니 이는 그로 많은 형제 중에서 맏아들이 되게 하려 하심이니라"(롬 8:29). 이와 같이 하나님의 영원한 선택에 의해서, 신자들은 이 세상의 나머지 사람들과 구별되었습니다. 심지어 여호와께서 재앙들을 내리실 때에도 이스라엘 백성이 애굽과 구별되어 보호를 받았던 것처럼, 이들은 세상과 구별되어 있습니다. 그러므로 하나님이 선택하신 사람들은 이 세상과는 거리를 두어야 하는 독립적인 백성입니다. 그들은 세상에 있는 많은 나라들 가운데 한 나라로 불려서는 안 됩니다. 하나님은 그들을 그의 분깃으로 삼으셨습니다. "여호와의 분깃은 자기 백성이라 야곱은 그 택하신 기업이로다"(신 32:9).

　여러분 가운데 어떤 사람들은 이렇게 말할 수 있을 것입니다. "이 진리는 우리를 하나님 나라에 대한 위대한 신비들로 인도해 준다." 그렇습니다. 하나님은 우리를 선택하셨을 뿐만 아니라 부르셨습니다. 그 결과, 하나님이 정하신 때에, 우리는 세상과 구별되었습니다. 그래서 사도 바울은 이렇게 말합니다. "또 미리 정하신 그들을 또한 부르시고"(롬 8 :30). 이 세상에는 이 세상으로부터 부르심을 받은 한 백성이 있습니다. 그들은 에클레시아(교회), 곧 신자들의 공동체를 이루고 있습니다. 다른 사람들은 하나님이 부르시는 음성을 영적으로 듣지 못했습니다. 그러나 하나님은 그 백성을 찾아와서 그들을 부르셨습니다. 그들은 그것을 들었습니다. 그리스도가 그 백성을 하나님에게로 이끌었습니다. 그들은 그리스도를 뒤에서 따라갑니다. 이전에 그 백성은 영적으로 죽었었지만, 다시 살아났습니다. 그 백성은 잠을 자고 있었지만, 깨어났습니다. 그 백성은 하나님으로부터 먼 곳에 있었지만, 가까이 인도함을 받았습니다. 그 백성은 어둠 속으로부터 그리스도의 신비로운 빛으로 인도되었습니다. 그리스도는 그 백성을 자신을 위해서 구별하셨습니다. 그 백성은 그리스도를 찬양할 것입니다. 사랑하는 여러분, 이 부르심에 대해서 구체적으로 아십니까? 여러분은 여러분의 죄를 깨닫고 나서 회개하고, 예수님을 구주로 믿고, 그에게로 인도되었습니까? 여러분은 그에게로 왔습니까? 만약 인도함을 받았다면, 그리스도 안에서 그 놀라운 부르심을 통해서, 여러분이 악한 자의 권세 아래 있는 세상으로부터 구별되었다는 것에 대해서 여러분은 하나의 증거를 갖고 있습니다.

　그리고 우리를 세상과 구별해 주는 또 한 가지는 **구속**(redemption)입니다. 유월절 어린 양의 피가 애굽에 살던 이스라엘 백성의 모든 집들의 문 인방(引枋)과 좌우의 문설주에 뿌려졌습니다(참조. 출 12:21-23). 애굽 사람들의 집들에는 어떤 집에도 뿌려지지 않았습니다. 밤중에 여호와의 파괴하는 천사가 왔습니다. 그 천사는 애굽 땅 모든 곳에서 애굽 사람들의 모든 처음 난 것을 신속하게 실수 없이 다 쳐서 죽였습니다(참조. 출 12:30). 바로 그 어린 양의 피가 이스라엘 백성을 다른 모든 백성들과 구별시켜 주는 것입니다. 오늘날도 하나님의 어린 양이신 예수 그리스도께서 흘리신 피로 보호받는 사람들만이 안전합니다. 그리스도께서 이 세상의 모든 사람들 가운데 그의 백성을 값을 주고 사셨습니다. 곧, 구속하셨습니다. 그리스도는 그의 교회를 사랑하셨습니다. 그래서 자신의 몸을 교회를 위해서 주셨습니다. 그것을 통해서, 그 교회를 구속하셨습니다. 그들을 값을 치르고 다시 사셨을 뿐만 아니라 자신의 권능을 통해서, 그리스도는 높이 들어서 펼치신 팔로 교회를 애굽, 곧 세상의 죄의 속박으로부터 건져내셨습니다. 그러므로 그 교회는 영원히 그리스도의 것이 될 것입니다. 그리스도께서 교회를 자신의 신부로 삼지 않으셨습니까? 그리스도의 영혼은 교회와 영원히 사랑에 빠져 있습니다. 또한 옛날에 이루어진 언약 안에서 그리스도와 교회는 이미 혼인의 끈으로 맺어져 있습니다. 장차 그 교회를 그리스도께서 영원히 신부로 맞이하지 않으시겠습니까? 예, 참으로 그렇습니다. 그는 교회를 그의 신부로 맞으셔서, 끝이 없는 영원한 나라에서 살게 하실 것입니다. 바로 이것이 우리가 세상과 구별되는 또 하나의 표지(標識)입니다. 그것은 주 예수 그리스도에 의해서 붉은 피로 쓰였습니다. 이른바 우리는 효과적으로 구속받았습니다.

　사랑하는 여러분, 우리가 세상과 구별되었다는 사실이 성화 과정을 통해서 점진적으로 또한 외면적으로 더욱 완전하게 드러날 것입니다. 구원받은 사람들도 여전히 이 세상에 살고 있습니다. 하지만 그들의 성품은 이 세상에 속한 사람들의 그것과는 다릅니다. 구원받은 사람들이 이 세상에 더욱 많아졌으면 좋겠습니다! 하나님의 은혜에 의해서, 그리스도의 사역이 믿는 이들의 마음속에서 열매를 맺게 되었습니다. 그것은 그들의 본성, 열망, 사랑과 미움 등 그들의 자아(自我)를 전반적으로 변화시켰습니다. 그러자 세상은 그들에게 전혀 다른 것이 되었습니다. 왜냐하면 그들이 새롭게 바뀌어서, 더 이상 세상에 속한 사람들이 아니기 때문입니다. 그들의 마음속에는 이 위대한 변화가 일어났습니다. 그리고 그리스도의 십자가는 세상이 그들에 대해서 죽게 하였습니다. 또한 십자가는 그들이 세상에 대해서 죽게 하였습니다(참조. 갈 6:14). 그래서 사람이 말이나 개보다 위에 있듯이, 그리스도에게 속한 사람들은 일반 사람들보다 위에 있는 공동체의 구성원이 되었습니다. 위로부터 새롭게 태어날 때, 그들은 이전보다 고상한 본성을 소유하게 되었습니다. 새로워진 본성으로, 그들은 이제 하나님과 친밀한 사귐을 갖습니다. 그래서 그들은 하나님의 성품에 참여한 자들이 되었습니다. 그 결과, 정욕에서 비롯되는 이 세상의 썩어질 쾌락을 피할 수 있게 되었습니다(참조. 벧후 1:4). 우리가 신뢰하고 있는 하나님의 말씀이 그렇게 말합니다. 그 말씀이 진실을 밝히고 있다는 것을 여러분이 진심으로 믿으시기를 간절히 바랍니다.

　　또한 성화(聖化)는 그리스도인들을 세상과 대단히 공공연하게 구별시켜 주는 역할을 합니다. 그리스도인들과 세상은 매우 분명하게 구분되었고, 또한 서로 너무 다르기 때문에, 그들은 도저히 서로 섞일 수 없습니다. 그들의 뼈들이 같은 공동묘지에서 서로 섞여 있고, 의인들이 죄인들의 무덤 옆에서 나란히 잠들어 있을지라도, 그들은 결코 서로 혼동될 수 없을 것입니다. 그리스도 안에서 죽은 자들이 살아나서, 그리스도와 함께 천 년 동안 왕노릇을 할 때에도, 이들은 서로 확실하게 구분될 것입니다. "그 나머지 죽은 자들은 그 천 년이 차기까지 살지 못하더라 이는 첫째 부활이라"(계 20:5). 그리고 영원한 왕이신 예수님이 그들을 영원히 갈라놓는 말씀을 하실 때에도, 그들은 분명히 나눠질 것입니다. 예수님은 장차 이렇게 선언하실 것입니다. "내 아버지께 복 받을 자들이여 나아와 창세로부터 너희를 위하여 예비된 나라를 상속받으라"(마 25:34). 또한 "저주를 받은 자들아 나를 떠나 마귀와 그 사자들을 위하여 예비된 영원한 불에 들어가라"(마 25:41). 그때 모든 피조물은 여호와께서 이스라엘과 애굽을, 곧 하나님께 속한 백성과 세상에 속한 백성들을 구별하셨다는 사실을 깨닫게 될 것입니다.

　　사랑하는 여러분, 이제 여러분 스스로 판단하시기 바랍니다. 여러분은 세상과 구별되어 있습니까? 만약 그렇지 않다면, 여러분은 세상과 함께 심판을 받을 것입니다. 그러나 만약 여러분에게 특별한 기쁨뿐만 아니라, 특별한 은혜가 임한다면, 그래서 만약 여러분이 새 생명을 갖고 신령한 체험을 한다면, 여러분은 더 이상 세상에 속해 있지 않습니다. 그렇다면 본문의 말씀을 다시 한 번 들어보시기 바랍니다. 곧, "자기를 지켜 세속에 물들지 아니하는 그것이니라."

이제 이 부분을 마무리하기에 앞서, 여러분이 다음 사항을 주목해 주시기를 바랍니다. 곧, 하나님의 백성과 이 세상은 서로 명백하게 구분되어 있기 때문에, 우리는 세상과 우리가 구별된 것을 명백하게 보여주어야 합니다. 그것이 우리의 삶에 있어서 중요한 한 부분입니다. 이것을 새겨 보며, 본문 말씀을 다시 한 번 읽어보시기 바랍니다. "하나님 아버지 앞에서 정결하고 더러움이 없는 경건은 곧 고아와 과부를 그 환난 중에 돌보고 또 자기를 지켜 세속에 물들지 아니하는 그것이니"(27절). 믿음(경건)은 단순히 기도하러 모이거나, 또는 찬양을 하고 설교를 듣는 것이 전부가 아닙니다. 물론 그러한 것에도 영적으로 유익하고, 또한 하나님을 영화롭게 하는 것이 많이 있습니다. 그러나 하나님께 진정으로 예배드리고 온전히 섬기는 데에는 그 이상의 것이 요구됩니다.

우리의 눈앞에서, 또한 하나님이 존재하는지 그렇지 않은지 관심이 없는 세상 사람들의 면전에서, 여러분과 내가 날마다 하나님을 두려워하면서 산다면, 우리는 "정결하고 더러움이 없는 경건"을 진정으로 보여주는 것입니다. "만약 하나님이 보신다면 그것을 어떻게 평가하실까?"라고 진지하게 생각하면서, 우리의 모든 행동에 대해서 판단을 내린다면, 그것은 우리가 드리는 찬양과 기도처럼 하나님께 대한 참되고 실제적인 예배인 것입니다. 또한 유혹에 의해서 공격을 받을 때, "어떻게 내가 하나님 앞에서 이렇게 큰 죄악을 범할 수 있는가?"라고 스스로 물어보면서, 우리를 매혹시키고 부추기는 모든 악한 것으로부터 우리를 지킨다면, 그것 또한 하나님을 올바르게 구체적으로 섬기는 것입니다.

악을 행하는 것을 삼가고 올바른 것을 추구하는 것은 우리가 세상과 구별되어 있다는 것을 명백하게 드러내 줍니다. 만약 하나님의 영광을 구하는 것이 우리의 삶에서 가장 중요한 목적이라면, 그것은 더욱 그렇습니다. 나의 사랑하는 친구 조지 뮐러(George Muller, 1805-1898. 영국 브리스틀에서 사망. 복음전도자, "고아들의 아버지")가 한 말을 나는 매우 좋아합니다. "주님 안에서 기쁨을 느끼는 것이 없으면, 하루의 일과를 시작하지 마십시오." 나는 이것이 매우 복된 신앙생활의 법칙이라고 생각합니다. 하나님과 여러분이 복된 교제를 나누어서 대단히 친밀한 관계를 유지하며 하루하루 변함없이 살아가고, 그래서 진심으로 주님께 하듯이 여러분이 모든 일을 행하며 산다는 것은 대단히 복된 것입니다. 가정이나 직장에서의 평범한 봉사자로서, 또는 설교자로서, 엄격한 공사 감독자 앞에서가 아니라, 위대하신 아버지이시며 친구이신 하나님 앞에서 여러분은 자신에게 맡겨진 일을 하는 것입니다. 여러분은 그리스도 안에서 하나님의 자녀로 입양되었습니다. 여러분은 매일 하나님을 섬기는 제사장으로 성별되었습니다. 주일뿐만 아니라, 가게의 문을 여는 월요일 아침부터 그것의 문을 닫는 토요일 저녁까지, 해야 할 모든 일들을 여러분은 하나님의 영광을 위해서 해야 합니다. 그것은 여러분과 세상 사람들 사이에 건널 수 없는 거대한 심연을 만들 것입니다. 왜냐하면 세상 사람들은 더 천박한 목적을 위해서 살고 있기 때문입니다.

이세까지 본문은 어러분과 세성 사이를 명확하게 구별시켜 준다는 것에 대해서 여러분에게 설명했습니다.

2. 둘째로, 본문은 세속에 물들지 말 것을 강조합니다.
곧, 본문은 이렇게 말합니다.
"또 자기를 지켜 세속에 물들지 아니하는 그것이니라."

맨 먼저, 그리스도인은 세상으로부터 어떤 선한 것을 얻을 수 있다는 것을 결코 기대하지 않는다는 사실을 우리는 본문으로부터 배웁니다. 그는 세상으로부터, 특별히 세상의 더러운 것으로부터 자신을 지켜야 합니다. 왓츠(Watts) 박사는 아래와 같이 현명하게 질문합니다.

"이 사악한 세상이 은혜의 친구입니까?
이 더러운 세상이 하나님을 향하도록 나를 도와줄까요?"

절대로 아닙니다. 지금도 세상은 결코 그렇지 않습니다. 과거에도 마찬가지였습니다. 앞으로도 세상은 분명히 그렇지 않을 것입니다. 오늘날에도 여인의 후손과 뱀의 후손은 서로 원수 관계에 놓여 있습니다(참조. 창 3:15). 세상의 끝날까지 그럴 것입니다. 비록 뱀이 제기하는 철학적 의문들과 하나님의 말씀에 대한 새로운 설명들을 여러분이 멈추어 서서 듣는다고 해도, 여러분은 뱀으로부터 어떤 선한 것도 얻지 못할 것입니다. 최초의 어머니 하와가 뱀의 유혹에 넘어가서 자신의 후손에게 저주가 미치게 했던 것처럼, 지금 여러분도 뱀으로부터 하와가 얻었던 것 이상의 것을 얻지 못할 것입니다. 이와 같이 여러분은 세상으로부터, 또한 세상의 임금(참조. 요 12:31)으로부터 어떤 선한 것도 얻을 수 없습니다.

또한 본문에는 다음 사실도 암시되어 있습니다. 곧, 우리가 세상으로 가서, 그것의 진흙탕 속에서 뒹굴 수 없다는 것입니다. 만약 이 자리에 있는 어떤 사람이 자신이 믿음을 지니고 있다고 고백하지만, 오늘밤에 외출을 해서 성적인 쾌락에 빠진다거나, 또는 세상과 짝하여 사이좋게 지낸다면, 그는 세상에 속한 사람입니다. 여러분이 즐거움을 발견하는 곳에 여러분의 마음도 있습니다. 여러분이 세상에 속해 있으면서, 교회에도 속해 있는 체하지 마십시오. 어떤 사람이 자신의 삶이 그리스도의 삶과 많은 부분에서 일치하지 않는다는 사실을 깨닫게 되었습니다. 그러므로 그는 자신의 신앙을 계속해서 고백하는 것을 포기했습니다. 나는 이런 진실한 사람을 좋아합니다. 그는 인생의 바다에서 적어도 분명하고 솔직하게 항해하는 사람입니다. 여러분이 이미 잘 알려졌거나 아니면 숨겨진 죄악의 수렁에 빠져 있으면서, 동시에 여러분이 그리스도에게도 속할 수 있다는 거짓된 주장을 하지 마십시오. 그것은 있을 수 없습니다. 세상의 웅덩이에 고여 있는 흙탕물에 여러분이 더럽혀지지 않도록 조심하시기 바랍니다.

특별히 우리는 반드시 세상의 나병환자들로부터 더럽혀지지 않도록 해야 합니다.

세상에는 영적인 나병에 걸린 사람들이 있습니다. 대화를 나누는 것을 들어보면, 여러분은 그들을 분별할 수 있습니다. 때때로 여러분은 그들이 있는 곳에 가까이 가지 않을 수 없습니다. 그러나 만약 그들이 매우 더럽고 험악한 말들을 통해서 자신들이 "부정하다"라고 외친다면, 여러분은 그들을 멀리 해야만 합니다. 나는 그리스도인들이 책들의 내용에 있는 나병을 더욱 경계하기를 원합니다. 만약 여러분이 어떤 책에서 나병적인 요소를 발견한다면, 그것을 계속해서 읽으면서 그 논리를 따라가지 마시기 바랍니다. 더 이상 그것을 연구하거나, 자세히 들여다볼 필요가 전혀 없는 것입니다. 만약 여러분이 조심하지 않는다면, 여러분은 그것에 감염될 것입니다. 그것을 피해서 떨어져 있으십시오. 세상의 나병환자들로부터 여러분을 더럽히지 않도록 주의하십시오. 여러분은 "그래요. 그런데 그것은 매우 쉬운 일입니다"라고 말할 수 있을 것입니다. 그러나 그것은 여러분이 생각하는 것처럼 그렇게 쉽지 않을 것입니다.

그런데 만약 우리가 세상과 교제해야 할 때가 있다면, 우리는 반드시 세상의 모든 더러운 것들로부터 우리 자신을 깨끗하게 해야 합니다. 여러분의 주위 환경으로부터 오는 더러움들도 있다는 것을 주목하시기 바랍니다. 여러분이 혹시 부유한 사람입니까? 그렇다면 여러분의 재물을 하나님을 위해서 사용하십시오. 재물이 여러분을 더럽히지 않도록 유의하십시오. 재물에는 많은 녹이 있습니다. 마치 암세포처럼, 부요가 여러분의 영혼을 갉아먹지 않도록 조심하십시오. 또는 여러분이 가난합니까? 가난하기 때문에, 여러분이 매우 비천한 이웃들이나 저급한 생활 방식을 지닌 사람들과 어쩔 수 없이 같이 살아야만 합니까? 재물 자체가 여러분을 해치지는 않듯이, 가난도 여러분에게 반드시 해로운 것만을 가져오지는 않을 것입니다. 그렇지만 가난하기 때문에 여러분이 더럽혀지지 않도록 하십시오. 런던의 빈민가 같은 특정한 지역에 산다면, 여러분은 하나님의 특별한 은혜를 필요로 할 것입니다. 심지어 여러분이 살고 있는 아파트에 이웃하고 있는 사람들에 의해서도, 여러분의 인격에 손상이 가지 않게 하시기 바랍니다.

　그리고 여러분의 처해 있는 환경뿐만 아니라, 세상이 호의를 베풀고 존경하는 것도 여러분을 더럽힐 수 있습니다. 예를 들어 봅시다. 여러분이 어떤 학위나 귀족 칭호를 받게 되었습니다. 또는 사업이 번성하게 되었습니다. 그러면 사람들은 여러분을 칭찬합니다. 그렇지 않습니까? 매우 세속적이며 멋있는 어떤 여성이 여러분에게 은밀히 감탄하고 있을 것입니다. 정말로 그렇다면, 특별히 조심하십시오. 요셉도 애굽에서 보디발과 바로의 총애를 받았었습니다. 그러나 그는 자신을 전혀 더럽히지 않았습니다. 세상의 호의를 받는 것이 여러분을 더럽히지 않도록 주의하십시오. 어떤 사람은 이렇게 말할 것입니다. "아, 나는 세상으로부터 호의라고는 별로 받는 것이 없습니다. 그 대신, 모든 사람들은 나에게 눈살을 찌푸리기만 합니다." 그렇지만 박해나 비방이나 눈살을 찌푸리는 것이 반드시 여러분을 더럽히는 것은 아닙니다. 그러나 여러분도 아는 것처럼, 그것들도 여러분을 더럽힐 수 있습니다. 그래서 박해가 가져오는 차가운 공기와 살을 에는 듯한 추위를 견딜 수 없는 사람들이 많이 있습니다. 박해에 의해서 여러분이 더럽혀지지 않도록 유의하시기 바랍니다. 그런데 사랑하는 여러분, 우리는 사업을 하면서도 더럽혀질 수 있습니다. 정직하게 사업을 하려면, 우리는 온전히 깨어 있을 필요가 있다고 나는 생각합니다. 단순한 태만으로 인해서, 일을 잘못 처리하기가 매우 쉬운 것입니다. 두 눈을 크게 뜨고 있지 않으면, 직원들이 경영자의 이름으로 일을 그릇되게 해서, 그의 명예를 손상시키는 결과를 초래할 수 있습니다. 사업을 하는 여러분! 열심히 노력해서 판매를 많이 하시기 바랍니다. 그래서 사업을 번성하게 하십시오. 그러나 그 과정에서 더럽혀지지 않도록 주의하십시오. 또한 정치라는 것이 있습니다. 여러분은 정당 정치가 무엇인지 아십니다. 정치가들은 저마다 기발한 생각으로 목적을 달성하려고 합니다. 그렇지만 모든 것이 결과적으로 그렇고 그렇습니다. 먼저, 어떤 종류의 세금을 감해줍니다. 그 다음에는, 다른 종류의 세금을 더 거두어들입니다. 그래서 마지막에는 나아진 것이 거의 없습니다. 그런데 진정으로 좋은 정책을 추구하는 일과 관련하여, 여러분은 그것을 좀 더 유능하게 처리할 수 있는 기독교인 정치가를 한 명이라도 알고 있습니까? 만약 그러한 사람을 한 명이라도 발견한다면, 나는 할 수만 있다면 그의 동상이라도 세웠으면 합니다. 그러한 훌륭한 정치인을 나는 아직 만나본 적이 없기 때문입니다. 그렇다고 나는 여러분에게 정치에 참여하지 말라는 것이 아닙니다. 내가 말하고자 하는 것은 정치에 의해서 여러분을 더럽히지 말라는 것입니다. 한편 사교 생활이라는 것도 있습니다. 어떤 사람이 이웃 사람들과 자주 어울립니다. 또한 그들이 베푸는 잔치에 참석합니다. 예수님도 바리새인이 초대한 잔치에 참석하시기도 했습니다. 그렇지만 사교 생활을 하는 것이 여러분을 더럽히지 않도록 유의하십시오. 그것은 여러분을 더럽힐 수 있습니다. 그러므로 특별히 주의하십시오. 여러분은 낮에 세상 사람들을 만나서 일상적인 대화를 나눌 것입니다. 그런데 여러분이 저녁에 집으로 돌아오면, 때때로 대화의 내용을 기억하고는 왠지 꺼림칙해서 몸을 씻어야겠다는 생각이 들 것입니다. 세상의 많은 사람들과 악수를 나누고 그들과 이야기를 주고받은 후에, 여러분은 그것을 통해서 더러워지기 쉽다고 느껴보지 않았습니까? 그리고 문학 작품, 특히 통속적인 문학 작품에 대해서도 언급해야 할 것 같습니다. 그것을 검열하고 유죄 판결을 내린 다음에 불살라 버려야 한다고 나는 주장하지 않습니다. 그러나 곳곳에 널려 있는 세속적이며 진부한 책들을 통해서 여러분이 세속적인 가치관에 물들지 않게 조심하시기 바랍니다.

우리가 세속에 물들지 않으려면, 우리는 반드시 세상의 허영과 쾌락, 세상의 사상과 경향을 경계해야만 합니다. 사람들은 "시대의 경향," "시대의 조류" 및 "시대의 사고방식"을 구체적으로 경험해서 아는 것이 매우 멋있는 일이라고 추측합니다. 그러나 그것은 모두 오염된 것뿐입니다. 그 이상의 가치를 지니고 있지 않습니다. 따라서 그것과 나란히 짝하고자 하는 대신에, 오직 그것을 멈추게 하고, 반대하고, 또한 좋은 상태로 되돌리는 일에 여러분이 연합하여 힘쓸 것을 간절히 바랍니다. 그것이 그리스도인이 취해야 할 유일한 자세입니다. 만약 여러분이 시대의 조류를 따라가면, 여러분은 잘못된 방향을 향해서 헤엄치는 것입니다. 왜냐하면 심지어 오늘날까지도 세상의 모든 것은 악한 것으로부터 나오기 때문입니다. 하나님의 말씀은 변하지 않습니다. 세상도 변하지 않습니다. 여러분이 세상을 사랑하면, 여러분의 마음속에는 하나님 아버지에 대한 사랑이 없습니다. 세상 사람들의 사상적인 조류(潮流)는 언제나 악한 것입니다. 과거에도 현재에도 또한 미래에도 그렇습니다. 그리스도께서 다시 오실 때까지, 그것은 여전히 악할 것입니다. 만약 여러분이 시대의 사상적인 흐름에 굴복한다면, 그것은 여러분을 잘못된 길로 걸어가게 할 것입니다.

그것에 대해서 더 자세하게 말할 수도 있을 것입니다. 그러나 이 정도에서 마무리하고자 합니다. 나는 단지 이것을 힘주어 말하고 싶습니다. 다시 말하자면, 반드시 우리는 세상의 죄악들에 물들지 말아야 합니다. 세상의 죄악들이 무엇입니까? 그것들 가운데 하나는 무신론입니다. 하나님을 증오하는 그 끔찍한 범죄를 여러분이 범하지 않도록 유의하십시오. 오늘날 모든 것을 의심하는 풍조가 널리 퍼져 있습니다. 이 시대는 의심의 시대라고 말할 수 있습니다. 이 세상의 불신에 물들지 않게 조심하시기 바랍니다. 또한 이 시대는 타협의 시대입니다. 오늘날 많은 사람들에게 진리는 대단히 중요한 것이 아닙니다. 그들은 근본적인 규범에도 관심이 거의 없습니다. 여호야김 왕이 여후디가 가져온 선지자 예레미야의 예언이 기록된 두루마리를 칼로 잘랐던 무서운 죄를 범했던 것처럼(참조. 렘 36:23), 그들은 성경을 잘라 내거나 도려내어서, 그것을 훼손합니다. 하나님이 말씀하신 것에 대해서 그들은 아무런 관심이 없습니다. 그러므로 하나님의 말씀에 대해서 타협하는 것을 피하십시오. 그래서 세속에 물들지 마십시오. 또한 이 시대는 하찮은 것에 몰두하는 시대입니다. 하나님이 홍수로 노아 가족 이외에 모든 사람들을 쓸어버리신 사건을 제외한다면, 인간이 이 세상에 살기 시작한 이후로, 오늘날 사람들은 과거 어느 때보다도 유흥에 돈을 허비하고 있습니다. 세속에 물들지 않도록 주의하시기 바랍니다. 그리고 이 시대는 공허와 가짜와 허무가 넘치는 시대입니다. 현실을 바로 아시기 바랍니다. 진실한 사람이 되십시오. 또한 자기를 지켜 세속에 물들지 않는 사람이 되십시오. 하나님께서 우리에게 풍성한 은혜를 베푸셔서, 우리가 그것을 잘 실행할 수 있기를 축원합니다.

3. 셋째, 본문은 우리에게 주의 깊게 자신을 살필 것을 강조합니다.
이것에 대해서 살펴보며, 설교를 마무리하고자 합니다.

세속에 물들지 말아야 할 것은 무엇입니까? 그것은 바로 여러분의 인격, 여러분의 마음과 영혼, 곧 여러분 자신과 관련된 모든 것입니다. 여러분의 행실은 여러분이 어떤 사람인지 알게 해줍니다. 형제자매 여러분, 자신을 깨끗하게 지켜서 세속에 물들지 않게 하십시오. 그렇다면 여러분은 이렇게 질문할 것입니다. "오, 주님, 내가 이것을 어떻게 실천할 수 있지요?" 어떤 사람이 자리에 가만히 앉아서, "주님께서 그것을 하실 것입니다. 주님께서 그것을 하실 것입니다. 그리고 주님이 그것을 하셔야만 합니다. 나는 그것을 할 수 없습니다"라고 말하기만 한다면, 그것은 분명히 잘못된 것입니다. 본문은 그러한 자세가 옳지 않다는 것을 명확하게 가르쳐줍니다. 본문 말씀은 그리스도인이 스스로 깨어 있을 것과 주의할 것을 요구합니다. 그러면 그리스도인은 무엇을 해야만 합니까?

첫째로, 형제자매 여러분, 가서 **씻읍시다**. 회개하고 예수님을 영접할 때, 우리는 오래 전에 이미 깨끗이 씻었습니다. 예수님이 우리를 씻어주셨습니다. 그래서 우리는 깨끗하게 되었습니다. 그러나 우리는 오늘 이 세상을 걸어 다녔습니다. 그래서 우리 발에는 흙과 먼지가 묻어 있습니다. 그래서 오늘밤 우리가 잠자리에 들기 이전에, 주님 앞으로 다시 나아갑시다. 그리고 이렇게 기도합시다. "사랑하는 주님, 우리는 이 세상의 먼지 많은 길들을 걸어 다녔습니다. 그래서 우리의 발이 더러워졌습니다. 우리의 발을 다시 씻어 주시옵소서." 런던의 이곳저곳에는 정원들이 있습니다. 그곳에 아름답게 피어 있는 백합꽃들은 이 거대한 도시의 매연으로 인해서 더러워집니다. 여러분은 그 꽃들이 더러워지는 것을 보지 않을 수 없습니다. 그러나 소나기가 내리고, 아침 이슬이 맺히면, 백합꽃들은 얼굴을 씻습니다. 그러면 사랑스러운 모습을 되찾게 됩니다. 이와 같이 주님의 보배로운 피로 씻기 위해서, 우리도 주님 앞으로 다시 나아갑시다. 성경은 결코 우리에게 고백할 죄가 전혀 없다고 가르치지 않습니다(참조. 요일 1:8). 오히려 이렇게 기록되어 있습니다. "그가 빛 가운데 계신 것 같이 우리도 빛 가운데 행하면 우리가 서로 사귐이 있고 그 아들 예수의 피가 우리를 모든 죄에서 깨끗하게 하실 것이요"(요일 1:7). 비록 우리가 빛 가운데 걸어 다니고 있다고 하더라도, 우리는 깨끗하게 씻을 필요가 있습니다. 그러므로 우리는 매일 그리스도에게로 나아갑시다. 그리고 이렇게 간구합시다. "주님, 주님을 따라서 살려고 노력했지만, 다시 더러워졌습니다. 이 더러운 상태에 머물러 있고 싶지 않습니다. 깨끗이 씻김을 받기 위해서 주님께 왔습니다."

　　그리스도로부터 다시 깨끗하게 씻김을 받고난 다음에, 만약 여러분이 더럽혀지지 않기를 바란다면, 부주의하게 걷지 않도록 조심하십시오. 소나기가 멈추자, 여러분은 집으로 갑니다. 만약 여러분이 길을 건넌다면, 조심하지 않으면 흙탕물에 더럽혀지기가 쉽습니다. 만약 여러분이 부주의하게 뛰어간다면, 여러분은 흙탕물이 고인 작은 웅덩이에 빠질 수도 있습니다. 그러면 여러분이 그것을 미처 깨닫기도 전에, 흙탕물이 온 몸에 튈 것입니다. 그러므로 작은 웅덩이에 발을 헛디디지 않도록 유의하시기 바랍니다. 사방을 잘 살펴보며 걸어가십시오. 여러분을 위한 깨끗한 길이 있습니다. 그 길은 거룩한 길이라고 불립니다. 깨끗하지 못한 사람들은 그 길을 걸어갈 수 없습니다. 하나님, 우리의 모든 행동을 잘 살피도록 도와주시옵소서! 무엇보다도, 우리의 모든 생각과 모든 말을 더러운 것에서 지켜 주시옵소서! 나는 말을 하기 이전에, 할 수만 있다면, 말하고자 하는 모든 것들을 내 입에서 꺼내어서 그것들을 자세히 살펴볼 수 있었으면 좋겠습니다. 또한 모든 것을 빈틈없이 살피시는 하나님의 눈앞에서 행하는 것처럼, 나의 삶 속에서 모든 행동을 할 수 있었으면 좋겠습니다.

　　그래서 심판 날에 나의 모든 행위가 하나님으로부터 올바른 것으로 인정받기를 원합니다. 만약 여러분이 어떤 일을 앞에 두고 잠을 제대로 이룰 수 없다면, 그것을 하지 마십시오. 어떤 훌륭한 아버지가 집을 떠나려는 철없는 아들에게 말했습니다. "아들아, 네가 가려거든 은혜를 갚아라." 아들은 대답했습니다. "아버지, 나는 지금 그것을 갚을 능력이 없다고 생각합니다." 그러자 아버지는 아들에게 말했습니다. "그렇다면, 가지 마라." 이와 같이 길을 갈 때, 나는 여러분이 모든 것을 자세히 살펴볼 것을 당부합니다. 만약 여러분이 어떤 행동을 하기 이전에 그것을 자세히 헤아려보는 것이 싫다면, 차라리 그것을 하지 마시기 바랍니다. 어떤 것이 올바른 것인지 아닌지를 확실하게 알 수 없다면, 그것이 올바른 것이 아니라고 결론짓는 것이 언제나 최선의 선택입니다. 비록 어떤 행위가 다른 사람이 판단하기에는 올바른 것이라고 할지라도, 과연 그것이 올바른 것인지에 대한 확신이 여러분에게 없다면, 그것은 여러분에게 올바른 것이 아닐 수 있습니다. 왜냐하면 하나님의 말씀은 "믿음을 따라 하지 아니하는 것은 다 죄니라"(롬 14:23)고 지적하고 있기 때문입니다. 만약 어떤 행위와 관련하여 윤리적인 측면에서 의문이 제기된다면, 그것은 여러분에게 좋지 않은 결과를 가져다 줄 것입니다.

그 다음, 여러분 자신이 부주의하게 걷는 것을 피하고자 하는 것처럼, 또한 여러분이 부주의하게 행동하는 사람들을 피할 것을 권면합니다. 내가 혼자 길을 갈 때, 진흙탕에 빠지는 일은 거의 없습니다. 그러나 가끔 버스가 지나가면서, 나의 온 몸에 흙탕물을 튀기게 합니다. 그것은 내 잘못이 전혀 아닙니다. 나의 가까이에 있는 누군가가 그렇게 한 것입니다. 길을 갈 때, 여러분은 매우 조심해서 걷습니다. 그러나 마침 그곳을 지나가던 이웃이 흙탕물이 고인 조그만 웅덩이에 발을 헛디딘다면, 여러분의 온 몸에 흙탕물이 튈 수 있습니다. 그러므로 어떤 사람과 친하게 사귀어야 할지 유의해야만 합니다. 어떤 사람들이 너무 "빨리" 걷는다거나, 아니면 너무 "느슨하게" 걷는다면, 그들을 떠나시기 바랍니다. 그들로부터 멀리 떨어져 있으십시오. 여러분은 흙탕물을 뒤집어쓰기를 바라지 않습니다. 그렇다면 여러분을 지켜서 세속에 물들지 않게 하십시오.

무엇보다도, 여러분을 악으로부터 보호하여 달라고 하나님께 부르짖으십시오. 만약 여러분이 하나님의 지혜와 권능으로 충만하고 하나님의 은혜로 보호를 받으며 밖으로 나간다면, 여러분은 자신을 지키며 세속에 물들지 않을 수 있습니다. 오직 하나님의 은혜로 여러분이 보호를 받을 때, 그것이 가능합니다. 나는 유리 상자 안에 있기 때문에 시련과 유혹을 피할 수 있는 그리스도인을 보려는 것이 아닙니다. 그 대신, 눈에 보이지 않는 하나님의 방패에 의해서 보호받고 있기 때문에, 그가 어느 곳으로 가든지, 사악한 영향력으로부터 보살핌과 보호를 받고 있는 그리스도인을 보기를 원합니다. 이 세상의 거의 모든 곳에는 악한 세력이 은밀히 활동하고 있습니다.

오늘 저녁에 나는 하나님의 백성을 대상으로 해서 설교했습니다. 아직 예수님을 믿지 않는 사람들에 관해서는 거의 말하지 않았습니다. 비록 내가 특별히 그들에게 해당되는 말을 하지 않았다고 해도, 만약 하나님의 백성인 여러분이 이제 돌아가서 경건한 삶을 산다면, 여러분은 그 삶을 통해서 나보다도 그들에게 더 훌륭한 설교를 하게 될 것입니다. 하나님을 두려워하는 여러분에게 나는 이 말을 해야만 합니다. 곧, 여러분을 지켜서 세속에 물들지 말라는 것입니다. 그러나 세상 안에 있으며, 또한 세상에 속해 있는 사람들에게 내가 무슨 말을 해야만 합니까? 여러분은 이 말씀을 알지 못하십니까? "땅과 그 중에 있는 모든 일이 드러나리로다"(벧후 3:10). 그렇다면 예수님을 믿지 않는 사람들은 어떻게 되겠습니까? 그들은 이 세상에 속해 있습니다. 그들은 이 세상에서 분깃을 갖고 있으며, 또한 이 곳에 기쁨을 두고 있습니다. 하늘은 요란한 소리를 내면서 사라지고, 원소들은 불에 녹아버리는 그날에(참조. 벧후 3:10), 그들은 어디에 있게 되겠습니까? 그때 그들은 산들과 바위들에게 이렇게 말할 것입니다. "우리 위에 떨어져 보좌에 앉으신 이의 얼굴에서와 그 어린 양의 진노에서 우리를 가리라"(계 6:16). 그러나 그들은 헛되이 외쳐댈 것입니다. 그들이 이 세상에서의 몫에만 관심이 있다면, 오는 세상에서 그들은 어떻게 할 것입니까? 이와 같이, 영원한 삶에 대해서 알지 못한 채, 어떤 사람들은 언젠가는 죽고마는 존재 영역에서만 살아가고 있습니다. 그렇다면 그들이 받을 몫은 그것뿐입니다. 불쌍한 영혼이여! 오, 불쌍한 영혼이여! 오, 그들은 얼마나 불쌍한 사람들입니까! 자비가 끝이 없으신 하나님께서 그들이 영생을 알도록 인도해 주시기를 간절히 기도합니다. 만약 그들이 하나님의 은혜로 영생을 얻게 된다면, 죄의 권세로부터 해방되고, 또한 자기를 지켜 세속에 물들지 않기를 간절히 사모해야 할 것입니다. 마지막으로, 그리스도를 위하여, 하나님이 이 자리에 있는 여러분을 축복해 주시기를 기원합니다. 아멘!

제
7
장

—

열매 없는 믿음

—

"이와 같이 행함이 없는 믿음은 그 자체가 죽은 것이라"
— 약 2:17

본 절(17절)의 내용이 구체적으로 무엇이든지 간에, 야고보는 복음의 핵심 진리를 부인하려는 의도를 전혀 갖고 있지 않습니다. 성령님이 이곳에서는 이렇게 말씀하시고, 반면에 다른 곳에서는 다르게 말씀하신다는 것은 있을 수 없는 일입니다. 바울과 야고보의 진술은 반드시 조화를 이루어서 이해되어야 합니다. 만약 그들의 두 진술이 조화를 이룰 수 없다면, 나는 바울의 말보다는 야고보의 말을 배 밖으로 던져버릴 준비가 되어 있습니다. 종교개혁자 루터(Martin Luther)가 그렇게 했습니다. 그렇지만 나는 그러한 루터의 입장이 정당화되기가 매우 어렵다고 생각합니다. 왜 내가 감히 야고보의 말을 던져버리려고 하는지, 여러분은 나에게 묻고 싶을 것입니다. 내 대답은 이렇습니다. 어쨌든 우리는 반드시 주님 자신, 곧 주 예수 그리스도에게 꼭 붙어 있어야만 하기 때문이라는 한 가지 이유에 근거해서, 나는 바울의 말보다는 야고보의 말을 던져버리려는 것입니다. 우리는 두 사람이 받은 영감에 차이점이 있을 것이라는 의문을 제기해서는 결코 안 됩니다. 왜냐하면 그들은 모두 똑같이 성령님의 감동을 받아서 기록했기 때문입니다. 그렇지만 만약 그러한 질문들이 제기되거나 허용될 수 있다면, 그리스도에게 가장 가까이 있는 사람들 — 예를 들면 사도 바울 — 에게 굳게 붙어 있는 것이 좀 더 지혜로울 것입니다. 부활하신 예수님이 하늘로 들림을 받기 직전에 마지막으로 이렇게 말씀하셨습니다. "너희는 온 천하에 다니며 만민에게 복음을 전파하라"(막 16:15). 그렇다면 이 복음이 무엇입니까? 누구든지 "믿고 세례를 받는 사람은 구원을 얻을 것이요"(마 16:16). 따라서 우리는 반드시 그 복음을 항상 꼭 붙들고 있어야만 합니다. 예수 그리스도는 그를 믿고 세례를 받는 사람들에게 구원의 약속을 주셨습니다. 그래서 예수님은 이와 같이 말씀하셨습니다. "모세가 광야에서 뱀을 든 것 같이 인자도 들려야 하리니 이는 그를 믿는 자마다 영생을 얻게 하려 하심이니라"(요 3:14-15).

위에서 언급한 말씀들에 의하면, 예수님은 그를 믿고, 그를 신뢰하는 모든 사람들에게 분명하게 영생을 약속하셨습니다. 주님의 말씀에 근거할 때, 우리는 이제 흔들리지 않을 것입니다. 오히려 우리는 그가 선포하신 말씀에 좀 더 가깝게 다가설 것입니다. 그래서 구원을 가져오는 복음은 이미 신자가 된 여러분의 영혼을 구원할 것이라는 확신을 가지시기 바랍니다. 왜냐하면 여러분은 하나님이 죽은 자들 가운데서 다시 살리신 예수 그리스도를 구주로 천진난만하게 신뢰하고 있기 때문입니다. 그리고 예수 그리스도의 삶과 죽음 및 부활 또한 그의 공로와 위격(位格, person)을 단순하고 순수하게 믿는 것은 여러분에게 영생을 보장해 줄 것입니다. 어떤 것도 여러분을 이 확신으로부터 흔들리지 않게 하십시오. 그것은 커다란 상급을 지니고 있습니다. 하늘과 땅이 없어질지라도, 이 근본 진리는 일점일획이라도 결코 변하지 않을 것입니다(참조. 마 5:18). 그래서 예수님은 이와 같이 말씀하셨습니다. "그를 믿는 자는 심판을 받지 아니하는 것이요 믿지 아니하는 자는 하나님의 독생자의 이름을 믿지 아니하므로 벌써 심판을 받은 것이니라"(요 3:18).

사실상 야고보와 바울은 서로 완벽하게 조화를 이루고 있습니다. 단지 그들은 서로 다른 관점에서 진리를 보고 있을 뿐입니다. 그래서 과연 야고보가 말한 것이 무엇을 뜻하든지, 나는 바울이 말한 것의 의미도 온전히 신뢰합니다. 그리고 그 두 사람이 말한 것이 모두 진리라고 나는 확신합니다.

둘째, 믿는 사람의 행함이 하나님 앞에서 어떤 공로를 지니고 있느냐에 관해서 살펴보고자 합니다. 우리의 선한 행위들이 무엇이든지 간에, 야고보는 거기에 어떤 공로가 있다는 것을 전혀 의도하지 않았습니다. 또한 야고보가 말한 어떤 것도 우리를, 선한 행위에는 공로가 있다는 그릇된 믿음으로 인도하지 않습니다. 만약 우리가 모든 일을 다 할 수 있어서, 그것을 모두 잘 마쳤다면, 우리는 당연히 해야 할 일을 한 것뿐입니다(참조. 눅 17:10). 어떤 사람이 빚을 지고 있어서 당연히 해야 할 일을 했다면, 분명히 거기에는 아무런 공로가 없습니다. 자신이 한 일에 대해서 품삯을 받는 종에게는 어떤 공로도 없는 것입니다. 더욱이 창조주와 피조물 사이에서, 공로에 대한 질문은 제기될 수 없습니다. 창조주는 피조물에 대한 모든 권리를 지니고 있습니다. 창조주는 피조물을 창조하고 보존하는 권리를 지니고 있습니다. 또한 그는 피조물에 대해서 무한한 주권을 갖고 있습니다. 그가 우리에게서 무엇을 거두어들인다고 하더라도, 우리는 그것 대신에 창조주에게 아무것도 요구할 수 없습니다. 우리는 모두 죄를 지었기 때문에, 우리가 공로에 의해서, 또는 행위에 의해서 구원을 받는 것에 대해서 말한다는 것은 아무런 의미가 없는 것입니다. 그것은 하나님께서 절대로 참으실 수 없는 무례한 짓입니다. 윌리엄 쿠퍼(William Cowper, 1731-1800, 영국의 시인, 찬송시 작사자)는 이러한 찬송시를 지었습니다.

> "오, 피를 흘리고 있는 어린 양이시여,
> 그들은 도덕에 대해서 말합니다.
> 그러나 당신을 사랑하는 것이 최상의 도덕입니다."

그리고 행위에 의한 구원이라는 주제와 관련하여, 쿠퍼는 매우 적절하게 답변하였습니다.

> "사람의 선행은 일그러지기 쉬운 것이네.
> 누가 선행을 자랑하고 싶다면, 그것은 미움을 받아야 한다네.
> 선행을 자신에게 간직하고 있는 바보는 하나님을 모독한다네."

간단히 말하자면, 야고보가 믿음에 대해서 말하고자 하는 바는 이것입니다. 곧, 믿음은 틀림없이 사람을 구원하지만, 그 믿음은 어떤 특성을 지니고 있다는 것입니다. 자기 자신이 구원을 받았다고 스스로 믿게 해서, 구원받는 사람은 아무도 없습니다. 어떤 사람이 예수 그리스도께서 자기 자신만을 위해서 죽었다고 믿는다고 해서 그가 반드시 구원받는 것은 아닙니다. 이 경우에는, 자기 자신만을 위해서 죽었다는 그의 주장을 어떻게 이해하느냐에 따라서, 그의 믿음이 참된 것일 수도 있고 잘못된 것일 수도 있습니다. 어떤 의미에서, 그리스도께서는 모든 사람을 위해서 죽으셨습니다. 사실상 많은 사람들이 구원을 받지 못하는 것을 우리가 경험할 때, 그리스도께서 모든 사람을 위해서 죽으셨다는 것은 어느 누구든지 아무런 조건 없이 구원을 받는다는 근거가 될 수 없습니다. 따라서 그것과는 다른 의미에서, 곧 특별하고 독특한 의미에서, 그리스도께서는 그를 진정으로 믿는 어떤 사람들을 위해서 죽으셨습니다. 그러므로 예수님을 신뢰하며, 자신을 그리스도에게 맡기고, 또한 자신의 믿음이 참된 것임을 분명히 나타내는 적합한 행위들을 제시하기 이전에는, 아무도 그리스도께서 독특하게 또한 특별하게 자기 자신만을 위해서 죽으셨다고 믿을 권리가 없습니다. 그리고 구원을 가져다주는 믿음은 역사적으로 이루어진 것을 이론적으로만 받아들이는 믿음이 아닙니다. 또한 단순히 어떤 신조나 사실들을 믿는 것도 아닙니다.

　　나는 마귀들도 어떤 부분에서는 매우 정통적이라는 것을 의심하지 않습니다. 비록 이 땅에 있는 모든 교회들 안에 몇몇의 마귀들이 존재하지만, 그것들이 어떤 교회에 속했는지 나는 정확하게 알지 못합니다. 그리스도께서 이 땅에 계실 때, 그의 교회에도 한 명의 마귀가 있었습니다. 예수님은 그에 대하여 이렇게 말씀하셨습니다. "그러나 너희 중의 한 사람은 마귀니라"(요 6:70). 또한, "마귀가 벌써 시몬의 아들 가룟 유다의 마음에 예수를 팔려는 생각을 넣었더라"(요 13:2). 그렇지만 교회들 안에는 마귀들이 한 명이 아니라 여럿이 있습니다. 그런데 마귀들도 계시의 말씀이 모두 사실이라고 받아들입니다. 나는 그들이 의심한다고 생각하지 않습니다. 하나님의 권능의 손에 의해서 너무 많은 고통과 실패를 경험했기 때문에, 마귀들은 하나님이 존재한다는 사실을 부인할 수 없습니다. 하나님의 진노가 얼마나 무서운지 너무 많이 체험했기 때문에, 마귀들은 하나님의 공의로운 통치에 대해서 의심할 수 없습니다. 이처럼 마귀들은 단지 엄밀한 사실들을 믿습니다. 그러나 마귀들은 구원받지 못합니다. 그것들은 구원에 이르게 하는 믿음을 갖고 있지 않기 때문입니다. 만약 우리 안에도 그러한 믿음이 있다면, 그것은 지금도 또한 앞으로도 우리를 구원해 줄 수 없습니다. 모든 의도와 목적에도 불구하고, 그것은 죽은 믿음입니다. 또한 그것은 효력이 없는 믿음으로 머물러 있을 것입니다. 따라서 우리를 구원하는 믿음은 행함을 수반하는 믿음, 곧 믿음의 내용을 삶 속에서 구체적으로 실천하는 것입니다. 행위 그 자체는 우리를 구원할 수 없습니다. 그렇지만 행함이 없는 믿음은 우리를 속일 것입니다. 그것은 우리를 천국으로 인도할 수 없습니다. 먼저, 오늘 저녁에는, 구원을 가져다주는 믿음을 어떻게 입증하는지에 대해서 살펴보고자 합니다.

1. 구원을 가져다주는 믿음이라고 입증하는 데에 어떤 행함(행위들)이 필요합니까?

진정한 믿음을 입증하는 데 절대적으로 필요한 행함은 간단히 말해서 이런 것들입니다. 첫째, 반드시 회개에 합당한 열매들, 다시 말해서 회개의 행함 또는 행위가 있어야 합니다. 곧, 회개를 해야 합니다. 어떤 사람이 그리스도를 믿기에 앞서, 반드시 회개가 먼저 이루어져야 한다고 주장하는 것은 옳지 않습니다. 그러나 어떤 사람이 그리스도를 믿고 있다면, 그가 회개하지 않은 상태로 머물러 있는 것은 불가능하다는 것은 올바른 주장입니다. 회개하지 않고 예수 그리스도를 믿은 사람은 이 세상에 절대로 없었습니다. 또한 앞으로도 그런 신자는 결코 있을 수 없습니다. 영적인 영원한 생명과 관련해서, 믿음과 회개는 동시에 태어납니다. 그 두 가지는 함께 성장합니다. 그러므로 사람은 복음을 듣고 예수님을 믿는 것과 동시에 회개하는 것입니다. 그리고 믿고 있는 동안에는, 그는 믿을 뿐만 아니라, 동시에 회개도 합니다. 그가 믿음을 진정으로 갖기 이전에는, 회개도 제대로 이루어지지 않을 것입니다. 만약 여러분이 이미 믿었지만, 아직 여러분의 죄에 대해서 결코 회개한 적이 없다면, 과연 여러분이 올바른 믿음을 가진 것인지 진지하게 살펴보시기 바랍니다. 지금 당신은 하나님의 자녀라고 당당하게 주장합니다. 그러나 만약 당신이 재와 먼지를 뒤집어쓰고 회개한 적이 없다면, 만약 당신이 이전에 좋아했던 죄악을 전혀 미워하지 않았다면, 만약 당신이 지금도 그것을 미워하는 마음이 없으며, 그것을 없애려고 어떤 노력도 하지 않는다면, 또한 만약 당신의 죄악으로 인해서 하나님 앞에서 자신을 낮추지 않는다면, 모든 것을 아시고 거룩하신 하나님께서 살아 계시는 한, 당신은 구원을 가져다주는 믿음에 대해서 아무것도 알지 못하는 것입니다. 왜냐하면 진정한 믿음은 우리와 죄 사이를 멀어지게 하기 때문입니다. 한순간에, 믿음은 우리와 그리스도 사이의 간격을 없애줍니다. 그리스도에게 더욱 가까이 갈수록, 우리는 죄악으로부터 좀 더 멀리 떨어져 있게 됩니다. 만약 어떤 사람이 죄악을 사랑하고, 죄악을 대수롭지 않게 여기고, 경솔하게 죄악에 빠지며, 또한 죄악의 행위에 대해서 재미있게 이야기하며, 그것에 대해서 마치 하찮은 것처럼 말한다면, 그는 마귀의 믿음을 갖고 있는 것입니다. 그는 하나님이 선택하신 사람들의 믿음에 대해서는 전혀 깨닫지 못하고 있습니다. 그러나 진정한 믿음은 영혼을 깨끗하게 합니다. 왜냐하면 참된 믿음을 가진 사람은 자신의 타락한 본성 안에 숨어 있는 그 반역자를 찾아내려고 이제 죄를 추적하고 있기 때문입니다. 이 세상에서 흠이 없는 완전한 신앙인은 없을 것입니다. 그렇지만 그의 안에 있는 믿음은 그를 점진적으로 완전을 향해서 나아가게 하는 힘을 갖고 있습니다. 만약 장차 믿음이 완전해진다면, 믿는 자도 완전해질 것입니다. 그러면 그는 하나님의 보좌 앞으로 들어올려져서, 그곳에서 영원히 살게 될 것입니다. 사랑하는 여러분, 여러분 자신을 판단해 보십시오. 여러분은 이미 회개의 열매를 맺었습니까? 회개의 열매가 없는 믿음은 죽은 믿음에 불과합니다.

　둘째, 은밀하게 경건을 행하는 것, 곧 경건을 실천하는 것이 진정한 믿음을 갖는 데에 꼭 필요합니다. 어떤 사람이 예수께서 자기를 위해서 죽으셨다고 말합니다. 또한 자신이 구원을 받았다고 주장합니다. 그렇다면 그는 개인적으로 기도하는 것을 전적으로 무시하면서 살아갈 수 있습니까? 그가 하나님의 말씀을 전혀 읽지 않을 수 있습니까? 그는 은밀한 중에 하나님을 향해서 얼굴을 들며, 예레미야 선지자처럼 부르짖지 않을 수 있습니까? "나의 아버지여 아버지는 나의 청년 시절의 보호자이시오니"(렘 3:4). 또한 그는 하나님 여호와를 절실한 마음으로 은밀히 바라보지 않을 수 있습니까? 그의 주님이신 예수님과 긴밀한 교제를 나누지 않을 수 있습니까? 또한 그가 성령님과 친밀한 사귐을 갖지 않을 수 있습니까? 만약 그렇다면, 어떻게 진정한 믿음이 그러한 사람 안에 있을 수 있겠습니까? 그는 기도를 통해서 하나님께 가까이 나아가지도 않습니다. 또한 그는 영원히 존재하시며 어느 곳에서든지 그를 살펴보시는 지극히 높으신 하나님을 공경하거나 두려워하는 마음이 전혀 없이 살아가고 있습니다. 우리가 이러한 사람을 살아 있는 믿음을 지닌 사람이라고 주장한다면, 그것은 더 이상 숨을 쉬지도 않고, 또한 몸 속에서 피가 전혀 돌지도 않는 사람인데도 불구하고, 그를 살아 있는 사람이라고 말하는 것과 똑같은 것입니다. 여러분은 믿음을 지니고 있다고 주장합니다. 그렇다면 스스로 여러분의 믿음에 대해서 판단해 보십시오. 혹시 여러분이 기도를 소홀히 하고 있습니까? 또한 여러분이 영적인 삶에 관심이 없어서, 영적으로 성장하지 못하고 있습니까? 그렇다면 여러분이 구원을 가져다주는 믿음을 지니고 있다는 생각을 완전히 버리시기 바랍니다. 경건 생활을 그와 같이 한다면, 여러분의 믿음으로, 여러분은 하나님 앞에서 의롭다고 인정받을 수 없습니다. 그러한 믿음 안에는 참 생명이 없습니다. 그것은 하나님의 어린 양에게 인도하지 않습니다. 그리고 구원을 가져다주지도 않습니다. 만약 그것이 진정한 믿음이었다면, 그것은 여러분이 스스로 무릎을 꿇게 해서, 여러분의 마음을 지극히 높으신 하나님에게 향하게 했을 것입니다.

셋째, 나는 순종의 행함, 곧 순종하는 것에 대해서 설명하려고 합니다. 어떤 사람이 그리스도를 믿을 때, 그는 예수님을 자신의 주님으로 영접합니다. 그는 "주님은 내가 무엇을 하기를 원하십니까?"라고 물어봅니다. 하나님 아버지는 그리스도께서 하셔야 할 일을 그에게 보여주셨습니다. 그러므로 진정한 신앙인은 자신의 의지와 판단을 내세우지 않습니다. 그 대신, 주인이신 예수님의 의지에 전적으로 순종합니다. 오늘 저녁에, 내가 설교의 대상으로 삼고자 하는 사람들은 하나님의 뜻을 모르고 제멋대로 살아서 매를 맞을 사람들이 아닙니다. 그런데 그리스도인으로서 지켜야 할 잘 알려진 의무들을 의도적으로 무시하면서 살고 있는 데도 불구하고, 자신들이 구원받는 믿음을 지녔다고 스스로 착각하는 사람들이 다소 있을 것 같아서 나는 정말로 두렵습니다. 만약 어떤 신앙인이 한 가지 의무만을 소홀히 한다면, 그래도 그는 구원받을 수 있을 것입니다. 그러나 그가 어떤 의무를 지속적이며 의도적으로 무시한다면, 그것은 마침내 배를 가라앉게 만드는 구멍과 같은 역할을 할 수 있습니다. 또한 의무들 가운데 한 가지를 제대로 실천하지 않는다면, 그것은 그리스도에게 점점 더 순종하지 않게 만들 것입니다. 그러면 믿음의 배는 오래 항해하지 못하고, 마침내 멈추어 서게 될 것입니다. 그리스도께서는 어떤 관계나 조건에 따라서 사람을 구원하지 않으십니다. 만약 그리스도에 의해서 구원받기 원한다면, 여러분은 반드시 그의 통치에 무조건적으로 복종해야 합니다. 이 말에, 어떤 사람들은 여기까지 선을 그으려고 할 것입니다. 또 다른 사람들은 저기까지 선을 긋고 싶어합니다. 곧, 여기까지만 또는 저기까지만 순종하겠다는 것입니다. 그러면서 말합니다. "나는 그리스도를 섬기는 종이 될 것입니다." 그러나 그렇게 말하는 여러분의 진정한 의도는 여러분 자신이 주인이 되겠다는 것입니다. 그러나 진정으로 믿은 사람은 마음속 깊은 곳으로부터 이렇게 말할 것입니다. "나는 주의 계명들을 실천하는 일에 지체하지 않겠습니다. 내 발 앞에 곧은 길을 만들어 주시옵소서. 나는 달려갈 것입니다. 왜냐하면 주의 계명들은 나를 무겁게 하는 짐이 아니기 때문입니다." 또한 그는 "나는 주의 계명들을 정금을 기뻐하는 것보다 더 기뻐하였나이다"라고 말할 것입니다. 공공연한 죄악의 아들들과 딸들이여, 다음에 언급되는 질문들과 관련해서 여러분은 무엇이라고 말하겠습니까? 종들이 집 주인에게 눈을 고정시키고 있는 것처럼, 여러분도 마음을 다해서 주님을 바라보고 있습니까? 그리스도께서 여러분이 무엇을 하기를 원하시는지 여러분은 스스로 물어본 적이 있습니까? 혹시 여러분은 그리스도의 계명과 뜻을 무시하는 삶을 습관적으로 살고 있지 않습니까? 그리스도께서 여러분을 만나는 것을 싫어하시는 장소에 여러분이 가는 것은 아닙니까? 아니면 여러분이 그리스도와 마주치는 것을 주저하는 곳을 여러분이 찾아가는 것은 아닙니까? 여러분 가운데 어떤 사람들은 여러분이 지닌 어떤 처세술이나 관행을 주님께서 결코 옳다고 인정해 주시지 않을 것을 알면서도, 그것을 고집하는 습관을 갖고 있습니까? 여러분은 예수 그리스도를 구주로 믿는다고 주장하십니까? 사랑하는 여러분, 살아 있는 믿음, 곧 진정한 믿음은 하나님과 그의 말씀에 순종하는 믿음입니다.

또한 살아 있는 믿음은 세상과 구별해 주는 행함(행위들)을 낳습니다. 어떤 사람이 예수님을 믿으면, 그는 과거의 똑같은 존재가 아닙니다. 또한 그는 옛날에 친하게 지냈던 사람들과 더 이상 어울리지 않습니다. 우리의 주님은 이렇게 말씀하셨습니다. "내가 세상에 속하지 아니함 같이 그들도 세상에 속하지 아니하였사옵나이다"(요 17:16). 이 세상에 계실 때, 그리스도는 금욕주의자가 아니셨습니다. 다른 사람들처럼, 예수님은 먹고 마시고 사람들과 어울리셨습니다. 그래서 어떤 사람들은 예수님을 이렇게 비난하기도 했습니다. "보라 먹기를 탐하고 포도주를 즐기는 사람이요 세리와 죄인의 친구로다"(마 11:19). 그러나 그리스도의 삶보다 더 숭고하고 신비스러운 삶을 살았던 사람이 어디 있습니까? 자신의 삶을 통해서, 그리스도는 완전한 사람이 어떠한 사람인지를 온 세상에 보여주셨습니다. 그런데 예수님이 사람들과 함께 하신 것은 죄인들 사이에 있는 천사와도 같았습니다. 여러분은 그에게는 죄인들의 성품이나 생각이 전혀 없다는 것을 금방 알 수 있을 것입니다. 또한 그는 악의가 없고 순결하며 죄인들과 구별되었음을 여러분은 곧 깨달을 것입니다. 만약 어떤 사람의 믿음이 참된 것이라면, 그 사람도 예수님처럼 되어야 할 것입니다. 어떤 신자들은 이러한 주장이 너무 극단적인 것이라고 여길 것입니다. 그러나 예수님처럼 되어야 한다는 주장은 조금도 지나친 것이 아닙니다. 성경도 그 주장이 옳다고 인정합니다. 만약 우리가 이 세상에 속해 있다면, 주 예수 그리스도께서 나타나시는 날에, 우리도 이 세상이 받게 될 심판과 동일한 심판을 받을 것입니다. 그것 이외에 우리가 다른 어떤 것을 기대할 수 있겠습니까? 만약 여러분이 세상과 함께 쾌락을 누린다면, 여러분은 세상과 함께 심판을 받을 것입니다. 만약 여러분이 세상과 짝하여 산다면, 여러분은 세상과 함께 영원히 죽을 것입니다. 그리고 부활하게 되면, 세상과 함께 영원한 멸망에 처하게 될 것입니다. 세상과 구별이 없으면, 여러분은 하나님의 특별한 은혜를 받지 못합니다. 만약 우리가 이 세상을 따른다면, 어떻게 우리가 하나님의 은혜를 누리고 있다고 말할 수 있겠습니까? 만약 우리와 세상 사람들을 구별해 주는 차이점이 없다면, 우리가 주님의 성찬에 참여한다는 것은 얼마나 헛되고 하찮고 위선적이고 거짓된 것입니까? 만약 우리가 주님에게 속해 있지 않다면, 하나님의 자녀라는 신분에 대해서 서로 이야기한다는 것이 얼마나 쓸모 없는 것입니까? 이와 같이, 진정한 신자와 세상 사람의 차이점을 분명하게 나타내 주는 행함이 없는 믿음은 그 자체가 죽은 것입니다. 그것은 구원을 가져다줄 수 없습니다.

나는 어떤 신자도 완전하지 않다고 말했습니다. 또한 나는 완전한 신자가 있다고 생각해 본 적이 결코 없습니다. 그러나 만약 어떤 신자가 진정한 믿음을 갖고 있으며, 또한 그의 믿음이 행함을 수반한다면, 그는 온전한 신앙인으로 성숙해갈 것입니다. 그의 믿음이 성장해가면 갈수록, 그는 더 많은 열매를 맺게 됩니다. 그러면 그는 하나님께 영광을 돌리며, 그의 믿음이 참된 것이라고 입증하게 될 것입니다.

생명력이 있는 믿음이라는 것을 입증해 주는 데에 꼭 필요한 또 한 가지가 있습니다. 그것은 사랑의 행함, 곧 사랑의 실천입니다. 그리스도를 사랑하는 사람은 그리스도의 사랑이 그를 강권하는 것을 느낄 수 있습니다(참조. 고후 5:14). 그는 그리스도에 대한 가장 고상한 지식을 널리 전파하려고 애씁니다. 그는 그리스도의 면류관에 장식할 보석들을 얻고자 간절히 사모합니다. 그는 메시야 왕국의 영역을 넓히려고 노력합니다. 어떤 사람은 청산유수 같은 말로 자신의 신앙을 고상하게 고백합니다. 하지만 그의 믿음에는 구체적인 섬김의 행위가 전혀 없습니다. 나는 그러한 믿음의 가치를 조금도 인정하지 않습니다. 만약 여러분이 그리스도를 사랑한다면, 여러분은 그를 섬기지 않을 수 없습니다. 만약 여러분이 그리스도를 믿는다면, 여러분이 지닌 믿음 안에는 커다란 잠재력이 있습니다. 또한 믿음과 더불어 주어지는 하나님의 은혜 안에는 커다란 권능이 있습니다. 그러므로 믿음 안에 있는 권능으로, 여러분은 반드시 그리스도를 섬겨야만 합니다. 만약 그리스도를 섬기지 않는다면, 여러분은 그에게 속한 사람이 아닙니다.

　　몇 가지 예를 들어서, 나는 이 주장이 옳다는 것을 설명할 수 있을 것입니다. 그러나 여기서 나는 한 가지만 제시하겠습니다. 어떤 과수원 주인이 한 그루 사과나무를 과수원에 옮겨 심었습니다. 그 나무에 사과들이 달려 있든지 아니든지, 그것은 중요하지 않습니다. 왜냐하면 생명의 근원은 나무의 뿌리에 놓여 있기 때문입니다. 사과나무 열매들은 스스로 그 나무에 생명을 줄 수 없습니다. 그 나무 전체의 모든 생명력은 오직 뿌리를 통해서 전달됩니다. 주인이 옮겨 심은 그 사과나무는 과수원에 그대로 서 있습니다. 그런데 봄이 왔는데도, 그 나무에서 싹이 트지 않고 꽃도 피지 않습니다. 또한 여름이 왔는데도, 잎도 나지 않고 열매도 달리지 않습니다. 그것이 똑같이 두세 해 반복됩니다. 그 나무는 왜 그렇습니까? 여러분은 그 나무가 죽었다고 대답할 것입니다. 여러분은 올바른 답변을 했습니다. 과연 그 사과나무는 죽었습니다. 만약 나뭇잎들이 두세 개 달려 있다고 해도, 그것들은 그 나무를 살릴 수 없습니다. 나뭇잎들이 달려 있지 않다는 것은 그 나무가 죽었다는 것을 증거합니다. 이와 같이, 믿음이 있다고 고백하는 사람의 경우도 마찬가지입니다. 만약 그의 믿음이 생명력을 지니고 있다면, 그것은 반드시 열매를 맺어야만 합니다. 곧, 믿음에는 반드시 행함(행위)이 뒤따라야 합니다. 만약 그의 믿음이 뿌리를 갖고 있지만, 전혀 행함이 뒤따르지 않는다면, 그것에 근거해서 사람들은 그가 영적으로 죽었다는 결론을 이끌어 낼 것입니다. 그 추론은 옳은 것입니다. 여러분은 유럽과 미국을 연결하는 해저 케이블이 있다는 것을 아십니다. 만약 대서양을 횡단하는 해저 케이블을 통해서 미국으로 메시지가 전송되지 않는다면, 또한 이미 여러 차례나 시도했는데도 결국 보낼 수 없다면, 사람들은 케이블이 파손되었을 것이라고 추측할 것입니다. 그 추측은 옳을 것입니다. 만약 하나님으로부터 받은 은혜를 통해서, 우리가 삶 속에서 전혀 행위의 열매를 맺지 않는다면, 우리는 이 세상으로 아무것도 전달해 주지 못하는 것입니다. 그렇다면 우리의 영혼과 그리스도 사이에 연결선이 존재하지 않는다고 확신할 수 있을 것입니다.

**2. "행함이 없는 믿음은 그 자체가 죽은 것이라"는 말씀을
입증해 주는 몇 가지 사실들에 관해서 살펴보고자 합니다.**

이제부터 스스로 믿음이 있다고 주장하지만 행함이 없는 사람들은 분명히 구원을 받지 못한다는 것에 대해서 밝히고자 합니다. 어떤 사람들은 자신들이 구원받았다는 자만심에 사로잡혀 있습니다. 그러나 다른 사람들은 그들이 구원받은 것에 대해서 회의를 품고 있습니다. 스스로 구원에 대한 자만심에 빠져 있는 사람들에 대해서 우리가 생각해 본다고 해서 그것이 우리를 비참하게 만들지는 않을 것입니다. 그렇지만 그것은 씁쓸한 웃음을 자아내게 하는 일입니다. 자신이 믿음에 의해서 구원받았다고 시시때때로 주장하곤 했던 어떤 사람을 나는 기억합니다. 그는 맥주를 대단히 많이 마시면서도, 자신이 구원받은 것을 매우 확신했습니다. 우리는 때때로 그런 신앙관을 가진 사람들을 만나게 됩니다. 분명히 그 사실은 우리를 슬프게 합니다. 만약 그들을 아는 사람들이 바라본다면, 그들의 이마에 "저주를 받았다"고 쓰여 있는 듯한 느낌을 가질 것입니다. 그런데도 그들은 자신들이 구원을 받았다고 매우 확신하고 있습니다.

형제자매 여러분, 그들의 주장들을 여러분은 받아들일 수 있습니까? 또한 구원에 관한 그들의 사고방식에 여러분이 전혀 의문을 제기하지 않을 수 있습니까? 여러분은 그들의 주장을 지지하는 결정을 내릴 수 있습니까? 만약 그렇다면, 그들에게 주어지는 적합한 규정, 곧 영원한 형벌이 여러분에게도 똑같이 적용될 것입니다. 곧, 여러분은 구원받을 수 없습니다. 여러분이 이 사람들보다 더 저속한 죄악들에 빠지지 않을 수도 있을 것입니다. 그러나 만약 여러분이 방종하게 되어서 가정을 비참하게 만든다면, 만약 여러분이 부도덕한 풍조에 상습적으로 빠진다면, 또한 만약 여러분이 이러한 죄악들을 물리치려고 전혀 노력하지 않는다면, 하나님의 은혜도 여러분을 그러한 것들로부터 절대로 구해내지 않을 것이기 때문입니다. 만약 여러분이 은밀한 죄 가운데 살면서, 양심의 소리를 무시한다면, 또한 여러분이 진정한 회개를 하지 않고 이전처럼 똑같은 삶을 산다면, 하나님께서는 여러분을 결코 구원하지 않으십니다. 그러므로 여러분이 심판의 자리에 앉아서 다른 사람들의 죄악에 대해서 판단을 내릴 때, 바로 자기 자신에게 그것을 판결한다는 것을 여러분은 알아차리기 바랍니다. 왜냐하면 사람들이 공공연하게 탐닉했던 어떤 죄에 대한 부정적인 결과가 그들의 방탕한 생활에서 명백하게 드러난 것을 여러분은 심판의 자리에 앉았을 때 깨달았기 때문입니다.

만약 여러분이 다른 죄에 끊임없이 탐닉하고 그것을 좋아한다면, 어떤 죄가 사람들을 방탕하게 만들었던 것처럼, 그것은 똑같이 그릇된 방향으로 이끈다는 것을 여러분이 쉽게 이해할 수 있을 것입니다. 믿음이 전혀 없는 사람은 구원받지 못한다는 것을 여러분은 알고 있습니다. 하지만 참된 믿음이 아닌 유사한 믿음을 가진 사람도 구원받을 수 없습니다. 그것은 틀림없는 사실입니다. 그렇지 않으면 주님이 이와 같이 말씀하신 것을 어떻게 받아들여야 합니까? "생명으로 인도하는 문은 좁고 길이 협착하여 찾는 자가 적음이라"(마 7:14). 비슷한 믿음을 갖는다는 것은 좁은 문으로 들어가는 것이 아닙니다. 또한 그러한 믿음은 비좁은 길을 걸어가는 것도 아닙니다. 비록 정통적인 신앙을 지니고 있고, 또한 전통적인 신조(信條)를 붙들고 있지만, 이론적으로만 "예수님이 나를 위해서 죽으셨습니다"라고 고백하는 것은 진정한 신앙이 아니라, 비슷한 믿음에 불과한 것입니다. 그러므로 구원으로 인도하는 문은 좁은 문입니다. 따라서 우리는 실제적으로 그리스도의 종이 될 만큼 믿어야만 합니다. 그리스도께서 미워하시는 모든 것을 포기하기까지, 우리는 그를 신뢰해야 합니다.

　예수님은 우리에게 진리들을 말씀하셨습니다. 그리고 그것들을 믿으라고 명령하셨습니다. 만약 우리가 그 진리들을 진정으로 믿으면, 그것들은 반드시 우리의 일상생활에 영향을 미치게 마련입니다. 어떤 사람이 예수 그리스도께서 십자가 위에서 고통을 당하시고 자신의 죄를 없애주셨다고 진정으로 믿는다면, 그는 죄를 가볍게 여길 수 없습니다. "저기 십자가 위에서 피 흘리시는 구세주께서 나의 죄 때문에 고난당하셨음을 나는 믿습니다"라고 어떤 사람이 고백합니다. 그러나 만약 그가 그리스도를 죽게 만든 바로 그 죄악들과 친하게 지내고 있다면, 그는 거짓말쟁이입니다. 오, 여러분! 피 흘리신 예수님을 구주로 믿는 믿음은 모든 형태의 죄악들을 물리치기를 간절히 바랍니다. 그 믿음은 피를 흘리기까지 죄악들을 대적합니다. 누구든지 그리스도를 구주로 믿으면, 그는 하나님의 자녀가 된다고 기독교는 가르칩니다. 그런데 자신이 하나님의 자녀인 것을 믿는다고 말하면서도, 그 사람이 매일 의도적으로 마귀의 자식처럼 행동할 수 있습니까? 왕실 가족들이 길거리에 있는 거지들하고 같이 어울리는 모습을 여러분이 볼 수 있습니까? 어떤 사람이 자신이 높은 지위에 있다고 믿고 있습니다. 그렇다면 그의 믿음은 높은 지위에 어울리는 몸가짐과 대화로 그를 이끌어 줄 것입니다. 천지를 창조하시기 이전에, 하나님께서는 나를 선택하셨습니다. 그리스도의 피에 의해서,

나는 죄와 사망으로부터 구속되었습니다. 은혜의 언약에 의해서, 하늘 나라가 나에게 보장되어 있습니다. 그리스도 예수 안에서, 나는 왕 같은 제사장이 되었습니다(참조. 벧전 2:9). 나는 이 사실들을 확신합니다. 만약 내가 그것들을 진정으로 믿는다면, 또한 타락한 인간의 본성 그 자체가 보여줄 수 있는 것보다 내가 훨씬 더 극악무도한 존재가 아니라면, 내가 예수님을 믿기 이전의 상태로 되돌아가서, 그때와 똑같이 살 수 없을 것입니다. 그리고 믿지 않는 사람들이 달려가는 길을 나는 그들과 같이 달려갈 수 없을 것입니다. 그리고 어떻게 내가 벨리알, 곧 마귀의 자녀들이 사는 것처럼 살아갈 수 있겠습니까(참조. 고후 6:15)? 믿음은 은혜와 연결되어 있으며, 믿음이 있는 곳에는 하나님의 은혜도 있다는 사실에 대해서 성경은 끊임없이 증거해 줍니다. 모든 진정한 성도들은 자신들의 신앙 체험에 근거해서 그것이 사실이라고 증언합니다. 그렇다면 어떻게 신앙인이라고 주장하는 사람 안에, 한편으로는 하나님의 은혜가 지배하고 있지만, 다른 한편으로는 죄악을 사랑하고 거룩함을 무시하는 마음이 동시에 강하게 작용할 수 있는 것입니까? 거듭난 사람 안에는 "살아 있고 항상 있는" 썩지 않는 씨가 있습니다(참조. 벧전 1:23). 하나님의 은혜가 그 씨를 다스리는 동시에, 또한 사악한 힘이 그것을 지배한다면, 나는 그러한 영적인 상황을 도무지 이해할 수 없습니다. 그러므로 그리스도를 구주로 믿고 거듭난 사람이 자신을 사탄의 노예로 내어준다는 것은 있을 수 없는 일입니다.

또한 믿음은 언제나 거듭남과 연결되어 있습니다. 믿음은 낡은 것을 새로운 것으로 만들어 줍니다. 믿음은 옛 사람에게 새로운 본성을 주입시켜 줍니다. 그리스도 안에서 다시 태어나는 것은 단순히 옛 사람의 본성이 좀 더 좋게 바뀌는 것이 아닙니다. 그 대신, 옛 사람이 새 사람으로 완전히 새롭게 변화되는 것입니다. 그래서 그리스도 안에서 옛 사람이 새로운 피조물이 됩니다(참조. 고후 5:17). 만약 어떤 사람이 회개하지 않는다면, 그가 선한 일들을 하지 않는다면, 그가 개인적으로 은밀하게 기도하지도 않고, 사랑도 실천하지 않는다면, 또한 그의 마음과 생각과 삶에 거룩함이 전혀 없다면, 어떻게 그가 새로운 피조물이 되었다고 말할 수 있겠습니까? 그렇다면 거듭남이라는 것은 경멸의 대상에 지나지 않을 것입니다. 만약 영적으로 거듭난 사람이 죄를 미워하지 않는다면, 또한 거룩함을 사랑하지 않는다면, 거듭남은 사람들의 조롱거리가 될 것입니다. 로마 가톨릭교회와 영국성공회와 영국에 있는 어떤 교회들은 유아 세례를 베풉니다.

그 교회들은 그 의식을 통하여 영적으로 새로운 생명이 탄생된다고 주장합니다 (침례교 목사로서, 스펄전은 유아 세례를 인정하지 않음— 역주). 그렇지만 이러한 거듭 남은 모든 사람들로부터 조롱을 자아낼 것입니다. 그 교회들은 유아 세례를 받으면, 어린 아이들이 거듭난다고 말합니다. 또한 그것을 입증해 주는 유아 세례 증명서를 발급합니다. 그러므로 유아 세례를 받으면, 어린아이들은 하나님의 자녀가 되고, 또한 그리스도에게 속한 지체가 된다고 그 교회들은 주장합니다. 그렇지만 이후에 그들이 성장하면, 그들 가운데 많은 사람들은, 아니 대부분의 사람들은 세례 받을 때 맹세한 내용을 잊어버립니다. 그들은 믿지 않는 사람들이 사는 것처럼 죄 가운데 살아갑니다. 그러므로 유아 세례를 통해서 거듭났다는 것은 그들에게 분명히 아무런 영향을 미치지 못했습니다. 그것과는 대조적으로, 우리가 성경에서 읽을 수 있는 거듭남은 인간의 본성을 변화시켜 줍니다. 그래서 그가 이전에 사랑하던 것들을 미워하게 합니다. 또한 옛날에 싫어했던 것들을 이제는 좋아하게 만들어 줍니다. 바로 이러한 거듭남은 그것을 얻으려고 간구할 만한 절대적인 가치를 지니고 있습니다. 거듭남은 언제나 믿음을 통해서 주어집니다. 그리고 믿음은 항상 선한 행위를 빚어냅니다. 이제 그 다음 주제에 대해서 생각해 보고자 합니다. 그것은 다음과 같습니다.

3. 믿음을 지니고 있다고 주장하지만, 선한 행함이 없는 사람들은 과연 어떤 사람들입니까?

그렇다면 그들에게는 왜 행함이 없는 것입니까? 그들은 믿음을 지니고 있다고 스스로 주장합니다. 그러나 이른바 그들의 믿음은 그들을 신앙생활에 부주의하고 무관심하게 만듭니다. 나아가 그것은 그들의 마음을 더욱 굳어지게 해서, 마침내 타락하게 만듭니다. 우리 가운데 어떤 사람이 영적으로 이미 죽었는데도, 자신이 살아 있다는 이름을 가졌다고 생각할까봐 나는 매우 두렵습니다(참조. 계 3:1). 만약 어떤 사람이 자신이 죄인이라고 아직까지 고백하지 않았다면, 그에게는 회개할 가능성이 있습니다. 그러나 자신이 죄인이라는 사실을 전혀 인정하지 않는 사람은 회개하는 것이 거의 불가능합니다. "나는 죄인이 아니다"라는 주장이 거짓말이었다는 사실을 뒤늦게 깨닫는 사람을 우리는 가끔 만나게 됩니다. 그러나 그것은 매우 안타까운 일입니다. 어떤 사람이 지금 앉아 있습니다. 그는 일어나서 조심스럽게 걸어갑니다. 왜 그렇게 걷느냐고 사람들이 그에게 묻자, "왜냐고요? 내가 예수님을 구주로 믿기 때문입니다"라고 대답합니다. 다른 사람들이 비난하는 것을 두려워해서, 그는 조심하면서 걸어가는 것입니다. 얼마 가지 않아서, 그는 조금씩 자기가 좋아하는 것을 즐기기 시작합니다. 그러면서 그는 이렇게 말합니다. "이것은 신앙인이 해야 할 행위에 속하지 않아. 하지만 내가 이것을 한다고 하더라도, 나는 용서받을 수 있을 거야." 그러고 나서 그는 하나님이 기뻐하시지 않을 행동을 이전보다 조금 더 과감하게 시도합니다. 처음 단계에서, 그는 세속적인 것을 공연하는 극장에 들어가지 않을 것입니다. 그렇지만 그는 바로 그 극장의 출입문 앞에까지 갑니다. 그 다음 단계에서, 그는 술을 취하도록 마시지는 않습니다. 하지만 그는 놀기 좋아하는 사람들과 잘 어울립니다. 그러면서 세상을 향해서 조금씩 더 앞으로 나아갑니다. 또한 그가 구원받은 사람이라는 신념을 더 강하게 갖습니다. 자신이 구원받은 것이 확실하기 때문에, 그는 자기가 좋아하는 대로 행동할 수 있으며, 그렇게 해도 괜찮다는 생각에까지 이르게 됩니다. 그는 넘어질 위험이 있는 상황에 이르기까지 즐겼지만, 아직 완전히 넘어지지는 않았습니다. 그러자 점점 더 세속적인 것을 향해서 과감하게 나아갑니다.

마침내 그가 사탄의 도구로 사용되기까지, 그는 그러한 것을 계속하는 것입니다. 만약 사탄이 가장 극악한 사람들로 만들기 위한 대상을 원한다면, 그는 대체로 스스로 가장 훌륭하다고 공언하는 사람들을 선택할 것입니다. 가룟 유다는 처음에는 대단히 존귀한 직분인 사도로 선택되었습니다. 그렇지만 주님을 배반하게 되자, 유다는 사탄의 도구로 사용되고 말았습니다. 이와 같이 주님의 사도였던 유다는 결국 사탄의 매우 소중한 노예가 되었던 것입니다. 만약 유다가 그리스도의 가까이에서 살지 않았다면, 그는 결코 그와 같은 반역자가 될 수 없었을 것입니다. 가룟 유다의 경우처럼, 경건에 대해서 상당한 지식을 가진 사람이 완벽한 위선자가 될 가능성이 있습니다. 교회에서 높은 위치에 있던 사람이 사탄의 가장 극악한 계획에 적합한 도구로 사용될 수 있는 것입니다. 오, 왜 그런 사람들이 그렇게 행동하는 것입니까? 그들은 진정한 믿음을 갖지 않았기 때문입니다. 그러므로 진정으로 변화되지 않은 채, 진지하지 않은 신앙을 계속해서 지니고 있는 것이 무슨 유익이 있습니까? 많은 사람들은 경건의 능력을 얻는 일에 관심이 없습니다. 경건의 능력이 없으면서도, 오직 경건의 모양만 있는 사람이 그렇게 하는 것처럼, 나는 나 자신을 부담스럽게 또는 위험하게 만들지 않을 것입니다(참조. 딤후 3:5). 왜냐하면 그런 사람들은 경건으로부터 위로를 얻지 못하고, 그 대신에 그것으로부터 속박을 얻기 때문입니다. 경건의 모양밖에는 없기 때문에, 그들은 대담하게 이것을 하지도 않고, 또는 저것을 하지도 않습니다. 만약 그들이 어떤 것을 하려고 한다면, 그들은 어떤 방해를 받고 있다고 느낄 것입니다. 그런데 왜 그들은 계속해서 위선적인 신앙을 고백하는 것을 그만두지 않을까요? 그렇게 한다면, 그들은 적어도 양심의 가책으로부터 자유로워질 것입니다. 왜냐하면 그들은 연자 맷돌이 그 목에 매여 바다에 던져지는 것을 원하지 않고(참조. 막 9:42), 계속해서 죄를 지으려고 하기 때문입니다. 그러나 경건의 가면을 쓰고 있기 때문에, 장차 멸망을 받게 될 사람들에게는 변명의 여지가 있을 수 없습니다. 왜 그들은 차라리 죄인의 모습 그대로 멸망에 이르지 않고, 여전히 위선적인 신앙인으로 머물러 있는 것입니까? 왜 교회 안에 남아 있으면서 계속해서 죄를 지어서, 그들은 그리스도의 십자가와 교회를 모욕하는 것입니까?

만약 사람들이 신앙을 고백하기는 하지만, 그들의 믿음에 행위가 뒤따르지 않는다면, 그들은 어떤 사람들이 되는 것입니까? 그들은 이러한 사람들이 됩니다. 그들은 교회의 명예를 손상시킵니다. 그들은 세상이 교회를 손가락으로 가리키며, 이렇게 비웃게 만듭니다. "여러분의 경건이 어디 있습니까? 바로 그것이 여러분의 경건이란 말입니까?" 어떤 사람이 그리스도 안에 있다고 고백하면서도, 그리스도처럼 행하지 않을 때, 세상 사람들은 이와 같이 반응합니다. 행함이 없는 신앙 고백자들은 교회에 상처를 줍니다. 교회는 그들을 받아들입니다. 교인들도 집으로 그들을 맞이합니다. 그러면 머지않아 여러 가지 문제들이 발생합니다. 그들은 진정한 하나님의 종들을 괴롭힙니다. 그러면 목회자들은 골방에 들어가서 상한 마음으로 이렇게 부르짖습니다. "오, 하나님, 왜 당신은 심지어 이런 사람들에게까지 우리들을 보내십니까? 왜 우리가 그들을 권면하게 하고, 섬기게 하십니까? 왜 그들이 당신 앞에서 위선자 노릇을 하도록 내버려 두십니까?" 나아가 그들은 다른 사람들이 교회에 나오는 것을 방해하는 역할을 합니다. 세상 사람들도 그들에 대해서 잘 알고 있습니다. 그들에 대해서 잘 아는 사람들은 교회의 믿음이 위선적이라고 생각하게 됩니다. 그래서 이 사람들은 교회에 나오려고 하지 않습니다. 위선적인 신앙 고백자들의 악한 행위들을 보고나서, 이들은 교회에 나오지 않습니다. 그 대신에, 이제까지 해왔던 대로 죄악된 삶을 이어 갑니다. 그러한 삶을 통해서, 그들은 진정한 위로를 얻을 수 없습니다. 하지만 이들은 죄악된 삶에서 세상적인 위로를 받으면서 살아갑니다. 그런데 그리스도께서 다시 오시면, 그들은 어떤 심판을 받을까요? 그것에 대해서 내가 더 이상 말할 필요가 없을 것입니다. 그날에 그리스도께서 불꽃 같은 눈으로 모든 사람의 마음을 살펴보실 것입니다. 또한 그는 모든 사람을 심판대 앞으로 불러내실 것입니다. 그때, 천박하고 위선적인 신앙 고백자들, 곧 자신의 신앙 고백을 개인의 명예나 물질적인 이익을 위해서 변질시킨 사람들은 어떤 몫을 받을까요? 그들은 하나님의 영광을 구하지 않았습니다. 죄를 지은 그들의 영혼이 무서워서 떨며 지옥으로 도망갈 때, 어떤 벼락이 그들을 뒤쫓겠습니까? 또한 물 없는 샘 같고 비를 내리지 않는 구름 같은 이러한 사람들을 캄캄한 어둠 속에 영원히 묶어두려고 마련된 쇠사슬은 어떤 것입니까? (참조. 벧후 2:17). 내가 그것에 대해서 말할 필요가 없을 것입니다. 하나님께서 은혜를 베풀어 주셔서, 여러분이 그러한 것을 직접 체험하지 않게 되기를 간절히 원합니다. 우리 모두 오늘 밤 예수 그리스도에게 나아갑시다. 겸손하고 솔직하게 우리의 모든 죄를 자백합시다. 진실과 행함을 통하여, 우리의 삶 속에서 그리스도께서 우리의 진정한 구주가 되게 합시다. 그러면 우리는 구원을 받을 것입니다. 우리는 그리스도의 공로로 구원을 받습니다. 그러므로 마음을 다하고 목숨을 다하고 뜻을 다하고 힘을 다하여, 우리는 그리스도를 섬겨야 할 것입니다(참조. 막 12:30).

마지막으로 한 가지 예를 통해서, 내가 말하려는 의도를 더욱 분명하게 설명하고자 합니다. 어떤 배가 표류하고 있었습니다. 그 배는 해변에서 그렇게 멀리 떨어져 있지 않았습니다. 그때 어떤 항해사가 갑자기 배 위에 나타났습니다. 갑판 위에 선 채로, 그는 선장과 선원들에게 외쳤습니다. "만약 여러분이 나를 전적으로 신뢰한다면, 나는 이 배를 안전하게 구할 것입니다. 나는 그것을 약속합니다. 내가 이 배를 구할 것입니다. 여러분이 반드시 나를 믿겠다고 약속하십니까? 여러분은 나를 신뢰합니까?" 그의 말을 듣고 나서, 그들은 그를 믿었습니다. 그들은 항해사가 그 배를 구할 수 있을 것이라고 서로 말을 주고받았습니다. 그가 지시하도록, 그들은 그 배를 완전히 그에게 맡겼습니다. 이제 그 항해사는 지시를 내립니다. "자, 저기 키 손잡이를 책임지고 있는 사람!" 그러나 그 사람은 가만히 있기만 합니다. 그러자 그 항해사는 큰 소리로 외칩니다. "저기 키 손잡이를 책임지고 있는 사람! 내 말이 들리지 않습니까?" 그래도 그는 여전히 조금도 움직이지 않습니다. 그는 키 손잡이를 잡을 생각을 하지 않습니다. 배를 올바른 방향으로 맞추려고 하지 않습니다. 그러자 어떤 사람이 그에게 물었습니다. "잭, 당신은 저 항해사를 신뢰하지 않습니까?" "아닙니다. 절대로 아닙니다. 나는 그를 믿습니다. 만약 내가 그를 믿는다면, 그는 이 배를 구할 것입니다." 질문했던 사람이 그에게 이렇게 대꾸합니다. "항해사가 외치는 소리가 당신에게 들리지 않습니까? 항해사가 자신을 신뢰하라고 말하는데도, 왜 당신은 키 손잡이를 전혀 잡지 않습니까?"

이번에는 그 항해사가 돛대를 맡고 있는 사람에게 지시합니다. "자, 저기 돛대를 맡은 사람! 돛을 내리십시오." 그러나 그 사람도 꿈쩍하지 않습니다. 바람이 반대 방향에서 세차게 불어오지만, 그는 배가 계속해서 표류하게 내버려 둡니다. 그러자 그 항해사는 다른 사람들에게 말합니다. "여러분 가운데 할 수 있는 사람이 있으면, 돛을 내려주십시오." 아무도 움직이려고 하지 않습니다. 그러자 그 항해사는 선장에게 투덜대며 말합니다. "선장님, 이 사람들은 왜 내 말을 듣지 않습니까? 이들은 꿈쩍도 하지 않습니다. 내가 더 이상 무엇을 할 수 있겠습니까?" 선장이 대답합니다. "항해사! 나는 당신을 전적으로 신뢰합니다. 나는 당신이 이 배를 구할 것이라고 믿습니다." 그 항해사가 퉁명스럽게 말합니다. "그렇다면 선장님이라도 키 손잡이를 잡아야 하지 않습니까?" 선장은 이렇게 대답합니다. "오, 아닙니다. 나는 당신을 전적으로 믿는다고 말했을 뿐입니다. 내가 무엇을 하겠다고 말하지 않았습니다."

결국 그 배는 집채만한 파도에 휩쓸려서 가라앉았습니다. 배 안에 있던 모든 사람들은 죽고 말았습니다. 나는 여러분에게 묻고 싶습니다. 사람들은 그 항해사를 진정으로 믿었습니까? 그것과는 다르게, 그들은 다만 믿음을 모방하고 흉내 낸 것은 아닙니까? 그것이 그들이 시도했던 전부가 아닙니까? 만약 그들이 배가 구조되는 것을 진정으로 원했다면, 그 항해사를 정말로 신뢰했다면, 그래서 그의 말을 따랐다면, 그 항해사는 그들을 구할 수 있었을 것입니다. 그 항해사의 도움이 없으면, 그들은 결코 살아 남을 수 없었던 것입니다. 반드시 행위를 통해서, 그들은 자신들의 믿음을 증명했어야 했습니다. 그렇게 했다면, 그들은 자신들의 믿음이 온전하다는 것을 보여줄 수 있었을 것입니다. 그러면 그 배는 가라앉지 않았을 것입니다.

나는 이 자리에 있는 모든 사람이 그리스도께서 명령하신 것을 실천할 것을 간절히 바랍니다. 무엇보다도, 여러분이 모두 세례를 받음으로써, 그리스도를 믿는다는 것을 여러분이 공적으로 증거하실 것을 요청합니다. 그리스도를 믿고 세례를 받는 사람은 구원을 받을 것입니다(참조. 행 16:31). 많은 사람들은 세례 받는 것을 중요하지 않게 생각합니다. 그러나 여러분이 그리스도를 믿는 것에 대한 첫 번째 증거는 세례를 받는 것입니다. 그리고 나서, 내가 여러분에게 당부했던 여러 가지를 지키십시오. 여러분의 영혼을 구원하기 위해서, 여러분에게 매우 사소한 것이라고 여겨질지라도, 그리스도의 계명들 가운데 아무것도 무시하지 않기를 당부합니다. 예수님이 여러분에게 말씀하시는 것은 무엇이든지, 그것을 행하십시오. 왜냐하면 오직 어린아이 같은 믿음으로 예수님의 명령에 온전히 순종할 때, 여러분은 "그를 믿는 사람은 구원을 받는다"는 약속이 성취되는 것을 기대할 수 있습니다. 하나님의 영광스러운 이름을 위해서, 하나님께서 이 모든 말씀이 여러분의 마음과 삶 속에서 열매를 풍성히 맺게 해주시기를 바랍니다. 그래서 하나님께서 여러분 모두를 축복해 주시기를 기도합니다. 아멘.

제
8
장

—

무화과나무와 감람 열매

—

"내 형제들아 어찌 무화과나무가 감람 열매를,
포도나무가 무화과를 맺겠느냐
이와 같이 짠 물이 단 물을 내지 못하느니라" — 약 3:12

본문 12절에 제기된 질문에 대해서는 오직 한 가지 대답밖에 없습니다. 곧, 분명히 무화과나무는 감람 열매를 맺을 수 없다는 것입니다. 만약 무화과나무가 감람 열매를 맺는다면, 그것은 무화과나무가 지니고 있는 특성에 전적으로 어긋납니다. 그러므로 이 비유를 통해서, 그리스도인들은 반드시 그들의 본질에 맞게 행동해야 한다는 것을 야고보는 주장하고 있습니다. 만약 우리가 진정으로 하나님의 자녀라면, 우리는 반드시 하나님의 자녀답게 행동해야만 합니다. 또한 언제나 하나님의 자녀처럼 행동해야만 합니다. 만약 어떤 때에는 우리가 하늘 나라의 상속자처럼 말하고, 다른 때에는 진노의 자식처럼 말한다면, 우리의 말에는 일관성이 없는 것입니다. 샘은 단물과 짠물을 동시에 솟아나게 할 수 없으며, 또한 짠물과 소금기 없는 물을 한꺼번에 나오게 할 수 없다는 야고보의 주장은 너무나 당연한 것입니다. 그러므로 똑같은 입으로 어떤 경우에는 축복을 하고, 다른 경우에는 저주를 해서는 안 된다고 야고보는 말합니다. 이와 같이, 야고보는 주님에게 속한 사람들은 반드시 말과 행동이 일치해야만 한다고 강조합니다.

첫 번째 부분에서, 나는 문맥과 관련해서 본문의 내용을 설명하려고 합니다. 두 번째 부분에서는, 본문의 내용을 좀 더 깊게 살펴볼 것입니다. 그리고 세 번째 부분에서는, 그것을 더 상세하게 다루게 될 것입니다.

1. 첫 번째로, "내 형제들아 어찌 무화과나무가 감람 열매를 맺겠느냐?" 라는 질문에 대해서 다루고자 합니다.

이 질문에 우리는 이렇게 대답해야 할 것입니다. "아닙니다. 무화과나무가 감람열매를 맺는다는 것은 매우 바람직하지 않습니다." 그럴 필요가 전혀 없는 것입니다. 만약 그렇게 된다고 하더라도, 그것은 아무런 유익이 없을 것입니다. 전후문맥과 관련된 본문의 뜻에 대해서는 고려하지 않은 채, 먼저 나는 위에서 제기된 질문 그 자체의 의미에 대해서 살펴보고자 합니다. 사람들이 감람 열매를 얻으려고 무화과나무를 심은 것이 아닙니다. 당연히 무화과 열매를 얻기 위해서, 그 나무를 심은 것입니다. 감람나무는 반드시 감람 열매를 맺어야 합니다. 마찬가지로 무화과나무는 무화과 열매를 맺어야만 합니다. 그러므로 만약 무화과나무가 무화과 열매를 맺는 것을 멈추고 감람 열매를 맺기 시작한다면, 그것은 아무런 유익이 없을 것입니다. 또한 만약 무화과나무가 무화과 열매와 감람 열매를 번갈아가면서 맺는다면, 그것도 아무런 의미가 없을 것입니다.

사랑하는 여러분, 우리는 하나님께서 권능의 오른손으로 심으신 나무들입니다. 우리는 하나님을 찬양하고 그를 영화롭게 하는 열매를 맺어야 합니다. 만약 우리와 관련된 하나님의 위대한 목적을 이루고 있다면, 우리는 의의 열매, 성령의 열매, 그리고 거룩함에 이르는 열매를 맺어야 합니다. 그렇지만 이 열매는 우리 각 사람 안에서 언제나 동일한 모습으로 나타나지 않습니다. 우리는 모두 똑같은 일을 할 수 없습니다. 심지어 서로 비슷한 일을 한다고 할지라도, 우리는 다양한 방법으로 그 일을 합니다. 사랑하는 형제자매 여러분, 나는 여러분에게 맡겨진 일을 할 수 없습니다. 또한 여러분도 내가 해야만 하는 일을 할 수 없습니다. 그리고 우리는 모두 다른 사람이 해야 할 일을 대신할 수 없습니다. 과일나무마다 오직 그 나무에게 고유한 과일을 열리게 합니다. 우리는 각각의 식물에서 오로지 그 식물에 특유한 씨를 얻을 수 있습니다. 어떤 과일나무도 모든 종류의 과일들을 동시에 열리게 할 수 없습니다. 또한 어떤 식물에서도 모든 종류의 씨앗들을 얻을 수 없는 것입니다. 이것은 하나님의 교회에서도 마찬가지입니다. 모든 진정한 신자들은 그리스도의 신비로운 몸을 이루고 있는 지체들입니다. 그러나 모든 지체들이 똑같은 역할을 맡은 것은 아닙니다. 만약 우리 몸의 어떤 지체가 신체를 구성하고 있는 모든 기관들이 해야 할 일들을 혼자서 하려고 시도한다면, 그것은 매우 어리석은 짓입니다. 또한 어떤 기관이 자신이 해야 하는 역할 이외에 다른 기관이 맡은 일도 하려고 한다면, 그것도 마찬가지로 어리석은 것입니다. 눈이 해야 하는 가장 좋은 역할은 보는 것입니다. 그리고 귀에게 가장 좋은 일은 듣는 것입니다. 그러므로 귀는 듣는 일을 해야 합니다. 입은 말을 해야 합니다. 발은 머리가 지시하는 대로 몸을 움직이는 것입니다. 손은 자신에게 주어진 특별한 솜씨를 멋있게 나타내는 것입니다. 이와 같이, 우리 몸에 있는 모든 기관은 하나하나의 고유한 기능을 갖고 있습니다. 따라서 어떤 기관이 다른 기관에게 주어진 일을 빼앗을 수 없습니다.

그렇다면 왜 무화과나무는 감람 열매를 맺을 수 없습니까? 왜 어떤 그리스도인 한 사람이 모든 종류의 일을 다 할 수 없는 것입니까? 그 질문에 대하여 나는 이렇게 대답합니다. 첫째, 다양성은 그 자체가 매력을 지니고 있기 때문입니다. 만약 어떤 사람이 이 세상에 있는 모든 과일나무들을 없애버리고, 단 한 그루의 과일나무를 만들어서, 그 나무가 동시에 모든 과일들을 열리게 한다면, 그것은 얼마나 유감스러운 일이겠습니까? 무화과 열매와 감람 열매와 포도를 열리게 하는 세 그루의 나무들을 갖는 것이 한 그루의 나무가 한 가지에는 무화과 열매를, 다른 가지에는 감람 열매를, 또한 세 번째 가지에는 포도를 열리게 하는 나무를 갖는 것보다 훨씬 더 좋은 것입니다. 만약 어떤 그리스도인이 모든 일을 할 수 있다면, 아마도 그 사람은 사람들에게 대단한 사람처럼 보일 것입니다. 왜냐하면 예배를 드릴 때, 그는 혼자서 설교하고, 공중 기도를 하고, 또한 찬양을 할 수 있을 것이기 때문입니다. 그리고 막대한 부를 소유하고 있고, 다방면에 놀라운 재능을 지니고 있을 것이기 때문입니다. 그 뿐만 아니라, 교회를 열심히 섬기고, 또한 세상을 잘 통치할 수 있을 것이기 때문입니다. 그러나 하나님께서는 그의 자녀들에게 그와 같은 것을 계획하시지 않았습니다. 따라서 하나님의 교회에는 여러 가지가 훌륭하게 조화를 이루고 있습니다. 예를 들면, 어떤 사람은 성령님으로부터 받은 지혜의 은사로 교회를 섬깁니다. 또 어떤 사람은 말씀을 잘 가르치는 것을 통해서 공동체를 섬깁니다. 하나님의 은혜를 통해서, 어떤 사람은 담대한 믿음을 갖습니다. 동일한 은혜를 통해서, 또 어떤 사람은 그리스도의 사랑으로 사람들을 겸손하게 섬깁니다. 만약 모든 꽃들이 한 가지 색깔을 띠고 있고,

또한 모든 보석들이 같은 빛깔을 낸다면, 그것은 얼마나 단조롭겠습니까? 그리고 밤하늘의 모든 별들이 크기도 같고, 또한 빛의 밝기와 색깔도 같다면, 그것들은 얼마나 멋이 없어 보이겠습니까? 이처럼 다양성은 조화의 아름다움을 내포하고 있습니다. 하나님께서는 만물이 다양한 역할과 목적을 이행하도록, 그것을 서로 다른 모습으로 지으시는 것을 기뻐하셨습니다.

둘째, 다양성에는 하나님의 주권이 나타나 있습니다. 해가 눈부시게 떠 있는 하늘을 높이 나는 새를 독수리로 만들고, 또한 담쟁이덩굴로 뒤덮여 있는 탑에 침울한 듯이 앉아 있는 부엉이를 지으신 것은 바로 하나님의 뜻입니다. 하나님은 피조물 가운데 하나는 천사장으로 만드셨지만, 다른 하나는 장미 잎사귀 위에서 기어가는 진딧물로 만드셨습니다. 아무도 하나님께서 왜 그렇게 하셨느냐고 그에게 질문할 수 없습니다. 왜냐하면 하나님께서는 자신이 기뻐하시는 대로 하실 수 있는 권리를 지니셨기 때문입니다. 그래서 엘리후는 욥에게 이렇게 말했습니다. "하나님께서 사람의 말에 대답하지 않으신다 하여 어찌 하나님과 논쟁하겠느냐"(욥 33:13). 또한 하나님의 주권과 관련하여, 바울도 로마서에서 다음과 같이 기록하고 있습니다. "토기장이가 진흙 한 덩이로 하나는 귀히 쓸 그릇을, 하나는 천히 쓸 그릇을 만들 권한이 없느냐"(롬 9:21). 그런데 사람들 사이에 커다란 차이점들이 있다는 것은 분명한 사실입니다. 우리의 얼굴 모습이나 신체의 크기에 있어서, 또한 우리의 마음씨나 사고력에 있어서, 우리는 모두 똑같은 것이 아닙니다. 우리가 어떠한 존재인지에 대해서 한번 생각해 봅시다. 하나님께서 각 사람마다 차이점이 있게 하려고 의도하신 대로, 우리에게는 능력의 차이가 있습니다. 태어날 때부터, 우리는 그 차이점을 지니고 있습니다. 다른 모든 것에서도 마찬가지인 것처럼, 하나님께서는 이 점에서도 우리의 주님이시며 왕이십니다. 우리가 놓여 있는 상황에 대해서, 우리가 하나님과 논쟁하려고 한다면, 또한 혹시 하나님이 잘못한 것이 있는지 판단하기 위해서 우리의 재판정에 그를 불러내려고 한다면, 그것은 얼마나 어리석은 짓입니까? 그것은 바로 죄를 짓는 것입니다. 만약 하나님께서 어떤 형제를 감람 열매를 맺는 과일나무로 만드셨지만, 반면에 나를 다른 열매를 열리게 하는 과일나무로 만드셨다면, 내가 그 형제를 질투해야 옳은 것입니까? 오히려 비록 다른 열매이기는 하지만, 나를 무화과 열매를 맺게 하는 나무로 만들어 주신 것에 대해서 하나님께 감사해야 하는 것이 아닙니까? 만약 우리가 에스골 골짜기의 포도송이(참조. 민 13:23-24)

와 같은 포도 열매를 맺는 다른 형제를 본다면, 우리가 그러한 탐스러운 포도를 열리게 하지 못한다고 해서, 우리는 그 형제를 시샘해야 하는 것입니까? 오, 아닙니다. 우리 세 사람은 모두 하나님을 찬양하고 그에게 영광을 돌려야 합니다. 곧, 무화과나무는 달콤한 무화과 열매를 주신 것에 대해서, 감람나무는 기름 성분이 많이 들어 있는 열매를 주신 것에 대해서, 또한 포도나무는 맛과 향이 좋은 포도를 주신 것에 대해서, 하나님을 찬양하고, 그를 영화롭게 해야 합니다.

셋째, 사람들마다 은사를 다양하게 받는다는 사실은 우리를 겸손하게 만듭니다. 만약 감람나무가 무화과 열매와 비슷한 짙은 자주색의 열매를 맺으면 어떻게 될까요? 그렇다고 해도, 감람나무는 달콤한 무화과 열매를 만들어 낼 수 없습니다. 또한 과연 무화과 열매는 달콤한 맛을 지니고 있지만, 감람 열매로부터 얻을 수 있는 기름을 줄 수 없습니다. 감람 열매는 농부의 빵에 맛을 더해 줍니다. 캄캄한 밤에 농부의 작은 집을 밝혀주는 등잔에 기름을 제공합니다. 또한 농부가 아프거나 상처를 입었을 때, 그를 치료하는 약을 공급해 줍니다. 형제자매 여러분, 하나님께서 여러분에게 어떤 은사와 재능을 주셨을 때, 여러분은 교만해지기가 매우 쉽습니다. 만약 하나님께서 어떤 형제에게 더 많은 은사와 재능을 주서서, 그를 여러분보다 더 존귀하게 사용하신다는 말을 듣는다고 하더라도, 여러분은 하나님이나 그 형제와 다투지 마십시오. 그 대신, 주님이 대단히 귀중하고 많은 일들을 맡기실 수 있다고 판단하시는 어떤 형제가 있다는 사실에 기뻐하십시오. 또한 여러분이 자신의 위치에서 요구되는 책임들을 온전히 이행하는 것으로 충분하다는 것을 기억하십시오. 때때로 나는 일부 그리스도인들의 어리석음에 놀라지 않을 수 없습니다. 그들은 자신들이 할 수 있는 것을 하려고 하지 않습니다. 반면에, 그들은 자신들이 할 수 없는 일을 하고자 합니다. 그들은 걷는 데에 만족하지 않습니다. 그래서 그들은 다윗처럼 이렇게 하소연합니다. "만일 내게 비둘기 같이 날개가 있다면"(시 55:6). 만약 그들에게 날개가 주어진다면, 그들이 그것을 올바르게 사용하지 않으리라는 것을 여호와께서 아십니다. 그러므로 하나님께서 그들에게 날개를 주시지 않습니다. 틀림없이 그들은 이렇게 상상하고 있습니다. "만약 나에게 날개가 있다면, 나는 날아가서 편히 쉬리로다." 정말로 그들이 편안하게 안식을 취할 수 있을는지, 나는 의심하지 않을 수 없습니다. 왜냐하면 만약 그들에게 날개가 주어진다면, 하나님께서 그들에게 맡겨 주신 일을 소홀히 한 채, 그들은 올바른 장소를 버리고 다른 곳으로 날아가려고 할 것이기 때문입니다. 대부분의 주일학교 교사들은 자신들이 맡은 일을 훌륭하게 감당하고 있습니다. 그러나 어떤 사람들은 그 교사 직분에 만족하지 않습니다. 그들은 자신들이 반드시 설교자가 되어야 한다고 생각합니다. 마침내 그들 가운데 어떤 사람은 설교단에 서게 됩니다. 그러나 유감스럽게도 교인들은 그가 하는 설교의 마지막 부분만 이해할 수 있습니다. 그런데도 그는 자신이 계속해서 설교를 해야 한다고 믿습니다. 하나님께서는 어떤 특정한 일이 어떤 사람들에게는 적합하지 않다고 판단하시기도 합니다. 그러면 그 일을 맡겨주지 않으십니다. 그런데도 어떤 사람들은 자신들이 반드시 그 일을 해야만 한다고 끝까지 우깁니다. 그래서 많은 일꾼들이 일을 망쳐 놓았습니다. 왜냐하면 그들은 자신들이 원래 맡았던 일을 포기하고, 자신들에게 적합하지 않은 일을 시도해서, 그 일도 엉망으로 만들어 버렸기 때문입니다. 비록 진귀한 기름 성분이 듬뿍 담긴 열매들이 주렁주렁 달려 있는 감람나무가 무화과나무 바로 옆에 서 있다고 하더라도, 무화과나무는 감람 열매를 맺을 수 없습니다. 이것은 우리를 겸손하게 해주는 단순한 진리입니다. 다른 사람들이 어떤 일들을 매우 잘 처리한다고 해서, 당연히 우리도 그것들을 잘 할 수 있는 것은 절대로 아닙니다.

하나님께서 자녀들에게 은사를 다양하게 주신다는 사실에 비추어볼 때, 형제자매는 서로 칭찬해 주어야 마땅합니다. 어떤 그리스도인이 자신이 받은 은사나 재능보다도 다른 형제들이나 자매들이 받은 은사와 재능에 대해서 더욱 칭찬하는 것은 기독교 정신이 보여주는 가장 아름다운 모습 가운데 하나입니다. 또한 자신이 다른 사람들보다 어떤 면에서 뛰어나다는 것을 생각하는 대신에, 다른 사람들이 자신보다 다른 부분에서 더욱 훌륭하다는 사실에 그가 기뻐하는 것도 마찬가지입니다. 우리는 고상한 기품을 보여주었던 어떤 로마 사람을 본받을 필요가 있습니다. 그는 선거에서 졌습니다. 그러나 그는 자기보다 더 훌륭한 사람들이 그의 조국에 많이 있다는 사실에 기뻐한다고 말했습니다. "나는 나보다 훨씬 뛰어난 형제를 알게 되어 기쁩니다. 왜냐하면 슬프게도 세상은 내가 줄 수 있는 것보다 더 밝은 빛을 필요로 하기 때문입니다"라고 깨닫는 것은 우리에게 쉬운 일이 아닙니다. 어떤 사람이 교향악단에서 가장 중요하지 않다고 여겨지는 악기를 연주하고 있습니다. 큰 드럼들을 치거나 금으로 만든 플루트를 부는 사람들을 보면서, 그가 항상 기뻐한다는 것은 쉽지 않을 것입니다. 그렇지만 이러한 경우에도 우리는 항상 다른 사람을 칭찬하면서 기뻐해야만 합니다. 「천로역정」에서, 존 번연은 크리스티아나(Christiana)와 자비(Mercy)가 목욕을 하고나서, 서로 상대방을 칭찬하는 장면을 다음과 같이 아름답게 묘사하고 있습니다. 그 여인들은 자기 자신의 아름다움을 보지 않았습니다. 그러나 서로 상대방이 지니고 있는 아름다운 모습을 바라볼 수 있었습니다. 그러자 이제 그 여인들은 자기 자신보다 상대방을 훨씬 높이 평가하게 되었습니다. 크리스티아나가 이렇게 말합니다. "자비야, 네가 나보다 더 아름다워!" 그러자 자비가 응답합니다. "아니야. 네가 나보다 더욱 예쁜걸!" 이 두 여인들처럼, 그리스도인은 다른 그리스도인들 안에서도 성령님께서 역사하신다는 사실을 깨닫고, 그것을 찬양해야만 합니다. 또한 세상에 있는 모든 교회들 안에 하나님의 특별한 은혜를 받은 훌륭한 형제자매들이 많이 있다는 것을 알고, 그리스도인은 하나님께 찬송을 드려야 합니다. 나아가 이러한 칭찬을 받은 그리스도인들은 이번에는 자신들이 하나님으로부터 받은 것들보다 더욱 뛰어난 것들을 다른 그리스도인들이 지니고 있다는 것을 깨달을 수 있어야 합니다.

　　그리고 다양한 은사와 은혜는 그리스도인들이 더욱 친밀하게 교제하도록 이끌어줍니다. 나는 우리 교회에서 가장 가난하고 연약한 교인들과 종종 대화를 나눕니다. 그들이 말하는 것을 통해서, 나는 커다란 도움을 받는다는 것을 자주 깨닫습니다. 그들은 나의 설교를 통해서 위로를 많이 받고 있다고 말합니다. 그리고 그들이 나에게 와서 상담을 할 때, 좋은 권면의 말을 많이 듣는다고 고마워합니다. 그렇지만 나 자신도 분명히 그들로부터 많은 유익을 얻습니다. 영적으로 올바른 상태에 있는 그리스도인들은 하나님의 일들에 대해서 자주 이야기를 나눕니다. 대화를 주고받는 그리스도인들은 각자가 영적으로 더욱 풍성해지지 않을 수 없습니다. 한 가지 예를 들어보겠습니다. 국가마다 생산 품목이 서로 다릅니다. 그래서 어떤 국가는 그 나라에서 생산된 것을 그것을 필요로 하는 다른 국가에 공급해 줍니다. 또한 국가들은 서로 필요한 물품을 주고받습니다. 그래서 나라들 사이에 상품의 교환이 이루어집니다. 점차 무역이 증대되고, 그것을 통해서 각 나라는 좀 더 부요하게 됩니다. 영적인 일에 있어서도 똑같은 것입니다. 당신은 감람 열매를 갖고 있습니다. 다른 형제는 무화과 열매를 지니고 있습니다. 또 다른 형제는 탐스러운 포도송이를 갖고 있습니다. 세 사람이 자신들이 소유하고 있는 열매를 서로 주고받는다면, 각 사람에게 유익할 것입니다. 두려움으로 인해서 떨며 낙심하고 있는 어떤 연약한 그리스도인이 담대하고 굳센 믿음을 가진 어떤 형제와 대화를 자주 나눈다면, 그것은 연약한 그리스도인에게 큰 축복을 가져다줄 것입니다. 모든 일에 자신이 없어서 가엾어 보이는 어떤 신자가 말씀을 잘 알며 믿음이 견고한 신앙인과 긴밀하게 사귄다면, 그는 머지않아 영적인 힘을 얻을 것입니다. 다른 사람들에게 듣기 좋은 말을 하는 것을 좋아하는 사람은 메스꺼움을 자아낼 정도로 아첨하는 데까지 이를 수 있습니다. 그러므로 이런 사람은 말을 직선적으로 솔직하게 하는 그리스도인을 사귀는 것이 좋을 것입니다. 반면에 말을 거침없이 하는 형제가 있다면, 그는 좀 더 온유한 마음을 지닌 형제와 친하게 지내는 것이 바람직합니다. 그러면 그 형제는 거칠고 상스러운 말을 할 수도 있다는 염려로부터 벗어나게 될 것입니다. 그리스도인들의 친교의 유익함에 대해서 예를 드는 것이 더 이상 필요 없을 것입니다. 마지막으로, 그리스도인 남편과 아내 사이의 사귐에 대해서 나는 여러분에게 상기시켜 주고자 합니다. 하나님의 은혜에 의해서, 두 사람은 한 쌍을 이룹니다. 한 사람에게 부족한 것은 다른 사람이 채워 주어서, 서로를 보완해야 합니다. 그러면 두 사람은 좀 더 훌륭하고 거룩한 사람들이 될 것입니다. 또한 좀 더 행복한 삶을 살면서, 하나님을 섬기는 일에 좀 더 유익하게 쓰임받을 것입니다.

**2. 둘째로, 나는 야고보가 본문에서 말한 내용을
좀 더 자세하게 살펴보고자 합니다.**

"내 형제들아, 어찌 무화과나무가 감람 열매를 맺겠느냐?"(약 3:12). 그럴 수 없습니다. 만약 그렇다면, 그것은 나무의 특성에 전적으로 어긋나는 것입니다. 만약 어떤 무화과나무가 감람 열매를 맺기 시작했다면, 그것은 매우 괴상한 일일 것입니다. 자연의 원리에 위배되는 터무니없는 것으로서, 그것을 본다면 놀라지 않을 수 없을 것입니다. 이와 마찬가지로, 어떤 그리스도인이 죄악 가운데 산다면, 그것은 그의 특성에 정면으로 위배되는 것입니다. 의로움의 열매를 맺지 않고, 과연 그리스도인이 불의의 열매를 맺는 삶을 살 수 있습니까? 아닙니다. 절대로 그럴 수 없습니다. 만약 무화과나무가 정말로 감람 열매를 맺는다면, 우리는 그 나무가 과연 무화과나무가 맞는지 의심하지 않을 수 없습니다. 왜냐하면 나무는 각각 그 열매로 아는 것이기 때문입니다(참조. 눅 6:44). 만약 어떤 사람이 그리스도인이라고 고백하지만, 그가 세상 사람이 사는 것처럼 똑같이 살고 있다면, 과연 그가 세상 사람은 아닌지 염려할 만한 심각한 사유가 있는 것입니다. 우리 주님은 이렇게 말씀하셨습니다. "못된 열매 맺는 좋은 나무가 없고 또 좋은 열매 맺는 못된 나무가 없느니라 나무는 각각 그 열매로 아나니"(눅 6:43-44). 그렇다면 만약 어떤 신앙인이 세상 사람과 똑같이 행동한다면, 그가 어떻게 하나님이 주신 영원한 생명에 참여하는 사람이라고 상상할 수 있겠습니까? 이와 같이 스스로 하나님의 자녀라고 부르는 사람들의 신앙과 삶이 일치하지 않으면, 과연 그들의 주장이 옳은 것인지 심각하게 의심할 수밖에 없습니다. 이런 사람들은 때때로 자신들이 참으로 하나님의 자녀인지 아닌지에 대해서 의심을 하기도 하고 두려워하기도 합니다. 그것은 당연한 것입니다. 만약 그들이 삶의 열매로 그들의 신앙에 대해서 스스로 판단해 본다면, 정말로 자신들이 거듭났는지 의심을 제기하지 않을 수 없기 때문입니다. 따라서 누구든지 그리스도 예수 안에서 새로운 피조물이 된 사람은 예수님이 사셨던 것처럼 살려고 해야 합니다. 성령님의 도우심과 기도를 통해서, 그들은 주님처럼 살기 위해서 최선을 다해야 합니다.

　　만약 어떤 사람이 얼마동안 의의 열매를 맺다가, 그 다음에는 죄악의 열매를 맺는다면, 그는 이전의 모든 선함에 불명예를 가져다주는 것입니다. 내가 감람 열매를 맺은 어떤 무화과나무를 보고 있다고 가정해 봅시다. 그 나무의 주인이 이 무화과나무가 지난해에는 무화과 열매를 맺었다고 주장한다면, 나는 이렇게 대답할 것입니다. "이 감람 열매를 보고 판단해 본다면, 지난해의 무화과 열매가 대단히 값어치 있는 것이었다고 나는 생각할 수 없습니다." 어떤 사람이 몹시 화가 났습니다. 그래서 그가 매우 험한 말을 한다면, 심지어 베드로처럼 저주하기도 하고 맹세하기도 한다면, 사람들은 당연히 이렇게 물어볼 것입니다. "정말로 이 사람이 그리스도인이기는 했었는가?" 그러자 그를 아는 어떤 사람이 다음과 같이 대답합니다. "글쎄요. 이전에 그는 매우 친절하고 상냥하게 말하곤 했습니다. 그는 매우 진실한 그리스도인인 것처럼 보였습니다." 이 사람이 말한 대로, 그는 정말로 그랬을 것입니다. 값어치가 떨어지는 다른 열매를 맺어서 비난을 받고 있는 나무처럼, 어떤 그리스도인이 때때로 불의한 행동을 보여준다면, 그는 생명력을 잃어버린 신앙인이 되고 맙니다. 우리가 동시에 두 가지 열매, 곧 선한 열매와 악한 열매를 맺는다면, 그것은 그리스도인의 본질에 어긋나며, 또한 자신에게 불명예를 가져다주는 것입니다. 우리가 그렇게 되지 않도록, 하나님께서 우리 모두를 도와주시기를 간절히 바랍니다. 하나님의 모든 교회들이 이

중으로 행동한다고 가정해 보십시오. 그래서 어떤 때에는 교회가 거룩함으로 유명하지만, 다른 때에는 죄악으로 악명이 높다고 상상해 보십시오. 그렇다면 그 결과는 어떻겠습니까? 한 가지 예를 들어보겠습니다. 어떤 사람들이 있습니다. 한편으로, 이들은 공적인 예배에 매우 열심히 참석합니다. 다른 한편으로, 이들은 또한 세속적인 것을 공연하는 극장을 자주 방문하는 것으로도 잘 알려져 있습니다. 이것은 앞뒤가 잘 맞지 않는 행위가 아닙니까? 우리는 그들을 그리스도인들이라고 판단해야 합니까? 아니면, 세상 사람들이라고 인정해야 합니까? 만약 어떤 사람이 어떤 때는 죄인이다가, 또 언젠가는 성도, 곧 거룩한 사람이라면, 그 사람의 행적에 대해서 날마다 상세히 알려주는 달력이 우리에게 필요할 것입니다. 아니면 바닷물이 밀물인지 썰물인지를 가리켜주는 조수(潮水) 간만표가 있어야 할 것입니다. 만약 그가 그러한 삶의 모습을 지니고 죽는다거나, 아니면 그가 불의의 열매를 맺고 있는 바로 그때에 주님이 다시 오신다면, 그에게는 어떠한 결과가 뒤따를지에 대해서 상상해 보시기 바랍니다. 그것에 대해서 생각하면, 나는 소름이 끼칩니다. 우리는 그와 같은 처지에 놓이지 말아야 합니다.

오, 사랑하는 여러분! 여러분에게 절대로 이러한 일이 일어나지 않게 하십시오. 만약 하나님께서 진정으로 여러분의 하나님이시면, 그분만을 섬기고 따르십시오. 만약 마귀가 여러분의 우상이라면, 그를 좇으십시오. 만약 여러분이 하나님을 섬기는 동시에 마귀도 섬긴다면, 그것은 하나님께서 매우 싫어하시는 것과 타협하려는 시도입니다. 사탄은 여러분의 이중적인 삶을 인정해 줄 정도로 보잘것없는 존재는 아닙니다. 심지어 사탄의 추종자들도 하나님과 맘몬을 동시에 섬기려고 시도하는 일관성이 없는 신앙고백자들을 경멸하며 비웃을 것입니다. 이들은 생명으로 인도하는 좁은 길을 걷는 동시에 멸망으로 인도하는 넓은 길을 걷는 사람들입니다. 어느 날, 나는 어떤 거리에서이쪽과 저쪽을 왔다 갔다 하면서 비틀거리며 걷는 사람을 보았습니다. 물론 그는 술 취한 사람이었습니다. 영적인 측면에서 이와 같이 시도하려는 사람, 곧 하나님을 섬기는 동시에 또한 마귀도 섬기려는 사람을 내가 볼 때마다, 그는 술에 취했거나, 아니면 몹시 잘못된 생각으로 판단력을 잃어버린 사람이라는 것을 나는 깨닫게 되었습니다. 그렇지 않다면, 그는 그와 같이 서로 모순되는 결합이 가능하다는 것을 결코 상상할 수 없을 것입니다. 물과 기름은 절대로 서로 섞이지 않습니다. 빛과 어둠도,

또한 거룩함과 더러움도 결코 서로 섞일 수 없습니다. 여러분은 반드시 둘 중에 하나를 선택해야만 합니다. 두 가지를 모두 갖는 것은 불가능합니다. 그러므로 그리스도입니까? 아니면 벨리알, 곧 마귀입니까? 여러분이 섬길 대상을 오늘 택하십시오(참조. 수 24:15). 여러분은 그리스도와 벨리알을 동시에 섬길 수 없습니다. "집 하인이 두 주인을 섬길 수 없나니 혹 이를 미워하고 저를 사랑하거나 혹 이를 중히 여기고 저를 경히 여길 것임이니라"(눅 16:13).

어떤 찬송가의 가사처럼, 그리스도의 참된 교회는 "보름달처럼 아름답고, 태양처럼 밝습니다. 그렇지만 깃발을 든 군대와 같이 늠름합니다." 그러나 일관성이 없는 교회, 언행이 일치하지 않는 교회, 세속적인 교회 — 이 표현은 얼마나 이상합니까? 하나님 편이 되었다가 세상 편이 되기도 하는 이중적인 교회, 또한 신앙은 큰 소리로 고백하지만, 가치 있는 것이라고는 거의 갖고 있지 않거나 아니면 전혀 없는 교회는 세상의 조롱거리밖에는 되지 않습니다. 또한 그러한 교회는 사람들과 마귀가 어느 곳이든지 그들이 원하는 방향으로 차버리는 축구공에 불과합니다. 그리스도인인 체하지만, 거룩하지 않은 사람은 지극히 거룩하신 삼위일체 하나님에게는 악취를 풍기는 존재에 지나지 않습니다. 또한 그런 사람은 하나님의 진정한 자녀에게 조롱거리이며 비난의 대상입니다. 지금 자신이 죄악 가운데 살고 있는데, 어떻게 여러분이 다른 사람들 안에 있는 죄악을 책망할 수 있겠습니까? 일상생활에서 모욕하고 있는 그리스도에 대해서 여러분이 어떻게 설교할 수 있겠습니까? 자신이 세속에 물들어 있는데, 여러분이 어떻게 세속적인 것을 책망할 수 있겠습니까? 그렇다면 여러분은 죄를 꾸짖는 사탄처럼 말하는 것입니다. 또한 가마솥이 검다고 빈정거리는 냄비처럼 이야기하는 것입니다. 만약 우리 가운데 누구든지 이러한 큰 범죄를 어느 정도 범했다면, 그는 지금 곧 죄를 진지하게 회개해야 합니다. 우리를 거룩하게 만들어 가시는 성령님께서 앞으로 또한 영원히 그러한 나쁜 길을 걷지 않도록 우리를 보호해 주시기를 간절히 바랍니다.

3. 세 번째로, 지금 내가 매우 강조하며 주장하고 싶은 요점은 이것입니다.

곧, 무화과나무가 감람 열매를 맺는다는 것은 불가능한 것입니다. 그러므로 회개하지 않은 사람이 의로움의 열매를 맺는다는 것은 불가능합니다. 그것은 그의 능력의 한계를 전적으로 초월하는 것입니다. 그는 스스로 그렇게 할 수 없습니다. 내 설교의 세 번째 부분의 주제는 바로 다음과 같습니다. "반드시 여러분은 위로부터 거듭나야 합니다." 만약 여러분이 거듭나지 않으면, 다시 말해서 성령님의 역사에 의하여 위로부터 새롭게 태어나지 않으면, 지금 여러분이 어떻게 불리어지고 있다고 하더라도, 여러분은 그리스도인이 아닙니다. 무화과나무가 감람 열매를 맺을 수 없는 것과 똑같이, 여러분이 거듭나지 않으면, 여러분은 하나님께서 기쁘게 받으실 만한 열매를 전혀 맺을 수 없습니다.

우리가 지금 프랑스 남부 지방에 있는 어떤 좋은 무화과나무 옆에 서 있다고 가정해 봅시다. 우리는 그 무화과나무가 감람 열매를 맺는 것을 원합니다. 나의 논리가 설득력이 있기 위해서, 무화과나무도 그렇게 되기를 원한다고 상상해 봅시다. 그 일을 위해서 이제 우리는 어떻게 해야 할까요?

맨 먼저, 그 무화과나무 위에다 "감람나무"라는 작은 팻말을 써 붙입시다. 우선 작은 팻말을 구합시다. 그러고 나서, 그 위에 "감람나무"라고 씁니다. 그 다음, 그 팻말을 무화과나무 위에 걸어 놓읍시다. 감람 열매가 무르익을 때가 되면, 우리는 광주리를 갖고 가서, 감람 열매를 거둘 것입니다. 열매를 거두어들이기에 꼭 알맞은 때가 이르렀습니다. 우리는 그 나무가 있는 곳으로 갔습니다. 과연 우리는 무엇을 발견합니까? 나는 그 무화과나무에서 단 한 개의 감람 열매도 볼 수 없습니다. 그 나무에는 수많은 가지들이 있습니다. 거기에는 길고 타원형으로 된 잎들이 많이 있습니다. 또한 무화과 열매들이 주렁주렁 달려 있습니다. 그렇지만 그것이 전부입니다. 눈을 씻고 다시 보아도, 감람 열매는 하나도 없습니다. 아, 그런데도 우리는 이 나무에 "감람나무"라는 팻말을 써 붙였던 것입니다! 맞습니다. 우리가 무화과나무를 의도적으로 감람나무라고 부른다고 해서, 무화과나무의 고유한 특성이 바뀌는 것은 결코 아닙니다. 왜냐하면 그것은 여전히 무화과나무이기 때문입니다. 이와 같이, 어떤 사람을 그냥 하나님의 자녀라고 부른다고 해서, 그가 진정으로 하나님의 자녀가 되는 것은 절대로 아닙니다. 세례와 관련해서, 다음과 같이 말하라고 교육받았던 어떤 사람에 대해서 읽은 것을 나는 기억합니다. "나는 세례를 받았습니다. 그것을 통해서, 나는 하나님의 자녀와 그리스도의 지체가 되었습니다. 또한 하나님 나라의 상속자가 되었습니다." 나의 기억이 옳다면, 성령님에 의해서 거듭났으며, 또한 하나님의 자녀로 입양되었다는 것을 입증해 주는 아무런 표징도 보여주지 못하는 사람들이 때때로 이러한 표현을 사용합니다. 그것은 단순히 "그리스도인"이라는 팻말을 써서 자신의 몸에 붙이는 것과 똑같습니다. 팻말을 붙였지만, 그들의 본성은 이 세상에 태어날 때 지니게 된 본성과 여전히 똑같습니다. 그러한 본성을 지닌 그들은 본래 진노의 자녀였습니다. 어떤 사람들은 단지 "그들이 기독교 국가에서 태어났기 때문에" 그리스도인이라고 일컬어집니다. "영국은 기독교 국가이다"라는 말을 나는 자주 듣기도 하고 읽기도 합니다. 그러나 나는 그 주장이 옳다는 것을 입증해주는 어떤 것도 결코 발견하지 못했습니다. 인도나 중국이나 아프리카 대륙이나 그 이외의 다른 나라들에 그리스도인들이 있는 것처럼, 사실 영국에도 그리스도인들이 있습니다. 그런데 어떤 사람들은 모든 영국인이 그리스도인이라고 여깁니다. 비록 어떤 영국인들은 예배를 드리기 위해서 교회에 전혀 가지 않는데도, 또 어떤 사람들은 일주일 내내 매일 밤마다 술에 취하는데도, 심지어 많은 영국인들이 하나님이 존재한다는 것을 믿지 않는데도, 그들은 그렇게 주장합니다. 사람들이 타는 말을 천사라고 부른다고 해서, 말이 결코 천사가 되지 않습니다. 어떤 사람을 그리스도인이라고 부른다고 해서, 절대로 그 사람을 그리스도인으로 만들 수 없습니다. 여러분이 원한다면, 여러분은 아직 구원받지 않은 사람들에게 "그리스도인"이라는 작은 팻말을 붙여주고, 그들을 교인명부에 등록시키고, 또한 그들을 교인 수에 포함시킬 수 있을 것입니다. 그러나 무화과나무 위에 "감람나무"라고 써 붙인다고 해서, 그 나무의 특성이 바뀌어 감람 열매가 맺히지 않는 것처럼, 앞에서 언급한 과정을 통해서 여러분이 어떤 사람을 그리스도인이라고 부른다고 해서, 여러분은 그 사람을 진정한 그리스도인으로 결코 만들 수 없습니다.

이와 같이 무화과나무에 다른 이름을 붙이는 것은 아무런 소용이 없는 것입니다. 그렇다면 무화과나무를 잘라내고 다듬어서, 그것이 감람나무처럼 보이게 만들어봅시다. 그 두 나무들은 생긴 모습이 매우 다르기 때문에, 그 일은 쉽지 않을 것입니다. 그래도 도끼와 칼과 가위를 사용해서, 무화과나무를 감람나무처럼 만들어봅시다. 최선을 다해서, 우리는 감람나무같이 보이도록 만들었습니다. 열매를 거두기에 적합한 때가 이르러서, 감람열매를 따기 위해서, 우리는 다시 그 나무가 있는 곳으로 갔습니다. 얼마나 많은 열매를 우리는 발견하게 될까요? 열매가 한 개도 없습니다. 나무줄기에서부터 꼭대기까지 샅샅이 훑어보았지만, 어떤 열매도 달려 있지 않았습니다. 만약 감람나무처럼 보이게 하려고 여기저기 잘라내어서 무화과나무를 손상시키지 않았더라면, 우리는 반드시 무화과 열매를 발견할 수 있었을 것입니다. 그러나 우리는 이제 감람 열매도 거둘 수 없습니다. 이와 같이, 우리는 자녀들의 인격과 삶을 형성시켜 주는 일에 매우 신중해야 할 것입니다. 우리는 자녀들을 진실하고 정직하고 올바르고 사랑스럽고 용기 있는 사람이 되도록 가르칠 수 있을 것입니다. 또한 자녀들이 사람들로부터 "저들은 정말 젊은 그리스도인들이야"라고 여겨질 정도로 우리는 그들을 잘 양육할 수도 있을 것입니다. 그러나 그들은 반드시 하나님의 은혜로 예수 그리스도 안에서 새로운 피조물이 되어야 합니다. 자녀들이 좋은 성품을 지니고 훌륭한 행동을 하도록, 우리가 정성껏 가르치고 타이르고 돌보아 주고 이끌어 주었다고 하더라도, 우리의 모든 노력은 그들을 영적으로 구원할 수 없습니다. 그러면 우리가 그들 안에서 "성령의 열매"를 발견하려는 것은 헛수고일 뿐입니다. 따라서 우리가 할 수 있는 것보다 훨씬 더 필요한 것이 있습니다. 다시 말해서, 그들이 그리스도인처럼 보이거나 행동하도록 만드는 것보다, 더욱 본질적이며 깊이 있고 지속적인 사역이 그들에게 이루어져야 합니다. 그들의 마음속에서 하나님의 신비로운 사역이 일어나야 합니다. 곧, 그들의 본성이 근본적으로 변화되어야 합니다. 그것은 오직 성령님만이 온전히 하실 수 있습니다.

그런데 무화과나무에서 감람 열매를 얻으려는 또 한 가지 시도를 해보려고 합니다. 그것은 우리가 무화과나무를 마치 감람나무인 것처럼 취급하는 것입니다. 나는 지중해 연안에 있는 오래된 작은 도시 망통(Menton; 프랑스의 휴양 도시. 그는 요양을 위해 갔었음)을 방문했었습니다. 농부들이 감람나무 밭에서 감람나무들의 둘레에 홈을 파는 것을 나는 자주 보았습니다. 그들은 그 홈을 감람 열매의 껍질로 가득 채웠습니다. 그 다음에, 흙으로 덮었습니다. 곧, 그것을 거름으로 사용했습니다. 어쨌든 감람나무들은 우리 눈에는 익숙하지 않은 그 거름으로부터 적합한 자양분을 흡수하는 것 같아 보였습니다. 그렇다면 우리가 이번에는 무화과나무에게 그렇게 해보면 어떻겠습니까? 무화과나무의 둘레에 홈을 만듭시다. 그 다음, 그곳에 거름으로서 감람 열매 껍데기를 가득 집어넣고 흙으로 덮읍시다. 우리는 그렇게 했습니다. 이제 열매를 거두기에 알맞은 때까지 우리는 기다려야 합니다. 때가 되어서, 우리는 그 나무로 갔습니다. 하지만 우리가 헛수고를 했다는 사실을 금방 깨닫게 되었습니다. 그 무화과나무에는 감람 열매가 단 한 개도 열리지 않았던 것입니다. 만약 우리가 그렇게 많은 분량의 감람 열매 껍질을 감람나무에 거름으로 주었다면, 그 나무는 분명히 좀 더 많은 감람 열매를 맺었을 것입니다. 그리고 무화과나무에 감람 열매 껍질로 된 부적합한 거름을 주었기 때문에, 그 나무에 알맞은 거름을 주었을 때보다도, 이번에는 무화과 열매가 더 적게 열리고 말았습니다. 이와 같이, 여러분의 자녀들이 아직 하나님의 자녀로 거듭나지 않았는데도 불구하고, 여러분은 그들이 마치 그리스도인들인 것처럼 인식해서, 그들에게 영적인 생명에게 적합한 영양분을 주려고 할 수 있는 모든 일을 다 할 것입니다. 그렇지만 이 경우에 여러분의 모든 노력은 헛된 것입니다. 왜냐하면 여러분은 아담의 자손을 하나님의 자녀로 만들 수 없기 때문입니다. 단지 여러분의 노력을 통해서, 여러분은 그들이 완전히 변화된 새로운 성품을 갖게 할 수 없습니다. 그러므로 여러분의 능력의 한계를 전적으로 초월하는 은혜의 위대한 역사가 자녀들에게 이루어지게 해달라고, 여러분은 하나님께 간절히 구해야 합니다. 그것이 여러분이 해야 할 선한 일입니다. 그 일은 영속적인 효력을 지니고 있습니다. 또한 여러분은 아직 구원받지 못한 자녀 한 사람 한 사람에게 다윗처럼 이렇게 기도하라고 가르쳐야 합니다. "하나님이여 내 속에 정한 마음을 창조하시고 내 안에 정직한 영을 새롭게 하소서"(시 51:10).

　　여기에 단 한 개의 감람 열매도 달려 있지 않은 무화과나무가 있습니다. 이제 그 무화과나무의 주위에 감람나무들을 심어봅시다. 그러고 나서 그 상황에서 어떤 변화가 일어날지 살펴봅시다. 그곳에 있는 무화과나무는 매우 외로워 보였습니다. 그래서 그 외로운 나무를 위해서, 우리는 도움을 줄 만한 어떤 일을 알아보아야 할 것입니다. 그것은 우리에게 쉬운 일은 아닐 것입니다. 그러나 우리는 그것을 회피하지 않을 것입니다. 마침내 우리는 그 무화과나무를 감람나무 정원의 한가운데로 옮겨심기로 결정했습니다. 그리고 우리는 그 나무를 열매를 많이 맺는 감람나무와 같이 단단히 묶어 놓기로 했습니다. 그렇다면 주변에 다른 무화과나무들도 없는데, 그 무화과나무는 반드시 감람 열매를 맺어야 할 것입니다. 과연 그렇게 될까요? 오, 아닙니다! 우리가 그 나무를 찍어버려서 열매 맺는 능력을 완전히 제거하지 않는 한, 그것은 무화과 열매를 열리게 하고, 때가 되면 열매를 거둘 수 있을 것입니다. 그 무화과나무에는 감람 열매가 전혀 없을 것입니다. 그런데 그 나무와 같이 묶여져 있는 감람나무에는 진한 자줏빛을 띠고 기름 성분이 많이 담긴 수천 개의 감람 열매들이 달리게 될 것입니다. 만약 우리가 그 감람나무를 흔든다면, 그때서야 감람 열매들이 무화과나무 가지에 떨어져서, 그

가운데 일부가 가지 위에 그대로 있을 것입니다. 이와 같이, 그리스도인들에게 둘러싸여서 살고 있지만 아직 회심하지 않은 사람은 이 무화과나무와 같습니다. 그는 마음이 편안하지 않습니다. 왜냐하면 그는 자기 마음대로 할 수 있는 곳에 있지 않다고 느끼고 있기 때문입니다. 만약 그가 술집에 있거나 대중음악을 연주하는 곳에 있으면, 더 편안할 것입니다. 아니면 어떤 소설이나 신문을 읽으면, 더 기분이 좋을 것입니다. 그렇지만 그리스도인들에게 둘러싸여서, 그는 여기에 있습니다. 감람나무에 꼭 묶여 있는 무화과나무와 같이, 아마도 그는 신앙심 깊은 부인과 결합되어 있을 것입니다. 그러나 그를 그리스도인으로 만들기 위해서는 그것만으로는 충분하지 않습니다. 또한 그에게는 은혜가 충만하고 사랑스러운 딸이 있습니다. 그 딸은 아버지를 설득해서, 그가 딸과 함께 오늘 밤 이 자리에 오게 했습니다. 그 딸은 아버지가 이곳에서 구원의 축복을 받는 것을 희망하기 때문입니다. 나도 그가 그렇게 되기를 진심으로 바랍니다. 그렇지만, 사랑하는 여러분, 여러분이 그리스도인 아내, 그리스도인 자녀, 또한 그리스도인 부모를 지니고 있는 것만으로는 충분하지 않다는 사실을 여러분에게 말해주고 싶습니다. 만약 여러분의 마음속에 은혜의 사역이 일어나지 않는다면, 또한 성령님에 의해서 여러분의 본성 자체가 변화되지 않는다면, 그래서 그리스도 예수 안에서 여러분이 새로운 피조물이 되지 않는다면, 하나님의 사람들과 맺어진 이 모든 거룩한 관계나 결합은 단지 여러분이 영원한 형벌을 받게 되는 근거를 더욱 강화시켜 줄 뿐입니다. 나는 여러분에게 사도 바울이 빌립보 감옥의 간수에게 했던 말을 반복하지 않을 수 없습니다. "주 예수를 믿으라 그리하면 네가 구원을 받으리라"(참조. 행 16:31). 또한 그 간수가 바울로부터 "네 집이"라는 말도 들었듯이, 여러분이 구원받는다면, 이제 여러분의 집에 속한 모든 사람들이 구원받을 수 있을 것입니다. 하나님께서 그렇게 되도록 허락해 주시기를 간절히 바랍니다.

이제 우리가 그 무화과나무를 감람산과 같은 어떤 동산의 꼭대기에 심는다고 가정해 봅시다. 그렇게 한다고 해도, 그 나무는 여전히 무화과나무입니다. 그 나무는 오직 무화과 열매만을 맺습니다. 만약 주님이 회개하지 않은 사람을 있는 모습 그대로 하늘로 데려가신다면, 그는 그곳에서도 회개하지 않은 채로 머물러 있을 것입니다. 만약 그가 거듭나지 않는다면, 또는 거듭날 때까지, 심지어 그가 이 땅으로부터 하늘로 옮겨진다고 하더라도, 단순히 그가 존재하고 있는 장소만 바뀐다면, 하나님께서는 그를 기쁘게 받지 않으실 것입니다. 그는 혼인 잔치에 예복을 입지 않고 참석한 사람과 같은 처지에 놓이게 될 것입니다. 임금은 종들에게 이렇게 말할 것입니다. "이 사람의 손발을 묶어서, 바깥 어두운 데로 내던져라. 거기서 슬피 울며 이를 갈 것이다"(마 22:13).

아마 어떤 사람은 이렇게 물어볼 것입니다. "목사님, 그렇다면 거듭난다는 것은 구체적으로 무엇을 뜻합니까?" 그것은 단지 삶이 외적으로 변화되는 것만을 뜻하지 않습니다. 그리고 거듭나지 않은 사람이 단순히 어떤 죄악들을 버리고, 그 대신에 어떤 미덕들을 소유하려고 갈망하는 것도 아닙니다. 그것은 마치 여러분이 존재하는 것으로부터 완전히 사라져 없어진 다음에 하나님께서 여러분 대신에 완전히 새로운 사람을 만드시는 것과 같습니다. 그것은 정말로 위대한 일입니다. "그런즉 누구든지 그리스도 안에 있으면 새로운 피조물이라 이전 것은 지나갔으니 보라 새 것이 되었도다"(고후 5:17).

어떤 사람은 근심하며, 이렇게 질문합니다. "그렇지만 그와 같은 변화가 과연 일어날 수 있습니까? 만약 그와 같은 일이 내 안에서 일어날 수 있다면, 그것은 나에게 영광스러운 일일 것입니다." 예, 그렇습니다. 사랑하는 친구여, 전능하신 성령님에 의해서, 그것이 일어날 수 있습니다. 만약 여러분이 장차 영광 가운데 계신 하나님 앞에 서 있기를 원한다면, 반드시 이 변화가 여러분 안에서 일어나야만 합니다. 지금 여러분 가운데 청년 시절부터 매우 도덕적이며 칭찬을 받을 만한 삶을 살아온 사람들에게 나는 말합니다. 이 사람들은 구원에 이르게 하는 마음의 본질적인 변화를 아직 체험하지 못했습니다. 나는 이 사람들에게 주 예수님의 엄숙한 경고의 말씀을 반드시 다시 들려주어야 합니다. "너희가 돌이켜 어린 아이들과 같이 되지 아니하면 결단코 천국에 들어가지 못하리라"(마 18:3).

그런데 스스로 만족스럽다고 여기는 사람은 이렇게 말합니다. "글쎄요. 나는 이미 충분히 선하며 의롭다고 생각합니다." 그렇게 말한다면, 그것은 당신이 충분히 선하지도 의롭지도 않다는 것을 가장 강력하게 증거하는 것입니다. 주님께서 이 땅에 계셨을 때, 자신들이 충분히 선하며 의롭다고 판단했던 사람들을 여러분은 기억할 것입니다. 스스로 의롭다고 생각하는 사람들과 관련해서, 예수님께서 제자들에게 어떠한 말씀을 들려주셨습니까? "내가 너희에게 이르노니 너희 의가 서기관과 바리새인보다 더 낫지 못하면 결코 천국에 들어가지 못하리라"(마 5:20). 오늘날 자신들이 충분히 선하며 의롭다고 생각하는 사람들에게 예수님은 바로 이 말씀을 들려주는 것을 원하십니다. 그러나 거듭난 사람은 애통해하고 부끄러워하며, 자신에게 선함과 의로움이 없다고 고백합니다. 또한 그는 자기 안에 선한 것이 있다면, 그것은 모두 오직 전능하신 하나님의 은혜로 말미암은 것이라고 주장합니다. 톱레디(Augustus Montague Toplady 1740-1778; 영국 성공회 목회자이며, 찬송가 작사자. 열정적 칼빈주의자 - 역주)와 함께, 그는 다음과 같이 찬양할 것입니다.

> "가장 악한 사람을 구원하려고
> 당신의 주권적인 사랑이 그를 찾아왔네.
> 지금 하늘 보좌에서 통치하시는 예수님은
> 구원을 값없이 주셨네."

또 다른 친구는 이렇게 말합니다. "만약 그것이 사실이라면, 그것은 나의 처지를 더욱 절망적으로 만듭니다." 내가 바라는 것은 여러분이 바로 그 사실을 깨닫는 것입니다. 그래서 여러분이 더 이상 여러분 자신에게 기대를 걸지 않고, 오직 예수님만을 기대하게 되는 것입니다. 존재하지 않는 것이 자신을 스스로 창조할 수 없듯이, 여러분은 자신의 능력으로 자신을 거듭나게 할 수 없습니다. 그것은 전능하신 삼위일체 하나님만이 하실 수 있는 일입니다. 따라서 하나님 이외에 어느 누구도 그 일을 성취할 수 없습니다. 그러므로 거듭나는 것과 관련해서, 하나님의 은혜에 전적으로 의존할 수밖에 없다는 것을 여러분은 인정해야만 합니다. 만약 하나님께서 여러분이 마음대로 하도록 내버려 두신다면, 여러분은 분명히 영원한 죽음을 맛보게 될 것입니다. 하나님께서는 어떤 것에도 구속(拘束)받지 않으십니다. 사랑이신 하나님께서는 오직 자신의 가슴속에 있는 사랑으로 여러분을 구원하시려고 합니다. 만약 자비와 은혜가 무한하신 왕으로서, 하나님께서 여러분에게 미소를 지으시며, 그의 절대적인 주권으로, 그리스도 예수 안에서 여러분을 새롭게 창조하시려고 한다면, 여러분은 하나님을 영원히 찬양하고 송축해야 할 충분한 근거를 갖고 있습니다. 정말 그렇지 않습니까? 나는 여러분이 이 점을 분명히 깨닫기를 바랍니다. 그래서 만약 여러분이 구원받는다면, 그것은 처음부터 끝까지 모든 것이 하나님의 은혜와 역사로 이루어진다는 사실을 여러분은 인정하게 될 것입니다.

그러자 어떤 사람은 "오, 내가 이 거듭남을 체험할 수 있다면 얼마나 좋을까!"라고 외칩니다. 여러분은 기도하면서 마음속으로 그것을 진정으로 바랍니까? 그렇다면 그것은 여러분이 이미 거듭났다는 것에 대한 최초의 증거입니다. 왜냐하면 다소의 사울에 관해서 주님은 이렇게 증거하셨기 때문입니다. "그가 기도하는 중이니라"(행 9:11). 그것은 사울이 하나님의 자녀로 새로 태어나자마자, 첫 울음을 터트렸다는 것을 입증해 주는 것입니다. 오래 전에 하나님께서 이사야서에 있는 말씀을 통해서, 나를 회개하도록 이끌어 주시고, 축복해 주셨습니다. "땅의 모든 끝이여 내게로 돌이켜 구원을 받으라 나는 하나님이라 다른 이가 없느니라"(사 45:22). 여러분도 이 말씀에 대해서 깊이 생각해 보시기 바랍니다. 그때 내가 했던 것처럼, 여러분도 하나님께로 돌아오십시오. 그를 바라보십시오. 그리고 구원을 받으십시오. 바로 이 순간, 믿음으로, 골고다의 십자가에 달리신 그리스도를 바라보십시오.

> "십자가에 달리신 분을 바라보면, 영생을 얻는다네.
> 바로 이 순간 당신도 영생을 얻을 수 있다네.
> 죄인이여, 그분을 바라보시오. 그리고 구원을 받으시오.
> 나무 위에 못 박히신 바로 그분을 바라보시오."

만약 당신이 믿음의 눈으로 십자가에 달리신 그리스도를 바라본다면, 그것은 새 생명이 이미 당신 안에서 고동치고 있다는 사실을 증거합니다. 이 생명은 영원한 생명입니다. 그러므로 마귀도 사람들도 하나님으로부터 받은 이 생명을 당신으로부터 빼앗아갈 수 없습니다. 예수님은 "아들을 믿는 자에게는 영생이 있고"(요 3:36)라고 말씀하셨습니다. 따라서 예수님을 진정으로 믿은 사람들 가운데 아직 회개하지 않고 거듭나지 않은 사람은 아무도 없습니다. 그리스도를 믿는다는 것은 새 생명을 지니고 있다는 것에 대한 최초의 몇 가지 증거들 가운데 하나입니다. 만약 내가 여러분에게서 단 하나의 감람 열매를 발견한다고 해도, 나는 그 열매 안에 은혜의 기름이 있다는 것을 인정하지 않을 수 없습니다. 그것은 당신이 하나님의 정원에 있는 좋은 감람나무들 가운데 하나라는 사실을 명백하게 증거해 줍니다. 만약 내가 당신에게서 무화과 열매를 발견한다면, 당신이 무화과나무라는 사실을 나는 인정하지 않을 수 없습니다. 그런데 만약 내가 당신에게서 매우 작은 감람 열매 하나를 발견한다면, 여러분 안에 있는 새 생명이 그렇게 만든 것입니다. 또한 새 생명은 앞으로 좀 더 크고 좋은 열매들을 수없이 많이 맺게 하리라는 것을 나는 알고 있습니다. 하나님께서 권능의 오른손으로 당신을 하나님의 감람나무 동산에 옮겨 심으셨습니다. 그것에 대해서 당신은 하나님께 영광을 돌리고 그를 찬양할 것입니다. 당신은 믿음을 지니고 있고 보여주고 있습니다. 그렇지만 그 믿음은 아직 작고 연약합니다. 그것은 하나님께서 은혜로 주신 것입니다. 영원히 찬양받으실 성령님께서 그 믿음에게 은혜가 넘치는 자양분을 주십니다. 그것을 통해서, 당신의 믿음은 점점 성장해 갈 것입니다. 그래서 당신의 믿음은 아브라함의 믿음처럼 강건해질 것입니다. "믿음으로 견고하여져서 하나님께 영광을 돌리며"(롬 4:20).

　　여러분 가운데 아직 거듭나지 않은 사람이 있다면, 자신을 의지하는 것을 그만두고, 하나님과 함께 새로운 시작을 하십시오. 그 일에 하나님께서 도와주시기를 축원합니다. 피조물의 끝은 창조주의 시작입니다. 곧, 자아(自我)를 버리면, 창조주께서 위대한 일을 새롭게 시작하십니다. 당신이 스스로 구원할 수 없다는 것을 인정하십시오. 하나님께서 당신을 구원하실 수 있다고 믿으면, 반드시 그는 그렇게 하실 것입니다. 바로 지금 이 순간, 당신을 하나님께 맡기십시오. 그러면 은혜가 풍성하시며 전능하신 하나님께서 열매 없는 무화과나무를 열매를 많이 맺는 감람나무로 변화시켜 주실 것입니다. 그리고 당신은 점점 더 거룩해질 것입니다. 장차 당신은 영원한 생명의 나라에 이르게 될 것입니다. 아멘.

제
9
장

—

구하라, 그러면 얻으리라

—

"너희는 욕심을 내어도 얻지 못하여 살인하며 시기하여도
능히 취하지 못하므로 다투고 싸우는도다 너희가 얻지 못함
은 구하지 아니하기 때문이요 구하여도 받지 못함은 정욕으
로 쓰려고 잘못 구하기 때문이라" — 약 4:2-3

사람은 욕구로 가득 찬 피조물입니다. 그는 언제나 안식이 없습니다. 그의
마음은 욕망으로 가득합니다. 저는 이런저런 다양한 종류의 욕망을 가지지 않은
사람을 거의 상상할 수 없습니다. 사람은 물속에서 먹을 것을 찾아 분주히 움직
이는 무수한 섬모를 가진 말미잘과 같습니다. 사람은 덩굴손을 뻗어 더 높은 곳
으로 기어오르는 어떤 식물과 같습니다. 사람은 자기가 생각하는 것을 자신의
항구에 들어오도록 조종합니다. 그러나 아직까지 그는 파도에 따라 이리저리 흔
들리곤 합니다. 이 세상에서 그는 언젠가 그의 마음에 희락이 있기를 희망하고,
따라서 그는 크고 작은 기대감을 가지고 끊임없이 욕구를 분출시킵니다.

이 사실은 가장 악한 사람이든 가장 선한 사람이든 누구에게나 적용됩니다.
그러나 죄인들의 욕구와 성도들의 욕구 사이에는 차이가 있습니다. 죄인들의 욕
구는 정욕이 됩니다. 그들의 욕망은 이기적이고, 육욕적이며, 결국 악합니다. 그
들의 욕구의 성향은 잘못된 방향을 따라 강력하게 진행됩니다. 이러한 욕망들은
많은 경우에 지극히 감정적이 됩니다. 그것들은 사람을 그 종으로 만들어 사람
의 판단을 지배합니다. 그것들은 사람이 폭력적이 되도록 자극합니다.

그는 싸우고 전쟁을 합니다. 어쩌면 그는 글자 그대로 살인을 할지도 모릅니다. 분노를 살인과 같은 것으로 보시는(마 5:21-22) 하나님의 눈으로 보면, 그는 얼마나 자주 살인을 저지를까요. 그의 욕구는 통상 그것들을 정열이라고 말할 수 있을 만큼 아주 강렬합니다. 이 정열들이 극도로 흥분되면, 사람 자신은 격렬하게 투쟁을 벌이게 됩니다. 하나님 나라와 같이 마귀의 나라도 폭력으로 얼룩져 있고, 침략자는 그것을 힘으로 취합니다(마 11:12).

마찬가지로 그리스도인들 안에도 역시 욕망들이 있습니다. 성도들이 그 욕망들을 제거하기 위해서는 그것들과 큰 싸움을 벌여야 합니다. 그러함으로써 그들은 그들의 저급한 자아로부터 벗어납니다. 신자들은 가장 좋은 일들 곧 순전하고 평화롭고 훌륭하고 고상한 일들만 소원합니다. 그들은 하나님의 영광을 추구합니다. 그러므로 그들의 동기는 거듭나지 않은 영혼을 자극하는 동기들보다 훨씬 더 차원이 높습니다. 그리스도인들 안에 있는 이런 욕망들은 종종 극히 열렬하고 강력하게 불타오르기도 합니다. 참으로 그들은 항상 그렇게 되어야 합니다. 하나님의 영으로부터 나오는 욕망들은 거듭난 본성을 자극하고, 그것을 흥분시키며 도전을 줍니다. 그것들은 신자가, 하나님이 갈망하도록 가르친 일들을 성취할 수 있을 때까지 고뇌 속에서 번민하도록 합니다. 악인들의 정욕과 의인들의 거룩한 욕망은 그들 나름대로 만족을 취하는 방법을 갖고 있습니다. 악인들은 경쟁을 통해 그들의 정욕을 만족시키려고 합니다. 그들은 상대를 죽이고 욕망을 채웁니다. 그들은 싸우고 전쟁을 합니다. 반면에 의인들의 욕망은 적절하게 인도될 때 그 목적을 성취시키는 과정이 훨씬 고상합니다. 그들은 열렬하고 지속적인 기도로서 그 간절함을 표현합니다. 경건한 사람은 욕망으로 가득할 때 하나님의 손으로부터 나오는 것을 구하고 받습니다. 여기서 나는 하나님의 도우심을 통해 이번 설교의 본문인 야고보서 4:2-3을 설명하고자 합니다.

첫째, 나는 "너희는 욕심을 내어도 얻지 못하여"라는 말씀 속에서 표현된 정욕의 빈곤함에 대해 설명할 것입니다. 그 다음 두 번째로 나는 영적인 일에 몰두하는 많은 자칭 그리스도인들의 빈곤함에 대해 전할 것입니다. 그들 역시 주의 일을 하기를 간절히 바라지만, 실제로는 그렇지 못합니다. 세 번째로, 나는 우리가 단순히 올바른 수단만 사용한다면 거룩한 욕망들이 반드시 보상받는 부요함에 대해 서술할 것입니다. 이때 우리는 구하기만 하면 받을 것입니다.

1. 정욕의 빈곤함

첫째로 정욕의 빈곤함에 대해 살펴보겠습니다. "너희는 욕심을 내어도 얻지 못하여." 아무리 강하다고 해도 육체의 정욕은 구하는 것만큼 얻는 것이 없습니다. 본문은 "너희가 … 구하여도 받지 못함은"이라고 말씀합니다. 육에 속한 사람은 행복을 갈구하지만, 결코 행복하지 못합니다. 그는 위대하게 되기를 소원하지만, 날마다 더욱 비천한 존재로 나아갈 뿐입니다. 그는 자기를 만족시킬 것이라고 생각하는 이런저런 많은 것들을 열망하지만, 결코 만족하지 못합니다. 그는 결코 잠잠할 수 없는 파도치는 바다와 같습니다. 이렇게 살든 저렇게 살든 그의 인생은 실망의 연속입니다. 그의 활동들은 평화가 없고 허망합니다. 그것들은 단지 불에 사용하는 연료일 뿐입니다. 거기에 어찌 다른 길이 있을 수 있을까요? 우리가 바람을 심는다면, 광풍 외에 다른 것을 거둘 수는 없지 않을까요 (호 8:7)?

비록 적극적이고 다재다능하고 참을성이 강한 사람의 강렬한 정욕이 그가 추구하는 것을 충분히 성취한다고 해도, 그는 곧 얻은 것을 잃어버리게 될 것입니다. 그는 그것을 소유하지만 곧 소유하지 못하게 될 것입니다. 그 추구는 힘들지만 그 소득은 꿈에 불과합니다. 그는 먹기 위해 앉아 있으나, 보십시오, 진수성찬은 사라지고, 그가 컵을 입술에 댈 때 그 컵은 사라지고 맙니다. 그는 잃어버리게 됩니다. 그는 세우지만 그 탑은 모래 위에 세운 것으로 금방 허물어지고 맙니다. 나폴레옹이 그 한 실례입니다. 그는 많은 나라들을 정복했지만 바다 한가운데 고적한 섬에 갇혀 불만을 가득 안고 죽었습니다. 요나를 가려 주던 박 넝쿨이 밤 사이에 시들어 버린 것처럼(욘 4:6-11) 제국들 역시 갑작스럽게 몰락하고 그 지배자들도 유배지에서 죽었습니다. 사람들이 전쟁과 싸움을 통해 얻은 것은 잠시 빌린 재산에 불과했습니다. 그 소유는 너무 일시적이어서 참으로 "욕심을 내어도 얻지 못하는" 것일 뿐입니다. 비록 이런 사람이 그가 탁월한 재능을 소유하고 있고 자기가 얻은 것을 유지할 만한 능력이 있다고 할지라도, 다른 의미에서 그는 심지어는 그가 그것을 소유하고 있는 동안에도 그것을 갖고 있지 못합니다. 왜냐하면 그가 그것을 갖고 있을 때 기대했던 즐거움이 거기에 없기 때문입니다. 그는 사과를 집어들었지만, 그것은 손 안에서 퍼석퍼석 부서져 버리는 사해산(死海產) 사과 중의 하나로 판명되고 맙니다.

정욕과 전쟁을 통해 육에 속한 사람은 결국 자신이 간절히 원하는 것을 얻기는 합니다. 그러나 순간의 만족감이 사라지면, 그가 그토록 정열적으로 갈망했던 것에 대해 만족감이 사라지게 됩니다. 그는 일시적인 쾌락을 소원하고, 그것을 붙잡지만, 그의 열렬한 붙잡음 때문에 그것은 부서지고 맙니다. 아이가 나비를 잡는 장면을 보십시오. 이 꽃에서 저 꽃으로 날아다니는 나비를 그는 죽어라고 쫓아다닙니다. 드디어 나비는 그의 손에 잡힐 만한 범주 안으로 들어오고, 그는 모자로 그것을 포획합니다. 그러나 불쌍한 나비를 잡을 때, 그 잡는 행위로 인해 상처를 입은 나비가 아무 쓸모가 없음을 발견하게 됩니다. 마찬가지로 수많은 사람들에 대해 "너희는 욕심을 내어도 얻지 못하여"라고 말할 수 있습니다. 야고보 사도는 그들의 세 가지 빈곤함에 대해 말씀합니다: "너희는 살인하며 시기하여도 능히 취하지 못할 것이요", "너희가 얻지 못함은 구하지 아니하기 때문이요", "구하여도 받지 못함은 정욕으로 쓰려고 잘못 구하기 때문이다."

육에 속한 사람들은 "살인하여 시기하여도 능히 취하지 못합니다." 만일 그들이 실패한다면, 그것은 그들이 원하는 것을 얻기 위해 수고하지 않아서가 아닙니다. 왜냐하면 본성상, 그들은 그들이 할 수 있는 범주 안에서, 그리고 아주 적극적으로 가장 실제적인 수단들을 사용하기 때문입니다. 육에 속한 마음에 따르면, 어떤 것을 얻을 수 있는 유일한 길은 그것을 위해 싸우는 것입니다. 사실상 야고보 사도는 이것을 모든 싸움의 근원으로 설명하고 있습니다: "너희 중에 싸움이 어디로부터 다툼이 어디로부터 나느냐 너희 지체 중에서 싸우는 정욕으로부터 나는 것이 아니냐"(약 4:1). 그러나 그들의 싸움은 성공할 수 없습니다. 왜냐하면 그 다음 구절에서 야고보 사도는 "너희는 다투고 싸우는 데도 얻지 못한다"고 말하고 있기 때문입니다. 그러나 사람들은 대대로 이 방법을 고수합니다.

만일 어떤 사람이 이 세상에서 성공하려면, 그는 이웃들과 경쟁해야 하고 그들이 차지하고 있는 자리에서 그들을 밀어내야 한다고 말할 수 있습니다. 이웃의 성공에 대해서는 냉정하고, 오직 자기 자신의 성공에 대해서만 관심을 가져야 합니다. 그는 많이 짓밟을수록 성공을 확신하게 됩니다. 그가 이웃을 자기 몸처럼 사랑한다면 결코 성공을 기대할 수 없습니다. 그것이 진정한 싸움이고, 누구나 스스로의 힘으로 살아 남아야 합니다. 여러분은 내가 빈정거린다고 생각하십니까? 하지만 나는 진실로 그것을 원했던 사람들로부터 이 같은 이야기를 들었습니다. 그때 그들은 싸우는 쪽을 택했고, 그 싸움에서 그들은 종종 승리했습니다. 본문에 따르면 그들은 "죽이기" 때문입니다 즉 그들은 그들의 대적들을 짓밟고 그들을 끝장내기 때문입니다.

수많은 사람들이 스스로의 힘으로 살아가는데, 그때 그들은 여기서 싸우고 저기서 다투되, 끝까지 버티면서 그들 자신의 행복을 위해 싸웁니다. 그들의 거래를 양심은 결코 막지 못합니다. 그들의 귀에는 "돈을 벌어라. 할 수 있는 한 정직하게 돈을 벌어라. 그러나 그렇게 해선 절대로 돈을 벌지 못하리라"는 옛 속담이 울려 퍼집니다. 육체와 영혼이 파괴되고, 다른 사람들이 불행에 빠지게 되는 것은 문제가 아닙니다. 그들은 싸워야 합니다. 그 이유는 이 전쟁에는 해고가 없기 때문입니다. 야고보 사도는 현명하게 "너희는 살인하여 시기하여도 능히 취하지 못하므로 다투고 싸우는도다"라고 말합니다.

자기들의 마음을 이기적 욕망 위에 두고 있는 사람들은 성공하지 못할 때, 그들의 실패의 이유가 "구하지 아니하기 때문"이라고 말하는 것이 가능합니다. 그러면 성공은 구하는 것으로 이루어지는 것일까요? 본문은 이에 대해 힌트를 주고 있고, 의인은 그것이 그렇다는 사실을 깨닫게 됩니다. 육에 속해 강렬한 욕망을 가진 사람은 왜 구하지 않을까요? 그 이유는 첫째로, 거듭나지 못한 자연인이 기도하는 것은 당연한 일이 아니기 때문입니다. 그는 자연적으로 발아해서 날개를 달고 날아가는 나방과 같습니다. 그는 기도라는 말을 무시합니다. "기도? 아니야, 나는 일하기를 원해. 나는 기도에 시간을 낭비할 수 없어. 기도는 실제적인 것이 못돼. 나는 내 식으로 싸우기 원해. 당신이 기도하는 동안 나는 내 대적을 칠 거야. 나는 내 사무실에 가서 당신의 성경책과 기도들을 치워 버릴거야"라고 그는 말합니다.

육에 속한 사람은 어떤 도움도 하나님께 구할 의사가 없습니다. 그는 자신의 선견지명을 아주 자랑스럽게 여깁니다. 그는 자신의 강한 팔이 자기에게 승리를 가져다줄 것이라고 생각합니다. 자신의 견해에 대해 아주 자유스러울 때, 그는 자기는 기도하지 않아도 좋은 일이 일어날 것이라고 생각합니다. 왜냐하면 그것이 사람들의 마음을 안심시키고, 그들을 아주 기분 좋게 하기 때문입니다. 그러나 지금까지 응답받은 기도가 있었다고 해도 그것을 무시합니다. 그는 하나님이 기도에 응답하시기 위해 자신의 행위를 바꾸는 것은 철학적으로 또는 신학적으로 불합리한 견해라고 주장합니다. 그는 "어리석도다, 아주 어리석도다!"고 말합니다. 그러므로 자신의 지혜를 따라 그는 그의 전쟁과 싸움의 길로 들어갑니다. 그것은 이 수단을 통해 자신의 목표를 이룰 수 있다고 보기 때문입니다. 그러나 그는 그것을 이룰 수 없습니다. 인류의 전체 역사를 보면, 악한 욕망은 결코 그 목표를 이루지 못했음을 입증해 줍니다.

육에 속한 사람은 잠깐 동안은 싸우고 전쟁을 할 수 있습니다. 그러나 결국에 가선 마음을 바꾸게 됩니다. 그 이유는 그가 싸울 수 없도록 병이 나거나 겁을 먹게 되기 때문입니다. 그의 목표는 변함이 없습니다. 하지만 그가 한 가지 방법을 써서 그 목표를 이룰 수 없다면 그는 곧 다른 방법을 쓸 것입니다. 만일 그가 구해야 한다면 아마 구하기는 잘할 것입니다. 그는 종교적인 사람이 되고 그 방법을 통해 스스로 힘을 얻습니다. 그는 어느 종교적인 사람들은 세상에서 잘 나가고, 심지어는 신실한 그리스도인들이 결코 바보가 아니라는 것도 인정합니다. 그러므로 그는 그 계획을 시도해 볼 것입니다.

그런데 그는 본문에서 말하는 세 번째 오류 속에 빠지게 됩니다: "구하여도 받지 못함은." 왜 육에 속한 사람은 심지어 기도할 때에도 그 욕구를 이룰 수 없을까요? 그 이유는 그의 구함이 단순히 형식에 그치기 때문입니다. 그의 마음은 하나님을 경배하는 마음이 없습니다. 그는 기도의 형식들을 담고 있는 책을 사고, 그것들을 중언부언 반복합니다. 그는 중언부언이 기도하는 것보다 더 쉽다는 것을 알고, 아무 생각 없이 구합니다. 저는 여러분이 그렇게 기도한다면 어떤 형식으로 기도하든 그것을 반박할 생각은 없습니다. 그러나 나는 기도문으로 기도하지 않고, 기도문을 아무 생각 없이 반복하는 많은 사람들을 알고 있습니다. 만일 우리 자녀들이 부모에게 어떤 요청이 있을 때 솔직히 말하지 않고 항상 우리에게 읽어 주려는 기도문을 찾기 위해 도서관에 가는 것처럼 한다고 상상해 보십시오. 그렇게 되면 가족 간의 감정과 사랑은 확실히 끝장이 날 것입니다.

인생은 그 움직임이 속박을 받을 것입니다. 우리의 가정은 일종의 학교 기숙사나 병영의 막사처럼 되고 말 것입니다. 가족들은 사랑스러운 신뢰로 가득 차고 즐거움으로 반응하는 행복하고 다정한 눈빛 대신에 모두 의례적이고, 형식적인 딱딱한 사이가 되어버릴 것입니다. 영적인 많은 사람들이 다양한 기도의 형식을 사용합니다. 그러나 육에 속한 사람들은 형식에만 관심이 있고 참된 기도에는 관심이 없기 때문에 거의 대부분 그렇게 되고 맙니다.

만일 여러분의 욕망이 타락한 본성에 속한 것이라면, 만일 여러분의 욕망이 여러분 자신의 자아에서 시작해서 자아로 끝난다면, 그리고 여러분이 세상에 사는 인생의 첫 번째 목적이 하나님의 영광이 아니라 자신의 영광에 있다면, 여러분은 아무리 열심히 투쟁한다고 해도 결국 그것을 얻지 못할 것입니다. 여러분은 일찍 일어나고 늦게 누워 잔다고 해도, 거기서 얻는 것으로 만족할 것은 아무것도 없을 것입니다. 주님이 시편을 통해 다음과 같이 말씀하신 것을 기억하십시오. "분을 그치고 노를 버리며 불평하지 말라 오히려 악을 만들 뿐이라 … 잠시 후에는 악인이 없어지리니 네가 그곳을 자세히 살필지라도 없으리로다 그러나 온유한 자들은 땅을 차지하며 풍성한 화평으로 즐거워하리로다"(시 37:8, 10-11).

나는 지금까지 말씀드린 것만으로도 정욕의 빈곤함을 충분히 입증했다고 생각합니다.

2. 영적 빈곤함

두 번째로 나는 이 문제를 아주 심각하게 다루고자 하는데, 그것은 그리스도인들이 영적 빈곤함을 어떻게 채울 수 있는지를 보여주는 것입니다. 그들 역시 얻기를 간절히 바라지만 얻지 못할 수 있습니다. 물론 그리스도인들은 불신자들보다 훨씬 더 고상한 일들을 추구합니다. 그렇지 않다면 그들은 "그리스도인"이라는 말을 들을 자격이 없겠지요. 최소한 겉으로만 보면 그리스도인의 목적은 성령과 진리 안에서 참된 부요함을 얻고 하나님을 영화롭게 하는 것입니다. 그러나 보십시오. 사랑하는 형제들이여, 모든 그리스도인들이 그들이 원하는 것만큼 얻지 못합니다. 여기저기뿐만 아니라 많은 곳에서 교회는 잠을 자고 있고 점차 쇠락의 길을 걷고 있습니다.

물론 그들에게 그럴 만한 핑곗거리가 없는 것은 아닙니다. 그들은 인구가 줄고 있고, 다른 것들을 사랑하도록 사람들이 유혹받고 있다고 말합니다. 사람마다 핑계 없는 무덤이 없는 법이지요. 그러나 우리는 현실을 직시해야 합니다. 어떤 지역에서는 거의 공예배가 사라져 버렸습니다. 목회사역은 사람들을 집결시키는 능력이 없어졌습니다. 형식적으로 참석하는 회중들은 불만이 있거나 무관심합니다. 이런 교회들 안에서는 회심의 역사가 일어나지 않습니다. 이런 일들이 일어나는 이유가 무엇일까요?

첫째로, 심지어는 자칭 그리스도인들이라도 잘못된 방법으로 자기의 욕구를 이루고자 할 수 있습니다. "다투고 싸우나 얻지 못하고." 교회들이 다른 교회들과 경쟁함으로써 부흥하려고 시도하지 않았습니까? 우리는 어리석게도 이렇게 말합니다: "모 교회는 아주 유능한 목회자를 보유하고 있습니다. 우리도 유능한 목회자가 필요합니다. 실제로 그는 다른 교회의 목회자보다 더 유능해야 합니다. 그것이 바로 우리가 원하는 바 ─ 유능한 목회자 ─ 입니다." 예수 그리스도의 복음을 설교하는 유능한 목회자에 관해 말하는 시대에 살고 있다는 것이 얼마나 두려운 일일까요! 이 거룩한 섬김이 인간적인 유능함에 의존한다고 생각되는 것이 얼마나 슬픈 일일까요! 교회들은 건물, 찬양, 의상 그리고 사회적 지위 등에서 다른 교회들과 서로 경쟁하고 있습니다. 어떤 경우에는 라이벌이 되어 싸우는 일도 있습니다. 다른 교회가 자기들 교회보다 더 크게 성장하는 것을 즐거운 눈으로 바라보지 못할 정도로 속이 좁습니다. 다른 교회 회중들이 우리 교회 회중들보다 더 열심히 수고할 수 있고, 그들이 하나님의 사역을 더 잘 감당할 수도 있습니다. 그러나 우리는 그들에 대해 질투어린 눈으로 바라보기가 십상입니다. 우리는 그들과 사이좋게 지내려는 마음이 없습니다. "너희는 하나님이 우리 속에 거하게 하신 성령이 시기하기까지 사모한다 하신 말씀을 헛된 줄로 생각하느냐" (약 4:5). 만일 그들 사이에 교회를 분열시키고 소멸시키는 분란이 일어났다면, 우리는 그것을 기뻐해서는 안 됩니다. 당연히 그래서는 안됩니다. 그러나 우리는 전혀 슬픔을 느끼지 않습니다. 어떤 교회에는 악령이 머물러 있기도 합니다. 하나님은 이런 방법들과 이런 영들을 축복하지 않으실 것입니다. 악령에게 지는 사람들은 얻기를 바라지만 결코 얻지 못할 것입니다.

그러면 이런 교회들이 축복을 받지 못하는 이유는 무엇일까요? 본문은 "구하지 아니하기 때문"이라고 말씀합니다. 저는 구하지 않는 그리스도인들이 있다는데 대해 우려를 금할 수 없습니다. 모든 형식의 기도가 무시되고 있습니다. 개인기도는 쇠퇴일로를 겪고 있습니다. 저는 모든 회중이 양심에 손을 얹고 얼마나 많이 개인기도를 실시하는지, 얼마나 많은 시간 하나님과 은밀한 교제를 갖고 있는지 물어보기를 원합니다. 확실히 개인기도를 활성화하는 것이 교회성장의 비결입니다. 가정기도는 눈으로 확인할 수 있기 때문에 판단하기가 더 쉽습니다. 나는 오늘날 많은 사람들이 가정기도를 포기하는 것이 걱정이 됩니다. 나는 여러분이 이런 사람들과 같이 되지 않기를 기도합니다.

나는 여러분이 어떤 스코틀랜드 농부와 똑같은 태도를 취하기를 바랍니다. 그는 인심이 후한 어느 부잣집 농부로 고용되었습니다. 그의 모든 친구들은 그런 그를 부러워했습니다. 그러나 얼마 안가 그는 다시 고향으로 돌아왔습니다. 그들이 그에게 왜 곧 돌아오게 되었느냐고 묻자 그는 "나는 지붕이 없는 집에서 살 수 없어"라고 대답했습니다. 물론 부잣집은 물리적인 지붕은 있었으나 그 농부는 기도의 지붕을 말한 것이었습니다. 기도 없는 집은 지붕 없는 집입니다. 우리는 우리 가족들 머리 위에 아무것도 없다면 교회에서 축복을 기대할 수 없습니다. 우리가 기도회라고 부르는 모임에 참석하는 것도 부진하지 않습니까? 많은 이유로 기도회는 무시되고 있습니다. 그것은 사소한 모임으로 전락해 버렸습니다. 어떤 교회 성도들은 전혀 참석하지 않습니다. 그리고 그것이 그들의 양심에 아무 가책을 주지 않습니다. 어떤 성도들은 기도회를 성경공부와 결합시킴으로써 한 주간 동안 딱 한 번만 모임을 갖습니다. 언젠가 저는 이 모든 현상에 대해 이런 변명의 소리를 들었습니다: "사람들은 가족에 대해 더 많은 관심을 갖고 있고, 그래서 가정에서 잘하고 있다." 이것은 어리석은 대답입니다. 우리들 가운데 누구도 가정사를 무시하는 사람들이 되기를 원하지 않습니다. 그러나 그들 자신의 관심사에 가장 큰 신경을 쓰는 사람은 교회에 가서 해야 할 일에 대해서도 부지런한 사람들입니다. 하나님의 집을 무시하는 사람은 종종 자기 자신의 집에 대해서도 무시하는 사람이라고 말할 수 있습니다. 만일 어떤 사람이 그의 자녀에게 교회활동을 강조하지 않는다면, 나는 그가 그리스도에게 다가갈 수 없을 것이라고 권면할 것입니다.

　어쨌든 교회의 기도는 교회 부흥의 근간입니다. 만일 우리가 기도를 못한다면 축복도 못받습니다. 교회로서 우리의 진정한 성공은 단지 그것을 주님께 구할 때에만 얻을 수 있습니다. 우리는 이 문제에 대해 개혁하고 개선할 준비가 되어 있지 않습니까? 오, 시온에 고통의 시간이 임하면 그때는 얼마나 기도의 고뇌가 신실한 자의 온 몸에 가득하게 될까요!

　어떤 사람들은 "우리는 기도회를 갖고 있고, 그때 축복을 구하지만 축복은 오지 않는다"고 말할 것입니다. 다음 본문에서 그 해답을 발견할 수 있지 않습니까? "구하여도 받지 못함은 잘못 구하기 때문이라." 기도회가 단순한 형식이 될 때, 신자들이 진지하고 열렬한 마음으로 하나님께 구하는 대신 고개를 뻣뻣이 들고 장광설을 늘어놓으며 시간을 허비할 때, 축복에 대한 기대가 없을 때, 기도가 냉랭하고 냉담할 때, 그러면 이루어지는 것은 아무것도 없습니다. 열렬한 마음이 없이 기도하는 사람은 전혀 기도하지 않는 것입니다. 우리가 기도할 때 불이 없다면, 우리는 "소멸하는 불"(신 4:24)이신 하나님과 교제할 수 없습니다.

많은 기도들이 그 배후에 믿음이 없기 때문에 그 목적을 이루는데 실패합니다. 의심으로 가득 찬 기도는 거절해 달라고 요청하는 것과 같습니다. 여러분이 한 친구에게 "사랑하는 친구여, 나에겐 지금 큰 고민거리가 있네. 이것을 자네에게 말하는데, 그렇게 하는 것이 옳다고 생각하기 때문에 자네 도움을 받고 싶네. 그러나 비록 말은 하지만 자네가 어떤 도움을 줄 수 있을지 나는 자네를 믿을 수가 없네. 만약 자네가 그런 도움을 준다면 참으로 나는 큰 충격을 받겠지. 나는 아마 그것을 큰 이적처럼 말할 것이네" 하고 말한다고 상상해 보십시오.

그때 여러분이 어떤 도움을 받을 것이라고 생각하십니까? 나는 여러분의 친구가 그를 믿는 여러분의 신뢰가 얼마나 작은지 충분히 느낄 수 있다는 것을 말해 두는 바입니다. 그는 여러분이 아무것도 기대하지 않기 때문에 여러분의 그런 태도에 전혀 놀라지 않는 반응을 보일 것입니다. 그의 인자하심에 대한 여러분의 의견은 너무 낮기 때문에 그는 여러분을 위해 힘쓸 마음이 없을 것입니다. 우리의 기도가 그 요청과 같을 때 우리가 받지 못한다면 잘못 구하기 때문이라는 것에 놀라서는 안됩니다.

더구나 우리가 교회가 부흥 중에 영광을 받기를 원하기 때문에 교회의 부흥을 단순히 구하기만 한다면, 우리가 속한 교파가 크게 성장하고, 우리가 그 영광을 공유할 정도로 그 사회적 영향력이 증진되기를 바란다면, 우리의 욕구는 결국 정욕 외에 다른 것이 아닐 것입니다.

하나님의 자녀들이 세상 사람들과 동일한 질투심과 야망을 드러내는 것이 어떻게 있을 수 있을까요? 영적 사역이 라이벌 관계와 경쟁의 문제가 될 수 있습니까? 아닙니다. 이기적인 성공을 구하는 기도는 아무리 진지하고 아무리 깊이 믿는다고 해도 은혜의 보좌에 들어가지 못할 것입니다. 하나님은 우리의 기도를 듣지 않으시고, 나가라고 말씀하실 것입니다. 왜냐하면 그분은 자아가 목적인 간구를 좋아하시지 않기 때문입니다. "너희가 얻지 못함은 구하지 아니하기 때문이요 구하여도 받지 못함은 … 잘못 구하기 때문이라."

3. 우리의 넘치는 부요함

이제 나는 아주 유쾌한 말씀을 전하고자 합니다. 그것은 올바른 수단을 사용할 때 주어지는 부요함 곧 적절한 기도에 대한 설명입니다.

나는 여러분이 이 문제에 관해 아주 열렬한 관심을 갖기를 바랍니다. 왜냐하면 그것은 굉장히 중요하기 때문입니다. 첫 번째 요점을 말한다면, 우리는 하나님이 이 점에 대해 우리에게 바라시는 것이 얼마나 작은 일인지를 알게 됩니다. 구하라? 하지만 그것은 그분이 우리에게 바라시는 가장 작은 일입니다. 그리고 그것은 우리에게 도움 얻기를 원하는 사람들에게 우리가 요구하는 정도에 불과한 것입니다. 우리는 가난한 사람이 구하기를 바랍니다. 만일 그가 구하지 않는다면 우리는 그의 가난에 대한 책임을 그에게 지웁니다. 만일 하나님이 구하는 자에게 주시는데도 불구하고 우리가 여전히 가난하다면, 누가 비난을 받아야 하겠습니까? 그것은 전적으로 우리의 책임이 아니겠습니까? 그렇게 되면 우리가 그분의 도우심을 구하지 않을 때에 하나님으로부터 멀어지는 것처럼 보이지 않겠습니까? 확실히 우리 마음속에는 그분에 대한 적대감이 잠재되어 있는 것이 틀림없습니다. 그렇지 않다면 우리가 기도하는 것은 마지못해 하는 억지가 아니라 기꺼이 아주 즐겁게 할 것입니다.

나의 사랑하는 형제들이여, 우리가 그것을 좋아하든 안하든, 구하는 것은 천국의 법칙입니다. "구하라 그리하면 받으리니"(요 16:24) 이것은 누구에게도 예외가 없는 철칙입니다. 우리 주 예수 그리스도는 가족의 장자이지만, 심지어 하나님은 그분에 대해서도 이 법칙을 예외로 하시지 않습니다. 여호와는 자신의 아들에게 "내게 구하라 내가 이방 나라를 네 유업으로 주리니 네 소유가 땅 끝까지 이르리로다"(시 2:8)고 말씀하셨습니다. 만일 왕이신 하나님의 아들이 구함의 법칙으로부터 제외되지 않았다면, 저와 여러분이 그 법칙에서 예외가 되리라고 기대하지는 못할 것입니다. 하나님은 엘리야를 복 주시고, 이스라엘에 비를 내려 주신다고 미리 말씀하셨지만, 엘리야는 그것을 위해 기도해야 했습니다. 비록 하나님의 선민이 번영하도록 되어 있었지만, 사무엘은 그것을 위해 간구해야 했습니다. 비록 유대인들이 구원받도록 되어 있었지만, 다니엘은 중보의 기도를 드려야 했습니다. 하나님은 바울을 축복하셨고, 열방들이 그를 통해 회심했지만, 바울은 기도해야 했습니다. 그는 "쉬지 말고" 기도하라(살전 5:17)고 했습니다. 그가 쓴 편지들은 그가 그것을 위해 기도하는 것 외에 다른 것을 기대하지 않았음을 보여줍니다.

더구나 깊이 생각해 보지 않아도, 하나님의 교회에는 기도 외에도 많은 필수적인 것들이 있다는 것을 우리는 알고 있습니다. 여러분은 제가 앞서 언급했던 유능한 목사를 만날 수 있고, 새로운 교회, 새로운 오르간과 성가대를 접할 수 있습니다. 여러분은 그것들을 기도 없이 만날 수 있습니다. 그러나 여러분은 기도 없이는 하나님의 기름 부음을 받을 수 없습니다. 하나님의 은사는 돈으로 얻어지는 것이 아닙니다. 한 작은 시골 교회의 성도들 몇 사람이 예배당 안에 아주 멋진 샹들리에를 걸어두면 교회가 성장할 것이라고 생각했습니다. 참으로 그 지역 주민들은 이 샹들리에에 관해 많은 말을 했고, 어떤 사람들은 그것을 보기 위해 예배당을 찾았습니다. 그러나 그 빛은 곧 희미해지기 시작했습니다. 여러분은 온갖 멋진 가구들을 살 수 있습니다. 플루트, 오르간 그리고 온갖 악기들을 비롯해서 그림, 장식품, 옷 등을 구할 수 있습니다. 여러분은 기도 없이 이것들을 구할 수 있습니다. 사실상 이런 하찮은 것들을 위해 기도하는 것은 우스운 일입니다. 그러나 여러분은 기도 없이는 성령을 받을 수 없습니다. 바람처럼 그분은 자신이 원하는 대로 움직이십니다. 그분은 구하지 않고는 어떤 과정이나 방법을 통해서도 역사하시지 않습니다. 나아가 그분의 부재를 보충할 기계적 수단들은 없습니다. 기도는 영적 축복의 대문이기 때문에 여러분이 만일 그것을 닫으면 그분의 은총도 닫혀 버릴 것입니다.

사랑하는 형제들이여, 여러분은 하나님이 요구하시는 이 구함이 굉장히 놀라운 특권이라고 생각되지 않습니까? 그것은 참으로 어려운 일입니다. 만일 기도가 축복의 물줄기를 증가시키기보다는 차단하는 것이라면, 그것은 끔찍한 재난이 될 것입니다. 여러분은 극도의 고통으로 발작을 일으키거나 고통스러워하는 벙어리를 본 적이 있을 것입니다. 그때 그가 얼마나 필사적으로 말하기를 원하던가요? 보는 것이 두려울 정도입니다. 얼굴은 흉하게 일그러지고, 몸은 부들부들 떨립니다. 벙어리는 비참한 모습으로 몸부림을 칩니다. 모든 수족은 혀의 기능을 돕기 위한 열망으로 뒤틀리지만, 그것은 그 속박을 풀어버릴 수 없습니다. 소리 없는 빈 소리가 가슴으로부터 나오고, 무의미하게 더듬는 소리가 비록 명확하게 뜻을 전하는 말투를 보여줄 수는 없어도 어느 정도 주의를 환기시킵니다. 그 연약한 피조물은 말할 수 없는 고통 속에 있습니다. 우리가 기도할 수 없을 때, 우리의 영적 본성이 강렬한 욕구로 충만해 있다고 생각해 보십시오. 나는 그것이 우리가 경험할 수 있는 가장 처절한 고통 가운데 하나라고 생각합니다. 우리가 치명상을 입고 수족이 잘려나갔다면, 아마 우리의 고통은 극도에 달할 것입니다. 그러므로 그분의 이름을 찬송하십시오. 주님은 우리의 심정을 표현할 수 있는 방법을 정하셨고, 그분은 우리의 심령에 그분에게 간구하도록 명하십니다.

사랑하는 형제들이여, 기도합시다. 제게는 우리가 곤고할 때 가장 먼저 해야 할 일로 생각나는 것이 기도라고 생각됩니다. 만일 사람들이 하나님과 올바른 관계 속에 있고, 진실로 그분을 사랑한다면, 그들이 호흡하는 것처럼 자연스럽게 기도할 것입니다. 나는 우리들 가운데 어떤 이들은 하나님과 올바른 관계 속에 있으면서 기도할 필요를 느끼기를 바랍니다. 나는 기도가 우리들 가운데 본능이 되기를 바랍니다.

최근에 나는 한 독일 소년에 관한 이야기를 들었습니다. 사랑스러운 그 소년은 그의 하나님을 믿었고, 그는 기꺼이 그분께 기도했습니다. 그의 학교 선생님은 학생들에게 지각하지 말도록 가르쳤고, 그 소년은 항상 지각하지 않으려고 노력했습니다. 그러나 그의 부모는 좀 게으른 사람들이었습니다. 어느날 아침 순전히 부모의 실수 때문에 그는 일찍 일어나지 못하고 수업이 시작되는 시간에야 대문을 나섰습니다. 그가 큰 소리로 "사랑하는 하나님, 제가 학교에 지각하지 않도록 도와주세요"라고 기도하는 것을 옆에 있던 한 친구가 들었습니다. 이전에는 한 번도 기도하는 것을 들은 적이 없었기 때문에, 또 그 전에는 그가 자기보다 앞서 등교를 하고 그래서 한 번도 지각을 한 적이 없었기 때문에 그것은 그에게 감동을 주었습니다. 그런데 이 특별한 날 아침 선생님은 교실 문을 열기 위해 열쇠를 돌리는데, 전혀 엉뚱한 방향으로 돌리고 있었습니다. 그러다 그만 열쇠는 자물쇠 속에 박혀 빼도 박도 못하게 되었고, 문을 열기 위해 열쇠수리공을 불러와야 했습니다. 그로 인해 필요한 시간만큼 지체가 되었습니다. 문이 열렸을 때, 그 소년은 지각하지 않고 다른 친구들과 함께 입실할 수 있었습니다.

하나님은 올바른 소원에 대해 응답하시는 다양한 방법들을 갖고 계십니다. 진실로 하나님을 사랑하는 자녀는 처한 곤경에 대해 찔찔 짜거나 울부짖는 대신 그분께 하소연하는 것은 너무나 자연스러운 일입니다. 주님께 우리의 슬픔을 자발적으로 그리고 즉각적으로 토로하고 도움을 구하는 것이 어찌 자연스러운 일이 아니겠습니까? 이것이 어찌 최초의 수단이 아니고 최후의 수단이 될 수 있겠습니까?

그러나 슬프게도 성경과 경험에 따르면, 그리고 제 자신의 체험에 따르면, 기도가 종종 마지막 수단이 되고 만다고 덧붙이는 것을 슬프게 생각합니다. 시편 107편에 나오는 병든 영혼을 보십시오. 친구들이 그에게 각종 음식물을 가지고 왔습니다. 그러나 그의 영혼은 "그들의 모든 음식물을 싫어합니다"(18절). 의사들도 그를 치료하기 위해 할 수 있는 모든 조치를 취합니다. 그러나 그의 상태는 더욱 악화될 뿐이었습니다. 그는 거의 "사망의 문에 이르렀습니다"(18절). 마지막으로 그는 그의 고통을 여호와께 아룁니다(19절). 그는 첫 번째 두어야 할 것을 마지막에 둡니다. "의사에게 보이십시오. 그에게 영양제를 주십시오. 그를 붕대로 싸매십시오." 모든 조치를 다 취했습니다. 그러나 여러분이 하나님께 기도할 때는 언제인가요? 하나님은 병이 치명적으로 깊어졌을 때나 찾게 됩니다. 같은 시편에 나오는 선원들을 보십시오. 그들의 배는 거의 파선 직전입니다. "그들이 하늘로 솟구쳤다가 깊은 곳으로 내려가나니 그 위험 때문에 그들의 영혼이 녹는도다"(26절). 그들은 폭풍을 이겨내기 위해 취할 수 있는 모든 수단을 다 취합니다. 그러나 "그들이 이리저리 구르며 취한 자같이 비틀거리며 그들의 모든 지각이 혼돈 속에 빠지는" 순간에 "그들은 고통 때문에 여호와께 부르짖습니다"(27-28절).

오, 그렇습니다. 우리는 코너에 몰리고 망하기 직전에 이르러서야 하나님을 찾습니다. 이토록 때늦은 기도라도 그분이 들으시고 간구자들의 고통을 구원하시니 얼마나 은혜로우실까요! 그러나 이것이 나와 여러분과 그리스도의 교회에도 똑같이 적용되어야 할까요? 침체된 교회가 첫 번째 보여주어야 할 모습은 "하나님이 우리를 축복하실 때까지 우리가 밤낮으로 기도합시다. 다같이 한 곳에 모여(행 2:1) 축복이 임할 때까지 절대로 흩어지지 맙시다"라고 간구하는 것이 되어야 하지 않을까요?

형제들이여, 여러분은 기도를 통해 얻어지는 것이 얼마나 엄청난 것인지 알고 계십니까? 여러분은 그것에 관해 생각해 본 적이 있습니까? 그것들이 열렬하게 기도하도록 여러분을 자극하지 않습니까? 천국에 속한 모든 사람들은 각자 기도해야 할 위치에 있는 사람들입니다. 하나님의 모든 약속들은 무궁무진한 축복으로 가득 차 있지만, 그 성취는 기도에 의해서만 얻어지도록 되어 있습니다. 예수님은 "내 아버지께서 모든 것을 내게 주셨다"(마 11:27)고 말씀하셨습니다. 사도 바울도 "만물이 다 너희 것이요 … 너희는 그리스도의 것이라"(고전 3:21, 23)고 역설했습니다. 이와 같이 만물이 우리에게 주어져 있다면 누가 기도하지 않겠습니까?

특별한 개인들에게 첫 번째로 주어진 약속들은 우리가 그것들을 위해 기도하는 법만 알고 있다면 틀림없이 이루어질 것입니다. 예를 들면, 야곱이 홀로 벧엘에 이르렀지만, 호세아 선지자는 "거기에서 우리에게 말씀하셨나니"(호 12:4)하고 "우리"라는 말을 사용했습니다. 옛날에 이스라엘 백성들이 홍해를 건넜지만, 우리라는 말은 시편 66편에서도 사용되고 있습니다: "우리가 거기서 주로 말미암아 기뻐하였도다"(6절).

사도 바울도 곤고한 날들에 대한 위대한 약속을 우리에게 주기를 바라면서 다음과 같은 표현을 사용했습니다: "내가 결코 너희를 버리지 아니하고 너희를 떠나지 아니하리라"(히 13:5). 바울은 그 구절을 어디서 따왔을까요? 그것은 여호와께서 여호수아에게 주신 보증에서였습니다: "내가 너를 떠나지 아니하며 버리지 아니하리니"(수 1:5). 여러분은 "확실히 그 약속은 여호수아에게만 해당되는 약속"이라고 생각할지도 모릅니다. 그러나 아닙니다. 그것은 우리를 위한 약속이기도 합니다. "성경의 모든 예언은 사사로이 풀 것이 아니니"(벧후 1:20). 모든 성경이 우리의 것입니다.

하나님이 밤에 솔로몬에게 나타나신 장면을 보십시오. 그때 그분은 "내가 네게 무엇을 줄꼬 너는 구하라"(왕상 3:5)고 말씀하셨습니다. 솔로몬은 지혜를 구했습니다. "오, 그것은 솔로몬이기 때문입니다"라고 여러분은 말하겠지요. 아닙니다. 이것을 보십시오: "너희 중에 누구든지 지혜가 부족하거든, 하나님께 구하라"(약 1:5). 나아가 하나님은 솔로몬에게 부와 명예까지 덤으로 주셨습니다. 그것이 오직 솔로몬에게만 일까요? 아닙니다. 왜냐하면 참된 지혜의 "오른손에는 장수가 있고 왼손에는 부귀가 있기"(잠 3:16) 때문입니다. 이것은 우리 주님의 약속과 아주 유사합니다: "너희는 먼저 그의 나라와 그의 의를 구하라 그리하면 이 모든 것을 너희에게 더하시리라"(마 6:33).

여러분은 주님의 약속들이 그대로 이루어지는 것을 보지 않습니까? 그것들은 지금 기도하는 자들의 무릎 위에 그 보물들을 부어 주기 위해 기다리고 있습니다. 하나님은 믿음의 선진들의 자서전을 우리 안에 기꺼이 반복하실 것입니다. 그분은 우리에게 은혜를 베푸사 우리의 짐을 대신 져주시는 분입니다(시 68:19). 이것이 기도를 최고의 것으로 만들지 않습니까?

우리가 기도해야 하는 것을 가르치는 또 다른 진리가 여기에 있습니다: 만일 우리가 구한다면 하나님은 우리에게 우리가 구한 것 이상으로 베푸신다는 것입니다. 하나님이 사라를 통해 아브라함에게 아들을 주시겠다고 약속하셨을 때, 그는 하나님께 이스마엘을 축복해 달라고 기도했습니다: "이스마엘이나 하나님 앞에 살기를 원하나이다"(창 17:18). 아브라함은 '이 아이가 약속의 자녀다. 나는 사라가 그토록 늙은 몸으로 자녀를 잉태할 수 있으리라고 기대할 수 없다. 하나님은 나에게 자녀를 약속하셨지만, 그는 하갈의 소생인 이스마엘일 것이다'라고 생각했습니다. "이스마엘이나 하나님 앞에 살기를 원하나이다." 하나님은 그의 소원을 들어주셨을 뿐만 아니라 아울러 그에게 이삭도 주셨고, 그것은 언약의 축복이었습니다.

그 다음에 야곱의 경우가 있습니다. 벧엘에서 무릎 꿇고 기도했을 때, 그는 하나님께, 유랑하는 동안 먹을 것과 입을 것을 주시기를 간구했습니다. 그러나 하나님은 그에게 무엇을 주셨습니까? 어느 정도 세월이 흐른 후 벧엘에 다시 돌아왔을 때, 그의 가족과 소유물은 두 무리로 나누어야 할 정도로 풍부해졌습니다. 그는 엄청난 재산과 함께 수천 마리의 양과 약대를 소유했습니다. 하나님은 그의 기도를 들으셨고, 그가 구한 것보다 훨씬 더 많은 것으로 응답하셨습니다.

다윗은 자신에 관해 "그(왕)가 생명을 구하매 주께서 그에게 주셨으니 곧 영원한 장수로소이다"(시 21:4)라고 했습니다. 그렇습니다. 하나님은 그에게 장수를 주셨을 뿐만 아니라 그의 후손 대대로 보좌도 허락하셨습니다. 하나님이 다윗에게 그의 보좌가 영원히 세워질 것이라고 말씀하셨을 때, 그는 여호와의 선하심에 압도되어 그분 앞에 나아가 무릎을 꿇었습니다.

여러분은 "글쎄요, 우리가 구하는 것 이상으로 베푸신다는 개념이 신약시대 성도들에게도 적용되었을까요?"라고 말할지도 모르겠습니다. 예, 그것은 당연히 신자나 죄인들을 막론하고 신약시대 모든 간구자들에게도 적용되는 개념입니다. 한 중풍병자가 치유받기 위해 예수님께 들려나왔을 때, 그분은 "작은 자야 … 네 죄 사함을 받았느니라"(마 9:2)고 말씀하셨습니다. 그는 죄사함을 구하지 않았습니다. 구했습니까? 아닙니다. 하지만 하나님은 그가 구한 것 이상으로 더 큰 일을 행하셨습니다. 예수님과 함께 십자가에 달려 죽어가던 강도의 겸손한 기도를 들어보십시오: "예수여 당신의 나라에 임하실 때에 나를 기억하소서"(눅 23:42). 예수님은 이에 대해 "오늘 네가 나와 함께 낙원에 있으리라"(43절)고 답변하셨습니다. 그 강도는 이런 영광을 바라지 않았습니다. 심지어는 탕자 이야기도 우리에게 하나님의 넘치는 베푸심에 대해 가르쳐 줍니다. 탕자는 "지금부터는 아버지의 아들이라 일컬음을 감당하지 못하겠나이다 나를 품꾼의 하나로 보소서"(눅 15:19)라고 아뢰기로 결심했습니다. 그러나 그의 아버지의 응답은 무엇이었습니까? "제일 좋은 옷을 내어다가 입히고 손에 가락지를 끼우고 발에 신을 신기라 … 이 내 아들은 죽었다가 다시 살아났으며 내가 잃었다가 다시 얻었노라"(눅 15:22, 24).

간구해 보십시오. 그러면 여러분은 구하지 아니한 것, 생각지도 아니했던 것을 받을 것입니다. 사람들은 종종 에베소서 3:20을 잘못 인용합니다. 그들은 "하나님은 '우리가 구하거나 생각할 수 있는(can) 것보다 훨씬 더 많이 주실 수 있는 분'이다"라고 말합니다. 그 진리는, 만일 더욱 유의하고, 더욱 큰 믿음을 갖고 있다면, 우리는 가장 큰 일들에 대해서도 구할 수 있었다(could)는 것입니다. 에베소서 3:20은 사실상 하나님이 "우리가 구하거나 생각하는(do) 것보다 더 넘치게 주실 수 있는 분"이라고 말씀합니다. 하나님은 우리에게 우리가 실제로 구하는 것보다 무한히 더 많은 것을 주실 수 있습니다.

나는 하나님의 교회는 오직 기도할 준비만 되어 있다면 지금 이 순간 무한한 축복을 누릴 수 있다고 믿습니다. 여러분은 요한계시록 8장의 기도에 관한 탁월한 견해를 보십니까? 그것은 자세히 살펴볼 가치가 있습니다. 요한이 마지막 때에 대해 놀라운 환상을 받게 되었을 때, 하나님은 그에게 기도에 관한 특별한 환상을 보여주셨습니다. 그것은 다음과 같이 시작됩니다: "일곱째 인을 떼실 때에 하늘이 반 시간쯤 고요하더니"(계 8:1). 하늘은 고요했습니다. 찬송도 없었습니다. 할렐루야도 없었습니다. 천사들의 날갯소리도 없었습니다. 하늘은 침묵! 여러분은 그 장면을 상상할 수 있습니까? 그런데 일곱 천사들이 하나님 앞에 서 있었고, 그들에게 일곱 나팔이 주어졌습니다. 거기서 그들은 기다렸고, 손에 나팔을 받았으나 소리는 없었습니다. 생생한 감정을 자극할 만큼 아주 길고, 조바심을 억제할 만큼 충분히 짧은 간격이 있었지만, 환호나 경계의 조짐은 전혀 없었습니다. 길고 깊고 장엄한 침묵이 하늘을 지배하고 있었습니다. 모든 활동의 중심인 하늘에서 멈추어져 있었습니다.

"또 다른 천사가 와서 제단 곁에 서서 금향로를 가지고"(3절). 거기서 그는 서 있었지만, 제물은 갖고 있지 않았습니다. 모든 것이 정지상태에 있었습니다. 그런데 그것을 움직일 수 있도록 한 것이 무엇이었을까요? 기도였습니다. 기도가 주 예수 그리스도의 공로와 함께 드려졌습니다.

"또 다른 천사가 와서 제단 곁에 서서 금향로를 가지고 많은 향을 받았으니

이는 모든 성도의 기도와 합하여 보좌 앞 금 제단에 드리고자 함이라"(계 8:3). 그런데 거기서 일어난 일을 주목해 보십시오. "향연이 성도의 기도와 함께 천사의 손으로부터 하나님 앞으로 올라가는지라"(4절). 기도가 모든 문제 해결의 열쇠였습니다. 이제 천사가 활동하기 시작합니다. "천사가 향로를 가지고 제단의 불을 담아다가 땅에 쏟으매 우레와 음성과 번개와 지진이 나더라 일곱 나팔을 가진 일곱 천사가 나팔 불기를 준비하더라"(계 8:5-6).

모든 것이 이제 활동을 개시했습니다. 성도들의 기도가 그리스도의 영원하신 공로의 향연과 함께 섞여 제단으로부터 올라갔을 때, 비로소 기도가 효력을 발휘한 것입니다. 활활 타는 불이 땅 위의 사람들 사이에 떨어졌습니다. 하나님의 섭리를 받드는 천사들은 계속 그분 앞에 서서 나팔을 불었습니다. 주님의 뜻이 성취되었습니다. 이것이 심지어는 오늘날까지 천국에서 일어나고 있는 장면입니다. 향연을 가져오십시오! 성도들의 기도를 가져오십시오! 그리스도의 공로와 함께 그것들을 불 위에 두십시오. 지존자 앞에서 금향로 위에 있는 그것들이 향연을 풍기도록 하십시오. 그러면 우리는 주님의 역사를 볼 것입니다. 주님의 뜻이 "하늘에서 이루어진 것같이 땅에서도 이루어질 것입니다"(마 6:10).

하나님께서 이 말씀들에 따라 그리스도로 말미암아 축복을 베푸시기를 소원합니다.

제
10
장

—

하나님께 전적으로 복종하라

—

"그런즉 너희는 하나님께 복종할지어다"— 약 4:7

"그런즉 너희는 하나님께 복종할지어다"라는 권면의 말씀을 이해하는 것은 그렇게 어렵지 않을 것입니다. 우리가 언뜻 살펴본다고 하더라도, 그것은 올바른 것이 아닙니까? 그것은 현명한 것이 아닙니까? 우리가 하나님께 복종해야 한다는 것을 양심이 깨우쳐주지 않습니까? 복종하는 것이 가장 좋은 길이라고 이성이 명백하게 가르쳐주지 않습니까? 그러므로 여러분은 하나님께 복종하십시오. 피조물은 창조주에게 복종해야 하지 않습니까? 피조물은 창조주에 의해서 존재하게 되었습니다. 창조주가 없다면, 피조물은 결코 존재할 수 없었습니다. 또한 창조주가 선한 뜻을 갖고 지속적으로 돌보지 않았다면, 피조물은 곧 사라져 버렸을 것입니다. 우리의 창조주는 무한하게 선하신 분입니다. 그리고 그의 뜻은 사랑입니다. "너무나 지혜로우셔서 실수하실 수 없고, 또한 너무나 선하셔서 친절하지 않으실 수 없으신 분"에게 복종한다는 것은 괴로운 일이 아닙니다. 만약 그가 폭군이라면, 그에게 저항한다는 것은 용기 있는 행위일 것입니다. 그러나 그는 자비로우신 아버지이시기 때문에, 그를 거역한다는 것은 배은망덕한 것입니다. 그는 공의롭지 않은 것은 아무것도 하실 수 없습니다. 또한 그는 사람들에게 도움이 되지 않는 것은 어떤 것도 하시지 않습니다. 그러므로 그에게 반항한다는 것은 자신의 유익을 거슬러서 싸우는 것입니다. 마치 그것은 고집을 부리는 황소가 발로 가시막대기를 차서, 스스로 다치게 하는 것과 같습니다. 그러므로 하나님께 복종하시기 바랍니다. 선한 천사들은 하나님에게 복종합니다. 선한 왕들과 선지자들도 복종했습니다. 가장 훌륭한 믿음의 사람들은 하나님께 복종하는 것을 기뻐했습니다. 그러므로 하나님께 복종하면, 부끄러움이나 슬픔을 조금도 느끼지 않습니다. 삼라만상은 하나님이 정하신 법칙에 복종합니다. 해와 달과 별들도 그의 명령에 복종합니다. 하나님의 통치에 기꺼이 복종함으로, 우리는 모든 피조물과 조화를 이루게 될 것입니다. 그러므로 여러분은 하나님께 복종하십시오. 기쁜 마음으로 하든지, 아니면 내키지 않는 마음으로 하든지, 반드시 여러분은 하나님께 복종해야 합니다. 누가 전능하신 분을 완강하게 대적할 수 있겠습니까? 연약한 인간이 여호와를 대적한다는 것은 티끌이 바람에 맞서서 싸우려고 하는 것과 같습니다. 또는 아마(亞麻) 조각이 불꽃과 싸우려고 불길에 날아드는 것과 같습니다. 어떤 힘센 사람이 전능하신 분을 이기려고 시도한다면, 그것은 그가 바다의 성난 파도를 되돌리려고 하는 것이나, 아니면 밤하늘의 별들이 운행하는 것을 갑자기 멈추게 하려는 것과 같습니다. 이와 같이, 우리는 영원하신 하나님을 저항할 수 없습니다. 따라서 하나님의 통치에 맞서려는 어떠한 반역도 반드시 곧장 완벽한 패배로 끝날 것입니다.

그의 종 이사야의 입을 통해서, 여호와께서 그의 대적자들에게 이렇게 경고하셨습니다. "찔레와 가시가 나를 대적하여 싸운다 하자 내가 그것을 밟고 모아 불사르리라"(사 27:4). 하나님께서는 분명히 그의 대적자들을 뒤집어엎으실 것입니다. 오래 참으시는 하나님께서는 그의 반역자가 그에게 대항하는 것을 잠시 동안 허락하십니다. 그렇지만 여호와께서 살아 계심을 두고 맹세하건대(참조. 삼상 14:39; 29:6), 그는 모든 무릎이 그의 앞에 무릎 꿇게 하실 것이며, 또한 모든 입술이 그가 살아 계신 하나님이심을 고백하게 하실 것입니다. 그러므로 여러분은 하나님께 복종하십시오. 지금 하나님께 복종하지 않는다면, 그것은 해를 가져오는 것이며, 또한 결국 치명적인 결과를 초래할 것입니다. 그런데 누가 하나님께 순종하려고 하지 않는 것입니까? 만약 우리가 지극히 높으신 분을 거스른다면, 그것은 반드시 패배와 멸망으로 인도할 뿐입니다. 왜냐하면 여호와의 대적자들은 숫양의 기름과 같이 불에 타버린 후에 연기처럼 사라질 것입니다. 창조주와 다투는 사람에게는 무서운 심판과 영원한 형벌이라는 몹시 두려운 보응이 기다리고 있습니다. 누가 그러한 끔찍한 결과를 스스로 초래할 만큼 무모한 것입니까?

사려 깊은 사람들의 이성은 "그런즉 너희는 하나님께 복종할지어다"라는 가르침을 따르라고, 그들에게 명백하게 지시합니다. 그 가르침의 타당성을 뒷받침하기 위해서 많은 논쟁이 필요한 것도 아닙니다. 그러나 우리가 어리석기 때문에, 본문은 "그런즉"이라는 단어를 사용해서, 그 가르침의 중요성에 대해서 강조합니다. 우리는 "그런즉"이라는 접속사를 바로 앞 절과 연결시켜서 이해해야 합니다. 곧, "하나님이 교만한 자를 물리치시고 겸손한 자에게 은혜를 주신다 그런즉 너희는 하나님께 복종할지어다." 따라서 하나님의 진노와 하나님의 자비라는 두 가지 개념은 우리가 하나님께 복종해야 마땅하다는 논리를 제시하고 있습니다. 이전에는 우리에게 하나님의 진노가 임했었지만, 이제 우리는 하나님의 은혜로 인도받고 있습니다.

다른 나라들에 관한 로마제국의 입장에 대해서, 로마제국의 통치자들은 이렇게 말하는 관행을 지니고 있었습니다. "항복한 자들은 용서하지만, 교만하여 저항하는 자들과는 그들이 굴복할 때까지 끝까지 싸우는 것이 로마제국의 좌우명이다." 이 말은 지극히 높으신 하나님께서 사람들을 대하시는 과정을 매우 적절하게 설명해 줍니다. 그는 교만한 자들에게 그의 모든 화살들을 겨누고 있습니다. 또한 완악한 자들에게 그의 칼날을 들이댑니다. 그러나 그에게 복종한다는 신호를 보자마자, 그의 마음은 연민의 정으로 넘치게 됩니다. 그의 아들의 공로에 근거해서, 무한히 자비로운 그는 죄악과 허물을 용서해 줍니다. 이것이 바로 지극히 높은 분에게 복종해야 하는 지극히 선하고 놀랄 만한 이유가 아니겠습니까? 하나님의 사랑에 굴복하는 것을 누가 거절할 수 있겠습니까? 어떤 찬송시의 가사처럼, 누가 이렇게 말하지 않겠습니까?

> "주여, 마침내 당신이 이겼나이다.
> 당신의 놀라운 은혜를 깨닫고 나서,
> 나의 마음, 나의 모든 것이 당신에게 복종하나이다.
> 당신의 두려운 진노를 모른 채,
> 나는 오랫동안 당신을 대항했었나이다.
> 당신의 사랑을 누가 거스를 수 있겠나이까?
> 마침내 당신의 사랑이 나와 같은 죄인도 이겼나이다."

반항은 오직 전능하신 하나님의 진노를 불러일으킬 뿐이지만, 진정한 복종은 하나님의 풍성한 은혜를 받게 한다면, 누가 계속해서 하나님께 반항하려고 할 것입니까? 이 주제에 대해서 나는 더 이상 언급하지 않을 것입니다. 그러나 성령 하나님께서 나에게 능력을 주시는 대로, 내가 하나님께 복종하라는 가르침을 여러분에게 절실하게 깨우쳐줄 수 있기를 간절히 바랍니다. 나는 이 가르침이 성도들에게 뿐만 아니라, 죄인들에게도 전달되어야 한다고 믿습니다. 그러므로 먼저 하나님의 자녀들, 곧 여호와를 사랑하는 여러분 모두에게 이 가르침의 중요성에 대해서 강조할 것입니다. "그런즉 너희는 하나님께 복종할지어다." 그 다음, 하나님의 아들의 죽으심을 통해서, 아직 하나님 아버지와 화해하지 않은 사람들에게 좀 더 오래 또한 매우 진지하게 이 가르침을 역설하려고 합니다. 만약 여러분이 구원 받기를 원한다면, 여러분은 하나님께 복종하십시오.

1. 하나님의 백성에게:
"그런즉 너희는 하나님께 복종할지어다."

하나님께서는 여러분의 주인이시며, 여러분의 아버지이시며, 또한 여러분의 친구이십니다. 그러므로 그에게 온전히 헌신하십시오. 이 권면은 무엇을 뜻합니까? 첫째, 그것은 여러분이 하나님 앞에 겸손해야 한다는 것을 의미합니다. 우리가 어떤 본문을 올바르게 해석하려면, 앞뒤의 문맥을 잘 살펴보아야 합니다. "하나님께 복종할지어다"라는 본문의 바로 앞에는 "하나님이 교만한 자를 물리치시고 겸손한 자에게 은혜를 주신다"(6절)라는 말씀이 기록되어 있습니다. 그러므로 여기서 복종에는 반드시 겸손이 포함되어 있습니다. 그렇다고 본문에서 겸손이라는 주제가 가장 중요한 관심사는 아닙니다. 형제자매 여러분, 하나님 앞에서 우리에게 올바른 위치를 찾읍시다. 그곳은 어디에 있습니까? 그곳은 회당에서 가장 높은 자리입니까? 자신들이 세리나 창녀와 같은 사람들이 아니라고 하나님께 감사 기도를 드리던 사람들이 있는 곳입니까? 이 질문들에 대해서 내가 답변할 필요가 거의 없을 것입니다. 왜냐하면 하나님의 자녀로서, 여러분은 그와 같은 장소를 차지하는 것을 꿈에서도 생각하지 않을 것이기 때문입니다. 그런데 어느 날 여러분이 순간적으로 어리석게 되어서, 어쩌다 자신을 자랑하는 말을 할 수도 있을 것입니다. 그날 밤에, 여러분이 그것에 대해서 곰곰이 생각해 본다면, 여러분은 자신을 부끄럽게 여기게 될 것입니다. 그리고 할 수만 있다면,

여러분이 말했던 것을 기꺼이 취소하고 싶을 것입니다. "내가 용서받은 죄인인데, 자신에 대해서 자랑을 늘어놓다니! 하나님의 주권적인 은혜에 빚진 사람인데, 자신을 대단히 뽐내다니!" 그것은 끔찍한 일입니다. 하나님의 자녀의 입술 위에 있는 자랑보다 더 어울리지 않는 것은 없습니다. 만약 내가 발람이 타고 있던 나귀가 말하는 것을 들었다면, 나는 그 사실을 기적으로 여겨야 마땅할 것입니다(참조. 민 22:28-30). 왜냐하면 나귀가 사람의 말을 했기 때문입니다. 그러나 하나님의 사람이 아무런 의미가 없는 나귀의 울음소리를 낸다면, 그것은 다른 종류의 기적입니다. 그것은 하나님께서 일으키신 기적이 아니라, 사탄으로부터 온 것입니다. 우리가 하나님의 은혜로 구원받았다는 것은 믿음에 관한 근본 진리들 가운데 하나가 아닙니까? 그래서 사도 바울은 무엇이라고 말합니까? "그런즉 자랑할 데가 어디냐 있을 수가 없느니라 무슨 법으로냐 행위로냐 아니라 오직 믿음의 법으로니라"(롬 3:27). 이 절에서, "없느니라"라고 번역된 단어(헬, "에크클레이오"; KJV, "excluded")는 "못 들어오게 하다" 또는 "차단하다"라는 뜻을 지니고 있습니다. 자랑은 문으로 다가옵니다. 문을 두드립니다. 그리고 안으로 들어가게 해달라고 간청합니다. 그러나 자랑에게 들어가는 것이 허락되지 않았습니다. 그리고 입구가 차단되었습니다.

만약 우리가 경계를 게을리하면, 자랑은 금방 우리 안에 들어올 수 있습니다. 그러나 침입자가 우리 집 안으로 들어왔다는 것을 확인하자마자, 우리 안에 있는 하나님의 은혜는 자랑을 문 밖으로 쫓아냅니다. 그리고 그것의 면전에서 문을 닫습니다. 그 다음 빗장으로 단단히 잠급니다. 누가 이렇게 묻습니다. "그런즉 자랑할 데가 어디 있습니까?" 그러자 값없이 주어진 은혜는 이렇게 대답합니다. "자랑은 은혜의 법에 의해서 추방되었습니다." 만약 우리가 가지고 있는 선한 모든 것이 하나님의 은혜로 우리에게 값없이 주어졌다면, 우리가 무엇을 자랑할 수 있겠습니까? 만약 우리가 가장 고귀한 영성을 지녔다고 하더라도, 만약 어떤 흠도 없이 우리의 삶이 온전히 깨끗하다고 하더라도, 또한 우리의 마음을 전적으로 여호와께 드렸다고 하더라도, 우리는 여전히 무익한 종들인 것입니다. 왜냐하면 우리는 마땅히 해야 할 일들을 수행한 것뿐이기 때문입니다(참조. 눅 17:10). 그러나 안타깝게도 우리는 아직 그 수준에 이르지 못하고 있습니다. 우리가 해야 할 일들을 여전히 다하지 못합니다. 우리는 여러 면에서 목표에 미치지 못합니다. 그래서 하나님의 영광에 이르지 못합니다. 그리스도인의 올바른 삶은 하나님 앞에서 겸손히 하나님과 동행하는 것입니다. 또한 그리스도인 형제 자매들에게 온유하게 행동하는 것입니다. 가장 보잘것없는 방이 우리에게 가장 잘 어울립니다. 또한 그 방에서도 가장 낮은 자리가 우리가 앉아야 할 곳입니다. 사도 바울을 주목해 봅시다. 그는 우리보다도 그리스도에 대해서 훨씬 더 많이 알고 있습니다. 또한 그는 우리와 비교할 수 없을 정도로 훌륭하게 그리스도를 섬겼습니다. 바울이 말한 것들을 숙고해 보면, 우리는 영적인 교훈들을 많이 얻게 될 것입니다. 바울은 사도입니다. 부활하신 주님으로부터 직접 사도로 부르심을 받았기 때문에, 바울은 어느 누구라도 그의 부르심에 대해서 의문을 제기하는 것을 결코 허락하지 않았을 것입니다. 그러나 그는 자신에 대해서 어떻게 말하고 있습니까? "사도라 칭함 받기를 감당하지 못할 자니라"(고전 15:9). 자신에 대해서 이것보다 더 낮게 말할 수 있겠습니까?

그러나 이제 바울은 자신을 사도들과 비교하는 것에 머무르지 않고, 나아가 자신을 일반 신자들과 비교해서 말합니다. 그는 자신이 성도 가운데 한 사람으로 불리는 것을 포기하지 않을 것입니다. 왜냐하면 그는 하나님이 자신을 선택하셨으며 부르셨다는 것을 확신하기 때문입니다. 그러나 하나님의 백성 안에서 바울은 어느 곳에 위치하고 있습니까? 그는 자신을 "모든 성도 중에 지극히 작은 자보다 더 작은 나"(엡 3:8)라고 부르고 있습니다. "사도라 칭함 받기를 감당하지 못할 자니라"에서부터 "모든 성도 중에 지극히 작은 자보다 더 작은 나"로 바울이 자신을 낮추는 것은 결코 작은 일이 아닙니다. 그러나 거기서 멈추지 않고, 바울은 자신을 더 낮춥니다. 그는 자신을 죄인이라고 고백합니다. 그렇다면 바울은 죄인들의 모임에서 어떤 자리를 차지하겠습니까? 그는 자신에 대해서 이렇게 말합니다. "죄인 중에 내가 괴수니라"(딤전 1:15). 이것은 바울이 하나님께 복종하는 것을 의미합니다. 자신을 내세우려는 모든 교만한 주장과 과장된 요구를 전적으로 내어버리는 것입니다. 만약 하나님께서 우리를 목회자로 부르셨다면, 우리가 그와 같이 큰 은혜를 받을 만한 자격이 없는 사람들이라는 것을 깨달읍시다. 하나님께서는 죄인이었던 우리를 성도, 곧 거룩한 사람으로 만드셨습니다.

따라서 우리 가운데 가장 작은 자라고 여겨지는 사람이 있다면, 우리는 자신을 존중하는 것보다 그 사람을 더 존중해야 합니다. 아직도 우리는 때때로 죄를 짓습니다. 하나님의 말씀에 비추어서, 우리의 죄악들이 지닌 흉악한 참상을 올바로 살펴보도록 합시다. 왜냐하면 어떤 측면에서 바라보면, 우리의 성품 안에 있는 악한 것들은 우리를 다른 사람들보다 더욱 죄 많은 사람들로 만들 수 있기 때문입니다. 하나님과 계속해서 화목하고 은혜를 받는 데에 그리스도인에게 가장 적합한 장소는 어느 곳입니까? 그곳은 그리스도의 십자가 아래 있는 회개의 의자입니다. 그곳에서 그는 그리스도를 바라보며, 끊임없이 회개해야 합니다.

그와 같은 겸손은 우리가 구원받았다고 믿는 것과 잘 조화되는 것입니다. 또한 믿음의 내용에 대해서 확신하고, 온전한 믿음을 갖는 것과도 잘 일치합니다. 그리고 하나님과 매우 친밀하게 사귀는 것과도 잘 어울리는 것입니다. 아브라함의 말을 들어보겠습니다. "나는 티끌이나 재와 같사오나 감히 주께 아뢰나이다"(창 18:27). 아브라함은 여호와 앞으로 매우 가까이 인도함을 받았습니다. 사람이 친구와 대화하는 것처럼, 그는 여호와와 말을 주고받습니다. 그러나 그는 이렇게 고백합니다. "나는 티끌이나 재와 같습니다." 여호와께로 매우 가까이 나아가 그와 대화하는 담대함을 지녔지만, 동시에 아브라함은 매우 겸손했습니다. 자신이 아무것도 아니라고 깨달았지만, 그것은 아브라함이 여호와께 가까이 나아가는 것을 방해하지 않았습니다.

사랑하는 형제자매 여러분, 하나님께서 그리스도 안에서 우리를 기쁘게 받으셨다는 것을 우리는 알고 있습니다. 우리는 하나님에게 소중한 존재이며, 또한 하나님께서 우리를 영원한 사랑으로 사랑하신다는 것을 알고 있습니다. 그는 언제나 우리의 기도를 들으시며, 그가 정하신 때에 우리의 기도에 응답하십니다. 우리는 그의 얼굴의 광채 안에서, 곧 그의 섭리와 은혜 안에서 걸어갑니다. 우리의 마음가짐과 자세는 언제나 하나님 앞에서 대단히 겸손해야 합니다. 또한 온전히 순종하는 태도로 주님의 발 앞에 앉아서, 이렇게 고백해야 합니다. "그러나 내가 나 된 것은 하나님의 은혜로 된 것이니"(고전 15:10). 이와 같은 복종을 할 수 있도록, 성령님께서 모든 거듭난 사람에게 역사해 주시기를 간절히 바랍니다.

그 다음, 본문이 갖고 있는 두 번째 의미, 곧 하나님의 뜻에 복종하는 것에 대해서 살펴보고자 합니다. "그런즉 너희는 하나님께 복종할지어다"라는 말씀은 여러분에게 두 번째의 의미가 떠오르게 해줄 것입니다. 사랑하는 하나님의 자녀들이여, 하나님께서 여러분에게 명령하는 것은 무엇이든지 기꺼이 받아들이십시오. 아래에 묘사되고 있는 사람과 같은 사람이 되기 위해서, 우리 각 사람이 기도합시다.

> "순진하고 잘 배우며 온유하고 하나님을 두려워하는
> 하나님의 어린아이가 되게 하소서.
> 하나님께서 주시는 모든 것에 기뻐하고
> 세상적인 모든 것을 멀리하게 하소서."

과연 우리는 이와 같은 사람입니까? 여러분 가운데 어떤 사람들은 이 기도 내용과는 너무 멀리 떨어져 있지 않습니까? 여러분이 사회에서 윗사람에게 복종하는 것처럼 하나님께 복종하신다고 확신합니까? 세상적인 부의 평가 기준으로 판단할 때, 여러분은 현재의 위치를 기꺼이 받아들입니까? 여러분은 병약하고, 사람들이 잘 모르고, 또한 능력이 별로 없는 여러분의 처지에 만족하십니까? 여러분은 하나님께서 여러분에게 정해 주신 것에 만족하십니까? 하나님을 믿는다고 고백하는 사람들 가운데 많은 사람들이 현재의 자기 자신의 모습에 만족하지 못합니다. 그들은 지금의 모습과는 다른 사람이 되기 위해서 하나님과 싸우고 있습니다.

그렇다면 이것은 악한 것입니다. 그들의 마음속에 아직도 교만이 자리 잡고 있다는 것을 보여주는 것입니다. 왜냐하면 자신들이 받아야 마땅한 공과(功過)가 무엇인지 그들이 진정으로 자각했다면, 그들이 지금 어떤 부족한 것을 받았다고 하더라도, 그것은 그들이 받아야만 하는 것보다는 더 나은 것이라는 사실을 그들이 깨달아야 하기 때문입니다. 그들이 현재 받고 있는 어려움은 자신들이 받아야 마땅했던 지옥의 고통과는 전혀 비교되지 않는 것입니다. 또한 그들이 지옥의 불못에서 고통을 당하고 있지 않는 한(참조. 계 20:14-15), 그들은 하나님께 감사해야 하는 것입니다. 우리는 하나님께서 징계하시는 모든 것을 마음으로 받아들이고 그것에 복종해야 합니다. 또한 하나님께서 그의 섭리 가운데 우리에게 허락하시는 모든 시련을 묵묵히 견디어야 합니다. 그러면 징계와 시련은 축복으로 이어질 것입니다. 우리는 "하나님을 사랑하는 자 곧 그의 뜻대로 부르심을 입은 자들에게는 모든 것이 합력하여 선을 이룬다"(롬 8:28)는 사실을 알고 있습니다. 또한 하늘 아버지께서 우리에게 꼭 필요하다고 판단하시는 것 이외에, 단 한 가지의 고난도 더 당하지 않는다는 사실을 우리는 잘 헤아리고 있습니다. 그러므로 우리는 하나님께서 우리에게 정해 주시는 모든 것에 반드시 기쁨으로 순종해야 합니다. 비록 현재의 고난이 우리를 기쁘게 하는 것이 아니라, 괴롭게 하는 것이지만, 우리는 하나님을 신뢰하며 그것을 받아들이고 견뎌내야 합니다. 그러면 큰 상급이 우리를 기다리고 있을 것입니다. 심지어 미천한 야생 동물들도 우리에게 이 사실을 가르쳐 줍니다.

나는 언젠가 시력을 잃어버렸던 코끼리에 대해서 읽어보았습니다. 사람들은 그 코끼리를 외과 의사에게 데려 왔습니다. 그 의사는 효력이 매우 강한 약을 코끼리 눈에 넣었습니다. 그 약은 처음에는 눈을 더욱 아프게 했습니다. 그 거대한 피조물은 수술을 하는 동안 고통 때문에 끊임없이 움직였습니다. 시간이 한참 지난 다음에, 그 코끼리는 조금씩 볼 수 있게 되었습니다. 그 다음날, 사람들이 다시 의사에게 데려왔을 때, 그 코끼리는 양같이 온순해졌습니다. 왜냐하면 비록 치료를 받고 약을 바를 때 아프기는 하지만, 그 코끼리는 시력이 좋아진다는 사실을 분명히 체험했기 때문입니다. 만약 그와 같은 피조물도 자기에게 유익하다는 것을 깨닫고 고통을 견디는 지능을 지니고 있다면, 하나님의 자녀인 우리는 얼마나 더 그래야만 하겠습니까? 우리는 언약의 말씀을 통해서 무한한 축복을 받았습니다. 때로 언약에 근거한 징계의 매도 맞았습니다. 하나님의 진정한 자녀로 온전히 성장하려면, 우리는 하나님의 회초리에 우리의 등을 기꺼이 드러내야만 합니다.

그래서 하나님께서 우리에게 원하시는 대로 하시도록, 그에게 우리를 온전히 맡깁시다. 이제 여러분을 더욱 깊은 단계로 인도하고자 합니다. 심지어 고난과 징계로부터 과연 어떤 선한 것이 나올는지 우리가 잘 알지 못한다고 하더라도, 우리는 반드시 복종해야 합니다. 왜냐하면 그것이 하나님의 뜻이기 때문입니다. 또한 창조주 하나님께서는 자신이 우리에게 원하시는 것은 무엇이든지, 그대로 하실 수 있는 권리를 갖고 계시기 때문입니다. 여러분은 이 사실에 동의합니까? 진정한 자녀로서, 아버지의 선한 뜻과 섭리에 온전히 순종할 수 있습니까? 만약 그렇지 않다면, 여러분은 아직까지 그리스도의 마음에 대해서 충분히 배우지 못한 것입니다. 우리 영혼이 모든 것을 하나님께 전적으로 맡긴다는 것은 위대한 일입니다. 그러므로 하나님께서 그의 섭리 안에서 우리에게 정해 주신 것 이외에, 우리는 다른 어떤 것도 갖고자 하지 않습니다. 또한 하나님의 말씀에 어긋나는 것은 아무것도 갖기를 바라지 않습니다. 하나님의 교회의 어떤 규정도, 계시에 대한 어떤 가르침도, 또한 어떤 지침이나 훈계도, 하나님의 말씀과 뜻에 조금이라도 어긋나서는 안 되는 것입니다. 이러한 수준에 이르기까지, 우리는 진정한 안식을 누리지 못할 것입니다. 축복받는 삶을 살려면, 우리는 항상 이렇게 말해야 합니다. "그러나 나의 원대로 마시옵고 아버지의 원대로 하옵소서"(막 14:36).

사랑하는 형제자매 여러분, 우리가 하나님 아버지의 뜻대로 살아야 하지 않겠습니까? 하나님의 집에서, 하나님 아버지가 아니라면, 누가 통치해야 하겠습니까? 머리 되신 그리스도 이외에, 누가 그리스도의 몸인 교회를 다스려야 하겠습니까? 선한 목자 대신에 누가 양 떼를 인도할 수 있습니까? 우리는 예수님으로부터 너무나 많은 은혜를 받았습니다. 우리는 전적으로 그에게 속해 있습니다. 만약 표결에 부친다면, 우리는 모두 이 사실에 찬성할 것입니다. 그러므로 주 예수님은 반드시 우리의 왕, 머리, 또한 통치자가 되셔야 합니다. 그는 많은 형제 중에서 맏아들이시지 않습니까?(참조. 롬 8:29) 형제자매 여러분, 그렇다면 그분께 복종합시다. 여러분의 뜻을 굽히고 예수님에게 완전히 순종할 수 있도록 성령님께 간청하십시오. 자신의 권좌(權座)에서 스스로 내려오기 전에는, 여러분은 결코 행복할 수 없습니다. 하나님의 뜻에 순종하지 않았기 때문에, 큰 고통을 겪고 있는 몇몇 하나님의 자녀들을 나는 알고 있습니다.

나는 어떤 자매님을 만났습니다. 나는 그 자매가 훌륭한 사람이라고 믿습니다. 그런데 하나님께서 자기 어머니를 너무 갑자기 데려가셨기 때문에, 그 자매는 하나님을 용서할 수 없다고 말했습니다. 또 어떤 형제는 이렇게 말했습니다. 하나님께서 그에게 무시무시한 고난들을 당하게 하셨기 때문에, 그는 하나님께서 선하신 분이라는 것을 인정할 수 없다고 주장했습니다. 그 결과, 하나님께 대한 반항이라는 자신들이 쏟아 부은 연료에 의해서, 그들의 풀무불은 일곱 배나 더 뜨거워졌습니다. 우리가 하나님을 비방하고 그의 권리들에 도전하는 한, 스스로 괴롭게 만든 우리의 마음은 이리저리 번민에 끌려 다닐 것입니다. 어떤 아버지도 어린 아들이 자신에게 반항하며 주먹을 불끈 쥐는 것을 가만히 내버려 두지 않을 것입니다. 그렇지만 그가 순종한다면, 자신에게 순종을 잘 하는 다른 자녀들에게 하는 것처럼, 아버지는 그를 똑같이 좋아하고 사랑할 것입니다.

사랑하는 형제자매 여러분, 하나님을 대항하는 것을 멈추지 않는 한, 또한 자신의 주장이 옳다는 것을 포기하지 않는 한, 하늘 아버지가 여러분에게 미소 지으시는 것을 여러분은 기대할 수 없습니다. 만약 우리가 하나님을 거슬러서 살아간다면, 하나님께서 우리를 대적하시겠다고 말씀하셨기 때문입니다(참조. 민 26:21-24). 그러므로 여러분은 지혜롭게 다음과 같이 기도해야 할 것입니다. "나의 아버지여, 불순종을 일삼는 나의 영혼이 당신께 반역하였나이다. 죄로 오염된 나의 마음이 당신에게 의문을 품었나이다. 그러나 이제부터 그러한 잘못을 범하지 않겠나이다. 모든 것이 당신께서 원하시는 대로 되게 하소서. 왜냐하면 당신께서는 언제나 올바르게 행하신다는 것을 내가 이제 온전히 깨달았기 때문입니다." 이제까지 살펴본 대로, 본문은 먼저 하나님의 자녀가 겸손할 것을 권면합니다. 그 다음, 하나님의 뜻에 복종할 것을 명령합니다. 여호와여, 우리에게 이 두 가지를 가르치소서!

　　또한 본문은 순종을 의미합니다. 순종이란 단지 수동적으로 드러누워 있기만 하는 것이 아닙니다. 그 대신, 머리를 동여매고 정신을 집중해서, 여러분이 위대하신 여호와께 자발적이며 능동적으로 복종하는 것입니다. 그리스도인의 자세는 백부장의 명령을 받는 군인과 같아야 합니다. 백부장은 이와 같이 말합니다. "내 아래에도 병사가 있으니 이더러 가라 하면 가고 저더러 오라 하면 오고"(눅 7:8). 우리의 주인이신 하나님께서 하시는 일에 대해서 의문을 제기하는 것은 우리에게 합당하지 않습니다. 군인들이 상급자의 명령에 복종하는 것처럼, 우리도 의심을 품지 말고, 하나님에게 순종해야 마땅합니다. 하나님 아버지와 구세주에 대한 복종은 언제라도 기꺼이 순종하는 것으로 나타나야 합니다. 복종을 지체하는 것은 본질적으로 불복종을 의미합니다. 명령을 무시하는 것은 일종의 반역을 표현하는 것입니다. 그리스도에게 불순종해서 자신들의 교만을 입증하는 어떤 그리스도인들이 있을 것 같아서 나는 두렵습니다. 그들은 어떤 것을 해야 할 의무가 자신들에게 부여되어 있다는 것을 알지 못했다고 변명할 수도 있을 것입니다. 그러나 어떤 사람들은 교만해서 하나님의 계명을 아는 일에 관심을 갖지 않습니다. 또 어떤 사람들은 교만하기 때문에 하나님의 율법이 꼭 필요하지도 않고 중요하지도 않다고 여겨서, 그것을 멸시합니다. 그와 같이 말씀을 경멸하는 것이 하나님 앞에서 정당화될 수 있습니까? 하나님의 종이 이 시대의 그러한 풍조에 빠져도 되는 것입니까? 하나님의 뜻 가운데 우리에게 중요하지 않은 어떤 것이 있습니까? 우리의 친구 되신 예수님의 소원이, 그를 사랑한다는 우리에게 사소한 것입니까? 주님은 우리에게 이렇게 말씀하셨습니다. "너희가 나를 사랑하면 나의 계명을 지키리라"(요 14:15). 그런데도 불구하고, 내가 예수님께서 주신 계명을 중요하지 않은 것으로 취급해도 되는 것입니까? 오, 주님, 결코 그렇지 않습니다! 만약 그것이 길 위에서 작은 돌멩이 하나를 주워 올리는 일이라고 하더라도, 만약 마른 나뭇잎 하나를 집어 드는 일이거나, 아니면 거미집을 쓸어버리는 것이라도, 만약 주님께서 명령하시는 것이라면, 그것은 나에게 매우 중요한 것입니다. 곧, 그것은 나에게 몸을 아끼지 않을 정도로 순종할 만큼 중요한 것입니다. 그러므로 신속하게 순종하는 것을 통해서, 얼마나 내가 주님께 온전히 복종하는지 보여줄 것입니다. 사랑은 때때로 대단한 일들보다는 작은 것들에서 입증됩니다. 여러분의 집에 불만을 품고 있는 가사도우미가 있을 수 있습니다. 그래도 그 여인은 자신이 해야 하는 집안일을 모두 할 것입니다. 그렇지만 여러분의 사랑스러운 자녀는 비록 작은 것들이지만 여러분에게 삶의 위로를 가져다주는 일들을 진정한 마음으로 보살핍니다. 자녀의 그러한 행위는 여러분에 대한 진정한 사랑을 나타내는 것입니다. 어린아이와 같은 순종을 통해서, 주님에 대한 여러분의 사랑을 보여주십시오. 그래서 주님의 뜻을 모든 면에서 온전히 실행하도록 노력하십시오.

그런데 주님에게 순종하지 않는 어떤 사람들이 있을 것 같아서 나는 두렵습니다. 그들은 매우 교만합니다. 그들은 주님보다 자신들이 더 잘 안다고 생각하기 때문에, 주님에게 순종하지 않습니다. 그 대신에, 그들은 하나님의 뜻에 대해서 자신들이 판단을 내립니다. 형제자매 여러분, 이와 같이 여러분은 율법에 대한 재판관이 되려고 하지는 않습니까? 혹시 여러분은 재판장의 자리에 앉아서 율법에 대해서 이렇게 판결하려고 하지는 않습니까? "이 율법 규정은 아무런 의미가 없습니다. 그리고 저 율법 조항은 없애버린다고 하더라도, 그것은 나에게 어떤 손실도 가져오지 않습니다." 그러나 이것은 그리스도의 마음을 따르는 것이 아닙니다. 그리스도는 아버지의 뜻을 온전히 행하셨습니다. 그것에 아무런 의문도 제기하지 않으셨습니다. 교만한 사람들도 매일 주님이 가르쳐 주신 기도를 할 것입니다. "뜻이 하늘에서 이루어진 것 같이 땅에서도 이루어지이다"(마 6:10). 그렇다면 언제나 살아 계신 하나님 앞에서, 망설이지 않고, 논쟁을 하지 않고, 또한 이의를 제기하지 않고, 그들은 지극히 높으신 분의 모든 뜻에 온전히 순종해야 한다는 사실을 기억해야 합니다. 사랑하는 형제자매 여러분, 그러므로 여러분은 하나님께 복종하십시오.

　　한편 본문의 의미에 대해서 또 한 가지 설명을 덧붙이지 않는다면, 그것이 의도하는 바를 우리가 깊이 있게 깨달을 수 없을 것입니다. 그렇지만 그것을 추가로 제시한다고 하더라도, 나는 본문의 의미를 완전하게 드러내지 못할 것입니다. 하나님의 영의 인도하심에 여러분을 맡기는 것을 통해서, 하나님께 복종하십시오. 성령 하나님에게 영적으로 민감하고, 또한 성령님에 의해서 감동되어서, 하나님께 복종하시기 바랍니다. 성령님이 올바른 길로 인도하시도록, 어떤 그리스도인들은 기꺼이 자신들을 그에게 맡기지 않습니다. 그들은 마치 아무런 이해력이 없는 말이나 노새 같습니다. 그래서 사람들은 그들의 입에 재갈을 물리고, 또한 고삐를 잡아서 끕니다. 어떤 숲속에 단단한 떡갈나무가 서 있습니다. 거센 바람이 불어 닥칩니다. 그래도 그 나무는 뽑히지 않고, 그 자리에 서 있습니다. 강가에 들풀이 무성하게 자랐습니다. 들풀은 산들바람에도 흔들립니다. 어떤 경우에는, 여러분은 들풀처럼 연약하지 않고, 떡갈나무와 같이 굳세어야 합니다. 그렇지만 성령의 역사와 관련해서, 여러분은 들풀처럼 성령님의 미세한 움직임에도 민감하게 반응할 수 있어야 합니다. 사진사가 어떻게 조절하느냐에 따라서, 카메라의 감광판은 매우 민감하게 반응합니다. 사진사 앞에서, 당신은 멋있는 모습을 취합니다. 자기의 마음에 들 때까지, 사진사는 당신에게 어떤 자세를 취하라고 지시하며, 사진기를 움직입니다. 어떤 모습이 감광판에 찍혔는지, 우리는 눈으로 확인해 볼 수 없습니다. 그렇지만 곧 필름을 현상해 보면, 그것은 얼굴에 있는 작은 주름이나 머리카락의 다양한 색깔도 선명하게 보여줄 것입니다. 오, 하나님의 영에게 우리가 영적으로 이와 같이 민감하게 반응한다면 얼마나 좋겠습니까! 우리가 하나님의 뜻에 전적으로 복종하기를 원하면, 성령님은 우리를 그렇게 변화시켜 주십니다. 하나님의 말씀에 그것에 대한 약속이 들어 있지 않습니까? 선지자 에스겔은 이렇게 예언했습니다. "또 새 영을 너희 속에 두고 새 마음을 너희에게 주되 너희 육신에서 굳은 마음을 제거하고 부드러운 마음을 줄 것이며"(겔 36:26).

　　때때로 하나님의 영은 "물러가서 기도하라"고 여러분에게 속삭이십니다. 그 음성을 들을 때, 여러분은 즉시 기도의 골방으로 들어가십시오. 다윗 왕이 무엇이라고 말했는지 기억하십시오. "너희는 내 얼굴을 찾으라 하실 때에 내가 마음으로 주께 말하되 여호와여 내가 주의 얼굴을 찾으리이다 하였나이다"(시 27:8).

또한 성령님은 때때로 자기를 부인하는 것을 포함하는 어떤 봉사를 여러분에게 강하게 요구하실 것입니다. 그것은 여러분의 여가 시간을 앗아갈 것입니다. 그렇다고 그 일을 통해서, 여러분에게 대단한 명예가 주어지지도 않을 것입니다. 그 경우에, 성령님의 부르심에 불순종하지 마십시오. 성령님이 여러분에게 요구하시는 일을 신속하게 수행하십시오. 시편 기자와 함께 이렇게 고백하십시오. "주의 계명들을 지키기에 신속히 하고 지체하지 아니하였나이다"(시 119:60). 그리고 성령님은 때때로 우리가 살면서 잘못한 것들에 대해서 철저하게 회개할 것을 촉구하십니다. 성령님은 우리가 지니고 있는 추악한 성품을 책망하십니다. 형제에게 험한 말을 한 것을 꾸짖으십니다. 또한 우리 마음이 세속적인 가치에 물든 것을 나무라십니다. 오, 형제자매 여러분, 그러한 때에 영적으로 분발하십시오. 여러분의 생각을 자세히 검토해 보고, 마음을 깨끗하게 하십시오. 그것은 성령님이 주시는 단 한 가지 암시로도 충분할 것입니다. 하녀의 눈길이 항상 여주인에게 향해 있는 것처럼, 여러분의 눈길이 언제나 하나님을 향하도록 하십시오. 하녀는 여주인이 분부하기를 요구하지 않습니다. 하녀가 식탁에서 시중을 들 때, 종종 다음과 같은 일이 일어납니다. 이미 친구들이 와서 식탁에 앉아 있습니다. 여주인은 고개를 끄떡이거나, 손가락으로 어떤 시늉을 합니다.

그러면 그것으로 충분합니다. 여주인은 하녀에게 큰 소리로 말할 필요가 없습니다. "메리, 이것도 가져오고, 저것도 가져오게." 또한 같은 말을 여러 번 되풀이하지 않아도 되는 것입니다. 눈짓 한번으로 충분한 것입니다. 하나님께서는 우리도 그 하녀처럼 행동하기를 원하십니다. 우리는 그렇게 해야 합니다. 성령님으로부터 오는 한 마디의 말씀이나, 그의 아주 작은 움직임도 우리를 인도하기에 충분한 것입니다. 그때 우리는 즉시 성령님의 명령을 이행할 준비가 되어 있어야 합니다. 이 점과 관련하여, 우리는 스스로 활동하는 것이 아닙니다. 성령님에게 복종하는 것이 우리에게 필수적인 것입니다. 그것은 혼자서 힘껏 달리는 것이 아닙니다. 여러분이 기꺼이 성령님의 인도를 받는 것입니다. 신앙생활에는 행함이 있어야 합니다. 그러므로 우리는 영적인 씨름을 하며, 악의 세력과 싸움을 하기도 합니다. 그러나 먼저 우리는 성령님의 인도하심에 우리 자신을 맡겨야 합니다. 성령님은 우리 안에서 행하십니다. 그는 우리가 하나님의 기쁘신 뜻을 행하고자 하는 소원을 갖게 하십니다. 또한 우리가 그것을 행하도록 우리에게 권능을 주십니다(참조. 빌 2:13). 성령님은 우리 안에서 강력하게 역사하기를 원하십니다. 만약 우리가 자신을 성령님에게 맡긴다면, 그래서 그가 가시고자 하는 길에 더 이상 장애물이 전혀 없다면, 그는 좀 더 높은 은혜의 경지로 우리를 인도하실 것입니다. 그리고 그는 우리 안에 그리스도의 형상을 좀 더 선명하게 만드실 것입니다. 그러므로 여러분은 하나님께 복종하십시오. 하나님의 권능의 손에 자신을 온전히 맡기고 안식을 누리고 있는 것의 쾌적함을 배우십시오. 하나님의 통치에 자신을 전적으로 맡기는 것의 축복을 체험하십시오. 왜냐하면 그렇게 할 때, 여러분은 이 땅에서도 이미 하늘 나라에 들어간 것 같은 삶을 살게 될 것이기 때문입니다.

2. 아직 구원받지 못한 사람들에게 :
이제 우리는 설교의 두 번째 부분에 이르렀습니다.

이 부분의 설교를 통해서, 성령 하나님께서 특별히 더 강하게 역사해 주실 것을 우리는 더욱 힘써 기도해야 할 것입니다. 오늘 아침에, 나는 아직 구원받지 못한 사람들을 대상으로 설교하려고 합니다. 이들에게 구원을 받고자 하는 아주 작은 소망이라도 있다는 것에 대해서 나는 하나님께 감사드립니다. 그것이 즉시 강렬한 갈망으로 자라나기를 나는 간절히 바랍니다. 바로 오늘 아침에, 그 갈망이 성취되기를 축원합니다. 그래서 오늘 구원을 체험하고, 이곳을 떠나기를 바랍니다. 여러분은 한동안 영혼의 구원에 대해서 관심을 가졌었지만, 아직까지 잘 진행되지 않았다고 주장할 것입니다. 구원을 받으려고, 여러분은 사실상 많은 노력을 했습니다. 여러분은 은혜를 받기 위해서, 부지런히 다양한 집회에 참석했습니다. 성경을 연구하고, 또한 개인 기도를 열심히 하기도 했습니다. 그러나 안타깝게도 아직 구원에 이르지 못했습니다.

사랑하는 친구여, 그렇다면 그 이유가 무엇입니까? 그 이유는 십중팔구 여러분이 아직 하나님께 복종하지 않았기 때문입니다. 여러분은 스스로 자신을 구원할 수 없습니다. 스스로 노력하는 것을 그만두고, 여러분을 구원하실 수 있는 구세주의 권능의 손에 자신을 맡기는 것이 여러분이 구원을 받는 가장 좋은 길입니다. 교만한 마음을 지닌 사람에게 가장 어려운 일은 하나님께 복종하는 것입니다. 여러분도 그렇다고 깨닫고 있습니까? "항복이란 절대로 없다"라는 것이 완고한 죄인의 좌우명입니다. 하나님께 굴복하는 것보다는, 차라리 자기의 몸을 불사르도록 내어주려고 선택할 사람들을 나는 알고 있습니다. 그들은 지극히 높으신 분을 대항하여 튀어나온 배를 내밀고 있습니다. 여호와께서 자신들이 어떤 존재인지 깨닫게 해주시기 전까지, 그들은 작은 바로(옛날 이집트의 최고 통치자)들입니다. "반드시 내가 항복해야만 하는가? 내가 하나님의 발 앞에 무릎을 꿇어야만 하는가?" 그들은 그것을 굴욕이라고 생각합니다. 그래서 그것을 허용하려고 하지 않습니다. 만약 복음이 그들의 교만을 묵인하고 그들을 어느 정도 인정해 준다면, 그들은 그것을 기뻐할 것입니다. 그러나 그들은 땅바닥에 넘어지고, 자신들이 이제까지 받아들일 수 없던 것, 곧 자신들이 아무것도 아니라는 사실을 고백할 것입니다. "복종"이라는 단어는 거만한 죄인들에게는 쓴 쑥이자 쓸개즙입니다. 다시 말해서, 그들이 대단히 싫어하는 것입니다. 그러나 그들은 그 잔을 마셔야만 합니다. 곧, 하나님께 복종해야만 합니다. 아니면 영원한 죽음이 그들을 기다릴 것입니다. 그러므로 완악한 마음을 지닌 사람들이여, 들으십시오! 여러분이 복종하기 이전에는, 결코 여러분은 구원받을 수 없습니다. 여러분이 하나님에게 복종하는 것은 구원을 받는 데 필요한 여러 가지 주요한 사항들 가운데 하나입니다.

나는 작은 진리 하나를 여러분의 귀에 속삭여주고자 합니다. 그것이 여러분을 놀라게 해주기를 나는 기도합니다. "바로 지금부터 하나님께 복종하시기 바랍니다." 그러면 여러분은 이렇게 대꾸할 것입니다. "나는 아닙니다. 나는 나 자신에 대한 주인입니다." 나는 여러분이 자신에 대해서 그렇게 생각하고 있다는 것을 압니다. 그런데 여러분은 지금까지 마귀에게 복종해 왔습니다. 7절의 말씀이 그 사실을 암시해 줍니다. "그런즉 너희는 하나님께 복종할지어다 마귀를 대적하라 그리하면 너희를 피하리라"(약 4:7). 만약 여러분이 하나님께 복종하지 않는다면, 여러분은 절대로 마귀를 대적할 수 없습니다. 그러면 여러분은 끊임없이 마귀의 포학한 권세에 의해서 지배를 받는 것입니다. 누가 여러분의 주인이 되기를 원합니까? 하나님입니까? 아니면, 마귀입니까? 여러분은 둘 중에서 선택을 해야만 합니다. 주인이 없는 사람은 없습니다. 우리 안에는 우리보다 강한 어떤 지배자가 있습니다. 선한 존재이거나 아니면 악한 존재이거나, 우리 마음속에는 둘 중에 하나가 최고 통치자로서 영향력을 행사하고 있습니다. 만약 우리가 선한 존재에 의해서 인도되지 않는다면, 이미 악한 존재가 우리 안에서 통치권을 얻은 것입니다.

어떤 사람이 이렇게 질문합니다. "그렇다면 내가 어떻게 복종해야 합니까?"

"내가 누구에게 복종해야 합니까? 또한 어떤 면에서 복종해야 합니까?" 만약 여러분이 구원을 받으려면, 먼저 하나님의 말씀에 복종하십시오. 하나님의 말씀이 진리라는 것을 믿으십시오. 만약 그 말씀이 진리라고 믿는다면, 그것의 권세에 여러분을 복종시키십시오. 말씀이 당신의 죄를 지적합니까? 그렇다면 죄에 대해서 회개하십시오. 말씀이 당신이 옳지 않다고 책망합니까? 그렇다면 잘못한 것을 시인하십시오. 말씀이 당신에게 소망을 줍니까? 그러면 그것을 꼭 붙잡으십시오. 말씀이 당신에게 무엇에 대해서 명령합니까? 그러면 그것에 순종하십시오. 말씀이 당신을 어떤 길로 인도해 줍니까? 그러면 그 길을 따라가십시오. 말씀이 무엇을 하려는 당신을 격려해 줍니까? 그러면 그것을 믿음으로 행하십시오. 그리고 자신을 하나님께 복종시키십시오. 하나님께서는, 자신을 구원하는 그분의 권세를 의지하며, 반역의 무기를 버리고 이제까지의 무모한 전쟁을 끝내기를 원하는 모든 사람들의 구원자이십니다. 그는 이 사실을 이 복된 책, 하나님의 말씀을 통해서 선포하십니다.

그 다음, 당신의 양심에 복종하십시오. 당신은 양심과 싸우고, 양심은 당신과 다투고 있습니다. 양심은 당신에게 계속해서 속삭입니다. 당신은 양심이 조용하게 가만히 있기를 바랍니다. 방탕한 행위가 끝난 뒤에, 악한 쾌락의 폭풍이 지나간 다음의 고요 속에서, 당신에게 양심의 소리가 들립니다. "이것은 올바른 행위인가? 이것은 위험하지 않은가? 이것을 계속해서 할 것인가? 그렇다면 이것은 결국 어떤 결과를 가져올 것인가? 이것보다 더 훌륭하고 고상한 것을 추구하는 것이 더 좋은 것이 아니겠는가?" 하나님은 때때로 양심의 작고 나지막한 목소리를 통해서 사람들에게 말씀하십니다. 그렇다면, 당신의 귀를 기울여서, 양심이 속삭이는 소리를 잘 들으십시오. 양심은 당신을 해치지 않습니다. 양심은 당신을 불안하게 할 수 있습니다. 그러나 위장된 평안이 당신을 죽음으로 유인하는 것보다는 양심의 소리 때문에 당신의 마음이 불안을 느끼는 것이 더 좋은 것입니다. 도둑이 집으로 몰래 들어올 때, 경비견이 시끄럽게 짖어댄다고 해서, 그 개를 죽이는 사람은 어리석은 사람입니다. 만약 양심이 당신을 꾸짖는다면, 그것을 기꺼이 들으십시오. 양심이 책망하는 소리에 주의를 기울이십시오. 양심은 당신의 가장 친한 친구입니다. 당신의 마음을 아프게 하는 양심의 소리는 신뢰할 만합니다. 그러나 마귀의 아첨하는 말은 당신을 속이는 것입니다.

그리고 다양한 경로를 통해서, 하나님께서는 여러분에게 들려주시고자 하는 말씀을 전달하십니다. 여러분 가운데 어떤 사람들에게 그는 매우 부드럽게 충고하는 사람들을 보내셨습니다. 그들의 권고에 귀를 기울이십시오. 그들의 경고를 존중하십시오. 왜냐하면 그것은 여러분의 영혼에 유익한 것을 가져오기 때문입니다. 오, 아들이여, 사랑하는 어머니가 당신을 타이르는 말을 할 때, 그것에 순종하기가 그렇게 힘든 것입니까? 눈물을 흘리며 간곡하게 당부하는 어머니의 말을 따르는 것이 그렇게 어려운 것입니까? 청소년 시절에, 당신은 어머니가 간청하는 것을 거역하기가 틀림없이 매우 어려웠을 것입니다. 왜냐하면 어머니는 당신에게 천국에 대해서 가르쳤을 뿐만 아니라, 당신을 그 길로 인도했기 때문입니다. 또한 어머니는 예수님에 대해서 말했을 뿐만 아니라, 하루하루의 대화와 삶을 통해서, 당신에게 예수님의 사랑을 실천하며 보여주었기 때문입니다. 그리고 당신에게는 사랑하고 존중하는 누이가 있습니다. 그 누이가 당신에게 얼마나 자랑스러운지 말로 표현하기가 어려울 정도입니다. 그 누이가 당신에게 편지를 여러 차례 보냈습니다. 어떤 것들에 대해서 당신에게 간곡하게 호소합니다. 처음에 당신은 그것을 하찮은 말이라고 생각했습니다. 그러나 마침내 지금은 누이의 호소를 가슴으로 느끼고 있습니다. 그 누이의 애절하지만 부드러운 간청을 받아들이십시오. 만약 어머니와 누이를 통한 메시지가 충분한 효력을 발휘하지 않는다면, 하나님께서는 다른 전달자들을 보내실 것입니다. 이들을 통해서, 그는 좀 더 엄격한 경고의 메시지를 당신에게 보내실 것입니다. 만약 당신이 온유한 권면의 말이나 양심의 작고 잔잔한 소리를 듣지 않는다면, 하나님께서는 당신에게 질병이나 죽음과 같은 험상궂은 전령들을 보내실 수 있습니다. 하나님을 진노하게 하여, 그와 같이 행하게 할 정도로 어리석은 사람이 되지 않도록 주의하십시오.

하나님께 복종하십시오. 왜냐하면 하나님께서는 좀 더 험악한 모습을 지닌 사자들을 당신에게 이미 보내셨을 수도 있기 때문입니다. 바로 며칠 전에, 당신은 오랫동안 사귀어 온 사랑하는 친구를 잃어버렸습니다. 당신은 많은 날들을 그 친구와 함께 지냈습니다. 또한 수많은 밤들을 그 친구와 함께 즐겁게 보냈습니다. 겉으로 보기에, 그는 당신만큼 건강했습니다. 그러나 그는 갑자기 쓰러졌습니다. 그래서 그의 장례식에 참석하여, 당신은 그를 무덤까지 따라갔습니다. 그 친구의 무덤으로부터 당신에게 어떤 소리가 들리지 않던가요? 친구의 갑작스런 죽음은 당신도 이 세상을 그렇게 떠날 수 있다는 것을 예비하라는 경고라고 나는 생각합니다. 또한 당신도 어떤 병이 발생하려는 징후로 인해서 고통을 받아왔습니다. 아마도 당신은 이전에 실제로 병에 걸려 누워 있었을 것입니다. 그래서 거의 죽음의 문턱에까지 다다른 적이 있었을 것입니다. 만약 당신이 그때 그 상태로 죽었다면, 오직 끔찍하고 영원한 죽음의 고통만이 당신을 기다리고 있을 것이 분명합니다. 당신은 그것을 응시하고, 부들부들 떨었을 것입니다. 당신의 병에 대한 의사의 말을 듣고 나서, 당신은 그렇게 하지 않을 수 없었을 것입니다. 영혼이 육신을 떠나게 될까봐, 당신은 두려워했습니다. 또한 이렇게 말할 수밖에 없을 것 같아서, 당신은 무서워했습니다. "내가 어디로 갈 것인가? 나의 벌거벗은 영혼이여, 흙으로 된 이 따뜻한 몸을 떠난다면, 어느 곳으로 가야만 하는가?" 죽은 다음에, 당신의 영혼을 어느 곳으로 보내느냐는 것은 내가 할 수 있는 일이 아닙니다. 당신도 그것에 대한 권한을 갖고 있지 않습니다. 그러므로 하나님께서 당신에게 정해 놓으신 숙명의 음성을 주의 깊게 들으시기 바랍니다. 이 엄숙한 소리에 귀를 기울이십시오. 죽음의 사자가 바로 당신 앞에 서 있습니다. 손가락으로 당신을 가리키며 말합니다. "젊은이, 이번에는 기껏해야 열병이었네. 자네는 얼마 안가서 회복될 걸세. 그러나 다음번에, 자네가 병상에 드러눕기만 하면, 다시 일어나지 못할 걸세. 자네는 지금은 끔찍한 사고로부터 구조되었네. 그러나 다시 한 번 이런 일이 일어나면, 자네는 죽음을 피할 수 없네. 왜냐하면 내가 그렇게 할 것이기 때문이지. 그때 자네는 하나님을 대면할 준비를 하게나."

　　만약 당신이 그와 같은 사실들을 깨달았다면, 무엇보다도 하나님의 거룩한 영이 당신에게 속삭이시는 음성에 순종하기를 기도합니다. 하나님의 영은 모든 사람을 똑같이 다루시지 않습니다. 어떤 사람들은 성령님을 너무 근심하게 만들었기 때문에, 그는 이들에게 관여하는 것을 그만두셨습니다. 또한 이들은 때때로 성령님께서 이들에게 역사하시는 것을 너무 완강하게 거부하기 때문에, 그 역사가 이들 안에서 결코 오래 지속되지 않습니다. 그런데 세상에서 가장 악한 사람일지라도 조금이라도 좋은 면을 보이는 순간이 있습니다. 또한 가장 부주의한 사람도 신중하게 생각할 때가 있습니다. 그래서 미친 듯이 육신의 쾌락에 빠졌어도, 순간적으로 제정신이 들 때가 있습니다. 그럴 때면, 그런 사람들도 이른바 "그들의 좀 더 좋은 자아"의 소리를 듣습니다. 그러나 그것은 드물게 일어나며, 그 음성을 듣기가 쉽지 않습니다. 나는 그것을 오히려 그들의 영혼 안에서 책망하시는 하나님의 영의 일반적인 역사라고 부르는 것을 더 좋아합니다. 성령님은 그들에게 이렇게 말씀하십니다. "이것은 올바른 것인가? 이것은 지혜로운가? 무가치하며, 시간을 낭비시키고, 또한 육체적인 욕망이 지배하게 하여, 자신의 영혼을 타락시키는 것이 바람직한 것인가? 그래서 사람을 짐승의 수준으로 끌어내리는 이러한 짓이 과연 옳은 것인가? 영원한 세계는 존재하지 않는가? 영원한 삶은 없는 것인가? 하나님도 없고, 최후의 심판도 없다는 것인가?" 여호와께서 발람의 눈을 밝히셨던 것처럼(참조. 민 22:31), 성령님께서도 때때로 사람들의 눈을 영적으로 밝게 해주십니다. 그래서 심판의 날이 반드시 정해져 있다는 것과 그날이 가까이 다가왔다는 것을 사람들이 깨닫게 해줍니다. 또한 성령님께서는 나팔소리가 들리는 것을 사람들이 고대하게 하십니다. 나팔이 불면, 흰 보좌에 앉으신 위대하신 재판장이 오실 것입니다. 그리고 재판이 열릴 것입니다. 헤아릴 수 없이 많은 산 자와 죽은 자들의 무리가 심판을 받으려고, 그 보좌 앞에 모여들 것입니다. 그러면 책들이 펼쳐질 것입니다. 생명책에 기록된 것에 따라서, 영원한 생명을 누릴 사람들과 영속적인 형벌을 받을 사람들로 나눠질 것입니다. 염소들, 곧 죄인들은 영원한 벌을 받는 곳으로 쫓겨날 것입니다. 그러나 의인들은 새 예루살렘 성에서 영원한 복락을 누릴 것입니다.

오, 당신이 이 사실들을 깨닫는다면, 당신이 하나님께 즉시 복종하게 되기를 나는 기도합니다. 안타깝게도 어떤 사람들은 이 땅에서 커다란 고통을 치르고 나서, 영원한 저주를 받습니다. 많은 사람들은 단지 자신들의 내적인 갈등을 감추려고, 하나님을 모독하는 말을 하며, 불신앙적인 발언을 서슴지 않습니다. 어두컴컴한 저녁에, 소년이 교회 안에 있는 묘지를 지나갈 때, 용기를 잃지 않으려고 휘파람을 불듯이, 그들의 마음이 두려움으로부터 벗어나게 하려고, 그들은 하나님을 모욕하는 말을 하는 것입니다. 불신앙적인 말을 가장 험악하게 하는 사람이 가장 큰 불신자는 아닙니다. 구약에는 이교도들이 몰록 신에게 자녀들을 희생 제물로 바쳤다는 기사가 나옵니다. 자녀들을 희생 제물로 바칠 때, 자녀들이 살려 달라고 울부짖는 소리를 들리지 않게 하려고, 그들은 있는 힘을 다해서 북을 세게 쳤습니다. 그들과 마찬가지로, 이 사람들도 양심의 소리를 들리지 않게 하기 위해서, 그렇게 시끄러운 소리를 내는 것입니다. 그 사실에 대해서, 이 사람들 자신이 더 잘 알고 있습니다. 그러므로 그것을 솔직하게 시인하고, 그들이 하나님 앞으로 나올 것을 나는 간절히 부탁합니다. 만약 바로 오늘 그들이 그렇게 한다면, 그것은 분명히 그들에게 큰 축복입니다. "그러므로 여러분은 하나님께 복종하십시오."

　그런데 어떤 사람들은 나에게 이렇게 질문할 것입니다. "어떤 면에서 내가 복종해야만 합니까?" 그것에 나는 가장 간단하게 대답하겠습니다. 첫째, 하나님 앞에서, 여러분의 죄를 자백함으로 복종하십시오. "내가 죄를 지었나이다"라고 울부짖으십시오. "나는 죄를 짓지 않았습니다"라고 뻔뻔하게 주장하지 마십시오. 여러분이 계속해서 그렇게 고집한다면, 결코 죄 사함을 받지 못합니다. "자기의 죄를 숨기는 자는 형통하지 못하나 죄를 자복하고 버리는 자는 불쌍히 여김을 받으리라"(잠 28:13). 죄인들이여, 두 가지 중에서 하나를 선택하십시오. 죄에 대해서 여러분이 스스로 판단하겠습니까? 아니면, 하나님의 판결을 받아들이겠습니까? 만약 여러분이 스스로 판단하고 자신의 죄에 대해서 자복한다면, 위대한 재판장은 여러분을 용서하실 것입니다. 그것 이외에, 죄를 용서받는 다른 길은 없습니다. 여러분 자신을 죄인이라고 선언하십시오. 그러면 하나님께서는 여러분이 죄가 없다고 선고하실 것입니다. 여러분의 죄에 대한 기소장의 내용이 사실이라고 증거하십시오. 왜냐하면 그것은 명백한 사실이기 때문입니다. 만약 그것을 부인한다면, 여러분은 영원한 멸망이라는 형벌을 스스로 초래하는 것입니다.

　그 다음, 여러분이 죄를 지었다고 선언하는 율법을 존중하십시오. 율법에서 결점을 찾아내는 일에 집착하지 마십시오. 또한 율법이 지나치게 엄격하며, 오류를 범할 수 있는 가엾은 인간에게 너무 많은 것을 요구한다고 말하지 마십시오. "율법은 거룩하고 의로우며 선한 것입니다"(참조. 롬 7:12). 율법은 여러분이 죄를 지었다고 주장합니다. 그렇지만 그것에 입술을 갖다대고 입을 맞추십시오. 그리고 다음과 같이 말하십시오. "율법은 내가 죄를 지었다고 고소하고, 나에게 사형을 선고한다. 그러나 율법은 선하다. 그것은 변경될 수 없다. 만약 내가 진정으로 회개하면, 그리스도의 복음은 나를 구원할 수 있다."

　나아가, 여러분이 받는 형벌이 정당하다는 것을 인정하십시오. 여러분의 죄는 여러분에게 지옥으로 가야 한다는 판결을 초래합니다. 이렇게 말하지 마십시오. "하나님께서는 지나치게 엄격하십니다. 나의 잘못에 견주어 볼 때, 이것은 형평에 맞지 않는 판결입니다." 만약 여러분이 그렇게 생각하고 있기만 한다면, 여러분은 결코 구원받을 수 없을 것입니다. 여러분이 유죄 판결을 받는 것과 관련하여, 하나님께서는 정당하십니다. 장차 재판장 앞에서, 여러분의 양심도 여러분에게 불리한 증거를 할 것입니다. 그러므로 진심으로 이렇게 고백하십시오. "만약 나의 영혼이 지옥으로 보내진다면, 그것은 단지 내가 받아야 마땅한 것에 지나지 않는다." 여러분이 잘못을 고백하고 율법을 존중하며 또한 형벌의 정당성을 시인할 때, 여러분은 하나님께서 자비를 베푸실 수 있는 상황을 향해서 가까이 다가가고 있는 것입니다.

그러므로 죄인이여, 여러분은 하나님께 복종하십시오. 나는 여러분이 지금 즉시 그렇게 하기를 간청합니다. 여러분의 왕이신 하나님께 복종하십시오. 여러분이 지닌 무기를 버리십시오. 자만(自慢)의 투구를 내려놓으십시오. 교만의 의복을 벗어던지십시오. 하나님께 무조건 복종하십시오. 그리고 이렇게 말하십시오. "여호와 하나님이시여! 지금 나는 당신이 나의 왕이심을 고백하나이다. 완악한 마음을 지닌 바로처럼, 더 이상 당신에게 반문하지 않겠습니다. '여호와가 누구이기에 내가 그의 목소리를 듣겠느냐?'(참조. 출 5:2). 제정신이 든 사람과 같이, 이성과 은혜가 권고하는 대로 이제 내가 복종하겠나이다." 여러분이 전적으로 항복하면, 또한 무조건적으로 복종하면, 이제 여러분은 형통하게 될 것입니다. "사람의 영혼"(Mansoul; 1862년에 출판된 존 번연의 소설 「거룩한 전쟁」[The Holy War]에 나오는 도시 이름)이라고 불리는 도시의 성문들을 활짝 열어젖히십시오. 그리고 유일한 통치자로서, 임마누엘 왕(Emmanuel; 「거룩한 전쟁」에 등장하는 하늘과 땅의 통치자인 전능자 "샤다이"[Shaddai]의 아들로서, "사람의 영혼"이라는 도시를 재탈환하는 전쟁을 이끎)이 그 도시의 모든 곳을 다스리게 하십시오. 여호와의 절대적인 주권에 대해서 더 이상 논쟁하지 마십시오. 그 대신, 충실한 백성이 되기 위해서, 또한 모든 일에 전적으로 순종하기 위해서 기도하십시오. 만약 여러분이 이렇게 한다면, 여러분은 하나님의 면전에서 은혜를 받을 것입니다.

그리고 여러분을 구원하는 하나님의 방법에 복종하십시오. 여러분의 공로에 의해서가 아니라, 하나님의 은혜에 의해서, 하나님께서는 여러분을 구원하십니다. 여러분의 눈물과 고난을 통해서가 아니라, 예수님의 보배로운 피에 의해서, 여러분은 구원을 받습니다. 여러분이 지금 오직 예수님을 믿기만 한다면, 하나님께서는 여러분을 의롭다고 인정해 주실 것입니다. 그렇지만 여러분의 마음이 여전히 교만하다면, 그것은 하나님의 유일한 구원 방법에 감탄하지 않을 것입니다. 그러면 여러분은 일어나서 이렇게 말할 것입니다. "어떻게 이 방법이 도덕과 일치할 수 있는가?" 마치 여러분은 도덕의 최종적인 수호자인 것처럼 말합니다. 또한 구원과 관련된 하나님의 방법을 여러분이 지지하지 않는다면, 하늘과 땅의 왕이신 하나님께서는 도덕규범을 소중히 여기시지 않는 것이라고 여러분은 주장하고 있습니다. 이와 같이, 갑자기 도덕의 옹호자가 되려고 하는 여러분은 과연 누구입니까? 어떻게 거룩하신 삼위일체 하나님께서 도덕에 세심한 주의를 기울이시지 않는다고 여러분이 감히 상상합니까? 하나님 아버지께서는 여러분이 그의 아들 예수 그리스도를 믿으라고 명령하십니다. 여러분이 그를 믿겠습니까? 아니면, 그것을 거부합니까? 만약 여러분이 믿지 않는다면, 여러분에게 소망이 없습니다. 그러나 만약 여러분이 믿는다면, 바로 그 순간 여러분은 구원을 받습니다. 곧, 예수님을 구주로 믿음으로, 여러분이 죄와 사망으로부터 구원받는 것입니다.

나아가 여러분에게 역사하시는 하나님의 방법에도 여러분은 반드시 무조건적으로 복종해야 합니다. 어떤 사람은 이렇게 말합니다. "만약 죄 때문에 몇몇의 사람들이 체험했던 공포와 두려움을 나도 느끼게 된다면, 그때 나는 예수님을 믿을 것입니다." 그렇다면 여러분은 하나님께 무엇을 요구하는 것입니까? 여러분이 믿을 때까지, 죄악에 대한 공포와 두려움을 통해서, 하나님께서 여러분을 이리저리 끌고 다니셔야 한다는 말입니까? 그러나 좀 더 온건한 방법으로 구원을 받을 수 있도록, 하나님께 복종하십시오. 또 어떤 사람은 다음과 같이 말합니다. "나는 신비한 꿈을 꾸었다고 이야기하는 사람에 관한 글을 읽어보았습니다. 만약 나도 그 사람처럼 어떤 환상을 본다면, 예수님을 믿겠습니다." 그렇다면 반드시 하나님께서는 당신이 어떤 신비로운 꿈을 꾸게 하셔야만 합니까? 하나님께서 당신을 꼭 종처럼 섬겨야만 합니까? 당신이 원하는 방법대로, 그가 당신을 구원해야만 합니까? 하나님께서는 당신에게 분명하게 말씀하십니다. "만약 네가 예수 그리스도를 구주로 믿는다면, 너는 구원을 받을 것이다." 당신은 믿습니까? 아니면, 믿지 않습니까? 만약 당신이 단순히 예수님을 구주로 믿지 않는다면, 꿈도 환상도 어떤 공포도, 또한 그 이외의 어떤 것도 당신을 구원할 수 없습니다.

가엾은 죄인이여, 구원받는 데에는 하나님께서 정해 놓으신 유일한 방법밖에 없습니다. 내가 당신에게 묻습니다. 당신의 대답에 따라서, 당신의 운명이 영원히 정해질 것입니다. 당신은 하나님이 정하신 방법을 따릅니까? 아니면 그렇지 않습니까? 만약 당신이 그 방법을 따르지 않는다면, 당신은 스스로 영원한 멸망을 선택하는 것입니다. 그러나 만약 당신이 그 방법을 따라서, 예수 그리스도를 믿고 하나님께 복종한다면, 당신은 구원받을 것입니다. 그러면 당신에게 모든 일이 잘 될 것입니다. 이 자리에 금방이라도 울음을 터뜨리려는 몇몇 사람들이 있는 것을 나는 알고 있습니다. 왜냐하면 그들의 상한 심령은 지금 이렇게 속삭이고 있기 때문입니다. "오, 나는 즉시 복종하겠습니다. 만약 하나님께서 나를 구원해 주시기만 한다면!" 여러분이 그렇게 말하는 것을 들을 때, 나는 이루 말할 수 없이 기쁩니다. 왜냐하면 하나님께서는 교만한 자들을 대적하시지만, 겸손한 자들에게는 은혜를 주시기 때문입니다(참조. 벧전 5:5).

이전에 내가 자리에서 일어나서, 하나님께 다음과 같이 부르짖었던 때를 기억합니다. "오 하나님! 만약 내가 죽을 때까지 병상에서 누워 있어야 한다고 하더라도, 하나님께서 나에게 자비를 베풀어 주시기만 한다면, 나는 괜찮습니다. 만약 주께서 나의 교만한 의지를 꺾고, 나를 새 사람으로 만드신다면, 당신께서 기뻐하시는 것이 무엇이라고 하더라도, 당신께서 원하시는 대로 나를 대하셔도 좋습니다. 오직 나를 죄악으로부터, 또한 죄의 권세로부터 구원해 주시옵소서." 그러자 그때 하나님께서 나를 낮은 데로 인도하셔서, 내가 예수 그리스도 안에서 생명과 구원을 발견하게 해주셨습니다. 만약 하나님께서 죄인인 여러분도 그곳까지 낮추시고 인도하신다면, 여러분은 단순히 주 예수를 믿는 것 이외에 다른 할 일이 없습니다. 예수님을 구주로 믿는다면, 여러분은 틀림없이 구원을 받습니다.

만약 여러분이 믿는다면, 하나님께서는 반드시 여러분에게 은혜를 베푸십니다. 여러분을 구원하시려는 하나님의 뜻에 복종하는 것이 구원의 본질입니다. 누가 이제 하나님께 복종하고자 합니까? 누가 즉시 복종하겠습니까? 주님께서 우리 가운데 오셨습니다. 왕이시며, 창조자이시며, 또한 구원자이신 주님께서 여기에 계십니다. 그의 상처 자국들을 보십시오. 그의 손과 발과 옆구리에 있는 자국들을 바라보십시오. 그는 여러분에게 묻습니다. "너희는 나에게 항복할 것이냐? 너희의 무기를 버리겠느냐? 너희는 하나님과 싸우는 것을 끝내겠느냐? 너희는 무조건 복종하겠느냐?" 만약 여러분이 복종하기를 원한다면, 예수님은 여러분에게 손을 내밀면서 이렇게 말씀하실 것입니다. "평안히 가라. 너희는 나와 화목되었다. 이제 나와 너희 사이에 평안이 있다." 시편 기자의 이 말씀에 귀 기울이기 바랍니다. "그의 아들에게 입맞추라 그렇지 아니하면 진노하심으로 너희가 길에서 망하리니 그의 진노가 급하심이라 여호와께 피하는 모든 사람은 다

복이 있도다"(시 2:12).

　　오늘 아침, 나의 설교를 통해서, 하나님께서 많은 영혼들을 구원해 주실 것을 나는 기도했습니다. 나는 분명히 그것을 믿고, 또한 지금 느끼고 있습니다. 우리에게 이 은혜를 허락해 주시옵소서. 만약 여러분이 그리스도에게 복종하시기를 원한다면, 지금 곧 고백하십시오. 그것을 다음 기회로 미루지 마십시오. 그래서 하나님의 은혜에 사로잡힌 사람들이 되어서, 죄와 사망으로부터 승리하여 생명으로 인도함을 받는 것을 기뻐하는 사람들과 사귐을 가지십시오.

제
11
장
—

너희 생명이 무엇이냐?

—

"내일 일을 너희가 알지 못하는도다 너희 생명이 무엇이냐
너희는 잠깐 보이다가 없어지는 안개니라" — 약 4:14

영국에서는 왕이 죽으면, 사람들은 대성당에 있는 큰 종을 칩니다. 그래서 런던 시내에 있는 모든 사람들이 그 소리를 들을 수 있게 합니다. 또한 런던 주변의 수 마일에 이르기까지 그 소식을 속히 알립니다. 언론계의 종사자들은 그 소식을 전국의 방방곡곡으로 전달합니다. 그래서 모든 사람들은 귀가 멍멍할 정도로 그 소식을 듣게 됩니다. 왕의 죽음은 국가 전체의 관심사입니다. 가족의 구성원 가운데 어떤 사람이 죽으면, 가족 전체가 모입니다. 그러나 왕실에 속한 어떤 사람이 사망하면, 그 소식은 온 나라에 전달됩니다. 그 소식은 전달될 것이며, 사람들은 그것을 듣지 않을 수 없습니다. 이 거대한 도시 런던에는 하나님의 집에 오는 것을 좋아하지 않는 사람들이 많이 있습니다. 그들도 반드시 왕의 애석한 죽음에 대해서 들을 것입니다. 그들은 그것에 대해서 생각해 볼 것이며, 또한 동료들과 이야기를 나눌 것입니다. 이와 같이, 죽음은 위대한 연설자입니다. 사람들은 죽음의 장엄한 연설을 주의 깊게 들어야 합니다. 특별히 죽음에 대해서 경고하는 하나님의 음성이 하늘 보좌로부터 울려 퍼질 때, 더욱 그것을 경청해야 합니다. "여호와께서 성읍을 향하여 외쳐 부르시나니 지혜는 주의 이름을 경외함이니라"(미 6:9). 여러분은 겸손하며 깨어 있으라는 하나님의 음성을 즉시 듣고 깨달으십시오. 또한 왕의 죽음으로 인한 슬픔이 곧 극복되고, 하나님께서

이 나라에 선하심을 계속해서 넘치도록 베풀어 주시기를 기도하십시오.

그런데 갑작스러운 죽음은 특별히 강한 경고의 메시지를 전달합니다. 만약 사람들이 나이가 많이 들어서 죽는다면, 우리는 그것을 일상생활 속에서 당연히 찾아오는 것으로 여깁니다. 나이 든 사람이 죽는 것은 자연스러운 일인 것입니다. 그러나 젊은 사람이 갑자기 죽는 것을 경험하면, 우리는 젊은 사람도 일찍 죽을 수 있다는 사실을 깨닫게 됩니다. 따라서 우리 가운데 어느 누구도 자신이 아주 오래 장수한다는 것을 기대할 수 없습니다. 왜냐하면 우리의 죽음은 예기치 않은 때에 갑자기 찾아올 수 있기 때문입니다. 마치 풀을 베는 낫에 잡초가 금방 잘려나가듯이, 또한 바람이 강하게 불면 나뭇가지에서 나뭇잎이 떨어져 나가듯이, 죽음은 언제든지 우리 개개인을 찾아올 수 있습니다. 순식간에 우리는 기력을 잃고 맥없이 쓰러질 수 있습니다. 그러면 우리의 아름다운 용모는 곧 썩어질 것입니다. 그때 여호와께서는 분명하면서도 두려운 어조로 이렇게 말씀하실 것입니다. "그러므로 이스라엘아, 바로 내가 너에게 이렇게 하기로 작정하였으니, 너는 너의 하나님을 만날 준비를 하여라"(암 4:12).

이번 주에, 우리는 죽음은 공평하다는 진리를 생생하게 되새겨 보게 되었습니다. 아랍 속담에서 말하는 것처럼, 죽은 사람을 싣고 갈 검은 낙타는 모든 사람의 문 앞에 서 있습니다. 왕궁의 창문으로 슬픔이 스며들었습니다. 왕의 침실까지 슬픔이 찾아 왔습니다. 이처럼 죽음이 그토록 공평해서 지휘관들도 쓰러뜨린다면, 일반 군사들은 그것을 피하고자 하는 희망을 가질 수 없을 것입니다. 죽음의 막강한 힘이 왕의 침실까지 쳐들어간다면, 그것은 우리의 작은 집들을 배려하지 않을 것입니다. 그런데 우리에게 정해진 때가 되면, 이러한 소식이 전달될 것입니다. "주님께서 오셨다. 그가 너를 부르신다." 내 귀에는 지금 크게 외치는 이 소리가 들려옵니다. "네 집을 잘 정리하라. 왜냐하면 너는 더 이상 살지 못하고, 죽을 것이기 때문이다"(참고. 왕하 20:1). 여러분은 그 음성을 듣지 못합니까? 여러분 가운데 어떤 사람이 하늘로부터 들려오는 그 음성을 듣기를 거부할 수 있습니까? 분명히 죽음은 사람의 성품과 지위와 나이와 장래의 가능성을 고려하지 않습니다. 어떤 사람이 조국에 대단히 헌신적으로 봉사할 수 있을 것입니다. 그러나 애국심이 그를 죽음으로부터 보호해 주지 못합니다. 어떤 사람이 사람들의 애정의 벽으로 둘러싸여 있을 수 있습니다. 그러나 그 벽도 그를 감싸주지 못합니다. 이 세상에서 어떤 사람이 매우 안락한 생활을 하고 있습니다. 그러나 미처 의사가 깨닫기도 전에, 그에게서 생명력이 쑥 빠져나갈 수 있습니다. 어떤 사람이 애정이 많은 어머니의 극진한 사랑을 받을 수 있습니다. 또한 많은 여인들이 흠모하는 대상으로서, 그 여인들의 마음에 그의 이름이 새겨져 있을 수 있습니다. 그렇지만 죽음은 그에 대한 이 여인들의 사랑을 고려하지 않습니다. "한번 죽는 것은 사람에게 정해진 것이요"(히 9:27). 죽음이라는 이 싸움에 참가하는 것으로부터 면제되는 사람은 아무도 없습니다. 우리는 모두 이 싸움을 향해서 행군하고 있습니다. 만약 주님께서 속히 오셔서, 현재의 세대를 끝마치게 하시지 않는다면, 우리는 모두 이 싸움터에서 죽고 말 것입니다. 왜냐하면 죽음의 창과 화살은 사방에서 날아오고 있기 때문입니다. 도처에서 날아오는 죽음의 무자비한 창과 화살로부터 가슴과 등을 동시에 막아주는 갑옷은 없습니다. 따라서 우리는 다음과 같은 하나님의 진리의 말씀을 마음속에 잘 간직해야 할 것입니다. "여호와여 나의 종말과 연한이 언제까지인지 알게 하사 내가 나의 연약함을 알게 하소서"(시 39:4). 다른 사람들이 언젠가 죽는다는 것에 대해서 우리는 매우 확신하고 있습니다.

그렇지만 그 불쾌한 날이 우리에게서 매우 멀리 떨어져 있다고 우리는 생각합니다. 그래서 우리 자신도 언젠가 영안실에서 고약한 냄새를 나게 할 것이라는 주제에 관해서 우리는 전혀 생각해 보려고 하지 않습니다. 그렇습니다. 우리도 언젠가 죽는다는 사실을 우리는 인정합니다. 그러나 우리를 압박할 정도로, 그것이 우리에게 가까이 다가와 있는 문제라고는 받아들이지 않습니다. 우리는 아직까지 무덤으로부터 측량할 수 있는 거리에 있지 않다고 상상합니다. 심지어 우리 가운데 가장 나이 드신 분도 자신이 앞으로 상당히 더 오래 살 수 있을 것이라고 믿습니다. 어떤 성도가 얼마 전에 팔순을 맞이했습니다. 그러나 마치 방금 인생을 살기 시작한 것처럼, 그는 삶에 대해서 매우 강한 애착을 갖고 있습니다. 우리는 그러한 모습을 지켜보았습니다. 사랑하는 형제자매 여러분, 죽음을 대하는 우리의 태도는 지혜롭지 못합니다. 우리가 죽음을 외면한다고 해서, 죽음이 우리를 피해가지 않습니다. 죽음과 관련해서, 우리가 이 세상의 다른 사람들보다 더 좋은 대접을 받을 것이라는 근거가 어디 있습니까? 우리는 모두 인류라는 동일한 군대에 속해 있습니다. 우리는 동일한 싸움터를 향해서 나아가고 있습니다. 다른 모든 사람들이 그곳에서 죽습니다. 그런데 우리가 어떻게 죽음을 피할 수 있겠습니까? 이제까지 이 세상에 살았던 사람들 가운데, 오직 두 사람만이 죽음의 어두운 강을 건너지 않았습니다. 이 둘은 좀 더 나은 곳, 곧 하늘 나라로 들림을 받을 수 있었습니다. 그들은 에녹과 엘리야입니다. 그렇지만 우리 가운데 누구도 세 번째의 사람이 될 수 없을 것입니다.

　　한편 죽음이라는 주제와 관련하여, 우리에게는 평범한 말 이외에 할 말이 별로 없습니다. 왜냐하면 여러분이 그것을 아무리 미사여구로 꾸민다고 하더라도, 무덤이란 우리 주변에서 평범한 것들 가운데 가장 평범한 것이기 때문입니다. 인생은 짧고, 모든 사람은 반드시 죽습니다. 우리가 이 사실에 대해서 진지하게 묵상해 보는 것은 중요합니다. 심지어 그것은 대단히 가치 있는 일입니다. 만약 그것이 우리의 마음을 꿰뚫고 들어와 마음을 변화시키고, 또한 생활에 영향력을 미친다면 말입니다. 몇 가지 예를 들어 보겠습니다. 우리는 리용(Lyons, 프랑스 남부에 위치한 도시)의 피에르 발도(Peter Waldo; 1140년에 출생하여, 1218년에 사망함. 원래 부유한 의류 제조업자였음. 여러 가지 사건을 계기로 해서, 재산의 상당한 부분을 가난한 사람들에게 나누어 준 다음에, 평신도 설교자가 됨. 로마가톨릭교회에 의해서 이단으로 정죄됨)에 관한 이야기를 들어보았을 것입니다. 어느 날 밤에, 그는 어떤 연회에 참석했습니다. 술 취해서 흥청대는 다른 사람들과 함께, 그곳에서 그는 아무런 생각과 관심이 없이 앉아 있었습니다. 그때, 자리를 같이 했던 어떤 사람이 갑자기 머리를 떨어뜨리더니, 그 자리에서 숨을 거두고 말았습니다. 그러자 그 사건으로 인해서 깜짝 놀란 발도는 죽음에 대해서 깊이 생각하게 되었습니다. 그는 집으로 돌아와서, 하나님을 진지하게 찾기 시작했습니다. 그는 성경을 연구하는 데에 몰두했습니다. 어떤 사람들이 전해주는 말에 의하면, 그는 발도파 교회(The Waldensian Church)의 창시자는 아니라고 하더라도, 그 교파가 세워지는 데에 큰 공헌을 했다고 합니다(교회 역사가들은 흔히 피에르 발도가 발도파 교회의 창시자라고 주장함 ― 역주). 사방이 영적으로 어둠에 휩싸여 있을 때, 발도파 교회들은 알프스 지역의 여러 계곡들에서 복음의 등불을 환하게 밝혀주었습니다. 이와 같이, 피에르 발도라는 한 사람에게 죽음의 거룩한 영향력이 미치게 되었을 때, 하나님의 교회는 영적인 힘을 얻고, 계속해서 존재할 수 있게 되었습니다. 또한 죽음의 의미는 마르틴 루터(1483-1546)에게도 지대한 영향을 미쳤습니다. 1505년 어느 날, 루터는 슈토터른하임(Stotternheim) 근처에서 친구 알렉시스(Alexis)와 함께 길을 걷고 있었습니다. 그때 갑자기 벼락에 맞아서, 친구 알렉시스가 그 자리에서 죽고 말았습니다. 그 시점부터, 루터는 성직자의 길을 걸으려고 마음의 준비를 했습니다. 그는 하나님의 은혜에 대해서 깊이 묵상하게 되었습니다. 마침내 이신칭의 교리, 곧 사람은 오직 그리스도를 믿음으로 하나님으로부터 의롭게 여김을 받는다는 성경의 가르침을 깨닫게 되었습니다. 그리고 그는 교황의 속박으로부터 교회를 해방시켜 준 종교개혁자가 되었습니다. 이처럼 죽음이라는 진지한 주제는 우리가 중요한 것들을 깨닫게 인도해 줍니다. 또한 우리는 죽음이 주는 교훈에 많은 것을 빚지고 있습니다. 우리 주변에는 매우 진지하고, 기도를 많이 하고, 또한 거룩한 삶을 사는 사람들이 있습니다. 그들 가운데 많은 사람들은 납골당의 둥근 천장이 그들에게 영적인 강건함을 가져다주었다고 분명하게 시인해야만 할 것입니다. 그들은 언젠가 반드시 죽는다는 사실을 기억하며, 자신들이 어떻게 살아야 하는지에 대해서 많은 도움을 받았습니다. 그러나 어떤 사람들은 영적인 잠을 자고 있습니다. 그래서 자신들의 육신의 죽음은 곧 영혼의 파멸을 가져온다는 사실을 깨닫지 못합니다. 이들은 최상의 삶이 어떤 것인지를 전혀 모릅니다. 성령님이 오늘 아침에 여러분이 이러한 사실들을 명심하도록 도와주시기를 바랍니다. 또한 "죽는다는 것을 기억하라" (memento mori)는 이 진리를 통해서, 성령님이 여러분을 그리스도의 십자가로 인도해 주시기를 원합니다. 국왕의 사망이 진정한 생명이 무엇인지에 대해서 여러분의 눈을 뜨게 해주는 계기가 되었으면 합니다. 국왕은 이미 사망했습니다. 그러나 지금 그는 여러분에게 말하고 있습니다. 하나님의 영광의 빛으로 찬란한 하늘나라에서, 여러분도 곧 사망의 어두운 골짜기를 통과해야 한다고 그는 일깨워 주고 있습니다.

영적인 유익을 얻기를 간절히 바라면서, 본문 말씀과 관련해서, 나는 여러분에게 두 가지를 언급하려고 합니다. 첫째, 본문이 가르쳐 주는 진리에 대해서 숙고해 보고자 합니다. 둘째, 그 진리 안에 있는 교훈들에 대해서 상고해 보려고 합니다.

1. 본문이 가르쳐 주는 진리:
이 진리에 대해서, 우리는 앞에서 이미 어느 정도 다루었습니다.

장래의 일에 대해서 구체적으로 알지 못한다는 것을 우리에게 상기시켜 주며, 본문은 이렇게 시작하고 있습니다. "내일 일을 너희가 알지 못하는도다." 우리가 지난날을 되돌아볼 수 있도록, 하나님께서는 우리에게 기억력을 주셨습니다. 만약 과거를 기억하고 반성하고 회개하는 일에 우리가 기억력을 잘 활용한다면, 그것은 매우 훌륭한 일일 것입니다. 그렇지만 하나님께서는 우리에게 미래를 내다볼 수 있는 눈을 주시지 않았습니다. 그는 과거를 덮고 있는 베일을 벗기서서, 우리를 회개하도록 이끄십니다. 그러나 그는 미래를 덮개로 가리서서, 우리가 호기심을 갖고 앞날을 들여다볼 수 없게 하십니다. 우리 가운데 어떤 사람들에게는 어둠의 날들이 바짝 다가와 있을 수 있습니다. 그렇지만 우리는 그것을 간파할 수 없습니다. 우리가 그것을 깨닫지 못한다는 사실에 대해서 하나님께 감사합시다. 왜냐하면 우리가 그것을 미리 내다본다면, 우리의 괴로움이 더욱 커지고 많아질 것이기 때문입니다. 또한 우리가 나쁜 일이 닥친다는 것을 미리 알게 되면, 지금 가까이 와 있는 기쁨에도 우울한 그림자가 드리울 것이기 때문입니다. 어떤 사람의 죽음을 경험한 후에 우리가 천 번이나 죽음을 느낄 수 있습니다. 이와 같이 미래에 우리가 한 번 얻어맞는다는 것을 사전에 알고 두려워한다면, 우리는 천 번이나 채찍질을 당하는 압박감에 시달려서 기절할 수도 있습니다.

　　또한 이 땅에서 미래에 맛보게 될 기쁨들을 우리가 때가 되어 직접 경험하기 이전까지, 하나님께서 그것들을 감추고 있는 것도 결국 우리에게 유익한 것입니다. 앞날의 커다란 번영이 여러분을 기다리고 있을 수 있습니다. 이 세상에서 여러분의 삶이 지금보다 훨씬 편해질 수 있습니다. 그러나 여러분은 그것을 알지 못합니다. 여러분이 그것을 알지 못한다는 것은 좋은 것입니다. 왜냐하면 미래에 될 일들을 지금 안다고 해서, 여러분의 현재의 삶이 더 나을 것이 없기 때문입니다. 지상의 보화(寶貨)는 새 잡는 끈끈이와 같습니다. 그것은 우리를 세상적인 것에 꼭 붙여놓기가 쉽습니다. 그래서 우리가 하늘을 향해서 날아오르지 못하게 합니다. 만약 우리가 장차 발생하게 될 유쾌한 모든 사건들을 알 수 있다면, 우리는 지금의 모습보다도 더욱 세속적으로 되고, 좀 더 이 세상에 매이게 될 것입니다. 우리 가운데 누구도 이 현재의 악한 세상이 우리에게 더 큰 영향력을 행사하는 것을 바라지 않을 것입니다. 만약 악한 세상이 우리에게 영향력을 더 적게 행사한다면, 우리는 기뻐할 것입니다. 따라서 미래가 우리에게 알려져 있지 않기 때문에, 그것이 지금 우리에게 대단히 작은 세력밖에는 미치고 있지 않다는 사실을 우리는 기뻐해야 합니다.

　　우리는 멀리 내다볼 수 없습니다. 그러므로 마치 자신들이 다가올 날들을 들여다볼 수 있는 것처럼 행동하는 사람들은 매우 어리석은 사람들입니다. 야고보가 본문에서 묘사하고 있는 이 사람들이 하는 말을 들어보십시오. 그들은 으쓱대지만, 매우 가엾은 사람들입니다. 그들은 어떤 도시로 들어가려고 합니다. 그들은 자기들이 그렇게 할 것을 확신합니다. 누가, 또는 무엇이 그들이 들어가는 것을 방해하겠습니까? "오늘이나 내일이나 우리가 어떤 도시에 가리라"(약 4:13). 그들은 충분한 시간을 갖고 있습니다. 그들은 자신들이 좋아하는 대로 선택할 수 있습니다. 가고 싶은 곳으로, 가고 싶은 때에, 그들은 갈 수 있습니다. 마치 자신들이 예언자적인 안목을 지닌 것처럼, 어떤 도시의 성문을 들어가면서, 그들은 그곳에서 자신들을 바라봅니다.

그러면서 그들은 "거기서 일 년을 머물 것"을 확신합니다. 물론 일 년이라는 기간이 정확한 기간은 아닙니다. 그것은 확정된 것이 아니기 때문입니다. 만약 그들이 그곳에서 만족한다면, 그들은 그곳에 더 오래 머물 것입니다. 마음이 내킨다면, 그들은 삼 년, 칠 년, 십사 년, 또는 이십사 년을 선택할 수 있습니다. 적어도 그들은 자신들이 그렇게 할 수 있는 것처럼 말하고 있습니다. 그들은 "물건을 사고팔기 위해서" 그 도시에 들어가려는 것입니다. 그들은 자신들이 또한 그렇게 할 것을 확신하고 있습니다. 물론 그들은 병이 나서 집에 틀어박혀 있지 않을 것입니다. 어떤 사고가 발생하거나 병에 걸려서, 그들이 시장에 가지 못한다거나, 그래서 거래를 성사시키지 못할 가능성에 대해서, 그들은 전혀 고려하지 않습니다. 아닙니다. 그들은 시장에 가서 물건을 사고팔 것입니다. 그들은 자신들의 능력이 매우 뛰어나다는 것을 확신하기 때문에, 그것을 통해서 반드시 이익을 볼 것이라고 굳게 믿고 있습니다. 그들은 자신들이 마음속으로 정해 놓은 것보다 시장의 가격이 떨어지지 않을 것이라고 믿습니다. 회수할 가망이 없어 보이면, 그들은 돈을 빌려주지 않습니다. 또한 그들은 기타의 손실을 자초하지 않을 것입니다. 왜냐하면 그들은 자신들이 "이익을 보리라"고 결심했기 때문입니다. 지금까지 그들은 자수성가한 사람들이었습니다. 그들은 계속해서 자신들의 사업을 발전시킬 것이라고 확신합니다. 그들은 앞으로 수천 가지를 더 이룰 것입니다. 목표를 달성하기 위해서 최종적인 일격을 가할 때까지, 그들은 사업을 확장시켜 나갈 것입니다. 이와 같이, 그들은 막대한 재산을 모으려는 꿈을 갖고 있습니다.

그러나 이 불쌍한 예언자들이여! 당신들은 지금 자신들의 무덤을 향해서 가고 있습니다! 이것은 하나님의 계시의 말씀이 가르쳐 주는 명백한 진리입니다. 당신들이 조상으로부터 물려받을 유일한 상속 재산은 죽음뿐입니다. 앞으로 수의(壽衣)가 여러분의 지닌 재산의 전부가 될 것입니다. 그러므로 우리 가운데 아무도 다가올 미래에 어떤 일을 하리라고 결심하는 말을 하지 마십시오. 현재를 잘 돌보십시오. 왜냐하면 우리가 확신할 수 있는 시기는 현재뿐이기 때문입니다. 현재 일을 잘 처리하면, 그것으로 어느 정도 충분할 것입니다. 지혜로운 사람 솔로몬은 이렇게 말했습니다. "네 손이 일을 얻는 대로 힘을 다하여 할지어다 네가 장차 들어갈 스올에는 일도 없고 계획도 없고 지식도 없고 지혜도 없음이니라"(전 9:10). 여러분이 지혜로운 사람이 되기를 원한다면, 솔로몬의 권고에 귀를 기울이십시오.

그리고 내일 어떤 일이 일어날지도 우리가 알 수 없다는 점을 지적하면서, 야고보는 장래에 대해서 예견하는 것의 어리석음을 강조해서 말합니다. 벌써 삼월의 마지막 날이 다가왔습니다. 만약 여러분이 사월의 첫날에 시행하려고 계획하는 일을 지금부터 계산한다면, 정작 그날에 일이 기대하는 것과는 다르게 전개되는 것을 경험할 수 있습니다. 그러면 여러분의 어리석음이 금방 드러나게 될 것입니다. 얼마 안가서 여러분은 올해의 마지막 날을 맞이할 것입니다. 그런데 연말에 가서, 새해에 이루어질 일을 기대한다면, 그것은 여러분이 지혜롭지 못하다는 것에 대한 또 하나의 증거를 제공할 것입니다. 심지어 오늘 저녁에 어떤 일이 일어날지에 대해서도, 우리는 오늘 아침에 확실히 알 수 없습니다. 내일 아침에 계획하는 일이 반드시 그대로 될 것이라고 우리는 오늘 저녁에 기대할 수 없습니다. 야고보는 "너희의 생명이 무엇이냐?"라고 질문하면서, 위에서 언급한 문제점을 강력하게 제기합니다. 여러분은 내일 무슨 일이 일어날지 알지 못합니다. 왜냐하면 여러분은 자신의 인생에 관해서도 스스로 정확하게 알지 못하기 때문입니다.

그러므로 14절은 두 부분으로 구성되어 있습니다. 먼저 "너희 생명이 무엇이냐"라고 질문합니다. 그것을 통해서, 인간이 자신과 미래에 대해서 정확하게 알 수 없음을 강조합니다. 그 다음, "너희는 잠깐 보이다가 없어지는 안개니라"고 인간의 존재에 대해서 잠언적인 특성을 지닌 답변을 제시합니다.

첫째, 나는 야고보가 질문을 단도직입적으로 매우 강하게 제기하고 있다는 점을 지적하고자 합니다. "너희의 생명이 무엇이냐?" 인간의 생명은 강인한 것입니까? 또한 안정된 것입니까? 생명이란 무엇입니까? 그 안에는 무엇이 있습니까? 생명은 꿈을 꾸는 것과 같은 특성을 지니고 있지 않습니까? 여러분이 지닌 생명은 단지 코의 호흡에 달려 있는 것이 아닙니까? 저기에 어떤 사람이 숨을 내쉬고 있습니다. 오늘 아침같이 추운 날은 여러분이 숨을 밖으로 내어보낼 때, 그것을 볼 수 있습니다. 그러나 여러분은 오직 잠시 동안만 그것을 볼 수 있을 뿐입니다. 그것은 곧 사라지기 때문입니다. 이와 같이, 호흡은 생명의 연약하고 허무한 모습을 잘 나타내 줍니다. 과연 여러분의 생명이 무엇입니까? 그것은 얼마나 오랫동안 지속됩니까? 어떤 생물들은 매우 짧은 기간 동안만 살 수 있습니다. 그렇지만 어떤 나무들은 몇백 년 동안 살 수 있습니다. 그렇다면 여러분의 생명은 무엇입니까? 우리가 어떤 옷을 낡아서 찢어질 정도로 입는다면, 그렇게 되기까지는 상당한 시간이 걸립니다. 그렇다면 여러분의 생명은 무엇입니까? 그것은 섬세한 옷감과 같습니다. 또한 그것은 거미줄과 같이 연약합니다. 그래서 누가 손을 대기도 전에, 또한 입으로 불기도 전에, 여러분의 생명은 끊어질 수도 있습니다.

로마 황제 유스티니아누스(주후 482-565; 재위 기간: 주후 527-565)는 새롭게 채색한 방에 들어갔다가, 유독한 냄새로 인해서 사망했다고 합니다. 로마 교황 아드리안 4세(주후 1100-1159; 재위 기간:1154-1159; 영국 출신으로서는 유일한 교황)는 포도주 잔에 빠진 파리를 삼키고 나서, 질식해서 사망했다고 전해지고 있습니다. 어떤 로마 집정관은 문지방에 발을 세게 부딪쳤습니다. 그 이후에, 다친 발이 썩어서 죽고 말았다고 합니다. 이와 같이, 사람들을 죽음으로 인도하는 문들은 수천 개나 있습니다. 비록 어떤 문은 너무 작고 좁아서, 사람들이 그 안으로 들어갈 수 없는 듯합니다. 그렇지만 많은 사람들이 그러한 문들을 통과해서, 죽고 말았습니다. 어떤 사람들은 포도씨들이 목에 걸려서, 숨이 막혀 죽었습니다. 지붕에서 떨어진 기와에 맞아서 죽었습니다. 또한 독살되기도 했습니다. 유독 가스에 오염된 공기를 마시고 죽었습니다. 이처럼 아무리 하찮아 보이는 것이라고 할지라도, 그것은 어떤 위대한 왕을 죽게 할 수도 있는 것입니다. 따라서 사람이 살아 있다는 것은 놀라운 일입니다. 우리의 삶은 너무나도 불안정합니다. 그러므로 야고보는 "너희의 생명이 무엇이냐?"고 질문하는 것입니다. 생명이란 너무 연약하고 부서지기 쉬운 것입니다. 그래서 야고보는 그것을 들판에 피어 있는 꽃과 같다거나, 아니면 타다 남은 양초 심지라고도 말하지 않습니다.

그는 단순히 "너희의 생명이 무엇이냐?"라고 묻고 있습니다. 마치 그것이 "무엇이 되기라도 하는 것인가?"라고 야고보는 묻고 있는 듯합니다. 생명은 "곧 사라지고 마는 숙명에 놓여 있는 허무한 것이 아닌가?"라고 그는 주장하는 것처럼 여겨집니다.

그런데 시편 39편 5절에서, 다윗은 이 질문에 대해서 무엇이라고 대답하고 있습니까? "사람은 허사뿐이니이다"(시 39:5; KJV ― "Man is vanity."). "허사"("vanity" ― "공허", "허무")라는 것은 무엇입니까? 그것은 실제적으로 아무것도 아니라는 것을 뜻합니다. 그것은 단지 어떤 것이 자신에 대하여 허세를 부리는 것입니다. 그것은 무익한 꿈입니다. 또한 공허한 자부심입니다. 그것은 속임수입니다. 그래서 자신을 믿게 하려고 거짓으로 꾸미는 것입니다. 이 세상에서의 인간은 그와 같은 존재입니다. 나아가 다윗은 그것보다 한층 더한 것을 말하고 있습니다. 그는 "모두가"(모든 사람이) "허사", 곧 헛된 존재라고 지적합니다. 황제들, 왕들, 철학자들, 가장 건강한 사람들, 가장 유능한 사람들, 또한 가장 훌륭한 사람들 등, 이 모든 사람들이 덧없으며 보잘것없는 존재라는 것입니다. 이 세상에 살고 있는 모든 사람들 중에서 아무것도 아니라는 이 서글픈 상태를 초월할 수 있는 사람은 아무도 없습니다. 그 뿐만 아니라, 다윗은 "사람은 그가 든든히 서 있는 때에도 허사뿐이니이다"라고 주장합니다. 어떤 사람이 가장 높은 위치에 있어서, 그가 가장 영광을 받을 때라고 하더라도, 가장 건강하고 원기왕성한 때라고 하더라도, 눈빛이 가장 총명한 때라고 하더라도, 또한 그의 근육이 가장 단단한 때라고 하더라도, 그는 덧없고 허무한 상태에 놓인 것보다 조금도 낫지 않다는 것입니다. 왜냐하면 다윗은 이렇게 말하고 있기 때문입니다. "사람은 그가 든든히 서 있는 때에도 허사뿐이니이다." 다시 말해서, 사람은 덧없고 허무한 존재 이외에, 아무것도 아니라는 것입니다. 그에게 영속적인 가치를 지닌 것은 아무것도 없습니다. 하나님께서 숨을 한번 내쉬면, 그는 사라져 버립니다. 그러면 이미 낱낱이 말해진 이야기처럼, 그의 날들은 순식간에 지나가버리는 것입니다. 시편 39편 5절에서, 다윗은 자신의 주장을 강조하기 위해서, 또 한 가지 단어를 사용하고 있습니다. 우리는 그것을 간과해서는 안 됩니다. 곧, "진실로"라는 부사(副詞)입니다. 그 의미를 강조하기 위해서, 다윗은 그 단어를 문장 맨 앞에 놓았습니다. 마치 자기의 주장을 확신하고 있기 때문에, 다윗은 그것에 대한 어떠한 질문도 받아들이지 않으려는 듯합니다. 곧, "**진실로** 사람은 그가 든든히 서 있는 때에도 모두가 허사뿐이니이다"(KJV에서는 "진실로"에 해당하는 "verily"가 문장의 맨 앞에 위치한다 – 역주).

인간의 생명에 대해서, 욥은 구체적으로 어떻게 말하고 있는지 살펴보기로 하겠습니다. 욥기 9장 25절에서, 욥은 다음과 같이 고백합니다. "나의 날이 경주 자보다 빨리 사라져 버리니." 여기에는 그 당시의 관행을 알게 해주는 표현이 사 용되었습니다. 중요한 소식을 급하게 전하기 위해서, 고대 동방의 왕들은 빨리 달리는 사람들과 말들과 단봉낙타(혹이 한 개인 아라비아 낙타) 등을 사용했습니다. 고대 동방에서, 이 셋은 소식을 빨리 전하고자 할 때 이용되었습니다. 전기가 발 명되기 이전에, 영국에서 왕립(王立) 우편보다 빠른 것은 없었습니다. 그러므로 욥은 이렇게 말합니다. "나의 날들이 우체부보다 빨리 지나간다"(원문에서 히브리 어 "라츠"는 "달리는 사람"을 의미한다. 이 단어가 한글개역성경에는 "경주자"라고 번역되 었다. 그러나 KJV에서는 "a post," 곧 "우체부"라고, 반면에 NIV에서는 "a runner"라고 번역 되었다 – 역주). 그 다음, 욥은 우리에게 바다를 바라보라고 요청합니다. 욥기 9 장 26절에서, 그는 "그 지나가는 것이 빠른 배 같고"라고 말하고 있습니다. 순풍 을 향해서 돛을 펼치면, 돛단배들은 마치 날아가는 것처럼 빨리 항해할 수 있습 니다. 그렇지만 인생이 짧다는 것을 기억하면서, 우리가 바다 위를 빨리 달리는 배들을 바라보아야 한다고 욥은 암시해 줍니다. 그리고 9장 26절 하반부에서, 욥 은 우리의 날들을 "먹이에 날아 내리는 독수리와도 같구나"라고 비교하고 있습 니다. 우리는 그것을 잊어서는 안 될 것입니다. 하늘 높이 날고 있는 독수리가 멀리 내려다보이는 낙타의 시체를 자세히 살펴보고 있습니다. 그리고 나서, 독 수리는 그것을 향해서 쏜살같이 날아 내려옵니다. 이처럼 우리의 생명도 죽음을 향해서 급히 내려가고 있습니다. 하늘과 땅과 바다에서 전개되고 있는 다양한 모습은 우리의 생명이 종말을 향해서 급히 날아가고 있다는 사실을 일깨워 줍니 다.

성 아우구스티누스는 늘 이렇게 말하곤 했습니다. "나는 인생을 '죽어가고 있는 생명'이라고 불러야 할지, 아니면 '살아가고 있는 죽음'이라고 일컬어야 할 지 잘 모르겠습니다." 이 두 가지 표현 가운데 어떤 것을 선택해야 할지에 대해 서, 나는 여러분의 결정에 맡기겠습니다. 우리의 인생은 분명히 죽어가고 있는 생명입니다. 그것은 무덤이라는 목표물을 향해서 행진해 갑니다. 하나님께서는 매순간마다 지속적으로 기적을 일으키십니다. 오직 그 기적만이 죽어서 무덤에 가는 것으로부터 우리를 보호해 줍니다. 만약 전능하신 하나님께서 그 힘으로 한순간이라도 만물을 돌보시는 것을 멈춘다면, 흙으로 만들어진 인간은 흙으로 돌아갈 것입니다. 나중에 흙은 재가 되어서, 티끌처럼 어디론가 사라질 것입니다. 그러므로 인생은 죽어가고 있는 생명입니다. 그러나 인생은 살아 있는 죽음이라는 주장도 옳은 것입니다. 왜냐하면 우리는 언제나 조금씩 죽어가고 있기 때문입니다. 우리의 맥박이 뛰면 뛸수록, 그것이 뛸 수 있는 숫자는 계속해서 줄어들고 있습니다. 우리가 나이를 먹으면 먹을수록, 빛을 볼 수 있는 날들의 숫자는 점차로 작아지고 있습니다. 우리는 지금 이곳에 앉아 있습니다. 그러나 그동안에도, 지구는 우리를 모두 싣고서 공간 속에서 놀랍게 빠른 속도로 태양의 주위를 계속해서 돌고 있습니다. 이와 같이, 우리는 모두 지구와 함께 지금도 빠르게 움직이고 있습니다. 그렇지만 우리는 그것을 느끼지 못합니다. 여러분이 지금 이 설교를 듣고 있는 동안에도, 여러분은 빛의 속도보다 더 빠르게 영원한 나라를 향해서 날아가고 있습니다. 만약 우리가 날개를 활짝 펴고 불꽃같이 빠르게 날아가고 있는 어떤 힘센 천사의 품에 안겨 있다고 하더라도, 우리는 영원을 향해서 쉬지 않고 길을 재촉하고 있습니다. 만약 우리가 멈추어 있는 꿈을 꾼다고 하더라도, 우리는 단 한순간도 또한 단 한 번도 멈추어 서지 않습니다. 이 멈추지 않는 시간의 흐름은 우리를 계속해서 앞으로 실어 나릅니다. 우리는 큰 폭포를 향해서 나아갑니다. 우리는 "앞으로, 앞으로, 앞으로!"라는 명령에 언제나 복종해야 합니다. 어린 시절부터 청년 시절까지, 청년 시절부터 장년 시절까지, 또한 장년 시절부터 노년기까지, 아무도 이탈할 수 없는 촘촘한 대열 속에서, 우리는 앞을 향해서 끊임없이 행진해 나아갑니다. 우리는 잠을 자는 동안에도 머무적거리지 않습니다. 도도히 흘러가는 저 강물처럼, 우리는 앞을 향해서 계속해서 나아가고 있습니다. 지금 우리는 그 강기슭에 거주하고 있습니다. 그렇다면 우리의 생명이 무엇입니까? 그 질문의 상당한 부분에 대해서 아직까지 답변이 제시되지 않았습니다. 그리고 우리의 생명과 관련된 질문에 대해서, 우리는 모든 것을 답변할 수도 없을 것입니다.

그렇지만 본문은 어느 정도 잠언적인 특성을 지닌 대답을 우리에게 제시합니다. 우리의 생명이 무엇이라고 명확하게 정의를 내린다기보다는, 본문은 생명이 마치 어떤 것과 같다고 비유적으로 말해 줍니다. "너희의 생명은 증기니라"(참조. 약 4:14; KJV: "It is even a vapour"). ("증기"[vapour]에 해당하는 헬라어 원문은 "아트미스"로서, "안개" 또는 "증기"를 뜻한다. 한편, 한글개역성경에는 "안개"로 번역되었다 — 역주). 그러므로 야고보는 우리의 생명을 대단히 미세하고 가벼우며 사라지기 쉬운 증기에 비유합니다. 만약 여러분이 높은 지대에 살고 있다면, 여러분은 전원 풍경을 멀리까지 내려다볼 수 있을 것입니다. 이른 아침이면, 여러분은 온 계곡에 자욱하게 서려 있는 안개를 볼 수 있습니다. 그리고 마치 구름의 바다 위에 떠 있는 섬들처럼, 짙은 안개 위로 모습을 드러내고 있는 커다란 느릅나무들을 높은 곳에서 바라보는 것은 우리에게 색다른 즐거움을 줍니다. 또한 끝이 날카롭게 솟아 있는 피라미드처럼, 여러분은 안개가 짙게 깔린 마을 위에 여기저기에서 교회의 뾰족한 탑을 발견할 수 있을 것입니다. 그런데 조금 후에 동일한 창문으로 다시 내려다보면, 여러분은 안개가 모두 사라져 버린 것을 경험하게 됩니다.

이와 같이 안개는 너무나도 얇고 미세하며, 또한 가느다란 거미줄과 같습니다. 그러므로 바람이 한번 불기만 하면, 그것은 곧 사라집니다. 또는 태양이 떠오르면, 그것은 금방 공중으로 날아올라 갑니다. 어쨌든 모든 계곡을 가득 채웠던 안개는 아무런 흔적도 없이 사라지고 맙니다. 여러분의 생명도 바로 이와 같은 것입니다. 그리고 여러분은 해가 질 무렵에 서쪽 하늘에 저녁노을로 붉게 빛나고 있는 구름을 본 적이 있을 것입니다. 그런데 오늘날에는 여러 가지 색깔로 눈부시게 빛나는 조명 기구들이 밤을 아름답게 장식해 줍니다. 이전 시대에는 전등이 발명되지 않았기 때문에, 우리 조상들은 이러한 조명 기구들이 만들어 내는 밤의 아름다운 풍경을 전혀 볼 수 없었습니다. 그런데 여러분은 값비싼 보석이 함유된 작은 돌멩이를 본 적이 있을 것입니다. 거기에 들어 있는 보석은 완벽하게 아름다운 빛을 냅니다. 그 보석이 함유된 돌멩이의 한쪽을 들여다보면, 그곳에는 무지개의 모든 빛깔이 서로 조화를 이루고 있습니다. 그런데 보석이 없는 다른 쪽을 들여다보면, 모든 아름다운 빛은 온데간데없습니다. 여러분의 생명은 바로 이와 같습니다. 오늘 아침은 매우 추웠습니다. 우리는 이곳으로 오면서, 우리가 내뿜는 입김을 보았습니다. 그렇지만 우리는 그것을 내뿜는 순간에만 볼 수 있습니다. 그것은 즉시 우리 눈앞에서 사라져 버립니다. 본문을 통해서, 야고보가 우리에게 보여주고자 하는 것이 바로 그와 같은 모습입니다. "너희의 생명이 무엇이냐? 너희는 안개니라."

나아가 야고보는 깊은 의미를 지닌 몇 가지 단어들을 사용해서 "너희는 안개니라"는 비유의 의미를 좀 더 자세하게 설명해 줍니다. 곧, "너희는 잠깐 보이다가 없어지는 안개니라." 여기서 "잠깐 보이다가"라는 표현을 주목해 보십시오. 야고보는 인간의 생명이 진정한 존재로서의 특성을 지닌 실체라고 말하지 않습니다. 야고보는 그것을 "보이다," 또는 "나타나다"라고 표현합니다. 그런데 안개나 증기는 매우 가볍고 실체가 잘 보이지 않아서 마치 환상과 같습니다. 그러므로 그것이 존재한다기보다는 나타난다고 말할 수 있을 것입니다. 만약 여러분이 뭉게구름 속으로 들어갈 수 있다면, 여러분은 과연 구름 안으로 들어온 것인지 알기가 어려울 것입니다. 왜냐하면 그것은 대단히 엷은 안개와 같을 것이기 때문입니다. 추운 날에 여러분의 입에서 나오는 입김은 매우 가벼우며, 거의 공기와도 같습니다. 그것은 존재하지 않는 것의 바로 전 단계에 있습니다. 곧, 그것은 나타나서 보이자마자, 금방 사라져 버립니다. 그것은 단지 나타나서 우리에게 보일 뿐입니다. 우리의 생명도 이와 같습니다. 그것은 꿈이며, 허무한 구경거리입니다. 또한 그것은 밤에 나타나는 허깨비와도 같습니다. 우리가 현실에서 맛보는 기쁨의 절반은 가장된 것입니다. 그리고 슬픔의 절반은 그림자와 같습니다. 우리가 이 세상에 살면서 보고 경험하는 것들의 대부분은 우리가 그것들을 보고 겪는 것과는 본질적으로 다른 실재를 지니고 있습니다. 우리는 이 사실을 경험을 통해서 구체적으로 알아야 합니다. 그러므로 우리는 일시적으로 보이는 것들을 중요하게 여겨서는 안 됩니다. 그 대신 우리의 소망을 영원한 것에 두어야 합니다. 우리의 생명은 오직 "보이는" 것입니다. 이 세상에서의 생명은 우리에게 나타나 보이는 그것이 전부입니다.

그리고 야고보는 우리의 생명에 대해서 "잠깐 보이다가"라고 언급합니다. 이 세상에서 아무리 오래 사는 사람이라고 하더라도, 그것은 잠깐 동안에 지나지 않습니다. 인간의 생명을 나무의 수명과 비교해 보십시오. 우리의 짧은 인생과 삼나무나 떡갈나무의 수명 사이에는 상당한 차이가 있습니다. 그래서 여호와께서는 천년왕국 시대에 성도들이 오랫동안 누리게 될 생명을 나무의 수명에 비유해서 말씀하셨습니다. "이는 내 백성의 수한이 나무의 수한과 같겠고 내가 택한 자가 그 손으로 일한 것을 길이 누릴 것이며"(사 65:22). 숲속에 있는 어떤 나무들처럼, 이 복된 천년왕국 시대에 성도들은 대단히 긴 기간 동안 강건하게 살 것입니다. 어떤 사람이 떡갈나무 아래에 서 있는 모습을 상상해 봅시다. 만약 그의 위에 길게 뻗어 있는 떡갈나무 가지들과 비교한다면, 그는 젖먹이에 지나지 않습니다. 이미 오래 전부터 존재해 왔지만, 약 백 년 전에도, 그 떡갈나무는 지금처럼 당당한 모습으로 서 있었을 것입니다. 그러나 그 시점에, 지금 나무 밑에 서 있는 사람의 조상은 그 사람에 대해서 전혀 상상해 볼 수 없었을 것입니다. 그리고 우리의 생명을 피조 세계와 한번 비교해 봅시다. 인간이 살기에 적합한 현재 상태의 지구와 비교해 보자는 것이 아닙니다. 하나님께서 하늘과 땅을 창조하신 이후부터 현재의 상태에 이르기까지, 우리에게 잘 알려지지 않은 긴 기간과 비교해 보자는 것입니다. 곳곳에 불길이 타오르고, 물이 넘치고 있던 시대가 있었을 것입니다. 물고기들과 파충류가 지배하던 기간도 있었을 것입니다. 그리고 나서, 뜨거운 열대 지방과 극도로 추운 남극과 북극 지방도 형성되었을 것입니다. 그런데 지금 우리에게는 이 모든 것이 엊그제 일어난 사건처럼 여겨집니다. 그러면 이제 우리의 생명을 영원하신 존재이신 하나님과 비교해 봅시다. 영원하신 하나님과 비교해 본다면, 과연 인간은 어떤 존재입니까? 가장 나이가 많은 사람이라고 할지라도, 그는 무엇입니까? 구백육십구 세를 살았던 므두셀라(참조. 창 5:22-26)는 어떤 존재입니까? 처음이자 마지막이신 하나님과 비교해 본다면, 이 세상에서 가장 오래 살았던 므두셀라도 잠깐 보이다가 사라진 존재에 지나지 않습니다. 그는 아침 햇살이 비칠 때 태어나서, 낮에 햇빛이 비치는 동안 뛰어놀고, 밤에 잠을 자다가, 그리고 새벽녘에 이슬이 내릴 무렵에 죽은 곤충과도 같습니다. 이와 같이, 인간은 잠깐 보이다가 없어지는 존재입니다.

마지막으로, "없어지는"이라는 말을 사용하며, 야고보는 사람의 생명에 대한 비유적인 설명을 마무리하고 있습니다. 산꼭대기에 걸려 있는 구름은 곧 사라집니다. 그것이 어디 있습니까? 그것은 사라져서 더 이상 보이지 않습니다. 아무런 흔적도 남기지 않았습니다. 여러분은 그것을 다시 불러낼 수 없습니다. 또한 우리도 곧 사라지게 될 것입니다. 어떤 사람이 깨어나면, 잠 속에서 꾸던 꿈도 사라져 버립니다. 이와 같이, 우리도 금방 없어질 것입니다. 우리가 죽으면, 우리 가운데 대부분은 사람들의 기억에 오랫동안 남아 있지 않을 것입니다. 많은 사람들이 우리 곁을 떠나갔습니다. 그들 가운데 어떤 사람들을 회상하며, 우리는 그들에게 연민의 정을 품으며, 그들의 죽음을 안타깝게 생각할 것입니다. 반면에, 또 어떤 사람들은 다른 사람들을 위해서 살지 않고 이기적으로 살았기 때문에, 그의 동료들은 그를 속히 잊어버릴 것입니다. 이 세상의 수많은 무덤들 가운데 오직 하나의 무덤만이 빈 무덤으로 발견되었습니다. 그것은 예수 그리스도의 무덤입니다. 수많은 죽음들 가운데 인간의 기억 속에 계속 남아 있을 수 있는 죽음은 그리스도의 죽음밖에 없습니다. 이 세상에 사는 사람들은 모두 언젠가 없어질 것입니다. 우리가 이 세상에서 없어지면, 한 친구가 탄식하며 이렇게 말할 것입니다.

> "어느 날 아침 나는 그 친구를 잃었네.
> 늘 같이 걸었던 언덕 위에서,
> 진달래가 만발한 들판에서,
> 그가 자주 찾았던 나무 아래서,
> 친구를 보려고 또다시 찾아왔건만,
> 시냇가에서도, 잔디밭 위에서도, 숲가에서도,
> 그의 모습을 찾을 수 없네."

그때 죽음을 알리는 종소리가 널리 울려 퍼질 것입니다. 밤하늘의 별들도 "그가 여기에 잠들어 있다!"라고 쓰여 있는 묘비를 내려다볼 것입니다. 이슬이 잔디로 덮인 무덤 위에 맺힐 것입니다. 울타리 역할을 하는 것으로서, 무덤 주변에는 들장미들이 심어져 있습니다. 그 들장미들은 이제 막 꽃들을 피우기 시작합니다. 그것들은 어떻게 생명이 장차 죽음을 이길 것인지를 보여주고 있습니다. 어린아이들은 우리의 이름을 물려받을 것입니다. 그러나 앞으로 네 세대만 지나면, 우리의 후손들은 우리가 이 지역에 살았었다는 것을 전혀 기억하지 않을 것입니다. 우리의 생명은 그와 같은 것입니다. 우리의 생명은 "잠깐 보이다가 없어지는 안개입니다." 이것은 명백한 진리입니다. 여러분도 그것을 깨닫고 있습니다. 여러분은 항상 이 진리를 기억하며 살아야 합니다. 나는 여러분의 마음속에 이 진리를 충분히 깊게 새겨줄 수 없습니다. 그러므로 여러분이 나와 함께 이 기도를 드리도록 초청합니다. "우리에게 우리 날 계수함을 가르치사 지혜로운 마음을 얻게 하소서"(시 90:12).

2. 두 번째 부분에서는
이 진리 안에 들어 있는 교훈들을 배우고자 합니다.
우리가 그것을 읽고 유의하고 배우고 또한 내적으로 소화할 수 있기를 바랍니다.

첫째, 이 세상에서의 생명이 안개나 증기처럼 허무하고 본질적인 것이 아니라는 것은 아무도 부인할 수 없을 것입니다. 그렇다면 우리는 우리의 생명을 그렇게 여깁시다. 그리고 다른 곳에서, 본질적인 것을 찾읍시다.

> "이 세상에서 보여주는 꿈은 헛된 구경거리라라네.
> 그러나 내가 장차 가게 되는 위대한 나라에는
> 진실되고 순수한 기쁨이 있다네.
> 언제 내가 잠에서 깨어나서
> 그곳에 있는 나를 발견할 수 있을까?"

저 세상에서 모든 면에서 완전한 것을 얻을 것이기 때문에, 우리가 이 세상에서도 최선의 것을 얻으려고 노력한다면 좋을 것입니다. 그러나 우리가 저 세상의 영광의 빛으로 이 세상을 판단하지 않는다면, 우리는 이 가엾은 세상으로부터 진정으로 좋은 것을 이룰 수 없습니다. 여기서의 삶은 기껏해야 가엾게 시들어가는 생명입니다. 왜냐하면 우리는 모두 나뭇잎과 같이 시들고 말라서, 곧 사라질 것이기 때문입니다. 만약 우리가 다음 세상을 바라보며 분명한 목적을 지니고 살지 않는다면, 우리는 이 세상에서 의미 있고 값어치 있는 것을 만들어 낼 수 없습니다. 시간 속에서, 이 불쌍한 세상의 감각으로, 저급한 누더기 옷에 더러운 옷감 조각을 붙이는 일을 통해서는 사람들이 입고 싶어하는 멋진 예복을 만들 수 없습니다. 그리고 이 세상에서의 삶이 때때로 보여주는 추한 모습에 놀라지 마십시오. 그것은 결국 안개에 불과합니다. 누가 안개를 보고 놀라겠습니까? 여신(女神)을 껴안기를 바라고, 구름에 속는 사람처럼, 여러분은 이 세상에 살면서 지나치게 기뻐하지 마시기 바랍니다. 이 세상에서의 삶은 결국 껍데기에 지나지 않습니다. 이곳에서 겪는 슬픔에 눈물을 흘릴 가치가 없습니다. 또한 이 세상적인 기쁨에 미소 지을 필요도 없습니다. 그것들은 안개와 같이 일시적이며 공허한 것입니다. 그러므로 믿음에 근거한 지혜를 지닌 사람들은 그것들을 중요하게 여기지 않았습니다. 비눗물을 빨대로 천천히 불 때, 비눗방울이 나오는 것을 보고, 어린아이들은 기뻐합니다. 그러나 여러분은 어른이 되어서 이와 같은 어린 아이의 일을 버렸습니다(참조. 고전 13:11). 여러분은 이 세상에서의 삶과 관련된 것으로부터 크게 동요되어서는 안 됩니다. 왜냐하면 그것은 어린아이들이 기뻐하는 비눗방울보다 더 매력적이거나 중요한 것이 아니기 때문입니다. 전도자는 이렇게 가르칩니다. "헛되고 헛되며 헛되고 헛되니 모든 것이 헛되도다"(전 1:2). 여러분의 눈앞에서 꺼질 듯 말 듯 희미하게 타고 있는 이 세상의 작은 불꽃을 내버려 두십시오. 그것은 불티에 지나지 않습니다. 그것은 곧 완전히 꺼질 것입니다. 일시적인 것은 놓으십시오. 그 대신, 영원한 것을 꼭 붙잡으십시오. 이 세상의 모든 깃들이 지나가면, 우리의 면류관에서 영원의 보석들이 반짝일 것입니다. 이 세상의 삶 속에서 얻는 것은 사소한 것입니다. 그것은 어린아이들이 들판에서 꺾은 들꽃과 같습니다. 그들이 집으로 가져가기 이전에, 그것은 그들의 손 안에서 시들어버릴 것입니다.

여기서 나는 시인의 다음 연(聯)을 여러분의 기도로 삼을 것을 제안합니다. 자신이 가장 사모하고 있는 하나님을 향해서 시인은 다음과 같이 읊고 있습니다.

> "나에게 당신의 얼굴을 보여주소서.
> 그리하면 이제부터 나의 믿음과 사랑을
> 당신께만 바치겠나이다.
> 이 세상의 아무것도
> 내 영혼의 평안을 흔들지 못하게 하소서.
> 나의 삶은 환상이나 꿈과 같나이다.
> 내가 보고 느끼는 모든 것은
> 거짓된 것이며 헛된 것이나이다.
> 오직 당신만이
> 유일하고 영원한 실제적인 존재이시나이다."

둘째로, 우리의 생명은 매우 불확실한 것입니까? 우리는 과연 그렇다는 것을 알고 있습니다. 아무도 그 사실을 부인하려고 시도하지 않을 것입니다. 그렇지만 언젠가 우리의 생명이 끝나게 된다는 것은 확실합니다. 그러나 그것이 구체적으로 언제 끝나게 될지는 매우 불확실합니다. 우리의 인생은 이렇게 불확실한 것입니까? 그렇다면 우리가 회개하고 구원받는 일에 지체하지 맙시다. 그 일에 지체하고 있는 모든 사람의 귀에 이 지혜를 속삭일 수 있게 해달라고 나는 하나님께 기도합니다. 왜 여러분은 멈추어 서서 망설이고 있습니까? 만약 여러분이 다가오고 있는 하나님의 진노로부터 구원받기를 원한다면, 왜 그것을 내일로 미루려고 합니까? 여러분이 기대하는 내일은 결코 오지 않을 수도 있습니다. 회개하는 일을 지연시켜서, 여러분은 회개하지 않은 채 죽기를 원합니까? 여러분은 예수님을 구주로 믿는 것을 미루어서, 불신자로 멸망하려고 합니까? 여러분은 하나님의 자비와 용서를 막아서, 하나님께서 값없이 주시는 은혜를 거절하려고 합니까? 여러분이 그렇게 하지 않기를 기도합니다. 왜냐하면 만약 다른 날로 연기한다면, 여러분은 소망이라고는 전혀 없는 나라에서 영원히 살게 될 수도 있기 때문입니다.

오, 불경건한 사람들이여! 여러분이 당면하고 있는 위험한 상황에 대해서 생각해 보십시오. 한 시간 안에, 여러분은 하나님의 심판대 앞에 설 수도 있습니다(참조. 고후 5:10). 또한 여러분은 끝을 알 수 없는 지옥의 구덩이에 빠질 수도 있습니다. 여러분을 소망이 있는 세상과 연결시켜 주는 것은 너무 가늘어서 눈에 잘 보이지도 않고 쉽게 끊어지는 실과 같습니다. 따라서 미친 사람 이외에는, 그 실에 자신의 영혼의 운명을 맡기려고 하지 않을 것입니다. 나는 여러분에게 간절히 바랍니다. 영적인 잠에서 깨어나십시오! 왜냐하면 죽음이 여러분을 향해서 급히 다가오고 있기 때문입니다. 여러분이 만세반석의 바위틈 사이에서 안식처를 발견할 때까지, 또한 그리스도의 팔에 안겨서 안전할 때까지, 빨리 서두르시기 바랍니다. 우리의 인생은 너무나 불확실합니다. 그러므로 그리스도인들이여, 서두르십시오. 여러분에게 기회가 주어져 있을 때, 하나님을 섬기십시오. 그래서 이미 하늘 나라에 가 있는 영화롭게 된 성도들과 거룩한 천사들은 할 수 없는 일들을 오늘 이 세상에서 부지런히 하십시오. 여러분도 곧 하늘 나라에 갈 것입니다. 그곳에는 자선을 베풀고 싶어도, 가난한 이들이 없습니다. 무지한 이들을 가르치고 싶어도, 무지한 사람들이 없습니다. 그곳에는 심방해야 할 고아와 과부들이 없습니다. 이 그림자와 같은 인생이 잠깐 보이다가 없어지면, 여러분은 불신자들의 영혼을 구원하기 위해서 그들과 더 이상 대화할 수 없습니다. 그들을 그리스도에게로 인도할 수 있는 기회가 사라져 버리는 것입니다. 따라서 기회가 주어져 있는 동안에, 모든 복음 사역자들은 자신이 해야 할 일들을 매우 열심히 해야 합니다. 나는 할 수 있는 대로 자주 설교하라고 나 자신에게 명령했습니다. 하나님께서 그렇게 하도록 나를 도와주시기를 기도합니다.

> "마치 내가 또다시 설교할 수 없는 것처럼,
> 죽어가는 사람이 죽어가는 사람에게 하듯이,
> 주여, 내가 언제나 그렇게 설교하게 하소서!"

　　만약 하나님께서 은혜로 주시는 모든 지혜를 소유한다면, 우리는 사람들의 유익을 위해서 모든 일을 즉시 열심을 다해서 할 것이라고 나는 확신합니다. 그렇다면, 그 일을 축복해 주시도록 하나님의 영을 전적으로 의지하며, 항상 진지하게 기도하며, 또한 거룩한 삶을 살며, 우리는 모든 일을 열심히 해야 할 것입니다. 형제자매 여러분, 어서 와서 여러분이 해야 할 일들을 속히 하십시오. 만약 여러분이 하나님의 영광을 추구하기를 원한다면, 여러분이 이 세상에 있는 동안에 하나님의 영광의 면류관을 장식할 보석들을 얻으십시오. 벌써 여러분은 많은 시간을 쓸데없이 보냈습니다. 이제 여러분은 단 한순간도 낭비해서는 안 됩니다. 왜냐하면 할 일이 대단히 많지만, 우리에게 주어진 시간은 너무 짧기 때문입니다. 오, 여호와의 영이시여, 우리를 도와주소서!

　　그런데 생명이 그토록 짧은 것입니까? 생명은 잠깐 나타나서 보이다가, 곧 사라져 버립니까? 그렇다면 주어진 시간 동안에, 우리는 최선을 다합시다. 만약 인생이 짧다면, 땅을 묵히지 않는 것이 지혜로운 것입니다. 할 수 있는 동안에, 우리는 모든 땅에 씨를 뿌려야 합니다. 우리의 작은 공간을 가능한 한 많은 열매로 가득 채우는 것이 현명한 것입니다. 언젠가 어떤 사람이 무디(D. L. Moody, 1837-1899) 목사님에 대해서 이러한 말을 했던 것이 기억납니다. 무디는 "예루살렘"이라는 네 음절을 가진 단어를 두 음절로 발음할 수 있는 유일한 사람이었다고 그는 일러주었습니다. 그렇다면 그것은 하나님의 일을 열정적으로 하는 무디의 모습을 보여주는 많은 것 가운데 한 가지인 것입니다. 다른 사람들은 네 음절로 발음해야 하는 것을 그는 열정에 불타서 두 음절로 발음할 수 있는 것입니다. 무디는 항상 하나님의 일에 마음이 고정되어 있었습니다. 그는 밤낮으로 일했습니다. 두 손으로 힘껏 노를 저었습니다. 어떤 사람들은 단순한 말을 하는 데에도 긴 시간을 들입니다. 그들은 짧은 시간에 많은 의미를 전달하려고 하지 않습니다. 긴 시간 동안에, 적은 분량의 사소한 말을 할 뿐입니다. 오, "예루살렘"이라는 단어를 이 사람들에게 두 음절로 말하는 법을 가르쳐 주는 사람이 있다면 얼마나 좋겠습니까!

그러므로 우리의 존재에 생명력이 넘치게 합시다. 이 세상에 살면서, 좋은 일을 많이 합시다. 우리는 진정한 마음으로 일을 합시다. 또한 우리의 마음속에 더 많은 열정을 품읍시다. 우리가 살아 있는 동안, 하나님께서 참된 삶을 살도록 도와주시기를 기도합니다. 우리가 단순히 육신적으로 살아 있는 것이 아니라, 영적인 생명력으로 넘치기를 간절히 바랍니다.

우리의 생명이 그토록 짧습니까? 그렇다면 그것을 위해서 너무 많은 것을 쌓아 두지 맙시다. 만일의 경우를 대비해서 아무런 준비도 하지 않는 어떤 무분별한 사람에 대한 이야기를 나는 들었습니다. 나는 그러한 사람에게는 이 말씀을 들려주고 싶습니다. "게으른 자여 개미에게 가서 그가 하는 것을 보고 지혜를 얻으라 개미는 두령도 없고 감독자도 없고 통치자도 없으되 먹을 것을 여름 동안에 예비하며 추수 때에 양식을 모으느니라"(잠 6:6-8). 만약 게으르고 영적으로 잘못된 사고방식을 지닌 사람들의 신중하지 못한 실례를 모든 사람들이 따른다면, 이 세상은 가난에 시달릴 것입니다. 우리는 모두 열심히 일하며 절약해야 합니다. 그렇지만 사용할 수 없을 정도로 너무 많이 쌓아 둔다면, 그것도 올바른 것은 아닙니다. 개미들은 단지 쌓아 두기 위해서 먹이를 저장하지 않습니다. 그것들은 일 년 중에서 여름 동안에 먹을 것을 마련하고, 추수 때에 양식을 모아 두는 것입니다. 그래서 막대한 금을 끊임없이 저장하려는 것은 일종의 정신이상입니다. 만약 내가 작은 배를 타고 하루 동안 유람을 하려고 한다면, 그것을 위해서 삼년 동안 먹을 수 있는 분량의 빵과 소금에 절인 소시지를 갖고 가려고 하지 않을 것입니다. 그렇다면 짐이 너무 크고 무거워서, 배에 부담을 줄 것입니다. 먼 길을 걸어 갈때, 지팡이를 하나 가지고 가면, 그것은 나에게 여러 면에서 도움을 줍니다. 그러나 한 묶음의 지팡이를 갖고 간다면, 그것은 지나칠 만큼 어리석은 짓일 것입니다. 인생의 여행이 적어도 천 년은 걸리는 것처럼, 얼마나 많은 사람들이 수많은 짐을 싣고 있는 것입니까! 어떤 사람들은 수십만 파운드에 이르는 재물을 쌓아 놓았습니다. 그렇다면 그들은 언제 그 재물을 모두 사용하는 즐거움을 맛볼 수 있는 것입니까? 그들은 더욱 많은 재산을 모으려고 눈이 벌게져 있습니다. 그들은 이 일에 모든 시간을 바칩니다. 요리하는 데 너무 바빠서, 그들은 식사할 시간조차 없습니다. 그들은 옷장을 가득 채우는 일에 흥미를 느껴서, 자신들은 정작 언제나 누더기 같은 옷을 걸치고 있습니다. 한밤중에 단지 몇 분 동안 앉아서 이야기를 나누려고 한다면, 우리에게 일 톤 분량의 초가 필요한 것은 아닙니다. 그러므로 무엇이든지 필요한 만큼 적당하게 공급하는 지혜를 갖도록 합시다.

여러분에게 주어진 시간이 그토록 짧습니까? 그렇다면 삶 속에서 체험하는 고통과 불편에 대해서 너무 초조해하지 맙시다. 어떤 사람이 여행 중에 있었습니다. 그는 어떤 여관에 들어갔습니다. 방에 짐을 풀고 나서, 비로소 그는 그 여관이 형편없는 곳이라는 것을 알게 되었습니다. 음식은 입맛에 맞지 않고 불충분했습니다. 침대는 너무 딱딱했습니다. 그때 그는 이렇게 말합니다. "그래 괜찮아. 나는 내일 아침에 일찍 출발할거야. 그래서 특별히 문제될 것이 없어." 우리에게 이 세상은 여관과도 같습니다. 만약 이 세상에서 어떤 곤란한 사항들이 있다면, 우리가 이곳에 영원히 살지 않는다는 사실을 기억합시다. 우리는 이 세상에서 하루와 같이 짧은 기간을 손님으로 머물다가 가는 것입니다. 그렇지만 이 세상의 초라한 오두막집이 제공하는 일시적인 숙박 시설을 최대한으로 이용합시다. 목자들은 양들을 돌보기 위해서 장막에 임시로 거주합니다. 그들의 장막처럼, 우리의 생명도 옮겨질 것입니다. 잠시 동안 양 떼를 지켜야 하는 목자들은 그들을 위해서 화강암으로 궁전을 세우려고 하지 않습니다. 또한 벽돌집을 지으려고 하지도 않습니다. 그들은 갈대로 만든 오두막집에 만족합니다. 그러므로 오두막집이 좁다거나 견고하지 않다고 불평하지 않습니다. 우리도 목자들처럼 현실의 불편함에 만족합시다. 다같이 다음 찬송을 부릅시다.

"비록 그 길은 울퉁불퉁하지만, 끝없이 멀지는 않네.
　소망으로 그 길을 평평하게 만들고,
　찬송하며 그 길을 기쁨으로 걸어가세."

우리의 생명은 반드시 사라지는 것입니까? 우리는 그것이 사라진다는 사실을 알고 있습니다. 그렇다면 왜 사라지는 것입니까? 그것은 이 세상에서의 생명이 끝나고, 다른 세상에서의 생명이 시작되기 때문입니다. 사랑하는 친구들이여, 죽음은 이 세상에서의 생명의 끝맺음을 의미한다는 것을 여러분에게 상기시켜 주기를 원합니다. 여러분이 미처 해결해 놓지 않은 인생의 문제가 비로소 여러분이 죽은 다음에 정리되지 않도록 하십시오. 나는 끝마무리가 잘된 매우 고상한 옷과 같은 인생을 살기를 원합니다. 나는 완벽함이라는 울타리로 나의 인생을 장식하고 싶습니다. 너무 많은 사람들이 자신들의 삶의 과제를 해결하지 않은 채 세상을 떠나갑니다. 그래서 그들이 죽은 후에, 가정이 끝없는 고통에 시달리게 합니다. 변호사들이 그들의 재산을 삼킵니다. 그러면 그들의 자녀들은 가난밖에는 물려받는 것이 없습니다. 그러므로 유언장을 미리 합법적으로 작성하십시오. 빚을 청산하십시오. 약속한 기부금을 전달하십시오. 모든 사항들을 올바로 정리하십시오. 여러분의 가정에 질서를 세우십시오. 이 모든 것은 시민으로서 여러분이 지닌 의무입니다. 또한 그리스도인으로서, 여러분은 이 모든 것을 좀 더 모범적으로 처리해야 할 의무를 갖고 있습니다. 내일 죽는다는 것을 이미 알고 일을 처리하는 사람처럼, 여러분은 모든 것을 그렇게 하십시오. 나는 조지 휫필드(George Whitefield, 1714-1770; 영국성공회 목회자로서, 존 웨슬리와 사역을 같이함. 영국과 미국의 많은 곳을 방문하여, 복음을 증거함 — 역주)의 다음 습관을 좋아합니다. 장갑이 모자 안에 들어 있지 않으면, 그는 편안하게 잠자리에 들지 못했다고 합니다. 하나님께서 언제 그를 부르실지 그는 알 수 없었습니다. 그래서 그는 그때를 대비해서, 모든 것을 제자리에 있도록 정돈했던 것입니다.

반드시 이 생명은 사라져 버립니까? 그렇다면 그것은 또 다른 생명의 시작이라는 것을 기억하십시오. 이 세상에서의 현재의 생명은 다가오는 미래의 생명으로 변화됩니다. 그렇다면 그 다가오는 생명은 어떤 종류의 생명이 될 것입니까? 만약 여러분이 장차 영광스러운 생명을 받으려면, 그것을 위해서 이미 이 세상에서 반드시 무엇인가가 시작되어야 한다고 여러분은 생각하지 않으십니까? 만약 어떤 사람이 하늘 나라에 들어가는 것이 가능하다면, 누가 그곳에서 다음과 같이 말할 수 있지 않겠습니까? "나는 그 음악을 연주하는데 참여할 수 없습니다. 왜냐하면 나는 그 곡을 알지 못하기 때문입니다. 나는 돌림노래로 부르는 그 찬송가를 이어받아서 부를 수 없습니다. 나는 그 찬송가를 전혀 모릅니다. 나는 하나님에게 영광을 돌릴 수 없습니다. 나는 세상에 있던 동안에 전혀 그렇게 하지 않았기 때문입니다. 나는 어린 양에게 경배할 수 없습니다. 왜냐하면 지상에 살 동안에 나는 결코 예수님을 나의 구주로 믿지 않았기 때문입니다." 그러므로 여러분은 반드시 이곳에서 그 음악을 배워야 합니다. 그렇지 않으면, 여러분은 하늘 나라의 성가대에서 결코 찬양할 수 없을 것입니다. 오늘 저녁에, 이 사실이 여러분 가운데 어떤 사람들을 일깨워 주기를 바랍니다. 이곳에서의 생명은 곧 사라진다는 사실을 기억하고, 여러분이 영원한 생명을 추구할 것을 간절히 기도합니다. 하나님의 영광의 빛으로 찬란한 하늘 나라에서, 그 생명은 영원히 지속될 것입니다.

　　그러면 반드시 죽음은 나를 찾아올 것입니까? 그렇습니다. 나는 죽음을 피할 수 없습니다. 그렇다면 나는 죽음을 정면으로 마주 보고 대해야 합니다. 만약 죽음을 피할 수 있는 방법이 정말로 있다면, 죽음에 대해서 생각하는 모든 것을 나는 먼 훗날로 연기했을 것입니다. 그러나 나는 죽음을 반드시 직면해야 합니다. 그래서 그것과 관련하여, 내가 무엇을 해야만 하는지 알아야만 합니다. 그 죽음이 나에게 환영할 만한 것이 되려면, 피할 수 없는 죽음을 대비해서 나는 적절한 준비를 해야 합니다. 그렇다면 어떤 준비를 해야 합니까? 모든 사람은 죽음에 대해서 두 가지 가운데 하나를 생각합니다. 만약 어떤 사람이 그리스도 밖에 있어서, 하나님과 화해하지 않은 상태에 있고, 또한 마음이 새롭게 변화되지 않았다면, 죽음은 그 사람을 괴롭히는 유령일 것입니다. 이 세상에서나 장차 다가올 세상에서, 하나님과 그리스도를 부인하는 사람에게 죽음은 가장 두려운 공포의 대상일 것입니다. 불신자는 자신이 불려간다, 곧 죽는다는 생각에 견딜 수가 없습니다. 내가 오늘 아침에 이 심각한 주제에 대해서 다루는 동안에, 만약 여기에 불신자가 있다면, 그들은 매우 불편해할 것입니다. 마음의 평정을 찾는 것이 그들에게 쉽지 않을 것이라고 나는 판단합니다. 그들을 구원하시려는 하나님의 사랑을 기쁨으로 받아들이고, 또한 지금도 살아 계시는 주님을 구주로 영접하기 이전에는, 죽음에 대한 생각으로 인해서, 그들의 마음은 고통스러울 것입니다. 오직 이 세상에 모든 것을 걸고 기대하는 사람들에게 죽음은 과연 두려운 대상입니다. 만약 그들이 이 세상에서 영원히 살 수 있다면, 그들의 마음은 편안할 것입니다. 그러나 그럴 수 없습니다. 하나님께서는 영광의 빛 가운데 계신 하나님을 사람들이 무시하면서 이 세상에서 영원히 사는 것을 허락하시지 않습니다. 그들은 죽어야 마땅합니다. 그들은 이 세상에 사는 동안에 그리스도를 멀리할 수 있을 것입니다. 그러나 그들은 죽음을 그들로부터 멀리 머물러 있게 할 수 없습니다. 그들은 그리스도의 십자가를 멀리할 수 있을 것입니다. 그렇지만 그들은 자신들이 무덤에 묻히는 것을 피할 수 없습니다. 불신자는 죽음에게 눈살을 찌푸립니다. 왜냐하면 죽음이 그에게 눈살을 찌푸리기 때문입니다. 죽음은 그의 골방에 들어 있는 해골입니다. 죽음은 그의 침대 밑에 숨어 있는 무서운 대상입니다. 죽음은 그의 환희 속에 들어 있는 독(毒)입니다. 죽음으로 인해서, 여러분과 내가 그러한 처지에 놓이는 것을 나는 절대로 원하지 않습니다. 만약 내가 죽음을 두려워하면서 살아가야 한다면, 누가 나에게 이 둥그런 지구를 살 수 있을 만큼의 황금을 준다고 하더라도, 나는 그것을 결코 받지 않을 것입니다.

반면에, 만약 여러분이 그리스도를 믿음으로 마음이 새롭게 되었다면, 죽음은 여러분에게 전혀 다른 것이 될 것입니다. 그리스도인에게 죽음은 앞으로 또한 위로 손짓하며 부르는 천사입니다. 죽은 다음에, 이곳에서의 삶에 대한 상급이 없다면, 이 땅에서 사는 것은 특별한 가치가 없을 것입니다. 이 세상을 떠나면, 우리는 하나님 아버지에게로 갑니다. 자기 앞에 놓인 인생의 경주를 결승 지점까지 끝까지 잘 달려서 마치는 것은 그리스도인에게 최상의 기쁨일 것입니다. 오직 이곳에서의 삶을 위해서만, 우리가 인생의 항해를 하고 있는 것이 아닙니다. 우리는 파도가 넘실대는 넓은 바다를 영원히 항해하는 것을 원하지 않습니다. 우리는 상륙할 곳을 그리워하고 있습니다. 우리 앞에 놓인 항구를 생각할 때, 우리는 기쁩니다. 언젠가 흰 눈으로 덮여 있는 하늘에 있는 알비온(Albion; 옛날 영국 영토의 일부를 가리키는 헬라어 "알비온"에서 유래됨. 후대에는 도버 해협에 있는 절벽을 지칭함. 여기서는 시적이며 은유적으로 표현됨 — 역주) 절벽을 볼 것을 생각하면, 우리의 마음에는 기쁨이 넘칩니다. 그러므로 우리는 이곳에서 영원히 사는 것을 바라지 않습니다. 우리가 이 땅에서 영원히 살아야 할 이유가 어디 있습니까? 아담과 하와의 후손인 우리는 하나님으로부터 추방당했습니다. 죄악된 본성을 지니고 있는 우리는 죄를 짓기 쉽습니다. 때때로 유혹에 빠집니다. 여러 가지 질병에 시달립니다. 타락하지 않으려고 내적인 투쟁을 합니다. 오, 주여, 이러한 현실에서 우리가 무엇을 기다려야 합니까?

"어서 오라, 모든 속박으로부터 해방되는 달콤한 순간이여!
그때, 내 영혼은 자유를 누릴 것이네.
쇠사슬은 끊어지고, 내 작은 감옥 방은 부서질 것이네.
그때, 나는 나의 하나님과 영원히 살 것이네."

죽음을 통해서, 신자들은 모든 것을 얻습니다. 바울은 이렇게 말했습니다.

"이는 내게 사는 것이 그리스도니 죽는 것도 유익함이라"(빌 1:21). 우리가 죽음을 통해서 잃어버리는 것 가운데 우리에게 해가 되는 것은 아무것도 없습니다. 만약 어떤 사람이 우리에게서 보석 하나를 가져가고, 그 대신에 천 배나 더 값어치가 있는 다른 보석을 준다면, 우리는 그 교환에 대해서 후회하지 않을 것입니다. 우리는 이 세상에서의 생명을 곧 잃어버리게 될 것입니다. 그것을 여러분이 좋아하던 평범한 보석으로 생각하십시오. 왜냐하면 우리는 다가오는 세상에서 누리게 될 영생을 이미 받았기 때문입니다. 영생은 무한한 가치를 지닌 것입니다.

　사랑하는 여러분, 죽음을 두려워하는 대신에, 이곳을 떠나서 차라리 그리스도와 함께 있는 것을 사모합시다(참조. 빌 1:23). 왜냐하면 그것이 훨씬 더 좋은 것이기 때문입니다. 왜 우리가 영화롭게 되는 것을 좋아하지 않아야 합니까? 우리가 이 세상을 떠나는 날은 천국에서 우리가 결혼하는 날입니다. 오, 그 종소리가 울려 퍼진다면 얼마나 좋겠습니까! 그날은 우리가 이 아래에 있는 인생의 학교에서 훈련을 받는 것을 마치고, 하늘 나라에 있는 영원한 집으로 돌아가는 날입니다. 아, 그날이 그립습니다! 왜 시계 바늘은 이토록 천천히 돌아가는 것입니까? 왜 일년이 이렇게 길게만 느껴집니까? 우리가 아버지 집에 있게 되면, 이 땅에서의 휴일이나 경축일은 진정으로 안식하는 거룩한 날들이 될 것입니다. "장래에 어떻게 될지는 아직 나타나지 아니하였으나"(요일 3:2), 그 생명은 곧 나타날 것입니다. 그것은 단순히 나타나는 것에 불과한 것이 아닙니다. 그것은 진정한 기쁨으로 가득 차 있을 것입니다. 우리는 그 삶에 온전히 만족할 것입니다. 그리고 그것은 영원히 지속될 것입니다. 하나님께서는 만세 전부터 우리를 위해서 그것을 예비하셨습니다. 하나님의 성품처럼, 그 생명은 변화가 없고 본질적이며 영원합니다. 이곳에서의 생명을 주신 하나님께 감사하며, 우리가 이 세상을 통과할 수 있다는 것은 축복입니다. 그렇지만 우리가 곧 하늘 나라에서 그의 오른편에 있게 된다는 것에 대해서 우리는 하나님을 더욱 찬양해야 할 것입니다. 그러므로 죽음과 관련된 모든 두려움은 우리에게서 제거되었습니다. 하나님께서는 저주를 축복으로 바꾸셨습니다. 이 놀라운 사실에 대해서 묵상하고 있으면, 다소 거칠게 표현되기는 했지만 은혜스러운 내용을 담고 있는 다음 찬송을 부르고 싶은 느낌이 내 안에서 힘차게 솟구칩니다.

"나는 예수님의 것입니다. 또한 예수님은 나의 것입니다.
그래서 나는 이 세상의 옷을 벗는 것을 두려워하지 않을 것입니다.
진흙으로 만들어진 이 옷을 기쁨으로 벗어버릴 것입니다.
주님 안에서 죽으면, 나는 복된 곳으로 인도될 것이라고
하나님은 말씀을 통해서 약속하셨습니다.
죽음을 통해서 영광에 이르는 그 길을
예수님이 먼저 가셨기 때문입니다."

우리는 이 땅에서 살다가 언젠가 죽을 것입니다. 그러면 하나님께서는 그리스도 예수 안에서 우리가 다시 죽음의 쓴맛을 보지 않게 하시고, 우리를 영원히 살게 하실 것입니다. 아멘.

제
12
장

—

추수하는 밭을 찾아가 보라

—

"그러므로 형제들아 주께서 강림하시기까지 길이 참으라 보라 농부가 땅에서 나는 귀한 열매를 바라고 길이 참아 이른 비와 늦은 비를 기다리나니 너희도 길이 참고 마음을 굳건하게 하라 주의 강림이 가까우니라" — 약 5:7-8

밭은 씨를 뿌리는 사람에게 곡식을 선물하고, 먹어야 사는 사람에게 빵을 줍니다. 밭은 하나님으로부터 그러한 특성을 받았습니다. 섭리 가운데, 하나님께서는 피조 세계를 주관하는 전적으로 신뢰할 만한 법칙을 정해 놓으셨습니다. 그는 지혜로운 섭리와 법칙을 통해서 땅을 다스리십니다. 그 법칙은 매우 다양하며, 섬세한 특성을 지니고 있습니다. 그러므로 자연의 다양한 작용을 통해서, 전능자는 우리에게 물질적인 것들뿐만 아니라, 영적인 교훈도 제공하려는 의도를 지니고 있다는 것을 우리는 확신할 수 있습니다. 하나님께서는 씨를 뿌리는 때와 추수하는 시기를 정해 놓으셨습니다. 그것을 통해서, 그는 우리에게 무엇인가를 가르쳐 주려고 의도하십니다. 우리에게 가르쳐 주시려는 여러 가지 교훈과 관련해서, 하나님께서는 그것을 애매모호한 상태로 남겨 두시지 않았습니다. 그래서 우리가 이해하기 어렵게 하시지 않았습니다. 은유와 비유를 통해서, 그는 우리에게 자연이 주는 의미를 깨닫게 해주셨습니다. 하나님께서는 성경의 궁극적인 저자이실 뿐만 아니라, 피조세계도 만드셨습니다. 그러므로 성경과 모든 피조물은 다같이 하나님의 영원한 권능과 신성에 대해서 증거합니다. 그 두 가지 — 성경과 피조세계 — 를 모두 연구하는 사람은 그 안에서 동일한 저자 및 창조자가 지닌 특성을 분명하게 깨달을 것입니다. 그 두 걸작품 안에서, 그는 그 위대한 예술가의 손길을 알아차릴 수 있을 것입니다. 우리는 논밭에서 나오는 곡식에 우리의 생존을 상당 부분 의지하고 있습니다. 따라서 농작물을 거두어들일 수 있게 하시는 하나님께 얼마나 많은 은혜를 입고 있는지를 우리는 특별히 추수 기간에는 더욱 기억해야만 할 것입니다. 우리가 추수하는 논밭에 잠깐 나가보면, 우리는 모두 하나님께 감사하게 될 것입니다. 그리고 바람에 흔들리는 곡식 다발 사이에서, 여호와 하나님께서 말씀하시고자 하는 것을 우리는 들을 수 있을 것입니다. 우리가 하는 일이 무엇이든지, 한 국가의 부(富)는 결국 그 나라에서 생산되는 농작물에 크게 의존하기 마련입니다. 여러분 가운데 많은 사람들이 상상하는 것 이상으로, 한 국가의 전반적인 복지는 농산물의 수확량에 상당히 의존하고 있습니다. 우리는 하나님의 풍성한 은혜를 잊어버려서는 안 됩니다. 아무튼 우리는 이 풍성한 계절이 우리에게 가르치고자 하는 교훈을 배우려고 노력하는 일에 게을러서는 안 될 것입니다. 우리 주님께서도 씨를 뿌리고 곡식을 거두어들이는 것에 대해서 자주 설교하셨습니다. 그것은 설교들 중에서 가장 훌륭한 설교였습니다. 또한 예화들 가운데 가장 뛰어난 예화였습니다. 그러므로 우리가 논밭에 자주 나가서, 씨를 뿌리고 거두어들이는 것을 세밀하게 관찰해 본다면, 우리는 본문의 권면을 좀 더 잘 이해할 수 있을 것입니다.

오늘밤에, 우리는 네 가지 질문에 대해서 다루고자 합니다. 첫째, 농부는 어떻게 기다립니까? 둘째, 농부는 무엇을 기다립니까? 셋째, 무엇이 그를 격려해 줍니까? 넷째, 그가 오래 참으며 기다리는 것의 유익은 무엇입니까? 우리가 경험하는 것은 농사를 지으면서 농부가 겪는 것과 비슷합니다. 이런 맥락에서, 우리는 농부라고 말할 수 있을 것입니다. 우리는 농부처럼 열심히 일해야만 합니다. 우리는 오래 기다려야만 합니다. 우리는 우리에게 힘을 북돋우어 주는 희망을 갖아야 합니다. 또한 싹이 나고 꽃을 피게 해서, 열매를 맺히게 해야 합니다. 그리고 진정한 믿음을 갖고 두려움을 물리치며, 마침내 열매를 거둘 때까지, 우리는 기다려야만 합니다.

1. 첫째, 그렇다면 농부는 어떻게 기다립니까?

그는 밭에서 나는 소중한 열매를 합리적인 희망을 갖고 기다립니다. 이른 비와 늦은 비가 내릴 때까지, 그는 오래 참으며 수확을 기다립니다. 밭을 갈고 씨를 뿌렸기 때문에, 그는 당연히 추수를 기대하는 것입니다. 만약 그가 그렇게 하지 않는다면, 그는 우리가 본받아야 할 모범의 대상이 될 수 없습니다. 만약 그가 밭을 묵은 채로 남겨 두고, 흙덩이들을 전혀 잘게 부수지도 않고, 또한 누런 씨를 하나도 뿌리지 않았는데도, 밭이 추수할 곡식을 생산할 것이라고 기대한다면, 그는 멍청이일 것입니다. 그렇다면 그 땅은 가시와 엉겅퀴만을 자라나게 할 것이 분명합니다. 그것들 이외에, 사람들은 다른 것을 결코 기대할 수 없을 것입니다. 어떤 사람들은 현재 좋은 것을 뿌릴 수 있는 기회가 주어져 있는 데에도 그것을 소홀히 합니다. 그러면서 그들은 장차 좋은 것을 거둘 것이라고 스스로 추측합니다. 아, 그들은 얼마나 어리석은 사람들입니까! 그들은 자신들이 마침내 형통하게 되리라는 것을 믿는다고 말합니다.

그러나 지금 그들에게 일이 잘 진행되고 있지 않습니다. 그렇다면 무엇에 근거해서 그들은 상황이 호전될 것이라고 기대할 수 있습니까? 뿐만 아니라, 그들이 바라고 있는 것은 하나님께서 정하신 섭리의 질서에 어긋나는 것입니다. 하나님께서는 사도 바울을 통해서 이렇게 말씀하시지 않았습니까? "자기의 육체를 위하여 심는 자는 육체로부터 썩어질 것을 거두고"(갈 6:8상). 여러분은 육체를 위해서 씨를 뿌리고 있는 데에도, 구원을 거두려고 기대합니까? 구원은 성령님의 뜻을 따라서 심는 사람에게 예비된 것입니다. 왜냐하면 성령님의 뜻을 따라서 심는 사람은 그로부터 영생을 거두기 때문입니다(참조. 갈 6:8하). 어떤 사람이 메귀리와 같이 쓸모 없는 죄의 씨앗을 뿌리면서 살고 있습니다. 그는 단순히 자신의 정욕에 탐닉하는 것을 추구합니다. 그래서 자신의 진정한 평안을 위한 것들을 소홀히 하는 삶을 살고 있습니다. 그런데도 만약 그가 하나님으로부터 무엇인가 선한 것을 기대한다면, 그것은 오직 자신을 꾸짖고 있는 것에 지나지 않습니다. 바람을 향해서 씨를 뿌리는 사람은 회오리바람을 거둘 것입니다. 아무것도 뿌리지 않는 사람은 아무것도 거두지 못합니다. 인색하게 뿌리는 사람은 매우 적은 것을 추수할 것입니다. 그러나 씨를 뿌리려고 울면서 밭으로 나아갔지만, 하나님의 은혜로 씨를 올바로 충분하게 뿌리는 사람들은 추수 때가 되면, 곡식단을 갖고 기뻐하며 돌아올 것입니다(참조. 시 126:5). 어떤 어리석은 사업가는 합법적인 거래를 하는 것에서 벗어나서 거품과도 같은 사업 계획을 세웁니다. 그 다음 그는 부당하게 이익을 보려고 기다립니다. 이와 같이, 어떤 사람은 씨를 적합한 때에 제대로 뿌리지도 않습니다. 그런데도 영적인 분야에서도 시간이 지나기만 하면, 좋은 열매를 거둘 것이라고 그는 기대하면서 기다립니다. 그것은 어리석은 인내입니다. 본문에서 말하는 인내는 그런 것이 아닙니다. 사랑하는 형제자매 여러분! 여러분이 어떠한 사람이냐에 따라서, 또한 진정으로 무엇을 계획하고 추구하느냐에 따라서, 여러분은 마침내 그것에 상응하는 것을 거두어들일 것입니다. 만약 여러분이 신자라면, 여러분에게 다음과 같은 약속이 이루어질 것입니다. 곧, 주님의 승리를 맛보며, 여러분은 그의 전리품을 나누는 데에 참여할 것입니다. 그러나 만약 여러분이 하나님을 믿지 않고 영적인 일에 주의를 기울이지 않는 이 세상에 속한 사람이라면, 여러분은 자신의 행위에 어울리는 열매를 거둘 것입니다. 여러분이 먹어야 할 고모라의 포도 열매는 잘 익지 않아서 쓴맛이 날 것입니다. 앞에서 말한 대로, 농부는 합리적인 소망을 갖고, 오래 참으며 기다립니다. 그는 마늘씨를 심은 곳에서 밀알을 거두기를 기대하지 않습니다. 만약 여러분이 어리석은 사람이 아니라면, 착한 농부와 같이 여러분은 오직 자신이 뿌린 씨앗의 열매만을 거두어들일 것을 기대해야 합니다.

오래 기다리는 동안에, 농부는 곡식의 풍성한 결실에 대하여 틀림없이 더욱 커다란 인내심을 보여주고 있습니다. 왜냐하면 그가 소망하는 것은 합리적인 것에 근거하고 있기 때문입니다. 본문은 농부가 인내한다는 것뿐만 아니라, 그 기간에 대해서도 강조해 줍니다. 곧, "농부는 귀한 열매를 바라고 오래 참아"라고 언급되어 있습니다(약 5:7). 그리스도 안에서의 형제자매 여러분! 만약 우리의 인내가 성령님의 역사로 말미암는 것이라면, 그것은 반드시 오래 참는 것을 포함하고 있습니다. 여러분이 현재 고난을 당하고 있습니까? 그렇다면 고난으로부터 장차 여러분은 향기 나는 좋은 열매들을 거두어들일 것입니다! "무릇 징계가 당시에는 즐거워 보이지 않고 슬퍼 보이나 후에 그로 말미암아 연단 받은 자들은 의와 평강의 열매를 맺느니라"(히 12:11). 이러한 의와 평강의 열매를 얻기 위해서, 여러분은 오래 참으시기 바랍니다. 하나님께서 허락하신 징계를 받고나면, 여러분은 고통에서 벗어날 것입니다. 또한 고난을 극복하게 하는 구원의 길이 여러분에게 펼쳐질 것입니다. 하여튼 여러분은 오래 참으시기 바랍니다. 씨를 뿌리고 나서 겨우 한 달이 지나서, 농부가 추수할 수 있는 것은 아니기 때문입니다. 만약 겨울에 씨를 뿌렸다면, 그는 이른 봄에 수확을 기대하지 않습니다. 또는 오월에 낫을 들고 가서, 그가 황금빛 곡식단을 거두려고 시도하지도 않습니다. 그는 오래 참으며 기다립니다. 달은 기울어지고 다시 찹니다. 아침마다 태양은 떠오르고, 저녁에는 집니다. 그렇지만 정해진 시간이 다가오기까지, 농부는 기다립니다. 오, 고난을 당하는 자여, 밤이 지나갈 때까지 기다리십시오! 벌써 밤이 거의 지나갔습니다. 이제 먼동이 터오고 있습니다. 조금만 더 기다리십시오. 주변의 아름다운 모습이 아직 분명하게 보이지 않을지라도, 그것은 곧 나타나서 여러분의 눈에 보일 것입니다. "너는 가서 마지막을 기다리라 이는 네가 평안히 쉬다가 끝날에는 네 몫을 누릴 것임이라"(단 12:13). 오래 지나지 않아서, 여러분은 현재의 시련으로부터 벗어나게 해주는 적합한 탈출구를 발견할 것입니다. 여러분은 복음 사역자입니까? 그렇다면 고난에서와 마찬가지로, 여러분이 복음과 관련된 일을 하는 데에도 그만큼의 인내가 필요합니다. 모든 경우에, 우리는 즉각적인 결과를 기대해서는 안 됩니다. 예를 들면, 복음을 전파하는 일, 주일 학교에서 성경을 가르치는 일, 신앙 서적을 보급하는 일, 그 이외에 또 다른 일 등에서, 우리는 반드시 짧은 기간에 열매를 거두려고 해서는 안 됩니다. 가끔 결과가 즉시 나타날 수도 있습니다. 때때로 그러한 일이 발생합니다. 그것은 복음 사역자를 매우 기쁘게 합니다.

그러나 열매가 무르익을 때까지, 농부가 기다려야만 하는 것처럼, 대체로 우리는 오래 참으며 기다려야 합니다. 겨자씨와 마찬가지로, 오늘 뿌려진 진리의 씨앗이 당장 내일 아침에 나무로 성장하지 않습니다. 성장하기 위해서, 그것도 적당한 시간을 필요로 하는 것입니다. 또는 반죽하는 그릇 속에 들어 있는 누룩같이, 진리의 씨앗은 다음 순간에 곧바로 효력을 발휘하지 않습니다. 그리기 위해서는 시간이 걸립니다. 여러분이 사람들에게 가르치고자 하는 어떤 근본적인 원리를 지니고 있습니까? 지금 사람들이 그것을 받아들이는 것을 매우 싫어합니까? 그래도 그 일을 계속 하십시오. 아마도 여러분이 이 세상에 있는 동안에 그것이 널리 알려지는 것을 여러분이 결코 체험하지 못할 수도 있을 것입니다. 바람과 같이 변덕스러운 시대 풍조에 개의치 마십시오. 풀잎을 시들게 하는 서리 때문에, 여러분이 초조해하지 마시기 바랍니다. 왜냐하면 복음의 진리는 강하기 때문입니다. 최후 승리를 얻기까지 힘든 싸움을 해야 하겠지만, 그것은 모든 거짓을 이길 것입니다. 여러분은 불신자들의 영혼을 하나님께로 인도하려고 합니다. 그러나 여러분이 그들을 위해서 한 번 기도한다고 해서, 또는 그들에게 복음을 들려주며 한 차례 권고한다고 해서, 아니 스무 번이나 기도하고 권면한다고

해서, 그들의 영혼을 하나님께 쉽사리 인도할 수 있는 것은 아닙니다. 만약 여러분이 주님으로부터 사명을 받고 어떤 죄인을 전도하러 갔을 때, 그가 복음을 거부한다면, 여러분은 그에게 일곱 번이라도 가야 합니다. 일곱 번씩 일흔 번이라도 여러분은 그에게 가야만 합니다. 마침내 하나님의 은혜로우신 도움으로 여러분이 그 일을 이루게 되었다면, 여러분에게 커다란 상급이 기다리고 있습니다. 땀을 흘리며 밭의 곡식을 거두어들이고 나서 뒤돌아본다면, 여러분이 기다리던 길고 지루했던 겨울은 짧은 순간처럼 여겨질 것입니다. 마치 뱃속의 아이가 이 세상으로 나올 때 어머니가 느끼는 고통처럼, 여러분이 한동안 인내해야만 했던 것은 지나고 나면 아무것도 아닌 것처럼 생각될 것입니다. 그렇다면 여러분을 슬프게 하는 불평을 멈추십시오. 화를 내며 울부짖는 것을 중단하고, 잠잠하십시오.

> "오, 따분한 인생이여! 우리는 탄식합니다. 오, 따분한 인생이여!
> 우리가 한숨짓고 있을 때, 새들은 나지막한 소리로 노래합니다.
> 우리가 서로 싸우고 있을 때, 가축들은 평화롭게 살아갑니다."

오, 복음 사역자여! 인내하십시오. 왜냐하면 초조함은 자신을 화나게 만들고, 피를 싸늘하게 하기 때문입니다. 또한 그것은 마음을 병들게 하고, 정신력을 약화시키기 때문입니다. 그래서 사람이 미처 어떤 경력을 쌓아올리기에 앞서, 그것은 인생 계획을 파괴시킵니다. 철갑으로 무장한 전사처럼, 인내로 옷을 입고 기다리십시오. 믿음을 지키고 겸손의 모범을 제시하는 사람처럼, 하나님의 소중한 은혜를 체험하며 기다리십시오. 올바른 정신으로 기다리십시오. 곧, 신중하고 진지하며 항상 기도하십시오. 또한 하나님의 뜻을 전혀 의심하지 말고, 그의 뜻과 방법에 온전히 순종하며 기다리십시오. 예수님의 제자들이여! "일하면서 기다리는 것을 배우십시오."

그리고 그리스도인의 순종의 결과와 관련해서 숙고해 볼 때, 본문이 가르쳐 주는 교훈은 매우 놀라운 것입니다. 첫째로, 농부가 그의 농장에서 소득을 얻으려면, 그는 무엇인가를 희생해야 한다는 것입니다. 그것은 당장 그에게 손실을 가져다주는 것처럼 보일 것입니다. 그는 곳간에 좋은 밀을 쌓아 두었습니다. 그는 거기서 밀이 가득 담긴 자루들을 몇 개 꺼냅니다. 그리고 밀알을 땅에 뿌리고 흙으로 덮습니다. 이제 그 농부는 곳간에서 밀을 꺼내어 뿌린 만큼 가난해졌습니다. 그렇지 않습니까? 그는 밀을 재료로 해서 가족을 위해서 빵을 만들어 줍니다. 그러나 지금 밭에 뿌린 만큼의 밀이 없어진 것입니다. 그는 그것을 다시 찾아올 수 없습니다. 밀알은 지금 흙 속에 묻혀 있습니다. 그것은 벌써 썩었을 것입니다. 왜냐하면 한 알의 밀이 땅에 떨어져 죽지 아니하면 한 알 그대로 있어서, 많은 열매를 맺지 못하기 때문입니다(참조. 요 12:24). 그리스도인이 되자마자, 여러분이 곧바로 신앙의 모든 유익들을 얻으려고 해서는 안 됩니다. 아마도 여러분은 그리스도를 위해서 여러분이 갖고 있는 모든 것을 잃어버릴 수도 있습니다. 어떤 사람들은 목숨을 포함하여 모든 것을 잃어버렸습니다. 그들은 자신들의 집과 토지, 가족들, 또한 삶 속에서 위로와 편안함을 주는 것들을 모두 포기했습니다. 그리고 마침내 그들의 목숨까지도 바쳐서, 그 피를 그리스도의 밭에 뿌렸습니다. 그래서 세상 사람들은 그들을 손해를 보고 결국은 실패한 사람들처럼 여겼습니다. 그러나 오늘 나는 여러분에게 다음 사실에 대해서 단호하게 주장합니다. 만약 여러분이 하나님의 보좌 앞에서 흰옷을 입고 서 있는 그들을 볼 수 있다면, 그들이 곡식을 얼마나 풍성하게 거두어들였는지 깨닫게 될 것입니다. 또한 그들이 씨를 뿌린 것이 처음에는 손실처럼 여겨졌지만, 하나님의 무한하신 은혜를 통해서, 그것이 가장 위대하고 영원한 유익이라는 결과를 초래했다는 사실을 여러분은 인정하게 될 것입니다.

　사랑하는 형제자매 여러분! 그러므로 인내하고, 또 인내하십시오. 현재의 세속적인 이익만을 추구한다면, 그것은 그릇된 믿음입니다. 어떤 사람은 빵과 물고기를 얻기 위해서 신앙을 가지려고 합니다. 그렇다면 그가 빵과 물고기를 먹어치우면, 그는 동시에 그의 신앙도 삼켜버리는 것입니다. 따라서 그에게 진정한 믿음은 남아 있지 않습니다. 그러한 신앙에는 알맹이가 없고, 겉치레만 있을 뿐입니다. 만약 그리스도께서 여러분을 가장 고귀한 값을 치르고 사셨다면, 여러분은 그를 위해서 자신을 되팔도록 내놓을 수 있는 것입니다. 만약 여러분이 진정한 유익을 위해서 그리스도의 대속의 죽음을 받아들였다면, 이제까지 받은 유익보다 비교할 수 없이 더 좋은 것을 줄 것이라는 약속에 근거해서 여러분은 자신의 목숨을 내놓을 수도 있는 것입니다. 그러므로 그리스도를 위해서 기꺼이 자신과 자신이 소유하고 있는 것을 잃어버릴 줄 아는 신앙인이 되십시오. 그래서 여러분이 그리스도를 진정으로 따르는 사람이라는 것을 입증하십시오.

내가 앞에서 말한 대로, 농부는 곧바로 주어지는 보답을 기대하지 않습니다. 그는 당분간 자신을 손해를 본 사람으로 간주합니다. 땅이 주는 소중한 열매를 그는 오래 참으며 기다리고, 또 기다립니다. 시작될 때부터, 그것은 합리적인 기다림이라는 사실을 그는 알고 있습니다. 곡식을 거두어들이는 날이 빨리 오지 않는다고 해서, 농부는 지치거나 염려하거나 후회하지 않습니다.

그리고 본문을 주의 깊게 살펴보면, 농부는 기다리는 동안에 그의 눈을 위로 향하고 있다는 사실을 여러분은 깨달을 수 있을 것입니다. 곧, 하나님께서 이른 비와 늦은 비를 내리게 하실 때까지, 그는 기다려야 하는 것입니다. 비와 관련해서, 그는 경험을 통하여 이미 충분한 지혜를 갖고 있습니다. 만약 농부가 신앙인이 아니라고 하더라도, 곡식을 수확하는 것은 자신이 씨를 뿌리고 흙을 갈고 일구는 것뿐만 아니라, 스스로 전혀 통제할 수 없지만 비가 내리는 것에도 달려 있다는 것을 그는 잘 알고 있습니다. 이처럼 전능자의 명령에 따라서, 비가 오거나 그치는 것입니다. 만약 하늘이 비를 전혀 내리지 않는다면, 흙은 쇠처럼 단단해질 것입니다. 만약 하나님께서 구름에게 비를 내리도록 명령하시지 않는다면, 구름은 땅에 비를 내리지 않습니다. 그러면 땅은 곡식을 생산하지 못합니다. 곡식을 거두지 못한다면, 우리는 기쁨을 나타내는 말을 할 수 없습니다. 모든 농부는 이 사실을 알고 있습니다. 그리고 모든 그리스도인은 이 사실을 항상 기억하고 있어야 합니다. 고난을 당하고 있는 그리스도인은 다음과 같이 말해야 할 것입니다. "나는 하나님의 도우심과 환난을 통해서 주어지는 하나님의 은혜를 반드시 기다려야 합니다. 그렇지만 눈을 들어 하늘을 바라보며, 나는 기다려야만 합니다. 왜냐하면 만약 하나님께서 하늘의 소나기처럼 은혜로우신 성령님을 나에게 보내시지 않는다면, 내가 아무리 고난 속에서 수고한다고 하더라도, 그것은 나에게 도움을 주지 못하기 때문입니다. 또한 내가 이리저리 생각해 본다고 하더라도, 그것은 나를 형통하게 해주지 못하기 때문입니다. 복음 사역자로서, 나는 반드시 성령님을 의지하며 일해야 합니다. 그런데 내가 기다려야 할 때면, 나는 반드시 언제나 하늘을 바라보면서 기다려야 합니다."

땅을 적시게 하는 비구름을 풀 수 있는 열쇠는 여호와의 허리띠에 매달려 있습니다. 오직 영원하신 하나님 아버지께서 교회 위에 성령님을 소나기처럼 보내실 수 있습니다. 하나님께서는 우리에게 위로자이신 성령님을 보내셨습니다. 성령님의 도우심과 인도하심으로, 우리의 수고가 열매를 맺을 수 있는 것입니다. 주님 안에서, 우리의 수고는 헛되지 않습니다. 그러나 만약 하나님 아버지께서 성령님을 보내시지 않는다면, 곧 이 언약에 근거한 축복을 거두신다면, 우리는 얼마나 비참한 존재입니까? 우리가 하는 일은 무익할 것입니다. 인내해야 할 필요가 없어질 것입니다. 우리의 수고도 쓸모 없을 것입니다. 그렇다면 모든 것이 헛될 것입니다. 이 세상에서의 일시적인 일이거나, 아니면 영적인 일이거나, "너희가 일찍이 일어나고 늦게 누우며 수고의 떡을 먹음이 헛되도다"(시 127:2)라는 말씀과 같을 것입니다. 그러므로 "여호와께서 집을 세우지 아니하시면 세우는 자의 수고가 헛되며"(시 127:1)라고, 우리는 고백하지 않을 수 없습니다. 오, 하나님, 우리에게 이슬비가 내려야 합니다. 그렇지 않으면, 우리가 뿌린 씨는 흙 속에서 썩을 것입니다. 눈을 들어 하늘을 바라보며, 우리는 반드시 기다려야 합니다. 그렇지 않으면, 우리가 기대하는 것은 사산아(死産兒)처럼 사라질 것입니다. 우리가 지닌 믿음의 위로와 기쁨과 궁극적인 열매와 관련해서, 눈을 위로 향한 채, 반드시 우리는 하늘로부터 다시 오시는 주님을 기다려야만 합니다. 왜냐하면 그리스도께서 다시 오시는 날에, 우리에게 펼쳐질 일들도 명백하게 나타날 것이기 때문입니다. 우리의 생명은 지금 그리스도와 함께 하나님 안에 감추어져 있습니다. 우리의 생명이신 그리스도께서 나타나실 그때에, 우리도 그와 함께 영광 가운데 나타날 것입니다(참조. 골 3:3-4). 모든 사람들의 눈앞에 주님이 영광 가운데 나타나실 때, 또한 우리도 영광의 모습으로 변화되어 나타날 것입니다. 그때까지, 우리는 온전한 상급을 받지 못할 것입니다. 영광의 모습으로 다시 오시는 주님처럼, 그때 부활한 성도들은 영광스러운 모습으로 변화될 것입니다. 그러므로 이 세상의 일들에 좀 더 관심을 적게 가집시다. 그리고 눈을 더욱 위로 향하게 하며, 이 세상에서 살아갑시다. 그리고 그리스도께서 속히 다시 오시도록 우리는 더욱 간절히 기도합시다.

　　한편 우리는 다음 사실을 주목해야 합니다. 눈을 들어 하늘을 바라보면서, 농부는 두 손을 부지런히 움직이며 일을 합니다. 그는 곡식을 거둘 날을 기다리면서 끊임없이 수고합니다. 그는 씨를 뿌립니다. 그때는 할 일이 많이 있습니다. 연푸른 잎이 돋아나는 것을 보면, 그는 어떻게 합니까? 그는 열심히 수고해야만 합니다. 잡초가 자라나서 밀을 질식시키지 않도록, 농부는 그것을 뽑아버려야 합니다. 위와 아래로 다니면서, 그는 밭을 살펴보아야 합니다. 그는 반드시 이러한 헌신적인 수고를 쏟아부어야만 합니다. 밀이 무르익을 때까지, 밀밭에는 언제나 해야 할 일들이 많이 있습니다. 그러므로 그는 눈을 치켜들고 이곳저곳을 잘 관찰해야 합니다. 농사짓는 기술을 발휘해야 합니다. 아무리 고된 일이라도, 그것을 마다하지 말아야 합니다. 모든 수고에는 반드시 유익이 뒤따릅니다. 그렇지만 고통이 없이는 아무것도 얻을 수 없습니다. 우리는 하나님을 바라보며 의지합니다. 그러나 하나님께서는 게으름뱅이의 눈길을 받아주시지 않습니다. 눈으로는 하나님을 바라보면서, 손으로는 반드시 열심히 일해야 합니다. 만약 내가 지금 고난을 당하고 있는데 그것에 대한 하나님의 축복을 기대한다면, 나는 간구하고 탐구하며 기도의 골방에서 외로운 시간들을 보내야만 합니다. 다시 말해서, 하나님의 축복을 체험하기 위해서, 나는 기도를 통해서 간구하며, 또한 하나님의 말씀을 탐구해야만 합니다. 만약 내가 복음 사역자라면, 결과에 대해서 나는 반드시 하나님을 의지해야 합니다. 그렇지만 동시에 나는 모든 선한 수단과 방법을 총동원해야만 합니다. 로욜라의 이그나티우스(1491-1556: 예수회 설립자)가 말한 것처럼, 일을 할 때는, 모든 것이 자신에게 달려 있는 것처럼, 그리스도인은 열심히 일해야 합니다. 그리고 기도할 때는, 모든 것이 하나님에게 달려 있는 것처럼, 그는 하나님께 온 마음으로 기도해야 합니다. 그리고 그는 언제나 자기 자신이 아무것도 아닌 존재라고 평가해야 합니다. 하나님께서는 자신이 아무것도 아니라고 진심으로 생각하는 사람들을 크게 사용하십니다. 과연 그리스도인은 아무것도 아닌 존재이지만, 하나님의 위대한 일에 영광스럽게 쓰임받을 수 있습니다. 왜냐하면 하나님께서는 없는 것을 마치 있는 것같이 여기시며 (참조. 롬 4:17), 또한 그것을 통해서 영광을 받으시기 때문입니다. 그렇습니다. 농부는 기다립니다. 그는 세월이 빨리 지나가도록 다그칠 수 없습니다. 또한 그는 추수기를 앞당길 수도 없습니다. 그러나 그는 아무것도 하지 않으면서 기다리기만 하는 것이 아닙니다. 게으르거나 해야 할 일을 소홀히 하지도 않습니다. 그는 끊임없이 일을 하면서, 또한 기다립니다. 오 그리스도인이여! 여러분도 그렇게 해야만 합니다. 주님의 다시 오심을 기다리십시오. 그러나 등잔을 깨끗하게 하고 잘 손질하십시오. 그래서 등불이 여러분의 집 안을 잘 비추게 하면서 기다리십시오. 집 주인이 곧 돌아와서 여러분에게 상급을 줄 때까지, 집안을 돌보는 의무들을 잘 수행하는 착한 종들처럼 말입니다.

그리고 변화가 많은 환경이나 뜻밖의 사건들이 일어나는 상황 속에서도, 농부는 기다립니다. 한동안 그는 많은 수확을 할 것이라고 충분한 근거가 있는 예상을 합니다. 밀은 잘 자라났습니다. 그는 여태까지 이번보다 더욱 푸르게 잘 자라나는 밀 줄기를 결코 보지 못했습니다. 아마도 밀 줄기가 너무 크게 자라 오를지도 모릅니다. 더 이상 성장하는 것을 억제해야 할 필요가 있을 수도 있습니다. 그 이후에, 소나기가 내리는 계절도 지났습니다. 예상하지 못했던 추운 밤들도 이제 지나갔습니다. 그러자 밀이 누렇게 보이기 시작합니다. 이제 농부의 근심은 절반으로 줄어들었습니다. 그러나 농부는 '혹시 말라죽는 병이나 깜부기병에 걸리지는 않을까?'하고 염려합니다. 무슨 일이 일어날지 아무도 모르는 것입니다. 오직 농부만이 어떻게 희망과 두려움이 교차하고, 또한 그것의 강도가 얼마나 크고 작은지 알 수 있습니다. 어떤 때는 너무 덥습니다. 그러나 또 어떤 때는 지나치게 춥습니다. 어느 시기에는 매우 건조합니다. 반면에 다른 시기에는 습도가 대단히 높습니다. 그의 경험에 근거하여 판단해 본다면, 날씨는 정상인 경우가 드뭅니다. 날씨는 매우 변덕스럽습니다. 이와 같이 계절이 변화무쌍하듯이, 그의 마음도 다양하게 변화됩니다. 그러나 그는 기다립니다. 그는 오래 참으며 기다립니다.

　사랑하는 친구들이여, 우리가 하나님의 일을 할 때, 이와 같은 일이 얼마나 자주 일어납니까! 단지 사소한 체험에 근거해서, 내가 말하는 것이 아닙니다. 그리스도인의 사역에는 언제나 많은 변화가 발생합니다. 어떤 경우에, 우리는 많은 사람들이 회개하는 것을 체험합니다. 그러면 우리가 복음을 증거하는 것을 통해서, 많은 사람들을 주님에게로 돌아오게 하신 하나님을 우리는 찬양합니다. 그러나 얼마 되지 않아서, 회심자들 가운데 어떤 사람들은 우리를 실망시킵니다. 과연 꽃은 피었던 것입니다. 그러나 아무런 열매도 맺지 못했습니다. 그리고 많은 신자들이 타락하는 시기가 찾아올 수도 있습니다. 많은 사람들의 사랑이 싸늘하게 식어버리기도 합니다. 아마도 우리는 교회 안에서 이단적인 사상을 지닌 사람들을 발견할 수도 있을 것입니다. 어떤 치명적인 이단 사조가 스며들어 오기도 합니다. 그러면 결국에는 추수할 것이 없을 것 같아서 근심하는 농부처럼, 우리는 염려합니다. 오, 그러나 인내하고, 또 인내하십시오. 수확과 관련하여, 고맙게도 올해에는 수많은 농부들의 염려가 근거 없는 것으로 드러났습니다. 농부는 잘 여문 이삭과 많은 곡식알로 묵직한 밀 다발을 바라보았습니다. 그리고 그는 그동안 초조해하며 기회만 주어지면 불평했던 것들을 뉘우쳤습니다. 오, 복음 사역자들이여! 여러분의 경우도 마찬가지일 것입니다. 이 땅에서 하나님을 위해서 수고한 모든 것에 대해서 하나님께서는 장차 하늘 나라에서 여러분에게 넘치도록 갚아 주실 것입니다. 그때 여러분은 이 땅에서 의심한 것을 기억하고 얼굴을 붉힐 것입니다. 하나님을 섬기는 일을 하며 지쳐 있던 때가 생각나면, 여러분은 부끄러워할 것입니다. 여러분의 수고에 대해서, 여러분은 반드시 상급을 받을 것입니다. 그러나 내일 받는 것은 아닙니다. 그러므로 기다리십시오. 아마도 모레도 아닐 것입니다. 그렇지만 인내하십시오. 어느 날, 여러분의 마음은 의심으로 기득 찰지도 모릅니다. 갑자기 기쁨이 사라질 수도 있습니다. 그때는 여러분의 내면에 여러분을 영적으로 뒤흔드는 거센 바람이 불어오는 시기입니다. 심지어 과연 주님에게 속해 있는 것인지 여러분은 의심할 수도 있을 것입니다. 그러나 만약 여러분이 예수님을 주님으로 믿고 안식을 얻었다면, 만약 하나님의 은혜에 의해서 여러분이 지금의 여러분이 되었다면, 또한 만약 오직 하나님만이 여러분의 모든 구원과 소망의 대상이라면, 여러분은 인내하십시오. 인내하며 기다리십시오. 왜냐하면 하나님께서 정해 놓으신 때에, 여러분은 틀림없이 여러분의 수고에 합당한 상급을 받을 것입니다. 이제까지 우리는 농부가 어떻게 기다리는지에 대해서 살펴보았습니다. 농부는 우리에게 인내의 모범을 보여주었습니다.

2. 둘째, 우리는 농부가 무엇을 기다리는지에 대해서 간략하게 살펴봅시다.

기다린다는 점에서, 우리는 농부와 공통점을 갖고 있습니다. 농부는 자신의 수고에 대한 결과를 기다리고 있습니다. 그는 참되고 올바른 결과를 기다리고 있습니다. 또한 그는 풍성한 결실을 기다리고 있습니다. 이것은 우리가 기다리는 것과 똑같습니다. 우리는 고난을 당하면서, 거룩한 고난이 가져올 결과를 기다리고 있습니다. 하나님께서 인도하시고 축복해 주셔서, 우리가 당하는 고난이 참되고 올바르고 또한 풍성한 결과를 가져올 것을 간절히 기도합니다. 우리가 고난의 풀무불을 통과하는 것을 통하여, 우리의 모든 미덕이 더욱 강화되고 성품이 좀 더 고상해지기를 바랍니다. 욥의 경우와 마찬가지로, 우리가 오래 참으며 인내하면, 하나님이 베푸시는 커다란 축복들이 우리에게 뒤따릅니다. 마침내 욥이 "이전 모든 소유보다 갑절이나"(욥 42:10) 받았던 것처럼, 우리도 그러한 축복을 받기를 축원합니다. 더욱이 복음 사역자들이여! 여러분은 풍성한 결실을 위해서 열심히 일해야 합니다. 사실 어떤 사람이 회심하는 것은 삼위일체 하나님의 역사로 이루어집니다. 그렇지만 많은 경우에 어떤 원인이 상응하는 결과를 빚어내듯이, 하나님의 종들의 거룩한 삶과 헌신적인 가르침과 열정적인 기도를 통해서, 사람들이 회심하게 된다는 것은 명백한 사실입니다. 그러므로 계속해서 일하십시오. 계속 수고하십시오. 그러면 여러분은 진정한 회심자들을 얻을 것입니다. 나는 회심한 척하는 사람들을 가리키는 것이 아닙니다. 또한 여러분의 사역으로 "하루 저녁에 쉰 명이나 회심하다"라는 신문 기사가 써질 정도의 놀라운 일이 일어나지 않을 수도 있습니다. 그렇지만 여러분의 수고를 통해서 진정으로 회심하는 사람들이 생겨날 것입니다. 그리고 회심한 사람들이 영적으로 성장하고 점차로 강건해져서, 그들의 회심이 진정한 것으로 입증되기 원합니다. 또한 그들이 그리스도를 위해서 원숙한 열매를 맺기를 바랍니다. 그들 가운데 많은 사람들이 하나님의 은혜를 통해서 좋은 열매를 많이 맺는 사람들이 되기를 바랍니다. 그래서 여러분의 모든 사역을 통해서 교회가 영적으로 풍요로워지고, 또한 여러분에게 가장 풍성한 결과가 나타나기를 기원합니다. 이와 같이 여러분은 결과를 기다리고 있습니다. 사랑하는 형제자매 여러분! 농부와 마찬가지로, 또한 여러분은 수고에 대한 보상을 기대하고 있습니다. 맨 처음 씨를 뿌릴 때부터 추수할 때까지, 농부는 지출을 계속합니다. 씨를 뿌리는 순간부터, 그가 곡식을 거두어 팔 때까지, 그는 계속해서 경비를 지출합니다. 그러나 곡식을 판매할 때, 그는 그동안에 투자했던 원금과 이자를 되찾습니다. 그러면 그는 그 기간의 수고와 지출에 대한 보상을 받습니다.

　　그러나 복음의 일꾼들이여! 이 세상에서는 보상을 기대하지 마십시오. 이곳에서 마음의 평화와 고요와 만족을 누리는 가운데, 여러분은 장차 상급을 받을 것이라고 기꺼이 스스로 인정할 수 있을 것입니다. 그러나 여러분은 심지어 여러분의 동료로부터도 인정받는 것을 기대해서는 안 됩니다. 자신이 사는 시대 속에서 훌륭하게 섬기고 있는 사람들의 순수한 동기는 대체로 다른 사람들로부터 잘못 이해되기 쉽습니다. 일반적으로, 빈둥거리는 사람은 열심히 일하는 사람을 의심스러운 눈초리로 살펴봅니다. 그는 칭찬하기 위해서라기보다는 비난할 구실을 찾기 위해서 그렇게 하는 것입니다. 또한 그는 성실한 사역자에게 용기를 북돋워 주기보다는 잔소리를 하려고 합니다. 복음 사역자가 적게 일할수록, 그는 더 적은 책망에 노출될 것입니다. 그러나 때때로 그가 더욱 많은 일을 하고 또한 매우 열정적으로 일을 할수록, 그는 더 많이 비난을 받을 것입니다. 그러므로 이 세상에서 보상을 찾으려고 하지 마십시오. 만약 사람들이 여러분을 칭찬한다고 가정해 봅시다. 그렇다면 그들의 칭찬은 도대체 어떤 가치가 있는 것입니까? 만약 여러분이 마지막으로 가쁜 숨을 몰아쉬고 있다면, 이 세상의 칭찬은 여러분에게 아무런 도움이 되지 못합니다. 만약 예술적인 재능과 감각이 전혀 없는 사람이 어떤 널리 알려진 예술가를 인정해 준다면, 그것이 그에게 무슨 대단한 기쁨을 줄 수 있겠습니까? 그러한 인정을 얻기 위해서, 우리는 허리를 굽혀야만 하는 것입니까? 만약 그것을 얻었다면, 우리가 머리를 더 높이 쳐들고 잘난 체라도 해야 합니까? 우리의 진정한 상급은 하나님으로부터 인정받는 것입니다. 은혜가 풍성하신 하나님께서는 장차 우리에게 일한 대로 갚아 주실 것입니다. 먼저 하나님께서는 우리에게 좋은 일들을 맡겨 주십니다. 그리고 우리가 그 일들을 어떻게 하는지 살펴보십니다. 하나님의 은혜에 힘입어서, 우리는 하나님의 일들을 열심히 합니다. 그러면 마치 우리가 한 일들을 전적으로 우리가 한 것처럼 여기시며, 하나님께서는 그 일들에 대해서 우리에게 상급을 주십니다. 하나님께서는 우리에게 보상에 대한 빚을 지신 것이 아닙니다. 그러므로 전적으로 하나님의 은혜로, 우리에게 상급이 주어질 것입니다. 따라서 장차 받을 상급을 구하십시오. 조금만 더 기다리십시오. 다시 한 번 말합니다. 조금만 더 기다리십시오. 여러분이 하늘에서 받을 상급은 아직 주어지지 않았습니다. 해가 질 때까지 기다리십시오. 그러면 포도원의 모든 일꾼들에게 한 데나리온이 주어질 것입니다(참조. 마 20:1-16). 지금은 아직 해가 남아 있습니다. 아직 해가 지지 않았습니다. 아직 아닙니다. 농부는 땅에서 나는 소중한 열매를 기다립니다. 또한 우리도 우리의 수고가 열매 맺는 것을 기다리고 있습니다.

3. 셋째, 농부가 기다리는 동안에
그를 격려해 주는 것은 무엇입니까?

먼저 언급하고자 하는 것으로서, 농부가 기다리고 있는 열매는 소중한 것이라는 사실입니다. 그는 땅에서 나는 소중한 열매를 기다리고 있습니다. 그것은 기다릴 만한 가치를 지니고 있습니다. 우리는 올해 밭에서 풍성한 곡식을 거두었습니다. 누가 우리가 올해에 보았던 곡식밭과 같은 그러한 밭을 걸어가면서 둘러본다면, 그는 다음과 같이 말하지 않을 수 없을 것입니다. "올해는 대단한 풍년입니다. 이것을 위해서 지금까지 많은 고생을 하고, 모든 비용을 지출할 만한 충분한 가치가 있었습니다. 그리고 정말로 지난 겨울 내내 오래 참고 기다린 보람이 있었습니다.” 이와 마찬가지로, 만약 여호와께서 여러분의 고난을 통해서 그에게로 좀 더 가까이 인도하신다면, 또한 만약 여러분 안에 하나님의 형상을 더욱 분명하게 새기신다면, 그것은 고난 가운데 인내하며 기다릴 가치가 있는 것입니다. 그리고 하나님께서 여러분이 복음 사역을 위해서 수고하는 것에 은혜를 베푸셔서, 몇 사람의 영혼이 구원을 받게 되었다면, 그 사실은 여러분에게 장차 상급을 가져오지 않겠습니까? 오, 어머니여! 만약 당신의 사랑하는 아들이 마침내 죄악된 길에서 돌이키고 주님을 사랑하게 된다면, 당신이 오래 참고 기다리며 기도할 만한 충분한 가치가 있지 않겠습니까? 주일학교 교사들이여! 만약 어린 여학생 몇 명이 예수님의 이름을 사랑하게 되고, 또한 그들이 성장하여 존경받는 교인들이 되어 교회를 섬기고 있는 모습을 여러분이 살아가면서 앞으로 지켜보게 된다면, 그것은 수고하며 기다릴 만한 가치가 있지 않습니까? 만약 백만 년 동안 매 주일마다 설교하는 것을 통해서, 마침내 한 영혼이라도 구원으로 인도할 수 있다면, 우리는 설교를 해야 할 충분한 가치가 있는 것입니다.

　　리처드 닐(Richard Knill, 1787-1857; 인도 및 동구권에서 선교사로 활동하기도 했으며, 후에는 건강상의 이유 등으로 영국에 체류하면서, 해외 선교를 후원하는 일을 했음 — 역주)이 다음과 같이 말했던 것을 나는 기억하고 있습니다. “아직 회심하지 않은 어떤 사람이 시베리아에 살고 있다고 우리가 가정해 봅시다. 또한 하나님께서 오직 이 세상에 있는 모든 그리스도인들의 수고에 의해서만 그 시베리아 사람이 구원받을 수 있도록 계획하셨다고 생각해 봅시다. 만약 그 영혼이 마침내 예수님을 구주로 믿고 하나님의 자녀가 된다면, 모든 그리스도인들이 시베리아로 가서, 그와 이야기하며 복음에 대해서 증거하는 모든 수고는 충분히 가치 있는 일입니다.” 그렇습니다. 그것은 대단히 가치 있는 것입니다. 그러므로 우리는 오래 참으며 기다려야 합니다. 왜냐하면 우리가 수고하며 일하는 것에 대해서 받을 상급은 소중한 것이기 때문입니다. 무엇보다도, 주님께서 다음과 같이 말씀하시는 것을 듣는 것은 참으며 기다릴 만한 충분한 가치가 있습니다. “잘하였도다 착하고 충성된 종아”(마 27:23). 비록 예수님의 음성이 부드럽고 나지막하다고 하더라도, 만약 지금 우리가 주님으로부터 어떤 음성을 듣는다면, 그것은 우리를 격려하기에 충분할 것입니다. 그렇다면 장차 예수님이 큰 소리로 “잘하였도다”

라고 말씀하시는 것을 듣는다면, 우리의 기쁨은 얼마나 크겠습니까!

주님으로부터 "잘하였도다"라는 음성을 듣는다면, 육지와 바다의 수많은 위험도 겪을 만한 가치가 있는 것입니다. 만약 우리가 지옥의 사자들의 이빨 사이에서 오직 불쌍한 어린 양 하나만이라도 낚아챌 수 있다면, 우리는 지옥의 사자들과 대담하게 맞서고, 또한 아볼루온(참조. 계 9:11)과도 싸울 만한 가치가 있는 것입니다. 주님이 "잘하였도다"라고 말씀하시는 것을 우리가 맨 마지막에 듣게 된다면, 우리는 그 모든 일들을 할 만한 가치가 있는 것입니다. 이와 같이, 열매가 귀중하다는 사실은 농부뿐만 아니라 우리도 격려해 줍니다.

그리고 믿음을 지닌 농부는 하나님의 언약에 대해서 알고 있습니다. 그러므로 그는 오래 참으면서 기다립니다. 하나님께서는 "땅이 있을 동안에는 심음과 거둠과 추위와 더위와 여름과 겨울과 낮과 밤이 쉬지 아니하리라"(창 9:22)고 말씀하셨습니다. 이 말씀을 알고 있는 그리스도인 농부는 또한 그것을 굳게 믿고 있습니다. 우리는 그리스도를 의지하고, 하나님께서 약속하신 신실한 말씀을 믿고 있습니다. 오, 우리는 미래에 대해서 얼마나 확신하고 있습니까! 하나님께서는 우리를 결코 실망시키지 않으십니다. 또한 그는 우리의 믿음이 부끄러움을 당하는 것을 절대로 내버려 두시지 않으십니다. 예수님은 이렇게 말씀하셨습니다. "천지는 없어질지언정 내 말은 없어지지 아니하리라"(마 24:35). 그러므로 믿음으로 씨를 뿌리는 사람은 열매를 풍성하게 거두어들일 것입니다. 또한 그들은 영광을 받을 것입니다. 복음의 동역자들이여! 우리는 잠시 동안 우리가 기대하는 결과를 보지 못할 수도 있습니다. 그러나 주님께서는 분명히 "모든 육체가 하나님의 구원하심을 보리라"(참조. 사 40:5; 눅 3:6)고 말씀하셨습니다. 광야와 같은 이 세상에서, 많은 사람들이 하나님을 믿지 않고 살고 있습니다. 그런데 그들이 하나님 앞에 절을 하고 땅의 먼지를 핥게 되는 그날이 반드시 올 것입니다. 그들은 "우리가 그들의 맨 것을 끊고 그의 결박을 벗어 버리자"(시 2:3)라고 호언장담했었습니다. 그렇지만 그들은 "그가 그의 왕을 그의 거룩한 산 시온에 세웠다"(참조. 시 2:6)라고 고백하게 될 것입니다. 그리고 그들은 하나님께 굴복하고, 그의 발 앞에 있는 먼지를 핥게 될 것입니다. 그러므로 용기를 가지십시오. 하나님의 언약은 유효합니다. 씨 뿌리는 때가 틀림없이 왔던 것처럼, 열매를 거두는 때도 반드시 올 것입니다.

더욱이 모든 농부는 다른 수확들에 대해서도 알고 있습니다. 옛날에 그들이 이미 수확했었다는 사실에 격려를 받습니다. 만약 어떤 농부가 추수에 관해서 전혀 들어보지 않았다거나, 또는 그것을 지금까지 한 번도 보지 않았다면, 그가 씨를 뿌리게 하는 데에는 상당한 설득이 필요할 것입니다. 그러나 그는 그의 아버지와 할아버지가 씨를 뿌렸다는 것을 알고 있습니다. 또한 모든 세대의 전 인류가 믿음의 행위로서 흙 속에 씨를 뿌렸으며, 하나님께서는 그들의 믿음을 받으시고, 그들에게 응답하셨다는 것을 그는 알고 있습니다. 오, 형제자매 여러분! 우리의 확신을 뒷받침해 주는 수많은 실례들을 우리도 갖고 있지 않습니까? 고난 속에서, 우리는 자신을 기꺼이 하나님의 뜻에 맡깁시다. 왜냐하면 우리를 앞서 갔던 하나님의 자녀들이 하나님으로부터 축복을 받았던 것처럼, 우리도 축복을 체험할 것이기 때문입니다. 우리의 하나님과 주님을 위해서, 계속해서 열심히 일을 합시다. 왜냐하면 우리의 앞에 살았던 사도들과 믿음의 고백자들과 구름과 같은 수많은 증인들이 위대한 결과들을 체험했으며, 또한 우리도 그렇게 될 것을 알기 때문입니다. 주님께서 다시 오실 때까지 인내하며 기다립시다. 주님께서 육신을 입고 이 땅에 오셨을 때, 그를 기다렸던 사람들은 그를 보고나서 기뻐했듯이, 그가 다시 오실 때, 깨어 있으면서 그를 기다리는 사람들도 그러할 것입니다. 우리는 하나님의 약속을 받았습니다. 뿐만 아니라, 우리 이전에 존재했던 수많은 사람들에게 그 약속이 성취되었다는 사실을 우리는 알고 있습니다. 그러므로 우리가 제대로 인내하지 못한다면, 우리는 주님이 다시 오시면 부끄러움을 당할 것입니다. 따라서 그날이 밝아오고 추수기가 올 때까지, 우리는 계속해서 수고하며 오래 참고 기다립시다.

4. 형제자매 여러분!
여러분은 "오래 참으며 기다리는 것의 유익은 무엇입니까?"
라고 질문합니다.

하나님께서 정하신 때를 오래 참으며 기다리는 것이 우리의 본분입니다. 나는 앞에서 우리가 어떻게 기다려야만 하는가에 대해서 설명했습니다. 그러나 이 점에 유의하십시오. 인내는 분명히 여러 가지 유익을 가져옵니다. 그러나 인내하지 않으면, 아무런 유익이 없다는 것은 명백한 사실입니다. 고난 가운데 있는 어떤 사람이 인내하지 못한다고 가정해 봅시다. 그가 참지 못한다면, 그것은 그의 고난을 감소시켜 줄까요? 또한 그가 고난으로부터 회복될 가능성을 더 크게 해 줄까요? 어떤 사람이 성급하면, 그는 화를 잘 내게 됩니다. 그러한 사람의 독특한 성격은 의사들이 해결해야 하는 어려운 문제들 가운데 하나입니다. 어떤 환자가 평온한 마음을 지니고 있으면, 그는 병에서 회복될 가능성이 더 큽니다. 만약 우리가 화를 잘 내는 성품으로부터 어떤 선한 것이 나올 때까지 인내할 수 있다면, 우리는 바로 지금 이 순간에도 인내해야만 합니다.

나는 힐(Hill) 목사님의 일화(逸話)에 대해서 들었던 것을 기억합니다. 그는 어느 날 배의 갑판 위에 있었습니다. 그는 어떤 항해사가 욕을 하는 것을 들었습니다. 그러자 선장이 심한 악담을 했습니다. 곧이어 선장이 또다시 악담을 하려고 하자, 힐 목사님은 그 둘 사이에 끼어들었습니다. 그러면서 이렇게 말했습니다. "아닙니다. 그래서는 안 됩니다. 우리는 공평하게 처리합시다. 모든 것을 하나하나 차례대로 합시다. 당신의 동료인 항해사가 욕을 했습니다. 그러자 선장님도 악담을 했습니다. 이제는 나의 차례입니다. 내가 욕을 할 차례입니다." 선장은 다소 놀란 채 힐 목사님을 바라보았습니다. 잠시 후에, 모든 사람이 자신의 차례를 지니고 있다는 것이 올바르며 타당하다는 것을 그는 인정하지 않을 수 없었습니다. 그렇지만 힐 목사님은 욕을 하지 않았습니다. 그러자 선장은 그에게 말했습니다. "목사님은 자신에게 주어진 차례를 사용하려는 의도가 없는 것 같다는 생각이 듭니다. 목사님은 욕을 하려고 하지 않습니다." 그러자 나이 많이 드신 훌륭한 힐 목사님은 이렇게 대답했습니다. "아, 예. 나는 하려고 합니다. 그러나 욕을 하는 것의 좋은 점을 깨달을 수 있다면, 나는 곧바로 욕을 하려고 합니다."

형제자매 여러분! 인내하지 못하는 것과 관련하여, 우리는 이와 같이 처신할 수 있을 것입니다. 우리가 인내하지 못하는 것의 유익함을 깨달을 수 있다면, 그때서야 비로소 우리가 성급해지도록 합시다. 어떤 농부가 지금 당장 비가 내리는 것을 원한다고 할지라도, 그렇다고 자신의 성급한 마음이 구름에게 영향력을 미치게 하여, 곧바로 비를 퍼붓게 할 수 없습니다. 만약 여러분의 자녀가 화를 잘 내고 시끄러울 정도로 말을 크게 하며, 장난꾸러기 같은 기질을 지니고 있다면, 어머니가 안달한다고 해서 자녀를 차분하게 만든다거나 성격을 통제할 수 없을 것입니다. 또한 자녀의 돌발적인 감정을 진정시키거나, 완강한 고집을 꺾지 못할 것입니다. 따라서 여러분에게 어떠한 일이 발생한다고 하더라도, 인내하지 않는 것보다 더 나쁜 것은 없습니다. 왜냐하면 세상에서 겪는 온갖 고통 가운데 인내하지 못해서 마음이 초조한 것이 가장 심한 고통이기 때문입니다. 그러므로 여러분은 인내하지 못해서 초조한 마음을 극복하려고 노력하십시오. 사탄은 하나님의 아들의 존귀와 위엄을 시기했습니다. 그것을 참지 못해서, 사탄은 하늘로부터 쫓겨났습니다. 또한 사탄은 자신이 창조자를 섬기는 위치에 머무르는 것을 견디지 못했습니다. 그러자 그는 자신이 이전에 지녔던 고귀한 지위로부터 쫓겨나게 되었습니다. 그래서 성급하고 조급한 마음을 우리에게서 제거합시다. 그것 때문에, 가인은 동생 아벨을 죽였습니다. 가인 이후로, 그것은 이 세상에서 헤아릴 수 없이 많은 악한 사건들이 일어나게 했습니다. 하나님께서 우리가 농부처럼 오래 참으며 깨어서 기다리게 해주시기를 간절히 바랍니다.

　　인내의 유익은 너무 많아서, 나는 그것에 대해서 낱낱이 말할 수 없습니다. 그러나 인내는 사람을 커다란 낙심으로부터 구원해 준다고 말하는 것으로 충분할 것입니다. 만약 하나님께서 내 사역을 첫 번째 달에 대규모로 축복해 주실 것이라고 내가 기대한다면, 내 힘이 거의 다하고 정신력이 흐릿해질 때까지, 나는 온 힘을 기울여서 온갖 노력을 다할 것입니다. 그렇지만 만약 내가 원하는 때에 하나님께서 축복해 주시지 않는다면, 나는 그만 낙심할 것입니다. 그러나 만약 하나님께서 정해 놓으신 추수 주간에 내가 반드시 커다란 결과를 얻는다고 기대한다면, 비록 그것을 당장 볼 수 없다고 하더라도, 나는 계속해서 열심히 수고할 것입니다. 또한 소망을 불어넣으며, 하나님 안에서 용기를 갖자고 스스로 다짐할 것입니다. 만약 농부가 씨를 뿌린지 한 달 만에 추수할 것을 기대한다면, 그는 완전히 실망하여 그의 농경지를 분명히 포기할 것입니다. 한 달 만에 씨앗은 추수할 만큼 자라는 것이 불가능하기 때문입니다. 만약 그가 또 계속해서 기다리고 있지만, 밭에서 자신이 고대하는 상황이 전개되지 않는다면, 그는 매달마다 매우 슬퍼할 것입니다. 왜냐하면 추수할 수 있을 때까지는 아직도 오래 기다려야 하기 때문입니다. 그러나 파종에서 추수까지, 인내해야만 하는 기간이 주어졌다는 것을 깨닫고 있으면, 여러분은 낙심하지 않을 것입니다. 왜냐하면 여러분은 반드시 일정 기간을 기다려야만 하기 때문입니다. 그러므로 영광을 위해서, 여러분은 기다려야만 한다는 사실을 예상하십시오. 그리고 하나님께서 약속하신 상급을 받으려면, 반드시 기다려야 한다는 것을 미리 생각하십시오. 주님을 섬기는 동안에, 여러분이 먹을 빵이 여러분에게 확실하게 공급될 것입니다. 마실 물도 여러분에게 분명히 주어질 것입니다. 또한 여러분은 때때로 고기를 먹을 것입니다. 그러므로 하나님께 감사하십시오. 그리고 용기를 가지십시오. 여러분이 기다려야만 하는 짧은 날들과 긴 밤들이 항상 우울함으로 가득 차 있지는 않을 것입니다. 때때로 즐거움과 기쁨으로 충만할 것입니다. 우리가 인내를 잘 하면, 우리는 계속해서 하나님을 마음을 다해서 섬길 수 있습니다. 그리고 상급에 대해서 기다리라는 약속을 받은 사람은 용기를 지속적으로 유지합니다. 기다리는 것 이외에 다른 방법이 없을 때, 그는 이렇게 말합니다. "그것은 내가 예상했던 것을 벗어나지 않는다. 나는 일격에 적을 때려눕힐 것이라고 결코 생각해 본 적이 없다. 첫 번째 참호를 파자마자, 내가 그 도시를 정복하게 될 것이라고 절대로 상상해 보지 않았다. 나는 기다려야 한다는 것을 예측했다. 이제 그 상황이 다가왔다. 하나님께서 은혜를 베푸셔서, 승리의 순간이 올 때까지, 나는 쉬지 않고 씨름하면서 싸울 것이다." 이와 같이, 인내는 사람을 급하게 서두르는 어리석음으로부터 구원해 줍니다. 성급한 사람은 결코 지혜로운 사람이 될 수 없습니다. 잠시 멈추어 서서, 자신이 나아갈 길을 살펴보는 사람은 지혜로운 사람입니다. 특히 어려운 일이 그의 앞길을 가로막고 있을 때는 더욱 그렇습니다.

나는 목회를 하다가 낙심해서, 강대상을 아주 떠나버린 형제들을 알고 있습니다. 힘들더라도, 그들은 계속해서 수고했어야만 했습니다. 그들은 목회하던 곳을 포기하고 떠나버린 것을 평생 동안 후회했습니다. 또한 낙심한 다음에 교회를 떠나서, 광야로 가버린 그리스도인들을 나는 알고 있습니다. 그들은 성격이 급해서 화를 내고 말았습니다. 그래서 기름진 풀밭인 교회를 뒤로 한 채, 이 세상으로 가버렸습니다. 그렇지만 그들은 교인들에게 좀 더 인내심을 보이지 않고, 또한 자신들이 처했던 상황을 좀 더 견디지 않은 것을 평생 후회해야만 했습니다. 그러므로 여러분은 매우 급하게 어떤 일을 처리하려고 할 때마다, 멈추어 서서 기도하십시오. 여러분 안에 있는 뜨거운 열정은 때때로 여러분이 신중하게 행동하는 것을 방해합니다. 여러분이 차분해지고 평안해지기까지 기다리는 동안에, 바깥에 있는 온도계, 곧 여러분에게 영향력을 행사하는 환경에는 상당한 변화가 일어날 것입니다. 기다리지 않고 급히 서두르다 보면, 오히려 더 늦은 속도로 가게 됩니다. 하나님을 신뢰하는 사람은 서두르지 않습니다. 하나님의 약속은 계속 유효하고 변하지 않기 때문에, 그는 절대로 당황하지 않습니다.

무엇보다도, 인내는 하나님을 영화롭게 하기 때문에, 나는 여러분에게 인내할 것을 권면합니다. 기다릴 수 있는 사람, 특별히 침착하게 기다리는 사람은 세상에 속해 있는 사람을 놀라게 합니다. 왜냐하면 세상 사람은 바로 지금 그러한 인내를 바라고 있기 때문입니다. 여러분은 존 번연의 열정(Passion)과 인내(Patience)에 대한 훌륭한 우화를 기억하고 있을 것입니다. 여러분이 그것을 잘 알고 있기 때문에, 나는 그 내용에 대해서 매우 간단하게 말하고자 합니다. 열정은 자기가 가장 좋아하는 것들을 맨 처음부터 가지려고 합니다. 열정이 먼저 들어왔습니다. 그리고 열정은 어린아이가 원하는 모든 것을 가방에서 꺼냈습니다. 그리고 손에 닿는 대로, 그것을 가지고 즐겼습니다. 반면에, 인내는 자신이 바라는 모든 것들을 맨 마지막 무렵에 가지려고 합니다. 그래서 인내는 앉아서 기다렸습니다. 열정이 모든 기쁨과 자신이 추구하던 모든 것을 남김없이 다 사용하고 난 뒤에, 인내는 자기의 몫을 받으려고 들어왔습니다. 존 번연이 매우 적절하게 표현하고 있듯이, 마지막으로 받는 것 다음에 추가로 주어지는 것은 없습니다. 그러므로 인내가 받은 몫은 영원히 지속되는 것입니다. 나의 주님이여, 가장 좋은 것들을 내가 맨 나중에 갖게 하소서. 반면에 가장 나쁜 것들을 맨 처음에 갖게 하소서. 나쁜 것들이 무엇이든지, 그것들은 언젠가 끝나버릴 것입니다. 그러나 내가 받을 좋은 것들은 영원 무궁히 지속될 것입니다. 믿음을 가진 사람은 기다릴 줄 아는 사람입니다. 그리스도인을 진정한 그리스도인으로 만드는 것은 바로 믿음입니다. 하나님의 은혜를 체험하는 사람은 기다릴 수 있습니다. 그리고 하나님의 자녀에게 자녀다운 특성을 지니게 하는 것은 바로 하나님의 은혜입니다. 여호와께서 여러분 한 사람 한 사람에게 잘 인내할 수 있도록 이 놀라운 은혜를 더욱더 베풀어 주시기를 간절히 바랍니다. 하나님의 존귀한 이름에 찬양과 영광을 돌립니다.

이제 설교의 거의 끝 부분에 이르렀습니다. 이제 우리가 농부와 또 한 가지 공통점을 지니고 있는 것에 대해서 언급하려고 합니다. 계절이 바뀜에 따라서, 농부의 염려는 줄어들기는커녕, 오히려 늘어나는 경향이 있습니다. 계절이 이어지는 동안, 성장 과정에서 농작물에 여러 가지 변화가 일어날 때, 농부는 오래 인내해야만 했습니다. 그렇지만 그가 곡식을 거두어들일 시기가 가까워오면서, 갑자기 위태로운 상황이 펼쳐질 수도 있습니다. 그래서 이 시기에 그에게는 분명히 좀 더 강한 인내가 요구됩니다. 이때, 그는 얼마나 근심스러운 표정으로 하늘을 관찰하며 구름을 자세히 살펴보겠습니까! 그는 추수하기에 적합한 때를 기다리며, 어떻게 곡식을 잘 저장할까라는 생각으로 가득할 것입니다. 그런데 추수를 앞에 두고, 그를 끊임없이 괴롭히는 여러 가지 위험 요소가 도사리고 있는 것입니다. 혹시 돌풍이나 노균병(露菌病)이 그의 희망을 앗아가 버리지는 않을까라고 그는 염려합니다. 또한 태풍이 휘몰아쳐서 이미 다 자란 줄기를 땅으로 쓰러뜨리지는 않을는지, 그러고 나서 세차게 내리는 소나기로 인해서 이미 밭에 쓰러진 곡식 이삭이 물속에 잠기지는 않을는지, 농부는 몹시 마음을 쓰며 애를 태우는 것입니다. 나는 이것을 추수와 관련한 농부의 마지막 걱정이라고 부르고자 합니다. 그것은 그의 마음을 뒤흔들고 긴장하게 하는 매우 강한 두려움입니다.

사랑하는 여러분! 이와 마찬가지로, 우리도 최후의 장면을 예상하고 있습니다. 그것은 아마도 십중팔구 우리가 이제까지 겪은 모든 투쟁보다 더 큰 믿음의 시련과 좀 더 엄격한 인내를 요구하는 것을 포함할 것입니다. 성경의 두 구절에 근거해서, 나는 그것에 대해서 여러분에게 가장 잘 설명해 줄 수 있을 것입니다. 한 구절은 특별히 복음 사역자들에게 해당되는 말씀입니다. 또 한 구절은 고난을 당하고 있는 사람들에게 매우 적합한 내용을 지니고 있습니다.

첫 번째 성경 구절은 히브리서 10장 35절로부터 36절까지입니다. "그러므로 너희 담대함을 버리지 말라 이것이 큰 상을 얻게 하느니라 너희에게 인내가 필요함은 너희가 하나님의 뜻을 행한 후에 약속하신 것을 받기 위함이라." 오, 새 예루살렘 성을 향해서 가는 순례자들이여! 이것은 여러분에게 매우 소중한 권고의 말씀입니다. 여러분이 젊고 건강했을 때, 여러분은 약속의 지팡이를 의지해서, 길고 험한 길을 걸어왔습니다. 지금까지 멀고 험한 길을 걸어올 때, 하나님의 약속은 여러분을 도와주었습니다. 이제 여러분은 이미 늙었고 신체적으로 연약합니다. 그러나 그 약속을 쓸모 없는 것이라고 내던지지 마십시오. 그것을 계속해서 의지하십시오. 지금 여러분은 신체적으로 쇠약해졌습니다. 하나님의 약속을 더욱 신뢰하십시오. 여러분이 원기 왕성했던 시절에 그 약속을 의지했을 때, 그것은 여러분의 수고를 가볍게 해주었습니다. "그러므로 너희 담대함을 버리지 말라 이것이 큰 상을 얻게 하느니라"(히 10:35). 사랑하는 형제 여러분! 그 말씀이 전부가 아닙니다. 히브리서 기자는 다른 말을 덧붙이고 있습니다. "여러분이 하나님의 뜻을 행한 후에 여러분에게는 인내가 필요합니다." 그렇다면 여러분은 다음과 같이 질문하고 싶을 것입니다. "이와 같은 인생의 노년기에, 무슨 이유로 인내가 그토록 꼭 필요하다는 것입니까?" 그렇지만 우리가 할 수 있는 것이 아무것도 없다고 느낄 때만큼, 조바심이 나기가 쉬울 때는 결코 없을 것입니다. 농부는 땅을 일구고 써레질을 하고 갈고 난 다음에, 그 위에 씨를 뿌립니다. 조금 있으면, 호미로 잡초를 제거하는 일을 합니다. 이 과정에서, 그는 너무 바빠서 초조해하거나 화를 낼 여유도 없습니다. 수확과 관련된 모든 일이 마무리되어서 더 이상 손을 쓸 필요가 없을 때, 비로소 농부는 한가한 시간을 갖게 됩니다. 그러나 즐겁게 보내야 하는 바로 그때, 그에게는 은밀한 불안감이 찾아옵니다. 또한 마음속에 몰래 염려가 들어오기도 합니다. "우리는 하나님의 동역자들입니다"(참조. 고전 3:9). 그렇지만 우리에게도 이와 같은 것이 일어날 수 있습니다. 이전에 하나님의 일을 할 때, 우리는 너무 즐거워서 열심히 일했습니다. 그때는 힘들다거나 지루하다는 것을 전혀 느끼지 못했습니다. "오직 자라게 하시는 이는 하나님뿐이니라"(참조. 고전 3:7)는 말씀처럼, 하나님께서는 우리의 수고를 통해서 많은 열매를 맺게 해주셨습니다. 그러는 가운데, 이제 우리는 나이가 많이 들었습니다. 목회로부터 은퇴할 시점이 다가오면, 우리는 여러 가지 의혹에 빠지기가 매우 쉽습니다. 그러면 불신앙이 활개를 칩니다. 그래서 믿음의 선한 싸움을 싸운 후에, 달려갈 길을 달린 후에, 또한 맡겨진 일을 마친 후에, 우리는 특히 인내를 잘 해야만 합니다. 우리가 기뻐하며 달려갈 길을 끝까지 잘 달려서 주 예수님으로부터 받은 사역을 잘 마무리하기 위해서, 우리는 오직 하나님만을 의지하고 깨어서 기도해야 합니다. 그리고 끝까지 잘 인내해야만 합니다.

그러면 두 번째 본문의 내용은 무엇입니까? 그것은 성경의 어느 곳에 있습니까? 그것은 야고보서의 앞부분에 있습니다. 야고보서 1장 4절을 찾아서 읽어 봅시다. "인내를 온전히 이루라 이는 너희로 온전하고 구비하여 조금도 부족함이 없게 하려 함이라." 오, 얼마나 우리의 마음은 이 권면을 받아들이기를 꺼려합니까! 기도를 통해서 하나님과 씨름하기 위해서, 사도 바울은 세 번이나 한적한 곳으로 물러가서 기도했습니다. 바울은 하나님께서 그의 육체에서 가시를 제거해 달라고 간절히 기도했던 것입니다(참조. 고후 12:7). 바울은 자신의 몸을 끊임없이 괴롭히는 아픔을 느꼈습니다. 그래서 그는 그 아픔을 없애 달라고 하나님께 간청했습니다. 병을 고치기에 앞서, 의사는 일시적으로 배가 쥐어뜯듯 아프게 하는 약을 환자에게 주기도 합니다. 바울은 자신의 고통을 그러한 약으로 이해할 수 없었습니다. 왜냐하면 그것은 그에게 이루 말할 수 없는 지속적인 고통 그 자체였기 때문입니다. 그러자 바울의 인내는 그 정점에 도달하게 되었습니다. 그

때 그는 하나님의 손으로부터 오는 시련을 받아들였습니다. 자신을 다르게 대우해 주거나, 또는 자신을 연단하는 방법을 바꾸어 달라고, 바울은 하나님께 계속해서 요청할 수 없었습니다. 또한 그는 그런 의도를 더 이상 갖지도 않았습니다.

그렇다면 인내는 그리스도인이 지닌 인격의 고상함을 최종적으로 빛나게 해주는 매우 탁월한 미덕인 것처럼 여겨지지 않습니까? 이제 우리가 곡식이 여문 밭으로 다시 한 번 돌아가 봅시다. 밭에서 전개되고 있는 모습을 여러분이 잊어버리지는 않았을까 나는 염려스럽습니다. 그런데 여기서 지금 농부에 대해서라기보다는 추수에 대해서 관심을 기울이고자 합니다. 밀의 잎은 처음에는 작고 연푸른색을 띠고 있었습니다. 그런데 지금은 길게 자라서 누런색을 지니고 있습니다. 무엇이 그렇게 만들었는지 여러분은 알고 있습니까? 또한 밀을 황금색으로 변하게 한 것은 무엇이라고 생각합니까? 농부가 낫을 들고 밀을 베어야 할 때를 어떻게 판단하는지에 대해서 여러분은 추측해 보았습니까? 이러한 질문들에 대해서 나는 답변하고자 합니다. 곡식이 자라나는 동안에, 속이 비어 있는 줄기는 흙 속에서 영양분을 빨아올리는 수송관의 역할을 했습니다. 계절이 바뀌고, 밀의 성장 과정이 마무리되었습니다. 밀의 섬유질은 단단해졌습니다. 이제 더 이상 단단해질 필요가 없습니다. 뿌리는 지탱하는 힘이 약해졌습니다. 그것은 죽음에 대한 전조입니다. 그때부터 하늘의 권능은 재빠르고 놀라운 변화를 가져다줍니다. 태양은 곡식의 이삭에 그것이 원하는 색깔을 칠해 줍니다. 성장에 있어서, 밀 이삭은 마지막 단계에 이르렀습니다. 땅으로부터 오랫동안 충분하게 양분을 공급받았기 때문에, 그것은 이제 오직 햇빛의 영향만 받습니다. 마침내 밀 이삭을 베어야 할 때가 이르렀습니다. 농부는 밀을 벨 것입니다. 그것을 단으로 묶을 것입니다. 그러고 나서 그것을 차곡차곡 곳간에 저장할 것입니다.

주님 안에서 사랑하는 여러분! 여러분도 이와 마찬가지입니다. 내가 지금 예언자처럼 말하고 있습니까? 아닙니다. 관찰을 통해서, 우리가 너무 잘 알고 있는 사실에 대해서 나는 이야기하고 있는 것입니다. "한 해의 가을은 인간이 자신의 생명을 마무리하는 것과 닮은 점이 많습니다." 여러분은 어머니와 같은 땅이 베푸는 자비로부터 많은 도움을 받아왔습니다. 여러분은 찬 이슬과 싸늘한 서리와 폭풍우를 견디어 왔습니다. 여러분은 자욱한 안개와 얼음으로 뒤덮인 겨울과 변덕스러운 봄과 건조한 여름이 주는 시련을 겪어 왔습니다. 그러나 이제 거의 모든 것이 끝맺음을 하려고 합니다. 여러분은 이 세상을 떠날 마음의 준비를 하고 있습니다. 얼마 있지 않아서, 추수하는 분이 올 것입니다. "너희에게 인내가 필요함은 너희가 하나님의 뜻을 행한 후에 약속하신 것을 받기 위함이라"(히 10:36). 이제까지 수많은 계절들을 겪어오면서, 여러분의 어깨는 축 처지고 허리는 구부러졌습니다. 그러나 여러분, 인내하십시오! 조금만 더 인내하십시오! 조금만 있으면 여러분에게 대단한 변화가 일어날 것입니다. 주님을 의지하십시오. 의의 태양이 빛을 밝게 비추어서, 여러분의 이마에 쓰여 있는 거룩함이라는 단어가 이전보다 더욱 선명하게 보일 것입니다. 하늘에 계신 농부, 곧 하나님 아버지께서 그의 앞에 있는 천사에게 "낫을 휘둘러라"(참조. 계 14:14-16)고 명령하실 때까지, 그는 여러분을 매일 매시간 살펴보시면서 보호해 주십니다. 그런데 여러분이 이 세상에서 마지막 숨을 거두게 되면, 우리는 여러분을 기리는 추도사를 읽을 것입니다. 여러분이 이 세상에서 했던 일들을 소개하면서, 우리는 다음과 같이 말할 것입니다. "하나님께서는 이 성도를 통해서 그가 하시고자 하는 일을 성취하셨습니다. 이 성도는 고난 가운데 인내했습니다. 그는 하나님의 뜻에 자신을 맡겼습니다. 그리고 이곳을 떠나서, 그는 그리스도와 함께 있을 준비를 하고 있었습니다. 그것이 훨씬 더 좋은 것이기 때문입니다. 그는 이제 자신에게 주어진 인내를 완성했습니다. 이제 그가 하늘나라에 있는 성도의 회중에 참여할 때가 되었습니다. 하나님께서 그에게 '이제는 평안히 놓아 주시는도다'(참조. 눅 2:29)라고 감사하며 고백하는 축복의 말씀을 허락하시기를 간절히 원합니다."

　　나는 지금까지 신앙인을 대상으로 설교했습니다. 왜냐하면 내가 이미 말한 바대로, 불신자는 오래 참으며 기다릴 수 없기 때문입니다. 또한 그는 기다려야 할 것이 없습니다. 그에게는 장차 죽으면 심판을 받을 것이라는 무서운 사실밖에는 없습니다. 불신자는 이 세상에서 힘든 일을 하며 고통을 당하고, 또한 가난을 겪을 것입니다. 그리고 그는 하나님의 진노가 영원히 지속되는 저 세상으로 갈 것입니다. 이것은 틀림없이 무서운 일입니다. 그런데 만약 여러분이 마침내 영원한 안식으로 들어간다면, 이곳에서 여러분의 지위가 무엇이었는지는 전혀 중요하지 않습니다. 반대로 만약 여러분이 결국 하나님의 영광스러운 면전에서 쫓겨난다면, 여러분이 이 세상에서 얼마나 많은 기쁨과 부요를 누렸는지는 결코 중요한 것이 아닙니다. 그러므로 하나님께서 여러분이 예수님을 믿도록 인도해 주시기 바랍니다. 예수님 안에 영원한 안전이 보장되어 있습니다. 예수님께서 흘리신 보배로운 피를 통해서, 여러분이 영원한 안식에 들어가기를 간절히 기도

합니다. 여러분이 회개하면, 예수님 안에서 용서함을 받습니다. 그리고 영원한 구원을 받습니다. 그리스도의 십자가의 공로에 근거해서, 하나님께서 여러분에게 이러한 축복을 허락하시기 바랍니다. 아멘.

제
13
장

—

진주보다 귀한 인내

—

"너희가 욥의 인내를 들었고 주께서 주신 결말을
보았거니와주는 가장 자비하시고 긍휼히
여기시는 이시니라" — 약 5:11

우리는 들은 것을 잘 기억해야 할 필요가 있습니다. 왜냐하면 우리는 매우 잘 잊어버리기 때문입니다. 그리고 우리는 우리가 이미 들은 것에 대해서 숙고해 보거나 묵상하는 일에 대단히 게으릅니다. 그러므로 때때로 기억을 새롭게 하는 것이 우리에게 유익할 것입니다. 본문을 통해서, 야고보는 욥의 인내에 대해서 우리가 들었다는 사실을 회상해 보라고 요청합니다. 그렇지만 우리는 단순히 듣는 것을 능가하는 일을 했다고 나는 믿습니다. 왜냐하면 욥의 이야기를 통해서, 그것이 우리에게 전하고자 하는 메시지가 마음의 눈앞에 생생하게 펼쳐진 것을 우리가 보았기 때문입니다. 그러므로 본문은 이렇게 말합니다. "너희가 욥의 인내를 들었고 주께서 주신 결말을 보았거니와"(약 5:11). 그런데 로마가톨릭 교회는 사람이 보는 것을 통해서 복음의 음성을 듣는다고 주장합니다. 그러나 사람이 복음에 대해서 듣는 것을 통해서, 진리를 보게 된다는 것이 또는 깨닫게 된다는 것이 성경이 제시하는 올바른 원리입니다. 믿음은 복음을 듣는 것으로부터 옵니다(참조. 롬 10:17). 그래서 믿음은 사람의 영적인 눈을 뜨게 해줍니다. 사람들의 귀에 복음을 전파하려는 목적은 "영원부터 만물을 창조하신 하나님 속에 감추어졌던 비밀의 경륜이 어떠한 것을 드러내게 하려"는 것입니다(참조. 엡

3:9). 그러므로 복음을 듣고 그것을 믿음으로 받아들이면 영적인 열매를 맺게 됩니다. 그 결과로 인해서, 영적인 통찰력이 우리에게 주어지는 것입니다.

그런데 우리가 성경 안에서 보게 되는 것은 좀 더 깊은 것, 좀 더 심오한 진리입니다. 그러므로 단지 그것을 듣는 것에 머무르지 않고, 우리가 그것에 대해서 깊이 생각해 보는 것을 요구합니다. "너희가 욥의 인내를 들었고"라고 본문에 언급되어 있는 것처럼, 욥의 삶은 매우 흥미로운 이야기로 가득 차 있습니다. 그래서 어린아이도 그것을 알아들을 수 있습니다. 그러나 그 이야기의 가장 밑바닥을 들여다보려면, 다시 말해서 그 이야기에 가장 깊숙이 감추어진 진주를 발견하기 위해서는 하나님께서 주시는 통찰력이 필요합니다. 그러므로 오직 성령님의 조명을 받은 제자들만 그것을 깨달을 수 있습니다. "주께서 주신 결말을 보았거니와 주는 가장 자비하시고 긍휼히 여기시는 이시니라"(약 5:11). 뿐만 아니라, 단순히 들은 것과 비교해 볼 때, 주님께서 우리에게 보여주신 것은 우리의 마음에 좀 더 소중한 역할을 합니다. 그것은 우리의 영혼을 좀 더 풍성하게 해줍니다. 욥이 인내한 것에 대해서 들으면, 우리의 마음이 상당히 부요해질 것이라고 나는 생각합니다. 왜냐하면 우리가 인내해야만 할 때, 욥의 이야기는 우리에게 위로와 힘을 주기 때문입니다. 그러나 모든 시련이 끝난 후에, 하나님께서 욥을 축복하신 것을 우리가 보는 것은 훨씬 더 좋은 것입니다. 또한 더욱이 하나님께서 허락하신 가장 혹독한 시험의 한가운데에서, 하나님의 변함없는 자비와 긍휼이 나타났던 것을 우리가 간파하는 것은 이루 말할 수 없이 더 좋은 것입니다. 이것은 분명히 가장 값어치 있는 은맥(銀脈)입니다. 그리고 그 은맥을 깊이 판 사람, 곧 맨 마지막에 욥에게 일어난 일을 보고나서 그 의미를 깨달은 사람은, 오직 욥의 인내에 대해서 듣기만 해서 겨우 피상적인 진리만을 얻은 사람보다 훨씬 더 부요한 것입니다. 우리가 "욥의 인내"에 대해서 오직 듣기만 했다면, 그것은 스파이스 군도(群島, "the Spice Islands"; 인도네시아에 속한 섬들 — 역주)에서 가져온 짙은 향기를 풍기는 진귀한 열대 과일의 껍데기 같은 것입니다. 그러나 우리가 "주께서 주신 결말"을 보았다면, 그것은 그 과일의 핵(核) 같은 것입니다. 다시 말해서, 그것은 향기가 넘치고 이루 말할 수 없이 좋은 맛을 지닌 과육(果肉)과 같습니다.

우리가 듣는 것과 보는 것에는 차이가 있다는 사실을 왜 본문이 일깨워 주려고 하는지에 대해서 숙고해 보십시오. 어떤 중요한 덕목을 실천하라는 것이 요청될 때, 우리는 성령님이 우리에게 베풀어 주신 모든 것의 도움을 구할 필요가 있습니다. 영적인 전쟁에서, 우리는 말씀에 대해서 듣고 보고 또한 깨닫게 된 모든 지혜와 지식을 사용해야 할 것입니다. 욥의 모범에 대해서 들은 것처럼, 우리는 모범적인 실례들을 기억하면서, 때때로 우리는 마음을 각성시켜야만 합니다. 그리고 우리가 들은 것을 우리가 본 것과 확실하게 잘 연결시켜야 합니다. 욥이 인내한 이야기는 우리의 마음을 일깨워 줄 것입니다. 그리고 "주의 결말," 곧 여호와께서 마지막에 욥에게 어떻게 베풀어 주셨는지를 우리는 보았습니다. 그것은 우리가 오래 참으며 끝까지 인내할 것을 분명하게 가르쳐 줍니다. 이와 같이, 우리에게 주어진 일을 잘 마무리하려면, 우리는 듣는 것과 보는 것을 통해서 얻게 되는 지혜와 지식이 모두 필요합니다. 본문에서, 현재 우리에게 요구되는 덕목은 인내입니다. 따라서 우리가 잘 인내하려면, 우리는 들은 것과 본 것을 기억해야만 합니다. 왜냐하면 인내는 꼭 필요하지만, 들은 것과 본 것을 항상 기억하는 것은 쉽지 않기 때문입니다. 또한 지혜와 지식을 얻는다면 그것은 매우 소중한 것이지만, 그것의 의미를 깨닫는 것은 보다 어려운 것이기 때문입니다. 그래서 우리는 항상 들은 것과 본 것을 기억하며, 그 의미에 대해서 묵상할 필요가 있습니다.

　　야고보서 5장 11절 앞부분에서는, 인내에 관해서 세 번이나 언급되었습니다 (7, 8, 10절). 7절에는, 이렇게 기록되어 있습니다. "그러므로 형제들아 주께서 강림하시기까지 길이 참으라 보라 농부가 땅에서 나는 귀한 열매를 바라고 길이 참아 이른 비와 늦은 비를 기다리나니." 또한 8절에는, 다음과 같이 언급되어 있습니다. "너희도 길이 참고 마음을 굳건하게 하라 주의 강림이 가까우니라." 마지막으로, 10절은 우리에게 다음과 같이 권면합니다. "형제들아 주의 이름으로 말한 선지자들을 고난과 오래 참음의 본으로 삼으라." 이와 같이 우리는 세 번이나 인내에 대해서 권면을 받고 있습니다! 더욱이 지금도 우리에게 인내가 필요하다는 것은 명백하지 않습니까? 우리 가운데 대부분의 사람들에게는 인내라는 이 탁월한 덕목이 부족합니다. 인내가 부족해서, 우리는 많은 특권들을 잃어버렸습니다. 우리는 하나님을 영화롭게 할 수 있는 많은 기회들을 놓치고 말았습니다. 그리고 우리의 믿음을 성장하게 하고, 우리 자신의 영혼에 커다란 유익을 가져다줄 수 있는 기회들을 낭비했습니다. 우리의 많은 고난들은 우리에게 남아 있는 불순물을 제거하기 위한 불꽃이었습니다. 그러나 제대로 인내하지 못해서,

우리는 하나님의 말씀과 뜻에 때때로 불순종했습니다. 그래서 우리의 마음과 생각은 온전히 깨끗하게 되지 못했습니다. 그러므로 인내하지 못하면, 그것은 우리에게 무익하며, 수치를 가져오며, 또한 우리를 연약하게 만듭니다. 우리가 인내하지 못했을 때, 우리에게 진정한 유익이 결코 없었습니다. 만약 앞으로도 제대로 인내하지 않는다면, 우리에게 진정한 유익이 없을 것입니다.

왜 본문은 세 번이나 인내에 대해서 권고할까요? 앞으로 우리가 더욱 커다란 인내를 필요로 하기 때문이라고 나는 생각합니다. 이곳에서부터 하늘나라까지 가는 길이 평탄할 것이라고 보장해 주는 것은 전혀 없습니다. 또한 우리가 건너야 할 바다가 유리바다처럼 고요하지도 않을 것입니다. 온실 안에 있는 화초들이 흰서리로부터 보호되는 것처럼 우리도 보호될 것이며, 또한 엷은 베일로 얼굴을 가리고 있는 아름다운 여왕들같이 우리도 뜨거운 햇볕으로부터 가려질 것이라는 약속을 우리는 받은 적이 없습니다.

야고보서에서, 지혜의 음성이 이렇게 말하는 것처럼 들립니다. "인내하라. 또 인내하라. 계속해서 인내하라. 앞으로 너는 적어도 세 배의 인내를 필요로 할 것이다. 장차 받을 시련에 대비하라." 끝까지 인내한다는 것이 매우 어렵기 때문에, 5장 7절에서부터 10절까지, 우리에게 세 번이나 인내하라고 권면했을 것이라고 나는 추측합니다. 털 깎는 사람 앞에서, 양이 울지 못하는 짐승처럼 잠잠히 있는 것은 결코 쉬운 일이 아닐 것입니다. 우리를 따뜻하고 안락하게 해주는 양털을 목자가 큰 가위로 깎는 동안에, 양은 잠자코 있지만은 않을 것입니다. 이와 같이, 고난의 매를 맞으면서도 아무런 불평도 하지 않는 그리스도인은 매우 드물 것입니다. 이제 막 고삐에 처음으로 매인 소처럼, 우리는 자신이 원하는 대로 하려고 발길질을 합니다. 오랜 세월 동안에, 우리 가운데 대부분의 사람들은 멍에에 아직 길들지 않은 수송아지와 같았습니다. 어린아이들에게 대단히 중요한 것을 가르치려고 할 때, 우리는 그들이 그것을 암기할 때까지, 똑같은 말을 되풀이해서 가르쳐야만 합니다. 이와 마찬가지로, "인내하라. 또 인내하라. 계속해서 인내하라"는 말은 우리 마음에 선명하게 새겨질 때까지 반복해서 가르쳐야만 하는 중요한 교훈입니다. 바로 성령님께서 우리에게 "인내하라"고 명령하시는 것입니다. 우리는 끊임없이 성령님을 자극하지만, 그는 언제나 참으십니다. 아무런 불평도 하지 않으시고 자신을 희생 제물로 드리신 예수님도 우리에게 "인내하라"고 요구하십니다. 또한 오래 참으시는 하나님 아버지께서도 우리에게 "인내하라"고 명하십니다. 오, 여러분은 곧 하늘나라에 있게 될 것입니다. 그러므로 인내하십시오. 왜냐하면 조금만 지나면, 여러분이 받을 상급이 나타날 것이기 때문입니다.

우리는 다음 두 가지 사항에 대해서 간략하게 숙고해 보겠습니다. 첫째, 우리는 인내하라는 명령을 받았다는 사실입니다. "너희가 욥의 인내를 들었고"라고 본문에 언급되고 있는 것처럼, 인내는 우리가 전혀 들어보지 않은 덕목이 아닙니다. 둘째, 우리가 인내하라는 명령을 받았지만, 인내는 결코 비합리적인 덕목이 아니라는 사실입니다. 왜냐하면 모든 고난이 끝난 후에, 하나님께서 욥에게 복을 두 배로 주시는 것을 여러분은 보았기 때문입니다. 또한 그는 매우 자비하시고 선하신 분이시기 때문입니다.

1. 인내는 우리가 전혀 들어보지 않은 덕목이 아닙니다.
그러므로 "너희가 욥의 인내를 들었고"라고, 본문은 전제하고 있습니다.

우리와 성정이 같은 사람으로서(참조. 약 5:17), 욥이 인내했다는 것을 주목해 볼 필요가 있습니다. 우리와 마찬가지로, 욥도 불완전하고 연약한 사람이었습니다. 어떤 사람이 잘 지적한 바대로, 욥의 인내에 대해서 뿐만 아니라, 또한 불평에 대해서도, 우리는 들었습니다. 성령의 감동을 받아서, 욥에 대한 이야기를 쓴 전기 작가가 그토록 공정하게 욥기를 기록한 것을 나는 기쁘게 생각합니다. 만약 욥이 조금도 불평하지 않았다면, 우리는 욥의 인내를 본받는 것이 전적으로 불가능하다고 생각했을 것입니다. 그래서 보통 사람은 전혀 그 수준에 도달할 수 없다고 여겼을 것입니다. 그렇지만 우리는 욥에게서 여러 가지 불완전한 흔적을 발견할 수 있습니다. 이 사실은 하나님께서 평범한 성품을 지닌 사람들에게 은혜를 베푸시면, 그들도 대단히 모범적인 인물로 변화될 수 있다는 것을 강력하게 입증하는 것입니다. 또한 이것은 특별히 잘못한 것이 없는데도 극심한 고난을 받아서 몹시 분노하고 있는 사람도 인내의 모범이 될 수 있다는 것을 분명하게 증거해 줍니다. 욥이 자신의 처지에 대해서 어느 정도 한탄하는 말을 했으며, 욥도 완전하지 않은 사람이라는 것을 욥기의 저자가 입증한 것에 대해서 나는 고맙게 생각합니다. 왜냐하면 "주신 이도 여호와시요 거두신 이도 여호와시오니 여호와의 이름이 찬송을 받으실지니이다"(욥 1:21)라고 말했던 욥은 바로 나와 같은 사람이었다는 사실을 지금 내가 알고 있기 때문입니다. "우리가 하나님께 복을 받았은즉 화도 받지 아니하겠느냐?"(욥 2:10)라고 아내에게 반문했던 욥은 나와 같은 살과 피를 가진 사람이었습니다. 그렇습니다. "비록 그가 나를 죽이시더라도, 나는 그를 신뢰하리라"(KJV. 참조. 욥 13: 15; 원문의 정확한 의미에 대해서, 주석가들은 다양한 견해를 제시하고 있음. 개역한글성경에는, "그가 나를 죽이시리니 내가 희망이 없노라"고 번역됨 ― 역주)라고 고백했던 욥은 나와 같이 격렬한 감정을 지니기도 했던 사람입니다. 그런데 여러분은 주님이시자 선생님이신 예수님의 인내에 대해서 분명히 들었습니다. 여러분은 그의 인내를 본받으려고 시도해 보았을 것입니다. 그렇지만 거의 포기했을 것입니다. 그런데 지금 여러분은 예수님의 종인 욥의 인내에 대해서 듣고 있습니다. 욥은 그의 대속자가 살아 계신다는 사실을 깨닫고 있었습니다(참조. 욥 19:25). 비록 불완전한 사람이었지만, 욥은 하나님 아버지의 뜻에 전적으로 순종했던 대속자 예수님을 본받았습니다. 여러분도 이 사실에 고무되어야 할 것입니다.

"너희가 욥의 인내를 들었고"라는 표현에는 욥이 극심한 시련을 당했지만 인내했다는 내용이 암시되어 있습니다. 이것은 평범한 것 같지만, 꼭 필요한 말입니다. 만약 욥이 시련을 끝까지 견디지 않았다면, 그는 사람들에게 인내를 보여주지 못했을 것입니다. 욥의 인내는 후대에까지 울려 퍼졌습니다. 마침내 우리도 그것을 들었습니다. 만약 욥이 특별한 환난을 겪지 않았다면, 그는 그렇게 놀라운 인내를 발휘하지 못했을 것입니다. 그러면 여기서 욥이 자신의 재산과 관련해서 고난을 받았다는 것에 대해서 잠깐 생각해 보겠습니다. 욥은 순식간에 모든 재산을 잃어버렸습니다! 그에게 두세 명의 종들만 남아 있었습니다. 그들은 오직 불길한 소식을 전하기 위해서 남겨진 듯합니다. 종이 하나하나 차례대로 와서, 욥에게 이렇게 말합니다. "나만 홀로 피하였으므로 주인께 아뢰러 왔나이다"(욥 1:15, 16, 19). 소와 양과 나귀와 낙타 등을 비롯해서, 욥은 순식간에 모든 가축을 잃어버렸습니다. 그의 자녀들이 있던 집은 갑자기 불어 닥친 큰 바람에 힘없이 무너져 내렸습니다. 그러자 우스 땅의 존귀한 족장은 땅 위에 주저앉았습니다. 욥에게 존경을 표현해야 할 만큼 자신이 비참한 사람이라고 생각할 사람은 이제 아무도 없었습니다. 여러분은 이렇게 갑자기 모든 재산을 잃어버리고 극도로 가난해진 욥의 인내에 대해서 듣고 있는 것입니다. 그런데 만약 하나님의 자녀가 모든 재산을 잃어버린다고 하더라도, 하나님께서 여전히 여러분의 분깃이라는 놀라운 사실을 여러분은 깨닫고 있습니까?

　　그리고 욥은 가족과 관련된 뼈아픈 시련을 겪었습니다. 하루는 욥의 자녀들이 맏아들의 집에서 잔치를 열고 있었습니다. 이 사건에 대해서, 욥은 사전에 한 마디의 경고의 말을 들은 적이 없습니다. 그렇지만 그때 욥은 모든 자녀들을 순식간에 잃어버리고 말았습니다. 자녀들이 특별히 비난받을 만한 행동을 한 것도 아니었습니다. 그들은 죽음에 대한 아무런 대비도 하지 않고, 마음을 푹 놓고 있었습니다. 그들의 마음과 생각은 평상시 그대로였습니다. 그런데 갑자기 그의 자녀들이 죽게 되었습니다. 그것은 사람들이 이해하기가 어려운 매우 안타까운 일이었습니다. 거친 들에서 큰 바람이 미친 듯이 불어왔습니다. 광풍은 집 네 모퉁이를 쳤습니다. 그러자 집이 욥의 자녀들 위에 한순간에 무너져 내려서, 그들이 모두 죽고 말았습니다(참조. 욥 1:18-19). 그 사건에 대한 소식을 듣고 나서, 욥은 어떤 생각을 했을까요? 하나님의 심판이거나 아니면 사탄의 역사라고, 욥은 그 사건을 해석하려고 했을 것입니다. 이때 그의 마음속에는 대단히 고통스러운 생각과 추측으로 가득했을 것입니다. 사랑하는 자녀들이 갑자기 한꺼번에 죽는 것은 흔한 일이 결코 아닙니다. 바람직한 일은 더욱 아닙니다. 그렇지만 욥은 모든 자녀들을 잃어버렸습니다. 그에게는 이제 아들 하나, 딸 하나도 남아 있지 않습니다. 모두 다 돌아올 수 없는 길로 가 버렸습니다! 모두 사라져 버렸습니다! 모든 자녀를 잃은 욥은 이제 잿더미 위에 앉아 있습니다. 그리고 인내하고 있습니다. "너희가 욥의 인내를 들었고"라는 표현은 분명히 그것을 증거해 줍니다. 오, 죽음으로 인해서 사랑하는 가족과 헤어질 수밖에 없을 때에도, 여러분은 인내하십시오! 채울 수 없는 욕망에 사로잡혀서, 사탄이 쉴새없이 시험의 화살을 쏘아댄다고 하더라도, 여러분은 끝까지 참고 견디십시오!

　　여기서 나는 대부분 나 자신에게 말하고자 합니다. "너희가 욥의 인내를 들었고"라는 구절을 욥이 자신의 육신으로 고통을 겪었다는 측면에서 살펴보려고 합니다. 구체적인 체험을 통해서, 인간에 대해서 매우 잘 알고 있는 어떤 사람이 다음과 같이 매우 적절한 말을 했습니다. "우리는 다른 사람들이 겪는 수많은 고통을 대단히 잘 참습니다." 그러나 우리의 살과 뼈가 고통을 당할 때는, 우리는 그것을 심각하게 받아들입니다. 또한 그때 우리는 특별한 인내심을 발휘해야 한다고 생각합니다. 틀림없이 욥은 극한적인 고통을 받았을 것입니다. 아마도 우리 가운데 어느 누구도 욥이 겪은 정도까지 쓰라린 고통을 당한 사람은 없을 것입니다. 그렇지만 우리도 지루한 밤들과 우울한 낮들을 보냈을 것입니다. 모든 사지가 쑤시고 아팠던 날들이 있었을 것입니다. 발작적·지속적으로 일어나는 극심한 신경통으로 고생하던 때가 많이 있었을 것입니다. 단지 침대 위에서 우리가 몸을 뒤척일 수 있다는 사실에 대해서 하나님께 감사의 눈물을 흘리는 것이 무엇인지를 우리는 체험을 통해서 알고 있을 것입니다. 그렇지만 욥이 받았던 고난은 우리가 겪은 고난을 훨씬 능가합니다. 그래서 본문은 "너희가 욥의 인내를 들었고"라고 단정적으로 말합니다. 머리 꼭대기부터 발바닥에 이르기까지, 곪아서 터지고 쑤셔대는 종기로 뒤덮여 있었지만(참고. 욥 2:7), 욥은 인내하며 죄를 범하지 않았다는 사실을 여러분은 알고 있을 것입니다.

이 모든 시련에 더하여, 욥은 정신적인 고통을 겪었습니다. 그것은 아마도 시련 가운데 가장 견디기 어려운 것이라고 말할 수 있을 것입니다. 욥의 고난과 관련한 그의 아내의 반응은 틀림없이 욥의 마음을 몹시 아프게 했을 것입니다. 왜냐하면 그의 아내는 "하나님을 욕하고 죽으라"(욥 2:9)고 말하며, 그를 시험했기 때문입니다. 그의 아내가 무슨 말을 하려고 했는지, 또는 그 구절이 어떻게 번역되어야 옳은지는 제쳐두더라도, 욥에게는 현명한 위로가 필요했습니다. 그러나 그때 그의 아내는 분명히 어리석은 여인처럼 말했던 것입니다. 나아가 "재난을 주는 위로자들"(욥 16:2), 곧 욥의 세 친구들은 비참한 처지에 놓여 있는 욥에게 최후의 고통을 더해주고 있습니다. 냉혈한들은 고통당하고 있는 사람들의 감정을 헤아리지 못하고, 그것을 비웃습니다. 그러나 나는 경험에 근거해서 진심으로 말할 수 있습니다. 어떤 사고로 뼈가 부러지지 않았다고 하더라도, 누가 우리의 상점에서 작은 액수의 돈을 훔쳐가지 않았다고 하더라도, 우리가 당하는 정신적 고통은 우리에게 극심한 슬픔을 가져올 수 있다는 것을 나는 인정합니다. 고통의 창으로 우리의 영혼을 깊숙이 찌를 때, 우리는 고통이라는 것이 무엇인지 그 본질을 깨닫게 됩니다. 복잡하고 어리석은 논쟁을 통해서, 욥의 친구들이 그를 얼마나 괴롭혔는지, 또한 죄에 대한 비난으로 그를 얼마나 번민하게 했는지, 여러분이 깨닫기를 바랍니다. 그들은 욥의 상처에 소금을 뿌렸습니다. 또한 그들은 욥의 눈에 후춧가루를 뿌렸습니다. 비록 좋은 의도를 갖고 욥에게 자비를 보이려고 했지만, 그들은 사실상 잔혹했습니다. 고통을 겪고 있는 한밤중에, 그러한 올빼미에 의해서 야유를 받고 현혹되는 사람에게는 화가 있을 것입니다. 그러나 인내의 진정한 용사인 욥은 죄를 범하지 않았습니다. 그러므로 본문은 이렇게 말합니다. "너희가 욥의 인내를 들었고."

모든 면에서, 욥의 고통은 실제적이며 구체적인 것이었습니다. 그는 우울하거나 화를 잘 내는 사람이 결코 아니었습니다. 환상 속에서 악한 것들을 꾀하는 히스테리 현상에 빠져 있지도 않았습니다. 욥의 고난은 단순히 마음속의 상상을 통해서 일어난 것이 아니었습니다. 또한 사실이기는 하지만 하찮은 재난도 아니었습니다. 그는 수많은 가족 중에서 한 아이를 잃어버린 것이 아니었습니다. 그리고 막대한 재산 가운데 사소한 것을 손해 본 것이 아니었습니다. 그는 모든 자녀를 잃어버렸습니다. 그에게 남은 재산이라고는 하나도 없었습니다. 더욱이 몸과 마음은 극심한 고통에 시달려야 했습니다. 그러나 그 모든 불행에도 불구하고, 욥은 인내했습니다. 욥이 고통을 당했다는 것보다는 그가 인내했다는 것에 대해서, 우리는 성경을 통해서 더 많이 들었습니다. 욥과 같은 사람에 대해서 듣는 것은 우리에게 얼마나 큰 은혜를 줍니까! 일곱 배나 뜨거운 풀무불을 통과할 수밖에 없었지만, 불에 타지 않았던 인류 가운데 한 사람인 욥을 안다는 것은 우리에게 얼마나 큰 축복입니까!

또한 욥의 인내는 끝까지 오래 참고 견딘 것이었습니다. 욥은 인내하다가 멈추거나 포기하지 않았습니다. 모든 단계에서, 그는 승리했습니다. 맨 마지막 지점까지 이르러서, 그는 결정적인 승리를 장식했습니다. 그 과정에서, 욥은 가끔 연약한 모습도 보여주었습니다. 그러나 전능하신 하나님의 은혜에 의해서, 그것은 전적으로 극복되었습니다. 모든 아픔과 괴로움에도 불구하고, 하나님에 대해서 여전히 다음과 같이 고백하는 욥은 얼마나 놀라운 사람입니까! "그러나 내가 가는 길을 그가 아시나니 그가 나를 단련하신 후에는 내가 순금 같이 되어 나오리라"(욥 23:10). 열정적인 기질이 고조되어 있을 때에도, 그는 논리정연하게 의사 표시를 했습니다. 또한 그는 자신의 논리를 굽히지 않고 훌륭하게 전개했습니다. 좋은 교육을 받은 논리학자와 같이, 그는 상대방의 견해가 지닌 문제점을 예리하게 지적했습니다. 그는 자신이 정직하며 온전하다는 주장을 굳게 지켰으며, 그것을 양보하려고 하지 않았습니다. 욥의 면모를 가장 훌륭하게 보여주는 것으로서, 그는 다음과 같이 고백하고 있습니다. "내가 알기에는 나의 대속자가 살아 계시니 마침내 그가 땅 위에 서실 것이라 내 가죽이 벗김을 당한 뒤에도 내가 육체 밖에서 하나님을 보리라"(욥 19:25-26). 오, 육신의 병과 고통으로 죽어가는 욥이 자신의 영원한 대속자에게 담대하게 호소하고 있는 것을 보십시오!

대적자 사탄은 욥에게 승리할 수 없었습니다. 그는 욥을 냄새나고 더러운 거름더미 위에 던졌습니다. 그러나 그 거름더미는 그의 보좌가 되었습니다. 상아로 만든 솔로몬의 보좌보다도 그것은 더 영예로운 것이었습니다. 대적자가 족장의 몸의 이곳저곳에 생기게 했던 물집과 고름은 전사(戰士)가 걸치고 있는 번쩍이는 갑옷보다도 더 존귀한 것이었습니다. 극심한 고난을 당하던 욥에게 패한 것보다, 이제까지 사탄이 그렇게 철저하게 패했던 경우는 없었습니다. 그러므로 고난당하던 욥을 불쌍히 여기는 대신에, 나의 연민의 정은 그 타락한 자, 곧 사탄을 경멸하는 것으로 바뀌게 되었습니다. 연약한 인류 가운데 한 사람으로서, 욥은 한때 사탄의 권세 아래 놓여 있기도 했었습니다. 욥에 대한 사탄의 계획이 모든 면에서 좌절되었다는 사실을 깨달았을 때, 그는 틀림없이 이루 말할 수 없는 불쾌감을 느꼈을 것입니다. 또한 사탄은 화가 극도로 치밀었을 것입니다. 여호와 하나님께서는 에덴 동산의 문 옆에서 여자의 후손이 사탄의 머리를 상하게 할 것이라고 예언하셨습니다(참조. 창 3:15). 욥의 사건 속에서, 사탄은 분명히 자신에 대해서 하나님이 미리 말씀하신 이 위협을 미리 체험했을 것입니다. 그렇습니다. 욥은 끝까지 인내했습니다. 그러므로 그는 여호와의 집에서 기둥처럼 서 있습니다. 그렇다면 우리도 끝까지 참을 수 없겠습니까? 우리 안에서 하나님의 은혜가 드러나서, 우리가 하나님께 영광을 돌리게 하는 것을 방해하는 것은 무엇입니까?

그리고 욥의 인내는, 그것에 의하여 위대한 능력이 된 사람의 미덕이라고 우리는 말할 수 있을 것입니다. "너희가 욥의 인내를 들었고"라고 언급된 것처럼, 우리는 그것을 들었습니다. 또한 욥이 살았던 시대 이후의 모든 세대도 욥의 인내에 대해서 들었습니다. 또한 하늘도 욥의 인내에 대해서 들었습니다. 그리고 지옥도 그것을 들었습니다. 그것을 듣고 나서, 하늘과 땅과 지옥에는 아무런 결과도 일어나지 않은 것이 아닙니다. 욥의 인내는 사람들에게 위대한 도덕적·영적 힘을 불어넣어 줍니다. 오늘 아침에, 나는 욥의 인내에 대해서 깊이 묵상해 보았습니다. 이전에 수많은 사람들이 그랬던 것처럼, 나는 부끄러움을 느끼고 좀 더 겸손하게 되었습니다. 나는 스스로 이렇게 질문해 보았습니다. "내가 자신을 욥과 비교해 보았을 때, 과연 나는 인내에 대해서 무엇을 알고 있는가?" 내가 그 위대한 족장 욥만큼은 되지 못한다는 사실을 절실하게 깨달았습니다. 나는 어떤 목회자를 기억합니다. 그는 어떤 교인 때문에 몹시 화가 났습니다. 그래서 그 목회자는 "아론이 잠잠하니"(레 10:3)라는 성경을 본문으로 해서 설교했다고 합니다.

그러나 그는 아론에 견줄 수 없었습니다. 그의 설교는, 아론은 잠잠했지만 그는 그렇게 하지 못했다는 사실만을 분명하게 드러내 줄 뿐이었습니다. 우리 자신이 욥을 닮지 못했다고 우리도 회개하며 고백해야 하지 않겠습니까? 욥은 오래 참으며 인내했지만, 우리는 그렇지 못하다고 시인해야 하지 않겠습니까? 그런데 욥의 인내에 대해서 숙고해 보면서, 나는 소망을 가질 수 있었습니다. 만약 욥이 시련과 고통 가운데 인내했다면, 왜 나도 마찬가지로 인내해서는 안 되는 것입니까? 욥도 연약한 모습을 지녔던 한 인간이었습니다. 그러므로 욥에게 이루어진 일은 다른 사람에게도 성취될 수 있을 것입니다. 욥에게는 그를 도와주시는 하나님이 계셨습니다. 그것은 나에게도 똑같습니다. 욥은 살아 계신 대속자를 의지할 수 있었습니다. 나도 마찬가지로 나의 대속자를 의지할 수 있습니다. 왜 나는 그렇게 하지 않아야 하는 것입니까? 우스 사람 욥이 도달했던 인내에 왜 나는 도달해서는 안 되는 것입니까? 욥과 같이, 하나님의 뜻을 받아들이고 인내할 수 있는 인간의 능력을 믿게 되자, 나는 행복감을 느꼈습니다. 성령님은 우리에게 하나님의 뜻을 가르쳐 주시고, 우리의 발걸음을 인도해 주실 것입니다. 사랑하는 친구들이여, 욥을 본받으십시오! 낙심하지 마십시오! 하나님께서 어떤 사람에게 성취하게 하신 것은 다른 사람에게도 하실 수 있습니다. 욥은 우리와 같은 인간이었습니다. 그러나 위대하신 하나님께서 그의 하나님이셨습니다. 우리도 같은 인간이며, 하나님께서는 우리에게도 동일하게 위대하신 하나님이십니다. 그러므로 하나님께서 우리에게 허락하신 분량 안에서, 우리도 높은 수준의 인내에 도달할 수 있습니다. 인내, 곧 오래 참음은 성령님이 맺게 해주시는 열매 가운데 하나입니다. 성령의 열매를 찬양하는 성도들은 앞으로 우리의 인내에 대해서도 듣게 될 수 있을 것입니다.

2. 둘째, 인내하는 것은 비합리적인 것이 아니라는 사실에 대해서 말하고자 합니다.

왜냐하면 우리가 인내하는 과정에서, 하나님께서 우리에게 위대한 사랑과 자비를 베푸시기 때문입니다. 그러므로 본문에는 "너희가 주께서 주신 결말을 보았거니와 주는 가장 자비하시고 긍휼히 여기시는 이시니라"고 언급되어 있습니다.

만약 우리가 본문을 주의 깊게 살펴본다면, 하나님께서 욥의 이야기의 전 과정에 함께 하셨다는 사실을 명백하게 깨달을 것입니다. 따라서 욥의 이야기에서, 사탄이 가장 강한 행위자는 아닌 것입니다. 위대하신 만물의 주님께서 분명히 함께 하시는 것입니다. 바로 여호와께서 사탄에게 욥을 주의하여 보라고 요구하셨습니다. 그리고 하나님은 주의해서 살펴본 결과가 어떠한지에 대해서 사탄에게 질문하셨습니다. 비록 마귀보다는 적게 등장하지만, 그런데도 불구하고 여호와께서는 그 드라마의 모든 장면에 함께 하십니다. 하나님의 종 욥이 고난을 받는 동안에, 그는 멀리 떨어져 계시지 않았습니다. 욥이 극심하게 고난당하던 때에, 섭리 가운데 하나님의 관심이 다른 어느 곳보다도 더 많이 집중되었던 장소는 어느 곳이었겠습니까? 바로 그곳은 온전하고 의로운 욥이 폭풍과 같이 불어오는 시련의 무서운 공격을 참고 견디었던 곳이었을 것입니다. 그러므로 사탄의 역사만 광풍처럼 휘몰아친 것이 아니라, 여호와께서도 마찬가지로 통치하고 계셨습니다. 하나님께서는 단지 구경꾼으로 그곳에 함께 계신 것이 아니었습니다. 여전히 그는 욥의 상황을 주관하셨던 것입니다. 그는 지휘권을 사탄에게 넘겨주시지 않았습니다. 전혀 그렇지 않습니다. 왜냐하면 사탄이 취했던 모든 조치는 오직 하나님의 보좌로부터 주어진 분명한 허락에 따른 것이었습니다. 하나님께서는 욥을 발가벗기는 것을 사탄에게 허락하셨습니다. 그러나 그는 명백한 한계를 정하셨습니다. "여호와께서 사탄에게 이르시되 내가 그의 소유물을 다 네 손에 맡기노라 다만 그의 몸에는 네 손을 대지 말지니라"(욥 1:12). 시험을 완벽하게 하기 위해서, 욥의 몸에 온통 종기가 나게 하는 것이 대적자에게 허락되었습니다. 그러나 여호와께서는 덧붙여서 이렇게 말씀하셨습니다. "내가 그를 네 손에 맡기노라 다만 그의 생명은 해하지 말지니라"(욥 2:6). 이와 같이, 하나님의 손은 언제나 사탄을 얽어맨 고삐를 잡고 계셨던 것입니다. 하나님께서는 지옥의 개가 욥에게 달려들어서 물어뜯고 으르렁거리는 것을 허락하셨습니다. 그렇지만 개를 붙잡아 매고 있는 쇠사슬은 여전히 제거되지 않았던 것입니다. 그리고 전능하신 하나님께서 통제하시기 위해서 개의 목에는 목걸이가 매어져 있습니다. 고난 가운데 있는 사랑하는 친구들이여! 용기를 갖고 하나님의 보좌 앞으로 나아오십시오. 여러분의 슬픔 가운데, 하나님께서 반드시 함께 하신다는 사실을 기억하십시오. 고난을 통해서, 그는 여러분을 원하시는 목적을 향해서 이끄십니다. 또한 여러분이 당하는 고난이 하나님의 뜻 안에서 정해 놓은 한계를 넘어서지 않도록 그것을 통제하십니다. 그러므로 이제까지 여러분이 하나님께서 그의 무한한 사랑 안에서 허락하시는 이상으로 고난받은 적은 없습니다. 또한 그것은 앞으로도 마찬가지일 것입니다.

그것뿐만 아니라, 여호와께서는 모든 시련을 통해서 욥을 축복하셨습니다. 여러 가지 극심한 고난을 당하자, 욥은 모든 것을 잃어버린 것처럼 보였습니다. 그러나 그때까지 들어보지 못했던 축복이 그 위대한 노인을 찾아왔습니다. 그 축복은 단지 욥이 마침내 이전의 모든 소유보다 두 배나 받았다는 것만을 의미하지 않습니다(참조. 욥 42:10). 시험의 처음부터 끝까지 모든 과정을 통해서, 욥은 최상의 것을 얻었습니다. 우리는 이제 하나님께서 주신 결말, 곧 맨 나중에 여호와께서 욥에게 어떻게 하셨는지를 보았습니다. 그 결말은 불순물이 전혀 섞이지 않은 선함 그 자체였습니다. 정해진 시점에 이르게 되면 연단시키는 과정을 멈추게 하시려고, 하나님께서는 매 순간마다 옆에 서 계셨습니다. 그래서 진정으로 유익한 것 이외에는, 더 이상 아무것도 일어나지 않게 하셨습니다. 동시에 은혜가 풍성하신 하나님께서는 자신이 의도하시는 것을 우리에게 정확하게 주시는 것입니다. 따라서 하나님의 자비는 우리에게 때로는 온유한 것이 아닌 것처럼 여겨집니다. 왜냐하면 외과 의사가 수술이 끝나기도 전에 메스를 내려놓는다면, 그것은 환자에게 평생 동안 큰 위험을 가져다줄 것이기 때문입니다. 그러므로 여호와께서는 욥에게 하나님의 지혜에 기초해서 온유하게 대하셨습니다. 또한 그는 온유함에 근거해서 욥을 지혜롭게 다루셨습니다. 하나님께서는 필요한 것 이상으로 욥이 쓰라린 아픔을 겪는 것을 조금도 허락하지 않으셨습니다.

그리고 우리가 욥의 전 생애를 들여다볼 때, 여호와께서는 자비를 통해서 욥을 모든 고난으로부터 건져내셨으며, 또한 그에게 이루 말할 수 없는 유익을 주셨다는 사실을 깨달을 수 있습니다. 그는 한 손으로 욥을 시험하시고, 다른 한 손으로는 붙잡아 주셨습니다. 욥을 시험하려는 사탄의 의도가 무엇이었든지 간에, 하나님께서는 파괴자의 의도를 에워싸서 무력화시키고 극복하는 목적을 지니셨습니다. 스바 사람들이 소 떼를 빼앗아갔던 첫 번째 손실로부터, 비난하던 세 친구들의 마지막 조롱에 이르기까지, 하나님의 목적은 전 과정을 통해서 이루어졌습니다. 그러므로 욥의 시련이 궁극적으로 어떤 결말을 보게 될 것인가에 대해서, 하늘 보좌에서는 어떤 의혹도 제기되지 않았습니다. 왜냐하면 전능하신 하나님께서 아무도 저항할 수 없는 무한한 자비를 베풀고 계셨기 때문입니다. 그 자비를 통해서, 욥은 모든 시련을 오래 참으며 극복할 수 있었습니다. 또한 더욱 지혜롭고 훌륭한 하나님의 사람이 될 수 있었던 것입니다.

고난을 당하고 있는 모든 성도들의 경우도 마찬가지입니다. 우리도 온갖 시련들을 잘 참을 수 있습니다. 왜냐하면 바로 여호와께서 그 시련들을 우리에게 보내셨기 때문입니다. 더욱이 하나님께서는 시련의 모든 상황 속에서 통치하고 계십니다. 또한 시련들을 통해서, 그는 우리를 축복해 주십니다. 그는 끝까지 그것들을 지켜보시며, 정해 놓으신 목표점을 향해서 인도하십니다. 그리고 우리가 그 시험을 통과하게 해주시겠다고 약속하셨습니다. 우리는 우리 모두의 아버지이시며 만물의 주님이신 하나님께 기꺼이 순종해야 하지 않겠습니까? "아버지의 뜻이 이루어지이다"라는 것이 우리 모두가 마음속 깊이 바라는 것이 아닙니까? 고난을 통해서, 하나님께서 우리를 축복하려는 의도를 가진 것에 대해서 우리가 불평하겠습니까? 시련이 끝나고 축복을 받을 때가 다가왔는데, 우리가 투덜거리고 있어야 하겠습니까? 아닙니다. 우리는 "주는 가장 자비하시고 긍휼히 여기시는 이시니라"는 사실을 깨닫고 있습니다. 그러므로 우리는 인내해야만 합니다. 그리고 우리는 인내할 것입니다.

사랑하는 여러분! 앞으로 우리가 슬픔을 겪게 된다면, 그것을 기쁨으로 받아들입시다. 왜냐하면 장차 우리에게 어떤 슬픈 계절이 찾아온다고 할지라도, 세월과 더불어 또한 하나님의 사랑이 우리에게 주어질 것이기 때문입니다. 만약 시련을 당하지 않았다면, 욥은 맨 마지막에 이루어졌던 갑절의 축복을 체험하지 못했을 것입니다. 그러면 욥의 인생은 첫 번째 단계의 축복을 누리는 것에서 끝났을 것입니다. 만약 그 족장 욥이 모든 것에 대해서 완전한 지식을 갖고 있고, 앞날에 대해서 선택할 수 있었다면, 그는 모든 시련을 오래 참고 인내해야만 하는 삶을 선택하지 않았겠습니까? 왜냐하면 온갖 시련을 겪은 다음에, 맨 처음에 주어진 것보다 두 배나 되는 축복을 욥은 체험하기 때문입니다. 만약 욥이 계속해서 번영을 누리기만 했다면, 우리는 결코 욥의 인내에 대해서 들을 수 없었을 것입니다. 욥기 전체에서 읽을 수 있는 이야기와 비교해 볼 때, 욥의 삶에서 첫 번째 단계는 매우 평범한 삶의 이야기에 지나지 않는 것입니다. 소들, 양 떼, 나귀들, 낙타들 및 종들은 분명히 재산이 많다는 것을 연상시켜 줍니다. 많은 자녀들은 욥이 큰 가정을 이루고 있다는 것을 알게 해줍니다. 우리는 언제든지 이러한 모습을 볼 수 있습니다. 그러나 우리는 진귀한 인내를 자주 볼 수 없습니다. 인내는 욥을 진정한 영광의 자리로 올려놓았습니다. 하나님께서는 그의 신실한 종에게 선하게 대하셨습니다. 그는 욥이 시험을 당하기에 합당하다고 여기셨습니다. 그리고 욥의 신실한 인내에 대해서 상급을 베푸셨습니다. 이와 같이, 온전하고 의로우며 또한 하나님을 두려워하고 악을 멀리하는 욥을 축복하시려고, 하나님께서는 가장 확실하고 자비가 넘치는 방법, 곧 고난과 인내와 보호와 축복의 과정을 거치는 방법을 선택하셨습니다.

욥의 진정한 유익을 위해서, 지극히 자비로우신 하나님께서는 그에게 극심한 시련이 닥치게 하셨습니다. 욥이 시련을 당하지 않게 하는 것보다 그가 고난을 받아들이고 끝까지 인내하도록 이끌어주는 것이 더욱 커다란 자비인 것입니다. 인간적인 잘못된 동정심은 선한 욥이 세상의 아늑한 은신처에서 편안하게 살다가 죽게 내버려 두는 것입니다. 그러나 진정한 자비는 그곳에 가시를 집어넣습니다. 그래서 그가 독수리처럼 높이 날아오르게 하는 것입니다. 물질적으로 풍요롭고 안락한 삶 속에서 끄집어내어서, 시련의 진흙탕 속으로 욥을 던져 넣은 것은 결국 하나님의 위대한 자비였습니다. 그것을 통해서, 욥은 오직 세상적인 것에 만족하는 것을 포기했습니다. 그 대신, 그는 좀 더 좋은 분깃을 얻는 것을 간절히 사모하게 되었습니다.

틀림없이 여호와께서는 욥의 성품에서 우리가 볼 수 없는 어떤 부족한 점을 간파하셨을 것입니다. 그는 그것을 없애주려고 하셨습니다. 그리고 아마도 몇 가지 사항에서, 하나님께서는 욥이 하나님의 은혜를 좀 더 깊이 체험하는 것이 필요하다는 것을 파악하셨을 것입니다. 또한 하나님의 사랑으로, 그의 훌륭한 인격을 더욱 온전하게 하려는 의도를 지니셨을 것입니다. 처음에 욥은 물질적으로 번영과 형통을 지속적으로 누리게 되었습니다. 그러기에 아마도 욥의 음성은 다소 거칠어지고, 그의 판단은 어느 정도 냉혹해졌을 것입니다. 그래서 하나님께서는 욥의 목소리를 부드럽게 하고, 그를 좀 더 너그러운 사람으로 만들기를 원하셨을 것입니다. 욥에게 부족했던 것들은 절대로 평범한 덕목들이 아니었습니다. 그는 이미 평범한 덕목들을 갖추고 있었습니다. 좀 더 높은 차원의 고상한 삶을 위해서, 욥에게 좀 더 진귀한 특성을 지닌 덕목이 요구되었습니다. 그것은 다른 방법으로는 얻을 수 없었습니다. 하나님께서는 오직 극심한 고난의 방법을 통해서만 그것을 주셨습니다. 욥을 위해서 다른 것은 사실상 필요하지 않았습니다. 혹독한 시련이라는 이 특별한 방법만이 욥을 위해서 전적으로 필요했던 것입니다. 욥은 가축을 이미 충분하게 많이 소유하고 있었습니다. 그래서 단순히 낙타들이나 양 떼의 숫자를 두 배로 늘려 주는 것은 욥이 그것들을 돌보아야 하는 여러 가지 과제를 중대시켜 줄 뿐이었습니다. 또한 자녀들과 관련해서도, 이미 그는 대가족을 이루고 있습니다. 그리고 막대한 재산도 지니고 있습니다. 그러나 자비와 긍휼이 풍성하신 여호와께서는 그의 지혜와 은총으로부터 욥을 다음과 같은 방법으로 풍성하게 만드시려고 선택하셨습니다. 곧, 두 배의 은혜, 두 배의 체험, 하나님에 대한 두 배의 지식, 또한 이제까지 지녔던 것보다 두 배나 더 온화한 성품을 욥이 가질 수 있는 방법을 하나님께서 채택하셨습니다. 오직 고난을 통해서, 욥은 이와 같은 가장 진귀한 보화들을 두 배나 더 많이 향유할 수 있게 되었습니다. 그것은 지극히 자비로우신 하나님께서 은혜로 선택하신 방법이었습니다.

그 문제를 또 다른 관점에서 살펴보기로 하겠습니다. 여호와께서 그에게 부어주시기로 결정하신 이루 말할 수 없는 놀라운 축복을 잘 유지하기 위해서, 욥이 그와 같은 시련을 받았다고 여겨집니다. 만약 욥이 고난을 통해서 좀 더 높은 수준으로 성장하지 않았다면, 그는 두 배나 되는 몫을 감당할 수 없었을 것입니다. 만약 넉넉한 재산을 관리하는 것이 힘들다면, 이루 말할 수 없는 풍요로움을 지탱하는 것은 더욱 어려운 것입니다. 그러므로 고난과 연단을 통해서, 여호와께서는 그가 사랑하시는 이들에게 더욱 많은 은혜를 베푸십니다.

고난을 오래 참고 인내하는 것을 통하여, 욥은 두 배의 은혜와 재산뿐만 아니라, 하나님으로부터 두 배의 명예도 받았습니다. 시련을 받기 이전에, 온전하고 의로운 사람으로서, 욥은 이 세상의 존귀한 사람들 중에서 매우 높은 위치에서 있었습니다. 그러나 이제 시험을 통과한 이후에, 그는 영적으로 훌륭한 인물들 중에서 가장 높은 자리 가운데 하나를 차지하게 되었습니다. 심지어 우리의 자녀들도 그를 "극심한 고통과 고난 속에서 인내심이 가장 많은 사람"으로 부르고 있습니다. 이전에 그는 신실하고 선한 기사(騎士)였습니다. 그러나 놀라운 인내심을 발휘한 후에, 이제 그는 영적인 귀족이 되었습니다. 처음 단계에서, 풍요하고 안락한 삶 속에서도, 그는 칭찬할 만하게 처신했다는 명예를 지녔습니다. 그러나 마지막 단계에서, 그는 불 속에서도 여호와를 찬양하는 사람들이 앉는 고귀한 자리에 앉게 되는 영광을 얻게 되었습니다. 이전에는, 그의 고귀한 성품 속에서 자선, 정의, 진실 등의 덕목이 하늘의 별들처럼 빛나고 있었습니다. 이제는, 인내의 달빛이 모든 것을 은백색으로 반짝이게 하고 있습니다. 그래서 눈앞에 펼쳐지는 모든 장면을 더욱 아름답게 해줍니다. 아마도 우리 가운데 어떤 사람들을 특별히 사랑하셔서, 여호와께서는 우리에게 인내의 작위(爵位)를 내리시려고 의도하시는 것 같습니다. 그래서 하나님께서는 우리를 금빛 양털 장식으로 치장하고 있는 멋있는 기사가 아니라, 철로 만든 십자가를 목에 걸고 있는 고난의 용사로 만드시려고 하십니다. 이러한 은혜를 받을 만한 자격이 우리에게는 전혀 없습니다. 그렇지만 우리를 위해서, 하나님께서는 무한하신 자비와 긍휼로 그와 같은 놀라운 계획을 세우신 것입니다.

마지막으로, 또 한 가지 중요한 것을 언급하고자 합니다. 시련과 하나님의 은혜에 의해서, 욥은 수많은 사람들에게 유익을 주는 인물이 되었습니다. 많은 재산과 막강한 권력을 지닌 사람들 중에서 훌륭한 사람은 많지 않습니다. 그러나 고난을 받기 이전에도, 욥은 매우 유익한 사람이었습니다. 그러나 이제 그의 삶은 날마다 수많은 사람들을 축복해 줍니다. 왜냐하면 그의 삶의 이야기를 통해서, 많은 사람들이 그들의 삶 속에서 유익한 열매들을 맺기 때문입니다. 오늘 저녁에, 이 자리에 앉아 있는 우리도 "욥의 인내"에 대해서 듣고 있습니다. 모든 시대의 사람들이 욥을 자신들의 스승으로 삼고 있습니다.

사랑하는 형제자매 여러분! 우리는 끝까지 잘 인내합시다. 그렇게 한다면, 고난을 통해서도, 죽음으로 인해서 사랑하는 가족과 헤어지는 것을 통해서도, 또는 자신의 십자가를 지는 것을 통해서도, 우리는 하나님으로부터 축복을 받을 것입니다. 특별히 이것은 하나님의 종들에게 해당될 것입니다. 하나님께서 그들을 소중하게 사용하시려고 의도하실 때, 유익한 그릇으로 쓰임받기 이전에, 그들은 바위투성이로 된 산길을 올라가야만 하는 연단을 받게 됩니다. 만약 우리가 고난받고 있는 하나님의 백성을 위로하고자 한다면, 반드시 우리 자신이 먼저 고난을 통과해야만 할 것입니다. 환난을 잘 받고나면, 우리는 성도들에게 그들이 필요로 하는 영적인 양식을 풍성하게 공급해 줄 수 있을 것입니다. 우리의 도서관에서, 고난과 역경은 우리를 가르쳐 주는 가장 뛰어난 책입니다. 비록 검은색 글자로 인쇄되어 있지만, 그것은 위대한 빛을 비추어 줍니다. 욥은 명성이 뛰어난 위로자이며, 또한 인내에 대한 위대한 설교자입니다. 그러나 아무도 "재난을 주는 위로자들"(욥 16:2)인 빌닷이나 소발이나 엘리바스를 찾아가려고 하지 않습니다. 왜냐하면 그들은 결코 불행을 겪어보지 않았기 때문에, 욥을 진정으로 위로해 주지 못했습니다. 그 대신, 욥의 외로움과 괴로움을 더욱 증대시켜 주었습니다.

사랑하는 자매 여러분! 하나님께서는 여러분을 여러분의 가족에게 위로의 딸들로 만들어 주시려고 합니다. 그러므로 여러분 각자에게 주어진 분량대로, 여러분은 반드시 고난의 학교를 통과해야만 합니다. 만약 여인 중에서 특별한 은혜와 축복을 받으려면, 칼이 여러분의 마음을 찔러야만 합니다(참조. 눅 2:35). 만약 우리가 고난 속에서 제대로 인내하지 못한다면, 그것이 우리를 축복하는 계기가 되지 못한다는 사실을 우리는 기억해야 합니다. 만약 뾰족한 못이 박힌 막대기를 향해서 우리가 발길질을 한다면, 그것은 하나님께서 우리에게 의도하시는 목적에 적합한 도구로 사용되지 못할 것입니다. 그 대신, 우리에게 상처를 입힐 뿐입니다. 만약 우리가 하나님의 섭리를 거역한다면, 그것은 치료약을 독약으로 바꾸는 것과 같습니다. 그리고 하나님께서 섭리 가운데 허락하신 고난을 인내하기를 우리가 거부한다면, 우리는 슬픔을 더욱 많고 크게 할 것입니다. 인내하십시오. 또 인내하십시오. 계속해서 인내하십시오. 이제 곧 먹구름이 소나기를 퍼부을 것입니다. 그렇지만 우리는 욥의 인내에 대해서 들었습니다. 그것을 본받으십시오. 그리고 우리는 "주께서 주신 결말을" 보았습니다. 곧, 하나님께서 마지막에 욥을 두 배로 축복해 주신 것을 우리는 알고 있습니다. 그러므로 본문은 "주는 가장 자비하시고 긍휼히 여기시는 이시니라"고 하나님을 소개하고 있습니다. 여러분 자신을 하나님께 맡기십시오. 오, 하나님의 거룩한 영이시여! 우리 안에 인내의 향기를 풍기는 꽃을 심어 주시옵소서. 인내의 모범을 보이신 구주 예수님의 이름으로 기도합니다. 아멘!

제
14
장

—

전도자에게 주는 자극

—

"내 형제들아 너희 중에 미혹되어 진리를 떠난 자를 누가 돌
아서게 하면 너희가 알 것은 죄인을 미혹된 길에서 돌아서
게 하는 자가 그의 영혼을 사망에서 구원할 것이며 허다한
죄를 덮을 것임이라" — 약 5:19-20

　　야고보 사도는 특출하게 실천적인 사람입니다. 정말 그가 "의로운 사람"이
라는 뜻으로 그런 말을 듣는다면, 나는 그가 어떻게 그 칭호를 얻게 되었는지 이
해할 수 있습니다. 왜냐하면 그의 성격의 두드러진 특징이 그의 서신서에 분명
히 드러나 있기 때문입니다. 또 그가 "주님의 동생"이었다면, 실천적인 교훈인
산상수훈 설교와 함께 자신의 사역을 시작하신, 그의 위대한 가족이자 주인이신
분과 크게 닮은 모습을 충분히 보여줄 것입니다.

　　우리는 성경 속에 모든 계층의 신자들의 먹을 양식이 들어 있고, 성도들의
모든 능력이 내포되어 있음을 크게 감사하지 않으면 안 됩니다. 사색가들은 우
리에게 생각의 주제들을 풍성하게 제공했습니다. 바울이 바로 그것들을 제공한
사람 중의 한 사람이었습니다. 그는 우리에게 정확한 질서를 따라 배열된 건전
한 교리를 제공했습니다. 그는 우리에게 깊은 사상과 심원한 가르침을 제공했습
니다. 그는 하나님에 관한 심오한 진리들을 활짝 펼쳐 놓았습니다.

　　사도 바울의 서신서가 존재하는 한, 아무리 반성과 사유에 익숙한 사람이라
고 할지라도, 그만큼 풍성한 영적 양식을 제공하는 사람은 없습니다. 왜냐하면

그는 영혼이 거룩한 만나를 먹도록 한 사람이기 때문입니다. 신비적인 주제들에 대해 애정과 지혜를 가진 사람들 가운데 요한만큼 정열적인 헌신과 불타는 사랑을 갖고 글을 쓴 사람은 없습니다.

우리는 단순하면서도 탁월한 서신서들을 갖고 있는데, 그것들은 여러분이 그것들을 볼 때 어린아이들도 이해할 만한 글을 보게 되지만, 자세히 검토해 보면, 그 의미들이 가장 유식한 사람들도 충분히 만족시킬 수 있을 정도로 오묘한 것을 볼 수 있습니다. 여러분은 독수리의 눈과 독수리의 날개를 가진 동일한 사도로부터 계시록의 놀라운 환상들을 갖고 있는데, 그 책은 경외감과 헌신과 지혜가 그 날개를 타고 높이 날아올라 최대한 그 범주가 먼 곳까지 미치는 것을 발견할 것입니다.

그러나 사색적인 것보다 실천적이고, 상념적인 것보다 활동적인 사람들의 부류는 항상 있을 것입니다. 기억을 통해 그들의 순수한 정신을 일깨우고, 실천하게 하시는 성령의 은혜 안에서 견딜 수 있도록 돕는 야고보들이 있다는 것은 참 좋은 일이었습니다.

내 앞에 있는 본문은 어쩌면 서신서 전체 가운데 가장 실천적인 본문일 것입니다. 서신서 전체가 실천적 내용으로 불타고 있지만, 이 본문은 하늘까지 그 불꽃이 솟아오르고 있습니다. 그것은 그 서신서의 결론으로서 그 정점입니다. 그 안에는 버릴 말씀이 한 마디도 없습니다. 그것은 보석이 박힌 칼집에서 뽑혀, 그 날카로운 칼날이 우리 앞에서 번쩍거리는 칼과 같습니다. 나는 본문의 전개에 따라 설교하기를 원합니다. 만일 그렇게 할 수 없다면, 나는 최소한 여러분이 그 본문에 따라 행동할 수 있도록 해 달라고 기도할 것입니다.

슬프게도 주 예수님을 위한 철저한 삶이 많은 부분들 속에서 얼마나 크게 요청되고 있는지 모릅니다. 우리는 우리가 그리스도인임을 보여주는 장식물은 충분히 가지고 있습니다. 그러나 날마다 우리에게 필요한 것은 하나님을 위한 실천적 삶을 사는 것입니다. 비록 우리의 삶이, 학문적 또는 세련된 성취의 잎들로 무성하게 장식되어 있지는 않다 할지라도, 그 속에 우리의 수고를 통해 변화를 받은 영혼들이 있다면, 그 삶은 하나님을 위한 열매를 맺게 될 것입니다. 또 그렇게 구원받은 영혼들은 그 안에 주렁주렁 열매를 간직한 아름다운 감람나무가 되어 곧 하나님 앞에 서게 될 것입니다.

나는 세 가지 문제에 대해 여러분의 진지한 관심을 환기시키고자 합니다.

첫째, 본문은 **특별한 경우**를 다루고 있다는 것입니다: "너희 중에 미혹되어 진리를 떠난 자를 누가 돌아서게 하면"(19절). 특별한 경우에 관해 말하면서 사도는 일반적 사실을 선언합니다: "죄인을 미혹된 길에서 돌아서게 하는 자가 그의 영혼을 사망에서 구원할 것이며 허다한 죄를 덮을 것임이라"(20절). 이 두 가지 요점에 관해 말하면서, 나는 세 번째로 본문의 개별적인 적용에 대해 말하고자 합니다. 이것은 사도에 의해서는 전혀 의도된 것이 아니지만, 내가 보기에는 충분히 정당성이 있습니다. 말하자면 본문은 어린아이들의 회심을 위해 더 크게 수고하도록 우리에게 적용되어야 한다는 것입니다.

1. 그러면 첫째로, 본문이 특별한 경우를 다루고 있다는 점을 살펴보겠습니다.

본문을 읽어보십시오. 그러면 여러분은 그것이 가시적인 하나님의 교회로부터 타락한 자와 관련이 있음을 보게 될 것입니다. "너희 중에"라는 말씀은 이미 신앙고백을 한 그리스도인들을 가리킴에 틀림없습니다. 예수의 이름 아래 있었던 사람이 죄를 범하는 경우에, 그는 잠시 진리를 따르지만, 죄악의 시기가 오면, 교리를 어기고 배반자가 되어 진리로부터 떠납니다. 그는 복음의 핵심이 아닌 지엽적인 문제들에서 죄를 범할 뿐만 아니라 어떤 절대적인 교리에서도 죄를 범함으로써, 그 근본 진리를 믿는 믿음으로부터 떠났습니다. 반드시 믿어야 하는 진리들이 있습니다. 그것들은 구원에 필수적인 것들입니다. 만일 그것들을 진심으로 받아들이지 않는다면, 영혼은 구원받지 못하게 될 것입니다.

이 사람은 명목상으로는 정통적이었습니다. 그러나 본질적인 진리로부터 등을 돌렸습니다. 그런데 그 당시 성도들은, 오늘날 가짜 성도들이 그러는 것과는 달리, "우리는 정말 자비로워야 합니다. 이 형제가 자신의 의견을 견지하도록 두십시오. 그는 진리를 다른 관점에서 보고 있을 뿐입니다. 다른 시야에서 보기 때문에, 그의 의견은 우리의 의견만큼 옳습니다. 우리는 그가 오류 속에 있다고 말해서는 안 됩니다"라고 말하지 않았습니다. 그것은 현재 신적 진리를 사소하게 다루는 아주 인기 있는 방법으로서, 우리 주변에 크게 만연되어 있습니다. 이렇게 되면 복음은 그 가치가 떨어지고, "다른 복음"이 판을 치게 됩니다.

나는 활활 타오르든지 아니면 고이 감추어 두든 간에 인간의 판단에 그 가치가 좌우되는 교리가 어떤 것들이 있는지 현대교회의 교활한 교인들에게 묻고 싶습니다. 나는 그들이 충분한 대답을 해 줄 것이라고 믿지 않습니다. 왜냐하면 만일 그들의 자유주의가 옳다면, 순교자들은 가장 어리석은 바보들일 것이기 때문입니다. 현대 사상가들의 글과 가르침을 분석해 본 결과, 내게는 그들이 계시된 진리는 무조건 철저히 무시하는 태도를 취하고 있는 것처럼 보입니다.

어쩌면 그들은 더 많은 사람들이 자유사상을 받아들여야 한다는 사실에 조금은 미안해 하고, 또 그들은 모든 진리가 현대화되어야 한다고 보지는 않는 것 같습니다. 그러나 전체적으로 그들의 자유주의적 경향이 너무 크기 때문에 그들은 자기들의 견해에 반한다고 해서 그것을 치명적 오류로 정죄할 수 있는 신념을 갖고 있지 않습니다. 여러분이 그것을 다른 관점에서 볼 때, 그들은 흑과 백이라는 말을 똑같은 색깔을 가리키는데 사용합니다.

예와 아니오가 그들의 판단 속에서는 똑같이 진실된 답변입니다. 그들의 신학은 해변의 모래처럼 변화무쌍하고, 그들은 그토록 편협한 견해를 확고한 진리처럼 생각합니다. 오류와 진리는 그들의 관용의 범주 안에서는 똑같이 포용이 가능합니다. 그러나 그것은 사도들이 오류를 다루었던 방식이 아니었습니다. 사들은 거짓에 대해 넓은 마음으로 포용하는 관용을 지시하지 않았습니다. 또는 오류를 범하는 자들을 심오한 사상의 소유자로 보고, 그들의 견해를 "원래의 진리를 새롭게 하는 것"으로 칭찬하도록 권고하지도 않았습니다.

사도들은 정직한 의심에 입각한 믿음을 절반의 신조를 믿는 믿음보다 더 생명력이 있는 것으로 볼 수 있다는 말에 대해서는 악한 자들의 허탄한 말로 치부하고 일고의 가치도 없다고 무시해 버렸습니다. 그들은 오늘날 신해석학자들이 그러는 것처럼, 의심을 통해 의롭게 되는 사상을 믿지 않았습니다. 그들은 진리를 어긴 형제의 회심에 관해 분명히 했습니다. 그들은 그를 회심이 필요한 사람으로 다루고, 만일 그가 회심하지 않는다면, 그의 영혼은 죽음에 처해지며, 허다한 죄를 범하게 될 사람으로 간주했습니다. 그들은 "현대사상"의 계보에 속하는 우리의 교양인 친구들, 곧 결국 그리스도의 신성을 거부하고, 성령의 역사를 무시하며, 속죄는 믿지 않아도 되고, 거듭남은 필요 없다고 배우고, 이 같은 일을 행하는 자들을 가장 헌신적인 신자의 모델로 보는 자들과 같은 안이한 사람들이 아니었습니다.

오 하나님, 오류 속에 있는 사람에게 치명적인 손해를 끼치고, 종종 그의 회심을 방해하며, 때로는 우리에게 진리는 별로 중요하지 않고, 거짓은 사소한 것이라고 가르침으로써 우리 마음을 미혹시키고, 그리하여 진리의 하나님에 대한 우리의 충성을 파괴하고, 만왕의 왕에게 절대적 순종을 바치지 못하고 배반자가 되도록 이끄는 이 무서운 불신사상으로부터 우리를 구원하소서!

미혹되어 진리를 떠난 이 사람은 교리적 오류의 논리적 결과를 자연스럽게 따라갔고, 그로 인해 그의 삶도 똑같은 오류에 떨어졌다는 것을 본문은 분명히 보여 줍니다. 그것은 당연히 19절과 연관시켜 읽어야 하는 20절에서 그를 "미혹된 길에서 돌아선 죄인"으로 말씀하고 있기 때문입니다. 그의 길은 그의 생각이 잘못되었기 때문에 잘못되었습니다. 여러분은 진리로부터 벗어나게 되면, 오래지 않아 어떤 면에서, 아니 어쨌든 실천적 의의 길에서도 벗어나게 됩니다. 이 사람은 잘못된 진리를 믿었기 때문에 잘못된 행동을 하게 된 것이었습니다.

어떤 사람이 그리스도를 별로 생각하지 말도록 이끄는 교리를 받아들였다고 상정해 봅니다. 그는 곧 그분을 거의 믿지 않게 되고, 그분께 거의 순종하지 않게 될 것이며, 그로 인해 자기의나 방탕으로 빠지게 될 것입니다. 그가 죄의 형벌을 가볍게 생각하게 되면, 양심의 가책 없이 죄를 범하고, 양심의 모든 제한을 풀어 버리는 것은 시간문제입니다. 그가 속죄의 필요성을 부정한다면, 그는 자신의 신념에 따라 행동하게 되고, 그 결과는 그의 신념과 똑같이 될 것입니다. 모든 썩은 것들이 그에 합당한 병균을 생산하는 것처럼, 모든 오류는 그 자체의 결과를 일으킵니다. 우리가 거룩이 진실한 교리가 아니라 거짓된 교리로부터 나올 것이라고 상상하는 것은 잘못입니다. 사람들이 가시나무에서 포도를, 엉겅퀴에서 무화과열매를 거둡니까? 역사적 사실들은 그것이 거짓임을 증명합니다. 진리가 지배하면, 도덕과 거룩도 충만합니다. 그러나 오류가 판을 칠 때 경건한 삶은 부끄러워 뒷걸음치는 법입니다.

이 죄인과 관련해서 볼 때 생각과 행위가 지향하는 목표는 그의 회심에 있었습니다. 그것은 곧 그를 돌아오도록 하는 것, 그를 올바른 생각과 올바른 행동으로 이끄는 것입니다. 그러나 슬프도다! 나는 신앙 고백을 하는 많은 그리스도인들이 이 빛에 따라 타락한 자들을 판단하지 않거나 또는 회심이라는 희망적인 주제에 따라 그들을 바라보지 않는 것도 염려가 됩니다. 나는 진리를 떠난 자가 이리처럼 박해를 받는 경우를 보았습니다.

그가 어느 정도 잘못된 것은 사실입니다. 그러나 그 잘못은 악화되고, 그 사람이 그것에 저항할 때까지 계속됩니다. 그 잘못은 그 위에 혹독한 공격이 가해

짐으로써 이중의 잘못으로 악화되었습니다. 그 사람의 인간성은 그가 너무 엄격하게 다루었기 때문에 그의 오류를 따라가고 말았습니다. 그 사람은 극단적인 입장을 취하도록 강요받는데, 이것은 내 생각으로는 죄를 범하는 것으로 생각됩니다. 그리고 그는 이성에 입각하여 판단하지 못하고, 비난받는 것을 도저히 참을 수 없기 때문에 더 큰 잘못을 저지르는 길로 가고 맙니다.

사람이 그의 인생에서 비난받을 만한 일을 저지를 때, 그의 잘못이 크게 확대되고, 입에서 입으로 소문이 퍼지며, 작은 실수를 저지른 사람이 크게 타락했다고 느끼고, 완전히 자존심을 잃어버릴 때까지 과장되고, 그리하여 아주 끔찍한 죄를 저지르는 상황으로 전락해 버리는 일이 종종 벌어집니다. 어떤 신자들의 목표는 망가진 수족을 치유하는 것이 아니라 아예 잘라 버리는데 있는 것처럼 보입니다. 공의가 자비를 대신해서 지배합니다. 그를 쫓아버려라! 그는 씻어내기에는 너무 더럽고, 회복시키기에는 너무 큰 병이 걸려 있도다! 그러나 이것은 그리스도의 마음을 따르는 것도 아니고 사도들의 교회의 모델을 따르는 것도 아닙니다.

야고보 사도 당시에는 만일 진리와 거룩으로부터 떠나는 어떤 일이 벌어지면, 그들의 회복을 촉구하고, 한 영혼을 죽음으로부터 구하고, 허다한 죄를 덮어주는 것을 자기들의 기쁨으로 삼는 형제들이 있었습니다. "내 형제들아 너희 중에 미혹되어 진리를 떠난 자를"이라는 표현 속에는 아주 중요한 내용이 담겨 있습니다. 이 말씀은 "너 자신을 살펴보아 너도 시험을 받을까 두려워하라"(갈 6:1)는 말씀과 비슷합니다. 또 다른 권면인 "선 줄로 생각하는 자는 넘어질까 조심하라"(고전 10:12)는 말씀과도 유사합니다.

죄를 저지른 사람은 여러분 가운데 하나이고, 그는 여러분과 함께 교제의 자리에 앉아 있고, 다정한 이야기를 나누었던 사람 가운데 하나입니다. 그는 속임을 당한 자로서, 사탄의 궤계에 의해 미혹을 당했습니다. 그러나 그를 가혹하게 판단하지 마십시오. 무엇보다 그가 영원한 멸망에 떨어지지 않도록 그냥 두지 마십시오. 만일 그가 지금까지 구원받은 자로서 함께 한 자라면, 그는 여전히 여러분의 형제이고, 다시 돌아온 탕자처럼 아버지의 마음을 즐겁게 만드는 것이 여러분의 의무입니다.

그러나 그의 타락에도 불구하고, 그는 여전히 하나님의 자녀 가운데 하나입니다. 그를 끝까지 따라가 구명하십시오. 그가 다시 집으로 돌아올 때까지 여러분은 쉬어서는 안 됩니다. 그리고 비록 그가 하나님의 자녀가 아니라고 해도, 그의 회심에 대한 고백이 가짜거나 위장이라고 해도, 그의 고백이 단순히 고백에 불과하고, 생명력 있는 경건을 갖고 있는 고백이 아니라고 해도, 거룩한 사랑의 열정으로 끝까지 포기하지 말고 그를 따라다니며, 그의 위선적 태도가 얼마나 무서운 심판을 자초하고, 그의 불결한 손으로 거룩한 일들을 모독하는 것이 얼마나 두려운 일인지를 상기시켜 주어야 합니다.

만일 여러분이 그가 고의로 속이는 자라고 의심할 수밖에 없다면 그를 위해 더 많이 우십시오. 울어야 할 이유가 일곱 배나 더 많으니까요. 만일 그가 전혀 진실하지 않고, 거짓 고백으로 교회를 속이고 있다는 느낌을 도저히 지울 수 없다면, 그를 위해 더 많이 슬퍼하라고 말하고 싶습니다. 왜냐하면 그의 운명이 그만큼 더 끔찍하고, 그러기에 여러분이 그를 가엾게 여길 마음은 그만큼 더 커지기 때문입니다. 그의 회심을 계속 구하십시오.

본문은 우리에게 타락한 형제들의 회심을 목표로 해야 하는 사람들에 관해 분명한 암시를 주고 있습니다. 본문은 "너희 중에 미혹되어 진리를 떠난 자를 누가 돌아서게 하면"이라고 말씀합니다. 여기서 누가는 누구를 말할까요? 목사를 말합니까? 아닙니다. 여러분 가운데 하나를 말합니다. 만일 목사가 타락한 자의 회복을 위한 도구라면, 그는 행복한 사람이고, 그를 통해 선한 행위가 행해졌습니다. 그러나 여기서 설교자나 목사를 가리키는 언급은 전혀 없습니다. 아니 암시조차 없습니다. 그것은 교인 누구에게나 해당되는 말씀입니다. 간단히 추론해 보면, 모든 교회 구성원이 진리로부터 떠나거나 오류를 범하는 형제를 보면, 성령의 능력으로 이 특별한 죄인이 그 길에서 돌이켜 돌아올 수 있도록 책임을 지는 사역을 감당해야 한다고 나는 생각합니다. 불신자들을 돌아보는 일에 대해서도 최선을 다해야 하지만, 믿음의 형제들에 대해서도 태만해서는 안 됩니다.

교회 안에 있는 다른 형제들의 유익을 도모하는 일은 교회의 투표를 통해 수여받은 직분자들만의 임무가 아니라 예수 그리스도의 몸의 모든 지체들의 임무입니다. 그러나 어떤 경우에는 이 명령을 더 강력하게 받들어야 할 지체들이 있습니다.

젊은 신자들의 경우, 그들의 부모를 예로 들어보겠습니다. 만일 부모들이 신자라면, 그들은 타락한 자녀들을 돌이키도록 해야 할 의무를 7배 더 감당하도록 요구받습니다. 남편의 경우를 보겠습니다. 아내만큼 남편의 신앙 회복을 위해 간절한 마음을 갖는 자는 없을 것입니다. 똑같은 법칙이 아내에게도 적용됩니다. 또한 친구 관계를 예로 든다면, 여러분은 가장 사랑하는 친구가 여러분의 마음 가장 가까운 곳에 있을 것입니다. 그런데 그 친구가 실족해서 진리로부터 멀리 떠났다고 느낄 때, 여러분은 다른 누구보다도 각별한 애정을 갖고 그의 목자로 활동할 것입니다.

여러분은 여러분의 동료 그리스도인들에 대해 이와 같이 행해야 할 책임이 있습니다. 그러나 여러분이 친분을 통해, 관계를 통해 또는 어떤 다른 수단을 통해 영향력을 갖고 있는 사람들에 대해서는 갑절로 그 책임을 다해야 합니다. 그래서 나는 여러분에게 간절히 바라는데, 주 안에서 항상 다른 성도들을 돌아보고, 그들이 범죄한 일이 드러나거든, "온유한 심령으로 그러한 자를 바로잡고 자기 자신을 살펴보십시오"(갈 6:1). 여러분의 의무를 다하십시오. 절대로 그것을 게을리하지 마십시오.

형제 여러분, 죄를 범해 진리로부터 떠난 사람을 회심시키려는 일이 얼마나 소망 있는 일인지 아는 것이 우리를 즐겁게 해야 합니다. 왜냐하면 그것은 충분히 성공이 기대되는 일로서, 성공하면 가장 즐거운 사람이 되는 일이기 때문입니다. 진실로 방탕하고, 방황하는 죄인을 포획하는 일만큼 즐거운 일은 없습니다. 그러나 즐거움 중의 즐거움은 이전에 포획했던 양이 길을 잃고 헤매는 것을 다시 찾는 것입니다. 놋쇠를 은으로 변형시키는 것은 대단한 일입니다. 그러나 가난한 여인이 이미 왕의 초상화가 박혀 있는 은전을 소유했다가 잃어버리고, 그 은전을 다시 찾는 것은 더 신나는 일입니다. 이방인과 나그네를 천국으로 이끄는 일, 그를 아들로 만드는 일은 축제를 벌일 만한 일입니다. 그러나 가장 즐거운 축제와 황홀한 음악 소리는 늘 사랑받던 아들이 탕자가 되어 길을 잃고 방황하다가 죽은 후 살아났을 때 있어야 합니다. 다시 돌아온 타락자를 위해서는 갑절로 종을 울려야 한다고 생각합니다. 교회의 뾰족탑이 크게 흔들리고 비틀거릴 때까지 종소리를 울려야 합니다.

길을 잃고 멸망 길에 섰던 자가 지금 다시 돌이켜 생명의 길로 온 일에 대해서는 두 배로 즐거워하십시오. 요한은 주님을 부인하는 죄를 범한 베드로가 자신의 잘못을 회개하고 불쌍한 모습으로 울고 있는 모습을 보고 감사했습니다. 그는 그를 격려하고 위로했으며, 주님이 "요한의 아들 시몬아 네가 나를 사랑하느냐"고 말씀하실 때까지 그와 함께했습니다.

매춘부나 술주정뱅이를 변화시켜 새 사람 만드는 것보다 타락한 자가 진리의 길로 다시 돌아오도록 하는 것이 훨씬 더 놀라운 일입니다. 그러나 하나님의 눈에는 그것은 은혜의 이적 가운데 결코 작은 이적이 아닙니다. 그 일을 도구가 되어 수행한 사람은 말할 수 없이 큰 위로가 있을 것입니다. 그렇다면, 사랑하는 형제 여러분, 여러분은 우리에게 속해 있었지만 우리에게서 떠나간 사람들을 찾으십시오. 교회 안에 머물러 있지만 교회를 망신시키고 우리와 거리가 먼 사람들을 찾으십시오. 우리는 그들의 부정함을 방관할 수 없습니다. 그들을 위해 기도하되, 눈물로 기도하고 간절히 기도하십시오. 그러다 보면 하나님께서 그들이 구원받도록 회개를 선물로 주실 것입니다.

지금 이 자리에 혹시라도 타락한 사람이 있다면, 나는 당신에게 당신이 하나님께 돌아올 마음이 있다면 이 본문이 당신에게 힘이 될 것이라고 말하는 바입니다. 타락한 자녀들이여, 돌아오십시오. 주님께서는 그의 백성들이 여러분을 찾으라고 명령하셨습니다. 만일 그분이 여러분을 사랑하지 않는다면, 우리에게 여러분을 찾으라고 말씀하지 않으셨을 것입니다. 하지만 그분은 여러분을 사랑하시고, 믿음으로부터 떠난 사람들을 찾는 것이 그의 백성들의 의무라고 말씀하셨기 때문에 여러분 앞에 문이 활짝 열려 있습니다. 여러분을 환영하기 위해 문 앞에 앉아 있는 짐꾼들처럼 대기하고 있는 무수한 사람들이 있습니다. 그러므로 여러분이 버리고 떠나온 하나님께 어서 돌아오십시오.

아직 그분을 모르고 있다면, 오, 이 순간 성령께서 여러분의 마음을 깨뜨리고, 참된 회개의 길로 여러분을 인도하심으로써, 여러분이 참 진리 안에서 구원받을 수 있기를 빕니다. 하나님이 타락자들인 여러분을 불쌍히 여기시고 축복해 주시기를! 만일 그분이 여러분을 구원하시지 않는다면, 여러분은 허다한 죄를 범하게 될 것이고, 결국 영원한 멸망에 떨어지게 될 것입니다. 하나님께서 그리스도로 말미암아 여러분에게 자비를 베푸시기를!

2.우리는 특별한 경우에서 시작하여
이제는 일반적 사실을 논해야 합니다.

이 일반적 사실은 중요하고, 우리는 그것에 특별한 관심을 기울이지 않으면 안 됩니다. 왜냐하면 그것은 "너희가 알 것은"이라는 말씀으로 시작되기 때문입니다. 만일 여러분 가운데 어떤 사람이 타락한 자들을 돌이키게 하는 도구가 되었다면, "너희(여기서 너희는 타락한 자를 돌아오게 한 자를 말하는 것이 아니라 타락한 자로 있다 돌아온 자를 말함)가 알 것은." 말하자면 돌아온 너희는 그것을 생각하고, 그것을 확신하고, 그것으로 말미암아 위로를 얻고, 그것으로 말미암아 원기를 얻으라는 것입니다. 그것을 절대로 의심하지 말고 그것을 "너희가 알라"는 것입니다. 사랑하는 동역자들이여, 그것을 듣는 것으로 그치지 말고 그것을 여러분의 마음속에 깊이 새기십시오. 사도가 성령의 영감을 받아 "너희가 알 것은"이라고 말씀할 때, 너희는 진리의 깊이를 충분히 확신하지 못하는 일이 없도록 게으름을 피우지 말라는 의미가 함축되어 있다고 봅니다.

그러면 여기서 여러분이 알아야 할 것은 무엇입니까? 죄인이 그의 잘못된 길에서 돌이키도록 만드는 사람은 한 영혼을 죽음으로부터 구원하는 것임을 알라는 것입니다. 이것은 알아둘 만한 가치가 충분히 있습니다. 그렇지 않습니까? 한 영혼을 죽음으로부터 구원하는 것은 절대로 작은 문제가 아닙니다. 그러나 우리가 존경하는 사람들 중에 매순간 우리의 시선을 끄는 사람들이 있습니다. 그들은 바로 많은 사람들로 하여금 보배로운 삶을 살도록 구원한 자들입니다. 그들은 유인 구명정을 갖고 있고, 또는 물에 빠져 허우대는 사람들을 구출하기 위해 대담하게 강물로 뛰어들기도 합니다. 그들은 불타는 화염 속에서 죽어가는 자들을 끄집어내기 위해 생명의 위협을 무릅쓰고 뜨거운 불길 속으로 뛰어들 준비를 하고 있습니다. 이들이야말로 진정한 영웅입니다. 전쟁 중에 피로 얼룩진 군사들보다 훨씬 더 가치 있는 존재들입니다. 하나님께서 이 용감한 심령들을 축복해 주시기를! 위험에 노출되어 있는 다른 동료들을 볼 때, 우리의 가슴은 빠르게 고동 치고, 그를 구원해야 한다는 욕망으로 흥분되어야 합니다. 그것이 당연한 일 아닙니까?

그러나 영혼을 죽음으로부터 구원하는 것은 훨씬 더 큰일입니다. 우리는 죽음이 무엇인지를 생각해야 합니다. 그것은 단순히 비존재가 아닙니다. 내 동료 피조물을 비존재로부터 구하기 위해 수고했는지에 대해서는 잘 모르겠습니다. 영혼소멸이 얼마나 큰 고통인지에 대해서는 잘 모릅니다. 그러나 나에게 정말 두려운 경고가 되었던 것은 죄에 대한 형벌이었습니다.

단순히 영원히 사는 것이 영생이 의미하는 것의 전부라면, 그것에서 별로 큰 기쁨을 못느꼈던 것처럼, 단순히 삶이 멈추는 죽음에 대해서는 별다른 두려움을 느끼지 못했습니다. 죽음이 단순히 핏기가 없는 존재가 되거나 존재가 아닌 존재가 되는 것이라면, 죽는 것이 무엇이 두렵겠습니까? 그러나 성경에서 "영생"은 영원한 실존과는 전혀 다른 어떤 사실을 의미합니다. 그것은 충만한 기쁨 속에서 펼쳐지는 모든 능력을 갖고 존재하는 것을 의미합니다. 그것은 건초 속에서 한 포기 식물처럼 존재하는 것이 아니라 가장 아름답게 피어난 꽃처럼 존재하는 것입니다.

성경에서 그리고 통상적 의미에서 "죽는 것"은 존재를 그치는 것을 말하는 것이 아닙니다. 죽는 것과 존재가 없어지는 것 사이에는 엄청난 차이가 있습니다. 첫 번째 죽음에 관해 말하자면, 죽는 것은 영혼과 육체가 분리되는 것입니다. 그것은 우리의 본질이 그 구성요소들로 분해되는 것입니다. 그리고 두 번째 죽음에 관해 말하면 죽는 것은 영혼과 육체로 구성된 인간이 인간의 생명이자 기쁨의 근원이신 그의 하나님으로부터 분리되는 것입니다. 이것은 하나님의 현존과 그분의 권능의 영광으로부터 영원히 차단되는 것입니다. 이것은 인간이 파괴의 성(城)을 갖는 것이고, 치명적인 파멸 속에 들어가는 것입니다. 왜냐하면 파괴의 용이 으르렁거리고, 절망의 올빼미가 울부짖으며 영원히 거하는 곳이기 때문입니다. 성경의 기록은 두 번째 죽음이 마지막 날에 얼마나 두려운 결과를 가져오는지를 보여줍니다. 그것은 여호와에 대한 두려움으로서, "결코 죽지 못하는 벌레"와 "결코 끌 수 없는 불"에 관해 말하고, "갈기갈기 찢는 일"과 "영원토록 솟아오르는 고통의 연기"에 관해 말합니다. 또 "결코 끝이 없는 무저갱"에 관해서도 말합니다.

나는 이 두려운 말들을 종합할 생각은 없습니다. 하지만 다가올 심판에 관해 생각만 해도, 육체를 섬뜩하게 만들고, 머리털이 곤두서게 만드는 말들이 성경 속에는 많다는 것입니다. 만일 우리 가운데 누가 하나님의 역사를 통해 사람을 그의 잘못된 길에서 돌이키도록 이끄는 도구가 된다면, 이 영원한 죽음으로부터 영혼이 구원받게 되리라는 것이 우리에게 가장 큰 기쁨이 될 것입니다.

구원받은 자는 그 두려운 지옥을 모르게 될 것이며, 그 두려운 진노를 느끼지 않아도 될 것이며, 하나님의 현존 앞에서 사라지게 되는 일이 절대로 일어나지 않을 것입니다. 세상에서 이보다 더 가치 있는 즐거움이 있겠습니까?

그 그림에 덧붙여지는 사실을 상기해 보십시오. 만일 여러분이 영혼을 죽음으로부터 구원했다면, 여러분은 그에게 영생을 소개한 것입니다. 하나님의 선하신 은혜로 말미암아 흰옷을 입고 여호와를 찬양하는 또 다른 합창단원들, 감사의 찬송을 부르기 위해 수금의 현을 두드리는 또 다른 손들, 대속주의 수난에 대해 감격하는 구원받은 또 다른 죄인들이 있을 것입니다. 오, 영혼을 죽음으로부터 구원하는 일은 얼마나 행복한 일일까요!

그리고 이 경우 여러분은 허다한 죄를 덮게 될 것이라는 점이 덧붙여져야 합니다. 우리는 이것이 어떤 죄인이 회심하면 예수님의 속죄 피로 말미암아 그의 모든 죄가 덮여질 것이라는 점을 의미한다는 것을 압니다. 어떤 경우든 얼마나 많은 죄를 범하게 되는지에 대해 우리 가운데 누가 감히 말할 수 있겠습니까? 그러나 만일 어떤 사람이 잘못된 길에서 돌이켜 회심한다면, 그의 모든 죄가 예수님의 피가 흐르는 홍해 바다에 던져지고, 영원토록 씻겨져 떠내려갈 것입니다.

그런데 여러분의 구주께서 이 세상에 두 가지 목적으로 오셨음을 기억하기 바랍니다. 첫째로 그분은 죽음을 파멸시키기 위해 오셨고, 둘째로 죄를 처리하시기 위해 오셨습니다. 만일 여러분이 죄인을 그의 잘못된 길에서 돌이키도록 한다면, 여러분은 그분처럼 이 두 가지 사역을 행하는 것이 됩니다. 여러분의 방식을 따라, 하나님의 영의 능력 안에서, 여러분은 영혼을 두 번째 죽음으로부터 끄집어냄으로써 죽음을 이긴 것입니다. 여러분은 하나님의 눈으로부터 주 예수 그리스도의 속죄제물 아래로 허다한 죄를 감춤으로써 죄를 처리했습니다.

여기서 사도가 영혼을 구원하는 자에게 다른 권면을 하지 않고 있음을 주목하십시오. 그는 "너희 중에 미혹되어 진리를 떠난 자를 누가 돌아서게 하면, 영예를 얻으리라"고 말하지 아니합니다. 참된 사랑은 이런 동기를 조롱합니다. 또 그는 "너희 중에 미혹되어 진리를 떠난 자를 누가 돌아서게 하면, 교회의 존경과 성도의 사랑을 받으리라"고도 말하지 않습니다. 이것은 사실이지만, 우리는 그보다 훨씬 더 고귀한 동기에 의해 움직입니다.

선을 행하는 데서 오는 기쁨은 선 자체 속에서 발견되는 법입니다. 사랑의 행위에 대한 보상은 그 자체의 결과 속에서 찾아야 합니다. 만일 우리가 영혼을 죽음으로부터 구원하고, 허다한 죄가 덮어지게 한다면, 아무도 그 일에 귀를 기울이지 않고, 펜이 그것을 기록해 주지 않는다고 해도, 그것만으로 이미 충분한 보상을 받은 것입니다.

선이 행해질 때, 우리는 도구라는 사실도 잊어버려야 합니다. 비록 우리의 선행이 아무에게도 평가 받지 못하고, 망각의 차가운 그늘 속으로 사라져 버린다고 해도, 그것은 그 자체로 우리에게 기쁨을 줍니다. 그렇습니다. 주님이 우리를 통해 행하신 선행의 효과를 다른 사람들이 취한다고 해도, 우리는 불평할 이유가 없습니다. 영혼이 죽음으로부터 구원받고, 그의 허다한 죄가 덮임을 받았다는 것을 아는 것만으로도 충분히 기쁨이 되기 때문입니다.

그리고 사랑하는 형제 여러분, 우리는 영혼을 죽음으로부터 구원하는 것이 예수님을 영화롭게 하는 일임을 상기해야 합니다. 왜냐하면 그분의 보혈을 통하지 않고서는 영혼을 구원할 길이 전혀 없기 때문입니다. 여러분과 나는 영혼을 죽음으로부터 구원하는데서 무엇을 할 수 있을까요? 우리 스스로의 힘으로는 아무것도 할 수 없습니다. 이것은 책상 위에 놓인 펜이 스스로「천로역정」을 쓸 수 없는 것과 같습니다. 그러나 존 번연이 그 펜을 붙잡자 비교할 수 없는 걸작이 나오게 되었습니다. 마찬가지로 나와 여러분도 하나님의 영원하신 영이 우리를 지배하기 전에는 우리가 영혼을 회심시키기 위해서 할 수 있는 일은 아무것도 없습니다. 그러나 우리가 예수님이 영광을 받으시고, 성령이 높임을 받으심을 아는 것으로 충분히 기뻐할 때, 그분은 우리를 통해 놀라운 이적을 행하실 수 있고, 우리를 통해 그분 자신이 영광을 받으십니다. 누구도 호메로스의 펜을 찬양할 사람은 없습니다. 누구도 그것을 금으로 싸거나 그 펜의 빛나는 업적을 책으로 출판한 사람은 없습니다. 찬양은 그 펜을 들어 사용한 호메로스에게 주어져야 하니까요.

우리는 사람들이 영광을 받는 것을 원하지 않습니다. 우리가 구주의 손에 쥐어진 펜이 된다면, 그분은 그것으로 자신의 은혜 언약을 인간의 마음의 서판 위에 충분히 기록하실 것입니다. 이것이 그의 주님을 사랑하는 사람이 받는 최고의 대가입니다. 예수님은 영광을 받으시고, 죄인들은 구원을 받습니다.

이제 나는 여기서 사도가 말한 것은 오직 한 사람의 회심에 관한 것임을 여러분에게 특별히 강조하고 싶습니다. "너희 중에 미혹되어 진리를 떠난 자를 누가 돌아서게 하면 너희가 알 것은 죄인을 미혹된 길에서 돌아서게 하는 자가 그의 영혼을 사망에서 구원할 것이며 허다한 죄를 덮을 것임이라."

여러분은 자신이 휫필드였으면 하고 바란 적이 없습니까? 젊은이들이여, 여러분은 여러분의 가장 깊은 영혼 속에 또 하나의 맥체인 또는 브레이너드 또는 모팟이었으면 하는 강력한 열망을 느껴본 적이 없습니까? 열망을 더 크게 가지십시오. 그러나 한 명의 죄인을 예수 그리스도께 인도하는 것에서도 행복을 느끼십시오. 왜냐하면 단지 한 명을 회심시키는 일이 결코 작은 일이 아님을 알라고 말씀하고 있기 때문입니다. 한 영혼을 죽음으로부터 구원하고 허다한 죄를 덮게 하였으니 말입니다.

그리고 본문은 이 사역의 도구인 사람에 관해서는 어떤 말도 하지 않습니다. 본문은 "너희 중에 미혹되어 진리를 떠난 자를 목사인 네가 돌아서게 하면 또는 놀라운 신적 능력을 가진 어떤 자가 돌아서게 하면"이라고 말씀하지 않습니다. 만일 이 행위가 우리 영적 이스라엘 백성 중 아주 작은 존재에 의해 이루어진다면, 한 어린아이가 자기 아빠에게 예수님 이야기를 말해 준다면, 한 하녀가 한 불쌍한 영혼이 그리스도를 찾고 구원을 받아들이도록 역할을 한다면, 거리 한구석에서 초라하게 말씀을 전하는 자가 강도나 매춘부에게 복음을 전해 그들이 구원받는다면, 그는 어떤 죄인을 그의 잘못된 길에서 돌이키도록 하는 자로서, 그가 누구든 간에, 한 영혼을 죽음으로부터 구원하고 허다한 죄를 덮게 하는 자인 것입니다.

그런데 사랑하는 형제 여러분, 이 사실로부터 나오는 것이 무엇입니까? 우리는 우리가 누구든 간에 죄인들을 회심시키는 사역에 쓰임받기를 사모해야 한다는 것입니다. 야고보 사도는 이 구절에서 성령에 관해서나 주 예수 그리스도에 관해 말하지 않습니다. 왜냐하면 그는 성령과 하나님의 아들 둘 모두가 관련된 중요한 진리를 반드시 기억해야 할 사람들에 관해 쓰고 있기 때문입니다.

그러나 여기서 여러분은 하나님의 영을 떠나서는 죄를 범한 다른 동료 그리스도인들에게 영적 선을 행할 수 없다는 사실, 또는 "예수 그리스도와 십자가에 달려 죽으신 그분"을 그들에게 전하지 않는다면, 그들에게 구원의 축복을 받게 할 수 없다는 사실을 기억해야 한다는 것입니다.

하나님이 우리를 사용하실 것입니다. 그러나 오, 우리는 쓰임받기를 얼마나 고대하며, 쓰임받기를 얼마나 간구하며, 쓰임받기를 얼마나 열망해야 할까요! 사랑하는 형제자매 여러분, 우리는 우리가 하나님께 쓰임받는 일을 방해하는 모든 것을 제거해야 합니다. 만일 우리가 하나님으로부터 쓰임받는데 적절하지 못한 불의한 일을 행하거나 그 일에 관계하고 있다면, 또는 우리가 어떤 악을 품고 있거나 은혜를 결여하고 있다면, 주인이 쓰시기에 합당한 그릇이 될 때까지, 우리는 우리를 깨끗하게 해주시고, 고침받으며, 악으로부터 벗어나게 해 달라고 주께 기도하지 않으면 안 됩니다. 그런 다음 우리는 쓰임받을 기회를 조심스럽게 기다려야 합니다.

우리의 눈과 귀를 세상을 행해 열어놓고, 선을 행할 모든 기회를 활용할 준비를 해야 합니다. 그리고 그렇게 쓰임받을 때까지 만족하지 말고, 이것이 우리의 삶의 제일 목적과 중심 야망이 되도록 해야 합니다. 어떻게든 우리는 영혼들을 예수 그리스도께 인도해야 하고, 인도할 것입니다. 라헬이 "내게 자식을 낳게 하라 그렇지 않으면 내가 죽겠노라"(창 30:1)고 부르짖은 것처럼, 여러분 가운데 누구라도 하나님의 가문에서 무자한 것에 대해 만족해서는 안 됩니다. 불타는 지옥으로부터 죄인을 끄집어낼 때까지 부르짖고 탄식하십시오. 최소한 한 명의 죄인이라도 예수 그리스도께 인도하십시오. 그러면 여러분은 영혼을 죽음으로부터 구원하고, 허다한 죄를 덮게 하는 사람이 될 것입니다.

3.이제 우리는 잠깐 동안 본문에서 언급하지 않는 요점에 대해 살펴볼 것입니다.

나는 본문의 전체 주제를 어린아이들의 회심에 특별 적용하기를 원합니다.

사랑하는 친구 여러분, 나는 여러분이 주일학교를 절대로 잊지 않기를 바랍니다. 그러나 대다수 그리스도인들이 주일학교와 같은 것이 있다는 사실에 대해 거의 무감각합니다. 그들은 관찰이 아니라 소문으로만 그것에 대해 압니다. 아마 20대에 속한 이들은 주일학교를 거의 찾은 적도 없고, 관심도 거의 없을 것입니다. 그들은 무엇이든 성공에 관한 이야기를 듣는 것은 좋아하지만, 이런저런 문제에 관한 이야기는 듣기 싫어합니다.

대부분의 교회에서 여러분은 주일학교 사역에 자신을 바치는 열정적인 젊은이들을 발견할 것입니다. 그러나 다른 일을 하지 않기 때문에 주일학교 일을 하는 사람들도 있습니다. 여기서 그들은 다른 할 일이 있었다면 주일학교 일을 하지 않았을 것이라고 변명할지도 모릅니다. 그러나 유감스럽게도 그들은 손쉽게 할 수 있고, 쉽게 접근할 수 있으며, 그들의 도움이 필요한 이 일을 하지 않는 동안에 다른 경건한 일을 갖지 않고 단순히 시간을 죽이는 일만 합니다. 나는 이런 게으름뱅이들이 이 자리에 있다고 말하지는 않겠지만, 우리가 그들과 확실히 다르다고 말할 수 있는지는 확신할 수 없습니다.

어린아이들도 구원받을 필요가 있고, 또 구원받아야 합니다. 어린아이들도 도구를 통해 구원받아야 합니다. 어린아이들은 어릴 적에 구원받아야 합니다. "어린아이들을 용납하고 내게 오는 것을 금하지 말라 천국이 이런 사람의 것이니라"

(마 19:14)고 말씀하신 주님은 그의 교회가 "우리는 어린아이들이 성인남녀로 자라면 그때 그들에게 관심을 가질 것이다"라고 말해야 한다고 의도하지 않았습니다. 그분은 교회가 어린아이들이 어린아이였을 때 하나님께 돌아오도록 기도하고 열심히 노력해야 한다는 것을 의도하셨습니다.

어린아이의 회심도 어른과 똑같이 하나님의 은혜 사역이 필요하고, 어른의 회심과 똑같이 복된 결과를 낳습니다. 어린아이의 경우에도 영혼을 죽음으로부터 구원하고, 허다한 죄를 덮게 하는 역사가 있습니다. 그러나 이 구원사역에는 더 큰 기쁨의 조건이 있습니다. 그것은 어린아이가 구원을 받으면 죄를 범하지 않는 시기가 그만큼 앞당겨짐으로써 커다란 예방 효과가 있기 때문입니다.

회심은 어린아이를 허다한 죄로부터 구원합니다. 만일 하나님의 영원한 자비가 철부지 어린아이들을 가르치는 여러분의 사역을 축복하신다면, 그 아이의 삶은 그가 어리석음과 죄와 수치 속에서 자랐을 때와 비교해 볼 때, 또 그가 많은 세월이 흐른 다음 어른이 되어서 구원을 얻었을 때와 비교해 보면, 얼마나 복될까요! 그러므로 우리 아이들이 아직 어릴 때 그들의 마음이 구주께 드려질 수 있도록 기도하는 것은 최고의 지혜요 최상의 총명입니다.

> "젊은이들에게 믿음을 심어 주면,
> 수많은 덫으로부터 그들을 구하게 되리라.
> 하나님의 은혜는 이후 그들의 삶을 보존하고,
> 그들의 덕은 더욱 강하게 되리라."

탕자가 개심하는 것은 좋은 일입니다. 그러나 처음부터 탕자가 되는 길에서 그를 구원하는 것은 더 좋은 일입니다. 강도와 술주정뱅이가 그 길에서 돌이키는 것은 정말 칭찬받을 만한 행동입니다. 그러나 소년이 강도나 술주정뱅이가 되지 않도록 미연에 방지시키는 것은 훨씬 더 크게 칭찬받을 일입니다. 따라서 주일학교 교육은 최상급 사랑의 행위이고, 그리스도인들은 그 일에 가장 큰 열심으로 수고해야 합니다. 어린아이를 그의 잘못된 길에서 돌이키는 자는 동시에 허다한 죄를 덮게 하는 복된 일을 하는 것입니다.

나아가 이것은 교회로 하여금 사람들에게 가장 좋은 것을 제공해 줄 소망을 갖도록 합니다. 교회의 사무엘과 솔로몬들은 젊은 시절에 지혜롭게 된다는 것입니다. 다윗과 요시야는 어렸을 적부터 마음이 부드러운 자들이었습니다. 저명한 사역자들의 전기를 읽어보십시오. 여러분은 대체로 그들의 신앙 경력이 일찍부터 시작되었음을 보게 될 것입니다. 일찍 신앙생활을 시작하는 것이 가장 바람직한 그리스도인으로 자라기 위한 절대적 요소는 아니지만, 크게 필요한 요소임은 부정할 수 없습니다. 그 기초는 젊은 시절의 경건 위에 두어져야 합니다. 예수 그리스도의 교회들은 보통 평생 죄 가운데 살았던 사람들에 의해 세워질 것이라고 나는 기대하지 않습니다. 아니, 젊은 시절부터 주님을 경외하고 그분의 권고를 받고 자란 사람들에 의해 교회는 세워졌고, 그들이야말로 우리 하나님의 집의 기둥들입니다. 만일 우리가 강한 그리스도인을 원한다면, 젊은 시절부터 그리스도인이었던 사람들을 주목해야 합니다. 믿음의 나무들이 오래 살고, 또 잘 자라기 위해서는 초기에 주의 궁정에 심겨져야 합니다.

형제 여러분, 나는 이 시대에는 젊은이들을 가르치는 사역이 이미 어른이 된 사람들을 가르치는 것보다 훨씬 더 중요하다고 생각합니다. 왜냐하면 이 시대는 교회에 몰래 숨어들어와 거짓된 교리로 사람들을 미혹시키는 사람들이 아주 많기 때문입니다. 영국에서 주일학교 교사들은 정말 아이들을 잘 가르쳐야 합니다. 그들은 경건한 말과 삶을 실천함으로써 본을 보여야 할 뿐 아니라 아이들이 온전한 복음과 은혜의 교리를 잘 깨닫도록 지식적으로도 잘 가르치는 자가 되어야 합니다. 또 그들은 아이들을 위해 기도하는 자가 되어야 하고, 아이들이 주 예수 그리스도께 나아와 구원을 얻고 교회에 적응할 때까지 만족해서는 안 됩니다. 그리고 이렇게 하면 가톨릭의 미혹을 두려워 할 필요가 없을 것입니다.

가톨릭 사제들은 아이들을 위한 가톨릭식 교리문답 교육이 있었다면, 영국이 로마교회로부터 벗어나는 일은 없었을 것이라고 말했습니다. 우리는 교리문답 교육을 시행하지 않았는데, 나는 굳이 그것을 시행할 이유가 없다고 생각합니다. 그러나 어쨌든 우리가 가톨릭처럼 교리문답 교육을 시행하지는 않는다 할지라도, 복음을 단순하게 그리고 단호하게 가르치는 교육은 있어야 합니다. 그리고 아이들이 주 예수 그리스도께 나아와 즉각 회심할 수 있도록 간구와 기도가 있어야 합니다.

하나님의 영은 이런 수고를 하도록 우리를 돕기 위해 기다리고 계십니다. 그분은 우리가 그분과 함께 할 때 우리와 함께 하십니다. 그분은 가장 겸손한 교사를 축복하실 준비를 하고 계십니다. 심지어는 유아들일지라도 은혜로부터 제외하지 않으십니다. 그분은 어린아이들이 듣고 이해하기에 적합한 말과 사상을 우리에게 제공해 주십니다. 그분은 우리가 어떻게 젊은이들의 귀에 적절한 말을 해줄 수 있는지 그 비결을 알도록 역사하실 수 있습니다.

그리고 오, 만일 그렇지 못하다면, 교사들이 신실한 사람이 못되거나 신실한 사람으로 판명되지 못한다면, 우리는 아이들이 그들의 부모가 주일학교 다닐 때 싫증을 느껴 종교를 혐오하는 것처럼 주일학교를 떠나 세상 속으로 빠져 들어가는 모습을 보게 될 것입니다. 그렇게 되면 우리는 결과적으로 불신앙의 사람들을 만들어 내고, 미신을 따르는 사람들을 양산하게 될 것입니다. 황금의 기회는 사라지고, 가장 엄숙한 책임을 감당하지 못하게 될 것입니다!

나는 하나님의 교회가 주일학교를 굉장히 중요하게 여기도록 기도합니다. 나는 열방을 사랑하는 모든 사람들이 주일학교를 위해 기도하도록 간청합니다. 나는 예수 그리스도를 사랑하고 그가 임할 나라를 고대하는 모든 사람들에게 모든 젊은이들이 겸손한 마음으로, 그들의 마음이 예수님께 인도받을 수 있도록 기도해 주도록 부탁합니다.

나는 지금까지 말하고 싶은 것을 다 말하지 못했습니다. 핵심적인 주제는 아직 내 마음속에 남아 있습니다. 우리의 모든 양심 위에 심각하게 새겨 두어야 할 것이 한 가지 있습니다. 그러나 나는 그것을 남겨 두어야 하겠습니다. 하나님은 여러분이 그것에 대해 충분히 생각하도록 인도하실 것이기 때문입니다.

나는 그것을 남겨두지만, 다음 질문들을 할 때까지만 그렇게 하겠습니다 — 여러분 각자는 어린아이들의 회심을 위해 무엇을 해 왔습니까? 여러분은 여러분의 자녀들의 회심을 위해 무엇을 했습니까? 여러분은 그 문제를 분명히 직시하고 있습니까? 여러분은 여러분의 아이의 목을 손으로 감싸고 그를 위해 그리고 그와 함께 기도하고 있습니까?

아버지로서 여러분은 이런 행동이 아들에게 얼마나 큰 영향을 미치는지 알게 될 것입니다. 또 어머니로서 여러분은 딸에게 그리스도와 십자가에 달려 죽으신 주님에 관해 말해 주고 있습니까? 하나님의 손 안에서 여러분은 여러분의 사랑하는 자녀들에게 육신의 어머니이자 영적인 어머니여야 합니다. 아이들의 인도자이자 교사로서 여러분은 무엇을 하고 있습니까? 그들의 영혼을 청결하게 하고 있습니까? 주일학교 교사로서 여러분은 가르치는 아이들이 일찍부터 주님을 고백하도록 인도하기 위해 모든 것을 잘 감당하고 있습니까? 나는 그것을 여러분의 몫으로 남겨 두는 바입니다.

여러분은 천국에 들어갈 때, 사랑하는 아이들을 영원한 처소로 인도한다면, 큰 상급을 받게 될 것입니다. 그것은 여러분 자신의 천국에 또 하나의 천국을 추가하는 것이고, 그들의 교사로서 그들을 예수님께 인도한 여러분을 환영하는 천국의 거민인 그들과 만나게 될 것입니다. 나는 천국에 혼자 가기를 바라지 않습니다. 여러분도 그렇겠지요? 나는 도구로서 한 영혼도 구원의 길로 인도하지 못함으로써, 그 안에 별이 박혀 있지 않은 천국 면류관을 갖고 싶지 않습니다. 그들은 위대하신 목자께서 그들을 인도하셔서 피로 값 주고 산 거룩한 양들의 무리가 있는 곳으로 갈 것입니다.

그들 가운데 많은 이들이 둘씩 짝을 지어 따라오고, 다른 이들은 각자 자기들의 양을 갖고 있습니다. 여러분은 위대하신 목자가 이끄는 양 떼들 속에서 양을 못낳는 불임자가 되고 싶습니까? 장면은 바뀝니다. 위대한 군사들의 걷는 소리를 들어보십시오. 나는 그들의 행진곡을 듣고, 나의 귀는 그들의 승전가로 가득 차 있습니다. 위대하신 대장의 영예를 위해 군사들은 개선하고 각자 그들의 어깨마다 전리품이 걸려 있습니다.

그들은 진주 문을 통과하고, 황금 거리를 따라 천상의 보좌가 있는 곳을 향해 승리의 행진을 합니다. 각 군사는 자기 몫의 전리품을 갖고 있습니다. 여러분도 거기에 있겠습니까? 그러나 거기에 있다고 해도, 여러분은 전리품 없이 행진하고, 그 행렬에 동참하는 것 외에 차지할 것이 없습니까? 전투에서 승리한 것 말고는, 여러분이 예수님을 위해 여러분의 칼과 활로 잡은 것이 아무것도 없습니까? 그렇다면 내 앞에는 다른 장면이 펼쳐질 것입니다.

나는 그들이 "추수 끝"이라고 외치는 소리를 듣습니다. 그리고 각자 자신이 수확한 단을 들고 있는 추수꾼들을 봅니다. 그들 가운데 어떤 이들은 그 위에 올려져 있는 추수단들로 말미암아 어깨가 휠 정도입니다. 그들은 울면서 갔지만 단을 짊어지고 기뻐하면서 돌아왔습니다. 저쪽에는 작지만 열매가 풍성하게 맺혀 있는 단을 가진 사람이 옵니다. 그는 적게 심었고 적게 거둔 것입니다. 비례의 법칙에 따라 늘어난 것입니다.

여러분은 단 하나의 열매도 없이 그곳에 있겠습니까? 밭을 갈거나 씨를 뿌린 적이 없어 거둔 것이 없습니까? 만일 그렇다면, 추수꾼들의 모든 외침은 여러분으로 하여금 씨를 뿌리지 않아 거둔 것이 없게 되었음을 생각하도록 함으로써, 여러분의 마음속에 비수처럼 아프게 꽂힐 것입니다. 만일 여러분이 주님을 사랑하지 않는다면, 그렇게 하겠다고 아예 고백하지 마십시오.

그분이 여러분을 자기 피로 값 주고 사지 아니했다면, 그분을 의지하지 말고, 그분의 식탁에 나아오지 말며, 스스로를 그분의 종이라고 말하지 마십시오. 그러나 그분이 상처를 당하시면서 여러분을 값 주고 샀다면, 자신을 그분께 드리십시오. 여러분이 진실로 그분을 사랑한다면, 그분의 양을 기르고, 그분의 어린 양을 치십시오.

그분은 여기서는 우리 눈에 보이시지 않습니다. 그러나 우리는 믿음으로 그분을 인식합니다. 그분은 여러분에게 자신의 손과 발의 상처를 보여주시면서 이렇게 말씀하십니다: "너희에게 평강이 있을지어다 아버지께서 나를 보내신 것 같이 나도 너희를 보내노라"(요 20:21). "너희는 온 천하에 다니며 만민에게 복음을 전파하라"(막 16:15). "너희가 알 것은 죄인을 미혹된 길에서 돌아서게 하는 자가 그의 영혼을 사망에서 구원할 것이며 허다한 죄를 덮을 것임이라"(약 5:20).

선한 주인이시여, 우리가 당신을 섬기도록 도와주소서! 아멘.

베 드 로 전 서

제
1
장

—

그리스도인의 근심과 기쁨

—

"그러므로 너희가 이제 여러 가지 시험으로 말미암아
잠깐 근심하게 되지 않을 수 없으나 오히려
크게 기뻐하는도다" — 벧전 1:6

　　이 구절은 세상 사람에게는 기막힐 정도로 모순되는 것처럼 여겨질 것입니다. 그리고 심지어 그리스도인이 이 구절의 의미를 매우 잘 이해한다고 하더라도, 그것은 그에게 여전히 패러독스일 것입니다. "(너희가) 근심하게 되다"와 "(너희가) 크게 기뻐하는도다"라는 두 가지가 한 절 안에 표현되어 있는 것은 우리의 귀에 모순되는 것처럼 들릴 것입니다("근심하다"에 해당하는 헬라어 "뤼페오"는 "슬퍼하다," 또는 "근심하다"의 의미를 지니고 있다. 그런데 개역개정과 KJV에는 "근심하다"의 의미로, 표준새번역과 NIV에는 "슬퍼하다"의 뜻으로 번역되었다 — 역주). 과연 이것이 가능한 것입니까? 동일한 사람이 같은 마음으로, 한편으로는 크게 기뻐하고, 또한 다른 한편으로는 잠깐 근심한다는 것이 있을 수 있습니까? 예, 분명히 가능합니다. 많은 하나님의 자녀들은 이 역설의 진리를 깨달았고 체험했습니다. 그리고 그것은 그리스도인의 삶에서 가장 이해하기 어려운 패러독스는 결코 아닙니다. 그리스도인으로서 자기의 내면을 살펴보고, 자기의 감정을 주의 깊게 헤아려본 사람들은 때때로 멈추어 서며, 자기 자신에 대해서 놀랄 것입니다. 모든 수수께끼 중에서, 아마도 그리스도인이라는 존재가 가장 풀기 어려운 수수께끼일 것입니다. 가계(家系)와 관련해서 생각해보면, 그는 얼마나 수수께끼와 같은 존재입니까? 그는 첫째 아담의 후손입니다. 곧 "다른 이들과 같이 본질상 진노의 자녀"였습니다(참조. 엡 2:3). 그러나 이제 둘째 아담의 후손이 되었습니다. 곧, 그는 죄와 죽음으로부터 해방되었습니다. "그러므로 이제 그리스도 예수 안에 있는 자에게는 결코 정죄함이 없나니"(롬 8:1)라고 사도 바울은 말합니다. 이와 같이, 자신의 존재와 관련하여 그리스도인은 불가사의한 사람입니다. "죽은 자 같으나 보라 우리가 살아 있고 징계를 받는 자 같으나 죽임을 당하지 아니하고"(고후 6:9). 그리스도인의 영적인 구조의 구성 요소와 관련해서도, 그는 불가사의한 존재입니다. 그는 자신에게서 마귀와 유사한 면을 발견합니다. 곧, 그는 타락하고 부패했으며, 육신의 죽음에 매여 있습니다. 그래서 그는 다음과 같이 부르짖을 수밖에 없습니다. "오호라 나는 곤고한 사람이로다 이 사망의 몸에서 누가 나를 건져내랴"(롬 7:24). 반면에, 그는 자신 안에 자신을 높여주는 어떤 것을 소유하고 있다는 것을 깨닫습니다. 그는 단순히 천사와 같이 되는 것뿐만 아니라, 그보다 더 높은 위치를 차지하게 될 것입니다. 그래서 그는 장차 부활해서, "그리스도 예수 안에서 함께 하늘에 앉게 될" 것입니다(참조. 엡 2:6). 이와 같이, 그는 자신 안에 하늘나라에까지 이르게 하는 어떤 신비스러운 요소를 지니고 있습니다. 반면에, 만약 하나님께서 은혜를 통해서 막지 않으셨다면, 그가 지옥에까지 가는 것을 피할 수 없게 만드는 죄악된 성품도 소유하고 있습니다.

사랑하는 여러분! 만약 그리스도인이라는 존재가 역설적인 진리를 내포하고 있다면, 그의 영적인 상황도 마찬가지로 역설적이라는 것은 전혀 놀라운 일이 아닐 것입니다. 하나님의 은혜를 통해서, 어떤 피조물이 부패한 존재이지만 깨끗해지고, 죽을 수밖에 없는 존재이지만 영생을 얻고, 또한 타락한 존재이지만 천사들과 영적인 권세자들보다도 훨씬 더 높아지는 것에 대해서, 왜 여러분은 놀라십니까? 그리고 그리스도인이 한편으로는 크게 기뻐하지만, 다른 한편으로는 "여러 가지 시험으로 말미암아 잠깐 근심하게 되지 않을 수 없는 것"에 대해서, 여러분은 왜 의아하게 생각하십니까?

오늘 아침에는, 먼저 그리스도인의 근심에 대해서 살펴보고자 합니다. 그리스도인은 "여러 가지 시험으로 말미암아 근심하지 않을 수 없는" 것입니다. 그 다음에는, 그리스도인이 크게 기뻐하는 것에 대해서 주목해 볼 것입니다.

1. 첫째, 그리스도인의 근심 또는 슬픔.

　　성경 해석과 관련해서, 베드로전서 1장 6절은 성경에서 그 의미가 가장 잘 못 이해되고 있는 구절들 가운데 하나입니다. 자신을 스스로 위로하기 위해서, 나는 이제까지 이 구절을 수없이 들어 왔습니다. 그러면서 그 의미를 되새겨 보았습니다. 그렇지만 하루나 이틀 전까지, 나는 그 뜻을 올바로 깨닫지 못했습니다. 이 구절을 올바로 해석하기 위해서, 나는 내가 갖고 있는 모든 주석서들을 참고해 보았습니다. 그러나 그 주석서들 가운데 대부분은 본 절의 의미를 제대로 해석해 주지 못한다는 사실을 알게 되었습니다. 고난을 당하고 있을 때, 여러분의 친구들은 때때로 여러분에게 이렇게 말할 것입니다. "이러한 고난을 당하는 것이 자네에게 필요할 것이네." 그들은 "자네에게 닥친 이 모든 시련과 고통이 필요한 것"이라고 말합니다. 그것은 성경의 전반적인 취지에 일치하는 올바른 견해입니다. 그러나 친구들이 제시하는 그러한 의미가 이 구절에 전혀 들어 있지 않습니다. 그렇지만 내가 기억하기로는, 사람들은 이 성경 구절을 인용할 때마다, 아래와 같은 해석을 제시하였습니다. 곧, 사람들은 우리에게 일어나는 커다란 유혹들과 시련들은 그 나름대로 필요한 것이라고 주장합니다.

　　그러나 본문이 의미하는 바는 그 이상의 것을 암시합니다. 본문은 좀 더 훌륭한 사상을 제시하고 있습니다. 우리의 여러 가지 시험은 필요할 뿐만 아니라, 시련 가운데 놓여 있는 우리에게는 근심해야 할 어떤 필요성이 있다는 것입니다. 이제 여러분에게 그 차이점에 대해서 설명하고자 합니다. 어떤 하나님의 사람이 있습니다. 그는 믿음으로 충만하고, 영적으로 매우 강건합니다. 그는 주님의 일을 시작하려고 준비합니다. 그러고 나서 그는 하나님의 일을 합니다. 하나님께서 그와 함께 하십니다. 하나님께서 그의 일을 성취시켜 주십니다. 그러자 대적자가 그를 비방하기 시작합니다. 그가 그리스도를 위하여 일을 하기 때문에, 대적자는 온갖 사악한 방법으로 그를 부당하게 반대하는 말을 합니다. 그때 여러분은 이렇게 말할 것입니다. "그러한 비방을 들어야 할 어떤 필요성이 있을 것입니다." 그 주장은 분명히 옳은 것입니다. 그런데 그를 주목해 보십시오. 그는 얼마나 용감하게 행동하고 있습니까! 그는 그의 비난자들 위로 머리를 당당하게 듭니다. 비난에 조금도 흔들리지 않고, 그는 그들 가운데 서 있습니다. 휘몰아치는 사나운 비바람 속에서도, 땅 속에 깊이 박혀 있는 큰 바위처럼, 그는 꿈쩍도 하지 않고 서 있습니다. 이제 장면이 바뀝니다. 사도 시대와 마찬가지로, 숱한 고난 이외에도, 극심한 박해를 견디어야 한다는 것이 그에게 요구됩니다. 그러므로 다음과 같은 일들이 그에게 이어날 가능성이 있는 것입니다. 그는 가족과 집으로부터 쫓겨납니다. 또한 모든 친척으로부터도 격리됩니다. 눈에 뒤덮인 산 위에서, 그는 길을 찾을 수 없어서 헤매고 있습니다. 그런데도 그는 이 모든 것을 견딥니다. 얼마나 그는 용감하고 강인한 것입니까! 믿음에 기초한 그의 정신력은 조금도 약해지지 않습니다. 그는 이렇게 말합니다. "내게 능력 주시는 자 안에서, 내가 모든 것을 할 수 있습니다(참조. 빌 4:13). 그리스도의 이름을 위해서라면, 나는 모든 시련과 고통 속에서도 대단히 기뻐할 수 있습니다. 왜냐하면 '그 날에 기뻐하고 뛰놀라'(눅 6:23)라는 예수님의 말씀에 내가 순종하여, 그 말씀을 실천할 수 있기 때문입니다." 그러면 여러분은 그가 박해를 받아야 할 어떤 필요성이 있다고 그에게 말할 것입니다. 그러면 그는 이렇게 대답합니다. "예. 나도 그 사실을 알고 있습니다. 내가 견뎌내야만 하는 모든 것을 나는 전혀 두려워하지 않습니다. 그 모든 것은 나를 위협할 수 없습니다."

마지막으로 이러한 그의 모습을 상상해 봅시다. 그는 종교 재판에 회부되어서, 사형을 선고받았습니다. 그러자 여러분은 다음과 같은 말로 여전히 그를 위로하려고 할 것입니다. "형제가 순교를 당하는 데에는 어떤 필요성이 있을 것입니다. 순교자의 피는 교회의 씨앗이라는 것은 틀림없는 사실입니다. 그리스도의 제자들이 고난을 당하고 죽기까지 하는 방법이 아니면, 이 세상은 복음에 의해서 결코 정복될 수 없을 것입니다. 마귀와 세상을 이기시려고, 그리스도께서도 십자가의 부끄러운 고난과 죽음을 참으셨습니다. 그러므로 교회도 예수님이 걸어가신 그 길을 반드시 가야만 합니다. 교회가 궁극적으로 승리하려면, 반드시 피와 죽음의 길을 통과해야만 하는 것입니다." 마침내 그는 자신을 처형하려고 세워둔 십자가 앞에 섭니다. 그는 그것에 입을 맞춥니다. 마치 금사슬을 바라보는 것처럼, 그는 자신을 묶고 있는 쇠사슬을 대견스럽게 바라봅니다. 얼마나 그의 모습은 당당하고 장엄합니까! 그 순간, 이 모든 것에는 어떤 필요성이 있다고 여러분은 그에게 말하십시오. 그러면 그는 그 위로와 약속에 대해서 여러분에게 고마움을 표현할 것입니다. 그러자 여러분은 그에게 감탄합니다. 또한 그의 담대한 믿음에 놀랍니다.

반면에, 이 사람이 얻은 것과 같은 영예를 얻지 못하는 또 다른 부류의 사람들이 있습니다. 그들은 이제까지 소개한 사람과는 다른 부류의 그리스도인입니다. 바로 앞에서 언급했던 그리스도인이 하나님의 말씀을 통해서 약속을 받은 것은 분명한 사실입니다. 그렇지만 그는 그 약속에 대해서 지금 현실에서 위로를 얻지 못하고 있습니다. 그 대신, 그는 이 세상에서 잠시 동안 근심하게 되지 않을 수 없습니다. 조금 전에 묘사한 그리스도인에게 나는 경탄하지 않을 수 없습니다. 하나님께서 교회 안에 그러한 신앙인들을 지속적으로 남겨 두시기를 나는 간절히 기도합니다. 나는 여러분 한 사람 한 사람이 그를 본받기를 권면합니다. 여러분이 모든 것을 잘 견딜 수 있도록, 주님에 대한 위대한 믿음과 사랑을 추구하십시오. 사도 바울은 이렇게 말했습니다. "그러므로 내 사랑하는 형제들아 견실하며 흔들리지 말고 항상 주의 일에 더욱 힘쓰는 자들이 되라 이는 너희 수고가 주 안에서 헛되지 않은 줄 앎이라"(고전 15:58). 그런데 베드로전서 1장 6절에는, 그러한 그리스도인들을 위로하는 말씀이 들어 있지 않다는 사실을 기억하십시오. 성경의 다른 곳에서, 우리는 위로를 담고 있는 구절들을 발견할 수 있습니다. 그런데 이 구절은 위로를 내포하고 있는 것으로 자주 오해되어 왔습니다. 그러나 본 절은 좀 더 연약한 다른 부류의 그리스도인들에 대해서 언급하는 것입니다. 그들은 다른 사람들로부터 경시되고 멸시를 당하기도 했습니다.

　　지난주에, 나는 침대 위에 누워 있어야만 했습니다. 마음이 너무나 우울해져서, 나는 몇 시간이나 어린아이처럼 울었습니다. 그러나 무엇 때문에 울었는지, 나는 모릅니다. 매우 하찮은 일도 금방 내가 울음을 터뜨리게 할 것만 같았습니다. 한 친구가 찾아왔습니다. 그는 가까운 곳에 살고 있는 어떤 불쌍하고 나이 많은 여성에 관한 이야기를 들려주었습니다. 그 여인은 요즈음 극심한 고통을 겪고 있었다고 합니다. 그렇지만 그 여인의 마음은 항상 기쁨과 즐거움으로 가득 차 있었다는 것입니다. 그 이야기는 나를 매우 난처하게 만들었습니다. 그것을 듣고 나서, 나는 나에 대해서 커다란 부끄러움을 느꼈습니다. 그래서 나는 어쩔 줄을 몰랐습니다. 왜 이와 같은 상태에 놓이게 되었는지, 나는 곰곰이 생각해 보게 되었습니다. 무서운 암에 걸려서 극심한 고통을 겪고 있었지만, 그 불쌍한 여인은 이루 "말할 수 없는 영광스러운 즐거움으로 기뻐할"(벧전 1:8) 수 있었던 것입니다. 그러자 갑자기 본문의 진정한 의미가 내 마음속에 퍼뜩 떠올랐습니다. 나는 본문이 문자 그대로의 진정한 의미를 지니고 있다고 확신합니다. 본문을 여러 번 주의 깊게 읽어 보시기 바랍니다. 그러면 내 주장이 틀리지 않다는 것을 여러분은 깨닫게 될 것입니다. 본문에는 "너희가 이제 … 잠깐 근심하게 되지 않을 수 없으나"라고 기록되어 있습니다. 따라서 본문은 "비록 너희가 이제 잠시 동안 고통을 겪고 있지만," 또는 "비록 너희가 지금은 잠시 동안 가난한 처지에 놓여 있으나"라고 말하는 것이 아닙니다. 그 대신, "너희가 근심하게 되지 않을 수 없으나"라고 말합니다. 그러므로 여러 가지 시험으로 말미암아, 여러분의 정신력이 쇠약해졌습니다. 여러분은 울지 않을 수 없습니다. 고통을 견딜 수가 없습니다. 바로 죽음의 티끌에까지 이르게 되었습니다. 심지어 여러분은 죽기를 바랍니다. 여러분의 믿음이 여러분을 목표점까지 이르게 하지 못한 것처럼 보입니다.

그래서 이러한 것은 곧바로 어떤 필요성에 대한 원인을 제공합니다. 곧, 그것은 여러분이 잠시 근심하게 되지 않을 수 없게 만듭니다. 이것이 바로 본문이 말하고자 하는 의미인 것입니다. 때때로 그리스도인이 당당하고 즐거운 마음으로 고난을 견디지 못하는 데에는 나름대로의 필요성이 있는 것입니다. 때때로 그의 마음이 매우 가라앉는 데에는 그럴 만한 필요성이 있는 것입니다. 그리고 때때로 심지어 그가 하나님의 손에 의해서 매를 맞은 어린아이처럼 되어야 할 필요가 있는 것입니다. 아, 사랑하는 여러분! 우리는 때때로 하나님의 매에 대해서 말합니다. 단순히 매를 쳐다보는 것과 매를 맞고 그 아픔을 느끼는 것에는 상당한 차이가 있는 것입니다. 마음속으로 우리는 여러 번 이렇게 생각해 보았을 것입니다. '만약 지금처럼 마음이 그토록 우울해지지만 않는다면, 이러한 고통쯤은 참을 수 있을 텐데.' 그렇다면 그 말은 무엇을 뜻하는 것입니까? "만약 내가 고통을 전혀 느끼게 하지 않는 매를 맞는다면, 나는 매를 싫어하지 않을 텐데"라는 주장과 똑같은 것이 아닙니까? 그런데 과연 아픔을 느끼게 하지 않는 매가 있습니까? 바로 지금 여러분은 그 아픔을 느끼고 있습니다. 곧, 여러분은 잠깐 근심하게 되지 않을 수 없습니다. 결국 그것이 여러분이 당하는 고난의 핵심인 것입니다. 그것은 여러분의 마음을 침울하게 만듭니다. 강한 자의 기력을 쇠약하게 합니다. 하나님의 채찍질에 의해서 생긴 상처가 곪은 것입니다. 솔로몬은 이렇게 말했습니다. "상하게 때리는 것이 악을 없이하나니 매는 사람 속에 깊이 들어가느니라"(잠 20:30). 본문이 주는 이와 같은 지혜는 나에게 많은 날 동안 영적인 양식을 풍성하게 제공해 주었습니다. 그리고 그 지혜는 이 자리에 앉아 있는 사람들 가운데 어떤 이들을 위로해 줄 것입니다. 우리는 본문에 대해서 계속 묵상해 보고자 합니다. "너희가 이제 여러 가지 시험으로 말미암아 잠깐 근심하게 되지 않을 수 없으나."

　　그리고 시험과 고통을 당해야 하는 근본적인 필요성에 대해서 뿐만 아니라, 왜 그러한 것을 겪으면서 우리가 근심해야 하는지에 대해서, 나는 여기서 잠깐 설명하려고 합니다.

　　첫째, 만약 고난을 겪고 있는 동안에 전혀 근심하지 않는다면, 우리는 언약의 머리가 되시는 그리스도 예수와 같이 될 수 없습니다. 하늘나라의 법칙 가운데 한 가지는 모든 지체들이 머리이신 그리스도를 닮는 것입니다. 예수님이 다시 나타나시면, 그들은 그날에 그와 같이 될 것입니다. "그가 나타나시면 우리가 그와 같을 줄을 아는 것은 그의 참모습 그대로 볼 것이기 때문이니"(요일 3:2). 그렇지만 자기를 낮추는 데 있어서도, 우리는 반드시 머리 되신 그리스도를 닮아야만 합니다. 그렇지 않으면, 그가 영광 중에 오실 때에, 우리는 그와 같이 될 수 없습니다. 전혀 근심하시지 않은 채, 우리의 주님이시자 구세주이신 예수 그리스도께서 종종 여러 가지 고통을 겪으신 것을 여러분은 알고 있습니다. "여우도 굴이 있고 공중의 새도 집이 있으되 인자는 머리 둘 곳이 없도다"(눅 9:58)라고 예수님은 말씀하셨습니다. 이 본문에서, 나는 예수님이 근심하셨다는 흔적을 발견할 수 없습니다. 집이 없는 것에 대해서, 주님이 한숨을 쉬셨을 것이라고 나는 생각하지 않습니다. 그리고 목이 마르셨을 때, 그는 우물 곁에 앉으셨습니다. 그는 사마리아 여인에게 "물을 좀 달라"(요 5:7)고 요구하셨습니다. 목이 마르셨지만, 그것 때문에 예수님은 근심하지 않으셨습니다. 사역 초기에, 예수님은 몇 가지 근심거리와 마주치셨을 것입니다. 마치 큰 배가 바다의 파도를 미끄러지듯이 헤치고 나아가듯이, 그는 여러 가지 어려움들을 대체로 순조롭게 통과하셨다고 나는 믿습니다. 그렇지만 근심의 큰 파도가 몰려 와서 예수님이 타고 있던 배를 덮쳤다는 사실을 여러분을 기억할 것입니다. 비록 인내심으로 가득 했었지만, 그때 구세주 자신도 이렇게 말하지 않을 수 없었습니다. "내 마음이 매우 고민하여 죽게 되었으니"(마 26:38). 심지어 마태는 겟세마네 동산에서의 예수님에 대해서 이렇게 소개하고 있습니다. "고민하고 슬퍼하사"(마 26:37; 헬라어 원문은 "뤼페이스사이 카이 아데모네인"으로서, "근심하며 괴로워하다"의 뜻이다 − 역주). 그렇다면 이 표현은 무엇을 뜻합니까? 그것은 근심으로 인해서, 예수님의 심령이 가라앉게 되었다는 것을 가리킵니다. 그 표현에는 더욱 엄숙한 의미도 담겨 있습니다. 오늘 아침에 시간 관계로 인해서, 나는 그 의미에 대해서 깊게 파고들 수 없습니다. 그렇지만 예수님의 심령이 침울해졌다는 사실을 나는 적어도 지적할 수 있습니다. 그 시점에, 그는 더 이상 평상시에 지녔던 용기를 갖고 있지 않았습니다. 비록 "그러나 나의 원대로 마시옵고 아버지의 원대로 하옵소서"(마 26:39)라고 말할 수 있는 정신력을 예수님은 지니셨지만, 여전히 인간적인 연약함이 우세함을 보이고 있었습니다. 그래서 같은 성경 구절에서, 예수님은 이렇게 말씀하셨습니다. "내 아버지여 만일 할 만하시거든 이 잔을 내게서 지나가게 하옵소서." 그러고 나서, 구세주께서는 십자가의 고난을 받으시려고 시내를 건너셨습니다. 그 이전에, 그는 "길 가의 시냇물"(시 110:7)을 마시고 기운을 얻으셨습니다. 이와 같이, 고난의 시내를 건너는 우리도 반드시 그 시냇물을 마셔야만 합니다. 예수님은 십자가를 지고 가셔야만 했습니다. 그러나 그의 전능한 어깨로 십자가를 지고 가신 것이 아닙니다. 무거운 십자가로 인해서, 땅으로 기울어질 수밖에 없었던 연약한 인간의 어깨로 예수님은 십자가를 지고 가셔야만 했습니다. 여러분과 나는 언제나 산을 옮길 수 있는 거대한 믿음을 갖고 있기를 기대해서는 안 될 것입니다(참조. 마 21:21). 머리 되신 예수님을 우리가 모든 면에서 닮으려고 하지만, 때때로 메뚜기도 우리에게 무거운 짐이 될 수도 있을 것입니다.

만약 근심하게 하는 일이 그리스도인에게 때때로 일어나지 않는다면, 그는 지나치게 교만해지기가 쉽습니다. 그래서 자신을 매우 중요하게 여기고, 자신에 대해서 대단히 과대평가할 수 있습니다. 건강하기만 하면, 쾌활한 성격을 지닐 수 있고, 또한 인생을 행복하게 살 수 있다고 어떤 사람들은 생각합니다. 이런 사람들은 지극히 높으신 하나님을 잊어버리기가 매우 쉽습니다. 그러므로 우리 자신에게 만족하지 않도록 하려고, 또한 우리의 모든 원동력이 오직 하나님 안에 있다는 사실을 우리가 잊지 않도록 하기 위해서, 여호와께서는 어떤 때는 우리의 생명 샘을 마르게 하시기도 합니다. 그러기 위해서, 하나님께서는 우리의 마음속으로부터 생명력이 빠져나가게 하시고, 또한 기뻐할 정신이나 힘이 없는 상태로 우리를 내버려 두시는 것처럼 여겨집니다. 그렇게 되면, 바이올린이나 탬버린의 소리도 우리에게는 아무런 기쁨이나 즐거움을 주지 않는 장송곡처럼 들리게 될 것입니다. 비로소 그때 우리는 우리가 무엇으로 만들어진 존재인지 깨닫게 됩니다. 그러면 역경을 통해서 겸손해지고 나서, 우리는 마음속 깊은 곳으로부터 여호와께 부르짖게 되는 것입니다(참조. 시 130:1).

여기서 근심하는 것을 통해서, 하나님께서 우리를 훈련시키려고 하시는 또 한 가지 이유에 대해서 살펴보기로 하겠습니다. 그 이유는 다른 방법으로는 도저히 얻을 수 없는 것을 우리가 때때로 근심을 통해서 깨닫고 얻을 수 있기 때문이라고 나는 생각합니다. 세상의 모든 것은 각각 고유하면서도 아름다운 모습을 지니고 있습니다. 그것은 하나님께서 만물을 각각 고유한 모습대로 창조하셨기 때문입니다. 그러므로 어느 곳에서든지, 우리는 하나님께서 지으신 것을 보고, 그 아름다움을 느낄 수 있습니다. 알프스 산맥의 높은 산봉우리들 위에서, 우리는 다른 곳에서는 결코 볼 수 없는 절경을 바라볼 수 있습니다. 그렇지만 깊은 골짜기에도 산꼭대기에서는 절대로 볼 수 없는 고유한 아름다운 모습이 펼쳐져 있는 것입니다. 비스가 산꼭대기에서 바라볼 수 있는 영광스러운 풍경이 있습니다(참조. 신 34:1). 다볼 산 위에서 내려다볼 때에도, 우리 앞에는 놀라운 광경이 펼쳐질 것입니다(참조. 수 19장). 그렇지만 우리 자신들의 겟세마네 동산에서 볼 수 있는 아름답지만 의미심장한 정경(情景)도 있습니다. 그런데 대단히 훌륭한 향기를 풍기는 꽃들은 오직 표범들이 누워 있는 동굴 입구의 모퉁이에서만 꺾을 수 있습니다. 그러므로 고난을 통해서 위대한 것을 체험하기 전까지, 그리스도인들은 결코 위대한 신앙인이 될 수 없습니다. 마르틴 루터는 "내가 지니고 있는 책들 가운데, 고난이라는 책이 가장 훌륭한 책이다"라고 말했습니다. 그 말에 덧붙여서, 나는 이렇게 말하고자 합니다. "고난이라는 책에서 가장 뛰어난 한 페이지는 모든 면들 중에서 가장 검게 칠해진 근심이라는 페이지입니다." 그러므로 여러 가지 시험이 찾아오면, 우리의 마음이 가라앉아서 내면적으로 기력이 쇠약해집니다. 그러면 우리는 우리가 원하는 것만큼 잘 견디기가 어렵습니다.

그리고 근심이 유익하다는 것에 대한 또 한 가지 이유에 대해서 말하려고 합니다. 만약 그리스도인이 다른 사람들에게 선한 일을 하고자 힌디먼, 근심은 그에게 본질적인 유익을 가져다줍니다. 아, 그들의 진정한 영적인 유익을 위해서, 나는 많은 그리스도인들이 고난을 당하는 것을 보고 싶다고 말했었습니다. 그런데 지금 여기서는 그 점에 대해서 말하려고 하는 것이 아닙니다. 오히려 나는 그리스도인들이 근심하는 것을 보기를 원합니다. 만약 그들의 기가 크게 꺾이는 것이 하나님의 뜻이라면, 나는 그것에 대해서 유감스럽게 생각한다고 말하지 않겠습니다. 왜냐하면 근심을 통해서, 동정심을 조금이라도 더 지니게 된다면, 그것은 그들에게 좋은 것을 가져다줄 것이기 때문입니다. 또한 다른 사람을 조금이라도 더 동정할 수 있는 능력을 갖게 된다면, 그것은 그리스도인들에게 소중한 은혜일 것입니다. 심지어 불길이 타오르는 뜨거운 풀무불을 잠시 통과하는 체험을 통해서 그들이 동정하는 능력을 더욱 크게 얻게 되었다면, 그것을 겪고 난 이후에, 그들은 불길을 통과하도록 부름을 받았던 날이 없었으면 좋았을 것이라고 후회하지 않을 것입니다. 그러므로 살가죽이 벗어지는 듯한 아픔을 겪어본 사람만큼 온유한 사람은 없습니다. 고난의 방에서 지내본 사람은 그곳에 있는 사람들을 어떻게 위로해야 하는지 알고 있습니다. 진찰을 하고 수술을 하기 위해서, 병원의 이곳저곳을 걸어 다녀보지 않은 사람은 결코 의사가 될 수 없을 것입니다. 만약 병원에 입원한 환자를 심방해 보지 않았거나, 또한 자신이 아파서 입원해 있으면서 스스로 고통을 겪지 않은 사람은 목회자나 위로자가 될 수 없다고 나는 확신합니다. 거룩하신 하나님 앞에서, 나는 매우 진지하게 말하고 있는 것입니다. 어떤 그리스도인들이 불 속에서의 시련을 조금도 겪어보지 않았다면, 하나님께서는 대체로 그들을 목회자들로 세우시지 않을 것입니다. 하나님께서는 불의 시험을 통과하지 않은 사람을 바나바, 곧 "위로의 아들"로 만드실 수 없습니다(참고. 행 4:36). 그가 위로의 아들들을 만드실 수 있는 곳은 바로 시련의 풀무불 속입니다. 오직 그곳뿐입니다. 하나님께서는 우레의 아들들을 다른 곳에서 만드실 수 있습니다. 그러나 오직 시련의 풀무불을 통해서, 그는 위로의 아들들을 만드십니다. 누가 마음이 상한 사람들에게 동정심이 가득한 마음으로 말을 걸 수 있겠습니까? 누가 그들의 상처를 싸매 줄 수 있겠습니까? 오직 마음의 아픔을 겪어보았던 사람이 마음이 상한 사람들을 위로할 수 있을 것입니다. 또한 상처로 인해서 오랫동안 쓰라린 슬픔을 경험했던 사람만이 그들의 상처를 치료해 줄 수 있을 것입니다. 이러한 의미에서, 본문은 "너희가 … 근심하게 되지 않을 수 없으나"라고 말합니다.

그런데 "잠깐"이라는 말을 제외하고, 본문에서 언급된 "근심"에 대해서 나는 이제까지 충분히 설명했을 것입니다. 그렇다면 본문에서 "잠깐"이라는 말은 무엇을 뜻하는 것입니까? 잠시 후에, 몇 시간 후에, 며칠 후에, 아니면 기껏해야 몇 달 뒤에, 우리의 모든 근심은 사라질 것입니다. 그 다음에는, "지극히 크고 영원한 영광의 중한 것"(참조. 고후 4:17)이 우리에게 찾아올 것입니다. 그러면 우리는 그 안에서 크게 기뻐할 것입니다.

2. 둘째, 이제부터 그리스도인의 큰 기쁨에 대해서 살펴보고자 합니다.
여기서는 첫 번째 부분보다 훨씬 더 기쁘고 위로가 되는 것을 다루게 될 것입니다. 곧, 본문에는 "오히려 크게 기뻐하는도다"라고 기록되어 있습니다. 그렇다면 그리스도인이 근심하고 있는 동안에, 과연 그는 크게 기뻐할 수 있는 것입니까? 예, 그는 분명히 기뻐할 수 있습니다. 선원들은 우리에게 바다 안에 있는 어떤 수역(水域)에 대해서 이야기해 줍니다. 그들의 말에 의하면, 그곳의 표면에서는 해류가 한 방향으로 힘차게 흐르고 있지만, 반면에 깊은 곳에서는 해류가 반대 방향으로 강하게 흐르고 있다는 것입니다. 그러므로 두 해류는 서로 부딪치지도 않고, 또한 서로 방해하지도 않습니다. 이와 같이, 바다의 표면에서는 한가지 해류 곧 표층수가 어떤 방향으로 흐르고 있습니다. 그러나 깊은 곳에서는 다른 해류 곧 심층수가 반대 방향으로 흘러가고 있습니다. 그런데 그리스도인의 삶도 이와 같습니다. 표면에는, 사나운 파도와 함께 근심의 표층수 물줄기가 흐르고 있습니다. 그러나 깊은 곳에는, 언제나 커다란 기쁨의 심층수 물줄기가 강하게 흐르고 있습니다.

여러분은 그리스도인이 크게 기뻐하는 이유가 무엇인지 알고 싶습니까? 본문에서, 사도 베드로는 "오히려 크게 기뻐하는도다"라고 말하고 있습니다. 그것은 무엇을 의미합니까? 그것을 알기 위해서, 여러분은 베드로전후서를 참고해 보아야 할 것입니다. 그러면 그 뜻을 알 수 있을 것입니다. 베드로는 "본도, 갈라디아, 갑바도기아, 아시아와 비두니아에 흩어진 나그네들에게" 이 편지를 보냈습니다(참조. 벧전 1:1). 그는 이 나그네들에게 먼저 "하나님 아버지의 미리 아심을 따라 … 택하심을 받은 자들"(2절)이라는 사실에 대해서 언급합니다. 그리고 나서 조금 뒤에, 그는 "오히려 크게 기뻐하는도다"(6절)라고 말합니다. 그리스도인은 "여러 가지 시험으로 말미암아 잠산 근심하게 되지 않을 수 없습니다." 그렇지만 자신이 여전히 하나님의 택하심을 받은 사람이라는 사실을 깨닫게 하는 하나님의 자비는 얼마나 놀라운 것입니까! 하나님께서 "창세 전에 그리스도 안에서 우리를 택하사"(엡 1:4)라는 사실을 확신하는 사람은 누구든지, "나는 그 진리 안에서 크게 기뻐합니다"라고 분명하게 고백할 수 있을 것입니다. 만약 내가 병상에 누워 있어야 한다면, 내가 이미 창세 전에 선택되었다는 그 한 가지 진리에 대해서 나는 깊이 묵상할 것입니다. 그리고 그 진리 안에서 기뻐할 것입니다. 하늘과 땅을 창조하시기 이전에, 또한 거대한 황금 촛대로 궁창의 기둥을 세우시기 이전에, 하나님께서는 이미 나에게 사랑을 베푸셨습니다. 그는 영원한 대제사장의 가슴에 내 이름을 새기셨습니다. 또한 "하나님 아버지의 미리 아심을 따라 택하심을 받은" 내 이름은 영원한 생명책에 기록되었습니다. 그것은 결코 지워지지 않습니다. 이 사실은 그리스도인의 영혼을 기뻐서 뛰게 만들 것입니다. 그래서 육신의 연약함이 그에게 가져다주는 모든 근심은 아무것도 아닌 것처럼 여겨질 것입니다. 왜냐하면 그의 영혼 안에 넘쳐흐르는 기쁨의 거대한 물줄기는 밀방아를 돌리기 위해서 쌓아올린 작은 둑과 같은 슬픔의 둑을 휩쓸어버릴 것이기 때문입니다. 그 기쁨의 물줄기는 모든 장애물을 쓸어버리고, 그 위로 힘차게 흐를 것입니다. 그리고 그것은 근심으로 비롯되는 모든 슬픔을 뒤덮으며 삼켜버릴 것입니다. 그래서 어떤 슬픔도 더 이상 언급되지 않을 것입니다. 그러므로 근심하는 대신에, 우리는 오히려 크게 기뻐합시다. 자, 그리스도인이여, 오십시오! 지금 당신은 낙심해 있고, 풀이 죽어 있습니다. 그러나 잠깐 생각해 보십시오. 당신은 하나님께서 선택하신 사람입니다. 당신은 하나님에게 소중한 존재입니다. 선택의 종소리가 여러분의 귓가에 울리게 하십시오. 하나님과의 언약이 체결되었다는 것을 알려주는 옛 안식일의 종소리가 울리게 합시다. 울려 퍼지고 있는 종소리 속에서 들려오는 당신의 이름을 들으십시오. 그리고 나는 당신이 다음 말을 따라서 할 것을 간절히 바랍니다. "비록 나는 지금 여러 가지 시험으로 말미암아 잠깐 근심하지 않을 수 없다. 그렇지만 하나님께서 나를 선택하셨고 사랑하신다. 이 사실에 나는 크게 기뻐하지 않을 수 없다."

여기서 우리가 크게 기뻐해야 하는 또 한 가지 이유에 대해서 말하고자 합니다. 사도 베드로는 "성령이 거룩하게 하심으로 순종함과 예수 그리스도의 피 뿌림을 얻기 위하여 택하심을 받은 자들에게"(벧전 1:2)라고 말합니다. 우리는 그 진리 안에서 크게 기뻐하는 것입니다. 믿음을 통해서, 우리는 주 예수 그리스도에게 순종하게 되었습니다. 그리고 우리는 그리스도와 연합하게 되었습니다. 이제 우리는 새로운 피조물이 되었으며, 아름답고 영광스러운 옷을 입게 되었습니다. 그리스도의 피가 우리 위에 뿌려졌습니다. 그래서 우리의 모든 죄악이 제거되었습니다. 이 진리 안에서, 우리는 크게 기뻐해야 하지 않습니까? 슬픔과 근심으로 인해서, 우리는 버드나무 가지에 우리의 수금을 잠시 걸어 두었습니다(참조. 시 137:2). 그런데 우리의 마음속 깊이 도사리고 있는 온갖 우울한 근심 가운데에서, 하나님을 찬양하는 수금을 부수어버리고 싶은 생각이 들게 하는 어떤 것이 있는 것입니까? 우리가 하나님을 찬양하는 것을 완전히 그만두게 만드는 무엇이 있는 것입니까? 우리의 찬양이 다시 하늘 높이 날아오를 것이라고 기대하지 않습니까?

우리에게 그리스도의 피가 뿌려져서, 우리가 여전히 메시야의 영광스러운 의로움의 옷을 입고 있다는 사실을 기억합시다. 그러면 우리의 마음속에 있는 짙은 어둠으로부터 지금 갑자기 기쁨의 섬광이 나타날 것입니다.

그런데 베드로를 크게 위로하며 기쁘게 하는 또 한 가지 근거는 이것입니다. 곧, "썩지 않고 더럽지 않고 쇠하지 아니하는 유업을 잇게 하시나니 곧 너희를 위하여 하늘에 간직하신 것이라"(벧전 1:4). 형제자매 여러분! 바로 여기에 그리스도인의 커다란 위로가 있는 것입니다. 하나님의 자녀도 슬픔에 잠기고 몹시 우울한 상태에 놓여 있을 때가 있습니다. 그러나 그가 살든지 죽든지, 그를 위해서 하늘에 간직된 썩지 않는 유업이 그를 기다리고 있다는 사실을 기억할 때, 그 달콤한 소망은 그를 매우 기뻐하게 할 수 있을 것입니다. 그는 죽음의 문턱에 가까이 다가가고 있습니다. 그래서 그의 마음은 근심에 싸여 있습니다. 왜냐하면 그는 모든 가족과 그의 삶에서 소중했던 모든 것들을 뒤로 하고 떠나가야 하기 때문입니다. 더욱이 그의 병은 악화되어서 자연히 그를 더욱 우울하게 만듭니다. 그때 여러분이 그의 침대 곁에 앉아서, 다음 찬송가를 나지막한 목소리로 불러준다면 좋을 것입니다.

"도도히 흐르는 강 건너에 아름다운 들판이 있네.
그곳에는 생명력이 넘치는 푸른 초목이 가득하네."

여러분은 그에게 요단 강 건너편에 있는 가나안 땅, 곧 하늘나라에 대해서 설명해 주십시오. 그곳에는 젖과 꿀이 흐르고 있습니다. 보좌 가운데에는 하나님의 어린 양이 있습니다. 새 예루살렘 성에는 하나님께서 사랑하시는 사람들을 위해서 예비하신 온갖 영광으로 가득합니다. 그에게 그것을 설명해 주십시오. 그러면 그가 흐릿해지고 무기력해진 눈을 힘주어서 크게 뜨는 것을 여러분은 보게 될 것입니다. 이제 그의 눈은 어린아이의 눈처럼 맑아지고 밝게 빛날 것입니다. 그는 자기의 근심을 떨쳐버리고, 다음과 같이 찬양하기 시작할 것입니다.

"폭풍우가 휘몰아치는 요단강가에 나는 서 있네.
아름답고 복된 가나안 땅을
나는 그리움을 가득 머금고 바라보네.

그곳에는 나의 영원한 보물이 있네."

이 찬양을 하고나면, 그는 매우 기뻐할 것입니다. 나는 여러분이 다음 사실들에 대해서도 그에게 추가로 말해줄 것을 권면합니다. 곧, 병상에 누워 있는 그가 죽음의 문을 통과하기 이전에도, 그의 주님이신 그리스도께서 나타나실 수 있다는 것입니다. 여러분과 그는 예수님을 직접 보지 못하였습니다. 그렇지만 여러분과 그는 주님을 사랑하고 믿으며, 이루 말할 수 없는 영광스러운 즐거움으로 기뻐하고 있습니다(참조. 벧전 1:8). 또한 주께서 다시 오시는 것을 고대하고 있습니다. 주 예수 그리스도께서 하늘의 구름을 타고 곧 오실 것입니다. 만약 여러분의 설명을 듣고 나서, 그가 하나님의 은혜로 성경의 이 장엄한 가르침을 깨닫는다면, 병상 위에서 정신적·육체적으로 지쳐 있지만, 그는 손바닥을 치며 이렇게 외칠 것입니다. "그렇다면 주 예수여, 속히 오시옵소서! 주 예수여, 속히 오시옵소서!"(참조. 계 22: 20).

이제 곧 설교를 마무리할 것입니다. 그 이전에, 나는 언제나 그리스도인에게 용기를 북돋워 주는 성경의 또 한 가지 가르침에 대해서 살펴보고자 합니다. 베드로전서 1장 5절에는 이렇게 언급되어 있습니다. "너희는 말세에 나타내기로 예비하신 구원을 얻기 위하여 믿음으로 말미암아 하나님의 능력으로 보호하심을 받았느니라." 곧, 하나님께서 전능하신 능력으로 우리를 보호하신다는 사실에 대해서 주목해 보려고 합니다. 이것은 오늘 본문에서 소개되고 있는 여러 가지 가르침들 가운데 매우 중요한 것입니다. 이 가르침은 지금 여러 가지 시험으로 인해서 근심하고 있는 그리스도인에게 가장 탁월한 강장제(强壯劑) 가운데 한 가지일 것입니다. 그는 자신의 힘으로 보호되는 것이 아니라, 하나님의 권능에 의해서 보호받고 있는 것입니다. 또한 그는 자신의 보호에 맡겨진 것이 아니라, 지극히 높으신 분의 보호에 맡겨져 있는 것입니다. 어둠의 권세가 우리의 믿음을 둘러싸고 우리를 유혹할 때, 우리가 스스로 보호할 수밖에 없다면, 여러분과 나는 그때 어떻게 해야 하겠습니까? 어떤 아르미니우스(Jacobus Arminius, 1560-1609; 화란의 개신교 신학자로서, 칼빈의 사상에 여러 가지 이의를 제기함) 신봉자가 병들어서 슬픔과 근심에 빠져 있을 때, 그가 어떻게 해야 하는지 나는 결코 이해할 수 없습니다. 그 아르미니우스주의자는 어떤 우물에서 위로를 길어야 할지 나는 알지 못합니다. 그러나 나는 어디서 위로의 샘물을 길어야 할지 알고 있습니다. 그곳은 바로 만물의 근원이신 하나님이십니다. "내 육체와 마음은 쇠약하나 하나님은 내 마음의 반석이시요 영원한 분깃이시라"(시 73:26). 그러므로 사도 바울은 이렇게 말했습니다. "내가 믿는 자를 내가 알고 또한 내가 의탁한 것을 그 날까지 그가 능히 지키실 줄을 확신함이라"(딤후 1:12). 만약 구원자이신 하나님께서 그의 백성을 보호해 주신다는 성경의 가르침을 제거해 버린다면, 나의 소망은 어디에 있습니까? 나는 누구를 의지해야만 합니까? 또한 복음의 내용 가운데 내가 전해야 할 가치가 있는 것은 어떤 것입니까? 여러분이 받아들일 만한 가치가 있는 복음의 내용은 무엇입니까?

그러나 예수님은 우리를 안전하게 또한 영원히 보호해 주신다는 사실에 대해서 다음과 같이 말씀하셨습니다. "내가 그들에게 영생을 주노니 영원히 멸망하지 아니할 것이요 또 그들을 내 손에서 빼앗을 자가 없느니라"(요 10:28). 오, 주여! 그렇지만 만약 하나님의 자녀가 병들어서 육신의 기력이 쇠약해지면, 그들은 고통 속에서 불평하기가 쉬울 것입니다. 그들이 불평한다면, 그들은 구원을 잃어버리게 되어 멸망하고 마는 것입니까? 아닙니다. 그들은 결코 멸망하지 않을 것입니다. 만약 고통이 감당하기 어려울 정도로 극심해져서, 그들의 믿음이 흔들리게 된다면, 그들은 결국 멸망하게 되는 것입니까? 아닙니다. 그들은 영원히 멸망하지 않을 것입니다. 또한 그들을 주님의 손에서 빼앗을 자가 없을 것입니다. 만약 그들의 분별력이 무디어져서 영적으로 방황하게 되면, 이단적인 사상에 물든 사람들이 그들을 올바른 믿음에서 벗어나게 하려고 유혹할 것입니다. 그러면 그들은 믿음을 저버리게 됩니까? 아닙니다. 그들을 결코 멸망하지 않을 것입니다. 유혹과 환난이 극에 달할 경우에는, 지옥과 세상과 그들의 마음속에 있는 두려움이 그들을 에워싸서 공격할 것입니다. 만약 대적자가 맹렬하게 퍼붓는 수많은 공격에 대항할 힘이 그들에게 전혀 없다면, 그들은 결국 멸망하게 되는 것입니까? 절대로 그렇지 않습니다. 그들은 이미 "나타내기로 예비하신 구원을 얻기 위하여 믿음으로 말미암아 하나님의 능력으로 보호하심을 받았습니다"(참조. 벧전 1:5). 그리고 그들은 "영원히 멸망하지 아니할 것이요 또 그들을 주님의 손에서 빼앗을 자가 없을 것입니다"(참조. 요 10:28). 이것이 바로 성경의 핵심적인 가르침 가운데 한 가지입니다. 그것은 우리에게 기쁨과 용기와 확신을 줍니다. "그러므로 너희가 이제 여러 가지 시험으로 말미암아 잠깐 근심하게 되지 않을 수 없으나 오히려 크게 기뻐하는도다"(벧전 1:6).

여러분을 집으로 돌아가게 하기에 앞서, 나는 마지막으로 한 가지를 덧붙여서 말하고자 합니다. 이 진귀한 말씀을 들었지만, 여러분 가운데 어떤 사람들은 별로 깨닫는 것이 없을 것입니다. 오, 세상적인 것에 빠져 있는 사람이여! "너희가 잠깐 근심하게 되지 않을 수 없으나"라는 본문 말씀에 유의하십시오. 하나님의 자녀는 '잠깐' 근심하지만, 불신자는 그렇지 않습니다. 불신자에게 곧 근심거리가 다가올 것입니다. 그것은 견딜 수 없는 근심입니다. 왜냐하면 그 근심은 아무런 소망도 없이 영원히 지속되기 때문입니다. 비록 하나님의 자녀가 받는 시험이 여러 가지이기는 하지만, 그것은 일시적이며 가벼운 것입니다. 또한 그것은 이 세상의 것보다 비교할 수 없을 정도로 영원하고 커다란 영광을 하나님의 자녀에게 이루어 줄 것입니다(참조. 고후 4:17). 그렇지만 불신자가 현재 누리는 다양한 기쁨은 거품과 같이 보잘것없고 덧없는 것입니다. 그 기쁨은 곧 사라집니다. 결국 그것은 불신자에게 이 세상의 것과는 비교할 수 없는 영원한 불행을 가져다줄 것입니다. 불신자 여러분! 그러므로 이 심각한 문제에 대해서 진지하게 생각해 보기를 간절히 바랍니다. 여러분의 마음과 생각이 올바른 것인지 주의 깊게 살펴보십시오. 조금도 변화되지 않은 채 지금 모습 그대로, 영원한 상태에 머무르는 것이 여러분에게 진정으로 좋은 것인지 숙고해 보시기 바랍니다. 하나님께서 여러분에게 은혜를 베풀어 주셔서, 여러분에게 구세주가 꼭 필요하다는 사실을 깨닫기를 원합니다. 그래서 여러분이 그리스도를 만날 수 있도록 힘써서 구하십시오. 그리스도를 구주로 영접하여, 여러분이 그의 손을 꼭 붙잡고, 죄 사함과 영생을 얻는 은혜의 자리로 나아가기를 간절히 기도합니다. 그리하면 그리스도 안에서, 여러분은 크게 기뻐할 것입니다. 이제 본문을 다시 한 번 읽어 보겠습니다. "그러므로 너희가 이제 여러 가지 시험으로 말미암아 잠깐 근심하게 되지 않을 수 없으나 오히려 크게 기뻐하는도다"(벧전 1:6).

제
2
장

—

시련을 통해서 연단 받는 믿음

—

**"너희 믿음의 확실함은 불로 연단하여도 없어질 금보다
더 귀하여 예수 그리스도께서 나타나실 때에
칭찬과 영광과 존귀를 얻게 할 것이니라"** — 벧전 1:7

　　사랑하는 형제자매 여러분! 어떤 사람이 "여러분의 믿음"에 대하여 진실하게 이야기해 줄 수 있다면, 그것은 위대한 일입니다. 왜냐하면 모든 사람들이 믿음을 갖고 있는 것은 아니기 때문입니다. 믿음을 진정으로 지니고 있는 사람마다, 자신이 하나님의 은혜를 받았다는 증거를 지니고 있습니다. 모든 경우에 있어서, 진정한 믿음은 하나님의 성령의 역사를 통해서 주어지는 것입니다. 성령님의 역사는 신앙인을 깨끗하고 고상하며 거룩하게 해주는 특성을 지니고 있습니다. 그런데 진정한 믿음은 인간의 마음속에서 양육되어질 수 있는 소중한 것들 가운데 가장 중요한 것입니다. 그것은 "보배로운 믿음"이라고 불리고 있습니다(참조. 벧후 1:1). 또한 "하나님이 택하신 자들의 믿음"(딛 1:1)이라고 일컬어지기도 합니다. 보배로운 믿음을 지닌 사람마다, 그는 영원히 선택되었다는 것에 대한 확실한 증거를 갖고 있는 것입니다. 믿음은 이 세상에서의 복된 삶에 대한 표시입니다. 또한 믿음은 하늘나라에서 지극히 복되고 영원한 삶을 누리게 된다는 것에 대한 예표입니다. 믿음은 새로워진 영혼의 눈이며, 거듭난 마음의 손이고, 또한 새로 태어난 심령의 입술입니다. 믿음은 영원한 생명을 지니고 있다는 것에 대해서 증거해 줍니다. 믿음은 거룩함을 솟아나게 하는 샘이며, 기쁨

의 근원입니다. 믿음은 하늘나라의 영광에 대해서 미리 알려줍니다. 또한 믿음은 무한한 지식과 영원한 지혜를 향한 시작입니다. 만약 여러분이 믿음을 지니고 있다면, 온 세상을 소유하고 있다고 하더라도 믿음이 없는 사람보다, 여러분은 무한하게 더 많은 것을 갖고 있는 것입니다. 그러므로 사도 바울은 믿음을 지니고 있는 사람에 대하여 "만물이 다 너희 것임이라"(고전 3:21)고 말했던 것입니다. 그리고 믿음은 하나님의 자녀가 된 것에 대한 확증이며, 또한 하늘나라를 상속받을 것에 대한 보증입니다. 믿음으로, 우리는 무한한 가치를 지닌 것들을 소유합니다. 또한 믿음을 통해서, 육신의 눈으로 볼 수 없는 것들에 대해서 깨닫는 것입니다. 마치 커다란 상수리나무가 작은 도토리 속에서 잠을 자고 있는 것처럼, 믿음 안에는 영광이 감추어져 있습니다. 만약 여러분이 믿음을 지니고 있다면, 여러분의 믿음이 크게 성장하게 하십시오. 또한 여러분은 믿음과 관련된 모든 약속들을 알고 깨닫고 꼭 붙잡으십시오. 그것 이외에, 여러분은 더 많은 것을 요구할 필요가 없습니다. 시간 관계상, 믿음이 지닌 힘과 특권에 대해서, 또한 믿음을 통해서 이 세상에서 받는 것과 오는 세상 및 그곳에서 받을 것에 대해서, 나는 모든 것을 말할 수 없습니다. 한 마디로 말해서, 믿음을 지닌 사람은 복받은 사람입니다. 왜냐하면 그는 하나님을 기쁘시게 하고(참조. 히 11:6), 하나님의 거룩한 보좌 앞에서, 의롭다는 선고를 받았기 때문입니다. 따라서 하나님의 은혜의 보좌 앞으로, 그는 언제든지 담대하게 나아갈 수 있기 때문입니다. 또한 그는 그리스도와 함께 영원히 다스릴 준비를 하고 있기 때문입니다.

이제까지 말한 것은 모두 우리에게 기쁨을 주는 내용뿐입니다. 하지만 베드로전서 1장 7절에는 "너희 믿음의 시련"이라고 언급되고 있습니다(헬라어 명사 '도키미온'은 금속을 정련할 때 사용되던 단어이다. 그것은 '시험', '연단', '진정성' 등을 뜻한다. 이 단어가 개역한글에는 '확실함'으로, 표준새번역에는 '단련'으로, KJV에는 'trial', NIV에는 'be proved genuine'으로 번역되었다. KJV를 따라서, 스펄전의 설교에서는 '시련'이라고 번역되었다 — 역주). 그런데 '시련'이라는 단어는 우리를 다소 놀라게 할 것입니다. 그것은 아마도 겁이 많은 사람들에게는 두려움을 줄 것입니다. 여러분은 아름다운 장미꽃과 함께 자라난 가시를 볼 수 있습니다. 좋은 향기를 풍기는 장미꽃을 꽃병에 꽂으려면, 여러분은 반드시 가시들이 달려 있는 장미 줄기도 필요합니다. 마찬가지로, 시련을 체험하지 않고, 여러분은 진정한 믿음을 가질 수 없습니다. 양들이 꼴로 먹는 풀은 맛이 씁니다. 그렇지만 그 풀이 없다면, 우리는 양고기를 먹을 수 없습니다. 따라서 믿음과 시련은 서로 나란히 가는 것입니다. 오늘은 여러분이 지닌 믿음의 시련에 대해서 설교하려고 합니다. 하나님께서 도와주셔서, 내가 여러분에게 말씀을 잘 전할 수 있기를 바랍니다. 그러면 만약 여러분이 매우 쓰라린 믿음의 시련을 겪게 된다면, 이 시간에 들은 말씀들이 여러분을 위로해 줄 것입니다. 성령님께서는 믿음을 자라게 해주십니다. 여러분이 시련을 겪을 때, 그는 여러분의 믿음을 지켜 주시며, 온전하며 굳세게 해주십니다. 오늘 이 시간에, 믿음과 시련에 대해서, 성령님께서 여러분을 깨우쳐 주시기를 바랍니다.

**1. 맨 먼저, 여러분의 믿음은 반드시
시련을 당할 것이라는 주제에 대해서 말하고자 합니다.**

여러분은 그것이 확실하다고 인정할 필요가 있습니다. 어떤 신앙인은 한동안 아무런 시련을 겪지 않을 수도 있습니다. 그러나 이제까지 평생 동안, 어떤 시련도 경험하지 않았던 신앙인은 결코 없었습니다. 그것은 있을 수 없는 일입니다. 지금도, 또한 앞으로도, 그것은 마찬가지일 것입니다. 왜냐하면 그 본질에 있어서, 믿음은 어느 정도의 시련을 내포하고 있기 때문입니다. 나는 하나님의 약속을 믿습니다. 그러나 그 약속이 모든 면에서 나에게 구체적으로 이루어지기까지, 나의 믿음은 줄곧 시련을 겪어왔습니다. 하나님의 약속을 믿으며, 나는 그것이 성취되는 것을 기다려왔습니다. 약속이 이루어지는 것이 늦추어지는 것처럼 여겨질 때에도, 나는 반드시 이루어진다고 믿었습니다. 그리고 그 약속을 꼭 붙잡고 있었습니다. 그 과정에서, 나는 그 약속이 성취되는 것을 포기하지 않고, 계속해서 기다려 왔습니다. 그래서 시련을 통과하지 않은 믿음이 도대체 어떻게 진정한 믿음이 될 수 있는지, 나는 알 수 없습니다. 그렇다면 가장 행복하고 평안한 삶을 살았던 사람들의 믿음을 예로 들어봅시다. 사람들이 보기에, 어떤 이들이 행복하고 평안한 삶을 산다고 하더라도, 그들의 믿음에도 분명히 시련이 있습니다. 그들은 하나님으로부터 어떤 약속을 받았을 것입니다. 하나님 앞에서, 그들은 약속의 성취를 위해서 기도하며 간청할 것입니다. 그것이 성취되는 것을 고대하는 과정에서, 그들도 반드시 시련을 겪습니다. 이 점에서, 여러분은 오해하지 말기를 바랍니다. 하나님께서 우리에게 믿음을 주신 것은, 그것으로 우리가 어떤 재미있는 놀이를 하라는 것이 결코 아닙니다. 믿음은 칼과 같습니다. 그러나 그 칼은 어떤 경축일에 축하 공연을 하기 위해서 주어진 것이 아닙니다. 또한 그 칼은 단지 어떤 의전 행사에만 차고 나가려고 주어진 것도 아닙니다. 그리고 열병식에서 보여주기 위한 것도 아닙니다. 영적인 전쟁에서, 믿음은 대적을 찌르고 상처를 내고 죽이기 위한 칼입니다. 그 칼을 허리에 차고 있는 사람은 이 세상에서 하늘나라로 가는 동안 어떠한 싸움을 해야 하는지를 알고 있어야 합니다. 그리고 믿음은 큰 바다 위를 항해하는 견고한 배와 같은 것입니다. 그러므로 그 배를 부두에 정박해 두어서, 녹이 슬어 썩게 해서는 안 됩니다. 그렇다면 하나님께서는 어떤 사람에게 믿음을 주셨습니까? 그것은 어떤 사람이 저녁 무렵에 집으로 돌아가는 친구에게 초롱불을 주는 것과 같습니다. 왜냐하면 곧 어두워져서 컴컴하게 되어, 집으로 돌아가는 길이 잘 보이지 않기 때문입니다. 하나님께서 믿음을 은사로 주시는 것은 여러분이 그것을 필요로 할 것이라는 암시가 담겨 있습니다. 어떤 경우와 장소에서, 여러분은 어떤 특별한 믿음을 갖고 싶어할 것입니다. 그러나 어느 곳에서나, 또한 어떤 일에서든지, 여러분은 진정으로 믿음을 필요로 합니다. 믿음이 없다면, 여러분은 이 세상에서 제대로 살아갈 수 없습니다. 왜냐하면 우리는 "오직 의인은 믿음으로 말미암아 살리라"(합 2:4; 롬 1:17)고 거듭해서 듣고 있기 때문입니다. 날마다 하나님을 의지하며, 우리는 이 험한 세상 속에서 살아가는 것입니다. 그러므로 우리에게는 언제나 믿음이 필요합니다.

사랑하는 형제자매 여러분! 만약 하나님께서 여러분에게 커다란 믿음을 주셨다면, 반드시 여러분이 커다란 시련들을 겪게 된다는 것을 기대해야 합니다. 왜냐하면 믿음이 성장하는 것만큼, 여러분은 시련을 그만큼 더 겪게 되고, 또한 그 과정에서 더 많이 참고 견뎌야 하기 때문입니다. 작은 돛단배는 해변에 가능한 한 가까이 정박해 있습니다. 그것은 그 배에게 어울리는 것입니다. 만약 하나님께서 여러분을 큰 배로 만드시고 그 위에 많은 짐들을 실으셨다면, 그는 큰 파도가 무엇인지를 여러분이 경험을 통해서 알기를 원하십니다. 또한 "여호와께서 행하신 일들과 그의 기이한 일들을 깊은 바다에서 보나니"(시 107:24)라는 말씀이 지적하듯이, 하나님께서는 목숨을 위태롭게 하는 집채만 한 파도를 여러분이 체험하게 하실 수도 있습니다. 하나님께서 쓸데없이 만드신 것은 아무것도 없습니다. 특별히 영적인 분야에서도, 하나님께서는 쓸모 없는 것은 아무것도 행하시지 않습니다. 하나님께서는 여러분에게 믿음을 선물로 주셨습니다. 그는 여러분의 믿음이 충분하고 온전하게 연단되어서, 그 믿음이 최대한으로 사용되기를 원하십니다.

그리고 시련은 믿음을 구성하는 요소 가운데 하나입니다. 그러므로 우리는 시련이 다가오는 것을 예상해야만 합니다. 여러분은 불 속에서도 살아남는다는 불도마뱀에 대한 전설을 들어보았을 것입니다. 이와 같이, 믿음은 불 같은 시련 속에서도 살아남는 특성을 지니고 있습니다. 높은 하늘에서 빛나고 있는 별처럼, 믿음은 신비로운 빛을 비추어 줍니다. 또한 믿음은 바위를 뚫고 지나가는 다이아몬드와 같은 것입니다. 시련을 겪지 않은 믿음은 아직 세공되지 않은 다이아몬드 광석과 같습니다. 그래서 우리는 다이아몬드의 아름다운 광채를 제대로 볼 수 없습니다. 연단 받지 않은 믿음은 아주 작은 믿음이기 때문에, 어떤 사람들은 그것은 믿음이 아니라고 생각하기도 했습니다. 만약 어항 속에 물이 없다면, 그 속에 있는 금붕어는 어떻게 되겠습니까? 만약 새장에 공기가 없다면, 그 안에 있는 새는 어떻게 되겠습니까? 시련을 겪지 않은 믿음도 마찬가지일 것입니다. 만약 여러분이 믿음을 지니고 있다면, 여러분의 믿음이 시련을 당할 것이라는 사실을 여러분은 분명하게 예상하고 있어야 합니다. 하늘나라의 보물들의 위대하신 주인은 진짜인지 살펴보시지도 않은 채, 아무 동전이나 보물 상자 안에 무조건적으로 넣으시지 않습니다. 믿음도 본질적으로 마찬가지입니다. 그래서 믿음에 근거해서 사는 삶도 마찬가지로 시련(시험)을 통과해야만 합니다. 마치 믿음을 아주 없애버리려는 듯이 위협하는 삶의 풍파를 이겨내지 않고서는, 우리의 믿음은 온전히 성장할 수 없습니다.

믿음이 시련을 겪는 것은 사실상 명예로운 것입니다. 어떤 사람이 이렇게 말할 수 있겠습니까? "나는 믿음을 지니고 있습니다. 그러나 어려운 상황 속에서도, 내가 꼭 믿음을 지니고 있어야만 했던 것은 아닙니다." 그렇다면 당신이 진정으로 믿음을 갖고 있는지에 대해서, 누가 확실하게 알 수 있겠습니까? 자신이 믿음을 갖고 있다고 생각하면서, 다음과 같이 말한다면, 그것은 잘못된 것입니다. "나는 정말로 하나님에 대한 큰 믿음을 갖고 있습니다. 그렇지만 일상생활에서 평범한 문제들 이외에는, 나는 그 믿음을 사용할 필요가 전혀 없었습니다. 따라서 믿음을 지니고 있을 때뿐만 아니라, 나에게 믿음이 없었다고 하더라도, 나는 그 문제들을 잘 처리할 수 있었을 것입니다." 만약 이렇게 주장한다면, 그것이 당신의 믿음을 명예롭게 하거나 칭찬하는 것이 될 수 있겠습니까? 그와 같은 믿음이 하나님을 크게 영화롭게 하고, 또한 당신에게 커다란 상급을 줄 것이라고 당신은 생각합니까? 만약 그렇다면, 당신은 대단히 오해하고 있습니다. 하나님께서 어떤 분이신지 깨닫고, 하나님의 시험을 통과한 사람은 주님으로부터 다음과 같은 말을 듣게 될 것입니다. "잘하였도다 착하고 충성된 종아"(마 25:21, 23). 만약 아브라함이 갈대아 우르에 계속해서 머무르고, 그곳에서 안식을 누리며, 또한 친구들과 함께 즐기는 삶을 살았다면, 우리는 그의 믿음을 어디에서 찾아볼 수 있겠습니까? 아브라함은 그의 고향과 아버지 집을 떠나서 한 번도 보지 못한 땅으로 가라는 여호와의 명령을 받았습니다(참조. 창 12:1). 하나님과 동행하며, 그는 나그네로서 그곳에서 장막을 치고 살았습니다. 하나님의 부르심에 순종하게 되자, 아브라함의 믿음은 빛나기 시작했습니다. 만약 자기 자신을 담대하게 부인하는 것을 요구하는 여호와의 부르심이 없었다면, 아브라함의 믿음이 어떻게 영광스러운 빛을 비출 수 있었겠습니까? 그 당시, 아브라함은 이미 늙었습니다. 아이를 갖는 것과 관련해서, 그의 몸은 거의 죽은 것과 마찬가지였습니다. 그때 하나님께서는 그의 늙은 아내 사래에게 아들을 주시겠다고 약속했습니다(참조. 창 15:4). 만약 아브라함이 약속의 말씀을 믿지 않았다면, 그가 '믿음의 조상'(참조. 롬 4:16)이라는 위대한 칭호를 얻을 수 있었겠습니까? 여호와에게는 불가능한 것이 없다고 믿게 만든 것은 바로 아브라함의 복된 믿음이었습니다.

만약 아브라함이 원기 왕성했던 시절에 이삭이 태어났다면, 우리는 아브라함의 믿음을 어디서 발견할 수 있겠습니까? 더욱이 이삭이 태어나서 이미 소년이 되었을 때, 아브라함은 좀 더 혹독한 시험을 통과해야만 했습니다. "네 아들 네 사랑하는 독자 이삭을 데리고 모리아 땅으로 가서 내가 네게 일러 준 한 산 거기서 그를 번제로 드리라"(창 22:2). 아브라함은 아침에 일찍 일어났습니다. 그는 나무를 쪼개서, 번제에 필요한 장작을 마련했습니다. 하나님의 명령에 순종하느라고 차돌같이 굳어진 얼굴 표정을 한 채, 그는 이삭을 데리고 사흘 길을 여행했습니다. 여호와의 명령에 신실하게 순종하여, 마침내 아브라함은 칼을 들어서 이삭을 죽이려고 했습니다. 바로 그때, 아브라함의 신앙은 하나님으로부터 인정과 칭찬을 받게 되었습니다. 그의 믿음은 결정적으로 입증되었으며, 또한 그에게 축복을 가져왔습니다. 그때 하나님께서는 이렇게 말씀하셨습니다. "네가 네 아들 네 독자까지도 내게 아끼지 아니하였으니 내가 이제야 네가 하나님을 경외하는 줄을 아노라"(창 22:12). 이와 같이, 아브라함의 믿음은 전혀 흔들리지 않았습니다. 하나님의 약속에 순종하기를 조금도 주저하지 않았을 때, 그는 자신의 믿음을 심지어 하나님에게까지 가장 훌륭하게 보여주었습니다. 그것은 필요하다면, 하나님께서 이삭을 죽은 자 가운데서 다시 살리실 수 있다고 아브라함은 생각하고 믿었기 때문입니다(참조. 히 11:19). 이와 같이, 거짓말을 하실 수 없는 하나님의 최상의 명령에 순종하고, 하나님께서 주시게 될 모든 결과에 대해서 신뢰한 것은 바로 아브라함의 믿음이었습니다. 이것을 통해서, 그의 믿음은 큰 명성을 얻었습니다. 그래서 그는 '신앙인들의 아버지'가 되었습니다. 왜냐하면 신앙인들 가운데 가장 혹독한 시험을 받았지만, 어린아이와 같은 믿음으로, 아브라함은 하나님을 신뢰하는 데에 그들을 모두 능가했기 때문입니다. 만약 하나님께서 우리 가운데 어떤 사람에게 훌륭하고 소중한 믿음을 주셨다면, 그 사람은 그러한 믿음에 적합한 시련을 온전하게 또한 확실하게 겪었을 것입니다. 나아가 그 믿음이 좀 더 소중한 믿음이 되려면, 그것은 더욱 많은 시련을 겪어야 할 것입니다.

우리는 믿음이 시련을 겪어야 하는 또 다른 두 가지 이유를 기억하고 있습니다. 과연 믿음이 진실한 것인지 입증하기 위해서 시련이 주어집니다. 만약 믿음이 시련을 견디어내지 못한다면, 그것은 무엇에 유익한 것입니까? 풀무불 속에서 분해되어서, 불꽃에 타서 없어져버리는 금과 비슷한 어떤 금속은 귀금속 상인이 유통시킬 수 있는 금이 아닙니다. 만약 여러분의 믿음이 시련을 당하자마자 곧 사라져버리는 것이라면, 여러분은 그런 믿음으로부터 벗어나는 것이 차라리 더 낫지 않겠습니까? 여러분이 죽는 순간에, 아니면 최후의 심판 날에, 그런 믿음이 여러분에게 어떤 도움을 줄 수 있겠습니까? 전혀 도움이 되지 않습니다. 그러므로 여러분의 믿음이 시련을 통과하기 이전에는, 그것이 진실한 믿음인지 여러분은 확신할 수 없습니다. 여러분의 믿음이 적합한 검사를 받고, 그것을 시련의 시금석으로 문질러보기 이전까지, 과연 여러분의 믿음이 지니고 있을 만한 가치가 있는 것인지에 대해서, 여러분은 확실히 알 수 없습니다.

또한 믿음이 지닌 힘을 입증하기 위해서, 그것은 시험을 통과해야 합니다. 우리의 믿음이 정말로 매우 약한 데도 불구하고, 우리는 때때로 강한 믿음을 지니고 있다고 상상합니다. 믿음이 시련을 당하기 이전에, 과연 그것이 약한지 아니면 강한지를 우리가 어떻게 올바로 알 수 있겠습니까? 어떤 사람이 벌써 몇 주일 동안 병상에 누워 있어야만 했습니다. 그런데도 자신이 매우 건강하다는 근거 없는 생각이 그의 머릿속에 계속 떠오르고 있습니다. 그렇다면 그는 분명히 오해하고 있는 것입니다. 근육의 힘을 필요로 하는 어떤 일을 시작해 보아야, 그는 자신이 건강한지 아니면 연약한지를 정확하게 알 수 있을 것입니다. 하나님께서는 우리가 자신에 대해서 잘못 평가하고 있는 것을 그대로 내버려 두시지 않습니다. 전혀 그렇지 않은 상황에 놓여 있는데도, "우리는 부자이다. 재산이 많이 늘어났다. 그래서 우리에게 부족한 것이 아무것도 없다"(참조. 계 3:17)라고 말한다면, 하나님께서는 그것을 좋아하시지 않습니다. 그러므로 하나님께서는 우리의 믿음을 시험해 보시기 위해서 우리에게 시련을 보내십니다. 그래서 시련을 통해서, 우리의 믿음이 얼마나 강한지 또는 약한지를 우리는 제대로 깨달을 수 있게 됩니다.

사랑하는 친구들이여! 그 외에도, 믿음의 불순물을 제거하기 위해서, 반드시 우리의 믿음은 시련을 필요로 합니다. 심지어 우리가 지닌 가장 순결한 장점들에도, 많은 불순물이 들어 있습니다. 우리의 장점들이 지닌 진정한 가치를 좀 더 온전하게 나타나게 하려고 하지 않고, 우리는 그것들의 양을 늘리는 데에 더 많은 관심과 힘을 기울이기 쉽습니다. 그래서 우리는 양(量)을 질(質)로 오해하고 있는 것입니다. 그리스도인으로서, 우리는 체험하고, 배우고, 인내하고, 열정을 품고 있는 것 등으로부터 많은 좋은 것들을 지니고 있다고 생각합니다. 그러나 그 가운데 대부분의 것들은 단지 우리가 그러한 장점들을 갖고 있다고 추측하는 것뿐이지, 그것들을 진정으로 소유하고 있는 것은 아닙니다. 그래서 불순물을 제거하기 위해서 불꽃은 더욱 이글거리며 타오르는 것입니다. 그러면 불순물의 부피는 이전보다 더 작아지게 됩니다. 그렇다면 그 과정에서, 진정으로 손해를 본 것이 있습니까? 나는 그렇게 생각하지 않습니다. 불순물을 없애는 과정에서, 금 자체는 조금도 없어지지 않았습니다. 시련을 당할 때, 겉으로 보기에는, 믿음이 무엇인가를 잃어버리는 것처럼 여겨질 것입니다. 그러나 믿음은 실제적으로 유익을 얻습니다. 믿음은 다소 작아진 것처럼 보입니다. 그러나 사실상 그것은 작아진 것이 아닙니다. 믿음이 지니고 있어야 할 가치가 있는 모든 것은 그대로 남아 있습니다. 어떤 사람이 이렇게 말합니다. "한 주일 전에, 나는 기쁘게 찬양하곤 했습니다. 나는 믿음에 대한 확신을 갖고 있었습니다. 그런데 내가 정말로 하나님의 자녀인지 아닌지, 지금은 나는 잘 알 수 없습니다. 그 이유가 무엇입니까?" 만약 그렇다면, 이제 여러분은 얼마나 많은 믿음을 지니고 있는지 진정으로 알고 있는 것입니다. 여러분의 믿음이 얼마나 견고한지, 또한 어떤 부분이 모조품이었는지, 이제 여러분은 확실하게 말할 수 있을 것입니다. 여러분을 갈등하게 만들었던 어떤 것이 진정한 믿음이었다면, 그것은 시련을 받는 과정에서도 없어지지 않았을 것입니다. 여러분은 단지 컵의 맨 꼭대기에 있는 거품만을 잃어버린 것뿐입니다. 그러나 진정한 가치를 지닌 모든 것은 그대로 컵 안에 머물러 있습니다.　믿음은 그리스도 안에서, 성령님을 통해서 주어지는 하나님의 선물입니다. 그것은 이 세상 것으로부터 생겨난 것이 아닙니다. 그러므로 세상적인 어떤 것도 믿음을 없앨 수 없습니다. 또한 그것은 진정한 믿음으로부터 어떤 작은 부분도 빼앗아갈 수 없습니다.

사랑하는 친구들이여! 이제까지 설명한 것처럼, 여러 가지 목적들을 위해서, 여러분에게 믿음의 시련이 필요하다는 사실을 깨닫기를 바랍니다. 베드로전서 1장6절에서, 베드로는 "근심하게 되지 않을 수 없으나"라고 말합니다. 여러분은 믿음의 시련을 당할 것입니다.　왜냐하면 그의 지혜 가운데, 하나님께서 여러분의 믿음이 필요로 하는 것을 여러분에게 주실 것이기 때문입니다. 그러므로 여러분은 시련 속으로 들어가는 것에 대해서 걱정하지 마시기 바랍니다. 그렇다고 시험이 지금 당장 닥치지 않는다고, 여러분은 초조해하지 마십시오. 여러분에게 그것을 겪을 충분한 시간이 남아 있습니다. 거듭나는 순간부터 영원한 기업을 받으려고 하늘나라에 들어가는 날까지, 우리는 믿음의 시련을 매우 충분하게 겪게 될 것입니다. 만약 잠시 동안 우리가 편안한 상태에 놓여 있다고 하더라고, 우리는 불안해할 필요가 없습니다. 왜냐하면 찬 서리가 내리고 폭풍이 몰아치는 겨울철이 여전히 우리 앞에 놓여 있기 때문입니다.

2. 둘째, 여러분의 믿음은 여러 가지 방법으로 시련(시험)을 겪을 것입니다.

믿음의 시련은 모든 사람들에게 똑같은 방법으로 주어지지 않습니다. 어떤 사람들은 매일 하나님과 깊은 교제를 나누며, 자신의 믿음을 주의 깊게 살펴봅니다. 그들은 매일 이렇게 기도합니다. "하나님이여 나를 살피사 내 마음을 아시며 나를 시험하사 내 뜻을 아옵소서 내게 무슨 악한 행위가 있나 보시고 나를 영원한 길로 인도하소서"(시 139:23-24). 하나님께서는 언제나 이러한 기도를 들으시고 응답해 주십니다. 그래서 그는 그들을 찾아가십니다. 그리고 그는 그들의 마음과 생각과 행위를 면밀하게 살펴보십니다. 이와 같이, 하나님께서 우리 영혼에 매우 가까이 다가오시는 것보다 우리 영혼을 더 확실하게 시험하는 것은 없습니다. 어떤 외적인 고난과는 별도로, 하나님께서는 우리에게 가까이 다가오셔서, 우리의 생각과 내적인 감정에 대해서 면밀하게 살펴보십니다. 또한 하나님께서 가까이 오심으로, 우리의 영혼이 은밀하게 떨리는 것 등, 하나님께서는 우리의 이와 같은 내면적인 특성들에 대해서 끊임없이 시험해 보십니다. 만약 여러분이 하나님으로부터 멀리 가버리거나, 그와 교제를 나누지 않고 살아간다면, 여러분의 마음속에는 많은 거짓된 것이 그대로 남아 있을 것입니다. 그런데도 여러분은 마음속에 하나님께서 주신 은사와 은혜로 가득 차 있다고 상상할 것입니다. 그러나 만약 여러분이 하나님께 가까이 나아와서, 하나님과 동행하는 삶을 산다면, 여러분은 자신에 대해서 잘못된 견해를 갖고 있을 수 없을 것입니다. 여호와께서 어떤 분이신지 기억하십시오. "우리 하나님은 소멸하는 불이심이라"(신 4:24; 히 12:29). 어떤 사람들이 하나님의 말씀을 변질시켜서 말하려고 시도한다는 것에 대해서, 나는 여러분에게 자주 일깨워 주었습니다. 그들은 이렇게 말합니다. "그리스도 밖에서, 하나님께서는 소멸하는 불이십니다." 곧, 그들은 하나님께서는 오직 불신자들에게만 태워 없애는 불이시라고 주장하는 것입니다. 그러나 성경은 결코 그렇게 주장하지 않습니다. 단순히 "하나님께서는 소멸하는 불이시니라"고 선포합니다. 다시 말해서, 그리스도 안에서의 하나님, 곧 우리 신자들의 하나님께서는 태워 없애는 불이십니다. 그러므로 하나님의 백성이 그의 안에 거하면, 그들과 함께 하는 하나님의 실질적인 임재가 그들 안에 있는 죄악에 대한 애착심과 겉치레뿐인 경건의 모양과 거짓된 지식 등을 모두 불태워 버립니다. 그래서 거짓된 것은 없어지고, 오직 참된 것만 남아 있게 합니다. 지극히 거룩하신 하나님의 임재는 공허한 자랑과 속이 텅 빈 위선을 없애버립니다. 여러분은 하나님께서 그의 섭리 가운데 허락하시는 다양한 형태의 시련을 당하게 해달라고 요청할 필요가 없습니다. 여러분과 함께 하시며, 여러분을 자세히 살펴보시며 깨끗하게 하시는 하나님의 임재에 여러분은 만족할 수 있을 것입니다. 그 임재는 여러분을 가장 깨끗하게 해줄 것입니다. 왜냐하면 그는 "손에 키를 들고 자기의 타작마당을 정하게 하시기"(마 3:12) 때문입니다. 예수님께서 우리와 함께 거하시면, "그가 은을 연단하여 깨끗하게 하는 자 같이 앉아"(말 3:3) 있을 것입니다. 예수님께서는 불신자들을 그들의 더러운 상태에 내버려 두시지만, 반면에 그는 "레위 자손을 깨끗하게 하되 금과 은 같이 그들을 연단"(말

3:3)하실 것입니다. "연단하는 자의 불과 표백하는 자의 잿물"과 같으신 분은 바로 여호와 하나님이십니다(참조. 말 3:2). 누가 주님께서 오시는 날을 막을 수 있습니까? 또한 누가 그날을 견딜 수 있습니까? 그렇다면 거룩함을 사랑하는 사람은 그날의 화(禍)를 피할 수 있습니까? 그러므로 우리는 이렇게 기도해야 합니다.

> "연단하는 불이시여! 내 영혼을 통과하여,
> 　그것을 온전히 깨끗하게 하소서!"

　　예, 그렇습니다. 이 세상의 더러운 것들이 다 타버려 사라질 때까지, 삼키는 불꽃이여, 나를 통과하소서! 모든 저속한 것을 태우는 불꽃이여, 계속해서 내 영혼을 통과하소서! 불길에 휩싸인 떨기나무에 나타난 하나님의 영광을 보았을 때, 모세는 그의 발에서 곧바로 신을 벗었습니다. 우리는 하나님 앞에 참된 모습으로 서 있기를 원합니까? 그렇다면 모세와 같이, 우리는 신앙생활에서 가식적이고 거짓되고 불필요한 것들을 벗어버려야만 합니다. 또한 우리는 참된 진리 그 자체로 나아가야만 합니다. 우리의 가장 큰 기쁨과 영광은 하나님을 보는 것입니다. 우리의 진정한 믿음은 그것을 가능하게 해줍니다. 우리가 영광의 하나님을 보기 위해서, 시련을 통해서, 우리의 믿음은 끊임없이 연단을 받아야 합니다.

　　그러나 여호와께서는 그의 종들에게 다른 방법을 사용하시기도 합니다. 바로 우리를 축복해 주시는 것들을 통해서, 하나님께서는 우리를 자주 시험하신다고 나는 믿습니다. 우리는 이 사실을 너무 간과해 왔습니다. 어떤 사람이 물질적으로 크게 축복을 받는다면, 그것 때문에 그는 수많은 믿음의 시련을 당할 가능성이 매우 높은 것입니다. 큰 재산을 소유하는 것은 하나님께서 그의 섭리 가운데 허락하시는 가장 혹독한 시험 가운데 하나입니다. 너무 가난해서 죄를 범한 한 사람을 내가 기억하고 있다면, 매우 부요해서 실족하게 된 오십 명의 사람들을 나는 알고 있습니다. 만약 여러분이 세상에서 성공해서 오랫동안 지속적으로 번영을 누리게 된다면, 여러분은 믿음의 형제자매들을 집으로 초대해서 그들이 특별히 여러분을 위해서 기도하게 하십시오. 그래야만 여러분은 넘어지지 않고, 계속해서 형통을 누리게 될 것입니다. 만약 조심해서 걸어간다면, 진흙을 한 번 밟았다고 하더라도, 여러분은 앞으로 나아갈 수 있습니다. 그러나 일단 발이 진흙 속에 계속해서 빠지게 되면, 진흙이 발에 달라붙어서, 여러분은 계속해서 걸어가기가 어렵습니다. 이와 같이, 재물을 많이 소유하고 있으면, 그것은 하늘나라에 이르기까지 순례 여행을 순조롭게 하는 것을 매우 힘들게 만들 수 있습니다. 만약 우리가 재물에 집착하지 않는다면, 그것은 우리를 해롭게 하지 않습니다. 그러나 부요라는 것에는 새를 잡는데 쓰이는 것과 같은 끈끈이가 많이 붙어 있습니다. 한편 부자가 아닌 사람들도 일상생활 속에서 사랑을 실천하는 일에 시험을 받을 것입니다. 가정의 안락함과 사랑스러운 아내와 또한 귀여운 자녀들과 관련된 여러 가지 일들은 여러분이 하나님 앞에서 믿음으로 사는 것을 방해할 수 있습니다. 그것들은 여러분이 눈에 보이는 것에 의해서 살아가도록 시험할 것입니다. 나아가, 여러분이 계속해서 건강을 유지한다면, 정신적인 압박을 전혀 받지 않는다면, 또한 친구들이나 친척들이 오래오래 산다면, 이러한 요인들은 여러분이 스스로 만족하게 할 것입니다. 그래서 이것들은 하나님으로부터 여러분을 멀어지게 할 수도 있습니다. 그러므로 만약 여러분이 세상적으로 의지할 수 있는 것들을 지니고 있으면, 또한 눈에 보이는 많은 것들을 가지고 있으면, 그것은 여러분에게 커다란 시험을 가져다줄 것입니다.

그것과는 대조적으로, 여러분이 칠흑 같은 어둠 속에 놓여 있는 것은 믿음의 성장을 위해서는 대단히 좋은 것입니다. 왜냐하면 그때 여러분이 보는 것은 육신의 눈으로 볼 수 있는 것이 아니라, 오직 믿음의 눈으로만 볼 수 있으며 깨달을 수 있다는 사실을 여러분은 확신하기 때문입니다. 어떤 사람이 구름 아래 있다면, 다시 말해서 곤경에 처해 있다면, 그것은 시련임에 틀림없습니다. 그렇지만 이 세상의 빛을 지속적으로 받고 있는 사람이 당하는 시험과 비교할 때, 그가 당하는 어려움은 절반도 되지 않습니다. 그래서 우리는 이 세상적인 안락이 주는 빛을 마치 하나님께서 주시는 영광의 빛인 것처럼 오해하기가 매우 쉽습니다. 이 세상적인 안락이 없어도, 어떻게 잘 살아갈 수 있는지를 알고 있다면, 그것은 매우 훌륭한 것입니다.

또 한 가지 시험을 언급한다면, 그것은 사람들의 칭찬입니다. 칭찬과 관련해서, 솔로몬은 다음과 같이 말했습니다. "도가니로 은을, 풀무로 금을, 칭찬으로 사람을 단련하느니라"(잠 27:21). 어떤 목회자가 있습니다. 비록 대부분의 교인들이 그의 설교 내용을 반대한다고 하더라도, 그는 매우 진실한 자세로 계속해서 설교할 수 있을 것입니다. 그러면 하나님께서 그를 도와주실 것입니다. 그런데 세상 사람들이 그에게 와서 그의 등을 두드려주며, 다음과 같이 그를 칭찬해 줍니다. "당신은 훌륭한 사람입니다! 당신은 위대한 인물입니다!" 그때 그 목회자에게는 곧 시험이 다가올 것입니다. 칭찬이라는 따뜻한 유혹을 이길 수 있는 사람은 얼마나 적습니까! 칭찬은 사람의 마음을 위험할 정도로 느슨하게 풀어 놓게 만듭니다. 하나님의 전능한 은혜가 믿음을 지켜주지 않는다면, 계속해서 칭찬을 받을 때, 아무도 올바르게 처신할 수 없습니다. 우리를 쾌적하게 하는 바람이 불면, 그것은 유혹의 향기도 싣고 옵니다. "이제 사람들의 가려운 귀를 긁어주는 교리에 대한 설교도 하십시오!" "좀 더 과학적이고, 신학적이며, 현명한 사람이 되십시오! 이 세상의 위대한 사람들이나 교회 안에서 진보적인 사고를 하는 지도자들로부터 인정을 받으십시오!" 만약 여러분이 "사탄아 내 뒤로 물러가라 너는 나를 넘어지게 하는 자로다 네가 하나님의 일을 생각하지 아니하고 도리어 사람의 일을 생각하는도다"(참조. 마 16:23)라고 선포하지 않는다면, 그와 같은 믿음의 시련은 여러분에게 감당하기가 너무 어려운 것이 될 것입니다. 그러면 어떤 목회자는 다음과 같이 말할 것입니다. "그와 같은 일이 나에게는 일어나지 않을 것입니다." 아닙니다. 당신에게도 일어날 수 있습니다.

　　아마 여러분은 인기 있는 설교자가 되지 못할 수도 있습니다. 그렇지만 여러분이 관여하고 있는 모임에서 여러분은 대단히 환영받을 수 있습니다. 여러분이 영적인 파멸에 이르기까지, 세상 사람들은 여러분에게 아첨할 가능성도 있습니다. 여러분은 노래를 매우 잘합니다. 그렇지 않습니까? 그들은 여러분에게 하나님을 찬양하는 시온의 노래가 아니라, 세상 노래를 불러달라고 요청할 것입니다. 다재다능한 재능과 온화한 성격 때문에, 여러분은 불경건한 사람들에게 매우 인기 있는 사람이 될 수 있습니다. 그렇지만 바로 그것은 하나님의 자녀의 믿음을 미혹하는 매우 위험한 시험거리가 될 것입니다. 사도 시대와 마찬가지로, 누구든지 세상과 벗이 되고자 하는 사람은 스스로 하나님과 원수가 되는 것입니다(참조. 약 4:4). 만약 어떤 신하가 왕의 대적자로부터 극진한 총애를 받는다면, 그것은 불길한 징조입니다. 하나님의 종으로서, 여러분은 일어나십시오. 사탄의 시험에 굴복하지 말고, 끝까지 견디며 마귀를 대적하십시오. 여러분이 어떤 분야에서 활동하든지, 어떤 사람이 여러분의 기분을 상하게 하든지 아니면 기쁘게 하든지, 오직 하나님을 온전히 섬기는 것을 여러분의 유일한 사명으로 받아들이십시오. 만약 여러분이 세상 사람들이 제공하는 믿음의 시험을 잘 극복한다면, 여러분에게 복된 삶이 펼쳐질 것입니다.

그런데 우리에게 또 다른 종류의 시험이 있습니다. 오늘날 그 시험은 매우 흔하고 위험합니다. 그것은 이단적인 교리와 잘못된 가르침이 주는 시험입니다. 어떤 사람들은 이단적인 교리에 의해서 미혹되고 있습니다. 다른 사람들은 성경에 대한 그릇된 해석에 의해서 시험받고 있습니다. 그러나 누구든지 그리스도로 말미암아 실족하지 아니하는 사람은 복이 있습니다(참조. 마 11:6). 왜냐하면 그리스도의 십자가는 일반적으로 사람들의 마음에 거슬리는 것이기 때문입니다. 복음의 내용이 대단히 넓고 깊기 때문에, 복음 그 자체로부터 비롯되는 시험도 있습니다. 어떤 사람들은 성경을 읽으면서 시험을 받기도 합니다. 때때로 여러분은 이해하기가 어려운 교리에 대해서 듣기도 합니다. 어떤 교리에 대해서 제대로 이해할 수 없기 때문에, 여러분은 그 교리를 받아들이지 않으려고 하는 시험에 빠지게 됩니다. 또는 복음의 진리 가운데 어떤 것이 실천하기에 매우 힘들고, 여러분에게 호감이 가지 않는 것을 요구한다면, 여러분은 본능적으로 그것에 거부감을 표시합니다. 이것도 또한 여러분의 믿음의 시련입니다. 오병이어의 표적 이후에, 자신을 찾아다니던 무리를 만나자, 예수님께서 그들에게 말씀하셨습니다. 그때 그의 말씀을 듣고 나서, 많은 사람들이 그를 떠나가고, 다시 그와 함께 다니지 않았던 사건을 기억하십시오(참조. 요 6:26-66). 그때 예수님은 사람들이 자신의 살을 먹고 자신의 피를 마셔야 한다는 것에 대해서 가르치셨습니다. 그 이후로, 예수님을 따라다니던 이들 가운데 많은 사람들이 그를 버리고 떠나갔습니다. 그러자 예수님은 열두 제자들에게 이렇게 물으셨습니다. "너희도 가려느냐?"(요 6:67). 이처럼, 영적인 무지와 편견으로 인해서, 우리는 복음의 진리를 항상 기꺼이 받아들이지 않습니다. 이것과 관련해서도, 우리의 믿음은 시련을 겪습니다. 우리는 자기 자신을 믿으려고 합니까? 아니면 하나님을 믿습니까? 우리는 하나님의 진리를 믿기를 원합니까? 아니면 우리의 입맛에 맞는 하나님의 메시지를 받아들이기를 원합니까? 우리는 설교자가 우리가 좋아하는 주제들에 대해서만 설교하기를 바랍니까? 그리고 우리의 견해와 일치하는 설교만을 하기를 원합니까? 사랑하는 여러분! 때때로 우리의 마음을 아프게 하는 설교를 듣는 것도 결국 우리에게 좋은 것입니다. 감미로운 포도주 같은 하나님의 말씀이 아니라, 우리를 깨끗하게 만드는 약과 같은 말씀을 듣는 것도 우리에게 유익한 것입니다. 그것은 우리의 내면을 철저하게 살펴보게 합니다. 또한 하나님 앞에서 우리가 이렇게 질문하게 합니다. "우리가 진정한 하나님의 자녀입니까? 아니면, 하나님을 잘 모르는 이방 사람입니까?" 만약 우리가 하나님의 진리에 부합되는 삶을 산다면, 우리는 진정으로 하나님의 백성입니다. 만약 우리가 지속적으로 하나님의 진리에 어긋나게 행동한다면, 우리는 하나님에게 신실한 사람들이 아닙니다. 그러므로 어떤 자유주의 신학자들이 그릇되게 주장하는 것처럼, 변경되어야 할 것은 성경책이 아닙니다. 바로 우리의 마음이 하나님의 말씀에 의해서 변화되어야만 합니다. 하나님의 말씀으로 인한 시련을 견디고 극복하는 사람에게는 하나님의 축복이 임할 것입니다. 그러므로 여호와의 말씀은 맹렬하게 타오르는 불이나, 바위를 부수는 망치와 같습니다(참조. 렘 23:29). 이 말씀은 오늘날 하나님의 백성인 우리에게도 그대로 적용될 것입니다.

그러나 믿음의 시련은 흔히 여러 가지 고난을 통해서 다가옵니다. 사랑이신 하나님은 질투하시는 분입니다. 하나님께서는 질투심이 많으신 우리의 연인이십니다. 우리의 마음을 자신이 혼자서 온전히 소유하고 있는지 알아보시려고, 그는 우리를 여러 가지 방법으로 시험해 보십니다. 다음과 같은 과정을 거쳐서, 여러분의 믿음이 시험을 받게 됩니다. 여러분은 이렇게 말합니다. "주 예수님, 나는 주님을 사랑합니다. 누구보다도 또한 무엇보다도, 나는 당신을 더욱 사랑합니다." 그러면 하늘에 계신 우리의 연인은 다음과 같이 말씀하십니다. "그렇다면 좋다. 만약 지금 네 품 안에 평온하게 안겨 있는 아기가 병들어서 죽게 된다면, 그때 너는 무엇이라고 말하겠느냐?" 만약 예수님을 가장 사랑한다는 여러분의 고백이 과연 진실한 것이라면, 여러분은 예수님이 말씀하신 대로 사랑하는 아기를 단념할 것입니다. 그리고 욥과 같이 이렇게 말할 것입니다. "주신 이도 여호와시요 거두신 이도 여호와시오니 여호와의 이름이 찬송을 받으실지니이다"(욥 1:21). 이와 같이, 여호와께서는 우리의 사랑이 진실한지에 대해서 시험해 보십니다. 나는 지금 모든 사람들을 대상으로 말하는 것이 아닙니다. 나는 하나님의 백성에게 말하고 있습니다. 하나님께서 우리를 사랑하시면 하실수록, 그는 우리를 더욱더 시험하십니다. 사랑과 관련하여, 연약한 피조물인 우리도 때때로 질투합니다. 그러나 예수님은 가장 숭고한 의도를 지니시고 질투하십니다. 그래서 예수님의 사랑은 질투심과 병행합니다. 그의 질투심은 사랑과 나란히 갑니다. 예수님은 때때로 이렇게 말씀하실 수도 있습니다. "선한 여인이여! 나는 지금 네가 의지하고 있는 남편을 곧 데려갈 것이다. 그래서 네가 나를 이전보다 더 많이 의지하게 만들 것이다." 새뮤얼 러더퍼드 목사(Samuel Rutherford, 1600-1661. 스코틀랜드의 신학자)는 어떤 여인에게 다음과 같은 편지를 보냈습니다. 그 여인은 다섯 자녀와 남편을 잃어버렸습니다. "오, 그리스도께서 당신을 얼마나 사랑하시는지요! 예수님은 당신의 마음을 송두리째 가져가시려고 합니다. 이 세상의 어떤 것에 당신의 마음을 조금이라도 집착하는 것을 그는 허락하시지 않는 것 같습니다." 우리도 이러한 시험을 이길 수 있습니까? 그리스도를 위해서 우리는 모든 것을 버릴 수 있습니까? 여러분은 그렇게 할 수 있다고 대답합니까? 시간이 그것에 대해서 증명해 줄 것입니다.

그런데 주님은 때때로 다음과 같은 방법으로도 나를 찾아오십니다. 그리고 나를 시험하십니다. "지나간 몇 년 동안, 나는 네가 나를 의지하도록 인도했다. 매우 관대한 친구들이 네 사역에서 부족한 것들을 채워주도록, 나는 그들을 네게로 이끌어 주었다. 그런데 그들 가운데서 물질을 아낌없이 베푸는 한 사람을 내가 곧 데려갈 것이다." 나는 사망한 친구의 무덤까지 동행하여, 그곳에서 마지막 추도 예배를 인도했습니다. 그때 다음과 같은 생각이 나를 끈질기게 괴롭혔습니다. "다른 친구들도 다 죽어서 나를 떠나가면, 누가 고아원과 대학을 지원해 줄 것인가? 그때에도 내가 하나님을 신뢰할 수 있을까?" 여호와의 이름이 찬양받을지어다. 불과 같이 맹렬한 이와 같은 시련은 나에게 불길한 흔적을 전혀 남기지 않았습니다. 사도 바울도 이렇게 고백하고 있습니다. "내가 또 이 고난을 받되 부끄러워하지 아니함은 내가 믿는 자를 내가 알고 또한 내가 의탁한 것을 그날까지 그가 능히 지키실 줄을 확신함이라"(딤후 1:12). 그런데 어느 날 어떤 사랑하는 형제가 나를 찾아왔습니다. 그는 가장 훌륭한 일꾼 가운데 한 사람이었습니다. 그는 이제까지 나에게 맡겨진 일을 모든 정성을 기울여서 도와주었습니다. 그가 나에게 말했습니다. "사랑하는 목사님, 안녕히 계십시오. 아마도 나는 이 세상에서 더 이상 목사님을 뵐 수 없을 것 같습니다." 그의 병은 대단히 심각한 상태였습니다. 그는 대수술을 받기로 예정되어 있었습니다. 수술 후에도, 그는 병으로부터 다시 회복될 것 같지 않았습니다. 면담이 끝난 후에, 나는 집으로 갔습니다. 그리고 혼자서 생각에 잠겼습니다. '이 유익한 분이 없다면, 앞으로 나는 어떻게 일을 처리해 나갈 것인가?' 조금 있다가 나는 자신에게 이렇게 말할 수밖에 없었습니다. "어떻게 할 것인가? 이제까지 내가 해왔던 대로 하라. 살아 계신 하나님을 신뢰하라." 만약 여러분이 일단 믿음의 길을 걷기 시작했다면, 하나님께서는 여러분에게 때때로 이와 같은 일들이 일어나게 하십니다. 그래서 여러분의 삶이 여러분의 신앙 고백에 일치하는지, 여러분이 여호와를 진정으로 신뢰하는지, 또한 오직 그분의 도움만을 기대하는지, 하나님께서는 아시기를 원합니다. 여러분은 진심으로 이렇게 말할 수 있겠습니까?

> "예, 그렇습니다. 비록 하나님께서 모든 것을 가져가신다고 해도,
> 나는 절대로 불평하지 않겠습니다."

이 세상의 모든 버팀목이 하나하나 쓰러져버린다고 해도, 여러분의 유일한 토대 위에, 곧 하나님을 의지하는 믿음의 권능 위에, 여러분은 우뚝 서 있을 수 있습니까? 하나님께서 여러분에게 이런저런 시련을 보내시지 않을 수도 있습니다. 그러나 그는 여러분에게 충분한 시련을 보내실 것입니다. 그래서 여러분의 믿음이 진정한 것인지, 아니면 말에 불과한 것인지, 또한 여러분이 성령님의 인도를 받으며 신령한 삶을 살고 있는지, 아니면 그렇게 하고 있다고 단순히 꿈을 꾸고 있는지, 하나님께서는 여러분이 그것에 대해서 구체적으로 깨닫기를 원하십니다. 내 말을 믿기 바랍니다. 진짜 다이아몬드와 모조품 사이에는 커다란 차이가 있습니다. 하나님께서는 잘못 판단하실 수 없습니다. 이제 여러분은 믿음의 시련이 매우 다양하다는 것을 알 것입니다.

3. 셋째, 여러분의 믿음은 개인적으로 시련을 받을 것입니다.

본문은 "너희 믿음의 시련"이라고 말합니다('시련'에 해당하는 헬라어는 '도키미온'이다. 이 단어는 '시험, 시련, 진정성' 등을 뜻한다. 그것은 개역개정에는 '확실함'으로, KJV에는 'trial'로서, '시련'의 의미로 번역되었다 — 역주). 사랑하는 여러분! 믿음의 시련이라는 것은 우리의 관심을 끄는 주제가 아닙니까? 그런데 오직 "너희 믿음의 시련"에 대해서만 연구한다는 것은 그렇게 유쾌한 작업은 아닐 것입니다. 여러분의 믿음뿐만 아니라, 또한 여러분의 시련과 관련된 것에 대해서 다룬다면, 그것은 가혹한 작업일 것입니다. 아마 여러분은 그렇게 특별한 분야에까지 깊게 들어가 보지 않았을 것입니다. 나는 다시 한 번 말합니다. 그렇게 하기를 바라지 마십시오. 하나님께 시련을 달라고 간구하지 마십시오. 특별한 잘못을 하지 않았는데

도 불구하고, 자녀들이 먼저 부모에게 매로 때려달라고 부탁을 해서는 안 되는 것입니다. 하나님의 자녀들은 하나님에게 시험이나 시련을 받게 해달라고 요청하지 않습니다. 그런데도 여러분이 반드시 먹어야만 할 작은 두루마리 책이 있습니다. 그 책은 여러분의 입에는 쓸 것입니다. 그러나 뱃속에서는 꿀 같이 달 것입니다(참조. 계 10:9-10). 그것은 여러분이 받게 될 믿음의 시련이라는 책입니다. 이제까지 믿음 때문에 하나님의 백성이 수많은 시련을 받은 것에 의해서, 예수 그리스도께서는 수많은 영광을 받으셨습니다. 마찬가지로, 주님은 이제 여러분의 믿음의 시련에 의해서도 영광을 받으셔야 합니다.

사랑하는 형제 여러분! 아마도 여러분은 잘 알려지지 않은 평범한 사람들일 것입니다. 사랑하는 자매 여러분! 여러분은 그렇게 특별한 재능을 지니고 있지 않을 것입니다. 그런데도 불구하고, 다른 사람들이 아니라, 바로 여러분에게 닥치게 될 특별한 종류와 형태의 시험이 있는 것입니다. 이 말을 듣고, 어떤 사람은 이렇게 대답할 것입니다. "오, 목사님! 나는 알고 있습니다. 나는 그 사실을 분명하게 알고 있습니다." 대답을 참 잘 하셨습니다. 만약 여러분이 그 사실을 알고 있다면, 시련에 대해서 불평하지 마십시오. 만약 여러분이 자신만의 시련을 받는다면, 또한 여러분의 믿음에 대해서 시련을 받는다면, 하나님으로부터 여러분은 다른 모든 하나님의 자녀와 동일한 대우를 받는 것입니다. 왜냐하면 하나님의 자녀 가운데 시험을 당하지 않는 사람이 단 한 사람도 없기 때문입니다. 과연 아버지가 징계하지 않는 아들이 있습니까? 다만 여러분은 하나님의 가족의 머리이신 예수님처럼 대우를 받고 있는 것입니다. 그 가족의 위대하신 아버지께서는 우리 모든 자녀들에게 필요한 것을 정확하게 아시는 그대로 각 사람을 다루십니다. 하나님 아버지에게는 죄가 없는 단 한 명의 아들이 있습니다. 그러나 시련을 받지 않는 자녀는 단 한 사람도 없습니다. 우리가 이 세상으로부터 하늘나라로 인도함을 받기까지, 시련을 당하지 않는 사람은 하나도 없을 것입니다. 시련과 관련하여, 하나님께서 선택하신 다른 사람들보다, 우리가 더 좋은 대접을 받아야 한다고 기대하는 이유는 무엇입니까? 만약 우리가 시련을 전혀 당하지 않는다면, 그것은 결국 우리에게 진정으로 좋은 것이 아닙니다. 왜냐하면 이러한 시련들은 우리에게 영원히 지속되는 선한 것을 가져다주는 수단이기 때문입니다. 만약 그렇지 않다 하더라도, 나와 여러분이 누구이기에 하나님께서 고난을 싫어하는 우리의 인간적인 욕망을 만족시켜 주셔야만 합니까? 왜 하나님께서 우리를 거대한 유리 상자 안에 살게 하셔서, 그가 택하신 모든 자녀에게 공통적으로 주어지는 시련들로부터 우리를 보호하셔야만 합니까? 나는 하나님에게 그러한 분깃을 요청하지 않을 것입니다. 나는 이제까지 모든 성도들이 살았던 것처럼 살아가기를 원합니다. 다만 나도 그들처럼, 하나님으로부터 음식을 공급받고, 하나님 아버지를 사랑하기를 원합니다. 또한 성령님의 권능에 힘입어서, 하나님의 말씀을 실천하며 하나님과 동행하고, 언젠가 하나님 나라에 이르기를 나는 간절히 소망합니다. 우리는 장차 하늘나라에서 모든 성도들과 함께 교제를 나누게 될 것입니다. 하나님께서 우리의 식탁에 무엇을 주시든지, 우리는 그것을 모든 성도들과 함께 나눌 것입니다. 그렇지 않습니까? 앞에서 살펴본 대로, 우리 각 사람은 하나님으로부터 개별적으로 받아야 할 시련이 있습니다. 그렇지만 하나님의 가족의 모든 자녀들과 마찬가지로, 우리는 그들과 함께 시련을 받는 것입니다.

4. 여러분의 믿음은 상세하고 철저하게 시련을 받을 것입니다.

하나님으로부터 시험을 받는 것은 어린아이의 장난 같은 것이 결코 아닙니다. 그렇다고 믿음의 시험은 계산대에 있는 점원이 어떤 동전이 진짜인지 가짜인지 의심을 품고 그것을 자세히 들여다보는 것과 같은 시험이 아닙니다. 그것은 고난의 불 속을 통과해야만 하는 시험입니다. 그러므로 하나님께서는 이렇게 말씀하셨습니다. "보라 내가 너를 연단하였으나 은처럼 하지 아니하고 너를 고난의 풀무불에서 택하였노라"(사 48:10). 환난의 채찍질은 장난하는 것처럼 살살 때리는 것이 아닙니다. 우리 가운데 극심한 징계를 받아본 사람들이 알고 있는 것처럼, 환난은 무서울 정도로 진지하게 주어집니다. 거의 죽음에 이르기까지, 고난을 받기도 합니다. 그러므로 여호와께서는 우리의 믿음의 본질 그 자체를 시험하십니다. 다만 믿음이 지닌 아름다움이나 권능을 시험하시는 것이 아니라, 그는 믿음의 본질적인 존재 그 자체를 시험하기를 원하십니다. 우리를 시험하는 날카로운 침이 영혼을 파고 들어갈 것입니다. 내시경으로 뱃속의 모든 곳을 자세하게 살필 것입니다. 모든 사람이 시련을 당한다는 사실에 대해서 말하는 것은 매우 쉬운 일입니다. 그러나 이루 말할 수 없이 아픈 고난을 참고 견디는 것은 결코 간단한 일이 아닙니다. 그렇지만 하나님께서는 자신에 대한 진정한 믿음을 지닌 사람에게 시련을 극복할 수 있는 지혜와 힘을 공급해 주십니다. 또한 극복할 수 있는 길을 마련해 주십니다.

5. 여러분의 믿음은 매우 유익한 목적을 위해서 시련을 받을 것입니다.

믿음이 시련을 받는 것을 통해서, 여러분의 믿음은 증가되고 성장할 것입니다. 또한 더욱 깊어지고 강해질 것입니다. 여러분은 때때로 "오, 하나님! 나는 더 많은 믿음을 갖기를 원합니다!"라고 부르짖었을 것입니다. 여러분이 좀 더 많은 시련을 받는 것을 통해서, 그러한 여러분의 기도가 응답되었을 것입니다. 베일로 가려져 있는 것을 들여다볼 수 있는 좀 더 강한 믿음을 갖게 해달라고 우리는 때때로 기도했습니다. 좀 더 강한 믿음을 가지려면, 우리는 반드시 슬픔이라는 거칠고 험한 길을 통과해야만 합니다. 시험을 잘 참고 견디는 믿음만이 견고한 믿음으로 인정받게 될 것입니다. 나의 신앙 체험이 모든 하나님의 백성이 경험하는 것과 같은 것인지에 대해서 나는 알지 못합니다. 안락하고 편안했던 때와 행복했던 순간에, 내가 누렸던 모든 혜택이 대체로 재물에 근거했던 것은 아닌지, 나는 두렵습니다. 그렇지만 내가 슬픔과 고통과 근심으로부터 받은 좋은 것들은 이루 헤아릴 수 없이 많습니다. 내가 연단의 망치와 모루, 또한 시험의 불과 줄로부터 도움을 받지 않은 것은 무엇입니까? 또한 내가 시련의 도가니와 풀무불, 또한 석탄불 위로 불어오는 풀무 바람, 나를 그 열기 속으로 집어넣은 손으로부터 도움을 받지 않은 것이 있다면, 그것은 무엇입니까? 고난은 나의 집에서 가장 귀중한 가구입니다. 그것은 목회자의 서재에서 가장 훌륭한 책입니다. 환난 속에서도 우리는 기뻐할 수 있는 지혜를 배웠습니다. 왜냐하면 인내는 체험을 낳고, 체험은 소망을 갖게 하기 때문입니다(참조. 롬 5:4; "체험"에 해당하는 헬라어 명사는 '도키메'이다. 그 단어는 '시험을 통과하고 나서 승인된 품질' 및 '시련' 등을 뜻한다. 개역개정에는 "연단"으로 번역되었다 ─ 역주). 그러므로 시련을 통해서, 우리는 영적으로 더욱 풍요로워지는 것입니다. 또한 우리의 믿음도 더욱 강건해집니다.

우리의 믿음의 시련이 유용하다는 또 한 가지 이유에 대해서 말하고자 합니다. 시련은 믿음을 강건하게 해줄 뿐만 아니라, 우리 자신이 지니고 있는 믿음에 대해서 우리가 구체적으로 깨닫게 해줍니다. 나는 어떤 나이 든 청교도가 다음 예화를 사용하는 것을 주의 깊게 들었습니다. 그는 다음과 같이 말했습니다. "여러분은 한 번 숲속에 들어가 보십시오. 만약 여러분이 한 장소에서 조용히 있기만 한다면, 여러분은 숲속에 매나 꿩이 있는지, 아니면 산토끼가 있는지 전혀 알지 못할 것입니다. 그러나 여러분이 이곳저곳을 다녀보고, 큰 소리로 '야호!'라고 외친다면, 여러분은 곧 살아서 움직이는 생물들을 보게 될 것입니다. 매는 날아가고, 산토끼는 놀라서 달아날 것입니다. 이와 마찬가지로, 고난이 우리의 영혼 안으로 들어와서 마음을 어지럽게 하고 평안을 깨트릴 때, 우리의 내면세계가 적나라하게 드러나게 됩니다. 그러면 믿음은 숨어 있던 곳으로부터 나오며, 또한 사랑도 은밀한 장소로부터 뛰쳐나옵니다."

월리엄 제이(William Jay, 1769-1853; 영국의 비국교도 목회자로서, 온천 도시 배스[Bath]에서 약 육십년 동안 목회함) 목사님이 다음과 같이 말한 것이 기억납니다. "여름철에는 우리가 나무에 있는 새집을 발견하기가 어렵습니다. 그러나 겨울에는 누구든지 새집을 쉽게 볼 수 있습니다. 나무에서 모든 나뭇잎이 떨어져 버리면, 새집은 누구에게든지 금방 눈에 띄게 마련입니다." 우리가 형통함을 누리고 있을 때에는, 때때로 우리의 믿음을 발견하기가 어렵습니다. 그러나 역경의 시기가 찾아오면, 시련의 겨울은 잎이 모두 떨어진 앙상한 나뭇가지들을 드러냅니다. 그러면 우리는 곧바로 우리의 믿음을 볼 수 있습니다. 시련을 받고난 후에, 우리는 믿음을 지니고 있다는 것을 확실히 알게 됩니다. 왜냐하면 시련을 통해서 성장하게 된 우리의 믿음이 우리의 성품에 영향력을 행사하고 있기 때문입니다. 다윗은 다음과 같이 고백했습니다. "고난당하기 전에는 내가 그릇 행하였더니 이제는 주의 말씀을 지키나이다"(시 119:67). 고난의 시기에 하나님의 말씀에 순종하는 것을 통해서, 다윗은 자신의 믿음을 발견하게 되었던 것입니다. 그러므로 여러분의 믿음이 시련을 당하는 것은 위대하신 하나님의 섭리이며 자비입니다. 왜냐하면 믿음의 시련을 통해서, 여러분은 모든 의혹을 뛰어넘고, 여러분이 진정한 신자라는 사실을 확신할 수 있기 때문입니다.

그 뿐만 아니라, 여러분의 믿음이 시련을 당할 때, 여러분은 하나님을 영광되게 할 것입니다. 죽음에 직면해서도, 어떤 사람이 미소 짓는 얼굴로 다음과 같이 말할 수 있다면, 그것은 얼마나 하나님을 영화롭게 하는 것입니까! "사랑하는 목사님! 평안히 계십시오. 나는 목사님을 이 세상에서 다시 보지 못할 것입니다. 그러나 우리는 하늘나라에서 반드시 다시 만날 것입니다." 우리는 신체적으로 건강하지만, 극심한 고통 가운데서도 그러한 기쁨을 지니고 있는 믿음 안에서의 형제를 부러워합니다. 나는 며칠 전에 병상에 누워 있는 또 다른 형제를 심방했습니다. 그 사랑하는 형제는 이미 하늘나라로 부름을 받았습니다. 수종(水腫)으로 인해서, 그의 몸은 많이 부풀어 올랐습니다. 그는 당시에 죽음을 눈앞에 두고 있었습니다. 그러나 그는 영생에 대한 확신으로 가득 차 있었으며, 나지막한 목소리로 찬양을 드렸습니다. 또한 그의 마음속에는 하늘나라에 가게 되는 기쁨으로 넘쳤습니다. 그의 모습은 얼마나 사랑스럽습니까! 그는 얼마나 우리를 기쁘게 해줍니까! 나는 그러한 그의 모습을 보고나서, 하나님께서 그의 종들에게 얼마나 선하신 분인지를 새삼스럽게 깨닫게 되었습니다. 하나님의 자녀들이 죽음을 바로 눈앞에 두고 있는 가장 고통스러운 순간에도, 결코 하나님께서는 그들을 떠나시거나 버리시지 않습니다.

그리고 우리의 믿음의 시련은 다른 그리스도인들에게도 도움을 줍니다. 그들은 우리가 어떻게 견디었는지를 자세히 관찰합니다. 또한 그들은 고난을 어떻게 용기 있게 인내해야만 하는지를 배웁니다. 다른 사람들이 그리스도를 믿고 시련을 훌륭하고 용기 있게 견디는 것을 보는 것보다 우리를 더욱 기쁘게 만드는 것을 나는 알지 못합니다. 눈이 먼 성도가 그토록 행복한 것을 볼 때, 그것은 슬픔에 잠겨 있는 우리를 부끄럽게 만듭니다. 빈민 수용소에 있는 사람들이 자신들의 삶에 만족해하는 것을 볼 때, 그것은 우리가 감사하지 않을 수 없게 만듭니다. 고난을 당하는 사람들은 우리를 지도하는 개인 교사입니다. 그들은 우리가 하늘나라를 위한 시민이 되도록 우리를 가르칩니다. 하나님의 사람들이 고난을 잘 극복할 때, 또한 그들이 가난과 가족을 잃은 슬픔과 질병을 잘 견딜 때, 그러면서 하나님 안에서 여전히 기뻐할 때, 우리는 그들을 보면서 그리스도를 닮은, 좀 더 고상한 삶을 살아가는 방법을 배울 것입니다. 패트릭 해밀턴(Patrick Hamilton, 1504-1528; 스코틀랜드의 종교개혁 초기의 사상가, 교회재판에서 이단으로 판결을 받고 화형됨)이 스코틀랜드에서 화형을 당할 때였습니다. 화형 장면을 지켜본 어떤 사람이 그를 화형시켰던 사람들에게 이렇게 말했다고 합니다. "만약 당신들이 앞으로 화형을 집행해야 할 경우가 발생하면, 그때는 지하실에서 하는 것이 더 좋을 것입니다. 왜냐하면 해밀턴 목사의 몸이 타면서 나오는 연기는 수백 명의 눈을 뜨게 만들었기 때문입니다." 그리스도인이 당하는 박해와 순교는 언제나 그러한 영향을 미칩니다. 그러므로 고난당하는 성도들은 영적인 생명력을 지니고 있는 씨앗입니다. 하나님께서 우리에게 그와 같은 믿음을 갖도록 도와주시기를 바랍니다. 우리가 삶 속에서 고난을 당할 때, 또한 우리가 마지막 숨을 몰아쉴 때, 우리가 하나님을 영광스럽게 해서, 다른 사람들이 하나님을 믿을 수 있게 되기를 기도합니다. 그리고 내가 강건한 믿음으로 담대하게 설교할 수 있기를 간절히 원합니다. 그것은 단순히 말로 하는 설교보다 더욱 훌륭한 설교입니다.

이제 설교를 마무리해야 할 시간이 다가왔습니다. 그러나 안타깝게도 내가 여러분에게 전달하려는 말이 아직도 남아 있습니다. 사랑하는 친구들이여! 여러분의 믿음의 시련과 관련하여, 어떤 사람들은 매우 특별한 방법으로 시련을 당한다는 것을 말하고자 합니다. 어떤 사람들은 다른 사람들보다 더 많은 시험을 당합니다. 그것은 하나님께서 섭리 가운데 그들에게 특별한 은혜를 예비하셨기 때문입니다. 하나님께서는 어떤 사람들에 대해서는 채찍질을 할 만큼 특별하게 사랑하시지 않습니다. 그들은 마귀의 자식들입니다. 그러므로 하늘에 계신 아버지께서는 그들을 괴롭게 만드시지 않습니다. 그들은 하나님에게 속한 자들이 아닙니다. 그래서 하나님께서는 그들이 세상적으로 행복한 삶을 살도록 내버려 두십니다. 그들은 편안한 죽음을 맞이할 수도 있습니다. "그들은 죽을 때에도 고통이 없고 그 힘이 강건하며 사람들이 당하는 고난이 그들에게는 없고 사람들이 당하는 재앙도 그들에게는 없나니"(시 73:4-5). 그렇지만 그들은 시샘의 대상이 아닙니다. 그들은 진정으로 불쌍한 사람들입니다. "너희 지금 웃는 자여 너희가 애통하며 울리로다"(눅 6:25). 이곳의 삶에서 이미 세상적인 분깃을 받은 사람들에게 화가 있을 것입니다. 왜냐하면 오는 세상에서는 그들이 영원한 고통과 죽음의 쓰라린 맛을 볼 것이기 때문입니다. 하나님의 자녀는 때로 심한 징계를 받기도 합니다. 왜냐하면 하나님께서 그들을 더 많이 사랑하시기 때문입니다. "무릇 내가 사랑하는 자를 책망하여 징계하노니"(계 3:19). 시련을 가장 많이 또한 극심하게 당하는 사람이 그 과정을 통해서 매우 소중한 것들을 가장 많이 얻게 되는 것입니다. 작고 보잘것없는 돌멩이들을 주워가는 사람은 없습니다. 그러나 다이아몬드의 찬란한 광택이 나타날 때까지, 보석 세공인은 그것을 끊임없이 갈고 닦을 것입니다.

그리고 어떤 사람들은 하나님께서 계획하시는 특별한 목적을 감당하기 위해서 특수한 믿음의 시련을 받습니다. 하나님께서는 무거운 짐을 지고 나르기에 적합하도록 우리에게 등과 허리를 주셨습니다. 그리고 그는 우리에게 져야 할 짐을 보내십니다. 사도 바울은 다음과 같이 고백했습니다. "그리스도의 남은 고난을 그의 몸된 교회를 위하여 내 육체에 채우노라"(골 1:24) 이와 같이, 하나님께서는 그리스도의 남은 고난을 채우게 하시려고, 그들을 세우셨습니다. 그리고 그들에게 큰 고난들을 보내십니다. 무거운 무게를 제대로 떠받치게 하기 위해서, 건축자는 굵고 강한 기둥을 세웁니다. 이와 마찬가지로, 하나님께서도 하나님의 영광을 위해서 하나님의 자녀들 가운데 어떤 이들이 큰 시련들을 참고 견디게 하십니다. 그래서 그들을 위대한 그리스도인들로 만드십니다.

또한 하나님께서는 어떤 사람들이 특별한 봉사를 하게 하시려고 그들의 믿음을 연단하십니다. 하나님에게 특별한 봉사를 한다는 것은 얼마나 영광스러운 일입니까! 우리 군대에 속한 어떤 군인이 매우 용감하게 싸워서 전쟁에서 이기는데 큰 공을 세웠다면, 영국의 여왕은 그에게 앞으로 어떻게 하겠습니까? 만약 장래에 전쟁이 일어난다면, 여왕은 그를 부르러 사람을 보낼 것입니다. 그래서 이번에도 그가 큰 공을 세우기를 기대할 것입니다. 만약 여러분 가운데 어떤 사람이 고난을 담대하게 잘 견딘다면, 그는 더욱 커다란 고난을 받게 되고, 또한 그것을 잘 감당하는 명예를 얻게 될 것입니다. 모든 훌륭한 군인들은 항상 국가를 위해서 봉사할 기회를 구하지 않습니까? 평상시에 군인들을 유심히 관찰했던 지휘관은 어떤 군인에 대하여 이렇게 말할 것입니다. "나는 그를 보내지 않겠네. 그는 연약하고 소심하네. 나는 참전 경험이 많은 저기 있는 용감한 병사를 보낼 것이네." 깃털이 들어 있는 푹신한 침대에서 게으름을 피우고 있다가, 여러분이 천국으로 편안하게 가게 되는 영광을 얻을 것이라고 생각하지 마십시오. 피땀을 흘리며 기도하시고, 손과 발과 옆구리에 상처를 입으셨던 예수님과 같이 시련을 당할 때, 참고 견디며 그것을 극복하는 사람에게 진정한 명예가 허락되는 것입니다. 성도들은 이 세상에서 많은 슬픔을 겪고 많은 눈물을 흘릴 것입니다. 그렇다면 그들은 장차 어떤 상급을 받게 됩니까? 그들은 하늘나라에서 주님과 함께 흰 옷을 입고 걸을 것입니다. 왜냐하면 그들에게는 그럴 만한 자격이 있기 때문입니다.

사랑하는 형제자매 여러분! 하나님께서는 때때로 우리에게 다른 사람들보다도 더 많고 더욱 커다란 시련들을 보내십니다. 왜냐하면 그는 우리가 장차 더욱 큰 기쁨을 누리는데 적합한 사람들로 만드시려는 의도를 갖고 계시기 때문입니다. 만약 많은 물을 저장하기 위해서 커다란 저수지를 만들려고 하면, 여러분은 오랫동안 힘들여서 매우 깊게 파야만 합니다. 그렇지 않습니까? 시련을 통해서, 많은 사람들의 믿음이 더욱 깊어지고 넓어졌습니다. 또한 강해졌습니다. 더 많은 시련들에 의해서, 우리는 더욱 커다란 은혜와 영광을 얻게 되는 것입니다.

우리가 시련을 겪으면 겪을수록, 고난 속에서, 우리는 그리스도와 더욱 친밀하게 교제를 나눌 수 있을 것입니다. 그리고 우리는 부활하신 그리스도의 영광에 곧 참여하게 될 것입니다.

자, 오십시오. 우리의 믿음의 시련과 관련하여, 위로를 받읍시다. 믿음의 시련에는 아무런 손해가 없습니다. 모든 시련은 우리에게 좋은 것을 가져다주려는 것입니다. 그리고 믿음의 시련은 전적으로 하나님의 손에 달려 있습니다. 그러므로 하나님의 허락이 없으면, 아무도 우리를 시험할 수 없습니다. 하나님의 섭리 안에서, 하나님께서는 우리가 꼭 시험을 받아야 하는 만큼만 우리를 시험하실 것입니다. 그는 그 이상으로 우리를 시험하시지 않을 것입니다. 그는 한 손으로 우리를 시험하시지만, 다른 손으로 우리를 붙잡아 주십니다. 만약 그가 현재 우리에게 쓴 것을 주신다면, 장차 우리에게 달콤한 것을 비교할 수 없을 정도로 더욱 풍성하게 주실 것입니다.

이 주간에 어떤 자매가 나에게 이렇게 말했습니다. "나는 지금 물질적으로 어느 정도 풍부합니다. 그런데 이전에 내가 가난하고 고통 가운데 있었을 때, 하나님의 말씀이 나에게 지금보다 훨씬 더 달콤했었습니다." 나는 그 자매의 말에 전혀 놀라지 않습니다. 내가 오랫동안 병에 걸리지 않고 건강했던 시절에, 나도 그것과 비슷한 말을 했습니다. 그래서 우리 가운데 어떤 사람들은 이렇게 부르짖었습니다. "내가 다시 병에 걸리게 해주십시오. 나를 비방하고 책망하는 말을 내가 다시 듣게 해주십시오." 스코틀랜드의 어떤 성도가 이런 말을 했습니다. "박해를 피해서, 우리 일행은 때때로 늪지대나 산기슭에서 모였습니다. 그때 박해자와 그의 기병대에게 공격을 당하기도 했습니다. 히스(heath: 진달래나 철쭉과 비슷하며 키가 작은 상록관목) 꽃들이 많이 피어 있는 곳에서, 우리는 예배를 드리고 성찬식을 거행하곤 했습니다. 나중에 예배당에 들어가서 조용히 앉아서 예배를 드릴 때보다도, 우리가 황야에서 예배드리며 성찬식을 거행했을 때, 우리는 그리스도의 임재를 더 강하게 체험했습니다."

이와 같이, 우리에게 가장 험한 날들은 때때로 우리에게 가장 좋은 날들입니다. 우리는 대낮에는 별들을 전혀 볼 수 없습니다. 그러나 캄캄한 밤에 우리는 반짝이는 별들을 볼 수 있습니다. 그러므로 하나님께서 우리와 함께 하시며, 또한 그에 대한 우리의 믿음이 진실이라면, 우리에게 떨어지는 쐐기가 무엇이든, 우리는 그것에 관심을 기울이지 않을 것입니다. 오, 그리스도인들이여! 나는 믿음의 시련을 당하는 여러분에 대해서 슬퍼하지 않습니다. 오히려 나는 여러분의 고난에 대해서 축하합니다. 왜냐하면 그리스도의 고난의 십자가는 대단히 소중한 것이기 때문입니다.

그러나 나의 하나님과 주님을 사랑하지 않는 사람들이여! 만약 여러분이 부유하며 호화로운 생활을 한다면, 만약 여러분의 눈이 기름기로 인해서 툭 튀어나왔다면, 나는 여러분에 대해서 애통해하겠습니다. 살찐 소는 식용을 위한 것입니다. 여러분이 누리는 이 세상의 기쁨은 여러분이 맛보게 될 영원한 화(禍)의 전조에 불과합니다. 하나님께서 여러분에게 자비를 베풀어 주시기를 간절히 기도합니다. 여러분도 자신을 불쌍히 여기기 바랍니다. 즉시 예수님에게 달려가십시오. 예수님을 구주로 영접하고, 그를 의지하십시오! 주 예수님께서 성취하신 일과 그의 직분과 인격을 믿으십시오. 그리하면 여러분은 구원을 받을 것입니다. 지금 이 순간, 여러분이 예수님에게 달려가서 구원을 얻도록, 하나님께서 여러분을 도와주시기를 간절히 바랍니다. 아멘.

제
3
장
—

개인적인 구원

—

"믿음의 결국 곧 영혼의 구원을 받음이라 이 구원에 대하여
는 너희에게 임할 은혜를 예언하던 선지자들이 연구하고 부
지런히 살펴서 자기 속에 계신 그리스도의 영이 그 받으실
고난과 후에 받으실 영광을 미리 증언하여 누구를 또는 어
떠한 때를 지시하시는지 상고하니라 이 섬긴 바가 자기를
위한 것이 아니요 너희를 위한 것임이 계시로 알게 되었으
니 이것은 하늘로부터 보내신 성령을 힘입어 복음을 전하는
자들로 이제 너희에게 알린 것이요 천사들도 살펴보기를 원
하는 것이니라" ― 벧전 1:9-12
"여호와여 주의 말씀대로 주의 인자하심과 주의 구원을 내
게 임하게 하소서"　　시 119:41

　　이 두 본문은 나에게 마치 활과 칼 같습니다. 첫 번째 본문은 진리의 화살을
쏘는 것과 관련된 것입니다. 두 번째 본문은 사람들이 구원받게 하기 위해서 한
사람 한 사람의 양심과 영적인 백병전(白兵戰)을 하는 것과 관련되어 있습니다.
설교가 진행되는 동안, 여러분은 내가 왜 두 가지 본문을 택하게 되었는지 알게
될 것입니다. 성령님께서 기뻐하시는 대로, 그가 우리를 위해서 두 본문을 사용
해 주시기를 기도합니다.
　　지난 주일에 나는 구원의 하나님에 관해서 설교했습니다. 오늘 아침에는 주

로 구원이라는 주제에 초점을 맞추어서 말하고자 합니다. 지난 주일의 설교에서 나는 다음 사항들에 대해서 여러분에게 설교했습니다. 우선, 하나님은 언제나 동일하신 분이라는 점입니다. 그 다음, 최초의 인류가 죄를 범하자, 하나님께서 죽음이 이 세상에 들어오는 것을 허락하셨지만, 그는 여전히 우리의 하나님이라는 사실에 대해서 여러분에게 말씀드렸습니다. 오늘의 첫 번째 본문은 지난 주일의 설교 주제와 같은 선상에 있습니다. 왜냐하면 성령의 감동으로 예언했던 구약 시대의 선지자들은 사도들이 실제적으로 성취된 것으로 우리에게 전해준 동일한 구원에 대해서 증거했기 때문입니다. 그러므로 신구약에서 전적으로 새로운 내용을 제시하는 구원은 없습니다. 구원에 대한 메시지를 전하는 사람들은 바뀌었습니다. 그러나 그들은 모두 구원에 대한 동일한 진리에 대해서 말했습니다. 비록 그들이 전한 기쁜 소식의 내용이 종교개혁 이후로 최근에 좀 더 명확하게 이해되었지만, 복음의 본질은 여전히 동일합니다. 동일한 성령의 감동을 받아서 기록된 것으로서, 신구약 성경은 하나입니다. 신구약 성경에는, 동일한 주제에 대한 내용으로 가득 차 있습니다. 곧, 그 주제는 약속된 메시야, 오신 메시야, 그리고 다시 오실 메시야입니다. 구약의 선지자들은 사도들이 전한 것에 대해서 예언했습니다. 구약의 선견자(先見者)들은 앞을 내다보았습니다. 그러나 신약시대의 복음전도자들은 뒤를 돌아다보았습니다. 그런데 그들의 눈길은 한 곳에서 마주칩니다. 눈과 눈을 서로 마주보며, 그들은 모두 그리스도의 십자가를 바라봅니다.

오늘 아침에는 먼저 구원을 이미 소유하고 있는 사람들에게 하나님의 구원에 대해서 설명하고자 합니다. 그래서 구원이라는 여러분의 소중한 기업에 대해서 여러분이 좀 더 감사하게 하려는 것입니다. 그 다음에는, 구원을 아직 소유하지 못한 사람들에게 구원을 받아들이도록 힘써 권면하고자 합니다. 그래서 그들이 구원의 위대한 가치를 깨닫고 자극을 받아서, 그들 자신을 위해서 구원받기를 사모하게 하려는 것입니다. 아직 구원받지 못한 청중들이여! 여러분이 하나님께서 마련하신 구원을 놓쳐버린다면, 얼마나 그 손실이 막대하겠습니까! 여러분이 이같이 큰 구원을 소홀히 여기면, 어떻게 그 보응을 피할 수 있겠습니까?(참조. 히 2:3). 여러분이 그러한 어리석음으로부터 구조되기를 간절히 바랍니다! 성령 하나님께서 여러분에게 구원의 소중함에 대해서 깨우쳐 주실 것입니다. 그러면 여러분은 구원을 소홀히 여기거나 멸시하거나 거부하지 않을 것입니다. 나아가 여러분은 내가 선택한 두 번째 본문에 들어 있는 것과 같은 기도를 드리며, 여호와께서 자비를 베푸셔서 여러분을 구원해 달라고 간청할 것입니다. 시편의 그 기도는 여러분이 그 말씀을 의지해서, 하나님에게로 돌아가는 데에 큰 도움을 줄 것입니다. 하나님께서 여러분이 그렇게 되도록 허락해 주시기를 바랍니다.

**1. 첫째, 여러분 가운데 아직 구원받지 않은 사람들이 있다면,
나는 그들이 자신의 죄에 대해서 즉시 회개하고
구원을 받게 하려는 강한 열정을 갖고 있습니다.**

그래서 베드로가 말한 오늘 본문에 근거해서, 나는 여러분에게 단도직입적으로 하나님의 구원을 권하고자 합니다.

여러분이 하나님의 구원에 대해서 주의를 기울일 것을 나는 간절히 부탁합니다. 왜냐하면 그 구원은 은혜로 말미암는 것이기 때문입니다. 그래서 10절에는 "이 구원에 대하여는 너희에게 임할 은혜를 예언하던 선지자들이 연구하고 부지런히 살펴서"라고 기록되어 있습니다. 구원은 전적으로 하나님의 은혜로 비롯되는 것입니다. 그 은혜는 죄와 죽음과 관련하여 스스로 어떻게 할 수 없는 사람에게 하나님의 무한하신 자비로부터 주어지는 것입니다. 복음은 여러분에게서 무엇을 요구하려고 여러분을 찾아온 것이 아닙니다. 복음의 두 손 안에는 금보다 더 진귀한 선물들로 가득합니다. 복음은 죄인들에게 그것들을 값없이 주려고 합니다. 복음은 우리를 찾아옵니다. 우리가 하나님에게 순종을 잘해서 선물들을 받을 만하기 때문에 우리를 찾아오는 것이 아닙니다. 하나님에게 불순종하여 자격이 없는 우리에게 자비가 넘치는 선물로서, 복음은 우리를 찾아옵니다. 복음은 하나님의 공의에 근거해서가 아니라, 그 반대로 하나님의 순전한 자비에 기초해서 우리를 다루는 것입니다. 복음은 우리에게 값을 요구하지 않습니다. 그렇다고 구매를 강요하지도 않습니다. 복음은 우리에게 하나님의 은혜를 베풀려고 찾아온 것입니다. 우리를 심판하려고 온 것이 아닙니다. 복음을 통해서, 하나님께서는 꾸짖지 아니하시고, 후하게 주십니다(참조. 약 1:5).

우리는 '은혜'라는 말뿐만 아니라, '값없는 은혜'라고 말하는 것에도 매우 익숙해져 있습니다. 그런데 '값없는 은혜'라는 표현은 같은 말을 반복하는 것이라고 주장되어 왔습니다. 사실 그렇습니다. 그러나 나는 그것이 매우 바람직한 표

현이라고 생각합니다. 왜냐하면 '값없는 은혜'라는 말은 그 의미를 이중으로 분명하게 강조하므로, 오해의 여지를 조금도 남기지 않기 때문입니다. '값없는 은혜'라는 말이 의도하는 가르침을 싫어하는 사람들은 그 표현에 대해서 분명히 반대할 것이기 때문에, 그것은 명백하게 강조하는 성격을 띠고 있습니다. 그러므로 나는 계속해서 그 표현을 사용할 것입니다. 우리는 그와 같이 아름다운 소리를 울려 퍼지게 하는 은으로 만든 종을 두 번 울리는 데에, 다시 말해서, '은혜, 값없는 은혜'라고 말하는 데에 아무런 거리낌도 없습니다. 어떤 사람이 은혜가 값없이 주어지는 것이 아닐 수도 있다고 상상하지 못하게 하기 위해서, 설교가 진행되는 동안, 은혜라는 표현뿐만 아니라, 값없는 은혜라는 표현도 나는 계속해서 사용할 것입니다. 여러분은 죄로 인해서 영생을 잃어버린 사람들입니다. 그래서 하나님께서는 여러분의 구원을 계획하십니다. 그것은 여러분이 구원받을 만한 자격이 있다는 것에 근거한 것이 아닙니다. 만약 그렇다면, 여러분 모두를 위한 그 계획은 확실히 실패하고 말 것입니다. 왜냐하면 우리 가운데 아무도 구원받을 만한 자격을 갖추고 있지 않기 때문입니다. 아마도 어떤 사람들은 이 견해에 동의하지 않을 것입니다. 여러분은 비참하며, 하나님께서는 자비가 무한하신 분이기 때문에, 그는 여러분을 구원하려고 계획하신 것입니다. 여러분은 궁핍하고, 그는 아낌없이 주시는 분이기 때문입니다. 이 기쁜 소식을 듣는 모든 사람들은 한 마디도 놓치지 않기 위해서 더욱 귀를 기울이고 마음을 집중해야 할 것입니다. 그렇습니다. 뿐만 아니라, 모든 사람들은 복음에 마음을 활짝 열어야만 합니다. 하나님의 값없는 은혜에 의한 구원은 모든 사람들에게 적용되는 것입니다. 모든 사람들은 그것을 절대적으로 필요로 합니다. 여러분이 운영하는 상점에서 상품들이 공짜라고 사람들에게 살짝 알려주기만 한다면, 발 디딜 틈이 없을 정도로, 많은 사람들이 여러분의 가게로 몰려들 것입니다. 어떤 사람들은 자신들의 상품에 대한 우리의 관심을 끌어들이기 위해서, 광고 문구의 맨 앞에 '거의 공짜로 가져가세요!'라고 써 놓기도 합니다. 그러나 그 광고는 사실이 아닙니다. 그러나 '값없이 주어지는 구원'이라는 기쁜 소식을 알려주는 위대한 광고는 사실 그대로입니다. 여러분은 아무런 값도 지불하지 않고 구원이 제공하는 모든 것을 받을 수 있습니다. 값없이 죄 사함을 받습니다. 값없이 그리스도를 영접할 수 있습니다. 또한 값없이 하늘나라를 기업으로 물려받습니다. "너희는 와서 사 먹되 돈 없이, 값없이 와서 포도주와 젖을 사라"(사 55:1). 우리의 선하신

의사 선생님은 모든 환자들을 완전히 무료로 치료해 주십니다. 모든 은혜의 근원이신 하나님께서 죄인들에게 값없이 나누어 주시는 선물들은 값으로 계산할 수 없는 소중한 것들입니다. 따라서 하나님께서는 그것들에 대해서 물물교환을 하시지 않습니다. 또한 값을 흥정하시지도 않습니다. 숨을 쉴 때 들이마시는 공기와 같이, 그는 축복들을 값없이 주십니다. 만약 여러분이 자신이 죄인이라는 사실을 깨닫는다면, 은혜로 구원을 받는다는 성경의 가르침은 여러분에게 대단히 매력적인 것으로 들릴 것입니다. 목마른 사람에게 시냇물이 흐르는 소리는 음악과 같습니다. 자신의 죄를 깨달은 사람의 양심에게, 값없이 주어지는 용서는 사막에서 강물을 발견하는 것과 같습니다. 우리가 그러한 메시지를 전할 때, 온 세상이 귀를 기울여서 듣는다면 얼마나 좋겠습니까!

다시 한 번, 하나님이 베푸시는 구원에 대해서 여러분이 귀를 기울여 들으시기 바랍니다. 베드로전서 1장 9절에는 이렇게 기록되어 있습니다. "믿음의 결국 곧 영혼의 구원을 받음이라." 곧, 여러분은 믿음으로 구원을 받습니다. 구원은 자신에게 고통을 주며, 스스로 굴욕적인 행위를 하는 고행(苦行)을 통해서 주어지는 것이 아닙니다. 또한 단순히 낙심과 절망을 할 때 주어지는 것이 아닙니다. 육체적으로 힘들고 고통스러운 노동을 통해서 구원을 살 수 있는 것이 아닙니다. 그리고 정신적이며 영적인 노력으로 구원을 얻는 것이 아닙니다. 따라서 구원은 오직 전적으로 주 예수를 믿음으로 주어지는 것입니다. 이제 여러분은 이렇게 질문하려고 할 것입니다. "그게 사실입니까? 구원은 믿음으로, 오직 단순히 믿음으로 받을 수 있다는 말입니까?" 바로 그것이 구원에 대해서 가르치는 하나님의 말씀의 핵심 진리입니다. 무오한 성경의 권위에 근거하여, 우리는 그 진리를 주장합니다. 그것과 관련된 성경 구절들을 여러분에게 몇 가지만 소개하겠습니다. "모세의 율법으로 너희가 의롭다 하심을 얻지 못하던 모든 일에도 이 사람을 힘입어 믿는 자마다 의롭다 하심을 얻는 이것이라"(행 13:39). "예수께서 그리스도이심을 믿는 자마다 하나님께로부터 난 자니"(요일 5:1). "그를 믿는 자는 심판을 받지 아니하는 것이요"(요 3:18). "그를 믿는 자마다 멸망하지 않고 영생을 얻게 하려 하심이라"(요 3:16). 믿음으로 구원을 받는다고 가르쳐 주는 수많은 성경 구절들 가운데, 앞에서 언급한 것들은 단지 몇 가지에 지나지 않습니다. "회개하고 복음을 믿으라"(막 1:15)는 것이 구원에 대한 우리의 단순하고 명백한 메시지입니다. 우리는 끊임없이 이렇게 외칩니다. "주 예수를 믿으라 그리하면 너와 네 집이 구원을 받으리라"(행 16:31). 그러므로 "오직 믿음으로!"와 "오직 예수!"가 우리가 항상 외쳐야 할 두 가지 표어(標語)입니다. 그런데 사람들은 그 진리를 듣고 당연히 기뻐해야 하는 데에도 불구하고, 그것에 생트집을 잡으려고 합니다. 그들은 믿음의 단순함에 대해서 이의를 제기합니다. 복음의 진리가 매우 쉬운 것처럼 평가된다는 것이 무슨 문제가 된다는 말입니까? 하나님의 자비가 죄인들에게 너무 관대하기 때문에, 사람들이 자비에 대해서 불평을 늘어놓아야만 합니까? 만약 구원을 받는 데에 어떤 조건이 있다면, 그것이 너무 하찮은 것 같아 보이기 때문에, 우리가 하나님과 논쟁하려고 하는 것이 지혜로운 일입니까? 그렇다면 여러분은 어떤 조건을 원합니까? 사람은 반드시 행위로 구원을 받아야 한다고 선포되는 것을 여러분은 듣기 원합니까? 만약 그것이 사실이라면, 여러분 가운데 구원받을 수 있는 사람은 누구입니까? 여러분의 행위는 불완전하며, 악으로 가득 차 있습니다. 율법은 여러분을 의롭다고 선고하지 않습니다. 오히려 여러분이 율법을 어겨서, 벌을 받아야 마땅하다고 판결합니다. 여러분이 율법 아래 놓여 있는 동안에는, 여러분이 저주를 받아야 마땅하다고 성령님께서 깨우쳐 주시지 않았습니까? 아담의 후손이여, 여러분은 반드시 하나님을 찬양해야만 하지 않습니까? 왜냐하면 하나님이 계획하신 구원은 하나님의 은혜에 의해서 여러분이 믿음으로 주어지는 것이기 때문입니다. 그래서 여러분이 믿으면 구원받을 수 있으며, 또한 누구든지 믿으면, 그는 확실히 구원을 받을 수 있기 때문입니다.

죄인인 인간은 스스로 하나님의 율법을 온전하게 지킬 수 없습니다. 이미 그는 율법을 끔찍하게 어겼습니다. 원죄를 범한 아담의 성품을 물려받은 인간은 연약해지고 부패해졌습니다. 아담은 맨 처음에 완전했었지만, 그것을 끝까지 올바로 지키지 못했습니다. 아담의 타락으로 인해서, 부패하고 악으로 가득한 마음을 지니고 있는 여러분이 어떻게 율법을 완벽하게 실천할 수 있겠습니까? 그러나 하나님의 은혜로 죄인은 예수님을 믿을 수 있습니다. 믿는다는 것은 자신의 힘과 공로를 포기하고, 구세주의 손에 자신을 맡기는 것입니다. 그러므로 믿음으로 구원을 얻는 복음은 율법이 쫓아낸 사람들 앞에 출입문을 열어 놓습니다. 타락한 죄인들은 믿기만 하면, 누구든지 그 문 안으로 들어갈 수 있습니다. 그들 앞에 제시된 이 구원을 그들은 속히 받아들여야만 합니다. 오, 나의 하나님이여! 왜 이 메시지가 그것을 듣고 있는 모든 사람들의 마음을 감동시켜서, 그들이 즉시 당신의 구원을 열렬하게 받아들이게 하시지 않습니까? 하나님의 성령께서 나의 이러한 간구들이 여러분에게 이루어지도록 강력하게 역사해 주시기를 간절히 기도합니다.

　그리고 여러분은 구원의 복음에 대해서 주의 깊게 살펴보아야만 합니다. 왜냐하면 그것은 선지자들의 생각을 분명하게 간직하고 있기 때문입니다. 베드로전서 1장 10절에는 "이 구원에 대하여는 너희에게 임할 은혜를 예언하던 선지자들이 연구하고 부지런히 살펴서"라고 기록되어 있습니다. 뛰어난 정신으로 그들의 시대를 장식했던 이 위대한 사람들은 후대에 계시될 축복으로서 이 구원에 대해서 전파하기를 기뻐했습니다. 여호와로부터 부름을 받아서, 자신들이 계시한 것들을 그들은 모두 이해하지 못했습니다. 왜냐하면 성령님은 때때로 그들을 자신들의 능력 밖으로 인도하셔서, 그들이 깨달을 수 있는 것보다 더 많은 것을 말하게 하셨기 때문입니다. 성경은 축자적으로 영감된 것입니다. 성경의 많은 부분은 반드시 성령의 감동을 받아서 축자적으로 기록되었음이 틀림없습니다. 그리고 성경의 모든 부분은 전반적으로 성령의 감동으로 기록되었음이 틀림없습니다. 인간의 마음과 생각만으로는 하나님의 모든 생각을 이해하거나 표현할 수 없습니다. 그것은 너무나 숭고한 것입니다. 그러므로 하나님께서는 선지자들에게 그들이 전달해야 하는 말들을 분명하게 불러주셨습니다. 그렇지만 선지자들은 그 언어가 지니고 있는 심오하며 먼 후대에까지 미치는 의미를 모두 깨달을 수 없었습니다. 그들은 자신들 안에서 성령님이 거하시며 그가 하나님의 계시에 대해서 증거하시는 것을 기뻐했습니다.

　그러나 만약 그들이 자신들을 위해서 하나님의 계시로부터 유익을 얻으려면, 그들에게도 계시에 대해서 연구하고 부지런히 살펴야 할 필요성이 있었습니다. 왜 그들이 그래야만 했는지에 대해서 나는 잘 모릅니다. 하지만 본문은 "선지자들이 연구하고 부지런히 살펴서"라고 분명하게 말합니다. 그러므로 그들이 구원에 대해서 연구하고 살펴보았다는 것은 틀림없는 사실입니다. 오, 그렇다면 여러분은 성경에 대해서 얼마나 부지런히 연구해야만 하고, 또한 구원하는 말씀에 대해서 얼마나 주의 깊게 들어야만 하겠습니까! 성령의 특별한 감동을 받은 사람들이며, '선견자'(先見者)라고 불렸던 사람들도 그들의 예언이 무엇을 뜻하는지에 대해서 부지런히 살폈습니다. 그렇다면 우리와 같이 보잘것없는 존재들은 복음을 이해하기 위해서 어떻게 해야만 하겠습니까? 그러므로 우리는 성경을 읽고, 그것에 표시를 하고, 또한 은혜에 대한 가르침을 배우고 그 의미를 깨닫는 것을 우리의 기쁨으로 삼아야만 합니다. 다니엘과 이사야와 에스겔 등이 주의를 기울였던 구원에 대해서, 우리가 전적으로 무시하면서 산다면, 그것은 죄악 가운데 큰 죄임이 확실합니다. 오, 구약 시대의 위대하고 거룩한 사람들의 긴 목록이 구원에 대해서 관심을 갖지 않는 무분별한 사람들에게 좋은 영향을 미치기를 간절히 바랍니다. 오늘 아침에 여러분에게 몇 사람의 훌륭한 선지자들을 소개하려고 합니다. 그래서 그들이 그리스도와 그를 통한 구원에 대해서 어떻게 말했는지 여러분이 깨닫게 하려는 것입니다. 핏소리를 통해서 땅에서부터 여호와께 호소했던 아벨로부터(참조. 창 4:10), 공의로운 해가 떠오를 때가 가까워오자 그에 대해서 예언했던 말라기 선지자(참조. 말 4:2)에 이르기까지, 그들은 모두 만군의 여호와의 이름으로 여러분을 위해서 말했던 것입니다. 모세로부터 말라기에 이르기까지, 이들은 모두 "너희에게 임할 은혜"에 대해서 증거하기 위해서 살았습니다. 그리고 그들 가운데 일부는 죽임을 당했습니다. 분명히 그들은 구원을 받았습니다. 그렇지만 구원에 대한 진리를 온전히 이해하고 기뻐하는 것은 우리를 위해서 예비된 것입니다. 그들이 하나님의 일을 섬긴 것은 자신들을 위해서가 아니라, 우리를 위한 것이라는 사실을 여호와께서는 그들에게 계시해 주셨습니다. 그들은 미래의 시대를 위해서 진리의 등불을 밝혔습니다. 그들은 그리스도께서 오시는 것을 직접 보지 못했습니다. 그런데 믿음으로 고대하며 그들이 모두 죽은 다음에, 훗날에 그리스도께서 실제적으로 오셔서 구원을 성취하실 것이라고 그들은 예언했습니다.

그러나 여러분과 나는 이미 성취된 구원의 빛 가운데 살고 있습니다. 하나님께서 인간의 몸을 입고 태어나셨습니다(참조. 요 1:14; 롬 1:3). 그리스도께서 인간의 죄를 지고 가셨습니다. 십자가를 통한 그의 속죄는 이루어졌습니다. 예수님은 죽은 자 가운데 부활하셔서, 자기의 영광에 들어가셨습니다(참조. 눅 24:26). 그리고 하늘 보좌에서, 그는 믿는 자들을 위해서 간구하십니다. 비록 구약의 선지자들은 자신들이 그리스도를 통한 구원을 결코 눈으로 보지 못할 것이라는 사실을 알았지만, 그들은 분명히 그것에 대해서 밤낮으로 연구할 만한 가치가 있다고 생각했습니다. 그렇다면 구원을 직접 체험한 당사자들로서, 우리는 반드시 그 진리에 대해서 경건한 관심을 기울여야만 할 것입니다. 만약 다니엘이 혼자서 외롭게 금식하고 기도하며, 장래의 구원에 대해서 부지런히 연구하는 데에 몰두했다면, 여러분도 즉시 우리 가운데 나타난 구원에 대해서 연구해야만 합니다. 선지자 이사야는 구약의 크리소스토모스(Johannes Chrysostomos, 347년경-407; 헬라어 "크리소스토모스"는 "황금의 입을 가진 사람"이라는 뜻임. 뛰어난 설교가로서, 초기 기독교의 교부이자 콘스탄티노플의 대주교 — 역주)라고 불립니다. 만약 이사야가 구원에 대해서 황금의 입으로 증거했다면, 만약 열네 명의 자녀와 남편마저 잃어버리고 울었던 니오베(Niobe: 그리스 신화에 나옴. 테베의 여왕으로서 탄탈로스의 딸)처럼, 예레미야가 이스라엘 백성의 구원을 위해서 눈물이 흘러서 강물이 되도록 울었다면, 만약 뛰어난 지성의 광채에도 불구하고 에스겔이 자신의 구원에 대해서 보았던 환상의 눈부신 빛으로 말미암아 거의 눈이 멀게 되었다면, 그리고 만약 구약의 모든 선지자들의 무리가 위대한 구원에 대해서 예언하고 연구하기 위해서 살다가 죽었다면, 우리는 그것에 대해서 대단히 진지한 주의를 기울여야만 할 것입니다. 그들은 하나님의 어린 양을 우리에게 가리키며 보여주었습니다. 또한 하늘의 가장 밝은 빛을 받아서, 그들은 구속자가 오신다는 것을 분명하게 예언했습니다. 만약 우리가 하나님으로부터 온 메시지를 소홀히 여겨서, 그것이 주는 축복들을 등 뒤로 던져버린다면, 우리에게 화(禍)가 임하게 될 것입니다. 여호와께서 보내신 모든 선지자들의 메시지에 근거해서, 나는 그리스도를 통한 구원을 여러분이 진심으로 받아들이기를 간절히 호소합니다. 또한 이 세상에 사는 동안에, 여러분이 그 구원을 체험하며 기쁨을 누리기를 바랍니다.

　나아가, 구약 시대의 예언이 끝난 다음에, 본문이 언급하고 있는 다른 사람들에게 성령님이 임하셨습니다. 베드로전서 1장 12절에서, 베드로는 다음과 같이 말합니다. "이것은 하늘로부터 보내신 성령을 힘입어 복음을 전하는 자들로 이제 너희에게 알린 것이요." 그러므로 구약의 선지자들을 뒤따라서, 사도들은 그리스도로 말미암는 구원에 대해서 증거했습니다. 그리고 사도들과 함께, 복음에 대해서 진지하게 증거했던 복음전도자들과 말씀을 담대하게 선포했던 설교자들 등, 존경할 만한 제자들의 무리가 있었습니다. 복음을 증거하는 일에서 이 사람들이 보여준 경탄할 만한 특성을 여러분에게 지적하는 것을 나는 주저하지 않을 것입니다. 그러나 나는 여러분이 다음 사실을 깨닫기를 바랍니다. 그들은 그리스도 예수를 개인적으로 직접 목격했기 때문에, 그들은 속지 않았습니다. 따라서 그들의 메시지는 사실 그대로였습니다. 열두 사도들은 분명히 예수님과 함께 먹고 마셨습니다. 그들 가운데 대부분도 그렇게 했습니다. 그들은 예수님과 친밀한 교제를 나누었습니다. 그러므로 예수님께서 죽은 사람들 가운데에서 부활하신 후에 그를 직접 보았다는 사실에 대해서 그들은 확고하게 증거했습니다. 이 사람들은 확신에 찬 어조로 담대하게 말했습니다. 만약 그들이 속은 것이었다면, 그들이 겪은 것과 같은 어처구니없는 경우는 결코 없었을 것입니다. 그렇다면 그렇게 많은 사람들이 감쪽같이 철저하게 속았던 것입니다. 자신들이 보고 들은 것에 대해서 증거하기 위해서, 온 생애를 통해서, 그들은 고난과 궁핍을 겪었으며, 또한 비난을 감수했습니다. 요한을 제외한 모든 사도들은 순교를 당했다고 전해지고 있습니다. 그러므로 자신들이 전하는 복음의 진리에 조금이라도 의심을 품는 것을 허용하기보다는, 차라리 사도들은 순교의 죽음을 선택했던 것입니다. 그런데 하늘로부터 보내진 성령의 권능으로 복음을 전한 사람들은 구약의 선지자들이 예언했던 그 일들에 대해서 알려 주었다고 본문은 말합니다. 말씀을 전파하면서, 그들은 사방으로 나아갔습니다. 그들은 매우 가난했습니다. 명예를 누리기는커녕, 그들은 수치와 고난을 겪어야 했습니다. 성령의 권능 이외에, 그들이 지닌 권세는 아무것도 없었습니다.

군인들이 모여 있는 곳에서도, 그들은 전혀 두려워하지 않은 채, 큰 목소리로 담대하게 복음에 대해서 선포했습니다. 평온한 가정집들에서는 조용하게 증거했습니다. 지방의 작은 도시들과 마을들에서도, 그들은 복음을 전파했습니다. 심지어 로마제국의 수도에서도, 그들은 복음에 대해서 가르쳤습니다. 그래서 로마 황제의 집안에 속한 사람들도 복음을 받아들이게 되었던 것입니다(참조. 빌 4:22). 그들은 멀리 바대 사람들(행 2:9)과 스구디아 사람들(골 3:11)에게까지 갔습니다. 그들은 이 야만인들에게 죄와 사망으로부터 구원받아야 하며, 예수님께서 그것을 성취하셨다고 말했습니다. 또한 그들은 당시에 매우 발달된 문화를 지녔던 헬라 사람들에게 가서, 그들에게도 다음과 같이 복음을 전했습니다. "하나님이 그리스도 안에 계셨습니다. 하나님의 아들이 사람들 가운데 한 사람이 되셨습니다. 성육신하신 하나님은 인류를 대신해서 십자가에서 죽으셨습니다. 누구든지 그를 구주로 믿으면, 하나님의 진노와 죄에 대한 형벌로부터 구원을 받습니다."

그들의 사명과 목숨을 마치기까지, 기쁜 소식에 대한 이 숭고한 전달자들은 이 구원에 대해서 계속해서 전했습니다. 그러나 오늘날 많은 사람들은 하나님의 말씀을 하찮은 것으로 여겨서, 복음의 초대에 전혀 귀를 기울이려고 하지 않습니다. 그것은 그들의 수고와 사역에 대한 명예스러운 기억을 모독하는 것이라고 나는 생각합니다. 목숨을 걸고 여러분에게 전달해 준 복음을 경멸하며 무시하는 행위는 그들을 두 번이나 순교하게 하는 것입니다. 그들은 죽어서도 여러분에게 불리한 증언을 할 것입니다. 그리고 장차 부활하게 되면, 그들은 주님과 함께 앉아서 여러분을 심판하게 될 것입니다.

　본문에 의하면, 그리스도의 고난과 영광에 대해서 선지자들과 사도들만 경탄하며 살펴보는 것이 아닙니다. 그것은 천사들도 살펴보기를 원하는 것입니다. 우리는 이 천상의 존재들에 대해서 아는 것이 별로 없습니다. 그러나 그들은 순전한 영들이며, 또한 하나님으로부터 선택받은 천사들은 죄에 빠지지 않았다는 사실을 우리는 알고 있습니다. 그리스도의 속죄는 죄에 대한 대속(代贖)이기 때문에, 천사들은 그것에 관련되어 있지 않습니다. 왜냐하면 이 천사들은 죄를 범하지 않았기 때문입니다. 그렇지만 그들도 그리스도의 죽음으로부터 어떤 유익을 얻을 것입니다. 그러나 지금 이 자리에서 그것에 대해서 특별히 언급할 수 없습니다. 우리와 마찬가지로 하나님의 피조물로서, 우리애게 지대한 관심을 갖고 있기 때문에, 천사들은 우리의 구원과 관련된 모든 신비에 대해서 알기를 몹시 바라는 것입니다. 여러분이 아는 바와 같이, 천사들은 언약궤 위에 조각되어 있었습니다. 두 그룹들이 속죄소의 두 끝에 서서, 날개를 높이 펴서 그 날개로 속죄소를 덮으며, 그 얼굴을 서로 대하며 속죄소를 항상 내려다보고 있었습니다(참조. 출 25:18-21). 아마도 사도 베드로는 이 거룩한 형상을 연상하며 본문을 기록했던 것 같습니다. 두 그룹들은 시시, 피에 의한 속죄의 경이로움을 열심히 주시하고 있었습니다. 여러분은 아름답고 장엄한 그 모습을 상상해 볼 수 있습니까? 만약 하늘에 어떤 문이 열려 있다면, 사람들은 그곳을 통해서 하늘나라의 신비스러운 장관(壯觀)을 들여다보려고 야단법석을 떨 것입니다. 그러나 본문에서는 그 반대의 경우가 펼쳐집니다. 왜냐하면 이 타락한 세상을 향해서 하늘나라의 창문이 열려져 있기 때문입니다. 그래서 천상의 존재들은 이 땅을 내려다보고 있습니다. 마치 하늘나라에는 그리스도와 그의 구원 사역에 견줄 만큼 구경할 만한 매력적인 대상이 없는 듯이, 천사들은 이 땅에서 펼쳐지는 그 광경을 주의 깊게 살펴보고 있는 것입니다. 시어도어 와츠(Theodore Watts, 1832-1914. 영국의 시인이자 비평가)는 그의 시에서 다음과 같이 읊고 있습니다. 그 내용은 전적으로 옳은 것입니다.

> "천사들은 하늘나라를 떠나서, 이 땅으로 날아왔다네.
> 이곳에서, 새로운 신비에 대해서 배우려고 한다네.
> 그들은 낮은 곳으로 임하시는 하나님의 사랑과
> 임마누엘의 영광에 대해서 전하고자 한다네."

사도 바울은 이렇게 말합니다. "이는 이제 교회로 말미암아 하늘에 있는 통치자들과 권세들에게 하나님의 각종 지혜를 알게 하려 하심이니"(엡 3:10). 천사들이 사람들과 관련된 것에 대해서 배우려고 하고, 또한 스랍들이 그것에 대한 책을 읽는다는 것은 매우 이상하게 들립니다. 그러나 그것은 사실입니다. 아마도 천사들은 이와 같은 질문들을 제기했을 것입니다. "어떻게 공의로우신 하나님께서 불경건한 죄인들을 의롭다고 여기실 수 있는가?" 에덴동산에서, 하나님께서는 아담과 하와에게 분명히 이렇게 말씀하셨습니다. "선악을 알게 하는 나무의 열매는 먹지 말라 네가 먹는 날에는 반드시 죽으리라 하시니라"(창 2:17). 그러므로 인간이 계속해서 이 땅에 살면서, 영원한 생명에 대한 소망을 갖는 것이 허락된 사실에 대해서, 천사들은 맨 처음에는 분명히 의아하게 생각했을 것입니다. 죄를 벌하지 않은 채 그냥 넘기지는 아니한다(참조. 출 34:7)고 말씀하신 여호와께서 어떻게 죄인들에게 은총을 베푸시는 것입니까? 예수 그리스도의 대속의 죽음을 통하여, 한편으로는 하나님께서 엄격하게 공의로우시지만, 다른 한편으로는 무한히 은혜로우신 분이라는 사실에 천사들은 경탄을 금할 수 없었을 것입니다. 이 사실을 깨닫게 되자, 그들은 단 한 번 드려지는 위대한 희생 제물인 그리스도 안에 감추어져 있는 진리에 대해서 더욱 깊이 알아보기를 열망했을 것입니다. 그래서 천사들은 들여다보고 살펴보았습니다. 또한 탐구해보고 숙고해 보았습니다. 그러므로 복음의 가르침은 "천사들도 살펴보기를 원하는 것"이라고 본문은 말합니다. 이 영광스러운 영들은 구원받을 필요가 없습니다. 그런데도 그들은 구속자 그리스도를 열심히 바라봅니다. 그렇다면 우리도 그리스도의 죽음의 신비에 대해서 살펴보려고 간절히 원해야만 하지 않겠습니까?

사랑하는 형제자매 여러분! 하나님의 아들이 많은 사람을 위해서 자기 목숨을 대속물로 준 것이 여러분에게 아무런 의미도 지니지 않는다는 것입니까? (참조. 마 20:28; 딤전 2:6). 만약 이 흠 없는 천사들도 죄를 씻어주는 그리스도의 거룩한 피에 놀랐다면, 더러움으로 뒤덮여 있는 여러분은 잠시 멈추어 서서, 죄를 씻어주시기 위해서 피를 흘리고 있는 주님을 바라보아야만 하지 않겠습니까? 만약 어떤 천사가 무엇인가를 주의 깊게 바라보고 있는 것을 내가 우연히 지나가다가 목격하게 되었다면, 나는 분명히 멈추어 서서, 그것이 무엇인지를 들여다보았을 것입니다. 여러분은 종종 다음과 같은 것을 경험하지 않았습니까? 만약 어떤 사람이 길거리에 멈추어 서서 무엇인가를 바라본다면, 아니면 어떤 상점의 진열장을 자세히 살펴본다면, 다른 사람들도 금방 호기심을 갖게 되어, 그들과 함께 들여다보는 것을 여러분은 알고 있습니다. 나는 모든 사람이 자신 안에 지니고 있는 호기심을 여러분 안에서 불러내고자 합니다. 그래서 천사들이 그리스도의 대속 사건과 그것의 깊은 의미에 대해서 자세히 살펴볼 때, 여러분도 천사들과 함께 그렇게 하도록 강권하고자 합니다. 매우 놀라는 동시에 몹시 기뻐하며, 그들은 그리스도의 십자가 밑에 서 있습니다. 그렇습니다. 모든 사람들을 위해서 대속물로 바쳐진 하나님의 아들의 죽음에 대해서, 지금 이 순간까지, 하늘에 있는 모든 존재들은 그들의 놀라움을 표현하는 것을 잠시도 멈추지 않고 있습니다. 그런데 여러분 가운데 아무도 단 한 시간이라도 아껴서 여러분의 가장 좋은 친구를 바라보고, 또한 그가 걸어간 길을 살펴보려고 하지 않는 것입니까? 내가 이 강대상에 셀 수 없을 정도로 끊임없이 올라와서 귀먹은 사람들을 향해서 그리스도에 대해서 설교해야만 합니까? 또한 은혜의 복음에 대해서 할머니들이 들려주는 옛날이야기처럼 여기거나, 아니면 자신들과는 아무런 상관이 없는 이야기로 간주하는 사람들에게, 내가 수없이 설교해야만 합니까?

　　언젠가 나는 죄책감으로 마음이 짓눌려 있던 때가 있었습니다. 여러분의 영혼을 위해서, 나는 여러분이 그와 같은 곤경에 빠지기를 바랍니다. 영적인 분별력이 없는 사람들이여! 만약 여러분이 내가 그 당시에 느꼈던 것과 같은 상태에 있다면, 하나님의 '은혜'라는 단어를 꼭 붙잡으십시오. 그리고 예수님을 자신의 구주로 믿으십시오. 그러면 '믿음'의 약속, 곧 여러분이 믿을 때 주어지는 약속에 여러분은 크게 기뻐하게 될 것입니다. 만약 선지자들이 그리스도와 그의 구원 사역에 대해서 부지런히 연구했다면, 만약 사도들이 그것을 전파했다면, 또한 만약 천사들도 그것을 살펴보기를 원했다면, 여러분 자신은 그 구원을 반드시 발견해야만 합니다. 그렇지 않으면, 멸망하게 될 것입니다. 여러분이 영생을 소유해야 한다는 사실을 잊어버렸습니까? 그렇지 않으면, 영원히 파멸하고 말 것입니다. 그러므로 여러분의 영원한 유익과 관련된 것을 하찮은 것으로 여기지 마십시오! 땅과 하늘에 있는 존재들이 그리스도로 말미암는 영원한 구원에 대해서 진지한 관심을 기울이고 있는데, 여러분만 그것에 무관심하지 마십시오! 선지자들과 사도들과 천사들이 모두 주님을 찾으라고 여러분에게 손짓합니다. 잠자는 이들이여, 깨어나십시오! 게으른 영혼이여, 일어나십시오! 수많은 목소리가 이렇게 여러분을 부르고 있습니다. "여러분 힘을 내십시오. 그리고 그리스도를 통하여 여러분에게 찾아온 하나님의 구원의 은혜를 받아들이십시오."

우리는 이제까지 한 걸음 한 걸음씩 본문에 대해서 상세하고 길게 다루어 왔습니다. 조금 전까지, 우리는 구원에 대해서 천사들도 살펴보기를 원했다는 주제에 머물렀습니다. 이제 또 다른 놀라운 일을 살펴봅시다. 천사들을 넘어서, 우리는 그들의 주님에게로 시선을 집중시키려고 합니다. 그리스도는 이 구원의 핵심 주체입니다. 본문은 그것에 대해서 무엇을 말하고 있습니까? 선지자들은 그들 안에서 역사하시는 성령님을 통하여, 그리스도께서 "받으실 고난과 후에 받으실 영광을 미리 증언"하였습니다(11절). 이것이 바로 그리스도를 통한 구원 사역의 요점입니다. 인간을 구원하시려고 예수님은 고난을 당하셨습니다. 인성과 신성을 통하여, 그리스도께서는 상상을 초월하는 고통을 겪으셨습니다. 전 생애를 통하여, 그리스도께서는 "간고를 많이 겪었으며 질고를 아는 자"였습니다(사 53:3). 공생애 기간 동안, 그는 슬픔과 고통을 많이 겪었습니다. 그는 이제까지 살았던 사람들 가운데 가장 용감한 정신을 소유하셨습니다. 이 땅에 태어나 호흡했던 사람들 중에서, 그는 가장 온유한 마음을 지니셨습니다. 그러나 그는 가장 뭉개지고 짓밟혀졌습니다. 연민을 가득 담은 구름과도 같이, 축복의 소나기를 뿌리면서, 그는 하늘 이 끝에서부터 저 끝까지 가셨습니다. 그의 백성의 모든 고통을 예수님께서는 자신의 가슴에 안고 가셨습니다. 또한 그들의 모든 죄악들이 그의 영혼을 무겁게 짓눌렀습니다. 비록 하나님의 종들도 그리스도처럼 하나님의 양 떼를 돌보았지만, 모든 백성에 대해서 날마다 염려하는 그의 짐이 얼마나 무거운지는 그들 가운데 아무도 온전히 공감할 수 없었습니다. 때때로 나는 모세를 매우 동정합니다. 모세는 여호와 앞에서 다음과 같이 부르짖었던 것입니다. "어찌하여 주께서 종을 괴롭게 하시나이까? 어찌하여 내게 주의 목전에서 은혜를 입게 아니하시고 이 모든 백성을 내게 맡기사 내가 그 짐을 지게 하시나이까? 이 모든 백성을 내가 배었나이까? 내가 그들을 낳았나이까? 어찌 주께서 내게 양육하는 아버지가 젖 먹는 아이를 품듯 그들을 품에 품고 주께서 그들의 열조에게 맹세하신 땅으로 가라 하시나이까? 책임이 심히 중하여 나 혼자는 이 모든 백성을 감당할 수 없나이다"(민 11:11-12, 14). 그러나 광야에서 이스라엘 열두 지파에 대한 모세의 마음속에 있었던 염려와 그리스도의 마음속에 있던 수많은 근심과 어떻게 비교할 수 있겠습니까? 이 세상에 태어나는 모든 사람들에 대한 수많은 근심은 그리스도의 영혼에 주어지는 영속적인 짐이었습니다.

우리는 그리스도께서 그의 삶을 통해서 겪은 모든 고통을 결코 잊어서는 안 됩니다. 그의 모든 고통은 십자가를 통한 죽음의 고뇌에서 절정을 이루고 있습니다. 그와 같은 죽음은 결코 없었습니다. 신체적인 측면에서, 그것은 순교자들이 죽을 때 겪는 것과 같은 고통이었습니다. 그러나 그가 겪은 극심한 슬픔의 특성은 육체적인 아픔에 있었던 것이 아니었습니다. 그의 영혼이 겪은 고통이 그의 고통의 핵심이었습니다. 순교자들이 죽임을 당할 때, 하나님께서는 그들을 붙잡아 주십니다. 그렇지만 예수님은 십자가 위에서 "나의 하나님, 나의 하나님, 어찌하여 나를 버리셨나이까"(마 27:46)라고 부르짖으셨습니다. 런던 시내에 있는 스미스필드(Smithfield) 시장에서는 종종 개신교도들이 처형되었습니다. 또한 스페인의 종교재판소에서도 때때로 개신교도들에 대한 재판과 처형이 이루어졌습니다. 그러나 스미스필드와 종교재판소에서, 순교자들은 예수님께서 영혼이 고통스러워서 외쳤던 것과 같은 부르짖음을 하늘을 향해서 외치지 않았습니다. 왜냐하면 그들이 순교할 때, 하나님께서 그들과 함께 하셨기 때문입니다. 이 점에 근거해서, 우리는 그리스도께서 체험했던 비애의 깊이를 헤아릴 수 있는 것입니다. 나는 여러분에게 진지하게 당부합니다. 만약 여러분이 조금이라도 신중하게 생각한다면, 하나님의 아들이 인간의 죄를 대신해서 고난당하기 위해서 인간이 되었다는 사실을 기억하기 바랍니다. 예수님께서 성취한 구원의 복음을 죄인인 인간이 전혀 들으려고 하지 않는다는 것은 괴로운 일입니다. 나는 그가 십자가 위에서 슬퍼하며 안타깝게 다음과 같이 외치는 소리를 듣습니다. "이곳을 지나가는 모든 사람들이여, 너희에게는 나의 슬픔이 아무것도 아니라는 말인가? 나에게 주어진 슬픔과 같은 것을 겪어본 사람이 이제까지 있었는지 신중하게 살펴볼지어다." 만약 여러분이 여인에게서 태어났다면, 또한 모든 사람이 지니고 있는 정신을 소유하고 있다면, 구원에 대해서 잘 생각해 보십시오. 하나님의 아들이 고난당하는 것을 통해서 여러분에게 주어진 은혜에 대해서 깊이 생각해 보기 바랍니다.

또 다른 주제가 하나 남아 있습니다. 그것은 이제까지 다루었던 것보다 더 높은 진리에 관한 것이 아닙니다. 그것은 동등한 수준에 놓여 있는 것입니다. 나는 여러분이 그것에 대해서 잠시 생각해 보기를 간청합니다. 아마도 여러분은 자신과 하나님에 대해서 오랫동안 진지하게 생각해 보지 않았을 것입니다. 그 주제는 이것입니다. 곧, 성령님께서 이 모든 것에 대한 증인이시라는 사실입니다. 선지자들 안에서, 그들을 통해서 말씀하셨던 분은 성령님이십니다. 맨 처음에 복음을 전파했던 사람들과 함께 하셨던 분도 바로 성령님이십니다. 날마다 우리에게 그리스도에 대해서 증거해 주시는 분도 동일한 성령님이십니다. 오늘날에도 여전히 교회 안에서 기적들이 일어난다는 것을 여러분은 알지 못합니까? 복음을 경멸하는 사람들은 우리에게 와서, 이렇게 말합니다. "기적이 일어나게 해보시오. 그러면 우리는 당신의 말을 믿겠습니다." 그러나 우리는 날마다 기적들이 일어나게 합니다. 여러분은 지난달에 이곳에서 열렸던 집회에 참석했습니까? 이곳에서 증거된 복음을 듣고, 거의 백 명에 가까운 사람들이 최근에 자신들의 삶이 전적으로 변화되었다고 한 사람 한 사람 한결같이 주장하는 것을 여러분은 들을 수 있었을 것입니다. 그들 가운데 어떤 사람들의 경우는 이들을 잘 알고 있는 사람들에게 대단히 명백한 사실이었습니다. 어떻게 이와 같이 놀라운 일이 일어날 수 있었겠습니까? 구원의 복음을 통해서, 친히 성령님께서 역사하셨기 때문입니다.

그러나 내가 그 특별한 경우들을 하나하나 언급할 필요는 없을 것입니다. 만약 말할 기회가 주어진다면, 여기에 있는 많은 사람들은 그들이 이전에 주일마다 습관적으로 어느 곳에 있었으며, 그들이 즐겼던 것이 무엇이었는지 설명해 줄 수 있을 것입니다. 이제 그들에게 모든 것이 새롭게 변했습니다. 이전에는 죄악된 것을 열심히 추구했지만, 이제 그들은 거룩한 삶을 진지하게 추구합니다. 비록 그들은 지금 자신들이 원하는 만큼 변화되지 못했을지라도, 그들은 이전과는 전혀 다른 사람들이 되었습니다. 순결이나 선함 등, 이전에 그들은 이와 비슷한 것들에 대해서는 전혀 생각해 보지 않았습니다. 옛날에 그들은 불의의 삶을 즐겼습니다. 그러나 지금은 한동안 그들이 탐닉했던 불의를 대단히 싫어합니다. 나는 그들에게서 도덕적인 기적들을 보았습니다. 그것은 문둥병자가 깨끗하게 되거나 죽은 사람이 다시 살아나는 것과 마찬가지로 놀라운 일입니다. 이것은 교회 안에서 성령님께서 지속적으로 역사하신다는 것에 대한 증거입니다. 여러분 안에서도, 동일한 기적을 일으킬 수 있는 복된 구원에 대해서, 여러분이 잠시 멈추어서 생각해 보기를 성령님의 증거를 통해서, 나는 여러분에게 간청합니다. 인간이 타락하게 된 첫째 날에, 성령님께서는 에덴 동산의 문 옆에서 아담과 하와에게 약속이 담긴 최초의 복음을 증거하셨습니다(참조. 창 3:15). 그날로부터, 구약의 모든 선지자들을 거쳐서, 마침내 그리스도에 이르기까지, 또한 그 이후에는 사도들을 포함하여, 하나님의 권능으로 복음을 증거하라고 하나님께서 보내신 모든 복음전도자들을 통해서, 성령님께서는 그리스도와 그의 구원에 대해서 숙고해 보라고 간절히 권고하십니다. 오늘 여러분에게도 성령님께서는 간청하십니다. 이 목적을 위해서, 그는 "죄에 대하여, 의에 대하여, 심판에 대하여" 사람들에게 증거하십니다(참조. 요 16:8). 그래서 사람들이 하나님께서 제시하시는 구원을 받아들여서, 영원히 사는 것을 원하십니다. 사랑하는 여러분! 살아 계신 하나님의 영으로, 나는 여러분에게 권면합니다. 위대한 구원을 더 이상 소홀히 여기지 마십시오. 그 구원은 삼위일체 하나님께서 예비하시고, 제시하시고, 또한 보증하시는 것입니다. 그리고 모든 거룩한 존재들도 그 구원에 대해서 경탄했습니다.

2. 이제까지 나는 여러분에게
하나님의 구원을 받아들일 것을 권면했습니다.

그 내용을 여러분의 마음속에 꼭 간직하시기를 당부합니다. 그러면 지금부터 시편 119편에 여러분의 관심을 기울이기를 바랍니다. "여호와여 주의 말씀대로 주의 인자하심과 주의 구원을 내게 임하게 하소서"(시 119:41). 여러분이 다음과 같은 의도를 갖고, 이 시편 말씀을 적용하기 바랍니다. "여호와여, 당신의 구원에 대하여 선지자들과 사도들과 천사들이 어떻게 생각하는지 들었나이다. 그리고 하나님의 아들과 성령님이 그것에 대해서 말씀하시는 것을 들었나이다. 이제 나 자신이 구원에 대해서 생각하는 것을 겸손하게 말하게 하소서. 오, 구원이 나의 것이 된다면 얼마나 좋겠습니까? 구원이 나에게 찾아오기를 간절히 바랍니다." 이것이 두 번째로 다루고자 하는 주제입니다. 여러분이 시편 119편 41절에 기록된 기도를 드리기를 나는 간곡하게 당부합니다.

첫째로, 이 기도는 그 자체로서 매우 은혜스러운 기도라는 사실을 말하고자 합니다. 왜냐하면 이 기도는 올바른 근거 위에서 기도하고 있기 때문입니다. 곧, "주의 인자하심을 내게 임하게 하소서!" ("주의 인자하심"에 해당하는 히브리어는 '하쎄데카'이다. 이것은 문자적으로는 '당신의 자비들', 또는 '당신의 변함없는 사랑들'이라는 뜻이다 — 역주). 이 표현에는 인간의 공로라든가 당연히 받을 만한 자격이 있다는 것에 대한 암시가 전혀 없습니다. 시인은 오직 여호와의 변함없는 언약적인 사랑에 기초하여 호소하고 있습니다. 그는 자신의 죄악에 대해서 고백했습니다. 그리고 범죄자들을 용서하실 수 있는 왕의 특권에 의지합니다. 사랑하는 여러분! 여러분 가운데 아직 구주를 한 번도 찾지 않았던 사람이 있습니까? 그렇다면, 지금 이 순간, 이 시인처럼 여호와의 변함없는 사랑에 근거해서, 하나님의 자비의 결과로서 구원을 요청하지 않겠습니까? 과연 여러분은 자비가 풍성하신 하나님께서 주시는 구원을 선물로 받을 수 있습니다. 그러나 먼저 여러분의 죄악을 낱낱이 자백해야만 합니다. 그리고 하나님의 공의로운 판단에 자신을 맡겨야 합니다. "주의 인자하심(KJV — "thy mercies")을 내게 임하게 하소서"에서, 복수로 표현된 것에 주의를 기울이기 바랍니다. 마치 다윗은 여호와로부터 두 배의 자비, 아니 일곱 배의 자비를 구하는 듯합니다. 다른 시편에서, 다윗은 이렇게 부르짖고 있습니다. "하나님이여 주의 인자를 따라 내게 은혜를 베푸시며 주의 많은 긍휼을 따라 내 죄악을 지워 주소서"(시 51:1). 우리의 죄에 대해서 자각하게 되면, 우리도 하나님 앞에 비슷한 말을 고백하게 됩니다. "여호와여, 나는 많은 자비를 필요로 합니다. 수많은 자비, 끝없는 자비를 필요로 합니다. 나에게 자비 위에 자비를 베풀어 주시옵소서. 죄를 용서하시는 여호와의 인자하심을 나에게 베풀어 주시옵소서. 나를 거듭나게 하는 사랑이 나에게 필요합니다. 지나간 날들뿐만 아니라 현재에도, 주의 인자하심이 나에게 필요합니다. 만약 내가 구원받으려면, 미래에도 나를 지키기 위해서 여호와의 자비가 필요할 것입니다." 사랑하는 친구여, 하나님의 무한하고 변함없는 사랑에 근거해서, 당신의 구원과 보호를 위해서 간구하십시오. 당신의 수많은 죄악은 하나님의 무한한 자비를 필요로 합니다. "주의 인자하심을 내게 임하게 하소서"

이 기도는 은혜스러운 기도입니다. 왜냐하면 이 기도는 올바른 것을 간구하기 때문입니다. 곧, 시인은 '주의 구원'을 요청합니다. 내가 고안해 내는 구원이 아니라, '주의 구원'을 말합니다. 하나님의 구원 안에는 하나님의 주권이 계시되어 있습니다. 그러므로 그 구원은 반드시 받아들여야만 하고, 또한 존중되어야만 합니다. 하나님의 구원에 대해서 논쟁하지 마십시오. 하나님께서 계시해 주신 그대로 또한 전적으로 받아들이십시오. 여호와께서 영원 전에 계획하신 구원을 받아들이십시오. 하나님께서는 그것을 골고다 언덕의 십자가 위에서 성취하셨습니다. 성령님께서는 각 사람이 마음으로 동의하여, 그 구원을 받아들이도록 역사하십니다. 여러분은 영원한 지옥 불에서 구원받는 것뿐만 아니라, 죄를 짓는 것으로부터 구원받는 것도 필요합니다. 여호와께서는 그것을 여러분에게 주시기를 기뻐하십니다. 여러분에게는 자신을 의지하는 것으로부터 하나님을 전적으로 신뢰하고 의지하는 구원이 필요합니다. 그는 그것도 여러분에게 기꺼이 주실 것입니다. 여호와께서 의도하시는 구원과 그 안에 포함된 모든 것을 달라고 간구하십시오. "주의 인자하심과 주의 구원을 내게 임하게 하소서."

　　사랑하는 형제자매 여러분! 이 시인은 올바른 방법으로 기도합니다. 왜냐하면 그는 "주의 말씀대로 주의 구원을 내게 임하게 하소서"라고 간청하기 때문입니다. 이 시인은 여호와께서 정하신 방법대로 구원받기를 원합니다. 사랑하는 청중 여러분! 여러분은 지금 어디에 있습니까? 여러분은 안개가 자욱하여 잘 보이지 않는 모퉁이에 숨어 있습니까? 나는 여러분의 손을 잡을 수 있기를 바랍니다. 여러분의 손을 꼭 잡고, 친형제자매에게 말하듯이 여러분에게 말하고 싶습니다. 여러분은 하나님께서 하나님의 말씀에서 벗어나는 방법으로 구원해 주는 것을 원하지 않습니다. 그렇지 않습니까? 여러분은 성경적인 방법으로 구원받기를 바랍니다. 오늘날 사람들은 하나님의 말씀을 지키는 것 이외에는 무엇이든지 하려고 합니다. 그들은 성경을 제외하고는 어떤 책이라도 그 내용을 따를 것입니다. 그렇지만 여러분은 여호와께서 성경의 구원, 곧 성경에 기록된 것과 일치하는 구원을 베풀어 달라고 기도하기 바랍니다. 그리고 이렇게 기도하십시오. "여호와여! 만약 당신의 말씀이 나에게 회개해야만 한다고 지적한다면, 내가 회개할 수 있도록 은혜를 베풀어 주시옵소서. 그리고 당신의 구원을 주시옵소서. 만약 당신의 말씀이 나의 죄를 자백해야 한다고 내게 명령한다면, 내가 죄를 자백하도록 이끌어 주시옵소서. 그래서 당신의 구원이 나에게 임하게 하소서. 만약 내가 반드시 예수 그리스도를 믿어야만 한다고 당신이 말씀하신다면, 여호와여, 지금 즉시 내가 그를 나의 구주로 믿게 하옵소서. 오직 당신의 말씀에 근거해서, 나에게 당신의 구원을 베푸소서."

이 시인이 겸손한 마음으로 자신의 생각을 표현하고 있다는 사실에 주목하기 바랍니다. 그는 "주의 구원을 내게 임하게 하소서"라고 겸손하게 기도합니다. 그는 자신의 무력함을 인정하고 있습니다. 그는 스스로의 힘으로 하나님의 자비를 얻을 수 없습니다. 그래서 여호와의 구원이 자기에게 임하기를 원하고 있습니다. 그는 너무 심하게 부상을 당하여 몹시 아파서, 스스로 붕대로 싸맬 수 없습니다. 또한 약을 가지러 갈 수도 없습니다. 따라서 그는 여호와께서 그에게 필요한 것을 가져다줄 것을 구하고 있습니다. 그는 예루살렘에서 여리고로 내려가다가 강도를 만났던 어떤 사람과도 같습니다(눅 10:30). 그래서 그에게는 기름과 포도주를 상처에 붓고 싸매 줄 어떤 사람이 필요합니다. 왜냐하면 영적으로 무기력하고 죽었기 때문에, 그는 스스로 자신을 도울 수 없는 상태에 놓여 있습니다.

이 시인은 이렇게 기도합니다. "여호와여 주의 인자하심이 내게 임하게 하소서." 이것은 시인과 여호와의 인자 사이에 어떤 장애물이 놓여 있다는 것을 넌지시 말합니다. 두 대상을 연결하는 길이 막혀 있는 것 같습니다. 마귀가 훼방을 놓고 있기 때문입니다. 그러자 두려움이 그의 길을 둘러쌉니다. 그래서 그는 하나님께서 길을 깨끗하게 치워 달라고 부르짖습니다. "주의 구원을 내게 임하게 하소서! 주께서 빛이 있으라고 말씀하셨을 때, 빛이 있었지 않습니까?(참조. 창 1:3) 그러므로 주의 자비가 내게 임하게 하소서. 나는 불쌍하고 죽어가는 죄인입니다. 여호와여, 나에게 주의 자비가 꼭 필요합니다. 그러나 당신의 주권적인 권능을 통해서, 오직 당신만이 그 자비를 나에게 오게 하실 수 있습니다. 보십시오. 내가 여기 어두컴컴한 지옥의 문 앞에 누워 있습니다. 마치 하늘에서 나에 대하여 지옥으로 가라는 저주의 선고가 기록되고 있는 것처럼, 내 마음속에서 그렇게 느껴집니다. 그러나 여호와여 주의 말씀대로 주의 인자하심과 주의 구원을 내게 임하게 하소서." 이처럼, 본문의 기도는 은혜가 넘치는 기도입니다.

둘째, 은혜스러운 논리적 근거에 기초해서, 이 기도를 할 수 있습니다. 하나님의 영께서 그러한 기도를 하도록 여러분을 도와주시기를 바랍니다. 어떤 불쌍한 심령들이 이러한 기도를 하기를 몹시 원할 것이라고 나는 추측합니다. 아래와 같은 논리에 근거해서 기도하기 바랍니다. "여호와여, 주의 자비가 내게 임하게 하소서. 왜냐하면 내가 자비를 필요로 하기 때문입니다." 여러분이 선하다는 것을 보여주려고 애쓰지 마십시오. 그렇게 한다면, 하나님의 자비가 여러분을 비껴갈 것입니다. 여러분의 공로에 대해서 내세운다는 것은 여러분에게 불리한 주장을 하는 것입니다. 만약 여러분이 기도할 때 이렇게 말한다면, 여러분은 어리석게 행동하는 것입니다. "여호와여, 나는 다른 사람들과 마찬가지로 선합니다. 나는 최선을 다하려고 애쓰고 있습니다." 그것은 마치 어떤 어리석은 거지가 여러분의 집 문 앞에서 다음과 같은 말을 하면서, 구걸하는 것과 같습니다. "나는 그렇게 비참하게 살고 있지 않습니다. 그러나 나는 다른 사람들처럼 그렇게 가난한 것은 아닙니다. 살아갈 수 없을 정도로 배고픈 것도 아닙니다. 입을 것이 아무것도 없는 것은 아닙니다." 만약 이렇게 구걸한다면, 그것은 새로운 방법이기는 합니다. 그러나 그것은 대단히 나쁜 방법입니다. 아닙니다. 그렇게 말해서는 안 됩니다. 여러분의 형편에 대해서 혹독한 사실들을 있는 그대로 모두 털어놓으십시오. 이렇게 말하십시오. "오, 여호와여, 이 세상에서 나보다 더 당신의 자비를 필요로 하는 사람은 아무도 없다고 나는 생각합니다. 나의 절실한 필요에 대해서 긍휼히 여겨 주시옵소서. 당신의 구원을 나에게 베풀어 주시옵소서. 나는 거짓말쟁이가 아닙니다. 그러나 나는 죄인입니다. 진실로 주의 자비와 진리가 나를 속히 찾아오기를 바랍니다." 여러분이 지니고 있는 영혼의 상처는 가짜 거지들이 화학 약품으로 만든 것과 같지 않습니다. 그것은 진정한 상처입니다. 모든 은혜의 근원이신 하나님께 그것을 치료해 달라고 간청하십시오. 여러분의 영혼이 처해 있는 가난한 상태는 집 밖에서는 누더기 옷을 입지만, 집 안에서는 세마포 옷을 입는 것과 같은 것이 아닙니다. 여러분의 영혼은 완전한 파산자입니다. 그러므로 하나님 앞에서, 여러분은 반드시 자비를 간절히 구해야 하는 분명한 이유를 지니고 있습니다.

　그리고 이렇게 간구하십시오. "여호와여, 주께서는 아시나이다. 만약 주의 자비가 나에게 임하지 않는다면, 내가 어떻게 될지에 대해서 주께서 내게 알게 하셨나이다. 그러면 나는 반드시 멸망할 것입니다. 나는 반드시 비참하게 멸망할 것입니다. 나는 복음에 대해서 들었나이다. 그러나 그것을 무시했나이다. 심지어 내가 주일을 잘 지키는 사람이라고 생각하고 있을 때에도, 나는 주일을 거룩하게 보내지 못했나이다. 심지어 내가 일어서서 그리스도를 찬양했으면서도, 나는 사실상 그를 경멸했나이다. 왜냐하면 내가 위선자의 입술로 그를 찬양했기 때문입니다. 그러므로 만약 여호와의 자비가 내게 임하지 않는다면, 지옥에서 가장 뜨거운 자리는 분명히 내 자리가 될 것입니다. 오, 여호와여, 지금 그 자비를 내게 보내소서!" 이 기도는 훌륭하고 효과가 있는 기도입니다. 주의 자비를 풍성히 체험할 때까지, 계속해서 그렇게 기도하십시오.

또한 이렇게 간절히 기도하십시오. "만약 주의 자비가 내게 임한다면, 여호와여, 그것은 커다란 기적일 것입니다. 주의 자비가 내게 임하기를 간절히 바라는 것 이외에, 나에게는 신뢰할 만한 다른 것이 전혀 없습니다. 그러나 만약 주께서 내 죄를 완전히 없애주신다면, 나는 그것에 대해서 세상 사람들에게 전할 것입니다. 나는 심지어 천사들에게도 그것에 대해서 말할 것입니다. 나는 영원토록 주님을 찬양할 것입니다. 그리고 주님께서 나에게 자비를 베푸시고 내 죄를 없애주신다면, 그것은 주님의 절대 주권에 근거한 은혜로 행하신 일입니다. 그것은 구원을 받은 모든 사람들 중에서 주님의 은혜로 하실 수 있는 가장 주목할 만한 실례라고 나는 주장할 것입니다."

사랑하는 여러분! 여러분도 그렇게 생각합니까? 나는 가끔 다음과 같은 상상을 해보곤 했습니다. 만약 여호와께서 나 같은 흉악한 죄인을 구원하신다면, 그는 전혀 새로운 악보를 그리기 시작하셨을 것입니다. 그래서 주님의 자비는 이전보다 한 옥타브 높게 노래했을 것입니다. 곧, 나 같은 큰 죄인에게 다른 사람들보다 더 큰 은혜를 베푸시는 것입니다. 진정으로 회개하는 사람은 자신의 죄악에 어떤 특별하게 끔찍한 것이 있다고 확신합니다. 또한 하나님께서 특별하신 은혜를 베푸서서 자신의 죄를 용서하시고 그것을 없애주셨다고 굳게 믿습니다. 그러므로 여러분의 영혼이 처해 있는 위험한 상황에 대해서 주님께 간절히 아뢰십시오. 여러분을 구원해 주신다면, 하나님의 무한한 은혜에 영광을 돌리겠다고 고백하십시오. 주님께서 필요한 은혜를 베풀어 주시기를 간청하십시오. 그리스도께서는 위대하고 놀라운 일들을 행하시기를 기뻐하십니다. 그의 이름은 기묘자입니다(참조. 사 9:6). "여호와여, 주님의 이름을 위해서라도, 내가 지은 수많은 죄악을 용서하여 주소서(참조. 시 25:11). 여호와여, 나를 구원하여 주소서. 나는 아무것도 아닌 미천한 존재입니다. 주님께서 나에게 은혜를 베푸신다면, 그것은 나에게 진정으로 놀라운 일입니다."

그러므로 여러분은 선하신 구세주에게 여러분의 구원을 맡길 수 있습니다. 만약 여호와께서 여러분을 구원해 주신다면, 그 은혜를 베푸시기 때문에 그가 가난해지시지 않는다는 사실에 대해서 말하십시오. "여호와여, 목마른 사슴이 시냇물을 찾듯이 내 영혼은 주님의 은혜에 갈급하나이다. 주님의 은혜의 강물은 언제나 넘쳐흐릅니다. 내가 그것을 마음껏 마신다고 해도, 끊임없이 넘쳐흐르는 강물이 조금이라도 줄어들 염려는 전혀 없을 것입니다." 길가에 있는 어떤 조그 맣고 불결한 연못 옆에, 이런 팻말이 서 있습니다. "이곳에서 개들을 씻기지 마 시오." 만약 사람들이 그 더러운 물에서 개들을 씻어준다면, 그 개들은 얼마나 불쌍하겠습니까? 그러나 거대하고 영광스러운 템스 강의 언덕 위에는 아무도 그 런 경고판을 세워놓지 않습니다. 여러분이 원한다면, 그곳에서는 얼마든지 여러 분의 개들을 씻어줄 수 있습니다. 템스 강물은 계속해서 유유히 흘러갈 것이기 때문입니다. 강물은 쉬지 않고 도도하게 흘러가고 있어서, 그 정도의 사례로 말 미암아, 강물이 오염될 염려는 거의 없을 것입니다. 하나님의 무한하신 자비도 이와 같습니다. 하나님께서는 수많은 더러운 죄인들이 은혜의 강물에서 자신을 깨끗하게 씻는 것을 허락하십니다. 그렇지만 그 강물은 언제나 넘쳐흐르고 있습 니다. 항상 깨끗하게 하는 효력을 지니고 있습니다. 일광욕을 오래하면, 혹시 햇 빛이 줄어들지 않을까라고 여러분이 걱정할 필요는 전혀 없습니다. 왜냐하면 여 러분이 햇볕을 쬔다고 해서, 태양이 잃어버리는 것은 아무것도 없기 때문입니 다. 하나님의 자비도 마찬가지입니다. 하나님께서 여러분을 찾아와 자비를 베푸 시고 축복하신다고 해도, 그 자비는 언제나 위대하고 영광스러운 것으로 남아 있습니다. 그리스도의 충만함으로부터, 오늘날도 헤아릴 수 없이 많은 사람들이 구원을 받을 수 있는 것입니다. 그는 언제나 넘쳐흐르는 은혜의 샘으로 존재하 고 있습니다.

그렇다면 이와 같이 간절히 기도하십시오. "여호와여, 만약 나 같이 불쌍한 영혼이 구원을 받는다면, 나는 이루 말할 수 없이 행복할 것입니다. 그렇시만 주 님의 성품이나 영광의 광채는 조금도 그 빛을 잃지 않을 것입니다. 여호와께서 는 언제나 또한 영원히 위대하시고 복된 하나님이십니다." 또한 여러분은 이렇 게 기도할 수 있습니다. "여호와여, 당신의 아들 예수님이 나를 위해서 십자가에 서 죽으셨습니다. 그러므로 주께서 나를 구원해 주신다면, 그것이 당신에게 불 명예스러운 것이 되지 않을 것입니다. 대속의 죽음이 이루어지기 이전에 주께서 죄악을 간과하셨다면, 그것은 당신의 공의를 더럽혔을 것입니다. 이제 대속을 위한 그리스도의 희생 제물이 드려졌기 때문에, 하나님께서는 한편으로 공의로 우시며, 다른 한편으로 회개하는 죄인을 의롭다고 인정해 주실 수 있는 분이십 니다. 이제 그리스도께서 대속의 피를 흘리셨기 때문에, 만약 여호와께서 나 같은 죄인을 구원해 주신다고 해도, 아무도 당신을 공의롭지 않은 분이라고 주장하지 못할 것입니다. 하나님의 율법을 조금도 어기지 않고, 여호와께서는 내가 구원받을 수 있는 방법을 마련하셨습니다. 그러므로 나는 당신께 간구하나이다. 여호와께서는 당신의 아들로 희생 제물을 드리는 위대한 구원 계획을 이미 성취하셨습니다. 그러므로 이제 나 같은 불쌍한 죄인을 구원해 주시기를 간구하나이다."

시편 119편 41절의 기도에는 또 다른 간구도 들어 있습니다. 시인은 "여호와여 주의 인자하심과 주의 구원을 내게(도) 임하게 하소서"라고 기도합니다(KJV에는 "also unto me"라고 번역되어 있다. 히브리어 원문이나 개역개정에는 "also"라는 단어가 반영되지 않다 — 역주). 그렇다면 그것은 무엇을 의미합니까? "이제까지 수많은 사람들에게 여호와의 자비가 임했습니다. 그러므로 또한 나에게도 그 자비를 베풀어 주시옵소서. 만약 주께서 이제까지 어떤 죄인도 구원하시지 않았다고 하더라도, 또한 내가 유일한 죄인이라고 하더라도, 여호와여, 당신의 말씀과 약속에 근거해서, 주의 인자하심과 구원이 또한 나에게도 임하게 해 달라고 나는 감히 당신께 간구합니다. 특별히 나는 주님께 나아와서, 예수님의 보혈을 믿겠나이다. 여호와여, 구원을 소망하는 수많은 사람들 중에서, 내가 최초의 사람은 아닐 것입니다. 그렇다면 당신의 위대한 사랑을 나에게도 베풀어주시기를 나는 간청하나이다. 그래서 당신의 구원이 나에게도 임하게 하소서."

탕자의 비유에서(눅 15:11-32), 여러분은 다음 사실을 알 수 있습니다. 돼지를 치던 불쌍한 사람은 집을 떠나서 타락한 작은아들이었습니다. 결과적으로, 그는 아버지가 그를 환영하며 다시 받아줄지에 대해서 시도했던 첫 번째 사람이었습니다. 큰아들은 타락하지 않고, 집에 있었습니다. 그는 집을 나갔다가 다시 돌아온 동생에 대해서 불평했습니다. 그런데 작은아들은 자신의 아버지가 이전에 자신과 같은 경우에 기꺼이 용서해 주는 것을 경험해 보지 못했습니다. 그렇지만 그 가엾고 방탕한 아들은 믿음으로 아버지의 마음을 대담하게 시험해 보았습니다. 그 이전에는, 아무도 그 길을 걸어가지 않았습니다. 그러나 그는 대담하게 그 길을 탐험하는 것을 시도했습니다. 그는 아버지가 자신을 내쫓지 않으리라는 것을 느꼈습니다. 지금 여러분 가운데 어떤 사람이 "내가 일어나서 아버지께 가리라"(참조. 눅 15:18)고 말하고자 합니까? 만약 그 말을 듣는다면, 이 자리에 있는 사람들 가운데 많은 이들이 자리에서 벌떡 일어나서 이렇게 외칠 것입니다. "형제자매 여러분, 그렇다면 어서 빨리 돌아오십시오. 우리도 돌아왔습니다. 그러자 은혜가 풍성하신 하늘 아버지께서 우리를 기꺼이 받아주셨습니다." 이 자리에, 회개하는 죄인에 대해서 불평했던 큰아들과 같은 사람은 없을 것입니다. 그와 같은 마음이 나에게는 전혀 없습니다. 그 사실에 대해서 말하는 나는 매우 행복합니다. 어떤 사람으로부터 "내가 일어나서 아버지께 돌아가리라"는 말을 듣는다면, 그것은 내 마음을 매우 행복하게 해줄 것입니다. 만약 내가 가엾고 방탕한 형제들 가운데 단 한 명이라도 우리의 위대하신 아버지의 집으로 인도할 수만 있다면, 내 마음은 온전히 기쁨으로 가득할 것입니다. 오, 여러분, 어서 빨리 돌아오십시오. 그리고 이렇게 간절히 기도하십시오. "당신은 이제까지 셀 수 없이 많은 사람들을 기쁨으로 받아주셨습니다. 나도 받아주시기를 간절히 원합니다. 오, 하나님 아버지여, 나를 축복해 주시옵소서. 이제 나에게도 주의 축복이 임하게 하소서." 여호와께서 자비를 베푸시는 것은 아직 끝나지 않았습니다. 그의 자비는 영원무궁합니다. 예수님의 구원 사역은 아직 끝을 맺지 않았습니다. 그가 다시 오실 때까지, 그것은 계속될 것입니다. 여러분을 영접할 방이 아직 남아 있습니다. 집 주인이 일어나서 문을 걸어잠글 때까지, 수많은 사람들을 받아들일 방들이 여전히 남아 있습니다. 그는 아직 일어나지 않았습니다. 그는 여전히 문을 닫지 않았습니다. 하나님의 무한한 자비는 지금도 여전히 큰 소리로 외치고 있습니다. "내게로 돌아오라. 내게로 오라. 내게로 나아오라. 내게 오는 사람은 내가 결코 내쫓지 아니하리라"(참조. 요 6:37).

이제까지, 나는 시편 119편 41절의 복되고 은혜로운 기도를 여러 가지 측면에서 설명했습니다. 은혜가 풍성하신 하나님께서 이 복된 기도에 반드시 응답해 주신다는 것을 여러분에게 확신시키며, 이제 설교를 마치려고 합니다. 여러분은 다음 사실에 대해서 확신하기 바랍니다. 하나님께서는 우리 자신의 것이 될 수 없는 구원에 대해서 선포하도록 선지자들을 보내신 것이 결코 아닙니다. 단순히 어떤 꿈에 대해서 전하기 위해서, 그가 사도들을 보내신 것이 절대로 아닙니다. 공허한 환상에 대해서 경이로움을 느끼게 하려고, 하나님께서 천사들을 사람들에게 보내신 것이 아닙니다. 하나님의 아들이 우리를 구속할 수 없는 속죄 제물이 되기 위해서, 그가 독생자를 이 땅에 보내신 것이 전혀 아닙니다. 또한 죄인들의 어려운 처지를 조롱하려고, 하나님께서 성령님을 복음전도자들에게 보내신 것이 결코 아닙니다. 하나님께서는 죄인들을 구원하실 수 있습니다. 하나님께서 우리를 위해서 예비하신 구원이 있습니다. 우리 죄인들은 그 구원을 반드시 받아들여야만 합니다. 지금 곧 그것을 받아들이기를 바랍니다. 예배당 밖에는, 지금 짙은 안개가 끼어서 어두컴컴합니다. 이 안에서도 우리는 그 어둠을 간파할 수 있습니다. 그렇지만 우리는 이 건물 안에서 밝은 빛 가운데 앉아 있습니다. 이것은 바로 예수 그리스도 안에 있는 사람들의 상태에 대해서 상징해 주는 것입니다. 오, 그리스도에게 나아오십시오. 그래서 지금 곧 구원을 받으십시오. 하나님께서 영적인 어둠 속에서 방황하고 있는 사람들을 지금 곧 그의 놀라운 빛으로 인도해 주시기를 간절히 바랍니다. 인자하심과 구원을 베푸시기를 기뻐하시는 하나님을 영원히 찬양합니다. 아멘.

제
4
장

—

시기적절한 권고

—

"그러므로 너희 마음의 허리를 동이고 근신하여
예수 그리스도께서 나타나실 때에 너희에게 가져다 주실
은혜를 온전히 바랄지어다" — 벧전 1:13

　　오늘 본문을 제대로 이해하려면, 베드로전서 1장 전체를 읽어보는 것이 매우 유익할 것입니다. 만약 우리가 그것을 면밀하게 연구했다면, 우리는 스스로 다음과 같이 말하지 않을 수 없었을 것입니다. "이 거룩한 저자는 얼마나 자신의 주님에 대한 생각으로 가득 차 있는가!" 주 예수 그리스도에 대해서 언급하거나 암시하지 않으면, 베드로는 거의 단 한 구절도 쓸 수 없었습니다. 그는 "예수 그리스도의 사도 베드로"였습니다(벧전 1:1; 참조. 벧후 1:1). 뿐만 아니라, 그의 마음은 주 예수님에 대한 기억에 푹 잠기고 몰두하고 있었다는 사실을 여러분은 깨달을 수 있을 것입니다. 사랑하는 주님의 죽음 및 부활과 다시 오심에 대해서 직접 말하거나 암시하지 않으면, 베드로는 단 한 문장도 쓸 수 없었습니다. 오, 나의 목회 사역도 언제나 그러한 특성을 지니고 있기를 간절히 소망합니다. 또한 나의 사역이 구세주의 이름으로 주어지는 거룩한 기름으로 흘러넘치기를 바랍니다. 형제자매 여러분, 여러분의 대화와 삶이 주 예수 그리스도로 충만하기를 축원합니다. 그래서 여러분이 예수님에 대해서 배웠고, 그와 함께 하는 삶을 산다는 것을 사람들이 인정할 수 있게 되기를 바랍니다.

　　본 장 전체를 주의 깊게 읽어본다면, 여러분에게 또 다른 생각이 떠오를 것입니다. 얼마나 열정적으로 이 사람들은 주 예수 그리스도의 다시 오심을 고대했습니까! 베드로는 재림에 대해서 자주 언급하고 있습니다. 그것은 그의 사랑하는 형제 사도 바울도 마찬가지입니다. 아마도 그들이 아직 살아 있는 동안에 그리스도께서 다시 오실 것이라고 그들은 기대하고 있었을 것입니다. 또한 그들은 분명히 그리스도의 재림이 매우 가까이 다가온 것으로 여겼을 것입니다. 이 믿음과 관련해서, 그들이 실수한 것은 아닙니다. 그리스도의 다시 오심은 매우 가까이 이르렀습니다. 여러분은 이렇게 이의를 제기하려고 할 것입니다. "그 시대 이후로, 벌써 오랜 시간이 지났다는 것은 명백한 사실이 아닙니까?" 아닙니다. 나는 결코 그렇게 단순하게 생각할 수 없다고 대답하고자 합니다. 하나님의 계산법에 근거하면, 이천 년이라는 세월은 오랜 기간이 아닙니다. 또한 만물의 완성이라는 하나님의 위대한 계획과 관련해서도, 그 기간은 대단한 것이 아닙니다. 만약 "주께는 하루가 천 년 같고 천 년이 하루 같다면"(벧후 3:8), 또한 만약 주께서 앞으로 이만 년이 지나도 오시지 않는다면, 그래도 우리는 그가 다시 오시는 것을 미루고 있다고 진정으로 주장할 수 없습니다. 역사 속에서 가장 중요한 사건은 그리스도의 오심과 죽음과 부활입니다. 그 안에서 일어나는 수많은 과제들을 해결하는 데에는 적절한 휴지 기간과 넓은 활동 범위가 필요할 것입니다. 우리는 영원과 영원한 것들에 대해서 다루고 있는 것입니다.

그것과 비교해서, 이 세상 역사 속에서의 시대들이라는 것은 과연 무엇입니까? 이 점과 관련해서, 베드로는 이렇게 말합니다. "주의 약속은 어떤 이들이 더디다고 생각하는 것 같이 더딘 것이 아니라 오직 주께서는 너희를 대하여 오래 참으사 아무도 멸망하지 아니하고 다 회개하기에 이르기를 원하시느니라"(벧후 3:9). 그러므로 초대교회 신자들의 마음과 생각을 가득 채웠던 믿음을 굳게 붙잡고, 우리도 끝까지 인내합시다. 곧, 그들은 예수께서 다시 오신다는 것을 굳게 믿었습니다. 또한 그가 언제라도 오실 수 있다는 것을 확신했습니다. 그리고 그가 속히 오신다는 사실을 확실하게 믿었습니다. 사랑하는 형제자매 여러분! 내가 지금 하고 있는 말이 여러분의 귀에 다다르기 이전에도, 주님께서 그의 영광 가운데 오실 수도 있습니다. 따라서 언제든지 그리스도께서 다시 오시는 것을 고대하고 있는 사람들처럼, 여러분이 하루하루를 살아가기를 바랍니다.

그리고 우리는 다음 사실에 대해서도 주목할 필요가 있습니다. 그리스도의 다시 오심을 기다리면서, 사도시대의 신자들은 전혀 두려운 생각을 갖고 있지 않았습니다. 오히려 그들은 기쁨으로 충만했습니다. 본 장에서, 열심히 소망해야 하는 사건으로서, 베드로는 그리스도의 영광스러운 재림에 대해서 설명하고 있습니다. 그는 "그리스도께서 나타나실 때에 너희에게 가져다주실 은혜"에 대해서 언급하고 있습니다. 따라서 베드로에게 그날은 두렵고 우렛소리가 들리며 극도로 혼란스러운 날이 아니었습니다. 그 대신, 하나님의 은혜의 사역이 완성되는 날입니다. 그때, 주께서 처음 이 세상에 나타나셨을 때 신자들이 받았던 은혜 위에, 하늘나라의 영광의 면류관이 쓰일 것입니다. 주님께서 다시 오시는 것을 생각하면, 초대교회 신자들에게는 기쁨이 넘쳤습니다. 해가 어두워지며, 달이 온통 핏빛으로 변하고, 별들이 하늘에서 떨어지며, 땅에서는 지진이 나며, 또한 하늘의 권능들이 낡은 옷처럼 접혀지는 등(참조. 마 24:29; 계 6:12-14), 이 모든 사건들은 그들에게 아무런 두려움도 주지 못할 것입니다. 왜냐하면 이러한 과정을 통해서, 예수님께서 다시 오시기 때문입니다. 비록 모든 피조계가 불길에 휩싸이고 물질이 뜨거운 불에 녹아 없어진다고 하더라도(참조. 벧후 3:12), 그때 그리스도께서 오실 것입니다. 그러므로 그들의 신랑이 오신다는 사실만으로도 그들에게는 충분했던 것입니다. 그리스도의 재림을 고대하고 있던 사람들에게 그것은 이루 말할 수 없는 기쁨 그 자체였습니다.

　　또한 다음 사항에 대해서도 살펴보기를 바랍니다. 하나의 중요한 동기로서, 그들은 그리스도의 재림에 대해서 끊임없이 강조하고 있습니다. 단순히 사색의 대상이나 오로지 위안의 근거로서, 베드로가 성도들에게 재림을 제시하는 것이 아닙니다. 반면에, 성도들의 행위와 거룩함과 깨어 있음에 대한 위대한 근거로서, 그는 줄곧 주님의 영광스러운 나타나심에 대해서 다루고 있습니다. 그 점이 본문에 다음과 같이 적절하게 역설되어 있습니다. "그러므로 너희 마음의 허리를 동이고 근신하여 예수 그리스도께서 나타나실 때에 너희에게 가져다주실 은혜를 온전히 바랄지어다." 사랑하는 형제자매 여러분! 그리스도의 재림은 분명히 우리에게 자극과 힘을 주고, 또한 우리의 삶을 거룩하게 변화시켜 줄 것입니다. 그러므로 우리는 재림의 진리를 무시하지 맙시다. 그 대신, 그것을 우리의 마음에 간직하고, 다음과 같이 기도합시다. 하나님께서 그 진리가 장차 우리의 모든 삶에 실제적인 유익이 되도록 축복해 주시옵소서.

　　특별히 우리의 현실과 관련하여, 나는 여기서 본문의 내용을 다루고자 합니다. 다른 어떤 시대보다도, 이 본문은 바로 지금 이 시대에 매우 적합한 말씀을 들려주고 있는 것 같습니다. 여러분이 알고 있는 대로, 본문은 "너희 마음의 허리를 동이고"라는 말씀으로 시작되고 있습니다. 오늘날은 자유주의 물결이 넘치고 있는 시대입니다. 나는 도처에서 전통적 교리가 전반적으로 부인되고, 믿음의 실천이 매우 경시되는 것을 볼 수 있습니다. 오늘날 그리스도인들은 그들의 믿음의 선조들이 몹시 싫어했던 일들을 거리낌 없이 행하고 있습니다. 그래서 그리스도를 구주로 믿는다고 분명하게 고백하는 수많은 신앙인들이 세상 사람들과 거의 다를 것이 없습니다. 마치 신앙이 그들에게 어울리는 것이 아닌 것처럼, 그것은 그들의 목에 느슨하게 걸려 있는 것 같아 보입니다. 그들이 믿음을 아주 버리지 않는 것이 놀라울 따름입니다. 사람들은 양심의 가책을 세밀하게 느끼지 못합니다. 신앙을 실천하려는 단호한 결심이 거의 없습니다. 그래서 잘못된 가르침이나 유혹에 의해서 공격을 받으면, 그들은 쉽게 무너집니다. 그러므로 오늘날 꼭 필요한 교훈은 바로 이것입니다. "너희 마음의 허리를 동이고, 마음의 준비를 단단히 하십시오. 용기를 되찾으십시오. 견고하고, 치밀하며, 시종일관하고, 또한 믿음을 끝까지 굳게 지키십시오." 그래서 끊임없이 분해되어서 산산이 부서지는 수은과 같이 되지 마십시오. 하찮은 일들에 빠져서, 삶을 헛되게 하지 마십시오. 그 대신, 온 마음으로 또한 굳은 결심으로, 삶을 통해서 하나님을 영광되게 하는 목적을 추구하십시오.

오늘날은 신앙인들에게 "근신하라"고 당부해야만 할 필요가 있는 시대입니다. 믿음이 확고하지 못한 사람들의 판단력을 흐리게 하는 이런저런 유행이 우리에게 끊임없이 몰려옵니다. 매우 착하기는 하지만 믿음이 견고하지 않은 사람들은 때때로 자신들이 새롭고 놀라운 것을 깨달았다고 생각합니다. 마치 그들은 현자의 돌(philosopher's stone; 중세의 연금술사들이 병을 치료하고, 수명을 연장해주며, 또한 모든 물질을 황금으로 만드는 신비한 힘을 가졌다고 믿고 찾아다녔던 상상 속의 물질 — 역주)을 발견한 것처럼, 자신들을 과대하게 평가합니다. 짧은 생애 동안에, 나는 사람들이 스스로 "여기 있습니다" 또는 "저기 있습니다"라고 주장하는 말들을 들었습니다. 그리고 세 번째, 네 번째, 다섯 번째 등, 온갖 방향으로부터 연속적으로, 그런 말들을 하는 것을 나는 들어왔습니다. 그렇지만 결국 숙고해 볼 만한 가치가 있는 주장은 없었습니다. 오늘날 세상은 어떤 새로운 빛에 의해서 계몽되어지고 있습니다. 그 계몽의 빛은 베드로와 바울이 전혀 보지 않았던 것입니다. 이제까지 교회의 어떤 훌륭한 성인들이나 위대한 학자들이 알고 있던 것보다 더 뛰어난 빛이라고 새로운 빛의 신봉자들은 주장합니다. 그 현란한 계몽의 사조는 아직 희미해지지 않았습니다. 그러므로 "근신하십시오." 신중하게 행동하십시오. 꼭 참으십시오. 온갖 그릇된 교리의 바람에 휩쓸리지 마십시오. 그것이 유령에 관한 이야기이든지, 아니면 요정에 관한 것이든지, 여러분이 듣는 모든 것을 어린아이와 같이 무조건적으로 믿지 마십시오. "근신하십시오." 그리고 빈틈이 없는 사람들처럼 처신하십시오. 모든 사람들이 들떠 있는 것처럼 보이는 이때에, 위와 같은 권면은 매우 필요합니다. 어떤 사람들은 너무 혼란에 빠져서, 거의 머리 꼭대기인지 아니면 발바닥인지를 제대로 구별하지 못할 정도입니다. 일반대중은 어떤 어리석은 생각이라도 따라갈 준비가 되어 있는 사람들입니다. 특히 교묘한 주장을 내세우는 학자들이 옹호하는 것이라면, 그들은 그것이 무엇이든지 따르고자 합니다. 그래서 그들의 상상력을 만족시키려고 합니다. 오늘날에는 어떤 사람이 큰 소리로 외치기만 하면, 많은 사람들이 응답할 것입니다. 또한 어떤 사람이 문을 열고 들어오라고 사람들에게 손짓하기만 하면, 어떠한 연회인지 충분히 헤아려보지도 않고, 많은 사람들은 그 안으로 몰려 들어갈 것입니다. 사랑하는 형제자매 여러분! 그러므로 "근신하십시오" 그리고 행동으로 옮기기 이전에, 여러분 스스로 신중하게 판단하십시오.

　그런데 세 번째 권면은 "온전히 바랄지어다"입니다. 이 권면이 전혀 필요 없는 것이 아닙니다. 우리들 중에서 어떤 사람들은 자신들 앞에 놓여 있는 전망이 매우 어둡고 우울하게 느껴진다고 인정해야만 할 것입니다. 우리를 둘러싸고 있는 현실은 염려스러운 것들로 가득 차 있습니다. 비록 완전히 절망하지는 않는다고 할지라도, 우리는 낙심하기가 매우 쉽습니다. 그러므로 지혜롭고 담대하게, 베드로는 우리에게 "온전히 바랄지어다"라고 당부하고 있습니다. 여러분은 진리를 사랑합니다. 그렇다면 진리가 마침내 승리한다는 것을 단념하지 마십시오. 여러분은 옛날부터 전해내려온 좋은 가르침들을 배워서 알고 있습니다. 이제 곧 모든 사람들이 그것들을 버릴 것이라는 거짓된 환상에 사로잡히지 않기를 바랍니다. 성경이나 신학에 관한 논쟁들로 인해서, 하나님의 말씀에 기초한 여러분의 믿음을 의심하지 마십시오. 끝까지 소망을 품으십시오. 그래서 사람들이 당혹스러워서 부르짖는 한가운데서도 평안을 유지하십시오. 그리스도 안에서, 승리를 확신하십시오.

　이제까지 살펴본 세 권고들을 간단하게 정리해 본다면 다음과 같습니다. 허리를 동이고, 근신하십시오. 온전하게 소망하십시오. 여러분은 베드로전서 1장 13절에서 그것을 발견할 것입니다. 하나님의 영의 도우심으로, 우리가 이 세 권고들을 지금부터 영원히 온전히 실행할 수 있기를 바랍니다.

이제 본문을 주의 깊게 살펴봅시다. 그러면 우리는 다음 세 가지에 주목하게 될 것입니다. 나는 그것에 대해서 설명하려고 합니다. 첫째, "그러므로"라는 논리적 근거에 대해서 입니다. 둘째, "너희 마음의 허리를 동이고"라는 권면에 대해서 입니다. 그리고 셋째, "예수 그리스도께서 나타나실 때에 너희에게 가져다 주실 은혜를 온전히 바랄지어다"라는 기대에 대해서 입니다.

1. '그러므로'라는 접속사를 사용하면서, 베드로는 본 절의 내용에 대한 논리적 근거를 제시합니다.

진정한 신앙은 비합리적인 것이 아닙니다. 신앙은 상식에 하늘의 곡을 붙인 것이라고 말할 수 있습니다. 비록 진정한 신앙은 이성(理性)을 초월하지만, 그렇다고 그것이 이성에 항상 반대되는 것은 아닙니다. 그러나 만약 우리가 하나님의 이성(생각)을 가졌다면, 우리의 이성은 성령님께서 우리에게 계시해 주시는 것을 가르쳐 줍니다. 그러므로 순수한 신앙은 순수한 진리입니다. 하나님께서는 우리가 이 사실을 확신할 수 있도록 도와주십니다. 또한 우리의 거룩한 삶도 하나님의 계시의 말씀과 직접적으로 연결되어 있습니다. 나는 신약의 서신서들에서 '그러므로'라는 접속사의 의미에 대해서 고찰해 보는 것을 좋아합니다. 만약 여러분이 베드로전서를 읽어 본다면, 여러분은 1장 13절에서 '그러므로'를 발견할 것입니다. 나아가 18절에서는, '알거니와'('for as much as you know'), 또한 22절에서는, 'seeing then'(개역개정에는 이 단어들이 반영되지 않음 – 역주) 등을 찾아볼 수 있습니다. 그리고 베드로전서 2장 1절은 '그러므로'('wherefore')라는 접속사로 시작하며, 6절에도 '기록되었으며'('wherefore also it is contained')라고 언급되며, 7절에는 '그러므로'('therefore')라고 나타납니다. 그리고 그 이외에도, 2장에는 '왜냐하면'('for')이라는 논리적 근거를 제시하는 접속사가 자주 등장합니다(개역성경에는 이 접속사는 의미상으로만 반영되어 있음 – 역주). 흔히 베드로는 매우 충동적인 성격을 지니고 있기 때문에 논증을 잘 할 수 없을 것이라고 주장되어 왔습니다. 그러나 경건과 관련하여, 베드로에게도 논증은 매우 중요한 사항이었습니다. 그래서 그는 하나님의 은혜에 대한 교리와 성도들의 거룩한 삶에는 명백하고 직접적인 연관성이 있다는 것을 깨달았습니다. 곧, 하나님의 은혜와 그리스도인의 삶은 서로 밀접하게 연결되어 있는 것입니다. 그러기에 본 절에서, 베드로는 "그러므로 너희 마음의 허리를 동이고"라고 말합니다.

이제 나는 베드로의 논증에 대해서 대강 훑어보려고 합니다. 여러분이 그것에 주의를 기울여 주시기를 바랍니다. 나는 단지 그 논증의 요지에 대해서만 여러분에게 제시하려고 합니다. 그것은 다음과 같습니다.

2절에서, 베드로는 이렇게 시작합니다. "곧 하나님 아버지의 미리 아심을 따라 성령이 거룩하게 하심으로 순종함과 예수 그리스도의 피 뿌림을 얻기 위하여 택하심을 받은 자들에게 편지하노니." 여러분에게 대단히 소중한 특권을 주기 위해서, 하나님께서 여러분을 선택하셨습니다. 하나님께서는 창세 전에 그의 값 없는 은혜로 여러분을 창조하셨습니다(참조. 엡 1:4). 그래서 여러분이 하나님 앞에서 거룩하고 그의 뜻에 순종하는 깨끗한 백성이 되게 하려는 것입니다. 이 목적을 위해서, 하나님께서 여러분을 선택하셨기 때문에, 세상에 굴복하지 마십시오. 반면에, 허리띠를 굳게 동여매고, 세상과 거룩한 싸움을 하십시오, 세상의 온갖 신기한 것에 마음을 빼앗기지 말고, 정신을 차리십시오. 의기소침하거나 낙심하지 말고, 하나님 앞에서 담대하게 소망을 품으십시오. 하나님의 택함을 받은 사람들이 두려워해야 합니까? 절대로 그럴 수 없습니다. 베드로전서 1장 1절 및 2절에는, 본문의 가르침을 강력하게 뒷받침해주는 논리적인 근거가 제시되어 있습니다. 만약 우리가 2절의 말씀을 자세하게 연구해 본다면, 하나님께서 선택하신 사람들은 다음 사항을 실천하는 것이 당연하다는 것을 우리는 깨닫게 될 것입니다. 곧, 하나님을 굳건히 섬기고, 그 일을 확고히게 지속하며, 또한 온전한 확신을 갖고 하나님께서 장차 상을 주심을 소망해야 합니다.

그 다음, 베드로는 3절에서 이렇게 선언합니다. 우리 주 예수 그리스도의 아버지 하나님께서 "예수 그리스도를 죽은 자 가운데서 부활하게 하심으로 말미암아 우리를 거듭나게 하사 산 소망이 있게 하시며." 하나님께서 여러분을 거듭나게 하셨습니다! 여러분은 그것에 합당한 삶을 살아야만 합니다. 여러분은 그야말로 두 번이나 태어났습니다. 육신에 속한 사람에게 어울리는 낮은 차원의 삶을 살지 마십시오. 여러분은 왕의 피를 물려받고 태어났습니다. 곧, 여러분은 만왕의 왕의 후손인 것입니다. 여러분이 지닌 고귀한 혈통의 품위를 떨어뜨리지 마십시오. 첫 번째의 출생이 의미하는 것처럼, 여러분은 죽기 위해서 다시 태어난 것이 아닙니다. 영생을 위해서, 다시 말해서 영원히 살기 위해서 여러분은 거듭났습니다. 비록 여러분이 무덤을 통과하게 되겠지만, 여러분은 그곳에 계속해서 머무르지 않을 것입니다. 납골당은 여러분의 육신을 위한 영원한 집이 아닙니다. 언젠가 여러분은 무덤으로부터 나올 것입니다. 왜냐하면 죽은 자들 가운데서 부활하신 예수 그리스도로 말미암아, 영원하고 충만하고 복된 삶을 위한 소망을 지닌 채, 여러분은 다시 태어났기 때문입니다. 그러므로 허리띠를 굳게 동여매십시오. 만약 여러분 안에 새 생명, 곧 하나님께서 소유하고 계신 영생이 있다면, 낙심하지 마십시오. 허리띠를 더욱 졸라매십시오. 여러분을 짓누르고자 하는 세상의 온갖 염려와 유혹으로부터, 여러분이 자유로워지기를 바랍니다. 하늘로부터 주님의 다시 오심을 고대하면서, 거룩한 소망을 갖고 굳건히 서십시오. 본문 2절에서, 이러한 취지로 말하고 있는 베드로는 훌륭한 논리적 근거를 갖고 있지 않습니까? 하나님께서 여러분을 선택하시고 또한 거듭나게 하신 것은 여러분이 거룩한 삶을 살게 하려는 것입니다.

나아가, 4절에서 베드로는 여러분이 "썩지 않고 더럽지 않고 쇠하지 아니하는 유업"의 상속자들이라고 말합니다. 또한 그것은 "너희를 위하여 하늘에 간직하신 것이라"고 계속해서 설명합니다. 여러분은 황금으로 만들어진 수금을 받을 것입니다. 여러분을 위해서, 빛나는 면류관과 궁극적인 승리가 예비되었습니다. 여러분은 만왕의 왕의 장엄한 모습을 보게 될 것입니다. 하나님 아버지의 영광스러운 보좌 옆에 앉아 계신 예수님의 보좌 곁에, 여러분은 앉게 될 것입니다. 그렇다면, 용기를 내십시오. 만약 이러한 것들이 여러분을 기다리고 있다면, 한 달 후에 여러분이 천국에 있게 된다면, 또한 짧은 기간 안에 여러분이 들림을 받아서 구세주의 안식에 동참하게 된다면, 여러분은 낙심하지 마십시오. 고통에 압도되지 마십시오. 이 세상의 수많은 죄악 때문에 놀라지 마십시오. 또한 여러분 자신이 겪는 시험으로 인해서 당황하지 마십시오. "그러므로 너희 마음의 허리를 동이고 근신하여 예수 그리스도께서 나타나실 때에 너희에게 가져다주실 은혜를 온전히 바랄지어다." 왜냐하면 여러분의 마지막 목적지는 영광으로 가득한 하늘나라이기 때문입니다. 이것은 훌륭한 논리적 근거를 제시하지 않습니까?

그 다음 5절에서, 그는 계속해서 이렇게 말합니다. "너희는 말세에 나타내기로 예비하신 구원을 얻기 위하여 믿음으로 말미암아 하나님의 능력으로 보호하심을 받았느니라." 마치 여러분이 불길이 타오르는 벽으로 보호받고 있는 것처럼, 하나님께서 친히 여러분을 둘러싸고 있습니다. 전능하신 하나님께서 누군가에게 패하시기 이전까지, 전혀 변함이 없으신 분이 변하시기 이전까지, 또한 영원불멸하신 분이 사망하시기 이전까지, 그가 선택하신 하나님의 백성 가운데 단한 사람도 멸망하지 않을 것입니다. 하나님의 권능으로 우리가 보호받고 있는데, 어떤 세력이 우리를 멸망시킬 수 있겠습니까? 형제자매 여러분! 두려워하지 말고, 하나님을 굳게 믿으십시오. 하나님을 믿는 내가 무서워서 도망갈 필요가 있겠습니까? 전능하신 하나님의 권능에 의해서 보호받고 있는데, 내가 두려워서 떨고 있어야 하겠습니까? 만약 하나님의 능력이 나를 지키신다면, 내가 술 취한 사람처럼 이리저리 비틀거리며 흔들리겠습니까?(참조. 시 107:27). 만약 하나님의 능력이 나를 돌보신다면, 내가 절망할 수 있겠습니까? 또한 영원히 기뻐하게 될 다음 세상을 결코 소유하지 않은 사람처럼, 내가 말할 수 있겠습니까? 결코 그럴 수 없습니다. 만약 하나님께서 우리를 보호하신다면, 우리는 우리의 소망을 끝까지 지켜야만 합니다. 그것은 훌륭한 논리적인 근거를 갖고 있지 않습니까?

　　나아가, 베드로는 우리가 필요한 여러 가지 시련을 겪게 될 것이지만, 그것은 다만 일시적인 것에 지나지 않는다고 말합니다. "그러므로 너희가 이제 여러 가지 시험으로 말미암아 잠깐 근심하게 되지 않을 수 없으나 오히려 크게 기뻐하는도다 너희 믿음의 확실함은 불로 연단하여도 없어질 금보다 더 귀하여 예수 그리스도께서 나타나실 때에 칭찬과 영광과 존귀를 얻게 할 것이니라"(벧전 1:6-7). 사랑하는 여러분, 다음 사실을 명심하십시오. 정금을 얻기 위해서는, 금광석이 용광로 속에서 정련 과정을 필수적으로 거쳐야만 하는 것처럼, 여러분도 반드시 연단을 받아야만 한다고 베드로는 힘주어 말합니다. 여러분은 믿음을 지니고 있습니다. 그런데 순수하고 굳세고 온전한 믿음이 되려면, 그 믿음은 시련의 과정을 겪어야만 합니다. 그것이 이 세상 속에서 믿음이 지닌 특성입니다. 그러므로 하나님께서는 시련을 통해서 여러분의 믿음을 연단시키려고 의도하십니다. 아브라함은 믿음의 혹독한 시험을 통과했습니다. 따라서 모든 신앙인의 믿음도 반드시 시험을 거쳐야만 합니다. 여러분의 신앙이 모조품이나 겉에만 금을 입힌 싸구려 보석이 아니라, 정말로 단단한 귀금속이 되려면, 여러분은 시련을 받아야만 합니다. 여러분의 주님이신 예수님도 시련을 당했습니다. 모든 싸움에서 승리하신 다음에, 주님은 영광의 면류관을 받으셨습니다. 모든 수고를 마친 이후에, 그는 하나님 아버지로부터 상급을 받으셨습니다. 우리가 현재 고난을 받는 것은 우리에게 꼭 필요한 것입니다. 거기에는 하나님의 계획이 내포되어 있습니다. 곧, 하나님의 아들이 나타나서 구원의 모든 과정을 완성하게 되면, 하나님께서는 찬송과 존귀와 영광을 받으실 것입니다(참조. 계 5:13). 우리도 장차 삼위일체 하나님을 찬송하고, 그에게 존귀와 영광을 돌리는 데에 참여할 것입니다. 형제자매 여러분! 그렇다면, 어서 오십시오. 우리가 이 불시험을 통과해야만 한다면, 허리띠를 조여맵시다. 그리고 그 속으로 용감하게 돌진합시다. 우리는 두려워할 필요가 없습니다. 왜냐하면 여호와께서 다음과 같이 말씀하셨기 때문입니다. "네가 불 가운데로 지날 때에 내가 너와 함께 할 것이라 네가 타지도 아니할 것이요 불꽃이 너를 사르지도 못하리니"(사 43:2). 만약 우리가 이 세상에서 짧은 기간 동안 반드시 연단을 받아야만 한다면, 우리의 얼굴을 부싯돌처럼 매우 단단하게 해서, 시련을 참고 견딥시다. 우리의 마음이 슬픔이나 두려움에 잠기게 하지 맙시다. 우리의 시련과 관련해서, 하나님께서 위대한 계획을 세우셨기 때문에, 우리는 그의 거룩한 뜻에 기쁨으로 순종합시다. 오직 하나님의 거룩한 뜻이 온전히 이루어지기를 날마다 간구합시다. 우리가 시련을 잘 견뎌서, 그 결과로 더욱 거룩해지기를 소망합시다. 우리 마음의 맑고 푸른 하늘에 의심과 염려의 구름이 몰려오게 하지 맙시다. 이것은 훌륭한 논리적 근거가 아닙니까?

그러나 이것이 전부가 아닙니다. 베드로는 말합니다. 비록 우리가 시련 가운데 있다고 하더라도, 우리의 마음은 기쁨으로 충만하다고 말합니다. 베드로전서 1장 8절을 읽어보십시오. "예수를 너희가 보지 못하였으나 사랑하는도다 이제도 보지 못하나 믿고 말할 수 없는 영광스러운 즐거움으로 기뻐하니." 이와 같이, 심지어 역경의 소용돌이 속에서도, 주님을 사랑하는 사람은 진정으로 기뻐할 수 있습니다. 우리에게는 두 하늘이 있습니다. 지금 여기에 있는 하늘과 장차 나타날 새 하늘입니다. 예수님이 우리와 함께 계시면, 그곳은 바로 하늘나라입니다. 그리고 우리는 장차 새로운 하늘에서 예수님과 영원히 함께 있을 것입니다. 비록 때때로 우리가 짓눌림을 당하여 낙심하지만. 우리의 마음 깊은 곳에는 이루 말할 수 없는 기쁨이 있습니다.

"이 세상이 좋은 것이며 위대한 것이라고 주장하는 어떤 것과도 나는 천국에서 받게 될 이 복된 유산을 절대로 바꾸지 않겠나이다."

오, 하나님! 예수님과 영원히 교제하는 것을 나에게 허락해 주시옵소서. 그러면 나는 그 이상의 행복을 구하지 않을 것입니다. 만약 내가 오직 고통과 질병의 침대 위에서만 예수님과 긴밀하게 사귈 수 있다면, 차라리 나를 그곳으로 보내 주시옵소서. 그리스도가 없이 내가 왕들의 모임에 앉아 있거나, 아니면 그들의 황제가 되는 것보다, 주님과 함께 내가 어두컴컴한 감옥에서 쇠사슬에 매여 있고, 마른 빵을 먹고 물만 마셔서 수척해지는 것이 나에게는 더 좋습니다. 그리스도와 함께 하는 것 이외에는 가진 것이 아무것도 없다고 하더라도, 성도들은 그의 안에서 모든 것을 소유하고 있습니다. 세상적인 편안함이 증대된다고 하더라도, 진정한 신앙인들은 그리스도 안에서 모든 것을 발견할 수 있습니다. 사랑하는 여러분! 만약 이것이 사실이라면, 여러분의 마음의 허리를 동이고 근신하십시오. 그리고 그리스도께서 나타나실 때에 여러분이 받을 은혜를 바라며, 끝까지 인내하십시오. 지금 우리와 함께 하시는 주님은 우리의 모든 슬픔을 선한 것으로 만드실 것입니다. 그는 우리와 끝까지 함께 하실 것입니다. 우리가 살든지 죽든지, 우리의 주님은 우리와 함께 하십니다. 우리에게 필요한 모든 것을 공급해 주실 것입니다. 만약 주님이 우리와 함께 가시면서 우리의 길을 형통하게 하시고 우리에게 평안을 주신다면, 우리가 앞으로 가야할 길에 대해서 우리가 구체적으로 알아야 할 필요가 없을 것입니다. 그러므로 낙심하지 맙시다. 걱정이라는 단어를 절대로 생각에 떠오르게 하지도 맙시다. 본문에는 그것을 뒷받침해 주는 훌륭한 논리적인 근거가 있지 않습니까?

한 가지만 더 말하고자 합니다. 베드로는 다음과 같은 취지로 말합니다. 우리는 복음을 믿고 가르칩니다. 그것을 위해서, 우리는 고난과 심지어 죽음을 당할 각오까지도 하고 있습니다. 그 복음은 선지자들의 예언과 재가(裁可)를 통해서 우리에게 주어진 것이라고 베드로는 주장합니다(참조. 벧전 1:10-12; 벧후 3:2). 성령님께서는 선지자들의 심령에 역사하셨습니다. 성령님을 통해서, 그들은 그리스도께서 받으실 고난과 그 이후에 받으실 영광에 관해서 예언했습니다. 그러므로 모세와 다윗과 이사야와 예레미야 등 구약의 선지자들은 우리가 지닌 믿음을 인정하고 지지하고 있습니다. 우리의 믿음을 옹호하는 우리의 신앙 공동체에 대해서 우리는 부끄러워할 필요가 전혀 없습니다. 그리고 성경에 충실한 신앙에 대한 현대인들의 온갖 비난과 비평에 떨어야 할 필요도 결코 없습니다. 그 대신, 구약과 신약 시대와 오늘날에 이르기까지, 모든 시대에 걸쳐서, 성령님의 감동을 받고 증거한 성경적이고 권위 있는 복음을 우리는 정신을 올바로 차리고 온 마음으로 선포해야만 할 것입니다. 선지자들이 증거하고 사도들이 전해 준 옛날부터 믿어온 신앙을 정신을 차리고 굳게 지키십시오. 고대의 불신앙적인 사상과 현대의 합리주의적인 사조가 주장하는 바가 무엇이든지, 그것에 결코 동요되지 마시기 바랍니다. 왜냐하면 선지자들은 우리의 믿음이 어떤 교묘하게 고안된 우화를 따르는 것이 결코 아니라는 사실을 보증해 주기 때문입니다. 뿐만 아니라, 복음에 대해서 더욱 많은 것을 알기 위해서, 또한 천사들도 멈추어 서서 자세히 살펴보고 있기 때문입니다(벧전 1:12). 지성소의 그룹들(참조. 출 25:18-20)과 하늘나라의 스랍들(참조. 사 6:2-7)은 그리스도 안에서 주어지는 하나님의 계시에 대해서 날마다 연구했습니다. 그런데 오늘날 이 복음은 스스로 지혜롭다고 주장하는 이 세상의 학자들에 의해서 난도질당하고 있습니다. 그들은 계속해서 진보하고 있는 계몽주의 사상과 조화를 이루며, 자신들이 좀 더 새로운 것을 많이 발견했다고 주장하고 있습니다.

그러나 하늘나라에서 황금으로 만든 길을 걸어가거나, 또는 눈부시게 빛나는 보좌 앞에서 기다리고 있는 모든 거룩한 사람들에게 복음은 여전히 감탄의 대상입니다. 그리고 하늘에 있는 천사들과 통치자들과 권세들은 하나님께서 성육신하신 신비로운 사건과 십자가에 못 박히신 주님께서 죄인들을 위해서 성취하신 대속적인 속죄에 대해서 여전히 감탄하고 있습니다. 복되신 하나님의 영광스러운 복음(참조. 딤전 1:11)에 대해서, 그들은 쉬지 않고 찬양하며 놀라움을 드러냅니다. 이와 같이, 복음과 관련하여, 우리는 선지자들 및 사도들과 나란히 서 있습니다. 또한 복음을 주의 깊게 살펴보는 천사들처럼, 우리도 그것을 열심히 주시하고 있습니다. 그러므로 복음과 관련하여, 불신자들의 조롱에 우리는 부끄러움을 당하지 않습니다. 또한 오늘날 자유주의 사상가들의 반대에 우리는 동요되거나 불안해하지 않습니다. 넓고 큰 반석 위에 서 있는 것처럼, 우리는 굳건한 믿음으로 서 있습니다. 그리고 마음을 가다듬고 정신을 차려서, 우리는 끝까지 참으며 기다려야 합니다. 여기에도 훌륭하고 올바른 논리적인 근거가 있지 않습니까?

2. 이제부터 이 설교의 두 번째 주제, 곧 권고에 대해서 언급하고자 합니다.

그 권고는 세 부분으로 구성되어 있습니다. (1) 너희 마음의 허리를 동이고, (2) 근신하여, (3) 온전히 바랄지어다.

"너희 마음의 허리를 동이고"라는 첫 번째 권고는 내 귀에 매우 기분 좋게 들립니다. 그 권고가 나에게 들리는 것처럼, 여러분에게도 그렇게 기분 좋게 들리는지, 나는 잘 알지 못합니다. 사도 베드로는 그의 겉옷을 때때로 조여 매는 특이한 습관을 가졌을 것이라고 나는 추측합니다. 요한복음에서 그에 관해서 이렇게 말합니다. "시몬 베드로가 벗고 있다가 주님이라 하는 말을 듣고 겉옷을 두른 후에"(요 21:7). 거의 모든 사람은 개인적인 특성과 습관을 갖고 있습니다. 아마도 베드로는 허리띠를 자주 조여 매는 습관을 지녔던 것 같습니다. 디베랴 바닷가에서, 주님께서는 베드로에게 "요한의 아들 시몬아 네가 이 사람들보다 나를 더 사랑하느냐?"(참조. 요 21:15-17)라고 물어보셨습니다. 그러고 나서, 그는 베드로에게 이런 말씀을 들려주셨습니다. "네가 젊어서는 스스로 띠 띠고 원하는 곳으로 다녔거니와 늙어서는 네 팔을 벌리리니 남이 네게 띠 띠우고 원하지 아니하는 곳으로 데려가리라 이 말씀을 하심은 베드로가 어떠한 죽음으로 하나님께 영광을 돌릴 것을 가리키심이러라"(요 21:18-19). 본문에서, '띠를 띠다'라는 말은 베드로의 오랜 습관과 관련된 단어일 것입니다. 부활하신 주님께서 그에게 말씀하실 때 사용하셨던 그 단어는 이제 베드로에 의해서 거룩한 의미로 다시 사용되고 있습니다. 자신이 영적인 양식을 먹이려고 하는 하나님의 백성에게, 베드로는 이렇게 말합니다. 곧, "너희 마음의 허리를 동이고." "나의 선생님께서 '띠 띠고'라고, 곧 허리를 동여매라고 나에게 말씀하셨다. 이제 나는 너희에게 '마음의 허리를 동이라'는 것을 권고한다." 여러분은 베드로가 이 표현을 주님으로부터 빌려온 것이라고 생각하지 않습니까? 나는 베드로가 그렇게 했다고 추측합니다.

더욱이 베드로는 본도, 갈라디아, 갑바도기아, 아시아와 비두니아에 흩어져 사는 이스라엘의 나그네들에게 편지했습니다(참조. 벧전 1:1). 옛날에 이스라엘 사람들은 애굽에서 나그네 생활을 했었습니다. 본문에 언급되는 이스라엘 사람들의 조상들에게 모세는 하나님의 말씀을 전달했습니다. 그들은 허리에 띠를 띠고, 손에 지팡이를 잡고, 유월절 음식을 급히 먹어야만 했습니다(참조. 출 12:11). 이와 같이, 베드로는 믿음의 형제자매들인 당시의 이스라엘 나그네들에게 곧 다가오게 되는 구원의 완성과 하늘나라로 가는 것을 고대하면서 살게 하려는 의도를 지니고 있었습니다. "허리를 동이고," 다시 말해서 "띠를 띠고"라는 표현에서, 나는 베드로가 이스라엘 민족의 애굽에서의 탈출과 유월절 식사에 대해서 암시한다는 것을 간파할 수 있습니다.

또한 베드로는 곧 다가올 위대한 축복을 기뻐하는 것에 대해서 이 나그네들을 예비하게 하려는 것이 아닐까요? 그날에, 그들이 기뻐서 펄쩍 뛰면서 달려 나가는 것을 그들이 준비해야 하지 않을까요? 우리는 선지자 엘리야에 관한 이야기를 들었습니다. 큰 비가 내리는 소리를 들었을 때, 여호와의 능력이 엘리야에게 임하여, 그는 허리를 동이고 아합 왕의 마차 앞에서 달려갔습니다(참조. 왕상 18:45-46). 이와 같이, 그리스도께서 다시 오셔서 우리에게 예비하신 은혜를 베푸신다는 소리를 들을 때, 우리는 뛰어도 지치지 않으며 걸어도 피곤하지 않도록 준비해야만 합니다(참조. 사 40:31). 다시 오시는 주님의 마차를 맞이하기 위해서, 하나님의 모든 종들은 허리를 동여매고 있어야 합니다. 왜냐하면 만왕의 왕께서 곧 오시기 때문입니다. 그는 곧 오십니다. 그는 이제 곧 오십니다. 그를 맞이하기 위해서, 달려 나갈 준비를 하십시오. 다시 오시는 그리스도를 만나게 되면, 여러분은 이 세상에서 그의 명령을 잘 따랐으며, 또한 그가 맡기신 사명을 신실하게 수행한 종이라고 주님으로부터 인정을 받아야만 합니다.

"그러므로 너희 마음의 허리를 동이고"라는 표현의 정확한 의미를 이해하기 위해서, 우리는 고대 근동 지방에서 옷 입는 습관에 대해서 알아야만 합니다. 그 당시 그곳에서는 허리띠를 사용했습니다. 여행하는 사람이 자기의 옷이 발에 걸려서 넘어지지 않으려면, 또는 몸을 움직이는 데에 불편함을 느끼지 않으려면, 그는 겉옷을 허리에 단단히 동여매야만 했습니다.

또한 "너희 마음의 허리를 동이고"라는 표현은 분명히 우리에게 첫째로 열심에 대해서 가르쳐 줍니다. 일하러 가는 사람은 그의 소맷자락을 걷어 올리고, 그의 겉옷을 조여 맵니다. 그는 온 힘을 기울여서 일을 해야만 하는 것입니다. 그러므로 그의 몸에서 무엇이든지 느슨하게 매달려 있게 할 수 없습니다. 그렇다면, 그것은 일을 하는데 거추장스럽습니다. 우리는 최상의 노력을 하기 위해서, 모든 면에서 준비를 단단히 합니다. 그리스도인의 삶은 언제나 그래야만 합니다. 이 세상에 계실 때, 하나님의 일에 가장 열심을 보여주셨던 주님의 제자가 되려면, 언제나 우리도 열정을 품고 열심히 일해야만 합니다.

또한 "너희 마음의 허리를 동이고"라는 말은 **준비되어 있는 상태**를 의미하지 않습니까? 어떤 사람이 허리띠를 조여 맨다는 것은 그가 일을 하기 위해서 준비되어 있다는 것을 뜻합니다. 진정한 신앙인은 고난과 섬김을 위해서, 나아가 모든 선한 일을 위해서 준비되어 있어야만 합니다. 어떤 종이 허리를 동여매고 서 있다면, 그것은 주인으로부터 어떤 메시지가 주어진다고 하더라도, 그는 그 메시지를 전달할 준비가 되어 있다는 것을 의미합니다. 그 사명이 무엇이든지, 그는 그것을 가지고 달려갈 준비가 되어 있는 것입니다. 그에게 필요한 것은 오직 주인의 말씀뿐입니다. 주인으로부터 지시하는 말을 듣는다면, 그는 늑장을 부리지 않고, 곧바로 명령에 순종할 것입니다. 그리스도인은 언제나 바로 이렇게 준비되어 있는 자세를 지니고 있어야만 합니다. 하나님의 뜻이 무엇이든지, 여러분은 언제든지 그 뜻을 진지하게 실천할 준비를 하고 있어야만 합니다. 여러분은 미래에 대해서 잘 모릅니다. 그러나 앞으로 어떤 일이 일어난다고 하더라도, 여러분은 반드시 그것에 잘 대처할 수 있는 적합한 상황에 놓여 있어야만 합니다.

"마음의 허리를 동이고"라는 비유적인 표현은 또 다른 의미를 지니고 있습니다. 그렇지 않습니까? 그것은 **결심**, 곧 마음의 결단을 뜻합니다. 어떤 일을 위해서 누가 허리를 조여 맨다면, 그것은 그 사람이 그 일을 곧바로 하겠다고 결심한 것을 의미합니다. 그는 이미 마음으로 결정했습니다. 그는 조금도 망설이거나 꾸물대지 않습니다. 그는 그 일에 의문을 제기하거나, 아니면 관여하지 않으려고 시도하지도 않습니다. 그는 가야 할 길을 열심히 가고 있습니다. 그 길에서 전혀 벗어나지 않습니다. 여러분 가운데 누구든지 신앙생활을 장난으로 여기는 사람이 있다면, 그는 천국에 이를 수 없습니다. 땀을 흘리는 수고가 없이 여호와의 산에 올라갈 수 없습니다. 침노하는 믿음이 없으면, 영광의 나라에 들어갈 수 없습니다(참조. 마 11:12). 존 번연이 묘사하고 있는 것처럼, 천국에 올라가는 길은 여전히 계단과 같다고 나는 믿습니다. 왜냐하면 매 단계마다 그리스도인은 영적인 싸움을 해서 승리해야만 앞으로 나아갈 수 있기 때문입니다. 그는 왕궁의 지붕 위에서 노래하는 사람들이 부르는 아름다운 노래를 듣습니다.

> "들어오시오! 들어오시오!
> 이곳에서 당신은 영원한 영광을 얻을 것입니다."

많은 사람들이 그 왕궁에 들어가서, 영원한 영광을 얻으려고 했습니다. 그런데 문 앞에는 전사들이 손에 칼을 들고 서 있었습니다. 그들은 왕궁으로 들어가려고 시도하는 모든 사람에게 상처를 입히고 죽이려고 합니다. 그러므로 왕궁의 가장 높은 곳에서 걸어보기를 원했던 사람들 가운데 많은 이들은 그토록 위험한 일을 하고 싶어하지 않았습니다. 그들은 왕궁에 들어가는 것을 간절히 바라기는 했지만, 그것을 위해서 거룩한 싸움을 하는 것을 싫어했습니다. 마침내 굳은 결심을 드러내는 얼굴 표정을 하고 어떤 사람이 그곳에 이르렀습니다. 그는 잉크를 담은 뿔을 옆구리에 가지고 있는 기록자에게 이렇게 말했습니다. "내 이름을 기록하시오." 그의 이름이 기록되자마자, 그는 칼을 뽑아 들고 온 힘을 다해서 무장하고 서 있던 사람들에게 달려들었습니다. 그것은 맹렬한 싸움이었습니다. 그는 이기지 않으면 목숨을 내어놓겠다는 각오로 용감하게 싸웠습니다. 마침내 그는 승리했습니다. 그는 대적자들의 저항을 뚫고, 왕궁에 이르는 통로를 만들었습니다. 한 걸음 한 걸음씩 나아가, 그는 왕궁의 가장 높은 곳에 이르렀습니다. 그곳에 있던 다른 사람들과 함께, 그는 다음과 같은 노래를 불렀습니다.

"들어오시오! 들어오시오!
이곳에서 당신은 영원한 영광을 얻을 것입니다."

이와 같이, 전 생애를 통한 싸움을 통해서, 우리는 영원한 안식의 나라로 들어갈 수 있습니다. 다른 길은 없습니다. 여러분은 왕궁을 돌아서 뒷문으로 들어갈 수 없습니다. 또한 몰래 숨어서 들어갈 수도 없습니다. 여러분이 천국에서 그리스도와 함께 통치하기를 원한다면, 그곳에 이를 때까지, 여러분은 반드시 싸워서 이겨야만 합니다. 그러므로 여러분의 마음의 허리를 동여매기 바랍니다.

또한 "너희 마음의 허리를 동이고"라는 비유적인 표현은 우리가 반드시 **목표**에 **집중하는** 삶을 살아야 한다는 것을 가르쳐줍니다. 우리는 아껴서 남겨 두어야 할 여력을 지니고 있지 않습니다. 우리가 지니고 있는 힘의 일부를 우리는 빠져나가게 할 수 없습니다. 우리는 우리의 모든 능력을 하나님께서 기뻐하시는 것에 집중시켜야 합니다. 또한 그 목적을 위해서 모든 노력을 기울여야 합니다. 온전히 집중하는 것을 통해서, 우리는 많은 것을 이룰 수 있습니다. 햇볕은 따뜻합니다. 만약 여러분이 돋보기로 햇빛을 한 초점으로 모은다면, 여러분은 불을 만들 수 있습니다. 다른 여러 가지 방법으로는, 여러분이 햇빛을 통해서 간단하게 불을 얻지 못할 것입니다. 여러분의 모든 재능을 예수님에 대한 믿음에 집중시키십시오! 온 마음을 예수님을 사랑하는 데에 집중시키십시오! 여러분의 모든 것을 예수님의 영광을 구하는 일에 집중시키십시오! 만약 이와 같이 한다면, 여러분은 놀라운 일들을 성취하게 될 것입니다. 모든 곳에 있을 수 있는 사람은 아무도 없습니다. 모든 일에 관어하려고 하는 사람은 한 가지 일도 제대로 할 수 없습니다. 이 일 저 일에 관심을 분산시키지 않고, 한 번에 한 가지 일에 집중하는 사람은 대단히 강하고 유능한 사람입니다. 주님을 섬기는 일에서도, 사람들은 그의 커다란 영향력을 느낄 수 있을 것입니다.

비록 여전히 해야 할 말들이 많이 남아 있기는 하지만, 나는 한 가지 주제에만 머물러 있을 수 없습니다. 두 번째 권고는 "근신하라"는 것입니다. 그런데 "근신하라"는 말은 첫째로 모든 일에 있어서 절제하라는 것을 의미합니다. 예를 들면, 기쁘다고 해서 너무 감정적으로 흥분되어서, 여러분이 사람들에게 유치하게 보일 정도로 되지 말라는 것입니다. 세속적인 이익이나 명예에 지나치게 열광적으로 빠져들지 마십시오. 반면에, 일시적인 고난으로 인해서, 여러분이 너무 의기소침하지 마십시오. 어떤 사람들은 절제하는 것하고는 거리가 너무 멀리 떨어져 있습니다. 그래서 이들에게 아주 작은 문제만 발생해도, 이들은 "차라리 죽고 싶습니다"라고 소리를 지릅니다. 그러나 여러분은 절대로 그래서는 안 됩니다.

"근신하라." 그러므로 온건한 중도(中道)의 길을 걸어가십시오. 황금 같은 중용(中庸)을 지키십시오. 이 권고가 필요한 사람들이 많이 있습니다. 오늘은 지나치게 뜨겁고, 내일은 너무 싸늘한 사람들이 우리 주변에 많이 있지 않습니까? 그들의 열정은 타는 듯이 뜨겁지만, 반면에 그들의 마음이 싸늘해질 때는 북극 지방의 혹한과도 같습니다. 어느 날, 여러분은 그들이 말하는 것을 듣고, 마치 그들이 선한 천사들 같다고 생각할 것입니다. 그러나 다른 어느 날, 그들의 행위들을 보고, 마치 그들이 타락한 천사들처럼 보인다고 여러분은 생각을 바꿀 것입니다. 어떤 때에는 그들은 지나칠 정도로 고조되어 있고, 반면에 다른 때에는 비참할 정도로 축 처져 있습니다. 그래서 두 경우에서, 그들은 너무 극단적입니다. 오늘 그들은 이것에 의해서 휩쓸리고, 내일은 저것에 의해서 휩쓸립니다.

내가 잘 알고 있는 어떤 그리스도인이 있습니다. 그를 볼 때마다, 나는 오직 한 가지 인사말을 할 수밖에 없었습니다. 그는 착한 사람이었지만, 매우 변화가 심했습니다. 그를 만날 때마다, 나는 이렇게 인사했습니다. "그동안 잘 지냈습니까? 그런데 요즈음은 어떤 일에 열중하며 지내고 있습니까?" 한때 그는 열렬한 아르미니우스주의자였습니다. 그래서 그는 나의 칼빈주의적인 가르침 중에서 오류들을 찾아내어, 젊은 그리스도인들을 그것들로부터 벗어나게 해서, 올바른 길로 이끌겠다고 주장했습니다. 얼마 안 가서, 그 자신이 극단적인 칼빈주의자가 되었습니다. 몇 가지 사항에서, 그는 내가 더 극단적으로 칼빈주의적인 입장을 취할 것을 요구했습니다. 그러나 나는 그의 제안을 거부했습니다. 얼마 지나지 않아서, 그는 이번에는 침례교인이 되었습니다. 그러자 내가 아는 한, 그는 모든 면에서 나의 의견과 일치했습니다. 그러나 침례교의 가르침에 그는 충분히 만족하지 못했습니다. 그래서 그 이후에 그는 플리머스 형제단(Plymouth Brethren)에 속하게 되었습니다(플리머스 형제단은 1820년대 아일랜드 더블린에서 시작되었다. 개신교에서 파생된 근본주의적인 성격을 띠고 있는 복음주의 운동으로서, 독립교단의 형태를 취하고 있다 — 역주). 그 다음에, 그는 맨 처음에 속해 있던 교회로 다시 돌아갔습니다. 최근에 그와 마주치게 되었을 때, 나는 이렇게 물었습니다. "그동안 잘 지냈습니까? 그런데 요즈음은 어떤 일에 열중하며 지내고 있습니까?" 그는 다음과 같이 대답했습니다. "스펄전 목사님, 그 인사말이 나에게 대단히 묘하게 들리는데요. 목사님은 지난번에도 내게 똑같은 질문을 했습니다." 나는 다시 물었습니다. "내가 정말로 그랬습니까? 그렇다면 요즈음은 어떤 일에 열중하며 지내고 있습니까? 지난번과 똑같은 대답을 할 수 있습니까?" 그가 동일한 대답을 할 수 없다는 것을 나는 알았습니다.

그러므로 나는 그와 비슷한 형제자매들에게 진지하게 권고합니다. "근신하십시오." "한쪽으로 치우치지 마십시오." 길을 가는 동안, 계속해서 이리저리 비틀거린다면, 그것은 지혜롭지 못합니다. 여러분이 머물러 있을 때는 어느 토대 위에 서 있는지를 확인하십시오. 그 토대를 벗어나서 다른 곳으로 옮기려고 할 때, 여러분은 그것을 다시 한 번 확인해 보십시오.

또한 "근신하라"는 말은 침착하고 정신을 맑게 하라는 뜻도 지니고 있습니다. 그래서 난동을 부리는 군중의 입장에 근거해서가 아니라, 올바른 규범에 근거해서 모든 것을 판단하라는 것입니다. 길거리에서 자신들의 주장을 큰 소리로 외쳐대는 사람들에 의해서 좌우되거나, 아니면 큰 북을 치면서 사람들을 선동하는 무리들에게 영향을 받지 말라는 것입니다. 분별력을 갖춘 사람들로서, 스스로 올바르게 판단하십시오. 침착하게 숙고하면서, 마치 하나님께서 보고 계신 것처럼 판단하십시오.

그리고 "근신하라"는 말은 곧 머리를 맑게 하라는 것입니다. 술 취한 사람은 몸을 제대로 가누지 못합니다. 또한 정신이 흐릿해지고 몽롱해져서, 가야 할 길을 찾지 못합니다. 이와 같이, 정신을 온전히 차릴 수 없어서, 그는 스스로 자신을 어리석은 사람으로 만듭니다. 정신적으로 분별력을 잃어버리는 이런 죄악을 범하지 마십시오. 특별히 하나님의 일들과 관련해서, 정신을 맑게 하고 침착하십시오. 하나님의 은혜가 여러분의 마음속에 넘치게 해달라고 기도하십시오. 그래서 여러분의 마음이 평안하고 고요하여, 근거 없는 두려움과 어리석은 소망에 시달리지 않기를 바랍니다.

사도 베드로는 "근신하라"고 권고합니다. "근신하라"고 번역된 헬라어 동사('네포')는 때때로 "깨어 있다"라는 뜻을 지니고 있다는 것을 여러분은 알고 있습니다. 과연 그 두 단어는 상당한 유사점을 지니고 있습니다. 눈을 크게 뜨고 사십시오. 눈을 반쯤 감은 채, 세상에서 배회하지 마십시오. 오늘날 많은 그리스도인들이 잠들어 있습니다. 어떤 교회들은 목회자를 비롯하여 전 교인들이 잠을 자고 있습니다. 그리고 목회자들을 위한 신학 특강 시간에, 목회자들은 코를 골고 있습니다. 설교 시간에, 많은 신자들은 머리를 꾸벅이며 졸고 있습니다. 사람들은 하나님의 거룩한 일들을 대충 적당히 처리합니다. 주일학교에서 교육 프로그램이 진행될 때, 많은 교사들과 어린이들이 졸고 있습니다. 영혼에 대한 뜨거운 사랑이 없이, 전도용 소책자들을 배포하는 일을 맡은 사람들은 이 집 저 집을 방문하며, 그것들을 습관적으로 나누어 줍니다. 만약 여러분이 원한다면, 마치 꿈을 꾸는 것처럼, 모든 일을 불분명하게 할 수 있을 것입니다. 그러나 사도 베드로는 이렇게 권면합니다. "깨어 있으라. 그리고 생명력이 넘치는 삶을 살아라." 형제자매 여러분! 살아 있다는 것을 보여주십시오. 이제까지 여러분에게 제시한 위대한 논리적 근거들에 의해서 신선한 자극을 받고, 영적인 잠에서 깨어나기를 바랍니다. 그래서 다시 힘을 내십시오. 또한 여러분의 하나님과 주님을 섬기는 데에 모든 마음과 뜻과 힘을 쏟아 붓기를 바랍니다.

마지막으로, 우리는 끝까지 "온전히 바랍시다." 절대로 포기하지 마십시오. 조금도 의심하지 마십시오. 모든 것들이 희망이 없어 보일지라도, 희망을 굳게 가지십시오. 심한 병에 걸려서 큰 고통을 겪고 있는 어떤 나이 든 형제가 있습니다. 며칠 전에, 그 형제는 내가 의기소침해 있는 것을 보고나서, 나를 책망했습니다. "우리는 결코 우리가 겁쟁이라는 증거를 보여주어서는 안 됩니다. 그러나나의 판단으로는, 목사님은 가끔 그런 모습을 보여주시는 것 같습니다." 그가 어떤 의미로 그런 말을 했는지 나는 그에게 물었습니다. "목사님은 때때로 낙심을하고 기운이 없어 보입니다. 지금 나는 거의 죽음의 문턱에 이르렀습니다. 그러나 나에게는 아무런 근심이나 두려움이 없습니다." 기쁨으로 넘치는 그의 모습을 보고, 나는 매우 기뻐했습니다. 그리고 이렇게 대답했습니다. "형제님, 그 말이 맞습니다. 당신이 나를 책망하고 싶은 만큼 나를 책망하십시오. 나는 그것을들어야 마땅합니다." 그러자 그 성도는 나에게 말했습니다. "목사님은 많은 교인들의 영적인 아버지입니다. 당신은 나와 저쪽 침대 위에 누워 있는 친구를 그리스도에게로 인도하지 않았습니까? 하나님으로부터 그렇게 많은 축복을 받고나서, 당신이 그토록 낙심한다면, 목사님은 스스로 부끄러워해야만 합니다." 그 말은 듣고, 나는 이렇게 말할 수밖에 없었습니다. "나는 나 자신에 대해서 부끄럽게 생각합니다. 내가 이제부터 이전보다 더욱 확신에 넘치기를 원합니다."

형제자매 여러분! 우리는 소망을 가져야만 합니다. 그리고 두려워하지 맙시다. 하나님의 말씀을 확신하는 것을 통해서 권능을 받고 강건하십시오. 하나님께서 계획하시는 일은 반드시 형통하고 이루어질 것입니다. 사도 베드로는 권고합니다. "온전히 바랄지어다." 소망을 갖고, 끝까지 똑바로 나아가십시오. 만약 끊임없이 궂은 일들과 환난이 찾아온다고 할지라도, 여전히 소망을 품고 있으십시오. 하나님의 사람에게 가능한 만큼 최대한으로 소망하십시오. 왜냐하면 하나님 안에 소망을 두고 있기 때문에, 여러분이 아무리 많은 것을 소망한다고 하더라도, 그것은 지나친 것이 아닙니다.

그러나 여러분의 모든 소망을 하나님의 은혜 안에 두십시오. 여러분 자신이나, 여러분이 하는 일에 소망을 두지 마십시오. 하나님의 은혜에 근거한 소망을품으십시오. 왜냐하면 우리가 "은혜를 온전히 바랄지어다"를 이렇게 이해할 수도 있기 때문입니다. 나아가, 여러분이 아직 받지 않은 은혜를 바라십시오. 그것은 "예수 그리스도께서 나타나실 때에 너희에게 가져다주실 은혜"인 것입니다. 그리스도께서 다시 오실 때, 하나님께서 여러분에게 아직 받지 않은 은혜를 베풀어 주실 것입니다. 그 하나님을 찬양하십시오. 그렇습니다. 그 은혜의 선물을 갖고, 그리스도께서 여러분을 곧 찾아오십니다. 그는 여러분을 향하여 오고 있습니다. 이 세상에서 주어진 은혜 안에서, 지금 여러분이 영적으로 침체되어 있다면, 하나님을 이렇게 송축하십시오. "아직 맛보지 않은 모든 진귀한 은혜를 장차 나에게 주실 하나님께 영광을 돌리나이다." 그러면 성령님께서 여러분의 심령 속에 권능과 위로와 소망이 넘치게 하실 것입니다. 그리고 여러분은 다시 오시는 주님과 함께 주어질 모든 은혜를 온전히 바라십시오.

3. 이제 은혜스러운 내용이 많이 들어 있는 세 번째 부분에 이르게 되었습니다.

내가 그것에 대해서 자세하게 설명하는 동안 조금만 더 인내하기 바랍니다. 사도 베드로의 세 번째 권고의 주제는 기대입니다. 다시 말해서, "예수 그리스도께서 나타나실 때에 너희에게 가져다주실 은혜를 온전히 바랄지어다"에 대해서입니다. 본문에서 언급하는 것처럼, 여러분은 지금 이 세상에서 주어지는 은혜보다 더욱 많은 은혜, 곧 완전한 은혜를 소망해야만 합니다. 하나님께서는 여러분에게 언제나 은혜를 베풀기를 원하십니다. 그는 결코 공로에 근거해서 여러분을 대우하지 않으실 것입니다. 인간의 공로로 은혜를 얻으려고 시도하는 사람에게는 문이 이미 굳게 닫혀져 있습니다. 은혜를 통해서, 하나님께서는 여러분에게 구원에 이르는 길을 제시하셨습니다. 또한 은혜를 통해서, 그는 여러분과 함께 하시며, 이끌어 주십니다. 그러므로 여러분은 끝까지 온전히 바라기를 바랍니다.

더욱이 하나님의 은혜는 지금 여러분을 향해서 오고 있습니다. 문자적으로, 이것은 "(하나님 아버지께서) 너희에게 주시기 위해서 지금 (다시 오시는 예수 그리스도를 통해서) 전달되는 과정에 있는 은혜를 온전히 끝까지 기다리라"는 뜻입니다. 그러므로 주님이 재림하실 때 주어질 은혜는 빠른 속도로 여러분에게 다가오고 있습니다. 왜냐하면 그리스도께서 오시고 있기 때문입니다. 그는 이 땅을 향해서 오시고 있는 과정에 있습니다. 그러므로 여러분은 온전히 바라십시오.

여러분이 고대해야만 하는 은혜는 주 예수 그리스도와 관련되어 있습니다. 그리스도로 말미암지 않고, 여러분은 결코 어떤 은혜도 받지 않았습니다(참조. 요 1:18). 그것은 앞으로도 마찬가지입니다.

그리고 여러분이 바라고 있는 은혜는 예수 그리스도께서 다시 나타나실 때에 주어질 것입니다. 그리스도는 이전에도 한 번 나타나셨습니다. 그가 첫 번째로 이 세상에 오셨을 때입니다. 그래서 그를 통해서, 여러분은 이미 은혜를 받았습니다. 그가 두 번째로 오실 때, 그는 곧 또다시 나타나실 것입니다. 그러므로 그때 받게 될 은혜는 지금 여러분을 향해서 오고 있습니다. 그 은혜에 대해서, 여러분과 함께 생각해 보고자 합니다. 어떤 어린아이가 이렇게 노래하는 것을 들은 적이 있습니다. "나의 배는 고향을 향해서 오고 있습니다." 나의 경우도 마찬가지입니다. 예수님이 오시고 있습니다. 그것은 나에게 모든 것을 의미합니다. 주님의 황금 마차에는 말로 다 표현할 수 없는 사랑과 무한한 기쁨과 영원한 즐거움이 가득 실려 있습니다. 그 마차는 지금 이곳으로 달려오고 있습니다. 오늘 아침에, 지금 우리를 향해서 오고 있는 은혜로 말미암아 기뻐합시다. 그리고 그 은혜는 예수 그리스도와 연결되어 있다는 사실을 기억하십시오.

그런데 그리스도께서 다시 오실 때 받게 될 이 은혜는 구체적으로 어떤 것입니까? 그것은 '칭의'를 가리킵니까? 아닙니다. 우리는 그리스도의 부활을 통해서, 이미 의롭다고 인정받았습니다. 아니면, '성화'를 뜻합니까? 그것도 아닙니다. 우리가 그리스도 안에서 영생을 받고, 또한 성령님께서 우리의 삶을 점차적으로 거룩하게 변화시켜 주시는 것을 통해서, 우리는 이미 그것을 받았습니다. 그렇다면 그리스도께서 다시 나타나실 때 가져다 주실 은혜는 무엇을 뜻합니까? 우리 다같이 베드로전서 1장 5절을 찾아서 읽어 봅시다. "너희는 말세에 나타내기로 예비하신 구원을 얻기 위하여 믿음으로 말미암아 하나님의 능력으로 보호하심을 받았느니라." 그러므로 마지막 때에 그리스도께서 다시 오셔서 가져다주실 은혜 가운데 첫 번째는, 완전한 구원인 것입니다. 다시 말해서, 주님이 오시면, 우리의 영혼은 흠이 없이 완전하게 되고, 우리의 육신은 온전하게 구원받을 것입니다. 만약 주님이 오실 때 우리가 여전히 살아 있다면, 우리는 눈 깜짝할 사이에 완전하게 변화될 것입니다. 왜냐하면 "이 썩을 것이 반드시 썩지 아니할 것을"(고전 15:53) 입게 될 것이기 때문입니다. 그러나 만약 그가 오실 때 우리가 이미 죽었다고 하더라도, 우리는 전혀 걱정할 필요가 없습니다. 비록 나의 육신이 썩어서 벌레가 먹고 마침내 흙이 된다고 할지라도, 주님이 오시면, 우리는 부활하여 그리스도의 영광스러운 몸과 같은 것을 지니게 될 것이기 때문입니다. 그러므로 우리는 그리스도께서 오실 때 주어지는 완전한 구원을 고대하고 있습니다. 장차 우리에게 주어질 그 은혜는 우리의 완전한 구원을 포함하고 있습니다. 그리고 그 은혜는 지금 우리를 향해서 오고 있습니다.

그러나 그것이 전부가 아닙니다. 그리스도께서 재림하실 때 가지고 오시는 두 번째 은혜는 우리의 믿음이 옳다는 것에 대한 완벽한 입증입니다. 사도 베드로는 그 사실에 대해서 다음과 같이 증거합니다."너희 믿음의 확실함은 불로 연단하여도 없어질 금보다 더 귀하여 예수 그리스도께서 나타나실 때에 칭찬과 영광과 존귀를 얻게 할 것이니라"(벧전 1:7). 오늘날 사람들은 우리의 믿음에 대해서 비웃습니다. 그러나 예수님이 다시 오시면, 그들은 더 이상 그렇게 하지 못할 것입니다. 오늘날 우리는 하나님의 언약의 말씀 앞에서 때때로 두려워 떨고 있습니다. 그러나 주님이 오시면, 우리에게는 그럴 필요가 없습니다. 하나님 아버지의 모든 영광과 함께 그리스도께서 다시 오시면, 우리의 믿음이 옳다는 것이 증명될 것입니다. 그때, 우리를 비웃던 모든 사람들은 이렇게 인정하지 않을 수 없을 것입니다. "알고 보니까, 저 신앙인들은 지혜롭고, 신중하고, 또한 합리적이었습니다." 오늘날 많은 사람들은 예수님을 믿는 사람들을 어리석은 자들이라고 말합니다. 그러나 장차 하늘 아버지의 궁전에서 태양처럼 빛나는 신자들의 모습을 볼 때, 그들은 분명히 다르게 판단할 것입니다. 그러므로 아주 조금만 더 기다리십시오. 곧, 모든 것이 명백하게 밝혀질 것입니다.

코페르니쿠스(Nicolaus Copernicus, 1473-1543; 폴란드의 천문학자)는 지구를 비롯한 행성들이 태양의 주위를 돌고 있다는 진리를 주장했습니다. 그의 반대자들은 그 주장이 사실일 수 없다고 이의를 제기했습니다. 왜냐하면 만약 금성이 태양의 주위를 돌고 있다면, 그것은 달과 동일하게 변화되는 모습을 보여주어야만 한다는 것이었습니다. 그것은 사실이었습니다. 코페르니쿠스는 금성을 자세히 관찰해 보았습니다. 그러나 그는 금성이 그렇게 변화하는 것을 입증하지 못했습니다. 그 당시에, 그 이외에 다른 모든 사람들도 마찬가지였습니다. 그렇지만 그는 지동설을 계속해서 주장했습니다. 그리고 덧붙여서 이렇게 말했습니다. "지금 나는 그것에 대해 답변할 수 없습니다. 그러나 하나님께서 선하신 분이기 때문에, 때가 이르면, 그것에 대한 해답을 알게 될 것입니다." 코페르니쿠스는 해답을 제시하지 못한 채 죽었습니다. 그리고 그의 이론은 여전히 입증되지 않았습니다. 그런데 얼마 안 가서, 갈릴레오가 망원경을 갖고 등장했습니다. 그 망원경으로, 그는 금성을 관찰했습니다. 그러자 그는 금성도 달과 같은 변화를 보인다는 사실을 발견했습니다.

이와 같이, 지혜는 그 자녀들에 의해서 옳다고 입증되는 것입니다(참조. 눅 7:35). 오늘이나 내일, 진리가 이기지 못할 수도 있습니다. 그러나 결국 진리는 반드시 승리합니다. 오늘날 복음의 진리를 비판하는 자들은 이렇게 말합니다. "은혜의 교리는 오래 되어 쓸모 없게 된 것으로서, 이미 폐기된 이론입니다. 그것은 심지어 해로운 주장입니다." 우리는 이러한 터무니없는 비난에 애써서 답변할 필요가 없습니다. 우리는 기다릴 수 있습니다. 시간이 흐르면, 사람들의 사고는 바뀐다는 사실을 우리는 전혀 의심하지 않습니다. 나는 다음과 같이 조롱하는 말을 듣습니다. "당신들 정통주의자들은 바보들입니다. 왜냐하면 당신들은 이미 이론적으로 논박된 견해들을 여전히 고수하고 있기 때문입니다." 선생들이여, 당신들이 이론적으로 논박되었다고 주장하는 것을 우리는 정말로 여전히 믿고 있습니다. 잠깐 나타났다가 곧 사라지는 안개처럼, 당신들의 새로운 이론 체계는 등장했다가 언젠가 없어지고 맙니다. 그때, 우리의 믿음이 옳다는 것이 입증될 것입니다. 예수님께서는 그를 진정으로 믿는 모든 사람들을 장차 옳다고 인정해 주실 것입니다. 그리고 그들에게 칭찬과 영광과 존귀를 얻게 해주실 것입니다(참조. 벧전 1:7). 만약 우리가 전하는 복음이 거짓된 것이라면, 주님이 오시면, 그것이 거짓이라고 판명될 것입니다. 그러나 우리가 믿는 복음은 진리입니다. 그러므로 최후의 심판이 다가온다고 하더라도, 우리는 그것에 대해서 전혀 두려워하지 않습니다. 안개가 걷히면, 우리를 혼란스럽게 만드는 의혹들은 해결될 것입니다. 그러므로 우리는 우리에게 나타날 은혜를 끝까지 온전히 바랍시다.

한 가지 사실에 대해서 더 언급하고자 합니다. 그리스도께서 다시 오실 때, 완전한 영광이 나타날 것입니다. 베드로전서 1장 11절을 읽어 보십시오. "자기 속에 계신 그리스도의 영이 그 받으실 고난과 후에 받으실 영광을 미리 증언하여 누구를 또는 어떠한 때를 지시하시는지 상고하니라." 주님이 오시면, 우리는 바로 이 은혜를 받게 될 것입니다. 다시 말해서, 이 은혜는 우리가 받게 될 영광입니다. 완전한 은혜가 곧 영광인 것입니다. 은혜는 장차 받게 될 영광의 싹이라고 말할 수 있습니다. 은혜의 꽃이 활짝 핀 것이 바로 영광입니다. 지금 여러분은 예수 그리스도를 믿고 기다리고 있습니다. 그러나 여러분을 기다리고 있는 영광을, 곧 그가 오시면 가져올 영광을 여러분은 아직 보지 못합니다. 그러나 조금만 더 기다리십시오. "사랑하는 자들아 우리가 지금은 하나님의 자녀라 장래에 어떻게 될지는 아직 나타나지 아니하였으나 그가 나타나시면 우리가 그와 같을 줄을 아는 것은 그의 참모습 그대로 볼 것이기 때문이니"(요일 3:2).

나는 여러분에게 그리스도의 다시 오심에 대해서 주의를 환기시켰습니다. 나는 그것이 현실의 삶과 밀접한 관련을 갖고 있는 교리라고 여러분에게 말했습니다. 여러분의 마음속에 그리스도의 재림을 새겨 두십시오. 그리고 여러분의 일상생활로 되돌아가서, 세상 속에서 거룩한 싸움을 끊임없이 하기를 바랍니다. 정신을 차리고, 깨어 있으면서, 온전하게 끝까지 바라십시오. 왜냐하면 여러분에게 곧 나타날 놀라운 은혜가 있기 때문입니다. 여러분은 대번포트가 어떤 혼란스러웠던 상황에서 지혜롭고 용감하게 행동했던 것처럼 하기 바랍니다(John Davenport, 1597-1670; 미국 뉴잉글랜드 목사). 그가 살았던 시대의 어느 날, 한낮에 깊은 어둠이 미국을 덮쳤다고 합니다. 런던에는 대낮인데도 때때로 매우 컴컴한 경우가 있습니다. 우리는 그 원인에 대해서 정확하게 알지 못합니다. 그런데 이러한 것을 당시의 미국인들은 겪어보지 않았습니다. 그래서 큰 소동이 일어나게 되었습니다. 날이 너무 컴컴해지자, 닭들은 대낮에 닭장 안으로 들어가서 홰 위에 앉았습니다. 날이 이전보다 더욱 컴컴해지자, 사람들은 집에서 무서워서 떨고 있었습니다. 그들은 세상의 종말이 다가온 것이 틀림없다고 말했습니다. 그들은 모두 깜짝 놀라서, 어쩔 줄을 몰랐습니다. 최후 심판의 날이 왔다고 확신해서, 상원과 하원 중에서 한 곳은 이미 정회를 선언했습니다. 다른 한 곳에서는 회의가 진행되고 있었습니다. 대낮인데도 너무 어두워서, 그곳에 있던 모든 사람들도 몹시 두려워했습니다. 세상의 종말이 온 것이 분명하기 때문에, 그곳에서도 회의를 중단하고 흩어져야 한다는 제안과 동의가 있었습니다. 그러나 대번포트는 그것에 반대하면서, 다음과 같이 말했습니다. "하나님의 최후의 심판이 다가왔을 수도 있고, 또한 그렇지 않을 수도 있습니다. 만약 심판이 다가온 것이 아니라면, 정회를 의결하고 선언할 필요가 없습니다. 만약 그렇다고 하더라도, 나는 내 의무를 다하고 있는 모습 그대로 그 순간을 맞는 것을 선택할 것입니다. 따라서 등을 가져와서 이곳을 밝게 하는 것을 나는 요청합니다."

형제자매 여러분! 지금 세상은 너무 캄캄합니다. 그러나 이 세상에서 어떤 일이 일어나든지, 아니면 특별히 어떤 일이 일어나지 않는다고 하더라도, 우리는 허리를 동여매고, 깨어 있으며, 또한 온전히 끝까지 기다리는 모습을 지니고 있어야 합니다. 지금은 정치적으로 어두컴컴한 시기입니다. 종교적으로도 혼란스러운 시대입니다. 나는 여러분에게 이 시대를 밝힐 등불을 가져오기를 간청합니다. 왜냐하면 우리는 계속해서 우리의 사명을 이루어 나가야 하기 때문입니다. 아멘.

제

5

장

—

그리스도의 보배로운 피

—

**"오직 흠 없고 점 없는 어린 양 같은
그리스도의 보배로운 피로 된 것이니라"— 벧전 1:19**

복음을 있는 그대로 담대하게 선포하기보다는 복음에 대해서 설교하는 습관에 빠지지는 않을는지에 대해서, 나는 때때로 두려워합니다. 그래서 나는 우리의 믿음의 첫 번째 원리로 되돌아가려고 노력합니다. 그것을 위해서, 나는 때때로 어떤 새로운 것을 덧붙여서 말하는 것이 가능하지 않은 본문을 선택합니다. 또한 우리의 영적인 생명에 중요하고 필수적이며 근본적인 것들에 대해서 요약해서 말하도록 이끌어주는 본문을 나는 자주 선택합니다. 그러므로 오늘 본문과 관련하여, 내가 복음을 있는 그대로 선포하지 않는다면, 나는 하나님의 거룩한 말씀과 나의 양심에 어긋나는 행위를 하게 될 것입니다. 내가 본문의 의미에 대해서 설명하고, 또한 구원하는 말씀을 선포할 때, 성령님께서 우리와 함께 하시기를 기도합니다. 그래서 성령님께서 그리스도와 관련된 말씀들을 우리에게 깨우쳐 주시기를 간절히 소원합니다. 또한 그 말씀들을 통해서, 우리의 영혼이 구원을 받고 영적인 도움을 받기를 나는 간절히 바랍니다.

인류 역사의 맨 처음부터, 하나님께서는 피를 매우 소중한 것으로 여기셨습니다. 그는 생명의 원천인 피에 대해서 율법의 가장 엄격한 규정으로 보호하셨습니다. 그래서 그는 노아와 그의 자손에게 다음과 같이 명령하셨습니다. "그러나 고기를 그 생명 되는 피째 먹지 말 것이니라"(창 9:4). 그는 모든 살아 있는 동물을 먹을거리로 이용하는 것을 사람에게 허락하셨습니다(참조. 창 9:3). 그러나 고기를 먹을 때에, 피가 있는 채로 먹는 것은 전적으로 금지되었습니다. 또한 목을 매어 죽인 짐승들을 먹어서도 안 되었습니다(참조. 행 15:20, 29). 왜냐하면 어떠한 형식이나 방법으로든지, 사람이 피를 먹거나 마셔서, 그것과 너무 친숙해지는 것을 하나님께서는 원하지 않으셨기 때문입니다. 심지어 율법의 규정에 의해서, 수송아지와 염소의 피도 거룩한 일에 사용되었습니다(참조. 레 16:11-22). 사람의 피를 흘리는 것과 관련하여, 하나님께서 어떠한 규정을 마련하셨는지에 대해서 여러분은 기억하고 있을 것입니다. "내가 반드시 너희의 피 곧 너희의 생명의 피를 찾으리니 짐승이면 그 짐승에게서, 사람이나 사람의 형제면 그에게서 그의 생명을 찾으리라 다른 사람의 피를 흘리면 그 사람의 피도 흘릴 것이니 이는 하나님이 자기 형상대로 사람을 지으셨음이니라"(창 9:5-6).

하나님께서 최초의 살인자 가인의 피를 다른 사람의 손을 통해서 요구하지 않으셨다는 것은 사실입니다. 그렇지만 그 당시에 그 범죄는 처음 발생한 것이었습니다. 그리고 그것에 대한 형벌이 아직 규정되거나 선포되지 않았습니다. 그러므로 가인의 경우는 분명히 예외적인 것이었습니다. 또한 그것은 그 자체로서 특별한 성격을 지니고 있는 유일한 것이었습니다. 더욱이 그 후에 가인이 겪어야 했던 삶의 과정은, 현장에서 즉시 죽임을 당했을 경우보다도 훨씬 더 괴로운 것이었습니다. 하나님께서는 가인에게 자신의 사악한 성품에 이끌려서 사는 것을 허락하셨습니다. 가인은 이 땅 위에서 마음의 평안을 누리지 못하고, 방랑하는 자로 살게 되었습니다. 그래서 하나님의 무서운 진노를 유산으로 물려받게 되었습니다. 그것으로 인해서, 의심할 여지 없이, 가인의 삶에는 죄악이 대단히 증가하게 되었습니다.

하나님께서 이스라엘의 왕이시며 그 나라를 직접 통치하시던 신정정치 체제 아래에서, 살인자는 본보기로서 항상 극형에 처해졌습니다. 살인에 대해서는 어떤 관용이나 변명의 여지가 없었습니다. 눈에는 눈으로, 이에는 이로, 생명에는 생명으로라는 엄격하고 냉혹한 율법이 적용되었습니다(참조. 신 19:21). 그리고 고의로 살인한 자에게는 아래와 같은 규정이 명백하게 제시되었습니다. "고의로 살인죄를 범한 살인자는 생명의 속전을 받지 말고 반드시 죽일 것이며"(민 35:31). 반면에 고의가 아니라 우연히 발생한 사고로 사람을 죽게 한 경우에도, 그 사건은 단순히 간과되지 않았습니다. 그 경우에, 살인자는 즉시 도피성으로 피신했습니다. 그 사건에 대해서 정식으로 판결을 받은 후에, 그에게는 그 도피성에 거주하는 것이 허락되었습니다. 그러나 대제사장이 죽기 이전까지, 그는 다른 어떤 곳에서도 안전하게 보호받을 수 없었습니다. 이 모든 사건들과 관련된 율법의 일반적인 원칙은 다음과 같습니다. "너희는 너희가 거주하는 땅을 더럽히지 말라 피는 땅을 더럽히나니 피 흘림을 받은 땅은 그 피를 흘리게 한 자의 피가 아니면 속함을 받을 수 없느니라 너희는 너희가 거주하는 땅 곧 내가 거주하는 땅을 더럽히지 말라 나 여호와는 이스라엘 자손 중에 있음이니라"(민 35:33-34). 그런데 땅을 더럽힐 수 있는 바로 그 피가 정반대로 깨끗하게 할 수 있는 유일한 수단이 된다는 것은 우리에게 이상하게 여겨질 것입니다. 그래서 하나님께서 피를 항상 소중한 것이라고 생각하셨다는 것은 분명합니다. 또한 우리도 피를 소중하게 여길 것을 그는 원하십니다.

먼저, 여호와께서는 우리에게 짐승의 피를 먹거나 마시는 것을 금지하셨습니다. 그 다음, 그는 어떤 사람이 분노를 참지 못해서 다른 사람의 피를 흘린 것에 대해서 심판하십니다. 나아가, 부주의한 사고로 말미암아, 피를 흘리게 되는 것에도 우리가 주의할 것을 그는 원하십니다. 이러한 것들이 전부가 아닙니다. 왜냐하면 우리는 때때로 우리의 마음속에서 피와 관련된 율법의 가르침이 울려 퍼지는 것을 듣기 때문입니다. 하나님께서 피를 거룩한 것으로 만드셨다는 사실을 우리도 실질적으로 느끼는 것입니다. 예를 든다면, 인류 역사에서 전쟁이 자주 일어나기 때문에, 비록 어떤 사람들은 그것에 대한 기사를 인내심을 갖고 읽을 수 있기는 하지만, 그것을 유쾌한 마음으로 읽을 수는 없습니다. 군악대의 나팔소리 및 북소리와 행진하는 군인들의 발걸음 소리는 우리를 고무시키고, 잠시 동안 우리를 군인 정신에 공감하게 만들어 줄 것입니다. 그러나 만약 우리가 전쟁의 참상을 직접 본다면, 우리가 치열한 전투가 벌어졌던 전쟁터를 조금만이라도 걸어가 본다면, 심하게 부상당한 군인과 마주치게 된다면, 또한 총알이 날아와 우리의 뼛속을 뚫고 지나간다면, 우리는 피가 정말로 거룩한 것이라는 사실을 체험적으로 깨닫게 될 것입니다.

지난 밤에, 나는 미국의 남북전쟁(1861-1865년)에 참전했다는 어떤 사람의 증언을 들을 기회가 있었습니다. 그가 전해주는 이야기를 들을 때, 땀이 비오듯이 흘러내리고, 나는 거의 기절할 뻔했습니다. 그가 몸이 갈기갈기 찢어지고 손발이 잘려져 나간 사람들에 대해서 자세히 설명하자, 우리는 심한 충격을 받고 몸서리를 쳤습니다. 그는 어쩌다가 사람들이 흘린 피가 고여 있는 곳에 서 있게 되었다고 합니다. 그는 고여 있는 피가 그의 군화 끝부분까지 올라왔다고 말했습니다. 그의 증언을 들으면서, 우리는 모두 전율을 느꼈을 것입니다. 그것은 하나님께서 생명 유지에 필요한 영양분을 공급해 주고 생명을 상징하는 것으로서 피의 신성함을 보호하신다는 사실에 대해서 확실하게 증거해 주는 것입니다. 두려움이나 전율을 전혀 느끼지 않고 사람들의 피를 마구 흘릴 수 있는 가능성에 대해서, 우리는 생각조차 해볼 수 없을 것입니다.

만약 사람을 유쾌하게 해주는 어떤 것을 얻거나 이루기 위해서 커다란 위험이 뒤따라야만 한다면, 인도적인 성품을 지닌 사람들은 차라리 그것이 지닌 모든 매력을 포기할 것입니다. 세 용사들이 목숨을 내걸고 구해 온 물과 관련하여, 어떤 사람이 다윗이 취했던 행동에 찬성하지 않겠습니까! 베들레헴 성문 곁에 있는 우물에서 물을 길어서 다윗에게 가져다주기 위해서, 그의 세 용사들은 블레셋 진영을 돌파하고 지나갔습니다. 비록 목이 몹시 마르고, 그 물을 마시는 것을 간절히 원했었지만, 다윗은 그 물을 받자마자, 곧바로 자신이 그것을 마실 수 없다고 판단했습니다. 왜냐하면 자신을 위해서 물을 얻으려고, 세 명의 용사들은 죽음의 위험을 무릅쓰고 블레셋 진영을 뚫고 나아갔다가 돌아왔기 때문이었습니다. 그래서 그 물을 마시지 않고, 다윗은 그것을 여호와께 부어드렸습니다. 생명을 주신 하나님 이외에 어떤 대상을 위해서도, 목숨을 거는 위험한 일을 무릅쓰는 것이 사람에게 적합하지 않다고 다윗은 생각했을 것입니다. 그때 다윗은 다음과 같은 매우 감동적인 말을 했습니다. "여호와여 내가 나를 위하여 결단코 이런 일을 하지 아니하리이다 이는 목숨을 걸고 갔던 사람들의 피가 아니나이까?"(삼하 23:17).

아마도 여러분은 줄타기 곡예를 보았을 것입니다. 남자와 여자를 막론하고, 줄타기 곡예사들은 생명의 위험을 무릅쓰고 그들이 익힌 재주들을 보여줍니다. 그런데 나는 그것을 보면서 즐거워하는 많은 관람객들의 잔인성에 대해서 놀라지 않을 수 없습니다. 어떻게 그들은 그렇게 위험천만한 것을 보는 것을 통해서 자신들의 불건전한 호기심을 만족시킬 수 있습니까? 자신의 무모한 행위에 박수갈채를 보내는 사람들 때문에, 그러한 위험한 재주를 부릴 만큼 어리석은 사람에게, 어떻게 그들은 그렇게 열광적으로 환호할 수 있습니까? 다윗은 자신의 안락을 위해서 다른 사람의 목숨을 위태롭게 만들었던 자신의 행위를 뉘우쳤었습니다. 그는 우리보다 얼마나 더 많이 그리스도를 닮았습니까! 오직 어떤 사람에게 최상의 선행을 베풀 때라든가, 또는 오직 하나님에게 최선을 다해서 헌신할 때라야, 이와 같이 생명의 위험을 무릅쓰는 것을 정당화할 수 있다고 다윗은 믿었습니다. 그의 믿음은 얼마나 칭찬할 만한 것입니까?

나아가 다음 사실에 대해서 살펴보는 것을 나에게 허락해 주시기 바랍니다. 피의 신성함에 대해서는 단지 온유한 사람들의 영혼이나 거룩한 사람들의 마음 속에만 새겨져 있는 것이 아니라, 심지어 매우 타락한 사람들의 양심에도 보편적으로 새겨져 있습니다. 그래서 심지어 마음이 대단히 완악한 사람들도 피의 거룩함에 대해서 인식하고 있습니다. 왜냐하면 정말로 사악한 사람들조차도 피에 대한 값으로 얻은 돈을 취하는 것을 불명예스럽게 여겨서, 그것을 피하는 것을 여러분은 파악할 수 있을 것입니다. 대제사장들은 구세주의 고난과 죽음을 지켜보며 그것을 만족스러운 듯이 바라볼 수 있었습니다. 그렇지만 심지어 그들도 피의 값을 돌려받아서, 그것을 성전의 헌금함에 넣는 것을 거절했습니다(참조. 마 27:3-10). 아무런 두려움도 느끼지 않은 채, "멸망의 자식"(요 17:12)가룟 유다는 자신의 스승을 배반하려는 계획을 세울 수 있었습니다. 그러나 그가 은화 삼십 개를 그의 손에 쥐게 되었을 때, 그 돈이 너무 뜨거워서, 그는 그것을 자신의 손에 쥐고 있을 수 없다는 것을 자각하게 되었습니다. 그러자 그는 그 은화들을 성소 안에 던져버렸습니다(참조. 마 27:5). 왜냐하면 가룟 유다는 '피 값'을 가지고 있을 수도, 또한 바라볼 수도 없었기 때문입니다. 이것은 미덕이 사라지고 죄악이 지배하는 때라 하더라도, 절대적인 주권을 지니신 하나님께서 피에 대한 사람들의 생각을 주관하신다는 것을 보여주는 또 한 가지 증거입니다. 따라서 당시의 대제사장이나 가룟 유다와 같이 사악한 마음을 지녔던 사람들도 피에 대해서 함부로 다루는 것을 피할 수밖에 없었습니다.

이제까지 살펴본 것처럼, 일반적인 경우에서도, 생명을 유지하는데 필수적인 피를 흘리는 것은 생명의 근원이신 하나님에게 매우 중대한 사항이었습니다. 시편 기자는 이렇게 고백하고 있습니다. "그의 경건한 자들의 죽음은 여호와께서 보시기에 귀중한 것이로다"(시 116:15). 이 말씀은 하나님께서 그의 백성의 의로운 죽음에 대해서 어떻게 생각하시는지를 충분히 드러내 주고 있지 않습니까? 만약 하나님을 반역하는 자가 죽음에 처해지는 것이 신중하게 다루어져야만 하는 문제라면, 하나님의 의로운 자녀가 죽임을 당하는 것은 하나님에게 얼마나 소중한 것이겠습니까? 만약 여호와께서 대적자들과 자신을 저주하는 자들에게 복수를 선언하지도 않으시고, 또한 그들의 피를 흘리시는 것을 계획하지 않으신다면, 하나님께서 선택하신 사람들과 관련해서, "그들의 피가 그의 눈앞에서 존귀히 여김을 받으리로다"(시 72:14)라는 말씀에 대해서, 여러분은 무엇이라고 말할 수 있겠습니까? 비록 하나님께서 오래 참고 계시지만, 그는 장차 그들에게 분명히 복수하시지 않겠습니까? 성도들의 순교의 피로 가득 채워져 있는 음녀 바벨론(로마)의 잔이 보응을 당하지 않은 채, 긴 세월 동안 그대로 머물러 있게 될 것입니까?(참조. 계 18장). 피에몬테(이탈리아 북부에 위치한 주의 이름)와 알프스 산지에서 순교한 신자들, 또한 런던의 스미스필드 시장과 스코틀랜드의 산지에서 순교한 신앙인들은 그들이 겪은 극심한 고난에 대해서 장차 하나님으로부터 보상을 받지 않겠습니까? 또한 하나님에 대한 올바른 믿음을 지키기 위해서, 그들이 흘린 모든 피에 대해서도 그들은 곧 상급을 받지 않겠습니까?

처음에, 나는 짐승의 피에 대해서 말했습니다. 그 다음, 사람의 피와 관련해서 설명했습니다. 마지막으로, 하나님께서 선택하신 그의 백성 가운데 순교한 사람들의 피에 대해서 언급했습니다. 이제 가장 중요한 피에 대해서 말하는 것이 남아 있습니다. 이 주제에 관해서는 좀 더 상세하고 길게 다루고자 합니다. 그것은 예수 그리스도께서 흘리신 피입니다. 그 피가 지닌 모든 소중한 의미에 대해서, 인간의 언어로 남김없이 설명한다는 것은 불가능할 것입니다. 이 사람을 보십시오. 그는 죄가 전혀 없는 완전무결한 사람입니다. 내적으로도 아무런 더러움도 없고, 외적으로도 흠이 전혀 없습니다. 그는 자신의 공로를 인정받을 수 있는 사람입니다. 그는 율법을 찬양했으며, 그것을 존귀한 것으로 만들었습니다. 그는 십자가에 달려서 죽기까지 하나님과 사람을 섬겼습니다. 그렇습니다. 여기에 신적인 존재가 있습니다. 예수님께서 신적인 존재 그 자체이시기 때문에, 사도 바울은 사도행전에서 그리스도의 피를 "하나님이 자기 피로 사신 교회"(행 20:28)라고 표현하기까지 했습니다. 그리스도의 순결, 공로, 위엄, 고귀한 지위, 또한 신성을 저울 위에 올려놓고 달아보십시오. 그리고 그리스도께서 흘리신 피의 가치가 얼마나 되는지 상상해 보십시오. 우리는 그것을 값으로 계산할 수 없습니다. 틀림없이 경이로움과 놀라움을 가득 머금은 채, 천사들은 그리스도께서 피 흘리시는 사건을 지켜보았을 것입니다. 심지어 하나님 자신도 창조 이전이나 이후로부터 그때까지 보지 않았던 것을 살펴보셨던 것입니다. 하나님 아버지께서는 하나님과 동등한 신성을 지니신 하나님의 아들이 온 우주의 다른 어떤 곳에서보다도 바로 이 땅 위에서 자신의 영광을 드러내는 것을 지켜보셨던 것입니다.

이제 본문의 의미에 대해서 자세히 살펴봅시다. 나는 그리스도의 피가 지닌 소중함을 여러분에게 설명하고자 합니다. 나는 이 피가 지닌 모든 소중한 특성들에 대해서 낱낱이 열거할 수 없습니다. 그러므로 나는 그 가운데 몇 가지에 대해서만 말하려고 합니다. 본문에 관해서 연구하는 과정에서, 나는 본문으로부터 상당히 많은 주제들을 이끌어 내었습니다. 그래서 여러분 가운데 어떤 사람들은 오늘 아침 내 설교를 에스겔 선지자가 본 환상 속에 나오는 뼈들과 비교하려고 할 것입니다. 왜냐하면 그 뼈들의 숫자가 대단히 많았고, 또한 몹시 마른 것들이었기 때문입니다(참조. 겔 37:1-12). 따라서 나는 성령님께서 이 설교 안에 들어 있는 마른 뼈들 위에 내려오시기를 소망합니다. 그래서 그 뼈들이 다시 살아나서 생명력으로 넘치기를 바랍니다. 그러면 여러분은 하나님의 변함없는 사랑이 지니고 있는 위대한 사상에 감탄할 것입니다. 하나님 아버지의 소중한 독생자의 희생을 통해서, 그 사랑은 우리에게 명백하게 나타났습니다.

그리스도의 소중한 피는 하나님의 백성에게 수천 가지 측면에서 유익합니다. 그 가운데 열두 가지에 대해서만 살펴보기로 하겠습니다. 어떤 사람이 시련과 고통을 겪고 있을 때, 어떤 사물의 진정한 가치는 그것이 지닌 유용성에 달려 있을 것입니다. 오늘 아침에, 빵이 가득 들어 있는 커다란 바구니라기보다는, 우리는 진주로 가득 차 있는 가방을 만나게 될 것입니다. 사막에서 길을 잃고, 혼자서 비틀거리며 걷고 있던 어떤 사람에 관한 이야기를 여러분은 이미 들어서 알고 있을 것입니다. 그는 기진맥진해서 거의 죽게 되었는데, 마침 어떤 여행 가방을 발견하게 되었습니다. 그는 그것이 어떤 여행자가 떨어뜨린 배낭일 것이라고 기대했습니다. 그러나 그가 그것을 열어보자, 그 안에는 오직 진주밖에 없었습니다. 만약 그것들이 빵이었다면, 그에게 그것이 진주보다도 얼마나 더 소중하고 유익했겠습니까! 어떤 것이 긴급하게 필요하고 위태로운 시기에, 어떤 사물의 가치는 그것이 그 상황에 얼마나 필요한 것이냐에 달려 있습니다. 그 평가는 정치 및 경제학적인 이론에 근거한 것이 아닙니다. 그것은 상식적인 판단에 기초하고 있습니다.

1. 첫째로, 그리스도의 소중한 피는
구원해 주는 능력을 지니고 있습니다.

그것은 죄인을 율법으로부터 구원해 줍니다. 우리는 모두 율법의 지배 아래 놓여 있습니다. 율법은 우리에게 "이것을 실천하라. 그리하면 살리라"라고 말합니다. 그렇지만 우리는 율법의 종이 되고 말았습니다. 그러나 그리스도께서 죄에 대한 삯을 우리들을 대신해서 지불하셨습니다. 그러므로 율법은 더 이상 우리의 전제군주가 아닙니다. 우리는 율법으로부터 완전히 자유롭게 되었습니다. 율법은 무서운 저주를 지니고 있었습니다. 누구든지 율법의 규정들 가운데 단 한 가지만 어긴다고 하더라도, 그는 죽을 수밖에 없다고 위협했습니다. 그래서 그리스도께서는 우리를 위해서 대신 죽으셨습니다. "그리스도께서 우리를 위하여 저주를 받은 바 되사 율법의 저주에서 우리를 속량하셨으니"(갈 6:13). 이 저주에 대한 두려움을 통해서, 율법은 그것의 지배 아래 있는 사람들에게 끊임없이 공포심을 조장시켰습니다. 사람들은 자신들이 율법의 규정들을 어겼다는 사실을 알고 있었습니다. 평생 그들은 율법에게 매여 있어야만 했습니다. 또한 언제든지 그들에게 영원한 죽음과 멸망이 닥칠지 모른다는 두려움 속에서, 그들은 살아야만 했습니다. 그러나 이제 우리는 율법 아래 있지 않습니다. 우리는 하나님의 은혜 아래 있습니다. 결과적으로, 우리는 다시 무서워하는 종의 영을 받지 아니하고, 우리를 하나님의 양자로 만들어 주시는 하나님의 영을 받았습니다. 그래서 그리스도 안에서, 성령님을 통해서, 우리는 하나님 아버지를 "아빠 아버지"라고 부릅니다(참조. 롬 8:15). 이제 우리는 율법을 더 이상 무서워하지 않습니다. 율법의 가장 무서운 천둥들도 우리에게 영향을 미치지 못합니다. 왜냐하면 그것은 우리에게 다가오지 않을 것이기 때문입니다. 율법의 가장 섬뜩한 번개들도 우리를 다치게 하지 못할 것입니다. 왜냐하면 우리는 그리스도의 십자가 밑에서 보호받고 있기 때문입니다. 주님의 십자가 앞에서, 천둥소리는 잠잠해지고, 또한 번개는 그 맹렬한 위력을 잃어버리게 됩니다. 이제 우리는 즐거운 마음으로 하나님의 율법을 읽을 수 있습니다. 시내 산 꼭대기로부터 폭풍우와 함께 들려오는 천둥소리처럼 무시무시한 것으로서가 아니라, 속죄소로 덮인 언약궤 안에 있는 것으로서, 우리는 속죄에 대한 은혜스러운 메시지를 담고 있는 율법을 자세히 들여다봅니다.

율법이 주는 두려움과 저주와 형벌에 대해서, 또한 율법으로부터의 완전한 구원에 대해서 알고 있는 사람은 행복합니다. 이교도의 생활과 비교해 볼 때, 유대교에 속한 사람은 이교도들보다는 더 행복할 것입니다. 형제자매 여러분! 그러나 여러분과 나의 삶과 비교해 본다면, 유대교인의 삶은 하루하루가 몹시 힘들고 괴로울 것입니다. 수많은 규율들과 금지 조항들에 의해서, 그의 행위는 제한을 받고 있습니다. 유대교가 거행하는 의식들의 종류는 대단히 많습니다. 그것들은 세부적으로 명시되어 있습니다. 유대교인은 항상 자신을 부정하게 만들 위험에 처해 있습니다. 만약 그가 잘 모르고 어떤 부정해진 침대나 의자에 앉는다면, 그는 자신을 더럽힐 수 있습니다. 만약 그가 흙으로 만든 그릇으로 물을 마시거나, 아니면 이전에 나병환자가 손을 대었던 어떤 벽을 만진다면, 그는 부정하게 됩니다. 마치 그가 나아가는 길 위에 덮여져 있는 수많은 함정들을 밟는 것처럼, 자신도 제대로 알지 못한 채, 그는 수많은 죄를 지을 가능성 속에 있습니다. 혹시 그가 하나님의 백성이라는 신분을 잃어버리지는 않을까라고 그는 끊임없이 두려워하면서 살아야 하는 것입니다.

　　어느 날 그가 최선을 다해서 살았다고 하더라도, 그날 그는 모든 것을 완벽하게 마무리하지 못했다는 사실을 알고 있습니다. 어떤 유대교 신자도 모든 것을 완벽하게 처리하고, 또한 완전무결하게 하루를 살았다고 주장할 수 없을 것입니다. 그는 이미 수송아지를 하나님께 드렸지만, 그 다음에 또 다른 수송아지를 드려야만 합니다. 오늘 아침, 그는 어린 양을 희생 제물로 드렸지만, 오늘 저녁에 또 다른 어린 양을 드려야만 합니다. 내일도 모레도 그렇게 해야만 합니다. 올해에 이미 유월절을 규정대로 거룩하고 엄격하게 지켰지만, 내년에도 마찬가지로 그렇게 해야만 합니다. 올해에도 한 번, 대제사장은 둘째 휘장을 열고 이미 지성소에 들어갔습니다. 그는 내년에도 그렇게 해야만 합니다. 그 의식은 이미 종결된 것이 아닙니다. 그것은 언제나 시작에 지나지 않습니다. 왜냐하면 그것은 매년마다 한 번씩 반복되어야 하기 때문입니다. 그러므로 대제사장은 그 일을 완전히 마무리할 수 없습니다. 그러므로 히브리서 기자는 이렇게 말합니다. "율법은 장차 올 좋은 일의 그림자일 뿐이요 참 형상이 아니므로 해마다 늘 드리는 같은 제사로는 나아오는 자들을 언제나 온전하게 할 수 없느니라"(히 10:1).

　　반면에, 우리 그리스도인의 입장과 한 번 비교해 보기 바랍니다. 이와 같은 번거로운 율법 규정과 종교 의식으로부터, 이미 우리는 자유롭게 되었습니다. "그리스도는 모든 믿는 자에게 의를 이루기 위하여 율법의 마침"(롬 10:4)이 되시므로, 곧 그리스도께서 율법의 모든 요구들을 이루셨기 때문에, 우리의 율법은 성취되었습니다. 우리의 유월절 어린 양이신 그리스도께서는 죽임을 당하셨습니다. 우리의 대제사장은 휘장을 젖히고 그 안으로 들어가셨습니다. 그리스도의 피는 지성소의 속죄소 위에 뿌려졌습니다. 그리스도의 대속의 죽음으로 말미암아, 또한 우리가 그리스도를 구주로 믿음으로, 우리는 모든 죄악으로부터 깨끗해졌습니다. 그러므로 우리는 더러움에 대한 모든 두려움으로부터 벗어났습니다. "그가 거룩하게 된 자들을 한 번의 제사로 영원히 온전하게 하셨느니라"(히 10:14). 사랑하는 여러분! 그리스도의 소중한 피를 존귀한 것으로 여기십시오. 왜냐하면 율법이 모든 죄인들에게 부여한 노예 신분과 속박 상태로부터, 그리스도께서 자신이 흘리신 피로 여러분을 대속하고 구원하셨기 때문입니다.

2. 둘째로, 그리스도의 소중한 피의 가치는
우리의 죄를 온전히 속죄해 주는 능력에 있습니다.

레위기에는 사람들을 속죄하기 위해서 흘려지는 제물의 피에 대해서 자주 언급되고 있습니다. 율법 아래에서, 하나님께서는 피흘림이 없이는 결코 죄를 용서해 주시지 않습니다. "피흘림이 없은즉 사함이 없느니라"(히 9:22)라는 말씀은 죄 사함과 관련된 근본 원리입니다. 고기와 벌꿀, 맛있는 음식과 향기로운 향료도, 피 흘림이 없으면, 죄 사함과 관련해서는 아무런 유익이 없습니다. 아무리 열심히 노력하며 철저하게 회개한다고 하더라도, 피흘림이 없으면, 그것은 소용이 없습니다. 피흘림이 없으면, 죄는 결코 용서받지 못합니다. 오직 그리스도의 피만이 죄를 완전히 없앨 수 있습니다. 그것을 통해서, 사람은 하나님의 전으로 예배드리러 나오는 것이 허락되어집니다. 왜냐하면, 그것을 통해서, 그는 하나님과 화목하게 되어 하나가 되었기 때문입니다. 그리스도의 피는 죄를 없애주어서 하나님과 사람을 하나가 되게 하는 위대한 것입니다. 인간의 죄에 대해서 형벌이 완전하게 실행되지 않는다면, 어떤 사람에게도 자신의 죄를 용서받을 수 있는 희망이 전혀 없습니다. 하나님께서는 반드시 죄를 징벌하셔야만 합니다. 죄는 벌을 받아야 한다는 것은 임의적이거나 변경될 수 있는 협정이 아닙니다. 그것은 죄는 반드시 처벌을 받아야 마땅하다는 하나님께서 정하신 윤리규범의 핵심에 해당합니다. 하나님께서는 절대로 그 원칙에서 벗어나지 않으십니다. 또한 그것은 앞으로도 마찬가지일 것입니다. 여호와께서는 한결같은 사랑을 베푸시며, 악과 허물과 죄를 용서하십니다. 그러나 그는 죄를 벌하지 않은 채, 그냥 넘기시지 않습니다(참조. 출 34:7). 그러므로 하나님의 아들이신 그리스도께서 오셔서, 모든 하나님의 백성을 대신해서, 또한 그들을 위해서, 모든 죄에 대한 징계를 몸소 받으셨습니다. 이와 같이, 예수께서 흘리신 피는 헤아릴 수 없이 수많은 사람들을 위한 것입니다. 하나님 아버지께서 선택하신 사람들의 죄를 없애주시기 위해서 그는 완전한 속죄를 이루셨습니다. 예수님을 구주로 믿은 사람들, 장차 믿게 될 사람들, 또한 믿을 수 있기 이전에, 곧 하나님의 아들이 이 땅에 오시기 이전에 구원받음을 믿고 이 세상을 떠나간 사람들 등, 이 모든 아담의 후손들을 위해서, 그리스도께서 완전한 속죄를 이루셨습니다. 예수님의 보배로운 피로 말미암지 않고 죄인들이 하나님과 하나 될 수 있는 다른 계획은 전혀 없습니다. 나는 스스로 희생 제물을 드릴 수 있을 것입니다. 나는 금욕 생활을 할 수도 있을 것입니다. 나는 세례를 받을 수도 있습니다. 나는 성찬의 빵과 포도주를 받을 수도 있습니다. 무릎을 꿇고 기도해서, 관절이 더욱 단단해질 때까지 나는 기도할 수 있을 것입니다. 내가 하나님의 말씀을 줄줄 외울 정도로 그것을 열심히 읽을 수 있을 것입니다. 내가 예배를 인도할 수도 있을 것입니다. 내가 한 가지 언어, 또는 오십 가지 언어로 하나님을 찬양할 수도 있을 것입니다. 그러나 그리스도의 피의 공로를 내가 받아들여서 믿지 않는다면, 나는 하나님과 하나가 될 수 없습니다. 곧 하나님과 화목할 수 없습니다. 그 피는 바로 "그리스도의 보배로운 피"입니다(벧전 1:19).

　　여러분 가운데 많은 사람들은 여러분을 구속하는 그리스도의 보혈의 권능을 깨달았을 것입니다. 이제 여러분은 율법 아래 있지 않습니다. 그 대신, 하나님의 은혜 아래 있습니다. 또한 여러분은 그리스도의 피가 죄를 대속하는 권능을 지녔다는 사실을 깨달았을 것입니다. 하나님의 아들의 죽음으로 말미암아, 여러분은 하나님과 화목하게 되었습니다. 이제 여러분에게 하나님께서는 진노하시는 분이 아니십니다. 변함없는 사랑으로, 그는 여러분을 언제나 사랑하십니다. 그러나 이것은 모든 사람에게 동일하게 똑같이 적용되지 않습니다. 만약 그렇다면, 불신자들은 얼마나 좋겠습니까! 오늘 이 자리에 있는 모든 사람들이 예수님의 피가 지닌 속죄의 권능을 체험하기를 간절히 기도합니다. 연약하고 허물 많은 피조물이여! 창조주 하나님과 하나 되기를 원하지 않습니까? 보잘것없는 인간이여! 전능하신 하나님을 여러분의 친구가 되게 하지 않겠습니까? 그리스도의 피로 속죄함을 받지 않으면, 하나님과 하나가 될 수 없습니다. 우리의 모든 죄를 없애 주시려고, 하나님 아버지께서는 그리스도를 화목 제물로 내놓으셨습니다. 그리스도의 보배로운 피를 믿음으로 말미암아 그 화목을 받아들이기를 바랍니다. 그래서 하나님과 하나가 되십시오.

3. 셋째로, 그리스도의 보배로운 피는 깨끗하게 하는 능력을 지니고 있습니다.

요한일서 1장 7절에서, 사도 요한은 다음과 같이 말합니다. "그 아들 예수의 피가 우리를 모든 죄에서 깨끗하게 하실 것이요." 죄는 죄인을 곧바로 더럽게 만듭니다. 그러므로 죄인은 깨끗하게 되어야 할 필요가 있습니다. 거룩하신 분이신 하나님께서 거룩하지 못한 죄인과 하나가 되기를 진정으로 원하신다고 상상해 봅시다. 만약 죄의 문제가 해결되지 않는다면, 아마도 그것은 있을 수 없는 일입니다. 그러므로 비록 지극히 거룩하신 하나님께서 그의 순결한 눈으로 우리의 죄에 대해서 눈웃음을 치신다고 하더라도, 여전히 우리가 불결한 상태에 머물러 있다면, 우리는 마음속으로 기쁨이나 안식 및 평안 등을 결코 체험할 수 없을 것입니다. 따라서 죄는 그것을 지니고 있는 사람에게는 재앙 그 자체입니다. 뿐만 아니라, 죄를 미워하시는 하나님에게 그것은 혐오의 대상입니다. 나는 반드시 깨끗해져야만 합니다. 나는 나의 죄악과 허물을 반드시 깨끗하게 씻어야만 합니다. 그렇지 않으면, 나는 결코 행복할 수 없습니다. 시편 103편에서, 여호와를 송축하는 첫 번째 근거로서, 시인은 다음과 같이 노래합니다. "그가 네 모든 죄악을 사하시며"(3절). 이제 우리는 그 사실에 대해서 구체적이며 정확하게 알고 있습니다. 그리스도의 보배로운 피에 의해서, 우리의 죄악이 사함을 받고 깨끗하게 씻어진 것입니다. 살인, 간음, 도둑질 등, 어떤 죄악이라고 하더라도, 그리스도의 혈관 속에는 그 모든 죄악들을 단번에 영원히 없애 버릴 수 있는 능력이 들어 있습니다. 우리의 죄악이 헤아릴 수 없이 많을지라도, 또한 우리의 허물이 아무리 뿌리를 깊게 내리고 있을지라도, 거룩한 피는 이렇게 부르짖고 있습니다. "너희의 죄가 주홍 같을지라도 눈과 같이 희어질 것이요 진홍 같이 붉을지라도 양털 같이 희게 되리라"(사 1:18). 이것은 하늘에서 울려 퍼지는 노래입니다. 땅에서 우리는 다음과 같은 체험을 했습니다. 우리는 벌써 어린 양의 피에 우리의 더러운 옷을 씻어 희게 하였습니다(참조. 계 7:14). 어린 양의 피가 흐르는 샘에서 씻김을 받지 않으면, 아무도 죄악으로부터 깨끗해지지 않습니다. 다 윗의 집의 죄악과 더러움을 씻어주기 위해서, 그 샘은 솟아오르는 것입니다.

위에서 언급한 것에 대해서, 여러분은 자주 들었을 것입니다. 만약 어떤 천 사가 와서 여러분에게 그 내용을 직접 알려 준다고 하더라도, 여러분은 그것에 별로 관심을 기울이지 않을 것입니다. 그러나 스스로 체험을 통해서, 얼마나 더 러움이 무서운 것인지, 또한 깨끗하게 씻김을 받은 것이 얼마나 복된 것인지에 대해서, 여러분은 깨닫게 되었습니다. 사랑하는 여러분! 예수님의 피를 통해서 씻김을 받아서, 이제 어떤 신자에게도 단 하나의 점이나 작은 주름이나 그와 비 슷한 것이 전혀 남아 있지 않습니다. 이 사실을 생각할 때, 넘치는 기쁨으로 말 미암아 우리의 가슴은 뛰어야만 할 것입니다.

> "비록 나는 더러워져서
> 게달의 장막처럼 검게 보이지만,
> 당신이 지어주신 옷을 입었을 때,
> 솔로몬의 왕궁에 있는 여인처럼,
> 나는 아름다워졌나이다."

사랑하는 여러분! 그리스도 이외에, 여러분은 다른 곳에서는 영적인 아름다 움을 얻지 못합니다. 그러나 그리스도를 소유하게 되면, 아가에 등장하는 왕처 럼, 그는 여러분에게 이렇게 말할 것입니다. "나의 사랑 너는 어여쁘고 아무 흠 이 없구나"(아 4:7). 오, 보배로운 피여! 그것은 칠흑같이 검은 것도 눈과 같이 희 게 만들어 줍니다. 그것은 표범의 얼룩 같은 것도 완전히 없애 줍니다. 오, 그리 스도의 보배로운 피여! 그것은 지옥으로 가게 하는 수많은 죄악의 얼룩들을 말 끔히 없애 줍니다. 내가 온갖 방법으로 하나님을 거역했는데도 불구하고, 그것 은 나를 하나님의 사랑하는 자녀로 기꺼이 받아줍니다. 그래서 내가 그들 가운 데 서 있도록 허락해 줍니다.

**4. 그리스도의 피가 갖고 있는 네 번째의 특성은
그것이 하나님의 백성을 보호하는 능력을 지니고 있다는 것입니다.**

하나님의 대적자들을 죽이기 위해서, 멸망시키는 천사가 애굽의 모든 지역을 두루 다녔던 그 두려운 밤을 여러분은 기억할 것입니다. 그러면 여러분은 피가 보호하는 능력을 지니고 있다는 것을 확실하게 이해할 것입니다. 그날 밤, 애굽에 커다란 통곡소리가 들렸습니다. 왜냐하면 여호와께서 애굽 땅에 있는 처음 난 것들을 모두 치셨기 때문입니다. 왕위에 앉은 바로의 맏아들을 비롯하여, 맷돌질을 하던 여인의 맏아들과 감옥에 있는 포로의 맏아들과 짐승의 맏배까지, 모든 초태생이 순식간에 죽고 말았습니다(참조. 출 12:29-30). 소리가 들리지 않는 날갯짓을 하며, 그 천사는 애굽의 모든 성읍들을 재빠르게 날아다녔습니다. 그러나 그가 날아 들어갈 수 없는 어떤 집들이 있었습니다. 그곳에서 그는 칼을 칼집에 꽂았습니다. 그리고 그 집들에 저주가 내리게 하지 않았습니다. 그렇다면 무엇이 그 집들을 그 무서운 재앙으로부터 보호해 준 것입니까? 그 집들 안에 살던 사람들이 다른 사람들보다 특별히 훌륭한 점들을 지니고 있었던 것이 아니었습니다. 그들의 집들이 다른 집들보다 더 멋있게 지어진 것도 아니었습니다. 하나님의 명령에 따라서, 집의 좌우 문설주와 상인방에 피를 바른 것 이외에는, 아무것도 없었습니다. 여호와께서는 이렇게 약속하셨던 것입니다. "내가 피를 볼 때에 너희를 넘어가리니 재앙이 너희에게 내려 멸하지 아니하리라"(출 12:13). 오직 피 뿌림을 통해서, 이스라엘 백성은 재앙을 받지 않을 수 있었습니다. 유월절을 지키기 위해서, 이스라엘 가정의 가장은 어린 양을 끌어다가 죽였습니다. 그리고 그 피를 그릇에 담았습니다. 온 가족이 먹을 어린 양 고기를 불에 굽는 동안에, 가장은 우슬초 묶음을 가져왔습니다. 그는 그것을 그릇에 담은 피에 적셨습니다. 그리고 그것을 갖고, 자녀들과 함께 집 밖으로 나갔습니다. 그리고 그는 우슬초 묶음으로 피를 좌우 문설주와 상인방에 뿌렸습니다. 그것을 통해서, 온 가족은 이제 재앙으로부터 안전하게 보호받게 된 것입니다. 이제 온 가족은 안전합니다. 그러므로 천사는 그곳에 재앙을 내리지 않고, 그 집을 건너갈 것입니다. 지옥의 사자들은 절대로 그 집에 들어갈 수 없었습니다.

사랑하는 여러분! 주목하십시오, 우리는 그리스도 예수 안에서 보호를 받고 있습니다. 여러분과 내가 그리스도의 피를 보기에 앞서, 하나님께서는 벌써 그 피를 바라보시지 않았습니까? 열매 없는 무화과나무처럼, 우리의 삶은 하나님을 위해서 아무런 열매를 맺지 못했습니다. 그런데도 불구하고, 하나님께서 우리에게 잃어버린 생명을 다시 돌려주신 것은 그가 그리스도의 피를 보셨기 때문이 아닙니까? 우리가 주님의 피를 볼 때마다, 우리가 진정으로 구원받게 된 것은 우리가 그 피를 보았기 때문이 아니라, 바로 하나님께서 친히 그 피를 보셨기 때문이라는 사실을 기억하기 바랍니다. 하나님께서 그 피를 보시고 나서, 우리를 구원해 주셨습니다. 그러므로 출애굽기에 이렇게 기록되어 있습니다. "내가 피를 볼 때에 너희를 넘어가리니 재앙이 너희에게 내려 멸하지 아니하리라"(출 12:13). 만약 나의 믿음의 눈이 약해져서 보배로운 피를 제대로 볼 수 없을지라도, 그래서 그 피로 내가 깨끗하게 씻긴 것을 기뻐하지 못한다고 할지라도, 하나님께서는 그 피를 분명하게 바라보십니다. 여호와의 눈은 절대로 희미해지지 않습니다. 불꽃 같은 눈으로, 하나님께서 주 예수 그리스도께서 드리신 대속의 제물을 바라보시고 있는 한, 그는 주님의 피로 물든 진홍빛 외투를 입고 있는 사람을 단 한 사람도 치실 수 없습니다. 오, 그리스도의 피로 물든 이 붉은 방패는 얼마나 보배로운 것입니까! 내 영혼아! 지옥의 창들이 너를 향해서 날아올 때, 보혈의 방패로 막을지어다. 주님의 보혈은 우리가 하늘나라를 향해서 안전하게 보호받으면서 타고갈 수 있는 자줏빛 덮개가 덮여 있는 전차(戰車)입니다. 폭풍이 몰아치고 대홍수가 일어나고, 심지어 불과 같은 우박이 쏟아진다고 하더라도, 그 진홍빛 장막 안에 있으면, 내 영혼은 절대적으로 안전할 것입니다. 내가 그리스도의 보배로운 피로 보호받고 있다면, 무엇이 나를 건드릴 수 있겠습니까? 그러므로 우리를 보호하는 능력을 지니고 있는 그 피가 얼마나 진귀한 것인지 우리는 깨달을 수 있을 것입니다.

사랑하는 여러분! 여러분이 이 점들을 잘 분별하기를 바랍니다. 설교를 시작할 때, 나는 여러분에게 다음 사항에 대해서 이미 말했습니다. 이 주제와 관련해서, 나는 특별히 새로운 어떤 것을 덧붙여서 말할 수 없습니다. 이전부터 사용되어온 단어들을 완전히 새로운 것들로 대체시킬 수도 없습니다. 만약 그렇게 한다면, 그리스도의 피에 대해서 올바로 설명하지 못할 것입니다. 그리고 나 자신을 어리석은 사람으로 만들 것입니다. 왜냐하면 그렇게 한다면, 그 보배로운 피에 대해서 있는 그대로 드러내지 않고, 나 자신이나 나의 능력을 과시하려고 할 것이기 때문입니다. 여러분! 십자가의 밑에 있는 피난처에서 보호를 받으십시오. 이제 십자가의 그늘에 앉아서, 다음 사실에 대해서 깨닫기 바랍니다. "나는 안전하다. 오, 너희 지옥의 마귀들이여, 나는 전적으로 안전하다. 오, 하늘의 천사들이여! 나는 너희 모두에게 담대하게 질문할 수 있다. '누가 나를 그리스도 예수 안에 있는 하나님의 사랑에서 끊을 수 있겠는가? 그리스도께서 내 죄를 대신 지시고 십자가 위에서 죽으시고 부활하셨는데, 누가 나에게 죄가 있다고 주장할 수 있겠는가?'(참조. 롬 8:33-35)" 그러므로 하늘에서 불빛이 번쩍이고, 땅이 몹시 흔들리기 시작하고, 산들이 거대한 바위처럼 굴러 내리고, 또한 하나님께서 악인들로부터 의인들을 구분하여 그들을 따로 떼어 놓으실 때, 그리스도의 십자가의 피 아래에서 피난처를 발견한 사람들은 복될 것입니다. 그렇다면 만약 그 피가 깨끗하게 하는 능력을 지니고 있다는 것을 믿지 않은 사람들이 여러분 가운데 있다면, 그때 그들은 어느 곳에 있게 되는 것입니까? 그때에, 사람들이 바위들에게 "우리를 덮어 버려라"고 하며, 산들에게 "우리 위에 무너져 내려라" 하고 말할 것입니다(참조. 눅 23:30). 그러나 그 모든 것이 헛될 것입니다. 지금은 하나님께서 여러분을 구원해 주기를 원하십니다. 그러나 그때가 되면, 그리스도의 피도 여러분을 보호해 줄 수 없습니다.

5. 다섯째, 그리스도의 피는 호소하는 뛰어난 능력이 있기 때문에 보배로운 것입니다.

히브리서 기자는 12장 24절에서 이렇게 말합니다. "아벨의 피보다 더 나은 것을 말하는 (예수의) 뿌린 피니라." 아벨의 피는 호소했으며, 하나님께서 그것을 들어주셨습니다(참조. 창 4:10-15). 그 호소는 '복수'를 외쳤습니다. 그러자 가인은 하나님으로부터 형벌을 받았습니다. 예수님의 피도 하나님 아버지께 호소했습니다. 그러자 그는 그의 호소를 들어주셨습니다. 십자가 위에서, 예수님께서는 이렇게 호소하셨습니다. "아버지 저들을 사하여 주옵소서 자기들이 하는 것을 알지 못함이니이다"(눅 23:34). 그 호소를 통해서, 죄인들은 용서를 받게 되었습니다. 내가 원하는 대로 기도할 수 없을 때, 예수님의 피가 나를 위해서 호소의 기도를 한다는 사실은 나에게 얼마나 위로가 되는지요! 나의 혀에 아무런 말이 없어도, 그리스도의 피에는 언제나 하나님 아버지에게 호소하는 소리가 울려 퍼지고 있습니다. 나는 머리를 조아리며 기도하고자 하지만, 때때로 "하나님이여 불쌍히 여기소서 나는 죄인이로소이다"(눅 18:13)라는 말만을 되풀이할 수밖에 없는 경우가 있습니다. 그러나 하나님의 보좌 앞에서, 나의 대언자는 침묵하고 계시지 않습니다(참조. 요일 2:1). 왜냐하면 승천하신 그리스도는 언제나 하나님 아버지 곁에 계시면서 나를 위해서 대언하시기 때문입니다. 그리고 비록 그에 대한 나의 믿음이 때때로 다소 연약해진다고 하더라도, 나를 위한 그의 호소력은 결코 줄어들지 않기 때문입니다. 그 피는 하나님 아버지에게 언제나 호소력을 지니고 있습니다. 예수님이 받으신 고난의 상처는 죄인들을 위해서 탄원하는 수많은 입들을 갖고 있습니다. 또한 그것은 하나님께서 죄인들을 사랑하시도록 호소하며, 하나님의 주권적인 자비로 은혜를 입은 모든 자녀들을 축복하시게 만듭니다. 예수님의 상처로 말미암아 은혜의 문이 열려지게 되었습니다. 그 문을 통해서, 하나님의 은혜가 악한 자들 중에서 가장 악한 자들에게까지 베풀어지게 되었습니다. 그리고 그 문을 통해서, 그리스도의 피는 우리가 필요로 하는 것들을 하나님에게 전달하고, 또한 하나님께서 그것들을 공급해 주시기를 호소합니다. 만약 앞으로 여러분이 제대로 기도할 수 없다면, 또한 다락방에서 울부짖고 몸부림치며 신음해야만 한다면, 그리스도의 보배로운 피가 지닌 가치에 대해서 찬양하십시오. 왜냐하면 하나님의 영원한 보좌 앞에서, 그 피는 여러분을 위해서 대언하고 호소하기 때문입니다.

6. 여섯째, 우리는 그리스도의 피가 효능을 나타낼 것이라고 거의 기대하지 않는 곳에서도 그 피의 소중함을 깨닫게 됩니다.

곧, 그리스도의 피는 인간의 마음을 부드럽게 만들어 주는 능력을 지니고 있다는 사실입니다. 하나님께서 스가랴 선지자를 통해서 다음과 같이 말씀하십니다. "그들이 그 찌른 바 그를 바라보고 그를 위하여 애통하기를 독자를 위하여 애통하듯 하며 그를 위하여 통곡하기를 장자를 위하여 통곡하듯 하리로다"(슥 12:10). 자신들의 마음이 매우 완악하다는 것을 어느 정도 깨닫게 되면, 죄인들은 많은 불평을 늘어놓습니다. 그런데 그리스도의 피는 쇳덩어리와 같이 단단한 마음을 녹여주는 능력을 지니고 있습니다. 옛날부터 연금술사들은 모든 것을 녹일 수 있는 용매제(a universal solvent)를 발견하려고 노력해 왔습니다. 그런데 모든 것을 녹일 수 있는 것은 바로 그리스도의 피입니다. 하나님의 은혜를 체험하게 되면, 영적으로 눈이 먼 사람도 그리스도를 올바로 볼 수 있습니다. 이와 비슷한 경우로서, 인간의 마음이 아무리 완악하다 하더라도, 그리스도 예수 안에 있는 하나님의 사랑을 깨닫게 되면, 그러한 마음도 부드럽게 변화되지 않을 수 없습니다. 거룩한 보혈의 핏속에 던져지면, 인간의 마음속에 있는 단단한 돌은 녹아버리고 맙니다. 사랑하는 여러분! 톱레디(Augustus Montague Toplady, 1740-1778; 칼빈주의 영국 성공회 목회자, 찬송가 작사자)가 지은 다음 찬송시의 내용은 매우 적절한 것입니다.

> "율법과 그것에 대한 두려움은 내 마음을 굳어지게 했네.
> 내 마음은 계속해서 더욱 굳어져 갔네.
> 예수님이 지불하신 피값으로 죄 사함을 받았을 때,
> 돌 같은 내 마음은 곧 녹아져 버렸네."

죄인이여! 만약 하나님께서 오늘 아침에 당신을 구원해 주시려고 그리스도를 구주로 믿도록 인도하신다면, 또한 만약 당신의 영혼이 구원받기 위해서 그것을 하나님의 전능한 손에 맡긴다면, 당신의 돌 같은 마음은 곧바로 부드럽게 변화될 것입니다. 만약 그리스도께서 여러분의 죄악 때문에 고통을 당하셨다는 사실을 깨닫는다면, 여러분은 죄에 대해서 이전보다 다른 관점에서 생각할 것입니다. 십자가 위에서 극심한 고통으로 죽어가면서도, 예수님께서 사랑이 흘러넘치는 마음을 지닌 채, 안타까워하는 눈빛으로 여러분을 바라보셨다는 것을 안다면, 여러분은 다음과 같이 고백하게 된다는 것을 나는 알고 있습니다. "나는 예수님을 슬프게 하고, 또한 그를 저주받은 나무에 매달게 한 죄악을 미워합니다." 율법에 대해서 설교하는 것을 통해서, 나는 일반적으로 사람들의 마음이 부드럽게 변화된다고 생각하지 않습니다. 만약 율법 규정의 단단한 망치로 사람들을 두드린다면, 그들의 마음과 생각을 더욱 단단하게 만들 수도 있을 것입니다.

아, 그러나 그리스도의 사랑에 대해서 설교할 때, 더욱이 우리가 죄로 말미암아 영적으로 죽었을 때, 그리스도께서 그의 위대한 사랑으로 우리를 사랑하셨다는 복음에 대해서 죄인들에게 증거할 때, 거기에 새 생명이 탄생하게 되는 것입니다. 죄인이 믿음으로 십자가에 달리신 그리스도를 바라보면, 그는 영생을 선물로 받을 것입니다. 그러므로 복음을 증거하는 것을 통해서, 그리스도께서 우리를 회개하게 하시려고, 또한 죄를 용서해 주시려고 높이 들리셨다는 사실이 분명하게 입증될 것입니다. 만약 여러분이 스스로 회개할 수 없다면, 그리스도의 십자가 앞으로 회개를 위하여 나오십시오. 만약 여러분이 상한 심령으로 나올 수 없다면, 상한 심령을 얻기 위해서 나아오십시오. 만약 여러분의 마음이 녹아지고 변화되지 않았다면, 녹아지고 변화받기 위해서 나아오십시오. 만약 여러분의 심령이 상처를 체험하지 않았다면, 상처를 체험하고 그것을 고치기 위해서, 그리스도의 십자가 아래로 나아오십시오.

**7. 이제 보배로운 피가 지니고 있는
일곱 번째 특성에 대해서 살펴보려고 합니다.**

그리스도의 보배로운 피는 평안을 가져다주는 은혜로운 능력을 갖고 있습니다. 존 번연은 율법에 대해서 다음과 같이 비유적으로 설명합니다. 어떤 가사 도우미가 방을 청소하려고 비를 들고 왔습니다. 방을 비로 쓸기 시작하자마자, 많은 먼지가 일어났습니다. 그래서 사람들은 숨을 제대로 쉴 수 없었습니다. 심지어 먼지는 사람들의 눈에 들어가기까지 했습니다. 그때 복음이 물을 가져와서, 먼지 위에 물을 뿌렸습니다. 그러자 빗질을 제대로 할 수 있었습니다. 때때로 하나님의 율법은 죄인의 영혼 속에서 그와 같은 먼지를 일으킵니다. 이 경우에는, 오직 예수 그리스도의 보배로운 피만이 그 먼지를 가라앉게 할 수 있습니다. 죄인의 마음은 몹시 불안하기 때문에, 아무것도 그를 안심하게 해줄 수 없습니다. 예수님께서 자신을 위해서 죽으셨다는 사실을 깨달을 때, 그는 비로소 진정한 평안을 누릴 수 있는 것입니다.

나는 다음 사실에 대해서 고백할 수 있습니다. 이전에 나의 마음은 죄의 중압감에 짓눌렸던 때가 있었습니다. 내가 들었던 모든 설교는 나에게 단 한 가지의 조그만 위안도 가져다주지 못했습니다. 그렇다면 이렇게 해보라, 또는 저렇게 해보라는 권면을 들었습니다. 나는 그대로 실천해 보았습니다. 그렇지만 조금도 나아지지 않았습니다. 그러자 나는 반드시 무엇인가를 체험해야만 한다고 느꼈습니다. 또한 내가 기도를 많이 해야만 한다고 생각했습니다. 나는 그렇게 했습니다. 그렇지만 내 마음을 짓누르는 죄의 무게는 조금도 가벼워지지 않았습니다. 그때 나는 다음과 같은 진리를 깨닫게 되었습니다. 죄의 중압감에서 벗어나기 위해서, 내가 스스로 할 수 있는 일은 아무것도 없었습니다. 예수님께서 이미 오래 전에 그 문제를 해결해 주셨던 것입니다. 나의 모든 죄를 자신의 등에 지고서, 십자가 위에서, 내가 당해야만 하는 모든 고통을 예수님께서 대신해서 감당하셨습니다. 그러자 나는 하나님과 화목하게 되었으며, 내 마음은 깊은 평안을 얻었습니다. 내가 예수님을 구주로 믿는 것을 통해서, 또한 그리스도의 보배로운 피를 통해서, 그 평안은 나에게 주어진 것입니다.

두 명의 영국 군인들이 지브롤터(Gibraltar) 요새에서 근무하고 있었습니다

(1704년부터, 지브롤터는 영국의 해외 영토이자, 자치령이다. 스페인의 남쪽 끝에 위치하고 있다). 한 사람은 그리스도의 보배로운 피를 통해서 마음의 평안을 얻고 있었습니다. 다른 한 사람의 마음속에는 근심으로 가득했습니다. 어느 날 밤에, 두 군인들은 보초를 서게 되었습니다. 사람들은 돌로 된 산을 뚫어서, 많은 통로들이 있었습니다. 그 통로를 통해서, 매우 먼 곳까지 소리가 전달될 수 있었습니다. 그날 밤, 마음속에 근심으로 가득 차 있던 군인은 슬픔으로 인해서 자신의 가슴을 두드리고 싶은 심정이었습니다. 그는 자신이 하나님을 배반했다고 느꼈습니다. 어떻게 하면 하나님과 다시 화목할 수 있을지에 대해서, 그는 알 수가 없었습니다. 그 순간, 갑자기 공중에서 어떤 음성이 들려왔습니다. "그리스도의 보배로운 피!" 그는 그것을 하늘로부터 들려오는 신비로운 음성이라고 추측했습니다. 순간적으로, 그는 그 음성이 뜻하는 모든 것을 깨닫게 되었습니다. 바로 그리스도의 소중한 피가 그를 하나님과 화목하게 해줄 수 있는 것이었습니다. 그러자 그의 마음속에는, 이루 말로 다 표현할 수 없는 기쁨으로 넘쳤습니다. 또한 하늘의 영광으로 가득했습니다. 그렇다면 과연 그 음성이 직접 하나님으로부터 온 것입니까? 아닙니다. 그 음성이 가져온 결과와 관련해서 숙고해볼 때, 그것은 성령님으로부터 온 것입니다. 그렇다면 실제적으로 누가 "그리스도의 피"라는 말을 했던 것입니까? 그 사연은 우리에게 매우 흥미롭습니다.

또 다른 군인은 통로의 다른 끝에서 보초를 서고 있었습니다. 그러면서 그는 그리스도에 대해서 깊이 묵상하고 있었습니다. 그때, 한 장교가 그에게 다가왔습니다. 의무적으로, 그는 그날 밤의 암호를 그에게 말했습니다. 군인 정신으로 충만해서, 암호를 신속하게 말하기는 했지만, 그만 그는 그것을 정확하게 말하지 못했습니다. 왜냐하면 너무 깊이 묵상에 잠겨 있었기에, 그는 올바른 암호를 제시하지 못했습니다. 그는 자신도 모르게 그 장교에게 "그리스도의 보배로운 피"라고 말했던 것입니다. 그리고 나서 그는 곧바로 올바른 암호를 말했습니다. 그렇지만 이미 그는 "그리스도의 보배로운 피"라고 말해 버렸던 것입니다. 그래서 통로를 통해서, 그 말은 다른 곳에 서 있던 군인의 귀에까지 전달되었습니다. 그날 밤, 하나님께서는 그에게 특별히 그 말을 들려주시고자 했던 것입니다. 그 말을 듣고 나서, 그 군인은 마음의 평안을 얻게 되었습니다. 그리고 남은 생애를 통해서, 그는 하나님을 공경하고 섬기며 살았습니다. 수년이 지난 후에, 그는 하나님의 말씀을 힌두어로 번역하게 되었습니다. 그것은 힌두어로 번역된 탁월한 역본들 가운데 하나였습니다.

　　사랑하는 친구들이여! 이와 같이, 구세주에 관해서 단지 몇 마디의 단어들만 들려준다고 하더라도, 여러분이 다른 사람들에게 놀라운 평안을 줄 수 있다는 사실을 누가 제대로 알 수 있겠습니까? 만약 나에게 죽음이 임박했으며, 이제 마지막으로 불과 몇 마디의 말밖에 할 수 없는 절박한 상황이라면, 나는 이 말을 하고 싶습니다. "미쁘다 모든 사람이 받을 만한 이 말이여 그리스도 예수께서 죄인을 구원하시려고 세상에 임하셨다 하였도다"(딤전 1:15). 그리스도의 대속의 죽음에 관한 가르침은 복음의 핵심 진리입니다. 만약 그것에 대해서 다른 사람들에게 분명하게 설명할 수 있다면, 여러분은 그리스도의 보배로운 피가 지닌 가치를 입증하게 될 것입니다. 그러면 그들은 그 피가 주는 깊은 평안을 체험하게 될 것입니다.

8. 여덟 번째로, 여기서 그리스도의 피가 우리를 거룩하게 만드는 능력을 지니고 있다는 것에 대해서 간략하게 언급하고자 합니다.

　　히브리서 기자는 9장 11절에서 이렇게 질문하고 있습니다. "하물며 영원하신 성령으로 말미암아 흠 없는 자기를 하나님께 드린 그리스도의 피가 어찌 너희 양심을 죽은 행실에서 깨끗하게 하고 살아 계신 하나님을 섬기게 하지 못하겠느냐?" 그리스도의 피는 죄를 없애주고, 또한 하나님의 자녀를 의인으로 불리게 했다는 것은 명백한 사실입니다. 그 다음, 그 피는 우리의 새로워진 성품에 영향을 미칩니다. 그래서 마음을 점차적으로 변화시켜서, 우리가 죄를 이기게 하고, 또한 하나님의 계명들을 신실하게 지키게 해줍니다. 그리스도의 혈관으로부터 흘러나오는 것보다, 우리에게 거룩하게 살고자 하는 동기를 더욱 강하게 부여해 주는 것은 없습니다. 사랑하는 형제자매 여러분! 만약 여러분이 왜 하나님의 뜻에 순종해야만 하는지 알기를 원한다면, 여러분은 십자가 앞으로 가서, 피를 굵은 땀방울처럼 흘리신 그리스도를 바라보십시오. 그래서 그리스도의 사랑이 여러분을 하나님의 말씀에 순종하는 삶을 살도록 강권하게 하십시오. 십자가에 달리신 예수님을 바라보며 묵상한다면, 여러분은 다음과 같이 판단하지 않을 수 없을 것입니다. "그리스도의 사랑이 우리를 강권하시는도다 우리가 생각하건대 한 사람이 모든 사람을 대신하여 죽었은즉 모든 사람이 죽은 것이라 그가 모든 사람을 대신하여 죽으심은 살아 있는 자들로 하여금 다시는 그들 자신을 위하여 살지 않고 오직 그들을 대신하여 죽었다가 다시 살아나신 이를 위하여 살게 하려 함이라"(고후 5:14-15).

9. 아홉 번째로, 예수님의 피는 우리가 하나님 아버지에게 가까이 나아가게 하는 능력을 갖고 있습니다.

피가 없이, 대제사장은 성소와 지성소를 구분해주는 휘장 안으로 결코 들어갈 수 없다는 것을 우리는 하나님의 말씀을 통해서 알고 있습니다. 예수님의 보배로운 피가 뿌려지지 않으면, 우리는 결코 하나님 앞으로 나아갈 수 없습니다. 또한 여호와를 두려워하는 자들과 함께 교제를 나누는 주님의 은밀한 곳에도 들어갈 수 없습니다. 그래서 우리의 위대한 아버지이시자 친구이신 하나님과 우리는 긴밀한 사귐을 가질 수도 없습니다. 그러므로 사도 바울은 이렇게 말합니다. "또한 그로 말미암아 우리가 믿음으로 서 있는 이 은혜에 들어감을 얻었으며"(롬 5:2). 그러나 만약 우리에게 이 소중한 피가 뿌려져 있지 않으면, 우리는 거룩하신 하나님 앞으로 감히 한 발자국도 나아갈 수 없습니다. 그 피를 받아들이지도 않고 더욱이 잊어버렸기 때문에, 우리 가운데 어떤 사람들은 하나님 앞으로 가까이 나아가지 않는다고 나는 확신합니다. 만약 여러분이 자신의 재능이나 종교적인 체험이나 사상적인 신념을 통해서 하나님과 교제를 나누려고 한다면, 여러분은 실패할 것입니다. 그러나 만약 여러분이 그리스도 예수 안에서 긴밀하게 연합된 채로 하나님에게 나아가려고 한다면, 여러분은 하나님께 갈 수 있는 용기를 얻게 될 것입니다. 한편 하나님으로부터 기름 부음을 받은 그리스도의 얼굴 안에서 여러분을 보게 된다면, 하나님께서는 여러분을 만나시려고 달려가실 것입니다. 오, 하나님께 가까이 나아가게 하는 능력을 지닌 그리스도의 보혈이여! 그러므로 우리가 십자가로 가까이 나아가지 않는다면, 우리는 결코 하나님께 가까이 갈 수 없습니다. 그렇다면 그리스도의 피에 대해서 찬양하십시오, 왜냐하면 그 피는 하나님께 가까이 나아가는 권능을 여러분에게 주기 때문입니다.

10. 열 번째, 그리스도의 피는 언약의 약속들에 대해서 확증해 주는 능력을 지니고 있습니다.

만약 희생 제물이 죽임을 당하지 않고, 그래서 피가 뿌려지지도 않으면, 어떤 언약도 유효하지 않다는 것을 우리는 하나님의 말씀을 통해서 들었습니다.

새 언약이 체결되었음을 비준하고, 또한 그 언약의 약속들이 확실하다고 모든 신자들에게 확인해 준 것은 바로 그리스도의 피였습니다(참조. 눅 22:20; 고전 11:25; 히 9:15). 그러므로 그리스도의 피는 "영원한 언약의 피"라고 불리고 있습니다(히 13:20). 히브리서 기자는 또 다른 중요한 사항에 대해서 언급합니다. 곧, 유언이라는 것은 유언한 사람이 죽어야만 효력을 냅니다. 유언한 사람이 살아 있는 동안에는 유언은 아무런 효력이 없기 때문입니다(참조. 히 9:16). 피는 유언자가 죽었다는 것을 증거해 줍니다. 이제 새 언약은 그 언약의 모든 상속자들에게 유효하게 되었습니다. 왜냐하면 예수 그리스도께서 자신의 피로 새 언약에 서명하셨기 때문입니다. 사랑하는 여러분! 하나님의 약속들은 그리스도 안에서 우리에게 예와 아멘이 되었습니다(참조. 고후 1:20). 왜냐하면 그리스도 예수님께서 죽으셨다가 다시 살아나셨기 때문입니다. 만약 그리스도께서 십자가 위에서 머리를 숙이지 않으셨다면(참조. 요 19:30), 또한 무덤 속에서 잠을 자다가 죽은 자들 가운데서 다시 일어나지 않으셨다면(참조. 고전 15:20), 하나님의 약속들은 불확실하고 변할 수 있었을 것입니다. 그리고 결과적으로, 피난처를 찾으려고 그리스도에게로 달려간 사람들에게 절대로 큰 위로를 줄 수 없을 것입니다. 그러나 하나님께서는 거짓말을 하실 수 없습니다. 따라서 그의 약속들은 변하지 않습니다(참조. 히 6:18). 그러므로 여러분이 하나님과 맺은 언약의 약속들에 대해서 확증해 주는 예수님의 보혈이 지닌 특성을 잘 깨닫기를 바랍니다. 나아가 여러분은 그 보혈을 매우 소중하게 여기십시오.

11. 열한 번째, 그리스도의 보배로운 피는
우리를 고무시켜 주는 능력을 지니고 있습니다.

만약 여러분이 그 점에 대해서 알기를 원한다면, 성찬식의 식탁 위에 놓인 그리스도의 보혈을 상징하는 것을 주목해 보십시오. 성찬식을 거행하기 위해서, 우리는 하얀 천으로 식탁을 덮습니다. 그리고 그 위에 빵과 포도주를 놓습니다. 이 성찬식은 무엇을 의미합니까? 첫째, 그리스도께서 우리를 위해서 고난을 당하셨음을 의미합니다. 둘째, 우리가 이미 그리스도의 보혈로 깨끗하게 씻김을 받았다는 것을 뜻합니다. 우리는 정결하게 되었으므로, 성찬에 참여하기 위해서 거룩한 식탁 앞으로 나아갑니다. 빵과 포도주는 우리가 예수님의 몸을 먹고 또한 피를 마신다는 것을 상징합니다. 나아가 그것에 의해서, 우리가 살고 있다는 것을 의미합니다. 그러므로 예수님께서는 우리에게 이렇게 말씀하셨습니다. "(너희가) 인자의 살을 먹지 아니하고 인자의 피를 마시지 아니하면 너희 속에 생명이 없느니라"(요 6:53). 그러므로 영적인 의미에서, 우리는 예수님의 피를 마시는데 참여합니다. 또한 예수님께서는 다음과 같이 말씀하셨습니다. "내 피는 참된 음료로다"(요. 6:55). 오, 얼마나 훌륭한 음료입니까! 그것은 하늘에서 온 음료인 것입니다. 그것은 우리를 영적으로 강하게 해주는 음료입니다. 비록 천사들은 영원한 보좌 앞에서 마시기는 하지만, 그들은 결코 그리스도의 피를 마시는데 참여하지 못합니다. 사랑하는 여러분! 여러분의 심령이 연약해질 때마다, 이 포도주는 여러분을 위로해 줄 것입니다. 여러분이 커다란 슬픔으로 괴로워할 때, 이 포도주를 마시고, 불행을 잊어버리기 바랍니다. 그리고 여러분의 고난이 잠시뿐이라는 사실을 기억하십시오. 여러분이 매우 연약해져서 기진맥진한 상태일 때, 여러분의 영혼을 위해서 그것을 조금만 마시지 마십시오. 잘 빚어진 포도주를 한 잔 가득 마시십시오. 로마 군인의 커다란 못에 의해서, 그 포도주의 마개에는 구멍이 생겼습니다. 그 포도주는 예수님의 가슴으로부터 흘러나온 것입니다. 그리스도께서 신부에게 이렇게 말씀하셨습니다. "충분히 마셔라. 나의 사랑하는 사람들아 많이 마셔라"(참조. 아 5:1). 이와 같이, 그가 여러분을 초대하시는데, 망설이지 마십시오. 그리스도의 피는 우리를 깨끗하게 해주는 권능을 지니고 있습니다. 또한 그것은 우리의 영혼을 소생시켜 주는 권능을 갖고 있습니다. 오, 보배로운 피여! 여러 가지 면에서, 그 피는 얼마나 유익합니까! 그 모든 것들에 대해서, 내가 여러분에게 입증시켜 줄 수만 있다면 얼마나 좋겠습니까!

**12. 이제 그리스도의 피가 지닌
열두 번째 특성에 대해서 살펴보고자 합니다.**

열둘은 완전을 상징하는 숫자입니다. 그 피의 유익함과 관련해서, 우리는 열두 가지 특성이라는 완전수를 제시하였습니다. 마지막으로, 그 피는 이기게 하는 능력을 지니고 있습니다. 요한계시록에 이렇게 기록되어 있습니다. "우리 형제들이 어린 양의 피와 자기들이 증언하는 말씀으로써 그를 이겼으니"(계 12:11). 만약 그리스도의 피가 아니라면, 그들이 어떻게 이길 수 있었겠습니까? 예수님의 보배로운 피로 무장하고 싸우는 사람은, 혼과 영을 갈라내고, 관절과 골수를 쪼개기까지 하는 무기로 싸우는 것입니다(참조. 히 4:12). 지옥은 그 무기를 보고 무서워서 떨고 있습니다. 하늘은 그 무기를 도와줍니다. 땅은 그 무기를 휘두를 수 있는 사람들의 뜻에 복종합니다. 오, 예수님의 피! 그 피 앞에서 죄는 없어지고, 죽음은 그 힘과 의미를 잃어버립니다. 만약 그 피가 지옥에서 효력을 발휘한다면, 지옥 그 자체가 말라버릴 것입니다. 예수님의 피로 하늘 문이 열리게 되었습니다. 철로 만든 빗장도 벗겨집니다. 예수님의 피로 말미암아, 나의 모든 의심과 두려움은 사라질 것입니다. 또한 나의 모든 고통과 환난도 없어질 것입니다. 오, 예수님의 피! 내가 그 피에 호소하고 의지하는 동안, 나는 싸움에서 계속해서 이길 것입니다. 하늘나라에서 그 피는 예수님께서 머리에 쓰고 있는 면류관에서 반짝이는 가장 귀중한 보석일 것입니다. 부활하시고 승천하신 그리스도께서는 그곳에서 그 보석을 하나님의 백성 모두에게 나누어 주실 것입니다. 그 보석 위에는 이렇게 쓰어 있습니다. "어린 양의 피로 얻은 승리, 승리!"

　　그렇다면 이제 우리가 이 피를 소유할 수 있습니까? 그 소중한 것을 우리가 얻을 수 있습니까? 예, 물론입니다. 그 피는 온갖 효능을 갖고 있을 뿐만 아니라, 값없이 주어집니다. 모든 믿는 사람들은 그것을 거저 받습니다. 오늘 아침에, 누구든지 와서 예수님을 믿기만 하면, 그는 이 피의 효능을 체험할 수 있습니다. 여러분 자신의 수고와 노력을 통해서 구원을 얻으려고 시도하지 마십시오. 여러분의 눈길을 돌려서, 십자가 위에서 온전히 성취된 속죄를 바라보십시오. 죄에 대한 속전(贖錢)이 한 푼도 남김없이 완전하게 지불되었다는 사실을 깨달으십시오. 오, 불쌍한 영혼이여! 만약 오늘 아침에 여러분이 하나님의 은혜를 받기 원한다면, 이 말을 따라서 하기 바랍니다.

　　"이제 나는 죄로부터 놓임을 받았습니다.
　　그래서 나는 자유롭게 걸어다닐 수 있습니다.
　　구세주의 보배로운 피가 나를 온전히 해방시켰습니다.
　　사랑이 넘치는 십자가 아래에서, 내 영혼은 안식을 누릴 것입니다.
　　주님께서 나 같은 죄인을 구원하셨습니다. 하나님을 찬양합니다."

　　사랑과 자비와 구원의 하나님께서 여러분이 방금 말한 그대로 여러분에게 이루어 주시기를 간절히 기도합니다. 아멘.

제
6
장

—

예수님에게 항상 나아오라!

—

**"하나님께는 택하심을 입은 보배로운
산 돌이신 예수께 나아가"** — 벧전 2:4

이 본문에서, 사도 베드로는 주 예수에 대해서 말하고 있습니다. 바로 앞 절인 3절에서, 그는 "너희가 주의 인자하심을 맛보았으면 그리하라"고 권면하고 있습니다. 그리고 이제 곧바로 4절에서 "산 돌이신 예수께 나아가"라고 말하면서, 사도 베드로는 항상 예수님에게 나아갈 필요성에 대해서 넌지시 말하고 있습니다. 나는 여러분이 특별히 이 현재분사('coming')에 대해서 주의를 기울이기를 바랍니다(KJV, 'coming'; 헬라어 원문에는 '프로스에르코메노이'로 되어 있다. 그것은 능동의 의미를 지닌 현재분사 수동태로서, 문자적으로는 '~에게 나아오고 있는 사람들'이라는 뜻이다. 개역개정에는 "(너희는 예수께) 나아가"라고 현재형으로 번역되었다 ─역주). 왜냐하면 그 단어가 넌지시 의도하는 여러 가지 의미에 대해서 우리가 숙고해 본다면, 그것은 우리에게 많은 권면과 위로를 주기 때문입니다.

그리스도인의 삶의 모든 과정은 주 예수 그리스도와 관련되어서, 시작되고 진행되며, 또한 완성됩니다. 이것은 우리에게 대단히 큰 축복입니다. 여러분은 때때로 해외여행을 할 것입니다. 그때 여러분은 대체로 어떤 여행사의 보호 아래 여행을 즐깁니다. 그러나 만약 여러분이 여행의 목적지를 바꾸어야 한다면, 나머지 여정은 매우 다른 상황에서, 또한 전혀 다른 행선지를 향해서 이루어질 것입니다. 지금 우리는 예수 그리스도의 보호를 받으며 하늘나라를 향해서 가고 있습니다. 그런데 길을 가다보면, 우리는 어떤 전환점에 마주치게 됩니다. 그때, 다른 어떤 사람을 우리의 인도자로 선택하고, 또한 다른 방법으로 구원을 받으려고, 우리의 보호의 대상과 행선지를 바꾸려고 해서는 안 되는 것입니다. 결코 그럴 수 없습니다. 왜냐하면 예수 그리스도께서는 우리의 "믿음의 창시자이며 완성자"이시기 때문입니다(참조. 히 12:2). 만약 우리가 올바로 시작하려면, 모든 것이 되시고 모든 것 안에 계시는 그리스도와 함께 시작해야만 합니다(참조. 골 3:11). 만약 우리가 올바른 방향으로 계속해서 나아가려면, 우리는 모든 것이 되시는 그리스도와 함께 가야만 합니다. 그리고 만약 우리가 여정을 제대로 마치려면, 우리는 모든 것이 되시는 그리스도와 함께 마무리해야만 합니다. 사도 바울 시대에, 어떤 사람들은 커다란 미혹에 빠지게 되었습니다. 그들은 과연 성령의 역사를 통해서 신앙생활을 시작했지만, 얼마 후에 육신적인 방법으로 스스로 완전해지기를 원했습니다(참조. 갈 3:3). 오늘날에도 이와 비슷한 사람들이 있습니다. 이들은 처음에 그리스도를 신뢰하고 의지하는 죄인으로 시작했습니다. 그러나 나중에는 오직 자신들만을 의지하는 독자적인 종교인들로서 살아가기를 원합니다. 형제자매 여러분! 여러분은 결코 그렇게 해서는 안 됩니다. 그것은 분명히 그리스도와 함께 하는 삶이 아닙니다. 스스로 자신을 죄와 사망으로부터 구원할 수 있는 것이 아무것도 없기 때문에, 죄인은 오직 그리스도만이 자신을 구원해 줄 수 있다는 사실을 깨달아야 합니다. 또한 이미 주님을 영접한 성도들은 오직 그리스도와 함께 가야만 한다는 사실을 알아야 합니다. 왜냐하면 그리스도 이외에, 그들을 진정으로 도와 줄 대상이 없기 때문입니다.

만약 우리가 그리스도 밖에서 성장한다면, 우리는 불건전하게 성장할 것이라고 나는 믿습니다. 그러므로 모든 면에서, 우리는 그리스도의 수준에 이르기까지 자라야 할 필요가 있습니다(참조. 엡 4:15). 그 과정에서, 우리는 그리스도에 대해서 더욱더 알아가야 합니다. 그리고 오직 그리스도만이 우리가 필요로 하는 전부라는 것을 깨닫고, 주님 안에서 더욱 만족해야만 합니다. 이것이 바로 우리가 추구해야 할 참된 성장입니다. 우리가 이 땅에서 사는 동안, 하나님께서 그리스도의 온전한 경지에 이르기까지 더욱더 성장해가도록 우리를 도와주시기를 기도합니다. 하나님의 거룩한 이름을 찬양합니다. 우리가 젊고 원기 왕성한 아침에도, 그리스도께서 우리와 함께 하십니다. 우리가 뜨거운 햇볕을 받으며 무거운 짐을 지고 가는 한낮에도, 그리스도께서 우리와 함께 하십니다. 우리가 나이가 들어서 지팡이를 의지해야만 하고, 그림자가 길게 드리워지며, 빛이 점점 희미해지는 저녁에도, 그리스도께서 우리와 함께 하십니다. 그리고 밤이 깊어지고, 죽음의 그림자가 마지막 숨을 몰아쉬는 우리를 덮칠 때에도, 오직 그리스도만이 우리와 함께 하실 것입니다. 이와 같이, 모든 상황과 환경 속에서도, 우리는 오직 예수님만 바라보고 의지해야 하는 것입니다. 우리가 부유합니까? 그리스도께서 그것을 소중하게 사용하도록 이끌어 주실 것입니다. 우리가 가난합니까? 그리스도께서 그것을 극복하게 해주실 것입니다. 우리가 존경받는 자리에 있습니까? 그리스도께서 우리를 차분하고 겸손하게 하실 것입니다. 우리가 부끄러움을 당하고 있습니까? 그리스도께서 우리를 위로해 주실 것입니다. 우리가 신체적으로 건강합니까? 그리스도께서 우리의 삶도 거룩하게 이끄실 것입니다. 우리가 병에 걸려 있습니까? 예수님이 고통을 적게 해주시고, 곧 고쳐 주실 것입니다. 예수 그리스도께서는 "어제나 오늘이나 영원토록 동일"하십니다(히 13:8). 그러므로 그는 우리에게도 언제나 한결같으십니다. 우리는 언제나 한결같이 우리를 사랑하시는 그리스도에게로 가야만 합니다. 또한 어떠한 새로운 상황 속에서도, 반드시 예수님만을 의지해야 합니다. 오직 한분이신 주님에게 우리의 마음은 언제나 신실해야 합니다. 그리고 감사가 넘치는 마음으로 이렇게 찬양해야 합니다.

> "근심으로 가득한 밤뿐만 아니라,
> 빛으로 눈부신 낮에도,
> 나의 마음은 주님께로 향할 것입니다.
> 주님의 빛은 빛을 내는 모든 것들 가운데 가장 빛나고 있습니다.
> 주님께서는 아름다운 모든 대상들 가운데 가장 아름다우십니다."

우리는 새로운 의사를 찾으려고 해서는 안 됩니다. 또한 새로운 친구를 만나려고 하거나, 새로운 소망을 발견하려고 해서도 안 됩니다. 어제나 오늘이나 영원히 한결같은 분이신 예수 그리스도에게(참조. 히 13:8) 우리는 모든 것을 의지하고 기대해야만 합니다. 사도 바울은 이렇게 말합니다. "너희도 그 안에서 충만하여졌으니 그는 모든 통치자와 권세의 머리시라"(골 2:10). 형제자매 여러분! 이 진리의 말씀 위에 굳게 서 있으십시오. 여러분의 안전이나 만족이나 거룩하게 되는 것을 위해서, 그리스도 안에 이미 충만하게 마련되어 있는 것 이외에, 여러분이 결코 다른 어떤 것을 필요로 한다고 생각하지 마십시오. 주 예수님을 보충하기 위한 어떤 대상을 찾으려고, 여러분의 눈을 주위로 돌리지 마십시오. 만약 그렇게 한다면, 여러분은 자신을 속이고 주님을 불명예스럽게 만들게 될 것입니다. 우리 주님은 모세의 경우와 같지 않습니다. 모세는 이스라엘 백성을 광야로 인도했습니다. 그러나 그는 그들을 약속의 땅, 가나안 안에까지 인도하지 못했습니다. 하나님의 섭리 가운데, 그것은 여호수아의 몫이었습니다.

형제자매 여러분! 그러나 주 예수님께서는 광야에서 여러분을 인도하셨습니다. 그는 요단 강을 넘어 약속의 땅으로 여러분을 인도하실 것입니다. 그는 여러분이 하늘나라의 기업을 확실히 받게 하실 것입니다. 그리고 그는 여러분이 그곳에 이르는 것을 기뻐하며 바라보실 것입니다. 그러므로 그리스도 이외에, 여러분은 다른 인도자나 율법 수여자를 찾지 마시기 바랍니다. 또한 그리스도는 다윗의 경우와도 같지 않습니다. 성전을 짓기 위해서, 다윗은 재료들을 모았습니다. 귀금속을 비롯하여, 그는 소중한 가치를 지닌 재료들을 많이 모을 수 있었습니다. 그러나 그는 그것들로 성전을 세우지는 못했습니다. 왜냐하면 여호와께서 성전을 건축하는 이 영광스러운 일은 다윗의 왕위를 잇게 될 그의 아들에게 예비된 것이라고 그에게 알려주셨기 때문입니다. 따라서 솔로몬이 성전을 건축하게 되었습니다. 그러나 우리의 주 예수 그리스도께서는 자신의 구원 사역을 통해서 하나님의 백성을 모으셨습니다. 또한 지금도 그는 여호와를 위해서 살아 있는 성전을 세우실 보물들을 온 세상으로부터 모으시고 있습니다. 나아가, 돌들을 하나하나 쌓아올리시면서, 그는 그 성전을 이루어가십니다. 그리고 장차 큰 소리로 외치시면서, 그리스도께서는 맨 위를 장식하는 돌을 놓으실 것입니다. 그는 여호와의 성전을 완성하실 것입니다. 그리고 그는 영광을 받으실 것입니다. 주 예수 그리스도의 존귀한 이름을 찬양합니다. 그리스도인이 사용하는 알파벳에서, 그리스도는 첫 글자이자, 마지막 글자입니다. 예수님도 자신에 대해서 이렇게 말씀하시지 않았습니까? "나는 알파와 오메가요 처음과 마지막이요 시작과 마침이라"(계 22:13).

그런데 베드로전서 2장 4절은 예수님에게 나아가는 것에 대해서 말하고 있습니다. 이 설교를 통해서, 나는 이 주제에 대해서 자세하게 설명하려고 합니다. 한 마디로, 예수님에게 나아가는 것은 그리스도인의 삶 전체에 대해서 요약해 주는 것입니다. 그것은 그리스도인의 삶이 무엇인지에 대해서 한 마디로 설명해 주는 것입니다. 단 한 번의 손놀림으로 초상화를 그린다는 것은 쉬운 일이 아닐 것입니다. 예수님의 모습을 그린 어떤 유명한 그림을 본 것을 나는 기억하고 있습니다. 그 초상화를 완성할 때까지, 그 예술가는 화면에서 붓을 한 번도 떼지 않았다고 합니다. 오직 원(圓) 모양만을 연속적으로 그리면서, 그는 그 초상화를 마무리했습니다. 이와 같이, 본문에서도, 그리스도인의 삶 전체에 대해서, 한 마디로 묘사하고 있습니다. 곧, 그것은 그리스도에게 나아가는 것입니다. 그래서 본문에는 이렇게 기록되어 있습니다. "예수께 나아가." 앞으로 이 주제에 대해서 살펴보면서, 나는 다음 두 가지 질문에 대한 답변을 제시할 것입니다. 하나는, 맨 처음에 예수님에게 나오는 가장 좋은 방법은 어떤 것입니까? 또 하나는, 그 후에 그에게 계속해서 나오는 가장 좋은 방법은 무엇입니까? 모든 진리 가운데로 인도하시는 성령님께서 이 설교 내용을 우리가 잘 깨달을 수 있도록 도와주시기를 기도합니다.

1. 첫째로, 본문에는 그리스도인의 삶 전체에 대해서 한 마디로 묘사되어 있습니다. 그것은 예수님에게 계속해서 나오는 것입니다.

만약 여러분이 지금 오늘의 성경 본문이 들어 있는 면을 펼쳐놓고 있다면, "예수께 나아가"라는 말이 두 가지 비유적인 표현들과 연결되어 있다는 사실을 주목해 보기를 바랍니다. 한 가지는 2절에 기록되어 있습니다. 어머니의 젖을 먹는 갓난아기와 관련된 비유적인 표현입니다. "갓난아기들 같이 순전하고 신령한 젖을 사모하라 이는 그로 말미암아 너희로 구원에 이르도록 자라게 하려 함이라 너희가 주의 인자하심을 맛보았으면 그리하라 … 예수께 나아가"(벧전 2:2-4). 어린아이들은 그들의 부모에게 나아옵니다. 부모가 좋아하는 것보다도, 그들은 부모에게 더 자주 옵니다. 어린아이들이 필요로 하는 것을 얻기 위해서, 그들은 매일 습관적으로 부모에게 옵니다. 갓난아기는 엄마를 찾는 것부터 시작합니다. 엄마의 젖이 필요해서 울고 있는 갓난아기를 보십시오. 갓난아기는 스스로 먹을 것을 마련할 수 없습니다. 갓난아기가 혼자서 먹을 것을 해결하라고 가만 놓아둔다면, 그는 얼마 안 가서 죽고 말 것입니다. 엄마의 순수한 젖을 한번 맛보고 나면, 아기는 앞으로 수시로 젖을 먹고 싶어할 것입니다. 젖을 먹어야 할 시간이 되면, 먹을 것을 원한다는 것을 말로 표현할 수 있기도 전에, 아기는 자기의 방식으로 의사 표시를 분명하게 합니다. 아기는 자신이 어디에 있어야 하는지 잘 알고 있습니다. 엄마 품에 편안하게 자리 잡을 때까지, 갓난아기는 결코 잠자코 있지 않을 것입니다. 갓난아기가 자라서 어린아이가 되면, 그는 아침식 사 시간과 저녁 식사 시간을 정확하게 알게 됩니다. 그리고 즐겁게 식사를 하려 면 어디로 와야 하고, 어느 곳에서 그를 반갑게 맞아주는지 그는 이미 알고 있습 니다. 가족이 모이는 식탁으로 모든 자녀들을 부르기 위해서, 여러분은 종을 울 려야 할 필요가 없을 것입니다. 자녀들은 식사 시간이 언제인지를 정확하게 알 려주는 조그만 종을 자신의 마음속에 지니고 있습니다. 그래서 부모는 식탁으로 오게 하려고 그들을 설득하거나 강요할 필요가 없습니다. 그들은 자발적으로 때 맞춰서 오는 것입니다. 어떤 아이들은 이제 열다섯이나 열여섯 살이 되었습니 다. 그래도 그들은 부모에게 계속해서 나아옵니다. 이제까지 해왔던 대로, 또한 그들은 가족 식탁으로 때맞춰서 옵니다. 그들이 어린 아기였을 때, 여러분은 그 들을 유아용 의자에 앉혀야만 했습니다. 그러나 의자가 마치 자기 것인 양, 지금 그들은 큰 의자를 당겨서 그 위에 앉습니다. 그들은 여전히 지속적으로 부모 앞 으로 나아옵니다. 그렇습니다. 그런데 그들은 빵과 고기만을 위해서 부모 앞으 로 나오는 것이 아니라, 그것 이외에도 부모에게 요구하는 것들이 많이 있습니 다.

　　그들은 성장해가면서, 부모에게 사실상 더 자주 나아옵니다. 이전에 그들은 작은 구두나 작은 옷을 사 달라고 부모에게 나아왔습니다. 그런데 그들은 이제 더 큰 치수와 더 비싼 소재로 된 것을 필요로 합니다. 그러므로 그들은 부모에게 옵니다. 비록 그것들을 사려면 부모가 더 많은 돈을 지출해야 하지만, 자녀들은 부담을 전혀 갖지 않고 부모에게 나아옵니다. 왜냐하면 습관을 통해서, 그들은 부모에게 나아오는 것이 담대해졌기 때문입니다. 자신들이 원하는 것을 얻으려 고 부모에게 올 때, 그들은 부모에게 애원하지도 않고, 지원을 부탁하지도 않습 니다. 그들은 많은 것을 얻는 데에 부모의 도움을 구하지만, 그것을 당연하게 여 깁니다. 그 밖에 다른 것을 얻기 위해서도, 그들은 부모에게 아무런 거리낌 없이 나아옵니다. 아마도 여러분이 예상하는 것보다 더 빠르게, 자녀들은 자신들이 바라는 것들을 여러분에게 알려 줄 것입니다. 여러분은 그들이 지니고 있는 것 들 가운데 어떤 것들은 더 오래 사용할 수 있다고 생각합니다. 그러나 자녀들은 여러분에게 자신들의 요구 사항들을 졸라대고, 그것들이 매우 급한 것이라고 우 겨댑니다. 자녀들은 자신들에게 필요한 것들을 매우 빨리 찾아냅니다. 그래서 여러분은 딸들을 불러 모아놓고, 이렇게 말할 필요가 전혀 없을 것입니다. "나는 너희들이 더 많은 종류의 옷들을 원하는 것은 아닌지 진지하게 생각해 보기를 바란다." 또한 아들들에게, "너희들이 새 옷이 필요하지 않은지 곰곰이 생각해 보아라"라고 질문할 필요가 없습니다. 그런 질문은 전혀 하지 않아도 됩니다. 여러분이 그런 일로 자녀들을 불러 모을 필요가 결코 없습니다. 그들은 부르지 않아도 스스로 옵니다. 여러분이 잘 아는 대로, 자녀들은 무엇을 얻기 위해서 항상 여러분에게 나아옵니다. 때때로 자녀들은 지갑이 들어 있는 주머니에 여러분의 손을 집어넣도록 여러분을 졸라댑니다. 그래서 자녀들을 위해서 다양한 비용을 지출하기 때문에, 여러분의 지갑에 돈이 언제까지 남아 있을지 걱정하기도 합니다. 또한 이러다가 여러분의 재산이 바닥이 나는 것은 아닌지 고민해 보기도 합니다. 여러분은 다음 한 가지 사실에 대해서 매우 분명하게 알고 있습니다. 자녀들이 이것저것 때문에 여러분에게 나오는 것을 막는 것보다는, 여러분의 지갑에 아무것도 남아 있지 않을 때까지 그들을 위해서 지출할 가능성이 더 높다는 것을 여러분은 알고 있습니다.

이제 자녀들은 더 커다랗고 다양한 것들을 얻기 위해서 여러분에게 나아옵니다. 이전에는 그들이 그러한 것들을 위해서 오지 않았습니다. 이와 같이 자녀들이 무엇인가를 얻기 위해서 여러분에게 나오는 것은 끝이 없는 것처럼 여겨집니다. 나는 거기에는 끝이 없다고 믿습니다. 청소년기가 지났는데도, 어떤 자녀들은 계속해서 여러분에게 온다는 것을 나는 알고 있습니다. 비록 여러분은 그들이 이제 스스로 꾸려 나가야 한다고 생각하지만, 옛날에는 그들이 적은 돈이면 충분했지만, 이제는 큰돈을 받으려고 여러분에게 옵니다. 자녀들이 잠자리에 들고난 다음에, 여러분은 그들에게 먹을 것과 입을 것, 또한 가정과 잠자리를 아낌없이 제공해 준 것을 곰곰이 생각해 봅니다. 그것을 위해서, 많은 비용이 들었다는 사실을 여러분은 알고 있습니다. 그런데 지금도 사춘기를 지난 자녀들이 여러분에게 와서 막대한 비용이 들어가는 것을 요구하기 때문에, 여러분은 자녀들을 위해서 언제까지 지출해야 하는지 그 끝을 알기가 매우 어렵습니다. 과연 그렇습니다. 그렇지만 자녀들은 언제나 여러분에게 나아옵니다.

지금까지, 나는 여러분이 자녀들에게 필요한 것들을 베풀어 주는 것에 대하여 길게 이야기했습니다. 그것은 여러분이 그리스도에게 나아오는 것에 대해서 잘 이해할 수 있도록 도와주기 위한 것이었습니다. 자녀들을 바라본 맨 첫 순간부터 여러분의 자녀들이 여러분에게 행동하기 시작한 것과 똑같이, 또한 그 순간 이후에, 그들이 계속해서 해온 것과 똑같이, 여러분은 주 예수 그리스도에게 그대로 해야만 합니다. 곧, 여러분은 언제나 그리스도에게로 나와야만 합니다. 여러분의 영적인 양식을 위해서, 영적인 권능을 위해서, 또한 건강과 성결과 보호와 인도함을 위해서, 그야말로 모든 것을 위해서, 여러분은 반드시 그리스도에게로 나와야만 합니다. 나이가 들수록, 여러분이 더욱 자주 주님께 나아온다면, 여러분은 더욱 지혜로워질 것입니다. 또한 주님께서는 여러분에 대해서 더욱 기뻐하실 것입니다. 만약 여러분이 다른 필요한 것들을 찾아내고, 그것들이 필요한 이유들에 대해서 분명하게 밝힐 수 있다면, 이전에 그랬던 것보다 더 자주 주님에게 나아오십시오. 이제 여러분은 하나님의 자녀입니다. 하나님의 위대한 사랑에 의해서, 여러분은 하나님의 자녀가 되었습니다. 그러므로 더욱 빈번하게 주님 앞으로 나와서, 여러분이 주님의 사랑을 이전보다 더욱 확실하게 이해하며 인정하고 있다는 사실에 대해서 입증하기를 바랍니다.

사도 바울은 이렇게 묻고 있습니다. "자기 아들을 아끼지 아니하시고 우리 모든 사람을 위하여 내주신 이가 어찌 그 아들과 함께 모든 것을 우리에게 주시지 아니하겠느냐?"(롬 8:32). 또한 하나님께서는 우리에게 다음과 같이 말씀하십니다. "나는 네 하나님이니 네 입을 크게 열라 내가 채우리라"(시 81:10). 그런데 여러분은 자녀들에게 입을 크게 열고 여러분 앞으로 오라고 말해야만 할 필요가 없었을 것입니다. 그것은 참으로 기이하지 않습니까? 자녀들에게 그런 말을 하지 않았지만, 그들은 스스로 여러분에게 나아왔습니다. 그러나 여호와께서는 여러분에게 분명히 입을 크게 열고 나아오라고 명령하셨습니다. 그렇지만 여러분은 그렇게 하지 않습니다. 그러므로 하나님께서는 이와 같이 불평하십니다. "그러나 야곱아 너는 나를 부르지 아니하였고 이스라엘아 너는 나를 괴롭게 여겼으며"(사 43:22). 하늘에 계신 여러분의 아버지는 무한하게 관대하신 분입니다. 그는 여러분에게 필요한 모든 것을 요구하라고 강권하십니다. 그러나 여러분은 혼자서 중얼거리고, 하나님 앞에서 더듬으며, 그에게 구하는 것을 두려워했습니다. 야고보를 통해서, 하나님께서 여러분에게 이렇게 말씀하십니다. "너희가 얻지 못함은 구하지 아니하기 때문이요"(약 4:2). 사랑하는 여러분! 우리가 하나님에게 어떻게 해야 하는지에 대해서 우리의 자녀들에게서 배웁시다. 그래서 하늘에 계신 우리 아버지에게 끊임없이 나아가는 것을 우리의 생활 습관이 되게 합시다. 좀 더 자주 하나님에게 나아오십시오. 좀 더 많은 요구들과 이유들을 갖고 오십시오. 좀 더 큰 축복들을 받기 위해서 오십시오. 좀 더 큰 기대들을 갖고 오십시오. 이 땅에 사는 동안, 끊임없이 지속적으로 나아오십시오. 왜냐고요? 하나님께서 우리에게 그의 앞으로 나오라고 명령하셨기 때문입니다.

만약 여러분이 성경을 다시 한 번 읽어보면, 2장 4절에서 여러분은 "산 돌"이라는 두 번째의 비유적인 표현을 발견할 수 있습니다. 다음 성경 구절들을 다 같이 읽어 보겠습니다. "사람에게는 버린 바가 되었으나 하나님께는 택하심을 입은 보배로운 산 돌이신 예수께 나아가 너희도 산 돌 같이 신령한 집으로 세워지고 예수 그리스도로 말미암아 하나님이 기쁘게 받으실 신령한 제사를 드릴 거룩한 제사장이 될지니라"(벧전 2:4-5). 이 본문에서, 사도 베드로는 집 짓는 것에 비유해서 우리에게 어떤 중요한 내용을 설명해줍니다. 집을 지으려면, 맨 먼저 기초석이 놓입니다. 그 다음, 많은 돌들을 가져다가, 그 기초석 위에 쌓아올립니다. 이것은 그리스도인의 삶에 대한 매우 아름다운 그림을 제시합니다. 예루살렘의 다메섹 성문 근처에 위치한 땅 밑에서, 거대한 돌산(또는 채석장)이 발견되었다는 기사를 나는 읽은 적이 있습니다. 이곳을 방문한 여행자들은 거대한 바위에서 큰 돌들을 떼어내었기 때문에 움푹 파인 곳들을 볼 수 있다고 말합니다. 솔로몬 성전을 짓는데, 그 돌들이 사용되었다고 추측되고 있습니다. 솔로몬 성전은 그 거대한 바위 꼭대기에 세워져 있습니다. 그리고 저 아래 있는 채석장에서, 여러분은 떼어낸 돌들이 원래 붙어 있던 곳들을 찾을 수 있을 것입니다. 떼어낸 돌들은 옮겨져서, 기초석 위에 하나하나 놓였습니다. 그런데 그 건축물의 일부를 형성하게 될 것이라고 예상되었던 어떤 돌들은 사용되지 않았습니다. 여러분은 예루살렘의 베제다 동굴(Bezetha Cavern) 안에서 그러한 것들 가운데 하나인 거대한 돌을 볼 수 있습니다. 다음과 같은 이유에서, 그 돌은 여전히 그 동굴의 돌벽에 붙어 있습니다. 그 돌은 정사각형으로 잘라져 있습니다. 그리고 앞면과 좌우 및 상하면이 끌로 잘 다듬어져 있습니다. 그러나 사람들은 뒷면을 잘라내지 않았습니다. 그래서 그 돌은 원래 속해 있는 거대한 바위에 그대로 붙어 있습니다. 여전히 그 돌은 어두운 동굴 속에 남아 있습니다. 이 점과 관련해서, 나는 이사야서 51장에 있는 말씀 한 구절에 대해서 여러분과 함께 생각해 보고자 합니다. "의를 따르며 여호와를 찾아 구하는 너희는 내게 들을지어다 너희를 떠낸 반석과 너희를 파낸 우묵한 구덩이를 생각하여 보라"(사 51:1). 오늘 이곳에는 이 세상의 반석에서 떼어내어지고, 또한 죄악의 무서운 구덩이에서 들어 올려진 사람들이 많이 와 있습니다. 하나님의 은혜로 인도함을 받아서, 그들은 구원의 기초석이신 그리스도에게로 나아왔습니다. 이제 그들은 그리스도 위에 세워진 성전의 산 돌들로 놓이게 되었습니다. 반면에 이 세상의 반석에서 잘라 내어져야 할 필요가 있는 사람들도 여기에 와 있습니다. 이제 그들에 대해서 말 하고자 합니다. 하나님께서는 여러분을 잘라내려는 일을 시작하셨습니다. 그는 날카로운 연장들을 사용하십니다. 그래서 그는 여러분을 이 세상으로부터 떼어 내려고 하십니다. 비록 오랜 시간이 걸리기는 했지만, 지금 여러분은 세상으로 부터 부분적으로 잘라졌습니다. 이제까지 여러분은 세상에 집착하는 사악한 삶 을 살았습니다. 또한 어떤 돌덩어리가 거대한 바위에 붙어 있는 것처럼, 이 세상 에 속한 채, 여러분은 세속적인 가치를 추구해 왔습니다. 지금 하나님께서는 그 의 위대한 정을 여러분에게 사용하고 계십니다. 그래서 그는 여러분을 잘라내 어, 세상의 동료들로부터 여러분을 어느 정도 멀리 떼어놓으셨습니다. 그러나 여러분은 마음속으로 은밀하게 여전히 죄악에 붙어 있습니다. 여러분은 마음속 에 있는 세상의 정욕을 아직 온전히 버리지 않았습니다. 그래서 여러분은 아직 세상으로부터 완전하게 잘려지지 않았습니다. 그래서 여러분은 그리스도에게 로 올 수 없습니다. 여러분이 원래 붙어 있는 바위, 곧 세상으로부터 떨어져 나 오지 않는다면, 그것은 불가능합니다.

　　오, 전능하시며 은혜가 무한하신 하나님께서 오늘밤 여러분에게 말씀의 톱 을 사용하시기를 나는 원합니다. 그가 여러분의 돌 같이 단단한 마음을 반듯하 게 온전히 잘라내시기를 바랍니다. 그래서 여러분이 단단한 바위와 같은 죄로부 터 완전히 떨어져 나오기를 기도합니다. 그 다음, 여러분이 그리스도에게로 나 아와서, 그의 기초석 위에 여러분이 산 돌로 세워지기를 간절히 바랍니다. 은혜 가 넘치는 하나님의 구원 사역은 이렇게 시작합니다. 먼저 죄인의 영혼이 악한 세상으로부터 떨어져 나와야 합니다. 그 다음, 은혜를 받아서 새로워진 사람은 그리스도의 기초석 위에 산 돌로 놓여야 합니다. 죄악의 구덩이에 놓여 있는 더 러운 침대로부터 떨어져 나오기 전에는, 세상에 속한 사람은 그리스도에게로 결 코 나올 수 없다는 것은 명백한 사실입니다. 오, 하나님께서 은혜를 베푸셔서, 채 석장에서 돌들을 떼어내는 것처럼, 이곳에 모인 사람들 가운데 많은 이들을 이 세상으로부터 떼어내어 주시기를 바랍니다. 그래서 그들도 예수 그리스도에게로 나올 수 있기를 나는 간절히 기도합니다.

사람들은 채석장에서 돌들을 떼어냈습니다. 이제는 거대한 바위로부터 분리되어서, 그것들은 따로따로 채석장에 놓여 있습니다. 그 다음에, 사람들은 그 돌들을 시온 산의 정상으로 끌고 갈 것입니다. 산꼭대기까지 끌고 가는 것은 짧은 거리는 아니었습니다. 솔로몬이 그 거대한 돌들을 어떻게 옮겼는지에 대해서 우리는 정확하게 알 수 없습니다. 오늘날 사람의 힘을 대신해서 사용되고 있는 어떤 기계나 동력(動力)을 아마도 그는 갖고 있지 않았을 것입니다. 그가 의지할 수 있었던 것은 기껏해야 사람의 체력이었을 것입니다. 그렇다면 그 작업은 더욱더 놀라운 것이었습니다. 아마도 단 하나의 거대한 돌을 끌어올리는데 수천 명의 사람들이 동원되었을 것입니다. 채석장에서 큰 돌덩어리를 하나하나 끌어낸 다음에, 지그재그 형으로 밀고 끌어당겨서, 마침내 사람들은 그 돌들을 모두 산꼭대기로 옮겼을 것입니다. 그런데 한 영혼이 그리스도에게 인도되는 과정도 이와 비슷합니다. 세상으로부터 떼어낸 다음에, 그를 밀고 끌어당기고 들어 올려서, 마침내 그는 그리스도에게로 오게 되는 것입니다.

여러분 가운데 어떤 사람들은 최근에 그리스도에게로 이끌려 나오게 되었습니다. 그러나 그들이 단순히 사람들에 의해서 인도된 것이 아닙니다. 이 세상에 있는 모든 사람들이 동원된다고 하더라도, 단지 그들의 노력만으로, 사람들은 단 한 사람의 죄인도 그리스도에게로 인도할 수 없습니다. 마음이 교만하고 의지가 완고한 죄인을 그리스도에게로 이끌 수 있는 기계는 아직까지 없습니다. 앞으로도 사람들은 결코 그런 것을 발명할 수 없습니다. 그리스도에게 오게 하려고, 우리는 죄인을 세게 끌어당길 수 있을 것입니다. 그러면 밧줄이 끊어지고 말 것입니다. 우리 스스로의 힘으로 어떤 죄인을 감동시켜서, 우리는 그가 자발적으로 그리스도를 향해서 한 발자국도 내딛게 할 수 없습니다. 한 마디로 말해서, 그 일은 우리에게 불가능합니다. 그러나 그 일을 성취할 수 있는 어떤 다른 힘이 있습니다. 그리스도께서는 이렇게 말씀하셨습니다. "내가 땅에서 들리면 모든 사람을 내게로 이끌겠노라"(요 12:32). 그는 타락한 본성의 채석장으로부터 돌들을 떼어내셔서 끌어당기시는 권능을 지니고 있습니다. 다시 말해서, 완악한 마음을 지닌 죄인들을 자신에게로 이끄실 수 있습니다. 하나님 아버지께서는 값 없는 은혜로 시온 산에 기초석을 놓으셨습니다. 하나님의 은혜에 감동된 죄인들을 예수님께서는 자기에게로 이끄십니다. 그리고 자신의 기초석 위에, 그는 그들을 산 돌들로 놓이게 하십니다. 이것이 하나님의 은혜가 죄인의 영혼에게 역사하는 두 번째 단계입니다. 첫 번째 단계에서, 하나님의 은혜는 죄인을 이 세상의 반석에서 떼어내어서 분리시킵니다. 두 번째 단계에서, 하나님께서는 죄인을 기초석이신 그리스도에게로 이끄십니다. 그래서 두 과정을 통해서, 죄인은 그리스도 앞으로 나올 수 있게 됩니다.

이제까지 우리는 돌이 운반되는 과정에 대해서 살펴보았습니다. 그 다음 과정은 무엇입니까? 우선 산꼭대기에 돌을 내려놓습니다. 그 다음에, 그 돌이 기초석 위에 올바로 놓이게 합니다. 인접해 있는 지면보다, 성전의 기초석은 틀림없이 훨씬 아래까지 놓여 있을 것입니다. 그래야만 그 거대한 돌이 기초석 위에 안전하고 지혜롭게 놓여서, 올바른 받침대 위에서 제대로 자리 잡을 수 있을 것입니다. 거대한 돌을 들어서 기초석 위에 옮겨 놓는 일은 때때로 얼마나 힘든 일이겠습니까? 그 돌을 네모반듯하게 제대로 올려놓아서, 모든 부분이 건축물의 다른 부분과 꼭 들어맞게 하는 것은 매우 어려운 작업일 것입니다. 여러분이 마음속으로 그 과정을 한 번 상상해 보기 바랍니다. 우리는 일단 그 돌을 기초석 위에 가까스로 올려놓기만 했습니다. 그러나 그 돌의 절반 정도는 아직 기초석을 벗어나 있습니다. 벗어나 있는 부분을 떠받쳐주는 것이 아직은 없습니다. 그 돌을 그 상태로 내버려 두어서는 절대로 안 될 것입니다. 그 돌을 움직여서, 기초석 위에 정확하게 놓이게 해야만 합니다. 또한 다른 돌들과도 제대로 맞물리게 해야만 합니다. 그래야만 그 돌의 모든 부분이 올바른 토대 위에서 안전하고 견고하게 자리 잡을 수 있습니다.

사랑하는 여러분! 하나님께서 여러분에게 무한한 은혜를 베푸셔서, 이와 같이 해주시려고 합니다. 하나님께서 여러분을 이끄셔서, 기초석이 되시는 그리스도 위에 올려놓으려고 하십니다. 그는 여러분이 올바른 자세로, 편안하게, 온전히 그리스도에게 의지하기를 원하십니다. 죄인들을 이 수준에 이르기까지 인도하는 데에는 오랜 시간이 걸릴 것입니다. 별 것도 아닌 자신의 의로움으로, 그들은 자신을 떠받치려고 합니다. 그래서 그들은 좀처럼 자신의 의를 버리고, 그리스도에게 자신을 꼭 맞추려고 하지 않습니다. 여전히 약간 기울어진 채로 그들은 놓여 있기를 원합니다. 그들은 아직도 자신의 노력과 행위로 어느 정도 자신을 떠받치려고 합니다. 어떤 부분에서, 그들은 자신을 의지하려고 합니다. 그러나 그들은 결코 그렇게 해서는 안 됩니다. 그런데 본문은 "보배로운 산 돌이신 예수께 나아가"라고 말합니다. 전능하신 하나님께서 넘치는 은혜를 통해서, 여러분 모두를 강권하셔서, 여러분을 그리스도에게로 이끌어 주시기를 바랍니다. 그래서 여러분이 그리스도의 기초석 위에 올려놓아지기를 원합니다. 우선 한 쪽에는 여러분이 있고, 다른 쪽에는 그리스도께서 계시지만, 곧바로 여러분이 그리스도 위에 온전히 놓이기를 간절히 바랍니다. 그러면 여러분은 주 예수 그리스도의 품안에서 항상 안식을 누리게 될 것입니다. 언제나, 모든 면에서, 모든 상황에서 또한 모든 것과 관련해서, 여러분은 진정한 안식을 체험할 것입니다. 예수 그리스도 이외에 아무도 다른 기초석을 놓을 수 없습니다(참조. 고전 3:11). 오직 그리스도 안에서만, 여러분은 참된 평안을 온전히 누릴 수 있다는 사실을 분명히 아십시오.

어떤 사람이 이렇게 말하려고 할 것입니다. "나는 주님을 찬양합니다. 하나님께서 나를 그리스도에게로 인도하시고, 내가 그 안에 있다는 사실을 나는 알고 있습니다. 그렇다면, 그 다음에는 어떻게 되는 것입니까?" 사랑하는 형제여! 어떤 거대한 돌이 기초석 위에 올바로 놓이게 되면, 시간이 지날수록, 그것은 기초석에 더욱 밀접하게 붙어 있게 됩니다. 그 무거운 돌은 언제나 기초석을 누르고 있습니다. 그 돌이 무거우면 무거울수록, 그것은 더욱 밀접하고 단단하게 기초석 위에 놓여 있게 됩니다. 이전에 어느 때보다도, 나는 지금 그리스도와 더욱 긴밀하게 연합되어 있다는 것을 느끼고 있습니다. 내 죄악의 무게는 그리스도를 더욱 짓누르고 있습니다. 다시 말해서, 나의 많은 죄악으로 인해서, 나는 그리스도를 더욱 붙잡고 의지해야만 합니다. 나의 고통과 근심과 성도들의 영혼에 대한 염려 등, 이 모든 것들은 내가 주님을 더욱 의지하고, 그에게 꼭 붙어 있게 만듭니다. 형제자매 여러분! 이 세상에 사는 동안, 여러분은 언제나 그리스도에게 나아가야만 합니다. 여러분은 더욱더 그리스도와 밀접하게 연결되어 있으면서, 그에게 간청해야만 합니다. 또한 이전보다도 더욱더 주님을 의지해야만 합니다. 그러면 여러분은 다음 사실을 관찰할 수 있을 것입니다. 오랜 세월에 걸쳐서 위에 있는 돌이 밑에 있는 돌을 지속적으로 누르고 있으면 두 돌은 서로 꼭 달라붙어 마치 하나인 것처럼 됩니다. 두 돌은 잘 구별되지 않고, 하나의 커다란 돌인 것처럼 보입니다. 여러분은 때때로 로마 시대에 세워진 성벽을 보았을 것입니다. 여러분은 거기서 돌들과 모르타르를 제대로 구별할 수 있습니까? 모르타르를 통해서, 어떤 부분에서 돌들이 서로 연결되었는지 여러분은 쉽게 분간할 수 없을 것입니다. 성벽은 마치 거대한 돌로 만들어진 것처럼 보입니다. 살아 있는 돌처럼, 우리의 기초석이신 그리스도에게 지속적으로 밀접하게 연합되어서, 그리스도와 하나를 이루고 있는 그리스도인은 참으로 복된 사람입니다. 그렇습니다. 그들은 하나가 되었습니다. 아무도 그들을 떼어놓을 수 없습니다. 그러므로 우리는 계속해서 예수님에게 나아가야 합니다. 그에게 더욱더 가까이 가야만 합니다. 그리스도와 하나로 연합되어서, 여러분의 마음과 생각이 주님의 그것과 온전히 일치해야 합니다. 오직 그렇게 할 때, 우리는 그리스도인으로서 온전한 삶을 살 수 있습니다.

이제까지 갓난아기와 산 돌의 이미지와 연결시켜서, 나는 여러분에게 예수 그리스도와 우리의 관계에 대해서 설명했습니다. 나는 그 설명이 본문이 의미하는 것과 일치한다고 믿습니다. 갓난아기와 산 돌이 비유적으로 의미하는 것을 깨닫기 위해서 우리는 멀리까지 갈 필요가 없었습니다. 왜냐하면 바로 4절에서 그것을 발견할 수 있기 때문입니다. 곧, "예수께 나아가"라는 표현은 그리스도인의 삶의 핵심 진리에 대해서 매우 적절하게 묘사해 줍니다. 그것을 여러분의 삶의 근본 원리로 삼기 바랍니다.

2. 이제 나는 다음 질문에 대한 답변을 제시하고자 합니다.
맨 처음 단계에서, 그리스도에게 나오는 가장 좋은 방법은 무엇입니까?

여러분 중에는 구원받기를 갈망하는 가엾은 사람들이 있습니다. 그런 사람들은 이렇게 질문합니다. "만약 내가 그리스도에게 나오면, 나는 구원을 받는다고 들었습니다. 그러나 어떻게 내가 그에게로 나아길 수 있습니까? 예수님에게 나온다는 것은 도대체 무엇을 의미합니까?" 그것에 대한 우리의 답변은 단순하고 명백합니다. 그것은 그리스도를 신뢰하는 것입니다. 그를 의지하는 것입니다. 그를 믿는 것입니다. 그에게 모든 것을 맡기는 것입니다. 그러면 그들은 또 이렇게 물을 것입니다. "그러면 내가 어떻게 그리스도에게 나아갑니까? 내가 그에게 나와야 하는 어떤 방법을 당신은 나에게 추천하겠습니까?" 그것에 대한 대답은 이렇습니다. 그리스도에게 나아오는 가장 좋은 방법은 여러분이 필요로 하는 모든 것들을 그대로 지닌 채, 그에게로 나아오는 것입니다. 만약 그리스도의 도움이 없이 여러분이 필요로 하고 있는 것들의 절반을 스스로 해결할 수 있다면, 여러분은 나머지 절반을 위해서 그에게로 나오려고 할 것입니다. 여러분을 짓누르고 있는 모든 문제들을 갖고 나올 수 있을 때와 비교한다면, 여러분의 절반은 주님께 나오려고 하지 않을 것입니다. 왜냐하면 여러분이 무엇인가를 필요로 한다면, 그것은 여러분이 주님에게 나아오게 하고, 그에게 간청해야만 하는 동기를 제공할 것이기 때문입니다. 의사가 어떤 마을을 방문했다고 상상해 봅시다. 그는 사람들을 순수하게 사랑하는 마음을 지니고 있습니다. 그래서 병든 사람들을 고쳐주려고 그곳을 찾아왔습니다. 그는 돈을 벌기 위해서 온 것이 아니었습니다. 그는 마을 사람들을 도와주려고 왔습니다. 그에게는 치료비나 보수를 받을 생각이 전혀 없었습니다. 자신의 의술을 통해서, 그는 사람들을 고쳐주려고 왔다는 것을 단순히 알게 하고 싶었습니다. 그는 사람들을 사랑했습니다. 그래서 그는 병든 사람들을 고쳐주고 싶어했습니다. 그러므로 그는 자신의 의술로 단순히 친절을 베풀기를 원한다고 사람들에게 알렸습니다. 그는 가장 가난한 사람들도 환영할 것입니다. 그리고 가장 중한 병에 걸려 있는 사람들을 특별히 관심을 갖고 돌볼 것입니다. 그렇다면 이제 누가 자신감을 갖고 의사의 진찰실로 나아오겠습니까? 그리고 누가 문을 세게 쾅쾅 두드리면서, 그 의사가 자신을 기쁘게 맞아들일 것이라고 생각하겠습니까? 칼에 손가락을 베인 어떤 사람이 찾아왔습니다. 그 의사는 그를 진료하기 위해서 진료실로 달려갈 것입니다. 틀림없이 그는 베인 곳을 자세히 살펴볼 것입니다. 그는 그것에 대단히 열정적인 관심을 보이지는 않을 것입니다. 왜냐하면 베인 손을 치료해 주었다고 해서 의사들은 대단한 명성을 얻는 것이 아니기 때문입니다. 손 등에 사마귀가 나 있는 또 어떤 사람이 무료로 치료를 받으려고 왔습니다. 의사가 사마귀를 없애주었다고 유명해지지는 않을 것입니다. 따라서 그 의사는 이번에도 치료하는 데에 매우 고무되지는 않을 것입니다.

그러나 여기에 가난하고 절망적인 상황에 있는 어떤 환자가 있다고 상상해 봅시다. 이제까지 다른 모든 의사들이 그를 고치는 것을 포기할 수밖에 없었습니다. 상태가 너무 악화되어서, 그 환자는 이제 거의 죽음의 문턱에 다다랐습니다. 다양한 합병증으로 시달려서, 과연 그가 현재 앓고 있지 않은 병이 있는지 말하기가 힘들 정도입니다. 따라서 그의 상태는 너무 나빠져서, 병에서 고침을 받기에는 더 이상 아무런 소망이 없는 듯했습니다. 아직도 그가 숨을 쉬고 있다는 것 자체가 기적입니다. 바로 그런 사람이 그 의사에게 담대하게 나올 수 있을 것입니다. 그 의사로부터, 그는 곧바로 보살핌을 받는 것을 기대할 수 있을 것입니다. 또한 그는 극진한 배려를 받을 것입니다. 자, 의사 선생님! 만약 당신이 이

환자를 완전히 치료해 줄 수 있다면, 그것은 분명히 당신에게 대단한 명성을 가져다줄 것입니다. 그렇다면 그 환자는 당신에 대해서 최대한의 홍보 효과를 가져다줄 것입니다. 당신은 오직 당신이 지니고 있는 의술을 펼칠 수 있는 기회만을 마련해 달라고 말했습니다. 여기에 당신의 자비심을 보여주기에 가장 적합한 대상이 누워 있습니다. 그는 폐가 나쁩니다. 심장에도 문제가 있습니다. 발도 제대로 움직이지 못합니다. 눈은 사물을 거의 볼 수 없습니다. 귀로는 소리를 제대로 알아듣지 못합니다. 두뇌도 상태가 좋지 않습니다. 그야말로, 거의 모든 곳이 병에 걸려 있습니다. 만약 당신이 의술을 펼치고 싶다면, 여기에 가장 적합한 대상이 신음하고 있습니다. 그런데 나의 주님이자 선생님이신 예수님은 모든 사람들을 고치실 수 있는 가장 위대한 의사이십니다. 내가 조금 전에 언급한 모든 병들을 그는 분명히 고치실 수 있습니다. 오늘밤 이곳에 죄악에 깊숙이 빠져 있는 사람이 있습니까? 여러분 가운데 마음과 육신의 질병이 대단히 악화된 사람들이 있습니까? 사랑하는 여러분! 어서, 예수님 앞으로 나아오십시오. 바로 여러분의 현재의 상태가 예수 그리스도에게로 나오기에 가장 적합한 것입니다. 또한 가장 알맞은 때입니다. 여러분, 지금 모습 그대로 예수님에게 나아오십시오! 바로 그것이 주님께로 나오는 최선의 방법입니다.

　　성경에 자주 언급되는 잔치의 비유를 통해서, 나는 예수께 나아오는 것에 대해서 계속해서 설명하려고 합니다(참조. 눅 14:12-24). 어떤 왕이 사람들에게 관대함을 베풀려고 결심했습니다. 자신의 마음이 얼마나 관대한지를 보여주려고, 그는 가장 가난한 사람들을 위해서 잔치를 베풀려고 했습니다. 그는 이렇게 말합니다. "만약 내가 고관대작들을 위해서 큰 잔치를 베푼다면, 그들은 나의 관대함에 대해서 대단하게 생각하지 않을 것이다. 왜냐하면 그들은 매일 진수성찬을 먹으며, 호화스럽게 살고 있기 때문이다. 그러므로 나는 잔치에 초대받는 것을 매우 고맙게 생각할 사람들을 찾아야 하겠다. 내가 대접하는 음식을 가장 맛있게 먹을 손님들을 내가 어느 곳에서 찾을 수 있겠는가? 가장 맛있게 먹고, 가장 기쁘게 마실 사람들을 내가 어디서 불러 모을 수 있을까?" 그 문제에 대해서 심사숙고한 다음에, 왕은 전령관들에게 다음과 같이 지시했습니다. "길과 산울타리 가로 나가서 사람을 강권하여 데려다가 내 집을 채우라"(눅 14:23). 전령관들은 길가에서 방황하고 있던 떠돌이들을 마주쳤습니다. 그들 가운데에서, 왕이 바라는 것과 정확하게 일치하는 사람들로서, 전령관들은 금방 굶주림에 시달리던 불쌍한 이들을 찾아냈습니다. 여기에 지나간 마흔 여덟 시간 동안에 아무것도 먹지 못한 사람이 있습니다. 왕이 베풀어 준 음식을 보자마자, 그의 기쁨은 얼마나 크겠습니까! 만약 여러분이 대단히 많은 분량의 음식을 매우 기쁘게 먹는 사람을 보기를 원한다면, 바로 이 사람이 아니겠습니까? 그가 음식을 얼마나 많이 먹는지 한번 보십시오! 그의 앞에서, 온갖 음식이 대량으로 금방 사라져 버립니다! 또한 여기에 길거리에서 데려온 어떤 가엾은 여인이 있습니다. 오랫동안 음식을 제대로 먹지 못했기 때문에, 그 여인은 데려올 당시에 기운이 없어서, 길 옆에 쓰러져 있었습니다. 목숨을 겨우 유지하고 있었습니다. 이제 그 여인도 초대를 받고 왕궁의 식탁에 앉았습니다. 자기 앞에 차려진 음식을 보자마자, 그 여인의 눈은 휘둥그레집니다. 그렇게 푸짐하게 차려 놓은 식탁 앞에 앉아 있는 자신을 발견하고, 그 여인은 말끝마다 고맙다는 말을 빼놓지 않습니다. 그렇습니다. 초대받은 손님들이 그토록 가엾고, 굶주리고, 가난한 사람들일수록, 왕에게는 더 큰 명예가 돌아갈 것입니다. 왜냐하면 그는 그와 같은 거지들과 떠돌이들을 왕궁의 식탁에 초대했기 때문입니다. 불쌍한 손님들이 왕이 차려준 음식을 배가 터질 정도로 먹고 나서, 다 같이 얼마나 큰 소리로 왕을 찬양하는지 들어보십시오! 그들은 왕에게 감사하는 것을 멈추지 않고, 계속해서 왕을 찬양하고 있습니다. 평생 그들은 그 은혜를 잊을 수 없을 것입니다. 오늘 밤, 이곳에 대단히 궁핍하고, 기진맥진해 있고, 또한 낙심해 있는 사람이 있습니까? 그렇다면 여러분은 나의 주님의 초대를 받기에 가장 적합한 손님입니다. 왜냐하면 예수님께서 베푸시는 풍성한 사랑의 잔치에서, 여러분은 원하는 것 이상으로 먹을 수 있기 때문입니다. 여러분이 지금 영육 간에 대단히 궁핍한 상태에 있습니까? 그렇다면 여러분은 예수님께서 베푸시는 잔치에 참석하기에 가장 적합한 사람들입니다. 어떻게 와야 하는지 여러분이 알고 싶습니까? 지금 모습 그대로, 예수님에게 즉시 나아오십시오. 아주 조그만 것이라도 스스로 개선한 다음에 나오려고 지체하지 마십시오. 여러분의 모든 죄악과 더러움과 궁핍함과 더불어, 현재의 모습 그대로, 곧바로 나아오십시오. 바로 그것이 예수님에게 나오는 가장 좋은 방법입니다.

　예수님에게 처음으로 나올 때, 여러분이 어떤 의도를 갖고 나와야 하는지 알고 싶습니까? 나는 그 질문에 대해서 이렇게 대답하겠습니다. 그리스도 안에서, 여러분이 원하는 모든 것을 발견하기 위해서 나아오십시오. 여러분은 세상에 속한 재산의 무거운 짐을 지고 오지 마십시오. 애굽의 바로가 요셉에게 말한 것을 기억하십시오. 바로는 애굽의 모든 땅 가운데서도 가장 좋은 땅을 요셉의 형제들에게 분배해 줄 것이라고 약속했습니다. 그래서 바로는 그들이 가나안 땅에서 가지고 있던 물건들은 미련 없이 버리고 오라고 말했습니다(참조. 창 45:20). 또한 여러분은 세상적인 낡은 생각을 가져오지 마십시오. 어떤 사람은 이렇게 말합니다. "예수님에게 나오기 이전에, 나는 스스로 회개해야만 한다고 생각했습니다." 그렇게 하려고 시도하지 마십시오. 회개하기 위해서, 오직 예수님만을 바라보고 의지하십시오. 여러분을 회개하게 하고 죄를 용서해 주시려고, 예수 그리스도께서는 십자가 위에 높이 들리셨습니다. 그러므로 어서 와서, 살과 같이 부드러운 마음을 받으십시오. 왜냐하면 여러분은 스스로 죄악으로 굳어진 마음을 변화시킬 수 없기 때문입니다. 또 어떤 사람은 다음과 같이 주장합니다. "예수님에게 가려면, 나는 믿음을 가져가야만 한다고 생각하는데요." 그렇지 않습니다. 믿음도 그리스도께서 여러분에게 선물로 주시는 것입니다. 믿음은 말씀을 듣는 것을 통해서 생겨납니다. 곧, 그리스도에 대해서 전하는 말씀을 들을 때, 성령님의 역사를 통해서, 여러분이 믿음을 갖게 되는 것입니다(참조. 롬 10:17). 그러므로 예수님에 대한 말씀을 듣고, 믿음을 갖기 위해서, 말씀에게 가까이 나아오십시오. 또한 모든 것을 얻기 위해서 예수님에게 나오십시오. 그런데 또 다른 사람은 다음과 같이 말합니다. "믿기 이전에, 나는 무엇인가를 느끼는 체험을 하고 싶습니다." 여러 가지 감정적인 체험을 하고 나서, 이들은 그리스도에게로 올 것이라고 나는 추측합니다. 그때, 이들은 이렇게 주장할 것입니다. "주 예수님, 당신은 이제 나를 구원하실 수 있습니다. 왜냐하면 나의 느낌은 틀리지 않고 정확하기 때문입니다." 그러나 그것은 얼마나 거짓된 자만심입니까! 그러므로 참된 영적인 체험을 위해서, 그리스도에게 나오십시오. 모든 것을 받기 위해서, 예수님에게 나아오십시오.

　　"오라, 너희 궁핍한 이들이여! 너희는 환영을 받으리라.
　　값없이 은혜를 베푸시는 하나님을 찬양하라!
　　하나님께서 너희에게 참된 회개와 진정한 믿음을 선물로 주신다.
　　모든 은혜를 통해서, 그는 너희를 예수님에게 가까이 인도하신다.
　　너희는 예수 그리스도에게 곧 나아오라.
　　돈 없이 와서, 주님에게서 모든 것을 값없이 사라."

지방에 있는 어떤 작은 도시에, 모든 것을 판매하는 가게가 있다는 말을 나는 얼마 전에 들었습니다. 그 가게의 주인은 이런 말을 했다고 합니다. 머리끝에서 발끝까지 잘 차려 입는 것 이외에, 사람들이 원하는 것은 더 이상 없다는 말을 그는 믿지 않는다고 합니다. 그래서 그는 모든 것들을 파는 가게를 열게 되었다고 합니다. 과연 그가 자신의 약속을 문자 그대로 끝까지 지켜나갈 수 있을지 나는 알지 못합니다. 그러나 예수 그리스도께서는 정말로 우리가 원하는 모든 것을 주십니다. 여러분이 필요로 하는 모든 것을 주님은 공급해 주실 수 있습니다. 왜냐하면 오직 그리스도만이 모든 것이시기 때문입니다(참조. 골 3:11). 여러분이 원하는 어떤 선한 것 가운데, 예수 그리스도께서 공급해 주실 수 없는 것은 하나도 없습니다. 그렇다면, 여러분이 예수님에게 나오는 가장 좋은 방법은 무엇입니까? 그것은 원하는 모든 선한 것을 주 예수 그리스도로부터 받으려는 분명한 의도를 갖고, 여러분이 그에게로 나아오는 것입니다.

그래서 그리스도에게 나오는 가장 좋은 방법은 그에게서 모든 것을 얻기 위해서 오는 것입니다. 곧, 그리스도께서 예비하시고 값없이 주시겠다고 약속하신 모든 은혜를 풍성하게 받기 위해서, 그에게 나오는 것입니다. 그런데 어떤 가엾은 사람들은 작은 소망을 갖고 예수 그리스도에게 나옵니다. 그들은 마음속에 있는 두려움이 다소 없어지고, 다만 구원을 받고, 그들이 언젠가 죽으면 하늘나라에 가는 기회를 얻으려고 주님에게 나오는 것 같습니다. 사랑하는 친구들이여! 여러분이 이런 의도로 나오지 않도록 기도하십시오. 하나님의 온전하고 넘치는 사랑과 끝없는 은혜를 받기 위해서 나오십시오. 이전에, 어떤 구호 단체가 가난한 사람들에게 저녁 식사를 제공했었습니다. 그 단체는 굶주린 사람들은 누구든지 와서, 마음껏 먹으라고 널리 알렸습니다. 거기에 온 사람들 가운데 몇몇은 오기 전에 어떻게 했는지 여러분은 알고 있습니까? 식사는 오후 여섯 시 정각에 제공되었습니다. 어떤 사람들은 저녁에 실컷 먹으려고, 아침 식사를 전혀 하지 않았다고 합니다. 그리고 저녁 식사 때까지, 그들은 아무것도 먹지 않았습니다. 저녁 식사 시간에 그들에게 기회가 주어졌을 때, 그들은 먹을 수 있는 만큼 실컷 먹으려는 의도를 지녔던 것입니다. 그래서 그들은 가능한 한 배가 고픈 채로 저녁 식사에 나아왔습니다.

몇 년 전에, 나는 어떤 장원(莊園) 영주에 관한 이야기를 들었습니다. 크리스마스에, 그는 가난한 사람들에게 음식을 한 접시씩 나누어 주었습니다. 사람들이 어떤 크기의 접시를 가져오든지, 영주는 해마다 그 접시에 음식을 가득 담아 주게 했습니다. 해가 갈수록, 사람들은 더 큰 그릇을 가져왔습니다. 그 그릇들이 점점 더 놀라울 만큼 커졌습니다. 어떤 크리스마스 날에 영주는 몇몇의 여인들이 가져온 그릇들을 보게 되었습니다. 그 여인들이 어떻게 저렇게 큰 그릇들을 가져올 용기가 있는지, 그는 놀라지 않을 수 없었습니다. 그러나 만약 그 영주가 대단히 관대한 마음을 지닌 사람이라면, 그는 관리인에게 다음과 같이 지시했을 것입니다. "이 가난한 사람들은 나의 관대함을 신뢰했다. 이제 가서, 그들의 그릇들을 음식으로 채워주어라. 더 이상 채울 수 없을 만큼, 넘칠 정도로 그릇들을 가득 채워주어라. 크리스마스에 그들이 그릇들을 가지고 나에게 나아오는 한, 내가 그들을 박대해서 돌려보냈다는 말이 아무에게서도 들리지 않게 하라." 이제 여러분이 그리스도에게 나아올 때, 위대한 기도 제목들과 대단한 기대감을 담은 커다란 그릇을 갖고 나오기 바랍니다. 여러분은 큰 비전을 품으십시오. 그리고 이렇게 결심하십시오. "나는 보잘것없는 그리스도인이 되기 위해서, 주님에게로 나오지 않겠습니다. 다만 사람들에게 하나님이 존재한다는 것을 부인하지 않고, 나의 체면을 생각해서 신앙을 형식적으로 고백하는 위선을 범하며, 또한 영원한 멸망의 위험으로부터 벗어나는 것을 보장받기 위해서 단순히 하나님의 은혜를 구하는 그런 불쌍한 그리스도인이 나는 절대로 되지 않겠습니다. 나는 좀 더 높은 목적을 갖기를 원합니다. 또한 나는 좀 더 좋은 몫을 추구하기를 원합니다. 나는 기꺼이 위대한 성도들이나 천사들과 경쟁하고자 합니다. 그래서 나는 하나님의 축복을 가장 많이 받고, 또한 가장 유익한 하나님의 사람이 되기를 바랍니다. 그리고 이 세상에 존재했던 사람들 가운데 가장 기쁘며 가장 거룩한 신앙인이 되기를 원합니다. 하나님께서 나에게 은혜를 베푸시고 도와주셔서, 내가 그러한 사람이 되게 해주시옵소서."

　　나는 옛날 몇몇의 감리교인들이 지녔던 영적인 불이 우리 가운데 다시 지펴지기를 원합니다. 비록 많이 배우지는 못했지만, 그들 가운데 나이가 많이 든 어떤 사람들은 영적으로 많은 기쁨을 누리는 신앙생활을 했습니다. 예배를 드리러 왔을 때, 그들은 대단한 관심을 기울이며 설교를 들었습니다. 왜냐하면 마치 하나님의 말씀이 그들에게 새로운 영감으로서 주어지는 것처럼, 그들은 설교를 들었기 때문입니다. 설교를 통해서, 그들은 하나님의 말씀이 살아 있는 음성으로 전달된다고 믿었습니다. 그들에게 선포된 복음은 그들의 마음속에 커다란 반응을 불러일으켰습니다. 그들은 모두 위로를 받고, 영적인 활기를 얻었습니다. 그래서 그들은 말씀을 들으면서, "아멘, 할렐루야, 주님을 찬양합니다!"라고 외쳤습니다. 왜냐하면 복음이 그들을 마음속 깊이 감동시켰기 때문입니다.

오늘날 대부분의 신자들은 품행이 매우 단정하고 예의바릅니다. 우리의 감식 능력으로 판단해 볼 때도, 그들은 외면적으로는 비판할 것이 거의 없습니다. 그런데 복음에 대해서 설명하는 것을 들을 때, 그것이 주석(朱錫)으로 만든 용기(容器) 안에서 구워진 것으로서 효모가 들어 있는지 그들은 알고 싶어합니다. 아니면 그것이 빵집에서 파는 흔한 빵인지 알려고 합니다. 그들은 설교자가 설교를 "약간 이상하게" 한다고 평가합니다. 설교자가 하나님의 말씀을 올바르고 정확하게 해석하지 않는다고 생각합니다. 그래서 어떤 교인들은 설교에 만족해하지 않습니다. 설교에 대해서, 이들은 대단히 엄격하고 까다롭습니다. 이들은 작은 단점들을 찾아내어서, 그것들에 대해서 비판하며, 자신들의 주관적인 평가를 자랑하려고 합니다. 하나님의 종이 이들이 먹을 음식 — 곧, 설교 — 을 은쟁반에 담아서 매우 우아하게 가져오지 않고, 손을 뻗쳐서 이들에게 그것을 성의 없이 내민다고 추측하기 때문에, 이들은 입을 삐죽거리면서 이렇게 퉁명스럽게 말합니다. "고맙기는 하지만, 먹기 싫습니다." 오, 하나님께서 이 사람들을 이러한 시류(時流)적인 완악함과 사람의 허튼소리로부터 구원해 주시기를 원합니다. 그리고 하나님께서 우리의 마음을 깨끗하고 거룩하게 변화시켜 주시고, 우리에게 필요한 은사들을 내려주시기를 바랍니다. 그러면 우리가 영적인 갈급함을 갖고, 하나님의 사랑과 말씀의 식탁으로 기쁨으로 나아갈 수 있을 것입니다.

오늘날의 그리스도인들은 우리의 소년 시절을 기억나게 해줍니다. 소년 시절에, 우리는 종종 바닷가로 수영하러 갔습니다. 바닷가에 이르면, 머리를 거꾸로 해서 물속에 풍덩 뛰어드는 대신에, 우리는 먼저 바닷물 속에 발을 담그곤 했습니다. 용기를 갖고 은혜의 바닷물 속에 뛰어드는 것이 신앙생활에서 가장 좋은 방법이라고 나는 확신합니다. 여러분의 영혼 전부를 그 속에 잠기게 하십시오. 하나님의 영원한 사랑의 영광스러운 파도가 여러분의 머리 위로 힘차게 지나가게 하십시오. 그리고 깊이를 알 수 없는 은혜의 바닷속으로 뛰어들어, 그곳에서 수영을 즐기십시오. 그러면서 온 마음으로, 여러분이 그리스도 안에서 기뻐하기 바랍니다. 그런데 옛날의 신앙인들이 지녔던 위대한 경건 대신에, 단지 외식적인 경건으로 은혜의 바닷물에 발을 담그고 철벅거리는 동안, 형식적인 신앙고백자들은 파도를 보고 두려워 떨게 됩니다. 그들은 깊은 바닷물 속에서 수영하는 것을 좋아하지 않는 것 같은 표정을 하고, 의심을 하면서, 이제 바닷가에 서 있습니다. 믿음의 옷을 벗어 버리고, 차라리 그들은 세상으로 돌아가서, 옛날에 입던 옷을 다시 입으면 어떨까라고 궁리하고 있습니다. 다만 그들은 되돌아가기를 두려워하고 있을 뿐입니다. 오, 하나님께서 우리가 모든 궁핍함을 갖고 예수님에게 나오도록 우리를 인도해 주시기를 간절히 바랍니다. 모든 것을 받기 위해서, 우리를 주님에게로 이끌어 주시기를 원합니다. 또한 우리가 필요한 모든 것들을 반드시 받겠다는 결심을 하고 주님께 나오게 해주시기를 기도합니다. 하나님의 은혜로, 그것을 얻으려고, 온 마음과 온 힘을 다해서 예수님에게 나오게 해주시기를 간절히 원합니다. 바로 이것이 그리스도에게로 나오는 방법인 것입니다.

3. 아직 한 가지 질문이 남아 있습니다.
그 후에도, 예수님에게 계속해서 나오는 가장 좋은 방법은 무엇입니까?

그 질문에 대한 대답은 다음과 같습니다. 여러분이 이전에 늘 그에게 나왔던 것처럼, 그렇게 계속해서 나오라는 것입니다. 형제자매 여러분! 이미 우리는 예수님에게 왔습니다. 그러나 본문은 그 사실을 언급하는 것이 아니라, 여러분이 지금 예수님에게 나아오고 있으며, 또한 항상 그에게 나와야만 한다는 사실을 강조하고 있습니다(개역개정의 "예수께 나아가"에 해당하는 헬라어 원문은 '프로스 혼 프로스에르코메이'이다. 곧, '그에게 나아가고 있는 사람들'이라는 뜻이다. KJV에는 'to whom coming'으로 번역되었다 – 역주). 여러분이 맨 처음에 예수님에게 나왔던 것과 똑같은 방법으로, 그 이후에도 여러분은 끊임없이 예수님에게 나와야만 합니다. 곧, 복음을 통해서, 여러분을 오라고 부르시는 하나님의 사랑과 은혜의 음성을 듣고, 그것을 믿음으로 받아들이며, 기꺼이 예수님에게로 항상 나아가는 것입니다. 이것에 대해서 설명해야 할 것이 많이 있습니다. 그러나 설교 시간이 이미 많이 지나갔습니다. 그러므로 나는 상세하게 말하지 않겠습니다. 그래서 나는 다음과 같이 간략하게 여러분에게 제시하고자 합니다. 그리스도인이 행복하고 안전하게 사는 오직 한 가지 방법은 날마다 예수 그리스도 안에 있는 하나님의 자비를 의지하면서 사는 것이라고 나는 확신합니다. 이 설교의 앞부분에서 이미 설명한 바대로, 하나님의 은혜를 통해서, 갓난아기가 어머니를 의지하듯이, 예수님에게 나아와 그를 온전히 의지하는 것입니다. 또한 채석장에서 새로 떼어낸 돌이 기초석 위에 반듯하게 놓이듯이, 예수님과 굳게 연합하여 하나가 되는 것입니다. 그리스도의 기초석 위에 나 자신의 체험에 근거한 멋진 구조물을 세운다는 것이 무엇을 의미하는지 나는 알고 있습니다. 또한 기초석 위에 굳게 서 있는 것에 만족하는 대신, 나 자신의 주관적인 체험을 내세운다는 것이 무엇인지 나는 알고 있습니다.

여러분은 스노든(Snowdon) 산이나, 아니면 다른 높은 산의 정상에 올라가 보았을 것입니다(스노든 산은 영국 웨일스 지방에 있다. 높이는 1,085 미터이다. 산의 이름은 색슨어로 '눈 언덕'[snow+dun]에서 유래하였다 — 역주). 서 있는 위치를 조금이라도 더 높게 하기 위해서, 사람들이 산꼭대기에 나무 발판을 만들어 놓은 것을 여러분은 볼 수 있을 것입니다. 또한 고도(高度)를 더 높게 하려고, 약 4 미터 높이의 전망대를 설치해 놓았습니다. 그래서 그 산에 오르는 사람들은 누구나 그 전망대에 올라가려고 합니다. 그런데 나 자신도 기초석이신 그리스도 위에 작은 전망대를 세웠습니다. 내가 체험한 것들에 근거해서, 나는 멋있는 건축물을 만들어서 올려놓았다고 여러분에게 말할 수 있습니다. 나는 스스로 다음과 같이 느꼈습니다. "그래, 나는 체험을 통해서, 이것과 저것을 알고 있어. 그 밖에 다른 것들도 많이 알고 있어." 그래서 나는 스스로 매우 의기양양해 있었습니다. 그리고 때때로 나는 자신의 선한 행위들이 보이게 하는 전망대도 만들었습니다. 그러면서 나는 이렇게 말했습니다. "오직 그리스도를 위해서, 나는 이 일과 저 일을 했습니다." 나의 교만한 육신은 나에게 이렇게 속삭입니다. "아, 그렇고말고. 네가 사람들에게 그것에 대해서 말하고 싶다면, 말해도 될 만한 무엇인가 멋있는 일을 너는 이미 해냈어." 나의 자만심은 전망대를 쌓아 올렸습니다. 내가 한 일을 사람들에게 보여주고 싶은 욕망이 나를 사로잡았습니다. 그래서 나는 몇몇의 친구들을 내가 만든 전망대 위로 올라오라고 초청했습니다. 그러나 무슨 일이 일어났는지 여러분은 궁금하지 않으십니까? 나는 전망대가 흔들리는 것을 느꼈습니다. 바람이 세차게 불면, 그것은 더욱 많이 흔들렸습니다. 오랜 세월과 비바람이 나무로 된 들보들을 썩게 했습니다. 버팀목들도 기울어지기 시작했습니다. 마침내 나는 전망대가 쓰러지는 것을 목격하게 되었습니다. 나도 그것과 함께 쓰러지면서, 뒹굴고 말았습니다. 뒹구는 순간에, 나는 언뜻 이런 생각을 했습니다. '이제 나에게는 모든 것이 끝장이다. 나는 굴러 떨어지고 있다. 얼마나 멀리 굴러가게 될지 모르겠다. 아마도 나는 산 밑에까지 굴러 떨어질 것이다.' 그러나 그렇게까지 되지는 않았습니다. 내 몸은 잠시 뒹굴다가 산꼭대기에서 멈추게 되었습니다. 다행히도 나는 그렇게 멀리까지 굴러가지는 않았습니다. 그러자 나는 곧바로 산 정상으로부터 안전한 땅으로 내려왔습니다. 내가 좀 더 분별력이 있었다면, 전망대를 세우는 대신에, 나는 기반이 튼튼한 곳에 계속 머물러 있었어야만 했을 것입니다.

오늘날 나는 많은 그리스도인 형제들을 주목해서 보고 있습니다. 그들은 최근에 우리의 기초석이신 예수 그리스도 위에 나무로 만든 매우 멋있어 보이는 구조물들을 세웠습니다. 만약 내가 그 이름을 제대로 기억한다면, 그들은 그것을 '좀 더 고상한 삶'이라고 불렀습니다. 예수 그리스도에 대한 단순한 믿음의 삶보다 더 고상한 삶에 대해서 나는 전혀 알지 못합니다. 하나님께서 인정하시는 가장 고상한 삶은 예수님이 비유에서 언급하신 어떤 세리와 같이 고백하며 사는 삶이라고 나는 생각합니다. 감히 눈을 들어 하늘을 쳐다보지도 못하고, 다만 가슴을 치며, 세리는 이렇게 말합니다. "하나님이여 불쌍히 여기소서 나는 죄인이로소이다"(눅 18:13). 바리새인처럼 자신에 대해서 자랑을 늘어놓는 사람이 아니라, 이러한 세리와 같은 사람이 항상 하나님으로부터 의롭다는 인정을 받고 집으로 돌아가는 데에도 불구하고, 나의 어떤 친구들은 날마다 이렇게 고백하며 사는 삶에 만족하지 않습니다.

얼마 전에, 어떤 친구들은 자신의 전망대를 대단히 높이 세웠습니다. 나는 그들이 곧 달까지 오를 것이라고 생각했습니다. 그러나 그들 가운데 어떤 사람들은 이미 추한 모습으로 굴러 떨어졌다는 이야기를 나는 들었습니다. 만약 그들이 과연 무엇을 추구하고 있는지 진실하게 살펴보지 않는다면, 더욱 많은 사람들이 추락할 것 같아서 나는 두렵습니다. 이와 같이, 인간적인 생각과 방법으로 자신을 높이려는 행위를 그만두십시오. 그것들에 의지하려는 것을 단념하십시오. 그 대신, 오직 그리스도께서 완성하신 기초석 위에 굳게 서 있으십시오. 그리스도께서 죄인들을 구원하시려고 피를 흘리셨습니다. 그래서 그리스도께서 지니신 의로움이 죄인들에게 주어지게 되었습니다. 여러분은 다음과 같이 겸손하게 하나님께 기도하십시오.

"나는 죄인들 가운데 우두머리입니다.

그러나 예수님께서 나를 위해 죽으셨습니다."

예수님의 기초석 위에 굳게 서 있는 사람은 결코 넘어지거나 떨어지지 않습니다. 계속해서 그곳에 머물러 있는 사람은, 자신이 아주 높은 곳에 있다고 스스로 생각하는 사람보다 진정으로 더 높은 곳에 있는 것입니다. 그리스도에 대한 믿음으로 사는 것보다 더 높은 차원의 삶을 추구한다는 것은 헛된 꿈이며 어리석은 생각인 것입니다. 자신은 아무것도 아니지만, 그리스도께서 모든 것이 되신다는 것보다 더 높은 것은 없습니다. 런던 그리니치의 길거리 소년 불쌍한 잭(the Poor Jack)처럼, 여러분은 이렇게 큰 소리로 외치십시오('불쌍한 잭'은 영국의 해군 장교이자, 소설가였던 프레더릭 매리엇[Frederick Marryat; 1792-1848]이 1840년에 출판한 소설이다 — 역주).

"나는 불쌍한 죄인입니다. 그 이외는 아무것도 아닙니다.
그러나 예수 그리스도께서는 나의 모든 것이십니다."

만약 여러분이 자신은 아무것도 아닌 존재라고 인정하고 고백하는 데까지 성장한다면, 여러분은 대단히 많이 성장한 것입니다. 그러나 그 단계에까지 이르는 사람은 매우 적습니다. 만약 그리스도께서 여러분의 모든 것이 되시기까지 성장한다면, 여러분의 삶은 가장 높은 곳에 오른 것입니다. 그러나 유감스럽게도 대부분의 사람들은 이것에 상당히 미치지 못하는 삶을 살고 있습니다. 주님께서 여러분을 영적으로 가장 높은 곳까지 성장하도록 도와주시기를 간절히 기도합니다. 그러기 위해서, 여러분이 날마다 예수님에게 나아오기를 바랍니다. 항상 여러분 자신을 비우십시오. 그리고 주님 안에서 충만하십시오. 여러분은 언제나 연약합니다. 그러므로 주님 안에서 강해지십시오. 항상 여러분이 아무것도 아니라는 사실을 자각하십시오. 그래서 그리스도께서 언제나 또한 영원히 여러분의 모든 것이 되게 하십시오. 형제자매 여러분! 주님께서 여러분을 지켜주시고, 장차 하늘나라로 인도해 주실 것입니다. 그곳에서, 여러분은 하나님을 찬양하고, 그에게 영광을 돌릴 것입니다. 지금부터, 또한 영원히 하나님을 찬양합시다. 오직 그에게만 영광을 돌립시다. 아멘.

제
7
장

—

진정한 제사장, 진정한 성전, 진정한 제사

—

"사람에게는 버린 바가 되었으나 하나님께는 택하심을 입은
보배로운 산 돌이신 예수께 나아가 너희도 산 돌 같이
신령한 집으로 세워지고 예수 그리스도로 말미암아
하나님이 기쁘게 받으실 신령한 제사를 드릴
거룩한 제사장이 될지니라" — 벧전 2:4-5

베드로전서 2장 4절과 5절이 내용상 서로 밀접하게 연결되어 있다는 사실에 여러분이 처음부터 특별한 주의를 기울이기 바랍니다. "보배로운 산 돌이신 예수께 나아가 너희도 산 돌 같이 신령한 집으로 세워지고"와 "예수 그리스도로 말미암아 거룩한 제사장이 될지니라"는 논리적으로 긴밀하게 연결되어 있습니다. 성경 전체를 통해서, 성도들과 그들의 머리가 되시는 하나님 아버지(구약)와 그리스도(신약)의 밀접한 관계에 대해서 끊임없이 언급됩니다. "그리스도 안에서"라는 표현은 신약 기록자들의 신앙 고백의 핵심이라고 말할 수 있습니다. 성도들과 관련해서, 성경에는 훌륭하고 좋은 것과 그들의 특권이나 존귀함 등에 대해서 자주 언급됩니다. 그때마다, 성경은 그들이 오직 주 예수님과 연합되어서만 그것들을 누릴 수 있다고 우리에게 상기시켜 줍니다. 곧, 하나님 아버지께서는 그리스도 안에서 우리를 축복해 주셨으며, 또한 그의 사랑하는 아들 안에서

우리를 자녀로 받아주셨습니다. 머릿돌이신 주님에게로 나아와서, 우리는 성전을 구성하는 지체가 되었습니다. 이스라엘의 거룩한 분이신 주님에게로 와서, 우리는 거룩한 제사장이 되었습니다. 또한 예수 그리스도의 희생 제사로 말미암아, 우리는 신령한 제사를 드립니다. "예수께 나아가"라는 표현은 예수님에게 가장 가까워질 때까지 그에게 더욱더 가까이 나아가라는 뜻입니다. 우리가 예수님에게 더욱 가까이 나아가면, 우리는 모든 면에서 점차 그를 닮아가게 됩니다. 그래서 마침내 우리는 그리스도 예수 안에서 온전하게 됩니다. 우리가 주님과 성령님을 통해서 연합되어 있다는 것을 체험하며 그것을 기뻐하며 누릴 때, 우리는 약속들을 받고, 온갖 축복을 받으며, 또한 특권들을 소유합니다. 그리고 우리는 오직 주님과 하나가 된 사람들만이 할 수 있는 일들을 수행합니다. 오직 위대한 언약의 기초석이신 예수님에게 우리가 나아가야만, 또한 오직 우리가 날마다 주님에게로 나아가서 그를 의지하는 것에 비례해서, 하나님께서 성전 안에 거하시는 것처럼 우리 안에 거하십니다. 오직 "우리가 믿는 도리의 사도이시며 대제사장이신"(히 3:1) 주님과 하나가 되어야만, 하나님 아버지께서는 우리가 제사장으로서 그를 섬기는 일을 허락하시며, 또한 우리가 드리는 "신령한 제사"(헬라어 원문에는 '프뉴마티카이 튀시아이'로서, 문자적으로는 '영적인 희생 제물들'이라는 뜻이다. KJV에는 'spiritual sacrifices'로 번역되었다 — 역주)를 기쁘게 받으십니다.

이 진리를 항상 마음속에 새겨두기 바랍니다. 왜냐하면 오늘날 우리의 믿음에 대해서 그릇되게 판단하는 사람들이 많이 있기 때문입니다. 어떤 사람에 대한 진정한 판단은 그가 그리스도와 어떤 관계에 놓여 있는가에 달려 있습니다. 곧, 그가 주님 안에 있는지, 또한 그가 주님을 믿는지 그렇지 않은지에 의해서 평가되는 것입니다. 만약 그가 주 예수님을 믿는다면, 그는 주님 안에 있습니다. 주님에게로 나아와서, 그는 신령한 집의 한 부분으로 세워지게 됩니다. 그러나 만약 그가 그리스도 안에 있지 않으면, 그는 자신이 원하는 대로 자기 이름을 부를 수 있습니다. 그는 자신에 대해서 이런저런 교만한 주장을 할 수도 있습니다. 그러나 그는 한계선을 넘어서며 진리를 벗어나서 자기 자랑을 늘어놓는 것입니다. 그리스도에게 연합된 것은 어떤 사람이 참된 교회와 연합되어 있는지에 대한 유일한 시금석입니다. 우리가 이른바 기독교에서 가장 정통적인 교회의 교인이라고 하더라도, 만약 우리가 성령님을 통해서 영적으로 그리스도와 연합되어 있지 않다면, 정통 교회에 형식적으로 속해 있다는 것은 우리에게 아무런 도움을 주지 못합니다. 그리스도 없이, 우리가 아무것도 할 수 없습니다. 또한 우리는 아무것도 아닌 허무한 존재입니다. 우리가 어떤 교회의 교리를 따르지 않기 때문에, 그들은 우리의 신앙이 그릇된 것이라고 비판합니다. 그들은 이렇게 외칩니다. "보라! 여호와의 성전이라. 우리는 바로 여호와의 성전이라"(참조. 렘 7:4). 그들은 자신들의 교회가 바로 '그 유일한 교회'라고 주장합니다. 그래서 그 교회의 울타리 밖에는 구원이 없다고 주장합니다. 형제자매 여러분! 그들의 말에 귀를 기울일 필요가 없습니다. 왜냐하면 만약 여러분이 그리스도 안에 있으면, 여러분은 신령한 집으로 세워지는 것입니다. 또한 여러분은 참된 교회의 지체를 이루는 것입니다. 만약 여러분이 산 믿음을 갖고 예수님에게 나아왔다면, 만약 여러분이 날마다 주님에게로 나아가서, 그를 의지하며, 그를 위해서 산다면, 여러분은 하나님의 제사장들인 것입니다. 그러므로 사람들에 의해서 임명된 사람들의 비난에 신경을 쓰거나 관심을 가질 필요가 없는 것입니다.

　또 어떤 사람들은 다음과 같은 이유들에 근거해서 우리를 옳지 않다고 판단합니다. 왜냐하면 우리가 그들의 화려한 예배 의식을 받아들이지 않기 때문입니다. 또한 교회는 국왕을 수반으로 하는 국가 체제에 속해야 한다는 것을 우리가 인정하지 않기 때문입니다. 또한 그들의 종교적 전통이 오래 된 것을 우리가 무조건적으로 존중하지 않기 때문입니다. 이러한 요인들은 성경을 제대로 배우지 않고 영적으로 깨어 있지 않은 사람들에게는 대단히 중요합니다. 그러나 성령님의 조명을 통해서, 하나님으로부터 배운 사람들은 그들이 자랑하는 것들이 헛된 것이라는 사실을 분별하고 있습니다. 그들의 비난에 동요되지 마십시오. 아닙니다. 단 한 시간도 흔들리지 마십시오. 왜냐하면 여러분이 신정으로 주 예수님에게 나아왔다면, 주님 자신에 의해서, 여러분은 이미 신령한 집의 한 부분으로 세워졌기 때문입니다. 여러분은 주님께서 친히 하신 이 일을 존중하며, 그것에 대해서 경외심을 가져야만 하는 것입니다. 우리가 주 예수님으로부터 영접을 받은 것은 매우 명예스럽고 또한 고귀한 것입니다. 예수님을 구주로 믿는 사람에게 그는 존귀한 대상이십니다. 만약 여러분이 진정으로 항상 주님에게로 나온다면, 여러분을 비난하는 사람들이 무엇이라고 주장하든지 간에, 여러분은 살아 있는 돌과 같은 존재로서, 신령한 집의 지체가 되었습니다.

　그리고 교황무오설을 주장하는 어떤 사람들은 우리를 자신들의 교인 명부에서 곧바로 삭제하고, 또한 우리를 단지 믿는 척하는 사람들이라고 여깁니다.

왜냐하면 우리가 그들의 교리 가운데 모든 것을 인정하지 않기 때문입니다. 그리고 우리가 그들의 '쉽볼레트'(shibboleth)를 발음하지 못하기 때문입니다('쉽볼레트'['쉬볼렛']는 히브리어로서 '흘러가는 시냇물, 강물'이라는 뜻이다. 사사시대에, 암몬 사람들과 전쟁을 할 때의 참전 문제와 관련해서, 길르앗 사람들과 에브라임 사람들 사이에 분쟁이 일어나게 되었다. 길르앗 사람들은 에브라임 사람들을 구별해 내려고, 요단 강을 건너서 목숨을 건지려고 하는 모든 사람들에게 '쉽볼레트'라는 단어를 발음해 보게 했다. 왜냐하면 에브라임 사람들은 '쉬'라는 발음을 하지 못해서, '십볼레트'라고 말했기 때문이다. 이때, 사만 이천 명의 에브라임 사람들이 죽임을 당했다. 참조. 삿 12:5-6 ─ 역주). 그러나 만약 우리가 진심으로 그리스도에게 계속해서 나아온다면, 만약 주님이 우리의 일상적인 대화의 주요한 대상이라면, 만약 그가 우리의 알파와 오메가라면, 또한 만약 우리가 모든 것의 시작이자 마침으로 주님을 인정한다면(참조. 계 22:13), 인간적으로 매우 훌륭하기는 하지만 믿음과 관련해서는 다른 견해를 지닌 형제들이 우리를 옳지 않다고 보거나, 아니면 인정해 주지 않는 것에 대해서, 우리는 중요하게 생각하지 않습니다. 왜냐하면 우리는 그리스도 안에 있으며, 또한 신령한 집으로 세워져서 하나님께서 우리 안에 거하기 때문입니다.

가톨릭교회의 예수회에 소속된 어떤 신부들이 남태평양의 남양 제도(South Seas)에서 선교하고 있었습니다. 이들이 원주민과 주고받았던 한 가지 에피소드가 위에서 언급한 사실을 뒷받침해 줍니다. 그들은 그리스도를 영접한 원주민들에게 자신들의 교리를 주입시키려고 했습니다. 몇 가지 그림들을 보여주며, 그들은 가톨릭교회에 대해서 가르치기 시작했습니다. 마침 그들은 원주민들에게 어떤 유명한 나무 그림을 보여주었습니다. 원주민들이 물었습니다. "이 나무는 무엇을 뜻합니까?" 신부가 대답했습니다. "이 나무 그림은 가톨릭교회에 대해서 보여줍니다." 그러자 원주민들은 질문했습니다. "그런데 이 뿌리는 무엇입니까?" "오, 뿌리는 예수 그리스도를 가리킵니다." "그렇다면 이 굵은 나무 기둥은 무엇입니까?" "그것은 교황들의 계보입니다. 그들은 이 땅에서 그리스도를 대신하는 분들입니다." "그러면 이 줄기들은 무엇입니까?" "그들은 교회의 주교들입니다." "여기 이 잔가지들은 누구를 가리킵니까?" "그들은 신부들과 교인들입니다." 원주민들은 또 물었습니다. "그런데 나무에서 잘라져서 불속에서 타고 있는 이 불쌍한 가지들은 누구를 뜻합니까?" 어떤 신부가 대답했습니다. "그들은 이단들입니다. 곧, 마르틴 루터나 존 칼빈과 같은 사람들입니다." 원주민들은 한동안 그림을 자세히 들여다보았습니다. 그러자 눈을 비비면서, 그들은 그 그림에 대해서 아직 잘 이해할 수 없다고 자신들의 입장을 밝혔습니다. 그렇지만 그들은 크게 기뻐하며, 이렇게 외쳤습니다. "그러나 우리는 괜찮습니다. 왜냐하면 우리는 뿌리를 갖고 있기 때문입니다. 그래도 우리는 나무뿌리에 붙어 있습니다."

우리도 원주민이 말한 것처럼 말할 수 있습니다. 만약 우리가 우리의 주님이신 예수 그리스도에게 나아왔다면, 그래서 우리가 뿌리에 붙어서 계속해서 자라고 있다면, 우리가 올바른 장소에 위치해 있는 것인지에 대해서 의심할 필요가 전혀 없는 것입니다. 그리스도로부터 자양분을 공급받으면서 자라나는 가지는 틀림없이 참된 포도나무 가지입니다(참조. 요 15:5). 또한 그리스도의 기초석 위에 반듯하게 놓인 돌은 신령한 성전의 한 부분임이 분명합니다. 우리의 유일한 소망은 우리가 그리스도에게 속하며, 또한 그의 안에 존재하는 것입니다. 그리스도 이외에, 우리는 다른 대상을 알지 못합니다. 그리스도를 제외시킨 채, 사람들이 자신들에 대해서 어떤 고상한 명예를 부여한다고 할지라도, 우리는 그들을 알지 못합니다. 또한 우리가 그들에게 복종하지도 않습니다. 그들은 우리에게 자신들이 어떤 사람들인지 설명하려고 합니다. 그러나 우리는 오직 예수님께서 어떤 분이신지를 알 뿐입니다. 요한복음에 이렇게 기록되어 있습니다. "양은 그의 음성을 듣나니 그가 자기 양의 이름을 각각 불러 인도하여 내느니라 타인의 음성은 알지 못하는 고로 타인을 따르지 아니하고 도리어 도망하느니라"(요 10:3, 5). 우리는 이 세상에서 들리는 많은 이상한 음성들을 알지 못합니다. 그 음성들은, 우리가 그것들을 따라와서, 그 권위에 복종하라고 말합니다. 그러나 우리는 시온에 계신 위대하신 왕의 음성만을 알고 있을 뿐입니다. 만약 우리가 주님 안에 있다면, 그는 우리를 기꺼이 맞아들이실 것입니다. 또한 마치 살아 있는 돌들인 것처럼, 오늘도 우리는 그리스도의 신령한 집 안에서 지체들로서 성장해가고 있습니다. 우리는 이 사실을 깨닫고, 그것에 대해서 날마다 기뻐합니다.

오늘 아침에, 나는 여러분에게 다음 사실에 대해서 설명하려고 합니다. 곧, 우리는 그리스도 안에 있습니다. 따라서 우리는 종교적인 의식을 존중하는 사람들이 자신들만이 지니고 있다고 주장하는 모든 것들을 실제로 소유하고 있습니다. 의식주의자들은 믿음의 그림자 안에서 스스로 기뻐합니다. 그러나 우리는 믿음의 실체를, 다시 말해서 참된 믿음을 소유하고 있습니다. 그 이유는 다음과 같습니다. 첫째, 우리는 신령한 집으로 세워지고 있는 성전입니다. 둘째, 우리는 제사장, 곧 "거룩한 제사장"입니다. 셋째, 우리는 특별한 제사(희생 제물들)를 갖고 있습니다(참고. 롬 12:1; 엡 5:2; 빌 4:18; 히 13:15-16). 왜냐하면 우리는 "예수 그리스도로 말미암아 하나님이 기쁘게 받으실 신령한 제사를 드릴" 것이기 때문입니다.

1. 첫째로, 그리스도에게 나아오는 모든 사람들뿐만 아니라 날마다 그에게 더욱 가까이 오는 사람들은 산 돌들로서 하나의 성전으로 세워져갑니다.

한 사람도 빠짐없이, 모든 성도들은 여호와께 하나의 거룩한 성전이 됩니다. 그들은 물질로 지은 옛날의 집과는 대조되는 신령한 집이라고 불립니다. 이스라엘 한가운데인 그곳에 여호와의 영광이 빛나고 있었습니다. 그곳은 여호와의 임재를 상징하는 장소였습니다. 이스라엘 백성은 그 성전을 기뻐했습니다. 그들은 그곳이 터가 높고 아름다운 곳에 위치하고 있으며, 또한 온 세상의 기쁨이라고 여겼습니다(참조. 시 48:2). 이제 우리는 인간의 손으로 만든 이 물질적인 성전과 아무런 관계가 없습니다. 우리는 지금 그 성전을 가까이 하고 있지 않습니다. 왜냐하면 그리스도의 죽음과 부활 이후로, 외형을 지닌 예루살렘 성전은 참되고 영적인 성전에 길을 내주었기 때문입니다. 솔로몬 성전과 관련해서, 우리는 언제나 그것을 존중하는 말을 해야 합니다. 여호와께서 한동안 그것을 예배의 중심 장소로 삼으셨기 때문입니다. 그러나 우리가 그것을 지나치게 존중해서는 안 됩니다. 왜냐하면 하나님께서 그 건물이 웅장한 것에 대해서 대단히 기뻐하신 것은 결코 아니기 때문입니다. 비록 그 성전이 외형적으로는 장엄했지만, 하나님께서는 그 안에서 불과 몇 가지 놀라운 일 밖에는 행하시지 않으셨습니다. 여러분은 다윗이 성전을 건축하려는 계획을 여호와께 말씀드린 것을 기억할 것입니다. 하나님께서는 다윗의 제안 그 자체에 기뻐하시기보다는 오히려 그의 종을 대단히 사랑하셔서, 그 제안을 참작하셨던 것 같습니다. 여호와께서 이렇게 말씀하시기 때문입니다. "내가 이스라엘 자손을 애굽에서 인도하여 내던 날부터 오늘까지 집에 살지 아니하고 장막과 성막 안에서 다녔나니 이스라엘 자손과 더불어 다니는 모든 곳에서 내가 내 백성 이스라엘을 먹이라고 명령한 이스라엘 어느 지파들 가운데 하나에게 내가 말하기를 너희가 어찌하여 나를 위하여 백향목 집을 건축하지 아니하였느냐고 말하였느냐"(삼하 7:6-7). 이와 같이, 여호와께서는 자신을 위하여 먼저 그러한 화려한 궁전을 요구하지 않으셨습니다. 그리고 그 성전이 세워졌을 때에도, 그것의 겉모습을 대단히 존중하지 않으셨습니다. 왜냐하면 그의 종 이사야 선지자를 통해서, 여호와께서 이렇게 말씀하셨기 때문입니다. "하늘은 나의 보좌요 땅은 나의 발판이니 너희가 나를 위하여 무슨 집을 지으랴 내가 안식할 처소가 어디랴 나 여호와가 말하노라 내 손이 이 모든 것을 지었으므로 그들이 생겼느니라 무릇 마음이 가난하고 심령에 통회하며 내 말을 듣고 떠는 자 그 사람은 내가 돌보려니와"(사 66:1-2). 사도들이 활동하던 시대에, 스데반 집사는 산헤드린 공회에서 이스라엘 역사에 대해서 요약하면서 성전에 대해서도 언급했습니다. 그러나 스데반은 자신이 성전을 대단히 중요하게 여긴다고 사람들이 추측할 것 같아서 성전에 대해서 매우 신중하게 말하고 있습니다. "솔로몬이 그를 위하여 집을 지었느니라 그러나 지극히 높으신 이는 손으로 지은 곳에 계시지 아니하시나니"(행 7:47-48). 그리고 나서, 그는 조금 전에 언급했던 이사야서의 구절들을 인용했습니다.

그런데 사도들은 어느 날 헤롯 대왕이 보수한 성전의 맞은편에 앉아 있었습니다. 그들은 커다랗고 아름다운 돌들과 봉헌물들로 꾸민 성전을 보고, 그것에 감탄을 했습니다(참조. 눅 21:5). 그러나 주님께서는 그 영광스러운 모습을 보고 제자들이 경탄하는 것에 전혀 동조하지 않으셨습니다. 그 대신에, 예수님께서 이렇게 말씀하셨습니다. "너희가 이 모든 것을 보지 못하느냐 내가 진실로 너희에게 이르노니 돌 하나도 돌 위에 남지 않고 다 무너뜨려지리라"(마 24:2). 만약 하나님께서 눈으로 보이는 성전에 관심을 가지셨다면, 그는 오늘날까지 그것을 온전히 보존하게 하실 수 있으셨을 것입니다. 그러나 보십시오. 지난밤의 꿈과 같이, 성전에 속했던 것들은 대부분 사라져 버렸습니다. 그 후에, 하나님께서는 그의 종들에게 성전을 다시 새롭게 건축하라고 명령하지 않으셨습니다. 따라서 우리는 신령한 집을 세워나가는 더 숭고한 일을 해야만 합니다. 우리는 손으로 만드는 화려한 건축물을 세우는 일을 할 필요가 없습니다. 오늘날 우리는 겉으로만 화려하고 웅장하게 건축된 교회 건물들을 이곳저곳에서 많이 볼 수 있습니다. 그것들은 이 시대의 나쁜 징조들 가운데 하나라는 사실에 나는 두려움을 느낍니다. 그러한 장소들에서 드려지는 예배는 내면적이고 영적인 예배로부터 이탈되었다는 것을 암시해 줍니다. 옛날에 호세아 선지자는 이렇게 말했습니다.

"이스라엘은 자기를 지으신 이를 잊어버리고 왕궁들을 세웠으며"(호 8:14). 오늘날 하나님을 순수하고 영적으로 경배하는 것에서 이탈하여, 외적이고 물질적인 예배의 비천한 요소들로 되돌아가려고 하는 종교 의식들이 이곳저곳에서 거행되는 것을 볼 때, 나는 두렵습니다. 심지어 좀 더 순수한 부류의 사람들도 그들의 눈에 두드러지게 보이는 의식적인 예배를 갈망합니다. 또한 기쁨을 조장하려는 음악과 성화를 비롯한 미술품들이 예배의 장식물로 이용되고 있습니다. 그러나 영원한 존재이신 하나님께서는 하늘을 지으시고, 그곳을 수많은 별들로 수놓으셨습니다. 그것은 어떤 설계사가 설계한 것보다, 어떤 건축자가 재물을 들여서 짓는 것보다, 어떤 장인이 기술을 발휘해서 만드는 것보다, 훨씬 더 영광스러운 성전인 것입니다. 하나님께서 지으신 광활한 우주와 비교해 볼 때, 사람들이 만든 모든 건축물은 어린아이의 장난에 지나지 않습니다. 하나님께서 창조하신 우주는 무한하신 분의 성전입니다. 우리에게 가장 매력적으로 들리는 음악도 하나님의 귀에는 분명히 불협화음에 불과할 것입니다.

모든 피조물이 하나님을 영원토록 찬양하는 천국에 대해서 사도 요한이 다음과 같이 말한 것은 중요한 의미를 지니고 있습니다. "성 안에서 내가 성전을 보지 못하였으니 이는 주 하나님 곧 전능하신 이와 및 어린 양이 그 성전이심이라"(계 21:22). 새 예루살렘 성에서는 모든 것이 거룩합니다. 그러므로 그곳에 성전이 왜 필요하겠습니까? 그곳에서는 모든 존재가 완전하며, 영원히 하나님을 경배하고, 또한 사랑으로 충만합니다. 그러므로 그곳에서 어떤 장소가 신성한 곳으로 선택되거나, 또한 정해진 시간에 모임을 가질 필요가 없는 것입니다. 이 세상에서, 우리는 점점 거룩해져야만 합니다. 만약 우리가 좀 더 거룩해진다면, 우리는 모든 장소와 시간을 하나님의 것이라고 여길 것입니다. 하나님께서는 어느 곳에나 계시기 때문에, 우리는 언제나 하나님의 성전 안에서 살아가는 것입니다. 만약 우리가 어떤 장소를 거룩하게 여기지만, 다른 장소는 부정하다고 판단한다면, 그것은 단지 우리가 얼마나 마귀를 따르고 있는지에 대해서 드러내주는 것입니다. 여러분이 이러한 끔찍한 미신으로부터 벗어나기를 나는 기도합니다. 어떤 건물이 다른 건물보다 더 거룩하다고 여겨도 된다고, 우리는 그리스도로부터 배우지 않았습니다. 왜냐하면 그리스도께서는 모든 장소와 물건을 깨끗하게 하신다는 것을 우리가 알고 있기 때문입니다. 그러므로 죄악이 오염시켜서 더럽게 만든 것을 제외하고, 우리에게 속되거나 부정한 것은 없습니다. 그러므로 우리는 솔로몬 성전뿐만 아니라 사람의 손으로 만든 모든 물질적인 성전들과도 뚜렷하게 대조되는 신령한 성전입니다.

우리는 신령한 성전입니다. 그럼에도 불구하고, 우리는 실재적인 성전입니다. 사람들은 때때로 영적인 것은 신화적이고 상상에 지나지 않는 것으로 추측합니다. 그러나 우리의 눈에 보이는 것들이 오히려 그림자나 꿈과 같은 것들입니다. 눈으로 볼 수 없는 것들은 본질적이고 실재적이며 영원한 것들입니다. 우리의 주님께서는 자신의 몸을 하나님의 성전이라고 부르셨습니다. 그는 이렇게 말씀하셨습니다. "너희가 이 성전을 헐라 내가 사흘 동안에 일으키리라"(요 2:19). 하나님의 성전으로서, 예수님의 몸은 매우 구체적이며 실제적인 것이었습니다. 예수님께서 인성(人性)과 몸을 지니셨다는 것은 꾸며낸 이야기가 결코 아닙니다. 말씀이 사람이 되셔서, 우리 가운데 사셨습니다. 그래서 사도 요한은 이렇게 증거하고 있습니다. "우리가 그의 영광을 보니 아버지의 독생자의 영광이요 은혜와 진리가 충만하더라"(요 1:14). 예수님의 완전한 몸은 사람이 만든 것이 아니라, 하나님께서 지으신 참 성전이었습니다. 그리고 베드로전서 2장 5절에서 말하는 "신령한 집"도 참되며 실질적으로 존재하는 것으로서, 영적인 성전입니다.

사도 바울도 다음과 같이 증거하며, 동일한 진리에 대해서 말해주고 있습니다. 곧, 우리의 몸이 "너희 가운데 계신 성령의 전"이라고 바울은 말했습니다(고전 6:19). 해당 본문의 앞뒤의 문맥이 입증해 주듯이, 우리의 몸이 성령의 전이라는 주장은 상상에 근거한 것이 아니라, 실질적으로 그렇다는 것입니다. 그러므로 바울은 우리의 몸으로 음행을 범하는 것을 피하라고 권면하고 있습니다(참조. 고전 6:18-19). 우리의 몸의 순결을 지키게 하기 위해서, 바울은 어떤 상상에 근거한 개념을 사용하지 않고, 구체적인 이유를 제시하고 있습니다. 바울의 논리가 설득력이 있는 것은 그가 사실에 근거해서 주장하기 때문입니다. 따라서 성도들의 몸은 참으로 또한 실질적으로 성령의 전입니다. 나아가 모든 교회, 선택된 모든 신자들의 공동체, 곧 부르심을 받아서 거듭나고 구원받은 모든 사람들은 "성령 안에서 하나님이 거하실 처소가 되기 위하여 그리스도 예수 안에서 함께 지어져" 가는 것입니다(참조. 엡 2:22). 또한 이것도 사실 그 자체입니다. 고린도전서 3장 16절과 17절을 읽어보시기 바랍니다. "너희는 너희가 하나님의 성전인 것과 하나님의 성령이 너희 안에 계시는 것을 알지 못하느냐 누구든지 하나님의 성전을 더럽히면 하나님이 그 사람을 멸하시리라 하나님의 성전은 거룩하니 너희도 그러하니라." 분명히 이 말씀은 허구도 아니며, 망상도 아닙니다. 혹은 어떤 추상적인 관념만을 더럽힌 것이 아닙니다.

그런데 하나님의 성전은 성도들 안에 실재하지만, 그것은 영적인 것입니다. 곧, 교회는 영적인 사람들, 신령한 사람들로 구성되어 있습니다. 또한 그 성전의 존재 방식은 영적입니다. 다시 말해서, 그 성전은 영적인 방식으로 존재합니다. 여러분의 눈은 아직 하나님이 거하시는 그 교회, 곧 하나님의 영광으로 충만한 하늘나라의 그 교회(the Church)를 볼 수 없습니다. 오늘날 '교회'라는 말은 대단히 잘못 사용되고 있습니다. 그래서 사람들은 뽀족탑이 세워져 있고, 돌이나 벽돌을 모르타르로 붙여서 만든 건물을 단순히 교회라고 부릅니다. 그러나 그것은 교회에 대한 정확한 명칭이 아닙니다. 왜냐하면 교회는 신앙인들의 공동체이기 때문입니다. 안타깝게도, 사람들은 '교회'라는 이름을 더욱 그릇되게 적용하고 있습니다. 왜냐하면 모이는 대상들이 거듭났거나 그렇지 않거나를 정확하게 분별하지도 않고, 어떤 사람들은 성직자들을 중심축으로 해서 건물 안에 모이는 사람들을 '그 교회'(the church)라고 부르고 있기 때문입니다. 이 사람들은 "교회에 간다"라는 말을 자주 사용합니다. 그것은 이들이 교회와 관련된 영적인 의미를 올바로 이해하고 있지 않다는 사실을 드러내 줍니다. '교회'라는 표현과 관련된 오해들은 이러한 사항들이 전부가 아닙니다.

눈으로 볼 수 있는 교회 가운데, '그 교회'라고 부르기에 합당한 것은 하나도 없습니다. 예수 그리스도의 교회(the Church of Jesus Christ)는 오늘날 사람들이 교회들에 대해서 말하면서 연상하는 다양한 의미와는 커다란 차이점이 있습니다. 눈에 보이는 교회는 그리스도의 참된 교회가 지닌 요소들을 상당 부분 포함하고 있습니다. 그렇지만 가시적인 교회는 그리스도의 참된 교회와 동일하지 않습니다. 다시 오실 주님처럼, '그 교회'는 아직 감추어져 있습니다. 그러므로 모든 피조물들은 하나님의 아들들이 나타나는 것을 고대하고 있습니다(참조. 롬 8:19). 하나님께서는 도처에 흩어져 있는 백성을 소유하고 계십니다. 그리스도와 함께, 그들의 생명은 하나님 안에 감추어져 있습니다. 바로 이 모든 하나님의 백성이 하나님의 참된 성전을 이루는 것입니다. 그리고 하나님께서 그 성전 안에 거하십니다. 모든 언어와 백성과 나라와 시대로부터 부름을 받은 사람들이 장차 다시 살아날 것입니다. 산 돌로서, 그들은 그리스도 위에 놓일 것입니다. 바로 이들이 참된 성전, 그 교회를 구성할 것입니다. 그 성전은 사람이 세운 것이 아니라, 하나님께서 지으신 것입니다. 왜냐하면 하나님께서는 사람의 손으로 만든 성전에는 거하시지 않기 때문입니다(참조. 행 7:48). 다시 말하면, 그는 사람이 만든 건물에는 거하시지 않습니다. 그러나 여호와께서 영원히 거하실 처소로서, 그는 손수 성전을 만드셨습니다. 그리고 그 안에 거하십니다. 따라서 여호와께서는 이렇게 말씀하셨습니다. "이는 내가 영원히 쉴 곳이라 내가 여기 거주할 것은 이를 원하였음이로다"(시 132:14).

이 성전은 신령한 것입니다. 그러므로 그것은 살아 있습니다. 물질로 만들어진 성전은 죽은 것입니다. 그러나 신령한 성전은 반드시 살아 있습니다. 그러므로 2장 5절은 이렇게 말합니다. "너희도 산 돌 같이." 5절에서, 왜 영어흠정역의 번역자들이 '생기 있는,' '활기 있는'이라는 단어(KJV에서 'lively')로 번역했는지, 나는 잘 이해할 수 없습니다. 왜냐하면 헬라어 원문에서는 '존토스'('living')라는 동일한 형용사이며, 그 단어가 4절에서는 '산 돌'(KJV에서 'a living stone')로 번역되었기 때문입니다(4절과 5절에서, 개역개정에는 '존토스'라는 헬라어 형용사가 '산' — '살아 있는' 또는 '생명을 지니고 있는' — 이라고 동일하게 번역되었다 — 역주). 아마도 성경 번역자들은 번역에 다양성을 부여하려는 좋은 의도에서 그렇게 한 것 같습니다. 그렇지만 그 해석은 바람직하지 않다고 나는 판단합니다. 번역자들은 우리에게 헬라어 원문의 의미를 정확하게 전달해 주어야만 합니다. 그래서 원문의 뜻이 있는 그대로 살아나게 해야 하는 것입니다. 성경의 단순성은 다른 어떤 책이 지니고 있는 다양성보다 더욱 신선한 것입니다. 참된 신자들은 생명력으로 가득한 살아 있는 돌들입니다. 그들은 신령한 생명력으로 넘치고 있습니다. 살아 있는 반석(산 돌)을 구성하는 일부분이 되기 위해서, 그들은 그리스도와 연합하는 것입니다. 하나님께서는 그들을 죽은 사람들로부터 다시 살리셨습니다. 또한 성령님께서 그들을 소유하셨습니다. 이전에 그들은 허물과 죄로 죽어 있었습니다(참조. 엡 2:1). 그러나 하나님께서 그들에게 넣어주신 살아 있는 씨앗에 의해서, 이제 그들은 살아 있습니다. 그래서 현재 그들이 몸을 지니고 있기는 하지만, 바로 그리스도의 생명이 그들 안에서 살고 있는 것입니다. 이런 의미에서, 사도 바울은 다음과 같이 말했습니다. "그런즉 이제는 내가 사는 것이 아니요 오직 내 안에 그리스도께서 사시는 것이라"(갈 2:20). 믿음의 눈으로, 여러분은 영적으로 살아 있는 남자들과 여자들로 구성되어 있는 하나님의 성전을 볼 수 있습니까? 그들은 첫 번째 사람인 아담의 생명을 통해서 영적으로 다시 살아난 것이 아니라, 둘째 아담인 그리스도를 통해서 살아 있는 것입니다. 그 사실에 대해서, 사도 바울은 이렇게 증거합니다. "기록된 바 첫 사람 아담은 생령이 되었다 함과 같이 마지막 아담은 살려 주는 영이 되었나니"(고전 15:45). 여러분은 영적으로 살아 있는 모든 신앙인들을 하나의 공동체로 만드는데 참여하십시오. 그리고 그 안에서, 여러분은 진정한 자유를 누리는 삶을 사십시오. 그러면 여러분은 여호와께서 영원히 거하시는 거룩한 대성전을 갖게 될 것입니다.

우리는 신령한 집입니다. 그러므로 우리는 신령하게 세워졌습니다. 그러므로 5절에서, 베드로는 "신령한 집으로 세워지고"라고 말합니다. 곧, 성령님을 통해서, 여러분은 영적인 방법으로 세워진 것입니다. 여러분은 남자와 여자들에게 어떤 규정들을 강제로 적용시키며, 그들을 교회라고 부를 수 없는 것입니다. 하나님의 영이 그들을 올바로 연결시켜 주시지 않는다면, 비록 그들이 스스로 원해서 모인다고 하더라도, 그들은 여호와를 위한 성전은 되지 못합니다. 하나님의 성전은 저절로 세워지지 않습니다. 사람이 그것을 지을 수도 없습니다. 오직 그것은 하나님의 역사로 세워지는 것입니다. 하나님의 영은 인간 본성의 채석장에서 죽어 있는 돌들을 잘라내십니다. 그는 그것들을 지금까지 꼭 붙어 있던 세상의 덩어리로부터 분리시키십니다. 성령님께서는 돌들에게 생명을 주십니다. 그리고 그는 그 돌들의 모양을 다듬으시고, 네모반듯하게 만드시고, 또한 윤기가 나게 하십니다. 도끼나 망치 소리 같은 것은 들리지 않지만, 그것들은 각각 정해진 곳으로 옮겨집니다. 그 다음에, 그 돌들은 그리스도 예수 위에 올려놓아집니다. 옛날 이교도들이 만들어 낸 고대 그리스 신화에는 오르페우스(Orpheus)의 음악에 대한 이야기가 있습니다. 그는 노래와 연주를 대단히 잘했다고 합니다. 그가 꿀같이 감미로운 음악을 연주하면, 그 소리가 너무 아름다워서, 심지어 나무들과 돌들까지도 그의 주변에서 춤을 췄다고 합니다. 또한 오르페우스가 계속해서 수금을 연주하며 노래하는 동안에, 그의 명령에 따라서, 바위들은 스스로 쌓아올려져서 성전이 되었다고 합니다. 우리의 주 예수님의 경우와 관련해서, 그의 안에서 성전이 세워진다는 것은 신화 속의 이야기가 아니라, 진정한 사실입니다. 성령님에 의해서, 하나님의 말씀의 음악은 세상의 이곳저곳에 놓여 있는 돌들을 한 곳으로 오게 합니다. 그리고 그것은 그 돌들을 하나하나 그리스도의 기초석 위에 적합하게 놓이게 합니다. 마침내 주님 안에서, 그 돌들은 성전이 되어, 하나님을 찬양합니다. 성령님께서 우리에게 이와 같은 방식으로 역사해 주시기를 기도합니다. 그래서 우리 안에 영원히 복되신 성령님께서 거하시기를 간절히 바랍니다. 성령님에 의해서, 이미 오래 전에, 여러분과 나는 그리스도께서 머리가 되시는 교회로 인도함을 받았습니다. 어떻게 우리가 그리스도 위에 세워지게 되었는가를 숙고해보며, 우리를 이곳으로 옮겨놓은 그 손을 찬양합시다. 언제나 모퉁잇돌이 되시는 주님에게로 더욱더 가까이 나아갑시다. 무한한 사랑으로, 하나님께서는 이전에 우리를 이 세상으로부터 떼어내서서, 그 모퉁잇돌에 단단하게 붙이셨습니다. 지금도 동일한 사랑으로, 하나님께서 우리를 산 돌이신 예수님에게 꼭 붙어 있게 하십니다. 그러므로 아무도 우리를 그에게서 떼어놓을 수 없습니다. 우리는 모두 그 하나님을 찬양합시다.

　사랑하는 여러분! 우리는 신령한 집입니다. 그러므로 영이신 하나님께서 우리 안에 거하시기에 더욱 적절한 곳이 되어야 할 것입니다. 만약 여러분이 잠깐만 생각해 본다고 하더라도, 하나님께서 성전의 벽 안에 거하신다는 것은 불가능합니다. 사람들은 예루살렘 성전의 지붕을 백향목으로 만들었을 것입니다. 성전의 벽은 윤기 나는 대리석으로 장식되었을 것입니다. 그리고 그 위에 황금으로 덧입혀져 있을 것입니다. 그러나 어느 곳에나 존재하실 수 있는 여호와께서 지붕이 씌워져 있고 벽으로 막힌 공간에 갇혀 있으실 수 있습니까? 무한하신 하나님께서는 모든 것을 만드셔서 우주 공간을 채우셨습니다. 또한 그는 그것들 안에 무한한 권능으로 충만하게 임재하십니다. 그는 손을 펼쳐서 자신이 거하실 장막으로서 하늘을 만드셨습니다. 그는 구름으로 자기 수레를 삼으시고, 바람 날개로 다니십니다(참조. 시 104:3). 이러한 하나님께서 사람이 만든 성전 건물의 벽 안에서만 거하실 수 있겠습니까? 단지 어떤 특별한 의미에서, 하나님께서 성전 안에 거하신다고 우리는 말할 수 있을 것입니다. 그러나 하나님의 형상대로 만들어진 영적인 존재들 안에, 하나님께서는 거하실 수 있습니다. 따라서 그들의 지성과 생각과 사랑과 소망과 또한 하나님의 백성에게 주어진 모든 고상하고 영적인 능력 안에, 영이신 하나님께서 거하신다는 것은 그분에게 매우 어울리는 것입니다. 어떤 영적인 존재가 신령한 집에 거한다는 것, 또한 어떤 영적인 존재가 다른 영적인 존재들 안에 거한다는 것, 그래서 그 존재들 모두를 자신이 지닌 탁월함으로 빛나게 한다는 것은 매우 훌륭한 생각이며 계획입니다. 그리고 그것을 실현하는 것이 영이신 하나님에게 결코 불가능한 일이 아닙니다. 성도들의 공동체에서, 신자들은 하나님을 알고, 그를 기억하며, 사랑하고, 또한 그와 대화를 나눕니다. 교회 안에서, 성도들은 하나님을 진심으로 경배합니다. 왜냐하면 참된 경배는 하나님의 백성의 마음속에서 우러나오는 것이기 때문입니다. 그렇지 않은 모든 것은 모조품에 불과한 것입니다.

자신들이 스스로 떼어낸 돌들을 쌓고 있는 이들이여! 여러분의 제단에서 모조품과 같은 예배를 하나님에게 드리지 마십시오. 자신들이 지닌 재능을 자랑하려는 석공들이여! 큰 성당의 둥근 천장 아래에서, 신앙심이 없는 의식을 거행하며, 하나님을 무시하지 마십시오. 그러나 참 신자들이여! 여러분은 진정한 마음으로 하나님을 경배하십시오. 위대한 장인이신 하나님께서 여러분의 마음을 만드시고 새롭게 하셨습니다. 여러분이 예배당 안에 있든지, 아니면 길 가에 있든지, 여러분은 마음으로 하나님께 예배드리십시오, 예수님께서 어떤 사마리아 여인에게 이렇게 말씀하셨습니다. "이 산에서도 말고 예루살렘에서도 말고 너희가 아버지께 예배할 때가 이르리라 아버지께 참되게 예배하는 자들은 영과 진리로 예배할 때가 오나니 곧 이 때라 아버지께서는 자기에게 이렇게 예배하는 자들을 찾으시느니라"(요 4:21, 23). 신령하며 영적인 성전이 세워졌기 때문에, 물질로 지어진 성전은 폐지되었습니다. 바로 교회 안에서, 하나님께서는 자신에 대해서 계시해 주십니다. 만약 여러분이 하나님의 사랑과 권능과 은혜에 대해서 알고 싶다면, 여러분은 하나님의 백성에게 가서 그들 가운데 있어야 합니다. 여러분은 그들의 신앙체험에 대해서 들어야 합니다. 또한 하나님께서 그들에게 어떠한 일을 하셨는지 배워야 합니다. 그리고 만약 하나님의 은혜를 통해서 여러분이 깨닫기를 원한다면, 지식에 넘치는 그리스도의 사랑의 너비와 길이와 높이와 깊이가 어떠한지에 대해서, 성도들이 여러분에게 설명하게 해야 합니다(참조. 엡 3:18-19). 왜냐하면 하나님께서 세상에게는 자신을 밝히 드러내지 않으셨지만, 성도들에게 자신에 대해서 분명하게 알게 해주셨기 때문입니다. 하나님께서 세상 사람들에게 다음과 같이 말씀하시지 않았습니다. "내가 그들 안에 거할 것이다. 내가 그들과 동행할 것이다." 바로 교회로부터, 곧 하나님의 신령한 집으로부터, 하나님의 영광의 빛이 사람들에게 비추어집니다. 시편 110편에 이렇게 약속되어 있습니다. "여호와께서 시온에서부터 주의 권능의 규를 내보내시리니 주는 원수들 중에서 다스리소서"(시 110:2).

만약 여러분이 하나님의 영적인 권능을 알기를 원한다면, 영적인 사람들 안에서 또한 그들을 통해서, 그 권능이 어떻게 역사하는가를 관찰함으로, 여러분은 그것을 가장 잘 분별할 수 있을 것입니다. 하나님의 권능에 의해서, 그 영적인 사람들은 다 같이 하나님의 집으로 세워졌습니다. 그리스도의 교회는 하나님의 군대의 막사(幕舍)입니다. 그곳으로부터, 여호와의 군대는 이 세상의 모든 나라들을 정복하기 위해서 진군합니다. 이 마지막 십자군 전쟁이 진행되는 동안에, 평강의 왕께서 교회 안에 지휘 본부를 설치하셨습니다. 만약 여러분이 어느 곳이 세상의 중심이냐고 질문한다면, 만약 여러분이 이 불쌍한 세상에 눈과 영혼의 역할을 해줄 곳을 발견하려고 한다면, 또한 만약 여러분이 하나님의 자녀의 영광과 탁월함을 보기를 원한다면, 죽음에서 다시 살아난 살아 있는 돌들인 하나님의 자녀들을 찾아가서, 그들을 자세히 살펴보십시오. 하나님께서 그 돌들을 그리스도의 기초석 위에 올려놓으셔서, 신령한 집으로 지으셨습니다. 그리고 그 집에서, 여러분은 위대하신 왕이신 여호와께서 거하시는 것을 보게 될 것입니다.

　　나는 이제 여러분을 첫 출발 지점으로 다시 안내하려고 합니다. 오늘 설교에서 언급한 모든 것은 그리스도와 연결되어 있습니다. "사람에게는 버린 바가 되었으나 하나님께는 택하심을 입은 보배로운 산 돌이신 예수께 나아가 너희도 산 돌 같이 신령한 집으로 세워지고"(벧전 2:4-5). 그리스도께서 살아 계시기 때문에, 여러분도 살아 있습니다. 그가 모퉁잇돌이 되셨기 때문에, 여러분은 신령한 집으로 세워지게 되었습니다. 여러분이 믿으면 하나님의 영광을 보리라고 말씀하셨기 때문에(참조. 요 11:40), 여러분은 존귀하게 되었습니다. "만물이 주에게서 나오고 주로 말미암고 주에게로 돌아감이라"(롬 11:36). 그러므로 여러분이 그리스도의 지체가 아니면, 여러분은 교회의 구성원이 아닌 것입니다. 만약 여러분이 그리스도의 생명에 의해서 살지 않는다면, 여러분은 산 돌이 아닙니다. 만약 여러분이 그리스도 위에 세워지지 않는다면, 여러분은 신령한 집으로 세워지지 않은 것입니다. 여러분은 그리스도에 대하여 어떻게 생각하십니까?(참조. 마 22:42). 이 질문에 대한 답변이 여러분의 모든 상태에 대한 시금석입니다. 예수님께서 여러분의 구주이십니까? 그분이 여러분의 모든 것이 되십니까? 만약 여러분이 '예'라고 대답한다면, 그것은 하나님께서 여러분을 그의 성전의 한 지체로 세우셨다는 사실에 대해서 증거해 줍니다. 만약 '아니오'라고 대답한다면, 여러분은 성전 밖으로 버려진 돌입니다. 하나님께서 우리에게 은혜를 베푸셔서, 믿음의 공동체로서, 우리가 하나님의 성전이라는 사실을 확실히 알게 해주시기를 바랍니다. 또한 우리가 날마다 그리스도에게 더욱 가까이 나아감으로, 우리가 성령님의 띠를 통해서 그리스도와 영적으로 하나가 되어 있다는 사실을 분명히 깨닫게 해주시기를 간절히 기도합니다.

2. 하나님의 백성은 '신령한 집'일 뿐만 아니라, 또한 '제사장'이라고도 언급되었습니다.

그들에 대해서 개별적으로 말하지 않고, 다 함께 공동체로서 '제사장'이라고 일컬어진 것을 주목하기 바랍니다('제사장'은 헬라어로 '히에라튜마'로서 '제사장[직분]'을 가리킨다. KJV에는 'priesthood'로 번역되었다 — 역주). 모든 하나님의 자녀는 개인적으로도 제사장입니다. 또한 그리스도와 하나 됨을 통해서, 그들은 서로 분리되지 않는 제사장 직분을 공동으로 소유하고 있습니다. 왜냐하면 우리가 여럿이지만 한 몸이기 때문입니다(참조. 고전 10:17). 그러므로 우리는 그리스도와 하나가 되어, 그의 사랑을 실천하는 것을 결코 멈추지 맙시다. 우리는 모두 그리스도 예수 안에서 하나인 것입니다. 우리의 몸은 하나이지만 많은 지체가 있고, 몸의 지체는 많지만 그것들이 모두 한 몸이듯이, 그리스도께서도 우리와 하나 됨을 이루십니다(참조. 고전 12:12). 그리고 하나님께서 짝지어 주신 것을 사람이 나누지 못합니다(참조. 마 19:6).

그리고 우리는 '거룩한 제사장'입니다. 이 표현이 의미하는 바는, 이름뿐이고 세상적인 제사장 직분과는 전혀 다릅니다. 나는 이 세상에서 제사장(사제)들을 보았습니다. 그들은 다양한 복장과 장식들로 치장하고 있습니다. 그것은 꼭 바보들이나 눈을 둥그렇게 뜨고 보는 화려한 의상 전시회를 보는 것 같습니다. 그들의 옷에는 잡다한 것들이 많이 달려 있습니다. 그 색깔도 요란합니다. 삭발을 한 제사장도 있고, 머리를 길게 늘어뜨린 제사장도 있습니다. 이들은 바알 신의 제사장과 같습니다. 이들은 단지 거룩한 것을 모방하는 사람들입니다. 눈에 보이는 신전의 종들입니다. 우상 숭배자들입니다. 이들은 살아 계신 하나님의 제사장들이 아닙니다. 왜냐하면 하나님은 영이시기 때문에, 거룩하고 영적인 제사장들에 의해서 섬김을 받으십니다. 여호와께서 이들에 대하여 다음과 같이 말씀하셨습니다. "드리는 예물은 돼지의 피와 다름이 없이 하고, 분향하는 것은 우상을 찬송함과 다름이 없이 행하는 그들은 자기의 길을 택하며, 그들의 마음은 가증한 것을 기뻐한즉"(사 66:3). 그러므로 이제 그리스도 안에 있는 사람들 이외에, 다른 제사장들은 없는 것입니다. 또한 모든 그리스도인들이 이 제사장 직분을 갖고 있습니다. 모든 그리스도인이 제사장이라는 의미를 초월하고 또한 그것에서 벗어나서, 어떤 사람이 스스로 자신이 제사장이라고 우긴다면, 우리는 그 사람의 근거 없는 주장에 침을 뱉을 것입니다. 우리는 그러한 거짓된 견해에 대해서 생각하는 것 그 자체도 몹시 싫어합니다. 만약 그 사람이 완전히 적그리스도의 편으로 가담한 것이 아니라면, 우리는 그 불쌍한 사람이 옛날 유대교의 의식주의적인 종교로 회귀한 것으로 간주합니다. 그리스도를 믿고 구원받아서, 그의 안에 있는 모든 남성과 여성 신앙인들은 성령님에 의해서 거룩해졌습니다. 그리스도 예수를 통하여, 그들 가운데 단지 몇몇이 아니라, 그들은 모두 하나님을 섬기는 제사장들과 왕들이 되었습니다(참조. 벧전 2:9). 과연 모든 참된 신자들은 제사장들이자 왕들입니다. 그러나 그들은 스스로 그렇게 된 것이 아닙니다. 또한 가톨릭교회에서 주장하는 것이나 그와 유사한 이론들처럼, 그것은 사도들의 뒤를 직접적으로 잇는 것이라고 주장하면서 사람으로부터 유래된 것도 아닙니다. 반면에, 성령님을 통해서, 그들의 위대하신 대제사장과 인격적이며 직접적으로 하나가 됨으로, 그들은 그렇게 되었습니다. 오직 그리스도 안에서, 그들은 하나님을 섬기는 거룩한 제사장들입니다.

> "시온의 주민들아, 복되도다!
> 대속자의 피로 그들은 깨끗이 씻었네.
> 오직 예수님만을 그들은 의지하네.
> 주님은 그들을 하나님을 섬기는 제사장들과 왕들로 삼으셨네.
> 하나님의 사랑이 이 놀라운 일을 이루셨네.
> 왕처럼 다스리려고, 이제 그의 백성들이 일어나네.
> 제사장으로서 하나님께 엄숙한 찬양을 드리며,
> 사람마다 감사의 예물을 드리네."

　모든 성도들이 지니고 있는 제사장 직분은 외면적이거나, 눈으로 볼 수 있는 것이 아닙니다. 그렇지만 이 제사장 직분은 참된 것이며 실제적인 것입니다. 왜냐하면 하나님의 제사장들은 참되고 탁월한 방법으로 제사장들이 되었기 때문입니다. 아론의 뒤를 잇는 제사장들은 출생에 의해서 제사장들이 됩니다. 우리도 마찬가지입니다. 곧, 우리는 고귀하게 영적으로 다시 태어났습니다. 그것을 통해서, 우리에게 제사장 직분이 주어졌습니다. 하나님께서 그 크신 자비로 우리를 새로 태어나게 하셨습니다. 죽은 사람들 가운데서 예수 그리스도를 부활하게 하심으로 말미암아, 그는 우리에게 산 소망을 갖게 해주셨습니다(참조. 벧전 1:3). 또한 우리가 거듭난 날에, 우리는 영적인 제사장 직분도 받았습니다. 그리고 성령의 기름부음을 통해서, 우리는 제사장들이 되었습니다. 왜냐하면 만약 성령님께서 우리 안에 거하시지 않는다면, 우리가 어떤 이름으로 불린다고 하더라도, 우리는 하나님의 제사장들이 아니기 때문입니다. 그러나 남자이든지 아니면 여자이든지, 성령님께서 기름 부으시고 내주하시는 사람은 이미 살아 계신 하나님의 제사장이 되었습니다. 왜냐하면 그리스도 안에는, 남자나 여자의 구별이 없기 때문입니다(갈 3:28). 우리의 성별이 무엇이든지, 우리에게는 이 제사장 직분을 수행할 자격과 권리가 주어져 있습니다. 만약 우리가 성령의 기름 부음을 받았다면, 우리는 하나님으로부터 제사장 직분을 받은 것입니다. 그러므로 아무도 그것을 무효로 만들 수 없습니다. 또한 제사장들로서, 우리는 거룩하게 구별되었습니다.

형제자매 여러분! 하나님을 위해서, 우리는 개개인이 성별된 삶을 구체적으로 이루어가야 할 것입니다. 우리 가운데 어떤 사람들은 이렇게 엄숙하게 선언할 수 있을 것입니다. "만약 우리의 삶에서 무엇인가 고결한 것이 있었다면, 그것은 우리 자신을 하나님께 드린 것이었습니다." 구약시대에 제사장을 구별하여 세울 때, 아론의 후손들의 오른쪽 귓불에 피를 발랐습니다(참조. 출 29:20). 주님의 말씀을 듣기 위해서, 여러분의 귀도 주님에게 속한 것이 아닙니까? 또한 제사장의 오른손 엄지에도 피를 발랐습니다. 여러분의 손도 주님에게 속한 것이 아닙니까? 여러분은 모든 손재주와 능력을 주님을 위해서 거룩하게 사용해야만 합니다. 그리고 제사장의 오른발 엄지에도 피를 묻혔습니다. 그것은 그의 발이 여호와의 것이라는 사실을 보여줍니다. 여러분의 발도 주님의 것이 아닙니까? 하나님의 명령에 따라서, 여러분의 발로 달려가야 한다고 깨닫고 있지 않습니까? 또한 하나님을 섬기는 일을 하고, 하나님의 말씀에 순종해야 한다고 생각하지 않습니까? 여러분은 자신이 주님의 것이라고 시인합니다. 그리스도께서 죽음에 대한 값을 지불하시고 여러분을 사셨기 때문에, 여러분은 자신의 것이 아니라고 고백합니다. 그러므로 여러분은 자신의 몸과 마음과 영혼을 온전히 주님께 드려야만 합니다. 그래서 여러분에게 속한 모든 것을 주님께 드려서, 여러분이 영원히 그의 것이 되기를 바랍니다. 이미 여러분은 하나님의 제사장으로 거룩하게 구별되었습니다. 여러분의 삶 전체를 통해서, 여러분은 자신을 하나님께 날마다 구체적으로 드려야만 합니다.

　　사랑하는 여러분! 우리는 하나님에 대하여 제사장들입니다. 구약시대에, 이스라엘에서 제사장들은 하나님의 백성을 대신해서 하나님과 대화하도록 거룩하게 구별된 사람들이었습니다. 그들은 날마다 아침과 저녁에 희생 제사를 드렸습니다. 또한 분향단에서 향을 피웠습니다. 그리스도를 구주로 믿는 여러분은 이제 모두 제사장들입니다. 모든 사람들을 위해서 그들을 대신해서, 여러분은 하나님께 말씀드리는 제사장들입니다. 마치 인간이 말 못하는 다른 피조물의 대변자이듯이, 여러분은 죄악에 빠져 있는 세상 사람들을 위해서 하나님께 중보 기도를 하는 사람들입니다. 들판과 언덕과 바위와 가축은 말을 할 수 없습니다. 바다의 높은 물결도 마찬가지입니다. 그래서 사람은 다른 피조물들을 대변하는 세상의 눈과 마음과 혀입니다. 그렇지만 마치 하나님 앞으로 끌려나온 가축과 같이, 세상 사람들은 벙어리가 되었습니다. 자신들이 밟고 다니는 땅처럼, 그들은 죽어 있습니다. 그러나 여러분은 그리스도를 믿음으로 다시 살아났습니다. 그러므로 여러분은 온 세상을 위한 제사장들이 되어야 합니다. 여러분은 모든 사람들을 위한 중보자들로 거룩하게 구별되었습니다. 사람들을 위해서, 여러분은 하나님과 대화해야만 합니다. 각 사람의 믿음의 분량에 따라서, 여러분은 함께 사는 모든 사람들에게 하나님께서 베푸시는 축복의 통로가 되어야만 합니다. 세상의 모든 사람들을 위해서 대언하는 사명을 갖고, 여러분은 하나님 앞에 서 있습니다. 여러분은 엄숙하고 진지하게 이 일을 수행해 나가야 할 것입니다.

　　그리고 여러분은 사람들에 대해서도 제사장들입니다. 왜냐하면 제사장들은 사람을 위해서 필요한 일들을 하기 위해서 사람들 사이에서 선택되었기 때문입니다. 제사장들의 입술에는 지식이 있어야 합니다. 만약 여러분이 제사장으로서의 역할을 잘 감당하는 훌륭한 제사장이 되려면, 여러분은 성도들에게 전달된 믿음을 굳게 붙잡고 있어야 합니다. 제사장들은 하나님의 말씀을 가르쳤습니다. 이와 같이, 여러분도 사람들 사이에서 하나님의 은혜에 대한 메시지를 선포해야만 합니다. 세상의 빛으로서, 생명의 말씀을 제시하면서, 여러분은 반드시 세상 속에서 빛을 비추어야만 합니다. 여러분은 이 나라의 선생들이 되어야만 합니다.

여러분이 그 일을 수행하게 하려고, 하나님께서 여러분을 거룩하게 구별하여 세우셨습니다. 그 일을 소홀히 하지 마십시오. 구원을 받지 못한 채 죽은 세상 사람들이 여러분의 집 앞에 놓여 있지 않게 하십시오.

제사장들은 백성을 가르치기도 했지만, 또한 그들은 백성을 위해서 하나님에게 중보 기도를 했습니다. 여러분도 반드시 그렇게 해야만 합니다. 하나님께서 이 세상의 가장 어두컴컴한 곳에도 빛을 비추실 때까지, 여러분은 사람들을 위해서 밤낮으로 기도하는 것을 쉬지 마십시오. 여호와께서 시온을 영화롭게 해주시는 시간이 이르기까지, 여러분은 침묵하지 말고, 끊임없이 하나님께 중보 기도를 하십시오.

또한 제사장들은 하나님의 백성을 일깨워 주어야만 했습니다. 그래서 그들은 은이나 숫양 뿔로 만든 나팔을 지니고 있었습니다(참조. 민 10:2; 수 6:4). 그들은 나팔을 불어서, 새 달과 대보름날을 알렸습니다(참조. 시 81:3). 또한 나팔을 불어서, 그들은 안식일과 절기와 희년을 선포했습니다. 나팔을 불어서, 임박한 전쟁의 위험에 대해서 경고해 주기도 했습니다(렘 6:1). 또한 여호와께서 명령하시는 대로, 광야에서 회중을 불러 모을 때와 진을 출발시킬 때, 제사장들은 나팔을 사용했습니다. 오, 그리스도를 믿는 사람들이여! 여러분은 세상을 영적인 잠에서 깨워야만 합니다. 하나님께서 여러분을 죄와 사망으로부터 다시 살리셨습니다. 그것은 여러분 자신만을 위해서가 아닙니다. 왜냐하면 제사장은 자신만을 위해서 사는 사람이 아니기 때문입니다. 영적으로 무지한 사람들과 생명의 길에서 벗어난 사람들을 불쌍히 여겨서, 여러분을 통해서 그들을 구원에 이르게 하려고, 하나님께서 여러분을 먼저 일으켜 세우셨습니다. 그리고 여러분은 영적인 일에 무관심한 사람들을 깨워서 그들을 그리스도에게 인도해야만 합니다.

제사장들은 백성을 축복했습니다. 하나님의 백성에게 여호와의 이름을 선포하는 것은 제사장들이 지닌 특권이었습니다. 오, 복된 삶을 사십시오. 주님처럼, 사람들을 축복해 주는 삶을 사십시오. 부활하신 예수님께서는 베다니에서 손을 들어서 제자들을 축복하시는 가운데, 그들에게서 떠나 하늘로 올라가셨습니다(참조. 눅 24:50-51). 이 땅에서의 여러분의 삶도 승천하신 예수님의 삶의 모습을 닮으십시오. 곧, 여러분은 하나님으로부터 받은 축복을 사람들에게 나누어 주기 바랍니다. 여러분이 이 세상을 떠나갈 때, 이곳에 잠시 더 머무를 사람들에게 사랑으로 넘치는 마지막 모습을 보여주십시오. 이와 같이 할 때, 여러분은 하나님께서 원하시는 거룩한 제사장이 될 것입니다.

여러분은 제사장 직분을 언제나 어느 곳에서나 수행해야만 합니다. 여러분은 거룩한 제사장입니다. 여러분이 주일에 이곳으로 예배드리러 올 때뿐만 아니라, 항상 제사장으로서의 역할을 감당해야만 합니다. 이 예배당이 다른 장소보다 더 특별한 의미를 지니고 있는 것이 무엇입니까? 언제나, 어느 곳에서나, 여러분은 제사장 직분을 지니고 있습니다. 여러분이 서 있는 장소나 입고 있는 옷은 아무런 영향을 미치지 않습니다. 이 사실은 그리스도인의 삶에 얼마나 고상한 품위를 부여합니까? 제사장의 직분을 올바로 수행하면서, 여러분은 먹고 마시며, 또한 잠을 자고 일어나야 합니다. 침실과 응접실, 일터와 들판과 길거리 등, 이 모든 곳은 여러분이 제사장으로서의 역할을 감당해야만 하는 장소입니다. 반드시 그래야만 한다는 것을 여러분은 깨닫지 못합니까? 왜냐하면 여러분은 여러분의 성전을 항상 몸에 지니고 다니기 때문입니다. 여러분 자신은 계속해서 성전을 만들어 가고 있습니다. 여러분 자신이 하나님의 성전이기 때문입니다. 여러분은 언제나 성전 안에 있습니다. 여러분의 몸이 바로 여러분의 성전이기 때문입니다 (참조. 고전 3:16). 여러분은 항상 성전 안에 있습니다. 여러분은 성전으로 세워졌기 때문입니다. 그리고 기초석 위에 놓인 돌들은 더 이상 움직이지 않기 때문입니다. 그러므로 어느 곳에 있든지, 여러분은 예배와 섬김의 삶을 살아야만 하는 것입니다.

형제자매 여러분! 지금 여러분은 이렇게 살고 있습니까? 여러분은 그렇게 살려고 애쓰고 있습니까? 여러분은 매일 먹는 식사를 성찬으로 여깁니까? 여러분은 일할 때 입는 옷을 예배드릴 때 입는 거룩한 옷으로 간주합니까? 여러분은 일상적인 대화를 향기로운 감사의 예물이 되게 합니까? 여러분의 생각을 지극히 높으신 하나님께 드리는 향기로운 분향(焚香)이 되게 합니까? 이것을 위해서 여러분은 부르심을 받았습니다. 곧, 거룩한 제사장이 되는 것입니다. 만약 여러분 안에 어떤 더러움이 있다면, 그것은 하나님께서 여러분에게 주신 소중한 제사장 직분을 경시하는 것입니다. 여러분 안에 더러움이 있다면, 그것은 마치 구약시대의 대제사장이 하나님께서 지시하셔서 만들어진 영광스러우며 아름다운 예복을 벗어버리고, 어릿광대가 입는 얼룩덜룩한 옷을 입는 것과 마찬가지입니다.

형제자매 여러분! 우리가 출발했던 곳으로 다시 돌아가고자 합니다. 오직 여러분이 그리스도 안에 있을 때, 여러분은 거룩한 제사장입니다. 그리스도는 하나님께서 여러분의 구원을 위해서 선택하신 하나님의 아들이십니다. 여러분은 그리스도 안에서 선택되었습니다. 그리스도는 왕이십니다. 그러므로 그의 안에서, 여러분은 왕 같은 제사장입니다(참조. 벧전 2:9). 그리스도는 거룩한 군주이십니다. 그러므로 그의 안에서, 여러분은 거룩한 나라가 되었습니다. 그는 하나님의 가장 소중하고 특별한 보물이십니다. 그러므로 그의 안에서, 여러분은 특별한 백성이 되었습니다. 그러나 이 모든 것은 여러분이 그리스도와 하나됨을 이루는 데에 근거하고 있습니다. 만약 여러분이 그리스도에게서 떠나간다면, 여러분은 제사장 직분을 잃어버리게 됩니다. 오직 우리가 주님 안에 거할 때, 우리는 하나님께서 부여하시는 존귀와 영광의 지위를 누리며 사는 것입니다.

3. 이제 우리가 하나님께 드리는 제사에 대해서 살펴보려고 합니다.

곧, 우리는 "예수 그리스도로 말미암아 하나님이 기쁘게 받으실 신령한 제사를"(벧전 2:5) 드리는 것입니다.

우리는 물질적으로 드리는 제사가 아니라, '신령한 제사'를 드립니다. 여러분이 잘 알고 있는 대로, 구약시대에, 사람들은 율법을 따라서 수소와 숫양과 염소 등을 희생 제물로 드렸습니다. 그러나 여호와께서 그것들 자체에 커다란 관심을 가지셨던 것이 결코 아닙니다. 구약시대에, 여러 사람들의 입을 통해서, 성령님께서는 희생 제물들 그 자체를 대단히 중요하게 여기시지 않는다고 때때로 지적하셨기 때문입니다. 다윗은 자신의 죄에 대해서 뼈저리게 뉘우쳤습니다. 다윗은 신약시대의 복음을 연상케 하는 말을 하면서, 참회하는 마음이 없이, 율법의 규정대로 희생 제물만을 드리는 것은 효과가 없다는 사실을 그는 깨달았습니다. 그래서 다윗은 다음과 같이 고백하고 있습니다. "주께서는 제사를 기뻐하지 아니하시나니 그렇지 아니하면 내가 드렸을 것이라 주는 번제를 기뻐하지 아니하시나이다"(시 51:16). 또한 하나님께 찬송하며 감사하는 것과 관련해서, 다윗은 이렇게 말합니다. 하나님께 찬송하며 감사하는 "이것이 소 곧 뿔과 굽이 있는 황소를 드림보다 여호와를 더욱 기쁘시게 함이 될 것이라"(참조. 시 69:30-31). 시편 40편에서, 다윗은 좀 더 광범위한 주제와 연결시키면서, 제사와 예물에 대해서 언급하고 있습니다. "주께서 제사와 예물을 기뻐하지 아니하시며 번제와 속죄제를 요구하지 아니하신다"(시 40:6). 나아가, 그는 그 주제를 메시야와 연결시키면서 계속해서 이렇게 말합니다. "그 때에 내가 말하기를 내가 왔나이다 나를 가리켜 기록한 것이 두루마리 책에 있나이다 나의 하나님이여 내가 주의 뜻 행하기를 즐기오니 주의 법이 나의 심중에 있나이다"(시 40:7-8). 그런데 히브리서 기자는 시편 40편의 이 두 절을 인용하면서, 그것에 대해서 다음과 같이 명확하게 해석하고 있습니다. "그 첫째 것을 폐하심은 둘째 것을 세우려 하심이라"(히 10:9). 다시 말해서, 첫째 것은 구약시대의 희생제사 제도를 가리킵니다. 그리고 둘째 것은 영원한 효력을 지닌 그리스도의 단 한 번의 희생 제사를 통하여, 하나님의 뜻이 성취된 것을 뜻합니다.

　　희생 제사를 드리기 위해서, 이제 여러분과 나는 양이나 수소나 염소를 가져오지 않습니다. 그러나 우리는 하나님을 더욱 기쁘시게 하는 진정한 제사를 드립니다. 하나님의 말씀인 성경에 이렇게 기록되어 있습니다. "하나님께서 구하시는 제사는 상한 심령이라 하나님이여 상하고 통회하는 마음을 주께서 멸시하지 아니하시리이다"(시 51:17). 내가 방금 인용한 성경 구절은 우리가 어떠한 제사를 드려야 하는지를 분명하게 보여주고 있습니다. 왜냐하면 주님을 본받아서, 우리도 다음과 같이 고백해야만 하기 때문입니다. "나의 하나님이여 내가 주의 뜻 행하기를 즐거워합니다"(참조. 시 40:8). 바로 이것이 우리가 드려야 하는 진정한 제사입니다. 사무엘 선지자를 통해서, 여호와께서 이전에 다음과 같이 말씀하시지 않았습니까? "여호와께서 번제와 다른 제사를 그의 목소리를 청종하는 것을 좋아하심 같이 좋아하시겠나이까 순종이 제사보다 낫고 듣는 것이 숫양의 기름보다 나으니"(삼상 15:22).

　　사랑하는 여러분! 그러므로 오늘날 여러분이 하나님의 뜻이 무엇인지 깨닫기 위해서 끊임없이 추구할 때, 그것에 주의하려고 세심하게 노력할 때, 또한 진심으로 하나님의 뜻을 행할 때, 예수 그리스도를 통하여 여러분은 제사장들로서 하나님께서 기쁘게 받으실 신령한 제사를 드리는 것입니다. 우리는 다양한 형태로 이 제사를 드립니다. 예를 들면, 사도 바울은 우리에게 이렇게 권면합니다. "그러므로 형제들아 내가 하나님의 모든 자비하심으로 너희를 권하노니 너희 몸을 하나님이 기뻐하시는 거룩한 산 제물로 드리라 이는 너희가 드릴 영적 예배니라"(롬 12:1). 하나님께 드리는 제사로서, 여러분은 여러분 자신을, 곧 마음과 뜻과 힘과 몸을 하나님께 드려야 합니다(참조. 막 12:30; 눅 10:27). 히브리서 기자는 우리에게 다음과 같이 권고합니다. "오직 선을 행함과 서로 나누어 주기를 잊지 말라 하나님은 이 같은 제사를 기뻐하시느니라"(히 13:16). 또한 여러분은 하나님께 언제나 찬양의 제사를 드려야 합니다. "우리는 항상 찬송의 제사를 하나님께 드리자 이는 그 이름을 증언하는 입술의 열매니라"(히 13:15). 그리고 여러분은 하늘 보좌에 계신 하나님에게 거룩한 기도의 향기가 올라가게 해야 합니다. 그런데 나는 이 모든 것들이 다음 한 마디에 포함되어 있다고 생각합니다. "나의 하나님이여 내가 주의 뜻 행하기를 즐기오니"(시 40:8). 복음서에 보면, 예수님께서 말씀하시자, 어떤 서기관은 이어서 다음과 같이 지혜롭게 대답했습니다. "또 마음을 다하고 지혜를 다하고 힘을 다하여 하나님을 사랑하는 것과 또 이웃을 자기 자신과 같이 사랑하는 것이 전체로 드리는 모든 번제물과 기타 제물보다 나으니이다"(막 12:33).

사랑하는 성도 여러분! 여호와의 뜻을 구체적으로 실천하면서 살아가십시오. 자기 자신을 옆으로 제쳐 놓으십시오. 자신만을 위해서 모든 것을 추구하는 삶을 멀리 던져 버리십시오. 그 대신, 전적으로 예수님만을 높이는 삶을 사십시오. 구원에 대한 기쁜 소식을 전하고 증거하십시오. 하나님의 뜻을 행하십시오. 그러면 여러분은 거룩하게 구별된 삶을 살 것입니다. 언제나 하나님을 바라보며, 그의 영광을 위해서 사십시오. 그래서 하나님께 끊임없이 신령한 제사를 드리십시오.

베드로전서 2장 5절에서, 베드로는 "예수 그리스도로 말미암아 하나님이 기쁘게 받으실"이라고 언급합니다. 그는 우리가 주 예수님에게 의존하고 있다는 점을 상기시켜 줍니다. 따라서 예수님의 제사를 제외한다면, 여러분은 하나님께 드려야 할 제사가 없습니다. 자기 자신을 비우고 부인하신 예수님의 정신으로 여러분이 살아야만, 하나님께서 기쁘게 받으시는 삶의 제사를 여러분은 그분께 드릴 수 있습니다.

여러분이 드려야 하는 신령한 제사에 대해서 나는 이미 많은 것을 말했습니다. 이제 설교를 마무리하고자 합니다. 사랑하는 성도 여러분! 여러분은 제사장이라는 존귀한 직분을 잘 감당하기 바랍니다. 그리고 그 일을 하면서, 기뻐하십시오. 여러분이 가난합니까? 여러분이 잘 알려지지 않은 미천한 사람입니까? 먹고 살기 위해서, 여러분은 날마다 열심히 일해야만 합니까? 그렇다고 하더라도, 세상 사람들 앞에서 여러분이 미천한 지위에 있는 사람처럼 처신하지 마십시오. 왜냐하면 여러분은 하나님의 제사장들이기 때문입니다. 오늘 여기 이 거룩한 집회에 참석했을 뿐만 아니라, 논밭에서 아니면 가게에서, 하나님의 제사장 직분을 열심히 감당하는 여러분을 생각할 때, 나는 매우 기쁩니다. 이곳저곳에, 하나님의 제사장들은 많이 있습니다. 여러분의 주변에, 그러한 거룩한 제사장들이 많이 있습니다. 신령하지 않은 세상적인 제사장들은 성직자용 사각모(biretta)를 쓰며, 빳빳한 칼라로 세워진 상의(上衣)를 입습니다. 또한 그들은 거의 발끝까지 내려오는 긴 겉옷으로 자신을 화려하게 치장하고 있습니다. 그러나 하나님의 제사장들의 구체적이며 거룩한 삶의 모습을 통해서, 여러분은 그들을 알아차립니다. 만약 여러분이 하나님께서 보시기에 거룩한 삶을 살고 있다면, 여러분은 제사장 직분을 입증해 주는 옷을 입고 있는 것입니다. 만약 세상이 주님을 부인했던 것처럼, 세상이 여러분을 인정해 주지 않는다고 하더라도, 여러분은 염려할 필요가 전혀 없습니다. 세상이 여러분을 그들의 성전을 짓는데 사용하는 것을 거부한다고 하더라도, 여러분은 걱정하지 마십시오. 왜냐하면 주님께서 여러분을 아시기 때문입니다. "그러나 하나님의 견고한 터는 섰으니 인침이 있어 일렀으되 주께서 자기 백성을 아신다"(딤후 2:19). 하나님께서 여러분을 그의 신령한 성전의 지체들로 세우셨습니다. 성령님을 통해서, 그는 여러분 안에 사십니다. 여러분과 함께 길을 가십니다. 그리고 하나님께서 여러분과 영원히 함께 하실 것입니다.

이제 여러분의 책임에 대해서 잘 이해하도록 하십시오. 사방을 주의 깊게 살펴보며, 걸어가십시오. 왜냐하면 여러분이 무엇을 하든지, 그것은 '거룩한 제사장'의 행위의 일부를 구성하는 것입니다. 하나님의 제사장은 모든 일을 분명하게 처리하고 신뢰할 만한 사람이어야 합니다. "여호와의 언약궤를 메고 가는 사람은 자신을 깨끗하게 해야 합니다." 여호와의 집에는 세상적인 이익을 위해서 물건을 사고파는 사람들이 있어서는 결코 안 됩니다. 또한 그곳을 드나드는 사람들 가운데 도둑들과 강도들이 있다면, 그들은 그 집을 더럽히는 것입니다. 그러면 그리스도께서 그 집을 깨끗하게 하실 것입니다. 제사장으로서 여러분은 항상 책임 의식을 분명하게 갖고 있어야 합니다. 그러므로 나는 여러분이 온전한 삶을 살기를 간청합니다. 예수님께서 제자들에게 이렇게 말씀하셨습니다. "하늘에 계신 너희 아버지의 온전하심과 같이 너희도 온전하라"(마 5:48). 제사장 직분에 어울리는 거룩하게 구별된 삶을 살기 바랍니다. 여러분과 관련된 모든 것은 "여호와께 성결"(출 39:30)이라고 새겨진 표시를 지니고 있어야 합니다.

그리고 하나님께서 여러분에게 얼마나 놀라운 은혜를 베푸셨는지 이제 한 번 더 살펴봅시다. 지난 날, 여러분은 하나님과 원수 관계에 있었습니다. 그러나 이제 하나님의 제사장들이 되었습니다. 이전에 여러분은 세상에 속한 사람들이었습니다. 하지만 이제 여러분은 하나님의 백성이 되었습니다. 과거에 여러분은 하나님의 자비를 체험하지 못했습니다. 그러나 지금은 자비를 얻었습니다. 지난 날 여러분은 어둠 속에서 헤매면서 살았습니다. 그러나 이제 주님 안에서, 여러분에게 하늘의 빛이 비추었습니다. 한때 여러분은 사탄의 종노릇을 했습니다. 그러나 지금은 감사와 기쁨으로 하나님을 섬기는 제사장입니다. 가서, 제사장으로서 온전하고 거룩한 삶을 살기 바랍니다. 그러면 사람들이 여러분에 대하여 이렇게 말할 것입니다. "과연 그들은 여호와의 제사장들입니다." 마음과 생각과 행위를 통해서, 여러분이 하나님의 고귀한 성품을 나타내 보이기를 간절히 바랍니다. 그리고 항상 하나님을 찬양하십시오. 여러분은 제사장이라는 귀한 직분을 받았습니다. 그것을 존중하십시오. 그 직분에 어울리는 삶을 사십시오. 그 직분을 온전히 감당하기 위해서, 하나님께서 여러분에게 은혜를 베풀어 주시기를 간구하십시오. 제사장 직분이 여러분을 얼마나 존귀하게 만들어 주는지에 대해서 생각해 보십시오. 베드로전서 2장 7절에 "(그 모퉁잇돌은) 믿는 너희에게는 보배"라고 기록되어 있습니다. 그것은 예수님을 믿음으로 여러분이 존귀와 영광을 받는다는 것을 뒷받침해 줍니다('보배'에 해당하는 헬라어 명사는 '티메'이다. 그것은 '소중한 가치,' '영광' 및 '존귀' 등을 뜻한다. KJV 에는 'precious'로 번역되었다 — 역주). 곧, 그리스도를 여러분의 구주로 영접하고 모신다는 것은 여러분의 영광인 것입니다. 그리스도의 종이 된다는 것은 여러분에게는 영광인 것입니다. 또한 그리스도와 같이 된다는 것도 여러분에게 영광스러운 것입니다. 하나님의 은혜로 말미암아 여러분이 제사장이 되었다는 것은 여러분의 영광인 것입니다. 그리고 장차 여러분은 새 예루살렘 성에서 하나님과 영원히 함께 있게 되는 영광을 누릴 것입니다.

제
8
장

—

믿음의 확실한 기초

—

"그를 믿는 자는 부끄러움을 당하지 아니하리라" —
벧전 2:6

지난 주일에, 나는 왜 예수 그리스도를 믿어야 하는지에 대해서 설교했습니다. 영생을 얻기 위해서, 우리가 그리스도를 믿어야 한다는 것은 하나님의 증거에 근거하는 것입니다. 하나님 아버지께서 친히 그의 아들에 관해서 증거해 주셨습니다. 우리의 감정이나 체험에 기초해서가 아니라, 하나님의 증거에 근거하여 우리는 믿어야 하는 것입니다. 지난 주일의 설교에서, 나는 그 사실에 대해서 매우 분명하게 설명하려고 노력했습니다. 하나님께서 그 설교를 통해서 축복하시고 은혜를 베푸신 것을 알고 나는 매우 기뻤습니다. 예배가 끝난 후에, 다섯 명의 젊은이들이 나에게 왔습니다. 그들은 이렇게 말했습니다. "목사님은 하나님께서 그의 아들에 관해서 말씀하시고 증거하셨다고 설명해 주셨습니다. 또한 그것에 근거해서, 그리스도를 구주로 믿는 것이 진정한 구원의 길이라고 말씀하셨습니다. 그렇다면, 우리는 확실히 구원을 받았습니다. 우리도 주님의 편에 속해 있다는 사실을 분명하게 밝히려고 앞으로 나왔습니다." 만약 어떤 어부가 한 장소에서 많은 물고기를 낚았다면, 그는 기꺼이 그곳에서 다시 물고기를 잡으려고 할 것입니다. 그러므로 지난번에 낚시질을 하던 지점과 매우 가까운 곳에서, 곧 지난 주일의 설교와 매우 밀접하게 관련되어 있는 주제에 대해서, 나는 두 번째로 낚싯줄을 던지려고 합니다. 나는 두 가지 사항을 기대하면서, 오늘 주제에 대해서 기꺼이 설교하고자 합니다. 첫째, 그리스도에게 나아와서, 그를 구주로 영접한 사람들이 자신들의 믿음을 더욱 굳게 자라나게 하기를 바랍니다. 둘째, 그들의 구원의 기초가 무엇인지에 대해서 좀 더 분명하게 알기를 원합니다. 지난 주일에, 나는 왜 믿어야 하는가에 대해서 설명했습니다. 그러나 이번 주일에는, 무엇을 믿어야 하는가에 대해서 밝히고자 합니다. 오늘은 믿음의 이유에 대해서가 아니라, 믿음의 대상에 대해서 생각해 보려고 합니다. 곧, 믿음과 관련하여, 우리가 어떤 사실들을 받아들여야 하는지, 또한 우리가 믿는 예수 그리스도는 어떤 분인지에 대해서 살펴보려고 합니다. 지난 주일에, 바로 여호와 하나님께서 왜 믿어야 하는지에 대한 근거를 제공하셨다는 사실을 우리는 깨달았습니다. 이제 우리는 그 근거 자체에 대해서 숙고해 보려고 합니다.

신약에서 서신서의 기록자들은 베드로전서 2장 6절에 들어 있는 내용을 기꺼이 자주 인용했습니다. 여러분이 로마서를 읽어보면, 사도 바울이 그 내용을 여러 곳에서 언급하고 있다는 것을 발견하게 될 것입니다. 로마서 9장의 마지막 절에는 다음과 같이 기록되어 있습니다. "그를 믿는 자는 부끄러움을 당하지 아니하리라"(롬 9:33). 또한 10장 11절에서도, 바울은 그 구절을 인용하고 있습니다. 그것은 이사야서 28장 16절을 인용한 것입니다. "그러므로 주 여호와께서 이같이 이르시되 보라 내가 한 돌을 시온에 두어 기초를 삼았노니 곧 시험한 돌이요 귀하고 견고한 기촛돌이라 그것을 믿는 이는 다급하게 되지 아니하리로다"(사 28:16). 바울은 "다급하게 되지 아니하리로다"라는 이사야서의 구절을 "부끄러움을 당하지 아니하리라"로 번역했습니다. 이와 같이, 로마서와 베드로전서의 번역상의 차이로부터, 우리는 두세 가지 뉘앙스를 발견할 수 있습니다. 그렇지만 해당 구절들은 우리에게 거의 같은 의미를 전달해 줍니다. 성경을 통해서, 바로 성령님께서 그 구절을 여러 번 말씀하신 것입니다. 그렇다면, 그것은 하나님의 말씀에서 매우 중요한 것이 틀림없습니다. 성령님께서는 무한히 풍부한 사상을 지니신 분입니다. 그러므로 그는 항상 새로운 개념들을 만들어 내실 수 있습니다. 다양한 언어와 어휘를 통해서, 그는 무한히 풍부하게 표현하실 수 있습니다. 그는 표현에 제한을 받지 않으십니다. 그래서 성경기록자들을 사용하셔서, 성령님께서 이사야서와 로마서 및 베드로전서에서 다양하게 표현하시는 것입니다. 그리스도를 믿는 것과 관련하여, "그를 믿는 자는 부끄러움을 당하지 아니하리라"는 표현이 다른 어떤 것보다 적절하기 때문에, 성령님께서 이 구절을 성경에서 여러 번이나 인용하게 하셨다고 우리는 확신합니다. 성경의 원저자(原著者)이신 성령님에게 이 구절은 너무나도 중요하고 강조적인 의미를 지닌 것이었습니다. 그래서 그는 이 구절이 성경에서 여러 차례 반복되게 하셨습니다. 그 말씀을 수금(竪琴)에 비유한다면, 그것은 최상급의 수금입니다. 그러면 그 악기로 연주해 봅시다. 그리고 그 아름다운 가락이 우리의 마음속 깊이 울러 퍼지게 합시다. "그를 믿는 자는 부끄러움을 당하지 아니하리라."

1. 오늘 아침, 무엇보다도 신앙인이 지닌 믿음의 기초에 대해서 숙고해 보려고 합니다.

"그리스도를 믿는 자"라는 본문과 관련하여, 그리스도가 오늘 설교의 주제입니다. 신앙인의 믿음의 기초는 바로 그리스도 예수입니다. 그리스도께서 자신에 대해서 가르쳐 주셨기 때문에, 우리는 그 가르침을 옳은 것으로 받아들입니다. 그런데 믿음의 기초를 이루는 것은 단순한 가르침이나 교리가 아닙니다. 믿음의 기초가 되는 것은 인격체입니다. 그러므로 "그를 믿는 자"라고 표현되어 있습니다. 우리의 믿음의 대상은 하나님의 아들이신 주 예수 그리스도입니다. 우리가 의지하는 대상은 바로 예수 그리스도입니다. 비록 바울은 올바른 내용을 믿었지만, 그는 디모데에게 "나는 내가 믿는 것을 안다"라고 말하지 않았습니다. 그 대신, 그는 다음과 같이 말했습니다. "내가 믿는 자를 내가 알고 또한 내가 의탁한 것을 그 날까지 그가 능히 지키실 줄을 확신함이라"(딤후 1:12). 영혼을 구원해 주는 믿음은 예수 그리스도라는 인격적인 존재를 신뢰하는 것입니다. 또한 그 인격적인 존재는 자신을 신뢰하는 사람들에게 반드시 구원을 가져다주십니다.

그렇다면 내가 어떤 의미에서 예수 그리스도를 믿어야 합니까? 왜 신앙인은 그리스도를 신뢰해야 합니까? 나는 이 질문에 이렇게 답변합니다. 첫째, 하나님께서 인류의 구주로 그리스도를 정하시고 세우셨기 때문입니다. 이사야서에 무엇이라고 쓰여 있는지 주목해 보십시오. "보라 내가 한 돌을 시온에 두어 기초를 삼았노니"(사 28:16). 하나님께서 모든 사람들의 죄를 위한 대속물로 예수 그리스도를 주셨기 때문에, 우리가 그를 믿는 것입니다. 맨 처음 죄가 이 세상에 들어왔을 때, 여호와께서 넘치는 자비로 우리의 첫 조상 아담과 하와에게 최초의 약속을 주셨습니다. 그것은 여자의 후손이 뱀의 머리를 상하게 할 것이라는 약속의 말씀이었습니다(참조. 창 3:15). 우리는 바로 나사렛 예수가 여인의 후손이라고 믿습니다. 또한 우리를 위해서, 바로 그가 뱀의 머리를 상하게 했다는 사실을 믿습니다. 세월이 흘러가면서, 하나님의 약속들은 늘어났습니다. 예수님에 대해서도 다양한 모형과 비유로 설명되었습니다. 그러나 그는 언제나 하나님 아버지께서 보내실 메시야로 묘사되었습니다. 그 메시야는 아담과 하와의 타락으로 비롯된 인류의 불행을 본질적으로 해결할 것입니다. 인간의 죄악을 없애줄 것입니다. 죄악과 허물로 죽은 영혼들을 다시 살릴 것입니다. 그래서 그를 믿는 사람들이 하나님의 자비로 베푸시는 구원에 참여하게 할 것입니다. 이제 이 모든 약속들은 하나님의 아들이신 그리스도 예수 안에서 온전히 성취되었습니다. 그러므로 우리는 예수 그리스도를 의지하는 것입니다. 하나님께서 그를 구세주로 정하시고 세우셨기 때문에, 우리는 그를 구세주로 믿습니다. 하나님의 권위와 권능을 갖고, 그는 하늘 보좌로부터 '평화의 사신'(사 33:7), '평강의 왕'(사 9:6; 히 7:2)이 되려고, 이 땅에 오셨습니다. 그러므로 우리는 기쁨으로 그를 영접합니다. 그래서 우리는 하나님과 화목하게 됩니다. 나사렛 예수는 하나님의 사랑하는 아들이며 기뻐하는 자라고 하나님 아버지께서 증명해 주시는 표징들과 증거들을 우리는 즐겁게 바라봅니다. 우리는 요한의 입을 통해서 증거된 사도들의 신앙 고백을 믿습니다. "아버지가 아들을 세상의 구주로 보내신 것을 우리가 보았고 또 증언하노니"(요일 4:14). 이것이 예수 그리스도에 대한 우리의 믿음을 떠받쳐 주는 위대한 요새입니다.

또한, 그리스도께서 탁월한 인격을 지니고 있기 때문에, 우리는 그를 믿습니다. 우리의 믿음은 인격적인 존재를 믿는 것이라는 사실을 지적하면서, 나는 이 설교를 시작했습니다. 과연 그것은 사실입니다. 우리는 그리스도께서 우리를 구원하신다는 것을 믿습니다. 왜냐하면 그리스도의 본성과 그것의 특징이 인류의 구원자가 되기 위해서 모든 면에서 적합하게 되었다는 것을 우리가 인식하기 때문입니다(그리스도께서 완전한 신성과 완전한 인성을 지니셨으며, 그것이 하나로 연합되어 있음을 가리킨다 — 역주). 인류의 구원자는 사람으로 태어나야 할 필요가 있었습니다. 모든 사람들은 하나님의 율법을 어겼습니다. 한 사람은 반드시 율법을 완벽하게 지켜야만 했습니다. 왜냐하면 오직 사람이 율법에 온전히 순종해야만, 그는 율법의 요구에 제대로 응답할 수 있는 것입니다. 사람이 죄를 지었기 때문에, 우리는 하나님으로부터 징벌을 받을 수밖에 없습니다. 그러므로 오직 한 사람이 인류의 모든 죄에 대한 형벌을 받으므로, 율법의 정당성이 입증되고 충족

될 수 있었습니다. 그것을 위해서, 하나님의 아들이 인간의 몸과 피를 지닌 사람이 되고, 또한 율법의 지배 아래 놓이게 되었다는 사실을 우리는 기쁨으로 깨닫습니다. 동정녀에게서 태어나신 그는 다른 아이들처럼 강보에 싸여져 있었습니다. 다른 아이들과 마찬가지로, 그는 키가 자라며 성장했습니다. 자신을 세상에 나타내는 시간이 이르기까지, 그는 부모와 함께 사셨습니다. 이 세상에 오신 하나님의 아들에 대해서, 요한은 다음과 같이 요약해서 말합니다. "말씀이 육신이 되어 우리 가운데 거하시매 우리가 그의 영광을 보니 아버지의 독생자의 영광이요"(요 1:14). 우리 가운데서, 그는 수고하시고, 고난당하시고, 또한 죽으셨습니다. 참으로 그는 사람이셨습니다. 그러나 그는 결점이 전혀 없으신 완전한 사람이셨습니다. 그러므로 우리를 위해서, 그는 하나님의 율법을 온전히 성취하실 수 있었습니다. 예수님께서 우리의 가장 가까운 혈육이라는 사실을 깨닫고 우리는 기뻐합니다. 또한 완전한 사람이시며, 인류의 둘째 아담이신 예수님께서 우리를 대속하셨다는 사실을 인식하며, 우리는 매우 기뻐합니다.

　　그러나 우리가 예수님을 더욱 굳게 믿게 하는 더 중요한 근거가 있습니다. 그것은 예수님의 인성이 하나님의 신성과 하나로 연합되어 있다는 신비로운 진리입니다. 우리는 다음과 같은 교회의 전통적인 신앙고백에 동의합니다. 곧, "(하나님의 아들 예수 그리스도는) 참 하나님에게서 나신 참 하나님입니다"(니케아 신경 참조). 조금도 양보할 수 없는 의미에서, 또한 말로 표현할 수 있는 가장 큰 강조를 하면서, 우리는 그리스도에 대해서 다음과 같이 고백합니다. "그는 만물 위에 계셔서 세세에 찬양을 받으실 하나님이시니라"(롬 9:5). 그는 "임마누엘이십니다. 즉 하나님이 우리와 함께" 계시는 것입니다(참조. 사 7:14; 마 1:23). 우리는 모두 그를 "나의 주님이시요 나의 하나님이시니이다"(참조. 요 20:28)라고 찬양합니다. 예수님께서 그의 인성 곧 육신을 통해서 고난받으시는 것에 그의 신성은 무한한 가치를 제공한 것이 틀림없는 사실임을 우리는 깨닫습니다. 그가 바로 하나님이시기 때문에, 그는 우리를 구원하는 놀라운 일을 성취하실 수 있었습니다. 예수님을 통해서, 우리는 하나님을 믿습니다. 하나님 아버지께서는 죽은 사람들 가운데서 그를 일으키셨습니다. 예수 그리스도께서 지닌 신성으로 인해서, 그의 거룩한 생명과 고난을 통한 육신의 죽음은 하나님을 믿는 수많은 사람들을 대속하기에 충분한 것이었습니다. 사랑하는 형제자매 여러분! 여기에 우리가 신뢰해야만 하는 것이 있습니다. 우리는 분명히 그를 신뢰할 수 있습니다. 왜냐하면 "그는 참 하나님이시요 영생"이시기 때문입니다(참조. 요 17:3; 요일 5:20). 우리는 자신의 사역을 위해서 완벽하게 준비되신 예수님을 봅니다. 하나님으로서 그는 강하신 분입니다. 하지만 인간으로서 그에게는 사람들을 불쌍히 여기는 마음이 넘칩니다. 그는 영원히 존재하시는 하나님이십니다. 그러나 동시에 인간으로서, 그는 죽음을 당하실 수 있었습니다. 왜냐하면 그는 이 땅에서 인간의 몸을 지니셨기 때문입니다. 오, 영광스러운 분이시여! 그의 이름은 '기묘자'라고 불리기에 적합합니다(참조. 사 9:6). 그토록 편안한 마음으로 신뢰할 수 있는 구원자에 대해서 내 영혼은 온전히 상상할 수 없습니다. 예수님께서는 완전히 신뢰를 받으실 만한 분입니다. 신앙인인 우리가 지금 그와 같은 분을 의지한다는 것은 너무나 당연한 것입니다.

한편으로는, 예수 그리스도께서는 신성을 지니고 계시지만, 다른 한편으로는, 우리와 같은 인성을 갖고 계십니다. 그는 지극히 높으신 하나님의 아들이시지만, 동시에 마리아의 아들이십니다. 그는 "전능하신 하나님이시며 영존하시는 아버지"(사 9:6)이십니다. 그는 사람의 아들로서, 한 아기로 우리에게 태어나셨습니다. 우리는 예수님을 믿습니다. 먼저, 하나님 아버지로부터, 모든 것이 지음을 받기 이전에, 그는 세상의 구원자로 정해지셨습니다. 그 다음, 우리를 구원하시려고 이 땅에 오셨을 때, 신성과 인성을 지니신 그는 그 일을 이루시기 위해서 완벽하게 준비되셨습니다.

그러나 이것이 전부가 아닙니다. 우리가 그리스도를 믿는 또 다른 근거가 있습니다. 곧, 그는 우리의 구원 사역을 실제적이며 구체적으로 이루셨습니다. 우리의 구원을 위해서, 그는 두 가지를 수행하셔야만 했습니다. 첫째, 우리를 대신해서, 그는 율법을 온전하게 지키셨습니다. 자신의 목숨을 드리기까지, 그는 철저하게 끝까지 율법을 실천하셨습니다. 그래서 그는 자신의 지상 사역에 대해서 하나님 아버지에게 이렇게 보고하셨습니다. "아버지께서 내게 하라고 주신 일을 내가 이루어 아버지를 이 세상에서 영화롭게 하였사오니"(요 17:4). 네 복음서들은 이른바 '그리스도의 생애'에 대해서 가장 훌륭하게 기록한 것입니다. 우리는 그 복음서들을 기쁨으로 읽습니다. 그것들을 통해서, 우리는 어느 누구와도 비교할 수 없는 그리스도의 성품이 지닌 뛰어난 아름다움을 깨닫습니다. 우리는 "그가 사람이 낳은 아들 가운데서 가장 아름다운 분"이라는 주장에 대해서 전적으로 동의합니다(참조. 시 45:2). 그는 의로움의 허리띠를 매셨습니다. 마치 겉옷을 입은 듯이, 그는 하나님에 대한 열심으로 옷 입으셨습니다. 순결함과 관련해서, 그는 들판의 백합꽃처럼 티가 없으셨습니다. 열정과 관련해서, 그는 장미꽃과 같이 붉은 색깔을 지니고 있으셨습니다. 이와 같이, 하나님께서 사랑하시는 분이자 우리의 주님에게는 결점이 하나도 없습니다. 그의 성품에는 지나침이나 부족함이 조금도 없습니다. 그는 흠도 없고 점도 없는 어린 양이십니다. 그의 성품은 완전함 그 자체입니다. 그는 율법의 모든 규정들을 완벽하게 지키셨습니다. 또한 우리를 위해서, 그는 하나님에게 완전히 의로우신 자신을 희생 제물로 드리셨습니다. 예수님께서는 우리가 그 의로움을 소유하도록 우리에게 주셨습니다. 아무런 공로나 행함이 없지만, 주님께서 의롭다고 인정해 주시는 사람의 축복이 얼마나 놀라운 것인지 우리는 깨달을 수 있습니다. 우리는 그것을 이미 체험하고, 매우 기뻐합니다.

　　주님께서 우리의 구원을 위해서 수행하신 두 번째 것에 관해서 언급하고자 합니다. 곧, 우리의 죄악의 결과로 말미암아, 그는 고난을 당하셔야만 했습니다. 고난을 통해서, 그가 구원을 성취하심으로, 우리의 믿음은 온전하게 확립되었습니다. 겟세마네 동산까지 우리의 복되신 주님을 따라가는 것보다 더 큰 기쁨을 주는 일이 있는지 나는 모릅니다. 여러분도 이 기쁨을 구체적으로 체험해 보기를 바랍니다. 그곳에 떨어진 모든 핏방울들은 우리가 주님을 믿으라고 호소합니다. 그곳에서, 주님께서는 한숨을 내쉬며 울부짖으며 극심한 고뇌를 느끼며 하나님과 씨름하셨습니다. 그 모든 것들은 우리가 주님을 믿으라고 간청합니다. 예수님이 어떤 분이셨고, 또한 어떠한 일들을 했는지, 여러분은 기억해 보십시오. 예수님이 가장 높으신 분의 아들이라는 사실을 우리가 숙고해 본다면, 우리의 믿음을 지지해 주는 탁월한 논증을 우리는 얻게 됩니다. 겟세마네 동산에서 엎드려서, 간절하게 기도하며, 극심한 슬픔과 근심에 싸여 거의 죽을 지경에 이르기까지, 하나님의 거룩한 아들이 시작하신 공로를 누가 의심할 수 있겠습니까?(참조. 막 14:34). 그와 같이 고난을 당하신 거룩한 구세주에게 우리는 우리의 영혼을 분명히 안심하고 맡길 수 있습니다. 그 다음, 그는 땅에서 일어나셨습니다. 대제사장들과 장로들이 보낸 사람들에 의해서, 그는 사로잡히셨습니다. 우리도 그를 따라가 봅시다. 그는 대제사장과 헤롯왕과 빌라도 총독 앞으로 끌려갑니다. 얼마나 그들은 주님을 경멸했습니까? 얼마나 그들은 그에게 채찍질을 했습니까? 얼마나 그 비열한 사람들이 그를 조롱했습니까? 얼마나 그는 "벌레요 사람이 아니라 사람의 비방 거리요 백성의 조롱거리"(시 22:6)인 것처럼 여겨집니까? 그는 가장 극심한 수치를 당했습니다. 가장 혹독하게 버림받았습니다. 가장 뼈저린 슬픔을 겪었습니다. 십자가 위에서 죽어가면서 이루 말할 수 없는 고통을 체험했습니다.

이 모든 것들은 우리에게 이렇게 호소합니다. "그런데도 여러분은 그를 믿지 않을 수 있겠습니까? 천사들의 주인이신 분이 비웃음을 당했습니다. 그의 영광스러운 이름이 사람들의 조롱거리와 이야깃거리가 되었습니다. 그런데도 여러분을 대신해서, 그가 친히 많은 화를 당하신 공로를 여러분은 믿을 수가 없습니까?" 그 다음에, 예수님께서 죽는 장면이 전개됩니다. 눈에 눈물이 가득 고인 채, 우리는 십자가 옆에 서 있습니다. 우리는 십자가에 못 박힌 예수님의 복된 손과 발을 바라봅니다. 그는 우리를 위해서 나무에 달려서 저주를 받으셨습니다(참조. 갈 3:13). 이 모습을 보고나서도, 여러분은 불신앙에 머무를 수 있겠습니까? 어떤 군인이 예수님의 옆구리를 찔러서 그의 심장에서 피가 흘러나오기 이전에(참조. 요 19:34), 우리는 그의 몸과 영혼에서 이미 피가 흘러내리고 있는 것을 봅니다. 왜냐하면 그는 온통 고뇌로 가득 차 있기 때문입니다. 주님이 겪으신 고난에 대해서, 우리는 감히 쉽게 말할 수 없습니다. 어떤 말과 글로도 그것의 깊이를 온전히 묘사할 수 없기 때문입니다. 만약 주님께서 구원하는 능력을 지니신 것을 의심하는 것이 주님께 반역죄를 범하는 것이라면, 오 하나님의 아들이여, 십자가에 달리신 당신을 보면서도, 당신을 구주로 믿지 않을 때, 그것은 분명히 반역죄를 짓는 것입니다. 피가 흘러내리는 십자가 위에서, 주님께서는 우리의 불신앙에 대해서 승리를 거두셨습니다. 이제 주님께서는 우리를 사로잡으셨습니다. 우리는 당신 앞에 머리를 숙입니다. 주님께서 우리를 구원하시는 능력을 지니셨음을 우리는 확신합니다. 따라서 우리는 이렇게 부르짖지 않을 수 없습니다. "나는 반드시 믿어야만 합니다. 예수님을 십자가에 매달리게 한 못들이 이제는 내 불신앙을 십자가에 못 박았습니다. 주님을 찌른 창이 나의 의심을 죽였습니다. 오, 하나님의 영원하신 아들이여! 이와 같이, 나를 대신해서, 십자가 위에서 저주를 받으신 주님의 모습을 볼 때, 나는 당신을 믿습니다." 오직 주 예수님이 고난을 받으신 결과로, 우리는 죄악과 질병과 더러움으로부터 깨끗해질 수 있습니다. 그래서 이사야 선지자는 이렇게 말했습니다. "그가 찔림은 우리의 허물 때문이요 그가 상함은 우리의 죄악 때문이라 그가 징계를 받으므로 우리는 평화를 누리고 그가 채찍에 맞으므로 우리는 나음을 받았도다"(사 53:5).

　　우리는 또 한 가지 진리에 대해서도 반드시 언급해야 합니다. 우리의 주님께서는 이제 더 이상 죽음에 머물러 있지 않으십니다. 십자가에 달릴 때나 무덤에 놓여 있을 때보다도, 이제 주님을 믿는 것이 더욱 쉬운 것처럼 느껴집니다. 왜냐하면 우리의 구원을 완성하시기 위해서 그는 항상 살아 계시기 때문입니다. 살아 있는 믿음은 살아 계신 주님을 기뻐합니다. 주님이 살아 계신다는 것은 이전의 모든 과정에 대해서 인증(認證)하는 것입니다. 틀림없이 그는 인간의 허물의 문제를 해결하셨습니다. 또한 분명히 죄악의 결과를 없애 버리셨습니다. 그렇지 않다면, 그는 영광과 존귀의 면류관을 쓰시고서, 하나님 아버지의 오른편에 앉아 있으실 수 없을 것입니다. 사랑하는 여러분! 골고다의 십자가 위에서 드려진 우리의 대제사장의 단 한 번의 희생 제물을 통하여, 하나님의 백성의 모든 죄악이 제거되었습니다. 이제 구약적인 희생 제사가 반복될 필요가 없습니다. 그러므로 그리스도의 단 한 번의 희생 제사에 대한 연속으로서, '피 흘림이 없는 일반 백성의 희생 제사'에 대해서 이야기한다는 것은 신성 모독입니다. 왜냐하면 그것은 이미 종결되었기 때문입니다. 어떤 교회에서처럼, 미사를 통해서 희생 제사를 계속해서 드릴 필요가 전혀 없는 것입니다. 그러므로 히브리서 기자는 이렇게 증거합니다. "오직 그리스도는 죄를 위하여 한 영원한 제사를 드리시고 하나님 우편에 앉으사"(히 10:12).

　　우리가 입고 있는 의로움의 옷은 완벽하게 만들어진 것입니다. 또한 우리의 죄악을 씻은 샘물은 하나님의 은혜로 충만한 곳입니다. 예수님께서는 우리를 죄악에서 구원하시려고 십자가 위에서 죽으셨습니다. 이제 아무도 우리를 정죄할 수 없습니다. 그는 우리의 모든 죄를 지시고 십자가에 달리셨습니다. 따라서 우리 가운데 단 한 사람도 자신의 죄에 대해서 고소당하지 않을 것입니다. 왜냐하면 "다 이루었다"(요 19:30)는 예수님의 말씀은 우리의 모든 죄에 대한 고소를 종결지었기 때문입니다. 하나님의 백성을 위해서, 주님은 다시 살아나셨으며, 하늘나라를 소유하고 계십니다. 또한 우리의 선구자로서, 우리보다 먼저, 그는 하늘나라로 들어가셨습니다. 그리고 그는 우리의 대리인이십니다. 그를 통해서, 이 세상에서, 우리는 이미 오늘도 천국을 실질적으로 소유하고 있습니다. 어떤 사람은 농장이나 영토를 대리인을 통해서 소유합니다. 대리인은 그것을 대신 소유하며, 관리하는 책임을 맡고 있습니다. 이와 같이, 모든 하나님의 백성은 오늘

이 세상에서 자신들의 대리인인 예수님을 통해서 하늘나라를 소유하고 있습니다. 지금 하늘나라에 계시면서, 우리의 이름으로, 또한 우리를 위해서, 주님은 모든 것을 준비하고 계십니다. 그러므로 장차 우리가 하늘나라에서 각 사람에게 마련된 자리에 앉을 때, 아무것도 부족한 것이 없을 것이기 때문에, 우리는 온전히 기뻐할 것입니다. 그동안에, 예수님을 구주로 믿게 될 사람들을 위해서, 그는 자신의 피의 공로에 대해서 호소하고 있습니다. 또한 눈에 보이지 않는 성령님을 통해서, 주님은 날마다 다가오는 유혹으로부터 자신에게 속한 사람들을 보호하시며, 그들을 인도하시며, 또한 온전하게 하십니다. 그래서 마침내 아무런 흠도 없이, 더할 나위 없는 기쁨으로, 그들이 주님 앞에 서게 하실 것입니다. 그러므로 히브리서 기자는 이렇게 말합니다. "그러므로 자기를 힘입어 하나님께 나아가는 자들을 온전히 구원하실 수 있으니 이는 그가 항상 살아 계셔서 그들을 위하여 간구하심이라"(히 7:25).

그러므로 우리의 믿음은 다음 사실에 기초하고 있습니다. 곧, 하나님께서 우리를 구원하시려고 그리스도를 이 세상으로 보내주셨습니다. 또한 하나님의 아들이신 그리스도께서는 완전한 하나님이시자 완전한 사람이십니다. 그리스도께서 이와 같은 존재이시기 때문에, 우리는 그가 우리를 구원하실 수 있다는 것에 대해서 전적으로 신뢰할 수 있습니다. 자신의 삶과 죽음을 통해서 그는 이미 구원을 실제적으로 성취하셨습니다. 지금도 그는 하늘나라에 살아 계셔서, 자신이 이루어 놓으신 구원 사역을 완성해 가십니다. 이러한 대단히 확실한 이유들에 근거해서, 죄악으로부터 구원받기 위해서, 우리는 자신들을 우리의 대속자에게 맡깁니다. 언제나 신실하신 창조주에게 맡기는 것과 같이, 우리는 우리의 영혼을 그의 손에 맡기는 것입니다. 우리는 진심으로 사려 깊게 그렇게 합니다. 우리의 신뢰에 대한 근거들은 전적으로 확실한 것입니다. 그것들은 모든 시험을 이겨낼 것입니다. 그러므로 우리는 전혀 부끄러움을 당하지 않을 것입니다. 이 사실들을 우리는 확신합니다.

**2. 둘째, 믿음의 방법, 곧 "어떻게 믿어야 하는가?"에 대해서
숙고해 보려고 합니다.**

우리는 어떤 방법으로 예수 그리스도를 믿습니까? 앞부분에서 이미 다루었기 때문에, 여기서는 예수님을 믿는 것이 무엇인지에 대해서는 언급하지 않을

것입니다. 베드로전서 2장 6절은 건물을 짓는 것과 연관되어 있습니다. "성경에 기록되었으되 보라 내가 택한 보배로운 모퉁잇돌을 시온에 두노니 그를 믿는 자는 부끄러움을 당하지 아니하리라." 만약 우리가 이 비유적인 표현을 쉽게 설명한다면, 다음과 같은 뜻일 것입니다. "기초석이신 예수 그리스도 위에 세워진 사람은 옮겨지지 않을 것입니다." 따라서 기초석 위에 돌을 올려놓는 것은 예수님을 믿는 것에 대해서 묘사한다고 우리는 자연스럽게 해석할 수 있습니다. 여러분은 예수님을 믿는다는 것이 무엇인지 알고 싶습니까? 석공이 어떤 돌을 기초석 위에 올려놓듯이, 그것은 여러분 각 사람이 예수님 위에 들어 올려져서 그의 위에 놓이는 것입니다. 저기에 예수님께서 견고하고 단단한 기초석으로 놓여 있습니다. 그는 하나님께서 택하신 시험을 견뎌낸 확실하고 '보배로운 모퉁잇돌'이십니다('모퉁잇돌'은 원래 고대 이스라엘에서 집이나 건축물 등을 지을 때, 모퉁이에 처음 놓는 큰 돌을 의미한다. 스펄전 설교에서는 이 단어가 사용되었다고 하더라도, 그것을 '주춧돌' 또는 '기초석'의 의미로 이해하는 것이 바람직하다 — 역주). 여기에 채석장에 있는 거대한 바위에서 잘라내어서 가져온 작은 건축용 돌이 있습니다. 건축자이신 하나님께서 그 돌을 기초석이신 예수님 위에 올려놓으십니다. 예수님에 대한 믿음을 지니고 있기 때문에, 그 돌은 기초석 위에 놓이는 것입니다. 우리 영혼의 영원한 유익은 우리가 예수님 위에 놓여 있는지, 아니면 그렇지 않은지에 달려 있습니다. 기초석은 위에 놓인 돌을 받쳐 줍니다. 그리고 그 돌이 계속해서 그곳에 있게 해줍니다. 마찬가지로, 그리스도께서는 우리의 영혼을 지탱해 주시고 보호해 주십니다. 우리의 영혼이 예수님에게 꼭 연결되어 있게 하십니다. 그래서 우리의 영혼은 멸망의 장소로 떨어지지 않습니다. 기초석 위에 놓인 돌은 그것이 지닌 모든 무게를 통해서 기초석을 내리누르고 있습니다. 바로 이것이 신앙인이 주님께 보여주어야 하는 태도입니다. 그는 모든 염려를 주님께 맡겨야 하는 것입니다. 믿음은 주님께 온전히 기대는 것, 그를 전적으로 의지하는 것, 또한 그에게 모든 것을 의존하는 것입니다. 사람들은 열쇠를 못에 걸어둡니다. 이와 마찬가지로, 우리도 예수님에게 꼭 매달려 있어야 합니다. 믿음은 자신을 의지하는 것을 포기하는 것입니다. 그 다음, 하나님께서 시온 산 위에 기초석으로 놓으신 예수님에게 자신의 영혼을 맡기는 것입니다. 이 손에서 저 손으로 옮겨지는 돌은 개별적이며 독립적인 돌입니다. 그러나 석공이 그 돌을 기초석 위에 올려놓으면, 그것은 더 이상 독립적이지 않습니다. 그 돌이 기초석 위에 놓여 있으면,

기초석에 의존하지 않을 수 없습니다. 오, 시험을 당하고 있는 가엾은 영혼이여! 여러분도 바로 그와 같이 해야만 합니다. 여러분은 반석에서 떨어져 나와서 자신만을 의지하는 돌이 되어서는 결코 안 됩니다. 그래서 땅 위에서 이리저리로 옮겨지는 돌이 되어서는 안 됩니다. 반면에 여러분은 반드시 그리스도 위에 놓여 있어야 합니다. 그리고 여러분의 모든 근심과 염려의 무거운 짐을 주님께서 여러분을 대신해서 지시게 하십시오.

기초석 위에 놓인 돌은 전적으로 그것에 의존합니다. 만약 어떤 벽이 돌들로 튼튼하게 세워졌다면, 사람들은 그 벽을 버팀목으로 떠받치지 않습니다. 기초석 위에 반듯하게 놓인 돌들은 추가로 버팀목을 필요로 하지 않습니다. 모든 돌들은 거대하고 견고한 기초석 위에 안전하게 놓여 있기 때문입니다. 이미 기초석 위에 놓여 있으면, 개개의 돌은 그 이상 어떤 것도 할 수 없습니다. 만약 기초석이 옮겨진다면, 돌들은 눈 깜짝할 사이에 무너져 내릴 것입니다. 만약 기초석이 무너진다면, 그 위에 놓인 돌들도 무너져 내립니다. 그러나 기초석이 그대로 놓여 있는 동안에는 그 위에 있는 돌들은 안전합니다. 믿음은 바로 이런 것입니다. 곧, 믿음은 그리스도를 온전히 전적으로 의지하는 것입니다. 또한 믿음은 우리의 구원과 관련된 모든 것을 주님으로부터 받기를 기대하는 것입니다. 그리스도에 대한 진정한 믿음은 오직 그가 우리의 죄를 용서해 주는 것만을 믿는 것이 아닙니다. 그리고 우리가 죄를 용서받은 다음에는, 우리 스스로의 힘과 노력을 통해서, 죄를 이겨야만 한다는 것을 뜻하지 않습니다. 결코 그렇지 않습니다. 믿음이란 그리스도께서 우리의 죄를 용서해 주실 뿐만 아니라, 또한 그는 우리가 죄를 극복할 수 있도록 인도해 주신다는 것을 뜻합니다. 이 점과 관련하여, 어떤 사람들은 신앙인들을 대단히 혼란스럽게 만드는 주장을 합니다. 그들은 이렇게 말합니다. 주 예수님에게 신실하게 머물러 있는 동안에는, 주님께서 그들을 지켜주신다고 그들은 믿는다는 이론을 제시합니다. 어떤 면에서, 그것은 사실입니다. 그러나 주님에게 신실하게 머물러 있기 위해서, 이 사람들은 누구를 또는 무엇을 의지합니까? 신실함을 위해서, 이들은 자신들만을 의지하는 것이 아닙니까? 만약 그렇다면, 이들의 믿음은 대단히 커다란 취약점을 지니고 있는 것입니다. 곧, 이들이 지닌 믿음의 돌은 기초석 위에 반듯하게 놓여 있지 않습니다. 그 돌을 움직여서 올바로 놓이게 하십시오. 돌이 선을 벗어나서 삐쭉하게 나와 있으면 안 됩니다. 그러면 그 돌은 금방 아래로 떨어지게 될 것입니다. 지난날의 내 죄악을 용서해 달라고 의존하는 것과 마찬가지로, 또한 나를 끝까지 지켜 주시는 것과 관련해서도, 나는 주님께 의지하고 있습니다. 그리고 오늘 뿐만 아니라 내일도, 나는 반드시 주님의 도움을 필요로 합니다. 만약 내가 주님께 신실한 동안에만, 그가 나를 지켜 주시겠다고 약속하신다면, 나는 그러한 구원자 안에서 온전히 기뻐할 수 없을 것입니다. 왜냐하면 나를 확실하게 지켜줄 어떤 다른 대상을 내가 필요로 하기 때문입니다. 만약 주님께서 약속하신 것이 단지 "만약에 내가 어떻게 한다면"이라는 어떤 조건적인 것을 의미한다면, 그것은 믿음에 속한 모든 것을 망쳐 놓을 것입니다. 그러므로 여러분의 구원과 관련된 모든 것을 위해서, 여러분은 그리스도 이외에 어떤 대상도 의지해서는 결코 안 됩니다. 오직 그리스도만을 의지하는 것이 아니라면, 여러분은 그 위에 올바로 놓여 있지 않은 것입니다. 거듭남을 통해서, 여러분은 영생을 선물로 받았습니다. 여러분의 삶은 점차 거룩하게 변화되어 갈 것입니다. 주님이 다시 오시면, 여러분은 완전한 생명에 이르게 될 것입니다. 이 모든 과정에서, 여러분이 의지해야 할 대상은 오직 그리스도 밖에 없습니다.

　사랑하는 여러분! 지혜, 의로움, 거룩해짐, 구원의 완성 등, 모든 것을 위해서, 여러분은 반드시 그리스도 위에 똑바로 놓여 있어야만 한다는 사실을 명심하십시오. 예수님 이외에, 여러분은 어느 누구도 바라보지 마십시오. 주님 안에서, 여러분에게는 모든 것이 갖추어져 있습니다. 그 이상의 완전을 위해서, 무엇인가를 덧붙이려고 하지 마십시오. 따라서 기초석이신 그리스도 위에 반듯하게 놓이지 않아서, 우리가 그를 전적으로 의지하지 않는다면, 그것으로 인해서 우리 영혼은 많은 고통을 겪게 될 것입니다. 스노든 산의 정상에는 전망대가 세워져 있습니다(스노든 산은 영국 웨일스 지방에 위치해 있다. 높이는 1,085미터이다 — 역주). 다른 사람들보다도 조금이라도 더 멀리까지 바라보려는 사람들은 그 전망대 위로 올라갑니다. 만약 여러분이 지금 그 전망대 위에 올라간다면, 그것은 약간 움직이며 흔들릴 것입니다. 그러나 스노든 산 그 자체는 조금도 꿈쩍하지 않습니다. 나의 친구들 가운데 자신의 체험에 근거해서, 나무를 가지고 작지만 멋있는 전망대를 세운 사람들이 있습니다. 그들 가운데 어떤 사람들은 그것을 대단히 높이 만들었습니다. 그들은 자신들이 완벽하거나, 아니면 적어도 그 근처에 있다고 추측합니다. 그러나 이 목조 건축물은 조금만 무게가 더해져도 몹시 흔들립니다. 그래서 그 위에 있는 사람들은 무서워 떨게 됩니다. 그러므로 만세

반석이신 그리스도에게로 가십시오. 그 견고한 땅에서, 굳게 서 있으십시오. 예수님의 영원한 사랑을 의지하십시오. 그러면 여러분은 안전할 것입니다. 그리스도의 약속을 굳게 믿고 그것을 꼭 붙잡고 있으십시오. 여러분을 낮출 수 있는 만큼 낮추어서, 반석이신 그리스도를 꼭 껴안으십시오. 기초석 위에 어떤 돌이 반듯이 놓이는 것처럼, 여러분도 그리스도 위에 반듯하게 놓이십시오. 왜냐하면 바로 이 자세는 주님 안에 세워진 모든 살아 있는 돌들이 놓여 있는 올바르고 당연한 모습이기 때문입니다.

그 기초석 위에 놓인 돌은 날마다 그것에 더욱 밀접하게 연결됩니다. 베드로는 2장 4절에서, "산 돌이신 예수께 나아가"라고 말합니다. 집이 다 지어지면, 모든 것은 서로 어우러져서, 안전한 상태를 이루어야 합니다. 집을 구성하고 있는 모든 것들이 하나가 되어 안전한 형태를 유지하고 있는 모습을 바라보면, 여러분은 기쁠 것입니다. 그 무게로 인해서, 기초석 위에 놓인 돌은 날마다 기초석과 더욱 단단하게 연합될 것입니다. 이와 같이, 우리가 날마다 겪고 있는 근심과 염려가 여러분과 나를 그리스도에게 좀 더 친밀한 관계로 이끌어 주기를 바랍니다. 우리가 매일 살아가면서 경험하는 기쁨과 슬픔이 우리를 주님에게로 더욱 가까이 인도해 주기를 간절히 기도합니다.

잘 놓인 돌은 기초석과 하나가 됩니다. 우리가 고대 로마 사람들이 세운 성벽을 바라보면, 모르타르가 마치 돌과 같이 단단한 것처럼 보입니다. 그리고 돌과 모르타르는 마치 하나인 것 같이 보여서, 그 둘을 구별하기가 쉽지 않습니다. 그래서 만약 여러분이 성벽을 없애려고 한다면, 그것을 반드시 잘게 부수어버려야만 합니다. 진정한 신앙인의 경우도 이와 마찬가지입니다. 그는 온전한 사람을 이루어 그리스도의 장성한 분량이 충만한 데까지 이르기 위해서(참조. 엡 4:13), 주님을 전적으로 의지합니다. 그래서 생명력이 넘치는 연합을 통해서, 그는 예수님과 하나됨을 이루게 됩니다. 그러므로 기초석의 끝이 어느 부분이고, 또한 기초석 위에 놓인 돌은 어느 지점부터 시작하는지를 식별하기가 매우 어려울 것입니다. 왜냐하면 그리스도께서 신앙인에게 모든 것이 되시는 것처럼, 신앙인은 그리스도 안에서 주님과 온전히 일치하는 생각을 하고 그와 동행하는 삶을 살기 때문입니다.

바로 앞에서 언급한 것보다, 그리스도와 신앙인의 관계를 더 잘 설명해 주는 실례를 나는 알지 못합니다. 여러분이 알다시피, 그것은 내가 고안해 낸 것이 아닙니다. 나는 기초석과 그 위에 놓인 돌이라는 실례를 곧바로 하나님의 말씀에서 가져온 것입니다. 여러분의 영원한 유익과 관련된 모든 것들을 위해서, 하나님께서는 여러분을 그리스도의 기초석 위에 놓이도록 도와주십니다. 아마도 어떤 사람은 이렇게 이의를 제기하려고 할 것입니다. "나 자신의 구원을 위해서, 내가 반드시 무엇인가를 해야만 한다고 나는 생각합니다." 그렇다면 돌이 기초석 위에서 반듯하게 놓여 있으면서 자신에게 적합한 위치를 차지하고 있는 것 이외에, 그 돌이 다른 어떤 것을 시도할 수 있습니까? 기초석 위에 잠잠히 놓여 있어야만 여러분은 진정한 권능을 얻습니다. 주님을 의지하십시오. 인내하며 주님을 기다리십시오. 왜냐하면 여러분이 기대하는 것은 오직 주님으로부터 주어집니다. 여러분이 주님을 위해서 해야 할 일은 충분하게 많이 있습니다. 주님에게 여러분의 사랑을 보여주십시오. 주님의 이름을 영화롭게 하십시오. 그러나 그리스도 이외에, 여러분은 다른 기초석을 추가로 놓을 수 없습니다. 여러분은 그렇게 하려고 꿈을 꾸어서도 안 됩니다. 그리스도께서 "다 이루었다"(요 19:30)고 이미 선언하신 것을 여러분이 어떻게 더욱 개선시킬 수 있겠습니까? 주님께서 성취하신 일이 완전하며 충분한 것이 아닙니까? 그렇다면 여러분은 기초석을 옮기려고 합니까? 그 기초석은 영원히 견고하게 서 있는 것이 아닙니까? 주님을 온전히 끊임없이 의지하십시오. 이것이 여러분의 가장 중요한 관심사가 되게 하십시오. 오, 가엾고 연약한 신앙인이여! 여러분이 예수님을 의지하면 할수록, 그는 여러분을 더욱더 기뻐할 것입니다. 예수 그리스도께서 여러분에게 이렇게 외치고 계십니다. "나를 더욱더 의지하라. 그리고 나에 대한 너의 사랑을 입증하라." 모든 것에, 또한 모든 일에 예수님을 의지하십시오. 언제나 주님을 신뢰하십시오. 살든지 죽든지, 또한 영원히 주님을 신뢰하십시오. 그리하면 여러분은 영원히 부끄러움을 당하지 않을 것입니다. 또한 당황하지도 않을 것입니다.

3. 세 번째로, 예수님을 믿는 사람에게는
결코 찾아오지 않을 불행에 대해서 숙고해 보려고 합니다.

　　베드로전서 2장 6절에는 "그를 믿는 자는 부끄러움을 당하지 아니하리라"고 기록되어 있습니다. 첫째로, 그는 결코 실망하지 않을 것입니다. 그리스도께서는 자신이 이루어 주시겠다고 약속한 모든 것을 그를 신뢰하는 사람들에게 반드시 이루어 주실 것입니다. 하나님 아버지께서는 그리스도를 영접하는 죄인을 구원하시려고 그를 이 세상에 보내셨습니다. 그러므로 그리스도의 말을 신뢰하십시오.

그리스도께서 들려주시는 말씀은 하나님 아버지의 말씀과 똑같이 선하고 믿을 수 있는 것입니다. 주님은 집을 짓기 시작하셨지만, 재료가 부족해서 집 짓는 일을 그만두시는 분이 아닙니다. 그는 신앙인들을 끝까지 지켜 주십니다. 그는 신앙인들을 도와주십니다. 그는 모든 신앙인에게 갖고 계신 계획을 완전하게 이루실 것입니다. 그러므로 여러분이 맨 마지막에 다음과 같이 말하는 경우는 절대로 일어나지 않을 것입니다. "그래요. 주님 안에는 좋은 것이 많이 있었습니다. 그러나 내가 기대했던 것에는 미치지 못했습니다." 또한 여러분은 이렇게 탄식하지도 않을 것입니다. "아, 안타깝습니다. 나는 하나님께서 보내신 그리스도를 너무나 무조건적으로 신뢰했습니다. 그래서 나는 그만 속고 말았습니다." 아닙니다. 절대로 그런 일은 없을 것입니다. 그 반대로, 스바의 여왕처럼, 여러분은 이렇게 외칠 것입니다. "내가 그 말들을 믿지 아니하였더니 이제 와서 친히 본즉 내게 말한 것은 절반도 못되니 당신의 지혜와 복이 내가 들은 소문보다 더하도다"(왕상 10:7). 스바의 여왕이 이전에 상상했던 것이 실제보다 절반도 되지 못했던 것과 같이, 우리도 그리스도에 대해서 온전하게 깨달을 수 없습니다. 주님의 마음은 얼마나 아름다우십니까! 주님은 얼마나 훌륭한 분이시며, 얼마나 신뢰할 수 있는 분이십니까! 또한 그리스도께서는 얼마나 부요하시며, 은혜가 풍성하신 분이십니까!(참조. 롬 10:12; 11:33; 골 2:3). 우리는 그리스도의 사랑에 대해서 체험을 통해서 알고 있습니다. 그러나 그것은 우리의 모든 경험적인 지식을 초월합니다. 여러분이 주님에 대해서 더욱 많이 알수록, 여러분은 다음과 같이 말할 것입니다. "지난날에 내가 주님을 결코 의심하지 않았었기를 나는 바랍니다. 왜냐하면 내가 주님을 의심해야 할 만한 이유가 전혀 없었기 때문입니다. 오, 나는 주님을 더욱 온전히 신뢰하기를 원합니다. 왜냐하면 그가 나를 실망시키신 적이 이제까지 한 번도 없기 때문입니다. 내가 기대했던 매우 거대한 것들보다도 훨씬 더 좋은 것들을 주님께서는 내게 베푸셨습니다." 이와 같이, 하나님께서는 우리가 소망하는 것에 대해서 전혀 실망하게 만드시지 않기 때문에, 우리는 굳게 소망하는 것 때문에 결코 부끄러움을 당하지 않을 것입니다.

그러나 안타깝게도 어떤 그리스도인들은 때때로 자신이 예수님을 믿고 섬기는 것을 부끄러워합니다. 그러나 오늘의 본문은 절대로 그러한 주장을 지지하지 않습니다. 베드로전서 2장 6절은 그들이 믿는 예수님을 부끄러워해야 할 아무런 이유도 없을 것이라는 위대한 진리에 대해서 증거합니다. 신앙인들이 예수님을 신뢰하는 실수를 범했다고 고백할 수밖에 없는 상황은 결코 그들에게 일어나지 않을 것입니다. 그래서 신앙인들이 그렇게 비참하게 속임을 당한 것에 대해서 부끄러워한다고 탄식할 일은 전혀 없을 것입니다. 어떤 신앙인도 다음과 같이 한탄하지 않을 것입니다. "나는 어린아이와 같은 믿음을 갖고 주님께 나아왔었습니다. 나는 자신을 온전히 그에게 맡겼었습니다. 왜냐하면 주님께서 너무 멋있게 약속을 하셨기 때문이었습니다. 그러나 마침내 나는 올무에 걸리고 말았습니다. 나는 현실에 대해서 더 잘 알았어야만 했습니다. 그래서 이제 나는 그를 신뢰했던 것을 대단히 부끄러워합니다." 아닙니다. 절대로 그렇지 않습니다. 그리스도 예수 안에서 어린아이와 같은 믿음으로 하나님을 신뢰한다는 것은 지극히 당연한 것입니다. 또한 가장 순수한 마음으로, 우리는 예수님을 신뢰해야만 합니다. 여러분이 모든 경계심을 던져버리고, 자신을 주님께 전적으로 맡기며, 은혜의 깊은 물속에 잠겨서 헤엄을 칠 때, 여러분은 가장 사려 깊고 현명한 사람이 되는 것입니다. 진리(요 14:6) 그 자체이신 예수님을 의심한다는 것은 결코 지혜로울 수 없습니다. 모든 것을 항상 예수님의 손에 맡기고, 이 땅에서 또한 영원히, 모든 것이 그의 안에 머무르게 하는 것이 가장 숭고한 지혜입니다. 예수님과 함께 모든 위험을 무릅쓴다면, 그것은 바로 모든 위험을 온전히 해결하는 것입니다. 어떤 찬송시는 우리에게 이렇게 권면합니다.

> "주님께 과감하게 모든 것을 맡기시오. 그분께 온전히 맡기시오.
> 　주님을 신뢰하는 것 이외에, 다른 믿음이
> 　조금도 스며들지 않게 하시오."

　그러나 사실상 주님을 믿는 데에 모험이라는 것은 전혀 없습니다. 영원하신 하나님의 보좌만큼이나, 그것은 안전한 것입니다. 성령님께서 여러분을 인도하셔서, 여러분이 속히 그 사실을 체험으로 깨닫게 하시기를 간구합니다.

　두 번째로, 베드로전서 2장 6절에서, "부끄러움을 당하지 아니하리라"고 번역된 헬라어 동사('카타이스퀴노')는 결코 "당황하지 아니하리라"는 의미로도 해석할 수 있습니다. 자신이 소망했던 것이 이루어지지 않았기 때문에, 어떤 사람은 그 소망에 대해서 부끄러워합니다. 그러면 그는 다른 소망의 대상을 찾아다닙니다. 어느 곳에서 찾아야 할지 알지 못한 채, 그는 불안해하며, 또한 매우 당황하게 됩니다. 형제자매 여러분! 만약 주 예수 그리스도께서 자신이 받은 사명을 이루지 못하신다면, 우리는 어떻게 해야만 합니까? 그것은 우리에게 불필요한 하나의 가정에 지나지 않습니다. 만약 그리스도께서 믿을 만한 대상이 아니시라고 하더라도, 우리가 신뢰할 수 있는 다른 사람은 아무도 없습니다. 이 세상에는 많은 종교들이 있습니다. 그러나 다른 종교를 우리의 거룩한 믿음과 비교한다는 것은 촛불을 햇빛에 비교하는 것보다 나을 것이 없습니다. 세상의 종교들은 모두 가치 없는 모조품들입니다. 그래서 그 종교들은 굶주린 영혼을 만족시켜 줄 수 있는 것을 아무것도 제공하지 못합니다. 만약 우리가 주님으로부터 돌아선다면, 우리가 누구에게로 가야만 합니까? 주님을 떠나서, 우리는 어느 곳으로 날아갈 수 있겠습니까? (참조. 시 139:7-10). 만약 주님에게 영원한 지혜가 없다면, 우리가 어디서 지혜를 찾을 수 있겠습니까? "깊은 물이 이르기를 내 속에 있지 아니하다 하며, 바다가 이르기를 나와 함께 있지 아니하다 하느니라"(욥 28:14). 만약 만세 반석이신 그리스도의 바위 문이 닫힌다면, 사람이 숨을 곳은 아무 데도 없습니다. 만약 예수님께서 우리를 대신해서 지불하시는 몸값이 아무런 가치가 없는 무효한 것이라면, 어떤 사람도 하나님의 진노로부터 해방될 수 없습니다. 아닙니다. 주 예수 그리스도여! 우리는 혼란스러워하거나, 당황하지 않을 것입니다. 왜냐하면 우리는 주님에게 결코 실망하지 않을 것이기 때문입니다. 또한 우리는 우리가 지닌 소망에 대해서 절대로 부끄러워하지 않을 것이기 때문입니다.

이사야서 28장 16절에 의하면, 그리스도를 믿는 우리는 다급하게 되지 않을 것입니다. 우리는 어찌할 바를 몰라서, 이리저리 뛰어다니지 않을 것입니다. 우리는 서두르지도 않고, 염려하지도 않을 것입니다. 우리는 초조하고 불안하여, 어쩔 줄 몰라서 난처해하지 않을 것입니다. 소망을 발견하기 위해서, 이런 일 저런 일을 시도하거나, 이리저리 헤매지도 않을 것입니다. 반면에, 그리스도를 믿는 사람은 조용하고 평온하며 침착합니다. 또한 그는 자신감과 확신으로 가득 차 있습니다. 날마다 인내심을 갖고 기다리듯이, 그는 마음의 평정을 이루며, 미래를 기다립니다. 사랑하는 여러분! 예수님을 믿는 사람들에게 이 단락에서 언급한 것은 얼마나 복된 약속인가를 깨닫기를 바랍니다.

그런데 우리를 당황하게 만들기 쉬운 특별히 위험한 순간들도 많이 있습니다. 그러나 우리는 이러한 순간들에도 결코 당황하지 않을 것입니다. 그것들에 대해서 진지하게 숙고해 봅시다. 대단히 많은 무리의 군대처럼, 어떤 사람이 과거에 범했던 모든 죄악들이 그의 앞에 한꺼번에 밀어닥치는 순간이 있습니다. 자신이 범한 어떤 커다란 죄에 대해서 여러분이 전혀 의식하지 못하고 있을 때, 여러분이 자신을 그리스도를 믿고 있는 사람이라고 여긴다는 것은 매우 쉬운 일입니다. 그러나 심지어 어떤 죄책감으로 인해서 신음하고 있을 때, 또한 자신이 죄인 가운데 우두머리라고 자각하고 있을 때라 하더라도, 진정한 믿음을 지니고 있는 사람은 혼란스러워하거나 당황하지 않습니다. 절대로 그렇지 않습니다. 비록 누가 신앙인의 머리 위에 죄를 쏟아 붓는다고 하더라도, 여전히 그는 예수님을 믿습니다. 다윗은 자신의 죄악으로 인하여 여호와께 이렇게 부르짖었습니다. "내 죄악이 내 머리에 넘쳐서 무거운 짐 같으니 내가 감당할 수 없나이다"(시 38:4). 그렇지만 그 상황에서도, 다윗이 여호와를 믿고 용서와 도움을 구했던 것처럼, 신앙인도 계속해서 그리스도를 믿습니다. 여러분은 지난날의 모든 죄악들에 대해서 하나님으로부터 이미 용서받았습니다. 그런데 그 죄악들이 다시 기억 속에 되살아나서 완전 무장을 하고 여러분에게 달려들어서, 마음을 괴롭히는 것을 여러분은 경험해 보지 않았습니까? 만약 여러분이 그런 고통에 전혀 시달려 보지 않았다면, 여러분이 그러한 것을 한 번 겪어보기 바랍니다. 마음의 극심한 고통으로 인해서, 우리가 주님에게로 더욱 가까이 인도된다면, 그것은 좋은 일이기 때문입니다. 여러분의 모든 그릇된 생각들과 말들과 행위들, 또한 나쁜 기질들과 하나님을 거스른 일들 등, 이 모든 것이 한꺼번에 여러분에게 밀어닥친다면, 여러분은 어떻게 되겠습니까? 사랑하는 형제자매 여러분! 그럴 때에도, 예수님을 믿는 사람은 혼란스러워하거나 당황하지 않을 것입니다. 그는 어떤 끔찍한 죄책감에 시달릴 필요가 없습니다. 왜냐하면 지난날에 범했던 수많은 죄악들이 다시 떼를 지어서 몰려오는 것을 보고나서, 그는 다음과 같이 큰 소리로 외칠 것이기 때문입니다. "그 모든 죄악들은 예수님께서 누워 계시던 무덤 속으로 들어갔습니다. 예수님의 보혈은 나에게서 그것들이 지닌 더러움을 깨끗하게 씻어 주셨습니다. 하나님의 은혜의 깊은 물이 그 더러운 것을 모두 쓸어 갔습니다. 그래서 나에게 어떤 더러운 티도 남아 있지 않습니다. 그리고 더러운 것들은 무거운 납처럼 물속에 깊이 잠겨서 전혀 보이지 않습니다. 왜냐하면 하나님께서 그것들을 깊은 바다 속으로 쓸어 가셨기 때문입니다." 따라서 비록 지난날에 범한 죄악들이 한순간에 모두 몰려와서 신앙인을 죄인이라고 고발한다고 할지라도, 그는 절대로 당황해하지 않습니다. 왜냐하면 그는 모든 죄를 용서해주시는 구원자이신 예수 그리스도를 믿기 때문입니다.

한편 예수 그리스도를 믿지 않는 바깥세상은 우리를 혼란스럽게 하려고 온갖 시도를 다하고 있습니다. 성경에 대한 고등 비평가들과 새로운 발견을 추구하려는 과학자들과 문화 진보론자들을 비롯하여, 19세기는 믿을 수 없을 만큼 계몽주의의 조류에 휩쓸리고 있습니다. 19세기에 속한 이 세대의 잘난체하는 사람들은 모두 다 전신무장을 하고 일어났습니다. 하나같이, 그들은 예수님을 믿는 사람들을 대적하고 있습니다. 정치가들과 철학자들에 의해서, 19세기가 어떻게 바보 취급을 당해왔는지를 생각할 때, 나는 개인적으로 19세기를 별로 존중하지 않습니다. 여러 가지 분야에서, 19세기에 지식이 놀라울 만큼 증대되었고, 대단한 발전을 이루었을 것입니다. 그러나 이 세기는 가장 뛰어난 통찰력을 갖고 있지 않습니다. 이 세상의 모든 지혜가 우리 신앙인들을 공격하게 하십시오. 교만한 위선자들이 우리에게 손가락질하며, 다음과 같이 말하게 내버려 두십시오. "당신은 그리스도를 믿습니다. 오직 당신의 구원만을 위해서, 당신은 나사렛 예수를 의지합니다. 당신의 신앙과 사고방식은 낡은 것입니다. 어떤 동물들이 멸종되어가는 것과 같이, 그것은 오늘날에는 사라지고 있습니다. 멸종된 동물들이 다시 돌아오지 않는 것처럼, 당신의 신앙도 그렇게 될 것입니다." 만약 세상의 모든 지혜자들이 하나가 되어, 나의 믿음에 대해서, 우렛소리 같이 큰 목소리로 비웃는다고 하더라도, 또한 그들이 모두 함께 나에게 경멸과 조롱의 코웃음을 친다고 하더라도, 그것은 내 머리카락 하나도 움직이지 못할 것이라고 나는 감히 주장합니다. 나는 내 믿음이 올바른 것이라고 확신합니다. 그러므로 나의 주님께서 장차 내 믿음이 옳다는 것을 증거해 주실 것입니다.

사도 바울도 디모데에게 이렇게 말했습니다. "내가 믿는 자를 내가 알고 또한 내가 의탁한 것을 그 날까지 그가 능히 지키실 줄을 확신함이라"(딤후 1:12). 그리고 나의 주 예수 그리스도께서 홍수 위에 보좌를 정하시고 그것을 정복하실 것입니다. 또한 만왕의 왕으로서 주님께서 영원토록 통치하신다는 것을 나는 알고 있습니다(참조. 시 29:10). 시편 기자는 이렇게 질문합니다. "어찌하여 이방 나라들이 분노하며, 민족들이 헛된 일을 꾸미는가?"(시 2:1). 주님께서는 나를 구원하실 수 있습니다. 주님께서 나와 관련된 모든 일들을 반드시 성취하실 것을 나는 믿습니다. 예수님에 대한 믿음은 저명한 학자들의 모임에서도 옳다고 입증될 수 있습니다. 그것은 철학자들의 세계적인 대회에서도 존중되어야 마땅합니다. 성육신하신 하나님의 아들을 믿는 것은 사람이 할 수 있는 것으로서 가장 이치에 맞는 것입니다. 그가 이 세상에 오셨다는 것은 역사적인 사실입니다. 그것은 다른 어떤 역사적인 기록보다도 더욱 분명하게 입증되었습니다. 또한 모든 사람의 죄를 대속하시는 그리스도의 희생 제사를 믿는 것도 가장 합리적인 것입니다. 하나님의 아들의 성육신과 그리스도의 대속의 진리와 관련해서, 거기에 비합리적인 요소는 전혀 없습니다. 그러므로 그것에 대해서 어떤 변증이 요구되는 것도 아닙니다. 우리는 그것을 인간의 이성으로 받아들일 수 없는 낡은 교리에 지나지 않는다고 말하는 사람들의 비난을 절대로 인정할 수 없습니다. 인간의 종교적·철학적 모든 신념들 가운데, 우리의 믿음이 가장 합리적인 것입니다. 세상에서 인간적으로 유능한 사상가들과 회의주의자들이여! 우리가 우리의 믿음을 받아들이는 것보다, 당신들은 당신들의 신념들을 더 쉽게 믿고 있습니다. 당신들이 판단할 때, 우리는 바보처럼 여겨질 것입니다. 그러나 우리는 당신들의 판단에 의해서 심판받지 않습니다. "신실하신 분" 및 "참되신 분"(참조. 계 19:11)이라는 이름을 지니신 분이 "만왕의 왕이요 만주의 주"(계19:16)로서 영원히 통치하러 오실 때, 당신들은 자신들의 어리석음에 대해서 뒤늦게 깨닫게 될 것입니다. 그러나 예수 그리스도를 믿는 사람은 인간적인 지혜에 의해서 혼란스러워하지 않을 것입니다. 왜냐하면 하나님께서 이미 오래 전에 이 세상의 지혜를 멸하셨고, 또한 어리석은 것으로 만드셨기 때문입니다(참조. 고전 1:19-20).

그러나 세상은 참된 신앙인들에게 비웃는 것보다 훨씬 더 가혹한 짓을 했습니다. 세상은 가인을 모방했습니다. 그래서 세상은 신자들을 죽이려고 했습니다. 복음의 대적자들은 하나님의 교회에 대해서 이루 말할 수 없이 격노했습니다. 만약 세상 사람들이 하나님의 교회를 정복할 수 있으면 해보라는 듯이, 하나님께서는 그들에게 교회를 없애 버릴 많은 기회들을 허락하셨습니다. 마치 그리스도께서 이렇게 말씀하시는 것처럼 여겨지기도 했습니다. "세상이여, 오라! 너희들이 업신여기는 가엾은 나의 제자들이 여기에 있다. 너희가 그들을 이길 수 있는지, 와 보라! 내가 너희에게 대단히 좋은 기회를 준다. 저기에 콜로세움이 있다(로마에 있는 거대한 원형경기장). 잔인한 눈과 야만적인 마음을 지닌 남녀 구경꾼들로 그곳을 가득 채워라. 그리스도인들을 끌어내라. 그리고 '그리스도인들을 사자들에게로!'라고 외쳐라."

그리스도인들은 그곳에 서 있습니다. 줄에서 풀린 사자들이 그들을 향해서 달려갑니다. 그리스도인들은 하나님에게 자신들을 불쌍히 여겨 달라고 외쳤습니까? 그들이 그리스도를 배반하여 그를 부인했습니까? 그들은 연약한 남자들이며, 여자들이었습니다. 그들이 자신들의 주님을 믿는다는 것을 부인하고, 그를 버리고 떠나갔습니까? 아닙니다. 그들은 그렇게 하지 않았습니다. 싸움터에서 전사한 어떤 전사만큼이나 용감하게, 그들은 죽어갔습니다. 대적자들은 고문을 통해서 그들의 믿음을 부인하게 하려고 결정했습니다. 그래서 그들은 고문대와 몽둥이와 불로써 신앙인들을 고문했습니다. 그렇다면 결과가 어떻게 되었는지 살펴봅시다. 결혼하지 않은 소녀였던 블란디나(Blandina, 어떤 기독교 가정의 노예였음. 177년에 리용에서 순교함)는 뿔 달린 황소들에게 던져졌습니다. 황소들이 그 소녀를 해치지 않자, 박해자들은 이번에는 불에 달구어진 쇠 의자에 앉혔습니다. 그러자 그 연약한 소녀는 기가 꺾였습니까? 아닙니다. 그 소녀는 이 모든 시련을 넉넉히 이겨 냈습니다(참조. 롬 8:37). 이와 같이, 박해자들은 성도들에게 온갖 고문을 자행했습니다. 그러나 그들은 결국 실패했습니다. 아레투사의 마르쿠스(Marcus of Arethusa)의 순교에 대해서 회상해 봅시다('아레투사'는 레바논 산의 근처에 있던 옛날 도시이다. 마르쿠스는 이 도시의 주교였다. 362년에, 배교자 율리아누스 황제 때에 순교했다 — 역주). 박해자들은 그의 몸에 꿀을 발랐습니다. 그리고 그의 몸 위에 벌통을 올려놓았습니다. 그러나 그의 믿음은 단 한순간도 약해지지 않았습니다. 후대에, 로마가톨릭교회의 무시무시한 종교재판에서 재판 집행자들은 온갖 형태의 잔혹한 박해와 고문을 서슴지 않았습니다. 그러나 개신교도들은 조금도 혼란스러워하거나 당황하지 않았습니다. 인간의 모습을 한 악마와 같았던 박해자들은 순교자들의 피로 실컷 갈증을 풀었습니다. 그러나 가망이 없는 일에서 손을 떼는 것처럼, 마침내 그들은 그리스도인들을 멸망시키려는 행위를 그만두어야 했습니다. 그들은 하나님의 참된 백성을 이길 수 없다는 사실을 깨닫게 되었습니다. 왜냐하면 예수님을 믿는 사람들은 낙심하거나, 당황하지 않기 때문입니다.

　　메리 여왕 시대에 이곳 영국에서도 박해가 있었습니다(메리 1세를 가리킨다. 1516년에 출생하여, 1558년에 사망했다. 재위 기간은 1553-1558년이다. 이 여왕은 로마가톨릭교회로의 복귀 정책을 폈기 때문에, 재위 기간 동안, 개신교와 성공회를 탄압했다. 이 때 약 삼백 명을 처형했다. 그래서 '피의 메리'[Bloody Mary]라는 별명이 붙게 되었다 — 역주). 그러나 메리 1세의 박해 정책은 명백한 실패로 끝나고 말았습니다. 평범한 면직공(綿織工)들과 농부들이었던 개신교 신자들은 가톨릭교회의 주교들과 추기경들에게 맞섰습니다. 그들은 자신들의 믿음을 당당하게 고백하고, 끝까지 지켰습니다. 심지어 연약한 여인들도 자신들을 고문하는 가톨릭교회의 불쌍한 궤변자들을 비웃었습니다. 톰킨스(Tompkins)는 고문을 당하면서도 하나님을 신뢰했습니다. 보너(Edmund Bonner) 주교가 톰킨스의 손을 타오르는 불에 갖다 대었을 때에도, 그는 끝까지 참고 견뎠습니다(에드먼드 보너[1500년경-1569]; 로마가톨릭교회의 신부로서, 런던의 주교였다. 메리 1세 여왕 시절에 박해에 적극적으로 가담하게 되어, 그는 '피의 보너'라는 별명을 얻었다 — 역주). 그리고 화형을 당할 때에도, 톰킨스는 믿음을 잃지 않고, 용감하게 마지막 숨을 거두었습니다. 역사가 존 폭스는 우리에게 다음과 같은 소중한 이야기를 전해 주었습니다(John Foxe, 1517-1587; 영국의 역사가이다. 특별히 영국교회의 순교 역사에 관한 주요한 저서를 남겼다 — 역주). 곧, 주님을 믿는 성도들은 불에 타고 있는 손으로 손뼉을 치면서, 주님을 찬양했다고 합니다. 그리고 그들의 몸이 불길에 휩싸여서 타고 있는 동안에도, 그들은 이렇게 외쳤다고 합니다. "우리에게는 오직 예수 그리스도밖에 없습니다!" 이처럼 대적자들은 그들을 혼란스럽게 하거나 당황하게 만들 수 없었습니다. 만약 박해가 다시 발생한다면, 우리도 박해를 반드시 굳건한 믿음으로 극복해야만 할 것입니다. 왜냐하면 주님을 믿는 사람은 낙심하거나 당황해하지 않기 때문입니다. 우리는 대적자들을 주먹으로 쳐서 때려눕힐 수 없습니다. 그렇지만 모루가 망치를 견디고 이겨내는 것처럼, 우리는 그들의 주먹을 맞고 견딤으로 이길 수 있습니다. 지금까지, 박해를 겪거나 순교를 한 신앙인들은 그렇게 해왔습니다. 앞으로도, 신앙인들은 그렇게 해야만 할 것입니다. 왜냐하면 예수님을 믿는 사람은 부끄러움을 당하지 않을 것이기 때문입니다.

　　이와 같은 것들 이외에도, 그리스도인들에게는 다른 고난들이 다가올 것입니다. 그렇지만 그 고난들 속에서도, 그들은 낙심하거나 당황하지 않을 것입니다. 육신에 의해서, 그들은 시험을 당할 것입니다. 본능적인 욕망들이 갑자기 격렬한 정욕으로 폭발할 것입니다. 부패한 마음은 그들을 넘어뜨리려고 할 것입니다. 그러면 신앙인들은 멸망하게 됩니까? 그렇지 않습니다. 그리스도를 믿는 사람은 자신을 이길 수 있습니다. 또한 그는 쉽사리 빠지기 쉬운 유혹을 물리칠 수 있습니다. 신앙인이 불이익을 당하고, 그에게 고난이 다가올 수 있습니다. 그는 사업상 어려움을 겪거나, 사랑하는 가족이 이 세상을 먼저 떠나가기도 합니다.

그렇다면, 그때 그는 어떻게 됩니까? 그렇다고 해도, 그는 낙심하거나 당황하지 않을 것입니다. 왜냐하면 그가 믿는 주님께서 그를 모든 환난 가운데서 붙잡아 주실 것이기 때문입니다. 언젠가 죽음이 우리를 어김없이 찾아올 것입니다. 죽음의 문턱에서, 우리가 마지막 고통을 겪을 때, 사랑하는 가족들은 우리의 이마에서 식은땀을 닦아줄 것입니다. 그리고 우리는 마지막 숨을 힘겹게 몰아쉴 것입니다. 그 순간에도, 우리는 당황하지 않을 것입니다. 우리는 "마침내 승리했다"라고 큰 목소리로 외칠 수 없을지 모릅니다. 왜냐하면 승리의 찬송을 부르기에는, 우리가 육신적으로 너무나 연약한 상태에 놓여 있을 수도 있기 때문입니다. 그러나 마지막 숨을 몰아쉬며, 우리는 주님의 고귀한 이름을 어린아이처럼 혀 짧은 소리로 부를 것입니다. 우리의 평안한 모습을 지켜보던 사람들은 다음 사실을 깨닫게 될 것입니다. 곧, 그리스도인의 죽음은 끝이 아니라 영원한 생명으로 나아가는 과정이라는 것을 말입니다.

사랑하는 여러분! 우리는 영원한 나라의 장엄한 모습 앞에서도 당황하지 않을 것입니다. 이 세상을 떠나면, 우리는 다음 단계로 들어갈 것입니다. 얼마 후에, 그리스도의 다시 오심을 알리는 나팔 소리가 들릴 것입니다. 그러면 죽은 몸들이 부활하게 될 것입니다. 그 장엄한 날에, 우리는 셀 수 없이 많은 성도들과 함께 서 있게 될 것입니다. 이 세상에서의 모든 날들은 바로 그날을 위해서 존재하는 것입니다. 그날에, 그리스도 이외에 다른 대상들을 의지했던 사람들은 하나님의 진노의 재앙으로부터 자신들을 숨겨 달라고, 바위들을 향해서 울부짖을 것입니다. 반면에, 우리는 평안하고 차분하게 서 있으면서, 영원한 재판관이신 주님을 찬양할 것입니다. 우리에게도 그날은 엄숙한 날입니다. 왜냐하면 대단히 엄숙한 심정이 전혀 없이, 바위들이 부서지고, 별들이 떨어지며, 또한 피조물이 사라지는 장면을 우리가 지켜볼 수 없을 것이기 때문입니다. 그러나 다음과 같은 우리의 찬송가 가사는 진실을 반영하고 있습니다.

> "그 위대한 날에, 나는 담대하게 서 있을 것입니다.
> 누가 나에 대해서 고소할 수 있겠습니까?
> 주님의 보배로운 피를 통해서,
> 죄악의 무서운 저주와 부끄러움으로부터,
> 나는 이미 해방되지 않았습니까?"

　　그날에, 우리는 하나님 아버지께 이렇게 말할 것입니다. "우리는 하나님께서 정해 놓으신 구원을 의지했습니다. 우리는 하나님 아버지의 사랑하는 아들을 믿었습니다. 또한 우리는 예수님의 피가 우리의 죄를 대속한다는 사실을 믿었습니다." 하나님께서 자신의 약속을 저버리지 않으신다는 것을 우리는 경험하게 될 것입니다. 만약 예수님이라는 기초석이 우리를 받쳐주지 않는다면, 우리는 얼마나 부끄러움을 당하고, 또한 얼마나 당황할 것입니까! 나는 때때로 다음과 같은 생각을 해보았습니다. 복음에는 그릇된 내용이 하나도 없습니다. 그러나 만약 복음에 오류가 있다고 가정한다면, 우리는 하나님에게 이렇게 말하며, 위로를 얻고자 할 것입니다. "위대하신 하나님이여! 우리가 복음에 근거해서 하나님을 사랑하고 믿었기 때문에, 우리는 이런 실수를 범하게 되었습니다." 그렇다면 우리는 적어도 자신에게 잘못이 없다는 것에 대해서 그럴듯하게 변명할 수도 있을 것입니다. 그러나 결코 그런 일은 일어나지 않을 것입니다. 우리의 기초석이신 예수님께서는 우리를 실망시키시지 않을 것입니다. 우리는 당황하지 않을 것입니다. 하나님께서는 변함이 없으시며, 거짓말을 하실 수 없습니다(참조. 딛 1:2; 히 6:17-18). 그것은 우리에게 큰 위로를 줍니다.

　　이제 설교를 마무리하려고 합니다. 우리가 결코 당황하지 않을 것이라는 사실을 알 수 있는 근거는 무엇입니까? 먼저 그것은 우리가 받은 증거가 참이기 때문입니다. 그것은 바로 하나님께서 우리에게 주시는 증거입니다. 그 안에는 거짓말이 있을 수 없습니다. 그 다음, 우리가 믿는 대상이 진실하신 분이기 때문입니다. 그리스도 예수 안에는 거짓이 없습니다. 또한 실패나 실수가 없습니다. 우리가 신뢰하는 구원자는 전능하신 분입니다. 그는 패배하지 않으십니다. 그에게는 너무 무거워서 질 수 없는 짐도 없습니다. 우리에게 선포되고 우리가 믿는 하나님의 말씀은 오류가 없으며, 변하지도 않습니다. 그 말씀은 일점일획도 변경될 수 없습니다. 빛들의 아버지께서는 변함이 없으십니다(약 1:17). 또한 예수 그리스도께서는 "어제나 오늘이나 영원토록 동일"하십니다(히 13:8). 하나님의 존재와 성품이 변하지 않는 한 — 이 표현에 특별히 주목하기 바랍니다 — 그리스도 안에 있는 어떤 신앙인이 부끄러움을 당하는 일은 절대로 일어나지 않습니다. 나는 이 주장을 좀 더 강조해서 말하고 싶습니다. 하나님 아버지께서 그의 약속의 말씀을 어기시지 않는 한, 그는 하나님의 아들을 믿는 사람의 영혼을 멸망시키실 수 없습니다. 그리고 만약 하나님께서 그의 약속을 어기신다면, 그는 더 이상 하나님이 아닙니다. 사실상 하나님에 대해서 이렇게 단순하게 가정하는 것도 신성모독에 가까운 것입니다. 왜냐하면 하나님의 성품에서, 진실과 신실은 본질적인 요소이기 때문입니다. 그리스도 자신이 실패하지 않는 한, 그는 그를 믿는 사람을 구원하는 것을 거부하실 수 없습니다. 만약 그가 실패한다면, 그것은 그가 전능하신 존재가 아니라는 것을 입증하는 것입니다. 만약 그렇다면, 그는 분명히 신적인 존재가 아닌 것입니다. 그리고 오늘날에 이르기까지, 성령님께서는 우리에게 그리스도께서 성취하신 구원 사역을 실행해 오셨습니다. 그런데 만약 성령님께서 우리에 대한 자신의 증거를 부인하신다면, 그래서 우리 안에 있는 새 생명이 죽고 만다면, 그는 전능하신 존재가 아닌 것입니다. 만약 그렇다면, 성령님께서 이전에 우리에게 영적인 권능을 불어넣어 주시고, 또한 우리를 위로해 주셨다는 것은 사실이 아닐 것입니다. 사랑하는 여러분! 결코 그렇지 않습니다. 모든 것은 하나님의 신실하심에 달려 있습니다. 만약 신앙인들이 믿음과 구원을 잃어버린다면, 하나님께서는 그들보다 훨씬 더 많은 것을 잃어버리시는 것입니다. 왜냐하면 하나님께서는 그의 명예를 잃어버리시기 때문입니다. 또한 진실하고 신실한 성품을 잃어버리시기 때문입니다. 그리고 그의 영광스러운 이름은 더럽혀질 것입니다.

나는 하나님의 양입니다. 만약 내가 구원과 영생을 잃게 되었다면, 나는 틀림없이 가장 중요한 것을 잃어버린 사람입니다. 그러나 나는 나 자신에게 속한 것이 아니라, 위대한 목자이신 하나님에게 속해 있는 존재이기 때문에, 하나님께서는 나를 잃어버리신 것입니다. 그렇다면 하나님도 마찬가지로 실패자가 되는 것입니다. 나는 그리스도의 몸을 구성하는 한 지체입니다. 그런데 만약 내가 그리스도로부터 떨어져 나간다면, 그것은 분명히 나에게 가장 중대한 손실입니다. 그러나 몸인 교회의 머리(엡 1:22; 골 1:18)가 되시는 그리스도께서도 마찬가지로 나를 잃어버리신 것입니다. 왜냐하면 그의 몸은 이제 불완전한 것이기 때문입니다. 왜냐하면 "교회는 그의 몸이니 만물 안에서 만물을 충만하게 하시는 이의 충만함"(엡 1:23)이기 때문입니다. 나는 감히 다음과 같이 말합니다. 만약 예수 그리스도께서 그를 믿는 사람들 가운데 가장 작고 보잘것없는 단 한 사람이라도 잃어버리신다면, 그는 완전한 그리스도가 아닙니다. 그리스도께서 자신에게 속한 사람을 지킬 수 없다면, 지옥은 그리스도를 부인하며 그것을 영원히 자랑할 것입니다. 만약 마귀가 단 한 명의 신자라도 지옥으로 보낼 수 있다면,

얼마나 그는 그것에 대해서 시끄럽게 떠들겠습니까! 마귀는 이렇게 떠벌릴 것입니다. "나사렛 예수여! 여기에 너에게 속해 있던 한 사람이 있다. 그는 너를 믿었었다. 그러나 이제 그는 지옥에 와 있다. 강한 자들은 스스로 자신들을 지킬 수 있었기 때문에, 너는 그들을 지켜 주었다. 그러나 너는 약한 자를 보호해 줄 수 없었다. 그래서 이 약한 자는 여기에 와 있다. 그는 구원을 잃어버리고, 영원히 멸망했다." 만약 이와 같은 조롱거리가 마귀에게 주어진다면, 악의(惡意)로 넘치는 그는 얼마나 날뛰겠습니까? 그러나 그러한 일은 절대로 일어나지 않을 것입니다. 왜냐하면 예수님께서 살아 계시는 한, 또한 우리도 살 것이기 때문입니다. 그러므로 우리는 부끄러움을 당하지도 않고, 또한 당황하게 되지도 않을 것입니다. 우리는 주님의 신실하심을 굳게 믿읍시다. 그리고 그의 영원한 사랑의 약속을 받아들입시다.

> "주님께서 자신의 명예를 걸고 약속하셨네.
> 그의 양들 가운데 가장 미천한 양까지도 구원해 주신다고.
> 주님께서 자신의 손으로
> 하늘 아버지께서 주신 모든 양들을 안전하게 지키시네.
>
> 죽음이나 지옥도 주님의 가슴으로부터
> 그가 사랑하시는 양들을 앗아갈 수 없네.
> 주님의 사랑의 품 안에서
> 그들은 영원히 안식을 누리네."

아멘! 아멘!

제
9
장

—

세 가지 보물

—

"그러므로 믿는 너희에게는 보배이나"
— 벧전 2:7
"그 보배롭고 지극히 큰 약속을 우리에게 주사"
— 벧후 1:4
"동일하게 보배로운 믿음을 우리와 함께 받은 자들에게"
— 벧후 1:1

이 세 가지 보배로운 것들을 함께 합하면, 그것들은 우리에게 비교할 수 없이 값진 보물을 우리에게 줍니다. 죽기 전에, 하나님의 사람 모세는 이스라엘의 모든 지파들을 축복했습니다(참조. 신 33:1). 그런데 그가 요셉 지파를 축복한 내용 가운데에는 주목할 만한 것이 들어 있습니다. 왜냐하면 거기에는 매우 보배로운 것들이 포함되어 있었기 때문입니다. 신명기 33장 13절에는 이렇게 기록되어 있습니다. "요셉에 대하여는 일렀으되 원하건대 그 땅이 여호와께 복을 받아 하늘의 보물인 이슬과 땅 아래에 저장한 물과 태양이 결실하게 하는 선물과 태음이 자라게 하는 선물과 옛 산의 좋은 산물과 영원한 작은 언덕의 선물과 땅의 선물과 거기 충만한 것과 가시떨기나무 가운데에 계시던 이의 은혜로 말미암아 복이 요셉의 머리에, 그의 형제 중 구별한 자의 정수리에 임할지로다"(신 33:13-16). 이 축복에는 여러 가지 내용이 들어 있습니다. 그러나 만약 "가시떨기나무 가운데에 계시던 이의 은혜로 말미암아"라는 표현이 없다면, 우리가 이제 숙고해 보고자 하는 세 본문들의 내용과 비교할 때, 그 축복은 훨씬 미치지 못할 것입니다. 여기서 모세가 '보물' 및 '선물'이라고 부르고 있는 것은 결국 일시적인 은총에 지나지 않습니다. 이슬은 곧 증발해 버립니다. 땅 아래에 저장한 물, 곧 지하의 샘물도 언젠가 마를 것입니다. 햇빛을 받아서 익은 온갖 곡식도 곧 말라 버릴 것입니다. 달빛을 받고 자라나는 온갖 과실도 언젠가 썩을 것입니다. 은이든지 금이든지, 산에서 생산되는 주요 금속들 가운데 영원히 존속할 수 있는 것은 아무것도 없습니다. 또한 그것들은 우리를 영적으로 부요하게 해주지 못합니다. 그것이 구리이든지 철이든지, 옛날부터 존재하던 언덕에서 생산되는 것은 영원히 존재하지는 않습니다. 그 금속들은 예술이나 과학이나 일상생활에 소중한 것들입니다. 그러나 사람들이 오랫동안 사용하면, 마침내 그것들도 닳아서 없어지고 맙니다. 이 땅의 선물들에 대해서 말하자면, 그것들은 결국 땅에 속한 것들이 아닙니까? 그 선물들로 가득 채워져 있다고 하더라도, 그것은 결국 헛된 것이 아닙니까? 만약 율법 수여자 모세의 축복이 "가시떨기나무 가운데에 계시던 이의 은혜로"라는 표현으로 끝맺음을 하지 않았더라면, 불멸의 영혼을 만족시켜 주거나 사람의 마음에 기쁨을 주기에 충분한 말은 포함되어 있지 않았을 것입니다. 아무튼 모세는 여호와께서 요셉 지파에게 이 땅의 여러 가지 소중한 선물들을 주실 것이라고 축복해 주었습니다.

　사랑하는 형제자매 여러분! 그러나 베드로전후서에 언급된 하나님의 축복으로서, 나는 모세가 축복의 황금 사슬에 꿰어놓았던 것들보다 훨씬 더 보배로운 것들을 이제 여러분 앞에 펼쳐 보이려고 합니다. 본문의 내용에서, 우리는 해와 달보다 더 오래 지속되는 세 가지 보배로운 것들을 갖고 있습니다. 그것들은 모두 하늘로부터 왔으며, 영적인 것들입니다. 그러므로 그것들은 영혼을 충만하게 채우며 만족스럽게 해줍니다. 만약 어떤 사람이 그것들을 소유한다면, 그 보배로운 것들은 그 사람을 진정으로 부요하게 할 것입니다. 또한 그것들을 지니고 있기 때문에, 그가 슬픔을 겪는 일은 없을 것입니다. 최후의 심판의 불에 의해서, 이 세상의 왕들이 소유한 모든 진귀한 보물들은 녹아 없어질 것입니다. 그렇지만 본문이 의미하는 보물들은 그것들을 지닌 사람들을 영원히 아름답게 장식해 주며, 또한 그들을 영속적으로 풍요롭게 해줄 것입니다.

　본문에서 언급되는 세 가지 보배로운 것들은 서로 밀접하게 연관되어 있습니다. 그래서 여러분이 그것들을 쉽게 기억하게 해줍니다. 베드로전서 2장 7절에는 "믿는 너희에게는 (그는) 보배이나"라고 언급되어 있습니다. 곧, 예수 그리스도께서는 보배로운 분이십니다. 이 구절에는 무한히 귀중한 보물이 언급되어 있습니다. 곧, 그리스도께서는 값으로 매길 수 없는 존귀하신 존재입니다. 그리고 베드로후서 1장 4절에는, "보배롭고 지극히 큰 약속"이라고 기록되어 있습니다. 이 구절에는, 보물을 담기에 매우 적합한 상자가 표현되어 있습니다. 한편 베드로후서 1장 1절에서, 사도 베드로는 "보배로운 믿음을 우리와 함께 받은 자들"이라고 표현하면서, 성도들이 사도들이 지닌 것과 동일한 믿음을 받았다고 주장합니다. 따라서 이 구절에는, 축복받은 손이 소개되고 있습니다. 그 손으로 우리는 보물과 그것이 담긴 상자를 받았습니다. 그러므로 여러분이 이것을 잘 기억하고 있기를 부탁합니다. 우리 앞에 세 가지가 놓여 있습니다. 첫째, 보배로운 진주입니다. 둘째, 그것을 담은 보배로운 상자입니다. 셋째, 그것이 우리의 소유라고 보증해 주는 권리 증서입니다. 이 증서에 대해서 다르게 표현한다면, 바로 앞에서 말했듯이, 그것은 비길 데 없는 그 보배로운 보석을 잡고, 그것이 우리의 것이라고 외치게 해주는 보배로운 손을 가리킵니다.

1. 맨 먼저, 이 보배로운 것들 가운데
가장 귀중한 보석에 대해서 살펴보기로 하겠습니다.

우리의 주 예수 그리스도께서는 신자들에게 가장 소중한 분이십니다. 주님의 소중함에 대해서 내가 말해야만 하는 모든 것을 온전히 설명할 수 있다면 얼마나 좋겠습니까! 그리스도께서 지니신 모든 존귀한 가치에 대해서 전부 말하려면, 천사와 같은 존재라야 가능할 것입니다. 무엇보다도 먼저, 그는 본질적으로 보배로우신 분입니다. 그는 본질적으로 존귀한 가치를 지니시고 있습니다. 우리는 그를 하나님으로 경배드립니다. 우리는 그를 "참 하나님으로부터 나신 참 하나님"(참조. 니케아 신경)으로 고백합니다. 한편 하나님의 아들이신 예수 그리스도는 분명히 사람으로 태어나셨습니다. 이 점에서, 그는 우리가 지닌 뼈를 지니시고, 또한 우리가 지닌 살을 지니셨습니다. 그는 우리를 위해서 고난을 당하려고 태어나신 우리의 맏형이십니다. 그러나 그는 하나님 아버지와 동등하시며, 영원 전부터 그와 함께 존재하시던 분이십니다. 그러므로 오늘날 우리가 그에 대해서 지극히 존중하는 말을 한다고 할지라도, 또한 그를 아무리 높인다고 하더라도, 그것은 결코 지나친 것이 아닙니다. 무한하신 하나님으로서, 그는 틀림없이 보배로운 분이십니다. 나아가 하나님의 아들은 참 하나님이신 동시에 참 사람이시기 때문에, 신성과 인성을 동시에 지니신 분으로서, 그는 우리에게 특별히 소중한 존재가 되셨습니다. 그의 인성에는 죄로 인해서 더럽혀진 흔적이 전혀 없습니다. 그는 타락한 본성을 물려받지 않으신 채, 이 세상에 오셨습니다. 이 세상에서 살면서, 그는 단 한 가지 허물도 범하시지 않았습니다. 그는 죄가 없는 순결한 사람이었습니다. 하나님께서 인간의 육신 안에 자신을 숨기셨다는 것은, 다시 말해서, 사람의 몸을 지니고 태어나셨다는 것은 우리에게 얼마나 신비로운 일입니까! 무한하신 하나님께서 종의 형체를 지니고 사람의 모습으로 태어나셨다는 것은 기적 중에 기적인 것입니다. 우리의 주 예수님을 하나님으로 볼 때, 우리는 멀리서 그를 경배해야만 합니다. 반면에 우리가 그를 완전한 인간으로 볼 때, 우리는 죄가 없으신 그의 성품을 존경해야만 합니다. 그러나 우리가 그를 하나님이신 동시에 사람으로 볼 때, 인간의 비천한 상태와 지극히 높으신 하나님의 고상함을 서로 연결시켜 주시는 분으로서, 우리는 그를 인식해야만 할 것입니다. 그러므로 우리는 성육신하신 하나님을 끊임없이 찬양합니다. 하나님께서 인간에게 내려오심으로, 인간은 하나님께서 계신 곳으로 올라갈 수 있게 되었다는 사실을 우리는 깨닫습니다. 우리와 함께 하시는 임마누엘의 하나님께서 우리에게 화평을 가져오셨습니다. 비록 우리가 이전에는 멀리 떨어져 있었지만, 성육신하신 그리스도께서 이제 우리를 하나님께로 더욱 가까이 인도하십니다.

　　형제자매 여러분! 우리의 주님에 대해서 숙고해 봅시다. 주님에게만 고유한 것으로서, 그리스도의 존재 안에는 신성과 인성이 연합되어 있습니다. 주님 자신도 이 점을 대단히 소중하게 여기십니다. 이와 같이 자신에게만 고유한 성품을 지니셨기 때문에, 그는 예수 그리스도라는 이름을 지니시게 되었습니다. 이러한 점들을 고려해 볼 때, 그는 기름 부음을 받으신 구세주라는 사실을 우리는 깨달을 수 있을 것입니다. 자신의 죄를 자각하는 모든 죄인들에게 그리스도께서는 보배로운 분이십니다. 구원받은 모든 하나님의 자녀들에게 구세주는 모든 아름다운 대상들 가운데서 영원토록 가장 아름다운 분이 틀림없습니다. 그리스도의 구원하는 은혜의 향기로움을 체험한 하늘나라의 모든 상속자들에게, 그는 반드시 모든 사람들 중에서 가장 사랑스러운 분이십니다(참조. 아 5:10, 16). 만약 구원자의 뿔(눅 1:69)이 없었더라면, 세상은 멸망했을 것이라는 사실을 나는 알고 있습니다. 만약 구세주께서 십자가 위에서 돌아가시지 않았다면, 세상은 영원히 지옥으로 던져진다는 것을 나는 알고 있습니다. 오, 땅이여! 구세주의 보배로우심을 아직 너는 알지 못하는도다. 오, 하늘이여! 너는 구세주에 대해서 온전히 찬양하는 데 이를 수 없도다. 그러므로 만약 여러분이 주님의 존재 그 자체에 대해서, 곧 참 하나님과 참 사람 및 구세주에 대해서 생각해 본다면, 그는 보배로우신 분입니다. 그리스도의 직분 안에는, 신성과 인성이 하나로 결합되어 있습니다.

형제자매 여러분! 그리스도께서는 너무 존귀하신 분이기 때문에, 아무도 그를 돈으로 살 수 없습니다. 만약 어떤 사람이 자신이 지닌 모든 재산으로 그리스도 안에 있는 어떤 권리를 사려고 한다면, 그 행위는 완전히 정죄를 받을 것입니다. 부자들은 세상에 있는 모든 좋은 것들을 사서 모을 수 있을 것입니다. 그렇습니다. 그들은 인도에 있는 모든 소중한 것들을 사들여서, 그곳의 부를 고갈시킬 수 있을 것입니다. 페루에서 생산되는 모든 은과 캘리포니아의 모든 금을 사들일 수 있을 것입니다. 그러나 심지어 세상에 있는 모든 사파이어와 다이아몬드를 갖고 있다고 하더라도, 그리스도 안에 있는 것은 그것이 아무리 작은 것이라고 하더라도, 그것을 돈으로 살 수 없습니다. 그러나 그리스도의 은혜의 풍성함에 근거해서, 그는 자기 자신을 온전히 값없이 주십니다. 그렇지만 사람들은 돈으로는 그를 살 수 없습니다. 왜냐하면 주님은 너무 보배로우신 존재이기 때문에, 심지어 그에 대한 값을 매길 수도 없습니다. 작은 먼지 하나를 우주 전체의 무게와 비교할 수 없는 것과 마찬가지로, 우리는 세상이 지닌 모든 가치를 그리스도와 비교할 수 없습니다. 그리스도에 대해서 측량할 수 있는 측량 단위 및 도구가 우리에게는 없는 것입니다. 그는 무한하신 분입니다. 그러므로 인간의 유한한 판단에 근거해서, 우리는 언어를 통해서 이루 다 표현할 수 없는 그의 존귀한 가치에 대해서 온전히 이해할 수 없습니다. 그리스도는 하나님께서 은혜로 우리에게 주신 가장 귀한 선물입니다. 하나님의 아들과 비교할 때, 하늘 그 자체도 아무것도 아닙니다. 만약 어떤 사람이 그리스도에게 나아오려면, 천 개나 되는 지옥의 어두컴컴한 깊은 골짜기를 통과해야만 한다고 할지라도, 그것은 감행해 볼 가치가 충분히 있습니다. 그래서 맨 마지막에 그가 "내 사랑하는 자는 내게 속하였고, 나는 그에게 속하였도다"(아 2:16)라고 고백할 수 있다면, 그것은 그럴만한 충분한 가치가 있습니다.

　　예수님은 대단히 보배로우신 분입니다. 그래서 그는 다른 어떤 대상과도 비교할 수 없습니다. 그래서 예수님과 견주어 볼 때, 가장 아름다운 대상들 중에서 가장 아름다운 것도 매력이 없고 흉하게 보입니다. 러더퍼드(Rutherford) 목사는 종종 이런 말을 했습니다. "언젠가 눈부신 태양도 빛을 잃고, 아름다운 달도 검어지며, 반짝이는 별들도 사라질 것입니다. 그러나 주 예수님은 찬란하게 영원히 빛나십니다!" 그러므로 그는 하나님 아버지의 본성을 그대로 보여주며, 하나님 아버지의 영광을 나타내시는 분입니다(참조. 히 1:3). 만약 모든 시간 속에서, 모든 공간을 샅샅이 뒤진다고 하더라도, 여러분은 예수님과 같은 존재를 발견할 수 없을 것입니다. 만약 여러분의 구주로서 예수님을 잃어버린다면, 여러분은 구원받을 수 있는 유일한 가능성을 놓쳐 버리는 것입니다. 만약 여러분이 그리스도를 얻는다면, 여러분은 다른 대상을 더 이상 찾지 않아도 됩니다. 왜냐하면 하나님께서 그를 여러분의 "지혜와 구원과 의로움과 거룩함"으로 만드셨기 때문입니다. 또한 여러분의 영혼이 원하는 모든 것을 주님으로부터 받을 수 있기 때문입니다. 그렇습니다. 예수 그리스도께서는 우리의 모든 것이 되십니다. 만약 여러분이 하늘과 땅에 대한 값을 치르고, 그 안에서 그리스도와 비슷한 대상을 만나려고 시도한다고 하더라도, 여러분은 그 안에서 그리스도와 같은 존재를 찾을 수 없습니다. 여러분이 시간과 공간을 철저하게 살펴본다고 하더라도, 여러분은 그리스도에게 버금가는 대상을 결코 찾을 수 없을 것입니다. 예수님께서는 그토록 보배로우신 분입니다.

　　형제자매 여러분! 예수님은 우리에게 지극히 소중하신 분입니다. 우리는 예수님을 잃어버릴 수 없습니다. 사람들은 이 세상에 있는 모든 귀중한 것들을 잃어버릴 수 있습니다. 보석은 도난당할 수 있습니다. 집에 도둑이 들어오기도 합니다. 그래서 도둑이 보석 상자를 훔쳐갈 수도 있습니다. 그러나 가장 진귀한 보석이신 그리스도는 그렇지 않습니다. 어떤 사람이 예수님을 영접하면, 그는 그의 안에 거하십니다. 심지어 사탄 자신도 그 사람의 영혼으로부터 예수님을 빼앗아 갈 수 없습니다. 그러므로 내 마음은 언제나 그 소중한 진리 안에서 기뻐합니다. 일단 하나님의 선물이신 예수 그리스도를 우리가 영접한 뒤에는, 우리는 안전합니다. 왜냐하면 하나님께서 우리를 부르시고 은혜로 선물을 주신 다음에는 그것을 무르시지 않기 때문입니다(참조. 롬 11:29). 하나님께서는 자신이 하신 일에 대해서 결코 후회하시지 않습니다. 그는 조금이라도 빠르거나 늦게 행하시지 않고, 항상 정하신 때에 정확하게 역사하십니다. 그는 자신이 은혜로 베푸신 선물을 거두어가시지 않습니다. 우리는 예수님을 결코 잃어버릴 수 없기 때문에, 그는 우리에게 값을 매길 수 없을 만큼 귀중한 보석이지 않습니까?

그리고 아무도 그리스도를 멸망시킬 수 없습니다. 이 사실 또한 우리를 크게 기뻐하게 만듭니다. 다이아몬드도 부서질 수 있습니다. 다이아몬드에 높은 열을 가하고, 또한 그것에 햇볕을 한데 모아서 쪼이게 하면, 그 반짝이는 결정체도 가스처럼 해체됩니다. 이제까지 사람들은 때때로 그리스도인들에게 극심한 박해를 가했습니다. 그러나 그들은 신앙인들을 그리스도의 사랑으로부터 결코 떼어놓을 수 없었습니다(참조. 롬 8:39). 이 세상과 지옥은 할 수만 있으면 신앙인들을 해치려고 했습니다. 그래서 그들은 풀무불을 일곱 배나 더 뜨겁게 지폈습니다. 그리고 그들은 하나님의 자녀들을 그 안으로 던져 넣었습니다. 그들은 분명히 원수들의 분노에 내맡겨진 것 같았습니다. 그러나 그들의 마음속에 있는 그리스도의 보석은 단 한 번도 파괴되지 않았습니다. 또한 그 보석에 대한 그리스도인의 소유권이 취소된 경우가 한 번도 없었습니다. 왜냐하면 예수님께서 다음과 같이 장엄하게 약속하셨던 것처럼, 예수님과 그의 종들은 연합하여 하나가 되어 살았기 때문입니다. "이는 내가 살아 있고 너희도 살아 있겠음이라"(요 14:19). 그러므로 그리스도의 보배로움을 보십시오. 오직 그만이 지니고 있는 그의 본질적인 보배로움에 대해서 묵상해 보십시오. 그는 돈으로 살 수 없습니다. 그에 대해서 값을 매기는 것이 불가능합니다. 그는 어느 누구와도 비교할 수 없습니다. 우리는 그를 잃어버릴 수 없습니다. 아무도 그를 멸망시킬 수 없습니다. "우리에게 그리스도께서는 보배로우시다"라고 진정으로 고백하는 사람들은 말로 표현할 수 없을 정도로 복되고 부요한 사람들입니다.

그러나 이제까지 내가 예수 그리스도에 대해서 말한 것은, 넓은 밭이 있는데 단지 그것의 한모퉁이에 대해서 살펴본 것과 같습니다. 왜냐하면 주님께서는 우리를 섬기시는 데 있어서도 보배로우시기 때문입니다. 예수님께서 우리에게 주시는 모든 유익에 대해서 누가 낱낱이 말할 수 있겠습니까? 단 한 번의 설교를 통해서, 우리는 이와 같이 광범위한 주제에 대해서, 모든 것을 상세하게 다룰 수 없습니다. 그래서 나는 그것에 대해서 간략하게 요점만을 제시하고자 합니다. 예수님께서는 신앙인에게 다음 네 가지가 되십니다. 또한 그것들을 주십니다. 곧, 그는 **생명과 빛과 사랑과 자유**이십니다. 만약 이 네 가지보다 더 보배로운 네

가지가 있다면, 그것들을 찾아보라고, 나는 세상에 있는 모든 사람들에게 감히 도전합니다. 그러나 진정한 생명과 빛과 사랑과 자유는 오직 그리스도 안에 있습니다.

첫째, 생명에 대해서 언급하고자 합니다. 요한복음 서론에는 하나님의 아들이 영생을 지니고 있다고 말합니다. "그 안에 생명이 있었으니 이 생명은 사람들의 빛이라"(요 1:4). 또한 그가 자신을 믿는 사람들에게 영생을 주시는 분이라고 소개합니다. "아버지께서 죽은 자들을 일으켜 살리심 같이 아들도 자기가 원하는 자들을 살리느니라"(요 5:21). 생명은 얼마나 소중한 것입니까? 폭풍우 속에서, 어떤 불쌍한 여인은 바닷가로 달려갔습니다. 그 여인은 파도가 그의 사랑하는 남편을 결국 휩쓸어 갔다는 사실을 알게 되었습니다. 그는 그 여인의 가슴에 매달려 있는 아기의 아버지이기도 했습니다. 남편은 죽은 것입니다. 무심한 바다는 한순간에 그 여인을 과부로 만들었습니다. 만약 죽은 남편을 다시 살게 할 수만 있다면, 그 여인은 어떤 일이라도 할 것입니다. 그러나 인간의 생명은 하나님께서 선물로 주신 것입니다. 그 여인이 며칠 동안 밤을 지새우고 눈물을 흘리며 기도한다고 하더라도, 죽은 남편은 이제 더 이상 돌아올 수 없습니다. 이 점과 관련해서도, 우리는 예수님에게 영광을 돌려야만 할 것입니다. 왜냐하면 그는 영적으로 이미 죽어 있는 사람들에게 생명을 주실 수 있기 때문입니다. 만약 여러분 가운데 어떤 사람이 오늘 아직 회심하지 않은 남편에 대해서, 죄와 허물로 죽어 있는 자녀에 대해서, 아직 구원받지 못한 어떤 형제나 자매에 대해서 눈물 흘리며 기도하고 있다면, 예수님께서 여러분을 찾아오시기를 간절히 기도합니다. 그리고 여러분의 기도에 응답해서, 주님께서 여러분이 사랑하는 사람에게 영생을 주시기를 바랍니다. 그는 부활이요 생명이십니다(참조. 요 11:25). 또한 그는 영적인 생명이 필요로 하는 모든 자양분을 공급하시는 유일한 분이십니다. 그런데 저 멀리에 어떤 난파당한 사람이 구명용 뗏목을 가까스로 만들었습니다. 인정사정없는 거칠고 넓은 바다를 며칠 동안 떠다녀서, 그는 몹시 피곤해 있었습니다. 그러면서 혹시 어떤 배가 도와주려고 다가오지 않을까, 아니면 육지가 보이지는 않을까라고, 그는 애태우고 있었습니다. 그는 극도로 갈증을 느꼈습니다. 시원한 물 한 모금을 마실 수 있다면, 그가 그 대가로 주려고 하지 않을 것이 무엇이 있겠습니까? 며칠 동안 식수를 마시지 못해서, 그의 생명이 위태로운 지경에 이르렀기 때문입니다. 그의 혀는 마치 불붙은 나무 조각과 같았습니다. 그의 입은 뜨겁게 달구어진 솥과 같았습니다. 굶주린 채, 뜨거운 햇볕에 노출되어서, 그는 그야말로 기진맥진한 상태에 놓이게 되었습니다. 그는 한숨을 쉬며 하늘을 향해서 이렇게 부르짖었습니다. "하늘이여! 나에게 자비를 베풀어서 시원한 소나기라도 내리게 하소서!" 하나님을 의지하며 사는 사람들에게 예수 그리스도께서는 생명의 물이며 생명의 양식입니다. 신자들이 영적인 생명을 제대로 유지하기 위해서, 그들은 예수님을 의존하는 것이 절대적으로 필요합니다. 그들이 주님을 의지하면서 살 때, 그들의 갈증은 풀리고, 굶주림이 해결됩니다. 그들의 마음은 "말할 수 없는 영광스러운 즐거움으로 기뻐합니다"(벧전 1:8). 생명을 주고 또한 그 생명을 유지시켜 주는 음식은 인간이 소유해야 하는 가장 소중한 것들 가운데 한 가지입니다. 여러분의 영혼을 위해서, 이것들은 예수님 안에 저장되어 있습니다. 예수님은 이렇게 말씀하십니다. "하나님의 떡은 하늘에서 내려 세상에 생명을 주는 것이니라"(요 6:33).

그 다음에, 빛도 생명에게 보배로운 것입니다. 이스라엘 백성이 애굽을 나오기 바로 이전에, 여호와께서는 모세를 통하여 애굽 온 땅에 사흘 동안 짙은 어둠이 내리게 하셨습니다. 그래서 사람들은 손으로 더듬어야 다닐 수 있었습니다(참조. 출 10:21-22). 만약 누가 애굽 사람들에게 햇빛을 다시 볼 수 있게 해줄 수 있다면, 그들은 무엇인들 주지 않겠습니까? 로마를 향해서 죄인의 신분으로 항해하던 사도 바울과 그의 일행이 여러 날 동안 해도 달도 별들도 보지 못했던 것은 대단히 고통스러운 체험이었을 것입니다. 그때 그들은 배가 암초에 걸려서 부서지지는 않을지, 아니면 리비아 근해의 모래톱에 빠져서, 꼼짝달싹하지도 못하지는 않을지 염려해야만 했습니다(참조. 행 27:17-20). 오, 빛은 얼마나 소중한 것입니까! 마침내 검은빛 하늘이 맑아지고 사나운 비바람이 사라졌을 때, 바울 일행은 얼마나 기뻐했겠습니까? 그들은 다시 수평선을 둘러볼 수 있게 되었습니다. 또한 그들이 어느 곳에 있는지 알 수 있었습니다. 오, 빛이여! 물의 도시라고 불리는 베네치아에는 수면 아래에 만들어진 지하 감옥들이 있습니다. 만약 그곳에 있는 지하 감옥에 들어가 본다면, 여러분은 빛이 얼마나 소중한 것인지를 더욱 실감할 수 있을 것입니다. 그 감옥은 수면 아래에 위치해 있으며, 구불구불한 통로들이 만들어져 있습니다. 그곳에 있는 감방에는 굴절된 빛도 전혀 들어가지 않습니다. 캄캄한 감방에 홀로 감금되어 있는 죄수는 벽도 손으로 더듬어서 찾아야만 합니다. 그는 아무것도 볼 수 없습니다. 솔로몬은 이렇게 말했습니다.

"빛은 실로 아름다운 것이라 눈으로 해를 보는 것이 즐거운 일이로다"(전 11:7). 죄인의 영혼에는 빛이 없습니다. 죄인에게는 참 빛, 하늘의 빛이 비치지 않습니다. 오직 그리스도만이 죄인에게 그 빛을 가져다줄 수 있습니다. 어떤 사람이 마음으로 자신의 죄악을 깨닫게 되면, 그는 영적인 감옥에 갇혀 있게 됩니다. 죄악의 어둠 속에서 당황해하며 불안해하는 그에게 오직 그리스도만이 참 빛을 가져다주십니다. 그를 대신해서, 예수님께서 피를 흘리셨다는 사실을 성령님께서 그에게 깨우쳐 주시기 이전에, 죄의식을 갖고 있는 사람에게 소망이란 전혀 없습니다. 그리스도의 얼굴에 비치고 있는 하나님의 영광의 지식에 대한 빛을 주님께서 비추어 주시지 않는다면(참조. 히 1:3), 죄인은 스스로 구원의 방법에 대해서 분명하게 알지 못합니다. 여러분은 그리스도를 사랑합니다. 여러분은 주님께서 여러분에게 얼마나 밝은 빛을 비추어 주셨는지를 알고 있습니다. 여러분이 주님을 알게 된 다음부터, 이전에는 어두웠던 여러분의 마음에 얼마나 영광스러운 빛이 비치고 있습니까? 그 이후에, 여러분의 마음속에는 기쁨이 넘치며, 여러분은 활짝 웃고 있습니다. 주님께서 여러분의 영혼을 죄악으로부터 자유롭게 하셨기 때문입니다. 또한 주님의 얼굴에 비치고 있는 영광의 빛 안에서, 여러분이 즐거워할 수 있게 하셨기 때문입니다. 그렇습니다. 이와 같이, 우리를 죽은 사람들 가운데서 살리시고, 우리에게 빛을 주시기 때문에, 주님께서는 보배로우신 분입니다.

사랑은 예수님께서 우리에게 주시는 또 하나의 보배로운 선물입니다. 사랑에 대해서 전혀 생각해 보지 않는 냉혹한 마음을 지닌 사람들도 있습니다. 그러나 올바른 가치관을 갖고 있는 사람들은 사랑을 가장 소중한 보물로 여길 것이라고 나는 생각합니다. 거대한 피라미드만큼 많은 보물을 소유하는 것보다, 오히려 나는 동료들로부터 무한한 사랑을 받는 것을 더 원합니다! 어떤 사람이 다정다감한 아내와 사랑스러운 자녀들과 진실하고 성실한 친구들로 둘러싸여 있다면, 그는 부자입니다. 사랑을 받지 못해서, 사람들은 종종 스스로 목숨을 끊기도 합니다. 어떤 사람이 스스로 고립된 채, 빙산처럼 홀로 떠다니다가 쓸쓸한 바다 한가운데에서 녹아 없어진다면, 그것은 비참한 것입니다. 다른 사람들로부터 사랑을 받지 못하게 되면, 사람은 곧 개나 새 등을 사랑할 것입니다. 감옥에 오래 갇혀 있는 죄수들은 심지어 쥐들과 사랑에 빠진다고 합니다. 심지어 벽에 기어 다니는 거미들에게도 그들은 애정을 쏟아 붓는다고 합니다. 작은 꽃은 말을 하지 못합니다. 그러나 그 꽃은 죄수가 대단히 사랑하는 친구입니다. 이처럼 우리는 반드시 서로 사랑하는 대상이 있어야만 합니다. 예수님께서 여러분의 마음속에 들어오실 때, 그는 얼마나 부요한 사랑을 가져다주십니까! 그때 여러분은 사랑할 대상이 있다는 사실을 깨닫게 됩니다. 언제든지 모든 것을 다해서, 최대한으로, 여러분은 주님을 사랑할 수 있습니다. 그것은 우상 숭배도 아닙니다. 여러분이 최선을 다해서 주님을 사랑해도, 그는 결코 여러분을 배신하시지 않습니다. 여러분은 그를 전적으로 신뢰할 수 있습니다. 여러분의 영혼의 비밀을 주님에게 고백했다고 하더라도, 그것은 전혀 어리석은 것이 아닙니다. 예수님을 사랑하면 할수록, 여러분은 그에 대해서 경탄할 것입니다. 여러분이 그에게까지 이르려고 하더라도, 여전히 주님은 여러분보다 훨씬 높이 계실 것입니다. 그러나 그는 여러분 위에 교만한 모습을 하고 계시지 않습니다. 왜냐하면 그는 허리를 굽혀서, 자신을 여러분만큼 낮추실 것이기 때문입니다. 그래서 여러분의 형제와 친구가 되어주실 것이기 때문입니다. 오, 우리는 그리스도를 소유하는 기쁨을 맛보아야 합니다! 다른 모든 친구들은 때때로 여러분이 기대하는 만큼 친구답지 않을 수도 있습니다. 언젠가 여러분이 죽으면, 가장 훌륭한 친구들은 여러분과 마지막 작별 인사를 해야만 합니다. 아니면 언젠가 그들이 이 세상을 떠나서, 하나님 아버지에게로 간다면, 여러분은 그들과 헤어져야만 합니다. 그러나 여러분의 주님은 여러분을 남겨두고 절대로 혼자서 떠나가시지 않습니다. 그는 여러분과 함께 계실 것입니다. 언젠가 여러분이 죽는다면, 여러분은 주님께 더욱 가까이 나아가게 됩니다. 왜냐하면 그때 여러분은 주님을 직접 볼 것이기 때문입니다. 여러분의 이마에는 그의 이름이 쓰여 있을 것이기 때문입니다. 또한 주님께서 자신에게 부여된 영광을 받으실 그곳에서 여러분은 그를 영원히 볼 것이기 때문입니다. 여러분은 넓은 마음을 지니고 있습니까? 그렇다면 그리스도께서는 바로 여러분의 마음의 보석 상자를 위한 보석이십니다. 여러분은 어떤 수로(水路)를 원합니까? 그것을 통해서, 여러분의 억압된 사랑이 강력한 물줄기가 되어, 도도히 안전하게 흘러가기를 바랍니까? 그렇다면 여러분의 사랑이 도도히 힘차게 흘러가는 강물이 되도록, 그리스도께서 여러분을 위해서 가장 적합한 강바닥이 되어주실 것입니다. 그러면 모든 힘을 다해서 주님을 사랑하는 것이 여러분의 진정한 기쁨이며 축복이라는 사실을 체험하게 될 것입니다.

앞부분에서, 나는 그리스도 안에 네 번째의 보물도 있다는 것을 언급했습니다. 생명과 빛과 사랑을 주실 뿐만 아니라, 또한 그리스도께서는 자유도 주십니다. 오, 자유라는 말은 얼마나 매력적인 말입니까! 자유라는 말은 사람들이 자립심과 독립심을 갖게 해줍니다. 이 단어는 빌헬름 텔을 영웅으로 만들었습니다. (Wilhelm Tell: 13세기 말엽과 14세기 초엽에, 스위스에 살았다고 전해지는 전설적인 인물이다. 그는 합스부르크 왕가에 대항하여, 스위스의 자유와 독립을 위해서 싸웠다. 19세기 말엽부터, 스위스의 국가적인 영웅이 되었다). 또한 자유라는 단어는 배녹번의 브루스를 왕이라는 직위보다도 더 유명한 사람으로 만들었습니다(배녹번[Bannockburn]은 스코틀랜드의 도시 스털링[Stirling]의 남부에 위치한 마을이다. 이곳에서 발생한 잉글랜드와 스코틀랜드 사이의 독립 전쟁으로 유명하다. 브루스[Robert Bruce, 1274-1329]는 스코틀랜드 왕으로서[재위 기간 1306-29], 1314년 잉글랜드 군을 격파하고, 스코틀랜드의 독립을 확보했다. 오늘날 그는 국가적인 영웅으로 추앙받고 있다). 만약 그들의 나라에서 폭군이 제거될 수만 있다면, 자유에 대한 염원은 사람들에게 생명의 위험을 작은 모험으로 간주하게 합니다. 지난 몇 년 동안, 지구상의 이곳저곳에서 커다란 발전과 진보가 이루어진 것에 대해서 하나님을 찬양합니다. 시에라 산맥(Sierras)을 넘어서, 로마가톨릭교회가 지배하던 스페인에서도 자유의 나팔 소리가 울려 퍼졌습니다. 그래서 그곳에서도 개신교도들이 종교의 자유를 누릴 수 있게 되었습니다. 그러나 가장 숭고한 자유는 영혼이 죄로부터 해방되는 것입니다. 또한 가장 위대한 자유는 마음을 영원한 형벌에 대한 두려움으로부터 벗어나게 하는 것입니다. 그러면 우리의 영혼으로부터 불안감이 사라집니다. 또한 우리는 하나님 앞에서도 놀라지 않고 침착하게 걸어갈 수 있습니다. 이와 같이, 하나님께서 그리스도를 통해서 우리에게 주시는 자유는 자신이 중한 죄인이라는 공포심으로부터 구원해 줍니다. 그리고 우리가 다음과 같이 담대하게 질문하도록 요구합니다. "누가 하나님께서 택하신 사람들을 고소할 수 있겠습니까? 의롭게 하시는 분은 하나님이신데, 누가 감히 그들을 정죄하겠습니까? 그리스도께서는 죽으셨지만, 오히려 살아나시지 않았습니까?"(참조. 롬 8:33-34). 예수님의 보배로운 피에 의해서 자유롭게 된 사람들이 계속해서 두려워해야 할 여지가 어디 있습니까? 그리스도께서는 우리에게 다음과 같은 것들을 주셨습니다. 하나님의 자녀로서의 자유, 하나님께 기도할 수 있는 자유, 사람이 그의 친구와 함께 이야기하듯이 하나님과 대화를 나눌 수 있는 자유, 하나님의 약속들을 붙잡을 수 있는 자유, 하나님 자신을 꼭 붙잡을 수 있는 자유, 또한 하나님의 거룩한 성품들이 우리의 것이라고 말할 수 있는 자유 등, 주님께서 이 모든 것들을 우리에게 선물하셨습니다. 그러므로 그리스도께서는 우리에게 보배로우신 분, 가장 존귀하신 분이 아닙니까?

진귀한 보석에 대해서 묵상하는 것을 마무리하기에 앞서, 한 가지만 더 언급하려고 합니다. 그리스도의 사역이 지니고 있는 본질적인 특성과 그의 섬김으로 인해서, 그는 보배로우신 분이라고 우리는 말했습니다. 이제 우리는 한 가지를 덧붙여서 말해야만 합니다. 그리스도께서 신자들의 마음속에 자리 잡고 계시며, 또한 반드시 언제나 자리잡고 계셔야만 하는 점에서, 그는 정말로 보배로우신 분입니다. 스미스필드(런던의 한 지역으로서, 종교개혁자들의 화형장이었다)에 있는 성 바돌로매 병원에 가서 그 앞에 서 있어 보십시오. 여러분은 그곳에서 벽에 새겨져 있는 현판을 볼 수 있습니다. 그것은 믿음의 영웅들을 기념하기 위해서 만들어진 것이었습니다. 또한 그곳에 안치되어 있는 그들의 유해는 오래 전에 그들이 재산이나 자녀들이나 자신들의 목숨 그 자체보다도 그리스도를 더 사랑했다는 그들의 행위에 대해서 증거해 줍니다. 곧, 그들은 하나님과 그리스도의 절대 주권과 신실하심과 구원에 대한 그들의 증거를 순결하게 지키기 위해서 순교하는 것을 그들의 기쁨으로 여겼습니다. 아, 그 어두운 시대에도, 믿음을 담대하게 증거했던 사람들이 있었습니다. 위대한 믿음의 열정을 지닌 그 사람들은 그리스도께서 그들에게 얼마나 소중한 존재인지를 죽음을 통해서 크게 외쳤던 것입니다.

어떤 신자가 끌려나왔습니다. 그가 나올 때, 박해자들은 그의 아내를 길가에 무릎 꿇고 있게 했습니다. 그들은 열한 명이나 되는 그의 사랑하는 자녀들도 마치 계단처럼 한 줄로 무릎을 꿇고 있도록 명령했습니다. 그들은 부인과 아이들이 남편이자 아버지인 그에게 애원하도록 강요했습니다. 곧, 박해자들은 그들을 사랑한다면, 그가 믿음을 부인하고 목숨을 건지게 하라고 지시했습니다. 그러자 그는 그들을 바라보며 눈물을 흘리면서, 이렇게 대답했습니다. "사랑하는 부인이여! 또한 아이들아! 한 인간으로서, 나는 너희를 사랑한다. 하나님께서도 아시듯이, 나도 살기 위해서 무엇인가를 하고 싶다. 그래서 너희를 도와주고 싶다. 그리고 너희와 함께 단란한 가정생활을 누리기를 원한다. 그러나 나는 그리스도에 대한 나의 믿음을 버릴 수 없다." 그 다음, 그는 순교하기 위해서 몸을 돌리고, 박해자들을 향해서 나아갔습니다.

형제자매 여러분! 비록 우리가 오늘날 그리스도를 위해서 순교하도록 구체적으로 요구받지는 않았지만, 그가 보여준 태도는 여전히 우리에게도 요구됩니다. 만약 우리가 그와 같은 처지에 놓이게 된다면, 우리도 그렇게 할 수 있기를 나는 소망합니다. 왜냐하면 지금 이 순간 그리스도의 이름만큼 우리를 감동시키는 것은 없기 때문입니다. 그리스도의 복음을 들으려는 모임이 지속적으로 성장하는 것을 지켜보는 것보다 우리를 행복하게 해주는 것은 없습니다. 해를 거듭하면서, 이곳에 수천 명씩 모이는 여러분들을 바라볼 때, 나는 가끔 나 자신에게 이렇게 질문해 보았습니다. "내 설교에는 대단히 놀랄 만한 것이 없는 것을 나는 알고 있다. 그런데도 불구하고, 이렇게 많은 사람들이 계속해서 모이는 것은 무슨 까닭인가?" 다른 많은 사람들도 이 교회에 그토록 많은 사람들이 몰려드는 비결이 무엇이냐고 나에게 끊임없이 물었습니다. 그것에 대한 진정한 대답은, 내가 여러분에게 예수 그리스도에 대해서 설교했다는 것입니다. 요한복음에 이렇게 기록되어 있습니다. "내가 땅에서 들리면 모든 사람을 내게로 이끌겠노라"(요 12:32). 그리스도 이외에, 나에게는 다른 주제가 없습니다. 또한 내가 다른 주제를 원하지 않는 것에 대해서, 나는 하나님께 감사를 드립니다. 만약 내가 이곳에서 육천 년이라는 세월 동안 설교한다고 하더라도, 그리스도에 대한 주제는 낡지도 않고, 닳아 없어지지도 않을 것입니다. 앞으로도, 분명히 마찬가지일 것입니다. 만약 이곳에서 동일한 주제에 대해서 변함없이 증거한다면, 이 교회에는 복음을 들으려는 사람들로 항상 가득할 것이라고 나는 믿습니다. 런던의 죄악에도 불구하고, 런던의 마음을 감동시킬 수 있는 것은 오직 예수 그리스도와 그의 복음밖에 없습니다. 여러분이 배워서 알고 있는 지식과 철학에 대해서, 여러분은 설교할 수 있을 것입니다. 그리고 여러분은 그리스도를 언급하지 않은 채, 신(神)에 대해서 멋있고 훌륭한 것들을 설명할 수 있을 것입니다. 그러나 하나님의 아들이 이미 성취하시고 또한 앞으로 이루어나가실 것을 설교하는 것만큼 사람들의 심령을 감동시키는 것은 결코 없습니다. "그리스도의 십자가를 나는 자랑합니다. 여전히 그것은 오늘날에도 이 황폐한 세상 위에 우뚝 솟아 있습니다." 우리의 복음 사역에서, 그리스도의 십자가를 으뜸가는 주제로 삼는 한, 그것은 거듭난 심령들 안에서 열광적인 반응을 얻을 것이라고 우리는 확신합니다. 왜냐하면 주님을 믿는 사람들에게 그는 여전히 보배로우신 분이기 때문입니다. 여기 진귀한 보석이 있습니다. 그것을 보는 사람들은 행복한 사람들입니다. 그러나 그것을 소유하는 사람들은 더욱 축복받은 사람들입니다.

2. 두 번째의 제목은 "보배로운 약속들"입니다.
또는 보석을 담고 있는 보석상자입니다.

곧, "그 보배롭고 지극히 큰 약속"(벧후 1:4)에 대해서입니다.

그리스도께서 오시기 이전에, 구약시대의 성도들이 갖고 있던 모든 것은 그의 나타나심에 대한 약속이었습니다. 그리스도께서 오신다는 단순한 약속도 그들에게는 매우 소중한 것이었습니다. 그러나 하나님의 은혜를 통해서, 오늘날 우리에게는 그리스도와 함께 약속들이 주어졌습니다. 그 약속들은 그리스도 안에서 "예와 아멘"이 되었습니다(참조. 고후 1:20). 구약의 성도들은 보석상자를 갖고 있었습니다. 그렇지만 그것은 잠겨 있었습니다. 그래서 그들은 그 안에 들어 있는 보물을 명확하게 볼 수 없었습니다. 그러나 우리는 열려진 보석상자를 지니고 있습니다. 그래서 우리는 영광의 빛으로 찬란히 빛나는 그 보물을 분명하게 보고 있습니다. 이제 천국에 있던 최상급의 보물이 우리 앞에 놓여 있는 것입니다. 주님의 충만함이 우리의 것이 되었습니다. 그 약속들은 왜 보배로운 것입니까? 나는 이 설교의 앞부분에서 그리스도께서 보배로우신 것에 대한 이유들을 언급했습니다. 마찬가지 이유에 근거해서, 그 약속들은 보배로운 것입니다. 그 약속들이 지니고 있는 본질적인 가치로 인해서, 그것들은 보배로운 것입니다. 왜냐하면 그 약속들은 하나님으로부터 유래된 것으로서, 하나님 자신의 거룩한 말씀이기 때문입니다. 그것들은 사람의 말이 아니라 하나님의 말씀입니다. 오늘날 어떤 사람들이 생각하는 것과 같이, 만약 내가 성경을 가치가 없는 것이라고 판단한다면, 나는 내일 그것을 불태워 버릴 것입니다. 오늘날 많은 사람들은 성경이 성령님의 감동으로 기록되었다는 사실을 부인합니다. 또한 그들은 성경의 모든 부분을 잘게 쪼개어서, 그것이 거의 의미가 없거나 아무것도 아닌 책으로 만들어 버립니다. 그러나 나에게 성경에 기록되어 있는 모든 말씀은 지극히 높으신 하나님께서 전달해 주신 것입니다. 그래서 성경에는 오류가 전혀 없습니다. 그것에 대해서 의문을 제기해서는 안 되며, 그것을 믿어야만 하는 것입니다. 성경의 내용이 인간의 이성적인 판단에 일치하기 때문이 아니라, 하나님의 권위의 도장이 그 책에 찍혀 있기 때문입니다. 하나님께서 선택하시고 세우신 선지자들과 사도들을 통해서, 이 거룩한 책에 기록된 모든 약속들이 주어졌습니다. 그러므로 그것은 하나님 자신이 말씀하시고 약속하신 것입니다. 하늘의 옥새(玉璽)는 하나님의 모든 약속을 보증합니다. 그러나 그 하나님의 약속을 여러분이 받아들이기 이전에, 여러분은 그 약속의 진미를 결코 깨닫지 못할 것입니다. 그 약속들은 하나님으로부터 주어진 것이기 때문에, 그것들은 보배로운 것입니다. 만약 그 약속들이 뛰어난 천재들의 시적인 상상력을 표현한 것이라면, 또는 미래에 대한 낙관적인 희망 속에서 옛날 위대한 사람들이 자신들의 사상을 말한 것이라면, 그것은 우리에게 보물이 아니라, 놋쇠와 철에 지나지 않을 것입니다. 그러나 이 약속들은 우리에게 하나님의 뜻과 계획을 계시해 주는 것입니다. 그러므로 그것들은 광산에 매장되어 있는 모든 보물들보다 더욱 보배로운 것입니다. 루비보다 값이 더 나가는, 바닷속에서 얻을 수 있는 산호와 진주에 대해서도 언급할 필요가 없을 것입니다. 왜냐하면 하나님의 약속 가운데 가장 작은 약속도 너무 진귀한 것이기 때문에, 우리는 그것을 오빌(오빌은 금을 비롯한 귀금속과 목재 및 부요 등으로 유명하다)의 금이나 진귀한 마노(瑪瑙; onyx) 및 사파이어 등과도 비교할 수 없는 것입니다(참조. 왕상 10:11). 그 약속들은 하나님으로부터 오는 것들이기 때문에, 값으로 계산할 수 없습니다. 하나님의 약속 가운데 어떤 것도 변하지 않습니다. 그러므로 시편 기자는 이렇게 고백합니다. "여호와여 주의 말씀은 영원히 하늘에 굳게 섰사오며"(시 119:89). "여호와의 성실(신실)하심이 대대에 이르리로다"(시 100:5). 여호와께서 말씀하셨다면, 그가 그것을 이루시지 않겠습니까? 하나님께서 명령하셨다면, 그는 그것을 틀림없이 실행하시지 않겠습니까? 이 땅에 있는 어떤 어두운 구석에서, 여호와께서 자신의 약속들에 대해서 은밀하게 말씀하신 것이 아닙니다. 그는 야곱의 자손에게 "너희는 나를 찾지만, 나를 발견하지 못할 것이다"라고 말씀하시지 않았습니다. 이제까지, 하나님께서는 어떤 약속도 취소하시지 않았습니다. 예수님께서도 이렇게 말씀하셨습니다. "천지는 없어질지언정 내 말은 없어지지 아니하리라"(마 24:35).

　　하나님의 약속들은 대단히 위대하고 소중한 것들에 대해서 말하기 때문에 보배로운 것입니다. 성경 안에는, 대단히 많은 약속들이 언급되어 있습니다. 시간 관계상, 우리는 성경에 기록된 모든 약속들에 대해서 말할 수 없습니다. 우리는 그 넓이와 길이를 측량할 수 없습니다. 그것들은 우리의 영혼이 필요로 하는 모든 위대한 것에 대해서 다루고 있습니다. 곧, 하나님께서 우리의 죄를 용서해 주시고 우리를 점진적으로 거룩하게 만들어 가신다는 약속이 들어 있습니다. 우리에게 하나님의 말씀을 가르치시고, 우리의 발걸음을 인도하시며, 우리를 보호하신다는 약속이 담겨 있습니다. 또한 우리의 믿음을 성장시키시며, 우리의 인격을 고귀하게 만드시고, 우리를 위로하시며, 온전케 하신다는 약속도 포함되어 있습니다. 이 복된 책에서, 여러분은 이 땅에서의 일용할 양식과 하늘로부터 주어지는 생명의 떡에 대한 약속을 얻습니다. 또한 이 세상에서 받게 되는 약속과 영원에 대한 약속을 발견합니다. 여러분 자신과 여러분의 후손들을 위한 약속도 받습니다. 이 모든 축복들은 나무의 잎사귀들과도 같습니다. 그리고 예수님은 최상품의 포도송이와 같습니다. 다른 말로 표현한다면, 약속의 잎들 사이에 가려져 있는 황금 사과입니다. 이와 같이, 성경 안에는 너무나도 많은 약속들이 주어져 있기 때문에, 그것들은 신자들의 모든 상황과 처지에 적합하게 적용될 수 있습니다.

때때로 나는 하나님의 약속들을 열쇠수리공의 커다란 열쇠 다발에 비유합니다. 만약 여러분이 금고 열쇠를 잃어버려서 그것을 스스로 열 수 없으면, 여러분은 열쇠수리공을 부릅니다. 그러면 그는 열쇠 다발을 들고 즉시 여러분에게 달려옵니다. 자신이 갖고 있는 온갖 종류의 열쇠들을 통해서, 그는 그 금고를 열 수 있다고 확신합니다. 많은 열쇠들 가운데, 어떤 것이 그 금고에 맞을 것입니다. 그는 인내심을 갖고 한참 열심히 노력합니다. 그렇습니다. 마침내 그는 자물통을 열었습니다. 이제 여러분은 금고 안에 있는 것을 꺼낼 수 있습니다. 성령의 감동으로 쓰인 성경 안에서, 여러분은 언제나 현재의 상황에 꼭 들어맞는 어떤 약속을 발견할 수 있습니다. 그러므로 하나님께서 증거해 주신 말씀을 여러분의 기쁨과 조언자로 삼으십시오. 그러면 그 말씀은 여러분을 언제든지 또한 어느 곳에서나 도와줄 것입니다. 성경을 자세히 살펴보십시오. 그러면 여러분은 지금 여러분에게 꼭 필요한 어떤 말씀을 성경 안에서 발견할 것입니다. 그래서 마치 현재 여러분이 겪고 있는 환난이 발생한 이후에, 성경이 기록된 것처럼 여겨질 것입니다. 그것은 여러분에게 너무나도 정확하게 들어맞아서, 여러분은 그것의 놀라운 세심함과 적합성에 감탄하지 않을 수 없을 것입니다. 양복 디자이너가 여러분을 머리끝부터 발끝까지 재어서 양복을 꼭 맞게 만드는 것처럼, 하나님의 약속의 말씀은 여러분에게 꼭 맞을 것입니다. 다음 몇 가지 이유에 근거해서, 하나님의 약속들은 그 자체로 보배로운 것들입니다. 그 약속들은 우리들의 모든 상황에 적합한 답변을 줍니다. 그것들은 하나님께서 주신 것입니다. 그것들은 결코 변하지 않습니다. 그것들은 분명히 이루어집니다. 또한 그것들은 하나님의 자녀들이 필요로 하는 모든 것들을 포함하고 있습니다.

둘째, 그 약속들은 우리에게 실제적으로 도움을 주기 때문에 보배롭습니다. 그 약속들이 우리를 위해서 도와주지 못하는 것이 무엇입니까? 그것들은 근심과 걱정 가운데 있는 우리를 위로해 줄 것입니다. 하나님의 자녀에게 하나님의 약속에 대해서 들려주십시오. 그래서 그것을 자신에게 적용하게 하십시오. 그러면 그와 그의 가족은 염려와 불안의 어둠에 놓여 있지 않을 것입니다. 하나님의 약속을 믿는다는 것은 영혼 속에 눈부신 태양이 떠 있는 것과 마찬가지입니다. 그러면 마음속에 노래가 울려 퍼지게 됩니다. 뼛속에 힘이 주어집니다. 심령이 크게 기뻐합니다. 약속들을 지니고 있는 사람은 이 땅에서도 복을 받고, 또한 장차 하늘 나라에서 영원한 기업을 물려받을 것입니다. 그는 이 땅의 높은 곳에 거하면서, 이곳에서도 형통을 체험할 것입니다. 그는 바위틈에서 꿀을 채취할 것입니다. 단단한 바위에서도 기름을 얻을 것입니다. 영원한 하나님께서 그의 피난처가 되십니다. 주님께서 자신의 영원한 팔로 그를 떠받쳐 주실 것입니다. 하나님의 약속을 믿지 않는 사람들은 불안감에 싸여 있지만, 약속을 믿는 그는 안전하게 살아갈 것입니다. 곡식과 포도주를 풍요롭게 생산하는 밭에는 깨끗한 물이 솟아나는 샘이 있습니다. 그리고 하늘은 그에게 때를 따라 비와 이슬을 내려줄 것입니다.

하나님의 약속은 역경 가운데 있는 신자들을 위로해 줄 뿐만 아니라, 하나님과 사람들을 더 잘 섬기도록, 그를 더욱 강건하게 해줍니다. 하나님을 섬기는 일을 하고 있는 어떤 사람이 있습니다. 그는 자신이 연약하다는 것을 자각하며, 낙심하고 있습니다. 그에게 다음과 같은 격려의 말씀을 들려주십시오. "분명히 내가 항상 너와 함께 할 것이다." 하나님의 약속의 말씀은 그에게 용기를 불어넣어 줍니다. 그런데 왜 그가 계속해서 수고하지 않고 물러서야 하겠습니까? 이사야 선지자를 통해서, 하나님께서는 이렇게 우리를 위로해 주십니다. "두려워하지 말라 내가 너와 함께 함이라 놀라지 말라 나는 네 하나님이 됨이라 내가 너를 굳세게 하리라 참으로 너를 도와주리라 참으로 나의 의로운 오른손으로 너를 붙들리라"(사 41:10). 이 약속의 말씀을 듣고 나서, 누가 두려워하겠습니까? 여호와께서 우리 곁에 계시면, 모든 어려움은 해결됩니다. 또한 불가능한 것은 더 이상 존재하지 않습니다.

감탄할 만한 또 다른 점에서, 하나님의 약속들은 우리를 도와줍니다. 곧, 그것들은 우리의 영혼을 고상하게 해줍니다. 자신을 진정으로 풍요롭게 만들어 주는 하나님의 약속들을 갖고 있지 않은 사람은 금과 은을 대단히 많이 쌓아 놓으려고 할 것입니다. 그러나 그는 자신의 소유물과 함께 땅에 속한 것에 매여 있습니다. 그의 영혼은 단지 곡식과 포도주와 기름으로 만족하려고 합니다. 그러나 이러한 것들은 오직 우리의 육신적인 본능만 만족시켜 줍니다. 재산이 늘어갈수록, 더 많은 재산을 모으려고, 사람들은 종종 비굴할 정도로 안간힘을 씁니다. 반면에, 하나님의 약속을 꼭 붙잡고 있는 사람은 높이 들어올려집니다. 왜냐하면 그의 마음은 모든 선하고 온전한 은사를 쏟아부어 주는 하나님의 손을 바라보기 때문입니다. 또한 보이지 아니하시는 하나님의 약속 안에서, 그가 믿음으로 살아가기 때문입니다. 그의 판단력은 고상해지며, 그는 고상한 것을 좋아하게 됩니다. 그래서 그는 더 훌륭하고 고귀한 사람이 됩니다.

하나님의 약속은 삶을 더욱 고상하게 만들고, 우리에게 용기를 북돋워 줍니다. 그뿐만 아니라, 그 약속은 죽음의 침상도 영광스럽게 장식해 줍니다. 하나님의 자녀가 입술로 약속을 시인하며, 마음으로 그것을 깨달으며 죽음을 맞이한다는 것은 얼마나 기쁜 일이겠습니까? 죽음을 바로 앞두고 있는 어떤 나이든 사람이 있습니다. 그가 사는 집은 외롭게 서 있는 오두막집입니다. 지붕의 한 쪽에는 구멍이 나서, 반짝이는 별들이 보입니다. 침대보는 낡아서 해어졌습니다. 이처럼, 집 안에 있는 모든 것들은 그가 매우 가난하다는 것을 보여줍니다. 그렇지만 그러한 상황에서도, 그는 다음과 같이 고백할 수 있습니다. "내가 알기에는 나의 대속자가 살아 계시니 마침내 그가 땅 위에 서실 것이라 내 가죽이 벗김을 당한 뒤에도 내가 육체 밖에서 하나님을 보리라"(욥 19:25-26). 부활과 영원한 삶에 대한 약속 안에서 웃을 수 있는 사람은 당당하게 죽음을 맞이할 것입니다. 그의 낡은 침대는 보좌로 변화됩니다. 극도로 가난한 데도 불구하고, 그의 작은 방은 왕궁의 방이 될 것입니다. 이전에 사람들은 그를 그토록 가난한 사람으로 알았지만, 하나님의 자녀는 하늘나라의 왕의 혈통을 지닌 사람으로 인식되어집니다. 그는 창세 이전에 정해져 있던 그의 유산을 곧 상속받게 될 것입니다. 그렇습니다. 하나님의 약속들은 이제까지 우리의 심령에 중대한 영향을 미쳤기 때문에 보배로운 것들이었습니다. 그것들은 오늘날에도 우리의 영혼에게 매우 소중합니다. 따라서 그것들은 여전히 보배로운 것들이라고 나는 확신합니다. 그러므로 어떤 성경 구절들은 우리의 마음에 매우 분명하게 새겨져 있습니다.

그리고 여러분 모두는 여러분의 가정에 다양한 종류의 은밀한 보물들을 갖고 있을 것입니다. 그것들은 여러분의 마음을 감동시키는 어떤 추억들을 간직하고 있습니다. 나는 어떤 어머니를 알고 있습니다. 그 여인은 털실로 짠 작은 신발을 보려고, 때때로 비밀 서랍을 열곤 했습니다. 그 작은 털신을 손에 들고서, 그 여인은 의자에 앉아서 한참 동안 울곤 했습니다. 그 여인에게 그 작은 털신을 신었던 귀여운 딸이 있었습니다. 그렇지만 그 어린 딸은 지금 땅 속에서 움직이지 않고 누워 있습니다. 어떤 친구가 반지를 끼고 있는 것을 보았습니다. 그것은 평범한 금반지였습니다. 그 반지를 볼 때마다 그는 울곤 했습니다. 행복했던 지난날에 그의 사랑하는 아내가 그 반지를 끼고 있었던 것입니다.

　　그렇습니다. 이와 마찬가지로, 어떤 하나님의 약속들은 우리에게 소중한 것들이었습니다. 그것들은 가족들에 대한 추억이라든가, 개인적으로 시련을 당했을 때, 하나님의 자비를 체험한 것 등과 매우 밀접하게 관련되어 있습니다. 그래서 그 약속들은 이루 말할 수 없을 정도로 소중한 것들입니다. 어떤 가엾고 나이든 여성도가 있습니다. 그 여인은 성경의 여백에 무엇인가를 기록하는 습관이 있었습니다. 어떤 본문에는 '티'(T)자와 '피'(P)자를 기록했습니다. 목사님은 나이든 그 자매님에게 그것이 무엇을 뜻하느냐고 물었습니다. 그 자매님은 이렇게 대답했습니다. "예. 그것은 내가 직접 시련을 겪고 입증된(Tried and Proved) 말씀이라는 뜻입니다. 왜냐하면 내가 이러저러한 경우에 그 약속의 말씀과 함께 시련을 겪었고, 체험을 통해서, 그것이 참이라는 사실을 직접 깨달았기 때문입니다." 그러자 목사님은 다른 질문을 했습니다. "그런데 내가 페이지들을 넘기면서 자세히 살펴보니까, 여기저기 선별된 구절이 있습니다. 그리고 그 구절 앞에 '피'(P)자를 써놓으셨습니다. 그렇다면 이 글자는 무엇을 의미하는 것입니까?" "아, 목사님, 그것은 그 구절이 나에게 매우 보배로운(precious) 의미를 가르쳐 준다는 것을 가리킵니다. 왜냐하면 그것이 나에게 매우 소중하다는 것을 깨달았습니다. 그래서 그 내용에 내가 진정으로 동의한다는 표시를 한 것입니다." 마찬가지로, 우리도 우리 각자의 성경에 글자를 통해서 뿐만 아니라, 진정한 마음으로, 이와 같은 표시를 해둡시다. 그러면 우리가 구체적으로 감미롭게 체험했던 하나님의 "그 보배롭고 지극히 큰 약속"(벧후 1:4)을 가리키는 '피'(P) 자가 우리의 성경의 여백에 수시로 나타날 것입니다. 언젠가 우리의 입술로 영원한 삶에 대한 약속을 고백하며, 이 세상을 떠나가서, 우리가 하늘나라에서 그 열매를 온전히 맛보기를 소망합니다.

지금까지 예수 그리스도라는 그 보배로운 보석이 최상급의 것으로서, 흠도 없고, 다른 보석들과는 비교할 수 없다는 것을 나는 여러분에게 입증해 주었습니다. 또한 그 보석을 넣어 두기에 합당한 것으로서, 그 보석 상자는 훌륭한 솜씨로 만들어졌다는 사실을 보여주었습니다. 이제 우리는 세 번째로 보배로운 것에 대해서 살펴볼 것입니다.

3. 믿음은 보물 상자를 붙잡고 그 보물을 취하는 보배로운 손입니다.

시간이 많이 지나갔기 때문에, 나는 세 번째 제목에 대해서 상세하게 설명하지 않을 것입니다. 그러나 믿음은 대단히 보배로운 은혜라는 점에 대해서 간략하게 살펴볼 것입니다. 왜냐하면 믿음은 하나님의 약속들 안에 감추어진 보물을 찾아서 보여주기 때문입니다. 사람이 믿음을 갖기 이전에는, 그는 약속들이 지닌 가치를 올바로 깨닫지 못합니다. 그는 "체!"라고 비웃으면서, "성경은 무미건조한 책입니다"라고 말합니다. 하나님께서 선택하신 사람이 지닌 믿음을 갖기 이전에, 그는 그리스도에 대해서 거의 생각하지 않습니다. 그는 자신이 삶의 훌륭한 모범을 보여주는 지혜로운 선생이라고 말할 수 있습니다. 그러나 예수님의 제자 도마처럼, 그리스도에 대해서 "나의 주님이시요 나의 하나님이시니이다"(요 20:28)라고 그는 고백할 수 없습니다. 믿음과 우리 영혼의 관계는 우리의 눈과 우리의 몸의 관계와 같습니다. 눈이 없으면, 우리는 빛의 소중함을 알지 못합니다. 마찬가지로, 믿음이 없으면, 우리는 그리스도를 소중한 존재라고 깨달을 수 없습니다. 우리에게 입이 없다면, 음식은 영양분을 공급하지 못합니다. 믿음은 우리의 입이라고 말할 수 있습니다. 따라서 믿음이 없으면, 그리스도께서 우리에게 영양분을 공급하시지 못합니다. 물에 빠져서 허우적거리고 있는 어떤 사람의 바로 옆에 널빤지가 떠 있습니다. 그러나 그가 이것을 붙잡기까지, 그 널빤지는 그에게 아무런 도움이 되지 않습니다. 따라서 믿음은 예수 그리스도를 꼭 붙잡는 손입니다. 그래서 믿음은 보배로운 것입니다. 먼저, 믿음은 그리스도 안에 또한 말씀 안에 무엇이 있는지 우리에게 알려 줍니다. 그 다음, 믿음은 그리스도와 말씀을 모두 받아들입니다. 싸움에서 승리한 어떤 군인이 전리품이 즐비하게 널려 있는 어떤 도시의 한 복판에 서 있습니다. 그러나 만약 그에게 두 손이 모두 잘려 나갔다면, 그는 어떻게 자신을 위해서 전리품을 취할 수 있겠습니까? 그러므로 믿음은 손을 펼치며, "이것은 나의 것입니다. 저것도 나의 것입니다"라고 말합니다. 또한 믿음은 취하는 것을 가져가는 힘뿐만 아니라, 그것을 취할 권리도 갖고 있습니다. 그러므로 믿음은 "나는 그것을 가져갑니다"라고 주장합니다. 또한 믿음은 "나는 그것을 가져갈 권리를 갖고 있습니다"라고 선언합니다. 왜냐하면 언약의 행위를 통해서, 하나님께서는 믿음에게 그리스도와, 동시에 성경 안에 있는 모든 약속들을 물려주셨기 때문입니다.

만약 여러분이 믿음을 지니고 있다면, 믿음은 보석과 보석 상자는 모두 합법적으로 여러분의 것이라는 사실을 여러분에게 보증해 주는 것입니다. 그 위에 무엇이 기록되었든지, 한 조각의 양피지 그 자체는 대단한 가치를 지니고 있지 않습니다. 그러나 사라져버린 증거 문서를 되찾으려고 막대한 금액을 지불하려는 사람들이 가끔 있습니다. 왜냐하면 넓은 토지에 대한 소유권이 그 문서를 지니고 있는 것에 달려 있기 때문입니다. 믿음 그 자체는 권리증서와 같습니다. 그것은 서명 및 인증되었고, 또한 확정된 것이기 때문입니다. 그리스도와 은혜 언약에 대한 권리를 증거해 주는 것은 여러분이 믿음을 지녔는지, 그렇지 않은지에 달려 있습니다. 그러므로 믿음은 매우 보배로운 것입니다. 그것은 하나님의 은혜로 주어집니다. 믿음은 그리스도를 바라봅니다. 그리고 그리스도를 꼭 붙잡습니다. 믿음은 그리스도에 대한 권리를 요구합니다. 믿음을 통해서, 믿음이 요구하는 바를 꼭 붙잡는 것입니다. 믿음은 사랑하는 대상이신 그리스도에 대해서 이렇게 말합니다. "나는 그를 꼭 붙잡습니다. 나는 그를 가도록 내버려 두지 않겠습니다." 이와 같이, 믿음은 그리스도를 꼭 붙잡기 때문에, 삶이나 죽음도 그것을 그리스도에게서 손을 떼게 할 수 없습니다(참조. 롬 8:38-39).

그리고 믿음은 희귀하기 때문에 보배로운 것입니다. 나는 그렇게 주장하고자 합니다. 명목적인 믿음은 흔합니다. 그러나 하나님께서 선택하신 사람들이 지닌 믿음은 성령님의 역사로 주어지는 것입니다. 그것은 단순하게 모든 사람에게 주어지는 것이 아닙니다. 진정한 믿음을 지니고 그것을 실행하는 사람들은 정말로 하나님의 은혜를 받은 것입니다. 그러나 안타깝게도 그 길은 좁고 험해서, 그것을 찾는 사람들이 매우 적습니다(참조. 마 7:14). 믿음은 그것을 소유하고 있는 모든 사람을 진정으로 대단히 풍요롭게 만들어 줍니다. 진정한 믿음은 미다스(Midas: 그리스 신화에 나오는 신화적인 인물)와 같습니다. 무엇이든지 미다스의 손이 닿기만 하면, 그것은 금으로 변했다고 합니다. 그러나 믿음은 미다스가 주는 것보다 더 안전한 기쁨을 가져다줍니다. 왜냐하면 미다스가 지닌 특별한 능력은 오히려 그에게 징벌이 되었기 때문입니다. 그가 음식에 손을 대자, 그것은 금으로 변했습니다. 그래서 그는 그것을 먹을 수 없었습니다. 술잔을 그의 입술에 대자마자, 포도주는 금으로 변해 버렸습니다. 그래서 마침내 미다스는 죽기를 원할 수밖에 없었습니다. 그러나 믿음은 우리를 진정으로 부요하게 하는 능력을 지니고 있습니다. 우리를 부요하게 하지만, 믿음은 그것과 더불어 우리에게 아무런 슬픔도 주지 않습니다. 믿음은 시련을 받아들입니다. 그러면 시련이 변해서, 하나님의 자비가 됩니다. 믿음은 고난을 받아들입니다. 그러면 믿음을 지닌 사람은 고난 속에서 기뻐합니다. 믿음은 손해를 본 것을 받아들입니다. 그러면 그것은 유익으로 변합니다. 이와 같이, 믿음이 닿기만 하면, 모든 것은 선한 것으로 변화됩니다. 누가 이 보배로운 믿음을 갖기를 원하지 않겠습니까? 무엇보다도 가장 좋은 것으로서, 믿음이 있는 곳마다, 그것을 통해서 영혼이 구원받는 역사가 일어납니다. 어떤 영혼이 그리스도 예수를 구주로 믿고, 또한 그의 보배로운 피의 공로를 의지했는데, 그가 이미 지옥으로 던져졌거나, 아니면 던져지게 되는 경우는 단 한 번도 없습니다. 그러므로 예수님을 믿는 사람들이 지옥으로 던져지는 것보다, 하나님의 진리의 영원한 기둥들이 뒤흔들리기 시작하고, 무한하신 주권자의 보좌가 심하게 요동치는 것이 훨씬 더 쉬울 것입니다. 예수님께서 이렇게 말씀하시지 않았습니까? "내가 그들에게 영생을 주노니 영원히 멸망하지 아니할 것이요 또 그들을 내 손에서 빼앗을 자가 없느니라"(요 10:28).

　　나는 지금까지 세 가지 보물에 대해서 말했습니다. 몇 마디 말을 덧붙이며, 오늘 설교를 마무리하려고 합니다. 그리스도인들이여! 과연 이 보물들은 보배로운 것들입니다. 그러나 그것들은 바로 여러분의 것입니다. 여러분은 보배로운 믿음을 지녔습니다. 그 다음, 보배로운 약속들이 모두 여러분의 것입니다. 세 번째로, 보배로우신 그리스도께서도 여러분의 것입니다. 그렇다면 여러분은 어떤 삶을 살려고 합니까? 이 보물들을 소유하고 있으면서도, 여러분은 거지처럼 살려고 합니까? 여러분은 악하고 미천하고 비굴하고 세상적인 사람이 되려고 합니까? 오, 이제 일어나서, 여러분의 신분에 어울리는 위치를 찾으십시오! 그리고 성도에게 마땅한 고상한 삶을 사십시오. 예수 그리스도께서 여러분에게 보배로우신 분입니까? 그렇다면 최선을 다해서, 그를 섬기십시오. 그에게 여러분의 가장 소중한 것들을 드리십시오. 여러분의 목숨을 바치십시오. 여러분이 지닌 재물을 드리십시오. 여러분이 지니고 있는 모든 것을 그에게 드리십시오. 여러분의 대속자에게 여러분이 쓰다 남은 것을 드리지 마십시오. 그 대신, 이렇게 말하십시오. "주님께서 자신을 나에게 주시려고 죽으셨습니다. 그래서 나도, 나 자신을 모두 주님께 드립니다."

> "만약 내가 하나님께 모두 드리지 않고 무엇인가를 남겨 두었다면,
> 그렇다면 나는 나의 의무를 다하지 않은 것입니다.
> 나의 하나님을 나는 너무 뜨겁게 사랑합니다.
> 그래서 나는 모든 것을 그에게 드릴 수밖에 없습니다."

가서, 하나님의 모든 축복을 받은 사람답게 사십시오. 항상 기쁘고 경건하며 자기를 부인하는 삶의 모범을 불신앙의 사람들에게 보여주십시오. 그래서 여러분이 그리스도의 보배로움을 진정으로 깨닫고 있다는 것이 그들에게 도전이 되게 하십시오.

아, 불신자들이여, 안타깝습니다! 내가 여러분에게 무엇을 말해야만 하겠습니까? 여러분이 내 설교를 받아들이지 않는데도 불구하고, 그리스도에 대해서 여러분에게 긴 시간 동안 설교하지는 않을까라는 생각이 들어서, 나는 두렵습니다. 여러분이 이 신비로운 진리들을 깨닫기 위해서, 먼저 하나님의 권능의 손이 여러분에게 나타날 필요가 있습니다. 스트라보의 책에 나오는 고대의 어떤 음악가에 대한 이야기입니다(Strabo: 기원전 63/64-기원후 24년경. 고대 그리스의 지리학자, 역사가, 철학자이다. 그는 유럽과 이집트, 리비아, 아시아 등 여러 곳을 다니면서, 지형과 지구대 및 땅 위의 농식물을 관찰하여, 모두 17권으로 된 '지리지'를 만들었다). 많은 사람들이 이미 이 일화에 대해서 알고 있을 것입니다. 그 음악가는 자신이 아름다운 음악을 작곡하는 데에 놀라운 재능을 지녔다고 믿고 있었습니다. 청중 앞에서, 그는 자신이 만든 곡들을 열심히 연주했습니다. 그는 모든 청중이 자신의 음악과 연주에 매혹당했다고 추측했습니다. 그때 시장(市場)이 열리기 시작한다는 종이 딸랑딸랑 울렸습니다. 그러자 한 명만 제외하고, 그의 음악에 홀린 것처럼 여겨지던 사람들은 순식간에 그곳을 떠나갔습니다. 왜냐하면 그들은 시장에서 좋은 물건을 살 기회를 놓칠 수 없었기 때문이었습니다. 그 음악가는 혼자 남아 있는 그 고독한 청중에게 얼굴을 돌렸습니다. 그리고 그 사람이 물건을 사고파는 것을 초월하는 정신을 지닌 것에 대해서 칭찬했습니다. 또한 그가 음악

을 진정으로 이해하는 귀를 가져서, 시장의 종소리에 이끌려가지 않은 것에 대해서 찬사를 보냈습니다. 그러자 그는 이렇게 대답했습니다. "선생님, 나는 귀가 잘 들리지 않습니다. 혹시 시장의 시작을 알리는 종소리가 울렸는지 나에게 말해 주실 수 있습니까?" "예, 조금 전에 울렸습니다." 그러자 혼자 남아 있던 그 청중은 말했습니다. "그렇다면 나도 빨리 이곳을 떠나야만 합니다. 그렇지 않으면, 너무 늦을 것입니다." 음악의 아름다운 선율에 속박당하지 않고, 마지막으로 남아 있던 그 사람도 가 버렸습니다.

　　우리가 예수님에 대해서 자세하게 설교할 때, 불신자들 중에서 그것을 끝까지 듣고 있는 사람들이 있습니다. 그러면 우리는 이렇게 추측할 것입니다. '이제 마침내 그들의 영혼이 구원받게 되었다.' 그러나 만약 내일 시장의 종이 울리면, 이 말을 다르게 표현한다면, 그러나 만약 내일 죄악이나 불의를 부추기는 종소리가 들리거나, 추악한 행위나 법을 어기는 행위를 조장하는 종이 울려 퍼진다면, 그들은 그 종소리를 듣고 금방 어디론가 떠나갈 것입니다. 육신을 만족시키는 것이면 무엇이든지 그들을 사로잡을 것입니다. 그런데 그들 가운데 대단한 집중력을 보이며, 설교를 듣는 사람이 한 사람 정도 있을 것입니다. 그러면 우리는 다음과 같이 말할 것입니다. '이 사람은 다른 사람들보다 고상한 마음을 지니고 있다.' 그렇지만 그는 아직까지 유혹의 강한 힘을 느끼지 못했을 것입니다. 만약 그가 그 힘을 체험한다면, 그도 역시 가 버릴 것입니다. 따라서 이 세상에 속한 사람들이 어리석은 판단을 하고 있다는 것에 대해서, 성령님께서 그들을 깨우쳐 주셔야만 합니다. 성령님께서 그렇게 해주시기를 간절히 기도합니다.

　　사랑하는 청중 여러분! 만약 여러분 가운데 어떤 사람이 지금까지 영적으로 눈 먼 상태에 머물러 있다면, 그가 여러분의 영적인 눈부터 밝혀 주시기를 바랍니다. 성령님께서 여러분에게 믿음과 약속들과 그리스도를 선물해 주시기를 기도합니다. 나는 그것을 온 마음으로 원합니다. 하나님께서 이곳에 있는 모든 사람들에게 그것을 허락하시기를 간절히 축원합니다. 아멘.

제
10
장

—

신자의 보배이신 그리스도

—

“그러므로 (그리스도는) 믿는 너희에게는 보배이나” —
벧전 2:7

　　베드로전서 2장 7절의 내용에서, 억지 주장은 전혀 없습니다. 그 주장은 일상생활과 관련된 것입니다. 지금 이 자리에 있는 신자들은 이 성경 구절이 말하는 것이 옳다는 것을 금방 확인해 줄 수 있을 것입니다. 주 예수님께서 그들에게 보배로운지 그렇지 않은지에 대해서, 신자들로서 그들은 우리에게 말할 수 있습니다. 지금 우리는 어떤 난해한 교리에 대해서 고찰해 보려는 것이 아닙니다. 또는 신앙의 어떤 심오한 신비에 몰입하고자 하는 것도 아닙니다. 그리스도 안에서 갓 태어난 신자라고 하더라도, 그것이 참이라는 사실을 증거해 줄 수 있는 주장에 우리는 직면해 있는 것입니다. 여러분 가운데 어떤 사람이 지난 주일에 처음으로 주 예수 그리스도에 대한 신앙을 고백했습니까? 예수님께서 그에게 소중한 분이신지 아닌지에 대해서, 그 초신자도 분명하게 말할 수 있을 것입니다.

　　만약 여러분이 이 구절의 내용이 참이라는 것을 개인적으로 증거할 수 있다면, 그것은 여러분에게 많은 것을 말해 줍니다. 과연 여러분이 하나님께서 선택하신 사람이 지닌 믿음을 갖고 있는지, 또한 예수님을 진정으로 믿는 것인지에 대해서, 여러분은 더 이상 질문을 제기할 필요가 전혀 없습니다. 왜냐하면 만약 그리스도께서　여러분에게 보배로우신 분이라면, 베드로전서 2장 7절에 의해서, 그 질문에 대한 답변은 이미 명백하게 주어졌기 때문입니다. “그러므로 (그리스도는) 믿는 너희에게는 보배이나"라는 구절은 어떤 사람이 예수님을 진정으로 믿는다는 것에 대한 전반적인 근거를 제시합니다. 그 주장의 논리적인 순서를 거꾸로 해서 말한다고 하더라도, 그 내용은 마찬가지로 사실입니다. 다시 말해서, 그리스도를 보배로우신 분이라고 깨닫고 있는 여러분은 그에 대해서 진정한 믿음을 지니고 있는 것입니다. 사도 베드로의 이 말을 주목하면서, 우리의 가슴에 손을 얹고, 다음과 같이 스스로 물어보는 것은 매우 중요할 것입니다. "나는 이 말이 무엇을 뜻하는지 알고 있는가? 예수님께서 나에게 금보다 더 귀하신 분인가? 이 세상에서 바랄 만한 다른 어떤 것보다도, 그가 나에게 가장 소중한 존재이신가? 정말로 나는 다음과 같이 고백할 수 있을까?"

> "예, 주님은 내 영혼에게 보배로우신 분입니다.
> 주님은 내 최상의 기쁨이며 신뢰의 대상입니다.
> 주님에 비하여 보석들이란 겉만 번지르르한 장난감이지 않습니까?
> 또한 황금도 더러운 먼지와 같지 않습니까?"

만약 내가 이와 같이 증거할 수 있다면, 나를 구원할 수 있는 믿음을 진정으로 갖고 있다는 사실을 나는 분명하게 입증하는 것입니다.

사랑하는 여러분! 만약 우리가 베드로전서 2장 7절의 진술이 사실이라는 것을 입증할 수 있다면, 그것은 우리 자신에게 만족스러운 것일 뿐만 아니라, 또한 우리의 주님을 영화롭게 하는 것입니다. 어떤 사람들은 그들에 대해서 가장 조금 알려진 곳에서, 가장 커다란 존경을 받습니다. 대중을 매혹시키려고 한다면, 많은 사람들은 대중으로부터 어느 정도 거리를 두어야 합니다. 그러나 우리의 주님은 그와 가장 친밀한 사람들로부터 가장 보배로우신 분이라고 인정받고 있으십니다. 주님을 실제적으로 신뢰하고, 그래서 그에게 모든 것을 맡기는 사람들이 그를 높이 평가하고 있습니다. 여러분은 주 예수님에 대해서 가장 훌륭하게 평가하십니까? 그렇다면 나는 여러분을, 주님과 가장 세밀하고 깊은 교제를 나누고, 또한 현세와 내세의 모든 염려를 그에게 맡긴 사람들로 여길 것입니다. 주님에 대해서 그들은 너무나 만족합니다. 그러므로 날이 갈수록, 그들은 주님을 더욱더 높이 평가합니다. 그들이 주님에 대해서 처음 들었을 때보다도, 주님은 그들에게 훨씬 더 보배로운 존재이십니다. 그들이 주님을 생각할 때마다, 그들의 마음에 주님은 더욱더 사랑스러우십니다. 주님은 그들에게 얼마나 영광스러운 친구이십니까? 그러므로 주님으로부터 가장 많은 것을 받은 사람들에게 주님은 가장 소중한 분이십니다. 빛이 늘어간다면, 일반적으로 사람들의 슬픔도 그만큼 커집니다. 그러나 주님과 신자들의 관계에서, 우리가 주님께 더욱 많은 빛을 질수록, 우리는 그만큼 더욱 기뻐하는 것입니다. 오늘 아침, 여기 모인 수천 명의 사람들은 기꺼이 이렇게 고백할 수 있을 것입니다. "나는 예수님을 구주로 믿었습니다. 다른 모든 것과 비교할 수 없을 만큼, 주님은 나에게 소중한 분이십니다." 여러분 가운데 아직 믿지 않는 사람들이 있습니까? 이 증거가 여러분에게 전혀 영향을 미치지 않습니까? 그리스도를 믿는 사람들은 주님께서 그들에게 날마다 더욱 큰 기쁨을 준다고 한 목소리로 선언하고 있습니다. 이것은 여러분이 주님을 믿도록 설득하지 않습니까? 만약 몇 해가 지나서, 대부분의 그리스도인들이 주님으로부터 등을 돌리고, 자신들이 속았다고 주장한다면, 또한 주님을 믿고 나서 참신한 것이 사라져 버렸을 때, 그들이 주 예수님에게는 정말로 보배로운 것이 전혀 없다고 고백한다면, 불신자들이 믿지 않는 것은 정당화될 수 있을 것입니다. 그러나 실상은 전혀 그렇지 않습니다. 그것과는 정반대인 것입니다.

　　그렇다면 예수님에 대한 우리의 주장을 숙고해 보려고 하지 않는 여러분에 대해서 내가 무슨 말을 해야만 합니까? 왜 여러분은 그렇게 많은 사람들이 증거하고 있는 구세주를 영접하는 것을 계속해서 거부합니까? 나는 진심으로 말할 수 있습니다. 예수님에 대한 우리의 증거는 강요된 것이 결코 아닙니다. 그것은 기쁘게 자발적으로 이루어지는 것입니다. 어느 때나, 누구에게나, 우리는 예수님에 대해서 증거하는 것을 기뻐합니다. 우리는 모두 한결같이 그렇게 합니다. 나는 우리가 그렇게 한다고 확신합니다. 그렇다면 우리가 증거하는 진리에 대해서 여러분도 깨닫고, 그것을 받아들여야만 합니다. 만약 여러분의 판단력이 죄에 의해서 왜곡되지 않았다면, 여러분은 그 진리에 대해서 납득할 것입니다. 그래서 우리가 믿는 것과 마찬가지로, 여러분도 예수님을 믿으려고 결심할 것입니다. 여러분은 우리의 증거를 멸시합니까? 많은 경우에 있어서, 그것은 여러분의 아버지와 어머니, 그리고 친구의 증거가 아닙니까? 여러분은 우리가 모두 거짓말쟁이들과 바보들이라고 부를 만큼 공정하지 않은 사람들은 아닐 것입니다. 나는 여러분에게 간청합니다. 그러므로 예수님을 여러분의 구주로 믿음으로, 우리의 증거를 실질적으로 중대한 것으로 받아들이기 바랍니다. 그러면 주님께서 우리에게 보배로우신 분인 것처럼, 그는 여러분에게도 마찬가지일 것입니다. 이것은 단지 상식에 불과합니다. 하나님께서 여러분에게 은혜를 풍성히 베풀어 주시기를 바랍니다. 그래서 여러분이 우리의 증거가 매우 타당한 것이라고 분별하고, 그것을 따르기를 바랍니다. 왜냐하면 다른 사람들은 예수님을 영접한 것이 그들에게 커다란 축복이 되었다고 깨달았기 때문입니다. 여러분이 그 분별력을 따른다면, 그것은 분명히 여러분도 그들처럼 주님을 믿은 것이 여러분에게 큰 축복이 되었다고 고백하도록 이끌어 줄 것입니다.

이제 본문에 대해서 살펴보기로 하겠습니다. 첫째, 우리는 그리스도께서 그를 믿는 사람들에게 어떤 존재인지에 대해서 생각해 볼 것입니다. 본문에 의하면, 그는 '보배'이십니다. 둘째, 그리스도인들이 주님을 그렇게 높이 평가하게 만드는 것은 무엇인지에 대해서 살펴보려고 합니다. "그러므로 (그리스도는) 믿는 너희에게는 보배이나." 그러므로, 믿음을 통해서, 그들은 그리스도께서 보배로우시다는 사실을 깨달았습니다. 만약 그들에게 믿음이 없다면, 예수님은 그들의 눈에 절대로 보배로우신 분으로 보이지 않을 것입니다. 셋째, 예수님으로부터 그들이 무엇을 받았는지에 대해서 숙고해 볼 것입니다. 이것은 본문에 대한 다른 번역에 근거한 것입니다. 곧, "그리스도는 믿는 사람에게 존귀이십니다"(개역개정의 '보배'에 해당하는 헬라어 명사는 '티메'이다. 그 단어는 '가치', '존귀' 및 '명예' 등의 뜻을 지니고 있다. KJV에서는 'precious'로 번역되었다. 여기서 스펄전은 헬라어 명사 '티메'를 'honour'의 의미로 설명하고 있다 – 역주). 그러므로 주님을 믿는 사람들에게 그는 존귀와 영광을 주십니다. 그 존귀와 영광이 우리의 것이 되기를 바랍니다. 우리가 이 해석이 의도하는 바를 잘 깨달을 수 있도록, 성령님께서 도와주시기를 기도합니다.

1. 첫째, 그리스도께서는 그를 믿는 사람들에게 어떤 분이십니까?

영어성경(KJV)을 직역하면 다음과 같습니다. "그러므로 (그를) 믿는 너희에게는 그리스도는 보배로우신 분이시다." 그러나 헬라어 원문에서는, '보배로우신'(precious)이라는 형용사가 사용되지 않고, 그 대신 '보배'라는 명사가 사용되었습니다. 그러므로 다른 영어성경(the Revised Version)에는 "그러므로 믿는 너희에게는 (그리스도는) '보배'(preciousness)니라" 고 번역되었습니다. 이처럼 예수님 자신은 보배이십니다. 그는 모든 보배로움의 본질과 실체이며 전부이십니다. 이 주장에 모든 그리스도인은 서명하며 동의를 표시할 것입니다. 어떤 것들은 상당히 보배롭습니다. 반면에 다른 어떤 것들은 별로 보배롭지 않습니다. 그러나 주 예수님께서는 보배로움 그 자체이십니다. 다른 모든 것들보다도, 그는 비교할 수 없을 만큼 보배로우십니다.

그리스도께서 이와 같이 신자들에게 보배로우신 분이라는 사실을 그들은 다른 사람들에게 어떻게 보여줍니까? 모든 것을 그리스도에게 맡기는 것을 통해서, 그들은 그렇게 합니다. 오직 예수님의 사역에만, 모든 신자들은 그들의 소망을 두고 있습니다. 오직 그리스도 안에서, 그들은 과거와 현재와 미래의 모든 안식을 누립니다. 예수님께서는 우리의 모든 보물들을 넣어두는 상자입니다. 따라서 우리는 그를 찬양합니다. 우리의 모든 소망이 예수님으로부터 흘러나오는 것과 같이, 우리의 모든 사랑은 주님에게로 흘러들어갑니다. 주님의 거룩한 이름과 위격(位格, person) 안에 우리의 모든 기대가 담겨 있습니다. 그는 모든 것으로부터 우리를 구원해 주시고, 또한 우리가 바라는 모든 것들을 채워 주십니다. 한 바구니에 모든 달걀들을 담지 말라는 널리 알려진 격언에도 불구하고, 우리는 우리의 모든 달걀들을 그리스도라는 한 바구니에 담았습니다. 우리의 모든 저장물은 그리스도라는 한 배에 실려 있습니다. 우리가 남겨 놓은 것은 하나도 없습니다. 우리와 관련된 모든 것을 우리는 주님에게 맡겼습니다. 주님의 권능과 사랑을 대신해 줄 수 있는 두 번째의 신뢰의 대상이 우리에게는 없습니다. 우리의 모든 것을 우리는 주님께 의탁했습니다. 주님께서 다시 오시는 날까지, 우리가 의탁한 것을 그가 능히 지키실 줄을 우리는 확신합니다(참조. 딤후 1:12). 우리를 위해서, 살아 계신 하나님 앞에서 지금도 변호해 주시는 대언자로서(참조. 요일 2:1), 그리스도께서는 우리에게 가장 보배로우신 분입니다. 우리는 주님을 전적으로 믿습니다. 그것은 우리가 주님을 가장 높이 평가한다는 사실을 입증해 줍니다.

주 예수님께서는 신자들에게 분명히 매우 보배로우신 분입니다. 왜냐하면 주님을 잃어버리기보다, 차라리 그들은 자신들이 지닌 모든 것을 포기할 것이기 때문입니다. 예수님을 위해서, 수많은 순교자들과 신앙고백자들은 실제적으로 모든 것을 버렸습니다. 교회의 역사는 이 사실을 대단히 명백하게 증거하고 있습니다. 수많은 신자들이 그리스도를 부인하는 것보다, 차라리 재산과 자유와 생명을 포기했습니다. 오늘날에도, 예수님의 이름을 증거하기 위해서, 우리 가운데 어떤 사람들은 열병에 걸리기 쉬운 나라를 향해서 담대하게 나아가고 있습니다. 그리스도에 관한 복음을 널리 전파하기 위해서, 그들은 자신들의 목숨을 귀한 것으로 여기지 않습니다. 우리의 주님과 분리되는 것보다, 우리도 마찬가지로 차라리 모든 것을 포기할 수 있기를 나는 소망합니다. 만약 믿음을 저버리는 것과 뜨거운 풀무불 중에서 하나를 선택해야만 한다면, 우리는 하나님의 거룩한 사람들처럼 이렇게 답변할 것입니다. "우리가 이 일에 대하여 당신에게 대답할 필요가 없나이다"(참조. 단 3:16). 다른 모든 것들을 버려야만 한다고 하더라도, 우리는 반드시 우리의 주님을 꼭 붙잡고 있어야만 합니다. 형제자매 여러분! 여러분은 여러분의 구원자를 버릴 수 있습니까? 여러분의 자녀와 아내와 친구들은 여러분에게 대단히 소중합니다. 그러나 만약 여러분이 이 대상들과 주 예수님 중에서 한 편을 선택해야만 하는 상황이 정말로 펼쳐진다면, 여러분은 망설이지 않고 주님을 택할 것이라고 나는 확신합니다. 자신의 동료들로부터 호평과 존경을 받는 것은 바람직한 것입니다. 그러나 하나님의 진리를 위해서, 버림받거나 미움의 대상이 되어야만 한다면, 의심할 나위 없이 그것을 받아들여야만 합니다. 진리를 위해서라면, 세상적인 평판과 우정은 즉시 버릴 수 있어야만 합니다.

사랑하는 성도 여러분! 세상적인 왕관을 취하고 주님으로부터 멀어지는 것보다, 차라리 여러분은 자신의 십자가를 지고, 예수님과 함께 가야 할 것입니다. 그렇지 않습니까? 우리는 인간적으로 너무 자신 있게 말해서는 안 될 것입니다. 또한 베드로처럼, 우리가 주님을 결코 부인하지 않을 것이라고 스스로 장담해서도 안 될 것입니다. 그러나 주님께서는 모든 것을 알고 계십니다. 우리가 주님을 진정으로 사랑한다는 것을 주님께서는 알고 계십니다. 그래서 주님을 위해서라면, 우리가 모든 것을 잃어버릴 각오가 되어 있으며, 또한 그것을 오물로 여길 것이라는 점도 알고 계십니다. 그래서 우리가 그리스도를 얻고, 그 안에서 발견되기를 원한다(참조. 빌 3:8-9)는 사실도 주님께서는 알고 계십니다. 이 사실은 우리 주님께서 보배로우신 분이라는 것을 입증합니다. 왜냐하면 우리가 하나님 아버지께서 사랑하시는 아들을 꼭 붙잡고 있다면, 다른 모든 것은 깊은 물속에 가라앉는다고 하더라도 괜찮기 때문입니다.

또한 성도들은 그리스도 안에서 그들의 모든 것을 발견합니다. 예수님은 단 한 가지의 기쁨이 아닙니다. 그는 성도들에게 온갖 종류의 기쁨을 줍니다. 그들이 상상하고 바라고 소망하는 모든 것을 그들은 그리스도 안에서 발견할 것입니다. 신자들에게 그리스도는 모든 것이십니다(참조. 골 3:11). 신자들이 바라는 것들은 모든 것을 공급하실 수 있으신 하나님의 능력을 벗어나지 않습니다. 성도들이 눈에 보이는 선한 것을 소유할 때, 그들은 그것 안에서 예수님을 즐거워합니다. 그러나 만약 눈에 보이는 좋은 것이 사라져 버린다면, 그들은 그리스도 안에서 가장 선한 것을 발견합니다. 어떤 사람에게 매우 소중한 것을 우리는 '보배'라는 단어로 표현할 수 있습니다. 이와 같이, 그리스도께서는 모든 믿는 사람들에게 '보배'이십니다.

　예수님께서는 신자들에게 지극히 보배로우신 분이기 때문에, 그들은 예수님을 아무리 찬양해도, 그들에게 충분할 정도로 찬양할 수 없습니다. 최선을 다해서, 주 예수님을 높여보십시오. 그렇다면 여러분 스스로 만족할 만큼 주님을 영광스럽게 찬양할 수 있었습니까? 나는 솔직하게 고백합니다. 주님의 공로에 대해서 나 자신이 이상적으로 생각하고 있는 표준에 가까운 설교를 나는 결코 해본 적이 없습니다. 그렇게 하려고 최선을 다했지만, 나는 언제나 만족할 수 없었습니다. 나는 때때로 강단으로 급히 되돌아가서 주님에 대해서 설교를 좀 더 잘 했으면 하고 원했습니다. 그러나 나는 그러한 시도를 하려는 생각을 거두어 들였습니다. 왜냐하면 그 시도를 통해서, 내가 더욱 분명하게 실패할 것 같아서 두려웠기 때문이었습니다. 그리스도께서는 영광 그 자체이십니다. 그러므로 그는 지극히 영광스러운 분입니다. 누가 태양을 있는 그대로 묘사할 수 있겠습니까? 우리가 생각하기에, 그는 너무나 좋으신 분입니다. 따라서 언어와 같은 미약한 표현 수단을 통해서, 우리는 그 생각을 다른 사람에게 온전히 전달할 수 없습니다. 주 예수 그리스도에 대한 우리의 사상이 아무리 숭고하다고 하더라도, 그것은 주님 자신이 지니고 있는 가치에 훨씬 못 미치는 것입니다. 그렇지만 우리는 그 사상조차도 다른 사람에게 충분히 전해줄 수 없습니다. 왜냐하면 그것은 언어가 지닌 한계를 극복하지 못하기 때문입니다. 우리는 주 예수님에 대해서 거룩한 감정을 갖고 있습니다. 그 감정이 지닌 장중한 무게에 눌려서, 우리의 언어는 제 기능을 다하지 못하며 비틀거립니다. 하나님께서는 은혜로 그리스도를 우리에게 선물로 보내 주셨습니다. 우리는 그 놀라운 선물에 대해서 결코 언어로 충분하게 표현할 수 없습니다. 다른 대상에 대해서, 우리에게는 과장해서 말할 위험이 도사리고 있습니다. 그러나 그리스도에 대해서, 우리는 결코 지나치게 말할 수 없습니다. 만약 여러분이 벌꿀을 발견한다면, 그것을 가끔 조금씩 먹는 것이 좋을 것입니다. 그렇지 않으면, 여러분은 곧 벌꿀에 싫증이 나게 될 것이기 때문입니다. 그러나 여러분이 그리스도를 발견하면, 가능한 한 모든 것을 받아들이십시오. 그리고 여러분의 수용 능력을 크게 해달라고 기도하십시오. 왜냐하면 그리스도는 여러분을 전혀 싫증나게 하시지 않을 것이기 때문입니다. 여러분이 예수님에 대해서 맛보고 체험한 것들을 말하기 시작한다면, 입을 크게 열고 말하십시오. 그리고 여러분의 혀로 주님에 대해서 말하고자 하는 모든 것을 담대하게 말하십시오. 이제 여러분은 혀에 재갈을 물릴 필요가 없습니다. 오히려 제단에서 타고 있던 뜨거운 숯불로 모든 결박을 태워서 없애버리십시오. 마치 하늘이 땅 위에 높이 들려 있듯이, 여러분으로부터 멀리 떨어져서 하늘에 계신 그리스도에 대해서, 여러분은 자유롭게 자세하게 설명하십시오.

그리스도에 대한 자신들의 수고에 대한 평가에서, 성도들은 그가 보배로우신 분임을 보여줍니다. 그렇지만 주님에게 합당한 만큼, 그들은 자신들의 수고를 결코 충분하게 보여주지 못합니다. 언어를 통해서, 그들이 주님을 칭찬하는 것이 전부가 아닙니다. 자신들을 위해서 죽으신 그리스도를 위해서, 또한 그들은 수고하는 것을 기뻐합니다. 주님을 위해서 일하면서, 그들은 힘들어서 지칠 수도 있을 것입니다. 그러나 그들은 절대로 수고하는 것 그 자체에 대해서 싫어하지 않습니다. 일천 명의 혀를 얻었으면 하고, 그들이 한숨을 쉬는 것을 우리는 듣지 않았습니까? 자신들이 해야 할 마땅한 것으로서, 그 혀들을 통해서, 그들은 사랑하는 구세주를 찬양하고자 했던 것입니다. 그들은 일만 명의 손과 발, 곧 일만 명의 사람들을 얻는 것을 그들은 때때로 원하지 않았습니까? 사랑하는 주님을 영화롭게 하기 위해서, 천 개나 되는 장소에서, 그들은 동시에 사역하려고 했던 것입니다. 주님을 영화롭게 하는 것이 그들의 최고의 목적입니다. 그것을 위해서, 그들이 지닌 모든 것을 주님의 발 앞에 내려놓았다고 하더라도, 그들은 여전히 만족하지 못할 것입니다. 그리고 그들이 사랑하는 주님에게 그들은 무한하게 빚진 사람들이라고 느낄 것입니다. 우리가 무한한 영광으로 그에게 면류관을 씌울 수 있다면, 얼마나 좋겠습니까! 우리가 사람들의 한가운데에 있는 영화롭고 높은 보좌에 그를 앉게 할 수 있다면, 얼마나 기쁘겠습니까! 그래서 모든 사람들이 그를 보고 사랑하고 경배한다면, 얼마나 기쁘겠습니까! 이제까지, 그리스도를 위해서, 성도들은 얼마나 위대한 일들을 해왔습니까! 그러나 그들 가운데 어떤 사람도 자신이 한 일에 대해서 만족감을 표현한 사람이 결코 없습니다. 그 대신, 모든 성도들은 자신들의 수고가 부족하다는 것에 대해서 슬퍼했습니다. 그리고 그리스도의 공로에 합당하게 드릴 만한 것이 무엇인가를 생각해 낼 수 있기를 그들은 원했습니다.

나아가 그리스도께서 자신들을 하늘나라로 인도해 주신다는 것을 확신하는 것을 통해서, 성도들은 그리스도께서 보배로우신 분이라는 것을 보여줍니다. 여러분은 죽음을 눈앞에 두고 있는 성도들이 하는 말을 들어보았습니까? 곧 그리스도와 함께 있게 된다는 사실을 기대하면서, 그들은 자신들의 기쁨에 대해서 말합니다. 이 죽을 수밖에 없는 유한한 생명의 고통으로부터 벗어나게 된다는 사실보다는, 또한 고된 수고로부터 해방되어 영원한 안식을 누리게 된다는 것보다는, 오히려 자신들이 주님을 직접 보게 된다는 사실 때문에, 그들은 기뻐하는 것입니다. 죽음의 문턱에 다다른 신앙인이 다음과 같은 말을 하면서, 눈을 반짝이는 것을 우리는 자주 보았을 것입니다. "이제 조금 있으면, 나는 영광스러운 모습을 지니신 왕을 보게 될 것입니다." 이와 같이, 성도들이 이 세상을 떠날 때, 그들의 마지막 생각은 자신들이 곧 구세주와 함께 있게 된다는 사실에 대한 것입니다. 그런데 그들이 천국에 들어갈 때, 첫 번째의 생각은 그리스도의 영광을 보는 것입니다. 예수님께서는 신자들을 천국으로 인도하시는 분입니다. 하나님의 어린 양은 빛이며 생명입니다. 또한 그는 천국의 축복의 본질입니다.

> "만약 하나님께서 자신이 계신 곳을 옮기시거나,
> 또는 그의 얼굴을 숨기신다면,
> 천국에 있는 모든 악기들도
> 하늘나라와 같은 곳을 만들 수 없을 것입니다."

우리는 그리스도와 함께 있기를 간절히 바랍니다. 우리 중에서 많은 사람들은 다윗처럼 다음과 같이 말할 수 있을 것입니다. "내 집이 하나님 앞에 이같지 아니하냐 하나님이 나와 더불어 영원한 언약을 세우사 만사에 구비하고 견고하게 하셨으니 나의 모든 구원과 나의 모든 소원을 어찌 이루지 아니하시랴"(삼하 23:5). 다윗이 언급한 언약이 그리스도를 통해서 우리에게 성취되었습니다. 주님께서는 영원한 소망의 기초이십니다. 또한 그는 우리가 누리는 최상의 기쁨의 근거이십니다. 따라서 그는 진정으로 우리에게 보배로우신 분이 아닙니까?

사랑하는 형제자매 여러분! 만약 여러분이 그리스도께서 신자들에게 보배로우신 분이라는 이 증거들에 전적으로 만족하지 않는다면, 나는 여러분 스스로 다른 증거를 추가할 것을 요청합니다. 우리는 모두 개별적으로 그리스도에 대한 신자의 사랑을 입증하기 위해서 무엇인가 새로운 일을 합시다. 우리는 이미 주어진 증거들에만 만족하지 맙시다. 새로운 사랑의 표지(標識)를 만듭시다. 우리는 주님께 새로운 노래를 부릅시다. 그래서 그리스도께서 신자들에게 보배로우신 분이라는 사실을 냉혹한 마음을 지닌 세상 사람들이 감히 의심하지 못하게 합시다. 우리가 주님에 대해서 진지하게 그렇게 생각한다는 것을 우리를 조롱하는 사람들이 믿게 합시다.

그리고 그리스도께서 보배로우신 분이라고 생각하는 것을 통해서, 성도들은 그에 대해서 정당하게 평가하는 것입니다. 그는 보배이십니다. 어떤 대상을 정당하게 보배로운 것이라고 부르려면, 그것은 세 가지 특성들을 지니고 있어야만 합니다. 첫째, 그것은 희귀해야 합니다. 둘째, 그것은 그 자체의 본질적인 가치를 지녀야 합니다. 셋째, 그것은 유익하고 중요한 것이어야 합니다. 이 모든 세 가지 특성들은 우리의 찬양받으실 주님에게 충족됩니다. 그래서 그 특성들에 근거해서, 분별력을 지닌 사람들은 그를 보배로우신 분으로 인식합니다. 그리스도의 희귀성에 대해서 살펴보겠습니다. 나는 금을 비롯한 어떤 보석들의 희귀성에 대해서 말하는 것이 아닙니다. 예수 그리스도는 유일하신 분입니다. 그는 전적으로 특별한 존재입니다. 이미 놓여진 그리스도라는 기초석 이외에, 아무도 다른 기초석을 놓을 수 없습니다. 그는 인간의 죄를 위한 유일한 희생 제물입니다. 무한하신 하나님이나 천국의 모든 부요함도 그와 비슷한 다른 대상을 제공할 수 없습니다. 참 하나님이신 동시에 참 사람으로서, 오직 예수 그리스도만이 한 인격체 안에 두 본성(신성과 인성)을 지니고 있습니다. "하나님과 사람 사이에 중보자도 한 분이시니 곧 사람이신 그리스도 예수라"(딤전 2:5). 만약 우리가 모든 시대를 통해서 주님과 같은 분을 발견할 수 없다면, 우리는 그를 보배라고 부를 수 있을 것입니다. 그는 본질적으로 소중한 분이십니다. 그러므로 누가 그의 가치에 대해서 평가할 수 있겠습니까? 만약 내가 여러분에게 그가 어떤 존재인지에 대해서 상세하게 설명하려고 시도한다면, 나 자신도 모르는 사이에, 언어를 통해서, 나는 그 뜻을 불명료하게 만들 것입니다. 그러므로 나는 다음과 같은 단순한 사실에 대해서 설명하려고 합니다. 그리스도께서는 모든 것 위에 존재하시는 하나님이십니다. 그러므로 그는 완전한 신성을 지니신 분입니다. 또한 그는 완전한 인간으로서, 그의 어머니 마리아를 통해서 인간의 실체를 갖게 되었습니다. 그래서 그는 한 인간이 지녀야만 하는 모든 것을 완벽하게 지니게 되었습니다. 이 사람이 얼마나 위대한 존재인지를 생각해 보십시오(참조. 히 7:4). 심지어 하늘 그 자체도 예수 그리스도와 비교할 수 없습니다. 그는 비교와 측량과 상상할 수 없을 정도로 보배로우신 분이십니다. 그러면 그리스도께서 주시는 유익한 것들에 대해서 살펴봅시다. 주님 이외에, 어느 곳에서 또한 누구에게서, 우리는 그러한 다양한 유익을 발견할 수 있겠습니까? 그는 눈먼 사람에게 시력을 회복시켜 주셨습니다. 발을 저는 사람을 온전히 걷고 뛰게 해주셨습니다. 병자를 고쳐 주셨습니다. 죄악에 사로잡혀 있는 사람을 해방시켜 주셨습니다. 슬퍼서 울고 있는 사람에게 기쁨을 주셨습니다. 죽은 사람을 다시 일으키셨습니다. 주님께서 지니신 생명에 대해서 숙고해 봅시다. 그는 자신을 믿는 사람에게 영생을 주십니다. 그의 죽음에 대해서 생각해 봅시다. 죽음을 통해서, 주님께서는 그를 믿는 모든 사람들을 지옥으로부터 구원하십니다. 그의 부활에 대해서 묵상해 봅시다. 부활을 통해서, 그는 신자들의 믿음이 올바른 것이라는 사실을 입증해 주셨습니다. 또한 그의 다시 오심에 대한 말씀은 우리의 마음을 기쁘게 해줍니다. 그리고 선지자와 제사장과 왕으로서의 그리스도의 세 가지 직분에 대해서 생각해 보십시오. 그는 우리의 신랑과 형제와 친구가 되십니다. 그리스도와 우리 사이의 영적인 교제에 대해서 숙고해 보십시오. 성경이 주님에 대해서 기꺼이 제시하는 모든 모형들과 비유들을 면밀히 살펴보십시오. 모든 위치와 상황 가운데 놓여 있던 주님에 대해서 묵상해 보십시오. 여러분이 원하는 대로, 또한 여러분이 할 수 있는 대로, 그에 대해서 생각해 보십시오. 이 모든 것들은 신자들에게 축복을 가져다주는 유익함을 지니고 있습니다. 이것들을 통해서, 주님께서는 구원받은 사람들을 괴롭히는 어려운 문제들을 해결해 주시기 때문입니다. 여러분이 정죄함을 받지 않게 하시려고, 여러분의 죄를 용서하시려고, 여러분이 의롭다는 판결을 듣게 하시려고, 죄악으로 오염된 여러분의 마음을 변화시켜 주시려고, 여러분의 예물을 하나님께 드리게 하시려고, 여러분이 받은 은사들을 잘 보존시키시려고, 또한 여러분을 점차적으로 거룩하게 만드시려고, 하나님께서는 그리스도를 예비하셨습니다. 그리고 그 외에 다른 모든 선하고 필요한 목적들을 이루시려고, 주님께서는 우리를 위해서 예비되셨습니다. 그러므로 그리스도 안에서, 모든 선한 것들이 충족됩니다. 그 안에서, 풍부하게 또한 넘치도록 충족되어집니다. 그러므로 그는 진정으로 보배로우신 분입니다.

성경의 원리들에 근거해서, 성도들은 그리스도에 대해서 평가합니다. 성도들은 감정에 의해서 좌우될 정도로 광신적인 사람들이 아닙니다. 그들은 성경에 근거하는 믿음을 지니고 있습니다. 그러므로 자신들의 평가에 대해서, 그들은 근거를 제시할 수 있습니다. 베드로전서 2장 7절에는 이렇게 기록되어 있습니다. "그러므로 (그리스도께서는) 믿는 너희에게는 보배이나." 그리스도에 대한 우리의 평가에는 "그러므로"라는 합당한 근거가 있습니다. 우리는 그리스도를 모든 사람들 가운데 으뜸이며, 또한 가장 사랑스러운 대상으로 여깁니다. 그것에 대해서 충분히 헤아려 보고, 또한 모든 것을 계산해 본 이후에, 우리는 그러한 주장을 하는 것입니다. 따라서 사랑하는 주님과 구세주에 대해서, 우리가 최상의 평가를 내리는 것이 우리는 전적으로 옳다고 주장합니다.

베드로전서 2장 4절에서 8절까지 읽어보도록 합시다. "산 돌이신" 주 예수님께서는 우리에게 매우 보배로우신 분입니다. 우리의 기초석이 되시는 분으로서, 그는 돌처럼 견고하십니다. 그러나 그 이외에, 그는 생명을 지니고 계십니다. 그는 이 생명을 우리에게 주십니다. 그래서 우리도 "산 돌 같이"(5절) 되어, 기초석이신 그리스도와 연합하게 됩니다. 우리는 서로 사랑하며 생명력이 넘치는 하나 됨을 주님과 영원히 이루는 것입니다. 산 돌로서 그리스도께서는 다른 돌들에게 생명을 불어넣어 주십니다. 그래서 기초석 위에서, 그 돌들이 하나님께서 거하시는 신령한 집으로 세워지게 하십니다. 이 점에서, 그리스도께서는 진정으로 보배로우신 분입니다. 그리고 산 돌은 건물 전체에 어떤 특성을 부여합니다. 신자들의 공동체로서, 교회는 살아 계신 하나님의 성전입니다. 사실상 우리의 주님께서는 그 교회를 이루는 모든 생명의 근원이십니다. 교회 안에 계신 그리스도께서는 교회의 중심이자 면류관이라는 사실을 우리는 알고 있습니다. 머리가 몸에 대한 관계와 마찬가지로, 주님께서는 교회에 대단히 소중한 존재이십니다. 만약 우리가 그리스도와 연합되어 있지 않다면, 우리는 쓸모 없는 존재들이 될 것입니다. 그래서 사람들은 그 돌들에 걸려 넘어질 것입니다. 또한 아무런 느낌과 힘도 없는 죽은 돌들이 될 것입니다. 그러나 그리스도 안에서, 죄와 사망에서 해방되어, 우리는 영원한 생명을 지니고 있습니다. 우리는 성령님을 통해서 하나님께서 거주하시는 집으로 세워졌습니다. 하나님께서 세우신 신령한 집과 비교해 볼 때, 솔로몬이 세운 성전은 단지 땅의 것으로 만든 것에 불과합니다. 왜냐하면 교회는 하나님께서, 산 돌이신 그리스도를 믿어서 영생을 얻고 또한 그와 연합하게 된 사람들을 통하여 세우신 신령한 집이기 때문입니다.

나아가, 사람들이 우리의 주님을 버렸기 때문에(7절), 그는 우리에게 더욱 보배로우신 분이라는 사실을 덧붙여 말하려고 합니다. 사람들로부터 멸시당하고 버림받은 주님을 볼 때보다, 신자들에게 그리스도께서 더 사랑스러운 경우는 결코 없을 것입니다. 우리는 유행을 따르지 않습니다. 우리는 넓은 길과 그곳을 가고 있는 많은 사람들에 대해서는 알지 못합니다. 그러므로 세상이 주님을 알지 못했다는 사실을 우리가 깨달을 때, 주 예수님께서는 우리에게 무한히 영광스러운 분이십니다. 사람들이 집 주인을 바알세불이라고 불렀습니까?(참조. 마 10:25). 그렇다면 우리는 더욱 진심으로 우리의 주님이시며 하나님으로 예수님을 맞이할 것입니다. 그들은 예수님을 술 취한 사람과 미친 사람으로 매도했습니까? 또한 그들은 예수님을 세리와 죄인의 친구라고 비난했습니까?(참조. 마 11:19). 그렇다면 우리는 더욱 겸손한 마음으로 예수님을 경배하고 사랑하며, 그의 발 앞에 엎드려 경배하겠습니다. 그들은 예수님의 얼굴에 침을 뱉었습니까? 그들은 그에게 채찍질을 했습니까? 그들은 예수님의 눈을 가리고, 그를 조롱했습니까? 그렇다면, 그는 우리의 경배를 받으시기에 더욱더 합당한 분이십니다. 십자가에 못 박히신 분에게 여러분은 영광의 면류관을 씌우기 바랍니다. 십자가에 달리셔서, 야비한 자들로부터 비방을 들으셨을 때, 주님은 한낮의 태양과 같이 영광스러우셨습니다. 서기관들과 바리새인들은, 십자가에 달리셔서 고통 가운데 서서히 죽어 가시는 예수님 주위에서 야유를 보냈지만, 우리의 눈에 그는 영광스러운 분이십니다. 모든 영광스러운 이들이여, 예수님께 경배하십시오! 저주받은 나무에 달리신 주님을 볼 때, 우리가 주님을 아무리 경배한다고 할지라도, 우리의 경배는 십자가에서 이루신 그의 숭고한 공로의 높이에 미치지 못할 것입니다. 그러므로 우리는 십자가 밑에서 더욱 겸손하게 자세를 낮추어서, 주님을 경배해야 할 것입니다. 그리고 천사들이 찬양하는 소리보다도 더 크게, 우리의 찬양이 울려 퍼지게 해야 할 것입니다. 이와 같이, 자신의 몸에 우리의 죄를 지시고, 십자가에 달리신 그리스도를 볼 때, 그는 우리에게 매우 보배스러우신 분입니다. 하나님으로부터 버림을 받으시고, 십자가의 무서운 희생 제사를 통해서, 우리의 모든 죄악의 빚을 갚아주신 주님은 보배로우신 분입니다. 예수님을 믿는 여러분에게 그는 더욱더 소중하신 분입니다. 왜냐하면 그는 여전히 오늘날에도 사람들로부터 버림을 받고 있기 때문입니다.

본문에 묘사된 것처럼, 우리가 "하나님께는 택하심을 입은"(4절) 분으로 예수님을 숙고해 볼 때, 그는 우리에게 상상할 수 없을 정도로 보배로우신 분입니다. 우리의 구원자가 되게 하시려고, 하나님 아버지께서는 예수 그리스도를 선택하셨습니다. 그리스도 이외에, 우리의 구주로서, 하나님께서 누구를 선택하셨습니까? 하나님께서 이렇게 말씀하셨습니다. "내가 능력 있는 용사에게는 돕는 힘을 더하며 백성 중에서 택함 받은 자를 높였으되"(시 89:19). 여호와의 선택은 하나님의 영원하신 지혜에 근거한 것이 틀림없습니다. 그러므로 왕과 구원자가 되게 하시려고, 하나님께서 예수 그리스도를 선택하신 것은 무한하게 사려 깊은 결정인 것입니다. 오, 하나님께 택하심을 입은 영광스러운 그리스도시여! 우리도 당신을 왕과 구주로 영접합니다. 하나님 아버지의 마음이 주님에게 집중되었던 것처럼, 우리의 마음도 오직 주님께 향하도록 하겠나이다. 우리에게 주님께서는 참으로 보배로우신 분입니다.

사도 베드로가 그리스도를 '보배로운' 분으로 언급하고 있는데, 그는 하나님 아버지에게도 보배로운 대상입니다. 우리가 주님을 높이 평가하는 것이 대단히 옳다고 우리는 깨닫고 있습니다. 왜냐하면 주님께서는 하나님에게도 매우 사랑스러운 분이시기 때문입니다. 하나님 아버지께서 자신의 유일한 아들을 이루 말할 수 없는 기쁨으로 바라보실 때처럼, 그는 다른 어떤 대상을 그렇게 바라보신 적이 전혀 없습니다. 그 사실이 신약성경에는 세 번이나 언급되고 있습니다. "이는 내 사랑하는 아들이요 내 기뻐하는 자라"(참조. 마 17:5; 막 3:17; 벧후 1:17). 아버지께서는 그의 독생자를 온전히 신뢰하십니다. 또한 그는 그 아들과 하나 됨을 이루는 교제를 나누십니다. 왜냐하면 그 아들은 "그 곁에 있어서 창조자가 되어 날마다 그의 기뻐하신 바가 되었으며 항상 그 앞에서 즐거워하였기"(잠 8:30) 때문입니다. 그리고 요한복음에는 아버지와 아들의 관계가 이렇게 묘사되어 있습니다. "아버지께서 아들을 사랑하사 만물을 다 그의 손에 주셨으니"(요 3:35). 이와 같이, 아버지께서는 자신의 독생자를 무한히 기뻐하십니다. 하나님의 지혜로 인도함을 받아서, 우리도 그 아들을 무한히 기뻐해야만 하지 않겠습니까? 하나님께서 그의 아들을 선택하시고 보배로운 존재로 여기셨기 때문에,

우리도 또한 그 아들을 선택할 것입니다. 그리고 온 마음으로, 우리는 그를 가장 보배로운 분으로 여길 것입니다.

그뿐만 아니라, 우리의 기초석으로서, 우리는 주 예수님을 찬양합니다. 여호와께서는 이렇게 선포하셨습니다. "보라 내가 택한 보배로운 모퉁잇돌을 시온에 두노니"(벧전 2:6; 참조. 사 28:16). 이 기초석은 우리가 만들어 놓은 것이 아닙니다. 하나님 자신이 그것을 놓으셨습니다. 여호와께서 친히 놓으신 기초석 위에 우리가 연결되어 세워진다는 것은 얼마나 소중한 특권입니까? 틀림없이 그 기초석은 가장 좋으며, 안전하고, 보배로우며, 또한 영원히 지속되는 것입니다. 어떤 건물의 안전도를 평가할 때, 우리는 그 기초가 얼마나 튼튼한지를 세밀하게 살펴봅니다. 그러므로 우리는 주님을 매우 보배로우신 분으로 여깁니다. 왜냐하면 그 기초 위에 세워져 있는 사람은 아무도 넘어지거나 좌절하지 않기 때문입니다.

그리스도께서 우리에게 보배로우신 분으로 여겨질 때, 우리는 올바른 길을 걷고 있다는 것을 나는 지금까지 여러분에게 설명했습니다. 그리스도에 대한 우리의 인식은 우리의 독자적인 판단에 근거한 것이 아닙니다. 또한 우리가 문뜩 떠오른 생각이나 일시적인 기분을 따르는 것이 아닙니다. 만약 우리가 그리스도를 보배로우신 분으로 판단한다면, 우리의 배후에서 하나님께서 친히 그것을 지지하시고 계십니다. 그러므로 우리는 오류를 범하고 있는 것이 아니라고 확신합니다. 그뿐만 아니라, 성령님께서도 우리에게 다음 사실에 대해서 증거해 주십니다. 곧, 우리가 예수님을 기뻐하기 때문에, 하나님 아버지께서도 우리를 기뻐하십니다. 아버지께서는 그리스도를 기뻐하실 뿐만 아니라, 그리스도 안에서도 기뻐하십니다. 따라서 아버지께서는 그리스도 안에 있는 모든 사람들도 기뻐하시는 것입니다. 예수님께서는 매우 아름답고 향기로우신 분입니다. 그래서 그를 통해서, 하나님께 나아가는 모든 사람들을 아름답고 향기롭게 만들어 주십니다. 오, 보배로우신 그리스도여!

2. 둘째, 그리스도인들이 주님을 그렇게 높이 평가하게 만드는 것은 무엇인지에 대해서 살펴보려고 합니다.

"그러므로 (그리스도는) 믿는 너희에게는 보배이나"(벧전 2:7). 육신의 이성적인 판단에 근거하는 사람에게 예수님께서는 결코 보배로우신 분이 아닙니다.

인간적인 지혜로 평가한다면, 그리스도께서는 소중하신 분이 아닙니다. 예수님으로부터 신성을 제거하기 위해서, 또한 그의 보배로운 피를 짓밟기 위해서, 사람들이 얼마나 노력하고 수고하는지 세심히 살펴보십시오. 성경의 영감과 그리스도의 피가 지닌 대속의 능력을 부인하기 위해서, 오늘날 얼마나 열정적이며 세밀한 학문적인 연구가 진행되며, 또한 그 결과가 제시되고 있습니까! 그러나 그리스도께서는 그를 믿는 우리에게는 보배로우신 분입니다. 어떤 사람들은 예수님을 "메마른 땅의 뿌리"라고 평가합니다. 그러나 믿음을 지니고 있는 우리에게 그는 '보배'이십니다.

그리스도와 관련된 약속들은 믿음을 지닌 사람들에게 주어졌다는 사실에 주목하기 바랍니다. 시편 118편을 읽어 보십시오. 여호와께서 집 모퉁이의 머릿돌이 되게 하신 분을 보기를 기뻐했던 시인은 신자였다는 사실을 여러분은 쉽게 깨달을 것입니다. 왜냐하면 사도 베드로는 그 시편 구절들을 인용하고 있으며(벧전 2:6; 시 118:22), 그 시인은 다음과 같이 고백하고 있기 때문입니다. "주께서 내게 응답하시고 나의 구원이 되셨으니 내가 주께 감사하리이다"(시 118:21). 그 시편 전체는 여호와께 대한 신앙 고백과 감사와 찬양으로 가득합니다. 사도 베드로는 이사야서도 참고했습니다. 이사야서 28장 16절에는, "그것을 믿는 이는 다급하게 되지 아니하리로다"라고 언급되고 있습니다. 곧, 시온에 놓이게 될 기초석을 믿는 사람은 낙심하거나 당황하게 되지 않는다는 뜻입니다. 이와 같이, 시편과 이사야서 두 곳에서, 그리스도의 보배로움을 인식하는 것은 신자들과 관련되어 있는 것입니다. 믿음이 없는 사람들이 그리스도를 찬양하는 것을 성경은 전혀 기대하지 않습니다.

사랑하는 형제자매 여러분! 오직 믿음으로만, 사람들은 그리스도의 존귀한 가치를 인식할 수 있습니다. 단순히 인간의 이성(理性)만으로는, 여러분은 그리스도께서 어떤 존재인지 깨달을 수 없습니다. 왜냐하면 거듭나지 않은 자연인은 성령님께서 하시는 일들에 눈이 멀어 있기 때문입니다. 여러분은 복음서들에 대해서 열심히 진지하게 연구할 수 있습니다. 그러나 그리스도에 대한 믿음이 자신에게 결여되어 있다면, 그는 결코 자신의 노력만으로 그리스도를 진정으로 아는 데에 이를 수 없습니다. 오직 신자들에게만 그리스도께서는 보배로우신 분으로 인식되기 때문입니다. 사도 바울의 경우에서처럼, 성령님께서는 믿는 사람들의 눈에서 비늘을 제거하십니다(참조. 행 9:18). 죄인인 인간은 예수님을 구주로 믿어야만 합니다. 만약 여러분이 예수님을 구주로 믿는다면, 그 참된 믿음을 통해서, 이제까지 모든 학교들이 여러분에게 가르쳐 줄 수 있었던 것보다, 여러분은 그리스도에 대해서 더 많은 것을 깨닫는 것입니다. 그리스도를 알지 못하는 수많은 학식보다 순수한 믿음을 지니고 있는 것이 더 좋은 것입니다. 신학박사가 되는 것보다 그리스도 앞에 나아가 그의 환자가 되는 것이 더 낫습니다. 왜냐하면 여러분의 모든 연구가 여러분에게 알게 해주는 것보다도, 그리스도께서 여러분을 영적으로 치유해 주시는 것을 통해서, 여러분은 더 좋고 훌륭한 것들을 배울 수 있기 때문입니다. 대학에서 열심히 연구하는 것보다도, 예수 그리스도에 대한 믿음을 갖고 골방에서 참회하는 것을 통해서, 여러분은 더 많은 것을 배울 것입니다. 하나님의 지시로, 모세는 광야에서 놋뱀을 만들어 장대 위에 달아서 들어 올렸습니다(참조. 민 21:9). 우리가 하나님께서 십자가 위에 높이 달리게 하신 주님을 바라본다면, 눈을 감고 백 년 동안 명상하는 것을 통해서 깨닫는 것보다도, 우리는 그리스도에 대해서 더 많은 것을 깨닫게 될 것입니다.

　　또한 오직 믿음을 통해서만, 그리스도께서 선물로 주시는 것들을 나의 것으로 만들 수 있습니다. 어떤 소중한 가치를 지닌 것이 있다면, 내가 그것을 소유할 때, 비로소 그것은 나에게 의미가 있을 것입니다. 코이누르 다이아몬드가 나에게 소중한 것입니까? (Koh-i-Noor; ‘코이누르’는 페르시아어로 ‘빛의 산’이라는 뜻이다. 그것은 영국 여왕의 왕관에 박혀 있는 다이아몬드를 가리킨다. 현재 런던탑에 보관되어 있다. 그 무게는 106캐럿으로, 세계에서 가장 큰 다이아몬드였다 — 역주). 그 다이아몬드 자체는 대단한 가치를 지니고 있습니다. 그러나 그것이 나에게 실질적으로 귀중한 것이라고 나는 주장할 수 없습니다. 왜냐하면 나는 그 보석이 어디에 있는지도 알지 못하기 때문입니다. 또한 그것이 마치 한 조각의 유리와 같다는 것 이상으로 나는 생각하지 않기 때문입니다. 따라서 여러분이 어떤 물건을 소유하고 있을 때, 그것은 여러분에게 실질적으로 가치를 지니고 있는 것입니다. 또한 그때 여러분은 그것에 대한 평가를 제대로 할 수 있습니다. 그리스도를 믿음으로 영접하지 않으면, 아무도 그리스도를 소유하지 못합니다. 오, 가엾은 불신자여! 만약 여러분이 그리스도를 믿지 않는다면, 여러분은 그리스도와 아무런 상관도 없습니다. 비록 하나님께서 그리스도를 값을 매길 수 없이 대단히 귀중한 선물로 주셨지만, 만약 여러분이 그를 신뢰하지 않는다면, 그는 여러분에게 아무것도 아닙니다. 여러분은 그에 대해서 무엇이라고 말해야만 합니까? 만약 여러분에게 믿음이 없다면, 여러분에게 그리스도는 없는 것입니다. 믿음은 그리스도를 꼭 붙잡는 손입니다. 또한 입으로는 그리스도께서 주시는 것을 받아먹습니다. 그러므로 여러분이 믿음을 지녀야만, 그리스도께서 여러분에게도 보배로우신 분입니다.

믿음을 통해서, 우리는 그리스도의 보배로움을 더욱더 체험하고 입증하게 됩니다. 그러면 그는 우리에게 한층 더 보배로운 분이 되십니다. 우리가 주님의 보배로움을 체험하는 것에 비례해서, 우리가 그를 더욱더 소중히 여기게 됩니다. 만약 여러분이 주님께서 은혜가 풍성하신 분이라는 것을 맛보았다면, 그는 여러분에게 보배로우신 분입니다. 그런데 만약 여러분이 더 많은 은혜를 체험하고, 그가 주시는 영적인 양식을 풍부하게 계속해서 받아먹었다면, 그는 여러분의 영혼에게 진수성찬을 차려주시는 분이라는 사실을 깨달았을 것입니다. 그러면 그는 여러분에게 이전보다 더욱 보배로우신 존재일 것입니다. 그리고 신자가 더 많은 고난을 겪을수록, 그는 자신을 떠받쳐 주시고 격려해 주시는 그리스도의 권능을 더 많이 깨닫게 될 것입니다. 여러분은 고난의 바다에서 풍랑에 휩싸였었습니다. 그 때, 예수님께서 여러분을 향해서 물 위로 걸어오시는 것을 보았습니다. 그는 거센 바람과 높은 파도를 꾸짖으셨습니다. 그러자 모든 것이 고요해졌습니다. 그래서 여러분은 주님을 값을 매길 수 없을 정도로 존귀하신 분으로 여깁니다. 이와 같이, 거대한 환난의 소용돌이를 빠져나오는 것을 통해서, 우리는 그리스도에 대한 보석같이 귀중한 지식을 많이 얻게 됩니다. 주님께서는 우리에게 불로 연단한 금과 같습니다. 그에 대한 우리의 지식은 이론적인 것만도 아니고, 또한 전통적인 것만도 아닙니다. 믿음을 갖고 삶 속에서 그리스도를 직접 체험하는 것을 통해서, 우리는 그를 알고 있습니다. 그러므로 주님께서는 우리에게 매우 보배로우신 분입니다.

또한 그리스도께서 우리의 보배라는 사실을 우리는 분별할 수 있습니다. 그것은 우리가 하나님께서 택하신 사람들의 믿음을 지니고 있음을 증거해 주는 것입니다. 이것은 자신의 내면을 들여다보는 습관을 지닌 여러분에게 커다란 위로를 줍니다. 만약 여러분이 자신에게, "과연 내 믿음은 성령님에 의해서 주어진 것인가?"라고 묻고자 한다면, 그것에 대해서 명백하게 알 수 있는 다음과 같은 확실한 시금석이 있습니다. "과연 내 영혼이 그리스도를 찬양하는가? 그는 나에게 이루 말할 수 없이 소중하신 분인가?" 만약 여러분이 이 질문들에 대해서 '예'라고 대답할 수 있다면, 여러분은 하나님께서 선택하신 백성의 믿음을 지니고 있는 것입니다. 하나님께서 그 믿음을 더욱 굳게 해주시고 성장시켜 주시기를 바랍니다.

　　우리의 믿음이 성장해가면 갈수록, 그리스도께서는 우리에게 더욱더 보배로우신 분이 됩니다. 비록 여러분이 그리스도를 믿고 있지만, 날마다 그 믿음을 실천하지 않는다면, 그는 여러분에게 대단히 소중하신 분이 아닐 것입니다. 그러나 만약 믿음의 눈으로 그리스도를 집중해서 바라본다면, 여러분은 그의 아름다움을 더욱 분명하게 파악할 수 있습니다. 만약 여러분의 영혼이 지속적으로 예수님에게 인도되고 있다면, 또한 여러분이 그 안에 계속해서 믿음의 닻을 내리고 있다면, 그렇다면 그는 여러분에게 더욱더 보배로우신 분이 될 것입니다. 이와 같이, 모든 것은 믿음에 달려 있습니다. 만약 여러분이 그리스도에 대해서 의심한다면, 그는 이미 여러분에게 오십 퍼센트나 평가절하된 것입니다. 그리스도에 대해서 의심할 때마다, 그것은 그를 매번 십자가에 못 박는 것입니다. 여러분이 그리스도에 대해서 회의를 품을 때마다, 또한 그와 관련된 비평적인 질문에 굴복할 때마다, 여러분은 그가 주시는 향기로운 맛을 조금씩 잃어가고 있는 것입니다. 짖고 있는 개는 뼈를 빼앗기게 됩니다. 주님을 의심하며 논쟁에 빠지는 그리스도인은 신령한 음식을 잃어버리게 됩니다. 여러분이 어린아이와 같은 단순하고 명확하며 굳건하고 흔들리지 않는 믿음을 소유하면 할수록, 그만큼 그리스도께서는 여러분에게 더욱더 보배로우신 분이 될 것입니다. 오늘날 여러분의 마음을 쇠사슬로 단단히 묶어두기를 나는 여러분에게 권면합니다. 왜냐하면 의심이라고 불리는 부랑자들과 방랑자들이 여기저기 떠돌아다니고 있기 때문입니다. 악한 의도를 지닌 채, 그들은 여러분의 문을 두드릴 수 있습니다. 어떤 선한 사람의 문 앞에 서 있게 되면, 그들이 맨 처음에 하는 말은 이렇습니다. "나는 진지하게 의심하는 사람입니다." 그는 자신이 대단히 진지한 사람이라고 힘주어 말합니다. 거기에는 자신을 위해서, 그의 인격을 위장해야 할 그럴 만한 이유가 있는 것입니다. 그러므로 하나님의 말씀을 가장 진지하게 의심하면, 그것을 훔쳐가는 큰 도둑으로 변질되고 맙니다. 그리고 일반 도둑들처럼, 하나님의 말씀과 예수님에 대한 의심들은 대부분이 속임수에 지나지 않습니다. 여러분의 영혼에서 의심을 몰아내십시오. 그렇지 않으면, 여러분은 그리스도의 보배로움을 아주 조금밖에 발견하지 못할 것입니다. 그리스도의 신성 및 인성과 그의 대속의 죽음을 부인하거나 훼손시키는 생각이 여러분에게 떠오르지 않게 하십시오. 그리스도의 십자가를 대적하는 견해를 여러분의 원수로 간주하십시오. 여러분이 지니고 있는 믿음이 조금도 손상되지 않게 하십시오. 전혀 의심하지 말고, 진심으로 예수님을 믿으십시오. 여러분 가운데 과연 자신이 믿음을 지니고 있는지 의심하는 사람이 있습니까? 그런 사람도 자신이 죄인이라는 사실을 의심할 수 없을 것입니다. 죄인으로서, 예수님에게 나아오십시오. 그리고 여러분의 구주로 그를 굳게 믿으십시오. 그리스도 안에 있는 하나님의 구원하는 은혜를 새롭게 확신하면, 여러분은 그리스도 안에서 기쁨과 즐거움을 회복하게 될 것입니다. 그것은 얼마나 놀라운 일입니까! 그렇다면, 즉시 그렇게 하기 바랍니다. "부지중에 내 마음이 나를 내 귀한 백성의 수레 가운데에 이르게 하였구나"(아 6:12). 영적으로 활력을 잃고 죽어 있었을 때, 믿음으로 나는 주님의 옷자락을 순식간에 만졌습니다. 그러자 나는 곧바로 생명을 되찾게 되었습니다. 그래서 기뻐하며 뛰어다녔습니다. 사랑하는 형제자매 여러분! 믿음을 통해서, 그리스도의 보배로움을 깨달을 수 있도록, 하나님께서 여러분에게 은혜를 베풀어 주시기를 원합니다. 왜냐하면 오직 그리스도를 믿는 사람들에게만, 그는 보배로우신 분이기 때문입니다. 그러나 그를 의심하는 사람들에게, 신뢰하지 않는 사람들에게, 의혹을 품은 사람들에게, 또는 망설이는 사람들에게, 그는 고운 모양도 없고 흠모할 만한 아름다운 것도 없습니다(참조. 사 53:2). 하지만 온전히 믿는 여러분에게 그는 값으로 매길 수 없을 만큼 보배로우신 분입니다.

**3. 마지막으로, 신자들은 그리스도로부터 무엇을 얻는지에 대해서
간략하게 살펴보고자 합니다.**

베드로전서 2장 7절의 헬라어 원문을 직역한 것에 근거해서, 이 주제에 대해서 설명하도록 하겠습니다. "그러므로 믿는 여러분에게는 (그리스도는) 존귀입니다." 존귀! 나와 같은 죄인도 그리스도의 존귀함을 소유할 수 있습니까? 미천하고 쓸모 없는 존재는 오직 내어버리기에 적합할 것입니다. 그런데도 내가 존귀함을 소유할 수 있습니까? 하나님의 말씀을 잘 들어보십시오! "네가 내 눈에 보배롭고 존귀하며 내가 너를 사랑하였은즉 내가 네 대신 사람들을 내어 주며 백성들이 네 생명을 대신하리니"(사 43:4). 어떤 죄 많은 창녀가 있었습니다. 그 여인이 예수님을 믿었습니다. 그러자 그 여인은 매우 존귀해졌습니다. 그래서 눈물로 예수님의 발을 적셔서 깨끗하게 씻고, 머리털로 그의 발을 닦는 것이 그 여인에게 허용되었습니다. 이와 같이, 그 여인은 하나님의 궁전에서 섬기는 하

녀가 되었습니다. 그리고 어떤 강도가 있었습니다. 예수님의 옆에서 십자가에 달려서 죽어가면서, 그는 주님을 믿었습니다. 그러자 예수님께서 천국으로 들어가실 때, 그곳에서 그는 그 강도를 맨 처음으로 영접하셨습니다(참조. 눅 23:42-43). 이처럼 그는 존귀하게 된 것입니다. 주님께서 우리의 죄를 용서하시면, 우리의 신분이 변화됩니다. 만약 당신이 예수님을 믿는다면, 당신은 더 이상 불명예스러운 존재가 아닙니다. 하나님 아버지께서 그리스도를 통해서 당신을 구원하셨기 때문에, 이제 하나님 앞에서 당신은 존귀한 존재가 되었습니다. 어제 당신은 먼 나라에서 돼지들을 치고 있었습니다. 그러나 오늘 당신은 하나님 아버지로부터 기쁨으로 영접을 받고, 그의 집에 있습니다. 그곳에는 아름다운 음악이 울려 퍼지고, 사람들은 기뻐서 춤을 추고 있습니다. 이 모든 것은 당신을 위한 것입니다. 사람들은 살진 송아지를 잡아서, 불 위에서 굽고 있습니다. 이것도 당신을 위한 것입니다. 당신을 위해서, 멋있는 새 구두가 준비되었습니다. 당신의 손가락에 끼울 보석 반지도 마련되었습니다. 당신의 아버지는 너무 기뻐서, 당신을 꼭 껴안고, 당신에게 끊임없이 입맞춤을 합니다. 예, 그렇습니다. 이와 같이, 그리스도께서는 하나님의 백성에게 존귀 그 자체입니다. 이전에 그들은 아무런 가치가 없는 사람들처럼 보였습니다. 그러나 예수님께서 그들을 구원하여 주셔서, 이제 그들은 존귀한 존재들이 되었습니다.

　　나아가, 주 예수님과 연합되어 있는 것은 큰 존귀라는 사실에 대해서 주목해 보려고 합니다. 어떤 용감한 사람이 전쟁에서 커다란 승리를 거두었습니다. 그러면 모든 사람이 자신이 그와 어떤 관련을 맺고 있다고 주장하기를 좋아합니다. 워털루 전투에 참전한 사람들 가운데 아직 살아 있는 소수의 사람들이 있습니다('워털루'는 벨기에의 수도 브뤼셀에서 15㎞ 남쪽에 위치해 있다. 이곳에서 벌어진 전투에서, 1815년 6월 18일에 나폴레옹은 최후의 패배를 겪었다. 이로써, 23년에 걸친 프랑스와 유럽 국가들 사이의 오랜 전쟁이 끝나게 되었다 ― 역주). 그들은 자신들이 그 전투에 참가했다는 것을 자랑스럽게 여깁니다. 사실 그것은 조금도 이상하지 않습니다. 그 당시에 전쟁터에서 북치던 소년은 지금 노인이 되었습니다. 당시를 회상하면서, 그는 영국 군인들이 독재자 나폴레옹의 군대를 참패시켰던 것을 지금도 자랑스럽게 이야기합니다. 심지어 사람들은 자신들이 어떤 위대한 사람들과 관련이 있다는 것을 어리석을 정도로 극단적으로 말합니다. 예를 들면, 어떤 사람은 국왕이 자신에게 말을 걸었다고 으스댑니다. 그러나 알고 보니까, 왕이 그에게 한 말은 기껏해야 "어서 길을 비켜라!"였던 것입니다. 주님이신 그리스도와 연합되어 있는 우리는 진정으로 존귀한 신분을 지니고 있습니다. 주님의 종들의 발을 씻어주었다면, 그것도 존귀한 일입니다. 주님의 제자들 가운데 한 사람에게 시원한 물 한 잔을 대접했다면, 그것도 명예스러운 것입니다. 예수님을 순전하게 신뢰하며, 그에게 감사하며 섬기는 것은 우리를 주님과 더욱 밀접하게 연결시켜 줍니다. 그것은 금보다도 더욱 귀중한 것입니다. 그리스도를 섬기는 것 때문에, 사람들이 여러분을 비웃었습니까? 그렇다면 그것은 여러분을 그리스도와 함께 존귀하게 만드는 것입니다. 그리스도에 관한 진리로 인해서, 여러분이 사람들로부터 비난을 받았습니까? 그렇다면 그것은 좋은 일입니다. 그것은 여러분을 사랑하시는 그와 함께 여러분이 영원한 생명 안에 연결되어 있다는 것을 뜻합니다. 그리스도와 그의 복음 때문에, 여러분이 고집스럽게 믿고 있다고 공격을 당하고, 골칫덩어리라고 쫓겨난다고 하더라도, 그것이 가장 존귀한 것이라고 판명되는 날이 곧 올 것입니다. 세례 요한은 자신과 그리스도의 관계에 대해서 이렇게 말했습니다. "나는 그의 신발 끈을 풀기도 감당하지 못하겠노라"(막 1:7). 그렇지만 그는 그 관계에 대해서 얼마나 기뻐했습니까! 또한 사도 바울은 그의 주님께 복종하는 것을 얼마나 기뻐했습니까! 그는 자신을 그리스도의 종이라고 부르고 있습니다. 우리가 지닌 성경에는 그 의미가 다소 약화되어, '종'(servant)으로 번역되었습니다. 그러나 바울은 자신을 그리스도의 '노예'라고 인식하는 데에 좀 더 매료되었습니다. 그 당시에, 사람들이 값을 지불하고 노예를 종으로 사들였던 것처럼, 예수님께서 자신의 피값으로 바울을 사셨기 때문에, 그는 자신이 주님의 소유라고 여겼던 것입니다. 만약 우리가 주님의 발 위에 묻어 있는 먼지라면, 그것도 우리에게는 존귀한 것이며 영광인 것입니다. 그리스도의 미천한 종이 되는 것이 주님에 대한 믿음이 없이 거대한 나라를 다스리는 군주가 되는 것보다 훨씬 더 좋은 것입니다. 다음과 같은 이유들에 근거해서, 우리 가운데 어떤 사람들은 주님을 찬양합니다. 곧, 우리가 세상 사람들이 진부하게 생각하는 예수님의 십자가와, 시대에 뒤진 것이라고 여기는 진리와, 사람들이 몹시 싫어하는 대속의 가르침과, 케케묵은 것이어서 쓸모 없는 것이라고 간주하는 성경과 대단히 밀접하게 연결되어 있기 때문입니다. 나는 바로 앞에서 언급한 것들을 나의 머리에 화관(花冠)처럼 쓰고 있다고 단언합니다. 대속자이신 예수님께서는 나의 보배이자 존귀이십니다. 하나님의 은혜에 대한 가르침은 나의 영광입니다.

　　안전한 기초석이신 그리스도 위에 세워지는 것은 우리의 존귀를 의미합니다. 여러분은 이사야서 28장 15절에서 16절까지 읽어보기 바랍니다. 그러면 거짓을 자신의 피난처로 삼은 사람들은 짓밟힐 것이지만, 견고한 기초에 의지한 사람은 그렇지 않다는 사실을 여러분은 깨닫게 될 것입니다. 그들에 대해서, 이렇게 기록되어 있습니다. "내가 한 돌을 시온에 두어 기초를 삼았노니 곧 시험한 돌이요 귀하고 견고한 기촛돌이라 그것을 믿는 이는 다급하게 되지 아니하리로다"(사 28:16). 이와 같이, 그리스도 위에 세워진 사람은 소중한 안식을 누리는 것입니다. 만약 내가 나 자신을 위해서 구원의 방법을 스스로 고안해 내야 한다면, 내가 어떠한 느낌을 갖게 될지 잘 모르겠습니다. 그러나 그의 말씀을 통해서, 하나님께서 이미 분명하게 계시해 주신 것을 받아들인다는 것은 복된 일이라고 나는 생각합니다. 언젠가 어떤 목사님이 나에게 이렇게 말했습니다. "틀림없이 당신에게는 설교하는 것이 매우 쉬울 것이라고 나는 생각합니다." 나는 말했습니다. "정말로 그렇게 생각하십니까? 나는 설교하는 것이 결코 쉬운 일이라고 여기지 않습니다." 그러자 그는 이렇게 대답했습니다. "아닙니다. 목사님에게는 분명히 쉬울 것입니다. 왜냐하면 목사님의 설교 주제들은 단지 몇 가지 진리들에만 한정되어 있기 때문입니다. 그리고 목사님은 해마다 그 주제들에 대해서 자세하게 설명하기 때문입니다." 그것이 어떻게 설교하는 것을 쉽게 만들어 주는지 나는 잘 알 수 없습니다. 그러나 그것은 내 마음을 편안하게 해주었다는 것을 나는 경험으로 알고 있습니다. 그래서 나는 그에게 이렇게 대답했습니다. "맞습니다. 그것은 사실입니다. 나는 하나님의 진리의 말씀으로부터 몇 가지 주제들을 이끌어 냅니다. 그 다음, 그것들을 체계적으로 서로 연결시키면서, 그 주제들에 대해서 지속적으로 설교합니다." 그러자 그는 말했습니다. "내 경우는 그것과는 다릅니다. 주일마다, 나는 다른 가르침을 설교 주제로 삼습니다. 그래서 내 설교의 내용은 끊임없이 변하고 발전되어 갑니다." 나는 대단히 많은 주제들에 대해서 설교하지 않았습니다. 그 대신, 매우 중요한 주제들에 대해서 좀 더 깊이 생각하며 설교했습니다. 만약 기초석이 끊임없이 변경된다면, 그 건물은 흔들릴 것입니다. 만약 토대가 튼튼하지 않다면, 틀림없이 상당 부분은 날림 공사에 지나지 않을 것입니다. 하나님의 말씀의 진리들, 곧 명백하게 계시된 성경의 사실들에 대해서 분명하게 깨닫는 것을 나는 매우 보배로운 것이라고 생각합니다. 나는 이미 그리스도를 기초석으로 삼았습니다. 그리고 나는 매사추세츠 주의 옛날 청교도들의 책에서 여러분에게 한 페이지를 펼쳐 보이려고 합니다. 미국의 개척 초기에 그 주의 입법 위원들은 다음과 같이 의결했다는 것을 나는 전해 들었습니다. "우리가 좀 더 훌륭한 법을 제정할 때까지, 매사추세츠 주는 하나님의 법에 의해서 다스려져야만 합니다." 이와 마찬가지로, 좀 더 나은 안식처를 발견할 수 있을 때까지, 나는 오직 그리스도만을 의지하겠습니다. 만약 하나님께서 다른 기초석을 놓으신다면, 우리는 그것을 살펴볼 것입니다. 죄인들의 구원자가 되시는 예수님보다 죄인들을 위한 더 적합한 기초석을 발견한다면, 우리는 그것을 면밀히 조사해볼 것입니다. 그러나 그 이전에는, 결코 그렇게 하지 않을 것입니다.

사랑하는 여러분! 그리스도와 그의 사도들이 가르쳐 준 가르침들을 우리가 믿는 것은 우리를 존귀하게 만드는 것입니다. 성령님께서 사람들을 감동시키셔서 기록하게 하신 것과 동일한 진리 체계 안에 우리가 있다면, 그것은 우리를 존귀하게 만드는 것입니다. 예수님의 입술이 가르쳐 주신 것을 우리가 믿는다면, 그것은 우리를 존귀하게 하는 것입니다. 세상의 철학자들과 함께 지혜로운 사람이 되는 것보다, 차라리 나는 그리스도와 함께 어리석은 사람이 되겠습니다. 기록되고 전달된 그대로 하나님의 복음을 가장 철저하게 믿는 사람들이 가장 존귀하게 여겨지는 그날이 반드시 올 것입니다.

그리스도께서 그의 교훈들 안에서 우리에게 명령하신 대로 행하는 것은 우리를 존귀하게 하는 것입니다. 거룩함은 우리를 가장 하나님의 자녀답게 하는 것입니다. 어떤 사람이 삼위일체 하나님의 이름으로 세례를 받고, 또한 성찬에 참여해서, 그를 기념하면서 떡을 떼는 것은 결코 불명예스러운 것이 아닙니다. 다음과 같은 마리아의 말은 옳은 것입니다. 그 말은 여전히 유효합니다. "너희에게 무슨 말씀을 하시든지 그대로 하라"(요 2:5). 예수님에게 순종하는 것은 어느 누구에게도 불명예를 가져다주지 않습니다. "어린 양이 어디로 인도하든지 따라가는"(계14:4) 것은 자신을 존귀하게 만드는 것입니다. 죄는 사람에게 불명예를 가져다주지만, 거룩함은 존귀함을 가져다줍니다. 이것은 확실하게 믿을 수 있는 말입니다.

우리 주님께서 영광을 받으시는 것을 보는 것은 우리에게도 큰 영광이 될 것입니다. 시편 118편은 그리스도께서 그의 영광스러운 모습으로 나타나시는 날에 성도들이 크게 기뻐하리라는 것을 묘사하고 있습니다. 그 말씀을 주의 깊게 읽어봅시다. "주께서 내게 응답하시고 나의 구원이 되셨으니 내가 주께 감사하리이다 건축자가 버린 돌이 집 모퉁이의 머릿돌이 되었나니 이는 여호와께서 행하신 것이요 우리 눈에 기이한 바로다 이 날은 여호와께서 정하신 것이라 이 날에 우리가 즐거워하고 기뻐하리로다"(시 118:21-24). 이 구절들에는 커다란 기쁨이 넘치고 있습니다. 신자들을 대적하는 사람들은 벌 떼와 같이 많았습니다. 그러나 이제 그들은 모두 멸망당했습니다. 또한 가시나무 더미처럼 불태워졌습니다. 반면에 신자들은 안전합니다. 더욱이, 사람들로부터 멸시당하고 버림을 받으셨던 주님께서 교회의 모든 지체들의 머리가 되신 것을 바라보는 신자들은 존귀하게 됩니다. 주님께서 수치를 당하실 때, 그와 함께 있었다는 것은 얼마나 존귀한 것입니까? 주님께서 고난받으셨던 이야기를 다시 듣는 것은 얼마나 존귀한 것입니까? 비록 이방인들은 격노해서, 그리스도를 십자가에 못 박았지만, 여호와께서는 그를 기초석으로 삼으셨습니다. 비록 건축자는 그 돌을 버렸지만, 하나님께서는 그것을 집 모퉁이의 머릿돌로 제자리에 놓으셨습니다.

하나님께 영광을! 주 예수 그리스도께 영광을! 비록 주님을 대적하기 위해서 세상의 군왕들이 나서며, 또한 통치자들이 음모를 함께 꾸미고 있지만(참조. 시 2:1-2), 우리가 사랑하는 주님께서는 자신에게 속한 사람들에게 오셨습니다. 이제 "그를 십자가에 못 박으라! 그를 십자가에 못 박으라!"고 악을 쓰며 외치는 소리는 더 이상 들리지 않습니다. 그 대신, "주님에게 면류관을! 그리스도에게 면류관을!"이라는 기쁨의 함성만 들릴 뿐입니다. 이제 그는 더 이상 종들의 종이 아닙니다. 반면에 예수 그리스도는 "만주의 주시요 만왕의 왕"이십니다(참조. 단 8:25; 딤전 6:15; 계 17:14; 19:16). 할렐루야! 거대한 대포들이 포를 연달아 쏘아대는 것과 같은 우렁찬 음성으로, 하나님의 백성과 천사들은 그를 끊임없이 찬양합니다. 할렐루야! 할렐루야! 할렐루야! 주님께서 다스려야만 합니다! 이제 주님께서 통치하셔야만 합니다! 하나님 아버지께서도 그것을 원하십니다. 모든 원수들을 발등상으로 삼으시고(참고. 눅 20:43; 행 2:35; 히 1:13; 10:13), 주님께서 영원히 통치하실 것입니다. 그날에, 그를 믿는 여러분에게 그는 '보배'이십니다. 그가 보좌에 오르실 때, 여러분은 그의 존귀한 수행원이 될 것입니다. 모든 것을 결산하는 그날에, 천사들은 주님을 믿은 여러분 모두를 매우 존귀하게 여길 것입니다. 황금으로 장식된 길 위로, 우승 트로피처럼, 천사들은 여러분 모두를 그들의 날개 위에 실어 나를 것입니다. 그러면서 천사들은 이렇게 외칠 것입니다. "세상의 많은 사람들이 예수님을 멸시할 때에도, 여기에 있는 이 사람은 주님을 믿었습니다. 비록 그는 가난했고 미천한 사람이었지만, 그는 예수님을 자신의 구주로 고백했습니다. 주님의 진리를 옹호하기 위해서 담대하게 일어섰습니다." 이처럼 주님에 대해서 신실하게 증거할 수 있는 사람은 복된 사람입니다. 또 어떤 사람은 군복무를 하던 평범한 군인이었습니다. 그는 항상 다른 군인들의 놀림감이었습니다. 그렇지만 그는 예수님을 신실하게 믿었습니다. 예수님께서는 그를 높여 주실 것입니다. 또 남들이 보기에 보잘것없는 한 여성 근로자가 어떤 큰 공장에서 일하고 있습니다. 다른 모든 여성 근로자들은 그 젊은 여성이 예수님을 믿는다고 조롱합니다. 그러나 주님께서는 그 여성을 존귀하게 여기십니다. 그리스도를 믿는 것 때문에 수치를 당하는 모든 사람들은 존귀하게 될 것입니다.

오늘 교회를 떠나기 전에, 여러분이 지금 그리스도에 대해서 어떤 입장을 취하고 있는지 숙고해 보시기 바랍니다. 지금 여러분은 예수님을 구주로 믿습니까? 만약 그렇다면, 아무것도 두려워하지 마십시오. 앞으로 나오십시오. 그리고 그 거룩하신 분을 믿는다고 고백하십시오. 당신도 하나님의 어린 양을 뒤따르는 사람이라고 인정하십시오. 그러면, 주님께서 각 사람에게 승리의 면류관을 씌워 주시고, 또한 각 사람을 자신에게 합당한 존귀한 자리에 앉히시는 그날에, 그는 여러분에게도 면류관을 씌워 주실 것입니다. 또한 존귀한 자리를 내어주실 것입니다. 모든 사람들이 부활할 때, 그리스도 안에서 여러분도 영광스럽게 변화되고 영원한 삶을 살기 위해서 부활하게 될 것입니다.

제
11
장

—

죄를 위한 죽음과 죄에 대한 죽음

—

"친히 나무에 달려 그 몸으로 우리 죄를 담당하셨으니
이는 우리로 죄에 대하여 죽고 의에 대하여 살게
하려 하심이라 그가 채찍에 맞음으로 너희는
나음을 얻었나니" — 벧전 2:24

　　베드로전서 2장에서, 베드로는 그리스도인들에게 거룩한 삶을 살 것을 권면하고 있습니다. 그리고 부당하게 고난을 당하더라도, 그들이 하나님을 생각하면서, 괴로움을 오래 참으며 선을 행하는 것이 거룩한 삶이라고 베드로는 가르치고 있습니다. 성도들에게 그것에 대해서 호소하면서, 베드로는 그들의 주님께서 자신의 삶을 통해서 모범적으로 보여주신 것보다도 더 훌륭한 논증을 발견할 수 없었습니다. 과연 누가 더 훌륭한 모범을 보여줄 수 있겠습니까? 주 예수님께서는 우리 모두의 구원자이십니다. 또한 그는 우리의 모든 소망의 대상이십니다. 그러므로 우리가 그리스도와 같이 되는 것이 우리가 추구하는 최상의 목적입니다. 만약 주님께서 부당하게 고난을 당하셨다는 사실을 우리가 깨닫는다면, 그것은 우리도 마찬가지로 인내해야만 한다는 것에 대한 결정적인 논증을 제공하는 것입니다. 나는 사도 베드로의 논증에 감탄하지 않을 수 없습니다. 왜냐하면 그는 자신의 논리를 대단히 훌륭하게 전개하고 있기 때문입니다. 예수님의 공생애에서, 그는 특별한 한 부분을 선택했습니다. 틀림없이 그것은 베드로의 마음 속에 깊고 분명하게 새겨져 있었을 것입니다. 형제자매 여러분! 내 견해가 맞는지 틀리는지, 스스로 판단해 보기 바랍니다. 여러분이 생각하기에, 겟세마네 동산에서 골고다 언덕에 이르기까지, 어떤 시간이 베드로의 기억 속에 가장 깊게 새겨져 있었겠습니까? 분명히 그것은 예수님께서 대제사장의 집에서 조롱을 당하고 손바닥으로 맞을 때였을 것입니다. 동시에 그때, 숯불을 피워 놓은 곳에서, 베드로는 자신도 불을 쬐며, 손과 몸을 따뜻하게 하고 있었습니다. 주님께서 모욕을 당하시는 장면을 지켜보면서도, 그는 자신이 그의 제자라는 사실을 시인하는 것을 두려워했습니다. 그리고 점차 두려움에 사로잡히게 되자, 마침내 그는 자신을 저주하며 맹세하기까지 하면서, "나는 그 사람을 알지 못하노라"(마 26:74)고 선언했던 것입니다. 그 후로 이 땅에서 사는 동안, 베드로는, 고난을 당하시면서도 온유하고 침착한 태도를 보여주셨던 주님의 모습을 결코 잊어버릴 수 없었을 것입니다. 그것에 대해서, 베드로는 다음과 같이 암시하고 있습니다. "욕을 당하시되 맞대어 욕하지 아니하시고 고난을 당하시되 위협하지 아니하시고 오직 공의로 심판하시는 이에게 부탁하시며"(벧전 2:23). 이 구절을 기록하면서, 베드로는 많은 눈물을 흘렸을 것입니다. 그는 자신의 눈으로 직접 보았던 예수님의 모습을 회상해 보았을 것입니다. 자신의 마음에 가장 강력한 영향을 미쳤던 것으로서, 다른 사람들을 권면하려고, 베드로는 그 모습을 논증으로 제시하는 것입니다. 그래서 성도들이 오해를 받고, 부당하게 고소를 당할 때마다, 그들이 주님을 기억하기를 베드로는 원하는 것입니다. 또한 그들이 마치 도살장으로 끌려가는 어린 양처럼 잠잠하고, 또한 털 깎는 사람 앞에서 양처럼 아무 말도 하지 않기를 그는 바라는 것입니다(참조. 사 53:7).

그러나 주님의 인내는 단지 우리에게 모범을 보여주는 것으로서, 그 이상의 의미를 지니고 있지 않다고 우리가 생각하지 않도록, 베드로는 그리스도의 고난이 지닌 대속적인 특성에 대해서 분명하게 말하고 있습니다. 주님께서 겪으신 모든 고난들을 통해서, 베드로는 그를 우리의 모범으로 제시했습니다. 그러나 어떻게든지 그리스도의 십자가가 지닌 의미를 모호하게 하려고 하는 회의적인 사람들의 마음속에 있는 사악한 성향을 간파하고, 그는 모범에 대해서 언급하는 것을 잠시 동안 제쳐 놓았습니다. 그래서 죄를 위한 위대한 희생 제물로서, 예수님을 우리의 대속자로 언급하고 있습니다. 성경의 기록자들은 이 진리에 대해서 항상 분명하고 명료하게 말했습니다. 그러므로 우리도 반드시 그렇게 해야만 합니다. 만약 설교에서 속죄의 진리를 제외시킨다면, 그것은 복음에 대한 설교가 아닙니다. 우리가 예수님에 대해서 모범적인 인물이라고 아무리 훌륭하게 말한다고 하더라도, 그가 우리를 대신해서 죄를 지고 가신 분이라고 명백하게 설명하지 않는다면, 우리는 아무것도 말하지 않은 것과 마찬가지입니다. 따라서 이 주제와 관련하여, 반드시 우리는 계속해서 사도들을 본받아야만 합니다. 그리고 예수님에 대해서 다음과 같이 분명하게 주장해야만 합니다. "그는 우리 죄를 자기의 몸에 몸소 지시고서, 나무에 달리셨습니다"(참조. 벧전 2:24).

오늘 아침, 바로 우리의 죄를 담당하신 그리스도에게 나는 여러분의 주의를 집중시키려고 합니다. 나에게 복음에 대해서 설교할 수 있는 기회가 그렇게 많이 남아 있지 않은 것 같습니다. 왜냐하면 현재 내가 겪고 있는 육신의 극심한 고통은 나도 죽을 수밖에 없는 존재라는 사실을 상기시켜 주기 때문입니다. 병든 사람들뿐만 아니라, 건강하고 정정한 사람들도 얼마 안 가서 이 세상을 떠나갈 것입니다. 지난 며칠 사이에도, 우리가 알고 있는 많은 사람들이 우리 곁으로부터 고요한 무덤으로 옮겨졌습니다. 그러므로 우리의 생명이 얼마나 연약한 것인가, 또한 우리가 섬길 수 있는 시간이 얼마나 짧은 것인가, 우리는 다시 한 번 기억하게 되었습니다.

형제자매 여러분! 그러므로 등잔에 조금 남아 있는 기름이 우리의 생명의 등불을 밝혀 주는 동안, 우리는 가장 훌륭한 일들을 합시다. 그리고 가장 필요한 일들에 몰두합시다. 최근에 나는 병상에서 일어났습니다. 그때, 나는 다음과 같이 생각하게 되었습니다. '성경에서 다른 모든 주제들보다 더 중요한 주제가 있다면, 그것은 바로 죄를 대속하는 그리스도의 보혈이라는 주제이다.' 그 오래된 주제에 대해서, 나는 계속해서 반복적으로 설교하기로 결심했습니다. 비록 내가 같은 주제에 대해서 반복해서 설교하는 죄를 범할지라도, 나는 죄를 대속하는 보혈을 선포하는 은나팔을 계속해서 불고, 황금종을 연달아 울리게 할 것입니다. 내가 죽은 다음에, 나의 몸과 뼈가 재로 변해 갈 때, 여러분은 이렇게 말할지 모르겠습니다. "스펄전 목사님의 단점은 그가 좋아하는 주제, 곧 그리스도의 대속에 대해서 너무 많이 강조하고 매우 자세하게 설명했다는 것입니다." 그것 이외에, 내가 책임져야 할 다른 잘못이 없기를 바랍니다. 그러나 그 주제에 대해서, 내가 자주 상세하게 설교한 것은 나의 가장 훌륭한 장점들 가운데 하나로 여겨질 것입니다. 내가 사람들과 함께 있을 때, 십자가에 못 박히신 예수 그리스도 이외에, 나는 다른 아무것도 알지 않기를 원합니다. 동시에, 실제적이며 실천적인 측면에서, 나는 오늘 주제에 대해서 다루고자 합니다. 왜냐하면 24절 후반부는 죄에 대한 위대한 희생 제물이 우리가 죄에 대하여 죽도록 인도해 주는 방법을 암시해 주기 때문입니다. 또한 그리스도께서 우리를 위해서 죄를 없애 주셨으므로, 우리도 우리에게서 죄를 없애야 한다는 사실을 강조하고 있기 때문입니다. 따라서 오늘 아침에는 다음 두 가지 주제에 대해서 설교하고자 합니다. 첫째, 우리의 죄를 없애기 위해서, 그리스도께서 죽으셨습니다. 둘째, 죄에 대해서, 우리도 죽어야만 합니다.

1. 그러면 첫 번째로, 죄를 대속하기 위한
우리 주님의 죽음에 대해서 생각해 보고자 합니다.

성령님께서 우리를 도와주셔서, 대속자이신 그리스도의 놀라운 모습을 자세히 살펴볼 수 있게 해주시기를 바랍니다. 우리를 대신해서, 우리의 죄에 대한 희생 제물로서, 그리스도께서 십자가 위에서 죽으셨습니다. 그 위대한 모습을 보려고 가까이 나아가기에 앞서, 우리는 먼저 우리의 발에서 신발을 벗읍시다. 그리고 우리의 죄악에 대해서 슬퍼하고 회개하며, 가장 낮은 자세로 경배합시다. 만약 예수님께서 우리의 죄악을 위해서 죽지 않으셨다면, 반드시 우리가 죽어야 했으며, 또한 영원히 죽을 수밖에 없다는 사실을 기억합시다. 십자가 위에서 구세주가 겪었던 고통은 우리의 상상을 초월할 것입니다. 만약 주님께서 그런 고통을 당하지 않으셨다면, 그것이 그토록 혹독한 것이었기에, 그것은 틀림없이 우리를 이루 말할 수 없이 괴롭게 했을 것입니다. 주님께서 겟세마네 동산에서 피와 같은 땀을 흘리며 기도하게 만들었던 그 고난의 잔은 상상을 뛰어넘을 정도로 쓸 것입니다. 그가 그 잔을 마시지 않으셨다면, 비록 그 잔을 모두 마시는 것이 우리에게 불가능하다고 할지라도, 반드시 우리는 그 잔을 영원히 마셔야만 했을 것입니다. 여호와께서는 아담과 하와에게 이렇게 말씀하셨습니다. "네가 먹는 날에는 반드시 죽으리라"(창 2:17). 이 말씀은 죄에 대한 엄숙한 선고입니다. 그리고 죽어야만 하는 인간에게는 무서운 숙명을 예고하는 선언입니다. 선악과의 열매를 따먹는 순간에, 인류의 맨 처음 조상인 아담은 모든 인류에게 죽음을 가져오는 무서운 소나기의 첫 번째 빗방울을 마셨다는 사실을 깨달았을 것입니다. 왜냐하면 바로 그 순간에, 그는 하나님과 자신이 지니고 있던 거룩함과 완전한 성품과 최상의 행복을 잃어버렸기 때문입니다. 그리고 어안이 벙벙한 채, 하나님 앞에 서 있었을 것입니다. 바로 조금 전까지만 하더라도, 아담은 하나님을 만날 때 황홀감을 맛보았으며, 온전한 기쁨으로 그를 경배했었던 것입니다. 아담의 후손으로서, 우리는 그의 죽음에 참여하게 되었습니다. 아담으로부터, 우리는 타락한 본성을 물려받았습니다. 얼마 후에, 우리는 죽을 것입니다. 그러면 우리는 다음 세상으로 옮겨지게 될 것입니다. 우리의 육신을 보존시켜 주는 힘은 사라질 것입니다. 그래서 몸은 부패되기 시작할 것입니다. 그곳에서 빌레가 일을 시작할 것입니다. "그 벌레는 죽지 아니하며, 그 불은 꺼지지 않습니다"(참조. 사 66:24). 그렇습니다. 그리스도께서 "친히 나무에 달려 그 몸으로 우리 죄를 담당하시지"(벧전 2:24) 않았다면, 우리가 여기서, 서로 말하거나, 서로 얼굴을 마주하며 쳐다볼 수 없었을 것입니다. 또한 주님께서 우리의 죄악의 문제를 해결해 주시지 않았다면, 하나님께서 나에게 이 땅에서 조금 더 살도록 허락하신다면, 이곳에 서서, 나는 여러분에게 계속해서 다음과 같이 말하지 않을 수 없을 것입니다. "우리에게 죽는 것 이외에 남아 있는 것은 없습니다. 죽은 다음에, 다음 세상에서, 우리는 육신과 영혼으로 하나님의 진노를 영원히 받아야만 합니다." 우리가 그와 같은 상태에 놓여 있다면, 우리의 영혼은 얼마나 커다란 쓰라림을 경험하겠습니까? 만약 우리가 장차 그러한 상황에 처해진다면, 오늘 아침에 내 심령에는 고뇌로 가득할 것입니다. 모든 기쁨을 잃어버린 예레미야의 입술에서 흘러나온 화(禍)보다 더 많은 화들에 대해서, 내 손을 허리에 얹고, 나는 여러분에게 전달하지 않을 수 없을 것입니다. 아마도 나는 여러분과 여러분의 자녀들에게 이렇게 선포했을 것입니다. "이 땅에서도, 또한 죽은 다음에도, 우리에게는 아무런 소망이 없습니다. 왜냐하면 우리가 하나님께 죄악을 범했기 때문입니다. 하나님께서는 우리를 완벽하고 영원한 멸망으로 넘겨주셨습니다."

　삼위일체 하나님을 찬양합시다. 왜냐하면 지금 나는 여러분에게 전달할 정반대되는 메시지를 갖고 있기 때문입니다. 예레미야가 전달했던 재앙이 아니라, 이사야가 전달했던 것과 같은 위로와 구원과 소망의 메시지를 나는 여러분에게 선포할 것입니다. 여러분에게 모든 소망이 사라질 것이라는 불길하고 두려운 종소리를 울리지 않을 것입니다. 또한 수많은 슬픔이 찾아올 것이라고 통보하지도 않을 것입니다. 그 대신, 하나님 아버지의 구원의 은혜와 십자가 위에서 죽어가는 그리스도의 사랑에 대해서, 여러분에게 큰 목소리로 선포할 것입니다. 이 사실을 마음속에 간직하고, 주님에 대한 사랑을 지니고, 이제 골고다 언덕으로 나아갑시다. 그곳에서 한때 주님께서 우리를 위해서 저주를 받으셨습니다. 그렇지만 하나님 아버지께서 그곳을 축복의 장소로 변화시켜 주셨습니다. 예수님께서 나를 위해서 죽으셨네! 여기에 있는 모든 사람들이 이러한 최상의 느낌을 항상 지니고 있기를 축원합니다.

우리의 죄를 위해서 대속이 이루어졌습니다. 그 대속에 의해서, 우리가 구원받았습니다. 바로 주 예수 그리스도를 통해서 대속이 이루어진 것입니다. "친히 나무에 달려 그 몸으로 우리 죄를 담당하셨으니" 곧 대속자가 개입하신 것입니다. 우리를 멸망시키게 되어 있는 죄를 다른 사람이 우리를 대신해서 담당하신 것입니다. 문자 그대로, 실제적으로, 또한 행동을 통해서 구체적으로, 다른 사람이 대신 해결해 준 것입니다. 그래서 본문에 "친히 그 몸으로 우리 죄를 담당하셨으니"라고 언급되어 있습니다. 우리의 죄 때문에 그가 징벌을 받았다는 사실을 본문은 의미하고 있습니다. 우리는 본문이 그것을 뜻하는 것이라고 확신합니다. 그러나 분명히 본문은 그 이상을 의미합니다. 나는 그것이 그 이상을 의미한다는 확신을 포기할 수 없습니다. 왜냐하면 본문은 "그가 우리의 죄에 대한 징벌(형벌)을 받으셨다"라고 말하지 않기 때문입니다. 주님께서 우리의 죄를 대신해서 오직 형벌만을 받으셨다면, 이 표현이 가장 자연스러울 것입니다. 그 대신, 본문은 "그가 우리 죄를 담당하셨으나"라고 주장하고 있습니다. 마치 신약의 복음을 연상케 하는 이사야서의 경이로운 장(章)에는 이렇게 기록되어 있습니다. "여호와께서는 우리 모두의 죄악을 그에게 담당시키셨도다"(사 53:6). 그리고 "그가 많은 사람의 죄를 담당하며"(사 53:12)라고 언급되어 있습니다. 다른 사람들의 죄를 위해서 징벌을 받는 것도 사실상 위대한 일입니다. 그러나 그것은 이사야서의 해당구절들이 의도하는 바를 온전히 전달해 주지 못합니다. 대속자가 "죄를 담당한다"는 것에 대한 이사야서의 표현은 대단히 함축적이며, 간결하고, 또한 명확합니다. 그러므로 그것은 기록되어 있는 그대로 이해되어야만 합니다. 하나님께서 자신이 말씀하시고자 하는 바를 어떻게 말해야 하는지, 또한 자신이 의도하시는 바를 어떻게 표현해야 하는지를 알고 계신다는 사실에 어쨌든 나는 만족합니다. 우리가 성경을 더 적게 왜곡시킬수록, 또한 성경이 마치 어린아이에게 말을 하듯이 말하고 있는 것처럼, 우리가 성경의 단순한 의미에서 벗어나지 않는다면, 우리는 그 내용을 좀 더 잘 이해할 수 있다는 사실에 나는 만족합니다. 본문은 다음과 같이 아주 쉽고 간단하게 그 의미를 전달합니다. "그 몸으로 우리 죄를 담당하셨으니"(24절). 그러므로 어떤 신비로운 의미에서, 그리스도께서는 죄에 대한 우리의 형벌뿐만 아니라 우리의 죄 자체도 담당하셨습니다. 나는 그것이 의미하는 모든 것을 알지 못합니다. 그러나 나는 이 사실에 대해서 분명히 알고 있습니다. 예수 그리스도께서는 절대로 죄인이 아니었습니다. 왜냐하면 성경은 이렇게 증거하기 때문입니다. 곧, "그에게는 죄가 없느니라"(요일 3:5). 또한 나는 이 사실에 대해서도 알고 있습니다. 그는 결코 자신을 더럽히지 않으셨다는 것입니다. 절대로 그럴 수 없습니다. 그리스도에 대한 신성모독적인 견해를 우리는 공의로운 분노를 품고, 단호하게 거부해야 합니다. 하나님의 아들로서, 죄악의 성품을 물려받지 않고 태어나신 완전한 인간이신 예수님께서 죄악으로 얼룩져 있다고요? 결코 그렇지 않습니다. 우리는 그러한 잘못된 사상을 증오합니다.

그러나 "그가 우리의 죄를 담당하셨다"라는 것은 진리입니다. 그러므로 우리는 결코 그 진리로부터 한 발자국도 물러서서는 안 됩니다. 본문은 그리스도께서 우리의 대리인이라고 의미하지 않습니까? 그는 두 번째 아담이었습니다(참조. 고전 15:45). 그러므로 그는 그의 백성을 대리했습니다. 여호와께서는 예수님께서 대신 담당하신 모든 사람들의 죄가 마치 예수님 자신의 죄인 것처럼 다루셨습니다. 예수님께서는 선한 목자이셨습니다. 그래서 하나님께서는 양 떼를 위해서 그가 책임을 지라고 명령하셨습니다. 모든 양들이 목자를 떠나서 방황한 것과 그들의 모든 죄악과 허물들에 대해서, 하나님의 공의로우신 심판이 그들 대신에 선한 목자의 머리 위에 내려졌습니다. 왜냐하면 참 하나님과 참 사람으로서, 예수 그리스도께서는 직책상 모든 사람들의 대리인이었기 때문입니다. 그래서 그는 모든 사람들을 위해서 죽으셨습니다. 그래서 예수님께서는 그들이 행한 모든 것에 대해서 책임을 지도록 정당하게 부름을 받을 수 있었습니다. 예수님께서 하나님 아버지로부터 버림을 받으신 채, 우리의 죄악은 그에게 지워졌습니다. 하나님께서는 예수 그리스도를 단순하게 징계하신 것이 아닙니다. 그는 이방인들을 통해서 예수님이 채찍질을 당하게 하시고, 또한 슬픔에 빠지게 하셨습니다. 그것은 모든 사람들의 죄를 대신하는 목적을 위해서, 죄가 없으신 예수님에게 행해지는 적합한 방법이었습니다. 나아가, 하나님께서는 그 이상의 방법을 취하셨습니다. 예수님으로부터, 그는 자신의 사랑이 넘치는 얼굴을 돌리셨습니다. 그것은 죄악을 대신 담당하는 대상이신 예수님에게는 이루 말할 수 없는 슬픔을 의미했습니다. 만약 하나님께서 먼저 예수님에게 모든 사람들의 죄악을 담당시키지 않으셨다면, 하나님께서 그를 버리실 이유가 무엇이겠습니까? 십자가 위에서, 예수님께서는 "엘리 엘리 라마 사박다니," 곧, "나의 하나님, 나의 하나님! 어찌하여 나를 버리셨나이까?"라고 부르짖으셨습니다(마 27:46; 막 15:34). 그 질문에 대해서 다음 한 가지 답변밖에 없을 것입니다. 그것 이외에, 나는 다른 답변을 상상할 수 없습니다. "나는 너에게 모든 사람들의 죄를 대신 지게 했다. 그러므로 나는 너를 버릴 수밖에 없다." 만약 예수님께서 그의 고난을 통해서 다른 사람들에게 단순히 선한 일을 하기 위한 것이었다면, 하나님 아버지께서는 흐뭇한 표정으로 그를 바라보셨을 것입니다. 아마도 크게 기뻐하며 그를 바라보셨을 것입니다. 또한 자애로운 공정함으로 고난을 당하는 아들을 격려하셨을 것입니다. 그렇지만 예수님께서는 다른 사람들을 위해서 고난을 받으셨을 뿐만 아니라, 또한 다른 사람들을 대신해서 그들의 죄를 담당하셨던 것입니다. 하나님 아버지께서는 그의 아들을 사랑하시며, 아들의 행위에 대해서 감탄하십니다. 왜냐하면 대속의 십자가를 지시면서, 그리스도께서는 다른 어떤 것보다도 하나님 아버지의 본성과 구원 계획을 찬양했으며, 자신을 죄를 담당해야만 하는 존재로 여겼기 때문입니다. 그렇지만 아들에 대한 사랑과 감탄에도 불구하고, 하나님 아버지께서는 자신의 얼굴을 아들로부터 숨겨야만 할 필요가 있었습니다. 그리고 그의 아들이 "엘리 엘리 라마 사박다니"라고 부르짖을 때까지, 하나님 아버지께서는 그의 아들을 혹독하게 내리치셔야만 할 필요가 있었던 것입니다. 그렇습니다. 그리스도께서는 대속을 이루셨습니다. 그의 대속은 신비스러운 의미를 지니고 있습니다. 그것은 단순히 어떤 한 대상으로부터 다른 대상으로 형벌을 전가시키는 것이 아닙니다. 한층 심원한 의미를 지닌 것으로서, 그것은 모든 사람들이 담당해야 마땅한 죄악을 그리스도께서 떠맡으시는 것입니다. 만약 그렇지 않다면, 본문은 다음과 같이 말하지 않았을 것입니다. "친히 나무에 달려 그 몸으로 우리 죄를 담당하셨으니"(벧전 2:24).

이제까지 그리스도께서 우리를 대신해서 속죄를 이루신 사실에 대해서 살펴보았습니다. 이제부터 대속의 의미 그 자체에 대해서 숙고해 보고자 합니다. 본문은 이렇게 말합니다. "그(의) 몸으로 우리 죄를 담당하셨으니"(24절). 여기서 '그'는 누구를 가리킵니까? 우리의 사랑하는 주님이시며 선생님이신 예수님에게 여러분이 실질적이고 구체적인 사랑을 느끼기를 원합니다. 지금 이 순간, 여러분이 그의 존재의 구체적인 특성과 그가 어떤 분이신지에 대해서 올바로 깨달을 수 있기를 바랍니다. 오늘 아침에, 자신의 모습을 여러분에게 보여주시기 위해서, 그리스도께서 친히 이 자리에 오시지는 않았습니다. 만약 그가 이곳에 실제로 존재하신다면, 나는 말하는 것을 그만두어야 할 것입니다. 왜냐하면 그가 실질적으로 이곳에 계신다면, 그는 여러분에게 무한한 능력을 행사하실 것이기 때문입니다. 그러나 그가 항상 살아 계시며, 여러분이 존재하는 것과 마찬가지로, 그도 실제적으로 존재하신다는 사실을 여러분은 기억하기 바랍니다. 이 순간에도, 여러분을 위해서 받으셨던 고난의 자국을 그는 그의 몸에 지니고 계십니다. 그러므로 그가 어떤 존재인지, 또한 어떤 일을 이루셨는지 숙고해 보십시오. 자신을 낮추고 죄를 깊이 뉘우치며 사랑하는 마음으로, 그의 발에 입맞춤을 하십시오. "친히 나무에 달려 그 몸으로 우리 죄를 담당하신" 그는 만물 위에 계신 하나님으로서, 영원히 찬송을 받으실 분입니다(참조. 롬 9:5). 또한 만물이 그에게서 나고, 그로 말미암아 있고, 그를 위하여 있습니다(참조. 롬 11:36). 모든 것은 그로 말미암아 창조되었습니다. 따라서 그가 없이 창조된 것은 하나도 없습니다(참조. 요 1:3). 여러분의 죄를 실질적으로 없애주려면, 하나님보다 열등한 존재는 여러분의 죄를 담당할 수 없을 것입니다. 그러나 여러분의 죄를 지고가기 위해서, 무한히 영광스러우신 하나님의 아들은 스스로 자신을 낮추셨습니다. 이 놀라운 사실에 대해서, 내가 여러분에게 어떻게 잘 설명할 수 있을까요? 오직 언어만으로, 그 진리를 제대로 밝히기에는 어려움이 있습니다. 그러므로 인간의 죄악으로 말미암아 진노하셨지만, 오히려 그들을 구원하시려는 하나님에 대한 이야기를 하려면, 우리에게는 불꽃과 피와 눈물이 필요합니다. 추악한 인간을 구원하시기 위해서, 하나님 아버지와 동일한 본성을 지니셨으며, 또한 하늘과 땅을 지으실 때 함께 하셨던 하나님의 아들이 하늘나라의 영광을 버리시고, 이 땅으로 내려오시기까지 자신을 낮추셨습니다. 죄악을 범한 인간을 위해서 고통을 받으시려고, 그는 그들 가운데 한 사람이 되셨습니다. 그렇지만 사람들은 감히 그의 명예를 모욕했으며, 그의 영광을 거스르고 반역했습니다. 한 인간으로서, 그는 하나님의 율법을 조금도 어기지 않으셨습니다. 그리고 하나님의 진노를 촉발시키는 사람들을 불쌍히 여기셨습니다. 그들은 너무나 미천한 존재들입니다. 마치 벌집을 불태워 버리듯이 그들을 없애 버린다고 하더라도, 그것은 이

광대한 우주에 아무런 손실도 가져오지 않을 것입니다. 그러나 그는 그들을 불쌍히 여기셨습니다. 그들과 같은 한 사람이 되셨습니다. 그리고 그들의 죄를 담당하셨습니다. 오, 그를 사랑하십시오. 그에게 경배하십시오. 오늘 아침, 여러분의 영혼이 지극히 높으신 하나님의 보좌 우편에까지 올라가게 하십시오. 그곳에서, 가장 겸손한 자세로 엎드려서, 사랑이 가득한 마음으로, 그에게 경배하십시오. 그는 모든 것 위에 계신 하나님이십니다. 그러나 여러분은 그를 진노하게 했습니다. 그가 친히 여러분의 죄악을 담당하게 하십시오. 비록 모든 것 위에 계신 하나님이시지만, 그는 우리와 같은 인간이 되셨습니다. 그를 위해서 인간의 몸이 마련되었습니다. 그러나 여러분은 이 점을 유의하시기 바랍니다. 곧, 그에게 몸이 주어졌고, 그래서 사람과 같이 되었지만, 그가 인간에 속한 것이 아니라는 사실입니다. 우리가 이 세상에 태어난 것처럼, 그는 이 세상에 왔습니다. 여인으로부터 태어났으며, 한 어머니의 어린아이였습니다. 어머니의 가슴에 안겨서, 젖을 먹었습니다. 단지 사람의 모습을 지닌 것만이 아니라, 그는 인간의 족보를 지니고 태어나셨습니다. 그는 우리가 지니고 있는 것과 동일한 몸과 뼈를 지니셨습니다. 그러나 그에게는 죄가 전혀 없으셨습니다(참조. 히 4:15; 요일 3:5). 그는 참 하나님과 참 사람이라는 두 본성을 지니셨습니다. 그러나 두 본성은 연합되어서 한 인격체를 이루고 있습니다. 곧, 그는 하나님의 아들이십니다. 또한 성령님의 역사로 말미암아, 그는 동정녀를 통해서 태어나신 예수 그리스도이십니다. 바로 그가 "친히 나무에 달려 그 몸으로 우리 죄를 담당"하셨습니다.

여러분은 다음 사실이 본문에서 매우 강조되어 언급되었다는 사실을 기억하기 바랍니다. 곧, 어떤 다른 대리인을 통해서가 아니라, 그리스도께서는 직접 자신의 몸으로 대속을 이루셨습니다. 그러므로 24절에 이렇게 기록되어 있습니다. "친히 그 몸으로 우리 죄를 담당하셨으니." 구약시대의 제사장은 대속물을 가져왔습니다. 그러나 그것은 어린 양이었습니다. 대제사장이 칼로 치면, 따뜻한 피가 흘러내렸습니다. 그러나 우리의 대제사장이신 주 예수 그리스도께서는 자신을 위해서 아무런 대속물도 갖고 계시지 않았습니다. 본문 말씀대로, 그는 "친히 그 몸으로 우리 죄를 담당"하셨던 것입니다. 오, 주님께서는 하나님이 보내신 유일한 대제사장이십니다! 그 극심한 고통을 그분을 몸소 겪으셔야만 했습니다. 창이 그분의 심장을 찔러야만 했습니다. 그분을 위한 어린 양은 없습니다. 그분 자신이 세상 죄를 지고 가는 어린 양이시기 때문입니다. 그분의 발밑에까지 흘러내린 피는 그분 스스로 흘리신 피가 틀림없습니다. 그분의 몸에 있는 상처들은 분명히 그분이 몸소 매를 맞고, 채찍질당하고, 못 박혀서 생겨난 것들입니다. 사랑이 어린 눈으로 여러분의 주님을 바라보십시오. 주님께서 여러분을 위해서 하신 모든 일을 그가 친히 하셨다는 사실을 깊이 생각해 보십시오. 여러분은 때때로 자신의 음성을 통해서가 아니라, 다른 사람의 음성을 통해서, 예수님을 위해서 말하게 합니다. 또한 자신의 수고를 통해서가 아니라, 다른 사람의 활동을 통해서, 하나님을 섬기는 것을 원합니다. 그것에 대해서, 나는 지금 여러분을 꾸짖지 않을 것입니다. 그러나 예수님께서 여러분을 위해서 몸소 희생 제물이 되셨다는 사실을 기억하십시오. 여러분을 대신해서, 주님께서 담당하신 슬픔은 그를 슬픔의 소용돌이로 몰아넣었습니다. 그래서 내적인 갈등으로 인해서, 그 슬픔은 예수님의 마음을 냄비처럼 들끓게 만들었습니다. 우리의 죄 때문에 상한 심령은 주님 자신의 심령이었습니다(참조. 시 51:17). 그리고 우리를 위해서 내어주신 생명도 주님 자신의 생명이었습니다. 자신 이외에 다른 자를 통해서 ― 비록 그가 천사라고 할지라도 ― 예수님께서 인류를 대속하신 것이 아닙니다. 참으로 그는 “친히 나무에 달려 그 몸으로 우리 죄를 담당”하셨습니다.

　　또한 본문은 그리스도의 대속이 의식적이며, 자발적으로, 또한 커다란 고통과 함께, 이루어졌다는 사실에 대해서 묘사하는 점을 유의하기 바랍니다. 그러므로 본문에는 “친히 그 몸으로 우리 죄를 담당하사”라고 기록되어 있습니다. 우리의 죄가 주님의 위에 짐처럼 지워졌습니다. 그것은 주님을 짓눌렀습니다. “담당하셨으니”(KJV, ‘bare’)라고 번역된 헬라어는 “큰 짐을 지고, 그 무게를 견디다”라는 뜻을 지니고 있습니다. 곧, 주님께서 “우리 죄를 담당하셨다”는 것은 그가 자신의 허리를 굽히시고, 그 죄의 무게를 떠받치시고 있다는 것입니다. 말하자면, 우리의 죄는 그에게 짐으로서 지워졌습니다. 이 세상에는, 부모가 범한 죄의 결과를 자신의 몸에 지니고 있는 사람들이 있을 것입니다. 그러나 그들은 그 사실을 알지 못할 것입니다. 비록 그들이 그 사실을 알고 있다고 하더라도, 그들은 그것을 자발적으로 지니고 있는 것이 아닙니다. 어떤 사람이 자신의 어깨 위에 짐을 올려놓는 것처럼, 주님께서는 우리의 죄를 지셨습니다. 우리의 죄가 주님 앞에 놓여 있었습니다. 그는 그것을 자신에게 올려놓으시면서, 우리의 짐을 대신 지신다는 사실을 분명하게 아셨습니다. 또한 그는 그렇게 하는 것에 스스로 동의하셨습니다. 그리스도의 생애에서 단 한순간도 우리의 죄의 짐이 그를 압박하는 것을 주님께서 느끼시지 않은 적이 없습니다. 겟세마네 동산이나 십자가 위에서, 예수님께서는 우리의 죄에 대한 하나님의 진노를 더욱 특별하게 느끼셨습니다. 그러나 우리의 죄악 때문에, 그는 항상 매를 맞고 괴롭힘을 당했으며, 고통을 겪었습니다. 하나님께서도 그것을 허락하셨습니다. 그것은 주님에게 얼마나 무거운 짐이었겠습니까! 단단한 이 땅도 죄악의 무게를 견딜 수 없습니다. 마치 너무 무거운 짐을 견디지 못해서 삐거덕거리는 수레바퀴처럼, 그것은 이제까지 탄식하며 함께 고통을 겪고 있습니다(참조. 롬 8:22). 그러나 예수님에게 지워진 짐은 그리스 신화 속에서 아틀라스가 졌던 짐보다 훨씬 더 무거운 것이었습니다('아틀라스'는 그리스 신화에 나오는 인물이다. 그리스의 시인 헤시오도스에 따르면, 거인족의 한 사람으로서, 그는 제우스와의 전쟁에 참가했다. 전쟁에서 진 다음에, 그는 제우스 신으로부터 하늘을 떠받치는 벌을 받게 되었다고 한다. 미술 작품들에서, 그는 하늘이나 지구를 떠받치고 있는 모습으로 묘사되었다 — 역주). 그러나 주님께서는 나무 위에서 그 짐을 지고 견디셨습니다.

우리가 지닌 영어 성경에 근거하면, 주님께서는 오직 나무 위에서만(KJV, 'on the tree') 우리의 죄를 담당하셨다고 오해할 수도 있을 것입니다. 그리스도의 대속과 관련된 그릇된 가르침은 그와 같은 해석으로부터 나온 것입니다. 그러나 그러한 해석은 성경해석학적으로 지지받을 수 없습니다. 왜냐하면 헬라어 원문은 반드시 그 의미(곧, 'on the tree')만을 제시하는 것은 아니기 때문입니다(개역한글성경은 "나무에 달려"로 번역되었다. 헬라어 원문은 '에피 토 크쉴론'으로서, 문자적으로는 "나무 위로"이다. 곧, 우리의 죄가 우리로부터 그리스도의 십자가 위로 옮겨졌다는 뉘앙스를 표현하고 있다 — 역주). 24절에서, "위에" (KJV, 'on'; 헬라어 원문, '에피')라고 번역된 전치사는 25절에서 (목자와 감독되신) 이"에게"(KJV, 'unto', 헬라어 원문, '에피')와 똑같은 단어입니다. 곧, "우리는 누구에게로 돌아갔다"라는 것을 뜻합니다. 그러므로 24절에서도, 헬라어의 '에피'라는 전치사는 "위에"라는 의미보다는 "에게로"라는 뜻으로 이해하는 것이 좀 더 정확할 것입니다. 그래서 본문이 다음과 같은 뜻을 전달한다는 것에 대해서 나는 조금도 의심하지 않습니다. 곧, "그는 친히 우리 죄를 자신의 몸에 지고서 나무에 올라가셨다." 주님께서 십자가 위에 올라가셨을 때, 그는 우리 죄를 그곳에 내려놓으셨습니다. 그리고 그 죄와 함께 영원히 저주를 받으시고, 십자가 위에서 못 박혀 죽으셨습니다. 따라서 그리스도께서 오직 나무 위에서만 속죄의 희생 제물이 되셨다는 가르침을 우리는 받아들일 수 없습니다. 반면에 그는 언제나 대속자이셨으며, 나무 위로 올라가서 그곳에 달리기까지 하셨습니다. 그때, 십자가에서 못 박혀 죽으시는 것을 통해서, 우리의 죄를 위한 희생 제물로 자신을 드림으로, 주님의 대속 사역은 성취된 것입니다. 오늘 아침, 우리는 다음 사실을 깨달아야만 합니다. 베들레헴에서 갓난아기였을 때부터 십자가 위에서 머리를 숙이시고 영혼이 떠나가시는 순간까지(참조. 요 19:30), 친히 그 몸으로 우리의 죄를 담당하시기 위해서 주님께서는 의식적으로 나무 위에까지 올라가셨던 것입니다.

　　형제자매 여러분! 주님께서는 그 죄를 분명하게 담당하셨습니다. 본문에는 "친히 그 몸으로"라고 기록되어 있습니다. 나는 이 표현이 성령님의 마음을 드러내는 것이라고 생각합니다. 곧, 성령님께서는 그 사실에 대해서 눈앞에 보이듯이 매우 또렷하게 전달하려는 의도를 지니셨습니다. 우리는 신체적인 것에 대해서 대단히 실감나게 생각합니다. 그러나 정신적이거나 영적인 것에 대해서, 우리는 그 정도에 이르기까지 생각하지 못합니다. 그래서 주님께서 "친히 그 몸으로" 우리의 죄를 담당하셨다고 표현되어 있는 것입니다. 만약 여러분이 주님을 바라본다면, 성령님께서는 여러분이 그에 대해서 이렇게 연상하기를 원하십니다. 곧, 친히 자신의 몸으로, 그는 우리 죄를 감당하시는 분이라는 사실입니다. 이 성경 구절을 주의 깊게 들어보십시오. "전에는 그의 모양이 타인보다 상하였고 그의 모습이 사람들보다 상하였으므로 많은 사람이 그에 대하여 놀랐거니와"(사 52:14). 또한 다른 구절도 기억하시기 바랍니다. "우리는 생각하기를 그는 징벌을 받아 하나님께 맞으며 고난을 당한다 하였노라"(사 53:4). 주님의 이 모습에 대해서 생각해 보십시오. 그의 얼굴을 자세히 들여다본 사람들은 그가 "하나님께 (매를) 맞은" 것이라고 추측했습니다. 처음에 사람들은 그가 징벌을 받아서, 제정신을 잃어버렸다고 생각했습니다. 마치 끔찍한 슬픔을 겪고 나서, 풀이 죽어 있는 사람으로 간주했습니다. 그 다음에, 그들은 주님께서 하나님으로부터 매를 맞은 것으로 여겼습니다. 예수님께서 서른 살쯤 되셨을 때, 심지어 유대인들도 그가 쉰 살 가까이 된 것으로 판단했습니다(참조. 요 8:57). 그는 너무 여윈 것 같고 초췌해 보였기 때문에, 슬픔과 고뇌를 많이 겪은 사람으로 보였습니다(참조. 사 53:3). 그렇지만 주님께서는 미소를 지으셨으며, 다른 사람들을 기쁘게 해주셨습니다. 그는 사람들 사이에서 기쁨으로 가득한 표정을 하고 계셨습니다. 그래서 주변에 있는 사람들을 슬프게 만들지 않으셨습니다. 또한 그의 마음속 깊은 곳에는 신비로운 불꽃이 타오르고 있었습니다. 그것은 예수님께서 자신이 선택한 사람들을 구원할 것이라는 놀라운 기쁨의 불꽃이었습니다. 그러나 이루 헤아릴 수도 없고 이해할 수도 없는 무한한 슬픔이 그에게 지속적으로 밀려왔습니다. 그래서 한평생 그는 이렇게 말했을 것입니다. "주의 폭포 소리에 깊은 바다가 서로 부르며 주의 모든 파도와 물결이 나를 휩쓸었나이다"(시 42:7). 이와 같이, 주님의 얼굴 표정은 "친히 그 몸으로 우리 죄를 담당하셨으니"라는 말씀에 대해서 생생하게 말해주는 것 같아 보였습니다.

주님께서 십자가에 달리셨을 때, 그는 자신의 몸에 우리의 죄를 담당하셨습니다. 그리고 그것을 그의 죄 없는 영혼과 결합시키셨습니다. 십자가 사건에 대해서 구체적으로 깊이 있게 설명하는 것을 반대하는 사람들에게 나는 관심을 갖지 않습니다. 또한 예수님께서 육신으로 고난당하신 것을 분명하게 드러내지 않으려는 사람들에게도 나는 유의하지 않습니다. 이제까지 사람들 사이에 존재했던 가장 숭고하고 열정적이며 강력한 경건은 겟세마네 동산에서의 고뇌와 골고다 언덕에서의 죽음의 고통을 깊이 묵상하는 것으로부터 비롯되었다고 나는 확신합니다. 그런데 로마가톨릭교회의 가르침에는 사실상 많은 오류들이 포함되어 있습니다. 그렇지만 그 교회의 신자들 가운데 항상 예수 그리스도를 사랑하고 찬양하는 경건한 사람들이 있었습니다. 그들은 구원자이신 그리스도의 고난에 대해서 깊이 사색했습니다. 또한 침묵 속에서 예수님을 끊임없이 묵상하며, 그들은 그리스도의 몸과 피를 영적인 양식과 음료로 삼았습니다. 만약 개신교 그리스도인들이 그리스도의 피와 상처에 대해서 지나치게 많은 생각을 해서는 안 된다는 생각에 이르게 된다면, 그들은 가장 풍부하고 훌륭한 영적인 양식을 잃어버리는 것입니다. 그리고 우리에게는 뛰어난 신앙인들이 사라지게 될 것입니다. 나는 여러분에게 그리스도의 육신의 고난에 대해서 말하는 것을 언제라도 조금도 부끄러워하지 않을 것입니다. 베드로를 통해서 성령님께서 이렇게 말씀하신 것을 기억할 때, 나는 결코 부끄러워할 필요가 없습니다. 곧, "친히 나무에 달려 그 몸으로 우리 죄를 담당하셨으니." 저기에 십자가가 서 있습니다. 거기에 그리스도의 몸이 달려 있습니다. 거기에는 영적이며 눈에 보이지 않는 것뿐만 아니라 눈에 보이는 것도 있습니다. 우리는 결코 전자를 잊어버려서는 안 됩니다. 동시에 눈에 보이는 것을 업신여겨서도 절대로 안 됩니다. 그 대신, 주님의 육신과 육신으로 받으신 고난에 대해서 사랑하면서 조심스럽게 말해야만 합니다. 오, 생명과 영광의 주님을 바라보십시오. 그는 예루살렘의 성문 밖으로 끌려 나왔습니다. 그곳에서 야비한 군중들로부터 그는 범죄자 가운데 한 사람으로 취급받고 있습니다. 그곳은 흔히 흉악범들이 사형을 당하던 곳이었습니다. 다시 말해서, 우리 방식으로 표현하다면, 그곳은 런던의 중앙 형무소(the Old Bailey)의 사형 집행장과 비슷한 곳이었습니다. 로마 군인들은 두 범죄자들과 함께 우리 주님을 그곳으로 끌고 갔습니다. 그들은 주님을 대역죄를 범한 사람으로 취급했습니다. 그들은 그의 손에 큰 못을 박았습니다. 잔인한 쇠못이 뚫고 들어간 그의 발을 보십시오. 그들은 주님을 십자가에 못 박아서 세웠습니다. 이 얼마나 부끄러운 모습입니까! 그들은 주님을 벌거벗겼습니다. 몇 가지 안 되는 주님의 옷을 차지하려고, 그들은 제비를 뽑았습니다. 그곳에 주님께서는 십자가에 달려 있으셨습니다. 사람들은 주님의 주위에 몰려들었습니다. 마치 십자가가 교수대나 형틀이라도 되는 것처럼 그들은 주님을 조롱했습니다. 그들은 교묘한 말로 예수님을 비웃었습니다. 그러나 주님께서는 그들에게 아무런 대꾸도 하지 않으셨습니다. 오히려 자신들이 행하는 일을 깨닫지 못하기 때문에 그렇게 한다고 말씀하시면서, 그들의 죄를 용서해 달라고 하나님 아버지께 기도하셨습니다(참조. 눅 23:34). 그의 친구들은 모두 도망갔습니다(참조. 마 26:56; 요 19:26). 그들이 겁먹은 채 다시 돌아와서 모여 있었을 때, 그들은 서로 극도의 슬픔만을 나눌 수 있었습니다. 그들은 자신들의 슬픔을 완화시킬 수 없었습니다. 예수님께서는 반드시 죽으셔야만 했습니다. 육신을 통해서, 극도의 고통을 당하며, 죽으셔야만 했습니다. 또한 이루 말할 수 없는 내적인 고뇌를 겪으며, 죽으셔야만 했습니다. 그 고뇌의 넓이와 깊이와 높이에 대해서, 나는 설명하려고 시도하지 않겠습니다. 그는 "친히 나무에 달려 그 몸으로 우리 죄를 담당하셨습니다." 오, 구세주여! 당신을 찬양하나이다. 그리고 당신을 바라보며, 믿음으로 당신을 의지하는 사람들에게 축복이 임하기를 기도합니다.

　　우리는 다음 사실을 기억해야 합니다. 우리의 모든 죄악을 십자가 위로 가져가실 때까지, 주 예수 그리스도께서는 그것을 담당하기를 결코 멈추시지 않으셨습니다. 그리고 주님께서 우리의 죄를 십자가 위로 가져가셨을 때, 그는 죄를 공개 처형하여, 영원한 조롱거리로 만드셨습니다. 우리의 죄를 죽게 하실 때, 주님 자신도 죽으셨습니다. 우리의 죄를 단 한 번으로 영원히 십자가에 못 박히게 하실 때, 그 자신도 십자가에 못 박히셨습니다. 여러분 가운데 십자가를 장식품으로 이용하는 사람이 있습니까? 왜 그렇게 하십니까? 십자가는 우리의 죄악이 수치스럽게 공개적으로 처형된 교수대와 마찬가지의 의미를 지니고 있습니다. 여러분은 여러분의 목에 교수대를 달고 다니기를 원합니까? 주님의 죽음을 여러분을 단장하는 장식품으로 만들려고 합니까? 나의 구주께서 달려 죽으신 십자가를 목에 걸고 다니느니, 차라리 나는 나의 어머니를 죽인 살인자의 칼을 목에 걸고 다니겠습니다. 그것은 마치 여러분이 주님을 죽게 한 자들과 한 패가 되고, 그를 고통스럽게 한 도구를 찬양하는 행위와 같은 것입니다. 십자가 위에서 죽임을 당하는 것은 수치스러운 일입니다. 주님께서도 그 사실을 분명하게 알고 계셨습니다. 그런데도 불구하고, 그는 "친히 나무에 달려 그 몸으로 우리 죄를 담당하셨습니다."

잠시 동안, 주의를 기울여서, 십자가를 주목해 보십시오. 그것은 그야말로 고통의 장소였습니다. 십자가 위에서 죽임을 당하는 것보다 더 큰 고통을 겪는 죽음은 없습니다. 참수 집행자의 칼이 사형수의 목에 떨어지면, 목은 즉시 잘려 나가고, 고통은 곧 사라집니다. 비록 잠시 동안 고통이 더욱 극심하기는 하겠지만, 화형대 위에서 화형을 당하는 것도 고통의 시간은 더 짧습니다. 그러나 십자가의 고통은 며칠 동안 계속될 수 있습니다. 십자가에 못 박힌 후, 사흘이 지난 다음에도, 어떤 사람들의 목숨이 여전히 끊어지지 않았던 경우들이 있었습니다. 그러나 그 고통은 상상할 수 없을 정도로 극심했습니다. 못에 박힌 손과 발의 가장 연약한 부분은 찢어지게 됩니다. 그곳에 경련이 일어나기가 매우 쉽습니다. 그리고 십자가에 매달린 몸이 처지게 되어, 상처들은 계속해서 더욱 크게 찢어집니다. 그러나 우리 주님은 그 극심한 고통을 끝까지 참으셨습니다. 여러분이 고통을 겪어보아야 비로소 그리스도의 위대한 사랑을 온전히 깨닫기 시작할 것입니다. 오, 슬픔의 아들들이요, 고통의 딸들이여! 여러분이 고난을 당하는 데에도 불구하고, 지금 주님과 긴밀하게 교제를 나누고 있는 것에 대해서, 여러분은 주님께 감사할 수 있을 것입니다. 오, 예수님! 주님께서는 우리를 위해서 고통과 죽음을 당하셨습니다. 우리를 그토록 사랑하신 주님을 찬양합니다.

그러나 단지 십자가는 고통의 장소만은 아니었습니다. 또한 그것은 **모욕의** 장소이기도 했습니다. 십자가에 못 박힌다는 것은 얼마나 수치스러운 것입니까! 가장 미천한 로마 사람이 살인을 저질렀는데에도 불구하고, 왜 그들은 그를 십자가에 못 박지 않았습니까? 고통과 함께 모욕을 당하게 되면, 슬픔이 얼마나 중대되겠습니까? 여러분이 고난을 당하고 있는데, 동시에 비웃음을 받게 되면, 여러분의 고통은 일곱 배나 증가할 것입니다.

더욱이 십자가는 저주의 장소였습니다. 왜냐하면 "나무에 달린 자마다 저주 아래에 있는 자"이기 때문입니다(갈 3:13). 또한 같은 절에서, 하나님의 말씀은 "그리스도께서 우리를 위하여 저주를 받은 바 되사"라고 가르쳐주고 있기 때문입니다.

마지막으로, 십자가는 죽음의 장소였습니다. 왜냐하면 예수님께서 단순히 피를 흘리신 것이 아니라, 그 위에서 죽기까지 피를 흘리셨기 때문입니다. 또한 단지 고통을 당하신 것만이 아니라, 목숨이 끊어질 때까지, 주님께서 고통을 당하셨기 때문입니다. 오, 십자가 위에서 죽어가는 구세주여! 주님의 사랑은 나에게 신비로운 것입니다. 왜냐하면 죽음 자체도 그 사랑을 피하지 않았기 때문입니다. 죽기까지 사랑하셨기 때문입니다. 그러므로 주님의 이름을 영원히 찬양합니다.

십자가 앞에서 떠나기 이전에, 우리는 죄가 죽어서 십자가 위에 달려 있는 것을 바라보며 묵상해 봅시다. 그리스도께서는 우리의 죄를 십자가에까지 지고 가셨습니다. 그리고 나서, 그 위에서 그 죄를 죽였습니다. 곧, 죄를 없애 버리셨습니다. 율법이 나에게 와서, 이렇게 말을 합니다. "네가 율법을 어기는 죄를 범했기 때문에 너를 체포한다." 그러나 나는 다음과 같이 대답합니다. "나는 아무런 죄도 없습니다. 만약 나에게 죄가 있다면, 그 죄에 대해서 어떻게 할 것입니까?" 그러자 율법은 답변합니다. "나는 그 죄를 수치스러운 죽음에 처하게 할 것이다." 나는 이렇게 대답합니다. "보십시오. 예수 그리스도에 의해서, 저주받은 십자가 위에서 이미 나의 죄가 처형을 당했습니다." 그러므로 여러분의 죄악이 교수대 위에서 매달려 있는 것을 보십시오. 그것을 몹시 미워하고 싫어하십시오. 비록 그것을 바라보면, 속이 메스꺼워지더라도, 여러분은 기뻐하십시오. 왜냐하면 그것은 이미 죽었습니다. 효력을 잃어버렸습니다. 주님께서 그것을 완전히 죽이셨습니다. 나무 위에서의 죽음을 통하여, 주님께서 여러분의 모든 죄악을 영원히 없애 버리셨습니다. 그러므로 예수님의 죽음은 우리의 모든 죄악의 죽음을 의미합니다.

죄를 이미 용서받은 것이 무엇을 의미하는지 결코 깨닫지 못하는 사람들이 여러분 가운데 있지는 않을지, 나는 두렵습니다. 사랑하는 여러분! 여러분의 죄악에 대해서 용서받는 것에 대한 모든 희망은 오늘 아침에 내가 여러분에게 설교한 내용 안에 들어 있습니다. 회개를 통해서, 아니면 앞으로 여러분의 삶이 개선되는 것을 통해서, 여러분의 죄에 대해서 여러분은 결코 하나님께 보상할 수 없습니다. 그러므로 여러분의 유일한 소망은 여러분이 예수 그리스도를 바라보는 것입니다. 주님께서는 몸소 나무에 달리셔서, 하나님의 백성의 죄를 해결하셨습니다. 만약 여러분이 와서 예수님을 믿는다면, 여러분의 죄는 여러분에게서 제거될 것입니다. 또한 주님께서는 여러분을 기꺼이 받아주실 것입니다. 이 시간, 여러분이 예수님을 구주로 믿을 수 있도록, 나는 간절히 기도합니다. 그래서 십자가를 통해서, 여러분이 하나님께서 주시는 평안을 체험하기를 원합니다. 그리고 주님께 모든 영광을 돌리기를 바랍니다.

2. 이제부터, 베드로전서 2장 24절의 후반부
― 죄에 대한 우리의 죽음 ― 에 대해서 살펴보려고 합니다.

이 주제에 대해서도, 여러분이 주의력을 집중시켜서 잘 들으시기 바랍니다. 24절을 다 같이 읽어 보겠습니다. "친히 나무에 달려 그 몸으로 우리 죄를 담당하셨으니 이는 우리로 죄에 대하여 죽고 의에 대하여 살게 하려 하심이라 그가 채찍에 맞음으로 너희는 나음을 얻었나니." 우리에게 유죄 판결을 내리는 율법의 권세는 이제 우리에게 아무런 효력이 없다는 사실에 여러분은 주목하기 바랍니다. 어떤 죄도 예수 그리스도를 믿는 사람을 정죄할 수 없습니다. 그것에 대한 근거는 무엇입니까? 우리의 죄 때문에, 우리 자신이 겪어야만 하는 고통을 그리스도께서 우리를 대신해서 겪으셨기 때문입니다. 주님께서는 하나님의 공의가 요구하는 것을 완전하게 보상하셨습니다. 여러분은 나에게 청구서 한 묶음을 가져옵니다. 그리고 이렇게 질문합니다. "목사님은 이 청구서들에 대해서 지불해야만 하지 않습니까?" 나는 대답합니다. "틀림없이 그 청구서들은 모든 항목에서 정확하게 기록되었습니다. 내가 그것들을 검토하려면 몇 달이 걸릴 것입니다." 여러분은 다시 묻습니다. "그러면 당신은 그것을 지불할 수 있습니까?" 나는 이렇게 말합니다. "아닙니다. 나에게는 지불할 필요가 없습니다." 그러자 여러분은 다시 묻습니다. "그렇다면 그것은 목사님을 난처하게 만들지 않을까요?" 나는 답변합니다. "결코 그렇지 않습니다. 만약 그 청구서들이 전부라면, 비록 그 숫자가 대단히 많고, 그 금액이 상당하지만, 나는 그것들로 베개를 삼아서 편안하게 잠을 잘 것입니다." 그러자 여러분은 놀라서 눈이 휘둥그레집니다. 그러면서 속으로 이렇게 생각할 것입니다. '그가 지불해야 할 청구서들이 이렇게 많은데도, 그는 이 문제를 대단히 편안하게 다루고 있네!' 나는 여러분에게 그 청구서들을 한 장씩 넘겨보라고 요청합니다. 그러면 여러분은 모든 청구서들이 이미 지불되어졌다는 사실을 발견할 것입니다. 모든 청구서의 맨 밑에는 "영수필"이라는 붉은 색 도장이 찍혀 있습니다. 청구서가 이미 완불된 것이라면, 누가 그것에 내해서 근심하겠습니까? 여러분은 매우 놀란 표정으로 다시 질문합니다. "그렇다면 목사님은 그 모든 것을 이미 지불하셨습니까?" "아닙니다. 나는 단 한 푼도 지불하지 않았습니다." "그러면 목사님이 그것에 대한 일부라도 계산하셨습니까?" 나는 또 대답합니다. "아닙니다. 그것을 위해서, 절대로 나는 녹이 슬어 있는 일원짜리 동전 하나도 지불하지 않았습니다." "그렇다면 합의금을 내신 것은 아닙니까?" 나는 대답합니다. "아닙니다. 나는 한 푼도 지불하지 않았습니다." 여러분은 매우 이상하게 생각할 것입니다. "그런데도 목사님은 완전히 평안한 마음을 지니고 있는 것 같습니다." 나는 자신 있게 대답할 것입니다. "그렇습니다. 왜냐하면 자신의 몸으로 십자가 위에서, 나의 죄를 담당하신 주님께서 나의 모든 채무를 책임지시고, 나를 위해서 그것을 이미 지불하셨기 때문입니다." 나에게는 이제 그것을 갚을 필요가 전혀 없습니다. 그 청구서들은 내게 아무런 효력을 지니고 있지 않습니다. 또한 나는 나의 죄에 대해서 죽었습니다. 내 대신에, 그리스도께서 고난을 당하셨습니다. 나는 나의 죄와 아무런 상관이 없습니다. 마치 나의 모든 죄악들을 내가 전혀 범하지 않았던 것처럼, 그것들은 모두 사라져 버렸습니다.

> "나는 이제 죄로부터 해방되었네.
> 그래서 나는 자유롭게 걸어 다니고 있네.
> 구세주의 보혈이 죄로부터 나를 온전히 놓아 주었네."

　이제부터, 나는 오직 의인으로서 살아가기만 하면 됩니다. 하나님 아버지의 사랑하시는 아들 안에서, 나는 하나님의 자녀로 영접을 받았습니다. 주님의 공의에 따라서, 나는 살아갑니다. 주님의 공의 안에서, 나는 기뻐합니다. 또한 주님의 거룩한 이름을 송축하며 찬양합니다.

사랑하는 여러분! 본문을 다시 한 번 주의 깊게 읽어 보십시오. 여러분은 나무 위에서 자신의 몸으로 여러분의 죄를 담당하신 그리스도를 믿고 그를 의지합니다. 죄의 지배력과 관련해서, 여러분은 모두 죄에 대하여 죽었습니다. 죄의 밉살스러운 본성을 보았기 때문에, 우리는 죄에 대해서 죽었습니다. 우리의 죄악은 너무 비열한 것이었습니다. 그것이 용서함을 받기 이전에, 먼저 하나님의 아들 자신이 죽는 것이 필요했습니다. 죄는 우리에게 너무나 무섭고 극단적으로 악한 것입니다. 따라서 우리는 더 이상 죄와 친하게 지내며, 시간을 헛되이 보낼 수 없습니다. 이전에 우리는 죄에게서 매력을 느꼈었습니다. 그러나 이제 우리는 죄의 거짓됨을 깨달았습니다. 페르시아의 거짓 예언자 모카나는 많은 사람들을 속였습니다(Mokanna; '알 무카나'[Al-Mukanna]는 아랍어로 '베일을 쓴 남자'라는 뜻이다. 페르시아 사람으로서 주후 779년에 사망했다. 스스로 예언자라고 주장했지만, 그는 정통 회교 측으로부터 이단으로 취급받고 있다 — 역주). 그는 얼굴에 은빛 베일을 쓰고 있었습니다. 만약 그가 베일을 벗어젖힌다면, 자신의 얼굴에서 뿜어 나오는 찬란한 영광의 빛이 사람들의 눈을 멀게 할 것이라고 주장했습니다. 그러나 언젠가 어떤 사람이 그가 나병환자인 것을 알게 되었습니다. 그리고 그의 얼굴에는 영광의 빛 대신에 나병환자의 딱지들이 붙어 있다는 것을 간파하게 되었습니다. 그 사실이 밝혀지자, 아무도 그의 제자가 되려고 하지 않았습니다. 죄와 관련해서도, 이와 마찬가지입니다. 오, 더러운 죄악이여! 십자가 위에서, 나는 은빛 베일이 벗겨진 너의 모습을 보았노라. 네 얼굴에 있는 회복의 가망이 없는 나병을 간파하였노라. 나는 너에 대하여 죽었노라. 더러운 피로 물든 반역자여! 꺼져 버려라. 더 이상 나는 너를 나의 가슴에 품을 수 없다. 그러므로 우리에게 그리스도의 죽음은 동시에 죄에 대한 죽음을 의미합니다.

우리가 죄에 대하여 죽은 것에는 또 다른 이유가 있습니다. 왜냐하면 또 다른 열정이 우리의 모든 생명력을 흡수해 버렸기 때문입니다. 한 가지 열정이 다른 것들을 모두 집어삼켰기 때문에, 다른 것들에 대해서 죽은 사람들을 여러분은 본 적이 없습니까? 구두쇠를 보십시오. 왜 그가 좋은 음식을 먹지 않는지 물어보십시오. 그는 식욕에 대해서 죽은 것이나 마찬가지입니다. 맛이 훌륭한 포도주로 그를 유혹해 보십시오. 그의 앞에 계절의 진미를 가져와 보십시오. 그것들을 맛보려면, 그는 돈을 지출해야만 합니다. 그래서 그는 그것들을 맛보려고 하지 않습니다. 그는 여러분에게 먹고 싶은 생각이 없다고 말하거나, 아니면 그것들을 좋아하지 않는다고 핑계를 댈 것입니다. 그렇다면 그에게 듣기 좋은 감미로운 음악이 있고, 또한 즐기며 놀기에 알맞은 오락거리가 있다고 말해 보십시오. 그렇지만 그것을 위해서, 그는 돈을 써야만 합니다. 그래서 그에게는 귀도 없고 눈도 없습니다. 그가 지니고 있는 귀중한 황금만이 그에게 모든 것입니다. 이처럼, 그는 다른 모든 것들에 대해서는 죽은 사람이나 마찬가지입니다. 많은 자녀들이 있는 가난한 과부에게 그는 세를 주었습니다. 그 과부는 집세를 내지 못합니다. 그러면 그는 그 여인으로부터 방을 빼앗고, 물건들을 압류할 것입니다. 그리고 그 여인을 자녀들과 함께 차디찬 길거리로 내쫓을 것입니다. 여러분은 그 구두쇠에게 과부와 그 여인의 눈물에 대해서 말해 보십시오. 또한 고아들과 그들의 불행에 대해서 설명해 보십시오. 그렇다면 그들의 불쌍한 처지에 대해서, 그가 어떤 관심을 가질까요? 그는 여러분에게 집이나 건물과 같은 부동산을 가져보았는지 물어볼 것입니다. 만약 여러분이 그러한 것을 소유하게 된다면, 여러분도 곧 그와 똑같이 엄격한 마음을 갖게 된다고 주장할 것입니다. 그 구두쇠는 좋은 음식을 위한 위와 창자를 갖고 있지 않습니다. 그에게는 분명히 없습니다. 자신의 돈 가방을 금화로 채우는 것 이외에는, 그에게는 생명이 없습니다. 황금에 대한 열정이 그를 삼켜 버렸습니다.

이러한 태도는 우리가 그리스도에 대해서 가져야만 하는 관계와 똑같은 것입니다. 우리의 사랑하는 주님을 위한 것 이외에, 우리에게는 다른 것들을 위한 눈과 귀가 없습니다. 주님께서는 우리를 위해서 피 흘려 죽으시고, 그에게 합당한 영광을 받기 위해서 하늘나라로 올라가셨습니다. 지금도 죄는 우리에게 매력적일 수 있을 것입니다. 그러나 그 유혹의 소리를 들을 수 있는 귀가 우리에게는 없습니다. 죄는 대단히 화려한 모습으로 우리 눈앞에 나타날 것입니다. 그러나 우리는 박쥐처럼 눈이 멀어서 그것의 아름다움을 볼 수 없습니다. 아니, 우리는 그것에 눈이 멀기를 원합니다. 이와 같이, 우리는 죄에 대해서 죽었습니다. 본문은 그렇게 말하고 있습니다. 그리스도에 대한 열정이 우리의 생명을 집어삼켰습니다. 따라서 죄에 대한 우리의 생명은 말라서 비틀어져 버렸습니다.

그리고 이제 죄는 우리에게 대단히 비천하고 시시한 것처럼 보입니다. 그래서 우리는 그것에 대해서 관심을 갖지 않습니다. 로마를 향해서, 압비오 길을 걸어가고 있는 사도 바울의 모습을 상상해 보십시오. 바로 앞서, 보디올(Puteoli — 라틴어로서 '작은 우물들'이라는 뜻)이라는 곳에서, 바울은 몇 명의 그리스도인 형제들을 만났었습니다(참조. 행 28:13-14). 그리고 나서, 다른 일행과 함께, 트레이스 타베르네를 향해서 가고 있습니다(참조. 행 28:15). (트레이스 타베르네; '세 여관'이라는 뜻이다. 당시에, 여행객들이 여행 용품을 구입하고, 숙식을 하며, 말을 갈아타는 곳이었다. 압비오 도로 옆에 위치하며, 로마로부터 약 18km 떨어져 있다 ― 역주). 쇠사슬에 묶인 채, 그 로마 제국의 도로를 걸어갈 때, 바울은 사람들과 무슨 대화를 나누고 있었을 것이라고 여러분은 생각합니까? 그들은 예수님과 그의 부활에 대해서 이야기했을 것입니다. 또한 성령님과, 회심하고 신자가 된 사람들과, 이미 하늘나라에 가 있는 성도들에 대해서 말을 주고받았을 것입니다. 그들을 이곳에까지 호송해 온 로마 군인들과 그 일행들은 서로 많은 말들을 주고받으며, 트레이스 타베르네에 도착했을 것입니다.

그들 가운데 한 사람이 이렇게 말합니다. "다음 주에, 로마의 원형 극장에서 거대한 경기가 벌어질 것입니다." 또 다른 사람은 말할 것입니다. "그 극장에서는 대단한 경기가 펼쳐집니다. 하루 저녁에, 창에 찔리고 칼에 맞아서 죽어나가는 맹수들만 하더라도 백 마리가 넘습니다. 내일 저녁에는, 저 유명한 게르만족 투사가 나와서 그의 용맹을 보여준다고 합니다." 그리고 또 다른 사람은 이런 질문을 제기합니다. "내년에 스페인 지방의 총지휘관은 누가 임명될 것 같습니까? 그리고 로마 황제의 친위대장은 누가 임명될 것 같습니까?" 이와 같은 잡담거리는 천 가지나 될 것입니다. 그러나 사도 바울은 이 모든 이야기에 전혀 관심을 보이지 않습니다. 군인들 가운데 아무도 바울의 흥미를 끌 만한 어떤 주제도 제시하지 못합니다. 그의 주위에 있는 어떤 사람도 그의 관심을 끌지 못합니다. 그들은 어떤 주제들에 대해서 살아 있지만, 반면에 바울은 그것들에 대해서 죽었기 때문입니다. 그리고 그들이 죽어 있는 관심사들에 대해서는 바울은 살아 있기 때문입니다. 그리스도인은 바로 바울과 같습니다. 죄와 관련해서, 십자가는 그리스도인을 죽였지만, 반면에 의로움과 관련해서, 십자가는 그를 다시 살게 했습니다. 이와 같이, 우리는 죄에 대해서 죽었습니다. 그것은 우리가 의에 대해서 또한 의를 위해서 살게 하려는 것입니다. 만약 우리가 진정으로 그리스도를 믿고 의지한다면, 우리 마음속에 자리 잡고 있던 죄를 즐기고자 하는 정욕의 권세는 우리에게서 이미 사라져 버렸습니다. 하나님의 은혜를 통해서, 이전에 이러한 세상적인 것들을 즐거워하던 능력을 우리는 이제 잃어버렸습니다. 그러자 사람들은 많은 기쁨의 대상들을 우리가 포기한다고 말합니다.

　　오, 선생들이여! 그리스도인은 자기 자신을 부인하는 영적인 분별력을 지니고 있습니다. 그는 또 다른 분별력도 지니고 있습니다. 그는 어떤 것들과 관련해서는 전혀 자기 부인을 하지 않습니다. 왜냐하면 오직 자신이 원하지 않는 것과 또한 자신이 가질 수 있다고 하더라도, 가져서는 안 되는 것만을 그리스도인은 부인하기 때문입니다. 만약 어떤 사람들이 그에게 자신이 원하지 않는 것과 가져서는 안 되는 것을 강요한다면, 그것은 그를 불행하게 만들 것입니다. 왜냐하면 그의 사고방식과 취향은 이제 완전히 변했기 때문입니다. 여러분은 햇빛이 반사되는 푸른 들판을 바라본 적이 있습니까? 햇빛에 반짝이는 이슬방울들이 떨어지는 것을 주목해 본 적이 있습니까? 그것들은 얼마나 눈부시게 아름답습니까? 그 다음, 여러분은 눈을 돌려서, 태양을 바라본 적이 있습니까? 그리고 얼굴 표정이 일그러질 정도로 줄곧 태양을 응시한 적이 있습니까? 만약 여러분이 그렇게 했다면, 나는 여러분에게 어떤 일이 일어났는지 잘 압니다. 여러분이 주변 풍경을 다시 바라보았을 때, 여러분은 그것을 제대로 볼 수 없었을 것입니다. 여러분은 눈을 잃어버린 것처럼 되었을 것입니다. 마치 눈부신 햇빛에 의해서, 여러분의 눈이 뽑혀진 것 같은 느낌을 가졌을 것입니다. 이와 같이, 여러분은 죄악의 세상을 바라보십시오. 그 안에 있는 아름다운 모습들을 눈여겨보십시오. 그리고 이제 그리스도를 주목해서 바라보십시오. 그러면 그의 영광의 빛이 세상을 바라보던 여러분의 눈을 멀게 할 것입니다. 그 이후에, 세상은 여러분에게 완전히 어둡고 캄캄해졌습니다. 그리고 여러분 자신도 세상이 여러분에게 그렇게 되기를 원합니다. 마치 밤의 눈처럼, 세상을 바라보던 여러분의 눈이 영원히 시력을 잃어버리게 하십시오. 세상의 소리를 즐겨 듣던 여러분의 귀가 영원히 들리지 않게 하십시오. 죄가 나에게 매력적으로 느껴지는 것보다, 또한 사랑의 주님 이외에 다른 어떤 대상이 내 마음을 사로잡는 것보다, 차라리 눈이 멀고 귀머거리가 되는 것이 더 좋을 것입니다. 왜냐하면 주님께서는 나를 구원하시려고, 죽음에 이르기까지 피를 흘리셨기 때문입니다. 이것이 거룩함으로 나아가는 지름길입니다. 그리스도의 죽음은 우리를 죄에 대한 죽음으로 인도합니다. 우리는 우리를 위해서 피를 흘리시는 주님을 바라봅니다. 그리고 우리는 우리의 죄를 죽입니다.

　　형제자매 여러분! 이 말에 귀를 기울이시기 바랍니다. 베드로전서 2장 24절의 마지막 구절은 바로 앞에서 설명한 것을 가리킨다고 나는 생각합니다. 곧,

"그가 채찍에 맞음으로, 너희는 나음을 얻었나니." 마치 성령님께서 다음과 같이 말씀하시는 것 같습니다. "성화(거룩해짐, sanctification)를 위한 처방전이 여기 있다. 어떻게 죄에 대해서 죽고, 의(義)에 대해서 살게 되는 것인지를 네가 알기를 원한다면, 그것은 바로 이것이다. 주님께서 채찍에 맞으시고 얻은 자국과 상처가 너를 낫게 해줄 것이다." 채찍으로 생긴 자국과 피멍은 여러분의 죄를 뿌리째 뽑을 것입니다. 구세주의 상처와 땀과 죽음의 고통이 여러분이 지니고 있는 죄악의 질병을 고쳐줄 것입니다. 여러분이 아프면 의사를 찾아갑니다. 그에게 아픈 것을 낫게 해달라고 부탁합니다. 그러면 진찰을 하고나서, 의사는 이른바 여러분에게 '처방전'(recipe)을 내어줍니다. 그렇다면 '처방전'이라는 것이 무엇을 뜻합니까? 그것은 받아들이는 것을 의미합니다('recipe'는 라틴어 동사 'recipere'[받다, 취하다]의 명령형이다. 문자적으로는, '받아라', '취하라'를 뜻한다. 1580년대부터, 의사의 처방전 맨 위에 쓰였다 ―역주). 거기에 죄를 치료하는 비결이 들어 있는 것입니다. 죄의 문제를 해결하려면, 우리 자신으로부터 무엇인가를 내어놓고, 또한 어떤 선한 행위를 하는 것이라고 우리는 생각하기가 쉽습니다. 그러나 베드로전서 2장 24절의 마지막 구절에 의하면, 죄를 해결하는 비법은 "취하는 것"입니다. 그렇다면 우리가 무엇을 취해야만 한다는 것입니까? 사랑하는 주님께서 십자가에서 받으신 상처를 취하십시오. 그리고 그것의 효능을 믿으십시오. 주님께서 겪으신 큰 슬픔을 취하십시오. 그리고 그것이 지닌 치료의 효력을 신뢰하십시오. 그리스도의 죽음을 취하십시오. 그리고 그것의 권능을 믿으십시오. 예수님 자신을 취하십시오. 그리고 그를 사랑하십시오. 그러면 주님께서 채찍에 맞으심으로, 여러분은 나음을 얻을 것입니다.

예수 그리스도를 믿음으로, 여러분은 거룩해집니다. 어린 양의 피를 통해서, 우리는 죄와 사망의 권세를 이깁니다. 교회의 머리가 되시는 그리스도께서 피를 흘리셨습니다. 그러므로 머리와 연합해 있으면서, 교회의 지체를 이루는 우리가 피로 물드는 것은 당연한 것입니다. 여러분이 예배를 마치고 이곳을 떠나가기 이전에, 마지막으로 나는 다음 사실에 대해서 말씀드리고자 합니다. 최후의 심판 날에, 우리는 모두 크고 흰 보좌 앞에 서게 될 것입니다(참조. 계 20:11). 그날에, 죽은 사람들이 큰 자나 작은 자나, 남녀노소를 막론하고, 하나님 앞에 모이게 될 것입니다. 그때, 모든 사람들은 마지막으로 함께 모일 것입니다. 그 다음, 신자들과 불신자들 사이에 영원한 분리가 이루어질 것입니다. 내가 여러분에게 증거한 복음을 받아들이고 그리스도를 믿은 사람들은 하나님의 우편에 서게 될 것입니다. 내가 여러분에게 전해 준 것은 바로 하나님께서 계시해 주신 진리의 말씀입니다. 이 진리를 듣는 것에 멈추지 마십시오. 그것에 근거해서, 합당한 행동을 하십시오.

　　여러분이 오늘 이 자리를 떠나가기 이전에, 하나님의 영이 여러분을 깨우쳐 주시기를 나는 간절히 기도합니다. 곧, "친히 나무에 달려 그 몸으로 우리 죄를 담당하신" 예수 그리스도를 믿는 것이 무엇인지, 여러분이 구체적으로 깨달을 수 있도록, 성령님께서 도와주시기를 바랍니다. 만약 여러분이 믿고 깨닫게 된다면, 여러분의 죄가 주홍 같을지라도 양털 같이 희게 될 것입니다(참조. 사 1:18). 비록 여러분 가운데 어떤 사람이 이 세상에서 가장 흉악한 범죄자라고 하더라도, 그는 모든 죄악으로부터 티 하나 없이 말끔하게 씻길 것입니다. 죄악으로 시커멓게 오염된 마음과 생각을 지닌 채, 여러분은 이곳에 왔을지도 모릅니다. 그러나 만약 예수님을 믿기만 한다면, 하늘나라에서 흰 옷을 입은 무리처럼 순결해진 채, 여러분은 이곳으로부터 나갈 수 있습니다. 이것이 그리스도의 보혈의 샘에서 씻김을 받는 것입니다. 그 샘만이 우리를 온전히 깨끗하게 할 수 있습니다. 씻김을 받을 수 있는 시간이 지나기 이전에, 최후의 심판 날이 이르기에 앞서, 하나님께서 우리가 즉시 깨끗하게 씻어지도록 도와주시기를 바랍니다. 하나님께서 그의 거룩하신 이름으로 여러분을 축복해 주시기를 간절히 바랍니다. 아멘.

제
12
장

—

기도를 방해하는 것들

—

"이는 너희 기도가 막히지 아니하게 하려 함이라."—
벧전 3:7

많은 사람들은 오늘 설교에 별로 관심을 기울이지 않을 것입니다. 왜냐하면 그들은 기도하지 않기 때문입니다. 어떤 사람들은 무익하게 기도합니다. 그래서 그들이 기도하는데 방해를 받는다고 하더라도, 그것은 실질적으로 거의 중요한 결과를 가져오지 않습니다. 아마도 영적으로 무기력한 상태에 놓여 있어서, 그들은 기도하는 것을 게을리할 수밖에 없을 것입니다. 단순히 형식적으로 무릎을 꿇는다거나, 주의를 기울이지 않고 진심에서 우러나오지 않은 채 경건의 모양새를 갖추는 것은 하나님께 대한 예배가 아닙니다. 오히려 그것은 하나님을 조롱하는 것입니다. 사람들이 마음에도 없이 빈 말을 반복하는 기도에, 여호와께서 날마다 얼마나 싫증을 내시는지에 대해서 생각하는 것은 매우 끔찍한 일입니다. 그러나 진심으로 기도하지 않는 사람들에게 나는 다음 사실에 대해서 매우 엄숙하게 상기시키고자 합니다. 곧, 그들에게는 하나님의 진노가 임할 것입니다. 하나님의 자비를 전혀 구하지 않는 사람은 분명히 자비를 얻지 못합니다. 하나님께서는 구하지 않는 사람들에게 주시지 않습니다. 우리의 양심도 하나님께서 그렇게 하시는 것이 옳다고 인정합니다. 우리가 필요로 하는 은혜를 창조주 하나님께 겸손히 구하는 것은 피조물인 우리에게 기대되는 것 가운데 가장 작은 일입니다. 만약 우리가 구하기를 거부한다면, 우리에게 은혜의 문이 닫혀 있다는 것은 당연한 것입니다. 우리가 그 문을 세차게 두드리기 이전까지, 그 문은 닫혀 있을 것입니다. 기도는 어려운 요구가 아닙니다. 기도는 창조주에 대한 피조물의 당연한 의무입니다. 기도는 지극히 관대하신 하나님께 모든 것을 필요로 하는 가엾은 인간이 가장 단순하게 경의를 표현하는 것입니다. 언젠가 다가올 무서운 환난의 날에, 기도하기를 거부하는 사람들은 자신들의 어리석음에 대해서 비로소 슬퍼하기 시작할 것입니다. 그리고 그들은 자신들로부터 모욕을 당하신 하나님의 음성을 듣게 될 것입니다. "내가 불렀으나 니희가 듣기 싫어하였고 내가 손을 폈으나 돌아보는 자가 없었노라 그러므로 너희가 재앙을 만날 때에 내가 웃을 것이며 너희에게 두려움이 임할 때에 내가 비웃으리라"(잠 1:24, 26).

　어떤 여왕과 신하에 대해서, 옛날부터 전해져 내려오는 이야기를 소개하려고 합니다. 그 여왕은 총애하는 어떤 신하에게 귀중한 반지를 선물했습니다. 만약 그 신하가 여왕으로부터 노여움을 사게 되면, 그 반지를 여왕에게 보내라고 말했습니다. 만약 그 여왕이 그 반지를 보게 된다면, 그 신하는 다시 여왕으로부터 은혜를 입을 것이라고 약속했습니다. 여왕은 혹시 그 반지를 보게 되지 않을까라고 기대했습니다. 하지만 그 신하는 한 번도 여왕에게 그 반지를 보내지 않았습니다. 언젠가 그 신하는 여왕을 모함하는 완악한 반역자라는 판결을 받게 되었습니다. 그렇지만 반지를 보내지 않았기 때문에, 그 신하가 사형에 처해진 것은 놀랄 만한 일이 아닙니다. 예수님을 믿으면 자신의 죄악에 대해서 용서함을 받는다는 약속이 이미 주어졌습니다. 어떤 사람이 예수님에게 그것을 간청하려고 하지 않는다면, 자신의 어리석음으로 인해서, 장차 그가 멸망하는 것은 당연한 것입니다. 그것에 대해서 아무도 놀라지 않을 것입니다. 만약 그가 무릎을 꿇고 회개하며, 하나님으로부터 용서를 구하기를 거부한다면, 그가 영생을 얻지 못한다는 것은 당연합니다. 마지막 날에, 하나님께서 기도하는 것을 거부한 영혼들을 영원히 그의 앞에서 쫓아내실 때, 아무도 그가 지나칠 만큼 가혹한 분이라고 비난할 수 없을 것입니다. 오, 전혀 기도하지 않는 사람들이여! 나는 여러분에 대해서 염려하지 않을 수 없습니다. 여러분은 하나님 앞에서 여러분 자신에 대해서 걱정해야만 할 것입니다. 왜냐하면 거기에는 충분한 이유가 있기 때문입니다.

　그러나 기도하는 사람들에게 기도는 매우 소중한 것입니다. 왜냐하면 기도는 무한한 가치를 지닌 하나님의 축복들이 그에게 주어지는 통로이기 때문입니다. 또한 기도는 은혜로우신 하나님께서 그에게 필요한 것들을 공급해 주시는 창문이기 때문입니다. 신자들에게 기도는 영혼을 풍요롭게 하는 위대한 수단입니다. 기도는 천국과 무역을 하는 배입니다. 스페인의 대형 상선은 황금의 땅에서 많은 보물들을 실어 왔습니다. 그러나 기도의 배는 하늘나라로부터 훨씬 귀중한 보물들을 가득 싣고 우리를 향해서 돌아옵니다. 사실 진정한 신앙인들에게 기도는 말할 수 없이 소중한 것입니다. 부부 관계나 가정의 관심사는 기도하는 것을 방해하는 요인으로 작용할 위험성이 있습니다. 따라서 베드로는 신자들이 가정에서 대단히 지혜롭게 처신해야 한다는 것을 지적합니다. 그는 남편에게 "지식을 따라" 아내와 "동거하라"고 권면합니다. 그들이 연합하여 기도하는 것이 막히지 않도록, 남편이 아내를 사랑하며 존중할 것을 요구합니다. 무엇이든지 기도를 방해하는 것이 있으면, 그것은 반드시 잘못된 것입니다. 가정을 돌보는 원리나 방법에 문제가 있다면, 그것은 권능 있는 기도를 방해할 것입니다. 그렇다면 기도의 원리와 방법이 신속하게 올바른 방향으로 변경되어야만 합니다. 하나님의 은혜를 공동으로 상속받을 한 쌍으로서, 남편과 아내는 함께 기도해야만 합니다. 두 사람의 성격이나 습관 속에 기도를 방해하는 어떤 요인이 있다면, 그것은 좋지 않은 것입니다. 그것은 곧 변화되거나, 아니면 버려야만 합니다.

오늘 본문은 그리스도인이 가정에서 합심해서 열심히 기도하도록 권면하는 데에 가장 적합하게 사용될 수 있을 것입니다. 그렇지만 오늘 설교에서, 나는 이 본문을 가정 기도를 힘쓰라는 목적에 적용하지는 않을 것입니다. 내가 가정을 과소평가하기 때문에 그런 것은 결코 아닙니다. 나는 가정의 가치를 대단히 높이 평가하고 있습니다. 그러므로 단순히 언어를 통해서, 나는 가정의 중요성에 대한 나의 견해를 온전히 표현할 수 없을 것입니다. 가정에서 예배와 기도에 힘쓰지 않는 집은 하나님의 축복을 거의 기대할 수 없습니다. 만약 여호와께서 그의 날개로 우리의 처소를 보호해 주시지 않는다면, 우리의 가정은 지붕이 없는 집과 같을 것입니다. 만약 우리가 여호와의 인도하심을 구하지 않는다면, 우리의 가정은 선장이 없는 배와 같을 것입니다. 또한 헌신적인 사랑으로 돌보지 않는다면, 우리의 가정은 울타리 없는 들판과 다름없을 것입니다. 믿음을 지닌 부모들의 자녀들 가운데 행실이 잘못된 자녀들이 많이 있습니다. 그것은 주로 가정 예배를 소홀히 하거나, 아니면 무시하기 때문입니다. 여호와께서 믿음의 가정들 안에서 온전히 높임을 받지 못했기 때문에, 많은 가정들 위에, 여호와의 심판이 임했다는 것을 나는 의심하지 않습니다. 엘리의 죄는 질투하시는 하나님의 심판을 스스로 불러들였습니다. "주의 이름으로 기도하지 아니하는 족속들에게 주의 분노를 부으소서"(렘 10:25). ('족속들'에 해당하는 히브리어는 '미쉬파호트'이다. 그 단어는 복수 명사로서, '가족', '가문', '나라' 및 '백성' 등을 뜻한다. KJV에는 'families'로 번역되었다 ─ 역주). 밤낮으로 서원하며 기도하는 모든 가정에는 하나님의 자비가 베풀어집니다. 반면에, 기도를 게을리하는 가정에는 죄악이 스며듭니다. 나는 다음과 같은 말을 전해 들었습니다. 옛날 청교도적인 신앙이 최고조에 이르렀던 시절에, 어떤 사람이 런던의 칩사이드(Cheapside) 거리를 걸어가면, 아침과 저녁의 정해진 시간에, 그는 모든 가정에서 시편을 찬양하는 소리를 들을 수 있었다고 합니다. 왜냐하면 그 당시에는 가정 예배를 드리지 않는 그리스도인 가정은 없었기 때문입니다. 나는 로마가톨릭교회를 맞설 수 있는 개신교의 보루는 가정 예배라고 믿고 있습니다. 만약 가정 예배를 없애고, 가정에서 자녀들에게 하나님을 두려워하게 하는 말씀 교육을 포기한다면, 가정이 아니라 교구에 속한 교회에서 기도를 드릴 때 하나님께서 그 기도를 가장 잘 들으신다는 견해가 이 나라에 또다시 풍미할 것입니다. 그러면 여러분은 어떤 특정한 장소들만이 신성한 곳들이라는 그릇된 견해에 빠지게 될 것입니다. 그러므로 한 가정의 가장은 그 가정의 제사장이 되어야 합니다. 가정 예배를 드리지 않는다면, 가정에서의 제사장 직분을 빼앗긴 채, 미신적이며 그릇된 제사장 직분을 위해서 여러분은 공간을 만드는 것입니다. 그리고 자녀 교육을 이 위선자들에게 맡긴다면, 수많은 해로운 일들이 발생할 것입니다. 만약 우리의 모든 교회들이 전반적으로 가정 기도를 소홀히 한다면, 그것은 영국에 영적으로 어두운 시기를 불러올 것입니다. 자신의 부모들이 가정에서 기도하는 것을 전혀 보지 못하고 자란 자녀들은 종교에 무관심한 사람들로 성장할 것입니다. 만약 그들이 전적으로 무신론자들은 되지 않는다고 하더라도, 그들 가운데 많은 사람들은 매우 세속적인 사람들이 될 것입니다. 이 문제에 대해서, 교회가 종교재판소처럼 조사하거나 처리할 수 없습니다. 그것은 신앙의 지혜로운 분별력에 맡겨야만 합니다. 그러므로 이 문제와 관련해서, 나는 여러분에게 다음과 같이 간청합니다. 여러분의 가정에서 기도가 막히지 않도록 모든 일들을 잘 처리하십시오. 이 설교에서, 나는 본문을 다른 목적을 위해서 사용하려고 합니다. 곧, 신자의 개인 기도를 방해하는 것과 관련해서, 나는 이 본문을 적용하고자 합니다.

우리의 기도를 방해하는 요인으로 다음 세 가지를 언급할 수 있습니다. 첫째, 우리는 기도하는 것 그 자체에 방해를 받을 수 있습니다. 둘째, 우리는 기도하는 과정에서 방해를 받기도 합니다. 셋째, 우리는 기도 응답을 받는 데에 방해를 받을 수 있습니다.

1. 첫째, 우리는 기도하는 것 그 자체에 방해를 받을 수 있습니다.

하나님의 일과 관련해서, 전반적으로 느슨해져 있고 차지도 아니하고 뜨겁지도 아니한 상태에 있으면, 신자에게 이런 일이 일어날 수 있습니다. 어떤 신자가 영적으로 냉담해지고 무관심하며 부주의해지면, 여러 가지 문제들이 발생하게 됩니다. 그 문제들 가운데 첫 번째는 신앙생활을 헌신적으로 하지 못한다는 것입니다. 어떤 환자의 병의 상태가 더욱 나빠지게 되면, 그는 숨쉬는 것과 말하는 데에 더욱 어려움을 겪을 것입니다. 이와 마찬가지로, 그리스도인이 영적으로 침체하게 되면, 그는 기도하는 데에 장애를 받습니다. 또한 하나님께 부르짖는 음성이 작아집니다. 그러므로 기도는 신앙인의 영적인 능력을 측정하는 진정한 도구입니다. 기도를 단념하는 것은 위험한 것입니다. 그것은 영적으로 치명적인 결과를 초래할 것입니다. 여러분이 하나님 앞에서 무릎을 꿇고 어떠한 마음과 생각을 지니고 있느냐가 여러분의 진정한 모습이라고 판단할 수 있습니다. 예수님의 비유에서, 바리새인과 세리가 어떻게 기도했는지에 근거해서, 그들의 진정한 영적인 상태가 평가되었습니다(참조. 눅 18:10-14). 여러분은 사람들로부터 훌륭한 평판을 얻을 수 있습니다. 그러나 사람들로부터 어떠한 평가를 받느냐는 사소한 문제입니다. 왜냐하면 사람들은 오직 표면적인 것만을 볼 수 있기 때문입니다. 그러나 여호와의 눈은 영혼의 가장 깊은 곳까지 통찰하십니다. 여러분이 기도하지 않으면, 여호와께서는 그것을 정확하게 알고 계십니다. 여러분이 종교적인 집회에 부지런히 참석한다고 할지라도, 회개의 고백을 큰 소리로 외친다고 하더라도, 하나님께서는 그러한 것들을 대수롭지 않게 평가하십니다. 만약 여러분이 진지하게 기도하는 사람이라면, 특별히 여러분 안에 기도의 영이 있다면, 그래서 특정한 기도 시간 이외에도, 여러분이 마음속으로 하나님과 끊임없이 습관적으로 대화한다면, 모든 일들이 여러분에게 형통할 것입니다. 그러나 만약 이러한 모습과는 반대로, 여러분의 기도가 막혀 있다면, 여러분의 영적인 상태에는 어떤 문제가 발생한 것입니다. 그렇다면 여러분은 기도를 방해하는 요인을 찾아내어서 그것을 없애 버려야 합니다. 또는 필요한 것이 있다면 그것을 즉시 공급해야만 합니다. 지혜의 왕 솔로몬은 이렇게 말했습니다. "모든 지킬 만한 것 중에 더욱 네 마음을 지키라 생명의 근원이 이에서 남이니라"(잠 4:23). 하나님께 기도한다는 것은 우리가 생명력을 공급받는 중요한 근원 가운데 하나인 것입니다.

그 다음, 우리가 해야 할 일들이 너무 많기 때문에, 기도가 방해를 받을 수 있습니다. 이 시대에, 이것은 매우 흔히 볼 수 있는 현상입니다. 우리는 처리해야 할 일들이 너무 많다고 판단합니다. 우리의 선조들은 대체로 편안한 마음을 지니고 살았습니다. 이제 그런 시대는 지나갔습니다. 사람들은 스스로 더 많은 일들에 몰두하려고 합니다. 자신과 가족을 위해서 꼭 필요한 것만을 버는 데에 그들은 만족하지 않습니다. 자신들을 위해서 누릴 수 있는 것보다, 그들은 반드시 더 많은 것을 가져야만 한다고 생각합니다. 지혜는 이렇게 말합니다. "한 사람이 의지하고 걷기에는 지팡이 하나만 있으면 충분하다." 그러나 자신의 등에 지팡이를 한 짐이나 지고 가지 않는다면, 오늘날 인간의 야망은 만족할 줄 모릅니다. 옛날 속담에, "배부름은 진수성찬이나 마찬가지다"라는 말이 있습니다. 곧, "부족하지 않으면, 충분한지 알라"는 뜻입니다. 그렇지만 오늘날에는 충분한 것도 진수성찬도 사람들을 만족시킬 수 없습니다. 그들이 만족스럽다고 판단하려면, 몇 만 명의 사람들에게 잔치를 베풀 수 있는 것보다 그들은 반드시 더 많은 분량을 쌓아놓아야만 합니다. 그러나 그때에도 그들은 틀림없이 만족하지 않을 것입니다. 하나님의 교회에서 많은 일을 하며 열심히 섬기던 많은 사람들이 이제 교회 안에서 쓸모 없는 사람들이 되어버렸습니다. 왜냐하면 그는 사업을 다른 분야로 다양하게 확장시켜야 하기 때문입니다. 그것을 위해서, 그는 자신에게 주어진 모든 시간을 쏟아 붓습니다. 그의 첫 번째 관심은 이제 더 이상 "내가 어떻게 최선을 다해서 하나님을 영화롭게 할 수 있을까?"가 아닙니다. 모든 것을 집중시키는 그의 유일한 목표는 "그의 두 팔을 바다와 같이 넓게 벌려서 모든 해변을 끌어안는 것"입니다. 거대한 산만한 금덩어리도 탐욕스러운 사람의 탐심을 만족시킬 수 없습니다. 그는 끊임없이 부르짖습니다. "더 주시오. 더 많이 주시오." 마치 이 땅에 홀로 남아 있는 것처럼, 많은 사람들은 이곳저곳에 집을 세웁니다. 여기저기로 땅을 넓혀 갑니다. 아, 안타깝습니다. 그리스도인들 가운데에도, 이와 같은 탐욕의 열병에 걸리는 사람들이 많이 있습니다. 예수님의 비유에 등장하는 부자는 기도할 시간이 없었습니다. 왜냐하면 그는 곳간을 새로 지어서, 그곳에 곡식과 물건들을 쌓아 두려는 계획으로 말미암아 바빴기 때문입니다. 그렇지만 그는 언제 죽게 될지 깨달아야만 했습니다. 하나님께서 그에게 이렇게 말씀하셨던 것입니다. "어리석은 자여 오늘 밤에 네 영혼을 도로 찾을 것이다"(눅 12:20). 나는 여러분에게 부탁합니다. 이 세상에 속한 것들에 대한 욕망과 물질적인 풍요가 지닌 해독과 만족할 줄 모르는 탐욕을 여러분은 경계하십시오. 이러한 것들은 사람들을 마귀의 덫에 걸리게 만듭니다. 왜냐하면 만약 여러분에게 다른 나쁜 일이 일어나지 않게 한다고 하더라도, 이것들은 여러분에게 충분할 만한 해를 끼칠 것이기 때문입니다. 곧, 이것들은 여러분이 기도하지 못하게 방해할 것입니다.

우리가 하나님의 집에서 지나치게 많은 일을 할 때, 우리는 기도하는 것을 소홀히 할 수 있습니다. 마르다는 접대하는 일로 너무 많이 바빠서 그것에 시달릴 정도였던 것입니다(참조. 눅 10:40). 기도를 너무 많이 해서 그것에 시달렸다는 사람에 대해서 나는 아직까지 들어보지 못했습니다. 우리가 일을 많이 하면 할수록, 우리는 기도를 더욱 많이 해야만 하는 것입니다. 그래서 기도를 통해서, 우리의 섬김에 균형이 잡히게 해야 합니다. 나아가 기도를 통해서, 우리가 하는 모든 행동과 일에 우리는 생명의 피를 공급해 주어야 합니다. 하늘의 이슬이 기드온의 양털을 흠뻑 적셨던 것과 같이(참조. 삿 6:37-40), 우리는 우리의 모든 삶을 기도로 흠뻑 적시게 해야만 합니다. 우리가 일하는 데에 시간을 들이고 노력을 기울이는 것에 비례해서, 기도를 그만큼 열심히 한다면, 우리는 아무리 열심히 일을 해도 지나치지 않을 것입니다. 그러나 우리 가운데 어떤 사람들이 기도하는 것은 적게 하고, 반면에 일을 지나치게 많이 할 것 같아서 나는 두렵습니다. 더욱이 어떤 사람들은 공적인 종교 행사에 너무 많이 참여하기 때문에, 하나님과 은밀하게 교제하는 것을 소홀히 할 것 같아서 염려됩니다. 이들은 이곳저곳으로 설교를 들으러 갑니다. 너무 많은 집회에 참석합니다. 성경 공부 모임을 너무 자주 갖습니다. 지나치게 많은 회의에 참여합니다. 또한 너무 많은 기도 모임에 참석합니다. 그 자체로서, 이 모든 것들은 사실상 필요하고 좋은 것들입니다. 그러나 이 모임들이 우리가 하나님께 은밀하게 기도하는 것을 방해한다면, 그것은 영적인 해로움을 가져다주는 것입니다. 로우 부인(Mrs. Row)은 다음과 같은 말을 들려주었습니다. 만약 로우 부인이 하나님과 긴밀하게 대화하는 시간에 사도들이 와서 설교를 한다면, 자신은 그들의 설교를 듣기 위해서 기도의 골방을 떠나지 않을 것이라고 말했습니다. 사도 베드로나 바울과 함께 있는 것보다, 기도를 통해서 우리가 하나님과 함께 있는 것이 틀림없이 더 좋을 것입니다. 설교의 목적 가운데 하나는 신자가 항상 기도하게 만드는 것입니다. 어떤 사람이 기도하는 것보다 다른 것들을 더 소중하게 여겨서, 기도를 쓸모 없는 짐처럼 구석에 내버려 둔다면, 그 사람에게 화(禍)가 있을 것입니다.

또한 할 일이 너무 없을 때에도, 기도하는 것이 방해를 받는다는 사실에는 의심의 여지가 없습니다. 만약 여러분이 어떤 일을 잘 처리하려고 한다면, 여러분은 할 일이 상당히 많은 사람을 찾아가야만 합니다. 왜냐하면 그 사람은 여러분이 처리하려는 일에 적합한 사람이기 때문입니다. 반면에 할 일이 없는 사람들은 대체로 야단법석을 떨면서 그 일을 할 것입니다. 아침부터 저녁까지, 그들은 다른 사람들의 시간을 낭비합니다. 그들은 사람들을 방문하는 것과 인터뷰를 요청하는 것을 좋아합니다. 또한 그들은 유명 인사들에 대해서 의도적으로 남들의 호기심을 끄는 기사를 씁니다. 그들은 종종 자신의 어리석은 머리로 이야기를 날조해서 그것을 기사거리로 만듭니다. 그들은 근거 없는 비방을 퍼뜨립니다. 그들은 악의에 가득차서, 훌륭한 사람들의 인격에 침을 뱉습니다. 그들은 할 일이 전혀 없기 때문에, 사탄에게 고용된 자들입니다. 그래서 다른 사람들에게 장애가 되고, 또한 해를 끼칩니다. 만약 그들이 기도하려고 시도한다면, 자신들의 게으른 습관이 기도하는 것을 대단히 방해할 것이라고 나는 확신합니다. 이와 같이, 할 일이 없는 사람들은 기도를 하지 않습니다. 또한 그들은 위에서 언급한 것과 같은 여러 가지 유혹에 빠집니다. 반면에, 교회에서 운영하는 빈민학교의 선생님은 말썽꾸러기 학생들을 잘 양육하기 위해서 하나님께 도와달라고 부르짖지 않을 수 없습니다. 어떤 젊은 여선생님은 열두 소녀들을 맡고 있습니다. 여선생님은 그 소녀들을 예수님에게로 인도하기를 간절히 원하고 있습니다. 그러므로 그 소녀들 가운데 제인과 엘렌이 회심하도록, 특별히 두 소녀들을 위해서 여선생님은 자신이 간절히 기도해야만 한다는 것을 느끼고 있습니다. 또 어떤 목회자가 있습니다. 그에게는 교인들을 위해서 해야 할 일들이 대단히 많이 있습니다. 선한 목자의 심정으로, 눈이 약해질 정도로, 그 목회자는 교인들의 생활을 면밀히 살펴봅니다. 하나님께 좀 더 가까이 나아가서 기도하지 않고서는, 그는 그 일을 감당할 수 없다는 사실을 깨닫습니다. 만약 예수님을 섬기는 이 종들에게 할 일이 별로 없다면, 이들은 기도를 많이 하지 않을 것입니다. 하나님의 일을 열심히 할 때, 우리는 더욱 많이 기도할 수밖에 없습니다. 그러면 우리는 더 많이 섬기게 됩니다.

앞에서, 우리가 기도를 적게 하면서, 너무 많은 일들을 한다는 것에 대해서 나는 지적했습니다. 반면에 상당히 많은 그리스도인들이 너무 적게 일을 한다는 사실에 대해서도, 이제 나는 덧붙여서 말하려고 합니다. 하나님께서는 어떤 사람들에게 사업에서 은퇴할 수 있을 정도로 충분한 재산을 갖게 하셨습니다. 이제 그들에게는 시간이 있습니다. 그래서 그들은 어떻게 시간을 잘 보내야 할지를 생각해야만 합니다. 교육을 필요로 하는 배우지 못한 사람들이 그들 주변에 많이 있습니다. 물질적인 도움을 필요로 하는 가난한 사람들도 많이 있습니다. 이러한 사람들을 보살펴 주는 하나님의 일에 그들은 시간을 내야 하지 않겠습니까? 그들은 영적으로 깨어나서, 기도해야 하지 않겠습니까? 어떤 훌륭한 신앙인이 다음과 같이 고백했던 것처럼, 이들 모두가 똑같이 말할 수 있기를 나는 바랍니다. "기도는 나의 사업입니다. 그리고 찬양은 나의 기쁨입니다." 하나님의 집에 대한 열정이 그들을 삼켜야만, 그들은 그렇게 고백하거나 섬길 수 있다고 나는 확신합니다.

또 어떤 사람들은 무질서한 생활을 하기 때문에, 기도를 제대로 하지 못합니다. 그들은 매우 늦게 일어납니다. 하루 종일, 그들은 일을 쫓아갑니다. 일을 차분하게 처리하지 못합니다. 그들은 항상 허둥지둥 댑니다. 한 가지 일을 하고나면, 허겁지겁 다른 일에 손을 댑니다. 잠시 휴식을 취하기 위해서, 그들에게 정해 놓은 시간이 전혀 없습니다. 하나님과 대화를 나누기 위하여 마련된 공간도 결코 없습니다. 그들에게 이런 일 저런 일이 발생합니다. 그렇지만 그들은 기도하는 것을 잊어버렸습니다. 나는 그들이 그것을 완전히 잊어버리지 않기를 바랍니다. 그들은 기도하는 것에 전혀 관심을 갖지 않고, 분주하게 살아갑니다. 이제 기도는 그들에게 중요하지 않은 것이 되어버렸습니다. 따라서 그들은 기도를 통한 하나님의 축복을 전혀 체험하지 못합니다. 여러분이 이번 주에 어떻게 기도했는지에 대해서, 각 사람이 기도 일기를 쓸 것을 나는 여러분에게 권합니다. 스물네 시간 중에서, 하나님과 얼마나 많은 시간을 보냈는지, 아니면 얼마나 적은 시간을 보냈는지, 스스로 살펴보기 바랍니다. 사람들은 식탁에 앉아서 많은 시간을 보냅니다. 그렇다면 하나님 앞에서는 얼마나 많은 시간을 보냅니까? 오랜 시간 동안, 사람들과 앉아서 먹고 마시며 이야기를 나눕니다. 그렇다면 창조주 와는 얼마나 많은 시간을 보냅니까? 이 땅의 친구들과 여러분은 긴 시간을 함께 있습니다. 하늘에 계신 진정한 친구와는 몇 분 동안 함께 지냅니까? 여러분은 여 러분을 위해서 별도의 휴식 공간을 마련합니다. 그렇다면 여러분은 하나님으로 부터 영혼의 진정한 안식과 평안을 공급받기 위한 공간을 구별해 놓으려고 합니 까? "모든 것을 적합한 장소에 있게 하라"는 것은 학교나 회사에서 적용해야 할 좋은 방침입니다. 영적인 분야에서도, 그 방침은 마찬가지로 유익합니다. 그리 스도인은 다른 의무들도 이행해야만 합니다. 그러나 신자가 기도를 생략해서는 결코 안 됩니다. 여러분의 삶 속에서, 기도는 그것에 어울리는 적합하고 마땅한 위치를 차지하고 있어야만 합니다. 우리의 기도가 막히지 않도록 주의를 기울여 야 합니다. 그래서 우리가 기도를 생략하거나, 단지 형식적으로 지나치게 짧게 하지 말아야 합니다. 이 광범위한 주제에 대해서 언급하는 것을 이 정도에서 마 무리하고, 이제 다음 주제에 대해서 다루고자 합니다.

2. 우리가 거룩한 일을 할 때, 기도에 방해받지 않기 위해서, 우리는 반드시 주의해야만 합니다.

　기도를 방해하는 요인들과 관련하여, 앞부분에서 설명했던 것을 요약한 다 음에, 계속해서 설교하고자 합니다. 어떤 신자들은 영적으로 느슨하며, 또한 차 지도 뜨겁지도 않은 상태에 있습니다. 그래서 그들은 기도하는 데에 방해를 받 고 있습니다. 이것은 중대한 방해 요인입니다. 또 어떤 사람들은 하는 일들이 너 무 많거나, 아니면 지나치게 적습니다. 그래서 이들은 제대로 기도하지 못합니 다. 또 다른 부류의 사람들은 마음이 너무 혼란스러운 상태에 놓여 있습니다. 그 들은 계획이 없이 날마다 무질서하게 살아가기 때문입니다. 여러분이 설교를 매 우 진지하게 들었으므로, 앞에서 언급한 것에 대해서, 더 이상 자세하게 설명할 필요가 없을 것입니다.

　어떤 사람들은 기도하기에 적합하지 않은 시간과 장소를 선택하기 때문에, 기도 하는 데에 방해를 받고 있다는 사실에 주목해 봅시다. 사람들이 여러분의 문을 두드리는 정해진 시간이 있습니다. 그때는 기도 시간으로 정해 놓지 않는 것이 지혜로울 것입니다. 우편물이 도착하는 시점, 고객들이 방문하는 시간, 상점을 정돈해야 하는 시점, 또한 직원들에게 지시 사항을 전달하는 때 등, 하루 일과는 대체로 규칙적으로 진행됩니다. 이러한 시간에 기도의 골방으로 들어간다는 것은 어리석은 것입니다. 만약 여러분이 직장인이라면, 직장에서 근무해야 하는 시간에 기도의 골방을 찾아서 그곳에서 오래 기도하며 머물러서는 안 됩니다. 근무 시간에는 직장 일을 열심히 하는 것이 하나님께 더욱 영광을 돌리는 것입니다. 여러분에게는 가정에서 필요한 일을 해야 할 시간이 있습니다. 또한 직장에서 요구하는 일을 처리해야 하는 시간이 있습니다. 이 시간들은 서로 다른 측면에서 이미 하나님의 것입니다. 곧, 가정 및 직장에서 필요한 일을 하므로, 여러분은 하나님을 섬기는 것입니다. 그러므로 그 시간들을 고유한 목적에 사용하십시오. 한 가지 의무를 수행해야만 하는 시간에 그것과 상관없는 다른 일을 하지 마십시오. 여러분이 혼자 있어도 되는 적합한 시간을 온전히 하나님께 드리십시오. 그때 기도에 몰입하십시오. 물론 여러분은 근무처에서 일을 하면서, 동시에 마음속으로 짧게 기도할 수 있습니다. 일하는 것이 힘들 때, 한두 마디를 나지막하게 외치면서, 또한 신음하며 기도할 수 있습니다. 여러분은 온종일 기도하는 마음을 지니고 살아가야만 합니다. 그렇지만 나는 지금 특별히 기도하고자 하는 목적을 위해서 바치는 시간에 대해서 말하고 있습니다. 그것을 위해서, 여러분이 방해를 받지 않을 수 있는 시간과 장소를 선택하십시오.

신앙심이 깊은 어떤 젊은 그리스도인이 있었습니다. 그에게는 집에서 혼자서 조용히 기도할 수 있는 공간이 없었습니다. 그래서 마구간으로 가서, 사다리를 타고 마른풀을 저장해 두는 곳으로 올라갔습니다. 그리고 그곳에서 기도하고 있었습니다. 그런데 잠시 후에 어떤 사람이 사다리를 타고 올라와서 그에게 말을 걸었습니다. 그래서 그는 계속해서 기도할 수 없었습니다. 다음 번에, 그는 그곳에 올라간 후에 사다리도 올려놓았습니다. 방해받지 않고 기도하는 것과 관련해서, 이것은 우리에게 유익한 힌트를 줍니다. 만약 우리가 기도의 사다리를 우리에게 완벽하게 끌어올릴 수만 있다면, 그래서 마귀도 세상도 우리의 거룩한 기도 생활에 침입할 수 없다면, 그것은 정말로 좋은 것입니다. 기도와 관련해서, 예수님께서는 이렇게 말씀하셨습니다. "너는 기도할 때에 네 골방에 들어가 문을 닫고 은밀한 중에 계신 네 아버지께 기도하라 은밀한 중에 보시는 네 아버지께서 갚으시리라"(마 6:6). 그러므로 방해를 받지 않고 기도하기 위해서, 가장 적합한 시간과 장소를 선택하십시오.

세상적인 염려는 흔히 기도를 방해하는 가장 해로운 요인입니다. 그리스도인은 세상에서 가장 주의 깊게 살아야 하는 사람입니다. 그러나 동시에 어떻게 살아가야 할지에 대해서 염려해서는 안 됩니다. 여러분은 이 역설을 이해할 수 있습니까? 그리스도인은 죄를 짓지 않기 위해서, 매우 조심해야만 합니다. 그러나 다른 문제들에 대해서는 "그를 돌보시는 하나님에게" 그것을 맡겨야 합니다. 모든 것을 하나님으로부터 받고, 모든 것을 하나님에게 의지하는 것은 행복한 삶을 위한 가장 좋은 방법입니다. 그럴 때, 그는 기도도 잘할 수 있습니다. 공중을 나는 새와 들에 피어 있는 백합꽃에 관한 예를 드시면서, 예수님께서 여러분에게 가르쳐 주지 않으셨습니까?(참조. 마 6:26-29). 하늘에 게신 여러분의 아버지께서 새들을 먹여 주시고, 꽃들을 입혀 주십니다. 그러므로 하나님 아버지께서 여러분을 먹여 주시고 입혀 주시지 않겠습니까? 예수님께서는 결론적으로 이렇게 명령하셨습니다. "그런즉 너희는 먼저 그의 나라와 그의 의를 구하라 그리하면 이 모든 것을 너희에게 더하시리라"(마 6:33). 하나님에 대한 신뢰는 우리에게 평안을 가져다줍니다. 평안은 우리가 기도에 전념할 수 있게 해줍니다. 반면에 마음속에 염려가 스며들어오면, 그것은 우리의 생각을 혼란스럽게 합니다. 그러면 우리 마음은 하나님께 간구하는 것으로부터 멀어지게 됩니다. 근심으로 마음이 가득 차 있는 사람은 마치 갑옷을 입고 수영을 하려는 사람과 같습니다. 만약 그가 해변까지 무사히 도착하기를 소망한다면, 그는 갑옷을 벗어서 던져버려야만 합니다. 파선을 당하면, 선원들은 옷을 벗어버립니다. 그렇게 하지 않으면, 그들은 헤엄을 치는데 방해를 받기 때문입니다. 이와 같이, 세상과 관련된 지나치게 많은 일들로부터, 그리스도인들이 불필요한 것들을 잘라내기를 나는 바랍니다. 왜냐하면 너무나 많은 근심과 걱정의 짐을 지고 세상의 바다에서 헤엄을 치고 있어서, 그들은 머리를 물 밖으로 내어놓기가 매우 힘이 들기 때문입니다. 하나님의 은혜를 더욱 사모하십시오! 아무것도 염려하지 마십시오. 기도에 더욱 힘쓰십시오. 걱정과 근심을 모두 떨쳐 버리십시오. 더욱 간절히 구하십시오. 그리고 머릿속에 있는 쓸데없는 잡념을 버리십시오. 염려와 근심과 잡념과 같은 것들 때문에, 여러분은 기도하는데 방해를 받고 있습니다.

　세상의 쾌락들, 특별히 말씀에 어긋나는 쾌락들은 기도를 가장 방해하는 요인들입니다. 어떤 신앙인들은 기도를 방해하는 쾌락에 빠집니다. 마치 그들은 꿀 속으로 날아드는 파리들과 같습니다. 날개와 다리가 달콤한 꿀에 달라붙으면 파리들은 더 이상 날아갈 수 없습니다. 나는 언젠가 다음과 같은 글을 읽은 적이 있습니다. '극장에서 돌아온 어느 그리스도인의 기도'와 '경마장에서 돌아온 어떤 성도가 드린 기도' 그리고 '무도회에서 돌아온 그리스도인 귀부인을 위한 기도'라는 제목들을 지닌 것들이었습니다. 물론 그 글은 풍자적으로 쓰였습니다. 사람들을 웃게 하려고 쓴 글이었습니다. 천박하고 죄악된 행동을 하고 집으로 돌아온 뒤에, 어떻게 여러분은 예수님의 얼굴을 들여다볼 수 있습니까? 세상의 잘못된 풍습을 따르면서, 어떻게 하나님과 친밀한 관계를 유지할 수 있습니까? 더러운 진흙탕 속에서 뒹굴다가, 뉘우치는 기색이 전혀 없이, 어떻게 은혜의 보좌 앞으로 나아갈 수 있습니까? 여러분이 방금 전까지 지극히 높으신 하나님의 이름을 모독했는데, 어떻게 하나님의 보좌 앞에 나와서 여러분의 요구 사항들을 들어달라고 기도할 수 있습니까? 오, 그리스도인들이여! 그러므로 올바르지 않거나 유익하지 않다고 판단되는 모든 것들을 멀리 하십시오. 왜냐하면 믿음의 내용과 일치하지 않는 것을 행하는 것은 다 죄이기 때문입니다(참조. 롬 14:23). 그러한 것은 여러분이 기도하는 것을 방해합니다.

나아가, 세상적인 **슬픔**도 기도하는 것을 방해합니다. 어떤 사람들은 너무 슬픔에 빠져서, 심지어 기도하는 것을 시작할 수조차 없습니다. 하나님께 간구해야만 하는 상황 속에 있으면서도, 어떤 그리스도인은 마음속에 불평이 가득한 채, 눈물을 펑펑 흘리며, 하늘을 향해서 자신의 소원을 결코 말하려고 하지 않습니다. 슬픔으로 인해서 기도하지 않는다면, 그것은 하나님의 뜻에 명백하게 어긋나는 것입니다. 주님께서는 십자가 사건을 앞에 두고, "내 마음이 매우 고민하여 죽게 되었으니"(마 26:38)라고, 제자들에게 자신의 심경을 토로하셨습니다. 그렇지만 주님께서는 하나님 아버지께 기도하셨습니다. 그렇습니다. 마음이 괴로워서 거의 죽을 지경에 이르렀기 때문에, 주님께서는 기도하셨습니다. 인간이 슬퍼한다는 것은 당연한 것입니다. 왜냐하면 하나님께서 고통을, 즐거운 것이 아니라, 그것을 통해서 아픔과 슬픔을 느끼게 하려고 의도하시기 때문입니다. 하나님께서 원하시는 것은, 슬픔을 통해서 우리가 그에게 기도하게 하려는 것입니다. 기도로부터 멀어지게 하려는 것이 결코 아닙니다. 만약 우리가 어린 자녀를 잃었거나 또는 재산의 손실로 인해서, 커다란 슬픔에 빠져서, 기도하는데 방해를 받고 있다면, 우리는 자신에게 이렇게 말해야만 합니다. "지금 나는 반드시 기도해야만 한다. 하나님 아버지의 손으로부터 내가 아무것도 구하려고 하지 않는다면, 그것은 하나님에게 반역하는 것이다." 자신이 원하는 대로 할 수 없을 때, 여러분의 자녀는 여러분에게 아무것도 요구하려고 하지 않을 것입니다. 그리고 입을 삐죽 내민 채 집안을 이리저리 다닐 것입니다. 그러면 여러분의 자녀가 골이 나 있다고 여러분은 추측할 것입니다. 그런데 슬픔을 겪고 있는 사람들 가운데 많은 이들이 이렇게 행동합니다. 나는 그들의 슬픔에 대해서 깊은 동정심을 느낍니다. 그러나 나는 그들이 불평하는 것에 대해서 너그럽게 봐주고 싶지 않습니다. 왜냐하면 하나님의 뜻에 맞게 마음 아파하는 것은, 회개를 하게 하여 구원에 이르게 합니다. 그러나 세상 일로 슬퍼하는 것은 죽음에 이르게 하기 때문입니다(참조. 고후 7:10). 그러므로 세상 일로 슬퍼하는 것은 하나님의 자녀에게 어울리지 않는 것입니다. 고난이 다가오면, 여러분은 슬픔을 겪습니다. 그때, 모든 슬픔에도 불구하고, 여러분은 머리를 땅에 대고, 주님처럼 이렇게 부르짖으십시오. "그러나 나의 원대로 마시옵고 아버지의 원대로 하옵소서"(마 26:39). 그러면 여러분의 기도는 응답받을 것입니다. 여러분이 오직 하나님 아버지의 뜻을 구한다면, 여러분의 기도는 방해받지 않을 것입니다.

　분노를 그대로 품고 있으면, 그것은 기도하는 데에 커다란 방해 요인이 됩니다. 분노는 쓸모가 없는 것입니다. 분노를 품거나 화를 내게 되면, 기도하는 것에 커다란 악영향을 미칩니다. 만약 여러분이 자녀들에게 습관적으로 거칠게 말한다면, 여러분은 능력 있는 기도를 할 수 없습니다. 만약 여러분이 기분이 나빠서 성질을 부리거나, 아니면 큰 소동을 일으키거나 말다툼을 벌인다면, 여러분이 곧바로 권능이 넘치는 기도를 하는 것은 불가능합니다. 만약 내 마음속에 분노를 품고 있다면, 나는 제대로 기도할 수 없습니다. 여러분도 마찬가지일 것이라고 나는 믿습니다. 그러므로 하나님과 대화하려고 하기 이전에, 여러분은 먼저 일어나 가서 그 문제를 해결하십시오. 왜냐하면 분노하고 있는 사람의 기도는 하나님을 진노하게 만들기 때문입니다. 분노라는 마귀의 권세 아래 매어 있는 동안, 여러분은 야곱처럼 하나님의 사자와 씨름할 수 없습니다(참조. 창 32:24-30). 나는 여러분의 양심에 호소합니다. 여러분 스스로 이 문제에 대해서 판단할 수 있을 것입니다. 여러분은 마음속에 분노를 품고서 기도할 수 있겠습니까? 이 문제와 관련해서, 우리 주님께서는 우리에게 가장 좋은 권고의 말씀을 주셨습니다. "그러므로 예물을 제단에 드리려다가 거기서 네 형제에게 원망들을 만한 일이 있는 것이 생각나거든 예물을 제단 앞에 두고 먼저 가서 형제와 화목하고 그 후에 와서 예물을 드리라"(마 5:23-24). 먼저 형제와 화목하는 것이 이루어지지 않으면, 예물은 열납될 수 없습니다. 또한 여러분이 어떻게 감히 그런 상태에서 하나님께 예물을 드릴 수 있습니까? 어떤 두 훌륭한 사람들에 관해서 들은 이야기입니다. 그들은 사업상 심한 견해 차이로 말다툼을 하게 되었습니다. 그것과 관련해서, 두 사람 중에 누가 비난을 받아야 하는지에 대해서 나는 알지 못합니다. 아마도 두 사람 모두 아닐 것입니다. 그들은 서로 오해했을 것입니다. 그 둘 가운데 한 사람이 대단히 화가 난 채 집으로 걸어오고 있었습니다. 마침 그때 해가 지고 있었습니다. 갑자기 그에게 다음 성경 구절이 생각났습니다. "해가 지도록 분을 품지 말라"(엡 4:26). 그러자 그는 이렇게 생각했습니다. '내가 그 친구에게 돌아가서 사과해야만 할 것 같다. 아무래도 내가 너무 심하게 말을 했던 것 같다.' 그래서 그는 그 친구의 사무실을 향해서 걷기 시작했습니다. 그가 반쯤 걸어왔을 때, 같은 목적을 지니고 그를 향해서 오고 있는 친구와 마주치게 되었습니다. 두 사람은 모두 성령님께서 성경을 통해서 가르쳐 주신 것을 잊지 않도록 마음에 새겨 두었습니다. 그들은 매우 행복한 그리스도인들입니다. 또한 그들은 예수님을 닮아가려고 날마다 힘썼습니다. 때때로 우리의 기분을 상하게 하는 일들이 일어나게 마련입니다. 그러나 가장 먼저 그 문제들을 해결하려고 하는 이들은 축복받은 사람들입니다. 안타깝게도 어떤 사람들은 그렇게 하지 못합니다. 그들은 다른 사람에 대하여 품고 있는 원한이 마음속에 뿌리를 깊게 내리게 만듭니다. 그래서 그들의 마음속에 고약한 냄새가 가득 차게 합니다. 아직 처리되지 않은 원한이 그들의 영혼을 오염시키고 있는 동안, 분명히 그들은 자신들의 기도가 응답되는 것을 기대할 수 없습니다. 사랑하는 여러분! 화를 낼 때마다, 여러분이 죄를 짓는 데까지 이르지 않도록 하십시오. 그것은 가능한 것입니다. 왜냐하면 성경에 이렇게 기록되어 있기 때문입니다. "분을 내어도 죄를 짓지 말며"(엡 4:26). 마음속으로 전혀 분노하지 않는 사람은 거의 없을 것입니다. 그런 사람은 분명히 훌륭한 인물이 아닐 것입니다. 왜냐하면 죄에 대해서도 분노하지 않는다면, 그는 정의라는 미덕을 사랑하지 않는 사람이기 때문입니다. 어떤 사람들에 대해서, 너무 오래 신어서 해어진 구두처럼, 때때로 사람들은 그들이 보잘것없는 사람들이라고 말합니다. 그리고 그들이 그 구두만큼이나 가치가 없는 사람들이라고 그들을 업신여깁니다. 불의에 대해서 분노하는 것은 정당한 것입니다. 그러나 바로 앞에서 소개한 것처럼, 어떤 사람에 대해서 원한을 품고, 그것이 그를 해치려는 의도로 변질되는 것은 명백한 죄입니다. 그것은 기도의 불씨를 아주 없애 버리게 됩니다. 우리에게 잘못을 범한 사람들을 우리가 먼저 용서하지 않으면, 우리는 하나님께 우리의 죄를 용서해 달라는 기도를 할 수 없습니다.

또한 다음 세 가지 측면에서, 우리의 기도는 매우 끔찍하게 방해받을 수 있습니다. 첫째, 우리의 기도의 대상이신 하나님 아버지를 우리가 불명예스럽게 할 때, 우리는 기도할 수 없습니다. 둘째, 우리는 예수님의 이름으로 기도합니다. 곧, 그는 우리의 기도의 통로이십니다. 마찬가지로, 우리가 예수님에게 수치스러움을 가져다줄 때, 우리는 온전히 기도할 수 없습니다. 셋째, 우리는 성령님을 통해서 기도합니다. 우리가 성령님을 부끄럽게 만든다면, 우리는 제대로 기도할 수 없습니다.

우리는 하나님 아버지를 불명예스럽게 만들 수 있습니다. 우리의 신앙과 삶이 일치하지 않을 때, 이런 일이 일어납니다. 만약 하나님의 자녀가 하나님의 뜻에 불순종한다면, 기도하기가 어려워질 것입니다. 그들은 이것을 절대로 이상하다고 생각하지 말아야 합니다. 불순종하면, 여러분이 하나님께 간구하는 것을 억제시키는 어떤 것이 목구멍에 생겨날 것입니다. 여러분이 하늘에 계신 아버지를 온전히 신뢰하지 않는다면, 여러분은 하나님의 마음에 들 만큼 여러분의 마음을 그에게 쏟아놓을 수 없습니다. 만약 여러분이 하나님에 대해서 잘못된 견해들을 지니고 있거나, 하나님에게 냉담한 마음을 머금고 있거나, 또한 하나님에 대한 경외심이 부족하다면, 이것들은 여러분이 하나님에게 기도하는 것을 가로막을 것입니다. 은혜와 자비가 넘치는 마음으로, 하나님께서는 여러분을 기꺼이 축복하시려고 여러분이 그에게 간구하는 것을 기다리고 계십니다. 만약 이 사실을 여러분이 믿지 않는다면, 또한 여러분에게 하나님에 대한 사랑과 믿음과 공경하는 마음이 부족하다면, 이것들은 여러분의 기도를 방해할 것입니다. 하나님의 자녀가 위대하신 아버지와 완전히 하나가 될 때, 아바 아버지께서 그의 영혼의 가장 소중한 대상이 될 때, 자녀가 하나님을 전적으로 신뢰하며 하나님 아버지와 긴밀한 대화를 나눌 때, 하나님의 뜻에 자신을 온전히 맡길 때, 또한 하나님의 영광을 구하는 것이 자신의 최상의 기쁨일 때, 하나님의 자녀는 기도하기에 대단히 적합한 영적인 상태에 놓여 있는 것입니다. 그러나 만약 하나님의 자녀가 하나님과 이러한 관계에 놓여 있지 않다면, 기도하는 것이 그에게 대단히 고통스럽고 어려울 것입니다.

　형제자매 여러분! 우리가 기도할 때, 예수님께서는 통로의 역할을 하십니다. 왜냐하면 우리의 구원자와 대속자와 중보자이신 예수님의 이름으로, 우리가 기도하기 때문입니다. 만약 우리와 예수님의 관계가 잘못되어 있다면, 우리가 하나님의 뜻을 묻지 않은 채 스스로 옳다고 주장한다면, 우리가 자신만을 기뻐하고 주님을 잊어버린다면, 또한 우리가 구세주 없이도 스스로 잘해나갈 수 있다고 상상한다면, 그래서 스스로 만족해하는 바리새인처럼 기도한다면, 우리의 기도는 분명히 방해를 받을 것입니다. 만약 우리가 구세주와 같지 않다면, 그리스도를 우리의 모범으로 삼으려고 하지 않는다면, 또한 우리가 그의 사랑의 정신을 전혀 갖고 있지 않다면, 우리는 기도하는 데에 방해를 받을 수밖에 없습니다. 무엇보다도, 만약 우리가 주님을 다시 십자가에 못 박는다면, 그래서 그를 공개적으로 수치스럽게 만든다면, 또한 이미 받은 많은 은혜에 대해서 우리가 감사하지 않는다면, 우리는 제대로 기도할 수 없을 것입니다. 만약 여러분이 자신의 변호사와 의견 차이로 인해서 싸웠다면, 여러분은 법정에서 여러분을 위해서 제대로 답변할 수 없을 것입니다. 만약 여러분의 기도가 하나님과 여러분 사이의 중보자이신 예수님의 손에 의해서 하나님 아버지에게 전달되지 않는다면, 여러분은 기도라는 거룩한 일을 하고 싶은 마음이 전혀 없을 것입니다.

　그리고 우리의 기도가 방해받지 않으려면, 성령님과 우리의 관계가 어떠한 상태에 놓여 있는지도 마찬가지로 매우 중요합니다. 먼저 성령님께서는 우리의 마음을 움직이십니다. 그래서 성령님께서 원하시는 대로, 하나님 아버지께 예수님의 이름으로 우리가 기도하도록, 그는 우리의 마음을 이끄십니다. 하나님 아버지께서는 바로 이러한 기도를 기꺼이 받으십니다. 그러므로 진정한 기도는 우리 스스로 하나님께 간청하는 것이 아닙니다. 그것보다는, 하나님의 영이 우리 안에서, 우리를 대신해서, 우리와 함께, 하나님 아버지께 간구하시는 것입니다. 만약 우리가 성령님을 근심하시게 한다면, 그는 우리가 기도하는 데에 도와주시지 않을 것입니다. 그리고 만약 어떤 것이 거룩하고 은혜로우시며 사랑이 넘치는 성령님의 뜻에 분명히 어긋나는 데에도 불구하고, 우리가 그것을 구하려고 한다면, 우리는 그가 우리의 기도를 도와주시리라는 것을 기대할 수 없습니다. 왜냐하면 우리가 하나님의 뜻에 어긋나는 것을 얻으려고 하기 때문입니다. 어떤 방식으로든지, 여러분이 하나님의 성령을 근심하게 하지 마십시오(참조. 엡 4:30). 성령님께서 여러분에게 부드럽게 권면하시고, 사랑이 넘치는 마음으로 부르시며, 진지하게 당부하시며, 또한 애정이 담긴 음성으로 여러분을 경고하시는 것에 여러분의 귀를 막지 마십시오. 왜냐하면 만약 승천하신 예수님께서 하나님 아버지로부터 보내신 보혜사에게(참조. 요 14:16, 26; 15:26; 16:7) 여러분이 귀머거리가 된다면, 성령님께서도 여러분에게 침묵하실 것이기 때문입니다. 만약 여러분이 모든 면에서 성령님에게 순종하지 않는다면, 그는 여러분이 기도하는 것을 도와주시지 않을 것입니다.

사랑하는 여러분! 여러분의 기도가 방해를 받는 여러 가지 요인들에 대해서, 이제까지 나는 간략하게 설명했습니다. 우리 가운데 아무도 그 요인들에 의해서 기도가 방해받지 않도록 하나님께서 우리에게 은혜를 베풀어 주시기를 간절히 바랍니다. 그 대신, 하나님께 대한 우리의 간구를 훼손시키는 모든 것으로부터, 우리가 벗어날 수 있기를 원합니다.

3. 이제 우리가 어떻게 하나님께 응답받는 기도를 드릴 수 있는가에 대해서 다루고자 합니다.

이것은 여러분에게 매우 중요한 주제일 것입니다. 그러므로 주의를 더욱 집중해서 들으시기 바랍니다. 이 주제에 대해서, 나는 가능한 한 간략하게 설명하려고 합니다. 하나님으로부터 응답받는 기도를 하는 데에, 우리는 방해를 받을 수 있습니다. 우리는 기도합니다. 그렇지만 우리의 기도는 응답받지 못할 수 있습니다. 기도를 해도 응답받지 못한다는 주장에 대해서, 나는 여기서 이의를 제기하고자 합니다. 주 예수 그리스도를 통해서, 하나님의 자비를 구하는 모든 사람의 기도를 하나님께서는 기꺼이 들어주실 것입니다. 그는 죄를 깊이 뉘우치는 사람의 부르짖음을 멸시하시지 않습니다. 하나님과 화목하기를 원하는 모든 사람들의 기도를 그는 들을 준비를 하고 계십니다. 반면에, 하나님께서 죄인들의 기도를 들어주시지 않는다는 것은 사실입니다. 다시 말해서, 사람들이 자신들의 죄에 대해서 회개하지 않고 그대로 죄인으로 머물러 있다면, 하나님께서는 그들의 소원을 들어주시지 않습니다. 만약 그가 죄인들의 소원들을 들어주신다면, 그것은 그들의 죄악을 부추기는 결과를 빚어낼 것입니다. 그렇지만 만약 그들이 회개하고, 예수 그리스도의 이름을 통하여, 하나님의 자비를 구한다면, 그는 그들을 구원해 주실 것입니다. 그러나 만약 그들이 먼저 죄에 대한 뉘우침을 통하여 하나님과 화해하지 않는다면, 그들의 기도는 바람과 같이 공허한 것에 지나지 않을 것입니다. 여러분도 자신의 자녀가 요청하는 것을 기꺼이 들어줍니다. 그러나 잘 모르는 사람들이 요구하는 것은 들어주지 않을 것입니다. 또한 여러분은 친구들의 부탁을 들어줄 것입니다. 그렇지만 사람들은 원수들이 간청하는 것은 절대로 받아들이지 않을 것입니다. 하늘의 보물 상자를 열 수 있는 열쇠가 반역자의 허리띠에 매달려 있다면, 그것은 어울리지 않는 것이기 때문입니다. 한편 하나님께서는 그의 자녀들이 요구하는 모든 것들을 전부 들어주시지 않습니다. 또한 모든 자녀들에게 똑같이 들어주시지도 않습니다. 아무 때나 들어주시지도 않습니다. 그리고 모든 신자가 동일하게 능력 있는 기도를 하는 것이 아닙니다. 시편 99편에 이렇게 기록되어 있습니다. "그의 제사장들 중에는 모세와 아론이 있고 그의 이름을 부르는 자들 중에는 사무엘이 있도다 그들이 여호와께 간구하매 응답하셨도다 그들은 그가 그들에게 주신 증거와 율례를 지켰도다"(시 99:6-7). 그렇습니다. 여호와께서는 모세와 아론과 사무엘에게 응답하셨습니다. 왜냐하면 그들이 하나님께서 증거하신 말씀들을 지켰기 때문입니다. 하나님의 자녀들이 그들의 기도가 이루어지지 않는다는 사실을 깨달을 때, 그들은 그 이유에 대해서 점검해 보아야만 합니다. 그러면 그들은 곧 자신들의 기도가 왜 방해를 받았는지에 대해서 알게 될 것입니다.

첫째, 만약 신자가 그의 기도가 잘 응답받기를 원한다면, 그는 반드시 거룩한 삶을 살아야만 합니다. 야고보의 다음과 같은 증거를 주의 깊게 듣기 바랍니다. "의인의 간구는 역사하는 힘이 큼이니라"(약 5:16). 또한 우리의 구주이신 예수님의 말씀에도 주의를 기울이기 원합니다. "너희가 내 안에 거하고 내 말이 너희 안에 거하면 무엇이든지 원하는 대로 구하라 그리하면 이루리라"(요 15:7). 예수님의 말씀은 '만약'이라는 접속사로 시작됩니다('만약'에 해당하는 헬라어는 '에안'이다. KJV에는 'if'로 번역되었다. 그러나 개역개정에는 의미만 반영된 채, '만약'이라는 접속사는 생략되었다 – 역주). 만약 여러분이 그리스도의 말씀과 뜻을 실행하지 않는다면, 그분도 여러분이 원하는 것을 이루어 주시지 않을 것입니다. 이것은 율법적인 성격을 띤 것이 아닙니다. 이것은 율법과 아무런 관련이 없습니다. 그것은 그리스도께서 전해 주신 복음에 들어 있는 법칙입니다. 곧, 그리스도인이 예수님에게 순종하면, 그의 기도는 응답받는 능력을 지닌다는 것입니다. 이것은 여러분이 자녀를 대하는 것과 마찬가지입니다. 여러분은 자녀들의 요구를 들어주기도 하지만, 물리치기도 합니다. 자녀들이 어떤 나쁜 짓을 했다고 해서, 그들을 집 밖으로 쫓아내거나 경찰에 넘겨주지는 않을 것입니다. 그러나 자신의 뜻대로만 행동하는 자녀는 나무라지만, 반면에 순종하는 자녀에게는 상을 주는 등, 자녀를 다루는 데 있어서 여러분은 다양한 방법을 갖고 있습니다. 여러분의 말을 잘 듣지 않는 아들의 요구를 들어주고 싶은 마음이 여러분에게는 별로 없습니다. 그래서 비록 여러분의 아들이 끈질기게 요청하지만, 여러분은 그것을 거부합니다. 그러나 사랑스럽고 말 잘 듣고 귀여운 자녀가 여러분에게 필요한 것을 말하기만 하면, 여러분은 곧 그에게 그것을 줍니다. 자녀를 양육하는 데 있어서, 이것은 올바른 원리입니다. 하나님 아버지께서도 우리에게 그와 같이 대하십니다. 하나님의 자녀들이 한두 번 죄를 지었다고 해서, 하나님께서 그들을 당장 내쫓지 않으십니다. 또한 그들이 더 이상 하나님의 자녀들이 아니라고 말씀하시지도 않습니다. 그렇지만 하나님께서는 사랑으로 그들을 징계하십니다. 그들의 기도를 응답해 주시지 않는 것은 하나님께서 자녀들을 징계하시는 여러 가지 방법들 가운데 한 가지입니다. 만약 우리가 기도하는 것을 활쏘기에 비교한다면, 여러분은 반드시 손을 깨끗이 씻어야 합니다. 그렇지 않으면, 여러분은 활을 쏠 수 없습니다. 왜냐하면 아직 죄를 회개하지 않은 죄인의 더러운 손으로는 기도의 활을 당길 수 없기 때문입니다. 만약 어떤 죄인이 회개하며 예수님의 이름으로 하나님 아버지께 자비를 구한다면, 그의 기도는 응답될 것입니다. 하나님께서 베푸시는 축복의 일반적인 원리는 다음과 같습니다. "의인은 그 원하는 것이 이루어지느니라"(잠 10:24). 그러나 하나님께서는 회개하지 않은 죄인의 기도는 들어주시지 않습니다. 그러므로 죄인은 먼저 그리스도의 보배로운 피로 죄를 씻어주는 은혜의 샘에서 자신을 말끔하게 씻어야 합니다. 그 다음, 성령님에 의해서, 마음이 깨끗하게 씻어져야 합니다. 그렇지 않으면, 여러분의 기도는 응답받지 못할 것입니다. 만약 누가 나에게 어떤 그리스도인에 대해서 이렇게 설명한다면, 나는 그의 말을 전혀 믿지 않을 것입니다. "어떤 신자가 날마다 죄악에 빠져서 사는 데에도 불구하고, 하나님께서 그의 기도를 거의 전부 들어주셨습니다." 그것은 있을 수 없습니다. 단지 신자라는 이름만을 지니고 있는 위선적인 하나님의 자녀의 기도를 들어주셔서, 하나님께서 그의 죄악된 삶을 후원하신다는 것은 전혀 있을 수 없는 일입니다. 예수님으로부터 고침을 받았던 눈먼 사람의 주장은 옳은 것입니다. "하나님이 죄인의 말을 듣지 아니하시고 경건하여 그의 뜻대로 행하는 자의 말은 들으시는 줄을 우리가 아나이다"(요 9:31).

둘째, 기도가 응답받으려면, 반드시 **믿음**이 있어야만 합니다. 그래서 히브리서 기자는 이렇게 말합니다. "믿음이 없이는 하나님을 기쁘시게 하지 못하나니 하나님께 나아가는 자는 반드시 그가 계신 것과 또한 그가 자기를 찾는 자들에게 상을 주시는 이심을 믿어야 할지니라"(히 11:6). 또한 야고보는 이렇게 권면합니다. "오직 믿음으로 구하고 조금도 의심하지 말라 의심하는 자는 마치 바람에 밀려 요동하는 바다 물결 같으니 이런 사람은 무엇이든지 주께 얻기를 생각하지 말라"(약 1:6-7). 그러므로 믿음은 약속들을 얻습니다. 그러나 불신앙은 빈손으로 돌아갑니다. 그런데 하나님께서는 의심하는 사람에게도 어떤 축복을 주실 수 있습니다. 그러나 그것은 하나님의 말씀에 들어 있는 약속들과는 다른 것입니다. 그에게는 자신이 그 약속들을 받을 것이라고 기대할 권리가 없습니다. 하나님께서 자신의 기도를 들어주신다고 믿기 때문에, 확신을 갖고 기도하는 사람의 기도를 하나님께서는 가장 잘 응답해 주십니다. 한 마디로, 기도는 활과 같습니다. 여러분은 먼저 활을 손에 잡아야만 합니다. 그렇지 않으면, 활을 쏠 수 없습니다. 활이 강하면 강할수록, 여러분은 화살을 더 멀리 보낼 수 있습니다. 그 활을 통해서, 여러분의 활 쏘는 솜씨를 더 훌륭하게 보여줄 수 있습니다. 믿음이 없으면, 기도에 있어서나 아니면 다른 사항들에 있어서나, 여러분은 하나님을 기쁘시게 할 수 없습니다. 사람의 몸에 비유하자면, 기도와 관련하여, 믿음은 등뼈이며 힘줄이고 근육입니다. 이것들이 없으면, 여러분은 조금도 움직일 수 없습니다.

셋째, 응답받는 기도를 하려면, 반드시 여러분에게 이루어지기를 간절히 바라는 거룩한 소망이 있어야만 합니다. 그렇지 않으면, 여러분의 기도는 응답받지 못할 것입니다. 그리고 그 소망은 반드시 하나님의 약속 위에 기초한 것이어야만 합니다. 하나님께서 어떤 것에 대해서 축복을 약속하시지 않았다면, 여러분에게는 그것을 위해서 기도할 권리가 없습니다. 또한 그 기도가 이루어지기를 기대해야 할 까닭이 없습니다. 여러분이 수표를 지니고 있지 않은데도, 어떤 은행의 창구에 가서 직원에게 돈을 내어줄 것을 요구한다면, 그것은 아무런 소용이 없습니다. 은행 직원은 여러분을 알지 못합니다. 그들은 약속된 것을 지불해야 한다는 사실을 알고 있습니다. 만약 여러분이 수표를 제시한다면, 여러분은 그것에 해당하는 금액을 받을 수 있습니다. 말만으로는 전혀 가능하지 않습니다. 이와 같이, 여러분이 기도할 때에도, 하나님의 은혜의 보좌 앞으로 나아가서,

여러분은 하나님께서 스스로 약속하신 것들을 제시해야만 합니다. 은혜의 보좌는 하늘나라의 금고입니다. 은혜의 보좌 앞에서, 하나님의 약속들을 제출해야만, 여러분은 자신이 필요로 하는 것들을 받을 수 있습니다. 믿음은 활과 같으며, 간절한 소망은 활을 하늘을 향해서 당기는 것과 같다는 사실을 주목하기 바랍니다. 하나님께서 내려 보내신 약속의 화살들만을 여러분은 하늘을 향해서 쏘아야만 합니다. 왜냐하면 그 화살들만이 하나님의 은혜의 보좌 앞에 있는 과녁의 한 가운데에 정확하게 꽂힐 것이기 때문입니다. 그리스도인들은 하나님의 말씀의 화살집으로부터 약속의 화살들을 취합니다. 그들은 그 화살들을 하늘을 향해서 쏘면서, 다음과 같이 말해야 할 것입니다. "하나님께서 말씀하신 대로 행하시옵소서. 주님의 종에게 약속하신 말씀들을 기억하시옵소서. 주님께서 나에게 그 약속의 말씀들을 믿으라고 명령하셨습니다. 그러므로 나는 그것들을 확실히 믿고 있습니다." 이와 같이, 기도가 응답받으려면, 우리는 거룩한 마음으로 그것을 간절히 소망해야만 합니다. 또한 그 소망은 하나님의 약속에 의해서 승인된 것이어야만 합니다. 진정한 기도는 자신이 도착해야 할 곳을 매우 잘 찾는 통신 비둘기와 같습니다. 하나님의 약속에 근거한 진정한 기도는 하늘 보좌에 앉으신 하나님에게 상달되는 데에 실패할 수 없습니다. 왜냐하면 그 약속은 하늘로부터 내려온 것이기 때문입니다. 또한 진정한 기도와 함께 그 약속은 하늘로 다시 돌아가는 것이기 때문입니다.

넷째, 기도가 응답받으려면, 반드시 열심과 집요함이 있어야만 합니다. 야고보는 이렇게 말합니다. "의인의 간구는 역사하는 힘이 큼이니라"(약 5:16). 그것은 허울뿐인 신자의 힘없는 기도가 아닙니다. 또한 응답을 받든지 그렇지 않은지에 대해서 관심이 없는 사람의 기도가 아닙니다. 그것은 하나님 앞에서, 온 마음으로 매우 열정적으로 집요하게 하는 기도입니다. 여러분은 기도의 화살을 시위에 얹어 놓아야만 합니다. 그리고 있는 힘을 다해서 활을 잡아당겨야만 합니다. 여러분이 활을 당기지 않는다면, 아무리 좋은 화살이라고 하더라도, 그것은 아무런 소용이 없습니다. 만약 여러분이 하나님의 약속에 근거해서, 믿음으로 활을 당겨서, 하늘에 있는 표적을 향해서 기도의 화살을 쏜다면, 여러분은 원하는 것을 얻을 것입니다. "아버지의 원대로 되기를 원하나이다"(마 26:42)라는 예수님의 기도를 기억하면서, 여러분은 반드시 구하는 것을 얻을 것이라는 단호한 의지를 지녀야만 합니다.

다섯째, 응답받는 기도를 하려면, 기도의 궁극적인 목적이 반드시 하나님의 영광을 구하는 것이어야만 합니다. 왜냐하면 그것이 과녁의 중심이기 때문입니다. 우리가 과녁의 중심을 목표로 해서 화살을 쏘지 않는다면, 그 화살은 쓸모가 없을 것입니다. 그리고 우리는 구하는 것을 간절히 원해야만 합니다. 왜냐하면 하나님께서 그것을 우리에게 주시면, 그것이 그를 영광스럽게 한다고 우리가 믿고 있기 때문입니다. 우리가 전적으로 하나님의 영광을 위해서 산다면, 우리의 기도는 우리를 향하신 하나님의 목적과 일치하게 될 것입니다. 그러므로 우리가 기도하는 것 가운데 아무것도 땅에 떨어지지 않을 것입니다. 그래서 다윗은 이렇게 권면합니다. "여호와를 기뻐하라 그가 네 마음의 소원을 네게 이루어 주시리로다"(시 37:4).

나아가, 우리는 반드시 장차 기도가 응답받는다고 확신하며 기대해야만 합니다. 그렇지 않으면, 우리는 기도하는 데에 방해를 받을 것입니다. 이미 화살을 쏜 사람은 그것이 어디를 향해서 날아가는지 지켜봅니다. 하나님께 기도하는 우리는 시선을 하늘을 향하고 있어야만 합니다. 모든 일에서, 주 예수님을 의지하며, 구세주와 대언자이신 그리스도의 공로로 말미암아, 우리의 기도가 반드시 응답받는다고 기대해야만 합니다. 그러므로 사도 요한은 이렇게 증거합니다. "우리가 무엇이든지 구하는 바를 들으시는 줄을 안즉 우리가 그에게 구한 그것을 얻은 줄을 또한 아느니라"(요일 5:15).

그런데 교만한 마음으로 기도하는 것은 자신을 신뢰하는 마음을 지니고 기도의 화살을 쏘는 것입니다. 그러한 기도는 하나님의 영광을 구하지 않습니다. 그것은 자기만족을 충족시키기 위해서 기도합니다. 그러므로 그런 기도는 응답받지 못합니다. 어떤 사람들은 다음과 같은 생각을 갖고 있습니다. 그들은 자신들이 좋아하는 것을 하나님께 구하기만 하면, 반드시 그들은 그것을 받을 것이라고 확신합니다. 나는 그들에게 묻습니다. 첫째, "당신은 누구입니까?" 둘째, "당신이 구하고자 하는 것은 무엇입니까?" 셋째, "당신은 어떠한 권리에 근거해서 그것을 기대합니까?" 하나님께 무엇을 구할 때, 여러분은 먼저 이 질문들에 대해서 반드시 명백한 답변을 제시해야만 합니다. 그렇지 않으면, 기도한다고 하면서, 반면에 여러분은 하나님을 모독할 수도 있습니다. 세상에서의 일시적인 것들을 위해서 기도하는 그리스도인들이 있습니다. 그들은 자신들이 어떻게 생활해야 하는지에 대해서 좀 더 신중하게 생각해 보기를 나는 원합니다. 만약 자신들의 사치와 낭비로 말미암아 그들이 경제적으로 어려운 상태에 놓이게 되었다면, 그들은 하나님께서 그 문제를 해결해 주실 것이라고 기대하는 것입니까?

브리스틀(Bristol)에 사는 훌륭한 밀러 씨에 대해서 들은 이야기입니다. 기도 모임에서, 그는 어떤 형제로부터 받은 편지를 읽어 주었습니다. 그 편지에서, 그 형제는 밀러 씨에게 이십 파운드를 보내준 것에 대해서 감사했습니다. 왜냐하면 여섯 달치 집세가 밀려 있는 그 형제에게 밀러 씨가 보내준 돈이 매우 알맞은 때에 도착했기 때문입니다. 그것과 관련해서, 밀러 씨는 기도 모임에서 이렇게 말했습니다. "그렇습니다. 그 형제는 자신에게 꼭 필요한 때에 돈을 선물로 받는 것에 대해서 매우 감사하게 생각해야 합니다. 그렇지만 나는 그에게 편지를 보내려고 합니다. 그 편지로, 사전에 제대로 준비를 하지 못해서, 그에게 여섯 달 동안이나 집세를 내지 못하는 상황이 벌어지게 해서는 안 된다고 권고하려고 합니다. 집세를 내기 위해서, 그가 저축하지 않은 것은 현명하지 못하며 바른 자세가 아니라고 말할 것입니다. 나는 어떤 집을 세내었을 때, 스스로 이렇게 다짐했습니다. '이 집은 다른 사람에게 속한 것이다. 나는 집세를 꼬박꼬박 정확하게 내야만 한다.' 그 집에 사는 동안, 나는 매주 필요한 집세를 지불하기 위해서, 조금씩 저축했습니다. 나는 저축한 돈을 다른 데에 쓰지 않았습니다. 그래서 석 달이 지난 후에, 누군가를 통해서, 하늘의 아버지께서 나에게 집세를 지불하기 위해서 더 많은 돈을 보내 주실 것을 기대할 필요가 없었습니다."

우리는 일용할 양식을 위해서 기도해야 합니다. 그러나 일확천금을 기대하고 투기를 하려고 한다면, 그것은 여러분을 재정적으로 파탄에 이르게 할 수 있습니다. 그러므로 여러분은 투기라는 말을 입에 담아서도 안 됩니다. 만약 여러분이 도박을 하려고 한다면, 차라리 기도하는 것을 그만두는 것이 더 좋을 것입니다. 올바른 상거래를 하기 위해서, 여러분은 하나님께 기도할 수 있습니다. 그러나 단순히 돈을 벌려는 세속적인 목적에 하나님을 수단으로써 이용하려고 하지 마십시오.

어떤 젊은이가 나를 찾아왔습니다. 그는 새로운 직장을 얻을 수 있도록 기도해 줄 것을 부탁했습니다. 그는 공금을 유용해서 직장을 잃어버렸던 것입니다. 나는 직장을 구하는 기도를 하기에 앞서, 먼저 자신이 정직해지게 해달라고 하나님께 기도하라고 그에게 조언해 주었습니다. 또 상당히 많은 빚을 지고 있는 어떤 사람이 나를 방문했습니다. 빚과 관련해서, 그는 자신이 어떤 도움을 받을 수 있도록 기도해 달라고 나에게 부탁했습니다. 나는 그에게 이렇게 제안했습니다. 그에게 남아 있는 돈이 있다면, 먼저 그것을 채권자들에게 나누어 주라고 말했습니다. 만약 어떤 사람에게 어떤 사항에 대해서 요구하는 것이 정당한 것이 아니라면, 나는 그것을 하나님에게 요구하지 않습니다. 하나님의 보좌로 나아가는 길은 거룩한 길입니다. 하나님에게 나아가는 것을 하찮은 것으로 여겨서는 안 됩니다. 더욱이 그것을 통해서, 죄악을 조장하는 데에 이용하려고 해서는 안 됩니다. 따라서 야고보는 이렇게 권면합니다. "구하여도 받지 못함은 정욕으로 쓰려고 잘못 구하기 때문이라"(약 4:3). 만약 우리가 하나님을 거슬러서 행동한다면, 하나님께서도 우리가 원하는 것과는 다르게 응답하실 것입니다. 오늘 이 자리에 있는 모든 사람들에게 말합니다. 여러분이 그리스도인으로서 환난을 겪고 있습니까? 그 소용돌이 속에서도 올바른 길을 걸어가십시오. 모든 일을 공의롭게 처리하고, 올바르게 행동하십시오. 만약 그것이 여러분에게 고난을 가져다준다면, 묵묵히 인내하기 바랍니다. 그리고 하나님 앞에 나아가서, 이렇게 간구하십시오. "여호와여, 주님의 은혜로, 순수하고 정직한 길을 선택했나이다. 이제 나를 도와주서서, 이 모든 어려움을 극복하게 하소서." 그러면 하나님께서 기꺼이 여러분을 곧 도와주실 것입니다.

그리스도인으로서, 우리가 오직 예수님만을 의지하며, 성령님의 권능을 통해서 하나님과 동행하도록, 하나님께서 우리에게 은혜를 베풀어 주시기를 간절히 기도합니다. 또한 우리가 모두 열심히 항상 기도에 힘쓸 수 있도록, 여호와께서 도와주시기를 바랍니다. 능력 있는 기도를 하도록 하나님께서 가르쳐 주신 사람은 하나님의 뜻과 자신의 생각을 일치하게 만듭니다. 하나님의 손은 능력 있게 기도하는 사람들 가운데 활동하고 있습니다. 기도하는 사람이 움직이면, 하나님께서도 그의 안에서 역사하십니다. 그러나 그는 항상 신중하고 깨어 있어야 합니다. 왜냐하면 여호와께서는 질투하시는 하나님이시기 때문입니다. 하나님께서 가장 많이 사랑하는 사람에게 그는 가장 많이 질투하실 수 있습니다. 사랑하는 형제자매 여러분! 여러분이 하나님과 겸손하게 동행하도록, 하나님께서 여러분에게 은혜를 베푸시기를 원합니다. 또한 여러분이 하나님과 긴밀하게 대화를 나누며, 그분 가까이에서 살기를 바랍니다. 그래서 여러분의 기도가 막히지 않기를 원합니다. 아멘.

제
13
장

—

승천하신 주님

—

"그는 하늘에 오르사 하나님 우편에 계시니 천사들과
권세들과 능력들이 그에게 복종하느니라" — 벧전 3:22

지난 주일 아침에, 우리는 그리스도께서 자신을 낮추신 것, 곧 겸손에 대해서 생각해 보았습니다. 나아가 자신의 고난을 통해서, 예수님께서 우리에게 얼마나 가까이 오셨는지에 대해서, 또한 진정한 사람으로서, 그가 지금도 우리에게 얼마나 가까이 계시는지에 대해서, 우리는 구체적으로 깊이 깨닫게 되었습니다. 지난주의 설교를 통해서, 우리는 그리스도와 가장 진정한 사귐을 갖게 되었습니다. 우리를 불쌍히 여기시는 그리스도의 사랑은 우리 마음속에 그에 대한 우리의 사랑을 일깨웠습니다. 우리를 위해서 눈물을 흘리셨을 뿐만 아니라, 피를 흘리시기까지 하신 예수님과 우리가 함께 앉아서 눈물을 흘린다는 것은 매우 유익한 것이라고 느꼈습니다.

오늘 아침에는, 그리스도의 영화에 대해서, 곧 하늘나라로 가서서 영광스럽게 되신 예수님에 대해서, 나는 여러분과 함께 생각해 보려고 합니다. 지난주의 설교를 통해서, 우리가 예수님에게 매우 가까이 있다는 것을 느꼈던 것처럼, 오늘도 우리가 모두 그러한 체험을 할 수 있기를 나는 바랍니다. 예수님께서는 우리를 위해서 자신을 비우고 낮아지셨지만, 또한 그는 우리를 위해서 높아지셨습니다. 하나님의 아들이신 그리스도께서는 우리에게 가까이 오시려고, 하늘 보좌를 버리시고, 이 낮은 땅으로 내려오셨습니다. 이제 주님께서는 우리를 이 땅의 낮은 상태에서 들어올리십니다. 그래서 하늘나라에서 영광 가운데 계신 자신에게로 우리를 가까이 이끄시려고 합니다. 예수님께서 우리의 낮은 신분을 자신에게 취하셨을 뿐만 아니라, 이제 우리는 그의 높아지심에 참여하는 사람들입니다. 그 사귐은 온전하고 완벽한 것입니다. 왜냐하면 십자가 위에서 그리스도께서 우리의 죄와 사망을 몸소 담당하셨으므로, 우리가 그의 부활에 참여하게 되었기 때문입니다. 성육신을 통해서, 그리스도는 우리에게 내려오셨습니다. 그러나 승천을 통해서, 그는 우리를 자신에게로 부르십니다. 우리와 같은 육신을 지니심으로, 그는 우리의 초라한 옷을 입으셨습니다. 그러나 그리스도께서 진정한 사람의 모습을 지니시고 하늘로 올라가심으로, 그는 그가 입고 계신 영광의 옷을 우리에게 입히십니다. 제자들이 이 땅에서 보았던 "이 예수"(행 1:11)께서 하늘로 올라가셨다는 사실을 기억하기 바랍니다. 그러나 "이 예수"는 두 번째로 곧 우리에게 다시 오실 것입니다. 그렇습니다. "이 (동일한) 예수"입니다. 십자가 위에 못 박히셨던 예수님께서는 지금 하늘 보좌에 앉아 계신 분입니다. 이전에 예루살렘에서 눈물을 흘리던 여인들 사이에 계셨을 뿐만 아니라, 지금 하늘 보좌에서 천사들의 찬양을 받고 계신 예수님께서는 우리의 진정한 형제이십니다. 이렇게 높아지신 예수님의 현재 상태를 깨닫고, 마음속으로 그와 여러분이 멀리 떨어져 있다고 느끼지 않기를 나는 여러분에게 간청합니다. 왜냐하면 그리스도께서는 마음속으로 거리감을 전혀 느끼시지 않기 때문입니다. 오히려 여러분은 하나님의 은혜를 간구하기 바랍니다. 그래서 여러분이 그리스도께서 계신 곳으로 높이 올라가서, 그의 기쁨을 여러분이 맛보며, 또한 그의 승리에 여러분이 동참할 수 있도록 간청하기 바랍니다.

오늘 우리는 주님의 영광을 주목해 봅시다. 그것은 너무 현란하기 때문에 우리의 눈으로 바라볼 수 없으며, 두려워서 뒤로 물러나야만 하는 불빛이 아닙니다. 반면에 우리가 소망을 갖고, 영광스러운 주님에게로 가까이 다가가도록 이끌어 주는 평화스러운 빛입니다. 요셉보다 더욱 극심한 고난을 받으셨지만, 이제 예수 그리스도께서 모든 것들의 주님이십니다. 우리는 예수님께서 계신 곳으로 함께 갑시다. 주님께서 계신 왕궁으로 들어갑시다. 옛날 이 땅에서, 예수님께서 제자들과 함께 식탁에 앉으셨던 것과 같이, 우리는 하늘나라에 있는 주님의 식탁에서 그와 함께 앉읍시다. 십자가에 달리신 후에 무덤 속에 안치되었던 다윗의 후손에게 우리는 나아갑시다. 이제 그가 만왕의 왕이 되셨다고 해서, 그에게 가까이 가는 것을 두려워하지 맙시다. 반면에, 그의 왕의 신분에 우리가 동참하게 된 것을 우리는 기뻐합시다. 왜냐하면 예수님께서 우리를 왕들과 제사장들로 삼으셨기 때문입니다(참조. 벧전 2:9). 또한 우리는 그와 함께 영원히 다스릴 것이기 때문입니다.

　　십자가에 달려 죽으신 이후에, 우리 주님의 발자취는 장엄한 것이었습니다. 그렇지만, 그것에 대해서, 성경에는 매우 단순하게 기록되었습니다. 나는 그것을 미사여구로 설명하려고 시도하지 않을 것입니다. 어떤 훌륭한 장군이 전쟁에서 위대한 승리를 거두었습니다. 전령을 통해서, 그는 고국으로 승전보를 전달할 것입니다. 그 편지에는 가장 간략하게 핵심적인 내용만 들어 있을 것입니다. 재치가 넘치는 문장을 쓰지 않아도, 싸움에서 크게 이겼다는 소식 한 가지만으로도 충분한 것입니다. 승전보에 쓰인 단어들은 몇 개밖에 안 됩니다. 그러나 그는 전달해야 할 것이 많기 때문에 한 글자라도 아껴서 써야 합니다. 그가 세운 공훈은 위대한 것이기 때문에, 그는 시나 웅변의 도움을 전혀 필요로 하지 않습니다. 승리자의 손으로 단숨에 쓴 몇 글자는 온 나라를 기쁨에 휩싸이게 하기에 충분한 것입니다. 그러므로 "왔노라. 보았노라. 이겼노라"는 세상 끝날까지 자주 인용될 것입니다("왔노라 …"는 라틴어로 'veni, vidi, vici'이다. 로마 공화정 말기, 기원전 47년에, 유명한 정치가이자 장군인 율리우스 카이사르[Julius Caesar]는 오늘날 터키의 질레라는 도시에서, 폰투스의 파르나케스 2세와의 전쟁에서 승리를 거두었다. 곧바로, 그는 이 세 단어들을 로마 시민과 원로원에 보낸 승전보에 썼다고 전해진다 ― 역주). 십자가 사건 이후에 펼쳐지는 주 예수 그리스도의 삶도 마찬가지입니다. 오늘 아침, 나는 매우 단순하게 꾸밈이 없는 말로 설교할 것입니다. 다른 주제들과는 달리, 오늘 설교의 주제는 미사여구를 필요로 하지 않는다는 사실을 여러분은 깨닫게 될 것입니다.

　　우리 주님께서는 죽으셨습니다. 그러나 그는 다시 사셨습니다. 주님께서 무덤 속에 계셨던 기간을 사흘이라고 말하는 것은 죽음에 대해서 나름대로의 예절을 표현하는 것입니다. 예수님에게 죽음이 승리했던 기간은 너무 짧았습니다. 그래서 성경은 '사흘'이라는 말로 그 기간을 묘사했습니다. 예수님의 육신의 죽음과 관련하여, 죽음이 주장할 수 있는 기간은 최대한으로 사흘인 것입니다. 사망에게 사흘이라는 기간을 주라! 그것은 예수님께서 거두신 모든 승리를 외적으로 표현하는 것에 지나지 않았습니다. 사흘 동안, 죽음과 지옥이 예수님에게 할 수 있는 모든 것을 다하게 합시다. 여자의 후손은 발꿈치를 상해서, 지금 발을 절고 있지만, 그것은 곧 나을 것입니다(참조. 창 3:15).

안식일이 지난 후 첫째 날에, 먼동이 터오기 시작했습니다. 감람나무들 사이로 아직 태양은 보이지 않았습니다. 아리마대 요셉(참조. 요 19:38-40)의 정원에도 아직 햇빛이 비치지 않을 때였습니다. 그때, 예수님께서는 죽음의 잠에서 깨어나셨습니다. 그리고 자신에게 입혀졌던 수의(壽衣)를 벗기 시작하셨습니다. 그는 수의를 차례대로 접으셨습니다. 사람들에게 교훈을 주려는 의도에서, 그는 머리를 쌌던 수건과 몸에 입혀졌던 세마포를 따로따로 놓으셨습니다. 그는 수의와 수건을 우리를 위해서 잘 정돈해서 남겨 두셨습니다. 죽은 다음에, 우리가 들어가서 누워 있게 될 마지막 방은 잘 정리되어 있을 것입니다. 또한 그곳에는 오색실로 짠 천이 바닥에 깔려 있을 것입니다. 부활하신 주님께서는 수건을 그곳에 남겨두셨습니다. 죽어서 무덤에 안치된다고 하더라도, 그리스도 안에 있는 모든 사람들에게는 이제 영광스러운 소망이 기다리고 있다는 사실을 기억하고, 그들이 그곳에서 그 수건으로 눈물을 닦으라는 의도에서, 주님께서 그 수건을 남겨 놓으셨습니다. 부활하신 주님께서는 무덤 안에서 잠시 기다리셨습니다. 그러자 하늘의 궁전에서 천사들이 내려와서, 주님을 무덤에서 나갈 수 있게 해 주었습니다. 천사는 무덤 입구에 놓여진 큰 돌에 손을 대었습니다. 그리고 그 돌을 옮겨 놓았습니다. 그러자 부활하신 주님께서는 공기가 답답한 무덤으로부터 새벽 공기가 신선한 밖으로 나오셨습니다. 단단한 땅은 갑자기 지진이 일어나 무섭게 흔들렸습니다. 무덤을 지키던 경비병들은 두려움에 빠졌습니다. 정말로 죽으셨던 것처럼, 예수님께서는 진정으로 다시 사셨습니다. 부활하신 예수님께서는 유령이나 환상이 아니셨습니다. 예수 그리스도는 인간의 육신을 지니고 이 땅에 태어나셨습니다. 그는 십자가에서 못 박혀 죽으셨습니다. 예수님의 육신은 분명히 유령이 아니었습니다. 이제 예수님께서 부활하셔서, 그의 육신은 다시 생명을 얻게 되었습니다.

부활 후, 예수 그리스도께서는 사십 일 동안 이 땅에 머무셨습니다(참조. 행 1:3). 그 기간은 그가 어떤 존재이며, 또한 자신이 진정으로 부활했다는 사실을 입증하기에 충분했습니다. 이 사십 일이라는 기간 동안, 그는 다양한 장소에서 여러 차례 나타나셔서, 자신의 모습을 보여주셨습니다. 그래서 예수님의 부활에 관한 증거는 풍부하고 설득력이 있게 되었습니다. 그는 한 사람이나 두 사람에게도 나타나셨습니다. 이들은 부활하신 예수님을 더욱 자세히 살펴볼 수 있었습니다. 왜냐하면 주님께서 이들에게 나타나셨을 때, 이들과 주님 이외에 다른 사람들은 그 자리에 없었기 때문입니다. 예수님의 부활에 대해서, 열두 제자 가운데 도마는 의심을 품고 있었습니다. 다른 제자들과 함께 도마가 있을 때, 부활하신 주님께서 나타나셨습니다. 그때, 도마는 자신의 손가락을 예수님의 몸에 있는 못자국에 넣어 보고, 또 손을 그의 옆구리에 넣어 보았습니다. 이처럼, 부활에 대해서, 도마는 정확하게 조사해 보았습니다. 그런 다음에, 그는 예수님에 대해서 "나의 주님이시요 나의 하나님이시니이다"(요 20:28)라고 고백했습니다. 예수님의 부활이 사실이라는 것을 입증하는 일에, 이것보다 더 결정적인 증거는 없을 것입니다. 그 후에, 그리스도께서는 한 번에 오백 명이 넘는 형제자매들에게도 나타나셨습니다(참조. 고전 15:6). 따라서 오백 명이 넘는 사람들의 눈에 의해서, 그들에게 나타나신 분은 십자가에 달려 죽으셨던 예수님이라는 사실이 더 이상 의심할 나위 없이 분명하게 확인되었습니다. 부활하신 예수님께서 나타나신 사건은 한두 명의 광신자들이 따로 있을 때 그들에 의해서만 목격되어진 환상이 아니었습니다. 반면에, 많은 사람들이 모여 있을 때, 십자가에 못 박혀 죽었지만, 죽은 사람들 가운데서 다시 살아나신 주님과 선생님으로서, 예수님께서는 그들에게 자신의 모습을 명백하게 보여주셨습니다. 이와 같이, 부인할 수 없는 확실한 근거에 기초해서 자신의 부활이 사실이라는 것을 입증하기 이전에는, 우리의 구세주께서 하늘로 올라가시지 않았습니다.

　　과거와 현대사에 있어서, 어떤 사람이 죽었다가 다시 살아났다는 것과 관련해서, 우리의 주님께서 죽은 사람들 가운데서 부활하셨다는 사실만큼 확실하게 증명된 사건은 하나도 없습니다. 여러분이 원한다면, 역사가들이 어떤 시대에 속해 있든지, 여러분은 진실하고 진지한 역사가들이 쓴 책들을 읽어 보십시오. 그러나 복음서들이 우리에게 예수님의 부활에 대해서 제시해 주는 것만큼, 그 역사가들이 저술한 책들에서, 여러분은 그들이 어떤 사건에 대해서 명백한 증거를 제공하는 것을 발견하지 못할 것입니다. 오늘날 사람들이 논란의 여지가 없는 것들이라고 말하는 사건들이 있습니다. 그러나 그것들도 예수님의 십자가와 부활 사건만큼 분명한 사실은 아닙니다. 사람들은 예수님의 시신을 십자가에서 내렸습니다. 그리고 아리마대 요셉이 마련한 무덤에 예수님의 시신을 안치하였습니다. 그 후 사흘째 되는 날, 예수님께서는 다시 살아나셔서 사람들에게 나타나셨습니다.

부활하신 예수님께서는 이 땅에 사십 일 동안 머무셨습니다. 그것은 부활의 위대한 진리에 대해서 입증하려는 것뿐만 아니라, 그의 제자들을 위로하려는 것이기도 했습니다. 예수님께서는 자신이 죽으셨을 때 제자들이 흘렸던 눈물을 그들의 눈에서 닦아 주셨습니다. 주님께서 죽으신 것이 더 이상 불행한 사건이 아니라는 것을 그는 제자들에게 깨우쳐 주셨습니다. 또한 예수님께서 다시 떠나가실 때 제자들이 더욱 크게 슬퍼할 것을 대비해서, 그는 그들을 준비시키셨습니다. 주님께서는 그들의 생각을 영적으로 깨우쳐 주시고, 마음을 숭고하게 성장시켜 주시고, 또한 그들의 정신을 강화시켜 주셨습니다. 따라서 그가 승천하실 때 제자들이 슬퍼했다는 말을 우리는 어디에서도 결코 들을 수 없습니다. 예수님께서 이 세상을 떠나가시는 것이 제자들에게 유익하다는 사실을 그는 그들에게 이해시켜 주셨습니다. 그래야만 그가 보혜사 성령님을 그들에게 보내주실 것이기 때문입니다(참조. 요 16:7). 주님께서는 제자들과 교제를 나누셨습니다. 그들을 향하여 숨을 내쉬며, "성령을 받으라"고 말씀하셨습니다(참조. 요 20:22). 또한 그들에게 예수님 안에 있는 평안을 주셨습니다(참조. 요 14:27). 그는 평범한 시골 청년들을 새 시대의 지도자로 세우셨습니다. 예수님을 위해서, 그들은 세상을 정복할 거룩한 십자군의 선봉대원들이었습니다. 예수님의 이름으로 또한 성령님의 권능으로 무장한 채, 그들은 세상을 향해서 담대하게 나아갔습니다. 그들은 예수님으로부터 직접 복음에 대해서 들었습니다. 또한 그들은 그 복음을 온 세상에 증거하고 전파하라는 사명을 받았습니다.

그리고 어떻게 제자들이 구체적으로 행동할 것인지 알려주시려고, 부활하신 예수님께서는 사십 일이라는 기간을 머무셨습니다. 사실상 예수님께서는 말씀과 성령으로 무장된 영적인 군대를 조직하셨습니다. 그들에게 전투태세를 갖추라고 명령하셨습니다. 그래서 장차 승리를 얻도록 그들을 준비시키셨습니다. 하늘로부터 내려오는 성령님의 권능으로 무장되기까지, 모든 제자들에게 예루살렘을 떠나지 말라는 명령을 내리셨습니다(참조. 행 1:4-5). 그 명령을 통해서, 우리는 모든 시대의 그리스도인들을 향해서 외치는 주님의 진군 명령을 듣는 것입니다. 몇몇 제자들에게 주님께서는 개별적으로 말씀하셔야만 했습니다. 왜냐하면 그들에게는 그것이 특별히 필요했기 때문입니다. 예수님께서는 자신의 무덤 밖에 서서 울고 있던 막달라 마리아를 위로하셔야만 했습니다(참조. 요

20:11-17). 도마의 불신앙을 극복시켜 주서야만 했습니다. 베드로에게 격려와 경고의 말씀을 들려주셔야만 했습니다. 제자들에게 다가오는 싸움을 앞에 두고, 그들이 마음의 준비를 단단히 하게 하셔야만 했습니다. 이와 같이, 병이 든 모든 양들을 하나하나 보살피시고, 또한 양 떼 전체를 질서정연하게 만드신 다음에, 양들의 위대한 목자께서는 자신의 안식처로 돌아가셨습니다. 하나님 아버지께서는 예수님을 믿는 모든 사람들을 그에게 맡기셨습니다. 주님께서는 이들에게 장래의 사명을 위해서 대비하게 하셨습니다. 그 다음, 하나님 아버지께서 자신에게 예비하신 영광을 향해서 그는 하늘나라로 올라가셨습니다.

그 사십 일은 곧 지나갔습니다. 만약 여러분이 그 기간에 대해서 연구해 본다면, 그날들에는 매우 두드러진 특징들이 있을 것입니다. 이 기간 동안의 예수님의 삶과 이전의 삶에는 대단한 차이점들이 있습니다. 아무도 예수님을 괴롭히지 않았습니다. 어떤 율법학자나 바리새인도 예수님의 주장을 반박하지 않았습니다. 악의로 가득 찬 어떤 유대인도 예수님에게 돌을 던지려고 하지 않았습니다. 그야말로 이 기간은 할키온(halcyon) 새가 날아오는 날들, 곧 평온한 날들이었습니다('할키온'은 헬라어로는 '알퀴온'이다. 그리스 신화에 의하면, 동지(冬至) 무렵에, 이 새가 날아와서, 바다 위에서 둥지를 틀고 알을 깐다고 한다. 이 시기에 바람과 풍랑이 잠잠해진다고 한다 ― 역주). 이때, 평화의 새들은 바다 위에 내려앉았습니다. 그래서 바다 위에는 아무런 풍랑도 일어나지 않고 고요했습니다. 이날들은 그리스도께서 곧 취하게 될 영광을 암시해 주는 전주곡이 울리던 때이며, 또한 그의 평화로운 통치를 예고해 주는 때라고 말할 수 있을 것입니다. 그가 이 땅에 다시 오시면, 세상의 모든 곳에서 전쟁이 멈추게 될 것입니다. 이 사십 일이 지나자, 주님께서는 자신의 길을 가셨습니다. 그는 언약된 모든 일들을 성취하셨습니다. 그리고 하나님 아버지로부터 상급을 받기 위해서, 제자들이 지켜보는 가운데 하늘로 올라가셨습니다(참조. 행 1:9). 이제 본문의 내용에 대해서 자세히 살펴봅시다.

오늘 아침에, 베드로전서 3장 22절에서, 세 부분으로 나뉘어져 언급된 세 가지 주제들에 대해서, 나는 여러분에게 자세히 설명하려고 합니다. 첫째, 예수 그리스도께서는 하늘로 올라가셨습니다. 둘째, 그는 하나님 아버지의 오른쪽에 계십니다. 셋째, 천사들과 권세들과 능력들이 그에게 복종하고 있습니다. 먼저, 나는 여러분에게 이 주제들에 대해서 설명하고자 합니다. 그 다음, 그 주제들이 가르쳐 주는 단순하지만 숭고한 교훈들을 여러분이 배울 것을 나는 성령님의 도움으로 요청할 것입니다.

1. 맨 먼저, 우리는 세 가지 주제들에 대해서 자세히 살펴봅시다.

본문은 이렇게 시작하고 있습니다. "그는 하늘에 오르사." 이제 예수 그리스도께서는 떠나가셨습니다. 오히려 이 말은 여러분에게 슬프게 들릴 것입니다. 여러분이 이 말을 들을 때, 여러분은 슬픈 바이올린의 선율을 듣는 기분일 것입니다. 왜냐하면 예수님께서 우리를 떠나가신다면, 우리는 정말로 그와 이별을 하는 것이기 때문입니다. 그러나 사람들이 죽은 사람을 위해서 기념비를 세우는 것처럼, 우리는 그리스도를 위해서 그런 것을 세우려고 하지 않습니다. 그런데 본문에는 어떻게 기록되어 있습니까? "그는 하늘에 오르사"라고 언급되어 있습니다. 이제 여러분은 트럼펫의 팡파르가 울려 퍼지는 것을 듣는 기분일 것입니다. 왜냐하면 마치 여러분의 마음을 대단히 감동시키는 음악으로 가득 차 있는 것처럼, 이 표현이 여러분에게 들리기 때문입니다. 그것은 여러분에게 큰 기쁨을 가져다줍니다.

그런데 본문에는 "그는 가셨다"라고 표현되어 있습니다. 예수님께서는 여러분으로부터 또한 나로부터 떠나가셨습니다. 이제 우리는 그의 발을 껴안을 수 없습니다. 우리의 눈물로 그의 발을 씻어드릴 수도 없습니다. 그의 가슴 쪽으로 머리를 향하며 같이 음식을 먹을 수도 없습니다. 그의 얼굴을 바라볼 수도 없습니다. 우리는 사랑하는 예수님에게 다음과 같은 시를 읊어드려야만 합니다.

> "예수님, 당신의 영광스러운 모습을
> 나는 이 땅에서 결코 보지 못했나이다.
> 당신의 복되신 얼굴과 내 얼굴 사이에는
> 지금 두꺼운 베일이 드리워져 있나이다."

우리는 이 땅에서 나그네들입니다. 주님께서 이곳에 계시지 않기 때문입니다. 주님께서는 우리를 자신이 계신 곳으로 데려가려고 하십니다. 그가 이곳으로부터 하늘나라로 옮겨가셨기 때문입니다. 만약 예수님께서 이 땅에 계속해서 계셨다면, 우리는 이곳이 우리가 영원히 살 수 있는 곳이라고 생각했을 것입니다. 그러나 이제 그렇게 될 수 없습니다. 만약 주님께서 이 땅에 계속해서 계신다면, 우리는 이곳을 일종의 천국으로 여길 것입니다. 그러나 그가 이곳을 떠나가셨기 때문에, 이곳은 우리에게 순례의 땅입니다. 만약 우리에게 슬픈 일이 일어날 때, 우리가 예수님에게 달려가서, 그것에 대해서 말한다면, 그것은 더 이상 슬프지 않을 것입니다. 왜냐하면 우리는 하늘나라의 영광을 보고나서 이루 말할 수 없는 위로를 받을 것이기 때문입니다. 그래서 예수님께서는 이 땅이 우리의 몫과 분깃이 되게 하려고 의도하시지 않습니다. 우리의 기업은 요단 강 이 편에 위치해 있지 않습니다. 참으로, 언젠가 이 세상과 그 안에 있는 모든 것들은 불살라질 것입니다. 그것에 대한 증거로서, 주님께서는 이 땅을 떠나가셨습니다. 그래서 이곳을 우리의 살 곳으로 만들 수 있다고 생각하는 것은 헛된 일입니다. 우리 자신도 곧 여기를 떠나야만 합니다. 그러므로 예수님께서 이 땅을 떠나가셨습니다.

> "주님께서 다시 살아나셔서, 하늘로 가시면서,
> 　우리에게 그 길을 가르쳐 주셨습니다."

　　예수님께서 우리에게 이렇게 말씀하시는 것 같습니다. "나의 형제자매들이여! 위로 올라오라. 이 땅을 떠나서 하늘로 오라. 이 세상으로부터 영광의 나라로 오라. 나는 그곳을 떠나서 이곳으로 왔다. 너희도 반드시 떠나야만 한다. 이 땅은 너희의 영원한 안식처가 아니다. 각 사람이 너희에 대해서 '그 사람도 떠나갔다'라고 말하는 때를 위해서, 너희는 준비해야만 한다." 우리 뒤에 이곳에 남아 있는 사람들은 우리를 더 이상 보지 못하게 될 것입니다. 하나님 나라에서 우리의 주님과 함께 있기 위해서 우리는 곧 하늘로 갈 것이기 때문입니다.

　　나는 주 예수 그리스도께서 자신의 완전한 본성을 지니시고 하늘나라로 가셨다는 사실을 기억하는 것을 기뻐합니다. 곧, 신성과 인성을 모두 지니신 채, 그는 그곳으로 가셨습니다. 그러므로 그는 몸을 지니고 가셨습니다. 그의 육신을 무덤에 남겨두고 가시지 않았습니다. 예수님께서는 자신의 완전한 자아(自我)와 인성(人性)을 지니고 가셨습니다. 그 사실을 나는 기뻐합니다. 왜냐하면 자신의 인성을 지닌 채, 주님께서 하늘로 가셨다는 것은 나의 인성도 지니고 가셨다는 것을 의미하기 때문입니다. 나의 마음은 주님의 보좌에서 주님과 함께 있습니다. 나의 모든 존재도 나의 마음을 따라가기를 소망합니다. 예수님께서 우리의 인성을 하늘로 갖고 가셨습니다. 우리의 둘째 아담이자, 하나님의 백성의 대표자이신 예수 그리스도께서는 하늘에 계십니다. 사랑하는 여러분! 그리스도께서 인성을 지니고 가셨다는 사실은 그와 하나 됨을 이루고 있는 우리 모두를 그가 함께 데리고 가신다는 것을 암시해 줍니다. 그러므로 진정한 인간으로서, 그리스도께서는 또한 그의 안에 있는 모든 사람들을 데리고 가신 것입니다. 새 예루살렘 성에서, 그는 죽임을 당한 어린양 같아 보입니다. 그러나 그는 여전히 제사장 직분을 지니시고 있습니다. 그리고 인성을 지니셨기 때문에, 우리에게 동정심을 갖고 있습니다. 어떤 사람들이 그릇되게 주장하는 것처럼, 하늘로 올라가신 분은 예수 그리스도를 대신하는 어떤 존재가 아닙니다. 그는 바로 우리의 진정한 구주이신 예수님이십니다. 만약 우리가 이 땅에서 주님을 믿고 알았다면, 우리는 그곳에서도 그를 알아보게 될 것입니다. 이제 그의 머리에는 찬란한 영광의 면류관이 쓰여 있습니다. 그렇지만 그는 가시면류관을 머리에 두르셨던 그리스도와 동일한 존재입니다. 이와 같이, 그의 상황에는 변화가 일어났지만, 그의 존재 자체에는 아무런 변화가 없습니다. "예수 그리스도는 어제나 오늘이나 영원토록 동일하시니라"(히 13:8). 우리의 죄를 자신의 몸으로 담당하신 주님께서는 이제 하늘로 올라가셨습니다.

이제까지, 우리는 "그가 가셨다"는 주제에 대해서 충분하게 살펴보았습니다. 지금부터, 예수 그리스도께서 "하늘에 오르사"라는 주제에 대해서 생각해 보려고 합니다. 그것은 무엇을 의미합니까? 우리의 눈과 귀로 그를 식별할 수 있는 영역으로부터, 그리스도께서 떠나가셨다는 것을 뜻합니다. 이 사실은 명백합니다. 지금 여러분은 주님을 눈으로 볼 수 없습니다. 그의 몸에 손을 댈 수 없습니다. 또한 손으로 그를 붙잡을 수 없습니다. 우리의 감각이 작용하는 범위를 벗어나서, 주님께서는 하늘로 가셨습니다. 따라서 그리스도께서 성찬에 육신적으로도 함께 하신다는 주장은 육적인 마음을 지닌 사람들의 헛된 견해입니다. 그의 몸과 피는 여기에 있는 우리와 함께 할 수 없습니다. 그는 하늘로 가셨습니다. 그러므로 육신의 감각으로 인식될 수 있는 곳에, 그는 계시지 않습니다. 주님의 약속에 따라서, 영적으로 그는 여기에 함께 계십니다. "볼지어다 내가 세상 끝날까지 너희와 항상 함께 있으리라"(마 28:20). 그래서 그가 육신으로 이곳에 함께 계신다고 말하는 것은 그가 하늘로 올라가셨다는 사실을 부인하는 것입니다. 실체를 지닌 인간으로서, 그리스도께서 동시에 한 장소 이상의 곳에 존재하신다는 것은 불가능합니다. 여러분은 그의 인성을 신성으로 변형시켜서는 안 됩니다. 그러나 신성을 지니신 그리스도께서는 어느 곳에나 계십니다. 반면에 실체를 지닌 그의 인성은 그것에 적합한 한 곳 이외에는 존재할 수 없습니다. 따라서 그가 어느 곳에서나 존재하신다고 주장하는 것은 결과적으로 그가 어떤 특정한 곳에 존재하신다는 사실을 인정하지 않는 것입니다. 이와 같이, 성찬에 대한 이해와 관련하여, 주님의 몸의 실체를 은밀히 불신하는 것은 미신적인 신앙의 허울 아래 감추어져 있습니다. 예수님께서는 실제적으로 하늘로 올라가셨습니다. 그러므로 우리는 그를 볼 수 없습니다. 우리는 그의 말을 직접 들을 수 없습니다. 감각이 아니라 믿음으로, 우리는 그리스도와 교통하는 것입니다.

그러나, 하늘로 올라가신 인성을 지니신 그리스도께서는 이제 이전의 어느 때보다도 하나님께 가까이 계시다는 것을 우리는 알고 있습니다. "그는 하늘에 오르셨습니다." 그곳에는 위대하신 왕의 보좌가 있습니다. 대속죄일에 대제사장은 지성소 앞에 드리워져 있는 신비스러운 휘장을 걷어 올렸습니다. 그리고 그는 지성소 안으로 들어갔습니다. 그와 이스라엘 백성 사이에는 휘장이 내려져 있었습니다. 대제사장이 자신의 거룩한 임무를 수행하는 동안, 그들은 그를 볼 수 없었습니다. 그러나 그들은 그가 하나님의 보좌 앞에 서 있다는 사실을 알고 있었습니다. 비록 그가 백성과 함께 있지 않았지만, 그는 하나님과 함께 있었습니다. 백성을 위해서, 그것은 더 좋은 일이었습니다. 휘장이 내려진 지성소 안에 대제사장이 있는 것이 밖에 있는 것보다 그들에게는 더 유익한 것이었습니다. 백성이 바라보는 곳에서는 할 수 없는 일을 그들이 볼 수 없는 곳에서, 그들을 위해서, 대제사장은 수행하고 있었던 것입니다. 나의 주님께서 아버지와 함께 계신다는 사실을 생각할 때, 나는 기쁩니다. 때때로 나는 하나님께 나아갈 수 없습니다. 나의 허물로 인해서, 내가 하나님께 가까이 가는 것이 가로막혀 있는 것처럼 여겨지기도 합니다. 그러나 나를 위해서 변호해 주시려고, 그리스도께서는 항상 하나님 곁에 계십니다. 휘장 밖에서, 가끔 나의 간구는 공허한 메아리로 사라지는 것처럼 들립니다. 그러나 주님께서는 언제나 가장 거룩한 곳 안에서 기도하십니다. 왜냐하면 하나님 아버지에게 직접 강력하게 호소하시면서, 주님께서 그곳에 계시기 때문입니다. 그리고 아버지께서는 그의 기도에 항상 기꺼이 응답하십니다. 우리의 언약의 머리가 되시는 주님께서 아버지의 품 안에 계신다는 사실을 우리는 기뻐합시다. 하나님 아버지께서는 사랑과 은혜의 근원이십니다. 바로 우리를 위해서, 그리스도는 그곳에 계십니다.

그가 하늘에 오르셨다는 표현에는 다음 사상도 내포되어 있습니다. 곧, 주님께서는 이제 완전한 축복과 영광의 장소로 가신 것입니다. 그러므로 우리가 다음과 같이 찬양한다면, 그것은 올바른 것입니다.

> "이곳에 피 묻은 창은 보이지 않네.
> 십자가도 못 박힘도 없다네.
> 그리스도의 이름을 듣고 지옥은 떨고 있지만,
> 하늘나라에 있는 모든 피조물은 그를 찬양하고 있네."

하늘에서, 주님에게는 더 이상 피곤함과 조롱과 낙심과 비난받는 일이 없습니다. 또한 "나의 하나님, 나의 하나님, 어찌하여 나를 버리셨나이까?"(마 27:46)라고 부르짖을 필요도 없습니다. 그는 평안과 축복과 영광과 존귀로 들어가셨습니다. '하늘'이라는 말은 위대한 단어입니다. 아무도 그 의미를 온전히 이해할 수 없습니다. 하늘나라에 이르기까지, 우리는 '하늘'에 대해서 제대로 알 수 없습니다. 이제 예수님께서는 기쁨이 영원히 지속되는 곳에 계십니다. 그곳에서, 예수님의 영혼과 몸은 기쁨으로 가득합니다. 인간의 몸을 지니신 예수 그리스도, 마리아의 아들, 또한 십자가에서 죽으신 그는 이제 영원히 복된 상태에 놓여 있습니다. 주 예수님께서는 이루 말할 수 없는 만족감으로 넘칩니다. 그것은 그의 고난과 죽음에 대한 보상입니다. 오늘 우리는 그리스도 안에서 기뻐합시다. 왜냐하면 그가 하늘에 오르셨기 때문입니다.

예수님께서 하늘에 오르시는 것을 아무도 방해할 수 없었다는 것에 대해서 생각해 봅시다. 대부분의 사람들은 주님에게 격분했었습니다. 그렇지만 그는 하늘에 오르셨습니다. 죽음도 그를 이 땅에 붙잡아둘 수 없었습니다. 죽음은 가장 강하고 질긴 끈으로 그를 꽁꽁 묶었습니다. 그러나 죽음의 끈은 그를 묶어 놓은 상태로 있게 할 수 없었습니다. 큰 물고기가 사흘 만에 요나를 뱃속에서 토해 냈던 것처럼, 무서운 괴물인 죽음도 예수님을 내어주어야만 했습니다. "요나보다 더 큰 이"(마 12:41)는 깊은 땅 속에서 다시 나오셨습니다. 우리를 위해서, 그는 죽으셨으며 사망의 포로가 되셨습니다. 그의 육신은 썩음을 당하지 아니하셨습니다(참조. 행 2:31). 또한 그의 영혼은 죽음의 그늘이 드리워진 곳에 머물러 있지 않았습니다. 예수님의 싸늘한 시신은 무덤에 놓였습니다. 사람들은 무덤 입구를 돌로 막고, 또한 그 앞에서 보초를 섰습니다. 그런데도 불구하고, 예수님께서는 하늘로 올라가셨습니다.

　주님에 대해서 적대감을 가진 사람들이 많이 있는 데에도 불구하고, 그는 하늘로 가셨습니다. 부활하신 예수님께서 자신의 모습을 많은 사람들 앞에서 공개적으로 보여주셨을 때, 또한 제자들을 감람원이라고 불리는 산으로 불러 모았을 때(참조. 행 1:12), 왜 그들이 주님을 공격하지 않았는지, 여러분은 생각해 본 적이 없습니까? 유대 지도자들은 군인들을 매수했습니다. 밤에 군인들이 졸 때, 그의 제자들이 와서, 그를 도둑질해 갔다고 말하라고 그들은 지시했습니다(참조. 마 28:12-13). 이러한 그들이 예수님을 붙잡지 않은 이유는 무엇입니까? 왜 헤롯은 그렇게 잠잠합니까? 왜 가야바는 그렇게 조용하게 있습니까? 서기관들과 바리새인들은 어디에 있습니까? 이 사자들은 쇠사슬에 묶여 있습니까? 다니엘보다 더 위대하신 주님께서는 그들의 동굴 안에 있었습니다. 그렇지만 그들은 그에게 으르렁거리는 소리조차 낼 수 없었습니다. 바로 이때, 그들은 부활하신 예수님을 붙잡아야만 했습니다. 조금 있으면, 그는 그들과 영원히 함께 계시지 않기 때문입니다. 만약 그들이 예수님께서 영원한 승리를 쟁취하시려고 하늘로 가시는 것을 막을 수 있다면, 그것은 그들에게 더할 나위 없는 승리일 것입니다. 지금은 그들이 주님의 권세를 전복시킬 수 있는 마지막 기회입니다. 그렇지만 주님을 향해서 개 한 마리도 짖어낼 수 없었습니다. 그가 영원한 기업을 받으시려고 하늘로 가시는 동안, 그들은 돌처럼 꼼짝도 못하고 침묵하고 있었습니다.

　죽음이 예수님을 방해할 수 없었듯이, 사람들의 적대감도 그를 붙들어두지 못했습니다. 또한 마귀의 모든 권세도 그의 길을 가로막을 수 없었습니다. 그리스도께서 죽음에서 부활하신 이후에, 나는 가장 큰 대적, 곧 사탄의 흔적을 찾아볼 수 없습니다. 어둠의 권세자여! 예수님께서 공생애를 시작하실 때, 너는 그를 광야에서 만났었다. 그런데 왜 그가 이 세상을 떠나시려고 하는 마지막 무렵에, 그에게 싸움을 걸지 않았는가? 그가 호숫가에서 숯불을 피우시고, 그 위에 물고기를 구우시고, 빵을 떼어주실 때, 왜 그를 공격하지 않았는가? 어둠의 권세자여! 왜 너는 그에게 마지막 화살을 쏘지 않았는가? 황금의 도시로 가는 주님의 길을 막기 위해서, 공중에서 그를 공격하려고, 왜 너의 모든 무리들을 불러 모으지 않았는가? 마귀는 그렇게 하지 못합니다. 어둠의 권세는 지고 말았습니다. 침묵 속에서 그들은 분노에 떨며 이를 갈고 있습니다. 그들은 그에게 한 마디 야유의 말도 할 수 없습니다. 겟세마네와 십자가 위에서, 예수님께서는 사탄과 그의 추종자들에게 완전히 이기셨습니다. 이제 예수님에게는 승리를 거두고, 그들을 포로로 사로잡는 일만 남았습니다. 주님에게 포위된 지옥의 떼거리들은 다음 전투를 위해서 다시 용기를 낼 수 없었습니다. 싸움은 끝났습니다. 그리고 이제 아버지께서 계신 곳으로 나아가는 길은 활짝 열렸습니다. 평화로운 방법으로 승리하신 후에 그는 구름 속을 지나가셨습니다. 길가에서, 천사들은 만물의 상속자가 하늘에 있는 자신의 집으로 돌아오는 것을 기쁨의 노래를 부르며 맞이했습니다. 이와 같이, 예수님께서 하늘로 가시는 길을 아무도 가로막지 못했습니다. 그는 하늘로 올라가셨습니다. 이 사실을 생각할 때, 나의 마음속에는 기쁨이 넘칩니다.

우리의 대표자로서 예수님께서 하늘로 올라가셨다는 사실을 여러분이 기억하기를 나는 바랍니다. 이제 그는 혼자서는 아무것도 하시지 않습니다. 그의 모든 백성이 그와 함께 있습니다. 그는 이렇게 외치십니다. "나와 아버지께서 나에게 주신 백성을 보라." 그들은 언제나 그리스도와 하나 됨을 이루고 있습니다. 머리가 되시는 예수님은 지체들과 절대로 분리되시지 않습니다. 분리된다는 상상만 해도, 나에게는 소름이 끼칩니다. 우리의 선구자로서, 그는 우리가 가야 할 길을 표시해 주셨습니다. 그는 우리도 하늘로 올 것이라고 미리 말씀하셨습니다. 우리를 위해서 반듯하고 평평하게 길을 내셨습니다. 위대하신 주님께서 영원한 집으로 우리를 부르실 때, 성도들 한 사람 한 사람에 대해서 사람들은 이렇게 말할 것입니다. "그 성도는 하늘로 올라갔습니다." 개척자로서 길을 만들기 위해서, 예수님께서는 하늘로 먼저 올라가셨습니다. 우리의 친구로서, 그곳에 우리가 있을 곳을 예비하시려고, 그는 그곳으로 올라가셨습니다. 그의 안에 있는 모든 사람들도 그가 누리는 동일한 지복(至福)에 동참한다는 것에 대한 보증으로서, 그는 하늘로 가셨습니다. 만약 그가 하늘나라에 들어가시지 않았다면, 우리도 들어갈 수 없습니다. 그러나 그의 부활을 통해서, 하나님께서는 우리도 장차 죽은 사람들 가운데서 다시 살아날 것이라는 증거를 주셨습니다. 그리고 우리도 하늘로 올라갈 것입니다. 언약에 대한 보증인이신 주님께서는 우리가 천국에 들어간다는 것에 대해서 보증하십니다. 이것은 우리의 믿음이 바랄 수 있는 가장 좋은 보증입니다. 그리스도의 부활과 승천은 그가 구원받은 모든 사람들을 실제적으로 부활하게 하시고, 또한 하늘로 데려가신다는 것을 의미합니다. 주님께서 여러분에게 부활과 승천의 축복을 이루시기를 축원합니다.

둘째, 예수님께서 처하신 그 다음 상황에 대해서 살펴봅시다. 곧, 지금 "그는 하나님의 우편에 앉아 계십니다." 본문에는 "그는 하늘에 오르사 하나님 우편에 계시니"라고 기록되어 있습니다. 하나님의 우편에 계신다는 것은 주님의 온전한 위격(位格)에 대해서 말한다는 것을 기억합시다. 곧, 이것은 주님께서 하나님이라는 것뿐만 아니라, 하나님인 동시에 사람이라는 사실을 언급하는 것입니다. 그의 인성(人性)도 하나님의 우편에 계시는 것입니다. 이것은 얼마나 신비스러운 개념입니까? 하나님 바로 곁에 있는 존재는 사람인 것입니다. 창조주와 피조물 사이에는 틀림없이 무한한 거리가 놓여 있습니다. 그러나 하나님과 그리스도 예수 안에 있는 인성 사이에는 거리가 전혀 없습니다. 인성을 지니신 예수 그리스도께서 하나님의 우편에 앉아 계십니다. 피조물인 인간은 이제 삼위일체 하나님의 두 번째 위격과 연합되어 있습니다. 또한 주님께서 하나님의 우편에 계신다는 것은 하나님과 대단히 가까이 있다는 것입니다. 이것은 얼마나 숭고한 사상입니까? 하나님에게 너무나도 가까이 계시기 때문에, 그는 더 이상 가까이 다가가실 수 없습니다. 이것은 놀라운 일입니다. 사람으로서 예수님께서는 하나님의 우편에 앉아 계십니다. 그래서 사람이 하나님에게 놀랄 만큼 가까이 나아가게 되었습니다. 하나님과 스랍 사이에는 측량할 수 없는 간격이 놓여 있습니다. 하나님께서는 사람을 "천사들보다 잠시 동안 못하게"(참조. 히 2:9) 하셨습니다. 그래서 사람은 천사들보다 하나님으로부터 더 멀리 떨어져 있었습니다. 그러나 하나님의 아들을 통해서, 사람은 하나님에게 대단히 가깝게 나아가게 되었습니다. 따라서 이제 하나님과 사람 사이에 어떤 존재도 개입할 수 없습니다.

그리스도께서 하나님의 우편에 계신다는 것은 무엇을 의미합니까? 먼저 그것은 그가 비교할 대상이 없이 존귀하다는 것을 뜻하지 않습니까? 하나님의 우편에 앉는다는 것은 상상할 수 있는 것 가운데 가장 높은 영광입니다. 세베대의 아들들의 어머니는 자신의 아들들을 데리고 예수님께 왔습니다. 자신의 아들들이 하나님 나라에서 하나는 주님의 우편에, 다른 하나는 좌편에 앉게 해달라고 간청했습니다. 주님께서는 그것이 자신에게 속한 권한이 아니라고 대답하셨습니다(참조. 마 20:20-23). 하나님 아버지께서는 그의 보좌에 가장 가깝게 있는 가장 높은 자리에 그의 아들을 앉게 하셨습니다. 그렇습니다. 그곳은 바로 하나님의 보좌, 곧 하나님의 아들이 앉는 보좌입니다. 우리는 "하나님과 및 어린 양의 보좌"(참조. 계 22:1)라는 표현을 발견할 수 있습니다. 마침내 우리의 형제이신 예수님께서는 지극히 높으신 분의 보좌에까지 오르셨습니다.

또한 그것은 강렬한 사랑을 의미하지 않습니까? 솔로몬은 신부에 대한 왕의 사랑을 이렇게 묘사했습니다. "왕후는 오빌의 금으로 꾸미고 왕의 오른쪽에 서도다"(시 45:9). 여호와께서는 사람의 아들(인자)을 사랑의 자리에 앉게 하십니다. 그 자리에는 아버지께서 사랑하시는 자밖에는 앉을 수 없습니다. 이루 표현할 수도 없고 상상할 수도 없는 방법으로, 아버지께서는 그 아들을 사랑하십니다. 심지어 아들 안에서, 그는 우리도 그렇게 사랑하십니다. 하나님의 우편에 그리스도께서 계신다는 것은 그의 모든 백성도 하나님의 오른쪽에 있다는 것을 뜻합니다. 하나님과 가장 가까운 곳에 있으면서, 모든 성도들은 그의 가장 소중한 사랑을 받고 있습니다.

또한 그것은 친교와 조언을 뜻합니다. 우리가 조언을 구하는 사람에 대해서, 우리는 "우리의 오른팔"이라고 표현합니다. 하나님께서는 사람이신 예수 그리스도와 긴밀한 대화를 나누십니다. 여러분의 친구가 법정에 있다면, 여러분은 재판에서 좋은 결과가 나올 것이라고 기대합니다. 그런데 하나님의 법정에는 여러분의 어떤 친구가 있습니까? 그는 "기묘자요 모사"(사 9:6)입니다! 그는 영광의 왕이시며, 이 땅의 통치자이십니다. 그는 왕들과 통치자들을 세우기도 하시며, 폐하기도 하십니다. 그는 인간이신 예수 그리스도이십니다. 하나님의 명령은 나에게 반드시 유익하다는 사실을 이제 나는 깨닫습니다. 왜냐하면 명령을 내리시는 하나님의 우편에 나의 주님께서 앉아 계시기 때문입니다. 하나님의 목적들은 선택하신 사람들에게 결국 축복을 가져다준다는 사실을 이제 나는 이해합니다. 왜냐하면 그들을 사랑하시는 주님께서 그 목적들을 세우신 하나님과 하나됨을 이루고 있기 때문입니다.

또한 그것은 완전한 안식을 의미하지 않습니까? 예수님께서는 하늘로 가서서, 하나님의 우편에 앉아 계십니다. 이 땅에서 거룩한 사명을 수행하시던 동안, 그는 앉아 있으실 수 없었습니다. 성막 안에 제사장들을 위한 의자들은 없었습니다. 그들은 열심히 일해야만 했기 때문에 앉아 있을 수 없었습니다. 그러나 예수님께서는 하나님의 오른쪽에 그의 자리를 차지하셨습니다. 그곳에서, 그는 원수들을 그의 발등상으로 삼으실 날을 고대하십니다. 오, 안식의 구세주여! 이 땅에서 수고하고 애쓰는 우리도 주님께 나아가서, 주님 안에서 안식을 누릴 것입니다. 우리도 그곳에 앉아서, 주님께서 우리의 모든 원수들을 꿇어 앉히게 하실 때를 갈망하며 고대할 것입니다. 그때, 우리는 우리 발로 심지어 사탄도 짓밟을 것입니다. 지금도 믿음을 통해서, 우리는 하늘에서 주님과 함께 앉아서, 그의 평안을 누리고 있습니다.

　　이제 그리스도의 통치권이라는 세 번째 주제에 대해서 살펴봅시다. 곧, "천사들과 권세들과 능력들이 그에게 복종하느니라"라는 말씀입니다. 이 땅의 비천한 자들은 주님에게 침을 뱉었습니다. 그런데 주님에게 천사들이 복종합니다. 또한 십자가에 못 박히고, 머리를 흔들었던 그에게 천사들이 복종합니다. 이것은 하늘나라에서 볼 수 있는 놀라운 일들 가운데 하나입니다. 옛날 어떤 작가들은 이렇게 주장했습니다. "한 사람이 언젠가 모든 권세들과 능력들을 지배하는 이가 될 것이라는 속삭임을 사탄이 들었기 때문에, 그는 하나님을 반역하게 되었다." 어쩌면 그 주장은 옳지 않을까요? 가브리엘이나 스랍들 중에서 가장 총명한 스랍이 아니라, 바로 어떤 사람이 하나님 다음이라는 사실에 천사들은 틀림없이 때때로 의아하게 생각했을 것입니다. 주여, 사람이 무엇입니까? 사람은 땅의 흙으로 만들어졌습니다. 사람이 무엇이기에 천사들보다 더 높은 곳에 앉아서, 영광과 존귀의 관을 쓰고 있습니까?(참조. 시 8:5). 그것은 사실입니다. 하나님께서는 그리스도를 모든 천사들과 권세들과 능력들보다 높은 위치에 있게 하셨습니다. 이것은 천사들도 살펴보기를 원하는 것들 가운데 하나가 아닙니까?(참조. 벧전 1:12). 비록 계명성(KJV, 'Lucifer')이 하늘에서 떨어졌지만, 그곳에는 아무런 틈도 벌어지지 않았습니다(참조. 사 14:12). 큰 용이 그의 꼬리로 하늘의 별들의 삼분의 일을 떨어지게 했을 때(참조. 계 8:12), 용에 의해서 비게 된 공간을 채우기 위해서, 피조물들의 일부는 들어올려졌습니다. 하늘나라에서, 흰옷을 입은 무수한 사람들이 하나님을 찬양합니다. 한 사람은 실제적으로 하나님의 보좌에 앉아 있습니다. 그는 하나님의 대리자이시며, 모든 피조물의 주님이십니다. 모든 피조물이 그에게 무릎을 꿇을 것이며, 모든 혀가 그를 주님이라고 고백할 것입니다(참조. 롬 14:11). 그래서 하나님 아버지께 영광을 돌릴 것입니다. 이것을 생각하십시오. 사람이신 예수 그리스도께서는 모든 빛나는 존재들의 주님이십니다! 여러분이 슬픔에 빠져 있을 때, 그는 여러분을 위로하기 위해서 천사를 보내실 수 있습니다. "모든 천사들은 섬기는 영으로서 구원받을 상속자들을 위하여 섬기라고 보내심이 아니냐?"(히 1:14).

주님으로부터 주어지는 이용 가능한 권세들을 고려할 때, 여러분은 눈에 보이지 않는 천사들을 잊지 마십시오. 예수님께서 고뇌하시던 때에 이렇게 말씀하시지 않았습니까? "너는 내가 내 아버지께 구하여 지금 열두 군단 더 되는 천사를 보내시게 할 수 없는 줄로 아느냐?"(마 26:53). 만약 우리를 보호하기 위해서 천사들이 필요하다면, 공중에는 곧 눈에 보이지 않는 천사들로 가득할 것입니다. 왜냐하면 우리의 구세주께서 천사들을 부리는 주님이시기 때문입니다. 우리를 위해서, 주님의 명령을 수행하는 것을 천사들은 온전히 기쁘게 여길 것입니다. 그들은 하나님의 병거입니다. 그는 자신의 백성을 구원하시려고, 그것을 타고 오십니다. 사람의 아들이신 예수님을 시중들려고, 하늘의 모든 천사들이 이 땅으로 내려오는 날이 있을 것입니다. 그때 천사들은 그의 왕국으로부터 주님을 거역하는 모든 피조물을 한 곳으로 모을 것입니다. 동시에 천사들 자신들이 십자가에 달리셨던 주님에게 충성하는 것을 기뻐할 것입니다. 모든 천사들과 권세들과 능력들과 통치자들과 이름들보다, 하나님께서 예수님을 비교할 수 없이 훨씬 높은 위치에 있게 하신 것을 오늘날 우리는 기뻐합니다.

그런데 예수님께서 모든 귀신들을 제압하는 권능을 지니셨음을 우리는 잊어서는 안 됩니다. 귀신들은 타락한 천사들입니다. 부활 및 승천 사건을 통해서, 예수님께서는 그들을 단번에 정복하셨습니다. 예수님의 허락이 없으면, 귀신들은 주님의 제자들을 시험할 수 없습니다. 하나님의 뜻이 아니면, 욥과 같은 하나님의 의로운 자녀에게 고난이 닥치게 하려고, 귀신들은 손가락 하나도 내밀 수 없습니다. 이 개들에게는 재갈이 물려져 있습니다. 그러므로 귀신들을 두려워하지 맙시다. 왜냐하면 예수님께서 만유의 주님이시기 때문입니다(참조. 행 10:36; 골 3:11; 히 1:2).

> "신실하신 하나님께서
> 귀신들이 꼼짝 못하게, 그들의 손을 붙잡고 계신다.
> 그리고 그는 그들을 쇠줄로 묶으신다."

"천사들과 권세들과 능력들"이라는 표현을 어떻게 이해하든지, 그리스도께서는 그들을 지배하고 계십니다. 다시 말해서, 이 땅의 모든 왕들과 군주들, 정치 및 종교 지도자들과 사상가들, 또한 사람들의 다양한 움직임을 조종하는 모든 주관자들이 주님이신 그리스도에게 복종합니다. 따라서 여러 가지 형태의 무정부 상태를 두려워하지 마십시오. 아무도 "평강의 왕"(사 9:6)의 영원한 보좌를 흔들리게 할 수 없습니다. 왕들은 죽으면, 흙으로 부서져서 먼지가 됩니다. 그들의 왕국들도 결국 무너집니다. 그러나 다윗의 아들의 보좌는 영원할 것입니다. 원로원의 결정, 폭군의 명령, 민중의 분노, 반역자의 격분 및 현자의 견해도 나사렛 예수께서 지니신 최고의 권능을 조금도 해칠 수 없습니다. 예수님의 십자가는 그를 왕으로 선포했습니다. 그는 만왕의 왕이십니다. 주님께서 통치하십니다. 우리는 기뻐합시다. "적은 무리여 무서워 말라 너희 아버지께서 그 나라를 너희에게 주시기를 기뻐하시느니라"(눅 12:32). 이 말씀은 분명히 사실입니다. 여호와께서는 그 나라를 예수님에게 주셨습니다. 예수님께서는 그 나라를 영원히 다스릴 것입니다.

그렇습니다. 모든 세력들이 예수님에게 복종합니다. 사람이 주관하는 영역에 대해서, 시편 기자는 이렇게 말합니다. "주의 손으로 만드신 것을 다스리게 하시고 만물을 그의 발 아래 두셨으니 곧 모든 소와 양과 들짐승이며 공중의 새와 바다의 물고기와 바닷길에 다니는 것이니이다"(시 8:6-8). 아직까지, 우리는 모든 것이 사람의 통치 아래 있는 것을 보지 못했습니다. 그러나 죽음의 고난을 당하시려고 천사들보다 잠시 동안 못하게 되셨지만, 영광과 존귀로 관을 쓰신 예수님을 지금 우리는 바라봅니다(참조. 히 2:7). 원하든지, 원하지 않든지, 장차 모든 것은 예수님 앞에서 머리를 숙일 것입니다. 지금 어떤 권력과 능력과 힘이 세력을 형성하고 있느냐는 문제가 되지 않습니다. 또한 그것들이 앞으로 어떻게 발전될 것인지도 아무런 문제를 제공하지 않습니다. 그것들은 모두 주 예수 그리스도에게 복종할 것입니다. 뱀이 물었을 때 발꿈치를 상하게 되었던 여인의 후손은 용의 머리를 부수어버렸습니다(참조. 창 3:15). 그리고 그는 땅바닥에 그것을 팽개치시고, 발로 밟으셨습니다. 생명과 죽음과 지옥과 모든 세계가 죽었다가 다시 사신 주님에게 복종할 것입니다. 주님의 영광을 담대하게 선포할 수 있는 종(servant)이 있다면 얼마나 좋겠습니까? 세상의 왕들은 전령들을 임명합니다. 전령들은 나팔을 불며, 왕들의 존귀와 위엄을 사람들에게 알립니다. 그렇다면 누가 우리를 위해서 죽으셨던 사람의 아들의 영광을 선포할 것입니까? 우리의 인도자와 주님이신 예수님의 승리를 위해서, 와서 다 같이 기뻐합시다. 예수님께서 승리자라는 사실을 생각할 때, 내 영혼은 거룩한 기쁨으로 감격합니다. 이것보다 내 마음을 더 기쁘게 하는 것은 없습니다.

전쟁터에서, 모든 소망을 잃고, 피를 흘리며 기진맥진해서 누워 있는 부상병들에 대해서 들은 이야기입니다. 마침 그들이 나폴레옹이 말을 타고 달려가는 모습을 보게 되었을 때, 그들은 자신들에게 남아 있던 모든 생명력을 되찾게 되었다고 합니다. 그들에게는 이미 다리가 잘려나갔습니다. 그러나 그들은 팔을 땅에 대고, 있는 힘을 다해서 몸을 세웠습니다. 그들은 자신들의 지휘관 나폴레옹에게 다시 한 번 경례하고자 했습니다. 이들은 불쌍한 군인들입니다. 그들의 피를 물 같이 쏟게 만든 독재자를 위해서, 그들은 그렇게 열광했던 것입니다. 우리를 위해서 피를 흘리신 예수님에게 우리가 열정을 품고 있다면, 그것은 훨씬 지혜로운 것입니다. 만약 내가 개천에 빠져 죽는다면, 사람들은 나를 어리석다고 비난할 것입니다. 그러다가 사람들은 곧 나를 잊어버릴 것입니다. 그것을 내가 미리 안다고 하더라도, 나는 주님의 승리를 확신하고 기뻐하며, "호산나"라고 외칠 것입니다. 그렇습니다. 지금 나는 가장 진정한 마음으로 주님을 찬양하며 기뻐할 것입니다. 왜냐하면 지금도 예수님께서 만왕의 왕이시며 만주의 주이시기 때문입니다(참조. 계 17:14; 19:16). 할렐루야! 예수님과 관련하여, 유대 지도자들과 그들의 부추김을 받은 사람들은 "그를 없이 하소서, 그를 십자가에 못 박게 하소서"라고 외쳤습니다(참조. 요 19:15). 그러나 이제 그는 만유의 머리이십니다. 예수님에 대한 이러한 이야기를 듣고, 우리가 모두 기뻐하도록, 하나님께서 우리에게 은혜를 베풀어 주시기를 간절히 바랍니다.

2. 앞에서 설명한 세 가지 주제들이 우리에게 주는 교훈은 무엇입니까?

첫째 교훈으로서, 그리스도에 대한 성경의 주장들은 모두 참이라는 사실입니다. 오늘날 성경의 진리에 대해서 의심하는 글을 읽을 때마다, 나는 사실들로 되돌아가는 것을 기뻐합니다. 만약 오늘날 간행된 설교집을 몇 권 읽는다면, 여러분은 영원한 진리들이 부인되고 비판당하는 것을 발견할 것입니다. 그리스도의 신실한 종들이 되기는커녕, 상당히 많은 목회자들은 성직자의 옷을 걸치고 마귀의 종 노릇을 하고 있습니다. 주님께서 그들에게 자비를 베풀어 주시기를 바랍니다. 어떤 의심이 나에게 제기되어질 때마다, 나는 예수님께서 죽은 자들 가운데서 살아나셨다는 사실을 의지합니다. 그것은 명백한 사실입니다. 또한 그는 하늘로 올라가셨습니다. 왜냐하면 그의 제자들이 그 장면을 목격했기 때문입니다. 비록 나의 믿음이 터무니없는 것이라고 사람들로부터 비난을 받을지라도, 나는 주님의 제자들 가운데 가장 작은 자가 되는 것에 만족합니다. 나는 예수님의 말씀과, 성령의 감동을 받은 사도들이 증거해 준 말씀을 굳게 붙잡고, 그것을 믿을 것입니다. 어떤 사람들은 우리를 이렇게 비난합니다. "당신들은 진보의 대열에서 뒤처져 있습니다. 당신들은 스스로 창의적으로 생각하지 못하는 불쌍한 바보들입니다." 나는 내가 그러한 바보라고 고백합니다. 나는 하나님께서 계시해 주신 것을 믿습니다. 사람들의 견해보다도, 나는 하나님의 계시를 더욱 신뢰합니다. 사람들 사이에서, 십자가에 못 박혀 죽으시고 다시 살아나신 예수 그리스도 이외에, 나는 아무것도 알지 못합니다. 왜냐하면 이것이 진리이기 때문입니다. 우리는 그 사실을 깨닫고 있습니다. 우리를 후원하는 것으로서, 우리는 사실들을 지니고 있습니다. 우리들이 예수님에 대해서 가르치는 것은 어떤 감정이나 견해나 의견이 아닙니다. 그것은 사실 그 자체입니다. "그는 하늘에 오르사 하나님 우편에 계시니 천사들과 권세들과 능력들이 그에게 복종하느니라"(벧전 3:22).

　　두 번째 교훈으로서, 그리스도를 위한 우리의 운동은 안전한 것입니다. 그러므로 주님의 교회는 두려워하지 맙시다. 여호와의 법궤를 안정되게 하려는 목적으로 불신앙의 손을 내밀 생각을 하지 마십시오. 교회의 역사는 그리스도의 역사와 마찬가지로 반복되어야만 합니다. 교회는 배신을 당해야만 합니다. 교회는 채찍질을 당해야만 합니다. 교회는 거짓된 증거에 근거한 고소를 당하고, 침 뱉음을 당해야만 합니다. 교회는 십자가에 못 박히고, 죽임을 당할 수도 있습니다. 그렇다면 교회는 부활할 것입니다. 교회의 주인 되신 예수님께서 부활하셨습니다. 주님처럼, 교회도 부활하고 영광을 받을 것입니다. 그리스도를 없앨 수 있기 이전에, 사람들은 교회를 결코 없앨 수 없습니다. 이미 승리의 면류관을 쓰고 계신 주 예수님을 이기기 이전에, 사람들은 교회를 이길 수 없습니다. 그리스도에 대한, 교회의 위대하며 오래된 복음 운동은 안전한 것입니다. 지금 교회의 전망은 어두워 보일 수 있습니다. 어느 곳이든지 어린 양이 가는 곳을 따라가는 것은 사람들에게 인기가 없는 것처럼 보일 것입니다. 그러나 그렇게 일하는 사람들이 흰 옷을 입게 될 그날이 반드시 곧 올 것입니다. 왜냐하면 그들에게는 그럴 만한 자격이 있기 때문입니다. 수레바퀴는 머지않아 거꾸로 굴러갈 것입니다. 그러면 가장 낮은 사람들은 가장 높은 사람들이 될 것입니다. 또한 먼지 속에서 주님과 함께 있던 사람들은 그와 함께 영광을 받을 것입니다.

이제 나는 예수님을 믿는 사람들도 안전하다는 것을 알고 있습니다. 예수님께서는 부활하신 후에, 그의 영광으로 들어가셨습니다. 그렇다면 그의 안에 있는 신자 한 사람 한 사람도 마찬가지로 안전할 것입니다. 여러분은 어디에 소망을 두고 있습니까? 그리스도 안에 여러분은 소망을 두고 있습니까? 그렇다면 여러분의 소망은 언제나 안전합니다. 만약 여러분이 주님 이외에 다른 데에 소망을 갖고 있다면, 그것은 헛되이 사라질 것입니다. 만약 여러분의 소망이 온전히 그의 안에 있다면, 여러분의 보물은 하늘의 보석상자 안에 있습니다. 그 보물은 언제나 안전합니다. 그러므로 여러분은 기뻐하고 즐거워하기 바랍니다. 여러분도 "나의 하나님, 어찌하여 나를 버리셨나이까?"(마 27:46)라고 부르짖을 수 있을 것입니다. 여러분도 목마름을 느낄 수 있습니다(참조. 요 19:28). 여러분도 처참하게 죽을 수 있습니다. 그러나 여러분은 다시 살 것입니다. 여러분은 승리할 것입니다. 왜냐하면 여러분은 그리스도와 같이 될 것이기 때문입니다. 주님 안에서, 여러분은 그와 같이 될 것입니다.

또 다른 교훈에 대해서 생각해봅시다. 이것은 예수님께서 죄인들을 다루시는 방법에 대해서 설명해 줍니다. 주님께서 몸소 겪으셨던 일들은 그를 믿고 구원받은 사람들에게도 일어날 수 있습니다. 그는 그것들이 신자들에게 본보기가 되게 하십니다. 만약 여러분이 예수님에게로 나온다면, 그래서 자신의 죄에 대해서 자각하고 회개한다면, 채찍질과 고난을 당한다면, 또한 자아를 십자가에 못 박고, 특별히 자신이 의롭다는 생각을 십자가에 못 박아서 죽게 한다면, 여러분은 주님의 무한한 자비와 그 권능을 깨달을 수 있을 것입니다. 여러분은 자아가 온전히 죽는 것을 체험해야만 합니다. 여러분은 세속적인 모든 소망들이 사라지고 없어지는 것을 보아야만 합니다. 그러한 죽음을 통해서, 여러분은 새로운 생명으로 다시 태어날 것입니다. 그리고 여러분은 존귀와 영생과 불멸을 받을 것입니다. 여러분의 마음속에 고통이 있습니까? 만약 그리스도께서 여러분을 죽이신다면, 그가 여러분을 다시 살리신다는 사실을 확신하십시오. 왜냐하면 전능하신 여호와께서 심지어 다음과 같은 말씀도 하셨기 때문입니다. "나는 죽이기도 하며 살리기도 하며 상하게도 하며 낫게도 하나니"(신 32:39). 그리스도의 역사는 우리 안에서 다시 쓰여져야만 합니다. 곧, 우리는 죄에 대해서 죽고, 의(義)를 위한 새 생명을 얻어야만 합니다. 이것은 배울 만한 가치가 있는 가르침입니다.

다음 몇 가지에 대해서 간략하게 언급하며, 설교를 마치려고 합니다. 이제 그리스도께서는 하늘에 오르셔서, 하나님의 우편에 계십니다. 그것은 우리가 가야만 하는 길을 우리에게 보여줍니다. "내가 땅에서 들리면 모든 사람을 내게로 이끌겠노라"(요 12:32). 그는 제자들을 십자가로 이끄십니다. 또한 그가 여러분을 영광의 면류관으로 인도하실 것을 여러분은 확신할 수 있습니다. 지금 그리스도께서 하늘 보좌에 계시기 때문에, 여러분은 그가 끌어 주는 힘을 잃어버렸다고 생각합니까? 결코 그렇지 않습니다. 오늘 아침에도, 그리스도께서는 우리를 끌어당기고 계십니다. 우리의 모든 생각을 하늘로 올려 보냅시다. 야곱의 사다리를 통해서, 우리의 모든 소망과 기쁨과 꿈을 주님께 올려 보냅시다. 지금 곧바로 우리가 주님께 올라갈 수 있다면, 얼마나 좋겠습니까! 내 영혼아, 잠시만 기다려라. 여러분 각자에게 하나님께서 정해 주신 날까지 여러분은 인내하십시오. 비록 여러분에게 참는 것이 힘들겠지만, 주님께서 쉬고 계시는 시간을 기다리십시오. 왜냐하면 주님 자신도 기다리셔야만 하기 때문입니다. 그의 고난에 동참하기 위해서, 여러분도 이 세상에서 인내해야만 합니다. 그러나 여전히 그가 여러분을 이끄시는 것을 느끼십시오.

어떤 목사님이 소년과 연에 대해서 의미 있는 예화를 들려주었습니다. 소년은 연을 하늘 높이 띄웠습니다. 그 연이 너무 높이 날아올라가서, 소년은 그것을 볼 수 없었습니다. 여전히 소년은 자신이 연을 날리고 있다고 말했습니다. 그러면서 실타래와 실을 꼭 붙잡고 있었습니다. 어떤 사람이 물었습니다. "네가 지금도 정말로 연을 날리고 있다는 것을 어떻게 알 수 있니?" 소년은 대답했습니다. "나는 연이 실타래를 잡아당기는 것을 느낄 수 있습니다."

오늘 아침, 우리는 예수님께서 우리를 끌어당기시는 것을 느낍니다. 어떤 줄로 끌어당기는 것보다도 더 강력하게, 그는 우리를 끌어당기십니다. 그는 하늘로 가셨습니다. 그는 우리를 그곳으로 끌어당기십니다. 오, 주님! 이전보다 더 강력한 힘으로, 우리를 끌어당기십시오. "너는 나를 인도하라 우리가 너를 따라 달려가리라"(아 1:4). 우리는 무릎을 꿇고, 신랑이 말한 것을 따라서 해야 한다는 생각이 들지 않습니까? 조금만 더 기다리십시오. 빛으로 찬란한 길을 걸어 올라가서, 여러분은 곧 부활하신 주님을 껴안게 될 것입니다. 여러분을 끌어당기는 주님에게 복종하십시오. 이 세상과 그 안에 있는 것들을 움켜잡으려고, 그에게서 도망하지 마십시오. 그 대신, 그의 끌어당기는 힘에 복종하십시오. 여러분이 그 힘에 복종할 때, 여러분은 이렇게 노래할 것입니다. "예수 그리스도께서 승리하셨습니다." 비록 내 옷이 진흙과 피로 더럽혀진다고 하더라도, 그것이 무슨 문제가 됩니까? 그가 승리하셨습니다. 비록 죽음의 깃털로 날개를 장식한 화살들이 나에게 비오듯이 날아온다고 해도, 그것이 어떤 문제를 가져옵니까? 그리스도께서 사탄과 사망과 죄악을 이기셨습니다. 내 영혼아, 그 승리의 면류관을 움켜잡으라. 너를 위해서, 없어지지 않는 생명의 면류관이 예비되어 있도다. 예수님의 이름으로, 하나님께서 여러분을 축복해 주시기를 바랍니다. 아멘.

제
14
장

—

하나님 앞에서의 겸손

—

**"그러므로 하나님의 능하신 손 아래에서 겸손하라
때가 되면 너희를 높이시리라"** — 벧전 5:6

타락한 인간의 마음속에는 교만이 자리 잡고 있습니다. 물이 잘 공급되는 정원의 잡초처럼, 아니면 물이 흐르는 시냇가의 풀처럼, 교만은 마음속으로부터 솟아나옵니다. 교만은 모든 것에 스며듭니다. 길의 먼지나 방앗간의 밀가루처럼, 교만은 모든 것에 내려앉습니다. 마치 콜레라균이 떠다니는 공기처럼, 아니면 아라비아 사막에서 불어오는 건조한 열풍처럼, 교만은 악한 것입니다. 밭고랑에서 잡초를 제거하는 것이나 사과나무에서 진딧물을 없애는 것과 마찬가지로, 교만은 없애버리기가 쉽시 않습니다. 교만을 죽이면, 곧 다시 살아납니다. 그것을 묻어버리면, 무덤을 뚫고 나옵니다. 여러분은 교만이라는 이리를 쫓아가서, 그것을 총으로 쏴서 죽였습니다. 그러나 보십시오. 여러분의 환호성이 바로 교만입니다. 자신에게 교만심이 전혀 없다고 상상하는 사람보다 더 교만한 사람은 없습니다. 자신이 겸손하다고 생각될 때까지, 여러분은 자신의 헛된 자랑을 없애려고 애쓸 것입니다. 그러나 자신이 겸손하다고 자만하게 되면, 그것은 머지않아 교만으로 입증될 것입니다. 그것은 겸손을 매우 잘 흉내 낼 수 있습니다. 그렇다면 그것은 가장 교만한 것입니다. 교만은 수천 개의 생명을 지니고 있는 죄악입니다. 그래서 교만을 완전히 없애 버린다는 것은 불가능해 보입니다. 교만은 그것에게 치명적인 곳이라고 판단되는 곳에서 번성합니다. 자신의 수치를 자랑으로 여깁니다. 또한 교만은 수천 개의 모습으로 나타납니다. 그것은 끊임없이 변모합니다. 그래서 교만을 사로잡기가 매우 어렵습니다. 교만을 완전히 가두어 둔다는 것은 불가능해 보입니다. 교만은 여러분으로부터 교묘하게 빠져나갑니다. 금방 다른 모습으로 나타나서, 교만은 성과를 거두지 못하는 여러분의 추적을 조롱합니다. 그러므로 교만과 자아를 없애기 위해서, 여러분은 자기 자신을 철저하게 부인해야만 합니다.

교만은 인간이 범한 최초의 죄였습니다. 또한 교만은 인간이 저지르는 최후의 죄가 될 것입니다. 인류가 범한 최초의 죄에는 교만이 몇 가지로 뒤섞여 있었습니다. 왜냐하면 피조물인 인간은 자신이 창조주보다 더 잘 알고 있다고 추측했기 때문입니다. 나아가, 인간이 너무 위대해지는 것을 창조주가 두려워한다고 상상했기 때문입니다. 천사들이 자신들에게 주어진 최초의 순결한 상태를 잃어버리고 타락했을 때, 그 이유가 그들의 교만이 아닌가라는 의문이 제기되었습니다. 그 주제에 대해서, 나는 여기서 상세히 논하지 않을 것입니다. 그러나 분명히 교만했기 때문에, 사탄과 아담은 죄를 범하고 말았습니다. 따라서 교만은 지옥에 불을 붙이고, 온 세상에 유혹의 불을 놓은 횃불입니다.

교만은 모든 사악한 것들의 주모자이며 우두머리입니다. 교만은 사탄의 추종자들을 장악했습니다. 교만은 무모하게 하나님에게 반항하는 죄악으로 이어졌습니다. 하나님의 공의를 비난했습니다. 바로 가인이 그렇게 행동했습니다. 애굽의 바로가 그랬던 것처럼, 교만은 여호와에게 도전하여 싸우라고 부추겼습니다. 바벨론의 느부갓네살이 그랬던 것처럼, 교만은 자신을 하나님으로 만들게 했습니다. 하나님의 보좌를 차지하기 위해서, 할 수만 있다면, 교만은 하나님을 없애려고 할 것입니다. 교만은 피조물을 가장 첫 번째로 찾아왔습니다. 그것은 가장 무서운 적입니다. 또한 교만은 인간을 맨 마지막으로 떠나갈 것입니다. 바울은 이렇게 말했습니다. "맨 나중에 멸망 받을 원수는 사망이니라"(고전 15:26). 나는 우리에게 마지막으로 남은 원수는 교만이라고 말하고 싶습니다. 왜냐하면 우리가 마지막 숨을 거두는 병상에서도, 교만은 그곳에 있을 것이기 때문입니다. 모든 힘을 다해서, 존 녹스(John Knox, 1514-1572, 스코틀랜드의 종교개혁자이자 장로교 창시자)는 인간이 자신의 의로움으로 구원을 받는다는 주장을 반대하는 설교를 해왔습니다. 그는 구원은 오직 하나님의 은혜로 주어진다는 사실을 대단히 명료하게 깨달았습니다. 그렇지만 생애의 마지막 순간에, 인간의 의로움이라는 주제와 관련하여, 그는 심한 갈등을 겪었습니다. 심지어 영광의 순간에 다다르기 직전에도, 녹스는 인간의 마음속에 있는 교만이라는 추악한 것을 대항해야만 했습니다. 하나님의 용맹스러운 종들 가운데 많은 사람들이 교만이라는 강력한 적에 의해서 격렬한 공격을 받았습니다. 교만은 아첨이라는 부드러운 깃털로 장식된 멸망의 창들을 던져댑니다. 가장 평온한 마음을 지닌 사람들 가운데서도, 은밀하게 숨어 있는 치명적인 자만심이 발견될 수 있습니다. 다른 어떤 것보다도 인간의 마음은 거짓된 것입니다. 교만과 관련하여, 우리는 자신의 마음을 전혀 신뢰할 수 없습니다. 심지어 우리가 하나님 앞에서 전심으로 기도할 때에도, 교만은 우리 자신을 부풀리게 하려고 시도합니다. 벌레처럼 불쌍하게 죽어가는 사람들도 교만한 마음을 떨쳐버리기가 어렵습니다. 분명히 여러분과 나는 언제든지 교만해질 수 있는 위험에 처해 있습니다. 지금 이 순간에도, 우리가 교만에 빠져 있을지 모릅니다. 교만으로부터, 우리의 마음과 생각을 지킵시다. 왜냐하면 좀이 은밀하게 우리의 옷을 갉아먹는 것처럼, 또는 눈에 보이지 않는 녹이 숨겨 놓은 보물을 썩게 하는 것처럼, 우리도 모르는 사이에 교만은 우리를 파멸시킬 것이기 때문입니다.

교만이 원하는 곳이 어느 곳이든지, 그것을 그곳에 머물게 허락한다면, 교만은 그것을 환대하는 사람에게 큰 불행을 가져다줄 것입니다. 왜냐하면 교만은 하나님의 은혜가 흘러들어가는 것을 가로막기 때문입니다. 하나님께서는 교만한 자를 물리치십니다. 하나님께서 은총을 갖고 우리를 찾아오시기 이전에, 우리는 교만을 반드시 몰아내야만 합니다. 왜냐하면 하나님께서 교만한 자에게는 은혜를 베푸시지 않으시지만, 겸손한 자에게는 은혜를 베풀어 주시기 때문입니다(참조. 약 4:6). 따라서 겸손은 하나님의 은혜를 더욱 많이 받게 합니다. 또한 그것은 하나님의 선물로서 우리에게 주어집니다. 마치 돈이 더 많은 돈을 벌게 하듯이, 겸손은 더욱 커다란 겸손으로 이끕니다. 그리고 그것과 함께, 다른 모든 영적인 은사들이 주어집니다. 만약 여러분이 하나님의 은혜를 더욱 많이 받기를 원한다면, 여러분은 더욱 겸손해지십시오. 하나님께서는 겸손한 사람들을 도와주십니다. 그러나 교만한 사람들을 물리치십니다. 하나님께서 바로와 어떻게 싸우셨는지 여러분은 알고 있습니다. 여호와께서 그 교만한 바로를 얼마나 강력하게 공격하셨습니까? 다양한 방법으로, 그는 바로를 반항의 정점에서 끌어내리셨습니다. 자신의 쓰라린 고통을 통해서, "여호와가 누구냐"(출 5:2)는 무례한 질문에 대한 대답을 바로가 스스로 체험하게 하셨습니다. 느부갓네살이 거만한 혀로 말했기 때문에, 그는 소처럼 풀을 먹어야만 했던 사실을 기억하십시오(참조. 단 4:33). 교만이 자신을 하늘 높이까지 높이는 것을 보실 때마다, 하나님께서는 그것을 땅바닥까지 낮추시려고 결심하십니다. 그는 활을 손에 잡으시고, 화살을 활시위에 얹으시고, 교만이라는 과녁을 향해서 활을 쏘십니다. 교만이 그리스도인의 마음속에 더 많이 들어가면 갈수록, 하나님의 은혜는 그곳으로 더 적게 들어갈 것입니다. 또한 하나님께서는 교만한 마음을 더욱 자주 반대하실 것입니다. 왜냐하면 하나님께서 하나님의 백성 안에 있는 교만을 보실 때, 그것은 그에게 가장 미운 것이기 때문입니다. 만약 어떤 낯선 사람이 병에 걸려 있는 것을 본다면, 여러분을 그를 불쌍하게 여길 것입니다. 그러만 만약 여러분의 자녀에게서 그 병의 증세가 나타나는 것을 발견한다면, 여러분은 더욱 슬퍼할 것입니다. 독사는 어느 곳에서든지 혐오를 받습니다. 만약 여러분이 사랑하는 친구의 가슴 속에서 독사가 머리를 내미는 것을 본다면, 여러분은 얼마나 놀라겠습니까? 이와 같이, 모든 사람들은 교만을 매우 싫어합니다. 그러나 하나님이 가장 사랑하시는 사람들 안에 있는 교만은 가장 혐오스러운 것입니다. 만약 하나님께서 다윗과 같은 사람 안에서 교만을 보신다면, 그가 교만한 생각을 버릴 때까지 그를 치실 것입니다. 만약 교만이 히스기야와 같은 사람 안에 있다면, 하나님께서는 그를 낮추실 것입니다. 만약 여호와께서 여러분 안에서 교만을 발견하신다면, 그는 여러분을 치실 것입니다. 그렇습니다. 여러분이 하나님 앞에서 겸손하게 기다릴 때까지, 그는 여러분을 계속해서 치실 것입니다.

"그러므로 하나님의 능하신 손 아래에서 겸손하라"는 본문을 자세하게 설명하기에 앞서, 나는 이 서론을 제시했습니다. 그것은 본문 내용을 강조해 줄 것이라고 나는 생각합니다.

나는 본문을 대단히 상세하게 다루지 않을 것입니다. 실제적인 목적을 위해서, 네 가지 관점에서 다룰 것입니다. 성령님께서 이 설교를 축복해 주시기를 바랍니다.

1. 첫째, 이 본문은 분명히 우리의 교회 생활에 긍정적인 영향을 미치기 위한 의도를 갖고 있습니다.

먼저 우리는 본문을 이 관점에서 다루고자 합니다. 베드로가 장로들에게 말하고 있다는 점을 주목해 보십시오(참조. 벧전 5:1). 양 무리의 감독자로 세움을 받는 사람들로서, 그들이 어떻게 처신해야만 하는지에 대해서, 베드로는 권면하고 있습니다. 그 다음, 베드로는 젊은 교인들에게 이렇게 말합니다. "젊은 자들아 이와 같이 장로들에게 순종하고"(벧전 5:5). 그리고 나서, 모든 교인들에게 권고합니다. "다 서로 겸손으로 허리를 동이라." 그리고 이 단락을 마무리하면서, "그러므로 하나님의 능하신 손 아래에서 겸손하라"(6절)고 말합니다. 교회의 한 구성원으로서, 교회 안에서, 나는 자신의 명예를 구하지 말아야 합니다. 반면에 나는 겸손하게 행해야만 합니다. 어떤 면에서든지, 다른 그리스도인들에게 영향력을 행사하고, 그들을 지도하기 위해서, 그들로부터 존중을 받는 것을 내가 그리스도인의 삶의 목적으로 삼으려고 해서는 안 됩니다. 그것보다 나는 훨씬 겸손한 동기를 가져야만 합니다. 나는 자신에 대해서 작게 생각해야 합니다. 그러나 다른 사람들을 매우 존중해야만 합니다. 그래서 그들 안에 주어진 하나님의 모든 은혜에 대해서 찬양해야만 합니다. 그리고 그들이 천국에 가는 것을 도와줄 뿐만 아니라, 나는 그들로부터 배우는 것을 기뻐해야 합니다. 우리 각 사람은 자신에 대해서는 낮게 생각하고, 형제들에 대해서는 높게 생각해야 합니다.

　　그리스도인으로서, 우리가 모두 마땅히 겸손의 옷을 입고 있다고 나는 말할 수 없습니다. 설교자로부터 잘 알려지지 않은 교인에 이르기까지, 우리는 모두 "하나님의 능하신 손 아래에서 겸손하라"는 명령을 두려운 마음을 품고 경청해야 합니다. 또한 우리가 이 명령을 제대로 이행하지 못한다는 사실을 고백해야 합니다. 그러나 이 세상의 다른 어느 곳에서보다 이 교회 안에서, 야심에 찬 자만심보다는 서로 복종하고 존경하는 것을 더 많이 보았다는 것을 나는 솔직하게 덧붙여서 말할 수 있습니다. 이 주장은 매우 공정한 것입니다. 나는 종종 다른 교회들의 교인들에 대한 이야기를 들었습니다. 서로 복종하고 존경하는 것과 관련하여, 목회자로서, 나는 내가 돌보는 사람들을 칭찬할 수 있습니다. 나는 지나치게 편파적으로 판단하는 성향을 지니고 있지 않습니다. 나는 내가 본 것에 대해서 말했을 따름입니다. 나의 증언은 솔직한 것입니다. 하나님의 인도하심으로, 우리가 하나가 되고 성장할 수 있었던 것은 자기 자신을 고려하지 않은 채, 그리스도를 위해서 대부분의 형제자매들이 어떤 일이든지 기꺼이 감당했기 때문입니다.

　　우리의 교우 관계에서, 진정한 겸손은 **그리스도를 위해서 가장 하찮은 일들도**

기꺼이 감당하는 데에서 나타날 것입니다. 어떤 교인들은 자신들이 사소한 일들은 할 수 없다고 생각합니다. 그들은 중요한 일들을 맡아야만 한다고 판단합니다. 그렇지 않으면, 그들은 일을 하지도 않으면서 입만 실쭉거립니다. 진정한 겸손은 하나님의 집에서 문지기가 되거나, 어린아이에게 예수님에 대해서 말하는 직분이 허용되거나, 또는 성도의 발을 씻어 주는 것을 큰 영광으로 생각하는 것입니다. 작은 일들을 수행하는 것을 원하지 않는 사람들에게 그리스도께서 커다란 일들을 결코 맡기시지 않을 것이라고 나는 확신합니다. 위대함을 위해서는 겸손이 꼭 필요합니다. 어떻게 하면 낮은 사람이 될 수 있는지 여러분은 아십니까? 여러분이 낮아진다면, 그것은 크게 되는 것을 배우고 있는 것입니다. 여러분은 순종할 수 있습니까? 그렇다면, 여러분은 다스리는 것을 배우고 있는 것입니다. 문을 지키는 왕이나, 어린 양들을 먹이는 왕자나, 제자들의 발을 씻어 주시는 예수님이 내가 이상적으로 생각하는 그리스도인의 모습입니다.

우리 스스로 어떤 일을 올바로 할 수 없음을 자각하는 것이 또한 겸손입니다. 그리스도 없이, 모든 일들을 할 수 있다고 생각하는 사람은 결국 아무것도 하지 못할 것입니다. 하나님의 도움 없이 설교할 수 있다고 믿는 사람은 진정으로 설교할 수 없습니다. 성령님의 도움 없이, 성경연구모임에서 가르칠 수 있다고 생각하는 자매는 성경에 대해서 올바로 가르칠 수 없습니다. 하나님의 은혜를 의지하지 않는 인간의 능력은 단지 인간의 무능력이 부풀려진 것에 지나지 않습니다. 하나님의 초자연적인 도움이 없이, 어떤 거룩한 일도 충분히 잘 감당할 수 있다고 느끼는 사람들은 스스로 비참하게 속고 있는 것입니다. 인간적인 자신감만으로는 충분하지 않습니다. 자아로 충만한 것은 두 배로 텅 비어 있는 것입니다. 자신의 연약함을 인식하지 못하는 사람은 자신의 분별력이 취약하다는 것을 드러내는 것입니다. 하나님께서 어떤 위대한 목적을 위해서 사용하시는 사람은 자신을 철저하게 비운 사람입니다. 심지어 하나님께서 가장 보잘것없는 일에 자신을 사용하신다는 사실에 대해서, 그는 경탄할 것입니다. 그는 또한 부끄러워서 얼굴을 가리고, 사람들의 주목을 받는 것을 피하려고 할 것입니다. 왜냐하면 그는 하나님께서 자신에게 베푸시는 은혜를 받을 만한 자격이 전혀 없다고 느끼기 때문입니다. 나는 하나님께서 비어 있지 않은 잔을 채우실 것이라고 믿지 않습니다. 또한 자신의 말들로 가득 차 있는 사람의 입을 하나님께서 자신의 말씀으로 채우실 것이라고 나는 믿지 않습니다. 그러므로 하나님의 능하신 손 아래에서 겸손하기 바랍니다. 만약 성령님께서 여러분을 축복해 주시기를 원한다면, 먼저 여러분 자신의 심령을 깨끗하게 하십시오. 하나님에게로 올라가는 방법은 자신이 가장 깊이 내려가는 것입니다. 모든 것 위에 계시고, 모든 것을 채우시기 위해서, 예수님께서는 가장 깊은 곳까지 내려가셨습니다. 마찬가지로, 우리도 주님을 본받아서, 가장 높은 곳으로 올라가기 위해서, 우리는 반드시 가장 낮은 곳으로 내려가야만 합니다.

또한 이 겸손은 우리가 사람들로부터 기꺼이 무시를 당하는 데에서 드러날 것입니다. 많은 사람들은 자신이 행한 일들을 기념비에 새겨서, 공공장소에 세워지는 것을 갈망합니다. 언젠가 나는 어떤 그리스도인이 자신이 무시당했다는 것에 대해서 몹시 불평하는 말을 들었습니다. 여러 해 동안, 그는 주일학교 교사로 섬겼다고 합니다. 그렇지만 이제까지 아무도 그의 수고에 대해서 공적으로 언급해 주지 않았다고 합니다. 그가 그것을 불평해야만 했을까요? 오히려 그는 자신이 평안하게 있을 수 있는 것을 기뻐해야 했습니다. 대중의 주목을 면밀하게 받고 있는 사람들은 그것을 높이 평가하지 않습니다. 나는 사람들이 나를 무시해 주기를 바랍니다. 적어도 다음 주에, 많은 사람들이 나를 찾아오지도 않고, 편지를 쓰지도 않고, 또한 신문에 내 이름이 거론되지도 않기를 원합니다. 공중을 나는 새들처럼 내가 무시를 당한다면, 나는 행복할 것입니다. 만약 고독 가운데 있는 나에게 힘을 북돋우어 주시려고 하나님께서 미소짓는 것을 바라보면서, 내가 혼자서 그를 위해서 조용히 일할 수 있다면, 나는 행복할 것입니다. 오, 나는 작은 개미가 되고 싶습니다. 사람들로부터는 아무것도 받지 않고, 오직 혼자 있을 수 있는 특권을 누리면서, 하나님의 명령에 따라서 묵묵히 일하는 것이 나에게 허락되었으면 좋겠습니다. 거룩한 영혼은 이렇게 기도하기를 원할 것입니다. "오, 주여, 이 세상을 사는 동안, 내가 사람들의 주목을 받지 않게 하소서!" 사람들의 칭찬이나 비난에 의해서 방해를 받지 않고, 하나님을 위해서 일하는 것이 여러분에게 허용된다면, 그것은 인생의 최고 기쁨 가운데 한 가지일 것이라고 나는 생각합니다. 언젠가 나는 어떤 위대한 예술가가 작품을 만드는 것을 본 적이 있습니다. 그의 앞에 내 모습을 보이지 않고, 나는 구석에서 조용히 지켜보기만 했습니다. 그의 훌륭한 예술 작품에 대해서, 내가 소견을 표현하는 것을 그는 원하지 않을 것이라고 나는 확신합니다. 여러분을 지지하든지 반대하든지, 여러분에 대해서 끊임없이 말하는 사람들이 있다는 것은 유한한 인생에서 가장 피곤한 것 가운데 하나입니다. 그런데도 어떤 사람들은 다른 사람들이 기꺼이 없어지기를 바라는 야단법석을 그리워합니다. 그것이 현실입니다. 어떤 친구들이 행한 것은 사실상 별 것이 아닙니다. 그렇지만 그들은 그것에 대해서 자랑하기를 원합니다. 그들은 자신들의 작은 자선 행위가 길모퉁이에서 선포되어야만 한다고 생각합니다. 그들은 자신들의 지루한 연설이 모든 신문들에 실리기를 원합니다. 그렇지만 우리가 마땅히 해야 할 일들을 한 것이 사람들에게 알려지는 것에 관심을 갖지 맙시다. 하나님 앞에서, 하나님에게 하는 것으로서, 우리에게 주어진 일을 진지하게 합시다. 그것에 대해서 사람들이 말하는 것에 관심을 갖지 맙시다. 왜냐하면 만약 우리가 사람들의 칭찬에 근거해서 살아간다면, 우리는 교만해지고 우쭐댈 것이기 때문입니다. 그것이 더 사악한 것은 아니라고 하더라도, 분명히 더 어리석은 것입니다. 하나님을 섬기십시오. 여러분이 하는 일에 대해서 누가 나팔을 불어주는 것을 기대하지 마십시오. 잔악한 예후와 함께, "여호와를 위한 나의 열심을 보라"(왕하 10:16)고 결코 외치지 마십시오. 해마다 계속해서 하나님을 섬기십시오. 비록 사람들이 여러분을 알아주지 않는다고 하더라도, 하나님의 은혜로, 여러분이 여러분의 세대를 섬겼으며, 또한 구세주를 영화롭게 했다는 사실을 느끼는 것에 대단히 만족하십시오. 만약 우리가 이렇게 할 수 있다면, 이것은 우리가 교회를 섬기는 데에 커다란 일을 이룰 것입니다.

교회를 섬기는 데에, 우리는 모두 겸손을 필요로 합니다. 우리는 결코 거칠거나, 거만하거나, 교만하거나, 냉혹하거나, 권세를 부리거나, 군주처럼 행세해서는 안 됩니다. 그리고 당파적이거나, 규칙을 따르지 않거나, 다투거나, 비합리적이어도 안 됩니다. 몹시 가난한 사람들의 감정을 상하게 하지 않기 위해서, 우리는 그들을 세심히 배려하려고 애써야 합니다. 우리가 소외된 사람들을 무시하는 것처럼 보이지 않도록, 우리는 그들에 대해서도 깊은 관심을 가지려고 노력해야 합니다. 우리는 절대로 화를 내서는 안 됩니다. 심지어 부주의로 말미암아, 사람들에게 화나게 하는 원인을 제공하지 않도록, 우리는 매우 조심해야만 합니다. 하나님의 교회에서 지도자로 세움을 받은 사람은 비난을 견딜 준비가 매우 잘 되어 있어야만 합니다. 반면에 다른 사람의 감정을 결코 해쳐서는 안 됩니다. 그는 이렇게 말해야 합니다. "여러분은 나에 대해서 원하는 대로 생각하십시오. 나는 여러분의 유익을 위해서 최선을 다할 것입니다. 또한 그리스도를 위해서, 여러분의 종이 될 것입니다." 여러분이 머리를 더 낮게 숙일수록, 여러분의 명예는 더욱 커질 것입니다. 지혜에 근거해서 판단할 때, 교회 안에 있는 어떤 비품도 구두에 묻은 흙을 털게 하는 현관에 놓인 깔판보다 더 귀중한 것은 없습니다. 만약 여러분이 기꺼이 다른 사람들의 발을 씻어 준다면, 예수 그리스도께서 여러분을 기뻐하실 것입니다. 왜냐하면 여러분이 그의 겸손을 실천하기 때문입니다. 여러분 자신을 위해서도, 낮은 자리를 차지하는 것이 지혜로운 것입니다. 왜냐하면 잔잔히 흐르는 물은 골짜기를 흘러내려가기 때문입니다. 높은 산들에는 폭풍우가 몰아칩니다. 비둘기는 고요한 마을에 보금자리를 폅니다. 만약 여러분이 시기를 받지 않고, 모든 사람들과 평화롭게 살기를 바란다면, 어떤 영향력 있던 인물의 좌우명을 실천하십시오. 대혁명 이후에도, 그는 살아 남았습니다. 사람들은 어떻게 그가 사형 집행인의 칼을 피할 수 있었는지 물었습니다. 그는 이렇게 대답했습니다. "나는 아무런 명성도 원하지 않았습니다. 그래서 침묵을 지켰습니다."

　　교회 안에서, 예수님을 위해서 말하기 시작한 많은 젊은이들에게 나는 말합니다. 나는 그들이 본문 말씀에 대단히 주의를 기울일 것을 진지하게 요청합니다. "하나님의 능하신 손 아래에서 겸손하라." '하나님의 능하신 손'이 여러분과 함께 하지 않으면, 여러분은 어떤 선한 일도 할 수 없다는 사실을 기억하십시오. 그러므로 겸손하십시오. 모든 성공을 위해서, 그 손을 의지하십시오. 하나님의 능하신 손이 여러분을 사용하는 것이 놀라운 일이라는 것을 깨달으십시오. 그러므로 그 손 안에서, 또한 그 손 아래에서, 여러분을 낮추십시오. 왜냐하면 그렇게 할 때, 하나님께서 때가 되면 여러분을 높이실 것이라는 약속을 여러분이 요구할 수 있기 때문입니다. 만약 여러분이 마을에 있는 가난한 사람들을 기꺼이 보살펴 주고, 또한 미천한 사람들 사이에서 여러분의 임무를 철저하게 잘 수행한다면, 머지않아 여러분은 더 넓은 영역을 맡게 될 것입니다.

　　젊은 형제자매들이여! 만약 여러분이 길모퉁이에 서서 몇 명의 소박한 사람들에게 예수 그리스도에 대해서 이야기하는 것에 만족한다면, 여러분은 곧 수백 명의 청중들을 얻을 것입니다. 만약 여러분이 아무것도 아닌 사람이 되기를 원한다면, 하나님께서는 여러분을 중요한 인물로 만드실 것입니다. 사다리의 맨 꼭대기에 오르는 방법은 맨 처음 단계부터 오르기 시작하는 것입니다. 하나님의 교회에서 위로 올라가는 길은 곧 아래로 내려가는 것을 의미합니다. 맨 꼭대기로 올라가기를 원하는 야망을 가진 젊은이는 오래지 않아 자신이 맨 밑바닥에 있는 것을 발견하게 될 것입니다. "누구든지 자기를 높이는 자는 낮아지고 누구든지 자기를 낮추는 자는 높아지리라"(마 23:12). 젊은 그리스도인들이여! 이 권면의 말씀을 실행하십시오.

2. 둘째, 겸손에 대한 본문을 나는 고난과 연결시켜서 다루고자 합니다.

곧, 고난 속에서, 우리가 어떻게 행동해야만 하는지 언급하고자 합니다. 시련을 당하고 있는 모든 신자들은 성령님의 권고에 귀를 기울이기 바랍니다.

고난과 시련이 없으면, 우리 가운데 어떤 사람들은 결코 겸손해지지 않습니다. 불도마뱀과 같이, 이 불에서 저 불로 옮겨 다니며, 우리는 불꽃 속에서 살고 있습니다. 이 재앙을 받고나서 저 재앙을 받으면서, 갱도를 따라서 내려가듯이, 우리는 땅속 깊은 곳으로 들어갑니다. 우리는 이 어두운 장소에 이르는 길에 대해서 배울 필요가 있습니다. 때때로 하늘 아버지께서 자녀들에게 시련을 보내시는 의도는 그들이 겸손해지며, 계속해서 겸손하게 하려는 것입니다. 우리는 이 사실을 기억합시다. 그리고 지혜가 주는 교훈을 배웁시다. 베드로가 주는 권고는 우리가 겸손해야만 한다는 것입니다. 많은 사람들은 어쩔 수 없이 낮아졌습니다. 그렇지만 그들은 겸손해지지 않았습니다. 그 두 가지에는 커다란 차이가 있습니다. 만약 하나님께서 그의 은혜를 거두셔서, 어떤 그리스도인이 죄를 범하는 것을 허락하신다면, 모든 선한 사람들은 그가 겸손해질 것이라고 기대할 것입니다. 그러나 그는 겸손해지지 않을 수도 있습니다. 심지어 자신의 행위가 얼마나 악한 것인지, 그는 전혀 자각하지 못할 수도 있습니다. 여전히 거만한 기질을 간직한 채, 그는 겸손과는 동떨어져 있을 수 있습니다. 만약 이러한 경우라면, 그러한 사람은 몰락을 기대해야 할 것입니다. 좀 더 약한 매를 맞고서도 교만이 사라지지 않는다면, 좀 더 강한 매가 푸른 멍과 상처를 입게 할 것입니다. 겸손하게 만들려는 의도로 주어지는 고난을 피하는 가장 바람직한 방법은 스스로 겸손해지는 것입니다. 하나님께서 여러분을 낮추시기 이전에, 먼저 스스로 겸손해지십시오. 겸손한 태도를 가지십시오. 그리고 낮은 마음으로 하나님에게 가까이 나아가십시오. 그러면 하나님께서 여러분을 꾸짖는 것을 멈추실 것입니다.

먼저 여러분이 어떤 특별한 교만의 죄를 범하지 않았는지 주의 깊게 살펴보기 바랍니다. 여러분은 지금 고통을 겪고 있습니다. 교만으로 인해서 여러분이 어떤 잘못을 했는지, 고통의 매가 여러분에게 그것을 지적하게 하십시오. 자녀들로 인해서, 다윗은 고통을 겪었습니다. 그것은 다윗이 자녀들을 자랑스럽게 여겨서, 그들을 응석받이로 키웠기 때문이라고 나는 믿습니다. 집안에서 무엇인가가 부서진다면, 그것은 대체로 그 집의 우상이 깨어진 것입니다. 우리가 당하는 슬픔의 원인은 흔히 우리의 죄악으로 말미암은 것입니다. 만약 우리의 죄를 회개하면, 하나님께서 슬픔을 없애 버리실 것입니다. 세상적인 소유물로 인해서, 여러분은 시련을 겪어보았습니까? 그렇다면 그것에 대해서, 우쭐댄 적이 있습니까? 여러분의 건강이 나빠지고 있습니까? 그렇다면 여러분의 체력을 결코 자랑해 본 적이 없습니까? 여러분은 어떤 사람에게 속았습니까? 그렇다면 여러분의 지혜를 자랑해 본 적이 전혀 없습니까? 성격상의 결함 때문에, 여러분은 슬퍼하고 있습니까? 여러분은 이미 유혹을 통과했다고 상상해 보지는 않았습니까? 거울을 들여다보는 것처럼, 여러분이 자랑했던 것이 무엇인지를 볼 때까지, 여러분의 고난을 면밀히 살펴보기 바랍니다. 그리고 여러분의 우상을 송두리째 제거하십시오. 하나님 앞에서 낮아져서, 이제부터 오직 하나님만을 경배하십시오.

　　고난 속에서, 여러분이 고통당하는 모든 것을 받을 만하다는 사실을 고백하며, 자신을 낮추십시오. 그것이 가난입니까? 하나님의 사랑하는 자녀여! 세상을 사랑하기 때문에, 여러분이 가난의 고통을 겪을 만하다는 것을 인정하십시오. 그것이 육체적인 고통입니까? 그렇다면 잘못을 범한 모든 지체가 아픔을 겪을 만하다는 것을 시인하십시오. 우리가 받아야 마땅한 것보다, 우리가 받고 있는 징계는 적은 것이라고 고백한다면, 그것은 대단히 중요한 것입니다. 또한 여호와께서 우리의 죄를 따라서 우리를 다루시지 않으며, 우리의 허물에 근거해서 우리에게 보응하시지 않는다는 사실을 깨닫는 것은 매우 위대한 것입니다. 어떤 가족이 이 세상을 떠나갔습니까? 그렇다면 욥에게 하셨던 것처럼, 하나님께서 여러분을 찾아가서, 한순간에 모든 자녀들을 데려가실 수 있다는 것을 인정하십시오. 하나님의 손에 의해서, 여러분은 그런 일을 당할 수도 있습니다. 그의 징계하시는 손은 여러분에게 지나치게 가혹하지 않다고 고백하십시오. 스스로 겸손하십시오. 그러면 여러분은 슬픔을 없애려고, 그것과 싸우지 않을 것입니다.

　　무엇보다도, 하나님의 뜻에 전적으로 순종하기 위해서, 여러분은 겸손하십시오. 고난의 매에 순순하게 입 맞추면서, 자신을 낮추는 데에 여러분을 도와 달라고 성령님께 간구하십시오. 하나님의 능하신 손 앞에서, 머리를 숙이십시오. 만약 하나님께서 기뻐하시는 것이라면, 좀 더 가혹한 매를 받아들일 각오를 하십시오. 만약 여러분의 뜻을 하나님의 뜻에 전적으로 복종시킨다면, 고난이 제거되거나, 아니면 고난의 가시가 무디어질 가능성이 매우 높습니다. 여러분이 할 수 있는 만큼 최대한으로, 땅바닥까지 자신을 낮추십시오. 분명히 하나님께서는 여러분을 자녀로 대하십니다. 부모의 징계에 마음으로 기꺼이 복종하는 자녀가 지혜로운 자녀입니다. 자녀가 아버지의 징계하는 손 아래 있을 때, 자녀가 발로 무엇인가를 걷어차고, 말로 대들거나 나쁜 말을 한다면, 그것은 자신에게 전혀 도움이 안 될 것입니다. 아버지의 선한 뜻에 온전히 복종하는 것이 그에게 가장 바람직한 것입니다. 자녀가 그렇게 할 때, 아버지는 징계하는 것을 곧 멈출 것입니다. 그러므로 하나님의 능하신 손 아래에서 겸손하십시오. 만약 여러분이 두려워하는 재난이 현실적으로 가장 나쁜 형태로 찾아왔다고 하더라도, 여러분의 뜻을 하나님의 뜻에 복종시키십시오. 그래서 하나님을 대항하는 소송에 휘말리거나, 그의 선하심에 무관심하지 않도록 하십시오. 마치 들풀이 바람에 머리를 숙이고, 밀랍에 도장이 잘 찍히는 것처럼, 여호와의 뜻에 복종하십시오. 여러분을 두려워 떨게 하는 큰 불행을 당하지 않도록 기도하십시오. 그러나 여러분의 간구를 언제나 이렇게 끝맺음하십시오. "그러나 나의 원대로 마시옵고 아버지의 원대로 하옵소서"(마 26:39). 여러분이 쓴 잔을 마셔야만 하지 않을 수 있도록 간청하십시오. 그러나 그 잔을 쏟지는 마십시오. 또한 밀어젖히지도 마십시오. 그 잔을 가져가 달라고 간청하는 동안, 그것을 그대로 놓아두십시오. 여러분의 기도에 대한 응답이 없을 때, 그 잔을 순순히 들어서, 여러분의 입술에 담대하게 갖다 대십시오. 여러분의 주님께서 자신에게 주어진 잔을 한 방울도 남김없이 모두 마셨듯이, 그 잔을 즉시 마시십시오. 그러기 위해서, 여러분은 성령님의 도움을 필요로 합니다. 우리를 진정으로 도와주시려고, 그는 기다리고 계십니다. 순종이라는 거룩한 행위를 하는 데에, 성령님께서는 우리를 도와주시기를 기뻐하십니다. 환난의 때에, 하나님의 권능의 손 앞에서, 우리가 순종하며 자신을 가장 낮추는 것보다 우리에게 더 좋은 것은 없습니다.

하나님의 손에 대항하는 것이 우리에게 무슨 유익이 있겠습니까? 그것은 전능하신 하나님의 손입니다. 비록 우리가 하나님에게 반역을 시도할 만큼 사악한 존재라고 하더라도, 우리는 그 손을 물리칠 수 없습니다. 만약 우리가 고난을 당해야만 한다면, 그것은 우리를 찾아올 것입니다. 만약 우리가 하나님에게 복종하기를 거부한다면, 고난은 대단히 가혹한 형태로 우리에게 다가올 것입니다. 만약 하나님께서 우리가 어떤 시련을 당하는 것을 정하셨다면, 우리는 그것을 피할 수 없습니다. 하나님의 섭리에 대항하는 것이 우리에게 어떤 유익을 가져다주겠습니까? 그것은 우리의 슬픔을 더욱 크게 만들어 줄 뿐입니다. 가축을 모는 데 사용하는 뾰족한 쇠붙이가 달린 막대기를 소가 발로 걷어찬다면, 그것은 살 속으로 더 깊이 파고들어갈 것입니다. 그러나 소몰이꾼이 막대기로 살짝 건드리기만 해도, 황소가 제 갈 길을 빨리 간다면, 그는 황소를 더 이상 재촉하지 않습니다. 또한 온순하게 반응을 잘하는 말은 채찍을 거의 맞지 않습니다. 그 말은 채찍에 매우 민감하기 때문입니다. 그러나 움직이지 않으려는 고집 센 노새는 계속해서 채찍질을 당합니다. 우리의 경우도 이와 마찬가지일 것입니다. 고집으로 인해서, 우리는 많은 매를 자초할 수 있습니다. 자신이 베고 자는 베개에 바늘을 집어넣는 어리석은 사람의 손가락들이여! 그러므로 하나님의 능하신 손 아래에서 겸손하십시오. 그러면 여러분은 곧 위로를 받고, 형통하게 될 것입니다. 고난을 통해서, 여러분은 의로움의 열매를 맺으며, 편안한 삶을 누리게 될 것입니다. 깨끗하게 연단된 후에, 여러분은 풀무불로부터 나오게 될 것입니다. 여러분을 거룩하게 만드는 시련의 결과로서, 여러분은 더욱 많은 지식과 은혜와 열심과 다른 모든 훌륭한 것들을 갖게 될 것입니다. 그러나 이 모든 것은 반드시 자신을 버리고 하나님의 뜻에 순종하는 것을 통해서 찾아오는 것입니다.

　　고난의 과정에서, 하나님에게 반항을 하는 사람에게는 이전보다 더 나쁜 결과가 빚어질 것입니다. 순종하십시오. 그러면 고난을 통해서 높임을 받고, 여러분은 그것에 대해서 하나님을 찬양하게 될 것입니다. 만약 그렇게 할 수만 있다면, 환난을 위해서 대단히 많은 금액을 지불한다고 하더라도, 여러분은 환난을 놓치지 않으려고 생각할 것입니다. 이와 같이, 극심한 환난을 잘 견디면, 그것은 여러분을 대단히 높여 줄 것입니다. 많은 역경과 싸워서 이길 때, 여러분은 교회에서 대단히 존경받는 사람이 될 것입니다. 그러므로 하나님의 능하신 손 아래에서 겸손하십시오.

셋째, 나는 본문을 또 다른 관점에서 살펴보고자 합니다.
　　우리가 고난을 받고 있든지 그렇지 않든지, 날마다 계속되는 하나님과 우리의 관계 속에서, 우리는 그의 손 아래에서 겸손합시다. 왜냐하면 오직 그래야만, 우리는 높임을 받는 것을 기대할 수 있습니다. 여러분이 하나님에게 나아올 때마다, 여러분이 나올 수 있도록 허락을 받고 인도함을 받은 것을 감탄한다면, 그것은 복된 것입니다. 여호와께서 여러분이 올 수 있도록 선택하신 것에 경탄하면서 나아온다면, 그것도 복된 것입니다. 여러분이 가까이 나올 수 있도록, 하나님께서 그와 같이 소중한 대가를 치르셔야만 했다는 사실에 놀라면서, 하나님의 구원에 감탄한다면, 또한 그것도 복된 것입니다. 성령님께서 여러분을 효과적으로 부르셨다는 사실에 깊이 감사하면서, 하나님에게 가까이 나아오는 것은 좋은 일입니다. 우리에게 은혜를 베푸시는 하나님의 전능한 손 아래에서 겸손하십시오. 하나님께서는 은혜로 하나님의 사랑의 가정으로 우리를 인도해 주셨습니다. 그리고 끊임없이 이렇게 질문하십시오. "주여, 왜 나를 선택하시고 인도해 주셨습니까?" 하나님의 은혜를 체험한 사람은 감사하며 하나님 앞으로 나아옵니다. 그러나 겸손이 없는 곳에는 감사도 없습니다. 여러분의 자유 의지에 의해서, 또는 여러분의 타고난 성품이 더 훌륭하기 때문에, 다른 사람들과는 달리, 여러분이 하나님의 은혜를 받았다고 절대로 생각하지 마십시오. 하나님의 은혜는 여러분에게 값없이 주어진 것입니다. 그러므로 감사하는 마음으로 하나님의 은혜에 대해서 찬양하십시오.

여러분은 찬양하면서, 하나님 앞에서 대단히 겸손하십시오. 왜냐하면 하나님께서 여러분에게 은혜를 베푸셨지만, 여러분은 그것에 온전히 보답하지 못했기 때문입니다. 여러분은 하나님으로부터 선택을 받았습니다. 그러나 여러분은 그 선택에 어울릴 만큼 훌륭한 자녀가 되지 못했습니다. 여러분은 구원받았습니다. 그러나 여러분은 충분할 만큼 주님의 것이 되지 못했습니다. 여러분은 섬김을 위해서 부르심을 받았습니다. 그러나 여전히 너무 귀가 먹어서, 여러분은 하나님께서 부르시는 소리를 듣지 못합니다. 하늘나라와 함께, 또한 그곳에 이르는 길 위에 예비된 모든 것과 함께, 여러분은 축복받고 부요해졌습니다. 그리고 말씀의 가르침을 받고 하나님의 자녀로 입양되고 위로함을 받았습니다. 그러나 여러분은 얼마나 보잘것없는 것을 하나님께 보답했습니까? 그러므로 하나님과 그의 은혜와 관련해서, 여러분은 항상 겸손하십시오. 여러분이 최선을 다할 때, 하나님께서도 여러분을 최대한으로 사용하십니다. 만약 하나님의 일을 위해서 여러분이 적합하다면, 그가 여러분을 통해서 더욱 많은 일을 하신다는 사실을 항상 깨달으십시오. 만약 여러분이 사용될 만한 자격을 갖추고 있다면, 그는 여러분을 훨씬 더 광범위하게 사용하실 것입니다. 한편으로, 여러분은 감사해야 하는 많은 이유를 깨닫습니다. 다른 한편으로, 여러분은 겸손해야만 하는 까닭을 항상 발견해야만 합니다. 언제나 하나님과 동행하십시오. 그러면 여러분이 가장 높은 곳에 있을 때에도, 여러분은 이렇게 생각할 것입니다. '만약 나에게 잘못이 없었다면, 나는 더욱 높은 곳에 이를 수 있었을 것입니다. 구하지 않았기 때문에, 아니면 잘못 구했기 때문에, 나는 받지 못했습니다. 영적인 것들과 관련해서, 나는 충분할 만큼 부요해지지 못했습니다. 그것은 내가 주님의 일에 그만큼 부지런하지 않았기 때문입니다. 그리고 하나님을 섬기는 데에 열심이 부족했거나, 또는 마땅히 해야 할 만큼 내가 충분히 수고하지 않았기 때문입니다.'

　　사랑하는 여러분, 여러분이 하나님에게 나아올 때마다, 여러분에게 지식이 부족하다는 사실을 깨달으십시오. 그래서 하나님의 손 아래 자신을 낮추십시오. 여러분이 그리스도의 신성에 대해서 모든 것을 이해한다고 생각하지 마십시오. 인간으로서, 신성을 지닌 존재는 오직 한 분이십니다. 곧, 예수 그리스도 한 분뿐입니다. 누가 그에 대해서 온전히 알겠습니까? 그리스도의 사랑은 우리에게 잘 알려져 있습니다. 그러나 그의 사랑도 우리의 지식을 초월하는데, 어떻게 우리가 그리스도의 신비스러운 존재에 대해서 온전히 깨달을 수 있겠습니까? 하나님 앞으로 나와서, 우리의 하나님과 구세주이신 예수님에 대해서 배우십시오. 여러분이 하나님의 섭리를 이해한다고 생각하지 마십시오. 우리 가운데 아무도 그것을 온전히 이해하지 못한다고 나는 확신합니다. 우리가 어떤 일들을 처리했던 것보다도 훨씬 더 잘 처리할 수 있었을 것이라고 우리는 때때로 생각합니다. 오늘 오후에, 큰 소나기가 내리도록 많은 농부들이 정해 놓았던 것은 아닙니다. 그러나 그 소나기는 메마른 땅과 산천초목에게 꼭 필요한 것이었습니다. 나는 그 이유에 대해서 말할 수 없습니다. 그러나 그것은 사실이었습니다. 하나님의 예정에 의해서 발생하는 모든 것은 섭리의 수레바퀴에서 하나의 톱니입니다. 만약 그 톱니가 빠져버린다면, 섭리의 기계는 고장 날 것입니다. 여호와께서는 모든 것을 지혜롭게 행하십니다. 오직 교만한 사람만이 그렇지 않다고 의심할 것입니다. 오, 인간이여, 여러분은 모든 것을 알지 못한다는 사실을 숙고해 보십시오. 오직 하나님만이 모든 것을 아십니다. 어린아이들은 때때로 자신들이 똑똑하다고 생각합니다. 그러나 그들은 사실상 아는 것이 많지 않습니다. 지혜는 그들의 아버지가 지니고 있지, 그들이 지닌 것이 아닙니다. 그러므로 모든 것을 아시는 하나님 앞에서, 아는 것이 거의 없는 우리는 자신을 낮추는 것에 만족합시다. 하나님께서 우리에게 가장 좋은 것을 알고 계신다는 사실을 확신합시다. 겸손은 지식으로 들어가는 현관이며, 진정한 철학의 기초석입니다. 여러분의 무지를 고백하는 것에서부터 시작하십시오. 그렇지 않으면, 여러분은 여호와로부터 결코 가르침을 받지 못할 것입니다. 하나님의 전능하신 손을 보고, 그 권능을 체험한다면, 여러분이 자신의 무지를 고백하는 것은 절대로 어렵지 않을 것입니다.

하나님의 전능하신 손 아래, 우리가 모두 겸손해야 하는 또 한 가지 이유가 있습니다. 그것은 하나님의 일들에 대해서 우리가 거의 즐거워하지 않는다는 점입니다. 탕자의 비유에 나오는 맏아들은 이렇게 말했습니다. "내가 여러 해 아버지를 섬겨 명을 어김이 없거늘 내게는 염소 새끼라도 주어 나와 내 벗으로 즐기게 하신 일이 없더니"(눅 15:29). 이 맏아들과 같이, 마음이 율법적인 상태에 빠져버린 몇몇의 진지한 그리스도인들을 나는 알고 있습니다. 그들은 날마다 매우 규칙적인 생활을 합니다. 그들은 신앙생활도 변함없이 신실하게 합니다. 기도 시간을 정해 놓고 열심히 기도합니다. 그렇지만 그들은 결코 커다란 기쁨을 맛보지 못했습니다. 그들은 불쌍한 영혼이 방금 구원을 받은 것을 목격합니다. 그는 기쁨으로 가득 차 있습니다. 그러자 그들은 그를 부러워하면서, 이렇게 안타깝게 외칩니다. "그와 같은 한 죄인 때문에, 왜 사람들은 그렇게 법석을 떠는가? 이미 수 년 동안, 나는 그리스도인으로서 성실하게 살아왔는데. 그동안, 다른 교인들이 나에 대해서 기뻐하는 것이 전혀 없지 않았는가? 나와 관련해서, 음악을 연주하거나 춤을 춘 적이 한 번도 없지 않은가! 교우들과 즐기라고, 나를 위해서, 염소 새끼 한 마리도 주어진 일이 없다." 이러한 성향을 지닌 교인들을 위해서, 어떤 잔치를 벌여야 하는지 나는 잘 알지 못합니다. 그들은 동생을 위해서 베풀어진 잔치를 눈뜨고 보지 못합니다. 그들은 화를 냅니다. 풍악과 춤추는 소리를 듣고, 거칠고 퉁명스러운 어조로, 그것이 무슨 일이냐고 묻습니다. 그들의 굳은 마음에 음악과 춤은 너무 시시한 것입니다. 그래서 그들은 밖에서, 불평합니다. 우리는 그들을 부드럽게 권면해서, 그들에게 활기가 넘치게 할 수 없습니다. 우리의 행복한 집 밖에서, 그들은 스스로 추위에 떨고 있습니다. 그들이 언제나 그곳에 서 있어야만 합니까? 예수님의 비유에서, 그 완고한 맏아들에게 아버지는 얼마나 사랑이 넘치는 말로 대답했습니까! 아버지는 이렇게 말합니다. "얘 너는 항상 나와 함께 있으니 내 것이 다 네 것이로되"(눅 15:31). 그 말의 뜻은 이렇습니다. "너는 내 집에서 살고 있다. 나의 사랑스러운 아들로서, 너는 나와 함께 있다. 내가 가진 모든 것을 네가 상속받을 것이다. 네 동생은 자신의 몫을 이미 받아서, 그것을 모두 써버렸다. 그러나 나에게 남아 있는 모든 것은 바로 너의 것이다." 따라서 자신의 짧은 소견으로, 맏아들은 스스로 잘못 생각했던 것입니다. 만약 그가 그의 친구들과 즐겁게 놀지 못했다면, 그것은 자신의 잘못이었습니다. 만약 우리가 침체되고 우울함에 빠져 있다면, 맏아들의 경우와 마찬가지로, 그것은 우리의 책임이 아닙니까? 나는 우리 가운데 어떤 신자들을 가리키는 것입니다. 모든 것이 우리의 것이 아닙니까? 오십시오. 하나님의 전능한 손 아래 자신을 낮추십시오. 왜냐하면 우리는 친구들과 즐겁게 지내지 않았기 때문입니다. 투덜대는 그리스도인들이여! 만약 여러분이 투덜댄다면, 그것은 여러분이 투덜대고 싶어서 그런 것입니다. 그러나 불평할 것은 정작 아무것도 없습니다. 여러분은 하루도 행복하게 지내지 못합니다. 여러분에게는 초신자들의 열심과 열정이 전혀 없습니다. 그렇다면 그것은 누구의 잘못입니까? 그것은 여러분 자신의 잘못입니다. 아버지의 집에 있는 어떤 것도 여러분은 소유할 수 있습니다. 여러분은 음악을 들으며, 춤을 출 권리를 갖고 있습니다. 왜냐하면 여러분은 항상 하나님 아버지와 함께 있기 때문입니다. 그리고 그가 지닌 모든 것은 여러분의 것입니다. 우리가 즐거워하고 기뻐하는 것은 당연한 것입니다. 만약 낙심과 불신 때문에, 거룩한 즐거움을 누리는 데에, 우리가 무딘 마음을 지니고 있다면, 하나님의 손 아래에서, 우리는 겸손해집시다. 오, 내 영혼아! 만약 네 천장이 핑크빛이 아니라 검은색으로 칠해져 있다면, 너의 하나님을 비난하지 말고, 네 자신을 비난하라.

　만약 우리가 일상생활을 세밀히 살펴본다면, 우리는 하나님의 손 아래에서 낮아져야 할 많은 이유들을 발견할 것이라고 나는 확신합니다. 어떤 신자가 하나님을 매우 신실하게 섬기고 훌륭한 일들을 많이 하지만, 안타깝게도 어떤 사소한 일에 실수한다면, 그것은 정말로 무서운 일입니다. 요나는 구약 시대의 위대한 선지자였습니다. 니느웨의 모든 거리들을 돌아다니면서, 그는 여호와로부터 받은 경고의 말씀을 담대하게 선포했습니다. 누가 그와 같은 일을 했습니까? 그는 왕의 면전에 다음과 같은 말을 퍼부었습니다. "사십 일이 지나면 니느웨가 무너지리라"(욘 3:4). 요나는 위대한 선지자였습니다. 비록 한 사람이었지만, 그는 수많은 사람들을 이겼습니다. 그렇습니다. 그러나 하루 이틀 지나서, 그를 살펴보십시오. 그 위대한 사람을 주목해 보십시오. 그의 머리 위에서 그늘을 만들어 주던 박 넝쿨이 시들어버리자, 요나는 앉아서 불평하기 시작합니다. 벌레 한 마리가 박 넝쿨을 쏠아버려서 그 식물이 시들어버리자, 요나는 괴로워합니다. 요나는 화를 냈습니다. 박 넝쿨이 죽어서, 그늘이 없어진 것에 대해서 그가 화를 내는 것이 옳다고 말했습니다. 저런! 하나님의 말씀을 선포하는 고귀한 일에 그렇게 위대할 수 있었던 요나가, 박 넝쿨이 말라버린 그런 사소한 일에 화를 내다니, 이 얼마나 어이없는 일입니까! 하나님 앞에서, 얼마나 많은 사람들이 겸손해야만 하는 비슷한 이유들을 갖고 있습니까! 저 훌륭한 사람을 주목해 보십시오. 그는 큰 재산을 잃어버린 것을 경건한 마음으로 단념하며 참아냈습니다. 그러나 자신의 옷에서 단추가 떨어져서 그것을 잃어버리자, 그는 그만 화를 내고 말았습니다. 그러한 일은 자주 일어납니다. 여러분이 그것에 대해서 미소를 짓게 하려고 내가 이 말을 하는 것일까요? 오히려 그것에 대해서 울며 슬퍼하는 것이 더 나을 것입니다. 여러분 자신에 대해서 곰곰이 생각해 볼 때, 하나님의 손 아래에서, 여러분이 겸손해야만 한다는 이유들을 기억하십시오. 왜냐하면 여러분의 천박한 약점을 통해서, 여러분은 자신의 타락한 마음을 보여주었기 때문입니다. 또한 영적인 능력을 공급 해주시는 성령님의 도움을 받지 않은 채, 여러분은 자신의 본성이 지닌 불완전함을 드러내었기 때문입니다.

따라서 여러분은 피조물로서 창조주 하나님의 능하신 손 아래에서 겸손하십시오. 우리는 진흙입니다. 오, 여호와여, 주님께서는 토기장이이십니다(참조. 사 64:8). 피조물로서, 우리는 자신을 낮추는 것이 마땅한 것입니다. 죄인들이 재판관의 권위 아래에서 겸손하듯이, 여러분도 공의로운 재판관이신 여호와의 권능 앞에서 겸손하십시오. 다윗과 같이, 이렇게 외치십시오. "내가 주께만 범죄하여 주의 목전에 악을 행하였사오니 주께서 말씀하실 때에 의로우시다 하고 주께서 심판하실 때에 순전하시다 하리이다"(시 51:4). 또한 아버지의 매를 통해서 징계를 받는 자녀처럼, 하나님의 능하신 손 아래에서 겸손하십시오. 왜냐하면 우리의 유익을 위해서, 하나님께서 우리를 징계하시기 때문입니다. 우리는 마땅히 하나님으로부터 따끔한 매를 맞을 만합니다. 마지막으로, 종들이 주인의 명령에 묵묵히 복종하는 것처럼, 하나님의 능하신 손 아래에서 겸손히 순종하십시오. 주님의 명령에 의문을 제기하지 마십시오. 그 대신, 가서 그 명령을 실행하십시오. 주님께서 여러분의 부족함에 대해서 책망하실 때, 여러분은 말대꾸하지 마십시오. 반면에, 그로부터 책망을 받는 것이 마땅하다는 사실을 인정하면서, 머리를 숙이고 눈물을 글썽이며, 그 책망을 기꺼이 받아들이십시오. 이와 같이, 날마다 하나님의 능하신 손 아래에서 겸손하십시오. 때가 되면, 하나님께서 여러분을 높이실 것입니다.

4. 죄인으로서 하나님의 용서를 구하는 본문의 주제에 대해서, 나는 이 자리에 있는 청중 가운데 아직 회심하지 않은 사람들에게 온 마음으로 증거하고자 합니다.

오, 우리를 모든 진리로 인도하시기를 기뻐하시는 성령님이시여! 지금 나를 도와주소서.

원래 본문은 불신자들을 대상으로 기록된 것은 아닙니다. 그렇지만 우리는 본문을 그들에게 알맞게 적용할 수 있을 것입니다. 여러분 가운데 아직 회심하지 않은 사람들이 있습니까? 만약 여러분이 하나님으로부터 은혜를 받고, 참 생명을 얻고 싶다면, 여러분은 반드시 하나님의 능하신 손 아래에서 자신을 낮추어야만 합니다. 여러분은 진정으로 구원받기를 원합니까? 여러분이 구원을 받는 유일한 길은 "주 예수 그리스도를 믿으라"입니다(참조. 행 16:31). 그러나 여러분은 말합니다. "나는 그 말을 이해할 수 없습니다." 그 뜻은 매우 단순합니다. 그 말에는 어떤 숨겨진 의미가 없습니다. 여러분은 단순히 예수님을 믿으라고 초대받은 것입니다. 그렇지만 만약 여러분이 그렇게 할 수 없다고 생각된다면, 나는 여러분에게 이렇게 권합니다. 은밀하게 하나님 앞으로 나아가십시오. 그리고 하나님을 믿지 못하는 자신의 죄에 대해서 솔직하게 말하십시오. 왜냐하면 불신앙은 커다란 죄이기 때문입니다. 자신을 낮추십시오. 자신이 선하다는 것을 주장하려고 애쓰지 마십시오. 그렇다면, 그것은 중대한 결과를 초래할 것입니다. 왜냐하면 그것은 하나님의 은혜의 문을 닫아 버리게 하는 거짓된 생각이기 때문입니다. 반면에, 여러분이 죄를 지었다고 자백하십시오. 만약 어떤 사람이 명백하게 죄를 범했는데도 불구하고, 그가 재판관 앞에 서서 자신의 공로에 대해서 힘주어 말하기 시작한다면, 그것은 아무런 유익이 없을 것입니다. 그에게 최선책은 재판관의 자비에 자신을 맡기는 것입니다. 바로 그것이 여러분에게 진정한 유익을 가져다줄 수 있는 유일한 방법입니다. 여러분이 하나님의 말씀을 어기고 죄를 지었다는 것을 깨닫기 바랍니다. 그것이 사실임을 가슴으로 아파하며 느끼십시오. 여러분이 잘못했거나 올바로 행하지 않은 사항들에 대해서 숙고해 보십시오. 깊이 뉘우쳐서, 여러분의 자아가 깨어지도록, 하나님께 기도하십시오. 여러분이 집을 세울 때, 땅을 파서 기초를 튼튼하게 놓는 것은 시간 낭비가 아닙니다. 자신의 죄에 대해서 뼈저리게 자각하려고 애쓰는 것은 불필요한 것이 아닙니다.

여러분의 죄를 자백한 다음에, 다음 사항을 인정하기 바랍니다. 곧, 여러분이 하나님의 과분한 은혜를 받지 않고, 하나님의 공의가 여러분에게 액면 그대로 집행된다면, 여러분은 지옥으로 가야만 한다는 사실입니다. 그 사실에 대해서 다른 견해를 제기하지 마십시오. 과연 죄에 대한 형벌이 있는지, 있다면 구체적으로 어떤 것인지에 관해서, 회의적인 질문들을 하지 마십시오. 그 형벌이 무엇이든지, 여러분이 그것을 받아야 마땅하다는 사실을 시인하십시오. 하나님 앞에서 자신을 교묘한 논리로 방어하려고 하거나, 하나님의 말씀과 논쟁하지 마십시오. 하나님을 버린 모든 이방 나라들과 함께 사악한 사람들은 지옥으로 던져질 것이라고 하나님의 말씀은 선언합니다. 여러분도 하나님으로부터 그런 대우를 받는다는 것을 인정하십시오. 왜냐하면 그것이 여러분에게 마땅하기 때문입니다. 여러분이 이 사실을 시인할 때, 여러분은 자비의 길로 들어서게 됩니다. 여러분이 하나님의 공의에 온전히 복종하면, 하나님께서는 곧 여러분에게 자비를 베푸실 것입니다. 여러분이 자신의 죄와 그것에 대한 형벌이 정당하다는 것을 시인하면, 여러분은 이미 어느 정도 은혜를 받은 것입니다.

그 다음, 하나님의 자비를 하나님의 방법으로 받아들이십시오. 여러분이 어떠한 방법으로 구원받아야 하는지에 대해서 하나님에게 지시할 만큼 어리석은 사람이 되지 마십시오. 예수 그리스도의 피를 통해서, 값없는 은혜로, 기꺼이 구원받으십시오. 왜냐하면 그것이 하나님께서 정해 놓으신 방법이기 때문입니다. 또한 예수 그리스도를 믿는 믿음으로, 구원받으십시오. 그것도 또한 하나님의 방법이기 때문입니다. 만약 여러분이 그것을 믿지 못하고, "어떻게 그것이 가능한가? 왜 그 방법이어야만 하는가?"라고 질문하려고 한다면, 그러한 질문을 그만두십시오. 자신을 낮추고, 이렇게 말하십시오. "하나님께서 오직 그 방법으로만 가능하다고 말씀하셨습니다. 따라서 반드시 그렇게 되어져야만 합니다. 만약 하나님께서 '믿으라. 그리하면 구원을 받으리라'고 말씀하신다면, 하나님의 말씀 그대로, 나는 믿고 구원을 받겠습니다. 만약 하나님이 '그리스도를 신뢰하라. 그리고 살라'고 명령하신다면, 나는 그리스도를 신뢰하며 살겠습니다."

어떤 사람이 재판관으로부터 사형 선고를 받았습니다. 그런데 재판관이 그에게 이렇게 말했습니다. "그러나 만약 당신이 형벌에 대한 사면을 기꺼이 받아들이기만 한다면, 당신은 분명히 값없이 사면의 혜택을 받을 수 있습니다." 이때, 당사자가 다음과 같이 질문한다면, 그는 어리석은 사람일 것입니다. "그렇다면 이 조치가 법에 근거한 것입니까? 이것은 판례에 따른 것입니까? 이 사면은 어떤 영향을 미칠 것 같습니까?" 당사자가 아니라, 재판관이 이 질문들을 제기해야 마땅할 것입니다. 죄인은 그러한 질문들을 제기할 필요가 없습니다.

사랑하는 여러분! 여러분은 목숨을 잃어버리고 싶지 않을 것입니다. 그렇지 않습니까? 그러나 어떤 사람들은 자신들의 영혼에 불리하게 진술합니다. 또한 왜 그들이 구원받으면 안 되는지에 대한 이유들을 발견하려고 애씁니다. 만약 이 비뚤어진 창의력을 통해서, 구원받아야 하는 올바른 이유를 배울 수 있다면, 그들은 더 빨리 구원받을 것입니다. 또한 왜 자신들이 하나님이 마련하신 구원의 방법에 즉시 복종해야만 하는지 깨달으려고 애를 쓴다면, 그들은 훨씬 빨리 위로와 안식으로 들어갈 것입니다. 오, 이의(異意)만을 제기하는 죄인이여! 여러분의 모든 교활한 의심과 논리를 예수님의 십자가에 함께 못 박으십시오. 어린 아이가 되십시오. 와서, 예수 그리스도 안에 계시된 구원을 믿으십시오. 그리스도께서 여러분을 구원하실 수 있다고 믿으십시오. 그러면 우리 가운데 많은 사람들을 이미 구원해 주셨듯이, 그리스도께서는 여러분도 구원해 주실 것입니다. 그래서 그는 우리가 모두 하나님의 은혜를 찬양하며, 하나님께 영광을 돌리게 하실 것입니다.

그런데 여러분은 이렇게 이의를 제기합니다. "나는 그렇게 했습니다. 그러나 나는 평안을 얻을 수 없습니다." 그렇다면, 자신을 더욱 낮추십시오. 완전히 낮추십시오. "나는 위로를 얻기를 원합니다"라고 어떤 사람들이 말하는 것을 나는 들었습니다. 그렇게 말하는 것을 그만두십시오. 위로를 구하지 마십시오. 죄를 용서받기 위해서 간구하십시오. 그러면 더 큰 불안을 통해서, 여러분은 죄 사함의 축복을 받을 것입니다. 더욱 낮아지십시오. 가장 밑바닥까지 낮아지십시오. 하나님께서 여러분을 확실하게 영접해 주시는 어떤 장소가 있습니다. 그곳은 여러분이 가장 낮은 장소에 있는 것입니다. 여러분은 말합니다. "나는 나의 죄에 대해서 충분히 자각하고 있다고 생각합니다." 나는 여러분이 죄에 대해서 충분히 자각하지 못하고 있다는 사실을 깨닫기를 바랍니다. 그렇지만 그 상태로 예수님에게 나아오십시오. 여러분은 또 말하고자 할 것입니다. "나는 내가 상한 마음을 지니고 있다고 생각합니다." 나는 여러분이 그것보다도 더 낮아지는 것을 보기를 원합니다. 나는 여러분이 이렇게 부르짖는 것을 듣기를 원합니다. "상한 마음을 지닌다는 것이 무엇을 뜻하는지 내가 결코 깨달을 수 없을 것 같아서, 나는 두렵습니다." 나는 여러분이 대단히 낮아져서, 여러분 자신에 대해서 아무런 선한 것도 말할 수 없을 정도가 되기를 바랍니다. 또한 여러분 안에서, 가장 작은 선한 요소도 발견할 수 없기를 원합니다. 여러분이 자신의 마음을 들여다볼 때, 여러분을 정죄하는 것 이외에 아무것도 발견할 수 없기를 나는 원합니다. 여러분의 일상생활을 살펴볼 때, 여러분이 하나님의 진노를 받아야 마땅한 것만을 볼 수 있기를 나는 바랍니다. 그렇다면 여러분에게 소망의 길이 펼쳐질 것입니다. 죄수복을 입고, 목을 밧줄에 맨 채, 죄인으로 하나님 앞으로 나아오십시오. 그러면 여러분이 구원받을 것입니다. 여러분이 죄밖에는 가진 것이 없다고 고백할 때, 또한 여러분이 죽어야 마땅하며 영원히 지옥으로 보내져야 한다고 인정할 때, 예수 그리스도를 믿는 여러분의 믿음을 통해서, 무한히 자비로우신 하나님께서 여러분을 살게 하실 것입니다.

옛날에 스페인의 어떤 왕이 죄수이며 노예들이었던 사람들이 노를 젓고 있던 거대한 전함을 방문했습니다. 그 배 안에는 많은 죄수들이 있었습니다. 그들은 쇠사슬에 묶인 채, 제대로 쉬지도 못하고, 노를 저어야만 했습니다. 나는 그들이 모두 종신형을 선고받은 죄인들이라고 추측합니다. 그 배를 방문한 기념으로, 그 스페인 왕은 자신이 노예들 가운데 한 사람을 선택해서, 그를 놓아줄 것이라고 말했습니다. 한 사람을 선택하기 위해서, 그 왕은 노예들이 있는 곳으로 내려갔습니다. 그가 어떤 노예에게 물었습니다. "너는 무슨 잘못을 해서 이곳에 오게 되었는가?" 그는 대답했습니다. "거짓 증인들이 저에 대해서 아주 나쁘게 진술해서 이렇게 되었습니다." 왕은 "그래!" 하고 대꾸하며, 다른 노예에게로 갔습니다. 그는 왕에게 이렇게 말했습니다. "저는 분명히 어떤 몹쓸 짓을 했습니다. 그렇지만 대단히 악한 행위는 아니었습니다. 그래서 제가 이런 형벌을 받을 만한 짓은 결코 하지 않았다고 저는 생각합니다." 그러자 왕은 "그렇구먼!"이라고 말하고, 다른 노예에게 물었습니다. 한 노예만 남겨둔 채, 왕은 나머지 모든 노예들로부터 대답을 들었습니다. 그들의 답변에 근거하면, 그들은 모두 선한 사람들이었습니다. 그들은 모두 실수에 의해서 형벌을 받게 되었다고 생각했습니다. 마침내 왕은 마지막으로 남아 있던 노예에게 물었습니다. 그러자 그는 대답합니다. "왕께서는 제가 왜 이곳에 오게 되었는지 질문하셨습니다. 그런 형벌을 충분히 받을 만하다고 말씀드려야만 하는 제가 부끄럽습니다. 저는 죄를 지었습니다. 단 한순간도, 제가 죄인이 아니라고 생각해 볼 수 없습니다. 만약 제가 이곳에서 노를 젓다가 죽는다고 하더라도, 저는 이 형벌을 온전히 받아야 마땅합니다. 사실 제가 여전히 살아 있다는 것만으로도 저에게 큰 자비가 베풀어졌다고 생각합니다." 그러자 왕은 다음과 같이 말했습니다. "너와 같이 대단히 악한 사람이 죄가 없는 다른 사람들 사이에 있어야만 한다는 것은 유감스러운 일이다. 나는 너를 풀어줄 것이다."

이 말을 듣고, 여러분은 웃고 있습니다. 그러나 나는 여러분을 더욱 크게 웃게 하려고 합니다. 주 예수 그리스도께서 지금 이곳에 와 계십니다. 그는 여러분 가운데 어떤 사람들을 해방시켜 주시고자 합니다. 어떤 사람들의 죄악을 용서해 주시기 위해서, 그는 이 자리에 오셨습니다. 죄가 없다고 생각하는 사람은 용서받지 못할 것입니다. 여러분 가운데 자신이 선하다고 생각하는 사람은 여러분의 죄 가운데 죽을 것입니다. 그러나 하나님의 손 아래에서 자신을 낮추는 죄인들이여! 스스로 의롭다고 생각하는 사람들 사이에 여러분이 있다는 것을 우리의 왕이신 그리스도께서 유감으로 여기실 것입니다. 그러므로 그들로부터 즉시 나오십시오. 예수님을 여러분의 구주로 믿으십시오. 그리고 그의 보배로운 피를 통해서, 영생을 얻으십시오. 영광이 주님께 영원히 있을 것입니다. 아멘.

제
15
장

—

어떻게 염려하지 않을 수 있을까

—

"너희 염려를 다 주께 맡기라 이는
그가 너희를 돌보심이라"— 벧전 5:7

단 한 가지 교훈만으로는 신자가 지켜야 하는 모든 의무를 전부 포함할 수 없습니다. 성경에서, 교훈들은 대체로 한 가지 교훈에 뒤이어서, 또 다른 교훈이 나오는 방식으로 제시됩니다. 그것은 마치 이집트에서 여행자들이 돌계단을 하나하나 밟고 올라가서, 피라미드의 정상에 도달하는 것과 같습니다. 그 다음 단계로 올라가기에 앞서, 여러분은 그 이전에 주어진 의무를 수행하기 위해서, 지금 단계에서 발을 굳게 디뎌야만 합니다. 그래서 오늘 본문의 앞에 나오는 교훈에 여러분이 주목하기 바랍니다. "그러므로 하나님의 능하신 손 아래에서 겸손하라 때가 되면 너희를 높이시리라"(벧전 5:6). 우리는 이기적이며 육적인 염려들을 하나님에게 맡겨서는 안 됩니다. 여러분은 그것을 알고 있습니다. 만약 우리가 그 염려들을 하나님에게 맡긴다면, 그것은 그를 모욕하는 것입니다. 만약 그것들과 관련해서, 우리가 하나님의 도움을 요청한다면, 그것은 파렴치한 행위입니다. 그러나 만약 우리가 "하나님의 능하신 손 아래에서 겸손하라"는 교훈에 순종한다면, 그 염려들은 결코 우리를 괴롭히지 않을 것입니다. 이 교훈에 순종하면, 그리스도인들이 때때로 갖게 되는 많은 염려들의 머리, 곧 가장 중요한 부분이 곧바로 잘려나갈 것입니다. 탐욕의 경우를 예로 들어봅시다. 만약 내가 꼭 필요한 것 이상으로 소유해서 속히 부자가 되려고 한다면, 나는 하나님 앞에 무릎을 꿇고 그에게 이 염려를 해결해 달라고 요청할 수 없습니다. 왜냐하면 그러한 소원은 하나님께서 기뻐하시는 것이 아니기 때문입니다. 예수님께서는 우리에게 "오늘 우리에게 일용할 양식을 주시옵고"(마 6:11)라고 기도하라고 가르치셨습니다. 또한 여호와께서는 아굴을 통해서 우리에게 복된 모범을 보여주셨습니다. "나를 가난하게도 마옵시고 부하게도 마옵시고 오직 필요한 양식으로 나를 먹이시옵소서"(잠 30:8). 그러므로 나는 수전노처럼, 하나님 앞에서 진지하게 무릎을 꿇고, 나에게 집에 집을 더해 주시고, 밭에 밭을 더해 줄 것을 요청할 수 없습니다. 만약 "하나님의 능하신 손 아래에서 겸손하라"는 권면에 내가 주의를 기울인다면, 나는 결코 바로 앞에서 언급한 염려에 빠지거나 사로잡힐 수 없습니다.

　　그런데 헛된 야망으로부터 비롯되는 염려도 있습니다. 사람들이 존귀와 높은 지위와 명예를 얻으려고 할 때, 또한 맨 앞자리에 서고, 맨 꼭대기까지 높아지며, 모든 사람들이 우러러보고, 어떤 사람들에 의해서 대단히 숭배받고자 할 때, 이런 염려가 생기게 됩니다. 만약 야망이 우리 마음속에 기어들어오는 것을 우리가 허락한다고 해도, 우리는 그것을 갖고 하나님께 나아갈 수 없습니다. 그것은 우리가 감히 하나님께 맡길 수 없는 염려입니다. 왜냐하면 그것은 우리의 마음속에 있는 더러운 것을 하나님의 성전의 제단 위에 올려놓는 것이기 때문입니다. 만약 우리의 마음이 여호와 앞에서 낮아진다면, 헛된 야망으로부터 비롯되는 염려는 우리를 결코 괴롭히지 않을 것입니다.

　　그리고 우리가 스스로 만들어 내는 염려도 있습니다. 그것은 미래에 대해서 미리 걱정하는 것입니다. 그것은 우리의 머릿속에서 만들어지는 어리석은 두려움입니다. 그것은 머리를 어수선하게 하고, 마음을 초조하게 합니다. 우리는 그 염려를 하나님께서 맡아달라고 요청할 수 없습니다. 우리의 공상의 세계 속에서만 존재하는 염려를 우리는 하나님에게 맡길 수 없습니다. 만약 우리가 하나님의 전능하신 손 아래에서 자신을 낮춘다면, 우리는 그러한 염려를 절대로 하지 않을 것입니다. 우리가 하나님의 뜻에 온전히 순종하며 그의 영원한 목적에 복종하는 상태에 놓여 있다면, 우리의 영혼은 평안하고 고요할 것입니다. 그러면 자신이 스스로 상상해서 만들어 내는 쓸모 없는 생각들과 단지 부질없는 상상으로부터 비롯되는 공상에 의해서, 우리의 심령은 결코 동요되지 않을 것입니다. 여러분이 "하나님의 능하신 손 아래에서 겸손하라"는 명령에 순종할 수 있도록,

하나님께서 은혜를 베풀어 주시기를 바랍니다. 그러면 아무런 제한 없이, 나는 여러분에게 오늘 본문에 대해서 설교할 수 있을 것입니다. "너희 염려를 다 주께 맡기라 이는 그가 너희를 돌보심이라"(7절). 우리는 사악한 열망에 근거한 염려를 하나님께 맡길 수 없습니다. 그러므로 "자신을 낮추라"는 명령에 순종하면, 우리는 그러한 고민거리를 뿌리째 뽑아 버릴 수 있습니다. 맨 아래에 있는 사람은 떨어질 염려를 할 필요가 없습니다. 젖을 충분히 먹은 갓난아이는 더 이상 불만을 느끼거나 울지 않습니다.

오늘 아침, 이 본문에 대해서 설교할 때, 성령님께서 여러분을 염려로부터 자유롭게 해주시기를 나는 기도합니다. 왜냐하면 내가 여러분을 자유롭게 해줄 수 있기는커녕, 나 자신도 이 명령에 온전히 순종할 수 없기 때문입니다. 오직 하나님의 영이 설교자 위에 임할 때, 그는 하나님에게 자신의 염려를 맡길 수 있습니다. 그리고 나 자신의 체험을 통해서, 오직 하나님의 영이 여러분을 염려로부터 해방시켜 주실 수 있다고 나는 확신합니다. 성령님을 통해서, 이 설교가 여러분에게 위로와 힘을 주는 도구로 사용될 수 있을 것입니다. 이 설교에서, 나는 다음 세 가지 주제에 대해서 설명하고자 합니다. 첫째, '염려'라는 병에 대해서 자세히 살펴볼 것입니다. 둘째, 본문이 제시하는 치유 방법에 대해서 분명하게 보여주려고 합니다. 그리고 하나님의 이름으로, 그 방법을 적용해 보고자 합니다. 셋째, "그가 너희를 돌보심이라"는 구절의 의미에 대해서 생각해 보려고 합니다. 그래서 여러분이 그 교훈을 실천할 수 있도록 이끌어 주고자 합니다.

1. 첫째, '염려'라는 병에 대해서 설명하고자 합니다.

이 주제를 다루기에 앞서, 나는 잘못된 대상들에 대한 염려에 대해서 언급했습니다. 그러나 본문에 언급된 염려는 합당한 대상들에 대해서 염려하는 것을 전제하고 있습니다. 비록 합당한 대상들에 관한 것이라고 하더라도, 염려가 지나치면, 그것은 죄의 특성을 드러내는 것입니다. 하나님의 명령을 어기는 것은 죄입니다. 만약 여러분이 이것을 잠시 생각해 볼 때, 우리가 본문에 언급된 한 가지 명령을 어긴다면, 그것은 분명히 우리를 불법 가운데 포함시킵니다. 곧, 우리는 죄를 범하는 것입니다. 예수님께서는 "너희는 염려하지 말라"고 자주 진지하게 말씀하셨습니다. 또한 사도들도 그 가르침을 여러 번 반복해서 말했습니다. 우리는 그 교훈을 무시할 수 없습니다. 만약 그것을 무시한다면, 우리는 죄를 범하게 되는 것입니다. 나아가 근심하며 염려하는 것은 본질적으로 우리가 하나님보다 더 지혜롭다고 상상하는 것입니다. 우리를 하나님의 자리에 앉히는 것입니다. 그래서 하나님께서 하실 수 없거나, 하시기를 원하지 않는다고 상상하면서, 하나님 대신에, 그것을 우리 스스로 하려고 합니다. 또한 하나님께서 자신이 해야 할 일을 잊어버리실 것이라고 상상하고, 우리가 그것을 하려고 생각하는 것입니다. 또한 하나님께서 어떤 짐을 감당하실 수 없거나, 아니면 어떤 짐을 지기를 원하지 않으신다고 판단하기 때문에, 우리가 스스로 그 짐을 떠맡는 수고를 하려는 것입니다. 이 오만하고 주제넘고 무모한 생각과 행위는 죄의 본성을 지니고 있습니다. 그것은 하나님보다 자신이 더 잘 알고 있다고 생각하는 것입니다. 그것은 하나님의 손으로부터 문제들을 해결하는 열쇠를 빼앗으려는 행위입니다. 하나님께서 만드신 도표를 고치려고 하는 것입니다. 또한 하나님의 섭리를 바꾸려는 시도입니다. 그래서 성경은 그런 대단히 무례한 침입자를 밀어 젖히면서, 다음과 같이 캐묻습니다. "네가 만왕의 왕의 조언자 가운데 한 사람인가? 네가 이곳에서 무엇을 하고 있는가? 하나님께서 천지를 창조하실 때, 그는 너에게 조언을 전혀 구하지 않으셨다. 하늘을 장막처럼 펼치시고 구름을 만드실 때, 그는 너와 한 마디도 상의하지 않으셨다. 그런데도 어떻게 너는 감히 이곳에 와서 모든 것을 아시는 분에게 조언하려고 하며, 전능하신 분에게 힘을 보태려고 하느냐?" 그러므로 우리가 근심하며 염려하는 데에는 죄의 본성이 작용하고 있는 것입니다.

　　나아가, 근심과 염려는 우리를 자주 다른 죄악들로 미혹합니다. 때때로 명백한 죄악의 행위로 이어지게 합니다. 자신의 사업을 하나님에게 맡기지 못하는 사업가는 상거래에서 속임수에 빠지게 하는 유혹을 받을 수 있습니다. 그렇습니다. 그는 유혹을 받을 수 있을 뿐만 아니라, 스스로 자신을 도우려고, 부도덕한 손을 뻗칠 수 있습니다. 만약 하나님의 섭리를 굳게 믿지 않으면, 전문가나 학자도 자신의 뛰어난 능력을 부정직하며 비합법적인 목적을 위해서 사용할 수 있습니다. 그래서 그런 사람은 기도하는 것을 그만두고 하나님의 약속을 잊어버리는 시험을 받게 될 것입니다. 기도하는 대신, 그는 친구의 지혜나, 아니면 자신이 신뢰하는 어떤 멘토(mentor)의 세상적인 훌륭한 지혜를 의지하려고 할 것입니다. 그것은 생수의 근원을 버리고 밑바닥이 갈라진 웅덩이를 파는 것과 같은 행위입니다(참조. 렘 2:13). 그것은 하나님의 진노를 불러오는 것으로서, 구약시대 이스라엘이 그 죄를 범했었습니다. 비록 염려가 처음에는 하나님의 인도하심 대신에 사람의 조언을 더 선호하는 것 이상의 죄를 범하지는 않는다고 하더라도, 우리는 지나친 염려를 미워하고 버려야만 합니다. 우리가 염려할 때, 그것이 마음 속에서 일으키는 많은 죄악들에 대해서 생각해 보십시오. 곧, 염려로 말미암는 우리의 불신은 하나님을 의심하게 합니다. 또한 사랑의 결핍은 사랑에 대해서 의혹을 품게 하는 것으로 나타납니다. 그리고 소망이 부족하면, 우리의 눈이 어두워져서, 비가 온 다음에 햇빛이 눈부시게 빛나는 것을 볼 수 없습니다. 우리가 얼마나 하나님의 영을 근심시키고 불신하고 성가시게 하는지 생각해 보십시오. 그래서 때때로 성령님께서 우리를 떠나시게 합니다. 그러면 우리의 기도가 막히게 되고, 우리는 모범을 보이지 못하게 됩니다. 또한 하나님을 찾아서 그를 의지하기보다는, 우리는 자기 자신을 찾는 일에 몰두하게 됩니다. 이 모든 것들은 죄입니다. 그것들은 '염려'라는 포도나무에 열린 것들로서, 고모라의 포도송이처럼, 독이 들어 있고 맛이 씁니다(참조. 신 32:32). 이 비천한 염려로 말미암아, 많은 죄악들이 범해집니다. 하나님에 대한 불신은 많은 불행을 낳습니다. 우리는 이 염려에 빠져 있으면서도, 아무런 잘못도 하지 않는다고 확신합니다. 그러나 염려에 빠져 있는 것은 사실상 죄악을 범하는 것입니다. 그것은 다른 죄악들을 범하도록 우리를 유혹합니다. 왜냐하면 염려로 가득한 사람은 어떤 죄악도 범할 위험에 놓여 있기 때문입니다. 반면에 자신의 모든 염려를 하나님에게 맡기는 사람은 안전합니다. 악한 자, 곧 사탄이 그를 건드릴 수 없습니다.

염려라는 병에 대해서 더 살펴봅시다. 염려는 그 자체가 죄이며, 죄를 낳는 어머니입니다. 염려는 불행을 가져온다는 사실에 우리는 주목해 봅시다. 왜냐하면 죄가 있는 곳에는 곧 슬픔도 뒤따라오기 때문입니다. 자신을 이 세상에 복종시키는 사람은 하나님과 그의 약속들을 의지하지 않습니다. 그 대신에, 그는 자신의 생각을 자신과 자신이 놓여 있는 환경에 고정시킵니다. 여러분 가운데 어떤 사람들은 매우 행복한 삶의 여건에 놓여 있습니다. 그러나 만약 원한다면, 여러분은 자신을 금방 비참하게 만들 수 있습니다. 한편 세상 사람들이 판단하기에, 어떤 사람들은 불행한 처지에 놓여 있습니다. 그러나 만약 하나님께서 그들을 축복해 주신다면, 그 사람들은 지극히 복된 삶을 살 수 있습니다. 가난이 반드시 슬픔을 가져다주는 것은 아닙니다. 또한 많은 재산이 반드시 평안과 행복을 가져다주지도 않습니다. 만약 여러분이 불행을 원한다면, 그는 집 밖으로 나갈 필요가 없습니다. 불만족을 가져다주는 것을 찾으려고, 그는 멀리 여행할 필요가 없습니다. 풍요 속에 있으면서도, 여러분은 가난을 느낄 수 있습니다. 화평을 누리며 살면서도, 여러분은 불안에 휩싸일 수 있습니다. 최고의 부자이면서도, 몸과 마음이 괴로울 수 있습니다. 이와 같이, 상당한 범위에 이르기까지, 우리는 스스로 자신의 현재 상황을 만들어 냅니다. 하나님께서는 자신의 섭리로 다음과 같이 정해 놓으셨습니다. 곧, 하나님의 은혜를 통해서, 우리는 자신을 행복하게 만들 수 있습니다. 아니면 죄에 의해서, 우리를 고통으로 둘러싸이게 합니다. 하나님께서는 우리를 비참하게 만드시지 않습니다. 우리가 당면한 불행의 원인은 하나님에게 있는 것이 아니라, 바로 우리 자신에게 있습니다. 주님의 심부름을 하기 위해서, 총명한 눈빛과 가벼운 발걸음으로 재빠르게 달려가는 저 그리스도인을 여러분은 보고 계십니까? 그는 어려운 문제들을 많이 지니고 있습니다. 그러나 만약 아침에 눈을 떴을 때, 그것들이 기억나면, 그는 무릎을 꿇고 기도하며, 그 문제들을 하나님에게 맡깁니다. 그리고 그는 일터로 갑니다. 이제 그는 집으로 돌아갑니다. 그날도 그는 많은 곤란한 일들을 겪었습니다. 그러나 그는 모든 짐을 자신의 어깨로부터 내려놓습니다. 그리고 그것을 하나님께 맡깁니다. 사실상 많은 어려움을 지니고 있지만, 그는 저쪽에 있는 대학 교수보다 축복을 더 많이 받았습니다. 그 교수를 괴롭게 할 만한 것은 거의 없습니다. 그러나 그는 스스로 자신을 괴롭힙니다. 그는 모든 사소한 일에 화를 냅니다. 그는 가장 자그마한 불행한 일도 큰 재난으로 확대시킵니다. 만약 어떤 것이 자부심이 강한 그의 견해나 섬세한 취향에 맞지 않으면, 그는 금방 모든 인내심을 잃어버립니다. 오, 형제자매 여러분! 그리스도인이 슬퍼한다면, 그것은 어울리지 않는 것입니다. 그리스도인은 주 안에서 항상 기뻐해야만 합니다(참조. 빌 4:4). 그러나 근심과 염려에 빠져 있는 동안, 그는 결코 기뻐할 수 없습니다.

더욱이 이러한 근심과 염려는 우리를 죄악으로 인도하며, 우리의 마음의 평화를 깨뜨릴 뿐만 아니라, 또한 우리를 연약하게 해서 쓸모 없는 사람들로 만듭니다. 어떤 신자가 자신의 모든 걱정거리를 집에 두고 왔다면, 그는 주님을 위해서 얼마나 일을 잘 할 수 있겠습니까? 그러나 그런 염려가 설교단에 서 있는 목회자를 괴롭힐 때, 그는 복음에 대해서 증거하기가 매우 어렵습니다. 염려가 우리의 귓가에서 윙윙거리면, 우리는 하나님의 말씀을 통한 은혜의 음악을 잘 들을 수 없습니다. 아침에, 자기 집에 있는 무거운 가구를 등에 지고, 짐꾼이 여러분의 집으로 왔다고 가정합시다. 그는 짐을 나르는 일을 하기 위해서 여러분에게 온 것입니다. 여러분은 그에게 무엇이라고 말하겠습니까? 그는 자신이 여러분의 짐을 나르려고 온 짐꾼이라고 말하고 있습니다. 여러분은 그가 여러분이 맡긴 짐을 지고 나가는 것을 곧 보려고 할 것입니다. 그 짐은 그가 지기에 적당한 무게를 지니고 있습니다. 그러나 그것 이외에, 그는 자신이 가져온 무거운 가구를 어깨에 메고 가려고 합니다. 여러분은 그에게 말할 것입니다. "여보시오. 당신이 지금 지고 있는 것은 무엇입니까?" "아, 선생님! 나는 집에서 가져온 가구를 메고 있습니다." 그 대답을 듣고, 나는 여러분이 이렇게 말할 것이라고 추측합니다. "그렇다면 당신은 내가 맡기려는 일을 하기에 적합하지 않습니다. 나는 당신의 가구를 운반하라고 당신을 부른 것이 아닙니다. 내 짐을 나르게 하려고 당신을 오라고 했습니다." 그러자 그는 대답합니다. "그러나 선생님, 나는 신체가 허약해서, 두 개를 한꺼번에 나를 수 없는데요." 당신은 말할 것입니다. "그러면 당신의 가구를 내려놓고, 내 짐을 나르십시오."

또 한 가지 예화를 들겠습니다. 옛날에 어떤 위대한 왕이 한 상인을 고용해서, 그를 외국 왕실에 사절로 보냈습니다. 그 상인이 떠나기에 앞서, 그는 왕에게 이렇게 말했습니다. "나는 모든 노력을 기울여서, 내 사업을 돌보아야만 합니다. 그리고 나는 언제나 기꺼이 종으로서 왕을 섬길 것입니다. 그러나 만약 내가 사명을 받은 대로 지금 왕의 분부를 충실히 수행한다면, 내 사업은 분명히 망할 것입니다." 그러자 왕은 그에게 이렇게 말했습니다. "너는 내가 맡긴 일을 돌보아라. 나는 너의 일을 돌보아 줄 것이다. 최선을 다해서, 네 임무를 수행하라. 나를 위해서, 네가 쏟아 부은 열정에 대해서 너는 아무런 손해를 입지 않을 것이다. 내가 그것에 대해서 충분히 보상할 것이다."

마찬가지로, 주님께서도 그의 종들인 우리에게 이렇게 말씀하십니다. "내 일을 하라. 내가 네 일을 돌보아 주겠다. 나를 섬기라. 그러면 내가 너를 섬기리라." 우리도 베드로처럼 행합시다. 그는 배에서 나와서 그물을 씻고 있었습니다. 마침 그리스도께서 설교를 하기에 적합한 곳을 필요로 하셨습니다. 그는 베드로의 배에 오르셔서, 그 배 위에서 설교하셨습니다. 그렇다면 베드로는 물고기를 얼마나 잡았습니까? 오, 주님께서는 그것을 돌보아 주실 것입니다. 설교를 마치시자마자, 예수님께서는 베드로에게 말씀하셨습니다. "깊은 데로 가서 그물을 내려 고기를 잡으라"(눅 5:4). 베드로는 자신의 배를 예수님께서 사용하시게 했습니다. 그러자 불과 십 분 만에, 베드로는 자신이 적어도 십 주 동안 수고해야만 잡을 수 있는 분량보다 더 많은 물고기를 잡을 수 있었습니다. 그러므로 여러분의 염려를 하나님에게 맡기십시오. 그리고 하나님의 일을 최선을 다해서 돌보십시오.

> "주님을 위해서 섬기는 것을 여러분의 기쁨으로 삼으십시오.
> 주님께서 여러분에게 필요한 모든 것을 돌보아 주실 것입니다."

　　우리는 염려의 문제점에 대해서 너무 대수롭지 않게 생각합니다. 그러나 우리를 성가시게 하는 이 염려는 복되고 거룩한 복음을 증거하는 일에 매우 커다란 손실을 가져다줍니다. 만약 이 점을 언급하지 않는다면, 우리는 염려라는 주제에 대해서 완벽하게 다루지 못할 것입니다. 신자이지만, 여러분은 자주 슬프고 비참해 보이는 얼굴 표정을 짓고 있습니다. 그것은 근심에 싸여 있는 불신자들이 그리스도에게 나아오는 것을 방해합니다. 또한 그것은 신중하지 못한 불신자들에게 변명거리를 제공합니다. 그들은 말합니다. "보십시오. 저 사람은 그리스도인입니다. 그렇지만 백 년 동안 겨울마다 불어 닥친 폭풍이 그의 이마에 상처를 남긴 것 같습니다. 모든 시대에 걸쳐 불어온 강풍이 그의 이마에 주름살이 지게 한 것 같습니다. 그에게는 아무런 평안이나 기쁨도 없습니다. 그리스도인이 저렇게 비참하다면, 누가 그리스도인이 되려고 하겠습니까?" 그래서 신중하지 않은 불신자는, 만약 그리스도인의 삶이 그렇게 비참한 것이라면, 자신이 이 세상에서 지옥에서 사는 것처럼 살고 싶지 않다고 말합니다. 그는 그것을 다음 세상에 맡겨 놓을 것입니다. 그리고 근심거리가 많은 불신자는 이렇게 추측할 것입니다. "기독교는 참된 종교일 수 없습니다. 왜냐하면 만약 기독교가 정말로 참된 종교라면, 그것은 삶의 고난 속에 있는 그리스도인들을 도와줄 수 있어야 하기 때문입니다. 만약 하나님께서 그의 백성을 인도해 주신다는 하나님의 말씀이 참이라면, 그리스도인들은 인도함을 받을 것입니다. 그들은 용기를 얻고 위로를 받을 것입니다. 그러나 내가 보기에는, 그들은 불신자들과 똑같이 화를 잘 내며 참을성이 없습니다. 스스로 신자라고 주장하는 사람들도 그저 그렇습니다. 믿어야 할 하나님도 없고, 의지해야 할 약속들도 받지 않은 불신자들처럼, 그들은 매우 연약해서, 폭풍이 몰아치면 쉽게 쓰러집니다." 오, 그리스도인이여! 당신 때문에, 불신자들이 그런 말을 하지 않게 하십시오. 원수가 입을 열고 하나님을 모독하는 말을 하지 않게 하십시오. 여인의 후손인 여러분을 통해서, 용이 먹이를 얻게 하지 마십시오. 예수 그리스도의 훌륭한 군사로서, 주님의 대적자들에게 복수하기 위해서, 여러분의 모든 염려를 하나님께 맡기고, 개인적인 모든 장애물로부터 벗어나기를 추구하십시오.

다음 사실을 지적하며, 이 문제에 대한 언급을 마무리하려고 합니다. 끔찍한 방법을 통해서, 염려는 많은 사람들을 독이 든 잔과 교수대와 단두대로 미혹했습니다. 또한 염려는 수백 명의 사람들이 정신병원에 수용되게 했습니다. 무엇이 정신병자 보호소들을 끊임없이 증가시키게 합니까? 왜 영국의 모든 지역에서 새로운 보호소들이 지어져야만 하는 것입니까? 정신박약자와 정신병자들을 수용하는 건물들이 왜 계속해서 증축되어야만 합니까? 그것은 염려를 지니고 있어서는 안 되는 데에도 불구하고, 우리가 그것을 지니고 있으려고 하기 때문입니다. 영국 전역에서 주일이 온전히 지켜지기까지, 또한 우리의 영혼과 우리가 지닌 모든 것을 하나님에게 맡길 때까지, 우리는 자살과 정신병이 증가하고 있다는 소식을 들을 것이라고 예상해야만 합니다. 경제 활동에 있어서, 현재의 경쟁적인 체제는 지속될 것입니다. 경쟁이 중단될 가망은 전혀 없어 보입니다. 왜냐하면 이 시대의 징조들은 사업상의 전쟁이 더욱 치열해질 것을 예상시켜 주기 때문입니다. 따라서 우리 각 사람은 자신의 염려를 더 철저하게 하나님에게 맡겨야 합니다. 그렇지 않으면, 우리는 건전한 판단력을 잃어버리고, 미친 사람이 되어 정신병원의 독방에서 울부짖을 것입니다. 여러분 자신을 위해서, 여러분의 자녀를 위해서, 또한 그리스도와 그의 교회를 위해서, 하나님께서 세우신 아름다운 집을 손상시키지 말 것을 나는 여러분에게 간청합니다. 여러분이 지니고 있는 염려 때문에, 사랑스럽고 선한 교인들을 내쫓지 말고, 여호와의 성전을 정신병동으로 만들지 않기를 나는 여러분에게 당부합니다. 만약 여러분이 건전하고 올바른 그리스도인이 되려고 한다면, 사악한 염려들을 버리십시오.

**2. 둘째, 염려에 대한 치유 방법에 대해서
여러분이 이제 주목하기 바랍니다.**

어떤 사람들은 자신의 염려를 반드시 스스로 해결해야만 한다고 생각합니다. 만약 내가 염려를 혼자 처리할 수 없다면, 나는 그것을 해결해 주기를 원하는 어떤 대상을 발견할 수 있을까요? 하늘에 계신 나의 아버지께서 내 짐을 대신 지시려고 기다리고 계십니다. 넓은 어깨와 전능하신 권능으로, 그는 이렇게 말씀하십니다. "나의 자녀들아! 네 짐을 나에게 맡겨라." 이것은 얼마나 복된 특권입니까? 내가 감히 그 특권을 무시할 수 있습니까? 그것을 거부하고 스스로 내 염려를 떠맡으려고 할 만큼, 내가 그렇게 악할 수 있습니까? 여기에 염려에 대한 복된 치료 방법이 있습니다. "네 짐을 여호와께 맡기라 그가 너를 붙드시고 의인의 요동함을 영원히 허락하지 아니하시리로다"(시 55:22).

이 치유 방법에 대해서 묘사하기보다는, 나는 이제 그 방법을 우리에게 적용하려고 합니다. 우리가 두려워할 만하고 염려할 만한 근거가 있는 것에 대해서, 나는 성령님의 도움을 통해서 여러분에게 언급하고자 합니다. 그 염려도 오직 하나님께 맡겨야만 제거될 수 있습니다. 우리를 괴롭히는 염려 가운데 첫 번째이며 가장 현실적인 것은 일용할 양식에 대한 염려입니다. 어떤 사람은 이렇게 말합니다. "나는 먹을 것과 입을 것만 있으면 만족할 것입니다. 만약 모든 사람들이 보기에, 내가 정직하게 그것들을 공급하고, 또한 가족을 돌볼 수 있다면, 나는 그것으로 행복할 것입니다." 다른 사람은 다음과 같이 말합니다. "나는 무엇을 먹고, 무엇을 마시고, 무엇을 입어야만 하는가? 만약 일자리가 없다면, 그래서 생계비를 벌 수 없다면, 나는 어떻게 해야만 하는가? 만약 모아놓은 재산도 없고, 또한 일할 것도 없는 상황에서, 계속해서 먹고 사는 데에 의지할 만한 것이 전혀 없다면, 나는 어떻게 해야 할 것인가? 관대하게 도와 줄 친구와 후원자도 없다면, 나는 어떻게 해야 하는가?" 여러분은 분명히 그리스도인입니다. 여러분은 대단히 부지런해야만 합니다. 그것은 여러분의 의무입니다. 만약 하나님의 도움을 받기를 원한다면, 여러분의 근면에 초조함을 섞지 마십시오. 여러분의 고난에 조바심이 섞이게 하지 마십시오. 여러분의 시련에 불신을 혼합하지 마십시오. 예수님께서 매우 적절하게 다음과 같이 말씀하신 것을 기억하십시오. "공중의 새를 보라 심지도 않고 거두지도 않고 창고에 모아들이지도 아니하되 너희 하늘 아버지께서 기르시나니 너희는 이것들보다 귀하지 아니하냐 너희 중에 누가 염려함으로 그 키를 한 자라도 더할 수 있겠느냐 또 너희가 어찌 의복을 위하여 염려하느냐 들의 백합화가 어떻게 자라는가 생각하여 보라 수고도 아니하고 길쌈도 아니하느니라 그러나 내가 너희에게 말하노니 솔로몬의 모든 영광으로도 입은 것이 이 꽃 하나만 같지 못하였느니라 오늘 있다가 내일 아궁이에 던져지는 들풀도 하나님이 이렇게 입히시거든 하물며 너희일까보냐 믿음이 작은 자들아 그러므로 염려하여 이르기를 무엇을 먹을까 무엇을 마실까 무엇을 입을까 하지 말라 이는 다 이방인들이 구하는 것이라 너희 하늘 아버지께서 이 모든 것이 너희에게 있어야 할 줄을 아시느니라 그런즉 너희는 먼저 그의 나라와 그의 의를 구하라 그리하면 이 모든 것을 너희에게 더하시리라"(마 6:26-33). 먹을 것과 마실 것과 입을 것에 대한 염려는 매우 현실적인 것입니다. 어떤 사람에게 이 것들이 절실하게 필요한 상황에 놓여 있습니다. 여러분이 그에게 필요한 것을 제공하지도 않고, 또한 그를 위로해 주지도 않으면서, 그 사람에게 그것들에 대한 염려를 무조건 떨쳐버리라고 요구한다면, 그것은 대단히 어리석은 것입니다. 그러나 여러분은 "당신의 염려를 하나님께 맡기십시오"라고 권면할 수 있습니다. 최선의 노력을 기울이십시오. 하나님의 능하신 손 아래에서 겸손하십시오. 만약 어떤 일을 할 수 없다면, 다른 일을 하십시오. 만약 여러분이 체면상 낮은 일을 할 수 없어서 양식을 해결하지 못한다면, 가난한 사람으로서 양식을 위해서 일하십시오. 만약 여러분이 두뇌를 통해서는 빵을 얻지 못한다면, 이마의 땀을 흘려서, 그것을 얻으십시오. 정당하게 생활비를 마련하기 위해서, 무엇이든지 일을 하십시오. 만약 다른 일을 할 수 없다면, 길거리를 청소하는 일을 하십시오. 만약 어떤 사람이 일을 하려고 하지 않는다면, 그 사람은 먹지도 말게 하십시오, 만약 모든 문이 여전히 닫혀 있다면, "여호와를 의뢰하고 선을 행하라 땅에 머무는 동안 그의 성실을 먹을거리로 삼을지어다"(시 37:3).

사업가들은 생활에 꼭 필요한 것만을 얻으려고 수고하지 않습니다. 그들은 때때로 대규모의 거래와 광범위한 무역에서 비롯되는 근심으로 고통을 겪습니다. 거래처의 부도, 악성 채무, 시장의 변화, 재정적인 압박, 갑작스러운 공황 등, 이 모든 요인들은 걱정거리를 산더미 같이 만듭니다. 이 시대의 재정운영 방식에 비추어 볼 때, 그리스도인 사업가가 예민한 양심을 지니고 건전하고 믿을 만한 방식으로 사업을 한다는 것은 매우 어려운 일입니다. 바울은 이렇게 권면하고 있습니다. "아무에게든지 아무 빚도 지지 말라"(롬 13:8). 만약 이 원리가 상거래의 제도에 적용될 수 있다면, 오늘날 신용 체계로부터 발생하는 수많은 문제점들을 해결할 수 있을 것이라고 나는 의심하지 않습니다. 많은 사람들이 판단하기에, 그 문제점들은 피할 수 없는 것처럼 보입니다. 그러나 거기에는 많은 범죄 행위가 포함되어 있다고 나는 확신합니다. 그러한 그릇된 행위가 사업가들을 많이 괴롭혀서, 그들이 염려하게 합니다. 오늘날 강압적인 상거래 체계를 통해서, 자연히 많은 걱정거리가 빚어질 것입니다. 여기에 있는 어떤 사람이 많은 사람들을 고용하고 있습니다. 그가 아무런 염려를 하지 않고 사무실로 들어갈 수 있다고 말한다면, 그는 틀림없이 세상에서 매우 드문 사람이라고 나는 생각할 것입니다. 반면에, 다른 사업가를 만나기 이전에, 그는 분명히 지쳐서 쓰러질 정도로 걸어야 할 것입니다. 여기에 큰 사업을 하고 있는 또 다른 형제가 있습니다. 그는 밤에 제대로 잠을 이루지 못합니다. 자신의 돈을 훔쳐간 사원이나, 물건을 싣고 바다에 나간 배나, 자신이 대량으로 저장하고 있는 어떤 품목의 가격이 급락한 것이나, 그 이외의 사소한 일들에 대해서 생각하면서, 그는 침대 위에서 이리저리 뒤척거립니다. "형제여, 멈추십시오! 당신은 무엇을 하고 있습니까? 도대체 당신은 무엇을 하고 있는 것입니까? 이 일들과 관련해서, 가능한 한, 당신은 최선의 분별력과 지혜와 근면과 주의를 기울였다고 확신합니까?" 그는 그렇다고 대답합니다. 그렇다면, 당신은 그 이상 더 무엇을 해야만 합니까? 만약 당신이 밤새도록 운다면, 당신의 배가 구드윈 모래톱(Goodwin Sands; 영국 해협의 남동쪽에 약 16km에 걸쳐서 있음 – 역주)에서 좌초하는 것을 막을 수 있습니까? 만약 당신이 눈이 빠질 정도로 눈물을 흘린다면, 그것이 도둑을 정직한 사람으로 변하게 할 수 있습니까? 만약 당신의 마음이 너무 불안해서 음식을 먹을 수 없다면, 그것이 상품의 가격을 올라가게 할 수 있습니까? 그 대신, 당신은 이렇게 말해야 할 것입니다. "그래, 나는 해야 할 모든 일을 다 했다. 이제 모든 것을 하나님에게 맡기는 것 이외에, 나는 할 수 있는 것이 없다." 그러면 당신은 사업에만 관심을 기울이고, 모든 분별력을 동원해서 그것을 돌볼 수 있을 것입니다. 그러나 당신은 지금 당신의 분별력을 쓸데없는 곳에 사용하고 있습니다.

　　그래서 큰 실수를 저지르고 있습니다. 불안감을 떨쳐버리려고 노심초사하는 것을 통해서, 오히려 당신은 더 많은 걱정을 하고 있습니다. 그 문제들을 있는 그대로 두십시오! 사람들은 말합니다. "좋은 것은 그대로 내버려 두십시오." 그러나 나는 "나쁜 것도 그대로 두십시오"라고 조언하고자 합니다. 여러분의 두 손에, 두 가지를 그대로 두십시오. 왜냐하면 여러분은 두 손을 필요로 하기 때문입니다. 한 손으로는 기도해야 합니다. "아무것도 염려하지 말고 다만 모든 일에 기도와 간구로, 너희 구할 것을 감사함으로 하나님께 아뢰라"(빌 4:6). 또한 다른 손은 하나님을 신뢰하는 믿음의 손입니다. 그 손으로 여러분의 어깨에서 무거운 짐을 곧바로 내려놓으십시오. 그리고 여러분을 짓누르던 무거운 것을 모두 영원하신 하나님에게 맡기십시오. 다윗은 이렇게 권면합니다. "네 짐을 여호와께 맡기라 그가 너를 붙드시고 의인의 요동함을 영원히 허락하지 아니하시리로다"(시 55:22).

또 다른 개인적인 걱정거리도 매우 자연스러운 것입니다. 또한 지나치지만 않다면, 그것은 당연한 것입니다. 곧, 자녀들에 대한 염려입니다. 우리에게 자녀들을 선물로 주신 하나님을 찬양합니다. 우리는 자녀들이 우리의 고생거리라고 생각하는 사람들의 견해에 찬성하지 않습니다. 왜냐하면 우리는 그들이 하나님께서 택하신 백성이라고 믿기 때문입니다. 그러나 자녀들은 우리에게 어떤 걱정거리를 가져다줍니까? 우리는 그들을 어떻게 양육해야 합니까? 그들에게 무엇이 제공되어야 합니까? 장차 그들이 부모를 공경할까요? 가문에 불명예를 가져오지는 않을까요? 자녀는 부모에게 최상의 위로가 될 수도 있지만, 가장 큰 저주가 될 수도 있습니다. 어떤 나이든 청교도가 이렇게 말했습니다. "자녀들은 모두 의심의 여지가 있는 축복입니다. 그들은 확실한 저주가 될 수도 있습니다." 그러나 하나님께서 우리에게 자녀들을 주셨기 때문에, 나는 자녀들이 하나님의 축복이라는 사실에 대해서 조금도 의심하지 않습니다. 그리스도인으로서 가장은 자녀들을 반드시 잘 보살펴야 합니다. 그리스도인이기 때문에, 그는 더욱 그래야만 합니다. 그는 사업에 성공하는 데에만 만족하지 않을 것입니다. 그의 자녀들이 진리 안에서 행하기까지, 그는 결코 만족하지 않을 것입니다. 부모로서 여러분은 자녀들을 위해서 기도해 왔습니다. 여러분은 그들에게 훌륭한 모범을 보였다고 믿고 있습니다. 예수님께서 가르쳐 주신 대로, 날마다 여러분은 그들에게 진리를 가르치려고 수고하고 있습니다. 그들 안에 그리스도의 형상이 새겨지게 하려고, 여러분은 이제까지 그들에게 수고를 아끼지 않았습니다. 그것은 잘한 것입니다.

이제 여러분은 평안히 있으면서 그 축복을 기다리십시오. 여러분의 자녀들을 하나님께 맡기십시오. 여러분의 아들들과 딸들을 그들의 진정한 아버지이신 하나님께 맡기십시오. 만약 여러분이 원하는 때에, 그들이 회심하지 않았다고 하더라도, 전혀 조바심내지 마십시오. 만약 그들이 여러분의 기대에 어긋나는 것처럼 보인다고 하더라도, 의심을 품어서 여러분의 마음을 어지럽게 하지 마십시오. 나는 어제 시 한 편을 읽었습니다. 어떤 미국의 여류시인이 쓴 것입니다.

이 시의 내용이 오늘 설교 주제에 매우 잘 어울릴 것입니다. 나는 이 시를 읽으면서, 깊은 감동을 받았습니다. 그래서 여러분에게 이 시의 일부분을 소개하려고 합니다.

어느 날, 엄마 한나는 말했습니다.
"예수님께서 요단 강가에 오셨대요.
사람들은 이렇게 말해요.
그에게 몰려드는 사람들에게 손을 대시며,
예수님께서 사람들을 고쳐주셨답니다.
이제 나도 아이들을 데리고 예수님에게 갈래요.
꼬마 라헬과 사무엘과 요한을 데려갈래요.
그리고 갓난아이 에스더도 데려갈래요.
그래서 아이들을 주님께 보여드리려고요."

아빠는 다정하게 아내를 바라보았습니다.
그는 머리를 흔들며, 껄껄 웃었습니다.
"아이들을 지나치게 사랑하는 엄마밖에,
누가 그렇게 터무니없는 짓을 하려고 하겠소.
이스라엘에 있는 많은 사람들처럼,
만약 아이들이 마귀에 의해서 고통을 당한다면,
열병으로 죽기라도 한다면, 아니면 나병에 걸리기라도 한다면,
어떻게 하려고 그래요?"

"아니에요, 나단, 나를 막지 말아요.
무거운 염려의 짐이 나를 누르고 있어요.
만약 내가 이 짐을 주님께 가져간다면,
아마도 나는 그것을 그곳에 내려놓을 것 같아요.
만약 주님께서 손을 얹으시고, 아이들을 축복해 주신다면,
내 마음은 분명히 가벼워질 거예요.
그리고 아이들이 가는 곳이라면 어느 곳이든지,

그들에게 언제나 영원한 축복이 뒤따를 거예요.”
그래서 유다의 언덕을 넘어서,
푸른 잎사귀로 뒤덮인 포도밭을 지나갔습니다.
한나의 품안에는 에스더가 잠들어 있고,
라헬은 두 오빠들의 손을 잡고 갑니다.
주님의 가르침을 듣고 있던 사람들 사이를 지나서,
권능의 말씀과 함께 안수해 주시기를 기다리는 사람들을 지나서,
흠을 잡으려고 말씀을 듣던 바리새 사람들을 지나서,
마침내 엄마 한나는 예수님의 발 앞에까지 나아갔습니다.

그러자 베드로가 말했습니다.
“왜 어린아이들을 데려와서,
지금 당신은 선생님을 방해하는 거요?
아침부터 저녁까지, 선생님께서
말씀을 가르치시고 병을 고치시는 것을 당신은 알지 못합니까?”
그때, 그리스도께서 제자들에게 말씀하셨습니다.
“어린아이들이 오는 것을 막지 말라.
그들이 내 앞으로 오는 것을 허락하라.”
예수님께서는 에스더를 품에 안으셨습니다.
라헬을 그의 무릎 위에 앉히셨습니다.

그러자 엄마의 무거운 마음은
세상의 모든 염려와 함께 순식간에 사라져 버렸습니다.
주님께서 그의 손을 사무엘과 요한에게 얹으셨습니다.
넘치는 사랑으로 그들을 축복하셨습니다.
주님께서 가슴에 앉고 있는 에스더에게 말씀하셨습니다.
“하늘나라가 바로 이들의 것이 아니냐?”
바로 그때, 엄마 한나에게
모든 사명을 감당하고 시련을 이길 수 있는 힘이 주어졌습니다.”

한나처럼, 여러분도 그렇게 하기 바랍니다. 그래서 주님의 축복을 받기를 바랍니다.

한편 모든 그리스도인은 살아가면서 좀 더 높은 차원에서 개인적인 어려움을 겪을 것입니다. 곧, 영적인 염려를 하게 될 것입니다. 그는 거듭나서, 산 소망을 갖게 되었습니다. 그러나 그는 자신의 믿음을 잃어버릴까봐 두려워합니다. 그는 놀라운 영적인 기쁨을 갖기를 바랍니다. 그러나 캄캄하고 우울한 밤이 그에게 펼쳐져 있습니다. 그래서 그는 자신의 영적인 등불이 어둠 속에서 완전히 꺼지지 않을까 두려워합니다. 지금까지 그는 승리했습니다. 그러나 원수의 손에 의해서, 어느 날 그가 쓰러지지나 않을까라고 생각하면서 떨고 있습니다. 사랑하는 여러분! 나는 여러분에게 간청합니다. 이러한 염려를 하나님께 맡기십시오. 왜냐하면 그가 여러분을 돌보시기 때문입니다. 바울은 이렇게 확신하고 있습니다. "너희 안에서 착한 일을 시작하신 이가 그리스도 예수의 날까지 이루실 줄을 우리는 확신하노라"(빌 1:6). 또한 여호와께서 이렇게 말씀하셨습니다. "내가 너를 떠나지 아니하며 버리지 아니하리니"(수 1:5). "산들이 떠나며 언덕들은 옮겨질지라도 나의 자비는 네게서 떠나지 아니하며 나의 화평의 언약은 흔들리지 아니하리라 너를 긍휼히 여기시는 여호와께서 말씀하셨느니라"(사 54:10). "네가 물 가운데로 지날 때에 내가 너와 함께 할 것이라 강을 건널 때에 물이 너를 침몰하지 못할 것이며 네가 불 가운데로 지날 때에 타지도 아니할 것이요 불꽃이 너를 사르지도 못하리니"(사 43:2). "정직하게 행하는 자에게 좋은 것을 아끼지 아니하실 것임이니이다"(시 84:11). "내가 그들에게 영생을 주노니 영원히 멸망하지 아니할 것이요 또 그들을 내 손에서 빼앗을 자가 없느니라"(요 10:28). 오늘 아침부터 밤늦게까지, 나는 성경에 기록된 하나님의 보배로운 약속들에 대해서 여러분에게 들려줄 수 있을 것입니다. 그러나 다음과 같은 시구(詩句)를 인용하면서 이 부분을 마무리하고자 합니다.

> "당신은 피난처를 찾아서, 예수님에게 달려왔습니다.
> 그러나 이미 말씀하셨던 것 이상으로,
> 주님께서 당신에게 무엇을 말씀하실 수 있겠습니까?"

그러므로 모든 의심과 근심을 떨쳐 버리십시오. 여러분은 지난날의 죄에 대해서 염려합니까? "그 아들 예수의 피가 우리를 모든 죄에서 깨끗하게 하실 것이요"(요일 1:7). 지금 겪고 있는 시험입니까? "사람이 감당할 시험 밖에는 너희가 당한 것이 없나니 오직 하나님은 미쁘사 너희가 감당하지 못할 시험 당함을 허락하지 아니하시고 시험 당할 즈음에 또한 피할 길을 내사 너희로 능히 감당하게 하시느니라"(고전 10:13). 미래에 닥칠지도 모를 위험에 대해서 염려합니까? "내가 확신하노니 사망이나 생명이나 천사들이나 권세자들이나 현재 일이나 장래 일이나 능력이나 높음이나 깊음이나 다른 어떤 피조물이라도 우리를 우리 주 그리스도 예수 안에 있는 하나님의 사랑에서 끊을 수 없으리라"(롬 8:38-39). 만약 여러분이 언제나 오직 자신에 대해서만 생각한다면, 여러분은 불행해질 수밖에 없습니다. 왜 그렇습니까? 하나님 앞에서, 여러분이 지녀야 하는 진정한 모습으로 여러분을 만들어 주시는 분은 바로 그리스도이시기 때문입니다. 그러므로 하나님께서 인정하시는 여러분의 모습을 발견하기 위해서, 그리스도를 의지하십시오. 다시 말합니다. 여러분을 바라보지 말고, 그리스도를 바라보십시오. 여러분이 거룩해지는 것에 대한 염려로 말미암아, 칭의에 대한 여러분의 확신을 손상시키지 않게 하십시오. 만약 여러분이 죄인이면 어떻습니까? 그리스도께서 죄인들을 구원하시기 위해서 죽으셨습니다. 만약 여러분이 구원의 은혜를 받을 만한 자격이 없으면 어떻습니까? "우리가 아직 연약할 때에 기약대로 그리스도께서 경건하지 않은 자를 위하여 죽으셨도다"(롬 5:6). 이와 같이, 은혜는 값없이 주어집니다. 하나님께서는 지금도 여러분을 은혜의 잔치로 초대하십니다. 영혼의 구원을 위해서, 여러분은 모든 짐을 맡겨야만 하는 곳에 맡기십시오. 웃사와 같은 사람이 되지 마십시오. 손을 내밀어 하나님의 언약궤를 함부로 붙잡지 마십시오(참조. 삼하 6:3-6). 무엇보다도 웃시야 같은 사람이 되지 마십시오. 스스로 희생 제물을 드리려고 하거나, 그리스도로부터 제사장 직분을 빼앗으려고 하지 마십시오(대하 26:16-21). 왜냐하면 그리스도께서 반드시 여러분을 대신해야 하기 때문입니다. 여러분은 자신을 대신하거나, 자신을 위해서 일할 수 없습니다. 그러므로 여러분의 염려를 주님께 맡기십시오. 왜냐하면 주님께서 여러분을 돌보실 것이기 때문입니다.

염려에 대한 치유 방법을 적용하는 동안, 여러분이 인내심을 갖고 몇 분만 더 설교에 귀를 기울이기를 바랍니다. 개인적인 염려도 있지만, 교회와 관련된 염려도 많이 있다는 사실에 나는 주목하고자 합니다. 그러한 염려는 교묘하게 스머들어서, 교인들의 마음속으로 파고들려고 합니다. 그러나 그 염려는 반드시 제거되어야만 합니다. 이 내용과 관련하여, 만약 내가 오늘 아침에 여기에 있는 어떤 사람에게 설교하는 것이 아니라면, 나는 지금 나 자신에게 설교하는 것입니다. 어떻게 하나님의 일을 해야만 하는가에 대해서 그는 많이 염려했습니다. 나는 어떤 어리석은 젊은이를 알고 있습니다. 바로 그것은 내가 젊은 시절에 한동안 지니고 있던 모습이었습니다. 하나님의 일에 대해서 생각하면서, 수많은 밤에 잠을 이루지 못한 채, 그는 깨어 있었습니다. 그것에 대한 생각으로, 낮에도 그는 때때로 슬픔에 빠져 있었습니다. 왜냐하면 마음속으로 원대한 목적들을 품고 있었고, 위대한 계획들을 세워 놓았지만, 그는 그것들을 구체적으로 실행할 방법을 알지 못했기 때문입니다. 또한 아직 그는 다음과 같은 믿음에 이르지 못했었기 때문입니다.

　　"네가 불가능하다고 생각하는 것에 대해서 비웃으라.
　　그리고 '하나님께서 반드시 이루어주실 것이다'라고 말하라."

　만약 여러분 가운데 어떤 사람이 똑같은 병으로 고통을 당하고 있다면, 나는 베드로의 말에 근거해서 그에게 권면하고자 합니다. 곧, 하나님의 일에 대한 염려를 하나님에게 맡기라는 것입니다. 그는 우리 스스로 책임을 지라고 하면서, 우리를 영적인 전쟁으로 몰아내시지 않습니다. 하나님의 일을 알아서 해달라고, 그는 결코 우리에게 요구하시지 않았습니다. 하나님께서 자신의 일을 스스로 일아서 처리하실 것입니다. 만약 하나님께서 우리가 원하는 만큼 일하게 해주시지 않는다고 하더라도, 우리가 할 수 있는 만큼 우리에게 일을 할 수 있는 능력을 주시고, 또한 그것을 허락하시는 것을 우리는 축복으로 여겨야만 합니다. 우리에게 일할 사람과 일할 수단이 적을 수 있습니다. 그렇다면 우리는 어디서 사람들과 수단이 올 것인지에 대해서 초조해해서는 안 됩니다. 우리는 마땅히 이렇게 기도해야 합니다. "주여, 일꾼들을 보내 주소서!"(참조. 마 9:38). 또한 은과 금을 지니신 하나님께서 자신의 일을 위해서 그들에게 필요한 것을 주실 것을 간청하는 것은 마찬가지로 타당한 것입니다. 그 다음, 우리는 우리의 염려를 하나님께 맡겨야 합니다.

　만약 우리가 그 염려를 극복하면, 또 다른 염려가 우리를 찾아올 것입니다.

그것은 나를 자주 괴롭힙니다. 곧, 하나님의 일이 성공하는 것에 대한 염려입니다. 많은 사람들이 회심을 할 때, 우리는 기뻐서 뛰어오릅니다. 교회가 지속적으로 성장할 때, 우리는 대단히 기뻐합니다. 그러나 잠시라도 성장이 멈추게 되면, 우리는 얼마나 슬퍼합니까? 하나님의 손이 펼쳐져 있는 것을 항상 보지 못하면, 우리는 곧 드러누워서, 엘리야처럼 이렇게 체념하는 말을 할 것입니다. "여호와여 넉넉하오니 지금 내 생명을 거두시옵소서 나는 내 조상들보다 낫지 못하니이다"(왕상 19:4). 체력이 저하되고 마음이 침울한 상태에 있을 때, 우리를 연약하게 만드는 불신의 질병이 찾아와서, 우리를 덮칩니다. 그러면 우리의 성공이 감소하는 것만큼, 우리의 삶도 쇠퇴하는 것을 느낍니다. 그러나 우리는 이 염려도 하나님께 맡겨야만 합니다. 농부여! 당신의 위대하신 고용자는 씨를 뿌리게 하기 위해서 당신을 밭으로 보내셨습니다. 만약 기대했던 만큼 곡식이 많이 열리지 않았다고 하더라도, 그가 말한 대로 또한 그가 말한 장소에, 당신이 씨를 제대로 뿌렸다면, 그는 결코 수확이 적은 것에 대해서 당신을 책망하시지 않을 것입니다. 설교하는 것은 우리가 해야 하는 일입니다. 그러나 회심하게 하는 것은 하나님께서 하시는 일입니다. 우리는 수고합니다. 그러나 성공은 오직 하나님에게 달려 있습니다. 시편 기자는 이렇게 노래합니다. "그들이 눈물 골짜기로 지나갈 때에 그곳에 많은 샘이 있을 것이며 이른 비가 복을 채워 주나이다"(시 84:6). 곧, 샘들을 파는 것은 하나님의 백성이 해야 하는 일입니다(개역개정의 "그곳에 많은 샘이 있을 것이며"는 KJV에는 "make it a well"로 되어 있다). 그러나 "이른 비가 복을 채워 주나이다"라는 말씀처럼, 샘에 물을 채우는 것은 그들이 해야 하는 일이 아닙니다. 샘들은 영국에서와 같이 지하수를 통해서 채워지는 것이 아닙니다. 샘들을 채우는 것은 바로 "이른 비"입니다. 축복은 곧 하늘로부터 내려옵니다. 만약 우리가 샘을 파고 나서, 여섯 번이나 기도했는데도 비가 내리지 않는다면, 우리가 다시 가서 일곱 번째로 기도해야 할 것입니다. 그러면 샘들에는 맨 위에까지 물이 가득 찰 것입니다. 그러므로 성공에 대해서 염려하지 마십시오.

그리고 또 다른 염려가 있습니다. 곧, 우리 자신이나 다른 사람들의 작은 실수가 원수에게 신성을 모독하게 하는 이유를 제공하지 않을까 하는 염려입니다. 악한 영들은 지옥에도 있지만, 다른 곳에도 있습니다. 이 땅에도, 악한 영들이 있습니다. 악한 영들은 비방할 기회를 찾으면 대단히 기뻐합니다. 비록 어떤 단어가 매우 적절하게 표현되었다고 하더라도, 마귀를 따르는 사람들은 그것을 문맥으로부터 떼어내어 왜곡시킵니다. 그리고 그것을 비방거리로 삼습니다. 그것은 쉬운 일입니다. 어떤 바보라도 그런 짓을 할 수 있을 것입니다. 이 세상에는 악담거리를 찾아내는 것을 즐거워하는 사람들로 가득합니다. 악담거리를 찾아낸 다음에, 그들은 그것을 다른 사람들의 입에 넣어주기를 좋아합니다. 그래서 무엇인가 작은 실수라도 할까봐, 어떤 사람은 이와 같이 험한 세상에서 걸어가는 것도 두려워합니다. 원수의 입을 크게 열게 만드는 말을 할까봐, 그는 말하는 것 자체도 무서워합니다. 만약 그것이 신중하게 행동하는 것으로 인도한다면, 경계하는 것은 매우 좋은 일입니다. 그러나 만약 그것이 근거 없는 근심으로 이끈다면, 지나치게 경계하는 것은 매우 나쁜 것입니다. 여러분과 내가 우리의 원수가 하는 일과 무슨 상관이 있습니까? 만약 여호와께서 마귀를 결박하시지 않는다면, 우리는 스스로 그것을 할 수 없습니다. 만약 하나님께서 거짓말쟁이들의 입을 막지 않으신다면, 그가 그렇게 하시도록 우리가 원해야만 하는 것인지, 나는 잘 모르겠습니다. 왜냐하면 만약 거짓말쟁이들이 그들의 입을 열고 떠드는 것을 그가 허락하셨다면, 그것이 가장 좋은 것임을 나는 의심하지 않기 때문입니다. 그리스도께서 나귀 새끼를 타고 예루살렘으로 들어가셨던 것처럼, 가장 비열한 원수들의 등을 타고, 때때로 복음의 진리는 예루살렘 한가운데로 승리의 입성을 하는 것입니다. 의심의 여지 없이, 그리스도께서는 십자가 위에 달리셨습니다. 또한 순교자가 매달려 죽은 화형대 위에서, 복음의 빛은 횃불처럼 빛을 비추었습니다. 우리의 원수들이 그들이 원하는 대로 하도록 내버려 둡시다. 우리는 오직 여호와만을 굳게 붙잡읍시다. 그리고 우리의 염려를 그에게 맡깁시다.

어떤 사람은 마지막에 자신이 하나님에게 신실하지 않을까봐 두려워합니다. 사람들의 피가 자신의 옷에 묻지는 않을까라고 염려합니다. 내가 이마를 마룻바닥에 대고 기도할 때, 나에게 그런 생각이 수없이 들었습니다. 사람들의 영혼에 대한 이 무거운 짐은 나의 몸과 마음을 매우 가엾은 상태로 몰아넣었습니다. 만약 나의 눈에서 눈물이 쏟아져 내리고, 이마에는 여기저기 식은땀이 솟아나오는 것을 여러분이 보았다면, 여러분은 이렇게 말했을 것입니다. "저런 흉측한 모습을 하고, 목사님이 어떻게 설교하러 나갈 수 있을까?" 여러분 모두에게 설교해야만 하는 것과 내가 반드시 신실해야만 한다는 것과 그렇지 않으면 하나님께서 나에게 여러분의 피에 대해서 요구하실 것이라는 생각 등은 나에게 너무 두려운 것이었습니다. 그래서 혼자 있을 때, 나는 결코 그것에 대해서 생각할 엄두를 내지 못합니다. 왜냐하면 그것은 나를 완전히 무기력하게 만들기 때문입니다. 그러나 나는 하나님을 찬양합니다. 만약 성령님을 통해서, 하나님께서 우리가 할 수 있는 모든 것을 하게 하셨다면, 우리는 반드시 모든 것을 하나님께 맡겨야만 합니다. 하나님께서 우리에게 주신 것 이상으로, 그는 우리에게 요구하시지 않는다는 사실을 우리는 알고 있습니다. 이 순간에 이르기까지, 하나님께서 우리를 인도하시고 도와주셨습니다. 모든 영광은 하나님의 것입니다. 만약 우리가 잘못한 것이 있다고 하더라도, 그것도 그리스도의 보배로운 피로 깨끗이 씻길 것입니다. 그러므로 모든 무거운 책임에도 불구하고, 목회자는 하늘나라에 들어갈 것입니다. 그는 그곳에서 성도들 사이에서 한자리를 차지할 것입니다.

**3. 여러분의 짐을 맡기라는 권면에 대한 근거를 한 마디로 제시하며,
나는 설교를 끝맺으려고 합니다.
곧, "그가 너희를 돌보심이라"는 말씀입니다.**

첫째, 보편적인 섭리, 곧 일반 은총을 믿으십시오. 여호와께서는 개미들과 천사들, 또한 벌레들과 온 우주를 돌보십니다. 그는 그룹들과 참새들, 또한 스랍들과 곤충들을 돌보십니다. 여러분의 염려를 여호와께 맡기십시오. 그는 해와 달과 모든 별들을 만드셨습니다. 그 모든 것들을 주관하시고 인도하십니다. "야곱아 어찌하여 네가 말하며 이스라엘아 네가 이르기를 내 길은 여호와께 숨겨졌으며 내 송사는 내 하나님에게서 벗어난다 하느냐"(사 40:27). 그러므로 하나님의 일반 은총에 근거해서, 힘을 내십시오. 둘째, 모든 성도들에 대한 하나님의 특별 섭리(은총)에 대해서 생각해 봅시다. "그들의 피가 그의 눈 앞에서 존귀히 여김을 받으리로다"(시 72:14). "그의 경건한 자들의 죽음은 여호와께서 보시기에 귀중한 것이로다"(시 116:15). "우리가 알거니와 하나님을 사랑하는 자 곧 그의 뜻대로 부르심을 입은 자들에게는 모든 것이 합력하여 선을 이루느니라"(롬 8:28). 그는 모든 사람들을 도와주실 수 있습니다. 특별히 그를 믿는 사람들을 구원해 주십니다. 이 사실이 여러분에게 격려와 위로를 가져다주기를 바랍니다. 특별한 섭리로, 하나님께서는 택하신 사람들을 살펴보십니다. "여호와의 천사가 주를 경외하는 자를 둘러 진 치고 그들을 건지시는도다"(시 34:7). 셋째, 여러분에 대한 하나님의 특별한 사랑에 대해서 생각하며, 마음속 깊이 위로를 받기 바랍니다. 다윗은 이렇게 말했습니다. "여호와 하나님 나의 하나님이 너와 함께 계

시사 네게서 떠나지 아니하시고 너를 버리지 아니하시리라"(대상 28:20). 하나님께서 구약시대에 아브라함에게 말씀하셨던 것처럼, 여러분에게도 똑같이 말씀하십니다. "두려워하지 말라 나는 네 방패요 너의 지극히 큰 상급이니라"(창 15:1). 이 약속은 여러분에게도 말해진 것입니다. 성령님께서 그 사실에 대해서 여러분에게 깨우쳐 주시기를 나는 원합니다. 이 많은 사람들 속에서, 다른 사람들을 잠시 잊어버리십시오. 오직 여러분 자신에 대해서만 생각하십시오. 왜냐하면 말씀을 통한 이 약속들은 여러분 자신에게도 주어진 것이기 때문입니다. 이 약속들을 꼭 붙잡으십시오. 자신들이 아니라 모든 교인들을 대상으로 주어진 것으로서 성경을 읽는 것에만 여러분이 길들여져 있다면, 그것은 바람직하지 않습니다. 여러분 자신을 위해서 성경을 읽으십시오. 오늘 아침, 주님께서 여러분에게 특별히 이 말씀을 하십니다. 그 말에 귀를 기울이십시오. "너희는 마음에 근심하지 말라 하나님을 믿으니 또 나를 믿으라"(요 14:1). 또한 주님께서 이 말씀을 하시는 것을 듣는다고 생각하십시오. "그러나 내가 너를 위하여 네 믿음이 떨어지지 않기를 기도하였노니"(눅 22:32). 여러분이 환난당하고 있는 물 위로 예수님께서 걸어오시는 것을 여러분이 보고 있다고 생각하십시오. 왜냐하면 그가 그곳에 계시며, 이렇게 말씀하시기 때문입니다. "안심하라 나니 두려워하지 말라"(마 14:27). 오, 예수님의 말씀들은 얼마나 은혜스럽습니까! 주님께서 그 말씀들을 나에게 하십니다. 저기 있는 불쌍한 영혼에게도 그 말씀들을 하십니다. 우리 모두에게 그 말씀들을 들려주십니다. 우리 각 사람에게도 그 말씀들을 하십니다. 주님의 음성을 들읍시다. 그리고 주님께 이렇게 말씀드립시다. "예수님께서 나에게 위로의 말씀을 속삭여 주십니다. 나는 그것을 거절할 수 없습니다. 큰 기쁨을 갖고, 나는 주님 앞에 편안히 앉아 있을 것입니다."

　이 자리에 있는 죄인들, 불경건한 사람들이여! 여러분은 하나님을 알지 못합니다. 나는 여러분에게 이 한 가지 사실에 대해서 말하고자 합니다. 그리스도인이 된다는 것은 얼마나 복된 일입니까! 여러분을 대신해서, 여러분의 염려를 맡아 주시는 분이 있다는 것은 얼마나 복된 일입니까! 여러분이 그리스도인이거나 그렇지 않거나, 염려거리를 갖게 될 것이라는 사실을 여러분은 알고 있습니다. 또한 이 세상에서도, 환난을 당하리라는 것을 여러분은 확신합니다. 그러나 여러분을 위로하실 수 있는 그리스도가 여러분에게 없습니다. 여러분을 붙잡아 주고 인도해 주실 수 있는 하나님이 여러분에게 없습니다. 여러분을 기쁘게 해

줄 아무런 약속도 여러분은 갖고 있지 않습니다. 등불을 마련하지 못한 채, 어둠만이 여러분을 기다리고 있습니다. 영생이 없이, 여러분은 영원한 죽음을 맞이해야만 합니다. 그리스도인이 어떤 존재인지 여러분이 정말로 깨닫게 된다면, 그리스도인이 지닌 특권을 알기 위해서, 여러분의 입 안에는 군침이 돌 것입니다. 나는 여러분에게 말합니다. 여러분의 죄를 그리스도에게 맡기십시오. 예수 그리스도께서 여러분의 죄의 짐을 맡아 주실 수 있습니다. 여러분은 예수님을 구주로 믿으십시오. 그러면 여러분을 죄로부터 자유롭게 해주시려고, 그가 죄 짐을 가져가셔서, 그것을 위해서 자신의 몸으로 고난을 당하시고, 여러분의 죄를 이미 담당하셨다는 사실을 여러분은 깨닫게 될 것입니다. 오늘 아침, 성도이거나 죄인이거나, 우리가 모두 십자가와 은혜의 보좌 앞으로 나아가기를 간절히 바랍니다. 그리고 각 사람이 다음과 같이 말하기를 원합니다. "주여, 우리에게서 죄와 염려의 모든 짐을 가져가 주시옵소서. 그리고 이제 우리의 길을 기쁨으로 걸어가게 하시옵소서." 전지전능하시며 충족하신 하나님께서 이렇게 말씀하십니다. "하나님이 너와 함께 계시사 네게서 떠나지 아니하시고 너를 버리지 아니하시리라"(대상 28:20).

제
16
장

—

우리가 들어가게 될 영원한 영광!

—

"모든 은혜의 하나님 곧 그리스도 안에서 너희를 부르사
자기의 영원한 영광에 들어가게 하신 이" ― 벧전 5:10

　　두 주일 전에, 나는 느릿느릿한 걸음으로 이 설교단까지 간신히 걸어 나올 수 있었습니다. 그때 나는 죽을 수밖에 없는 육신의 미래에 대해서 설교했습니다. "만일 땅에 있는 우리의 장막 집이 무너지면 하나님께서 지으신 집 곧 손으로 지은 것이 아니요 하늘에 있는 영원한 집이 우리에게 있는 줄 아느니라"(고후 5:1). 지난 주일에, 나는 그것으로부터 한 걸음 더 나아간 주제에 대해서 설명했습니다. 곧, 육신의 부활에 대한 것보다는 우리의 존재 자체와 관련된 영광의 소망에 대해서 설교했습니다. "이 비밀은 너희 안에 계신 그리스도시니 곧 영광의 소망이니라"(골 1:27)는 성경 본문에 근거해서, 우리는 그 주제에 대해서 자세히 살펴보았습니다. 그러므로 우리는 성전의 바깥뜰을 지나서, 성소의 거룩한 바닥을 밟았습니다. 이제 우리는 휘장 안으로 들어갈 모든 준비를 하고 있습니다. 그곳에서, 우리를 기다리고 있는 영광을 우리는 잠시 동안 바라보려고 합니다. 그 영광에 대해서, 나는 조금밖에 다룰 수 없습니다. 그 영광 자체와 비교해 볼 때, 내가 말할 수 있는 것은 얼마나 적은 것입니까! 우리는 확신을 갖고 그 영광을 고대하고 있습니다. 예수 그리스도 안에, 그 영광이 예비되어 있습니다. 오직 그리스도만이 우리의 영광스러운 소망이십니다. 성령님께서 우리의 시력을 강하게 해주셔서, 우리가 하늘의 빛을 볼 수 있게 해주시기를 간절히 바랍니다. 또한 그

가 우리의 귀를 열어 주서서, 우리가 하늘로부터 들려오는 은혜로운 음성을 들을 수 있게 해주시기를 원합니다. 그 영광 자체에 대해서, 나는 모든 것을 말할 수 없습니다. 그러나 내가 깨닫고 체험한 범위 안에서, 나는 그 영광에 대해서 더듬거리면서 말할 것입니다. 왜냐하면 그 영광에 대해서, 인간의 언어로 아무리 훌륭하게 설명한다고 하더라도, 그것은 오직 말더듬기에 지나지 않는 것이기 때문입니다. 바울은 단지 그 영광의 일부를 잠시 동안 보았습니다. 그는 낙원으로 들려 올라가서 사람이 말해서는 안 되는 것들에 대해서 들었습니다. 그가 본 것을 어떻게 제대로 묘사할지에 대해서, 그는 몹시 난처해했을 것이라고 나는 의심하지 않습니다(참조. 고후 12:4). 비록 바울이 언어의 대가였지만, 이번만은 자신의 언어적인 한계를 절실히 느꼈을 것입니다. 하늘나라의 영광이라는 장엄한 주제는 그를 거의 침묵하게 만들었습니다. 바울을 압도한 그 주제와 관련해서, 우리는 무엇을 할 수 있습니까? 사랑하는 여러분! 영광의 성령님께서 여러분 위에 내려오셔서 임재하시도록 기도하십시오. 성도들이 받게 될 유산에 대해서, 성령님께서 여러분에게 보여주실 뿐만 아니라, 또한 여러분의 눈을 열어주서서 여러분도 그것을 볼 수 있게 해주시기를 기도하십시오. 바울은 이렇게 증거합니다. "하나님이 자기를 사랑하는 자들을 위하여 예비하신 모든 것은 눈으로 보지 못하고 귀로 듣지 못하고 사람의 마음으로 생각하지도 못하였다"(고전 2:9).

우리의 눈은 경이로운 것들을 보았습니다. 우리는 해가 떠오르고 지는 것의 아름다운 모습을 보았습니다. 알프스의 신비로움과 끝없는 바다가 펼치는 장관도 보았습니다. 한 번 보고나면, 이런 모습들은 평생 동안 우리의 기억에 남아 있습니다. 그러나 자연이 우리에게 보여주는 최상의 영광도 하나님께서 그의 백성을 위해서 예비하신 하늘나라의 초자연적인 영광에 대해서 알게 해줄 수 없습니다. 우리의 귀는 감미로운 선율들을 들었습니다. 우리를 전율시키는 음악을 우리는 즐기지 않았습니까? 우리의 마음을 춤추게 만드는 듯한 강연을 우리는 경청하지 않았습니까? 그러나 하나님께서 자신을 사랑하는 사람들을 위해서 마련하신 영광에 대해서, 하프가 들려주는 어떤 선율도 또한 어떤 감동적인 웅변도 우리에게 가르쳐 줄 수 없습니다. 인간의 마음속으로, 얼마나 기묘한 것들이 들어갔습니까! 환상의 베틀로 짜서, 인간은 훌륭한 문학작품들을 썼습니다. 그것들이 지닌 아름다움과 광채를 체험하고, 사람들의 눈은 놀라움으로 반짝였습니다. 때로는 은으로 만든 섬과 금으로 만든 산에서 방랑하면서, 때로는 포도주가 넘치는 바다와 우유가 흐르는 강에서 헤엄을 치면서, 상상력을 총동원해서 만든 환상적인 예술작품들 안에서, 인간은 자신의 능력을 최대한으로 표현했습니다. 그러나 인간의 상상력은 하나님의 도성으로 들어가는 진주 문을 결코 열 수 없었습니다. 자신의 상상력과 재능을 통해서, 아직까지 인간은 그 문을 열 수 있는 열쇠를 만들지 못했습니다. 그러나 성경은 계속해서 이렇게 말합니다. "오직 하나님이 성령으로 이것을 우리에게 보이셨으니"(고전 2:10). 그러므로 하늘은 우리에게 전적으로 알려지지 않은 영역이 아닙니다. 또한 하늘은 침투할 수 없는 어둠의 성벽으로 둘러싸여 있는 어떤 눈부시게 밝은 도성이 아닙니다. 하나님께서는 자신이 사랑하는 사람들을 위해서 예비하신 기쁜 소식들을 계시해 주셨습니다. 비록 성령님을 통해서 그 소식들이 계시되었지만, 그것은 일반 계시가 아니라는 사실에 여러분은 주목하십시오. 그 이유는 무엇입니까? 성경에는 "성령은 모든 것 곧 하나님의 깊은 것까지도 통달하시느니라"(고전 2:10)고 기록되어 있습니다. 따라서 성도들을 기다리고 있는 영광은 "하나님의 깊은 것"에 분류된다는 사실을 우리는 알고 있습니다. 하나님의 계시의 방법과 내용에 대해서 말하고자 하는 사람은 반드시 성령님께서 가르쳐 주신 것을 잘 알아야만 합니다. 인간의 상상에 따라서 재잘대는 것은 쉬운 일입니다. 만약 우리가 하나님의 말씀의 확실한 가르침을 따르고자 한다면, 우리는 성령님으로부터 가르침을 받아야만 합니다. 성령님의 기름 부음과 가르침이 없으면, 하나님과 관련된 신비스러운 진리들은 우리에게 감추어져 있습니다. 우리가 이 주제에 대해서 상고하는 동안, 성령님께서 우리를 가르쳐 주시기를 기도합니다.

오늘 아침, 우리는 세 가지 질문들에 답변할 것입니다. 첫째, 성도의 운명은 무엇입니까? 본문은 "영원한 영광"이라고 말합니다. 둘째, 이 영광은 어디에 있습니까? 그것에 대해서, 진주로 만든 성문 이편, 곧 이 세상에서는 온전히 대답할 수 없습니다. 셋째, 영원한 영광은 우리의 마음에 어떤 영향을 미칩니까? 영원한 영광으로 들어가게 될 우리는 어떠한 사람들이 되어야만 합니까? 지극히 높으신 분의 영광 안에서 영원히 살게 될 우리는 어떻게 살아야만 합니까?

1. 첫째, 성도의 운명은 무엇입니까?

베드로전서 5장 10절에, 하나님께서 "너희를 부르사 자기의 영원한 영광에 들어가게" 하셨다고 언급되었습니다. '영광'이라는 단어는 여러분을 놀라게 하지 않습니까? '영광'은 분명히 오직 하나님에게만 속한 것입니다. 그러나 성경은 우리도 하나님의 '영원한 영광'에 들어가게 될 것이라고 말합니다. 성경은 결코 과장을 하지 않기 때문에, 이 구절에서, 하나님의 말씀은 틀림없이 영광을 의미하고 있습니다. 우리는 영원한 부끄러움을 당해야 마땅한 존재들입니다. 그런데도 우리를 위해서 영광이 예비되었다는 것에 대해서 생각해 보십시오. 때때로 자신에 대해서 부끄러워하는 가엾은 피조물인 우리를 위해서 영원한 영광이 마련되어 있습니다! 그렇습니다. 나는 다시 한 번 성경을 들여다봅니다. 성경은 정말로 '영광'이라고 말합니다. 그러므로 우리는 반드시 하나님의 영원한 영광에 들어갈 것입니다.

이 사실은 너무나도 감탄할 만하고 놀라운 일입니다. 그러므로 그것에 대해서, 여러분의 마음속에 어떤 조그만 의심의 흔적도 남아 있어서는 안 된다는 점을 나는 여러분에게 말하고 싶습니다. 성경 전체에서 영광을 언급하는 모든 구절들을 인용하는 대신에, 이제 영광을 언급하는 주요한 구절들 중에서 몇 가지에 대해서만 살펴보기로 하겠습니다.

하나님께서 이 영광을 우리에게 약속하셨습니다. 다윗이 무엇이라고 말했습니까? 시편 73편 24절에서, 우리는 대단히 주목해 보아야 할 말씀을 대하게 됩니다. "주의 교훈으로 나를 인도하시고 후에는 영광으로 나를 영접하시리니"(시 73:24). 히브리어 원문에는, 다윗이 에녹의 승천에 대해서 회상하는 흔적이 있습니다(참조. 창 5:24). 비록 왕이며 시인이었던 다윗이 에녹처럼 죽지 않고 하늘로 들림을 받는 것을 기대하지는 않았다고 하더라도, 이 세상에서 여호와의 인도하심을 따른 후에, 위대하신 아버지께서 그의 아들을 하늘로 들어올려서, 하나님과 영원히 함께 있게 하실 것을 기대했습니다. 곧, 다윗은 영광으로 받아들여지기를 고대했습니다. 영적인 지식과 관련해서 희미했던 이 시대에, 복음의 빛이 아직 밝게 비치지 않았던 그때에, 선지자이자 왕이었던 다윗은 "후에는 영광으로 나를 영접하시리니"라고 말할 수 있었습니다. 시편 84편 11절에서, 또한 다윗은 이렇게 말했습니다. "여호와께서 은혜와 영화를 주시며 정직하게 행하는 자에게 좋은 것을 아끼지 아니하실 것임이니이다." 이 표현도 똑같은 내용을 뜻하지 않습니까? 하나님의 은혜에 근거해서, 하나님께서 정직하게 행하는 자에게 좋은 것을 아끼시지 않을 뿐만 아니라, 하나님의 영광과 관련해서도, 그는 좋은 것을 아끼시지 않을 것입니다. 하늘에 있는 좋은 것 가운데 성도들에게 주시지 않는 것은 아무것도 없을 것입니다. 심지어 위대하신 왕의 보좌 위에도, 그는 아무것도 남겨두지 않으실 것입니다. 왜냐하면 예수 그리스도께서 다음과 같이 은혜스러운 약속을 주셨기 때문입니다. "이기는 그에게는 내가 내 보좌에 함께 앉게 하여 주기를 내가 이기고 아버지 보좌에 함께 앉은 것과 같이 하리라"(계 3:21). 하늘나라에 있는 무한히 좋은 것들 가운데, 하나님께서는 "정직하게 행하는 자에게 좋은 것을 아끼지 아니하실" 것입니다. 만약 다윗이 이러한 믿음을 지녔다면, 복음의 빛 안에서 행하는 우리는 그 약속을 더욱 분명하게 확신해야 하지 않겠습니까? 예수님께서는 고난을 받으신 후에 그의 영광으로 들어가셨습니다. 주님께서 계신 곳에 장차 우리도 있게 된다는 것을 우리는 알고 있습니다. 그러므로 우리의 영원한 안식은 영광스러운 것이 되리라는 것을 우리는 확신합니다.

　　우리는 바로 이 영광으로 부름을 받았습니다. 하나님께서 예정하신 하나님의 백성은 효과적인 부르심으로 부름을 받았습니다. 그러므로 그들은 부르심을 받았을 때, 그것에 순종했습니다. 그리고 그들은 자신들을 이끄신 분을 따라갔습니다. 본문은 하나님께서 "그리스도 안에서" 우리를 "자기의 영원하신 영광에" 들어가도록 부르셨다고 말합니다. 맨 먼저, 우리는 회개하도록 부르심을 받았습니다. 그 다음, 믿음을 갖도록 부르심을 받았습니다. 그리고 거룩해지도록 부르심을 받았습니다. 나아가 우리는 성도의 견인(오래 참음)으로 부르심을 받았습니다. 이 모든 것은 장차 우리가 영광에 이르기 위한 것입니다. 데살로니가전서 2장 12절에, 같은 취지의 말씀이 기록되어 있습니다. "이는 너희를 부르사 자기 나라와 영광에 이르게 하시는 하나님." 예수님의 말씀에 의하면, 우리는 하나님의 나라로 부르심을 받았습니다. "적은 무리여 무서워 말라 너희 아버지께서 그 나라를 너희에게 주시기를 기뻐하시느니라"(눅 12:32). 또한 우리는 왕들로 부르심을 받았습니다. 우리는 썩지 않는 생명의 면류관을 쓰고, 그리스도의 영광 가운데 그와 함께 영원히 다스릴 것입니다. 만약 하나님께서 우리에게 영광을 주시지 않으려고 의도하셨다면, 그는 우리를 그 영광으로 부르시지 않았을 것입니다. 왜냐하면 그의 부르심은 우리를 놀리려는 것이 아니기 때문입니다. 만약 하나님께서 우리를 타락으로부터 지켜 주시고, 또한 영원히 보호해 주시려는 의도를 갖고 있지 않으셨다면, 그는 성령님을 통해서 우리를 이 세상으로부터 이끌어 내셔서, 그에게 성별된 사람들로 우리를 만드시지 않았을 것입니다. 그러므로 여러분은 영광으로 부르심을 받았습니다. 하나님께서 여러분을 부르셨다는 사실에 대해서 조금도 의심하지 마십시오.

더욱이 우리는 영광으로 부르심을 받았을 뿐만 아니라, 영광은 특별히 칭의와 연결되어 있습니다. 바울은 이렇게 증거합니다. "또 미리 정하신 그들을 또한 부르시고 부르신 그들을 또한 의롭다 하시고 의롭다 하신 그들을 또한 영화롭게 하셨느니라"(롬 8:30). 이 다양한 은혜의 과정은 진주 목걸이처럼 한 끈으로 꿰어져 있습니다. 그 끈에서 끊어진 곳은 없습니다. 각 과정은 서로 분리된 것이 아닙니다. 하나님께서 모든 과정을 순서대로 정해 놓으셨습니다. 또한 영원하고 변경할 수 없는 하나님의 섭리에 의해서 모든 과정은 진행됩니다. 만약 그리스도의 의(義)로 여러분이 의롭다고 여김을 받는다면, 또한 그리스도를 통해서 여러분은 영화롭게 될 것입니다. 왜냐하면 하나님께서 그와 같이 의도하셨기 때문에 반드시 그렇게 될 것입니다. 여러분은 구원이 영광과 어떻게 연결되어 있는지 기억합니까? 이 점과 관련하여, 바울은 이렇게 말합니다. "그리스도 예수 안에 있는 구원을 영원한 영광과 함께 받게 하려 함이라"(딤후 2:10). 구원과 영광은 단단히 연결되어 있습니다. 따라서 결코 분리될 수 없습니다.

그리고 구원받은 사람들은 반드시 하나님의 영광에 참여하게 될 것입니다. 왜냐하면 이것을 위해서, 그들은 날마다 준비하고 있기 때문입니다. 하나님의 예정과 자비에 근거한 부르심에 대해서 설명하면서, 바울은 다음과 같이 표현합니다. "또한 영광 받기로 예비하신 바 긍휼의 그릇"(롬 9:23). 이 과정은 거듭나는 순간부터 시작되었습니다. 또한 그것은 우리를 날마다 거룩하게 만드는 하나님의 사역에서 진행되고 있습니다. 우리 안에 죄악이 남아 있는 동안, 우리는 영화롭게 될 수 없습니다. 맨 먼저, 우리는 반드시 죄 사함을 받고 새롭게 되어야만 합니다. 나아가 우리는 거룩해져야만 합니다. 그래서 영화롭게 되기에 적합해져야만 합니다. 바울이 고린도 교인들에게 말하는 것처럼, 주 예수님과의 긴밀한 사귐을 통해서, 우리는 그리스도와 같이 될 것입니다. "우리가 다 수건을 벗은 얼굴로 거울을 보는 것 같이 주의 영광을 보매 그와 같은 형상으로 변화하여 영광에서 영광에 이르니 곧 주의 영으로 말미암음이니라"(고후 3:18). 하나님의 지혜를 통해서, 그리스도인과 관련된 모든 것이 이러한 방식으로 이루어지는 것은 매우 놀라운 일입니다. 바울의 증거를 살펴보십시오. "우리가 잠시 받는 환난의 경한 것이 지극히 크고 영원한 영광의 중한 것을 우리에게 이루게 함이니"(고후 4:17).

환난이 육체적이든지 정신적이든지, 이 구절에서 바울은 우리가 겪고 있는 모든 환난은 자신이 언어로 묘사할 수 없을 정도의 지극히 큰 영광을 가져다준다고 지적하고 있습니다. 그 의미를 좀 더 분명하게 전달하기 위해서, 바울은 "지극히 크고 영원한 영광의 중한 것"이라고 비유법을 사용하고 있습니다. 오, 그리스도인들은 복된 사람들입니다. 그들은 사소한 것을 잃어버리고 좀 더 중요하고 영원한 것을 얻습니다. 그들의 슬픔은 기쁨을 빚어낼 것입니다. 그들은 이 세상에서 많은 고난을 겪지만, 하늘나라에서 큰 사람들이 될 것입니다. 모든 것이 합력하여 선을 이루며, 장차 지극히 큰 영광을 얻는 데에 도움을 주기 때문에, 우리는 고난을 겪어도 만족할 수 있을 것입니다.

이와 같이, 우리는 영광으로 부르심을 받았습니다. 그것을 위해서, 우리는 이곳에서 준비하고 있습니다. 우리가 지금 그리스도와 교제하는 것은 영광에 대한 보증이라는 것은 우리를 흐뭇하게 해주지 않습니까? 로마서 8장 17절에서, 바울은 말합니다. "우리가 그와 함께 영광을 받기 위하여 고난도 함께 받아야 할 것이니라." 만약 우리가 그리스도를 위해서 감옥에 간다면, 그것은 우리를 그가 계신 하늘나라의 왕궁으로 인도해 줄 것입니다. 만약 우리가 그리스도를 위해서 육신의 고통을 받는다면, 그것은 우리가 그와 함께 다스리도록 이끌어 줄 것입니다. 만약 우리가 그리스도를 위해서 조롱과 비방과 경멸을 당한다면, 그것은 우리가 그와 함께 존귀와 영광과 영생을 누리도록 인도할 것입니다. 만약 우리가 굴욕을 당하는 것이 그리스도의 영광 가운데 우리가 그와 함께 있게 된다는 것을 보증한다면, 누가 그와 함께 굴욕을 당하지 않겠습니까? 다음과 같은 예수님의 소중한 말씀을 기억하십시오. "너희는 나의 모든 시험 중에 항상 나와 함께 한 자들인즉 내 아버지께서 나라를 내게 맡기신 것 같이 나도 너희에게 맡겨 보좌에 앉아 이스라엘 열두 지파를 다스리게 하려 하노라"(눅 22:28-30). 십자가를 우리의 어깨에 짊어집시다. 왜냐하면 그것은 면류관으로 인도해주기 때문입니다. "십자가 없이 영광의 면류관도 없습니다." 그러나 싸움에 참여한 사람은 승리에도 동참하게 될 것입니다.

곧 우리는 영광으로 인도될 것입니다. 예수님에 대해서, 히브리서 2장 10절에 이렇게 기록되어 있습니다. 우리는 이 말씀에 대해서 숙고해 볼 필요가 있습니다. "그러므로 만물이 그를 위하고 또한 그로 말미암은 이가 많은 아들들을 이끌어 영광에 들어가게 하시는 일에 그들의 구원의 창시자를 고난을 통하여 온전하게 하심이 합당하도다.” 사랑하는 여러분, 보십시오. 우리는 영광으로 부르심을 받았습니다. 지금 우리는 그것을 위해서 준비하고 있습니다. 곧 우리는 영광으로 인도될 것입니다. 만약 우리를 그곳으로 이끄는 분이 없다면, 우리는 영광의 나라에 들어가는 것에 대해서 실망할 수 있을 것입니다. 왜냐하면 순례자의 길은 험하고 많은 적들이 에워싸고 있기 때문입니다. 그러나 우리에게는 “구원의 창시자”가 있습니다. 존 번연의 「천로역정」에 나오는 ‘위대한 마음’(Greatheart) 보다 그는 더욱 위대하신 분입니다. 예수님께서는 매우 위험한 순례의 길에서 순례자의 무리를 인도하고 계십니다. 또한 그는 “많은 아들들”을 “영광에” 들어가게 하실 것입니다. 바로 그곳이 그들의 최종 목적지입니다. 하나님의 은혜를 입은 사람들에게는 분명히 영광이 뒤따라옵니다. 왜냐하면 자신의 영광으로 들어가신 예수 그리스도께서 언약의 약속으로 들어가셨기 때문입니다. 그 약속에 근거해서, 그는 “많은 아들들”을 모두 자신과 함께 있게 하려고 영광으로 이끄실 것입니다.

이 영광은 인간을 구성하는 모든 것을 위한 것이라는 사실에 주목하기 바랍니다. 곧, 이 영광은 우리의 영혼뿐만 아니라, 우리의 육체를 위한 것이기도 합니다. 여러분은 부활에 대해서 다루는 것으로 유명한 고린도전서 15장을 알고 있습니다. 43절에서, 바울은 육신에 대해서 “욕된 것으로 심고”라고 말합니다. 그러나 “영광스러운 것으로 다시 살아나며”라는 말을 덧붙입니다. 그리고 다시 오실 그리스도의 역할에 대해서 다음과 같이 언급합니다. “그는 만물을 자기에게 복종하게 하실 수 있는 자의 역사로 우리의 낮은 몸을 자기 영광의 몸의 형체와 같이 변하게 하시리라”(빌 3:21). 이와 같이 연약하고 가냘프며 고통당하는 육신에게 얼마나 놀라운 변화가 일어나게 되는 것입니까! 어떤 면에서, 우리의 육신은 “욕된 것”이 아닙니다. 왜냐하면 그것은 하나님의 솜씨와 권능과 선하심의 놀라운 산물이기 때문입니다. 그러나 육신의 욕망과 연약함에 의해서, 그것은 영적인 것들을 방해하기 때문에, “욕된 것”이라고 불릴 수 있습니다. 육신은 영혼에게 버거운 것입니다. 육신은 영혼에게 어느 정도 어울릴 것입니다. 그러나 영혼은 좀 더 천상(天上)적이며, 이 땅에 좀 더 적게 매여 있는 육신을 원합니다. 또한 단지 살과 피와 뼈로 구성된 초라한 육신보다는 더욱 생명력이 넘치는 것을 필요로 합니다. 따라서 육신은 변화되어야만 합니다. 그러면 육신은 어떻게 변화될까요? 그것은 완전해질 것입니다. 어린아이의 몸은 완전히 발달할 것이고, 난쟁이는 정상적인 사람처럼 될 것입니다. 시각장애인은 하늘나라에서 더 이상 눈 먼 상태로 있지 않을 것입니다. 절름발이도 더 이상 절뚝거리지 않을 것입니다. 중풍병자도 떨지 않을 것입니다. 귀머거리는 들을 수 있게 될 것이며, 벙어리는 하나님을 찬양하게 될 것입니다. 우리는 신체적인 장애 요인이나 질병을 하늘나라로 가져가지 않을 것입니다. 절름발이가 목발을 가져가지 않는 것과 마찬가지로, 우리도 몸을 의지하던 지팡이를 필요로 하지 않을 것입니다. 하늘나라에는 두통이나 신경통이나 근시 및 원시로 고생하는 사람이 전혀 없을 것입니다. 그곳의 주민들은 "몸이 아프다"는 말을 할 필요가 결코 없을 것입니다.

우리는 하늘나라에서 변화된 몸을 지니고 있을 것입니다. 그 몸은 고통을 느끼지 않을 것입니다. 그 몸은 어떤 종류의 고통도 당하지 않을 것입니다. 심장병, 우울증, 신경통, 무기력증 등이 그곳에서 우리를 전혀 괴롭히지 않을 것입니다. 우리는 모든 질병으로부터 완전하게 해방될 것입니다. 더욱이, 변화된 육신은 불멸의 몸입니다. 우리의 부활의 몸은 죽지 않을 뿐만 아니라, 썩지도 않을 것입니다. 영광의 나라에는 무덤이 하나도 없습니다. 주님 안에서 죽은 사람들은 복됩니다. 왜냐하면 그들의 몸은 부활할 것이며, 둘째 사망과 부패를 겪지 않을 것이기 때문입니다. 예수님께서 무덤으로부터 불러낼 사람들에게는 부패로 인한 냄새와 흔적이 전혀 없을 것입니다. 그리고 부활의 몸은 권능으로 충만할 것입니다. 왜냐하면 성경은 우리의 육신이 "약한 것으로 심고 강한 것으로 다시 살아나게"(고전 15:43) 될 것이라고 말하기 때문입니다. 완전히 새 것으로 만들어진 부활의 몸은 놀라울 정도로 가볍고 민첩할 것이라고 나는 믿습니다. 아마도 그것은 번쩍이는 빛처럼 빠르게 움직일 수 있을 것입니다. 왜냐하면 천사들도 한 장소에서 다른 장소로 그렇게 빨리 이동하기 때문입니다. 다른 많은 사항들뿐만 아니라, 이 점에 있어서도, 우리는 하나님의 천사들과 같이 될 것입니다. 어쨌든 그것은 "영광스러운 몸"이 될 것입니다. 또한 "영광스러운 것으로 다시 살아날" 것입니다. 따라서 우리의 육신과 영혼은 천국의 지극한 축복에 참여하게 될 것입니다. 그것은 '영광'이라는 단어 하나로 요약됩니다. 이제까지, 영광에 대해서 하나님의 말씀이 말한 것을 나는 여러분에게 대강 제시했다고 생각합니다.

2. 둘째, 우리의 운명, 곧 이 영광은 어디에 있습니까?

내가 이 질문에 대해서 머뭇거리고 더듬대며 답변할 때, 성령님께서 나를 도와주시기를 바랍니다.

이 주제와 관련하여, 내가 얼마나 많은 내용을 여러분에게 전달할 수 있을까요? 그것은 조금밖에 되지 않을 것입니다. 하나님의 사람 모세가 여호와께 다음과 같이 간청했을 때, 그는 모세에게 어떻게 하셨습니까? "원하건대 주의 영광을 내게 보이소서"(출 33:18). 여호와께서 모세를 위해서 하신 모든 일은 다음과 같이 말씀하신 것이었습니다. "내 영광이 지나갈 때에 내가 너를 반석 틈에 두고 내가 지나도록 내 손으로 너를 덮었다가 손을 거두리니 네가 내 등을 볼 것이요 얼굴은 보지 못하리라"(출 33:22-23). 따라서 우리는 이 영광에 대해서 매우 조금만 말할 수밖에 없습니다. 영광의 얼굴 부분은 우리에게 너무나 눈부신 것입니다. 비록 장차 우리가 하늘나라에서 보게 될 것이지만, 이 땅에 살고 있는 우리는 하나님의 영광의 얼굴을 아무도 볼 수 없습니다. 만약 이미 하늘의 영광 가운데 있는 어떤 사람이 하늘로부터 직접 내려와서 이 설교단에 서서, 자신이 그곳에서 본 것들을 우리에게 설명하려고 한다면, 그는 전달할 수 없다는 사실을 깨닫게 될 것입니다. 왜냐하면 인간의 언어는 그와 같은 신비스러운 것들을 설명하기에 불충분하기 때문입니다.

성도가 가야할 곳은 영광의 나라입니다. 영광은 무엇을 의미합니까? 이 땅에 사는 사람들에게 영광은 무엇을 뜻합니까? 일반적으로, 세상 사람들은 영광이란 유명하며, 좋은 평판을 얻고, 대중의 인기를 누리고, 팡파르가 울리는 가운데 많은 사람들의 박수갈채를 받으며, 높은 자리에 오르는 것을 의미합니다. 솔로몬의 영광을 보기 위해서, 스바의 여왕은 먼 곳으로부터 그를 찾아 왔었습니다. 그러면 솔로몬의 영광은 무엇이었습니까? 그것은 그가 다른 모든 사람들을 능가하는 놀라운 지혜를 지녔다는 것이었습니다. 또한 그것은 온갖 종류의 장엄하고 화려한 것에 소비했던 막대한 부(富)였습니다. 솔로몬의 부요와 화려함에 대하여, 예수님께서는 이렇게 말씀하셨습니다. "솔로몬의 모든 영광으로도 입은 것이 이 꽃 하나만 같지 못하였느니라"(마 6:29). 그러나 사람들은 이러한 것들을 영광이라고 생각합니다. 곧, 신분과 지위와 권력과 성공 등입니다. 사람들이 이런 단어들에 대해서 들으면, 그것들은 그들의 귓속에서 윙윙거립니다. 이와 같이, 이것들은 사람들에게 특별하고 진귀한 것들입니다. 그러나 이 모든 것들은 하나님께서 의미하시는 영광의 희미한 그림자에 불과합니다. 하지만 그림자로부터, 우리는 실체가 어떠한지에 대해서 어렴풋이 알아차릴 수 있습니다. 하나님의 백성은 지혜로워지고 심지어 유명해질 것입니다. 왜냐하면 그들은 별들과 같이 영원토록 빛날 것이기 때문입니다(참조. 단 12:3). 하나님의 백성은 부자가 될 것입니다. 그들이 살게 될 길거리조차도 순금으로 포장되어 있기 때문입니다. 하나님의 백성은 대단히 존귀하게 될 것입니다. 그들에게 비교할 수 없는 영광이 주어질 것입니다. 왜냐하면 그들은 특별한 백성과 왕 같은 제사장으로 인식되어질 것이기 때문입니다. 또한 다른 모든 피조물이 창조주에 대해서 드러내는 것 이상으로, 그의 성품을 드러내기 위해서, 그들은 존귀해진 족속으로 알려질 것이기 때문입니다.

　영광은 성도에게 무엇보다도 먼저 온전히 깨끗해진 성품을 의미한다고 나는 생각합니다. 하나님의 성품은 영광의 광채를 지니고 있습니다. 가장 빛나는 영광으로서, 그 성품은 사람들을 비추어 줍니다. 따라서 하나님의 영광스러운 성품으로서, 하나님의 선하심과 자비와 공의와 진리가 사람들에게 주어집니다. 그런데 우리와 같은 불쌍한 피조물도 완전한 성품을 소유할 수 있습니까? 분명히 그렇습니다. 언젠가 우리는 완전하게 거룩해집니다. 성령님께서 그의 사역을 마무리하시면, 그는 우리에게 죄의 흔적을 전혀 남겨 놓지 않으실 것입니다. 어떤 유혹도 우리를 미혹하지 못할 것입니다. 우리 안에 과거의 타락한 상태의 자취가 조금도 남아 있지 않을 것입니다. 오, 그것은 지극히 복된 상태가 아닙니까? 내가 원하는 모든 영광은 나의 성품이 완전해지는 것입니다. 다시 말해서, 절대로 죄를 짓지 않고, 결코 부당하게 판단하지 않고, 헛된 생각을 조금도 하지 않고, 하나님의 완전한 율법으로부터 떠나서 결코 방황하지 않는 것입니다. 또한 그토록 오랫동안 나의 가장 사악한 대적이었던 죄에 의해서, 내가 또다시 고통당하지 않는 것입니다. 언젠가 우리는 영화롭게 될 것입니다. 그래서 마귀도 우리 안에서 한 가지 결점도 찾아낼 수 없을 것입니다. 영혼의 가장 깊은 비밀도 간파할 수 있는 불꽃 같은 하나님의 눈도 우리 안에서 책망할 만한 것은 아무것도 발견할 수 없을 것입니다. 성도들은 이와 같은 완전한 성품을 지니게 될 것입니다. 그래서 성도들은 그리스도와 친밀한 교제를 나누기에 합당하게 될 것입니다. 천사들은 지극히 거룩하신 삼위일체 하나님 앞에서 얼굴을 가립니다. 우리는 그 거룩하신 하나님과 교제를 나누기에 적합한 무리가 될 것입니다. 바로 이것이 우리가 누리게 될 영광입니다.

그 다음, 영광에 들어간다는 것은 우리가 완전한 본성을 소유하는 것을 의미합니다. 하나님께서 아담을 창조하셨을 때, 그는 우리 가운데 어떤 사람보다도 훨씬 뛰어난 존재였습니다. 천지 창조와 관련하여, 인간의 위치는 매우 주목할 만한 것이었습니다. 시편 기자는 다음과 같이 말하고 있습니다. "사람이 무엇이기에 주께서 그를 생각하시며 인자가 무엇이기에 주께서 그를 돌보시나이까 그를 하나님보다 조금 못하게 하시고 영화와 존귀로 관을 씌우셨나이다 주의 손으로 만드신 것을 다스리게 하시고 만물을 그의 발 아래 두셨으니 곧 모든 소와 양과 들짐승이며 공중의 새와 바다의 물고기와 바닷길에 다니는 것이니이다"(시 8:4-8). 이 시대의 어떤 왕이나 황제도 에덴 동산의 아담과 비교할 수 없습니다. 아담은 진정으로 자기 주변에 보이는 모든 피조물의 군주였습니다. 위풍당당한 사자로부터 가장 작은 곤충에 이르기까지, 살아 움직이는 모든 피조물은 그에게 기꺼이 경의를 표했습니다. 우리도 이러한 숭고한 존귀에 이룰 수 있습니까? 형제 자매 여러분, 이 말씀을 들어보십시오. "사랑하는 자들아 우리가 지금은 하나님의 자녀라 장래에 어떻게 될지는 아직 나타나지 아니하였으나 그가 나타나시면 우리가 그와 같을 줄을 아는 것은 그의 참모습 그대로 볼 것이기 때문이니"(요일 3:2). 사람의 마음이 성장하는데 어떤 한계가 놓여 있습니까? 사람이 어느 곳까지 도달할 수 있을지 우리가 알 수 있습니까? 우리는 하나님께서 솔로몬에게 바닷가의 모래 같이 넓은 마음을 주셨다는 것을 성경에서 읽을 수 있습니다(참조. 왕상 4:29). 장차 하나님께서는 그의 백성에게 영광을 주실 것입니다. 그 영광 안에는, 솔로몬이 지녔던 것보다 더 넓은 마음이 포함되어 있을 것입니다. 그러면 하나님께서 우리를 아셨던 것처럼, 우리는 우리 자신에 대해서 온전히 알게 될 것입니다. 우리가 지금은 "거울로 보는 것 같이 희미하게" 봅니다. 그러나 그때에는 "얼굴과 얼굴을 대하여 볼 것"입니다(참조. 고전 13:12).

여러분은 뛰어난 지적인 능력을 지닌 사람들을 만나보았습니다. 여러분은 그들을 존경해 왔습니다. 그러나 그리스도 안에 있는 가장 작은 아이라도, 그가 하늘나라에 이르게 되면, 자신이 깨달은 지혜들로 세상 사람들을 놀라게 한 가장 심오한 철학자보다도, 그는 분명히 더욱 위대한 지능을 지니게 될 것입니다. 우리는 오늘날 우리의 모습대로 항상 머물러 있지 않을 것입니다. 지식이 부족하고, 능력이 빈약하며, 생각이 무디어서, 우리는 지금 위축되어 있고 방해받고 있습니다. 그러나 우리의 무지와 편견은 곧 사라질 것입니다. 우리가 하나님의 형상대로 온전히 회복될 때, 또한 "많은 형제 중에서 맏아들"(롬 8:29)이신 주님처럼 우리가 변화될 때, 우리의 모습이 구체적으로 어떠할지 우리는 지금 정확하게 말할 수 없습니다. 이 땅에서 우리는 미완성인 채로 있습니다. 우리의 마음은 단지 씨나 뿌리에 지나지 않습니다. 그것으로부터, 인간이 피게 할 수 있는 고귀한 꽃이 피어나고 영광이 나타납니다. 그러나 이 땅에 있는 사람들의 몸보다, 장차 여러분의 몸은 무한하게 더 영광스럽고 훌륭한 것으로 변화할 것입니다. 우리의 영혼과 관련해서, 예수 그리스도 안에서 그것이 얼마나 고귀하게 변화하게 될지, 우리는 명확하게 추측할 수 없습니다. 장차 우리의 영혼이 변화되는 것에 대해서, 우리는 이곳에서 원대한 기대감을 갖고 있습니다. 하나님께서는 우리를 사랑하셔서, 심지어 외아들을 희생 제물로 바치는 것을 계획하시고 성취하셨습니다. 하나님의 영원한 사랑이 지닌 의도가 하늘나라에서 온전히 이루어질 때, 우리의 영혼이 그곳에서 어떻게 될지에 대해서, 우리는 다만 짐작하고 있습니다. 하나님께서 소유하신 가장 좋은 것, 곧 하나님의 아들이 희생됨으로, 하나님의 사랑이 의도하는 것이 이루어졌습니다. 따라서 그것은 결코 미천한 계획이 아닙니다.

　　나아가, 영광이라는 말과 관련하여, 또한 영광으로 나아가기 위해서, 우리가 반드시 완전한 승리에 대해서 깨달아야만 한다고 나는 생각합니다. 고대 로마제국 시대에 그 제국 안에 살면서, 교인들은 성경을 읽을 때, "사도들이 '영광'이라는 말을 사용하는데 과연 그 단어가 무슨 뜻인가?'라고 스스로 물어보았을 것입니다. 그들은 그 단어를 정복이나 또는 전사들이 개선하는 것과 연결시키지 않을 수 없었을 것입니다. 그 시대에는, 용감한 전사들이 전리품과 함께 포로들을 끌고 피비린내 나는 전쟁터로부터 돌아왔을 때, 그것을 영광이라고 불렀습니다. 승리를 기뻐하면서, 전쟁의 영웅들은 말을 타고 로마 시내를 지나갔습니다. 원로원은 군대에게 전쟁에서의 승리를 인정해 주었습니다. 그러면 전쟁 용사들은 한동안 영광을 누렸습니다. 그들로 인해서, 로마는 영광스러워졌습니다. 영광이라는 말이 대량 학살과 관련되어 있고, 핏속에서 뒹군 의복을 입고 있다면, 그리스도인으로서 우리는 그 말을 증오합니다. 그러나 여러분과 나는 영적인 싸움을 위해서 부르심을 받았습니다. 그러므로 우리는 십자가의 군병입니다. 만약 우리가 위대한 지휘관이신 그리스도의 지도 아래 용감히 싸우며, 모든 죄를 이긴다면, 심지어 죽기까지 신실하다면, 우리는 영광으로 들어가게 될 것입니다. 또한 우리는 선한 싸움을 싸우고 끝까지 믿음을 지킨 사람들에게 예비된 명예를 받게 될 것입니다(참조. 딤후 4:7). 썩어서 없어지지 않을 생명의 면류관을 받는 것은 결코 작은 영광이 아닙니다. 만약 우리가 이 세 가지를 받을 수 있다면, 그것은 우리에게 완전한 영광이 아닙니까? 곧, 우리는 완전히 깨끗한 성품과 완전한 본성과 완전한 승리를 얻게 될 것입니다.

진정한 영광에서 무한한 가치를 지닌 또 한 가지 요소는 하나님으로부터 인정을 받는 것입니다. 세상 사람들에게 영광은 인정을 받는 것을 의미합니다. 어떤 사람이 영국 여왕으로부터 작위를 받고, 여왕이 그의 가슴에 훈장을 달아준다면, 또는 상원으로부터 자신이 행한 일에 대해서 찬사를 받고 표창을 받는다면, 그것은 그 사람에게 영광입니다. 만약 사람들이 우리의 행위에 대해서 인정하는 말을 한다면, 그것은 우리의 명예이며 영광입니다. 그러나 하나님께서 인정해 주시는 물 한 방울은 그것 안에 사람들의 칭찬으로 가득한 바다보다도 더 많은 영광을 갖고 있습니다. 여호와께서 거룩한 은총으로 그의 백성에게 상급을 주실 것입니다. 그는 이렇게 말씀하실 것입니다. "잘하였도다 착하고 충성된 종아"(마 25:21). 그리스도께서 오른편에 모여 있는 양들에게 "내 아버지께 복 받을 자들이여 나아오라"(참조. 마 25:34)고 말씀하실 것입니다. 그들은 사람들로부터 멸시당하고 거절당했습니다. 또한 그들은 "양과 염소의 가죽을 입고 유리하여 궁핍과 환난과 학대"(히 11:37)를 받았습니다. 그러나 이제 하나님께서 그들을 인정하십니다. 그들은 하늘나라에서 높은 자리에 앉아 있습니다. 모든 사람들의 재판장으로부터 고귀한 사람들이라고 인정받았습니다. 이것은 본질적이며 영원한 영광입니다. 우리를 바라보시며 인정해 주는 예수님의 단 한 번의 눈길과, 우리를 영접해 주시는 하나님 아버지의 입으로부터 나오는 단 한 마디의 말씀은 우리 모두에게 충분한 영광일 것입니다. 만약 어린 양이 가는 곳이라면 어디든지 따라간다면, 우리는 이 영광으로 들어가게 될 것입니다.

그러나 이것이 전부가 아닙니다. 하나님의 자녀는 하나님의 영광을 반사하는 영광을 누릴 것입니다. 어떤 피조물이 하나님의 선하심과 자비와 사랑의 위대함을 보기를 원할 때, 하늘에 거주하는 존재들은 영화롭게 된 어떤 성도를 가리킬 것입니다. 먼 곳으로부터 어떤 영이 찾아와서 신실함과 은혜가 무슨 뜻인지를 알기를 원할 때마다, 천사들은 이렇게 대답할 것입니다. "가서, 사람들 중에서 구원받은 이들과 대화해 보시오." 하나님의 은혜가 지닌 측량할 수 없는 부요에 대해서, 정사(통치자)들과 권세들에게 깨닫게 해주기 위해서, 여러분과 나는 많은 수고를 하게 될 것이라고 나는 믿습니다. 우리는 하나님을 반사하는 거울들일 것입니다. 우리 안에서, 하나님의 영광이 나타나게 될 것입니다. 이제까지 우리가 아직 들어보지 못한 순수하고 거룩한 존재들이 수없이 많이 있을 것입니다. 그들은 여호와의 위대한 도성인 새 예루살렘 성으로 들어올 것입니다. 그곳에 오면, 그들은 하나님의 은혜와 지혜와 권능과 사랑을 가장 많이 받은 존재인 성도들을 주목해서 볼 것입니다. 자격이 없는 우리에게 하나님께서 영원한 자비로 우리에게 어떻게 대하셨는가를 듣는 것은 그들에게 가장 큰 기쁨일 것입니다. 하나님 아버지의 영원한 목적과 우리를 사랑하셔서 십자가에서 죽으셨던 하나님의 성육신 사건에 대해서, 우리가 낱낱이 그들에게 설명해 주는 것은 우리를 얼마나 기쁘게 하겠습니까! 또한 우리가 죄인이었을 때 우리를 찾아오셔서, 우리를 십자가 밑으로 이끄시고, 우리의 심령을 새롭게 하시며, 우리를 하나님의 자녀로 만드신 복되신 성령님의 사랑에 대해서, 우리가 자세히 설명하는 것은 우리에게 얼마나 큰 기쁨을 가져다주겠습니까! 오, 형제자매 여러분! 우리를 통해서, 하나님께서 빛을 비추셔서 모든 피조물을 놀라게 하는 것은 바로 우리의 영광입니다.

그러나 나는 영광은 그 이상의 것을 포함한다고 생각합니다. 어떤 경우들에 있어서, 어떤 사람의 영광은 그가 관계하는 대상들이 누구인지에 달려 있습니다. 만약 왕족 가운데 어떤 사람이 여러분의 집을 방문한다면, 여러분은 존경하는 마음으로 그를 맞이할 것입니다. 심지어 그들이 거리를 지나갈 때에도, 사람들은 그들을 금방 알아차릴 것입니다. 그리고 지나가던 사람들은 "저기 왕자님이 걸어가신다!"라고 말할 것입니다. 이렇게 사람들은 우리의 훌륭한 여왕의 아들을 존중할 것입니다. 그러나 우리가 만왕의 왕과 친족 관계를 맺었다는 사실과 비교해 볼 때, 왕족 출신이라는 것은 보잘것없는 것입니다. 많은 천사들은 대단히 총명합니다. 그러나 그들은 단지 하나님의 자녀들을 섬기는 존재들에 불과합니다. 따라서 천사들이 사람들을 볼 때, 그들은 일종의 경외심을 가질 것이라고 나는 믿습니다. 영광 가운데 있는 우리를 볼 때, 천사들은 자신들의 하나님과 우리가 매우 가까운 사이라는 것을 알고 기뻐할 것입니다. 구원의 상속자들을 섬기라고 하나님으로부터 임명된 섬기는 영들로서(참조. 히 1:14), 천사들은 자신들에게 주어진 일을 기쁨으로 수행할 것입니다. 완전하게 된 성도들이 교만한 마음을 갖는다는 것은 불가능합니다. 그러나 그때 거듭남과 양자됨을 통하여, 우리는 자신의 지위가 높아지게 된 것을 깨닫게 될 것입니다. "보라 아버지께서 어떠한 사랑을 우리에게 베푸사 하나님의 자녀라 일컬음을 받게 하셨는가"(요일 3:1). 우리는 하나님의 자녀입니다. 전능하신 만군의 주 하나님의 자녀입니다. 오, 이것은 얼마나 큰 영광입니까!

윗부분에서 언급한 것은 다음 사실과도 연결됩니다. 곧, 모든 면에서, 우리는 예수님과 밀접하게 연합될 것입니다. 바로 우리의 타락으로 인해서, 우리를 구원하시려고 예수님께서 이 땅에 오셨다는 것을 여러분은 알지 못합니까? 예수님께서 완전한 의로움을 성취하셨을 때, 그것은 우리 모두를 위한 것이었습니다. 그가 죽으셨을 때, 그것도 우리를 위한 것이었습니다. 그가 부활하셨을 때, 그것도 우리 모두를 위한 것이었습니다. 나아가, 우리는 그리스도 안에서 살았고, 그의 안에서 죽었습니다. 또한 그리스도 안에서, 우리는 매장되었고, 그의 안에서 부활했습니다. 장차 우리는 하늘나라로 올라가서, 그와 함께 영원히 통치할 것입니다. 예수 그리스도에 의해서, 우리의 모든 영광이 주어질 것입니다. 또한 우리는 그리스도의 모든 영광에 동참할 것입니다. 우리는 그의 몸의 지체입니다. 우리는 그리스도와 하나됨을 이루고 있습니다. 하나님께서 만드신 피조물들이 새 예루살렘 성에서 하나님께 경배 드리려고 올 때, 그들은 영광으로 들어온 사람들을 선 채로 자세히 살펴볼 것입니다. 그리고 숨을 죽이며, 서로 이렇게 속삭일 것입니다. "이들은 하나님의 아들이 이전에 그들의 육신을 취했던 바로 그 사람들이다! 이들은 하늘의 왕자가 피값으로 사신 바로 그 선택된 사람들이다." 그 피조물들은 서서 하나님의 영광에 놀랄 것입니다. 왜냐하면 죄와 지옥으로부터 자유롭게 되고, 하나님의 기업의 상속자이며 그리스도와 공동 상속자가 된 하나님의 자녀 안에서(참조. 롬 8:17), 그 영광은 분명하게 나타날 것이기 때문입니다. 교회를 주시해 볼 때, 심지어 천사들도 놀라고 두려워하며, 서로 이렇게 말할 것입니다. "이 신부를 보라! 어린 양의 아내이다!" 영광의 주님께서 어떻게 이렇게 비참한 땅으로 내려오셨는지, 또한 그러한 백성과 어떻게 영원하게 하나가 되는 언약을 맺으셨는지에 대해서, 천사들은 경이롭게 여길 것입니다. 임마누엘의 하나님께서 계신 곳에는 영광이 충만합니다. 이제 우리는 그곳에 가까이 이르렀습니다. 모세와 같이, 나는 나의 발에서 신을 벗고 싶은 생각이 듭니다. 왜냐하면 우리가 서 있는 곳은 거룩한 땅이기 때문입니다. 하나님의 성령의 내주로 인해서, 이제 우리가 우리 안에서 뜨겁게 타오르는 떨기나무를 보고 있기 때문입니다(참조. 출 3:2-5). 또한 주의 영으로 말미암아, 우리가 영광에서 영광으로 변화될 것이기 때문입니다(참조. 고후 3:18).

　　그러나 이것이 전부가 아닙니다. 왜냐하면 하늘나라에서 우리는 하나님의 바로 옆에서 살게 될 것이기 때문입니다. 가장 긴밀하고 사랑스러운 교제를 나누며, 우리는 하나님과 함께 살 것입니다. 지존자의 모든 기쁨은 우리의 기쁨이 될 것입니다. 삼위일체 하나님의 완전한 복은 영원히 우리의 복이 될 것입니다. "너희를 부르사 자기의 영원한 영광에 들어가게 하신 이"라는 본문을 주목해서 보십시오. 그 영광의 빛은 모든 빛보다 더욱 밝게 빛나고 있습니다. 성도들이 갖게 될 영광은 바로 하나님 자신이 지니신 영광입니다. 그리고 오직 하나님만이 그 영광을 주실 수 있습니다. "의롭다 하신 그들을 또한 영화롭게 하셨느니라"(롬 8;30)는 말씀을 경청하십시오. 바로 하나님께서 그리스도인들을 영화롭게 하십니다! 하나님을 영화롭게 한다는 것이 무엇을 뜻하는지 나는 알고 있습니다. 여러분도 마찬가지일 것입니다. 그러나 가엾은 피조물인 우리가 하나님을 영화롭게 할 때, 그것은 초라한 방법으로 이루어집니다. 왜냐하면 우리는 하나님에게 아무것도 보탤 수 없기 때문입니다. 그렇다면 하나님 자신이 인간을 영화롭게 한다는 것은 무엇을 의미합니까? 여러분이 영원히 누리게 될 영광은 하나님 자신이 여러분에게 주시는 것입니다. 히브리 사람으로서, 베드로가 "자기의(그의) 영광"이라고 표현했을 때, 거기에는 히브리어의 특별한 용법이 반영되어 있을 것입니다. 그는 최상의 영광을 의미했을 것입니다. 히브리인들이 "하나님의 나무늘"이라고 표현하면, 그것은 가장 그리고 좋은 나무들을 뜻합니다. 또한 "하나님의 산"이라고 말한다면, 그것은 매우 높은 산을 가리킵니다. 따라서 하나님의 영광이라는 표현을 통해서, 베드로는 가장 풍요하고 충만하고 완전한 영광을 의미하는 것입니다. 성경 원어에서 '영광'이라는 단어는 무게의 개념과 관련되어 있습니다. 그것에 대해서, 바울이 암시해 줍니다. 그는 "영광의 중한 것"(고후 4:17)이라고 표현하고 있습니다. 하나님의 영광은 그 안에 무게를 지니고 있습니다. 다른 모든 영광은 깃털처럼 가볍습니다. 이 세상의 모든 영광들을 한데 모아 보십시오. 저울에 있는 작은 먼지보다 그것은 더 가벼울 것입니다. 내 손바닥 위에 그 모든 것을 올려놓아 보십시오. 말라비틀어진 꽃잎처럼, 어린아이라도 그것을 입으로 불어버릴 수 있을 것입니다. 그러나 하나님의 영광은 무게를 지니고 있습니다. 그것은 견고하고 참되며 실재적입니다. 따라서 하나님의 영광을 얻은 사람은 단지 이름뿐이거나 어떤 환상이나 반짝이는 쇳가루를 얻은 것이 아닙니다. 그 영광은 이 세상의 녹에 조금도 녹슬지 않고 불의 심판도 통과할 것입니다. 그는 그 영광을 영원히 간직할 것입니다.

하나님의 영광! 그것에 대해서, 내가 어떻게 묘사해야만 하겠습니까! 나는 여러분에게 성경에 나오는 한 기묘한 장면을 보여주어야만 하겠습니다. 아하수에로 왕에 대한 충성심으로 말미암아 모르드개는 분명히 영화롭게 되었습니다. 왕이 그에게 내려주었던 명예는 특별한 것이었습니다. 왕은 이런 명령을 내렸습니다. "왕께서 입으시는 왕복과 왕께서 타시는 말과 머리에 쓰시는 왕관을 가져다가 그 왕복과 말을 왕의 신하 중 가장 존귀한 자의 손에 맡겨서 왕이 존귀하게 하시기를 원하시는 사람에게 옷을 입히고 말을 태워서 성 중 거리로 다니며 그 앞에서 반포하여 이르기를 왕이 존귀하게 하기를 원하시는 사람에게는 이같이 할 것이라 하게 하소서 하니라"(에 6:8-9). 왕의 옷이 입혀지고 왕의 반지가 끼워지고, 또한 왕의 말 위에 올라탔을 때, 모르드개가 얼마나 놀랐을지 여러분은 상상할 수 있겠습니까? 이 사실은 우리에게 일어나게 될 일에 대한 적합한 비유로 적용될 수 있을 것입니다. 곧, 우리는 하나님의 영광으로 영광스럽게(영화롭게) 될 것입니다. 하늘나라의 가장 좋은 옷이 우리에게 주어질 것입니다. 여호와의 집에서, 우리는 영원히 살게 될 것입니다.

우리의 모든 영광 가운데 최상의 영광은 우리가 하나님 자신을 향유하는 것입니다. 그는 우리의 가장 큰 기쁨이 될 것입니다. 이 최상의 복, 곧 복 그 자체이신 하나님은 다른 모든 것을 삼킬 것입니다. 내 영혼은 "여호와는 나의 분깃이라"고 고백합니다(참조. 시 16:5; 119:8). "하늘에서는 주 외에 누가 내게 있으리요 땅에서는 주 밖에 내가 사모할 이 없나이다"(시 73:25). 하나님 자신이 우리의 영광이 될 것입니다.

내가 언급하고자 하는 것이 한 가지 더 남아 있습니다. 본문에는 "영원한 영광에"라고 표현되어 있습니다. 그것은 곧 반지의 보석과 같습니다. 하나님께서 자신이 선택하신 백성을 위해서 예비해 두신 영광은 끝이 없습니다. 영광은 우리와 함께 영원히 있을 것이며, 우리도 영광과 함께 영원히 있을 것입니다. 영광은 항상 그 본질을 지니고 있을 것입니다. 영광의 빛은 희미해지지 않을 것입니다. 우리는 그것에 싫증나거나 물리지 않을 것입니다. 하늘나라에서 시간으로 측정할 수 없는 수많은 세월이 지나간다고 하더라도, 우리가 그곳에서의 생활을 처음 시작할 때처럼, 우리의 행복은 언제나 새로울 것입니다. 영화롭게 되어 영원히 죽지 않는 우리의 머리에 씌워질 월계관은 영원히 시들지 않을 것입니다. 영원한 영광은 조금도 약해지거나 줄어들지 않습니다. 아담이 지음을 받을 때에 태어난 어떤 사람에 대해서 여러분은 상상해 볼 수 있습니까? 솔로몬 왕처럼, 그가 갖고 싶은 모든 것을 소유하고, 이제까지 수천 년을 살아왔다고 가정해 봅시다. 그의 삶은 여러분의 눈에 영광스러운 삶처럼 보일 것입니다. 그러나 만약 칠천 년이라는 세월이 지난 다음에, 그가 반드시 죽어야만 한다면, 그것은 그에게 어떤 유익을 가져다줍니까? 결국 그의 영광은 마침표를 찍어야만 하는 것입니다. 영광의 불꽃은 재가 되어 완전히 사라져 버릴 것입니다. 그러나 여러분과 내가 영광에 들어가게 되면, 우리는 결코 잃어버리거나 떠나보내야만 하는 것을 받지 않을 것입니다. 영원! 영원! 이것은 우리가 누리게 될 미래의 최상의 복이 풍기는 향기입니다. 성도 여러분, 기뻐하십시오! 여러분 가운데 슬퍼서 울고 있는 사람들이 있습니까? 버드나무 가지에서 여러분의 수금을 내리십시오(참조. 시 137:2). 만약 여러분이 이제까지 전혀 하나님을 찬양하지 않았다고 하더라도, 오늘 아침 이렇게 찬양하십시오. "하나님께서 우리를 영원한 영광으로 부르셨도다!" 이 영광은 영원한 세상에서 우리의 분깃이 될 것입니다.

3. 시간 관계상, 이제 세 번째 주제에 대해서 간략하게 언급하고자 합니다. 곧, 영원한 영광은 우리의 마음에 어떤 영향을 미칩니까?

여기에 있는 많은 사람들이 예수 그리스도를 통해서 영광에 이르기 위해서, 그들은 먼저 마음속에 그것에 대한 열망을 가져야만 한다고 나는 생각합니다. 사탄은 예수님을 데리고 지극히 높은 산으로 가서, 천하만국과 그 영광을 보여 주었습니다. 그리고 사탄은 예수님께서 자기에게 경배하면 그 모든 것을 주리라고 시험했습니다(참조. 마 4:8-9). 사탄은 매우 간사하고 교활합니다. 나는 지금 사탄의 책에서 한 장을 떼어내겠습니다. 예수님께서 여러분에게 하나님의 나라와 그 모든 영광을 주신다면, 거짓이 아니라 정말로 주신다면, 예수 그리스도 앞에 엎드려서 그를 경배하지 않겠습니까? 단지 이 세상에서의 영광을 위해서 사탄을 경배하라는 유혹에도 어떤 매혹적인 힘이 작용하고 있습니다. 그렇다면, 여러분이 영원한 영광과 함께 하나님께서 주시는 구원을 얻을 수 있기 위해서,

하나님의 아들을 경배하라고 여러분에게 간청하는 데에는 얼마나 더 큰 이유가 있겠습니까! 오늘 아침, 성령님께서 여기에 있는 많은 죄인들의 심령에 구원과 영광에 대한 매우 뜨거운 소망을 불어넣어 주시기를 나는 간절히 기도합니다. 그래서 그가 죄인이 이렇게 부르짖도록 인도해 주시기를 바랍니다. "만약 내가 이 영광을 얻을 수만 있다면, 나는 그것을 갖기를 원합니다. 왜냐하면 나는 회개하고 예수님을 믿고, 하나님께로 나아갈 것이기 때문입니다. 그래서 나는 하나님의 약속을 나의 것으로 받아들일 것입니다."

나아가 우리가 영원한 영광에 들어간다는 사실에 우리는 경건한 두려움을 느껴야만 합니다. 그러한 영광이 있다는 사실 앞에서, 우리가 어떤 일이 있어도 그 영광을 놓치지 않도록, 우리는 두려워 떨어야 합니다. 특별히 동료 목회자들과 제직들과 그 밖에 나와 연합해서 말씀 사역에 참여하는 이들이여! 만약 우리 가운데 한 사람이라도 그 영광으로 들어가지 못하는 일이 일어난다면, 그것은 얼마나 끔찍하겠습니까? 만약 지옥이 없다고 할지라도, 천국을 놓치는 것 그 자체가 지옥이기에 충분할 것입니다. 만약 무저갱이나 죽지 않는 벌레나 꺼지지 않는 불이 없다고 하더라도, 어떤 사람이 하나님의 영원한 영광에 이르지 못한다는 두려움 속에 있다면, 그것은 그를 무한히 비참하게 만들 것입니다. 그러므로 이 땅에 사는 동안에, 우리는 경건한 두려움을 느낍시다. 깨어서 기도하며, 좁은 문으로 들어가려고 힘씁시다. 마침내 우리가 하늘나라에서 하나님을 뵙고, 그에게 찬양과 영광을 돌리도록, 하나님께서 우리에게 허락해 주시기를 간절히 바랍니다.

만약 우리가 올바른 믿음을 갖고 있다면, 우리가 영원한 영광에 들어간다는 것에 우리는 감사해야만 합니다. 이것에 대해서 생각해 보십시오. 곧, 우리는 하나님의 영원한 영광을 향유하게 됩니다! 이것은 우리의 공로와 얼마나 대조가 됩니까! 그리스도가 아니라면, 우리는 영원한 수치와 멸시를 당해야 마땅합니다. 우리의 공로에 근거해서 구원과 영광을 받기를 원한다면, 우리는 하나님의 존재와 그의 영광으로부터 멀리 쫓겨나야만 합니다. 참으로 하나님께서는 우리의 죄악에 따라서 우리를 대하시지 않았습니다. 우리의 허물에 따라서 우리에게 상급을 주시지 않았습니다. 왜냐하면 우리의 모든 범죄 행위에도 불구하고, 그는 우리를 영광을 위해서 준비시키셨습니다. 또한 우리를 위해서 영광을 예비하셨습니다. 이 사실을 생각할 때, 우리의 가슴속에서 얼마나 큰 사랑과 열심이 불타올라야만 하겠습니까!

　　마지막으로, 영원한 영광은 우리에게 불굴의 용기를 갖게 합니다. 만약 우리가 이 영광을 얻으려면, 우리는 존 번연의 「천로역정」에 나오는 믿음의 용사들처럼 느껴야만 하지 않겠습니까? 꿈꾸는 사람 앞에 아름다운 왕궁이 펼쳐져 있었습니다. 그는 왕궁의 맨 위에서 빛의 옷을 입고 노래하며 걸어가는 사람들을 보았습니다. 왕궁의 출입문 주위에는 무장한 사람들이 서 있었습니다. 그들은 들어가려는 사람들을 막고 있었습니다. 그때 어떤 용감한 사람이 옆구리에 필기 도구를 들고 있는 사람에게 이렇게 말했습니다. "내 이름을 쓰시오." 그리고 그 용사는 곧바로 칼을 빼어들고, 있는 힘을 다해서 싸웠습니다. 마침내 그는 문으로 가는 길을 트고, 그 안으로 들어갔습니다. 문 안으로 들어간 사람들은 다음과 같이 노래하는 것을 들었습니다.

　　　"들어오시오. 들어오시오.
　　　당신은 영원한 영광을 누리게 될 것입니다."

　　오늘 아침, 여러분은 칼을 빼어들고, 죄와 싸우지 않겠습니까? 여러분은 그리스도를 얻고, 그의 안에서 발견되어지는 것을 원하지 않습니까? 영원한 영광에 들어가고자 하는 열정을 품읍시다. 그리고 성령님의 권능으로, 또한 예수님의 이름으로, 우리가 영광에 들어가기까지 앞으로 힘차게 나아갑시다. 심지어 이 땅에서도, 기쁨이 넘칠 정도로, 우리는 이 영광을 맛볼 수 있습니다. 내가 이제까지 여러분에게 설명한 그 영광의 빛은 이 땅에서 비치기 시작합니다. 그러나 우리는 그 찬란한 빛을 오직 하늘나라에서만 볼 수 있습니다. 곧, 성품이 거룩해지는 영광, 죄를 이기는 영광, 하나님과의 영광스러운 관계, 그리스도와 하나됨의 영광 등. 그러나 이 모든 것은 우리가 이 땅에서도 어느 정도 맛볼 수 있습니다. 이 하늘의 영광스러운 빛은 이 땅의 골짜기와 낮은 곳에도 비치고 있습니다. 오, 오늘 그 영광을 향유하십시오. 그 영광을 진지하게 미리 맛보십시오. 만약 우리가 그 영광을 이미 맛보고 있다면, 하나님의 영광이 우리를 온전히 휩싸는 곳에 이르기까지, 우리는 찬양하며 앞으로 나아갑시다.

제
17
장

—

새해의 축복

—

"모든 은혜의 하나님 곧 그리스도 안에서 너희를 부르사 자
기의 영원한 영광에 들어가게 하신 이가 잠깐 고난을 당한
너희를 친히 온전하게 하시며 굳건하게 하시며 강하게 하시
며 터를 견고하게 하시리라" — 벧전 5:10

지금까지 성도들을 권면하는 말을 하다가, 이제 사도 베드로는 기도하고 있
습니다. 우리는 대체로 설교를 기도로 마무리합니다. 베드로는 목회자가 설교를
항상 기도로 뒷받침해야 한다는 것을 알고 있습니다. 그래서 성도들이 견고하게
행하라고 권면한 다음에, 그는 무릎을 꿇고 그들을 하나님의 인도와 돌보심에
맡깁니다. 사랑이 넘치는 마음으로, 베드로는 성도들에게 가장 위대한 축복들
가운데 하나가 임하기를 축복하며 간청합니다. 그리스도의 사역자는 자신에게
맡겨진 하나님의 백성을 위해서 두 가지 일을 감당해야 합니다. 곧, 그는 하나님
께서 말씀하시고자 하는 것을 성도들에게 말합니다. 또한 그들을 위해서, 그는
하나님에게 간구합니다. 어떤 목회자가 하나님의 말씀을 모두 선포했다고 하더
라도, 그는 자신의 사명을 모두 이행한 것이 아닙니다. 그는 절반밖에는 하지 않
았습니다. 그는 다른 절반을 은밀하게 수행해야만 합니다. 마치 구약시대의 제
사장과 같이, 그는 백성에게 필요한 것과 그들의 죄악과 고통을 가슴에 품고 하
나님 앞에 나아가서, 그들을 위해서 중보 기도를 해야 합니다. 따라서 목회자는
날마다 하나님의 백성을 권면하고 가르치고 위로할 뿐만 아니라, 또한 그들을

위해서 매일 기도해야 합니다. 그렇지만 목회자가 하나님의 백성에게 특별한 축복을 빌어 주어야 하는 교회의 절기들이 있습니다. 시련의 한 해가 지나가고, 하나님의 자비로 또 한 해를 맞이하면서, 목회자로서 나는 하나님께서 우리에게 생명을 계속해서 허락해 주셨다는 사실에 대해서 감사를 드립니다. 또한 여러분 한 사람 한 사람에게 하나님의 온갖 축복이 임하도록, 나는 하나님께 간절히 기도드립니다.

하나님께서 우리에게 주시는 새해의 축복의 말씀으로, 오늘 아침, 나는 이 본문을 선택했습니다. 영국성공회의 어떤 목회자가 해마다 새해를 위한 성경구절을 나에게 제공한다는 것을 여러분은 알고 있습니다. 그 본문을 선택하기에 앞서, 그는 기도를 많이 합니다. 이 본문은 여러분을 위한 그의 기도라는 사실을 나는 알고 있습니다. 이 성경구절을 통해서, 그는 나에게 끊임없이 호의를 베풀고 있습니다. 나는 그 본문에 근거해서 설교하는 것을 나의 의무라고 생각합니다. 이 말씀이 교인들에게 한 해 동안 고난의 시기에 의지할 수 있는 지팡이 역할을 해주기를 나는 바랍니다. 이 해를 마칠 때까지, 맛있는 요리나 꿀로 만든 과자나 천사의 음식처럼, 이 말씀이 교인들의 입 안에 있고, 또한 그들이 이것을 항상 기억하기를 바랍니다. 또한 내년에도, 꿀보다 달콤한 새해의 말씀을 받기를 원합니다. 그런데 사도 베드로는 얼마나 커다란 축복의 말씀을 선택했습니까! 어떤 작은 교회에서, 그는 교인들에게 설교하고 거룩한 손을 들어 축복하려고 설교단에 서 있었을 것입니다. 그렇지만 오늘 내가 베드로의 이름을 빌려 여러분에게 선포하는 것보다도, 그는 흩어져 살고 있던 더 많은 하나님의 백성을 위해서 이 커다란 축복을 빌었던 것입니다. "모든 은혜의 하나님 곧 그리스도 안에서 너희를 부르사 자기의 영원한 영광에 들어가게 하신 이가 잠깐 고난을 당한 너희를 친히 온전하게 하시며 굳건하게 하시며 강하게 하시며 터를 견고하게 하시리라."

본문에 근거해서 설교하면서, 나는 다음 주제들에 대해서 다루고자 합니다. 첫째, 베드로는 하나님에게 무엇을 간구합니까? 둘째, 왜 그는 그것을 받기를 기대합니까? 그가 응답받기를 기대하는 이유는 하나님이라는 명칭에 포함되어 있습니다. 곧, "모든 은혜의 하나님"으로서, 하나님께서는 "그리스도 안에서" 하나님의 영원한 영광에 들어가게 하시려고 우리를 부르셨습니다.

1. 그러면 첫째, 이 편지를 받을 모든 사람들을 위해서, 베드로는 무엇을 간구하고 있습니까?

그는 그들을 위해서 검은색 상자에 들어 있는 네 개의 보석들을 간구합니다. 네 개의 보석들은 이렇습니다. 곧, 온전함과 굳건함과 강함과 견고함입니다. 검은색 상자는 그들이 처해 있는 환경적인 여건으로서 "잠시 고난을 당하는 것"입니다. 세상적인 크리스마스 카드나 연하장은 별로 가치가 없는 것입니다. 체스터필드(Chesterfield)는 그것에 대해서 이렇게 논평합니다. "그것은 잉크와 종이밖에는 필요로 하지 않는다." 그것을 위해서, 심지어 잉크와 종이도 낭비되고 있다고 나는 생각합니다. 세상에서의 인사말에는 일반적으로 슬픔과 관련된 모든 것이 생략되어 있습니다. "메리 크리스마스!" "새해 복 많이 받으세요!" 곧, 고난 등에 대해서, 거기에는 아무런 암시도 없습니다. 그러나 기독교의 축복은 현실을 있는 그대로 보는 것에 근거합니다. 인간은 고난을 겪게 마련이라는 사실을 우리는 알고 있습니다. 불꽃이 위로 올라가는 것이 당연한 것처럼, 인간은 슬픔을 겪는다는 것을 우리는 인정합니다. 그러므로 기독교의 축복에는 슬픔도 포함되어 있습니다. 그 뿐만 아니라, 우리가 여러분에게 축복하는 것이 이루어지는 데에 그 슬픔이 도움을 준다고 우리는 믿습니다. 베드로의 말을 빌려서, 우리는 이렇게 말합니다. "여러분이 잠시 동안 고난을 받은 후에, 모든 은혜를 베푸시는 하나님께서 여러분을 친히 온전하게 하시고, 굳게 세워 주시고, 강하게 하시고, 기초를 튼튼하게 하여 주실 것입니다." 나는 여러분에게 이 네 가지 보석들에 대해서 차례대로 설명할 것입니다. 그러나 오직 잠시 고난을 받은 다음에라야, 여러분이 그 보석들을 받을 수 있다는 사실에 대해서 잘 이해하기 바랍니다. 우리는 고난을 버려서는 안 됩니다. 우리에게 자비를 베푸시는 하나님의 손으로부터, 우리는 고난도 받는 것입니다. 우리가 축복을 받는 데에는 날짜가 기록되어 있습니다. 곧, "잠깐 고난을 당한 (후에)" 여러분은 축복을 받게 됩니다.

1) 이 반지의 첫 번째 보석은 온전함입니다.

하나님께서 우리를 온전하게 해달라고 베드로는 기도합니다. 그것은 중요한 기도입니다. 온전함이라는 보석은 마치 최고 품질을 지닌 가장 커다란 다이아몬드와 같습니다. 그러나 그리스도인은 반드시 궁극적으로 온전함에 이르러야만 하는 것이 꼭 필요합니다. 여러분은 잠 속에서 꿈을 꾸어본 적이 결코 없습니까? 생각이 모든 굴레에서 자유로워지고, 모든 상상의 날개를 활짝 펼쳐서, 여러분의 영혼은 기묘하고 신기한 것들을 모으면서 무한한 세계를 정처 없이 날아다녔을 것입니다. 그 꿈이 어떤 초자연적인 찬란한 빛 속에서 펼쳐지는 것 같았을 것입니다. 그러나 갑자기 여러분은 그 꿈에서 깨어나고 말았습니다. 그리고 그 꿈이 제대로 끝맺음을 하지 못한 것에 대해서 서운하게 생각했을 것입니다. 만약 어떤 그리스도인이 온전함에 이르지 못한다면, 그는 미완성의 꿈과 같은 존재가 아니겠습니까? 인간은 온전함에 대해서 결코 스스로 알 수 없었습니다. 그러나 성령님께서 장엄한 것들로 가득한 온전함에 대해서 우리에게 알려 주셨습니다. 만약 우리가 온전함에 이르지 못한다면, 그것은 결국 화려한 꿈에 불과한 것입니다. 그 꿈이 마무리되기 전에, 죄의 커다란 음성이 우리를 놀라게 해서, 우리가 꿈에서 깨어나게 되었다고 가정해 봅시다. 만약 그 꿈속에서 우리 마음속에 형성되기 시작한 온전함에 대한 형상을 우리가 무시한다면, 우리는 어떻게 되겠습니까? 만약 우리가 온전함에 이르지 못한다면, 그리스도인으로서 시작한 일은 영원한 후회와 고통이라는 결말로 이어질 것입니다.

　만약 성령 하나님께서 어떤 사람에게 성화(聖化)의 역사를 시작하셨지만, 그가 그 일을 중도에 그만두셨다면, 또한 만약 어떤 사람이 하나님의 은혜에 의해서 부르심을 받았지만, 그가 온전함에 이르기 전에 버림을 받았다면, 지옥에서 저주받은 자들 중에서도 그보다 더 비참한 존재는 없을 것입니다. 만약 어떤 사람이 온전함에 이르지 못한다면, 하나님께서 축복하시기를 시작한 것은 진정한 축복이 아닐 것입니다. 만약 그 은혜가 어떤 사람을 끝까지 인도해서 하늘나라에 안전하게 이르게 하지 않았다면, 그것은 가장 커다란 증오심이 그에게 선고할 수 있는 최대의 저주일 것입니다. 나는 다음 사실을 고백하지 않을 수 없습니다. 만약 하나님께서 나를 사랑하시기를 시작하셨지만, 이후에 나를 영원히 버리신다면, 차라리 나는 타락한 천사장 사탄의 고통을 영원토록 받는 것을 더 좋아할 것입니다. 그러나 그와 같은 일은 나에게 결코 일어나지 않을 것입니다. 하나님께서 한 번 선택하신 사람을 그는 절대로 버리시지 않습니다. 우리 안에서 착한 일을 시작하신 하나님께서 그리스도 예수의 날까지 그 일을 진행시키시고 또한 이루실 줄을 우리는 알고 있습니다(참조. 빌 1:6). 그러므로 우리를 온전하게 해주실 것을 기도하는 베드로의 기도는 장엄한 기도입니다. 만약 그리스도인이 온전해지지 않는다면, 과연 그는 어떤 그리스도인입니까?

창의적인 화가의 손이 캔버스 위에 연필로 어떤 아름답고 장엄한 풍경에 대해서 스케치해 놓은 것을 여러분은 보았을 것입니다. 그 다음, 그는 거의 초인적인 솜씨로 그 위에 살아 있는 듯한 색깔을 칠합니다. 그러나 그 예술가는 갑자기 죽고 말았습니다. 그래서 예술의 기적을 일으키던 손은 무기력하게 되었습니다. 그가 사용하던 연필도 더 이상 사용될 수 없었습니다. 그 그림이 그려지기 시작했지만 완성되지 못했기 때문에, 사람들은 그것을 유감스럽게 생각하지 않겠습니까? 여러분은 대리석에 매우 훌륭하게 조각되기 시작한 사람의 얼굴을 본 적이 없습니까? 여러분은 조각가의 절묘한 솜씨를 보았습니다. 그리고 스스로 이렇게 말했습니다. "이 조각품은 얼마나 위대한 것이 될 것인가? 이 조각가는 얼마나 비교할 수 없이 놀라운 솜씨의 전형(典型)을 보여주는가!" 그러나 안타깝게도 그것은 결코 완성되지 못했습니다. 그것은 미완성인 채 버려져 있었습니다.

여러분 가운데 이렇게 상상하는 사람이 있습니까? "하나님께서 어떤 완전한 존재를 만들기 시작하실 것이지만, 그 존재를 완성하지 않으실 것이다." 하나님의 지혜로운 손이 그리스도인을 스케치하기는 하지만, 그의 모습을 세밀하게 완성하지 않으실 것이라고 여러분은 생각합니까? 하나님께서 아직 다듬어지지 않은 돌로서 우리를 채석장에서 가져오셔서, 우리를 만들기 시작하시고, 그의 신적인 솜씨와 지혜와 은혜를 보여주시고 나서, 우리를 아주 던져버리시겠습니까? 하나님께서 실패하실 것입니까? 그가 자신의 작품들을 미완성인 채로 버려두시겠습니까? 만약 여러분이 할 수 있다면, 하나님께서 미완성인 채로 버리신 것을 세상에 알려 주십시오. 하나님께서 만들기 시작하셨지만, 완성하지 못하신 것이 아주 작은 것 하나라도 있습니까? 그가 단 하나의 천사라도 불완전하게 만드신 적이 있습니까? 어떤 피조물에 대해서 "이것은 매우 좋다"라고 말할 수 없는 단 하나의 피조물이라도 있습니까? 하나님께서 거듭나게 하신 피조물, 곧 그리스도의 피값으로 사신 하나님의 선택된 백성에 대해서 다음과 같이 말할 수 있습니까? "성령님께서 이 사람의 마음속에서 역사하기 시작하셨다. 그러나 그 사람은 성령님보다 더 강한 존재였다. 그래서 그 사람의 죄가 하나님의 은혜를 이겼다. 하나님께서는 패해서 달아나셨다. 결국 사탄이 승리했다. 그래서 그 사람은 결코 완전함에 이르지 못했다." 사랑하는 여러분! 본문의 기도는 성취될 것입니다. 만약 하나님께서 여러분 안에서 착한 일을 시작하셨다면(참조 빌 1:6), 여러분이 잠깐 고난을 당한 후에, 그는 여러분을 온전하게 하실 것입니다.

그러나 여러분이 반드시 잠시 동안 고난을 겪은 다음에, 여러분은 온전하게 될 것입니다. 불의 시험을 통과하지 않고, 여러분은 온전해질 수 없습니다. 오직 고난의 풀무불의 불꽃에 의해서만, 여러분에게서 불순물과 찌꺼기가 제거될 수 있습니다. 하나님의 자녀들이여! 여러분의 마음속에 어리석음이 꼭 달라붙어 있기 때문에, 오직 징계의 매만이 그것을 여러분에게서 나오게 할 수 있습니다. 푸르게 멍든 상처를 통해서, 여러분의 마음은 좀 더 깨끗해지고 고상해집니다. 여러분은 반드시 환난을 통과해야만 합니다. 성령님의 역사를 통해서, 환난은 여러분이 지니고 있는 불순물을 태우는 불과 같은 역할을 할 것입니다. 여러분이 순수해지고 거룩해지고 정련되고 깨끗해져야만, 여러분은 하나님의 얼굴 앞에 설 수 있습니다. 또한 모든 불완전함이 제거되고, 마음속에 있는 모든 부패로부터 자유롭게 되어야만, 여러분은 하나님 앞에 설 수 있습니다.

2) 이제 베드로의 축복기도에서 두 번째 주제인 굳건하게 함에 대해서 살펴보기로 하겠습니다.

만약 그리스도인이 균형 잡힌 온전함을 받아서 자신 안에 지니고 있다고 하더라도, 그가 굳건하지 못하다면, 그것만으로는 충분하지 않습니다. 여러분! 평원 위에 무한하게 펼쳐져 있는 하늘을 바라보십시오. 하늘은 얼마나 아름답습니까! 그 빛깔은 얼마나 진귀합니까! 우리는 지금까지 수없이 하늘을 보아왔습니다. 그렇지만 하늘은 언제나 "영원한 아름다움과 기쁨"의 대상입니다. 그런데 하늘 위에서 무지개는 굳건하게 자리 잡고 있지 못합니다. 무지개가 없어지면, 우리는 더 이상 그것을 볼 수 없습니다. 하늘에 양털구름이 커다랗게 생기면, 우리는 그 위에 있는 푸른 하늘의 아름다움을 보지 못합니다. 곧, 그 아름다움도 언제나 굳건한 것이 아닙니다. 왜 그런 것입니까? 햇빛과 무수하게 많은 작은 물방울들로 만들어진 무지개는 왜 일시적으로만 보이는 것입니까? 이와 같이, 환상이 아름다우면 아름다울수록, 그것이 사라졌을 때, 그것에 대해서 회상하는 것은 그만큼 더 슬픈 것입니다. 환상이 사라져 버리면, 우리에게는 어둠만 남아 있습니다. 따라서 그리스도인이 영원히 굳게 세워지는 것을 바라는 것은 꼭 필요합니다. 하나님께서 생각하시는 모든 개념들 중에서, 성육신하신 하나님의 아들 다음에, 그리스도인이라는 존재가 하나님에게 가장 숭고한 개념이라고 나는 주저하지 않고 선언합니다. 그러나 만약 구름 위에 만들어진 무지개와 같이, 그리스도인이라는 존재가 일시적으로 나타났다가 영원히 사라져 버린다면, 그 숭고한 개념이 그렇게 속히 없어져 버리는 날에 우리의 눈은 그것을 보면서 이루 말할 수 없이 괴로워할 것입니다. 그날은 화가 있을 것입니다. 만약 하나님께서 그리스도인을 굳게 세워 주시지 않는다면, 그가 들판의 꽃보다 나은 것은 무엇입니까? 그 꽃은 오늘 아름답게 피어 있지만, 뜨거운 햇볕이 내리쬐면 금방 시들어 버릴 것입니다. 그렇다면 하늘나라의 상속자이며 그리스도의 피값으로 구속된 하나님의 자녀와 들에 자라난 풀 사이의 차이점은 무엇입니까? 하나님께서 굳게 세워 주시는 이 축복을 여러분에게 이루어 주시기를 바랍니다. 그래서 여러분이 바람에 의해서 사라져 버리는 굴뚝에서 나오는 연기와 같이 되지 않기를 바랍니다. 여러분 안에서 시작된 착한 일이 하늘의 구름이나 아침 이슬처럼 곧 사라져 버리지 않기를 원합니다. 그 대신, 여러분이 굳게 세워지고 여러분 안에 있는 모든 선한 것이 영원히 지속되기를 기도합니다. 여러분의 이름이 모래 위에 써진 것이 아니라, 바위 위에 새겨진 것이 되기를 기원합니다. 여러분의 믿음이 "근거 없는 환상에 세워진 것"이 아니라, 반석 위에 세워진 견고한 건축물이기를 바랍니다. 그 건축물은 나무나 마른 풀이나 위선자의 그루터기를 불살라 버리는 무서운 불길에도 타지 않을 것입니다. 여러분은 사랑에 뿌리를 깊게 내리십시오. 여러분은 깊은 확신을 지니십시오. 여러분의 사랑을 구체적으로 실천하십시오. 여러분은 진지하게 소원하십시오. 여러분의 삶이 대단히 안정되고 확고하고 굳건하기 바랍니다. 그래서 지옥의 돌풍이나 이 땅의 폭풍도 결코 여러분을 날려 보낼 수 없게 하십시오. 지금 나는 나이 들고 굳게 서 있는 그리스도인들에 대해서 말하고 있습니다. 그런데 나이 들었지만 굳게 서 있지 못한 그리스도인들이 많이 있을 것 같아서 나는 두렵습니다. 흰 머리카락을 지니고 있는 것과 지혜를 얻는 것이 서로 다른 것이 될 것 같아서 나는 두렵습니다. 자신들의 모든 인생 경험에도 불구하고, 어떤 사람들은 지혜로워지지 않습니다. 비록 그들이 이제까지 살아오면서 많은 아픔을 겪었지만, 그들은 경험의 학교에서 제대로 배우지 못했습니다. 지난날에 대해서 슬퍼하며, 이렇게 말하는 나이 든 그리스도인들이 많이 있다는 것을 나는 알고 있습니다. "만약 나에게 다시 기회가 주어진다면 좋을 텐데. 그러면 나는 더 많은 것을 배워서, 지금보다 더욱 굳건할 수 있을 텐데." 그들은 이렇게 고백하고 싶을 것입니다.

　　　　“나는 자신이 여전히 배우는 사람임을 깨닫습니다.
　　　　　지금도 나는 서투르고 연약하고 잘 미끄러집니다.”

　그러나 우리가 젊었거나 나이 들었거나, “굳건하게 하시며”라는 베드로의 축원은 우리 안에서 성취될 수 있습니다. 특별히 그 축원은 오랫동안 주님과 구세주를 알았던 사람들에게 이루어질 수 있습니다. 지금 여러분은 초신자들을 괴롭히는 의심들로 말미암아 갈등을 겪어서는 안 됩니다. 여러분이 신앙의 초보적인 원리들에 대해서 언제나 다시 의문을 품어서는 안 됩니다. 여러분의 믿음은 지속적으로 성장해가야만 합니다. 여러분은 이제 하늘나라에 가까이 다가 왔습니다. 여러분이 어떻게 뿔라의 땅에서 살지 않겠습니까? (‘뿔라’는 히브리어로서, 문자적으로는 ‘결혼한’이라는 뜻이다. 여기서는 완전한 축복의 나라를 상징한다. 참조. 사 62:4 ―역주). 여러분이 어떻게 젖과 꿀이 흐르는 땅으로 들어가지 않겠습니까? 여러분의 믿음이 흔들리는 것은 분명히 여러분의 백발에 어울리지 않습니다. 하늘의 햇빛에 의해서, 여러분의 머리카락은 희어졌다고 나는 생각합니다. 오랫동안 하나님의 은혜의 빛을 체험한 여러분의 눈은 그 빛을 반사해야만 합니다. 우리 젊은이들은 나이 들어서 굳건해진 여러분을 존경의 눈빛으로 바라봅니다. 그러나 만약 우리가 믿음에 회의를 품고 있는 여러분을 대하게 되고, 떨리는 입술로 믿음에 대해서 고백하는 것을 듣게 된다면, 우리는 매우 낙심하게 될 것입니다. 우리 모두에게 “굳건하게 하시며”라는 본문의 축복이 성취되기를 기도합니다. 또한 여러분이 굳게 세워져서, 의심으로 인해서 더 이상 괴로워하지 않기를 기도합니다. 그리스도 안에 있는 여러분의 유익에 대해서 깨닫기를 기도합니다. 주님 안에서 여러분이 안전하다는 것을 느끼기를 바랍니다. 여러분이 만세반석 위에서 편히 쉬기를 기도합니다. 만세반석 위에 여러분이 굳게 서 있으면, 여러분은 멸망하지 않습니다. 그리고 나이와 상관 없이, 우리는 모든 사람들을 위해서 기도합니다. 오직 예수님의 피와 의(義)에 우리가 소망을 두기를 원합니다. 그 소망이 너무 견고해서 조금도 흔들리지 않기를 바랍니다. 결코 요동하지 않고 영원히 서 있는 시온 산과 같이, 우리가 그렇게 되기를 기도합니다.

　베드로의 축원 가운데, 나는 지금까지 “굳건하게 하시며”라는 두 번째 축복에 대해서 설명했습니다. 잠깐 고난을 당하기 이전에는, 우리가 이 축복을 완전하게 누릴 수 없다는 사실에 유의하십시오. 고난이 없이, 우리는 굳게 세워지지 않습니다. 삼월의 거센 바람을 이겨내기 이전에, 우리가 뿌리를 굳게 내리기를 바란다면, 그것은 아무런 의미가 없습니다. 어린 떡갈나무는 오래된 떡갈나무만큼 뿌리를 깊게 내리는 것을 기대할 수 없습니다. 기둥에 있는 옹이들과 기묘하게 뻗어나간 가지들은 오래된 떡갈나무가 수많은 폭풍우를 겪은 것을 말해 줍니다. 또한 그것들은 나무의 뿌리가 깊고 넓게 퍼져 있음을 짐작하게 해줍니다. 그것들은 나무꾼에게 이렇게 말하는 듯합니다. "이 떡갈나무를 뿌리째 뽑으려고 한다면, 아마도 산이 갈라질 것입니다." 반드시 우리는 잠시 동안 고난을 받아야만 합니다. 그 다음, 우리는 굳게 세워질 것입니다.

3) 이제 세 번째 축복에 대해서 다루고자 합니다. 곧, 하나님께서 우리를 "강하게 하신다"는 것입니다.

이 축복도 모든 그리스도인들에게 꼭 필요합니다. 저기에 어떤 그리스도인들이 있습니다. 그들은 믿음이 확고하고 굳게 세워진 것처럼 보입니다. 그러나 그들에게는 여전히 열정과 힘이 부족합니다. 내가 여러분에게 힘이 없는 그리스도인의 모습이 어떤지를 보여줄까요? 그는 저기에 있습니다. 그는 만왕의 왕이신 예수님을 위한 활동을 지지했습니다. 그는 갑옷을 입었습니다. 그는 천국 군대에 지원했습니다. 그를 자세히 살펴보기 바랍니다. 머리부터 발끝까지, 그는 완벽하게 무장했습니다. 그는 믿음의 방패를 들고 있습니다. 그가 얼마나 늠름하게 서 있는지 여러분은 관찰할 수 있습니다. 그는 땅 위에 굳게 서 있습니다. 그는 움직이거나 흔들리지 않을 것입니다. 그러나 그를 주목해 보십시오. 그가 칼을 빼어내서 사용하려고 할 때, 그에게 힘이 없어서 그 칼이 떨어집니다. 비록 그가 연약하여 있는 힘을 다해서 방패를 붙잡고 있지만, 방패를 잡고 있는 그의 손이 떨리고 있습니다. 그는 그곳에 서 있습니다. 그는 움직이지 않을 것입니다. 그러나 그의 자세는 얼마나 흔들립니까? 그가 전쟁과 소요의 시끄러운 소리를 들을 때, 그는 놀라며 그의 무릎은 몹시 떨립니다. 이 사람은 무엇을 필요로 합니까? 그의 의지는 올바릅니다. 그의 의도도 올바릅니다. 그의 마음도 선한 것들에 온전히 고정되어 있습니다. 그렇다면 그에게 무엇이 필요합니까? 왜 그는 힘을 필요로 합니까? 그 가엾은 사람은 연약하고 어린아이와 같기 때문입니다. 그가 상했거나 영양분이 적은 음식을 먹었기 때문이거나, 아니면 어떤 죄가 그를 곤란하게 만들었기 때문에, 그리스도인에게 반드시 있어야 하는 권능을 그는 지니고 있지 못합니다. 그러나 "강하게 하시며"라는 베드로의 기도가 그리스도인에게 이루어지기만 하면, 그는 대단히 강해집니다. 하나님께서 어떤 그리스도인과 함께 하실 때, 이 세상의 어떤 피조물도 그만큼 강하지 못합니다. 베헤못에 대해서 이야기해 봅시다(참조. 욥 40:15). 그 짐승도 별 것이 아닙니다. 신자와 비교해 볼 때, 그 짐승의 힘은 연약합니다. 깊은 바다 속에서 놀고 있는 리워야단을 연상해 봅시다(참조. 시 104:26). 그것이 하나님께서 만드신 피조물 중에서 가장 힘센 자는 아닙니다. 진정한 신자는 리워야단보다도 한참 더 힘이 셉니다. 하나님께서 함께 있는 그리스도인을 여러분은 이제까지 보지 못했습니까? 그는 먼 곳에서 일어나는 전쟁의 냄새를 맡을 수 있습니다. 난리의 소용돌이 속에서도, 그는 "아하! 아하!"라고 경멸의 소리를 외칩니다. 그는 적들의 모든 군대를 비웃습니다. 만약 여러분이 그리스도인을 리워야단과 비교한다면, 만약 그가 환난의 바다에 던져진다면, 그는 리워야단을 채찍질하고 깊은 환난의 바다를 축복의 장소로 변화시킬 것입니다. 그는 깊은 바다에 압도되지 않습니다. 그는 암초를 두려워하지 않습니다. 하나님께서 그를 보호하시기 때문입니다. 높은 파도가 그를 삼킬 수 없습니다. 그것은 그에게 한 가지 기쁨의 요소가 됩니다. 왜냐하면 큰 파도 한가운데서도, 하나님의 은혜로 말미암아 그는 기뻐하기 때문입니다. 만약 여러분이 그리스도인이 지닌 권능에 대한 증거를 원한다면, 여러분은 성경에 기록된 사건들을 살펴보기만 하면 됩니다. 그 사건들을 통해서, 여러분은 신자들이 어떻게 행동했는가를 알 수 있습니다. 신자들은 맹렬한 불길을 껐습니다. 사자들의 입을 막았습니다. 잔혹한 죽음을 눈앞에 두고, 그들은 주먹을 불끈 쥐고 흔들었습니다. 압제자들을 비웃었습니다. 이방 군대들을 이기고, 그들이 달아나게 했습니다. 바로 하나님에 대한 믿음의 권능으로, 그들은 이 모든 것들을 할 수 있었습니다. 올해에도, 하나님께서 여러분을 이처럼 강하게 해주시기를 간절히 기도합니다.

　오늘날의 그리스도인들은 영적으로 매우 연약합니다. 오늘날 하나님의 대단히 많은 자녀들이 연약하게 태어난다는 것에 우리는 주목할 필요가 있습니다. 여러분은 나에게 그것에 대한 증거를 요구할 것입니다. 나는 쉽게 그것을 제시할 수 있습니다. 영국성공회의 전례서에 의하면, 신체적으로 허약한 상태에 있다고 증명된 경우를 제외하고, 모든 세례 대상자들은 세례를 받도록 규정되어 있습니다. 세례라는 거룩한 의식을 거행할 때, 대상자들이 그릇된 방식으로 세례를 받는다고 상상하는 것은 가슴 아픈 일입니다. 대부분의 대상자들은 물속에 직접 들어가지 않고, 이제 머리에 물을 조금 뿌리는 세례를 받습니다. 나는 그들이 연약하게 태어났다고 생각합니다. 그 이유 때문에, 모든 그리스도인들이 지금 영적으로 매우 연약하다고 나는 주장하지 않습니다. 그러나 오늘날 용감한 그리스도인들이 많지 않다는 것은 분명한 사실입니다. 과학이 대단히 발달한 오늘날에도, 여기저기에서 이적들을 행하는 사람들이 있다고 우리는 가끔 듣습니다. 그 사실에 우리는 놀랍니다. 여러분이 이 사람들과 같은 믿음을 갖고 있다면 얼마나 좋겠습니까! 영국에서, 청교도 시대에 그리스도인들이 깊은 신앙을 지녔던 것보다, 오늘날 더 깊은 신앙을 지니고 있다고 나는 생각하지 않습니다. 오늘날 그리스도인들은 수적으로 훨씬 더 많이 있다고 나는 믿습니다. 그러나 신자들의 숫자는 늘어났지만, 믿음의 질은 퇴보한 것 같아서 나는 두렵습니다. 그 시대에는, 정말로 은혜의 강물이 도도하게 흘렀습니다. 우리가 옛날 청교도 시대의 신앙인들의 헌신과 기도에 관한 글들을 읽어보면, 그들 가운데 어떤 사람들은 오늘날 우리들 가운데 수백 명이 받은 은혜의 분량을 혼자서 받은 것 같아 보입니다. 그러나 오늘날에는 강둑이 터져 버렸습니다. 그래서 강물이 거대한 초원으로 흘러갔습니다. 그것도 좋은 일입니다. 은혜의 표면은 넓어졌지만, 그 깊이는 안타깝게도 매우 얕아졌습니다. 이것은 다음 사실에 대해서 설명해 줍니다. 곧, 우리의 믿음의 깊이가 얕아졌기 때문에 그만큼 우리의 힘이 연약해진 것입니다. 올해에도, 하나님께서 여러분을 축복해 주시기를 바랍니다. 하나님께서 여러분을 축복해 주신다면, 여러분이 고난을 당해야 한다는 사실을 기억하십시오. 여러분이 "잠깐 고난을 당한 후에" 하나님께서 여러분을 강하게 해주실 것입니다. 사람들은 잔인한 방법이라고 여기겠지만, 옛날에는 말의 힘줄을 강하게 하기 위해서, 불로 말을 지지기도 했습니다. 모든 그리스도인은 강하게 되기 이전에, 시련의 불을 통과해야만 합니다. 그가 잠시 동안 고난을 당하지 않으면, 하나님의 은혜를 통해서, 그는 결코 강해질 수 없습니다.

4) 이제 네 번째 축복에 대해서 설명하려고 합니다. 곧, 하나님께서 "터를 견고하게 하시는 축복"입니다.

나는 이 마지막 축복이 다른 세 가지보다 더 큰 축복이라고 주장하지 않습니다. 각각의 축복은 돌계단과 같습니다. 약간 이상하게 들릴지 모르지만, 이 네 번째 축복은 앞의 세 축복들이 단계적으로 이룬 결과로 주어집니다. 여러분의 터를 견고하게 하십시오. 터가 전혀 견고하지 못한 사람들이 얼마나 많이 있습니까? 매주 옮겨 심는 나무는 곧 죽을 것입니다. 아무리 기술적으로 세심하게 한다고 하더라도, 해마다 과일나무를 옮겨 심는다면, 어떤 정원사도 그 나무로부터 과일을 얻는 것을 기대하지 않을 것입니다. 얼마나 많은 그리스도인들이 끊임없이 옮겨 다닙니까? 심지어 교리들과 관련해서도, 그들은 계속해서 다른 견해들을 받아들입니다. 어떤 사람들은 대체로 그들에게 마지막으로 말해준 사람의 견해에 근거해서 믿습니다. 다른 사람들은 자신들이 믿는 것에 대해서 잘 알지 못합니다. 그러나 그들은 자신들이 듣는 것이면 무엇이든지 거의 다 믿습니다. 오늘날 기독교적인 박애 정신이 널리 퍼져 있습니다. 그 박애 정신은 사람들에게 종교적인 관용을 부추겼습니다. 다시 말해서, 사람들은 자신들이 무엇을 믿는지에 대해서 중요하게 생각하지 않습니다. 어떤 교리와 관련하여, 어떤 목회자는 이 견해가 옳다고 주장합니다. 다른 목회자는 다른 견해가 옳은 것이라고 말합니다. 그러면 사람들은 두 견해가 모두 옳다고 받아들입니다. 두 견해가 서로 명백하게 다른 데에도 불구하고, 사람들은 그것들이 옳다고 생각합니다. 무엇에 근거해서, 그들이 그렇게 판단하는지 나는 잘 알지 못합니다. 그러나 서로 모순되는 것을 둘 다 옳다고 믿는 것은 절대로 있을 수 없다고 나는 생각합니다. 그들의 서로 다른 견해들이 어떻게 하나님의 말씀과 조화를 이룰 수 있는지 나는 결코 이해할 수 없습니다. 하나님의 말씀은 진리의 표준입니다. 그런데 어떤 사람들은 교회의 뾰족탑에 놓여진 닭 모양의 풍향계와 같습니다. 그들은 바람이 불어오는 것에 따라서 움직입니다.

　조지 횟필드 목사님은 그런 사람들에 대해서 이렇게 말했습니다. "교리에 관한 그들의 견해에 대해서 알아맞히느니, 차라리 여러분은 옷 한 벌을 만들기 위해서 자를 갖고 달을 재어보는 것이 더 나을 것입니다." 왜냐하면 그들의 견해는 항상 바뀌고 변하기 때문입니다. 만약 여러분 가운데 어떤 사람이 이러한 약점을 지니고 있다면, 그것이 여러분에게서 제거되기를 기도합니다. 그리고 여러분의 터를 굳게 하기 바랍니다. 여러분으로부터 편협한 신앙을 멀리 제거하십시오. 그 대신, 올바른 것을 믿고 그것을 굳게 붙잡으십시오. 시간을 들여서, 서로 다른 견해들에 대해서 비교와 검토를 해보십시오. 어떤 견해를 올바른 것이라고 판단하고 믿었으면, 쉽게 동요되지 마십시오. 모든 사람들이 거짓말쟁이라고 하더라도, 하나님께서는 언제나 진실하십니다. 어떤 가르침이 어느 날 하나님의 말씀에 조화된다면, 그 가르침이 다음 날에 말씀에 위배될 수 없습니다. 루터와 칼빈 시대에 참된 교리는 오늘날에도 반드시 참된 것입니다. 거짓은 변화무쌍한 모습을 지니고 있기 때문에, 그것은 끊임없이 변합니다. 그러나 진리는 하나이며, 나뉘지 않습니다. 그리고 진리는 언제나 동일합니다. 다른 사람들은 그들이 원하는 대로 생각하게 내버려 두십시오. 다른 사람들에게는 자신들이 원하는 대로 하라고 커다란 자유를 허용하십시오. 그러나 여러분은 전혀 그렇게 하지 마십시오. 여러분이 배운 것에 굳게 서고 터를 견고하게 하십시오. 그리고 언제나 사도 바울의 정신을 추구하십시오. "우리가 너희에게 전한 복음 외에 다른 복음을 전하면 저주를 받을지어다"(갈 1:8). 교리와 관련해서, 나는 여러분이 견고한 입장을 취하기를 바랍니다. 그러나 나는 여러분이 특별히 **믿음**과 관련하여 터를 견고하게 하기를 기도합니다. 여러분은 하나님의 아들이신 예수 그리스도를 믿습니다. 그의 안에서, 여러분은 안식을 누리고 있습니다. 그러나 때때로 여러분의 믿음은 흔들립니다. 그러면 여러분은 기쁨과 위로를 잃어버립니다. 여러분의 믿음이 대단히 견고하게 되어서, 여러분이 그리스도에게 속했는지 아닌지와 같은 주제가 여러분에게 전혀 의문거리가 되지 않기를 기도합니다. 반면에, 담대하게 이렇게 고백하십시오. "내가 믿는 자를 내가 알고 또한 내가 의탁한 것을 그 날까지 그가 능히 지키실 줄을 확신함이라"(딤후 1:12).

　나아가 나는 여러분의 **목표와 계획**이 견고하기를 기도합니다. 많은 그리스도인들은 머릿속에 좋은 생각을 갖고 있습니다. 그러나 그들은 그것을 결코 구체적으로 실행하지 못합니다. 왜냐하면 그들은 어떤 친구에게 그것에 대한 의견을 물어보기 때문입니다. 그 친구는 대답합니다. "대단한 것이 아니군." 물론 그에게는 그럴 것입니다. 누가 다른 사람의 생각에 대해서 그렇게 높이 평가하겠습니까? 그러면 그 대답을 듣고 나서, 그는 자신의 생각을 포기합니다. 그것은 결코 실행되지 않습니다. 목회자들이 사역지에서 설교하기를 시작할 때, 어떤 목회자는 교회에서 일부 지도자들과 집사들에게 자신의 한 쪽 귀를 잡아당기는 것을 허락했습니다. 그는 그 방향으로 어느 정도 끌려갔습니다. 얼마 있다가, 어떤 형제가 그를 다른 방향으로 끌어당겨야 마땅하다고 생각했습니다. 그 목회자는 대담성을 잃어버렸습니다. 그가 무엇을 해야만 하는지와 관련하여, 그는 결코 터를 견고하게 하지 못했습니다. 이제 그는 단순한 하인이 되어버렸습니다. 그래서 그는 모든 사람들의 견해를 기다립니다. 다른 사람이 옳다고 생각하는 것이면 무엇이든지, 그는 기꺼이 채택하려고 합니다. 그러므로 여러분의 목표를 분명하게 세우기 바랍니다. 하나님께서 여러분을 얼마나 적합한 곳에 두셨는지를 깨닫기 바랍니다. 그곳에 굳게 서십시오. 많은 비웃음이 여러분에게 퍼부어진다고 하더라도, 그곳으로부터 나오지 마십시오. 만약 하나님께서 여러분을 어떤 사역으로 부르셨다고 믿으면, 그 일을 하십시오. 만약 사람들이 여러분을 도외준다면, 그들에게 감사하십시오. 만약 그들이 도와주려고 하지 않는다면, 그들에게 여러분이 갈 길에서 비키라고 말하십시오. 그렇게 하지 않으면, 그들이 사고를 당할 것이라고 말하십시오. 아무것도 여러분의 용기를 꺾게 하지 마십시오. 하나님을 섬기고자 하는 사람은 때때로 오직 혼자서 하나님을 섬기는 경우가 있다는 것을 예상해야만 합니다. 우리는 항상 줄을 지어서 싸우는 것이 아닙니다. 다윗과 같이, 혼자서 골리앗과 싸워야 할 때도 있습니다. 형제들이 비웃었지만, 다윗은 시냇가에서 돌 다섯 개를 골라서 주머니에 넣고 골리앗을 향해서 나아갔습니다(참조. 삼상 17:40). 만군의 여호와를 믿는 믿음을 통해서, 다윗은 돌 다섯 개로 승리를 확신했습니다. 하나님께서 여러분에게 맡겨주신 일에서 떠나지 마십시오. 선한 일을 잘 하다가 나약해지지 마십시오. 만약 약해지지 않는다면, 때가 되면 여러분은 거둘 것이기 때문입니다. 터를 견고하게 하십시오. 하나님께서 이 부요한 축복을 여러분에게 이루어 주시기를 간절히 기도합니다.

그러나 여러분이 고난을 당하지 않는다면, 여러분은 터를 견고하게 하지 못할 것입니다. 고난을 통해서, 여러분의 믿음이 굳건해지고 확실한 목표를 갖게 될 것입니다. 오늘날 사람들은 마치 부드러운 연체동물과 같습니다. 자신들의 견해가 옳다는 것을 알고 그것을 견고하게 붙잡고 있는 강인한 사람들이 거의 없습니다. 심지어 어떤 사람의 견해가 잘못된 것이라고 하더라도, 그 사람이 자신의 견해가 옳다고 일관성 있게 믿으면서 사람들이 얼굴을 찡그리는 것을 과감하게 맞선다면, 사람들은 그가 소신이 있다고 칭찬할 것입니다. 그러나 어떤 사람이 올바른 견해를 지니고 있다고 하더라도, 그가 일관성이 없고 우유부단하며 사람들을 두려워한다면, 그것은 그에게 가장 나쁜 것입니다. 오, 거룩한 십자가의 기사여! 그것을 여러분에게서 던져 버리십시오. 만약 여러분이 승리를 원한다면, 굳게 서십시오. 연약한 마음을 지닌 사람은 이제까지 어떤 도시로도 돌격해 들어가지 못했습니다. 만약 여러분의 마음이 모든 공격에 대해서 강철처럼 단단하지 못하다면, 또한 만약 주님에게 영광 돌리고 면류관을 받으려는 여러분의 의지가 견고하지 않다면, 여러분은 결코 승리할 수 없으며, 영광의 면류관을 받을 수 없습니다.

이제까지, 나는 네 가지 축복에 대해서 자세히 살펴보았습니다.

2. 사도 베드로는 하나님께서 그의 기도를 들어주신다는 것을 확신했습니다. 이제 그 이유들에 대해서 살펴보기로 하겠습니다.

하나님께서 친히 성도들을 온전하게 하시고 굳게 세워 주시고 강하게 하시고 기초를 견고하게 해주실 것을 베드로는 간구했습니다. 그때, 불신앙이 베드로의 귀에 이렇게 속삭이지 않았을까요? "베드로야, 너는 너무 많은 것을 요구한다. 너는 항상 분별력이 부족하다. 너는 '나를 명하사 물 위로 오라 하소서'(마 14:28)라고 예수님에게 말했었다. 이 요구도 분명히 네가 주제넘다는 것을 증거하는 또 하나의 실례이다. 만약 네가 '주여, 그들을 거룩하게 만들어 주소서'라고 기도했다면, 그것으로서 충분하지 않았겠는가?" 그러자 베드로는 "아니다"라고 말했습니다. 그는 불신앙에게 이렇게 답변했습니다. "내가 간청한 것을 응답받을 것이라고 나는 확신한다. 왜냐하면 무엇보다도 모든 은혜의 하나님께 내가 그것을 간구했기 때문이다. 곧, 하나님께서는 모든 은혜의 근원이시다." 하나님께서는 우리가 이미 받은 작은 은혜만을 베푸시는 분이 아닙니다. 하나님의 약속 안에서, 우리를 위해서, 그는 위대하고 무한한 은혜들을 예비해 놓으셨습니다. 그렇지만 이 세상에서 우리는 아직 그 은혜들을 모두 받지 않았습니다. 모든 은혜는 하나님으로부터 옵니다. 그는 우리의 영혼을 소생시키는 은혜를 베푸십니다. 우리의 죄를 깨닫게 하고, 그것을 용서해 주시는 은혜를 베푸십니다. 우리에게 믿음을 선물로 주십니다. 우리를 위로해 주시고 도와주시며 지속적으로 떠받쳐 주십니다. 우리가 그에게 나아올 때, 아무리 많은 것을 위해서 나아온다고 할지라도, 그것은 결코 터무니없는 것이 아닙니다. 만약 하나님께서 한두 가지 은혜의 하나님이 아니시라면, 만약 하나님 안에 모든 좋은 것이 무한히 풍성하게 무제한적으로 마련되어 있다면, 어떻게 우리가 그에게 너무 많은 것을 요구할 수 있겠습니까? 비록 우리가 온전하게 되기를 간청한다고 하더라도, 그것은 결코 지나친 것이 아닙니다. 신자들이여! 여러분이 무릎을 꿇고 기도할 때, 여러분은 만왕의 왕에게로 나아간다는 사실을 기억하십시오. 여러분은 커다란 것을 간청하십시오.

정복의 왕 알렉산더의 신하의 예를 따르십시오. 자신의 용맹에 대한 보답으로, 그 신하는 자신이 원하는 것은 무엇이든지 받을 수 있다는 말을 왕으로부터 들었습니다. 그래서 그 신하는 대단히 많은 돈을 요구했습니다. 그러자 알렉산더의 재무 담당관은 자신이 먼저 왕을 만나서 허락을 받기 이전에는 그 금액을 내줄 수 없다고 말했습니다. 그 재무 담당관은 알렉산더에게 나아가서, 그것에 대해서 말했습니다. 그러자 왕은 미소를 지으면서, 이렇게 대답했다고 합니다. "그가 매우 커다란 금액을 요구한 것은 사실이다. 그러나 그 금액은 알렉산더가 내어주기에 그렇게 큰 것이 아니다. 나에 대해서 그가 커다란 믿음을 가진 것을 나는 칭찬한다. 그가 요구한 모든 것을 갖게 하라."

내가 온전하게 되고, 화를 잘 내는 기질이 없어지고, 완고함이 제거되고, 또한 미숙한 점이 보충되는 것을 위해서 내가 하나님에게 간청한다면, 그것이 뻔뻔한 것입니까? 내가 에덴동산의 아담처럼 되기를 간구할 수 있습니까? 아니 더 나아가, 하나님처럼 순수하고 완전한 존재가 되기를 간청할 수 있습니까? 언젠가 황금으로 만든 길을 걸으며, 또한 "구세주의 옷을 입고, 거룩하신 하나님만큼 거룩해져서" 나 자신이 하나님의 영광의 찬란한 빛 속에 서 있는 것을 위해서 내가 기도할 수 있습니까? "누가 능히 하나님께서 택하신 자들을 고발하리요"(롬 8:33). 그렇습니다. 나는 이 모든 것을 위해서 기도할 수 있습니다. 그리고 나는 그것에 대해서 응답받을 것입니다. 왜냐하면 하나님께서는 모든 은혜의 하나님이시기 때문입니다.

본문을 다시 한 번 살펴보십시오. 그러면 왜 베드로가 자신의 기도가 응답될 것이라고 확신했는지에 대한 또 한 가지 이유를 여러분은 알게 될 것입니다. "모든 은혜의 하나님 곧 그리스도 안에서 너희를 부르사." 불신앙은 베드로에게 이렇게 의문을 제기했을 것입니다. "베드로야, 하나님께서 은혜의 하나님이라는 것은 부인할 수 없는 사실이다. 그러나 그는 닫힌 샘과 같고, 못 마시도록 봉인된 물과 같다." 그러자 베드로는 말했습니다. "사탄아 물러가라. 너는 하나님에게 속한 것을 맛보지 못했다. 하나님의 모든 은혜는 봉인된 샘이 아니다. 왜냐하면 은혜의 샘물은 흐르기 시작했기 때문이다." 곧, 모든 은혜의 하나님께서 우리를 부르셨습니다. 하나님의 부르심은 하나님의 자비가 주는 첫 번째 물방울입니다. 그것은 죽어가는 사람의 바짝 마른 입술 위에 떨어집니다. 부르심은 영원히 이어지는 하나님의 자비의 사슬에서 첫 번째 황금 고리입니다. 시간적인 순서에서, 부르심은 하나님에게 첫 번째가 아니라, 우리에게 첫 번째의 의미를 지닌 것입니다. 하나님의 자비로, 먼저 그리스도께서는 우리에게 다음과 같이 외치셨습니다. "수고하고 무거운 짐 진 자들아 다 내게로 오라"(마 11:28). 또한 성령님을 통해서, 그는 우리에게 말을 거십니다. 그래서 우리가 그의 부르심에 순종해서 그에게 나아가게 하십니다. 이제 주의 깊게 들으시기 바랍니다. 만약 하나님께서 나를 부르셨다면, 나는 그가 나를 견고하게 세워 주시고 지켜 달라고 기도할 수 있을 것입니다. 세월이 오래 지나가도, 나의 믿음이 약해지거나 없어지지 않도록, 나는 기도할 수 있습니다. 떨기나무에 불이 붙어도 그것이 불에 타서 없어지지 않도록(참조. 출 3:2), 또한 통의 가루가 떨어지지 않고 병의 기름이 없어지지 않도록(참조. 왕상 17:16), 나는 기도할 수 있습니다. 하나님께서 나에게 항상 신실하셨기 때문에, 내가 삶의 마지막 순간에 하나님에게 신실할 수 있도록, 내가 감히 간구할 수 있습니까? 그렇습니다. 나는 그것을 간청할 수 있습니다. 또한 나는 반드시 응답받을 것입니다. 왜냐하면 나를 부르신 하나님께서, 그 후에 내게 필요한 것을 주실 것이기 때문입니다. "하나님이 미리 아신 자들을 또한 그 아들의 형상을 본받게 하기 위하여 미리 정하셨으니 이는 그로 많은 형제 중에서 맏아들이 되게 하려 하심이니라 또 미리 정하신 그들을 또한 부르시고 부르신 그들을 또한 의롭다 하시고 의롭다 하신 그들을 또한 영화롭게 하셨느니라"(롬 8:29-30). 그리스도인이여, 여러분의 부르심에 대해서 깊이 생각해 보십시오. 그리고 용기를 가지십시오. "하나님의 은사와 부르심에는 후회하심이 없느니라"(롬 11:29). 만약 하나님께서 여러분을 부르셨다면, 그는 그것에 대해서 결코 후회하시지 않을 것입니다. 또한 여러분을 도와주시고 축복하시는 것을 결코 멈추시지 않을 것입니다.

이제 기도의 응답을 확신할 수 있는 더 큰 이유에 대해서 설명하고자 합니다. 하나님은 어떤 분이십니까? 그는 "모든 은혜의 하나님 곧 자기의 영원한 영광에 들어가게" 하려고 우리를 부르신 분입니다. 사랑하는 여러분, 하나님께서 여러분을 부르셨습니까? 여러분을 어느 곳으로 부르셨는지 알고 있습니까? 맨 먼저, 그는 여러분을 죄에 대해서 인식하게 하는 집으로 부르셨습니다. 그곳에서 그는 여러분이 자신의 죄에 대해서 깨닫게 하십니다. 그 다음, 그는 여러분을 골고다 언덕의 꼭대기로 부르셨습니다. 그곳에서, 그리스도께서 여러분의 죄를 대속하셨으며, 그의 보배로운 피로 여러분이 용서를 받았다는 것을 여러분은 분명하게 깨닫게 되었습니다. 이제 그는 여러분을 또다시 부르십니다. 그가 여러분을 어느 곳으로 부르십니까? 오늘 나는 어떤 음성을 듣고 있습니다. 불신앙은 어떤 음성이 나를 요단 강의 급한 물결로 부른다고 나에게 말해줍니다. 오, 불신앙이여! 과연 나는 그 강의 거센 물살을 건너가야만 합니다. 그러나 그 음성은 깊은 강물 속으로부터 들려오는 것이 아닙니다. 영원한 영광으로부터 그 음성이 나에게 들려옵니다. 그룹들과 스랍들에 둘러싸인 채, 여호와께서 눈부시게 빛나는 보좌 위에 앉으신 곳으로부터, 또한 천사들도 감히 들여다보지 못하는 그 찬란한 빛으로부터 어떤 음성이 들려옵니다. 그 음성을 나는 듣고 있습니다. "나에게로 오라. 보배로운 피로 깨끗하게 씻긴 죄인이여, 나의 영원한 영광으로 오라." 오, 하늘나라의 영광이여! 이것은 놀라운 부르심이 아닙니까! 영광으로 부르심을 받는 것, 번쩍이는 거리들과 진주로 만들어진 문들이 있는 곳, 영원한 행복에 대해서 노래하며 하프를 연주하는 곳으로 부르심을 받는 것은 놀랍지 않습니까? 더욱이 예수님의 품안으로, 하나님 아버지의 앞으로 부르심을 받는 것입니다. 그것은 단순히 영원한 영광이 아닙니다. 하나님의 영원한 영광으로, 다시 말해서 하나님께서 영원히 영광과 존귀의 옷을 입고 있는 그 영광과 존귀로 내가 부르심을 받는 것입니다.

　　사랑하는 성도 여러분! 이것보다 더 위대한 기도가 있습니까? 하나님께서 나를 하늘로 오라고 부르십니다. 그렇다면 이 땅에서의 어떤 것으로 인해서, 하나님께서 나를 부인하시겠습니까? 만약 그가 나를 하늘나라에서 살도록 부르셨나면, 그가 나를 온전하게 하시는 것이 필요하지 않겠습니까? 그것을 위해서, 내가 기도해야 하지 않겠습니까? 만약 그가 나를 영광으로 부르셨다면, 그곳에까지 도착하는 싸움에서 승리할 수 있도록, 내가 강해져야 되는 것이 꼭 필요하지 않겠습니까? 만약 이 땅에서 나에게 베푸시는 하나님의 어떤 자비가 너무나도 위대해서 내가 그것을 모두 헤아릴 수 없고, 너무나도 광대해서 내가 이루 다 상상할 수 없고, 또한 그것이 너무 심원해서 하나님께 기도할 때 내가 언어로 그것에 대해서 모두 표현할 수 없을지라도, 그는 내가 간구할 수 있거나 생각할 수 있는 것보다도 더욱 풍성하게 나를 위해서 자비를 베풀어 주실 것입니다. 하나님께서 그렇게 하실 것을 나는 알고 있습니다. 왜냐하면 그는 나를 "자기의 영원한 영광으로" 부르셨기 때문입니다.

베드로가 그의 축복 기도가 반드시 응답될 것이라고 확신한 마지막 이유는 본문에서 찾아볼 수 있습니다. 곧, 하나님께서 "예수 그리스도 안에서" 우리를 부르셔서, 그의 영광에 들어가게 하신다는 사실입니다. 그리스도의 이름이 언급된 약속들만큼 소중한 약속은 없다는 것은 주목할 만한 사실입니다. 만약 내가 낙심해 있는 그리스도인들을 위로해 주는 설교를 해야만 한다면, 나는 그들을 십자가로 이끌어 주지 않는 본문을 절대로 선택하지 않을 것입니다. 형제자매 여러분! 오늘 아침, 모든 은혜의 하나님께서 여러분의 하나님이라는 사실은 여러분에게 과분한 것 같지 않습니까? 하나님께서 여러분을 진정으로 부르셨다는 사실은 여러분의 믿음을 초월하는 것이 아닙니까? 과연 여러분이 부르심을 받았는지에 대해서 여러분은 때때로 의심하지 않습니까? 여러분이 영원한 영광에 대해서 숙고해 볼 때, 여러분은 스스로 다음과 같이 물어보지 않습니까? "정말로 내가 그 영광을 영원히 누릴 수 있을까? 언제나 기꺼이 영접 받으며, 내가 하나님의 얼굴을 뵐 수 있을까?"

사랑하는 여러분! 여러분이 그리스도에 대해서 들을 때, 이 은혜가 그리스도를 통해서 온다는 사실을 깨달을 때, 곧 부르심과 영광이 그를 통해서 주어진다는 것을 알게 될 때, 여러분은 이렇게 고백할 것입니다. "주여, 만약 그리스도를 통해서 이 은혜가 주어지는 것이라면, 이제 나는 그것을 믿을 수 있나이다." 그리스도의 피는 나를 위해서 모든 축복을 사기에 충분하다고 믿는 것은 어려운 일이 아닙니다. 만약 그리스도 없이, 내가 하나님의 보물 창고에 나아간다면, 그곳에서 무엇을 구한다는 것이 두려울 것입니다. 그러나 그리스도께서 나와 함께 하신다면, 나는 모든 것을 담대하게 구할 수 있습니다. 나에게는 그럴 만한 자격이 없습니다. 그러나 그리스도께서 그럴 만한 완전한 자격을 갖추시고 있기 때문입니다. 만약 내가 그리스도의 공로에 근거하여 권리를 주장한다면, 나는 간청하는 것을 두려워하지 않습니다. 온전함이 너무 큰 선물이어서, 하나님께서 그것을 그리스도에게 주실 수 없습니까? 아닙니다. 피값으로 산 그리스도인들을 지켜 주시고 굳건하게 해주시고 끝까지 보호해 주시는 것이 섬뜩한 고뇌와 고난을 당하신 구세주에게 지나치게 큰 상급입니까? 나는 지나친 것이라고 생각하지 않습니다. 그렇다면 우리는 확신을 갖고 간구할 수 있습니다. 왜냐하면 그리스도를 통해서 모든 것이 우리에게 주어지기 때문입니다.

이제 설교를 마무리하려고 합니다. 형제자매 여러분! 올해에는 이전보다도 그리스도를 더욱 가까이 하면서 살아가기를 바랍니다. 그리스도에게 의존하는 삶을 사십시오. 우리가 그리스도에 대해서 좀 더 많이 생각할수록, 우리는 자신에 대해서 좀 더 적게 생각할 것입니다. 또한 우리의 고통과 우리를 둘러싸고 있는 온갖 의심과 두려움에 대해서, 우리는 좀 더 적게 생각할 것입니다. 바로 오늘부터 시작하십시오. 하나님께서 도와주실 것입니다. 겟세마네 동산과 골고다 언덕에서 이루어진 사건에 대해서 묵상하지 않고, 단 하루도 그냥 지나가지 않게 하십시오. 여러분 가운데 아직 구세주를 알지 못하고 구원받지 못한 사람들이 있을 것입니다. 바로 지금 이 순간, 그들이 그리스도에게 나오게 해주시기를 하나님께 기도합니다. 여러분은 그리스도에게 오는 것을 끔찍한 일이라고 생각합니다. 나오기 이전에, 여러분은 미리 준비를 해야 할 필요가 있다고 생각합니다. 그리스도께서 여러분에게 엄격하고 부담스러운 존재라고 여깁니다. 사람들이 재판관 앞으로 가야만 할 때, 그들은 떱니다. 사람들이 의사에게 가야만 할 때, 그들은 약간 두려움을 느낄 것입니다. 비록 재판관이나 의사가 사람들로부터 그렇게 환영받는 대상은 아닐지라도, 그들은 때때로 꼭 필요한 존재입니다.

그러나 여러분이 그리스도에게 나올 때, 여러분은 담대하게 나올 수 있습니다. 그는 사례금을 요구하시지 않습니다. 그리고 어떤 준비도 필요하지 않습니다. 있는 그대로, 여러분은 그에게 오면 됩니다. 마르틴 루터는 다음과 같이 과감하게 말했습니다. "만약 그리스도께서 그의 손에 칼을 빼어들고 있을지라도, 나는 그의 품안으로 달려 들어갈 것입니다." 지금 그의 손에는 칼이 없습니다. 그 대신, 그의 손에는 상처 자국이 있습니다. 불쌍한 죄인이여, 그의 품안으로 달려가십시오. 여러분은 "내가 달려 들어가도 됩니까?"라고 질문합니다. 어떻게 여러분이 그렇게 질문할 수 있습니까? 여러분은 이미 오라는 명령을 받았습니다. 복음의 위대한 명령은 "주 예수를 믿으라"는 것입니다. 이 명령에 순종하지 않는 사람들은 하나님에게 불순종하는 것입니다. "네 이웃을 사랑하라"는 계명이 하나님의 명령인 것처럼, 사람이 그리스도를 믿어야 한다는 것도 하나님의 명령입니다. 나는 명령에 순종해야만 합니다. 거기에는 의문의 여지가 없습니다. 죄인은 그리스도를 믿으라는 명령을 받았기 때문에, 그는 주님을 믿을 권리가 있습니다. 하나님께서 그에게 해서는 안 되는 일을 말씀하시지 않을 것입니다. 여러분은 믿는 것에 대한 허락을 이미 받았습니다. 그러자 어떤 사람이 이렇게 말하며 질문합니다. "오, 바로 그것이 내가 알고자 했던 모든 것입니다. 나는 그리스도께서 끝까지 구원해 주실 수 있다고 믿습니다. 지극히 복된 예수여, 당신은 나의 주님이십니다. 나의 영혼을 주님께 맡기고, 내가 말을 하거나 물속에 들어가거나 헤엄칠 수 있습니까?" 그렇게 해도 되느냐고요? 당신은 그렇게 하라는 명령을 받았습니다. 오, 당신이 그렇게 한다면 얼마나 좋을까요. 그리스도를 믿는 데에는 위험 요소가 전혀 없습니다. 반면에, 믿지 않는 것이 위험한 것입니다. 죄인이여, 그리스도에게 여러분을 맡기십시오. 다른 모든 의지하는 대상은 던져버리고, 오직 주님만을 의지하십시오.

그러자 어떤 사람은 이렇게 이의를 제기합니다. "아닙니다. 나는 준비되지 않았습니다." 준비되어야 한다고요? 그렇다면 당신은 내 설명을 이해하지 못했습니다. 믿는 데에는 준비가 필요하지 않습니다. 지금 모습 그대로 나아오십시오. 또 어떤 사람은 이렇게 대꾸할 것입니다. "나는 필요성을 충분히 느끼지 못합니다." 나는 당신이 그렇다는 것을 알고 있습니다. 그것이 그리스도를 믿으라는 것과 무슨 상관이 있습니까? 여러분은 하나님으로부터 그리스도를 믿으라는 명령을 받은 것입니다. 여러분이 아무리 악한 사람이라고 하더라도, 여러분은 그리스도를 의지할 수 있습니다. 죄가 아무리 많을지라도, 그리스도를 믿으면, 구원받을 수 있습니다. 죄가 아무리 적을지라도, 믿지 않는 사람은 반드시 저주를 받을 것입니다. 복음의 가장 위대한 명령은 "믿으라"는 것입니다.

어떤 사람은 이렇게 질문하고 싶을 것입니다. "그리스도께서 나를 위해서 죽으셨다는 것을 내가 알고 있다고 말해야만 합니까?" 나는 그렇게 말하지 않았습니다. 여러분은 점차 그것을 깨닫게 될 것입니다. 그 질문과 관련하여, 지금 당신은 아무런 상관이 없습니다. 먼저 그리스도를 믿고 그를 의지하는 것이 당신이 해야 할 일입니다. 당신 자신을 그의 손에 맡기는 것입니다. 여러분이 그렇게 하도록, 성령 하나님께서 지금 여러분을 강권하시기를 간절히 바랍니다. 죄인이여, 여러분의 의로움을 주장하지 마십시오. 자신의 능력으로, 좀 더 훌륭하게 되려는 모든 생각을 버리십시오. 오직 하나님의 약속에 여러분을 온전히 맡기십시오. 그리고 이렇게 고백하십시오.

"내 죄에 대해서 나는 전혀 변명할 수 없나이다.
그러나 당신은 나를 위해서 피를 흘리셨나이다.
그리고 당신께 오라고 나에게 명령하십니다.

오, 하나님의 어린 양이시여, 당신께 내가 가나이다.”

아직도 여러분은 그리스도를 신뢰할 수 없습니까? 그가 여러분을 속인다고 생각하십니까? 내가 좀 더 분명하게 말할까요? 이 자리에는 빚을 지고 있는 사람들도 있을 것입니다. 내가 이렇게 말한다고 가정합시다. “만약 여러분이 단순히 나를 믿기만 한다면, 여러분의 빚은 갚아질 것입니다. 앞으로 어떤 채권자도 여러분을 괴롭히지 않을 것입니다.” 그러면 여러분은 즉시 내 말을 이해할 것입니다. 그런데 왜 여러분은 다음 사실을 깨닫지 못합니까? 곧, 여러분이 그리스도를 믿기만 하면, 그는 여러분의 모든 죄를 없애 주시고 가져가십니다. 그리고 여러분은 영원히 구원받을 것입니다. 오, 살아 계신 하나님의 영이시여! 그리스도를 영접할 수 있도록 영적인 분별력을 주시옵소서. 하나님의 명령에 순종하는 마음을 주시옵소서. 그래서 이 자리에 참석한 많은 사람들이 자신을 그리스도에게 맡기게 하시옵소서. 모든 신자들과 마찬가지로 그들에게도, 베드로의 축복 기도가 이루어지기를 간절히 바랍니다. “모든 은혜의 하나님 곧 그리스도 안에서 너희를 부르사 자기의 영원한 영광에 들어가게 하신 이가 잠깐 고난을 당한 너희를 친히 온전하게 하시며 굳건하게 하시며 강하게 하시며 터를 견고하게 하시리라”(벧전 5:10).

베 드 로 후 서

제
1
장

—

믿음과 생명

—

"예수 그리스도의 종이며 사도인 시몬 베드로는 우리 하나님과 구주 예수 그리스도의 의를 힘입어 동일하게 보배로운 믿음을 우리와 함께 받은 자들에게 편지하노니 하나님과 우리 주 예수를 앎으로 은혜와 평강이 너희에게 더욱 많을지어다 그의 신기한 능력으로 생명과 경건에 속한 모든 것을 우리에게 주셨으니 이는 자기의 영광과 덕으로써 우리를 부르신 이를 앎으로 말미암음이라 이로써 그 보배롭고 지극히 큰 약속을 우리에게 주사 이 약속으로 말미암아 너희가 정욕 때문에 세상에서 썩어질 것을 피하여 신성한 성품에 참여하는 자가 되게 하려 하셨느니라" — 벧후 1:1-4

기독교에서 가장 중요한 두 가지는 믿음과 생명입니다. 이 두 단어들의 의미에 대해서 올바로 이해하는 사람은 실천신학에 정통한 사람일 것입니다. 믿음과 생명! 이 두 가지는 그리스도인에게 핵심적으로 중요한 것입니다. 믿음과 생명은 서로 대단히 밀접하게 연결되어 있어서, 결코 따로따로 나눠질 수 없습니다. 하나님께서 두 가지를 단단하게 결합시키셨습니다. 그러므로 아무도 그 두 가지를 떼어놓으려고 해서는 안 됩니다. 그리고 여러분은 경건한 삶이 뒷받침되지 않는 진정한 신앙을 발견할 수 없습니다. 반면에, 주 예수 그리스도의 의(義)에 근거하여 뿌리를 내린 살아 있는 믿음이 없다면, 여러분은 진정으로 거룩한 삶을 찾아볼 수 없습니다. 다른 한 가지를 제쳐놓고, 한 가지만 추구하는 사람들에게 화가 있을 것입니다! 어떤 사람들은 믿음을 발전시키려고 하지만, 거룩한 삶을 소홀히 합니다. 이들은 정통적인 교리에 대해서 많은 지식을 지녔을 수 있습니다. 그러나 그들은 불의한 삶을 살면서 진리를 주장하며, 또한 그리스도의 가르침을 자신의 정욕을 채우려고 이용하는 사람들입니다. 하나님께서 심판하시는 날에, 그들은 지옥의 어두운 곳에서 영원히 고통받는 형벌에 처해질 것입니다. 한편 다른 부류의 사람들은 삶의 거룩함을 열심히 추구하지만, 믿음을 부인합니다. 이들은 신약시대의 바리새인들과 비교할 수 있습니다. 예수님께서는 그들에 대해서 "회칠한 무덤"(마 23:27)이라고 말씀하셨습니다. 그들은 겉으로는 아름답게 보였습니다. 그러나 살아 있는 믿음이 그들에게 없었기 때문에, 그들의 안에는 죽은 사람의 뼈와 온갖 더러운 것으로 가득했습니다. 여러분은 반드시 믿음을 가져야만 합니다. 왜냐하면 믿음은 기초석이기 때문입니다. 또한 여러분은 반드시 거룩한 삶을 살아야만 합니다. 왜냐하면 그것은 기초석 위에 세워진 건축물이기 때문입니다. 폭풍우가 몰아치는 날, 집의 기초만 있다면, 그것이 사람에게 어떤 도움이 되겠습니까? 땅에 박혀 있는 돌이나 콘크리트 바닥에서, 그가 몸을 숨길 수 있겠습니까? 집을 세울 수 있는 기초석뿐만 아니라, 그의 몸을 보호해줄 수 있는 집도 그에게 필요한 것입니다. 만약 근심이 찾아오는 날에 위로를 얻기를 원한다면, 우리는 영적인 삶을 신실하게 살아야 할 필요가 있습니다. 그러나 믿음에 기초하지 않은 거룩한 삶을 추구하지 마십시오. 왜냐하면 그것은 항구적인 안식처를 제공할 수 없는 집을 짓는 것과 마찬가지이기 때문입니다. 그것은 반석 위에 세운 집이 아니기 때문입니다. 비가 내리고 홍수가 나고 바람이 세게 불어 들이치는 날에, 그 집은 반드시 크게 무너져 내릴 것이기 때문입니다(참조. 마 7:25). 아치의 양쪽 기둥처럼, 믿음과 삶은 같이 세워져야만 합니다. 그러면 두 기둥은 여러분의 경건을 든든하게 떠받쳐 줄 것입니다. 왕의 마차를 끄는 두 말들처럼, 그것들은 여러분을 훌륭하게 만들어 줄 것입니다. 동일한 태양으로부터 뿜어져 나오는 햇빛과 햇볕처럼, 믿음과 삶은 모두 하나님의 축복으로 가득 차 있습니다. 성전의 두 기둥처럼, 그것들은 여러분의 영광과 아름다움을 위한 것입니다. 그것들은 은혜의 샘으로부터 흘러나오는 두 줄기 시냇물입니다. 성령님의 거룩한 불로 붙어진 두 개의 등불입니다. 하늘이 영양분과 수분을 공급해 주는 두 그루의 감람나무입니다. 승천하신 예수님의 손 안에 있는 두 개의 별들입니다. 믿음에 근거한 거룩한 삶을 살아서 온전함에 이르도록, 하나님께서 우리를 도와주시기를 간절히 바랍니다. 그래서 하나님의 이름이 찬양받기를 원합니다.

본문의 네 절들에서, 사도 베드로는 믿음과 삶이 모두 꼭 필요하다는 것을 훌륭하게 설명해 주고 있습니다. 믿음에 관해서, 그는 두 번 강조하고 있습니다. 또한 거룩한 삶에 관해서도, 두 번에 걸쳐 언급하고 있습니다. 우리는 먼저 믿음에 대해서 주목해 보기로 합시다.

1. 첫째, 베드로가 믿음의 특성과 기원에 대해서 말한 것을 살펴봅시다.

그 다음, 영적인 생명의 특성과 기원에 대해서 언급할 것입니다. 1절은 믿음에 관한 것입니다. "예수 그리스도의 종이며 사도인 시몬 베드로는 우리 하나님과 구주 예수 그리스도의 의를 힘입어 동일하게 보배로운 믿음을 우리와 함께 받은 자들에게 편지하노니."

그리고 2절과 3절은 믿음에 근거한 신령한 생명에 대한 것입니다. "하나님과 우리 주 예수를 앎으로 은혜와 평강이 너희에게 더욱 많을지어다 그의 신기한 능력으로 생명과 경건에 속한 모든 것을 우리에게 주셨으니 이는 자기의 영광과 덕으로써 우리를 부르신 이를 앎으로 말미암음이라."

베드로와 함께, 우리는 믿음으로부터 시작해 봅시다. 그는 여기서 우리를 구원해 주는 참된 믿음에 대해서 묘사하고 있습니다.

맨 먼저, 베드로는 믿음의 근원에 대해서 묘사합니다. 그는 "동일하게 보배로운 믿음을 우리와 함께 받은 자들에게"라고 말합니다. 우리는 '받은'이라는 단어에 주목해 볼 필요가 있습니다. 곧, 믿음은 사람의 마음속에서 자연적으로 생겨나는 것이 아닙니다. 믿음은 받는 것입니다. 교육 과정이나 부모의 모범이나 훌륭한 가르침에 의해서, 믿음이 생기는 것이 아닙니다. 그것은 받아야만 하는 것입니다. 그것은 모방이 아니라 다시 태어나는 것입니다. 발전되는 것이 아니라 회심을 통해서 주어지는 것입니다. 모든 좋은 것들은 외부로부터 우리에게 주어집니다. 오직 악한 것만이 우리의 안으로부터 나옵니다. 그런데 우리가 받는 것은 우리에게 반드시 주어져야만 합니다. 또한 성경을 통해서, 우리는 이렇게 배웠습니다. "믿음은 너희에게서 난 것이 아니요 하나님의 선물이라"(참조. 엡 2:8). 비록 믿음이 인간의 행위를 포함하지만, 그것은 하나님의 사역입니다.

바울은 이렇게 말합니다. "사람이 마음으로 믿어 의에 이르고"(롬 10:10). 그러나 마음은 구원하는 믿음으로서 작용할 수 있기 이전에, 하나님의 은혜에 의해서, 먼저 그것은 반드시 새롭게 되어야만 합니다. 믿음은 인간의 행위라고 우리는 말합니다. 왜냐하면 우리는 "주 예수를 믿으라"는 명령을 받았기 때문입니다. 그리고 우리가 믿으면, 구원을 받습니다. 동시에, 믿음은 하나님의 선물입니다. 그래서 우리가 믿음을 발견할 때마다, 그것이 자연의 힘으로부터 온 것이 아니라, 하나님의 은혜의 사역으로 말미암은 것이라는 사실을 우리는 알 수 있습니다. 믿음은 얼마나 하나님의 은혜를 위대하게 만듭니까! 반면에, 그것은 인간의 본성을 얼마나 미천한 것으로 보이게 합니까! 믿음은 가장 단순한 것들 중에서 하나가 아닙니까? 믿음은 주 예수 그리스도의 피와 의로움을 단순하게 의지하는 것입니다. 그것은 가장 실행하기 쉬운 미덕들 가운데 하나인 것 같지 않습니까? 믿음은 자기 자신은 아무것도 아니고, 주님께서 모든 것이 되시게 하는 것, 또한 자신은 가만히 있고, 주님께서 나를 위해서 일하시게 하는 것을 의미합니다. 이것은 그리스도인들이 받는 모든 은혜들 가운데 가장 기본적인 것 같지 않습니까? 과연 믿음은 그렇습니다. 그러나 불쌍한 인간의 본성은 매우 심하게 타락하고 부패했습니다. 그래서 인간의 본성은 심지어 이 첫 번째의 원리와 기초에도 스스로 이를 수 없습니다. 따라서 여호와께서 반드시 우리에게 하늘의 문을 열어 주셔야만 합니다. 나아가 그는 믿음에 대한 우리의 마음의 문도 열어 주셔야만 합니다. 우리가 하나님의 뜻을 행하기 위해서, 그가 모든 선한 일에 우리를 온전하게 만들어 주신다는 것을 우리가 아는 것만으로는 충분하지 않습니다. 하나님께서 우리에게 그리스도를 갈망하는 마음을 주셔야만 한다는 것도 우리는 반드시 배워야만 합니다. 우리에게 그 갈망이 주어지면, 하나님께서 우리가 믿음에 대해서 깨닫게 해주시고, 또한 우리에게 믿음을 주셔야만 합니다. 그 믿음을 통해서, 예수 그리스도께서 우리의 주님과 구주가 되십니다.

그렇다면 이제 "과연 우리가 이러한 믿음을 받았는가?"라는 질문이 제기될 것입니다. 이 질문과 관련하여, 우리는 오늘 본문에 대해서 낱낱이 검토해 볼 것입니다. 성령님께서 우리에게 역사하셨다는 사실을 우리는 의식하고 있습니까? 성령님의 내주(內住)와 인도하심이라는 중대한 원리가 지금 우리 안에 있습니까? 그것은 원래 우리 안에 없었습니다. 오늘 우리는 육적인 것을 신뢰하는 것이 어리석다는 사실을 깨닫고 있습니까? 하나님의 은혜를 통해서, 자신에 대해서 의롭게 생각하는 것과 하나님 이외의 모든 의지의 대상을 우리는 버릴 수 있습니까? 우리가 살든지 죽든지, 주 예수 그리스도의 인격과 의로움과 피와 중보와 보배로운 공로를 우리는 전적으로 의지할 수 있습니까? 만약 그렇지 않다면, 우리에게는 두려워하며 떨어야 할 충분한 이유가 있습니다. 만약 우리가 그리스도를 온전히 의지한다면, "보배로운 믿음을 우리와 함께 받은 자들에게"라는 베드로의 편지 내용은 우리에게도 그대로 적용되는 것입니다. 그 이후 오랜 세월이 흘러갔습니다. 그러나 이제까지 항상 그랬던 것처럼 오늘 우리에게도, "은혜와 평강이 너희에게 더욱 많을지어다"라는 베드로의 축원은 온전하며 새롭게 이루어질 것입니다.

먼저 베드로는 믿음의 기원에 대해서 언급했습니다. 그 다음, 그는 믿음의 대상에 대해서 묘사하고 있습니다. 1절에서, "힘입어"(KJV, 'through')라는 단어는 올바르게 번역되었습니다. 그러나 그 전치사는 "안에서"('in')라는 의미로 번역될 수도 있습니다. 곧, "우리 하나님과 구주 예수 그리스도의 의(義) 안에서"라는 뜻으로 해석할 수도 있습니다. 따라서 참된 믿음은 예수 그리스도를 믿는 것입니다. 그러나 예수 그리스도를 하나님이라고 믿는 것입니다. 어떤 사람이 예수 그리스도를 단순히 어떤 선지자나 또는 어떤 위대한 스승으로만 믿는다면, 그는 자신을 구원해 줄 믿음을 갖고 있지 않습니다. 인간적인 자비심은 유니테리언주의자들(Unitarians; 그리스도와 성령의 신성을 부인하는 이단 — 역주)에 대해서도 희망을 품게 합니다. 그러나 생사가 걸려 있는 믿음과 관련해서, 우리가 삼위일체에 대한 전통적인 교리를 진지하게 믿는다면, 우리는 이론의 여지가 전혀 없이 그들의 주상이 옳지 않은 것이라고 판단하지 않을 수 없습니다. 그들의 대화기 얼마나 지성적인지, 그들의 태도가 얼마나 너그러운지, 또한 그들의 정신이 얼마나 애국적인지는 별로 중요하지 않습니다. 만약 유니테리언주의자들이 예수 그리스도께서 "참 하나님에게서 나신 참 하나님"(참조. 니케아 신경)이라는 것을 거부한다면, 그들은 틀림없이 영원히 멸망할 것이라고 우리는 확신합니다. 우리의 주님께서 분명히 "믿지 않는 사람은 정죄를 받으리라"(막 16:16)라고 말씀하셨습니다. 그 말씀은 애매모호하지 않습니다. 믿음과 관련해서, 우리는 주님보다도 더 느슨한 입장을 취하려고 시도해서는 안 될 것입니다. 예수님을 선지자라고 받아들이지만, 그가 하나님이라는 사실을 부인하는 사람의 주장에 나는 조금도 찬성할 수 없습니다. 만약 어떤 사람이 예수님께서 신성을 지니셨다는 것을 받아들이지 않으면서, 그리스도를 믿는다고 공언한다면, 그것은 상식을 대단히 무시하는 것입니다. 만약 그리스도께서 하나님이 아니시라면, 그는 이 세상에서 가장 저속한 사기꾼이었다는 것을 증명하려고 나는 언제라도 시도할 것입니다. 그러므로 두 가지 중에 하나입니다. 예수님은 하나님이든가, 아니면 악한입니다. 중간적인 존재는 없습니다. 어떤 사람이 한 인간으로 태어났지만 추종자들에게 자신을 신으로 경배하라고 유도하면서, 그들에게 우상 숭배를 그만두라는 단 한 마디의 경고의 말도 하지 않는다면, 나는 그보다 더 악한 사람을 상상할 수 없습니다. 나아가, 자신에 대해서 매우 애매모호한 말로 이야기해서, 죽은 지 이천 년이라는 세월이 지나갔지만, 수백만 명의 사람들이 자신을 하나님으로 믿게 하는 사람보다 더 나쁜 사람을 상상할 수 없습니다. 만약 예수님께서 하나님이 아니라면, 그의 제자들인 우리에게 자신을 하나님이라고 속여서 믿게 만든 것은 극악무도한 행위인 것입니다. 그렇다면 아무도 예수님께서 행한 모든 선한 행위들을 조금도 존중하지 않을 것입니다. 만약 그가 "참 하나님에게서 나신 참 하나님"이 아니라면, 그는 가장 비열한 사기꾼일 것입니다.

오, 사랑하는 여러분! 이 주제와 관련하여, 여러분과 나는 어떤 곤란한 점도 발견하지 못했습니다. 우리는 예수님께서 행하신 이적들과 기사들에 대해서 읽어보았습니다. 하나님 아버지께서 그에 대해서 증거하시는 말씀을 우리는 들었습니다. 성령님의 감동을 받은 사도들이 그에 대해서 말한 것을 우리는 전해 들었습니다. 우리의 마음속에 그가 거룩한 영향력을 행사하는 것을 우리는 체험했습니다. 이 모든 것에 근거해서, 우리는 예수님을 "기묘자라, 모사라, 전능하신 하나님이라, 영존하시는 아버지라, 평강의 왕이라"(사 9:6)고 영접했습니다. 그리고 사도 요한은 그에 대하여 이렇게 증거합니다. "태초에 말씀이 계시니라 이 말씀이 하나님과 함께 계셨으니 이 말씀은 곧 하나님이시니라"(요 1:1). 이와 같이 요한이 증거한 대로, 우리는 예수님을 영접했습니다. 동정녀 마리아에게서 태어나신 나사렛 예수는 유대인의 왕이십니다. 그는 우리에게 만물 위에 계신 분이며, 영원히 복되신 하나님이십니다.

> "예수님은 존귀와 권능을 받으시기에 합당하나이다.
> 주님의 이름을 우리가 언제나 찬양할 것입니다.
> 주님께 모든 복이 영원히 있나이다."

사랑하는 여러분! 진심으로 또한 기쁨으로 우리는 예수 그리스도를 하나님으로 영접했습니까? 만약 그렇지 않다면, 하나님에게 여러분을 구원해 주는 믿음을 주실 것을 간구하기 바랍니다. 왜냐하면 그런 사람은 아직까지 그 믿음을 갖고 있지 않기 때문입니다. 또한 그 믿음을 얻는 길로 나아가고 있지 않기 때문입니다. 하나님 이외에, 누가 죄의 짐을 질 수 있겠습니까? 하나님 이외에, 어떤 존재가 "어제나 오늘이나 영원토록 동일하시겠습니까?"(참조. 히 13:8). 하나님 이외에, 어떤 대상에 대해서 다음과 같이 말할 수 있겠습니까? "나 여호와는 변하지 아니하나니 그러므로 야곱의 자손들아 너희가 소멸되지 아니하느니라"(말 3:6). 우리는 그리스도와 관련되어 있습니다. 만약 그가 변한다면, 우리는 멸망할 것입니다. 만약 그가 변하지 않는다면, 우리는 멸망하지 않을 것입니다. 예수님께서는 분명히 하나님이십니다. 영원하신 하나님의 어깨 위에 우리의 모든 염려와 죄의 짐을 올려놓읍시다.

> "하나님께서 땅의 기둥을 떠받치시며
>   하늘을 넓게 펼치십니다."

1절에서, 사도 베드로가 '하나님'이라는 단어 다음에 다른 단어를 삽입시킨 것에 주목하기 바랍니다. 곧, "우리 하나님과 구주 예수 그리스도"라고 표현되어 있습니다(스펄전은 이 구절에서 '하나님'이라는 표현이 하나님 아버지를 가리키는 것이 아니라, 예수의 신성을 뜻하는 것으로 해석하고 있다 — 역주). 마치 하나님의 영광이 우리에게 너무 눈부시기 때문에, 베드로는 "구주 예수"라는 표현을 덧붙여서 빛의 밝기를 조절하려는 것 같습니다. 그런데 예수 그리스도를 하나님으로 믿는 것만으로는 아무도 구원받지 못합니다. 예수님께서 죄인인 인간의 화목을 위한 위대한 제물이라는 믿음이 그 믿음에 덧붙여져야만 합니다. 예수 그리스도께서 죄인을 대신해서 희생 제물이 되셨기 때문에, 그는 우리의 구주이십니다. 신성을 지니신 하나님의 아들 예수 그리스도는 인간의 본성과 결합하신 채, 죄인을 위해서 또한 죄인을 대신해서, 사람의 모양을 취하시고, 이 세상에 오셨습니다. 하나님의 진노의 폭풍이 사람들에게 휘몰아치려고 할 때, 그는 자신의 택한 백성을 위해서 모든 고난을 당하셨습니다. 율법이 엄격한 채찍을 휘두를 때, 그는 그 벌을 받기 위해서 자신의 어깨를 내어놓으셨습니다. "칼아, 깨어 일어나라!"

(참조. 슥 13:7)고 외칠 때, 그것은 목자이신 그리스도, 곧 영원한 하나님과 짝된 자를 칼로 치라는 것이었습니다. 이와 같이 인간을 위해서, 또한 인간을 대신해서, 그가 고난을 받으셨기 때문에, 그는 하나님 아버지로부터 인간의 구주가 되는 권능을 받으셨습니다. 고난을 통해서 구원 사역을 이루시고 완전하게 되셨기 때문에, 그는 많은 자녀들을 영광으로 인도하는 권세를 받으셨습니다. 그러면 우리는 예수 그리스도를 우리의 구주로 영접했습니까? 구약시대에 희생 제물 위에 손을 얹었던 것과 같이, 만약 죄인들을 위해서 죽임을 당하신 예수님의 머리 위에 여러분의 손을 얹는다면, 여러분은 복될 것입니다. 만약 하늘로 올라가신 그 복되신 구속자가 오늘 여러분의 구주가 되셨다면, 주님 안에서 항상 기뻐하고 즐거워하십시오. 그는 여러분의 허물을 덮어 주시고, 여러분을 죄에서 해방시켜 주셨습니다. 그리고 여러분을 사랑하는 자녀들 가운데 포함시키셨습니다. 우리의 구주께서는 우리를 저주와 형벌과 허물과 죄의 권세로부터 구원해 주셨습니다. "그가 자기 백성을 그들의 죄에서 구원할 자이심이라"(마 1:21). 오, 당신은 위대하신 하나님이십니다. 당신은 나의 구주이십니다. 당신은 구원하는 권능을 지니셨습니다.

이제 '의'라는 단어에 주목하기 바랍니다. 우리는 하나님이시자 구주이신 예수님의 의에 대해서 믿는 것입니다. 오늘날 어떤 신학자들과 목회자들은 그리스도의 대속에 관한 모든 가르침을 제거하려고 시도합니다. 그들은 이렇게 가르칩니다. "예수 그리스도를 우리를 위한 희생 제물로 믿지 않는다고 하더라도, 우리가 그를 믿기만 한다면 구원을 받는다." 그러나 본문은 "우리 하나님과 구주 예수의 교훈을 믿는다"라고 기록되어 있지 않습니다. 또한 이렇게 언급되지도 않았습니다. "삶의 모범으로서, 우리의 하나님과 구주의 인격을 우리는 믿는다." 결코 그렇지 않습니다. 그 대신, 본문은 "우리 하나님과 구주의 의"에 대한 믿음을 가리키고 있습니다. 흰 겉옷과 같이, 우리는 그 의를 입어야만 합니다. 만약 내가 예수 그리스도를 "여호와 치드케뉴"(참조. 렘 23:6), 곧 "우리의 공의이신 하나님"으로 영접하지 않는다면, 나는 그를 전혀 영접하지 않은 것입니다. 그러면 나는 예수님의 대적자이며 원수인 것입니다. 예수님께서는 참 생명을 지니셨으며, 완전한 삶을 사셨습니다. 그 생명과 삶은 나를 위한 것입니다. 그 안에는 모든 덕목들이 포함되어 있습니다. 그 안에는 아무런 흠도 없습니다. 예수님께서는 율법을 존중하셨으며, 모든 율법을 완전하게 지키셨습니다. 나는 믿음으로 예수 그리스도의 의를 취하는 것입니다. 그리고 나는 그의 의로 나를 감쌉니다. 그러면 나는 지극히 아름답고 완벽하게 차려 입는 것입니다. 심지어 하나님의 눈도 나에게서 아무런 티나 흠도 발견할 수 없습니다. 그렇다면 우리는 오늘 우리 하나님과 구주 예수의 의를 믿습니까? 왜냐하면 이 믿음 이외에는, 어떤 믿음도 우리의 영혼을 지존자 앞에서 기쁘게 받아들여질 만한 상태로 인도할 수 없기 때문입니다. 어떤 사람은 이렇게 반문합니다. "왜 복음은 그렇게 단순합니까?" 나도 그 사실에 대해서 알고 있습니다. 그러므로 오늘 아침 우리는 이 단순한 복음을 이 자리에 있는 모든 사람에게 나누어 주려고 합니다. 하나님께 감사하게도, 복음의 기본 진리는 매우 단순한 것입니다. 어떤 그리스도인이 자신이 믿음을 지니고 있는지 그렇지 않은지에 대해서 분별하려고 한다면, 그는 그것에 대해서 불가사의한 지식에 의해서가 아니라, 단순한 진리에 의해서 알 수 있습니다. 그렇다면 우리가 우리 하나님과 구주 예수 그리스도에 대한 이 보배로운 믿음을 갖고 있는지 질문해 봅시다.

또한 1절에서, 사도 베드로는 "동일하게 보배로운 믿음"이라고 언급하고 있습니다. 모든 참된 믿음은 동일한 본질을 지니고 있습니다. 정도에 있어서, 우리의 믿음은 베드로의 믿음과 똑같지 않을 것입니다. 그러나 만약 우리의 믿음이 참된 것이라면, 그 본질, 기원, 대상 및 결과와 관련하여, 그것은 동일한 믿음입니다. 그것은 똑같이 복된 믿음입니다. 사람들은 "자유와 평등과 형제애"에 대해서 말합니다. 그러나 오직 그리스도의 교회 안에서, 이 세 가지가 실천되는 것을 여러분은 볼 수 있습니다. 참된 믿음은 복된 평등의 원리를 지니고 있습니다. 간신히 손과 무릎으로 기어서 하늘나라로 들어간 가장 작은 믿음도 사도 베드로의 견고한 믿음과 마찬가지로 보배로운 믿음입니다. 만약 어떤 사람의 믿음이 금과 같은 믿음이라면, 다른 사람의 믿음도 마찬가지입니다. 만약 믿음을 지닌 어떤 사람이 산을 움직이게 할 수 있다면, 다른 사람도 산을 움직이게 할 수 있습니다. 산을 움직이고 뽕나무의 뿌리가 뽑히게 하여 바다에 심기게 할 수 있는 특권은 위대한 믿음에게 주어진 것이 아닙니다. 그 특권은 매우 작은 믿음에게 주어졌습니다. "너희에게 겨자씨 한 알만한 믿음이 있었더라면 그것이 너희에게 순종하였으리라"(눅 17:6). 작은 믿음은 왕의 혈통을 지니고 있습니다. 위대하고 온전한 확신과 마찬가지로, 그것은 하나님께서 선물로 주신 것입니다. 그것은 사람의 마음을 기쁘게 해줍니다. 왜냐하면 그 믿음도 하늘나라에 이를 때까지 안전하게 지켜주고 인도해 주며, 맨 마지막에 동일한 기업을 물려받게 하기 때문입니다. 그러므로 작은 믿음도 "동일하게 보배로운 믿음입니다."

또한 그는 그 믿음이 "보배로운" 것이라고 말합니다. 과연 그 믿음은 보배롭지 않습니까? 왜냐하면 그것은 보배로운 것들, 보배로운 약속들, 보배로운 피, 보배로운 구속과 관련되어 있기 때문입니다. 또한 그것은 우리 하나님과 구주 예수 그리스도께서 지니신 모든 보배로운 것과 관련되어 있기 때문입니다. 그 보배로운 믿음은 우리에게 가장 필요한 것을 공급해 줍니다. 우리를 가장 커다란 위험으로부터 구원해 줍니다. 우리에게 가장 위대한 영광을 허락해 줍니다. 그리고 그 보배로운 믿음은 우리가 선택받은 것에 대한 징표입니다. 우리의 부르심에 대한 증거입니다. 우리가 받는 모든 은혜의 뿌리입니다. 교제의 통로입니다. 우리에게 승리를 가져다주는 무기입니다. 우리를 안전하게 하는 방패입니다. 바라는 것들에 대한 실상입니다. 영원한 삶을 보증해 줍니다. 불멸을 상급으로 줍니다. 영광의 나라에 들어가게 하는 여권(旅券)입니다.

사도 베드로가 "우리 하나님과 구주 예수 그리스도의 의를 힘입어 동일하게 보배로운 믿음을 우리와 함께 받은 자들에게" 편지를 쓸 때, 그는 여러분에게도 쓰고 있는 것이 아닙니까? 또한 나에게도 쓰고 있는 것이 아닙니까? 만약 우리에게 믿음이 없어서, 우리가 그의 편지의 수신인이 될 수 없다면, 우리는 "내 아버지께 복 받을 자들이여, 나아오라"(마 25:34)는 음성을 듣는 것을 결코 기대하지 못할 것입니다. 그 대신, "저주를 받은 자들아 나를 떠나라"(마 25:41)는 천둥과 같은 소리가 틀림없이 우리의 귀에 울릴 것입니다. 그리고 우리는 지옥으로 쫓겨가게 될 것입니다. 지금까지 믿음과 관련된 것에 대해서 설명했습니다.

이제부터, 그리스도인의 생명(삶)에 대해서 간략하게 살펴보려고 합니다. "하나님과 우리 주 예수를 앎으로 은혜와 평강이 너희에게 더욱 많을지어다 그의 신기한 능력으로 생명과 경건에 속한 모든 것을 우리에게 주셨으니 이는 자기의 영광과 덕으로써 우리를 부르신 이를 앎으로 말미암음이라"(2-3절). 이 두 구절들에는, 우리의 신령한 생명에 대한 기초와 근원이 언급되어 있습니다. 믿음은 하나님으로부터 우리에게 선물로 주어지는 것입니다. 마찬가지로, 우리의 신령한 생명도 본질적으로 하나님으로부터 주어지는 것입니다. 그 생명은 하나님의 권능에 의해서 우리에게 주어집니다. "그의 신기한 능력으로 생명과 경건에 속한 모든 것을 우리에게 주셨으니." 생명을 부여하는 것은 하나님의 본질적인 속성입니다. 하나님께서는 이 속성을 아무에게도 내어주지 않으실 것입니다. 생명을 구원하고 멸망시키는 것은 하나님의 주권에 달려 있습니다. "하나님께서 창조하실 수도 있고, 또한 멸망시키실 수도 있다"는 것이 우리가 하나님께 드리는 가장 심오한 찬양 가운데 하나입니다. 우리 앞에 시체가 하나 있다고 가정해 봅시다. 만약 어떤 사람이 그 시체를 다시 살게 할 수 있는 권능을 지니고 있다고 주장한다면, 그는 얼마나 끔찍한 사기꾼이겠습니까? 그런데 만약 어떤 사람이 자신이나 다른 사람에게 그리스도인이 소유하는 하늘로부터 주어지는 새롭고 영원한 생명을 줄 수 있다고 말한다면, 그는 더욱 끔찍한 사기꾼일 것입니다.

사랑하는 형제자매 여러분! 여러분은 "신성한 성품에 참여하는 자"(벧후 1:4)가 되었습니다. 여러분은 이전에 허물과 죄로 말미암아 영적으로 죽어 있었다는 사실을 알고 있습니다. 만약 여러분을 위해서 하나님께서 권능으로 개입하시며 역사하시지 않았다면, 여러분은 오늘까지 여전히 그 상태로 있었을 것입니다. 여러분은 죄의 무덤에서, 부패하며 썩어갔을 것입니다. 목회자의 음성이 여러분을 불렀지만, 여러분은 듣지 않았습니다. 여러분은 앞으로 나오라는 간청을 들었지만, 여러분은 나오지 않았습니다. 또한 스스로의 힘으로 나올 수도 없었습니다. 그렇지만 예수님께서 "나사로야 나오라"(요 11:43)고 큰 소리로 부르셨을 때, 죽었던 나사로는 나왔습니다. 그리고 예수님께서 여러분에게 "살아나라"고 말씀하셨을 때, 여러분도 살아났습니다. 여러분의 믿음을 통해서, 영적인 생명이 여러분 안에서 기쁨과 평안을 맛보며 뛰기 시작했습니다.

우리는 이 사실을 결코 잊어버려서는 안 됩니다. 만약 우리의 신앙이 우리 자신으로부터 비롯되는 것이라면, 그것은 육적인 것입니다. 따라서 그것은 반드시 사라져 없어질 것입니다. 그리고 육신으로부터 나온 것은 그것이 아무리 최상의 것이며 가장 좋은 상태에 있다고 하더라도, 그것은 육신에 불과합니다. 따라서 오직 성령님으로부터 태어난 것만이 신령한 것입니다. 그러므로 여러분은 반드시 거듭나야만 합니다(참조. 요 3:3-7). 만약 신앙생활이 단지 일상적인 삶을 고상하게 만드는 것이라면, 또한 만약 그것이 인간의 자연적인 실존을 단지 높은 수준에 이르게 하는 것이라면, 그렇다면 그것은 신령한 삶이 아닙니다. 그리고 그것은 하나님의 보좌 앞에 설 수 있는 영원한 생명을 제공하지 못합니다. 전혀 아닙니다. 따라서 하늘의 초자연적인 불이 반드시 우리 안에 점화되어야만 합니다. 오직 영혼만이 육신에게 활력을 주어서 육신이 살게 하는 것과 똑같이,

오직 성령님만이 영혼에게 생명을 부여하셔서, 그것을 다시 살게 하실 수 있습니다. 따라서 세 번째의 주요 원리, 곧 성령님의 내주와 역사가 우리 안에서 반드시 일어나야만 합니다. 그렇지 않으면, 우리는 거듭나지 못한 자연인에 지나지 않습니다. 자연인은 첫째 아담의 형상을 따라서 만들어진 존재입니다. 그러므로 우리는 반드시 새로워진 영혼을 가져야만 합니다. 그렇지 않으면, 우리는 둘째 아담처럼 될 수 없습니다. 새 생명을 주시는 성령님에 의해서, 둘째 아담이 만들어졌습니다. 오직 그리스도인에 대해서만, 우리는 그가 새 생명과 영혼과 육신으로 구성되어 있다고 말할 수 있습니다. 그러나 불신자는 단지 영혼과 육신만을 소유하고 있습니다. 만약 영혼이 없으면, 육신은 죽은 것이나 마찬가지입니다. 이와 같이, 영적인 실존과 관련하여, 불신자는 죽은 것이나 다름없습니다. 이 새로운 삶의 원리, 곧 신령한 생명은 하나님의 권능의 역사로 우리에게 불어넣어집니다. 하나님의 권능 ("신기한 능력")! 하나님의 권능이라는 표현과 관련해서, 우리는 얼마나 놀라운 주제들에 대해서 이해하려고 하는 것입니까? 바로 이 권능을 통해서, 하나님께서 땅과 바다의 기초를 놓으셨습니다. 하늘의 무수한 별들의 운행을 주관하는 것도 바로 이 권능입니다. 바로 이 신기한 능력으로, 하나님께서 우주의 기둥들을 떠받치게 하십니다. 어느 날, 바로 이 권능을 통해서, 그는 천체의 기둥들을 무너뜨리실 것입니다. 그러면 해와 달과 별들을 포함하여 모든 것들은 사라져 버릴 것입니다. 그 신기한 능력으로, 하나님께서 천지를 창조하시고 그 안에 있는 모든 것들을 보존하게 하셨습니다. 그 동일한 권능을 통해서, 또한 개인의 믿음에 근거해서, 그는 자연인을 그리스도인으로 만드십니다. 그 권능이 역사하지 않는다면, 우리 안에 누구에게도 새 생명, 신령한 생명이 주어지지 않습니다.

사랑하는 여러분! 하나님께서 주시는 이 새로운 생명이 성도들 안에서 강건하고 활력이 넘치고 있는 모습을 사도 베드로는 보기를 원했다는 것을 여러분은 알게 될 것입니다. 그래서 그는 "은혜와 평강이 너희에게 더욱 많을지어다"라고 기도합니다. 하나님의 권능은 이 새로운 생명의 기초입니다. 은혜는 이 생명에게 주어지는 음식입니다. 평강 안에서, 새 생명은 가장 강건하게 유지될 수 있습니다. 그리스도인에게 더욱 많은 은혜를 주십시오. 그러면 그의 영적인 삶은 옷을 잘 갖추어 입고 영양분을 골고루 잘 섭취한 사람의 생명과 같을 것입니다. 하나님의 풍성한 은혜를 받지 않고, 영적인 생명을 잘 유지하려고 시도해 보십시오. 그러면 그것은 마르고 연약해져서, 머지않아 죽을 것 같이 보일 것입니다. 사실상 새로운 생명은 죽지 않습니다. 그러나 만약 새로운 은혜가 주어지지 않는다면, 그것은 마치 영혼을 내어준 것처럼 보일 것입니다. 새 생명은 평강 안에서 가장 잘 형통한다고 나는 말했습니다. 그리스도인의 마음을 매우 불안하게 만들어 보십시오. 세상 염려들이 그의 마음속에 들어가게 해보십시오. 자신의 영원한 안전에 대해서, 그가 의심하고 두려워하게 해보십시오. 하나님과 화목하게 되었다는 것에 대한 그의 분별력을 잃어버리게 해보십시오. 자신이 하나님의 자녀가 되었다는 사실이 그의 눈앞에 희미해지게 만들어 보십시오. 그러면 여러분은 그의 안에 신령한 생명력이 활기를 띠고 있는 것을 볼 수 없을 것입니다. 그러나 만약 하나님께서 여러분 안에 있는 생명에게 미소를 지으신다면, 여러분이 그로부터 많은 은혜를 받는다면, 여러분의 영혼이 하늘의 향기롭고 그윽한 평강 안에 거한다면, 여러분은 강건하게 되며, 경건한 삶을 살아갈 수 있을 것입니다. 그리고 삶의 모든 것을 통하여, 여러분은 하나님과 구주의 가르침을 찬양할 것입니다.

그리고 우리에게 주어진 새 생명과 관련하여, 우리는 또 한 가지 사실에 대해서 주목할 필요가 있습니다. 이것에 대해서 묘사하면서, 베드로는 우리가 부르심을 받았다고 말합니다. 곧, 그는 "자기의 영광과 덕으로써 우리를 부르신 이"라고 표현하고 있습니다. 여러 가지 번역 성경들에서, 이 부분은 다양하게 번역되었습니다. 많은 번역 성경들은 "~에 의해서"(KJV, 'by'; 개역개정, '으로써')라는 의미로 이해하고 있습니다. 곧, "우리는 하나님의 영광과 덕(권능)에 의해서 부르심을 받았습니다." 하나님께서 모든 그리스도인을 부르는 것과 관련하여, 이 번역은 하나님의 영광스러운 속성과 그의 권능이 지닌 모든 효과적인 힘에 대해서 강조하는 것입니다. 시몬 베드로는 물고기를 잡으려고, 그의 배 안에 있었습니다. 그러나 예수님께서 그에게 "나를 따르라"고 부르셨습니다. 그러자 베드로는 즉시 예수님을 따라갔습니다. 이와 같이, 예수님의 부르심 안에, 하나님의 영광과 덕(권능)이 작용했었다는 사실을 베드로는 이 구절에서 언급하는 것입니다. 여러분과 내가 하늘에 이르게 되면, 틀림없이 우리는 모든 것을 있는 그대로 보게 될 것입니다. 그때 하늘나라에서, 하나님께서 은혜로 우리를 효과적으로 부르신 것 안에서, 우리는 천지를 창조할 때의 영광만큼이나 위대한 영광을 발견할 것입니다. 또한 병자를 고치실 때 구세주의 옷으로부터 나온 권능만큼이나 위대한 권능을 우리는 체험할 것입니다. 하나님의 권능이 우리에게 역사한 결과로 말미암아, 우리 안에 생명이 있다고 오늘 우리는 주장할 수 있습니까? 또한 우리 자신에 대해서 살펴본 것에 근거해서, 우리 안에 우리를 다른 사람들과 구별해 주는 어떤 것이 있다고 믿을 만한 이유가 있습니까? 왜냐하면 우리는 하나님의 영광과 권능에 의해서 세상 사람들 중에서 부르심을 받았기 때문입니다. 우리 가운데 어떤 사람들은 "아니오"라고 고백해야만 할 것 같아서, 나는 두렵습니다. 그렇지만 하나님께서 우리에게 자비를 베푸서서, 우리를 그의 백성으로 삼아주실 것입니다. 어떤 사람들은 떨면서 이렇게 말할 것입니다. "그렇습니다. 내 안에 어떤 생명이 있다고 나는 믿습니다." 그렇게 고백한다면, 베드로가 성도들을 축원한 것과 같이, 나는 여러분을 위해서 이 축복 기도를 드릴 것입니다. "하나님과 우리 주 예수를 앎으로 은혜와 평강이 너희에게 더욱 많을지어다." 사람들이 하나님을 믿는 것에 대해서 반대하는 어떤 말을 한다고 해도, 이 세상에서 참된 믿음만큼 권능을 일으키는 것은 아무것도 없습니다.

어떤 창녀나 도둑의 마음이라고 하더라도, 참된 믿음이 들어가는 곳에는 얼마나 놀라운 변화가 일어납니까? 저기 있는 마리아를 보십시오. 그 여인은 자신을 수없이 더럽혔습니다. 그 여인은 죄악에 깊숙이 빠졌었습니다. 마리아는 큰 죄인이었습니다. 그 여인은 어느 날 예수님께서 설교하시는 것을 들었습니다. 많은 사람들 사이에 서서, 주님께서 탕자에 관해서 말씀하시는 것을 주의 깊게 들었습니다. 그 비유에서, 사랑이 넘치는 아버지는 아들을 가슴속으로 얼마나 꼭 껴안았습니까? 그 설교를 듣고 나서, 마리아는 예수님 앞으로 나왔습니다. 자신의 죄를 고백했습니다. 그리고 죄 사함을 받았습니다. 그 후에, 마리아는 계속해서 창녀로 살았습니까? 아닙니다. 저기 마리아가 있습니다. 그 여인은 예수님의 발을 눈물로 적십니다. 그리고 머리털로 닦습니다(참조. 눅 7:38). 그 여인은 죄인이었습니다. 그러나 이제 죄악된 행위를 싫어합니다. 그리고 은혜가 넘치시는 주님을 사랑합니다. 우리는 마리아에 대해서 이렇게 말해야만 할 것입니다. "그러나 마리아는 씻김을 받았습니다. 그 여인은 구원받고, 거룩하게 되었습니다."

다소의 사울을 예로 들어 봅시다. 사울은 주님의 제자들에게 위협을 가하고 살기를 띠고 있었습니다. 그는 다메섹으로 가서 그리스도인들을 잡아서 감옥에 집어넣으려고 했습니다(참조. 행 9:1-2). 다메섹으로 가는 도중에, 갑자기 하늘에서 환한 빛이 비추어서, 그는 땅에 엎어지고 말았습니다. 하나님의 자비에 의해서, 그는 예수님을 자신의 구주로 믿게 되었습니다. 그는 계속해서 교회를 박해했습니까? 저 진지한 사도 바울을 보십시오. 그는 매를 맞았습니다. 항해 도중에, 배가 난파되었습니다. 다른 모든 사도들보다 더 많이 수고했습니다(참조. 고전 15:10). 자신이 그리스도를 얻고 그의 안에서 발견되기 위해서, 바울은 자신의 생명조차 조금도 귀한 것으로 여기지 않았습니다. 하나님의 은혜가 얼마나 놀라운 일을 할 수 있는가에 대해서 다소의 사울은 장엄한 증거를 제공해 줍니다. 탐욕으로 가득 찬 삭개오를 보십시오. 그는 자기 재산을 나누어 주었습니다(참조. 눅 19:8). 예수님을 영접한 에베소 사람들은 그들이 갖고 있던 마술 책들을 불태웠습니다(참조. 행 19:19). 빌립보 감옥의 간수는 바울이 매 맞은 자리를 씻어 주었습니다(참조. 행 16:33). 그리고 지금 이곳에 있는 많은 사람들의 경우를 생각해 보십시오. 오늘 아침, 여러분 안에 이루어진 변화에 대해서 회상해 보며, 기억을 새롭게 하기 바랍니다. 우리는 자랑할 것이 아무것도 없습니다. 그리스도의 십자가 이외에, 우리는 어떤 것도 자랑해서는 안 됩니다.

그런데 우리 가운데 어떤 사람들은 하나님의 은혜는 우리를 새롭게 해주신다는 것에 대한 놀라운 실례들을 보여줍니다. 지난 날, 우리의 마음과 생각과 행위는 더러움에 오염되었습니다. 심지어 우리는 하나님을 모독하는 말을 하기까지 했습니다. 우리의 성격은 불 같았고 공격적이었습니다. 우리의 손은 의롭지 못했습니다. 우리는 전적으로 깨끗하지 못한 존재였습니다. 그러나 이제 변화되었습니다! 나는 다시 말합니다. 지금 우리가 이렇게 변화된 것에 대하여, 우리는 자랑할 것이 아무것도 없습니다. 왜냐하면 하나님의 은혜로 오늘의 우리가 되었기 때문입니다(참조. 고전 15:10). 그러나 그 변화는 과연 놀랄 만한 것입니다. 하나님의 은혜가 여러분 안에서 이 변화를 일어나게 했습니까? 내가 이 질문을 반복한다고 싫증내지 마십시오. 올바른 대답을 얻을 때까지, 나는 계속해서 질문할 것입니다. 아닙니다. 나는 여러분에게 답변을 강요하려고 합니다. 여러분은 이 보배로운 믿음을 갖고 있습니까? 이 질문에 여러분은 대답할 수 없습니까? 그렇다면 여러분은 하나님의 부르심에 의해서 주어진 그 생명, 곧 신령한 생명을 지니고 있지 않습니까? 만약 여러분이 믿음을 지니고 있다면, 또한 여러분은 신령한 생명을 소유하고 있는 것입니다. 만약 여러분이 둘 중에 하나를 가지고 있지 않다면, 여러분에게는 두 가지 모두 없는 것입니다. 왜냐하면 믿음이 있는 곳에는 새 생명도 반드시 주어지기 때문입니다. 믿음을 선물로 받은 사람은 또한 신령한 생명도 선물로 받은 것입니다.

2. 믿음과 생명이라는 주제에 대해서, 이제까지 나는 아쉬운 점이 있기는 하지만 자세하게 설명했습니다.

우리에게 또 한 절이 남아 있습니다. 그 절도 같은 주제에 대해서 말합니다. 4절에서, 사도 베드로는 믿음의 특권과 신령한 생명의 특권에 대해서 다루고 있습니다.

먼저 믿음의 특권에 대해서 살펴보기로 하겠습니다. "이로써 그 보배롭고 지극히 큰 약속을 우리에게 주사." 이 구절은 믿음과 관련된 것입니다. "이 약속으로 말미암아 너희가 정욕 때문에 세상에서 썩어질 것을 피하여 신성한 성품에 참여하는 자가 되게 하려 하셨느니라." 이 구절은 믿음에 근거하여 주어진 생명에 관한 것입니다. 그러면 먼저 믿음의 여러 가지 특권에 대해서 다루고자 합니다. 우리에게 주어진 믿음의 특권은 "그 보배롭고 지극히 큰 약속(들)"입니다. "보배롭고 지극히 크다"고 말합니다. 이 두 단어들이 함께 사용되는 경우는 흔하지 않습니다. 많은 것들은 크기가 대단하지만, 보배롭지 않습니다. 예를 들면, 거대한 바위 같은 것입니다. 그것은 가치가 별로 없습니다. 반면에, 어떤 것들은 대단히 보배롭지만, 크기가 매우 작습니다. 예를 들면, 다이아몬드를 비롯한 보석들입니다. 그것들은 상당한 가치를 지니고 있지만, 전혀 크지 않습니다. 여기에 약속들이 있습니다. 그것들은 지극히 커서, 무한한 것보다 작지 않습니다. 또한 그것들은 대단히 보배로워서, 신적인 것보다 가치가 떨어지지 않습니다. 나는 그 약속들의 위대함과 보배로움에 대해서 자세하게 말하지 않을 것입니다. 단지 그 목록에 대해서 소개하고자 합니다. 그 약속들이 얼마나 위대하고 보배로운지에 대해서, 여러분 스스로 생각해 보기 바랍니다. 손 안에 있는 새들처럼, 우리는 그 가운데 어떤 약속들을 이미 받았습니다. 다른 약속들은 숲속에 있는 새들과 같습니다. 우리의 손 안에 있는 약속들처럼, 그것들도 보배로우며 장차 우리에게 확실하게 주어질 것입니다.

보배로운 믿음에 근거해서, 우리가 약속과 용서를 받았다는 사실에 주목하기 바랍니다. 내 영혼아, 들어라. 너의 모든 죄악이 이미 용서를 받았다. 그리스도를 믿는 사람은 그를 저주하는 죄를 갖고 있지 않습니다. 그의 모든 죄는 깨끗이 씻어졌습니다. 그의 모든 죄는 더 이상 존재하지 않습니다. 그 모든 죄는 속죄 염소의 머리에 씌워, 광야로 보내졌습니다(참조. 레 16:21). 그 죄들은 홍해에 빠져서 사라졌습니다. 그것들은 지워졌습니다. 하나님의 등 뒤로 던져졌습니다. 깊은 바다 속으로 던져졌습니다. 이와 같이, 4절은 완전한 용서에 대한 약속을 말합니다. 이 약속은 보배롭고 지극히 크지 않습니까? 여러분의 모든 죄악들만큼 크지 않습니까? 만약 여러분의 죄악들이 매우 값비싼 보상을 요구한다면, 이 보배로운 약속은 그 속전(贖錢)이 요구하는 것만큼 큰 것입니다.

그 다음, 그리스도의 의로움에 대해서 언급됩니다. 여러분은 죄에 대해서 용서를 받았습니다. 곧, 여러분은 씻기고 깨끗해졌습니다. 그것뿐만 아니라, 여러분은 아무도 만들 수 없는 옷을 입었습니다. 그 옷은 하나님께서 만드셨습니다. 여러분을 위해서, 여호와께서 의로움의 옷을 직접 만드셨습니다. 하나님의 아들이신 예수님의 거룩한 삶이 여러분의 아름다운 옷이 되었습니다. 여러분은 그 옷을 입은 것입니다. 그리스도인이여, 이 사실은 지극히 크고 보배로운 약속이 아닙니까? 율법은 위대합니다. 그리스도의 의로움은 율법만큼 위대합니다. 율법은 사람에게 율법을 어긴 것에 대한 대가를 요구했습니다. 그것은 모든 사람이 지불할 수 있는 것보다도 더 많은 것이었습니다. 그러나 그리스도의 의로움이 그것에 대한 모든 대가를 지불했습니다. 그가 지불하신 것은 지극히 크고 보배롭지 않습니까?

그 다음에는, 화목에 대해서 다루어집니다. 여러분은 나그네였습니다. 그러나 그리스도의 피에 의해서, 여러분은 하나님에게 가까이 인도되었습니다. 이전에는 이방인이었지만, 이제 여러분은 모든 성도들과 함께 하나님 나라의 시민과 하나님의 가족이 되었습니다. 이것은 지극히 크고 보배롭지 않습니까?

그 다음에는, 양자됨, 곧 하나님의 자녀로 삼아주시는 것에 대해서 언급됩니다. 사도 요한은 이렇게 말합니다. "사랑하는 자들아 우리가 지금은 하나님의 자녀라 장래에 어떻게 될지는 아직 나타나지 아니하였으나 그가 나타나시면 우리가 그와 같을 줄을 아는 것은 그의 참모습 그대로 볼 것이기 때문이니"(요일 3:2). 또한 사도 바울을 증거합니다. "자녀이면 또한 상속자 곧 하나님의 상속자요 그리스도와 함께 한 상속자니 우리가 그와 함께 영광을 받기 위하여 고난도 함께 받아야 할 것이니라"(롬 8:17). 우리가 영원히 하나님의 자녀가 된다는 이 위대하고 보배로운 약속은 얼마나 영광스러운 것입니까?

나아가 우리는 하나님의 섭리에 대한 약속을 지니고 있습니다. "하나님을 사랑하는 자 곧 그의 뜻대로 부르심을 입은 자들에게는 모든 것이 합력하여 선을 이루느니라"(롬 8:28). "견고한 바위가 그의 요새가 되며 그의 양식은 공급되고 그의 물은 끊어지지 아니하리라"(사 33:16). "네가 사는 날을 따라서 능력이 있으리로다"(신 33:25). "두려워하지 말라 내가 너와 함께 함이라 놀라지 말라 나는 네 하나님이 됨이라"(사 41:10). "네가 물 가운데로 지날 때에 내가 너와 함께 할 것이라 강을 건널 때에 물이 너를 침몰하지 못할 것이며 네가 불 가운데로 지날 때에 타지도 아니할 것이요 불꽃이 너를 사르지도 못하리니"(사 43:2). 하나님의 섭리에 근거해서, 그는 우리에게 날마다 필요한 것들을 선물로 주십니다. 또한 그는 끊임없이 우리에게 은혜를 베푸십니다. 여기에도 지극히 크고 보배로운 약속이 있다고 나는 말할 수 있습니다.

또한 여러분은 이 약속도 갖고 있습니다. 곧, 여러분은 죽음을 결코 맛보지 않을 것입니다. 그 대신, 예수님 안에서 잠을 자고 있을 것입니다. "기록하라 지금 이후로 주 안에서 죽는 자들은 복이 있도다 하시매 성령이 이르시되 그러하다 그들이 수고를 그치고 쉬리니 이는 그들의 행한 일이 따름이라"(계 14:13). 하나님의 약속은 그들이 수고를 그치고 쉬는 것에서 끝나지 않습니다. 여러분은 부활에 대한 약속을 받았습니다. "나팔 소리가 나매 죽은 자들이 썩지 아니할 것으로 다시 살아나고 우리도 변화되리라 이 썩을 것이 반드시 썩지 아니할 것을 입겠고 이 죽을 것이 죽지 아니함을 입으리로다"(고전 15:52-53). 사랑하는 여러분! 만약 그리스도께서 죽은 자들 가운데서 살아나셨다면, 예수님 안에서 잠자던 사람들도 주님께서 새 예루살렘 성으로 데려가신다는 사실을 우리는 알고 있습니다. 그러나 이것이 전부가 아닙니다. 왜냐하면 우리는 예수님과 함께 영원히 다스릴 것이기 때문입니다. 주님께서 다시 오시면, 우리는 그와 함께 영화롭게 될 것입니다. 예수님께서 사탄과 죄와 사망을 이기시고 아버지 보좌에 함께 앉으신 것처럼, 우리도 주님의 보좌에 함께 앉을 것입니다(참조. 계 3:21). 하늘의 거문고, 영광의 거리들, 낙원에 있는 생명나무, 생수의 강, 영원하고 순결한 축복 등, 하나님께서 이 모든 것들을 자신을 사랑하는 사람들에게 주신다고 약속하셨습니다. "하나님이 자기를 사랑하는 자들을 위하여 예비하신 모든 것은 눈으로 보지 못하고 귀로 듣지 못하고 사람의 마음으로 생각하지도 못하였다 함과 같으니라 오직 하나님이 성령으로 이것을 우리에게 보이셨으니 성령은 모든 것 곧 하나님의 깊은 것까지도 통달하시느니라"(고전 2:9-10). 믿음을 통해서, 우리는 그 약속들을 꼭 붙잡았습니다. 그리고 우리는 지금 "믿음은 바라는 것들의 실상이요 보이지 않는 것들의 증거"(히 11:1)를 지니고 있습니다. 자, 사랑하는 여러분! 믿음이 여러분을 얼마나 부요하게 하는지 깨닫기를 바랍니다. 얼마나 존귀한 보물입니까! 얼마나 값비싼 면류관입니까! 얼마나 많은 황금입니까! 얼마나 측량할 수조차 없이 막대한 부요입니까! 여러분의 믿음에 근거해서, 하나님께서는 여러분에게 반짝이는 보물들을 커다란 산더미보다 더 많이 주셨습니다.

그러나 우리는 **생명**에 대해서 잊어서는 안 됩니다. 마지막으로, 생명에 대해서 살펴보며, 설교를 마치려고 합니다. 본문에서, 베드로는 하나님께서 우리가 신성한 성품에 참여하는 자가 되게 "하려(고)" 이 약속을 우리에게 주셨다고 말합니다. 하나님께서 이 약속을 무엇 때문에 주셨습니까? 왜 그가 이 모든 보물들을 아낌없이 주셨습니까? 어떤 목적을 위해서, 이 진주들을 주셨습니까? 왜 이 보석들을 주셨습니까? 어떤 이유로, 넓고 큰 바다보다 더 많은 보물들을 주셨습니까? 그 이유와 목적은 무엇입니까? 그 목적은 수단에 어울립니까? 분명히 하나님께서는 그가 사시려고 하는 것이 지닌 가치보다 더 많은 것을 결코 주시지 않습니다. 따라서 우리는 이렇게 상상할 수 있습니다. "하나님께서 이러한 값비싼 것들을 주셨을 때, 그 목적은 매우 위대한 것임에 틀림없다." 그렇다면 그 목적은 무엇입니까? "이 약속으로 말미암아 너희가 정욕 때문에 세상에서 썩어질 것을 피하여 신성한 성품에 참여하는 자가 되게 하려 하셨느니라"(4절). 만약 여러분이 오늘 믿음으로 말미암아, 이 자비로운 선물들을 받는다면, 앞으로 여러분이 그것들이 주어진 목적을 성취하는지에 대해서 유의하십시오. 여러분을 그토록 부요하게 하신 하나님의 의도에 응답하지 않은 채, 이 지극히 크고 보배로운 약속들에 의해서, 단지 여러분이 부유해진 것에만 만족하지 마십시오. 하나님께서 여러분에게 기대하시는 의도는 두 가지입니다. 첫째, 여러분이 신성한 성품에 참여하는 자가 되게 하려는 것입니다. 둘째, 여러분이 이 세상의 썩어질 것을 피하는 것입니다.

그런데 신성한 성품에 참여하는 자가 되는 것은 물론 하나님과 똑같이 되는 것은 아닙니다. 그것은 있을 수 없습니다. 피조물은 하나님의 본성 그 자체를 소유할 수 없습니다. 본성과 관련하여, 창조주와 피조물 사이에는 본질적으로 극복할 수 없는 커다란 차이가 있습니다. 첫째 아담은 하나님의 형상대로 완전하게 지음을 받았습니다. 성령님의 새롭게 하시는 역사에 의해서, 우리는 신령한 의미에서 지존자의 형상대로 지음을 받았으며, 신성한 성품에 참여하는 자가 되었습니다. 하나님의 은혜로 말미암아, 우리는 하나님처럼 되었습니다. "하나님은 사랑이심이라"(요일 4:8) 그래서 우리도 서로 사랑합니다. 사랑하는 자마다 하나님으로부터 태어난 것입니다(참조. 요일 4:7). 하나님은 진리이십니다. 그래서 우리도 진실해집니다. 우리는 진리를 사랑하지만 어둠과 거짓을 미워합니다. 하나님은 선하십니다. 그것은 바로 하나님의 이름입니다. 하나님의 은혜에 의해서, 그는 우리를 선하게 만드십니다. 그러면 우리는 마음이 깨끗해져서, 하나님을 보게 될 것입니다. 이것이 전부가 아닙니다. 이것보다 더욱 고상한 의미에서, 우리는 신성한 성품에 참여하는 사람들이 됩니다. 어떤 의미에서, 우리는 전적으로 신성한 성품을 지니게 될 것입니다.

　　우리는 그리스도의 거룩한 몸의 지체들이 아닙니까? 이 하나됨은 어떤 종류의 것입니까? 우리는 "그의 몸과 살과 뼈의 지체들"이 아닙니까? 머리(그리스도)에 흐르는 피는 손(신자들)에도 흐릅니다. 그리스도를 일으키게 만든 생명은 그의 백성도 다시 살게 합니다. "이는 너희가 죽었고 너희 생명이 그리스도와 함께 하나님 안에 감추어졌음이라"(골 3:3). 마치 이것만으로는 충분하지 않은 것처럼, 심지어 우리는 그리스도와 결혼했습니다. 의로움과 신실함에 근거해서, 그는 우리와 약혼했습니다. 아내는 반드시 남편과 동일한 성품에 참여하는 사람이 되어야만 합니다. 그래서 남편인 그리스도와 아내인 신자들이 하나가 되게 하려고, 예수 그리스도께서는 먼저 인간의 육신과 피를 갖는 것에 참여하셨습니다. 그는 그의 교회를 자신의 동일한 성품에 참여하게 하십니다. 그래서 그 둘은 하나의 성품을 가질 수 있게 되었습니다. 왜냐하면 주님과 하나가 된 사람은 그와 동일한 성품을 지녀야 하기 때문입니다. 오, 이것은 얼마나 경이롭고 신비스러운 지식입니까? 우리는 그것을 주의 깊게 살펴봅니다. 그러나 누가 그것을 모두 이해할 수 있겠습니까? 영원한 결합에 의해서, 우리는 그리스도와 혼인하고 그와 하나됨을 이루었습니다. 가지가 포도나무와 하나를 이루듯이, 우리도 우리의 주님과 구원자이신 예수님의 한 부분을 이루고 있습니다. 형제자매 여러분, 이 사실에 기뻐하십시오. 여러분은 신성한 성품에 참여하는 자가 되었습니다. 이 모든 약속들이 여러분에게 주어졌습니다. 그것은 여러분이 이 사실을 세상 사람들에게 보여주려는 것입니다. 또한 여러분이 죄와 죽음에 매여 있는 사람들과 같지 않고, 하나님과 같게 하려는 것입니다. 그리고 하나님의 성품에 참여하는 사람들이 되었기 때문에, 그것은 이제 여러분이 단순히 육신과 피로 구성된 사람과 다르다는 것을 드러내려는 의도를 갖고 있습니다.

그 보배롭고 지극히 큰 약속이 주어진 또 한 가지 결과는 무엇입니까? 그것은 우리가 "정욕 때문에 세상에서 썩어질 것을 피하는" 것입니다. 사랑하는 여러분! 만약 살아 있는 사람이 세상에서 썩어져 버리게 될 삶을 산다면 그것은 나쁜 것입니다. 천사는 막달라 마리아에게 이렇게 말했습니다. "어찌하여 살아 있는 자를 죽은 자 가운데서 찾느냐"(눅 24:5). 살아 있는 사람이 죽은 사람들 사이에서 살아야만 합니까? 신령한 생명을 세상적인 정욕으로부터 비롯된 부패한 행위들 가운데서 찾아야만 합니까? 그리스도의 신부가 술에 취했단 말입니까? 술집을 자주 드나들고 있습니까? 그리스도의 몸의 한 지체가 길거리 위에 술에 취해서 드러누워 있을 수 있습니까? 하나님을 모독하는 말을 하거나 부정직할 수 있습니까? 절대로 그럴 수 없습니다. 내가 그리스도의 지체들을 창기의 지체들로 만들어야 하겠습니까? 어떻게 내가 주님의 잔을 마시는데 참여하면서, 또한 벨리알(사탄)의 잔을 마실 수 있겠습니까? 나는 신령한 생명을 지니고 있습니다. 그런데 내가 어떻게 세상 정욕에 이끌려서 무덤과 같은 검고 어두침침하고 더럽고 불결하며 병균이 득실거리는 곳에서 살 수 있습니까? 사랑하는 여러분! 분명히 여러분은 이러한 자유분방한 정욕과 죄악으로부터 해방되었습니다. 그렇다면 여러분은 음흉하고 잘 속이는 사탄의 올무로부터도 벗어났습니까? 또한 여러분은 교만의 정욕으로부터 빠져나왔습니까? 게으름으로부터 헤어났습니까? 육신의 쾌락으로부터 완전히 자유롭게 되었습니까? 세상적인 가치관이 제시하는 것보다, 여러분은 날마다 훌륭한 삶을 살려고 노력합니까? 또한 여러분을 유혹하는 세상적인 것에 대한 애착이나 탐욕을 극복하며 살기를 힘씁니까? 여러분이 하나님의 보물들로 부요하게 된 것은 이 모든 것을 이루기 위해서라는 사실을 기억하십시오. 하나님께서는 여러분을 자녀로 선택하셨으며 사랑하십니다. 하나님의 은혜로 여러분은 대단히 부요하게 되었습니다. 하나님께서 주신 이 모든 존귀한 보물들이 낭비되지 않게 하십시오.

나는 이 교회의 교인들이 거룩함으로 뛰어나다는 것을 구체적으로 체험하는 것보다 더 바라는 것이 없습니다. 거룩함은 그리스도인의 면류관이며 영광입니다. 거룩하지 않은 교회! 그 교회는 세상에 유익이 되지 않습니다. 또한 사람들로부터 존경받지 못합니다. 오, 그것은 혐오스러운 것입니다! 그런 교회를 본다면, 지옥은 기뻐서 웃을 것입니다. 그러나 하늘은 대단히 미워할 것입니다. 만약 교회가 영적으로 죽어 있고 거룩하지 않다면, 규모가 크면 클수록, 그러한 교회는 그만큼 커다랗고 악한 영향을 미칠 것입니다. 또한 더욱 커다란 해를 끼칠 것입니다. 거룩하지 못한 교회는 세상에 가장 나쁜 것들을 초래했습니다. 중세 시대의 암흑은 어디서 왔습니까? 그것은 바로 로마교회로부터 왔습니다. 만약 세상이 또다시 쇠로 만든 족쇄에 묶인 채 애굽의 무서운 압박 아래 놓여 있는 것을 보기를 원한다면, 우리는 단지 믿음을 버리고 거룩한 생활을 단념하기만 하면 됩니다. 그러면 우리는 또다시 세상을 미신의 감옥에 빠트릴 것입니다. 세상이 영적인 무지와 죄악의 쇠사슬에 단단히 묶이게 할 것입니다.

오, 그리스도인이여! 여러분에게 하나님의 약속들이 주어져 있습니다. 여러분은 하나님의 제사장입니다. 그 신분에 알맞게 행동하십시오. 여러분은 하나님으로부터 자녀와 상속자로 선택받았습니다. 그러므로 벨리알과 사귀지 마십시오. 여러분은 하늘나라를 기업으로 물려받을 것입니다. 신령한 생명을 지닌 사람답게 사십시오. 그러면 여러분이 참된 믿음을 지니고 있다는 것을 입증할 것입니다. 만약 그렇게 살지 않는다면, 여러분은 결국 지옥에서 눈을 들어 위를 바라보고 있는 존재가 될 것입니다. 또한 해결 방법을 찾거나 발견하기에는 너무 늦게 되었을 때, 비로소 여러분은 자신의 실수들을 깨닫게 될 것입니다. 예수님의 공로로 말미암아, 하나님께서 우리에게 믿음과 신령한 생명을 주시기를 간절히 바랍니다. 아멘.

제
2
장

—

하나님의 특별한 택하심

—

"그러므로 형제들아 더욱 힘써 너희 부르심과 택하심을 굳게 하라 너희가 이것을 행한즉 언제든지 실족하지 아니하리라 이같이 하면 우리 주 곧 구주 예수 그리스도의 영원한 나라에 들어감을 넉넉히 너희에게 주시리라"— 벧후 1:10-11

　　예배 시간이나 기도할 때에는, 모든 세상적인 생각을 가능한 한 많이 비우는 것이 대단히 바람직합니다. 월요일부터 토요일까지 우리가 하는 일들은 주일을 온전히 지키게 하는 것을 방해하기가 쉬울 것입니다. 그렇지만 주일에도 세상 염려가 침투해 들어오는 것을 우리는 막아야만 합니다. 마치 사막에서 바람에 모래가 날아와서, 오아시스에 떨어지는 것을 막는 것처럼 말입니다. 그러나 오늘 우리의 마음을 영적인 일에 집중시키는 데에 우리가 특별히 어려운 상황에 놓여 있다는 것을 나는 알고 있습니다. 만약 마음을 집중하는 것과 관련된 것이라면, 교회에서 선한 일에 몰두하기에, 아마도 모든 시기 중에서 선거 기간이 가장 힘든 때일 것입니다. 많은 사람들은 정치적인 문제들을 대단히 중요하게 생각합니다. 한 주간 동안, 선거의 진행 과정에 많은 관심을 기울이며 바쁘게 지내다가, 우리는 그것과 관련된 생각들과 감정들을 교회 안으로 가져오기가 쉽습니다. 아마도 예배를 드리면서도, 어떤 사람들은 이렇게 상상하고 있을 것입니다. "우리의 선거구에서는 보수당이 이길까, 아니면 노동당이 이길까? 런던 시를 위해서는 존 러셀 경이 당선될 것인가, 아니면 로드쉴드 남작이나, 커리 씨가 승리할 것인가?" 오늘 아침에, 선거라는 이 거대한 열차가 달리는 것을 멈추게 하려고 시도하는 것은 소용이 없을 것이라고 나는 생각합니다. 선거와 관련된 사항들에 대해서, 사람들은 지금 초미(焦眉)의 관심을 기울이고 있습니다. 선거라는 열차를 탈선시키려고 노력하는 대신, 나는 선거에 대해서 다른 관점에서 다루고자 합니다. 그러므로 선거에 대해서 계속해서 지대한 관심을 가진 채, 여러분은 설교에 집중할 수 있을 것입니다. 그러나 새로운 방향으로 시선을 돌려야만 합니다. 그렇지만 선로 위를 달려가는 것입니다. 여러분은 여전히 선거에 대한 진지한 관심을 갖고 여행하게 될 것입니다. 그러나 나는 강조점을 다르게 할 것입니다. 그래서 여러분이 선거에 대해서 다른 관점에서 숙고하게 하려고 합니다. 어떤 귀족 정치가로부터, 조지 휫필드(George Whitefield, 1714-1770) 목사님은 언젠가 총선에서 자신의 영향력을 행사해 달라는 부탁을 받았습니다. 그 목사님은 자신은 총선에 대해서 아는 것이 거의 없다고 답변했습니다. 그러나 그 귀족이 자기(휫필드 목사)의 권고를 받아들인다면, 그(귀족)는 자신의 특별한 '부르심과 선택에 대해서 확신하게' 될 것이라고 말했습니다. 그것은 매우 적절한 말이었습니다. 나는 여러분이 시민으로서 지니고 있는 특권을 경시하지 않을 것입니다. 나는 결코 그렇게 하지 않을 것입니다. 우리가 그리스도인이 되었을 때, 영국 사람이기를 그만두는 것이 아닙니다. 우리가 믿음을 갖게 되면, 시민권이 우리에게 부여하는 권리와 특권을 포기하는 것이 아닙니다. 선거권을 행사할 기회가 우리에게 주어질 때마다, 전능하신 하나님 앞에서 하는 것처럼, 그 선거권을 행사하십시오. 그리고 우리는 모든 것에 대해서 책임을 져야만 하며, 무엇보다도 우리가 그것을 위임받았다는 것을 알아야 합니다. 상당한 정도에 있어서, 우리는 우리 자신에 대한 통치자라는 것을 기억합시다. 만약 이번 선거에서 우리가 통치자들을 잘못 선택한다면, 이후에 그들이 아무리 통치를 잘못한다고 하더라도, 우리는 우리 자신 이외에 아무도 비난할 수 없을 것입니다. 그러므로 이 선거에서 올바른 선택을 할 수 있도록 우리의 생각을 인도해 달라고 전능하신 하나님께 열심히 기도하며, 우리는 신중하게 결정해야 할 것입니다. 하나님께서 우리를 도와주시기를 간절히 기도합니다. 비록 우리가 선거 결과에 대해서 전혀 예측할 수 없지만, 그 결과가 하나님께 영광이 되기를 바랍니다.

　이번 선거와 관련해서는 이만큼만 이야기하고, 이 주제에 대해서 나는 다른 관점에서 다루고자 합니다. 나는 여러분이 자신의 특별한 부르심과 선택에 대해서 숙고해 보기를 원합니다. 사도 베드로의 말에 다시 한 번 귀를 기울입시다. "그러므로 형제들아 더욱 힘써 너희 부르심과 택하심을 굳게 하라 너희가 이것을 행한즉 언제든지 실족하지 아니하리라 이같이 하면 우리 주 곧 구주 예수 그리스도의 영원한 나라에 들어감을 넉넉히 너희에게 주시리라"(벧후 1:10-11). 첫째, 이 본문에는 신앙의 두 가지 근본 요소가 나타납니다. 곧, "부르심과 택하심"입니다. 둘째, 좋은 권면이 소개됩니다. "너희 부르심과 택하심을 굳게 하라"는 것입니다. 다시 말해서, 우리가 부르심을 받고 선택받았다는 사실에 대해서 확신하라는 것입니다. 셋째, 우리가 선택받은 것을 굳게 해야 하는 두 가지 이유들이 제시되어 있습니다. 왜냐하면, 한편으로, 우리가 실족하지 않기 위해서입니다. 다른 한편으로, 우리가 "우리 주 곧 구주 예수 그리스도의 영원한 나라에 들어감을 넉넉히" 얻기 위해서입니다.

1. 맨 먼저, 신앙에는 두 가지 중요한 요소들이 있습니다.

그 두 가지는 세상 사람들에게는 감추어져 있습니다. 오직 하나님의 은혜에 의해서 거듭난 사람들만이 그것을 깨달을 수 있습니다. 곧, "부르심과 택하심"입니다.

우리는 성경에 나오는 "부르심"이라는 단어를 두 가지 의미로 이해합니다. 하나는 일반적인 부르심입니다. 복음이 가르치는 것에 의하면, 일반적인 부르심은 하늘 아래 있는 모든 피조물에게 주어졌습니다. 또 하나는 본문에서 의미하는 부르심입니다. 그것은 특별한 부르심입니다. 우리는 그것을 유효한(효력이 있는) 부르심이라고 부릅니다. 그 부르심에 근거하여, 성령님의 불가항력적인 권능에 의해서, 다양한 수단을 사용하여, 하나님께서 인류 가운데 어떤 사람들을 불러내십니다. 하나님께서 그들을 창세 전에 이미 선택하셨습니다. 하나님께서 죄악 가운데 있는 그들을 불러서, 의롭게 하시려는 것입니다. 나아가 죄와 허물로 죽은 그들에게 신령한 생명을 주어 그들이 살게 하시려는 것입니다. 또한 그는 세상적인 가치를 추구하는 그들을 불러서 예수 그리스도를 사랑하는 사람들이 되게 하시려는 것입니다. 이 두 가지 부르심은 서로 대단히 다릅니다. 존 번연은 그것에 대해서 다음과 같이 매우 적절하게 묘사하고 있습니다. "일반적인 부르심을 통해서, 하나님께서는 아무것도 주시지 않습니다. 그러나 특별한 부르심을 통해서, 그는 언제나 무엇인가를 주십니다. 하나님의 은혜의 날개 아래 있는 사람들에게 그는 사랑이 넘치는 음성으로 말씀하십니다. 반면에 원수가 오고 있는 것을 보시면, 그들에게 경계심을 불러일으키시려고, 그는 큰 소리로 외치십니다." 구원을 받는 데 절대적으로 필요한 것으로서, 우리는 특별한 부르심을 받아야만 합니다. 성령님의 권능에 의해서, 그 부르심은 우리 안에서 이루어집니다. 우리는 그 부르심을 귀를 통해서 듣지 않고, 마음을 통해서 듣습니다. 우리는 그 음성을 육적으로 이해하는 것이 아니라, 우리의 속사람이 그 부르심을 깨닫는 것입니다. 그리고 또 다른 중요한 것은 택하심(선택)입니다. 부르심이 없으면 구원이 없는 것과 마찬가지로, 선택받지 않았으면 부르심도 없습니다. 그리스도를 통해서 구원받고 거룩하게 될 사람들로서, 하나님께서 창세 전에 우리를 선택하셨다고 성경은 가르칩니다. 영생을 얻도록 정해진 사람들은 모두 믿는다고 성경은 증거합니다. 그리고 그들이 믿음을 갖는 것은 그들이 영생을 얻도록 하나님께서 창세 전부터 정하셨기 때문입니다.

이 신학적인 주제에 대해서, 이전부터 많은 논란이 있었습니다. 그러나 여러분이 부르심과 택하심과 관련된 예정 교리를 진정으로 타당하게 부인하려면, 먼저 여러분은 반드시 성경의 기록이 신뢰할 만하며 전적으로 영감되었다는 사실을 부인해야만 합니다. 틀림없이 오늘 이곳에 영국성공회에 소속된 교인들도 많이 있을 것입니다. 내가 이전에 가끔 주장했던 것을 그들에게 말하는 것을 양해하여 주시기 바랍니다. "만약 여러분이 선택에 관한 교리를 믿지 않는다면, 여러분은 세상에서 가장 모순된 사람들입니다. 만약 그 교리가 성경에서 문자 그대로 제시되지 않았다고 하더라도, 이 한 가지는 명백한 사실입니다. 곧, 그 교리에 대해서 여러분의 신조(信條)에서도 가르친다는 것입니다." 영국성공회 기도서(the Book of Common Prayer)에는 예정설이 매우 강력하게 표현되었으며, 또한 대단히 명백하게 주장되었습니다. 우리가 이미 알고 있는 대로, 예정에 관한 교리는 매우 신비로운 진리입니다. 따라서 오직 영적으로 거듭난 사람들만이 그 교리에 대해서 주의 깊게 다룰 수 있습니다. 그러나 하나님께서 구원받을 사람들을 선택하셨으며, 그 선택에 근거해서, 그가 그들을 유효하게 부르셨기 때문에, 구원받기로 선택된 사람들은 모두 구원받는다는 것이 성경의 분명한 가르침입니다. 만약 여러분 가운데 어떤 사람이 이 주장에 이의를 제기한다면, 나는 성경의 권위를 근거로서 제시하겠습니다. 만약 교회의 신학적인 전통에 호소하는 것이 필요하다면, 나는 여러분에게 그것을 제시하겠습니다. 나는 그것이 꼭 필요하다고 확신하지 않습니다. 그리고 그렇게 생각하는 그리스도인은 거의 없을 것입니다. 그렇지만 부르심과 택하심과 관련하여, 나는 신학적인 근거에 대해서 언급하겠습니다. 왜냐하면 거룩한 사람들의 입을 통해서, 나는 그 교리를 계속해서 추적할 수 있기 때문입니다. 현재로부터 칼빈을 통해서 아우구스티누스에 이르기까지, 또한 사도 바울에게까지, 심지어 주 예수 그리스도의 입술까지, 나는 거슬러 올라갈 수 있습니다. 이와 같이, 의심할 여지 없이, 그 교리는 성경에서 가르쳐지고 있습니다. 그리고 사람들이 지나치게 교만해서 그 교리를 받아들일 수 없었던 것은 아니었습니다. 명백한 진리 그 자체로서, 많은 사람들이 그 교리를 믿고 받아들였습니다. 왜 여러분은 하나님께서 그의 자녀들을 사랑하신다는 사실을 믿지 않습니까? 하나님께서 변하지 않으신다는 것을 여러분은 알지 못합니까? 따라서 만약 하나님께서 자녀들을 사랑하신다면, 그는 반드시 그들을 언제나 사랑하셔야 마땅합니다. 만약 사람들이 구원받는다면, 하나님께서 그들을 구원하실 것이라고 여러분은 믿지 않습니까? 만약 그것이 사실이라면, 여러분에게 다음 주장을 시인하는 데에 어떤 어려움이 있습니까? 곧, 하나님께서 그들을 구원하신다면, 그들을 구원하시는 데에는 반드시 어떤 목적이 있을 것입니다. 창세 전부터, 그 목적이 세워졌던 것입니다. 그것과 관련하여, 여러분은 나의 주장에 동의하지 않겠습니까? 만약 여러분이 그렇게 하기를 원하지 않는다면, 여러분이 스스로 성경을 자세히 살펴보고 그것을 시인하기를 바랍니다. 만약 성경이 여러분에게 부르심과 택하심에 관한 가르침에 대해서 확신시켜 주지 못한다면, 나는 어쩔 수 없이 여러분을 그것에 대해서 깨닫지 못한 상태로 내버려 두어야만 할 것입니다.

그런데 왜 본문에서 **부르심**이 택하심보다 먼저 소개되느냐고 질문할 수 있을 것입니다. 왜냐하면 선택은 영원 속에서 창세 전에 이루어진 것이지만, 부르심은 시간 속에서 일어나기 때문입니다. 나는 대답합니다. 그것은 우리가 부르심을 먼저 경험하기 때문입니다. 여러분과 내가 먼저 알 수 있는 것은 부르심입니다. 우리가 부르심을 체험하기 이전에, 우리는 과연 자신이 선택받았는지에 대해서 말할 수 없습니다. 맨 먼저, 우리는 반드시 우리의 부르심에 대해서 입증해야만 합니다. 그 다음에라야, 우리가 선택받았다는 것이 매우 확실할 것입니다. "또 미리 정하신 그들을 또한 부르시고 부르신 그들을 또한 의롭다 하시고 의롭다 하신 그들을 또한 영화롭게 하셨느니라"(롬 8:30). 따라서 우리는 먼저 우리의 부르심에 대해서 알게 됩니다. 하나님의 영에 의해서, 우리는 악한 상태로부터 부르심을 받습니다. 그리고 우리는 거듭나며, 새로운 피조물이 됩니다. 그 다음, 뒤돌아보면, 우리가 이미 부르심을 받았기 때문에, 가장 확실하게 선택받은 우리 자신을 볼 수 있습니다.

본문의 내용에 대해서, 나는 이제까지 어느 정도 설명했다고 생각합니다. 여기에 두 가지 사항이 있습니다. 그것에 대해서, 여러분과 내가 분명하게 입증해야만 합니다. 곧, 과연 우리가 부르심과 택하심을 확실하게 받았느냐는 것입니다. 이 질문에 대하여, 여러분과 나는 매우 진지해야만 합니다. 택하심을 받는다는 것은 얼마나 존귀한 것인가를 숙고해 보십시오. 어떤 사람이 국회의사당에 들어가도록 선택된다는 것은 이 세상에서 대단한 것으로 여겨집니다. 그러나 영생에 들어가도록 선택된다는 것은 얼마나 더 존귀합니까? 자신의 이름이 하늘의 생명책에 기록되고, 죽음에서 다시 사신 그리스도의 교회의 구성원으로 선택된다는 것은 얼마나 더욱 존귀한 것입니까? 천사들의 동료로 선택된다는 것, 살아계신 하나님의 은총을 받고, 빛의 아름다운 자녀들 사이에서, 또한 영원한 보좌의 가장 가까이에서, 지존자와 함께 산다는 것은 얼마나 더욱 존귀합니까? 이 세상에서 선택되는 것은 일시적인 것입니다. 그러나 하나님의 택하심은 영원합니다. 어떤 사람이 국회의원으로 선출되었다고 가정합시다. 그는 자신의 직분을 아무리 길어야 칠 년 동안 유지할 수 있습니다. 그러나 만약 여러분과 내가 하나님의 의지에 따라서 선택되었다면, 별들이 빛을 비치는 것을 멈출 때에도, 오랜 세월이 지나서 태양의 빛이 희미해질 때에도, 높은 산들이 힘을 잃고 낮아질 때에도, 우리는 우리의 자리를 차지하고 있을 것입니다. 만약 우리가 하나님의 택하심을 받고 그에게 보배로운 존재라면, 우리는 영원히 택하심을 받은 것입니다. 왜냐하면 하나님께서 자신이 선택하신 대상들을 결코 바꾸시지 않기 때문입니다. 하나님께서 예정하신 사람들을 영원한 생명을 누리도록 예정하셨습니다. 예수님께서도 이렇게 말씀하셨습니다. "내가 그들에게 영생을 주노니 영원히 멸망하지 아니할 것이요 또 그들을 내 손에서 빼앗을 자가 없느니라"(요 10:28). 우리가 택하심을 받았다는 것은 알 만한 가치가 충분히 있는 것입니다. 왜냐하면 우리가 택하심을 받은 사실을 아는 것보다, 이 세상에 있는 어떤 것도 우리를 더욱 행복하게 하거나 용기를 갖게 해주지 못하기 때문입니다. 그리스도께서 사도들에게 이렇게 말씀하셨습니다. "그러나 귀신들이 너희에게 항복하는 것으로 기뻐하지 말고 너희 이름이 하늘에 기록된 것으로 기뻐하라"(눅 10:20). 그러므로 하나님께서 우리를 선택하셨다는 사실을 아는 것은 가장 달콤한 위로이며, 또한 가장 감미로운 꿀 송이들을 떨어뜨리는 벌집입니다. 사랑하는 여러분, 이 사실은 또한 여러분을 용감하게 만들어줍니다. 어떤 사람이 자신이 택하심을 받았다는 것을 확신하게 되면, 여러분은 그를 겁쟁이로 만들 수 없습니다. 심지어 가장 격렬한 전투의 한가운데에서도, 그를 절대로 항복시킬 수 없습니다. 그는 깃발을 단단히 꼭 붙잡고 있습니다. 진리의 칼로, 그는 적들을 무찌르며 나아갑니다. 그는 모든 적들에게 이렇게 외칩니다. "하나님께서 나를 진리의 기수로 정해 주시지 않았느냐? 대적들이 아무리 많다고 하더라도, 나는 진리의 깃발을 반드시 지켜야만 한다. 그리고 꼭 지킬 것이다. 나는 선택된 왕이 아니냐? 홍수라도 왕의 머리에 부어진 기름을 씻어 내릴 수 있겠는가? 아니다. 결코 그렇게 하지 못한다. 만약 하나님께서 나를 선택하셔서 영원히 왕과 제사장으로 세우셨다면, 지금이나 앞으로 나에게 어떤 일이 닥친다고 하더라도, 그것은 아무것도 아니다. 곧, 사자의 이빨이나, 불타는 풀무나, 고문대나, 화형기둥 등, 이 모든 것들은 나에게 아무것도 아니다. 왜냐하면 하나님께서 나를 택하셨고 구원하셨다는 사실을 내가 알고 있기 때문이다."

그런데 예정 교리는 사람들을 영적으로 연약하게 만든다고 주장되어 왔습니다. 그러나 그것은 거짓말입니다. 이론적으로, 그 주장은 그럴 듯합니다. 그러나 실제적으로 항상 그것과 반대되는 현상이 관찰되어졌습니다. 하나님의 예정을 믿는 사람들은 그 진리를 항상 꼭 붙잡고 있습니다. 또한 그들은 언제나 가장 용감한 행위들을 보여주었습니다. 여기에 마호메트(570-632, 이슬람교의 창시자)의 신앙과 비슷한 점이 한 가지 있습니다. 마호메트는 무엇보다도 알라 신이 자신에게 일을 하라고 정해 주었다는 확신에 근거해서 일들을 수행했다고 합니다. 만약 크롬웰(Oliver Cromwell, 1599-1658, 영국의 정치가이자 청교도 운동의 옹호자)도 하나님께서 정하신 뜻이라고 전적으로 확신하지 않았다면, 그는 자신의 앞에 있는 반대자들을 결코 물리칠 수 없었을 것입니다. 만약 어떤 사람이 하나님의 섭리를 확신하고, 하나님께서 일상생활의 사건들을 조종하신다고 여기며, 자신을 하나님의 확고한 예정에 맡기고, 또한 세상적인 모든 뜻과 소원을 물리치고, 하나님의 뜻에 인도함을 받는다면, 우리는 그 사람만큼 위대하고 용감한 행위들을 할 수 있는 강한 사람을 찾아볼 수 없을 것입니다. "그러므로 형제들아 더욱 힘써 너희 부르심과 택하심을 굳게 하라"(10절).

2. 이제 두 번째 주제로서, 좋은 권면에 대해서 설명하고자 합니다.

"너희 부르심과 택하심을 굳게 하라." 하나님께서 부르심과 택하심을 굳게
하라는 뜻이 아닙니다. 왜냐하면 이 두 가지는 하나님에게 확실하기 때문입니
다. 여러분 자신에게 부르심과 택하심을 확고하게 해야 합니다. 그것들을 확신
하십시오. 그것들에 온전히 만족하십시오. 어떤 교회들에서는 종종 의심하는 것
을 권장하기도 합니다. 어떤 교인이 그런 교회의 목회자를 찾아와서 이렇게 말
합니다. "목사님, 나는 내가 회심하지 않은 것 같아서 두렵습니다. 내가 하나님
의 자녀가 아닌 것 같아서 떨립니다. 내가 하나님께서 선택하신 사람들 가운데
포함되지 않은 것 같아서 두렵습니다." 그러면 그 목회자는 손을 내밀며 이렇게
말할 것입니다. "사랑하는 형제님, 당신이 의심할 수 있는 동안은 아무런 문제가
없습니다." 그러나 나는 그 견해가 전적으로 잘못되었다고 생각합니다. 성경은
결코 "의심하는 사람은 구원받을 것이다"라고 말하지 않기 때문입니다. 반면에
"믿는 자는 구원을 받는다"라고 증거합니다. 위에서 언급한 형제의 믿음이 좋은
상태에 있다는 것이 사실일 수 있습니다. 그가 약간의 위로를 필요로 할 수 있습
니다. 그러나 그가 의심을 품는다는 것은 좋은 것이 아닙니다. 우리는 그가 계속
해서 의심하도록 격려해서는 안 됩니다. 우리는 그가 의심으로부터 벗어나도록
권면해 주어야만 합니다. 하나님의 은혜를 통해서, 그가 "더욱 힘써 부르심과 택
하심을 굳게 하라"고 간청해야만 합니다. 그는 의심하지 말고 확신해야만 합니
다. 의심하고 있는 어떤 사람이 다음과 같이 말하는 것을 나는 들었습니다. "나
는 내가 주님에게 속해 있는지에 대해서 의심을 품고 있습니다." 그때 나는 속으
로 이렇게 말했습니다. '그렇다면 나는 당신의 믿음에 대해서 매우 의심합니다.'
또한 어떤 사람들이 주장하는 것을 나는 들었습니다. 이들은 자신들이 하나님의
백성이 아닌 것 같아서 두려워 떨고 있다고 합니다. 그러면서도 이들은 주일에
교회에 와서 의자에 앉아 있습니다. 이들은 단지 설교를 듣기만 합니다. 그러나
이들은 더욱 힘써서 믿으려고 생각하지 않습니다. 이들은 결코 선한 일을 하지
않습니다. 아마도 이들의 생활도 일관성이 없을 것입니다. 그러면서 이들은 계
속해서 의심에 대해서 이야기합니다. 이들이 의심하는 것은 매우 당연합니다.
이들은 의심할 수밖에 없습니다. 만약 이들이 의심하지 않는다면, 우리가 이들

에 대해서 의심하기 시작할 것입니다. 신앙의 문제와 관련하여 게으른 사람들은 확신을 가질 자격이 없습니다. 그러므로 본문은 우리에게 다음과 같이 증거합니다. "더욱 힘써 너희 부르심과 택하심을 굳게 하라."

부르심과 택하심에 대해서 온전하게 확신하는 것은 매우 훌륭한 것에 도달하는 것입니다. 이 세상에서 믿음을 갖고 또한 자신의 부르심과 택하심에 대해서 전적으로 확신하는 것은 사람에게 유익한 것입니다. 그렇다면 어떻게 확신을 가질 수 있습니까? 영적으로 무지한 많은 사람들은 이렇게 상상합니다. 오직 어떤 계시라든가 꿈이라든가 신비로운 체험을 통해서, 그들은 자신들이 택하심을 받은 것을 확신할 수 있다고 추측합니다. 자신들이 본 환상들을 신뢰하는 어떤 사람들의 말을 듣고, 나는 크게 웃었습니다. 만약 여러분이 나처럼, 영적으로 무지한 신앙인들을 많이 겪어보았다면, 그들의 수많은 의심과 두려움을 해결해 주어야만 했다면, 여러분은 꿈과 환상에 대해서 몹시 넌더리가 날 것입니다. 만약 어떤 사람이 이들에 대해서 이야기하는 것을 시작하자마자, 여러분은 곧장 이렇게 말할 것입니다. "그런 것에 관해서라면, 입을 다물어 주십시오." 어떤 여인이 나에게 이렇게 설명했습니다. "목사님, 내가 기도할 때, 응접실 앞쪽에서 푸른빛이 비치는 것을 보았습니다. 나는 예수님께서 구석에 서 계신 것을 보았습니다. 그러자 '나는 안전하다'라고 스스로 말했습니다." 자신들이 부르심과 택하심을 받았다고 믿는 근거로서, 이 나라의 방방곡곡에 사는 수많은 사람들과 또한 기독교인들은 어떤 우스꽝스러운 환상을 보았으며 어떤 터무니없는 음성을 들었다고 주장합니다. 그러나 그것은 믿을 만한 근거가 되지 못합니다.

언젠가 한 젊은 여인이 나를 찾아왔습니다. 그 여인은 교회에 나오기를 원했습니다. 나는 물었습니다. "어떻게 당신은 자신이 회심했다고 알 수 있습니까?" 그 여인은 정원에서 땅바닥에 주저앉아 있었다고 합니다. 그때 어떤 음성을 들었다는 것입니다. 또한 무엇인가 공중으로 올라가서 구름 속으로 들어가는 것을 보았다고 합니다. 그 대상이 이 여인에게 여러 가지 말을 들려주었다는 것입니다. 그래서 나는 다음과 같이 대답했습니다. "자매님이 보고 들은 것은 자매님에게 좋은 것을 가져다주는 수단의 역할을 했습니다. 그러나 만약 자매님이 그 체험 자체를 신뢰한다면, 그것은 바람직하지 않습니다." 어떤 꿈이나 환상은 때때로 사람들을 그리스도에게로 인도합니다. 의심의 여지 없이, 꿈이나 환상에 의해서, 예수님에게 인도된 사람들을 나는 많이 알고 있습니다. 그러나 어떻게 그런 일이 일어났는지에 대해서 나는 분명하게 알지 못합니다. 그러나 만약 사람들이 자신들이 회심했다는 증거로서 꿈이나 환상을 제시한다면, 그것은 잘못된 것입니다. 왜냐하면 여러분은 오만 번이나 꿈을 꾸고 또한 오만 번이나 환상을 볼 수 있을 것입니다. 그런데도 불구하고 여러분은 여전히 영적으로 무지하고 더욱 큰 죄인으로 머물러 있을 수 있기 때문입니다. 이 모든 것보다, 여러분은 더욱 훌륭한 증거를 가져야만 합니다. 곧, 여러분은 "더욱 힘써 부르심과 택하심을" 받은 것을 견고하게 하십시오.

어떤 사람은 이렇게 질문합니다. "어떻게 내가 나의 부르심과 택하심을 굳게 할 수 있습니까?" 이 질문에 대한 대답은 이렇습니다. 만약 여러분이 의심하는 상태와 게으른 상태에서 벗어난다면, 만약 여러분이 두려워 떠는 상태에서 벗어난다면, 또한 영적으로 무관심하고 미지근한 상태에서 벗어난다면, 여러분은 그것을 견고하게 할 수 있습니다. 왜냐하면 미지근함과 의심과 게으름과 두려워 떠는 것은 서로 밀접하게 연결되어 있기 때문입니다. 만약 성령님의 영향력과 도우심으로, 여러분이 믿음에 대해서 온전히 확신하는 하나님의 특별한 은혜를 체험하기를 원한다면, 성경이 여러분에게 권면하는 것을 실행하십시오. "더욱 힘써 너희 부르심과 택하심을 굳게 하라." 그렇다면 무엇에 더욱 힘써야만 하는 것입니까? 성경이 우리에게 어떤 목록을 주었는지 살펴보십시오(참조. 벧후 1:5-7). 먼저 여러분의 **믿음**을 굳게 하는 일에 힘쓰십시오. 여러분의 믿음이 올바른 믿음인지 잘 돌보십시오. 믿음은 신조가 아니라 신뢰입니다. 믿음은 단순히 교리를 믿는 것이 아닙니다. 믿음은 교리를 가슴으로 받아들이는 것입니다. 또한 믿음은 교리가 여러분의 영혼 안에서 실용적인 빛이 되는 것입니다. 여러분의 믿음이 꼭 필요하다는 것을 명심하십시오. 신뢰할 수 있는 다른 대상은 없기 때문에 여러분이 그리스도를 믿는다는 사실에 유의하십시오. 믿음은 오직 예수 그리스도에게만 매달려야 하는 단순한 것입니다. 여러분이 믿어야 할 다른 대상은 전혀 없습니다. 믿음은 여러분이 오직 십자가에 못 박히신 예수 그리스도만을 의지하는 것입니다. 만약 여러분이 믿음을 견고하게 하는데 힘썼다면, 그 다음에는 용기를 갖는 일에 힘쓰기 바랍니다. 또한 덕을 얻으려고 노력하십시오. 여러분에게 사자의 얼굴을 갖게 해달라고 하나님께 간구하십시오. 대적들이 여러분을 아무리 비웃고 위협할지라도, 결코 어떤 대적도 두려워하지 않는 용기를 지니게 해달라고 간청하십시오. 또한 여러분이 정의감을 지닌 채, 하나님을 신뢰하며 담대하게 나아갈 수 있도록 간절히 기도하십시오. 성령님의 도우심을 통해서, 용기를 갖게 되었다면, 그 다음에는 성경을 부지런히 연구하십시오. 그래서 성경에 대한 지식을 얻도록 힘쓰십시오. 왜냐하면 성경의 가르침에 대해서 많이 알게 되면, 그것은 여러분의 믿음을 더욱 굳세게 만들어 주기 때문입니다. 하나님의 말씀을 깨닫기 위해서 노력하십시오. 말씀을 영적으로 잘 분별하기를 바랍니다. 만약 가능하다면, 성경에 대해서 체계적인 지식을 갖추도록 하십시오. 성경의 모든 가르침들을 서로 연결해서 이해하십시오. 하나님의 말씀에는 오류가 없습니다. 그 말씀에 기초한 진정한 신학적인 지식을 얻으려고 노력하십시오. 가장 멸시를 받았지만, 모든 것 가운데에서 가장 필수적인 학문, 곧 십자가에 달리신 그리스도에 대한 학문, 하나님의 은혜에 대한 가장 위대한 가르침을 진지하게 열심히 배우기 바랍니다.

그 다음, 지식에 절제를 더하기 바랍니다. 여러분의 육신에 대해서 주의하십시오. 육신을 절제하기 바랍니다. 여러분의 마음에 주의를 기울이기 바랍니다. 온건한 마음을 지니십시오. 교만에 빠지지 마십시오. 자만심으로 근거 없이 높아지지 마십시오. 여러분의 친구들에게 거칠게 대하지 마십시오. 또한 대적자들을 너무 가혹하게 대하지 마십시오. 입을 절제하고, 생각을 절제하고, 마음을 절제하고, 또한 행동을 절제하십시오. 화를 내지 마십시오. 잘못된 가르침에 휩쓸리지 마십시오. 모든 일에 절제하십시오. 그리고 성령님에 의해서, 절제에 인내를 더하십시오. 하나님에게 고난을 견딜 수 있는 인내를 달라고 간구하십시오. 연단을 받은 후에, 인내는 정금같이 빛날 것입니다. 인내의 옷을 입으십시오. 그러면 질병의 고통 속에서도, 여러분은 불평하지 않을 것입니다. 또한 소유물을 잃어버려도 하나님을 원망하지 않을 것이며, 고난을 당해도 낙심하지 않을 것입니다. 성령님께서 여러분을 끝까지 참고 견디며 잘 인내할 수 있게 해주실 때까지, 쉬지 말고 기도하십시오. 여러분이 인내를 소유했으면, 경건을 얻으려고 힘쓰십시오. 경건은 외적인 종교 행위보다 더 숭고한 것을 의미합니다. 그래서 외적으로 가장 종교적인 사람이 가장 경건하지 못한 사람일 수 있습니다. 때때로 경건한 사람은 비종교적인 것처럼 보일 수도 있습니다. 서로 모순되는 것처럼 들리는 이 점에 대해서 설명하고자 합니다. 종교적인 사람은 종교 의식에 치중합니다. 그는 교회에 가서 예배에 참석합니다. 외면적으로 볼 때, 그는 선합니다. 그러나 종교의 내용에는 관심이 별로 없습니다. 반면에, 경건한 사람은 외모에 신경을 쓰지 않고, 사람 자체에 관심을 갖습니다. 그는 외적인 모양에 관심을 기울이지 않습니다. 경건한 사람으로서, 종교적인 의식도 존중하지만, 그는 내면적이며 영적인 은혜에 마음을 집중시킵니다. 그런데 외적인 형식을 상당히 무시하면서도, 경건한 사람들이 있습니다. 그러나 어떤 사람이 일반적인 속된 의미에 근거해서가 아니라, 외적인 종교 의식과 내면적인 경건이라는 두 단어들이 지니고 있는 진정한 의미에서 경건하지 않다면, 그 사람은 온전히 의로운 사람이 아닙니다. 그러므로 여러분의 인내에 하나님을 바라보는 눈을 더하기 바랍니다. 하나님 앞에서 사십시오. 하나님과 가까이 거하십시오. 하나님과 친밀한 교제를 나누십시오. 그러면 여러분은 경건해질 것입니다.

그 다음, 경건에 형제 우애를 더하십시오. 그리스도의 교회의 모든 교인들을 사랑하십시오. 모든 교파의 성도들을 사랑하십시오. 그것 위에, 모든 사람들에게 팔을 넓게 벌리는 사랑을 더하십시오. 그들을 사랑하십시오. 이 모든 덕목들을 갖추게 되면, 여러분은 하나님으로부터 부르심과 택하심을 받은 것을 알게 될 것입니다. 하나님께서 기뻐하시는 방법대로, 하늘이 부여한 이 생활규범을 여러분이 실천하는 것에 비례해서 여러분이 부르심을 받고 선택받았다는 사실을 깨닫게 될 것입니다. 다른 수단에 의해서 여러분은 그것을 알 수 없습니다. 오직 성령님께서 여러분의 심령에 증거해주는 것을 통해서 여러분은 하나님으로부터 거듭났다는 사실을 알 수 있습니다. 또한 성령님의 증거에 의해서, 여러분은 과거의 모습 그대로가 아니라 예수 그리스도 안에서 새 사람이 되었다는 사실을 깨달을 수 있습니다. 여러분은 부르심을 받았으며, 또한 택하심을 받았습니다.

저기에 있는 사람은 자신이 택하심을 받았다고 주장합니다. 그런데 그는 술에 취해 있습니다. 그렇습니다. 당신은 마귀의 선택을 받았습니다. 그것이 여러분이 받은 유일한 선택입니다. 또 어떤 사람은 이렇게 말합니다. "하나님을 찬양합니다. 부르심과 택하심을 받은 증거에 대해서, 나는 전혀 관심이 없습니다. 나는 당신들처럼 율법적인 사람이 아닙니다." 아닙니다. 나는 감히 선언합니다. 그렇게 말한다면, 당신은 선택받지 못했습니다. 만약 당신이 거듭남에 대한 이 증거들에 주의하지도 않고, 보여주지도 못한다면, 부르심과 택하심과 관련하여, 당신은 하나님을 찬양할 커다란 이유를 갖고 있지 않습니다. "하나님은 업신여김을 받지 아니하시나니 사람이 무엇으로 심든지 그대로 거두리라"(갈 6:10). 또 다른 사람은 다음과 같이 주장합니다. "나는 선택의 교리가 그리스도인을 방종하게 만드는 가르침이라고 생각합니다." 여러분이 원하는 대로 생각하십시오. 오늘 설교에서 지적한 대로, 이 교리에는 방종하게 하는 요소가 전혀 없다는 것을 나는 또다시 증거합니다. 십중팔구 당신은 방종한 삶을 살고 있을 것입니다. 만약 당신이 단순히 이 교리를 믿지만 변화되는 것에 전혀 관심이 없다면, 바로 당신이 이 교리를 방종한 것으로 만들 것입니다. "깨끗한 사람들에게는 모든 것이 깨끗합니다"(딛 1:15). 하나님의 진리를 자신의 마음속에 받아들인 사람은 그것을 왜곡시키지 않습니다. 또한 그 사람은 진리를 떠나서, 악한 길로 빠지지 않습니다. 자신이 하나님에 의해서 새롭게 변화되지 않았다면, 아무도 하나님께서 그를 선택하셨다고 믿을 수 있는 권리가 전혀 없습니다. 만약 어떤 사람의 삶이 하나님께서 부르신 의도와 상당 부분 일치하지 않는다면, 또한 그의 부르심에 합당하게 행하지 않는다면, 그는 자신이 부르심을 받았다고 믿을 만한 아무런 자격도 갖고 있지 않습니다.

여러분을 죄악 가운데서 살게 하는 바보 같은 선택이여! 그 선택을 치워 버리십시오! 그 선택을 내다 버리십시오! 그것은 결코 하나님의 말씀이 의도하는 선택이 아닙니다. 그것은 칼빈주의자들이 주장하는 예정 교리도 아닙니다. 선택 교리와 관련하여, 우리는 많은 반대에 부딪혀 왔고, 또한 우리의 가르침은 자주 왜곡되어 전해졌습니다. 그렇지만 우리는 항상 이 입장을 지지합니다. 곧, 선한 행위로는 구원을 얻을 수도 없고, 또한 구원을 받을 만한 공로를 조금도 세울 수 없습니다. 그러나 선한 행위는 구원을 받았다는 사실에 대한 필수적인 증거입니다. 만약 어떤 사람에게 선한 행위가 없다면, 그의 영혼은 여전히 죽어 있는 것입니다. 그는 부르심을 받지도 새로워지지도 않았습니다. 여러분이 그리스도에게 좀 더 가깝게 살수록, 여러분은 더욱 그를 본받게 됩니다. 여러분의 삶이 그의 삶과 좀 더 많이 일치할수록, 또한 여러분이 믿음으로 그에게 더욱 의지할수록, 여러분은 그리스도 안에서 여러분의 택하심과 성령님을 통한 여러분의 부르심을 더욱 확신할 수 있을 것입니다. 이스라엘의 거룩하신 분께서 여러분에게 "선함에 대한 증거들"을 주셔서, 하나님의 풍성한 은혜 안에서 여러분이 선한 행위를 실천하게 해주시기를 바랍니다. 그래서 여러분이 부르심과 택하심에 대한 하나님의 은혜를 확신하기 바랍니다.

3. 이제 우리가 부르심과 택하심을 받은 것을 굳게 해야 하는 이유들에 대해서 베드로가 제시한 것을 여러분에게 설명하고자 합니다.

그것과 관련하여, 내가 덧붙여서 말한 것을 언급하면서 시작하려고 합니다. 내가 앞에서 말한 것처럼, 그것은 여러분을 매우 행복하게 만들어 줄 것입니다. 자신들의 부르심과 택하심에 대해서 의심하는 사람들은 기쁨으로 가득할 수 없습니다. 그러나 그 사실을 알고 믿는 성도들은 가장 행복한 사람들입니다. 어떤 사람들이 부르심과 택하심에 대한 우리의 가르침이 터무니없는 논리라고 말하는 것을 여러분은 알고 있습니다. 또한 여러분은 그들의 주장에 대한 나의 답변도 알고 있습니다. 오히려 그들 자신이 근거 없이 황당한 주장들을 펼치고 있는 것입니다. 만약 그들이 조금 더 위를 바라보고, 아래를 조금 적게 바라본다면, 서로 논란을 벌일 필요가 없을 것입니다. 왜냐하면 오직 믿음을 통해서만, 그들은 택하심에 대한 가르침을 장미꽃처럼 아름답게 피게 할 수 있으며, 갈멜 산과 사론 평야의 뛰어난 아름다움(참조. 사 35:2)을 가져다줄 수 있을 것이기 때문입니다. 그러나 자신들이 믿지 않기 때문에, 그들은 그렇게 시끄러운 소리를 냅니다. 우리의 행복과 믿음은 상당한 정도로 서로 비례합니다. 그리스도인에게 행복과 믿음은 마치 쌍둥이와 같습니다. 그 두 가지는 반드시 함께 자라거나 아니면 같이 쇠약해집니다.

> "내가 하나님을 나의 하나님이라고 말할 수 있을 때,
> 나는 모든 슬픔을 버릴 수 있나이다.
> 나는 발로 세상을 밟을 수 있나이다.
> 이 땅이 선하고 위대하다고 일컫는 모든 것들을
> 또한 발로 밟을 수 있나이다."

> "어두컴컴한 의심들이 마음속에 가득할 때,
> 하나님을 나의 하나님이라고 부르는 것이 두렵나이다.
> 그러면 어느 곳에서도 위로를 얻지 못한 채,
> 나의 모든 희망들은 하나하나 사라져간다네."

오직 믿음만이 그리스도인을 행복한 삶으로 인도할 수 있습니다.

　　그러면 이제 베드로가 제시한 이유들에 대해서 살펴봅시다. 첫 번째 이유는 "너희가 이것을 행한즉 언제든지 실족하지 아니하리라"는 것입니다. 그런데 어떤 사람은 이렇게 말합니다. "만약 우리가 하나님의 택하심에 주의를 기울이게 되면, 우리는 일상생활을 소홀히 할 수 있을 것입니다. 하늘의 별들을 관찰하며 걷다가 웅덩이에 빠졌던 옛날 그리스의 철학자 탈레스처럼 우리도 그렇게 될 수 있을 것입니다." 베드로는 그 주장에 대해서 이렇게 반박할 것입니다. "아닙니다. 결코 그렇지 않습니다. 만약 여러분의 부르심과 택하심을 잘 보살핀다면, 여러분은 넘어지지 않을 것입니다. 만약 여러분이 눈을 들어 하늘을 보며, 여러분의 부르심과 택하심을 구한다면, 하나님께서 발걸음을 지켜주셔서 여러분은 결코 넘어지지 않을 것입니다." 많은 교회들과 집회들에서, 여러분이 오늘에 대한 설교를 자주 듣지 못한다는 것은 주목할 만한 일이 아닙니까? 영원이나 천년왕국에 대해서, 인간이 지음받기 이전에 하나님께서 무엇을 하셨는가에 대해서, 또는 모든 사람들이 죽어서 무덤에 묻힌다면, 하나님께서 어떤 일을 하실지 등에 대한 설교들을 우리는 언제나 듣고 있습니다. "우리의 일상생활과 대화에서 오늘 우리가 무엇을 해야 하는가?"라는 주제에 대해서 목회자들이 거의 설교하지 않는다는 것은 매우 안타까운 일입니다.

　　베드로는 이 문제점을 해결해 줍니다. 그는 다음과 같이 말합니다. "택하심은 실제적인 것과 관련되어 있습니다. 왜냐하면 신중하게 실천하는 것을 통해서, 오직 여러분이 자신의 택하심에 대해서 스스로 응답할 수 있기 때문입니다. 여러분이 신중하게 실천하며 자신의 택하심에 대해서 확신할 때, 여러분은 넘어지지 않기 위해서 최선을 다하는 것입니다." 진정한 그리스도인은 넘어지지 않는 것이 바람직하지 않습니까? 넘어지는 것과 떨어져 나가는 것의 차이점을 인식하기 바랍니다. 진정한 그리스도인은 결코 떨어져 나가서 멸망할 수 없습니다. 그렇지만 그는 넘어져서 다칠 수 있습니다. 그는 넘어질 수 있을지라도, 목이 부러지지는 않을 것입니다. 그러나 목이 부러지지 않았다고 하더라도, 다리가 부러진 것도 좋은 일은 아닙니다. "그는 넘어지나 아주 엎드러지지 아니함은 여호와께서 그의 손으로 붙드심이로다"(시 37:24). 그렇지만 그것은 그가 자신의 몸을 돌 위에 던져도 되는 근거를 제공하는 것이 아닙니다. 그리스도인은 날마다 더욱 거룩해지기를 바랍니다. 매 시간마다 더욱 철저하게 새로워지기를 소원합니다. 마침내 영원한 축복의 나라에 들어가서, 그리스도의 형상과 일치하게 될 것입니다. 따라서 만약 여러분이 자신의 부르심과 택하심을 주의 깊게 보살핀다면, 자신이 넘어지지 않기 위해서, 여러분은 이 세상에서 최선의 일을 하는 것입니다. 왜냐하면 만약 여러분이 그렇게 한다면, 여러분은 절대로 넘어지지 않을 것이기 때문입니다.

이제 또 다른 이유에 대해서 살펴보려고 합니다. "이같이 하면 우리 주 곧 구주 예수 그리스도의 영원한 나라에 들어감을 넉넉히 너희에게 주시리라"(11절). 영원한 나라에 "넉넉히 들어가는 것"에 대해서, 우리는 다음과 같이 설명할 수 있을 것입니다. 저기에 배 한 척이 있습니다. 오랫동안 항해를 하고나서, 그 배는 항구에 가까이 왔습니다. 여기저기 흠이 나 있고 부서진 곳도 있습니다. 돛은 여러 갈래로 찢어졌습니다. 그 배는 상태가 너무 좋지 않아서, 항구까지 직접 들어갈 수 없습니다. 그래서 예인선이 그 배를 간신히 조심스럽게 끌고 갑니다. 그 배의 모습은 "겨우 구원을 받는 의인"과 같습니다(참조. 벧전 4:18). 여러분에게 또 다른 배가 보입니까? 그 배는 성공적으로 항해를 했습니다. 짐을 가득 싣고서, 모든 돛들을 올리고, 넓은 흰색 천으로 만든 돛으로 바람을 듬뿍 받으며, 그 배는 항구를 향해서 기쁘고 당당하게 미끄러지듯이 들어오고 있습니다. 그 모습이 바로 "넉넉히 들어가는 것"입니다. 만약 성령님의 도우심을 통해서, 여러분과 내가 "믿음에 덕을 더하고"를 비롯하여, 여러 가지 덕목들(참조. 벧후 1:5-7)을 실천한다면, 마침내 우리는 "우리 주 곧 구주 예수 그리스도의 영원한 나라에 넉넉히 들어갈" 수 있을 것입니다. 여기 어떤 그리스도인이 있습니다. 그의 삶에는 모순된 말과 행동이 많이 있었습니다. 그는 그것에 대해서 슬퍼하고 있습니다. 그는 자기의 침대 위에 누워서, 이제 죽음을 기다리고 있습니다. 지난날들에 대한 추억이 갑자기 그의 마음속에 떠오릅니다. 그러자 그는 이렇게 부르짖습니다. "오, 하나님! 나를 불쌍히 여겨주시옵소서. 나는 죄인입니다." 그의 기도는 응답받았습니다. 그는 틀림없이 그리스도를 믿습니다. 그는 구원을 받을 것입니다. 그렇지만 병상 위에서, 그는 얼마나 많은 슬픔을 겪어야만 합니까? "오, 내가 하나님을 좀 더 잘 섬겼으면 좋았을 텐데. 하나님의 말씀과 훈계에 근거해서, 내가 자식들을 더 잘 양육시켰으면, 나는 분명하게 구원받았을 텐데." 그는 계속해서 탄식합니다. "비록 내가 구원을 받는다고 하더라도, 나는 아직 그것을 누릴 수 없습니다. 나는 우울함과 근심과 어둠 속에서 죽어가고 있습니다. 나 자신도 언젠가 믿음의 선조들이 있는 곳으로 가게 된다는 것을 나는 믿습니다. 또한 소망합니다. 그러나 나에게는 선하고 의로운 행위의 열매가 거의 없습니다. 비록 나는 구원을 받지만, 겨우 구원을 받는 것입니다. 곧, 나는 '구원을 받되 불 가운데서 받은 것'(고전 3:15) 같습니다."

"여기에 또 한 사람이 있습니다. 그 사람도 지금 죽어가고 있습니다. 그가 무엇을 의지하는지 물어보기 바랍니다. 그러면 그는 여러분에게 이렇게 대답할 것입니다. "예수님 이외에, 나는 누구도 어느 것도 신뢰하지 않습니다." 그가 지난날의 삶에 대해서 돌이켜보는 것에 주의를 기울여서 들어보십시오. "그와 같은 장소에서, 나는 복음에 대해서 증거했습니다. 그러자 하나님께서 나를 도와주셨습니다." 그는 자신이 행한 일에 대해서 스스로 자랑하지 않을 것입니다. 그는 자신에 대해서 자부심을 갖고 있지 않습니다. 그는 자신의 두 팔을 하늘을 향해서 뻗칩니다. 오랜 세월 동안, 자신의 옷을 깨끗하게 할 수 있도록 하나님께서 도와주신 것에 대해서, 그는 하나님을 찬양합니다. 무르익은 곡식단과 같이, 이제 그는 주님의 곳간에 모아질 것입니다. 그의 말을 주의 깊게 들어보십시오. 그는 두려워서 떨면서 혀가 짧은 듯이 말하고 있지 않습니다. 그는 죽어가면서도, "승리, 영원한 승리!'라고 외칩니다. 그리고 눈을 감고, 그는 용사처럼 영광 가운데 이 땅에서의 삶을 마감합니다. 이와 같이, "더욱 힘써 자신의 부르심과 택하심을 굳게 하는" 사람은 "우리 주 곧 구주 예수 그리스도의 영원한 나라에 들어감을 넉넉히" 확보할 것입니다.

그런데 "구원을 받되 불 가운데서 받은 것 같으리라"(고전 3:15)는 말씀에는 얼마나 무서운 광경이 암시되어 있습니까? 나는 그 모습에 대해서 여러분에게 설명하려고 합니다. 어떤 사람이 요단 강가에 왔습니다. 그에게 죽음이 가까이 다가왔습니다. 그는 신자입니다. 그러나 그는 겨우 믿음을 지니고 있을 뿐입니다. 그는 자신이 원했던 바대로 살지 못했습니다. 그 자신도 지금 그것을 원하지 않습니다. 그러나 이제 죽음은 어김없이 그를 찾아옵니다. 그는 죽음의 강, 요단 강물에 첫발자국을 내디뎌야만 합니다. 불길이 그의 발을 감쌀 때 그의 두려움이 어떠할지 판단해 보십시오. 그는 강바닥의 뜨거운 모래를 밟습니다. 그리고 또 한 걸음을 떼어놓습니다. 그러자 그의 머리카락은 곤두섭니다. 그의 눈은 저쪽 강변 위에 펼쳐진 하늘나라에 고정되어 있습니다. 그의 얼굴은 공포로 일그러져 있습니다. 그는 또 한 걸음 앞으로 나아갑니다. 그러자 이제 불길이 무릎까지 올라옵니다. 또 한 걸음을 떼어놓자, 불길이 허리까지 올라옵니다. 이것이 바로 "구원을 받되 불 가운데서 받은 것 같으리라"의 모습입니다. 어떤 강한 손이 그를 붙잡았습니다. 그 손은 그를 강물에서 건져내어 위로 들어올렸습니다. 그러나 비록 그리스도인이 구원받기는 하지만 불 가운데서 구원받는 것 같다면, 죽음이 얼마나 두려운 것이겠습니까? 건너편 강가에서, 그는 놀란 채 뒤를 돌아다보았습니다. 그는 여전히 불길을 볼 수 있습니다. 이 세상에서의 삶에 무관심했던 결과로 말미암아, 그는 그 불길을 통과해야만 했던 것입니다. 하나님께 감사하게도, 과연 그는 구원받았습니다. 그가 상속받을 하늘나라는 위대합니다. 그는 황금 면류관을 받을 것입니다. 그가 받을 하프는 신비로운 소리를 낼 것입니다. 그는 영원히 하나님을 찬양할 것입니다. 그의 축복은 없어지지 않을 것입니다. 그러나 자신의 죄로 말미암아, 그가 죽는 순간에 마지막으로 통과해야 하는 문에는 두려움과 고통이 있을 것입니다. 그러나 그는 "구원을 받되 불 가운데서" 구원받는 것과 같을 것입니다.

한편 또 다른 사람을 자세히 살펴보십시오. 그에게도 죽음이 임박했습니다. 그는 때때로 죽음에 대해서 두려워했습니다. 그는 요단 강물에 첫 발을 내딛습니다. 그러자 그의 몸이 떨립니다. 맥박이 점점 약해집니다. 그의 눈은 거의 감겼습니다. 그는 간신히 입을 열고, 이렇게 말합니다. "예수님, 당신은 나와 함께 계십니다. 당신은 나와 함께 하십니다. 이 강물을 무사히 통과하게 해주시옵소서!" 그리고 또 한 발을 내딛습니다. 그러자 이제 강물이 그를 시원하게 해줍니다. 그는 손바닥으로 강물을 떠서, 맛을 봅니다. 강가에서 눈물을 흘리며 그를 지켜보고 있는 사람들에게 그는, 죽는 것은 축복이라고 말합니다. 나아가 그는 다음과 같이 말합니다. "죽음의 요단 강물은 달콤합니다. 전혀 쓰지 않습니다. 죽는 것은 참으로 복됩니다." 그는 한 걸음 앞으로 나아갑니다. 이제 강물에 푹 잠겨, 더 이상 보이지 않게 되었을 때, 그는 이렇게 고백합니다.

> "나의 눈동자가 물속에 잠기는 것을 당신들이 지켜보고 있을 때,
> 나에게 죽음의 순간들은 얼마나 황홀하게 흘러가는지요!
> 나의 뺨은 이제 죽음으로 창백해져도
> 나의 영혼 속에는 영광이 있네!"

이와 같이, 하나님을 헌신적으로 섬긴 사람은 영원한 나라에 넉넉히 들어갑

니다. 하나님의 은혜에 의해서, 그는 이 세상에서 구름 한 점 없는 맑은 하늘 아래 펼쳐진 길을 온전하게 걸어갔습니다. 온갖 노력을 기울여서, 그는 자신의 "부르심과 택하심을 굳게" 만들었습니다. 따라서 빚이 아니라, 하나님의 은혜에 근거한 보상으로서, 그는 다른 사람들보다 더욱 커다란 명예를 지니고, 더욱 쉽게 하늘나라에 들어갔습니다. 그런데 다른 사람들도 마찬가지로 구원받았습니다. 그러나 그들은 그 사람과 같이 당당한 모습으로 구원받지 못했습니다.

마지막으로, 한 가지에 대해서 더 생각해 보려고 합니다. 본문에는 영원한 나라에 들어감을 "너희에게 주시리라"고 언급되어 있습니다. 이 표현은 나에게 중요한 사실에 대해서 암시해 줍니다. 그리고 도드리지(Philip Doddridge 1702-1751, 영국의 비국교도 목회자, 찬송시 작사자)도 이 점에 대해서 깊이 묵상했습니다. 우리가 죽으면, 그리스도께서 우리를 맞이하시려고 하늘 문을 여실 것입니다. 그런데 거룩한 미덕들, 곧 우리의 선한 행위들이 우리의 뒤에 따라올 것입니다. 그것들은 우리가 하늘나라의 문 안으로 들어가도록 섬길 것입니다. 나는 때때로 이러한 생각을 해봅니다. 만약 하나님의 도움으로 내가 살아 있는 동안 이 교회를 잘 섬겨서 많은 사람들이 구원받게 하고, 언젠가 죽게 된다면, 내가 하늘나라에 들어간다는 것이 얼마나 유쾌한 일이겠습니까? 내가 하늘나라의 문 앞에 이르게 되면, 그리스도뿐만 아니라 여러분 가운데 많은 사람들도 내가 그 안으로 들어가도록 도와줄 것입니다. 어떤 성도님이 문 앞에서 나를 만나고, 이렇게 말할 것입니다. "목사님은 내가 구원을 받는데 결정적인 도움을 주셨습니다." 또한 사람, 또 다른 사람 등, 많은 사람들이 큰 소리로 같은 말을 할 것입니다. 횟필드 목사님은 하나님의 매우 존경할 만한 종입니다. 그가 천국에 들어가셨을 때, 그를 만나려고 큰 무리가 천국 문으로 달려 나왔을 것이라고 나는 생각합니다. 천국에는 그 목사님이 하나님에게로 인도했던 수천 명의 사람들이 있을 것입니다. 오, 그들은 문을 얼마나 활짝 열겠습니까? 그들은 그 목사님이 영원한 나라로 넉넉히 들어오도록 얼마나 그를 섬기겠습니까? 그를 통해서, 하나님께서 그들을 천국으로 인도하셨다고, 그들은 얼마나 하나님을 찬양하겠습니까? 아마도 여러분 가운데 어떤 사람들은 천국에서 별이 없는 면류관을 쓰게 될 것입니다. 왜냐하면 여러분은 사람들에게 결코 선한 일을 하지 않았기 때문입니다. 또한 여러분은 영혼을 구원하는 도구로 전혀 쓰임을 받지 않았기 때문입니다. 따라서 여러분은 별이 없는 면류관을 받을 것입니다. 그러나 "많은 사람들을 옳은 데로 돌아오게 한 사람들은 별과 같이 영원토록 빛날 것입니다"(단 12:3). 그들에게는 영원한 나라에 들어감이 넉넉히 주어질 것입니다. 나는 천국에서 대단히 무거운 면류관을 받기를 원합니다. 나는 그 면류관을 쓰려는 것이 아닙니다. 그리스도께 드리기 위해서, 나는 모든 진귀한 선물들을 더욱 많이 갖기를 바랍니다. 나와 같이, 여러분도 동일한 것을 갖기를 소망해야만 합니다. 여러분이 존귀한 것들을 더욱 많이 갖게 되어, 장차 주님의 발 앞에 그것들을 내려놓으며 이렇게 고백할 수 있기를 바랍니다. "오, 그리스도여! 우리가 아니라, 주님의 이름에 영광을 돌리기를 원합니다." 형제자매 여러분! 그러므로 더욱더 힘써서, 여러분이 부르심을 받은 것과 택하심을 받은 것을 굳게 하십시오.

이제 이 말씀을 드리면서 설교를 마무리하고자 합니다. 여러분 중에서 어떤 사람들은 오늘 본문과 아무런 상관이 없습니다. 그들은 "부르심과 택하심"을 굳게 할 수 없습니다. 왜냐하면 그들은 아직 부르심을 받지 못했기 때문입니다. 만약 여러분이 부르심을 받은 적이 없다면, 택하심을 받았다고 믿을 권리가 여러분에게 없는 것입니다. 나는 그러한 사람들에게 말합니다. 여러분이 택하심을 받았는지에 대해서 맨 먼저 질문하지 마십시오. 그 대신 여러분이 부르심을 받았는지에 대해서 물어보십시오. 하나님의 집에 가서, 무릎을 꿇고 기도하십시오. 무한히 자비하신 하나님께서 여러분을 불러 주시기를 간절히 바랍니다. 그리고 주님 앞에서, 여러분은 다음과 같이 고백하십시오.

"주님께 드릴 것이 내 손 안에는 아무것도 없나이다.
그러나 나는 오직 주님의 십자가만을 의지하나이다."

만약 여러분 가운데 어떤 사람이 자신이 의로운 존재라는 생각을 완전히 버리고, 지금 그리스도에게 나와서, 그가 여러분의 모든 것이 되시게 한다면, 여러분은 부르심과 택하심을 받을 것입니다. 그 다음, 여러분의 "부르심과 택하심을 굳게" 하십시오. 그리고 여러분의 길을 기뻐하며 가십시오. 하나님께서 여러분을 축복해 주시기를 바랍니다. 성부와 성자와 성령께 영광이 영원히 있을지어다! 아멘.

제
3
장

—

타락한 천사들이
타락한 인간에게 주는 교훈

—

"하나님이 범죄한 천사들을 용서하지 아니하시고 지옥에 던 져 어두운 구덩이에 두어 심판 때까지 지키게 하셨으며"— 벧후 2:4

　　"이는 다 옛 기록에 의존한 것이라"(대상 4:22). 대부분의 사람들은 가장 최근의 뉴스를 듣고 싶어합니다. 오늘 설교에서, 우리는 아주 먼 옛날에 일어났던 일에 대해서 다루게 될 것입니다. 곧, 사람이 지음을 받기 이전에 발생한 어떤 심각한 사건에 대해서 생각해 보려고 합니다. 과거에 하나님께서 피조물들에게 어떻게 대하셨는지를 회상해 보는 것은 우리에게 유익을 가져다 줄 것입니다. 여기에 역사의 가치가 있는 것입니다. 우리는 단지 하나님께서 인간을 대하신 것에만 관심을 기울여서는 안 될 것입니다. 그런데 하나님의 피조물인 천사들은 인간과는 다른 존재 방식을 지니고 있습니다. 인간이 두 번째로 죄인이 되기에 앞서, 하나님께서 천사들을 어떻게 다루셨는가를 우리는 자세히 살펴보아야만 합니다. 만약 천사들이 하나님의 뜻을 어긴다면, 하나님께서 그들에게 어떻게 행하시겠습니까? 이 주제에 대한 연구는 우리의 생각을 넓혀줄 것입니다. 또한 그것은 광범위한 영향력을 미치고 있는 원리들을 우리에게 알려 줄 것입니다. 여러 가지 면에서, 천사들은 인간보다 뛰어난 존재들입니다. 만약 하나님께서 이러한 천사들을 어떻게 다루셨는지 우리가 충분히 검토해 보지 않는다면, 그가 인간을 어떻게 다루시는지에 대해서, 우리는 잘못된 판단을 내릴 수밖에 없습니다. 하나님께서 반역한 천사들을 어떻게 다루셨는지를 살펴보는 것을 통해서, 또한 우리는 그가 인간을 어떻게 대하실지 깨닫게 될 것입니다. 그러면 우리는 그것에 대해서 오해하지 않을 것입니다.

모든 은혜를 주시는 성령님의 도우심을 간구하며, 우리는 오늘 주제에 대해서 다루고자 합니다. 첫째, 우리는 천사들의 타락과 버림받음이라는 불가사의한 사실에 대해서 살펴볼 것입니다. 그것은 우리에게 경고를 제공해 줍니다. 둘째, 죄를 범한 천사들에게 부여된 절망적인 운명에 대해서 고찰하고자 합니다. 그것은 인간을 향한 하나님의 놀라운 자비와 매우 대조되는 것입니다. 이것은 우리가 하나님의 은혜에 대해서 감탄하도록 이끌어 줍니다. 이것을 통해서, 하나님에 대한 감사와 사랑과 경외심이 우리에게 더욱 넘치기를 바랍니다.

1. 첫째, 우리에게 주어지는 경고의 메시지로서, 본문의 내용을 숙고해 보려고 합니다.

본문은 이렇게 말합니다. "하나님이 범죄한 천사들을 용서하지 아니하시고 지옥에 던져." 여기에 천사들이 범죄한 사실, 곧 악의 불가사의한 기원에 대해서 언급되었습니다. 또한 하나님의 공의의 경이로움, 곧 하나님께서 그들을 용서하지 않으셨다는 사실도 암시되었습니다. 나아가 하나님의 불가사의한 형벌, 곧 하나님께서 그들을 지옥으로 던지셨다는 섬뜩한 사실도 소개되었습니다. 이 주제들은 심오하면서도 두려운 것들입니다. 그 사실들은 무섭지만 명백한 것들입니다. 그것들은 우리에게 두려움과 경고를 가져다줍니다.

먼저, 우리를 속이는 죄에 대한 경고에 대해서 들어봅시다. 왜냐하면 우리의 위치와 상태 때문에, 우리 가운데 어떤 사람도 죄의 공격으로부터 자신이 자유롭게 될 것이라고 결코 생각할 수 없기 때문입니다. 또는 죄에 의해서, 자신이 압도되지 않을 것이라고, 아무도 절대로 확신할 수 없기 때문입니다. 바로 하늘에 있던 천사들이 범죄했다는 사실에 주목하십시오. 따라서 아무리 거룩한 위치에 있다고 하더라도, 죄와 관련해서, 어떤 존재도 절대적으로 안전하지 않습니다. 우리는 천사들이 하늘에 있었다는 것을 알고 있습니다. 왜냐하면 영원하신 왕의 두려운 오른손에 의해서, 바로 그 높은 거처로부터, 그들이 지옥으로 던져졌기 때문입니다. 지존자의 왕궁에서, 이 천사들은 그들의 형제들과 함께 살았었습니다. 그러나 맨 처음에 주어진 거룩한 상태를 계속해서 유지하지 못하고, 그들은 하나님께 범죄했습니다. 그들이 범죄하기 이전에는, 그들은 마치 자신들을 모든 악으로부터 지켜주는 불에 의해서 둘러싸여 있었던 것처럼 여겨집니다. 그들은 오직 자신들과 같이 완전한 영들과 교제하고 있었습니다. 그러나 만약 그들이 시험을 당하게 되어, 악한 것을 선택하는 것을 자신들이 원한다면, 그들은 악한 것도 선택할 수 있도록 지음받았습니다. 반면에, 만약 그들의 마음이 하나님에게 신실하다면, 그들은 자신들의 선한 상태를 지속적으로 확고하게 지킬 수도 있었습니다. 아무도 그들에게 악을 선택하라고 유혹하지 않았습니다. 그것과는 반대로, 그들은 완전히 선하고 거룩한 권세에 둘러싸여 있었습니다. 그들은 하나님을 직접 보았습니다. 하나님의 궁전에서 살았습니다. 그들은 그룹들 및 스랍들과 교제했습니다. 그들의 하루 일과는 모든 것이 거룩한 것이었습니다. 예배와 섬김은 그들의 의무이자 기쁨이었습니다. 그들의 동료들은 정선된 존재들이었습니다. 그래서 그들 중에서 도덕적인 분위기를 어지럽힐 만한 타락한 동료는 아무도 없었습니다. 그들은 천국에 있었을 뿐만 아니라, 또한 하나님 자신이 거하시는 한가운데에 있었습니다. 그러나 사악함이 천사들의 마음속으로 들어갔습니다. 심지어 질투와 야심과 교만과 반항심도 스며들어갔습니다. 그래서 이 천사들은 넘어졌습니다. 그들은 넘어져서, 결코 다시 일어나지 못했습니다.

> "기쁨과 행복으로 넘치는 무리 가운데
> 천사장 사탄이 높은 곳에 앉아 있었네.
> 죄가 그 천사장의 거룩한 상태를 파괴시킬 때까지,
> 그는 새벽별들 사이에서 노래 불렀네.
>
> 죄가 그를 보좌에서 끌어내렸네.
> 반역자는 불 속에 엎드려 있네.
> 아침의 아들이여!
> 어찌하여 너는 하늘로부터 이 낮은 곳으로 떨어졌는가!"

사랑하는 여러분! 이 시는 이 낮은 땅에 살고 있는 우리의 상황과 관련되어 있는 어떤 것에 대해서 언급하는 것이 아닙니다. 여러분은 여러분을 세밀하게 보살펴 주는 경건한 부모의 자녀일 수 있습니다. 그렇지만 여러분은 성장해서 벨리알(악한 자)에게 속한 사람이 될 수도 있습니다. 여러분 가운데 이제까지 결코 불법의 소굴에 들어가지 않은 사람도 있을 것입니다. 그는 항상 집에서 교회로만 왔다 갔다 했을 것입니다. 그렇지만 그런 사람도 불법의 노예가 될 수도 있습니다. 여러분이 살고 있는 집은 마치 하나님의 집과 같이 여겨질 수 있을 것입니다. 여러분의 아버지의 기도로, 여러분이 살고 있는 곳에 천국 문이 열려 있을 수 있습니다. 그런데도 불구하고, 여러분 자신은 하나님을 모독하는 삶을 살 수도 있습니다. 성경을 읽는 것이 여러분에게 몸에 배어 있을 수 있습니다. 여러분의 동료들은 가장 훌륭한 사람들일 것입니다. 여러분은 오직 거룩한 주제들에 대해서만 대화를 나눌 것입니다. 여러분이 마치 여호와의 동산 안에 있는 것 같아서, 모든 선한 것이 여러분 주위에 있지만, 모든 악한 것은 여러분으로부터 차단되어 있을 수 있습니다. 그런데도 불구하고, 여러분은 하나님의 백성이 받게 될 몫이나 기업과 아무런 상관이 없을 수 있습니다. 심지어 노아의 방주 안에도 함이 들어 있었던 것과 마찬가지로, 여러분이 지금 은혜스럽고 거룩하게 만들어 주는 환경의 한가운데 있으면서도, 여러분은 앞으로 불경건한 사람이 될 수 있습니다.

사람들에 관한 책들을 읽으면, 우리는 때때로 비극적인 사례들과 마주치게 됩니다. 그것은 불행한 일이 아닐 수 없습니다. 어머니의 사랑의 품을 떠나서, 무릎 꿇고 기도하는 아버지를 멀리하고, 또한 이루 말할 수 없이 깊은 경건심을 지닌 형제자매들로부터 벗어나서, 어떤 사람들은 모든 형태의 악의 우두머리가 되었습니다. 그리스도의 십자가의 원수들 가운데 많은 사람들은 경건의 훈련을 대단히 많이 받았었습니다. 그래서 과연 그들이 그렇게 사악할 수 있는지에 대해서 우리는 믿기가 어렵습니다. 자신이 사람들로부터 신뢰받기에 앞서, 어떤 사도는 그러한 사실을 눈물을 흘리며 고백해야만 했습니다. 처음에 어떤 사람들은 하나님의 자녀들인 것처럼 보였습니다. 그러나 결국 그들은 멸망의 자식들로 판명되었습니다. 그러므로 어떤 죄도 자신을 결박시킬 수 없는 것처럼 착각하고, 아무도 자신에 대해서 의기양양해서는 안 됩니다. 왜냐하면 자신의 인간관계와 배경에 근거해서, 어떤 사람은 자신이 마치 삼손이나 되는 것처럼 느끼기 때문입니다. 그렇습니다. 여러분도 넘어질 수 있습니다. 여러분 안에 하나님의 은혜가 없다면, 여러분도 진흙탕 속에 절망적으로 넘어질 수 있습니다. 여러분은 넘어져서, 결코 하나님과 그리스도에게로 오지 못하고, 또한 영원한 생명을 누리지 못할 수 있습니다. 이 타락한 천사들이 그렇습니다. 피조물이 할 수 있는 일이 아무리 훌륭한 것이라고 하더라도, 그것은 연약한 피조물을 죄로부터 보호하기에 충분하지 못합니다. 거듭남은 위로부터 주어지는 성령님의 사역입니다. 하나님께서 물질세계를 창조하시는 권능보다, 거듭남은 더 높은 차원에서의 권능의 역사로 말미암는 것입니다. 사람이 거듭나지 않는다면, 그가 어느 곳에 있든지, 또는 얼마나 완벽한 존재이든지, 죄가 그에게 다가가서 그를 사로잡아서 멸망시킬 것입니다. 여러분과 나는 전혀 완전하지 못합니다. 우리는 타락하지 않은 천사들이 아닙니다. 우리는 결코 천사들과 같은 존재가 아닙니다. 우리는 우리 안에 사악한 마음을 지니고 있습니다. 그러므로 가장 높은 신분을 지니고 있다고 하더라도, 그것이 우리를 가장 악한 죄로부터 보호해 줄 것이라고 단 한 순간도 상상하지 맙시다.

　　나아가 인간이 지닌 가장 위대한 능력도 그것이 겉으로 보기에 아무리 거룩해 보일지라도, 그것은 여전히 신뢰할 만하지 못한 것입니다. 만약 사람이 대단히 비열할 정도로 타락하게 되면, 그러한 능력도 가장 악한 일들을 실행하는 도구로 사용될 수 있습니다. 천사들은 뛰어난 능력을 지닌 존재들입니다. 천사들이 매우 놀라운 지혜와 아름다움을 지녔다는 것을 우리는 잘 알고 있습니다. 순교자 스데반의 얼굴이 하나님의 천사의 얼굴과 같았다고 묘사한 것을 우리는 사도행전에서 읽을 수 있습니다(참조. 행 6:15). 사람들이 어떤 것에 대해서 대단히 좋다고 평가할 때, 그것은 종종 천사와 관련하여 언급됩니다. 예를 들면, "사람들이 '천사의 음식'을 먹었다"라고 말합니다. 천사들과 관련된 모든 것은 사람들이 지닌 것보다 더 높은 수준에 있고, 또한 더 훌륭한 특성을 지녔다고 추측합니다. 사람과는 달리, 육신과 피를 지니고 있지 않은 영적인 존재는 틀림없이 자신을 방해하거나 혼란스럽게 하는 많은 것들로부터 자유로울 것이라고 우리는 생각합니다. 머리가 몹시 아프거나 소화불량으로 고통을 겪으면, 우리는 때때로 명석한 판단을 내리지 못합니다. 어떤 것이 우리의 육신에 해를 끼친다면, 그것은 우리의 마음도 침울하게 만듭니다. 그러나 이 천사들은 이와 같은 연약함으로부터 자유롭습니다. 그들은 놀라운 능력과 아름다움과 권능으로 옷을 입고 있습니다.

그러나 주의 깊게 들으십시오. 루시퍼(참조. 사 14:12)가 아무리 위대했다고 하더라도, 그는 사탄으로 타락했습니다('루시퍼'는 히브리어 원문에는 '헬렐' [새벽별]로 되어 있다. KJV에는 'Lucifer'로, 개역개정에는 '계명성'으로 번역되었다 — 역주). 아침의 아들은 파괴자 아볼루온(참조. 계 9:11)으로 변질되었습니다. 타락한 천사들이 이전에 아무리 뛰어난 존재들이었다고 하더라도, 이제 그들은 피조물에게 재난과 불행만을 가져다주는 권세를 지니고 있습니다. 그들의 지혜는 교활함으로 변질되었습니다. 그들의 권능은 악한 세력으로 변했습니다. 그러므로 어떤 사람도 스스로 이렇게 주장할 수 없습니다. "나는 명석한 사고력을 지닌 사람이다. 그러므로 하나님을 모독하는 무신론자는 되지 않을 것이다." 아니면, "나는 기도를 잘하는 재능을 지니고 있다. 따라서 나는 결코 하나님을 모욕하지 않을 것이다." 여러분은 자신이 앞으로 어떻게 될지 분명하게 알지 못합니다. 기도를 잘하는 재능과 기도의 은혜 사이에는 커다란 차이가 있습니다. 재능은 교만을 낳을 수 있습니다. 교만을 멸망을 초래합니다. 오직 하나님의 은혜만이 영원한 영광으로 들어갈 수 있도록 우리를 지켜주고 인도해 줍니다. 또한 직책과 인격 사이에도 커다란 차이가 있습니다. 따라서 어떤 목회자도 다음과 같이 말해서는 안 됩니다. "나는 목사이다. 그러므로 나는 하나님의 교회에서 끝까지 신실함을 지킬 것이다."

아, 안타깝습니다! 우리는 옆길로 벗어난 지도자들을 많이 보았습니다. 그러나 우리는 놀랄 필요가 없습니다. 천사들도 타락했는데, 어떻게 인간이 절대로 넘어지지 않을 수 있겠습니까? 안전에 대한 수단으로서, 우리의 직책을 신뢰하는 것은 부러진 갈대를 의지하는 것과 같습니다. 그러나 하나님의 은혜는 우리 가운데 가장 보잘것없고 연약한 사람도 지켜줄 수 있습니다. 하나님의 권능을 의지하지 않고, 어떤 사람이 감히 끝까지 보호받기를 바랄 수 있습니까? 자신을 신뢰하는 것은 내리막길로 내려가기 시작하는 것입니다. 자신이 시험을 완전히 통과했다고 여기는 사람은 이미 그 덫에 걸려 있는 것입니다. 우리는 결코 자만(自慢)해서는 안 됩니다. 천사들도 타락했습니다. 왜 사람들이 타락할 가능성이 없겠습니까? 타락하기 이전에, 어떤 천사는 하나님의 보좌에서 매우 가까운 곳에서 높은 지위에 있었습니다. "모든 천사들은 섬기는 영들"이 아닙니까? (참조. 히 1:14). 성경에 보면, 중대한 사건들과 관련해서, 천사들은 만왕의 왕의 명령을 전달하기 위해서 부르심을 받은 것을 우리는 분명히 알 수 있습니다. 그러나 이 하나님의 신하들, 하늘나라의 사자들, 또한 영광의 종들도 길을 잃고 타락하고 말았습니다. 그래서 사탄과 귀신들로 변질되고 말았습니다. 그러므로 어떤 목회자도 자신이 교회에서 직책을 맡고 있기 때문에, 자신의 구원이 확실하다고 상상하지 맙시다. 사도였던 가롯 유다도 타락했습니다. 어둠의 임금의 화살은 종교적인 행사에서 가장 높은 자리에 앉아 있는 사람들도 정확하게 맞힐 수 있습니다. 어떤 교단에서 중요한 직책을 맡은 사람들도 넘어질 수 있는 위험으로부터 자유로운 것은 아닙니다. 아닙니다. 그들이 더욱 유명할수록, 그들은 더욱 커다란 위험에 노출되어 있습니다. 어둠의 세력은 맨 앞에 있는 십자가의 용사들에게 가장 무시무시한 공격을 퍼붓습니다. 그래서 어둠의 세력은 기수(旗手)들을 쓰러뜨려서, 진영 전체를 혼란스럽게 만들려고 합니다.

　나의 경고는 계속됩니다. 우리가 가장 숭고한 직분에 참여하고 있다는 단순한 사실에 근거해서, 우리 가운데 어떤 사람도 자신이 넘어지는 것이나 타락으로부터 보호받을 것이라고 상상해서는 결코 안 됩니다. 하나님의 은혜는 우리에게 영속적인 기적을 일으켜서 우리를 지켜줍니다. 그것 이외에, 아무것도 우리를 타락이나 배교나 영적인 죽음으로부터 지켜줄 수 없습니다. 어떤 사람은 이렇게 말할 수 있을 것입니다. "나는 나에게 주어진 모든 시간을 하나님을 섬기는데 바쳤습니다. 도시선교회 소속으로서, 이 집에서 저 집으로, 나는 잃어버린 영혼들을 찾아다녔습니다." 또는, "나는 학교에서 학생들을 가르치고 있습니다. 나는 많은 학생들을 구세주에게 인도했습니다." 이 모든 것은 훌륭한 일입니다. 그러나 이것 때문에 당신이 하나님 앞에 서 있다고 신뢰한다면, 그것은 당신을 실망시킬 것입니다. 어떤 목회자가 이렇게 주장한다고 가정해 봅시다. "그러나 나는 목사입니다. 나는 기도에 힘쓰며, 하나님의 보배로운 말씀에 대해서 증거하도록 부르심을 받았습니다. 내가 하는 일들은 대단히 거룩한 것들입니다. 그것들은 내가 거룩한 것들과 거룩한 교제를 나누도록 인도해 줍니다. 따라서 내가 타락한다는 것은 불가능합니다." 이러한 주장은 어리석음의 극치를 드러내는 것입니다. 사람이 발견할 수 있는 모든 불명예스러운 행위들에 대한 표본들을 찾아내기를 원한다면, 우리는 목회자들의 활동 영역 바깥으로 나갈 필요가 없습니다. 다른 사람들에게 설교를 한 다음에, 자신이 도리어 버림을 받지 않도록, 목회자는 두려워해야 합니다(참조. 고전 9:27). 교회 안에서 가장 거룩한 직분 그 자체는 결코 우리 자신과 우리의 인격을 지켜줄 수 없습니다. 만약 우리가 직분을 신뢰한다면, 가룟 유다의 경우처럼, 그것은 우리에게 타르페이아 바위가 될 수 있습니다('The Tarpeian Rock; 높이 24미터로서, 로마 시내에 있다. 로마 공화정 시절에 처형 장소로 사용되었다 – 역주). 우리는 그 바위로부터 땅바닥으로 내던져져서 멸망하게 될 것입니다. 왜냐하면 천사들 중에서 일부가 죄를 범하게 되었을 때, 하늘나라의 천사의 직분도 그들이 하늘로부터 지옥으로 던져지는 것을 막지 못했기 때문입니다. 만약 오른손에 일곱 별들을 쥐고 계신 그리스도(참조. 계 1:16, 20)께서 목회자들을 끝까지 지켜 주시지 않는다면, 그들은 자신들이 타락으로부터 보호받는 것을 기대할 수 없습니다.

우리에게 주어지는 큰 경고로서, 여러분은 다음 사실에 주목하기 바랍니다. 완전한 행복을 누리고 있었는데도 불구하고, 천사들 가운데 일부는 타락하고 말았습니다. 타락하기 이전에, 그 천사들이 하나님을 섬기고 있었을 때, 그들은 얼마나 완전한 기쁨을 체험했겠습니까! 그러나 그들은 이제 지옥으로 던져져서 어두운 구덩이 속에서 쇠사슬에 묶여 있습니다. 그것은 얼마나 끔찍한 변화입니까! 마귀와 귀신들은 세상의 이곳저곳을 다니며 사람들을 미혹합니다. 그러나 그들은 결코 자신들이 속해 있는 어둠으로부터 해방되지 않았습니다. 그들은 자신들의 행위로 말미암아 갇히게 된 감옥으로부터 결코 도망갈 수 없습니다. 곧, 그들이 어느 곳에 있든지, 그들을 항상 가두어 두고 있는 하나님의 심판의 어둠과 두려움으로부터 그들은 달아날 수 없습니다. 지금 그들이 처해 있는 상황과 하나님의 보좌와 한때 그들의 기쁨이었던 하나님의 영광스러운 모습 사이에는 얼마나 커다란 차이가 있습니까! 한때 그들은 하나님을 섬겼습니다. 그러나 이제 그들은 사악의 노예가 되어 쇠사슬에 단단히 묶여 있습니다. 한때 그들은 창조주 하나님을 높이 찬양하는 기쁨을 맛보았습니다. 그러나 지금 그들은 하나님을 마음속 깊이 저주합니다. 한때 최고의 시절에, 하나님의 종들이 함께 모였을 때, 자신들의 위대하신 주님이시자 왕이신 여호와께서 새로운 세상을 창조하신 것을 보았을 때, 그들은 대단히 기뻐하며 하나님을 찬양했습니다. 그러나 이제 하나님께서 하시는 모든 일은 그들에게 쓸개즙과 쓴 쑥과 같습니다. 그들은 하나님과 자신들을 저주합니다. 그들은 항상 하나님 나라를 파괴하기 위해서 바쁘게 돌아다닙니다. 또한 사람들에게 비취고 있는 하늘의 빛을 꺼트리려고 안간힘을 씁니다. 이 범죄한 천사들은 얼마나 비참합니까! 한때 그들은 지극히 행복했었습니다. 그러나 이 완전한 행복도 하나님에 대한 그들의 충성심을 끝까지 지켜주기에 충분하지 못했습니다. 아무리 품삯을 많이 준다고 하더라도, 그것 자체가 종을 주인에게 충성하게 만들지 못할 것입니다. 어떤 사람이 가장 복된 체험을 했다고 하더라도, 그것이 그를 죄를 짓지 않도록 보호해 주지는 못할 것입니다. 여러분은 이곳에 와서, 설교를 듣고 큰 은혜를 받을 수 있습니다. 또한 기쁨이 충만한 채 찬양하며, 열정적으로 기도할 수 있을 것입니다. 그래서 하늘 문에 다다른 것처럼 보일 수도 있을 것입니다. 그렇지만 이 사실을 기억하십시오. 기쁨이나 행복을 누리는 것도 여러분을 하나님께 매우 가까이 있도록 단단하게 고정시켜 주는 역할을 해주지 못합니다. 여러분은 그것을 기대할 수 없습니다. 주님께서 주시는 잔을 마신 후에, 하나님을 사랑하는 마음으로 가득한 것처럼 보이는 사람들을 우리는 때때로 보았습니다. 그러나 얼마 후에, 그들은 옆길로 벗어나서, 마귀의 잔을 마시고 취하고 말았습니다. 우리는 복음에 대해서 증거했던 많은 설교자들을 알고 있습니다. 그러나 이후에, 그들은 계시의 모든 진리를 모독하며, 성경의 영감을 부인했습니다. 우리는 그들이 가장 거룩하고 훌륭한 사람들 사이에 있는 것을 보았습니다. 그러나 결국 그들은 이 도시에서 가장 사악한 소굴을 자주 드나드는 사람들이 되었습니다. 또한 어리석은 이론들의 주창자들이 되었습니다. 이것은 끔찍하지 않습니까? 우리 모두에게 경계심을 불어넣지 않습니까? "그런즉 선 줄로 생각하는 자는 넘어질까 조심하라"(고전 10:12). 우리를 넘어지지 않도록 지켜 주시고, 지극히 큰 기쁨으로 우리를 하나님 앞에 아무런 흠도 없이 나아가게 하실 수 있는 분은 오직 한 분 그리스도밖에 없습니다. 만약 우리가 그를 믿고 그의 안에 거하지 않는다면, 우리는 멸망할 것입니다. 만약 우리가 자신의 지위, 능력, 직책, 임무, 공로 및 체험 등을 믿는다면, 우리는 머지않아 자신이 죄를 짓기 쉬운 존재라는 사실을 깨닫게 될 것입니다. 그리고 죄를 범한 천사들을 용서하시지 않았던 것과 마찬가지로, 우리가 죄에 빠지는 삶을 산다면, 하나님께서 우리를 쉽게 용서하시지 않는다는 것을 알게 될 것입니다.

　　우리가 유의할 만한 것으로서, 이 경고는 가장 더러운 죄에 적용됩니다. 천사들은 죄를 범하고 단순히 하늘나라를 잃어버리는 것에 그친 것이 아닙니다. 죄의 문제와 관련해서도, 그들은 다른 모든 존재들을 능가했습니다. 그리고 자신들을 지옥의 거주자들로 만들었습니다. 그리스도께서 사람들 중에서 가장 사악한 자를 묘사하실 때, 그는 그 사람이 마귀라고 지적하셨습니다. 곧, "그러나 너희 중의 한 사람은 마귀니라"(요 6:70)고 예수님께서 묘사하셨습니다. 왜냐하면 마귀는 가장 사악한 존재 방식을 취하고 있기 때문입니다. 만약 가룟 유다가 사도가 아니었더라면, 그는 마귀와 같은 존재가 되지 않았을 것이라고 나는 추측합니다. 좋은 것처럼 보이는 것 중에서 가장 좋은 것(사도 직분)이 틀림없이 자신의 스승을 배신하는 반역자로 만드는 수단으로 사용되었습니다. 마귀와 그의 추종자들은 하나님과 공공연하게 전쟁을 하고 있습니다. 하나님의 두려운 위엄 앞에서 머리를 숙이던 존재들이 자신들을 창조하신 하나님과 더불어 이제 공개적이며 도전적으로 싸움을 벌이고 있습니다. 한때 그들은 기쁨에 넘쳐 찬양의 노래를 합창했었습니다. 영광의 빛으로 가득한 하나님의 보좌 주변에서, 즐거워하며 하나님을 섬겼습니다. 그러나 이제 그들은 하나님을 모독합니다. 하늘과 땅에 있는 모든 선한 것에 격분해서, 소리를 지르며 날뛰고 있습니다. 먹이를 찾아서 으르렁거리는 사자들처럼, 그들은 사람들을 삼키려고 이리저리 찾아다닙니다. 이전에 그들은 사람들을 구원하고 축복하기를 열망했던 "섬기는 영들"(참조. 히 1:14)이었습니다. 이전에 그들은 하나님의 신실한 종들이었습니다. 그러나 이제 배신자들과 반역자들과 유혹자들이 되었습니다. 그들은 하나님의 백성을 잘못된 길로 인도하려고 안간힘을 씁니다. 있는 힘을 다해서, 그들은 모든 사람의 마음속에서 죄를 부추깁니다. 이처럼 마귀와 그의 추종자들은 극도로 악한 존재들이 되어버렸습니다.

마귀는 심지어 하나님의 아들도 찾아갔습니다. 그는 자신에게 엎드려 절하라고 예수님을 유혹했습니다. 하나님의 영원한 아들이 자기에게 경배하라고 요청할 만큼, 마귀는 그토록 파렴치하고 극악무도한 존재가 아닙니까? 지극히 순수하신 지존자께서 불경하고 타락한 영적인 존재에게 절하라고 요구하는 것은 얼마나 천박한 제안입니까! 그러나 마귀는 사실상 그 정도까지 나아갔습니다. 마귀의 사악성은 확대되었으며, 그 정점에 이르렀습니다. 우리는 이것을 교훈으로 삼읍시다. 하나님의 영이 나를 지켜 주시지 않아도, 내가 더러운 죄를 범하지 않을 것이라고 단 한순간도 생각해서는 안 됩니다. 하사엘(수리아의 왕, 재위 기간: 기원전 843-798년)의 이야기를 기억하십시오. 선지자 엘리사는 하사엘이 앞으로 하게 될 일에 대해서 예언했습니다. 그러자 그는 놀라서 이렇게 외쳤습니다. "당신의 개 같은 종이 무엇이기에 이런 큰일을 행하오리이까?"(왕하 8:13). 그러나 하사엘은 수리아 왕위를 탐낼 만큼 음흉한 개였을 뿐만 아니라, 또한 그의 주인 벤하닷 왕을 물에 적신 담요로 죽였던 마귀였습니다. 나아가 그는 선지자가 예언했던 무서운 야만적인 행위들을 서슴지 않고 저질렀습니다. 우리도 스스로 생각하기에 절대로 할 수 없다고 생각했던 무서운 행위들을 범할 수 있습니다. 거듭나지 않은 사람의 마음속에 마귀적인 요소가 얼마나 많이 들어 있는지 아무도 알지 못합니다. 여러분 가운데 거듭나지 않은 사람이 있습니까? 나는 그런 사람을 비방하지 않을 것입니다. 그러나 나는 경고해야만 합니다. 당신의 마음속에는 마귀의 도구로 사용될 요소들이 대단히 많이 들어 있습니다. 하나님께서 여러분을 억누르고 있는 손을 떼신다면, 당신의 진정한 면모가 밝혀질 것입니다. 그것은 매우 사악한 모습을 하고 있을 것입니다. 만약 국가나 사회와 하나님의 섭리에 의해서 사람들이 억제되지 않는다면, 심지어 가장 도덕적인 사람들도 악한 행위들을 거침없이 저지를 것입니다. 그것은 사회의 기반을 송두리째 흔들기에 충분할 것입니다.

　　인도의 어떤 관리가 집에서 표범 한 마리를 키웠습니다. 그 표범이 새끼일 때부터 키웠습니다. 어린 표범은 고양이처럼 집 안에서 이리저리 돌아다녔습니다. 모든 사람이 표범과 장난을 하며 놀았습니다. 어느 날, 그 관리는 의자에 앉아서 잠이 들었습니다. 그때 표범은 그의 손을 핥았습니다. 그 표범은 해치고자 하는 의도를 가질 수도 없었습니다. 그러나 표범이 그의 손을 계속해서 핥자, 피부가 허물어졌습니다. 피가 나오기 시작했습니다. 마침내 표범은 피의 맛을 알게 되었습니다. 그 순간부터, 표범은 사람들과 함께 사는 것에 만족할 수 없었습니다. 다른 동물들을 찾아서 집에서 뛰쳐나갔습니다. 정글에 도착하자, 그 표범은 마침내 만족할 수 있었습니다. 오랫동안 집에서 길들여졌지만, 그것은 여전히 표범이었습니다. 사람도 마찬가지입니다. 비록 도덕적인 동기들에 의해서 온건해졌다고 하더라도, 만약 마음이 새롭게 변화되지 않았다면, 그는 여전히 타락한 인간입니다. 만약 그가 피의 맛, 곧 죄악의 즐거움을 맛본다면, 그의 안에서 곧 호랑이가 나타날 것입니다. 어떤 러시아 사람을 씻겨 보십시오. 그러면 여러분은 그가 타타르 족(Tartar; 우랄산맥 서쪽, 볼가 강과 그 지류인 카마 강 유역에 사는 투르크 언어 계통의 종족 ─역주)인 것을 알게 될 것입니다. 어떤 철저한 도덕주의자를 시험해 보십시오. 그러면 여러분은 그가 죄인이라는 사실을 알아차리게 될 것입니다. 교육에 의해서 형성된 얄팍한 선(善)의 껍질은 시험을 받으면 곧 없어져

버립니다. 모든 면에서, 여러분은 선하게 보일 수 있습니다. 그러나 여러분이 거듭나지 않으면, 여러분은 여전히 가장 끔찍한 죄악을 범할 가능성을 지니고 있습니다. 다음과 같은 경우를 겪으면, 나는 소름이 끼칩니다. 어떤 사람이 하나님을 모독하는 말들을 거침없이 쏟아붓습니다. 그런데 그는 이전에 오랜 세월 동안 하나님의 집에서 찬양하며, 무릎을 꿇고 성도들과 함께 기도하는데 익숙했던 사람입니다. 오, 하나님! 창조주를 섬기도록 명령받은 피조물이 그렇게 극심하게 타락하고 말았습니다. 그러나 그와 같이 무서운 일들은 우리 주변에 많이 있습니다. 성대한 잔치에 사용되던 그릇들이 깨어져서 쓰레기 더미에 던져졌습니다. 심지어 매우 훌륭하고 진귀한 것들도 더럽혀져서 버려졌습니다. 나는 어떤 사람들이 이렇게 속삭이는 것을 들었습니다. "나는 결코 공공연하게 버림받은 사람이 되지 않을 것입니다." 여러분이 그것을 어떻게 알 수 있습니까? 여러분은 이미 성경의 경고들에 대해서 회의를 품고 있습니다. 머지않아 여러분은 더 많은 것을 의심하게 될 것입니다. 스스로 가장 안전하다고 생각하는 사람이 가장 불안정합니다. 그러나 "하나님이여, 당신의 오른손으로 나를 붙잡아 주소서!"라고 외치는 사람은 견고하게 서 있게 될 것입니다. 그러므로 우리는 이렇게 고백합시다. "오 하나님, 주님의 주권적인 은혜가 아니라면, 나는 전적으로 악한 사람이 될 것이라는 사실을 알고 있습니다." 겸손히 우리 자신을 전능하신 하나님의 은혜에 맡깁시다. 그러면 하나님께서 우리를 보호해 주실 것입니다. 전능하신 분에게 힘을 달라고 간절히 또한 진지하게 부르짖읍시다. 그러면 악한 세력이 우리를 이기지 못할 것입니다. 우쭐거리는 사람은 넘어질 것입니다. 그러나 하나님을 의지하는 사람은 굳게 서게 될 것입니다.

또한 본문은 죄 그 자체에 대해 경고할 뿐만 아니라, 죄의 형벌에 대해서도 경고해 줍니다. 곧, "하나님이 범죄한 천사들을 용서하지 아니하시고 지옥에 던져"라고 언급되었습니다. 이 천사들은 매우 위대했습니다. 그들은 대단한 권능을 지니고 있었습니다. 그러나 하나님께서 그것 때문에 그들을 용서해 주시지는 않았습니다. 만약 왕들이나 영주들이나 고관들이나 백만장자들이 죄인들이라면, 하나님께서 그들을 지옥으로 던져 버리실 것입니다. 만약 세상에 있는 모든 군대를 지휘하는 사령관들이라고 하더라도, 공의로우시고 의로우신 재판장이신 하나님께서는 그들의 위엄과 권세 때문에 그들을 용서해 주시지는 않을 것입니다. 하늘의 천사들이 범죄했을 때, 하나님께서 그들을 용서하지 않으셨습니다.

그렇다면 왜 그가 이 세상의 위대한 사람들인 여러분을 용서해 주시겠습니까? 타락한 천사들의 숫자는 대단히 많았습니다. 얼마나 많은지 나는 그 수를 정확하게 알지 못합니다. 그러나 귀신들의 숫자와 관련하여, 우리는 '군대'(헬라어로는 '레기온'; 참조. 막 5:9)라고 귀신들린 어떤 사람이 대답했던 경우를 알고 있습니다. 범죄한 천사들이 너무 많다고 해서, 하나님께서 그들을 용서해 주시지 않았습니다. 그 대신, 그들을 모두 수용할 수 있는 지옥을 만드셨습니다. 그는 그들을 모두 사슬로 묶어서 어둠 속에 있게 하셨습니다. 죄인들의 숫자가 수백만 명이 된다고 할지라도, 그것 때문에 하나님께서 죄 있는 사람들을 용서해 주시지 않을 것입니다. 그러므로 시편 기자는 이렇게 증거합니다. "악인들이 스올로 돌아감이여 하나님을 잊어버린 모든 이방 나라들이 그리하리로다"(시 9:17). 죄인들의 숫자가 많거나 적거나 상관 없이, 그들은 반드시 형벌을 받습니다. 그리고 하나님께서는 불의를 행하는 사람들로부터 그의 진노를 거두어들이시지 않을 것입니다. 또한 반역한 천사들이 연합했다고 해서, 하나님께서 그들을 용서해 주시지 않았습니다. 나는 귀신들이 서로 싸운다는 이야기를 듣지 못했습니다. 성경에서, 우리는 귀신들이 서로 조화를 이루며 일치단결하고 있다는 사실을 발견할 수 있습니다. 그것은 우리에게 매우 놀라운 일입니다. 그러나 "악인은 피차 손을 잡을지라도 벌을 면하지 못할 것입니다"(잠 11:21). 복음을 싫어해서 반대하기 위해서 불신자들이 연합할 수 있습니다. 그러나 그것은 전혀 문젯거리가 되지 않습니다. 하나님께서 그들의 동맹을 흐트러뜨리시고, 그들의 결합을 깨뜨리실 것입니다. 그리고 그들이 죄를 짓는데 친구들이 되었듯이, 하나님께서 그들을 지옥에서도 동료들이 되게 해주실 것입니다. "하나님이 범죄한 천사들을 용서하지 아니하시고 지옥에 던지셨습니다."

　　그리고 그들의 교활함 때문에, 하나님께서 범죄한 천사들을 용서해 주시지 않으셨습니다. 피조물 중에서, 이들만큼 교활한 피조물은 결코 없었습니다. 이들은 영리하고 깊은 통찰력을 지녔으며 간교했습니다. 그러나 아무리 교활하다 하더라도, 뱀과 그의 추종자들은 하나님의 심판의 권능을 체험해야만 했습니다. 법망을 교묘히 피할 수 있는 명석한 두뇌를 지녔기 때문에, 사람들은 때때로 국가의 법정에서도 형벌을 면하고 빠져나갑니다. 그들은 법적인 허용 범위 안에 머물러 있습니다. 그러나 그들은 대단한 악당들입니다. 만약 그들이 법을 어기게 된다면, 자신들을 변호해 줄 현명한 변호사를 고용합니다. 사실상 그들이 죄를 범했지만, 변호사의 교묘한 변론을 통하여, 그들은 유죄 판결을 받지 않습니다. 사람들이 주관하는 세상의 법정에서는 이러한 일들이 가끔 일어나기도 합니다. 그러나 어떤 변호사도 지존자의 판결을 굽게 할 수 없습니다. 그는 전적으로 공정하게 판결하십니다. 따라서 그는 어떤 범죄자도 결코 용서하시지 않습니다. 본문에 "하나님이 범죄한 천사들을 용서하지 아니하시고"라고 언급되었습니다. 그렇다면 왜 하나님께서 아담의 범죄한 자손을 용서하셔야 하는 것입니까? 만약 우리가 계속해서 죄 가운데 살면, 하나님께서 우리 가운데 아무도 용서하시지 않는다는 사실을 분명하게 깨닫기 바랍니다. 만약 예수 그리스도를 통한 구원의 길을 우리가 받아들이지 않는다면, 우리의 죄가 우리를 찾아낼 것입니다. 하나님께서 우리의 죄를 찾아내실 것입니다. 그리고 마귀와 그의 추종자들을 위해서 예비하신 장소로, 하나님께서 우리를 그들과 마찬가지로 던져 버리실 것입니다. 오늘날 마귀와 사람들에게 아첨하는 설교자들이 자신들이 원하는 대로 설교하도록 내버려 두십시오. 그러나 하나님께서 죄 가운데 살다가 죽은 사람들을 징계하실 것입니다. 그는 범죄한 천사들을 용서하지 않으셨습니다. 만약 사람들이 범죄한다면, 틀림없이 하나님께서 그들도 마찬가지로 용서하시지 않을 것입니다. 이 사실을 우리에게 주어지는 경고로 받아들입시다.

**2. 이제 두 번째 주제로서, 하나님의 은혜에 대한
우리의 감탄에 대해서 살펴보려고 합니다.**

사랑하는 여러분! 비록 어떤 천사들은 넘어졌지만, 하나님께서 성도들을 굳게 서게 하신다는 하나님의 은혜에 여러분이 감탄하기 바랍니다. 이 천사들은 대단히 심각하고 치명적인 죄를 범했습니다. 그러나 하나님의 자녀들은 "죄를 짓지 아니하나니 이는 하나님의 씨가 그의 속에 거함이요 그도 범죄하지 못하는 것은 하나님께로부터 났음이라"(요일 3:9). 이 구절을 통해서, 사도 요한이 무엇을 의미하는지 여러분은 알고 있습니다. 그는 우리가 아무런 죄도 짓지 않는다고 주장하는 것이 아닙니다. 우리가 살아 계신 하나님을 떠날 정도로, 또한 우리가 그에 대한 충성을 포기할 정도로, 그래서 더 이상 하나님의 사랑하는 자녀들이 아니라고 할 정도로 죄를 짓지 않는다는 것입니다. 그러므로 사도 요한은 이렇게 말합니다. "하나님께로부터 나신 자가 그를 지키시매 악한 자가 그를 만지지도 못하느니라"(요일 5:18). 그것은 얼마나 놀라운 말씀입니까? 나는 여러분에게 분

명하게 말합니다. 하나님의 백성에 대한 이야기가 기록되고, 성도들에 대한 기록이 하늘나라의 영광의 빛에 의해서 읽혀질 때, 하나님의 은혜의 기적이 우리에게 일어났었다는 것을 우리는 모두 깨닫게 될 것입니다. "나는 그 위험한 장소에 거의 다다랐습니다. 그러나 그때 은혜의 손이 개입했습니다. 그 손은 무서운 절벽으로 떨어지지 않도록 나를 잡아챘습니다. 그 당시 내 마음은 죄를 짓는 데에 거의 동의하고 있었습니다. 그러나 그때 나는 다음과 같이 외칠 수 있었습니다. '어떻게 내가 하나님을 거스르는 이 무서운 죄악을 범할 수 있는가?' 날씨가 대단히 나빴습니다. 나의 가엾은 작은 배는 암초에 걸릴 뻔했습니다. 배의 밑바닥이 암초를 스쳤지만, 배는 암초를 벗어날 수 있었습니다. 그러나 나의 배는 부서지지 않았습니다."

또 어떤 사람은 이렇게 고백할 것입니다. "만약 내가 그때 그 순간에 버림을 받았다면, 나는 어떻게 되었을까요? 비록 내가 하늘의 은혜와 장차 다가올 세상의 권능을 맛보았다고 하더라도, 내가 그 시간에 홀로 내버려 둔 채 있었다면, 나는 타락하고 말았을 것입니다. 그리고 죄악에 깊숙이 빠져서, 나는 결코 다시 회개할 수 없었을 것입니다. 그러나 하나님께서 은혜로 나를 지켜 주셨습니다. 어떤 작은 불꽃이 바다에 빠졌지만 계속해서 타오르는 것처럼, 지푸라기 하나가 불타오르는 용광로에 던져졌지만 불에 타지 않은 것처럼, 또는 거인이 나방을 밟았지만 뭉개지지 않은 것처럼, 하나님께서 커다란 기적을 일으키셨습니다. 그 기적을 통해서, 나는 보호받았습니다."

"죽음에 거의 이르렀지만, 나는 생명을 유지할 수 있었네.
그래서 나는 하나님께 영광을 돌리네."

천사들은 넘어졌지만, 사람들은 굳게 서 있었다는 사실에 대해서 숙고해 보십시오. 이전에 천사들이 항상 하나님 곁에 있도록 부르심을 받았던 것처럼, 하나님의 주권적인 은혜에 의해서, 우리도 하나님께 가까이 부르심을 받았습니다. 어떤 면에서, 우리는 천사들보다 하나님께 더욱 가까이 있습니다. 우리는 그리스도의 몸의 지체들입니다. 그리스도께서 우리와 교제를 나누시려고, 우리를 선택하셨습니다. 우리는 주님께서 베풀어 주시는 식탁에서 먹고 마십니다. 우리는 주님의 떡을 먹고, 주님의 잔을 마십니다. 그래서 그가 베푸신 잔치에 참여하는 사람들이 되었습니다. 우리는 그리스도와 하나가 되었습니다. 우리는 그리스도의 몸의 지체입니다(참조. 엡 5:30). 우리는 그의 살이며 뼈입니다. 우리가 시험받을 때, 하나님의 무한한 권능은 우리를 보호해 주십니다. 또한 우리를 인도해 주십니다. 그래서 우리가 강을 건널 때에도, 우리가 물에 빠져서 죽지 않을 것입니다. 또한 우리가 불 가운데로 지나갈 때에도, 불꽃이 우리를 태우지 못할 것입니다(참조. 사 43:2). 오, 우리를 승리하게 하는 영광스러운 은혜의 빛이여! 우리는 원래 하나님의 은혜를 받을 만한 가치가 없는 존재였습니다. 그러나 하나님께서 은혜로 우리를 부르셨습니다. 그리고 은혜와 권능을 통해서, 그는 우리가 반역자가 되지 않도록 이끌어 주십니다. 따라서 교만도 정욕도 우리를 멸망시키지 못할 것입니다. 성령님의 도움을 통해서, 우리 안에 만들어진 새로운 본성은 모든 죄를 이길 것입니다. 그리고 그 성품을 지닌 새 사람은 하나님에게 끝까지 신실할 것입니다.

"우리를 넘어지지 않게 지켜 주실 능력을 지니신 분에게 존귀와 영광과 주권과 권세가 영원 전부터 이제와 영원까지 있기를 빕니다"(참조. 유 1:24-25). 지나간 삶을 되돌아보며, 내가 시련의 때에 얼마나 하나님의 보호를 받았는가를 기억할 때마다 나는 눈물을 흘리지 않을 수 없습니다. 우리는 자신이 연약했던 시절에 대해서 이루 다 말로 표현할 수 없을 것입니다. 또한 공개적으로 말하고 싶지도 않을 것입니다. 영적으로 극심한 혼란에 빠졌던 시기들과 실족하고 나서 마음이 낙심해 있던 순간들에 대해서, 우리는 이루 다 설명할 수 없을 것입니다. 우리가 철부지보다도 더 연약했던 것을 기억하면, 우리는 가슴이 아픕니다. 그러나 우리는 우리의 옷을 더럽히지 않았습니다. 하나님의 자녀로서, 우리는 하나님의 거룩한 이름을 부끄럽게 하지 않았습니다. 우리는 우리가 가야만 할 바른 길에서 벗어나지 않았습니다. 그래서 우리는 성령님을 근심하게 하거나, 또는 하나님의 교회에 불명예를 가져오지 않았습니다. 이것은 바로 하나님께서 일으키신 놀라운 일입니다. 천로역정에서, 존 번연은 이렇게 이야기합니다. 날이 밝아오자, '그리스도인'은 밤에 걸어서 지나왔던 죽음의 어두운 골짜기를 뒤돌아보았습니다. 그는 매우 좁은 길을 걸어왔지만, 하나님께서 그를 지켜 주셨습니다. 길의 한 쪽에는 대단히 깊은 수렁이 있었고, 다른 쪽은 진흙으로 된 늪지대였습니다. 또한 그곳에는 유령들과 귀신들이 득실거리고 있었습니다. 그 길을 자세히 되돌아보자, 그는 하나님의 은혜에 감격하며 하나님께 감사하지 않을 수 없었습니다. 만약 여러분이 위험한 길을 통과하고 지금 평탄한 길을 가고 있다면, 또한 신실함을 잃지 않았다면, 여러분도 그렇게 하지 않을 수 없을 것입니다. 우리는 하나님에 대한 감사와 사랑으로 넘칠 것입니다. 하나님의 은혜는 우리를 영원한 생명으로 인도할 것입니다. 비록 어떤 천사들은 타락했지만, 구원받은 사람들은 끝까지 굳게 서 있을 것입니다. 왜냐하면 하나님께서 그들을 지켜 주시기 때문입니다. 하나님께서는 그들을 붙잡아 주실 수 있습니다. 그리고 끝까지 그는 붙잡아 주실 것입니다.

이제 우리를 감탄하게 하는 또 한 가지 교훈을 배웁시다. 곧, 하나님께서 범죄한 천사들을 구원해 주시지 않았지만, 그는 사람들에게 은혜로 대하십니다.

> "범죄한 천사들은 하늘에서 지옥으로 떨어졌네.
> 그들은 어둠 속에 갇혀 있고, 하나님의 진노가 임했네.
> 비열한 사람들도 하나님의 축복을 거부했네.
> 하나님의 자비가 그들에게 생명의 면류관을 씌워주셨네.
>
> 반역자들을 구별할 수 있는
> 하나님의 주권적인 은혜의 놀라운 사역이여!
> 우리의 사악한 반역 행위들은
> 큰 소리로 영원한 속박을 요청하네."

여러분 가운데 어떤 사람들은 선택의 교리를 믿지 않고, 그것을 발로 차버리며, 또한 선택에 대한 말을 들으면, 자신의 입술을 깨물곤 합니까? 그렇다면 이 말을 주의 깊게 듣기 바랍니다. 하나님께서는 타락한 천사들에게 구원자도, 복음도, 회개할 여지도 주시지 않았습니다. 그러나 그는 구주와 복음과 회개의 가능성을 사람들에게 주셨습니다. 왜 그렇습니까? 그 이유는 무엇이었습니까? 여러분은 그 이유에 대해서 상상할 수 있습니까? 왜 하나님께서 타락한 천사들을 지나쳐 버리셨지만, 사람의 아들들은 사랑의 눈으로 바라보십니까? 어떤 사람은 이렇게 대답합니다. "아마도 타락한 천사들이 사람들보다 더 큰 죄를 범했을 것입니다." 나는 그렇게 생각하지 않습니다. 분명히 많은 사람들은 마귀나 귀신들과 경쟁할 정도로 하나님께 반역했던 것입니다.

또 어떤 사람은 이렇게 주장합니다. "아마도 사람들은 시험을 받았지만, 반면에 천사들은 그렇지 않았기 때문일 것입니다." 말을 멈추십시오. 이 문제에 대해서 분명하게 밝힙시다. 맨 처음 타락한 천사, 곧 사탄이 시험을 받았을 가능성은 거의 없습니다. 그러나 타락한 다른 천사들은 시험을 받았을 가능성이 매우 높습니다. 하와가 아담을 유혹하고, 또한 뱀이 하와를 유혹했던 것처럼, 천사들의 우두머리인 사탄이 다른 천사들을 유혹했습니다. 그들의 우두머리인 사탄의 실례를 따라서, 타락한 천사들의 무리는 미혹되었을 것입니다. 그러므로 시험의 문제와 관련하여, 나는 천사들과 사람들 사이에서 큰 차이점을 발견하지 않습니다. 그러나 어떤 사람들은 악한 영들보다도 더 큰 죄인들이라는 사실을 나는 알고 있습니다. "아닙니다. 어떻게 그런 일이 있을 수 있습니까?"라고 여러분은 반문하고자 할 것입니다. 그 질문에 대해서, 나는 이렇게 대답합니다. 마귀는 결코 값없이 주어지는 은혜와 십자가의 사랑을 거부하지 않았습니다. 마귀는 결코 성령님을 거슬러서 싸우지 않았습니다. 마귀는 결코 하나님의 자비를 거부하지 않았습니다. 사악함의 최정상에 있는 이 죄들은 오직 복음을 듣고 그 보배로운 메시지를 자신의 등 뒤로 던져버린 여러분에 의해서 저질러졌습니다. 하나님께서 그렇게 사악하게 행동한 사람들에게 자비롭게 대하신다는 것은 대단히 기이한 일입니다. 반면에 그는 타락한 천사들에게 자비에 대해서 자세히 알려 주시지 않았으며, 또한 화목의 조건에 대해서 제시하시지 않았습니다. 최후의 위대한 심판의 날까지, 타락한 천사들은 어둠의 쇠사슬에 묶인 채, 어두운 구덩이에 던져져 있습니다.

그리고 하나님께서 천사들에게 유예 기간을 주시지 않으셨다는 사실에 주목하기 바랍니다. 그는 천사들이 수년 동안 계속해서 죄를 짓도록 기다리지 않으셨습니다. 천사들은 범죄하자마자 타락했습니다. 죄에 대한 준엄한 심판이 뒤따랐습니다. 그들은 하나님을 자신들의 마음속으로부터 내어보냈습니다. 그러자 하나님께서 그들을 하늘에서 쫓아내셨습니다. 하나님께서 여러분을 대하시는 것과 비교해 볼 때, 이것은 얼마나 커다란 차이가 있습니까? 여러분은 오랜 세월 동안 죄를 지었습니다. 여러분은 몇 살입니까? 스무 살? 서른 살? 마흔 살? 쉰 살? 예순 살? 일흔 살? 여러분이 하나님을 거역하며 살아온 지가 팔십 년이 되었습니까? 그렇지만 하나님께서는 여러분을 베어서 넘어뜨리지 않으셨습니다. 하나님의 인내는 얼마나 놀랍습니까? 반면에 천사들은 하나님의 면전으로부터 곧바로 추방되었습니다. 그는 천사들을 용서하지 않으셨습니다. 그러나 하나님께서는 여러분을 용서해 주셨습니다. 그 이유는 무엇입니까?

여호와께서는 천사들과 전혀 화목을 위한 회담을 개최하시지 않았습니다. 그는 그들을 회개나 자비로 결코 초대하시지 않았습니다. 그렇지만 하나님께서는 얼마나 많이 여러분과 회담을 하셨습니까? 여러분에게 간청하고 여러분을 설득한 사람은 오직 나만은 아닙니다. 여러분의 잘못된 삶과 생활 방식으로부터 돌이키라고, 나는 여러분 가운데 어떤 사람들에게 진지하게 호소했습니다. 또한 예수 그리스도를 믿고 영생을 얻으라고 나는 간청했습니다. 그런데 하나님께서 여러분을 위해서는 평화 회담을 여셨지만, 타락한 천사들에게는 그렇게 하시지 않은 이유는 무엇입니까?

왜냐하면 하나님께서 천사들과 결코 은혜 언약을 맺지 않으셨기 때문입니다. "하나님이 영원한 언약을 세우사 만사에 구비하고 견고하게 하셨으니"(삼하 23:5). 천사들은 행위의 언약을 깨뜨렸습니다. 그들은 다시 회복될 수 없을 정도로 타락했습니다. 천사들을 위한 희생 제물은 없습니다. 그들에게는 십자가에 달려 죽으신 하나님의 아들이 없습니다. 그들을 위해서는 그리스도의 핏방울같이 된 땀과 상처 입은 손과 발이 없습니다. 그러나 사람들을 위해서는 위대한 대속이 예비되어 있습니다. 하나님의 주권적인 은혜가 이러한 사실들에 얼마나 잘 나타나 있습니까? 하나님께서는 우리를 위해서 황금 문을 열어 놓으셨습니다. 우리보다 이전에 훨씬 고상한 존재들이었던 타락한 천사들에게는 철문으로 굳게 닫아 놓으셨습니다. 하나님의 영이 우리를 위해서 역사하시고 도와주시지만, 반면에 타락한 천사들을 위해서는 결코 힘쓰시지 않습니다. 마귀와 그의 추종자들은 그들 자신들에게 내버려 두셨습니다. 반면에 인간과 관련해서, 하나님께서는 큰 소리로 말씀하십니다. "어떻게 내가 너를 포기할 수 있겠는가?" 그렇다면 언약에 신실하신 하나님께서 어떻게 우리를 홀로 내버려 두실 수 있겠습니까? 왜냐하면 우리는 우상들에게 사로잡혀 있기 때문입니다. 그러나 하나님께서는 자비의 교훈으로 언제나 우리를 깨우치십니다.

마귀와 그의 추종자들에게는 용서도 소망도 천국도 없습니다. 그러나 사람들에게는 이 모든 것이 제시되어 있습니다. 오, 사랑하는 여러분! 전능하신 하나님께서 주시는 이 소중한 사랑의 선물들을 거절하지 마십시오. 하나님께서 인류에게 이렇게 특별하게 은혜로우시다면, 우리는 죄악에 방자하게 빠져서 하나님에게 보답하지 못하는 무례한 사람이 되지 맙시다. 우리는 온 마음으로 여호와께로 돌아갑시다. 이와 같이 하나님께서 특별한 호의를 지니시고 우리를 바라보고 계십니다.

하나님께서 타락한 천사들을 돌보시지 않지만 우리를 돌보신다는 사실은 대단히 놀랍고 감탄할 만한 일이라고 나는 확신합니다. 왜냐하면 내가 이미 말했듯이, 분명히 타락한 천사들은 어떤 사람들보다 더 나쁜 죄를 범했던 것이 아니기 때문입니다. 그렇다고 천사들이 사람들보다 더 의도적으로 죄를 지었던 것도 아닙니다. 왜냐하면 우리는 고의적인 의도와 목적을 갖고, 하나님의 빛과 지식을 거역하는 죄를 지었기 때문입니다.

그런데 천사들은 매우 가치 있는 존재들입니다. 만약 천사들과 사람들의 두 부류 중에서, 하나님께서 자신의 종들을 선택하시기를 원한다면, 그는 최선의 선택을 하실 것입니다. 그러면 사람들이 아니라, 천사들이 종들로서 선택될 것입니다. 왜냐하면 우리가 할 수 있는 것보다, 천사들이 하나님에게 더 많은 것을 할 수 있기 때문입니다. 그렇지만 하나님께서는 우리를 선택하셨습니다. 하나님에게 사람들이 없는 것보다 천사들이 없는 것이 더 섭섭할 것입니다. 천사들의 타락은 하늘에 큰 공백을 가져왔습니다. 그 공백을 메우기 위해서, 우리는 하늘나라로 가는 것입니다. 또한 그들이 영광의 나라로부터 버림을 받았을 때 발생한 틈을 채우기 위해서 우리는 그곳으로 갑니다. 그러나 하늘에 있어본 적이 전혀 없는 열등한 피조물인 사람들을 그곳으로 오게 하는 것보다, 하늘에 있었던 천사들의 지위를 회복시키는 것이 하나님에게 더 쉬웠을 것입니다. 만약 우리가 자비를 베풀기 위해서 사람들을 구분하려고 한다면, 우리는 다음과 같이 말합니다. 그것은 합당한 말입니다. "우리의 도움을 받지 않는다면 가장 비참한 상태에 머물러 있을 수밖에 없는 사람들에게 우선적으로 혜택이 돌아가도록 합시다."

사람들은 결코 하늘에 대해서 알지 못했습니다. 따라서 하늘에 있다가 그곳으로부터 추방된 타락한 천사들만큼, 사람들은 하늘나라에 대한 상실감이 크지 않을 것입니다. 우리는 항상 가난했던 사람들과 같습니다. 그러나 타락한 천사들은 하늘에 있었습니다. 따라서 그들은 갑자기 가난해진 부자들과 같습니다. 하늘로부터 쫓겨난다는 것은 그들에게 얼마나 지옥과 같은 일이겠습니까? 이전에 누렸던 영원한 영광을 잃어버린다는 것이 그 영적인 존재들에게 얼마나 비참한 일입니까? 그러므로 사람들을 하늘로 올라오게 하기 이전에, 하나님께서 천사들을 회복시키실 것이라고 상상해 볼 수 있었을 것입니다. 그러나 하나님께서는 그렇게 하시지 않았습니다. 그는 우리를 구원하셨습니다. 그러나 그는 타락한 천사들을 회복시키시지 않으시고, 그 상태로 내버려 두셨습니다. 어떤 사람도 그 이유에 대해서 온전히 알 수 없을 것입니다. 우리는 놀라서 이렇게 외칠 따름입니다. "이것이 어떻게 된 일입니까? 왜 하나님께서 은혜를 베푸셔서 우리를 선택하시는 것입니까?"

　　하나님에게 선택권을 주려고 하지 않고, 사람의 뜻을 신격화하려고 하는 사람들이여, 나에게 말해보시오. 이 모든 것은 무엇을 의미합니까? 마치 우리가 하나님에게 어떤 청구권이라도 갖고 있는 것처럼, 하나님께서 모든 대상들을 동일하게 다루셔야만 한다는 여러분의 교만한 이론은 어디 있습니까? 하나님께서 타락한 천사들을 어떻게 다루셨는가를 여러분은 생각해 보십시오. 그것에 대해서, 여러분은 어떤 말을 할 수 있습니까?

　　자신들이 원하는 사람들을 사면해 주려고 할 때, 때때로 이 세상의 왕들은 스스로 이렇게 말할 것입니다. "만약 우리가 어떤 사람과 계속해서 원수 관계에 놓여 있게 된다면, 우리에게 가장 위험한 인물이 될 가능성이 있는 대상을 우리는 사면해 줄 것이다." 과연 인간은 악한 존재이며, 하나님의 커다란 원수들이 되었습니다. 어떤 사람이 하나님에게 해를 가져올 수 있는 것보다, 마귀는 하나님에게 더 많은 해를 끼칠 수 있는 더욱 큰 권세를 지녔습니다. 그렇지만 하나님께서는 마귀를 용서하지 않으셨습니다. 그는 마귀가 무서운 힘을 계속해서 사용하게 하시고, 또한 주님을 비방하는 가장 악한 일을 하도록 허락하십니다. 타락한 천사들과 비교해 볼 때, 인간의 능력은 대단히 좁은 범위에 한정되어 있습니다. 그렇지만 여호와께서는 우리에게 자비를 베푸셨습니다. 그는 자신의 자비를 받을 대상으로 연약한 인간을 선택하셨습니다.

　　어떤 사람은 이렇게 생각할 수 있을 것입니다. '타락한 인간을 하늘나라로 오게 하는 것보다, 타락한 한 천사를 원래대로 회복시키는 것이 더 간단한 일이다. 또한 그것은 우주의 설계도에도 더욱 적합할 것이다.' 그렇게 한다면, 하나님에게는 타락한 한 천사를 원래의 위치로 되돌아오게 하는 것 이외에는 할 일이 없는 것입니다. 반면에 사람들은 반드시 새로운 존재로 변화되어야만 하는 것입니다. 하나님의 아들이 친히 이 세상에 와서 사람이 되어야만 합니다. 인간의 죄를 없애기 위해서, 그리스도는 반드시 죽어야만 합니다. 그러나 타락한 천사들을 구원하기 위해서는, 이러한 일들이 필요하지 않습니다. 인간을 구원하는 것보다 타락한 천사들을 구원하는 것이 더 어려울 것이라고 나는 결코 생각하지 않습니다. 만약 여호와께서 원하시기만 했다면, 타락한 천사들을 구원하는 것이 더 간단했을 것이라고 나는 생각합니다. 하나님의 아들의 성육신과, 인간을 대속하기 위한 그의 죽음을 구원 계획 가운데 포함시키시면서, 타락한 천사들을 회복시키시는 대신에, 무한히 은혜로우신 하나님 아버지께서는 인간을 구원해서 하늘나라로 오게 하시려는 지극히 자비로운 결정을 내리셨습니다. 그것은 불가사의한 일입니다. 또한 그것은 신비로운 진리입니다. 여러분이 감탄을 자아내게 하기 위해서, 나는 이것을 여러분에게 제시합니다. 사랑하는 여러분! 하나님의 구원 계획을 멸시하지 마십시오. 우리 가운데 어떤 사람도 이와 같이 놀라운 하나님의 주권적인 은혜를 소홀히 대하지 않기를 바랍니다. 하나님께서 어떤 대단히 사악한 사람들을 선택하신다면, 그것은 공의롭지 않다고 더 이상 불평하지 마십시오. 왜냐하면 만약 여러분이 그것에 대해서 불평한다면, 여러분이 위대하신 여호와께서 지니신 특권에 대해서 이의를 제기한다고 마귀는 증거할 것이기 때문입니다. 여호와께서 이렇게 말씀하셨습니다. "나는 은혜 베풀 자에게 은혜를 베풀고 긍휼히 여길 자에게 긍휼을 베푸느니라"(출 33:19).

이 사실은 하나님의 백성에게 한 가지 위대한 논리적인 증거를 제공한다고 나는 믿습니다. 여호와께서 타락한 천사들을 포기하시고 여러분을 선택하셨습니까? 이것은 나에게 다음의 성경 구절을 연상시켜 줍니다. "네가 내 눈에 보배롭고 존귀하며 내가 너를 사랑하였은즉 내가 네 대신 사람들을 내어 주며 백성들이 네 생명을 대신하리니 내가 애굽을 너의 속량물로, 구스와 스바를 너를 대신하여 주었노라"(참조. 사 43:3-4). 보십시오. 여호와께서 천사들을 그냥 지나치셨지만, 우리를 선택하셨습니다. 이 얼마나 높고 높은 은혜입니까? 하나님께서 우리를 얼마나 사랑하시는지 주목하십시오. 그것에 대한 보답으로, 우리는 무엇을 해야만 합니까? 우리는 천사들의 일을 합시다. 천사의 마음속에 불타오르던 것과 같은 헌신의 불꽃이 우리 안에서 타오르게 합시다. 천사가 구원받았으면 그렇게 했을 것과 같이, 우리는 강렬한 열정을 품읍시다. 만약 천사들이 이전의 상태로 회복되어 하나님의 은혜와 무한한 사랑을 다시 받게 된다면 그렇게 했을 것처럼, 우리는 하나님을 영화롭게 합시다. 우리는 어떤 가치관을 지닌 사람들이 되어야만 합니까? 우리는 어떤 생활 방식을 지녀야만 합니까? 또한 우리는 어떻게 살아야만 합니까? 우리에게 어떤 헌신이 요구되고 있습니까? 마음과 뜻과 힘을 다해서, 삶의 모든 영역에서, 우리는 하나님을 위해서 살아야만 하지 않겠습니까?

　　시간 관계상, 나는 여러분에게 오늘 주제들에 대해서 대략적으로 설명했습니다. 그것들에 대해서 깊이 생각하는 것을 통해서, 유익을 얻기 바랍니다. 여러분 가운데 불신자들이 있습니까? 오늘 설교에 대해서 계속해서 묵상하기 바랍니다. 다음과 같은 하나님의 자비를 던져 버리지 마십시오. "이는 확실히 천사들을 붙들어 주려 하심이 아니요 오직 아브라함의 자손을 붙들어 주려 하심이라"(히 2:16). 여러분이 이 말씀을 읽을 때, 놀라움으로 가득 차서, 곧바로 예수님에게 달려가십시오. 성도 여러분! 이 성경 구절을 읽을 때, 여러분은 이렇게 고백하십시오.

　　　"스랍들이 알고 있는 사랑보다, 우리는 더 큰 사랑을 받았기 때문에,
　　　스랍들처럼, 우리들은 주님께 대한 사랑으로 불타오를 것입니다."

　　하나님께서 여러분을 축복해 주시기 바랍니다. 예수님의 이름으로 기도합니다. 아멘.

제
4
장
—

시간에 대한 하나님의 평가

—

"사랑하는 자들아 주께는 하루가 천 년 같고 천 년이
하루 같다는 이 한 가지를 잊지 말라" — 벧후 3:8

이 본문으로부터, 어떤 사람들은 사도 베드로가 의미하는 것을 정확하게 해설하려고 하기보다는 성경에 대한 자신들의 이론을 지지하는 논리적인 근거를 찾아내려고 시도합니다. 이 구절에 근거해서, 그들은 성경에서 하루는 천년을 상징하는 것이라고 추론했습니다. 다시 말해서, 하나님께서 엿새 동안에 하늘과 땅을 창조하시고, 일곱째 날에 안식하셨기 때문에, 우리는 하루를 천년으로 생각해야만 한다는 것입니다. 또한 천년이라는 기간 동안에, 새 하늘과 새 땅이 준비된다고 합니다. 일곱 번째 천년의 기간 동안, 우리가 완전한 평화와 거룩함을 누리게 된다고 주장합니다. 그러한 주장대로 이루어질 가능성도 있을 것입니다. 육천년 동안의 수고가 끝나게 되면, 우리는 천년왕국의 안식에 들어가게 될 수도 있을 것입니다. 그렇다면 일곱 번째 천년은 지나간 육천년에 대한 안식일이 될 것입니다. 그러나 비록 우리가 이것을 알고 있다고 하더라도, 다시 오시는 주님을 통해서, '전투하는 교회'(the Church Militant, 라틴어로는 'Ecclesia Militans')가 언제 궁극적으로 승리하게 되는지를 우리가 미리 알 수 있게 하는 데에, 이것은 우리에게 커다란 도움을 주지 않을 것입니다. 왜냐하면 과거에 대해서 연대기적으로 설명하는 데에는 불분명한 점들이 대단히 많이 있기 때문입니다. 육천 년이라는 기간이 언제 끝나는 것인지에 대해서, 아무도 정확하게 답변할 수 없습니다. 또한 백 년이나 이백 년 후에 세상이 어떻게 변할지, 누구도 분명하게 말할 수 없습니다. 비록 육천 년 이후에 천년왕국이 이루어진다는 이론이 타당한 것으로 입증될 수 있다고 하더라도, 우리의 호기심이 채워지기는커녕, 오히려 궁금증으로 인해서 더욱 감질날 것입니다. 왜냐하면 우리가 지니고 있는 모든 연대기들은 추측에 근거한 것입니다. 심지어 성경번역자들이 성경 원문을 번역하여 제시한 것도 마찬가지입니다. 연대와 관련된 성경 번역과 그것에 대한 해석이 정확한지에 대해서, 논란의 여지가 전혀 없는 것이 아닙니다. 따라서 우리는 때와 시에 대해서 명확하게 확정할 수 없습니다. 또한 그렇게 하려고 바라서도 안 됩니다. 왜냐하면 하나님 아버지께서 그것들을 자신의 권한 속에 두셨기 때문입니다(참조. 행 1:7). 마지막 때에 관해서, 아무도 정확하게 알지 못한다고 우리는 믿습니다. 심지어 하나님의 천사들도 그것을 알지 못합니다. 형제자매 여러분! 하나님께서 감추신 것을 우리가 발견하려고 원해서는 안 됩니다. 또한 답변을 거부하신 것을 알려고 질문해서도 안 됩니다. 오늘 우리가 선택한 본문이 일곱 번째 천년 기간의 안식, 곧 천년왕국의 교리에 대해서 가르쳐 주지 않는다는 것은 확실합니다. 왜냐하면 전후 문맥을 살펴본다면, 어떤 사람들이 아래와 같이 그릇되게 주장하는 것을 반박하기 위해서, 3장 8절의 말씀이 기록되었다는 것을 여러분은 알게 될 것이기 때문입니다. "주께서 강림하신다는 약속이 어디 있느냐 조상들이 잔 후로부터 만물이 처음 창조될 때와 같이 그냥 있다"(벧후 3:4). 그 의혹에 대해서, 베드로는 "아니다. 그렇지 않다"라고 대답합니다. 그리고 하나님께서 개입하신 실례로서, 그는 그들이 결코 잊을 수 없는 노아 홍수 사건을 언급합니다.

　더욱이 신자들 중에서도 재림이 늦어진다고 투덜대며, 하나님의 약속이 더디 지켜진다고 생각하는 사람들이 있다는 사실을 알고, 본문의 말씀을 통해서, 베드로는 한편으로는 대적자들을 논박하며, 다른 한편으로는 친구들, 곧 성도들을 위로하고 있습니다. 그는 마치 다음과 같이 말하는 듯합니다. "여러분이 시간의 길이에 대해서 말할 때, 여러분은 자신들이 말하는 것의 의미를 잘 모릅니다. 왜냐하면 하나님께서 평가하시기에, 하루는 마치 천 년 같고, 또한 천 년은 하루 같기 때문입니다." 또한 사도 베드로가 기록한 말씀은 오늘날의 그리스도인들도 위로해 줍니다. 왜냐하면 최후의 승리를 얻기 위해서 달려오고 있는 그리스도의 전차가 도착하는 것이 늦어지고 있다고 오늘날 많은 그리스도인들은 추측하고 있기 때문입니다. 그래서 그들은 지쳐 있으며 무기를 내려놓고 거룩한 싸움을 그만두려고 하기 때문입니다. 의기소침해 있는 군사들을 다시 결속시키는 훌륭한 장교와 같이, 베드로는 성도들에게 인내하라고 다음과 같이 권면합니다. "사랑하는 성도 여러분! 그리스도의 재림은 더딘 것이 아닙니다. 그 기간이 여러분에게 지루할 수도 있습니다. 그것을 인내하며 기다리는 것이 여러분에게 어울리는 것입니다. 성급해하지 마십시오. 여러분이 '그리스도께서 타고 계신 전차가 왜 이렇게 더디옵니까?'라고 외칠 때, 다음 사실을 기억하십시오. 그리스도에게 시간이 더디거나 늦어지는 것이 아닙니다. 주님에게는 하루가 천 년 같고, 천 년이 하루 같은 것입니다." 사도 베드로가 성도들에게 가르치려는 것은 시간에 대한 우리의 인식이 올바르지 않으며, 또한 그것은 분명히 하나님의 표준에 부합되지 않는다는 일반적인 원리였습니다. 따라서 우리가 하나님과 관련해서 시간을 잴 때, 우리가 알고 있는 구별 방법들이 하나님에게 그대로 적용될 수 없다는 사실을 우리는 반드시 기억해야만 합니다.

시간이라는 주제를 다루기에 앞서, 사도 베드로는 우리가 이 문제에 대해서 무지하지 않기를 원한다는 점을 언급하고자 합니다. 의심할 여지 없이, 그것에는 중요한 사항이 들어 있습니다. 어떤 사람들은 의도적으로 그것을 무시합니다. 5절에서, 사도는 그들에 대해서 이렇게 말합니다. "그들이 일부러 잊으려 함이로다." 여러분은 빛에 대해서 눈을 감는 이러한 죄를 짓지 않도록 유의하십시오. 다른 사람들은 게을러서 알지 못합니다. 그들은 하나님의 말씀을 연구하려고 하지 않습니다. 그들은 성경에 대해서 탐구하지 않습니다. 따라서 그들은 말씀과 관련된 많은 것들을 깨닫지 못합니다. 어떤 사람에게 지식이 없다면, 그것은 그 사람에게 좋지 않습니다. 특히 그리스도인이 하나님에 대한 지식이 없다면, 틀림없이 그것은 그에게 대단히 해로울 것입니다. 우리는 하나님이 어떤 분이신지에 대해서 스스로 자신의 사상을 형성시킬 수 없습니다. 그러나 우리는 하나님을 성경에 계시된 분과 다른 대상으로 만들지 않도록 매우 조심해야만 합니다. 하나님의 영원성과 관련된 문제에서, 우리가 실수하지 않도록, 또한 우리의 잣대와 기준으로 무한하신 존재를 평가하거나 측정하지 않도록, 사도 베드로는 매우 진지한 자세를 취하고 있습니다. 왜냐하면 가장 해로운 결과들이 이 문제와 관련된 오류에서 비롯될 수 있기 때문입니다. 인내하지 못하는 것은 불신앙으로 연결될 수 있습니다. 불신앙은 성마른 불평으로 변질될 수 있습니다. 그리고 불평은 활동하지 않는 것과 나태와 불순종과 반역을 낳을 수 있습니다. 그 이외에도, 얼마나 많은 사악한 것들이 있는지 우리는 잘 알지 못합니다.

이제 곧바로 본문에 대해서 언급하고자 합니다. 하나님의 도움을 의지하면서, 우리는 세 가지 주제들에 대해서 다룰 것입니다. 첫째, 우리는 본문이 제시하는 일반 원리에 대해서 간략하게 소개할 것입니다. 둘째, 본문에 사용된 낱말들에 근거해서, 하루에 대한 하나님의 평가에 대해서 설명하고자 합니다. 셋째, 천년에 대한 하나님의 평가에 대해서 자세히 살펴보려고 합니다.

1. 이 일반 원리

1) 먼저 하나님에게는 모든 시간이 동일하게 현재라는 것을 언급하고자 합니다.

어떤 사건이 오늘 일어나기로 예정되어 있다면, 그것은 우리에게 매우 가까운 것처럼 보일 것입니다. 그러나 만약 그 사건이 천년이 지난 다음에야 발생한다는 것을 우리가 알고 있다면, 우리는 그것에 대해서 전혀 생각하려고 하지 않을 것입니다. 그 특별한 시대가 다가오기 오래 전에, 우리는 무덤 속으로 들어갈 것이라고 생각합니다. 따라서 그 사건이 우리 자신과 관련되어 있다는 생각이 머릿속에 거의 떠오르지 않을 것입니다. 그러나 하나님에게는 전혀 그렇지 않습니다. 하나님께서 보시기에, 모든 일들은 그에게 똑같이 가깝고, 지금 일어나고 있는 것입니다. 지금부터 천년이 지난 다음에, 어떤 사건이 발생한다고 하더라도, 그것은 하나님에게 하루라는 시간의 간격에 지나지 않습니다. 하나님에게는 과거와 현재와 미래라는 시간 구분이 필요하지 않은 것입니다. 여호와께서는 자신의 이름에 대해서 "나는 스스로 있는 자이니라"(출 3:14)고 소개해 주셨습니다. 그는 자신의 이름을 "나는 스스로 있었다"라고 부르지 않았습니다. 왜냐하면 그렇다면 그는 과거에 어떤 존재였지만 지금은 그렇지 않다고 우리가 상상할 것이기 때문입니다. 또한 하나님의 성품 가운데 어떤 부분이 변했거나, 그의 속성 가운데 어떤 것은 이미 없어졌다고 추측할 수 있을 것이기 때문입니다. "그가 존재했었다"라는 표현에는 그가 이제 완전히 없어졌다는 불길한 음성이 들려오는 것입니다. 그것은 살아 있는 존재를 위한 이름이라기보다는 죽은 자를 위해서 울리는 슬픈 종소리와 같지 않습니까? 그리고 하나님께서 자신에 대해서 "나는 미래에 있을 것이다"라고 말씀하시지 않았습니다. 왜냐하면 그 이름은 그가 지금은 존재하지 않지만 앞으로 오게 될 시대에는 존재하게 될 것이라고 우리가 상상하도록 이끌어 주기 때문입니다. 그것과는 반대로, 성경은 우리에게 하나님에 대해서 이렇게 가르쳐 줍니다. 곧, 그는 완전한 존재이며, 그의 본질은 무한합니다. 또한 그의 통치는 절대적이고, 그의 권능은 제한되지 않으며, 그의 영광은 모든 것보다 뛰어납니다. 따라서 하나님에게 발전이라는 것은 있을 수 없습니다. 하나님의 본질과 특성은 오늘과 마찬가지로 미래에도 동일한 것입니다. 주 예수님에 대해서, "영존하시는 아버지"(사 9:6)라고 말하는 것을 우리는 읽을 수 있습니다. 그렇지만 그는 젊음의 활력도 지니셨습니다. 모든 사람들은 유년기, 청년기, 장년기와 노년기를 거칩니다. 그러나 그 구분은 지존자에게는 전혀 해당되지 않습니다. 성장, 발전 및 진보라는 개념 등은 모두 유한한 존재들에게서 발견할 수 있는 특성입니다. 그러나 무한한 존재이신 하나님에게 그와 같이 변화를 내포하는 사상을 적용시키려고 한다면, 그것은 그에 대한 모욕입니다. 어제와 오늘과 내일은 죽을 수밖에 없는 존재들에게 속한 것입니다. 그러나 죽지 않으시는 영원하신 왕은 영원한 오늘 속에서 사십니다. 그는 "나는 스스로 있는 자"이십니다. 곧, "나는 지금도 있다. 과거에도 있었다. 또한 미래에도 있다"라는 뜻입니다. 우리가 하나님께서 모든 곳에 계시다고 말하는 것과 마찬가지로, 우리는 그가 언제나 존재하신다고 말할 수 있습니다. 그는 공간 안에 모든 곳에 계십니다. 그는 시간 속에서 언제나 계십니다. 과거도 하나님에게는 오늘입니다. 미래도 그에게는 이미 오늘로서 존재합니다. 우리가 살고 있는 현재도 그에게는 오늘입니다.

우리가 말하는 내용을 온전히 이해하지 못한 채, 우리는 바로 앞에서 다루었던 주제에 대해서 말할 수 있을 뿐입니다. 아마도 우리는 비유를 통해서 그 문제에 대해서 좀 더 쉽게 설명할 수 있을 것입니다. 바다를 향해서 비스듬하게 서서히 흘러가는 강이 있습니다. 어떤 사람이 그 위에서 배를 저어갑니다. 지금 그 배는 여기 있습니다. 이윽고 그 배는 저 곳에 있습니다. 그 배는 곧 강어귀에 이를 것입니다. 뱃사공에게는 자신이 지금 배를 저어서 나아가고 있는 부분만이 현재입니다. 그런데 저 쪽에 있는 매우 높은 산 위에 어떤 여행자가 서 있습니다. 산꼭대기에서 그는 아래를 내려다봅니다. 그는 강의 발원지를 살펴봅니다. 물줄기가 형성되기 시작하는 부분을 주목합니다. 은빛 물줄기는 아직 좁지만 선을 이루며 흘러갑니다. 눈을 크게 뜨고서, 그는 흘러내려가는 그 물줄기를 훑어봅니다. 이제 강물은 넓고 세차게 흘러갑니다. 마침내 그 강물은 바다로 흘러들어갑니다. 그 등산가는 알프스의 높은 산에 서 있습니다. 발원지로부터 바다에 이르기까지, 햇빛에 반짝이며 평지를 흘러가고 있는 물줄기는 그에게는 똑같이 현재입니다. 그 물줄기의 어떤 부분도 다른 부분보다 그에게 더 가까이 있다고 말할 수 없습니다. 처음부터 끝까지, 그는 멀리서 전체를 바라보고 있기 때문입니다. 우리가 산꼭대기에 서 있는 등산가를 바라보는 동안, 저 아래 뱃사공은 배를 한참 저어갔습니다. 그는 강 전체를 볼 수 없습니다. 그는 자신이 위치해 있었던 곳과 지금 있는 곳과 앞으로 나아가게 될 곳에 대해서만 말할 수 있습니다. 그러나 강의 전체를 볼 수 있는 우리는 강의 전체에 대해서 말합니다. 우리가 보기에 그 모든 것은 현재입니다. 시간의 흐름도 하나님에게 이와 같을 것이라고 우리는 생각합니다. 지극히 높은 곳에서, 하나님께서는 시간을 한 눈에 내려다 보십니다. 하나님께서는 시간 속에서의 모든 획기적인 사건들과 시대의 모든 변화들을 여러 가지 생각들이 아니라, 한 가지 생각에 반영시키십니다. 지나간 수천 년과 앞으로 다가올 수천 년이 그의 눈에는 한 가지 모습으로 보입니다. 또다른 비유를 들어봅시다. 이중성(二重星)이라고 불리는 별들이 있습니다. 곧 실제적으로는 두 개의 별들이 우리 눈에는 하나의 별인 것처럼 보이는 것입니다. 가장 성능이 좋은 망원경으로도, 우리는 두 별들이 서로 떨어져 있는지 알 수 없습니다. 그것들은 거의 하나로 결합된 것처럼 보입니다. 그 두 별들의 움직임을 통해서, 천문학자들은 그것들이 하나가 아니라 두 개의 별들이라는 사실을 분별합니다. 그러나 일반 관측자들에게 그것들은 하나의 별로 보입니다. 심지어 가장 성능이 좋은 망원경으로도, 두 별들 사이의 거리를 분명히 알 수 없습니다. 그러나 두 별들은 서로 수억 마일이나 떨어져 있다는 것은 대단히 확실합니다. 그렇지만 우리가 서 있는 곳에서 바라볼 때, 두 별들은 하나로 보일 뿐입니다.

　　시간 속에서의 사건들의 경우도 마찬가지입니다. 예를 들면, 아담의 타락 사건과 예수 그리스도의 구원 역사와 같은 것입니다. 그 두 사건들 사이에는 수천 년이라는 시간의 간격이 있습니다. 그러나 가장 멀리까지 보시는 하나님께서 그의 지극히 높은 보좌 위에서 바라보실 때, 그것들은 하나로 보입니다. 그는 타락은 아침에 일어났지만, 구원 사역은 저녁이 되기도 전에 성취된 것으로 보십니다. 하나님께서는 그 두 사건들은 한 가지로 생각하십니다. 우리는 타락을 바라보며, 그것에 대해서 슬퍼합니다. 그 후에 그리스도 안에서의 회복을 바라보며, 우리는 기뻐합니다. 그러나 하나님께서는 그 모든 과정을 하나로 보십니다.

이스라엘의 멸망과 회복도 하나입니다. 그는 그 사건들을 대단히 밀접하게 연결시키셨습니다. 그래서 모든 사건들을 통해서, 그는 그에게 이루어지는 영광을 바라보십니다. 또한 그의 손으로 만드신 피조물들에게 공통으로 주어진 선(善)을 바라보십니다. 비유를 통해서 아무리 단순하게 설명한다고 하더라도, 우리는 하나님을 인간에게 보여줄 수 없다는 사실을 나는 알고 있습니다. 왜냐하면 하나님의 속성들을 드러내 주는 얼굴을 우리가 전혀 볼 수 없기 때문입니다. 그러나 우리는 이러한 고찰들을 통해서, 하나님에게는 앞으로 펼쳐질 천 년이 하루와 같고, 또한 지나간 천 년도 하루와 같다는 것을 되새겨볼 수 있을 것입니다. 왜냐하면 그는 만물을 영원한 현재 속에서 바라보시기 때문입니다. 만물은 하나님의 눈앞에 펼쳐진 채로 항상 서 있는 것입니다.

죄인은 이 사실을 기억하십시오. 그는 십 년이나 이십 년 전에 어떤 죄들을 범했다고 말합니다. 그러나 그 죄들은 하나님에게 이 순간에도 조금도 색이 바래지지 않은 주홍빛으로 존재하고 있습니다. 자신의 죽음과 그 이후의 형벌에 대해서 생각할 때, 죄인은 이 사실을 기억하십시오. 그는 이렇게 말할 것입니다. "그것이 나에게 닥치려면 오랜 세월이 지나야 한다." 죄인이여, 그렇지 않습니다. 하나님에게 그것은 하루와 같습니다. 만약 당신이 올바로 평가할 수 있다면, 심판은 당신에게 정말 가까이 다가와 있습니다! 회개하지 않은 영혼들이 던져지게 될 타오르는 불꽃은 얼마나 가까이 있습니까! 오, 죽어가는 사람이여, 나는 당신에게 간청합니다. 부디 이 사실을 기억하십시오. 하나님께서 당신이 자신의 세월을 하루로 인식하도록 도와주실 것입니다. 또한 이 사실을 기억하십시오. 이 땅에서의 천 년보다 지옥에서의 하루가 더 고통스러울 것입니다. 하나님 자신의 이름을 위해서, 그가 당신이 그곳에 가지 않도록 지켜 주시기를 바랍니다.

2) 본문이 제시하는 일반적인 원리에 대해서 좀 더 생각해 보려고 합니다.

모든 시간은 하나님에게 아무런 영향도 미치지 않는다는 사실을 본문은 우리에게 가르쳐 줍니다. 하루라는 시간은 우리가 알아차릴 수 있는 어떤 특별한 변화가 우리 안에서 일어나게 하지는 않을 것입니다. 우리는 오늘 아침에 어떤 친구를 만났습니다. 저녁에도 그를 만나게 되었습니다. 우리는 그 친구에게 "자네 오늘 아침보다 훨씬 늙었는데!"라고 말하지 않습니다. 의심할 여지 없이, 우리는 모두 날마다 아주 조금씩 늙어갑니다. 그러나 사람들이 눈으로 보고나서 일반적으로 식별할 수 있는 능력으로, 우리는 그 변화를 전혀 알아차릴 수 없습니다.

그러나 만약 오십 년의 세월이 흘러간다면, 얼마나 커다란 차이를 우리 모두에게서 식별할 수 있습니까! 내 주변에 있는 사랑하는 친구들은 지금 머리카락이 흰색으로 변했고 머리숱이 별로 없습니다. 그러나 오십 년 전에, 그들은 키가 크고 세련되고 멋있는 젊은이들이었습니다. 그때 그들에게는 힘과 열정이 넘치고 있었습니다. 이십 년 전에, 우리 가운데 어떤 사람들은 더듬거리며 말하고 놀기 좋아하며 장난치던 소년들이었습니다. 이제 그들은 어른이 되었습니다. 날마다 그들은 뜨거운 햇볕과 삶의 무거운 짐을 참고 견뎌야만 합니다. 세월은 사람들을 점차 늙고 연약하게 만듭니다. 앞으로 백년이 지나가면, 이 자리에 모인 모든 성도들은 어디에 있겠습니까? 그때까지 주님께서 다시 오시지 않는다면, 우리는 모두 흙 속에서 잠을 자고 있을 것입니다. 그리고 우리는 천사장이 외치는 소리를 기다리고 있을 것입니다(살전 4:16).

　　하루라는 시간은 우리에게 아무런 변화도 가져오지 않는 것처럼 보입니다. 그것보다 더욱 엄밀한 의미에서, 하나님에게는 일천 년도 아무런 변화를 가져다 주지 않습니다. 파도가 커다란 바위에 끊임없이 부딪혀도, 그 바위는 거의 영원히 그대로 서 있습니다. 이와 같이 세월이 흘러가도, 하나님께서는 영원히 변함 없이 동일하십니다. 세월의 변천을 통해서, 혹시 하나님께서 연약해지시지 않을까라고 우리는 염려할 필요가 전혀 없습니다. "옛적부터 항상 계신 이"(단 7:9)는 전능하십니다. 그는 연약해지시지 않으며, 또한 피곤을 느끼시지도 않습니다. 여호와의 팔이 짧아졌습니까? 귀가 어두워져서 그는 들으실 수 없습니까? 그의 팔이 짧아져서, 그는 구원하실 수 없습니까? 만약 이 지구가 천 년 동안 공전을 계속한다고 하더라도, 여호와께서는 여전히 강하셔서 그의 종들을 도와주시고, 이전과 마찬가지로 그의 대적자들을 능히 쳐부수는 것을 보여주십니다. 시간이 하나님을 연약하게 만들지 못하는 것처럼, 또한 시간은 하나님을 쇠락하게 할 수 없습니다. 하나님의 이마에는 결코 잔주름이 생길 수 없습니다. 그의 손에는 절대로 마비의 증세가 나타나지 않습니다. 성경에 기록된 환상에 의하면, 하나님의 영원성에 대한 상징으로서, 또한 옛적부터 계신 이로서, 그의 머리와 머리털은 흰 양털 및 흰 눈과 같다고 합니다. 오, 태양이여, 너의 타오르는 불꽃도 언젠가 소멸될 것이다! 오, 달이여, 너는 언젠가 너의 빛을 더 이상 비추지 못할 것이다! 오, 별들이여, 무화과나무의 잎들이 그 나무에서 떨어지는 것처럼, 때가 되면 너희들도 떨어져서 없어질 것이다! 오, 땅이여! 이전부터 존재하던 산들은 이미 쇠퇴해지기 시작했다. 땅과 그 위에 거주하는 모든 것들은 낡은 옷처럼 사라져 버릴 것이다. 그러나 오, 하나님, 당신은 언제나 동일하십니다. 당신의 세월은 끝이 없습니다. 영원부터 영원까지, 당신은 하나님이십니다! 시간은 하나님을 연약하게 하거나 부패시킬 수 없습니다. 세월이 흘러가도, 하나님의 목적은 결코 변화될 수 없습니다. 하나님께서는 자신이 인치신 것을 굳게 지키십니다. 그는 마음으로 결정하신 것을 반드시 행하실 것입니다. 그는 후회라는 것을 모르십니다. 그는 사람과 같이 거짓말을 하시지 않습니다. 사람의 아들처럼, 그는 후회하시지 않습니다.

더욱이, 그의 작정에 아무런 변화가 있을 수 없는 것처럼, 어떤 어려움도 하나님의 작정이 성취되는 것을 방해할 수 없습니다. 하나님께서 말씀하시고 행하시지 않은 것이 있습니까? 하나님께서 명령하시고 그대로 이루어지지 않은 것이 있습니까? 하나님에게는 필요한 권능을 예상하시지 못하거나 공급하시지 않는 경우가 없을 것입니다. 예기하지 못한 장애물이 그의 길을 가로막는 일도 전혀 없을 것입니다. 오늘에 이르기까지, 그는 산들을 평평하게 만드셨으며, 바다 위에 길을 내셨습니다. 그의 오른손과 거룩한 팔로, 지금까지 그는 언제나 승리하셨습니다. 이제까지 그를 대적하는 어떤 무기도 그를 무찌르지 못했습니다. 그는 재판에서 자신을 대항하는 모든 혀를 정죄하셨습니다. 앞으로도 이 세상에서 끊임없이 이와 같은 일들이 일어날 것입니다. 해야 할 어떤 일이 있으면, 그는 반드시 그 일을 행하실 것입니다. 정복해야 할 어떤 대적이 있으면, 그는 반드시 그 대적을 정복하실 것입니다. 모든 대적자들을 정복하시는 것은 여호와께서 하시는 일입니다. 모든 시대를 통해서, 여호와께서는 전능하시며 권능을 행하십니다. 변화와 관련해서, 하나님에게 하루는 천 년과 같고 또한 천 년은 하루와 같습니다.

3) 나아가 모든 시간이 하나님에게 중요하지 않다는 것을 본문은 가르쳐 줍니다.

단 하나의 물방울 속에서도 천 개나 되는 미생물체들을 발견할 수 있다고 우리는 들었습니다. 의심할 여지 없이, 그러한 미생물들에게 그것들의 크기는 대단히 중요합니다. 성능이 가장 훌륭한 현미경을 통해서만, 우리는 그 물방울 안에 있는 하나의 미생물을 관찰할 수 있습니다. 어떤 미생물은 옆에 있는 다른 미생물보다 백 배나 더 큽니다. 틀림없이 그 두 미생물들 사이의 크기 차이는 우리에게 대단히 놀라운 것으로 느껴집니다. 그러나 물방울 안에서는 가장 큰 미생물이라고 하더라도, 그것보다 더 작은 미생물과 마찬가지로 여러분과 나는 맨눈으로 그것을 들여다볼 수 없습니다. 우리에게 그것들은 매우 하찮은 것으로 여겨집니다. 따라서 우리는 그것들의 숫자가 수백만 개나 된다고 하더라도 그것들을 대수롭지 않은 것으로 마구 대합니다. 만약 우리가 수천 개나 되는 미생물체를 없앤다고 하더라도, 우리는 전혀 뉘우치지 않습니다. 그러나 만약 그 미생물들 가운데 하나가 그 미생물들의 예언자처럼 다음과 같이 말한다면 어떻게 되겠습니까? "우리와 전혀 다른 어떤 생명체가 있습니다. 그 생명체는 한 물방울 안에 들어 있는 전체의 세계, 곧 모든 미생물들을 아무것도 아닌 것으로 여길 수 있습니다. 자신이 지닌 힘의 절반도 들이지 않고, 그는 천만 개나 되는 물방울들을 들어올려서 그것들을 쏟아 버릴 수 있습니다. 또한 손가락 끝으로 물방울 안에 있는 수천 개의 미생물들을 옮긴다고 하더라도, 그 생명체는 전혀 방해를 받지 않습니다. 심지어 물방울 안에 있는 어떤 제국의 위대한 왕이 모든 군대를 동원하여 그 생명체를 대항하는 전쟁을 일으킨다고 하더라도, 이 생명체는 전혀 마음이 동요되지 않습니다." 그러면 그 미생물체들은 이렇게 말할 것입니다. "어떻게 그런 일이 일어날 수 있습니까? 우리는 그것을 전혀 이해할 수 없습니다." 그 미생물체 철학자가 인간에 대해서, 자신의 무가치함에 대해서, 또한 물방울 세계가 좁다는 것에 대해서 파악할 수 있었다면, 우리가 하나님에 대해서 이해하려고 시도하는 것과 비교해 볼 때, 그 철학자는 쉬운 일을 성취한 것입니다.

　　하나님께서는 무한하시기 때문에, 그는 우리의 존재를 관찰하실 수 있습니다. 우리는 하나님을 무한한 능력을 지니신 분으로 생각합니다. 따라서 그는 모든 별들의 운행을 주관하실 수 있으며, 밤하늘에 반짝이는 모든 천체들을 다스리실 수 있으십니다. 그러나 나는 다음 사실을 매우 놀라운 일이라고 생각합니다. 곧, 하나님께서는 우리와 같이 아무것도 아닌 존재를 알고 계십니다. 더욱이 우리의 머리카락도 모두 세고 계십니다. 또한 하나님의 명백한 뜻이 없으면 그것 가운데 하나도 땅에 떨어지지 않습니다. 우리는 대단히 큰 것을 통해서 뿐만 아니라, 매우 작은 것을 통해서도 무한하신 하나님의 존재를 알 수 있습니다. 따라서 회전하는 천체를 통해서 뿐만 아니라, 물방울 속에서도, 우리는 하나님의 권능을 깨달을 수 있습니다. 심지어 하나님께서 우리를 관찰하신다는 것은 놀라운 사실입니다. 사랑하는 여러분! 여러분은 이제 어떻게 생각합니까? 우리가 대단하게 여기던 천 년이라는 기간이 이제 물방울 하나와 비교된다고 여러분은 생각하지 않습니까? 우리가 사소하게 여기던 하루라는 시간이 물방울의 한 입자와 비교되지 않습니까? 또한 물방울과 그것의 입자 가운데 하나는 하나님에게는 동일하며, 전적으로 무가치한 것이라고 여러분은 생각하지 않습니까? 하나님 앞에서 그것들은 언급할 가치가 없는 사소한 것들입니다. 하나님의 위대한 존재 앞에서, 그것들은 하찮은 것들입니다. 그것들은 하나님의 생명의 큰 바다 속에 있는 몇 개의 물방울에 지나지 않습니다. 하나님의 영원한 숲 속에서 그것들은 한 개의 나뭇잎에 불과합니다. 항상 살아 계신 영원한 존재의 해변에서 그것들은 한 개의 모래에 지나지 않습니다. 하나님에게 천 년은 하루와 같고, 하루는 천 년과 같습니다.

4) 또한 본문을 통해서, 모든 시간은 하나님에게 순종한다는 사실도 우리는 배워야만 한다고 나는 생각합니다.

여러분과 나는 시간의 종입니다. 그러나 하나님께서는 시간을 절대적으로 주관하시는 분입니다. 때때로 나는 시간을 한 시간이라도 더 길게 할 수 있기를 바랍니다. 그러나 나는 시간을 조금도 연장시킬 수 없습니다. 어떤 중요한 일을 하는데 한 시간밖에 주어져 있지 않고 좀 더 많은 준비가 필요하다면, 할 수만 있다면, 우리는 한 시간을 앞과 뒤에서 끌어당겨서 늘이고 싶을 것입니다. 그러나 한 시간은 엄밀하게 고정되어 있습니다. 시간은 연장되는 것을 거부합니다. 그것이 우리에게 가능하다면, 우리는 하루를 훨씬 짧게 만들기를 원할 때가 있습니다. 우리가 심한 고통에 시달리고 있을 때, 우리는 아침에 이렇게 말합니다. "하나님께서 아침을 저녁으로 만들어 주셨으면 좋으련만!" 우리는 그날이 시작하자마자 끝나기를 바랍니다. 그러나 안타깝게도 시간의 시작과 끝은 고정된 곳으로부터 꼼짝도 하지 않습니다. 시간은 냉혹하게 흘러갑니다. 끊임없이 똑딱거리며 시간은 가차 없이 지나갑니다. 시계추가 움직일 때마다, 우리의 폐부가 조금씩 도려내어지는 것과 같을지라도, 시간은 사정을 참작하지 않고 흘러갑니다. 불행을 겪고 있는 사람들에게 시간은 결코 빨리 가지 않습니다. 반면에 행복한 사람들에게 시간은 너무나도 빨리 흘러갑니다. 시간은 쉬지 않고 정해진 곳을 향해서 끊임없이 앞으로 나아갑니다. 그러나 하나님에게 시간은 전혀 그렇지 않습니다. 시간은 하나님의 주인이 아닙니다. 만약 하나님께서 태양에게 "기브온 위에 머무르라"고 명령하신다면, 또한 달에게 "아얄론 골짜기 위에 멈추어 서라"고 명령하신다면, 그가 다시 움직이라고 명령하시지 않는다면, 그것들은 반드시 그곳에 영원히 멈추어 서야만 합니다(참조. 수 10:12). 한편 만약 하나님께서 해가 진행 속도를 빨리 해서, 해시계의 그림자가 몇 도 앞으로 나아가라고 명령하신다면, 그것은 반드시 그렇게 해야만 합니다. 태양을 끄는 말들은 빨리 달려야만 합니다. 하나님께서 명령하시는 대로 그 말들은 날아가야만 합니다. 왜냐하면 하나님께서 태양의 수레를 모시며, 손에 고삐를 잡고 계시기 때문입니다. 하나님에게 날들을 더 길게 한다든지, 아니면 짧게 하는 것은 전혀 어려운 일이 아닙니다. 그는 그것에 대해서 염려하시지 않습니다. 오, 형제자매 여러분! 우리는 하나님에 대해서 온전히 알 수 없습니다. 그렇지만 우리는 그를 경배합시다. 우리는 하나님을 완전하게 이해할 수 없습니다. 그러나 우리는 그를 찬양합시다. 나는 다시 말합니다. 하나님께서는 시간의 주인이십니다. 그는 시간을 빨리 가도록 또는 늦게 가도록 명령하실 수 있습니다. 시간은 영원하신 하나님의 명령에 순종합니다. 주께는 하루가 천 년 같고, 천 년이 하루 같습니다.

2. 두 번째 주제, 곧 하루에 대한 하나님의 평가에 대해서 나는 간단하게 다루고자 합니다.

그는 하루를 유용하게 만드실 수 있습니다. 하나님께서는 하루를 천 년만큼이나 길어지게 하실 수 있습니다.

형제 여러분, 내가 지금 말하려고 하는 것은 교회가 바라고 있는 가장 훌륭한 것들 중에서 하나라고 나는 생각합니다. "지나간 오십 년 또는 육십 년 동안, 선교협회를 통해서, 얼마나 많은 사람들이 회심하게 되었는가?"에 대해서 때때로 우리는 질문했습니다. 그리고 우리는 이렇게 말했습니다. "이 속도로 진행된다면, 전 세계가 복음화 되기까지 얼마나 걸릴까?"라는 질문을 제기했습니다. 아, "이 정도 속도"라고요! 그러나 여러분은 하나님의 속도에 대해서 알고 있습니까? 자신이 원하시기만 하면, 하나님께서는 지나간 천 년 동안에 이루어진 일들을 단 하루에도 하실 수 있으십니다. 달팽이에게 이백 미터는 대단히 먼 거리입니다. 그러나 사슴이나 사냥개에게 그것은 얼마나 짧은 거리입니까? 증기기관차에게 그것은 아무것도 아닙니다. 나아가 빛에게 이백 미터라는 거리는 아무런 의미가 없습니다. 말할 나위도 없이, 빛은 달팽이보다 비교할 수 없을 정도로 빠릅니다. 그런데 빛보다도 빠른 어떤 것이 존재한다면, 그 거리는 어떠한 것이겠습니까? 그것은 완전히 헛된 것입니다. 그것은 없는 것이나 마찬가지입니다.

하나님에게 일과 노력과 수고도 마찬가지입니다. 여러분과 나는 쉬지 않고 끊임없이 일하고 또 일해야만 합니다. 만약 우리의 발걸음이 달팽이와 같다면, 목적지에 다다를 때까지, 반드시 우리는 참고 견디며 앞으로 나아가야만 합니다. 그러나 하나님께서 한 명의 목회자를 천 명의 목회자들보다 더욱 강하게 만드실 날이 올 것입니다. 그날에는 단 한 번의 설교가 온 회중을 회심시키기에 충분할 것입니다. 그러면 모든 교인들에게 순식간에 불의 혀가 주어질 것입니다. 모든 교인들은 권능을 받고 나가서, 스스로 설교자들이 될 것입니다. 태양의 빛이 동쪽에서 서쪽으로 여행하는 것처럼, 단 하루가 다 지나가기 전에, 하나님께서 복음의 빛을 이 땅의 한쪽 끝에서 저쪽 끝까지 재빠르게 전달되게 하실 수 있을 것입니다. 그러므로 이스라엘의 거룩하신 분의 능력을 제한하지 마십시오.

> "하나님께서 권능의 팔로 역사하실 때,
> 무엇이 그의 일을 방해할 것인가?
> 하나님께서 그의 백성들을 보호하실 때,
> 누가 그의 손을 멈출 수 있겠는가?"

태양과 같이, 하나님께서 그의 방에서 나오실 때, 어떤 짙은 어둠이 그의 빛을 가릴 수 있겠는가? 하나님께서는 오리온 별자리를 흩어지게 하시고, 아르크투루스(Arcturus; 大角星. 목동자리의 가장 큰 별)를 목자자리 별들과 함께 인도하십니다. 하나님께서 교회를 결박하고 있는 것들을 풀어 주시기를 원하실 때, 그의 오른손에 있는 별들, 곧 그리스도의 복음을 위해서 선택된 설교자들을 인도하시지 않겠습니까? 단지 하나님께서 원하신다면, 복음 사역과 관련된 업적과 정복과 승리에 있어서, 그는 이전에 기록된 교회 역사 속에서 어떤 천 년이라는 기간 동안에 이루어진 일들에 필적하는 것을 단 하루 만에 성취하여 그것을 기록하게 하실 것입니다. 이것은 우리에게 다음 사실에 대해서 기억하게 합니다. 곧, 하나님께서 최후의 심판의 날에 세상을 심판하는 판결을 내리실 때, 그는 그것을 집행하시는 데에 전혀 어려움을 겪지 않으실 것입니다. 이백 명의 재판관들이라고 하더라도, 어떤 나라에서 그들에게 제기된 모든 소송들에 대해서 단 하루 만에 판결한다는 것은 매우 어려울 것입니다. 그러나 하나님께서 최후의 심판에서 위대한 판결을 하실 때, 회개하지 않은 모든 죄인들에게는 유죄를 선고하시지만,

반면에 죄를 회개한 모든 사람들은 용서해 주시며 그들에게 무죄를 선고하실 것입니다. 만약 그 심판이 한 세대 동안 진행된다고 하더라도, 그것은 더 잘 실행되어질 수 없을 것입니다. 또한 그것이 단 하루 만에 마쳐진다고 해서, 더 나쁘게 처리되는 것도 결코 아닙니다. 오, 주님이시여, 우리가 당신이 하시는 위대한 일들을 보게 하소서! 오시옵소서! 당신의 업적으로, 다시 한 번 우리의 날들을 빛나게 하소서!

여호와께서 주의 백성을 애굽에서 양육시키셨을 때, 그들이 홍해를 건너게 하시고 그들을 인도하셨을 때, 애굽의 군대를 멸망시키시고, 애굽의 아들들이 울부짖게 하시는 데에, 주님에게는 천 년의 세월이 필요하지 않았습니다. 모세는 단지 지팡이를 들고 손을 바다 위로 내밀었습니다. 홍해는 몇 시간 동안 갈라졌다가, 억제된 물살이 다시 무섭게 합쳐졌습니다. 보십시오. 애굽의 말들과 병거들이 물속에 가라앉고 말았습니다. 하솔 왕 야빈(참조. 수 11:1)의 군대를 격파하는데, 여호와에게 천 년이 필요하지 않았습니다. 여호와께서는 단지 명령만 하셨습니다. 그러자 기손 강의 급한 물살이 그들을 휩쓸어 갔습니다(참조. 삿 5:21). "별들이 하늘에서부터 싸우되 그들이 다니는 길에서 시스라와 싸웠도다"(삿 5:20). 이방인들의 권세는 무너지고, 이스라엘은 해방되었습니다. 또한 산헤립을 물리치시는 데에 하나님에게 천 년이 필요하지 않았습니다. 하나님께서 산헤립의 입에 재갈을 물리셨으며, 그의 코에 갈고리를 거셨습니다. 하룻밤 사이에 여호와의 사자가 말들과 마병들을 쳐서 죽였습니다. 많은 군사들이 주검으로 발견되었습니다(참조. 왕하 19:35). 여호와께서는 산헤립이 섬기는 신 니스록의 신전으로 돌아가도록 그를 유도하셨습니다. 그는 그곳에서 죽었습니다. 그의 두 아들들의 손에 의해서, 그는 살해되었습니다(참조. 왕하 19:36-37). 여호와여, 모든 영광이 주께 있나이다. 여호와께서 위대하신 권능으로 일어서실 때, 그는 왕들을 죽이시고 막강한 왕들을 전복시키실 것입니다. 두 짝으로 된 놋쇠 문이 열리고, 철로 만들어진 빗장이 산산이 부서질 것입니다. 주님께서는 장차 이 땅에 있는 모든 나라들이 다음과 같이 외치게 하실 것입니다. "여호와께서는 하나님이시다. 여호와께서는 하나님이시다. 오직 여호와께서만 하나님이시다."

3. 이제 천 년에 대해서 하나님께서 어떻게 평가하시는지 주목해 보고자 합니다.

하나님에게는 하루가 천 년 같고 천 년이 하루 같습니다. 슬픔에 빠지고 불신하는 시온은 이렇게 불평했습니다. "신랑은 왜 이렇게 더디 오는가? 신부는 그를 기다리고 있지만, 신랑은 지체하고 있다." 오, 길고 쓸쓸한 겨울이여! 오, 어둡고 우울한 겨울이여! 언제 여름이 올 것입니까? 언제 우기(雨期)가 지나갈 것입니까? 우리는 언제 땅에서 거북이의 소리를 다시 들을 수 있겠습니까? 1860년 동안, 성도들은 그리스도께서 다시 오시는 것을 기다려 왔습니다. 그러나 인자는 아직 오지 않았습니다. 섬에 살고 있는 사람들은 공물을 갖고 오지 않습니다. 광야에 거주하는 사람들은 땅바닥을 핥으려고 머리를 숙이지 않습니다. 그리스도께서 아직 예루살렘에서 통치하시지 않습니다. 장로들은 다윗의 면류관을 쓰고 계신 그리스도의 얼굴을 아직 보지 못합니다. 제단 아래의 성도들은 "어느 때까지, 어느 때까지"라고 큰 소리로 외치고 있습니다(참조. 계 6:10). 오늘 설교단 아래에 있는 성도들도 "어느 때까지 우리가 기다려야만 합니까? 어느 때까지 기다려야만 합니까?"라고 부르짖습니다. 그러나 예수님께서 이렇게 대답하십니다. "나에게는 긴 시간이 아니다. 내가 다시 갈 때까지, 나는 기다린다. 너희는 그것을 길다고 생각한다. 그러나 나에게는 긴 시간이 아니다."

하나님께서는 여러분에게 잠시 생각해 볼 것을 명령하십니다. 여러분이 올바로 측정할 수 있다면, 그리스도의 재림과 관련해서, 하나님께서 정하신 기간은 결코 대단히 긴 시간이 아닙니다. 영원과 비교해 볼 때, 그리스도의 십자가 사건 이후에 지나간 시간은 결코 길지 않다는 사실을 여러분은 먼저 깨닫기 바랍니다. 여러분이 영원에 대해서 측량할 수 있는지 시도해 보십시오. 여러분은 그 작업이 불가능하다는 것을 깨달을 것입니다. 심지어 또 다시 일천 년의 세월이 지나간다고 하더라도, 어떻게 삼천년이라는 기간을 영원과 비교할 수 있겠습니까? 어린아이가 손에 쥐고 있는 조개껍질 안에 가득한 물과 바다 전체의 물을 여러분은 비교해 보십시오. 그러나 인간의 계산법으로, 이천 년이나 삼천 년을 영원과 비교한다는 것은 가능하지 않습니다. 절대로 아닙니다. 그 비교는 성립되지 않습니다. 그것은 존재하지 않는 것을 만물과 비교하는 것과 같습니다. 가장 작은 단위를 무한한 것과 비교하는 것입니다. 그런데도 왜 여러분은 주님께서 더디 오신다고 생각합니까? 만약 육천 년 동안에, 그리스도 안에서 여러분에게 계시된 하나님의 부요에 대해서 여러분이 영원토록 묵상하도록 되어 있다면, 또한 만약 이 주제를 영원히 묵상해야만 한다면, 여러분은 육천 년이라는 기간이 매우 긴 시간이라고 이상하게 여기겠습니까? 오히려 그 기간이 너무 짧다고 여러분은 놀라지 않겠습니까?

　그런데 하나님께서 자신의 목적들을 성취하시는 데에 오래 걸린다고 때때로 여러분은 말할 것입니다. 그렇다면 하나님께서 급하게 서두르실 필요가 없다는 사실을 여러분은 기억하기 바랍니다. 여러분과 내가 무엇을 하든지, 우리는 반드시 모든 힘을 다해서 그것을 해야만 합니다. 왜냐하면 우리가 달려가고 있는 무덤 속에서, 우리는 계획도 세울 수 없고 일도 할 수 없기 때문입니다. 그러나 하나님께서는 살아 계시며, 또한 영원히 살아 계십니다. 우리의 태양은 날마다 떠오르며 집니다. 일꾼이 자신이 해야 하는 일을 제대로 마치려면, 그는 반드시 이마에 땀을 흘리며 열심히 일해야만 합니다. 그러나 하나님의 태양은 결코 지지 않습니다. 하나님답게, 그는 서두르시지 않고 유유히 일을 하십니다. 분명히 그는 목적을 달성하기 위해서 달려갈 필요가 없습니다. 두 작은 나라들의 왕들이 서로 화를 내게 되면, 그들은 즉시 전쟁에 돌입합니다. 그러나 어떤 큰 나라의 군주가 화가 나게 되면, 그는 서두르지 않고 전쟁에 대비합니다. 그리고 나서 모든 군대를 집결시킵니다.

　여러분은 어제 구름이 급히 몰려들고, 바람이 세차게 부는 것을 보았을 것입니다. 먹구름이 순식간에 하늘을 온통 검게 뒤덮었습니다. 빗방울이 큰 소리를 내며 땅에 떨어졌습니다. 그리고 비가 억수같이 땅에 쏟아져 내렸습니다. 모든 것은 신속하고 혼란스럽게 이루어졌습니다. 그러나 구름이 급히 몰려드는 것으로부터, 그것은 폭풍우가 금방 몰아칠 것이라는 징조를 나타낸다는 것을 우리는 알았습니다. 그러나 구름이 천천히 몰려들면서 커다란 구름 떼를 이룰 때, 하나님의 나팔 소리가 마침내 검은 전사들을 싸움터로 불러 모을 때, 여러분이 드디어 폭풍우를 주관하시는 하나님의 날카롭고 번쩍이며 빛나는 창을 보았을 때, 그의 막강한 용사들이 전열을 정비하는 것을 보았을 때, 그때 하나님의 나팔은 다시 한 번 크고 길게 울릴 것입니다. 그러면 이 땅에는 몇 시간 동안 비가 쏟아져서 큰물이 넘칠 것입니다. 또한 커다란 백향목을 부러뜨리시며 산꼭대기들이 무너져 내리게 하는 하나님의 음성을 들을 때, 사람들은 두려워 떨게 될 것입니다. 이처럼 모이는 데에 오랜 시간이 걸리는 것은 오랫동안 준비되는 것입니다. 평범한 사람들은 언제나 서두릅니다. 그러나 위대한 사람들은 기다릴 수 있습니다. 믿음은 사람을 위대하게 만들어 주기 때문에, 믿음을 지닌 사람들은 다급하게 되지 않을 것입니다(참조. 사 28:16). 신앙인들이 의지하는 하나님께서는 위대하시기 때문에, 그는 결코 바쁘게 서두르지 않으십니다. 하나님께서는 서두르지 않으시며, 유유히 자신의 일을 수행하십니다. 영원히 존재하시며 모든 시간을 주관하시는 여호와 우리 하나님께서는 서둘러서 일하실 필요가 전혀 없습니다. 그러나 제한된 시간 속에 살고 있는 우리는 모든 것을 서두르려는 경향을 지니고 있습니다.

더욱이 하나님께서 느긋하신 데에는 우리에게 어떤 유익이 있습니다. 그것은 우리의 믿음을 연단시켜 줍니다. 작은 믿음을 갖고 있기 때문에, 우리 가운데 어떤 사람들은 점점 지쳐갑니다. 만약 오늘부터 앞으로 천 년 동안, 복음을 전파하기 위해서, 그리스도의 교회가 정선된 목회자들을 가장 비참한 지역들로 계속해서 보낸다면, 만약 교회가 젊고 용감한 아들들을 먼 곳에 있는 순교의 제단으로 지속적으로 파송한다면, 솔로몬 성전이 건축될 때, 이스라엘 백성이 세금을 바쳤듯이, 만약 영국에 있는 교회들이 계속해서 영적인 예물을 하나님께 바친다면, 만약 우리 각 사람이 하나님을 위해서 기꺼이 자기 자신과 헌금을 드린다면, 만약 교회가 앞으로 오게 될 이천 년 동안 이 일들을 끊임없이 한다면, 하나님께서 교회가 시련을 당하지 않도록 보호해 주시기를 우리는 기도합니다. 그러나 만약 교회가 고난을 겪는다고 하더라도, 그것은 은혜로 교회를 도와주시는 하나님께 영광이 될 것입니다. 또한 하나님을 영화롭게 한 교회의 믿음에도 영예스러운 일일 것입니다. 오직 한 시간 동안 지속된 싸움에서 승리한다면, 그것이 무슨 대단한 일이겠습니까? 그 싸움에서, 단 한 번 용감하게 돌격을 감행했습니다. 그러자 적들이 도망갔습니다. 그러나 몇 시간 동안, 며칠 동안, 물러서지 않고 용맹스럽게 싸우고, 군사들이 대열을 지키며 굳게 서서 힘든 싸움을 끝까지 인내한다면, 그것은 유명한 워털루 전투나 마라톤 전투와 함께 기록될 만한 가치가 있는 것입니다. 돌격 명령을 열렬하게 갈망하며, 돌격 신호에 복종하기 위해서 기다리고 있는 용맹스러운 군사들을 보십시오. 그들은 굶주린 사자들과 같이 서 있습니다. 상처의 고통을 참고 있습니다. 죽음의 고통과 공포를 두려워하지 않습니다. 마침내 지휘관이 신호를 보내자, 그들은 곧바로 적들을 향해서 돌진합니다. 적들의 대열이 흩어지고, 적들은 그들의 발 밑에 쓰러집니다. 그것은 오늘날에도 마찬가지입니다. 연병장에 서 있는 영국 군대처럼, 우리는 교회 안에 있습니다. 우리는 대적을 향해서, 우리의 소총을 쏘아댑니다. 그러나 대적은 먼 곳에 있습니다. 따라서 우리가 원하는 것처럼, 우리는 적들을 쉽게 명중시킬 수 없습니다. 위대하신 주님이여, 오서서, 단 한 번의 돌진으로 승리를 쟁취하소서! 그러면 우리는 큰 소리로 외칠 것입니다. "주 우리 하나님 곧 전능하신 이가 통치하시도다"(계 19:6). 그리고 회오리바람에 날아가는 티끌과 같이, 폭풍 앞에 안개와 같이, 대적들은 도망갈 것입니다.

나아가 하나님께서 서두르시지 않는 것은 적합한 것입니다. 왜냐하면 하나님께서 계시에 대해서 밝히 드러내 주시기 때문입니다. 교인들이 목사님이 설교를 좀 더 길게 해주었으면 하고 바라는 설교자가 되지 못하는 것을 나는 안타깝게 생각합니다. 그런데 우리가 어떤 책들을 마지막 페이지까지 읽으면, 그것들은 우리에게 이런 생각을 하게 합니다. "만약 이 책의 후속편이 있다면, 우리는 계속해서 흥미를 느끼며 그 책을 읽을 텐데!" 교회의 역사란 무엇입니까? 그것은 하나님께서 사람들에게 자신을 계시해 주시는 위대한 책입니다. 유다 지파의 사자가 승리했습니다. 그리스도께서 봉인을 떼고, 우리를 위해서 그 책을 펼치십니다(참조. 계 5:5). 그는 해마다 다른 페이지를 읽으십니다. 또한 교회 역사 속에서, 그는 또 다른 페이지를 읽으십니다. 만약 그리스도께서 오늘 오신다면, 그래서 우리에게 더 이상 갈등이나 어려움이나 시련이 없다면, 그러면 우리는 그 책이 황금빛으로 빛나는 마지막 페이지에 이르렀다고 생각할 것입니다. 그렇지만 만약 앞으로 천 년이 더 지속된다고 하더라도, 그것은 그만큼 더 좋은 것입니다. 천사들의 강렬한 눈들은 아직은 그 이야기의 마지막 페이지를 보는 것을 원하지 않습니다. 하나님의 보좌 앞에 있는 불멸의 영들의 반짝이는 눈들은 언젠가 이야기가 끝날 때, 그것이 너무 늦게 끝났다고 유감스럽게 여기지 않을 것입니다. 아닙니다. 위대하신 주님이시여, 역사의 이야기가 계속해서 이어지게 하소서. 천 년이 계속되게 하소서. 마치 천 년이 하루밖에 되지 않는 것처럼, 사랑이 넘치는 마음으로 우리는 그것을 끝까지 견딜 것입니다.

또 한 가지에 대해서 살펴보겠습니다. 맨 마지막에, 그리스도의 승리는 더욱 위대할 것입니다. 또한 그의 구원은 더욱 영광스러울 것입니다. 왜냐하면 싸움과 혼란의 기간이 매우 길었기 때문입니다. 우리가 역사에 관한 책들을 읽으면, 선과 악 사이의 거대한 투쟁 속에서, 하나님께서 자신의 대적자에게 모든 유리한 점들을 허락하신 것처럼 여겨지기도 합니다. 나는 때때로 그것에 대해서 감탄했습니다. 고난과 인내 사이의 오랜 투쟁에 대한 이야기 속에서, 여러분은 이 사실을 알아차렸습니까? 하나님께서 욥 안에 계십니다. 욥은 고난과 고통의 한가운데 있습니다. 소식을 전하는 이들이 차례차례 와서 욥의 심령을 몹시 상하게 합니다. 마침내 고통은 그의 뼈에까지 이르렀습니다. 그의 몸에는 여기저기 종기가 생겼습니다. 비록 욥은 불행과 고통의 한복판에 있었지만, 그는 여전히 지옥의 군주에게 굴복하지 않았습니다. 그의 등 뒤에는 하나님의 섭리가 있었습니다. 이와 같이 하나님께서 대적자를 유리한 입장에 놓이게 허락하셨습니다. 그러나 여호와께서 마침내 승리하셨습니다. 오늘날 진행되고 있는 커다란 영적인 전쟁에서도 마찬가지입니다.

맨 처음 복음이 전파될 때, 사람들의 위대한 학문과 웅변술과 능력이 복음 운동을 도와주려고 했다면, 그리스도께서는 그것들을 받아들이는 것을 가치가 없다고 생각하셨을 것입니다. 그는 이렇게 말씀하십니다. "아니다. 나의 대적자는 학식을 갖추고 있을 것이다. 헬라 철학자들은 인간의 지혜를 습득하고 있을 것이다. 그들의 연설자들은 웅변술을 훌륭하게 발휘할 것이다. 그러나 나의 사도들은 그들과는 전혀 다르다. 인간적인 능력과 관련해서, 나는 이 세상의 위대한 사람들을 선택하지 않았다." 그래서 세상 나라들의 웅변술, 학식, 화려함과 권력 등은 저울의 반대편에 놓이게 되었습니다. 그리고 벌거벗은 레슬링 선수처럼, 아무런 무장도 하지 않고, 기독교는 머리부터 발끝까지 두꺼운 전신갑주로 무장한 대적을 향해서 나아왔습니다. 베틀의 들보와 같이 커다란 창을 쥐고 있는 골리앗을 대항하기 위해서 오직 물매와 돌멩이 다섯 개를 가지고 나왔던 다윗처럼, 복음은 등장했습니다. 그런데 모든 군사들이 완전무장을 하고 싸우러 나온 블레셋 군대를 보십시오. 그들은 수천 명이었습니다. 그러나 하나님의 용사가 있었습니다. 그는 오직 한 사람뿐이었습니다. 그의 이름은 삼손이었습니다. 그의 무기는 나귀의 턱뼈뿐이었습니다(참조. 삿 15:16). 그러나 그는 그것을 무기로 삼아서 좌충우돌을 시도했습니다. 그러면서 블레셋 사람들의 정강이와 넓적다리를 크게 쳐서 죽였습니다(참조. 삿 15:8). 나귀의 턱뼈로 블레셋 사람들을 죽여서 여러 더미로 쌓았습니다. 그 숫자가 약 천 명에 이르렀습니다.

사랑하는 여러분! 이 세상에서의 어떤 상황은 때때로 대적자가 여러분보다 유리한 고지를 차지하고 있다고 여러분이 믿게 만들 것입니다. 그러나 그때마다 여러분은 스스로 이렇게 말하십시오. "아, 단지 하나님께서 대적자들에게 유리한 여건을 만들어 주셨을 뿐이다." 여러분이 대적자와 싸움을 하는 여건이 이전에는 매우 공평했습니다. 그러나 하나님께서 이제 대적자들에게 모든 것을 주십니다. 그는 대적자들이 모든 무기들을 갖게 하십니다. 또한 그는 그들에게 모든 권력과 분별력과 웅변술과 학식을 갖도록 허락하십니다. 그렇지만 우리는 대적자들을 쳐부술 것입니다. 모든 면에서 연약하지만, 우리는 하나님의 종들입니다. 죽었다가 다시 살아나신 그리스도의 이름으로, 전능한 것처럼 보이는 세상에게 우리는 다시 한 번 도전합니다. 서로 동맹을 맺고 있는 세상 나라들의 학식과 웅변술과 권위와 위엄과 세력에게 우리는 도전하는 것입니다. 오, 세상이여! 만약 너희가 덤빌 테면, 덤벼라. 그러나 우리가 싸움을 할 때, 우리가 아주 어려운 싸움을 예상하고 있다는 사실을 세상은 잊지 말아라. 거짓말을 하실 수 없는 하나님의 권위에 근거해서, 우리는 영광스러운 승리가 우리를 기다리고 있다는 것을 알고 있습니다. 그렇지만 우리가 그 승리를 얻기까지, 하나님께서 오랜 기간을 정해 놓으셨습니다.

　만약 하나님께서 원하신다면, 일곱 언덕을 지닌 음녀 로마를 내일이라도 흔들어 좋으실 수 있습니다. 만약 그렇게 하는 것이 하나님의 뜻이라면, 그는 오늘이라도 모든 우상들을 파괴시키실 수 있습니다. 만약 여호와께서 원하신다면, 오늘밤 여러분과 내가 잠자리에 들기 전에, 그는 모든 우상들을 두더지들과 박쥐들에게 던져지게 하실 것입니다. 그러나 그는 그렇게 하시지 않습니다. 하나님께서 이렇게 말씀하십니다. "아니다. 그들이 멸망하게 될 시간이 정해져 있다. 그들에게 기회가 주어질 것이다. 그들은 나를 대적해서 싸울 것이다. 나는 당분간 나의 권능을 사용해서 그들을 완전히 멸망시키는 것을 억제할 것이다. 나는 잠시 동안 그들과 싸우러 나가지 않을 것이다. 나는 그들이 심사숙고해서 계획을 세우도록 내버려 둘 것이다. 그들이 자신들의 음모를 천천히 실행하게 허락할 것이다. 그들은 예비하지만, 나는 그들을 비웃을 것이다. 마침내 나의 맹렬한 분노가 폭발하면, 나는 그들을 완전히 멸망시킬 것이다."

　마침내 최후의 승리를 얻게 되면, 하나님의 백성은 모두 함께 더욱 큰 소리로 하나님을 찬양할 것입니다. 할렐루야가 끊임없이 울려 퍼질 것입니다. 또한 구원받은 모든 피조물은 하나님께 영원히 영광을 돌릴 것입니다. 사백 년 동안 노예 생활을 한 다음, 이스라엘 백성은 애굽의 속박에서 벗어나서 해방되었습니다. 그때 미리암은 손에 소고를 잡고 여호와 앞에서 춤을 추었습니다(참조. 출 15:20-21). 머지않아 우리의 모든 대적자들이 멸망당하게 되면, 우리도 모세와 함께 어린 양의 노래를 부르게 될 것입니다. "내가 여호와를 찬송하리니 그는 높고 영화로우심이요 말과 그 탄 자를 바다에 던지셨음이로다"(출 15:1). 여호와의 모든 대적들이 멸망하게 하소서. 주님을 미워하는 자들이 숫양의 기름처럼 불에 타서 없어지게 하소서.

성도 여러분, 오늘 설교를 깊이 묵상하는 것을 통해서, 여러분의 마음속에 활력을 불어넣기 바랍니다. 여러분은 때때로 하나님께서 하시는 일들이 오래 걸리며 더디다고 생각했을 것입니다. 그러나 "주께는 하루가 천 년 같고 천 년이 하루 같다는 이 한 가지를 잊지 말라"(벧후 3:8)는 베드로의 권면에 순종한다면, 여러분은 더 이상 그렇게 생각하지 않을 것입니다. 오늘 이 자리에 아직 그리스도를 구주로 영접하지 않은 사람들도 있을 것입니다. 바로 오늘 그들에게 회심이 일어나기를 바랍니다. 그러면 죄악의 쾌락을 즐기며 사는 천 년보다 하나님의 은혜와 은총을 받고 사는 하루가 더 좋다는 사실을 그들은 깨닫게 될 것입니다. "믿고 세례를 받는 사람은 구원을 얻을 것이요 믿지 않는 사람은 정죄를 받으리라"(막 16:16). 그리스도의 공로에 근거해서, 우리가 믿음을 갖도록 하나님께서 우리를 도와주시기를 바랍니다. 아멘.

제
5
장

—

불타는 세상

—

"그러나 주의 날이 도둑 같이 오리니 그 날에는 하늘이 큰
소리로 떠나가고 물질이 뜨거운 불에 풀어지고 땅과 그 중
에 있는 모든 일이 드러나리로다 이 모든 것이 이렇게 풀어
지리니 너희가 어떠한 사람이 되어야 마땅하냐 거룩한 행실
과 경건함으로 하나님의 날이 임하기를 바라보고 간절히 사
모하라" ― 벧후 3:10-12

　겉으로 보기에, 이 세상에 하나님께서 계시지 않다는 잘못된 추론에 근거해
서, 사람들은 때때로 죄를 짓습니다. 대단히 오래 참으시는 여호와께서는 얼마
동안 죄를 벌하시지 않고 내버려 두십니다. 따라서 사람들은 다음과 같이 그릇
된 주장을 합니다. "하나님께서 어떻게 아시겠는가? 전능하신 하나님께서 우리
를 지켜보시지 않으신다. 그래서 어떤 사람이 하나님의 계명을 범한다고 해서
그에게 벌을 주시지도 않는다. 반면에 다른 사람이 그것을 지킨다고 해서 그에
게 상급을 주시지도 않는다." 만약 오랜 기간 동안, 이 세상에 커다란 변화가 발
생하지 않고, 하나님의 놀랄 만한 심판이 실행되지 않고, 기근과 전염병과 전쟁
이 일어나지 않는다면, 사람들은 세속적으로 변질되기가 매우 쉽습니다. 자비가
풍성하신 하나님께서 자신들의 죄악에 대해서 형벌을 즉시 집행하시지 않고 늦
추시는 것과 관련해서 사람들은 감사하고 회개하며 하나님의 계명에 순종해야
마땅합니다. 그러나 그들은 그것을 죄악에 대한 방종의 기회로 삼으려는 경향을

지니고 있습니다. 어떤 특별한 시기에, 지극히 높으신 하나님께서 교만과 억압과 하나님을 모욕하는 언행이 사회를 송두리째 썩게 한다고 여겨질 때, 그는 어쩔 수 없이 인류에게 커다란 재앙들을 보내셨습니다. 도덕적인 기준에 근거해서 통치하시는 하나님께서는 왕조들의 몰락과 제국들의 전복과 황폐화시키는 전쟁들과 극심한 기근들은 허락하셨습니다. 또한 그것들은 인간의 입에 재갈을 물리며, 그들의 교만에 굴레를 씌우고, 또한 그들의 방종을 제지하는 수단들이었습니다. 하나님께서는 악한 자들을 치시는데 서두르시지 않습니다. 왜냐하면 그는 대단히 자비로우신 분이기 때문입니다. 그래서 그는 사람들이 고통을 겪는 것을 기뻐하시지 않습니다. 따라서 그는 그의 화살들을 전통에 꽂아 놓으시며, 그의 활을 걸어 놓으십니다. 그러나 불행하게도 사람들은 그의 오래 참으시는 사랑을 잘못 적용합니다. 그래서 점차 저속한 죄를 짓고, 하나님의 이름을 더럽힙니다. 사도 베드로는 이러한 자세가 잘못되었다는 점을 본문에서 논증하고 있습니다. 그 당시 세속적인 안전만을 추구하는 사람들은 다음과 같이 그릇된 주장을 펴고 있었습니다. "조상들이 잔 후로부터 만물이 처음 창조될 때와 같이 그냥 있다. 그렇다면 하나님이 존재한다는 증거가 어디에 있는가? 세상은 시계처럼 진행되고 있다. 따라서 그것의 바퀴를 움직여서 앞으로 나아가게 할 손은 필요 없다. 그러므로 우리를 간섭하는 하나님은 존재하지 않는다. 우리는 우리가 좋아하는 대로 살 수 있다."

사도 베드로는 그들의 주장에 이렇게 답변합니다. "아니다. 지난날에도 하나님께서 개입하셨다." 내가 이미 암시한 것보다 사도는 적어도 천 개의 실례들을 더 제시할 수 있었을 것입니다. 그렇지만 그는 여기서 그것들을 지적하지 않은 채, 6절에서 오직 대홍수 사건만을 언급하고 있습니다. 적어도 이 홍수 사건을 통해서, 하나님께서 개입하셨다는 것입니다. 그는 인류의 죄악을 더 이상 참으실 수 없었습니다. 그는 깊은 곳의 물들이 터져 나오게 하셨습니다. 또한 하늘의 문들을 여시고 비를 쏟아 부으셨습니다. 그는 성난 큰 물살이 이 땅을 뒤덮도록 명령하셨습니다. 그것들은 순식간에 이 땅을 삼켜 버렸습니다. 따라서 모든 것이 사람들이 원하는 방향으로만 진행되지 않는다는 것은 명백합니다. 대홍수 사건에는 분명히 공의로우신 하나님께서 개입하셨던 것입니다. 나아가 사도 베드로는 조롱하는 자들에게 머지않아 또 다른 사건이 일어날 것이라고 경고합니다. 물 대신에, 이번에는 하나님께서 불을 통해서 심판하실 것입니다. 하나님의 물레방아는 천천히 돌아갑니다. 그러나 그것은 가루로 만듭니다. 하나님의 공의는 자비와 느긋하게 대화를 나눕니다. 그러나 공의가 실현될 때, 그것은 명백하고 신속하게 이루어집니다. 오랫동안 일격이 가해지지 않았습니다. 그러나 일단 매를 맞으면, 영혼이 커다란 손상을 입을 것입니다. 하나님의 진노의 불이 붙는 데는 오랜 시간이 걸립니다. 그러나 마침내 그것은 가마솥과 같이 달구어질 것입니다.

오늘 아침, 우리는 먼저 본문에 예언된 대화재, 곧 불의 심판에 대해서 살펴볼 것입니다. "그러나 주의 날이 도둑 같이 오리니 그 날에는 하늘이 큰 소리로 떠나가고 물질이 뜨거운 불에 풀어지고 땅과 그 중에 있는 모든 일이 드러나리로다"(10절). 그 다음, 사도 베드로가 그것에 근거하여 끌어내는 실제적인 교훈에 대해서 생각해 보려고 합니다. 곧, "너희가 어떠한 사람이 되어야 마땅하냐 거룩한 행실과 경건함으로 하나님의 날이 임하기를 바라보고 간절히 사모하라"(11-12절).

1. 먼저 최후의 불의 심판에 대해서 생각해 봅시다.

성경에서 미래에 관해서 알려 주는 정보에 근거해서, 우리가 사건들을 차례대로 배열하는 것은 매우 어렵습니다. 많은 사람들이 그 예언을 일관성 있게 체계화하려고 시도했습니다. 그러나 아무도 만족할 만한 성과를 거두지 못했습니다. 미래에 펼쳐질 특정한 사건들과 관련해서, 하나님의 말씀 안에는 명백한 증언들이 제시되어 있습니다. 그러나 이 사건들을 다른 사건들과 조화를 이루게 하려는 것은 결코 쉬운 일이 아닙니다. 미래의 사건들과 관련된 계시들을 가장 정확하게 해석하는 사람일지라도 그 사건들을 체계적으로 상세하게 배열하지 못했다고 나는 믿습니다. 그렇지만 그 사건들은 일관성을 지니고 있습니다. 또한 하나님께서 발생 순서를 정해 놓으셨습니다. 그러나 그 사건들이 실제로 성취될 때, 우리는 비로소 그 청사진을 분명하고 구체적으로 알 수 있습니다. 미래 역사의 구성은 매우 복합적입니다. 따라서 오직 건축자이신 하나님만이 이 돌과 저 돌이 차례대로 어느 곳에 놓여야 하는지를 정확하게 아십니다. 우리는 그 돌들 중에서 한 개라도 던져 버려서는 안 됩니다. 또는 어떤 돌이 옛날 양식(樣式)이라고 비난해서도 안 됩니다. 하나님 앞에서, 우리는 어린아이에 지나지 않습니다. 집을 짓는 것에 대한 우리의 계획은 어린아이들이 장난감으로 집짓기를 하는 것과 같습니다. 그 계획은 대단히 단순하고 초보적입니다. 그러나 하나님께서 건축하시는 것은 대단히 복합적인 작업입니다. 따라서 이 사건이 언제 일어나고, 저 경이로운 일은 언제 발생할 것인지, 우리는 정확하게 짐작할 수 없습니다. 그러나 각 사건이 질서정연하게 뒤따라 일어나리라는 것을 우리는 확신합니다. 미래의 사건들에 대한 다양한 해석으로 인해서 머리를 어지럽게 만드는 대신에, 우리가 성경에서 사건들을 발견하는 대로, 그것들을 각각 개별적으로 다루는 데에 우리는 만족할 수 있을 것입니다. 또한 그 사건들이 이루어진다는 것을 믿고 고대하면서, 무엇보다도 그 사건들이 주는 합리적이고 실제적인 교훈들을 이끌어 내는 것에 우리는 만족할 수 있을 것입니다. 어떤 것에 대해서 올바로 아는 것은 그 지식의 결과에 근거해서 우리가 어떻게 행동해야 하는지를 아는 것입니다. 영적인 일들에 있어서, 어떤 사람이 자신이 아는 것을 실행하지 않는다면, 그는 아무것도 모르는 것입니다. 만약 여러분과 내가 미래와 관련된 진리들을 안다면, 우리가 성경에서 발견하는 대로 각각의 진리를 안다면, 또한 그 진리들로부터 올바르게 추론한 바대로 우리가 행동한다면, 우리는 정교한 계획들을 고안한 사람들보다도 더 현명한 사람들이 될 것입니다.

베드로후서는 한 가지 진리에 대해서 분명하게 가르쳐 줍니다. 곧, 그것은 이 세상이 언젠가 불에 타서 없어져 버린다는 것입니다. 또한 이 대화재 사건은 심판과 관련하여 발생한다는 것을 우리는 배웁니다. 왜냐하면 "이제 하늘과 땅은 그 동일한 말씀으로 불사르기 위하여 보호하신 바 되어 경건하지 아니한 사람들의 심판과 멸망의 날까지 보존하여 두신 것"(7절)이기 때문입니다. 이전에 물에 의해서 세상이 멸망한 것은 죄의 결과로 말미암은 것이었습니다. 또한 죄에 대해서 하나님의 진노가 선포된 것이었습니다. 그것은 우연히 발생한 사건이 아니었습니다. 또한 아무런 의도가 없이 일어난 사건이 아니었습니다. 사람들은 죄악을 범했습니다. 그것에 대해서 경고를 받았습니다. 그러나 여호와께서 사람의 죄악이 세상에 가득함을 보시기까지, 사람들은 계속해서 죄를 지었습니다(참조. 창 6:5). 하나님의 백성이 세상의 죄와 결합했던 것이 모든 사악한 것의 정점이었습니다. "하나님의 아들들이 사람의 딸들의 아름다움을 보고 자기들이 좋아하는 모든 여자를 아내로 삼는지라"(창 6:2). 이와 같이, 교회와 국가는 따로따로 세워졌지만, 그 둘은 서로 혼합되었습니다. 그래서 하나님의 영은 한탄하게 되었으며, 더 이상 사람들을 살리기 위해서 힘쓰지 않으셨습니다. 사람들이 범하는 죄의 홍수가 그들을 멸망시키는 대홍수를 초래했습니다. 마지막 때의 불의 심판도 이와 마찬가지일 것입니다. 그것은 자연적인 원인들로 말미암은 피할 수 없는 결과로 일어나지 않을 것입니다. 왜냐하면 하나님께서 이 물질세계로부터 죄의 모든 흔적들을 깨끗하게 지워 정화시키려는 의도를 갖고 계시기 때문입니다. 이 물질 세계는 더럽혀졌습니다. 그는 그것을 새 하늘과 새 땅으로 만드실 것입니다. 불로 정련하는 것처럼, 그는 물질세계를 깨끗하게 하실 것입니다. 레위기의 언약에 의하면, 더러워진 것들은 불에 던져져야만 했습니다. 그것은 죄를 제거하려면 강력한 힘이 필요하다는 것과 여호와께서 죄를 싫어하신다는 것을 보여주는 것이었습니다. 이와 마찬가지로, 이 세상도 장차 불의 열기에 의해서 녹아버릴 것입니다. 그래서 여호와께서는 심지어 육신에 의해서 더럽혀진 옷마저도 싫어하신다는 것을 온 피조세계에 선포하실 것입니다. 나병에 의해서 어떤 집이 부정해졌을 때, 그 집은 파괴되었습니다. 죄라는 무서운 전염병에 의해서 이 땅이 더럽혀졌기 때문에, 이 세상은 불에 의해서 녹아 없어질 것입니다.

또한 우리는 본문으로부터 다음 사실을 알게 됩니다. 이 불은 이 땅에 존재하는 모든 작품들을, 곧 인간의 손으로 만들어 놓은 모든 것들을 불살라 버릴 것입니다. 건축가들이 어떤 건축물에 대해서 그것이 영원히 서 있을 것이라고 말하는 것을 우리는 들었습니다. 아하, 아하! 그러나 그들은 결과적으로 오직 한 시간 동안 서 있게 하려고 건물을 세웠습니다. 어린아이들이 만든 해변의 모래성처럼, 그들의 가장 견고하고 웅장한 건축물도 사라져 버릴 것입니다. 거대한 성당들과 높은 왕궁들도 한꺼번에 또한 순식간에 무너져 내릴 것입니다. 모든 도시들이 이 땅의 화장용 장작더미 위에서 불타버릴 것입니다. 불길에 휩싸인 숲들과 산들도 불과 연기로 뒤덮일 것입니다. 교만한 권력과 뽐내는 부요와 아름다운 예술과 숙달된 기술도 모두 없어질 것입니다. 바다와 같은 불길이 모든 것을 예외 없이 집어삼킬 것입니다. 웅장한 석조 건축물과 거대한 기계 공장들의 바위 같은 기초도 엄청난 열로 인해서 양초같이 녹아버릴 것입니다. 불길이 너무나도 맹렬해서, 불에 탈 수 있는 모든 것들은 완전히 타버릴 것입니다. 물질의 요소들과 단단한 땅이 뜨거운 불에 의해서 녹아버릴 것입니다. 이루 말할 수 없이 높은 열에 의해서, 바위들과 금속들과 강도 높은 모든 것들은 용해될 것입니다. 산소가 수소와 결합될 때, 대기 자체도 맹렬한 불길에 휩싸일 것입니다. 뜨거운 열기에 의해서, 유독 가스들이 분출될 것입니다. 베드로가 말하고 있는

"큰 소리"(10절)와 관련해서, 화학자들은 그와 같이 모든 것들이 불에 타서 없어질 때, 분명히 그러한 요란한 소리가 들릴 것이라고 말합니다. 모든 세상은 다시 녹아버린 하나의 거대한 덩어리가 될 것입니다. 하늘은 더 이상 존재하지 않을 것입니다. "하늘이 연기 같이 사라지고 땅이 옷 같이 해어지며"(사 51:6). 오늘날 하나님께서는 피조세계에 인(印)을 치셔서 당분간 그대로 놓아 두십니다. 그러나 때가 되면, 그는 피조세계가 불에 타서 녹아져 없어지게 하실 것입니다. 그 다음, 그는 녹은 물질을 쏟으실 것입니다. 그리고 우리가 희망하는 대로, 그는 그 위에 이제까지 있었던 것보다 훨씬 더 사랑스러운 형상을 새기실 것입니다.

이 땅이 뜨거운 열에 의해서 타버려서 없어질 것이라는 예언은 쉽사리 믿을 만하다는 점을 우리는 여기서 주목해 보려고 합니다. 왜냐하면 하나님께서 그것을 미리 말씀하셨을 뿐만 아니라, 또한 그 예언을 성취하기 위한 수단들이 분명히 바로 가까이에 있기 때문입니다. 플리니우스(Pliny AD 23-79; 고대 로마의 역사가, 「자연의 역사」를 저술)는 세상이 단 하루라도 불타는 것을 피할 수 있다는 사실은 기적이라고 말했습니다. 플리니우스가 많은 시간을 보냈던 지역의 특성을 고려해 볼 때, 나는 그의 말에 놀라지 않습니다. 내가 나폴리가 위치해 있는 지역을 방문하는 동안, 똑같은 생각이 끊임없이 나에게 떠올랐습니다. 저쪽에 베수비오(Vesuvius) 화산이 있습니다. 그 화산은 언제든지 다시 불을 토해낼 준비가 되어 있으며, 지속적으로 연기구름을 내뿜고 있습니다. 화산재와 용암 덩어리들을 밟으며, 산을 올라가 보십시오. 여러분 밑에는 모든 것이 빛과 열기를 내뿜고 있습니다. 지팡이를 그곳으로 밀어 넣어 보십시오. 그러면 그것은 곧 까맣게 타버립니다. 그 다음 나폴리의 다른 쪽에 있는 분화구를 방문해 보십시오. 옛날 화산의 분화구 앞에 서 있어 보십시오. 증기와 아황산가스나 황화수소를 뿜어내며, 무시무시하게 으르렁거리는 소리를 들어보십시오. 발을 굴러보거나 땅으로 돌을 던져보십시오. 그리고 땅이 어떻게 울리는지 그 소리를 들어보십시오. 그러면 여러분이 거대한 동굴 위에 서 있다는 것을 분명히 알 수 있습니다. 여러분의 주위를 둘러보십시오. 그러면 여러분은 땅 속으로부터 아황산가스가 증기와 더불어 내뿜어지는 것을 알아차릴 수 있습니다. 또한 여러분은 여기저기서 지속적으로 땅이 조금 솟아올라갔다가 다시 내려가는 것을 관찰할 수 있습니다. 저 아래 있는 도시 보디올(Puteoli, 참조. 행 28:13)을 방문해 보십시오. 그곳에 있는 세라피스(Serapis) 신전의 기둥들이 여러 번 해수면(海水面) 아래로 내려갔다가 다시 올라왔던 사실을 여러분은 해수표에 근거해서 눈으로 직접 확인할 수 있습니다. 어떤 곳에서는 하룻밤 사이에, 빵을 구울 때 밀가루 반죽이 부풀어 오르는 것처럼, 거대한 언덕들이 솟아올랐습니다. 반면에 다른 곳에서는 갑자기 땅의 표면이 내려앉았습니다. 나폴리 주변의 화산 지대는 땅 속에 있는 수많은 분출구들 가운데 하나입니다. 삼백 개 이상이나 되는 화산들이 이미 용암을 분출시키며 불을 내뿜었습니다. 많은 지질학자들의 이론에 의하면, 지구의 중심부는 방대한 용해 물질로 구성되어 있습니다. 우리는 온도가 식어버린 얇은 지표면에 살고 있습니다. 아마도 그 두께는 160km도 되지 않을 것입니다. 광부들이 15m 정도 땅 속으로 더 들어가면, 화씨로 일도가 높아진다고 합니다. 그래서 지구의 껍질이 내부로부터 상대적으로 얼마나 짧은 거리인지를 우리는 쉽게 알 수 있습니다. 지구 내부로 80km 정도만 들어가면, 그곳에서 높은 열로 인해서 완전히 녹지 않을 바위는 하나도 없습니다. 지구 내부 전체의 덩어리는 아마도 액체와 기체 상태로 되어 있을 가능성이 높습니다. 지구는 양극에서 약간 평평한 타원형의 모습을 하고 있다는 것은 잘 알려져 있습니다. 그것은 지구가 양극을 축으로 해서 자전을 하고 있기 때문입니다. 따라서 지구가 한때 대단히 뜨거운 액체 상태였는데 서서히 식었을 가능성이 높은 것입니다. 지구의 상태에 대해서 매우 잘 알고 있는 사람들은 다음 사실에 대해서 잘 알고 있습니다. 곧, 하나님께서 원하시기만 하면, 바다 밑에 있는 불덩어리가 폭발해서, 땅 전체를 불길로 뒤덮을 것입니다. 화산들은 그것에 대한 안전밸브에 지나지 않습니다. 그러므로 하나님께서 원하신다면, 바다 밑에 있는 지각과 맨틀 사이의 경계를 없애 버리실 수 있습니다. 그렇다면 그것은 이 세상에 있는 모든 것들이 반드시 붕괴되고 멸망한다는 것을 의미합니다.

　천문학자들은 지난 이삼백 년 동안에 약 열세 개의 항성들이 사라져 버렸다고 주장합니다. 그들의 견해에 의하면, 그 별들은 불에 타서 없어졌습니다. 이전에 어떤 별도 보이지 않던 곳에서, 그 별들은 밝은 불꽃을 보이며 빛나고 있었습니다. 그러나 지혜로운 추측에 근거하면, 이제 그것들은 불에 모두 타버려서 영원히 사라졌습니다. 만약 그와 같은 일들이 지구 바깥에 있는 다른 세계들에서 일어났다면, 그와 같은 일이 우리에게도 일어날 것이라고 믿는 것은 그럴듯하지 않습니까? 만약 지구 내부에 거대한 불덩어리가 없고, 다른 별들이 불에 의해서 소멸된 실례들이 전혀 없다면, 어떤 사람이 전기 속에 숨어 있는 에너지와 그 이외의 다른 신비스러운 힘들을 추측할 수 있겠습니까? 패러데이(Michael Faraday, 1791-1867; 영국의 물리학자 및 화학자)는 단 한 방울의 물 속에도 보통의 번개를 일으킬 만한 충분한 전기가 숨어 있다고 말했습니다. 그렇다면 이 지구의 내부와 주위에는 얼마나 막강한 파괴적인 힘이 저장되어 있겠습니까! 하나님의 무서운 군대는 모든 곳에 매복하고 있습니다. 만약 내가 하나님의 호위대가 방에서 자고 있다고 말한다면, 여러분은 무엇이라고 말하겠습니까? 하나님께서 한 마디의 말씀만 하신다면, 가공할 만한 파괴력을 지닌 전능자의 종들은 일어날 것입니다. 하나님께서 바다에게 명령하신다면, 막강한 힘을 지닌 물살이 몰려와서 산꼭대기들을 덮어버릴 것입니다. 또한 그 물살은 모든 인류를 집어삼켜서 죽게 할 것입니다. 하나님께서 타오르는 불들에게 명령하신다면, 꺼지지 않는 불길이 지구를 즉시 태워 버릴 것입니다. 지구는 장작더미와도 같습니다. 횃불을 든 자들이 언제라도 지구에 불을 붙일 준비를 한 채 서 있습니다. 불로 인해서, 사람들은 언제나 소리를 질러왔습니다. 세기(世紀)가 지나감에 따라서, 그 외침은 점점 더 커집니다. 왜냐하면 이 땅이 불에 타게 되는 날이 점차 가까워지고 있기 때문입니다.

만약 이 땅이 위에서 언급한 상태대로 놓여 있지 않다고 하더라도, 우리는 여전히 하나님께서 말씀하신 것을 믿어야 합니다. 주 예수 그리스도께서 한밤중에 도둑같이 오실 날이 다가올 것이며, 하늘이 큰 소리를 내면서 사라지고, 또한 이 땅의 원소들, 곧 기본적인 구성 물질은 뜨거운 불에 녹아질 것이라고 하나님께서는 엄숙하게 선포하셨습니다. 그날에 지구와 그것에 속한 모든 것들은 불에 타서 없어질 것입니다.

본문으로부터, 사람들이 거의 예상하지 못하는 때, 이런 일이 발생할 것이라고 우리는 추측할 수 있습니다. 그 무서운 시간은 한밤중에 도둑같이 다가올 것입니다. 노아 시대에, 세상이 멸망하리라고 사람들은 예상하지 못했습니다. 그것에 대한 경고가 미리 주어지지 않았기 때문이 아닙니다. 사람들은 그것이 가능하다고 생각할 수 없었습니다. 그들은 노아의 주장을 이렇게 반박했습니다. "만물은 그들의 처음 조상 곧 아담 시대 이후로부터 그 당시까지 그대로 있으며, 앞으로도 계속해서 그럴 것이다." 그들은 노아가 세상의 이곳저곳을 돌아다니며, 터무니없는 주장을 늘어놓아서, 사람들을 헛된 것으로 놀라게 하는 바보라고 생각했습니다. 불에 의해서 온 세상이 멸망할 것이라고 하나님의 말씀이 선포한다고 우리가 전하면, 오늘날에도 사람들은 노아 시대의 사람들처럼 말합니다. 그들은 하나님의 말씀의 증거를 거부합니다. 그들은 계속해서 죄를 짓고, 세속적인 것을 추구하며, 하나님에게 반항합니다. 주님께서 오셨으며, 최후의 심판의 날이 이르렀고, 불경건한 자들은 멸망한다고 나팔소리가 그들에게 강렬하게 확인시켜 주는 바로 그 순간까지, 그들은 계속해서 그렇게 행동할 것입니다. 어떤 설교도 세상 사람들에게 그리스도의 다시 오심에 대해서 분명하게 납득시켜주지 못할 것입니다. 설교의 내용이 아무리 명백하고 대담하고 논리적으로 일관성이 있으며 풍부하다고 하더라도, 사람들을 재림에 대해서 설득시키지 못할 것입니다. 세상 사람들은 자신들의 우상들에게 미쳐 있습니다. 그들은 귀는 너무 둔해져서 진리를 들을 수 없습니다. 우리는 세상 사람들을 매혹시킬 수 없습니다. 그들은 하나님의 말씀의 경고를 결코 들으려고 하지 않습니다. 그들은 눈이 멀어서 보지 못합니다. 그러므로 그들은 멸망의 길을 향해서 달려갑니다. "그들이 '평안하다, 안전하다' 할 그 때에 임신한 여자에게 해산의 고통이 이름과 같이 멸망이 갑자기 그들에게 이르리니 결코 피하지 못하리라"(살전 5:3).

　또한 나는 여러분에게 다음 사실에 대해서 상기시켜 주려고 합니다. 베드로가 불에 의한 세상의 멸망을 예언한 이후로 오랜 세월이 지나갔습니다. 우리는 그것을 하나님의 무한한 자비의 의미로 이해해야만 합니다. 우리는 그것을 불신앙에 바탕을 둔 그릇된 뜻으로 해석해서는 안 됩니다. 왜냐하면 주님께서 분명히 타오르는 불로 계시될 것이기 때문입니다. 우리는 그것을 믿음과 감사의 눈으로 읽어야만 합니다. 하나님께서는 많은 사람들이 구원을 받게 하시려고 기다려 오셨습니다. 오랫동안 기다리시면서, 그는 도처에서 많은 사람들이 예수님을 믿고 영생에 들어가기를 기대하십니다. 한편으로, 우리는 주님께서 속히 오시기를 끊임없이 대망합니다. 다른 한편으로, 우리는 자비의 기간이 길어지는 데에 만족할 수 있을 것입니다. "주여, 어서 오시옵소서"라고 기도하면서, 나는 때때로 그 말을 반박하고 싶다고 느꼈습니다. 그래서 이렇게 외쳤습니다. "선하신 주님이시여, 잠시 기다려 주시옵소서. 자비의 날이 길어지게 하소서. 이방인들이 구주를 영접하게 하소서." 우리는 주님께서 다시 오시는 것을 바랍니다. 그러나 우리는 지극히 높으신 분이 늦게 오시는 것에도 공감해야만 합니다. 왜냐하면 사랑이 넘치는 마음으로 인해서 주님께서 그렇게 하시는 것이기 때문입니다.

　비록 세상이 불에 탈 것이라고 본문에 기록되어 있지만, 그것을 통해서 세상과 관련된 모든 것이 완전히 없어진다고 말하는 것은 아닙니다. 이제까지 완전히 없어진 것은 아무것도 없다는 것을 우리는 알고 있습니다. 어떤 불도 물질의 원자까지 파괴시킬 수 없었습니다. 하나님께서 이 땅을 창조하셨을 때와 마찬가지로, 지금 이 순간에도 지구상에는 동일한 물질들이 존재하고 있습니다. 불은 형태를 변화시킵니다. 그러나 물질 자체를 완전히 없애 버리지는 못합니다. 우리가 아는 한, 이 세상은 완전히 없어지지 않을 것입니다. 그것은 정화시키는 불 속을 통과할 것입니다. 그 다음, 전능하신 하나님께서 그 위에 사랑의 부드러운 생기를 부으실 것입니다. 그래서 그것을 급히 식게 만드실 것입니다. 그러면 힛데겔 강가에 온갖 꽃들이 아름답게 피어 있는 것보다도, 하나님께서 그것을 더 아름다운 낙원으로 만드실 것입니다. 비록 우리가 교리로서 주장하지는 않는다고 하더라도, 성경에 암시된 여러 가지 사실들에 근거할 때, 우리는 이 세상이 다시 정비되고 새롭게 만들어질 것이라고 믿습니다. 이러한 의미에서, 우리는 하나님의 공의가 거하는 새 하늘과 새 땅을 고대하고 있습니다. 이 세상은 지금 작업복을 입고 있지만, 마침내 언젠가 부활절의 기쁨의 옷을 입게 될 것이라고 루터는 때때로 말했습니다. 사람들은 옛 뱀, 곧 사탄의 꼬리가 지구상에 언제나 머물러 있지 않을 것이라는 사실에 대해서 생각하기를 좋아합니다. 또한 죄가 더한 곳에 하나님의 은혜가 더욱 넘쳤다는 사실(참조. 롬 5:20)은 우리를 격려해 줍니다.

　예수님께서 태어나셔서 사셨고 죽으셨던 이 세상이 완전히 없어진다고 나는 믿을 수 없습니다. 분명히 골고다 언덕을 지니고 있는 이 세상은 반드시 지속될 것입니다. 예수님의 피가 이 세상에게 불멸을 부여하지 않겠습니까? 이 세상은 인류와 함께 신음하고 고통을 겪었습니다. 그리고 우리를 위해서, 그것은 죽음이라는 허무에 굴복했습니다. 그러나 세상은 분명히 구속의 기쁨을 얻을 것입니다. 장차 불이 죄와 슬픔의 모든 흔적을 없애 버린 후에, 이 세상은 안식을 누릴 것입니다. 과연 이 세상이 그렇게 될 것인지에 관한 문제는 성도들에게 별로 영향을 미치지 않습니다. 왜냐하면 우리는 그리스도께서 계신 곳에 있게 될 것이며, 또한 그의 영광을 보게 될 것이기 때문입니다. 그리고 우리의 미래와 관련해서, 주님과 함께 영원히 있게 될 것이라는 사실이 우리를 매우 만족하게 해줄 것입니다.

2. 또한 사도 베드로는 실제적인 교훈들을 이끌어 냅니다.

"이 모든 것이 이렇게 풀어지리니 너희가 어떠한 사람이 되어야 마땅하냐 거룩한 행실과 경건함으로"(11절). 이 구절은 무엇을 의미합니까? 지구가 불에 타게 되는 것과 거룩한 행실과 경건은 어떤 관계에 놓여 있습니까? 첫 번째로 관련된 것은 다음과 같습니다. 하나님께서 물로 세상을 심판하시기 이전에 노아가 처해 있던 상황과 마찬가지로, 지금 이 순간 그리스도인으로서 우리는 그와 같은 입장에 놓여 있습니다. 그렇다면 노아는 어떤 태도를 취했습니까? "내가 살고 있는 이 멋있고 아름다운 세상은 곧 무서운 대홍수로 인해서 진흙과 오물로 뒤덮일 것이다." 그는 그의 친구들과 이웃들을 바라보았습니다. 그들에 대해서 생각해 본 다음, 속으로 자신에게 말했습니다. '만약 이들이 나와 함께 방주로 가서 그곳에서 피신하지 않는다면, 그들은 틀림없이 모두 물에 빠져 죽을 것이다.' 노아는 그들이 시집가고 장가가는 것을 보았습니다. 홍수가 일어나는 바로 그 순간에도 잔치를 벌이며 흥겹게 노는 것을 지켜보았습니다. 만약 그들이 자기처럼 여호와의 예언의 말씀을 믿는다면, 그들은 육신의 쾌락에 빠지는 것보다 다른 것을 추구하려고 했을 것입니다.

그들이 돈을 쌓아 놓는 것을 보았을 때, 노아는 거의 웃음이 터져 나올 것 같았습니다. 그러나 그들과 함께 그들이 쌓아 놓은 돈도 대홍수에 모두 가라앉을 것을 생각하자, 노아는 눈물이 나올 지경이었습니다. 사람들이 점점 부동산을 넓혀가자, 노아는 스스로 이렇게 말했을 것이라고 나는 의심하지 않습니다. "홍수는 이 모든 경계 표시를 휩쓸어 갈 것이다. 홍수는 소유주를 데려가는 것과 마찬가지로, 또한 그의 곳간과 농장과 밭의 모든 흔적을 완전히 없애 버릴 것이다." 날마다 노아는 비가 오는 것과 홍수가 몰려오는 것을 기다렸습니다. 그런 사람은 세상적인 것에 얽매이지 않고 다른 사람들과는 정반대되는 삶을 살았을 것이라고 나는 추측합니다. 사람들은 그를 매우 이상한 사람이라고 여겼을 것입니다. 그들은 그를 이해할 수 없었을 것입니다. 자신의 주변에 있는 모든 것이 파괴될 것이라는 확신을 가진 사람이 아니라면, 정말로 아무도 노아의 행동을 이해할 수 없었을 것입니다. 지금 우리의 삶은 노아와 같아야만 합니다. 여러분의 주위에 있는 자연의 아름다움을 살펴보십시오. 여러분이 그 아름다움을 만끽한다면, 자신에게 이렇게 말하십시오. "뜨거운 불에 의해서, 이 모든 것들은 풀어지고 녹아질 것이다." 푸른 하늘을 바라보십시오. 그리고 다음과 같이 생각하십시오. '저 하늘은 두루마리처럼 둘둘 말릴 것이다. 좋은 시절을 보내고 접어서 제쳐 놓는 옷처럼, 이제 하늘은 접혀질 것이다.' 여러분의 동료들과 자녀들과 친척들과 길거리에서 지나치는 사람들과 사업상 만나는 사람들을 바라보십시오. 그리고 자신에게 이렇게 말하십시오. "참 안타깝다. 이 남자들과 여인들과 아이들이 예수님에게 나아가서 그에 의해서 구원받지 못한다면, 그들이 살고 있는 이 세상과 함께 그들 자신들도 멸망하게 될 것이다. 왜냐하면 분명히 주님께서 곧 다시 오실 것이며, 믿지 않는 사람들에게 심판이 기다리고 있을 것이기 때문이다." 이것은 지금 다음과 같이 말하는 사람들과 우리가 정반대되는 생각을 지니고 살게 할 것입니다. "자, 갑시다. 우리는 가서 장사를 해서, 이익을 남깁시다. 우리는 함께 보물을 쌓아 올립시다. 오직 이 세상을 위해서 삽시다. 먹고 마시고 즐거워합시다." 그들은 이 세상에 속한 사람들입니다. 따라서 그들의 행위와 대화는 세상적입니다. 그들은 이 세상에서 모래 위에 집을 짓습니다. 자기 나름대로, 이 세상에서 쾌락을 발견합니다. 그러나 여러분의 눈은 열려 있습니다. 여러분은 그들보다 더 잘 알고 있습니다. 그러므로 여러분은 반석 위에 집을 짓습니다. 눈에 보이는 것들은 단지 꿈과 같지만, 반면에 눈에 보이지 않는 것들만이 본질적이며 영원하다는 것을 여러분은 깨닫고 있습니다.

그러므로 달빛 아래 있는 모든 것들로부터, 여러분은 자유롭게 되십시오. 그 대신, 죽어가는 사람이 자신에게 남아 있는 마지막 힘으로 손을 꼭 움켜쥐는 것처럼, 여러분은 하나님께서 계시해 주신, 없어지지 않고 영원한 것들을 꼭 붙잡으십시오. 그러한 행동은 여러분을 여러분의 이웃들이나 동료들로부터 구별시켜 줄 것입니다. 여러분은 마음속 깊은 곳에 다른 목적을 지니고 있습니다. 또한 여러분은 모든 것에 대해서 그들이 지닌 것과는 다른 가치관을 갖고 있습니다. 그러므로 여러분의 행위는 그들과 대단히 구별되어야만 합니다. 여러분이 다른 동기들에 의해서 지배받고 있기 때문에, 여러분의 삶은 그들의 삶과는 분명히 다를 것입니다. 그래서 그들은 여러분을 오해할 것입니다. 그들은 여러분이 지니고 있는 동기들을 발견하려고 노력해 볼 것입니다. 그러나 그들이 참된 동기를 알지 못하기 때문에, 오히려 여러분이 그릇된 동기들을 지니고 있다고 뒤집어씌울 것입니다. 그러나 반드시 그렇게 되어야만 합니다. 여러분은 그들로부터 나와야만 합니다. 그들과 구별되고 더러운 것을 만지지 말아야 합니다. 이 세상의 모든 것들이 장차 풀어질 것이라는 사실은 여러분이 그렇게 처신하는 것을 좀 더 쉽게 해줄 것입니다. 마치 족장 노아가 그렇게 행동하는 것이 쉽고 당연했던 것처럼, 여러분에게도 그렇게 처신하는 것이 쉽고 당연한 것입니다.

　　방금 앞에서 다루었던 주제에 대해서 더 이상 상세하게 설명하지 않겠습니다. 하나님의 말씀에 의하면 세상이 파멸될 것이라고 합니다. 그 사실은 주님께서 가까이 계시다는 것을 암시해 줍니다. 또한 주님께서 가까이 계시다는 것은 우리에게 거룩함을 요구합니다. 죄인은 자신이 죄를 짓는 것에 대한 이유를 찾으면서 이렇게 말합니다. "하나님은 여기 있지 않다. 모든 것은 정상으로 진행되고 있다. 하나님은 사람들이 무엇을 하든지 그것에 관심을 갖지 않는다." 그러나 사도 베드로는 다음과 같이 반박합니다. "아니다. 하나님께서 먼 곳에 계시지 않다. 그는 바로 여기에도 계시다. 그는 지금 심판의 불을 억제하시고 있다. 그는 잠시 이 세상에 대한 심판을 보류하시고 있다. 그러나 마침내 그는 이곳에 심판의 불을 보내실 것이다. 그러면 이 세상은 멸망하게 될 것이다. 그는 멀리 계시지 않다. 바로 문 앞에 이르셨다." 11절의 헬라어 원문 가운데 일부를 직역한다면, "이 모든 것들은 풀어지고(해체되고) 있다"라는 뜻입니다. 곧, 그것들은 바로 지금도 풀어지기 시작하고 있다는 의미입니다. 그것들은 해체되어가는 과정 속에 있습니다. 따라서 하나님께서 우리에게 가까이 계십니다.

　　여러분은 그의 발자국 소리를 들을 수 없습니까? 그리스도께서 돌아오시고 있습니다. 지금 그는 여행 중에 있으십니다. 믿음을 지닌 사람은 보응(報應)의 전차를 끌고 있는 말들이 달리는 말발굽 소리를 들을 수 있습니다. "보라. 내가 속히 올 것이다"라는 말씀이 산들 위에 울려 퍼지고 있습니다. 만왕의 왕이 오시고 있습니다. 그는 자신의 보좌에 앉기 위해서, 또한 그곳에 앉아서 심판하시기 위해서 오시고 있습니다. 이제 어떤 사람이 왕실의 문 앞으로 올라가서, 그곳에서 반역을 모의하지 않습니다. 왕이 금방이라도 들어오실 것이라고 예상하고 있을 때, 사람들은 왕의 접견실에 앉아서 그에 대해서 비난하는 말을 하지 않습니다. 왕은 지금 오고 계십니다. 이제 여기까지 거의 다 오셨습니다. 여러분은 왕의 문 옆에 있습니다. 왕은 여러분의 문 옆에 계십니다. 그렇다면 여러분은 어떤 행실을 보여주어야만 하겠습니까? 어떻게 여러분은 매우 가까이 계신 왕을 거역하는 죄를 지을 수 있겠습니까? 어떻게 여러분은 불꽃 같은 눈으로 살펴보시며, 또한 죄인을 치시려고 보응의 팔을 높이 드신 분을 배반할 수 있겠습니까? 본문의 말씀은 매우 강력한 어조로 이렇게 질문합니다. "너희가 어떠한 사람이 되어야 마땅하냐?"(11절). 베드로가 성도들에게 질문하고 있다는 사실을 기억하십시오. 심지어 성도들도 현재의 모습보다 더욱 거룩해져야만 한다는 것을 그는 우리에게 가르쳐 줍니다. 그는 신앙이 없는 사람들에게 다음과 같이 말하고 있는 것이 아닙니다. "너희가 어떠한 사람들이 되어야 마땅한 것이냐!" 그는 그들에게 그렇게 말했을 수도 있습니다. 그렇다면 더욱 강력한 어조로, 베드로는 하나님의 영원한 사랑으로 사랑받고 있다고 스스로 고백하는 사람들에게 말하고 있습니다. 예수님께서 자신의 보배로운 피로 그들을 다시 사셨습니다. 그들은 영원한 결혼을 위해서 그리스도와 약혼했습니다. 또한 그들은 그리스도의 몸을 구성하는 지체들이 되었습니다. 그들에게 사도 베드로는 질문합니다. "너희가 어떠한 사람이 되어야 마땅하냐?" 그 질문은 그들이 마땅히 되어야만 할 사람들이 아직 되지 못하고 있다는 사실을 암시해 줍니다. 혹시 여기에 하나님의 사람이 없지 않을까라는 의문이 나를 두렵게 합니다. 그러면 베드로의 암시에는 어떤 진리가 내포되어 있을까요? 마땅히 되어야만 하는 사람의 수준에 우리가 아직 이르지 못했다는 것입니다.

오늘 아침 여기에 있는 가장 훌륭한 하나님의 자녀에게 나는 말합니다. 사랑하는 형제자매 여러분! 여러분은 더욱 높은 수준에 이르러야만 합니다. 본문은 대단히 광범위한 것을 의미합니다. 따라서 그리스도인의 거룩함은 무한한 특성을 지니고 있다는 것을 가르쳐 줍니다. "너희가 어떠한 사람이 되어야 마땅하냐?" 마치 그들이 어떠한 사람들이 되어야만 하는지를 이루 다 말할 수 없는 것처럼, 베드로는 암시해 줍니다. 마치 거룩함에는 최정상이 없는 것처럼 그는 말하고 있습니다. 또한 마치 그리스도인의 거룩함에는, 모험심으로 가득한 선원들만이 넘어갈 수 있는 이른바 헤라클레스의 기둥(the Pillars of Hercules)과 같은 것도 없는 것처럼 그는 말합니다. 만약 우리가 무한히 거룩하신 하나님처럼 거룩하게 되기를 원한다면, 그것의 한계를 어떻게 정할 수 있겠습니까? 베드로는 이렇게 말하지 않습니다. "너희는 친절하고 공의로우며 사랑스럽고 기도에 힘쓰고 진실하여라." 마치 베드로는 매우 놀라서 손을 저으며, 그리스도인이 지켜야 할 의무들에 대해서 온전히 표현할 수 없는 것처럼, 이렇게 외칩니다. "이 모든 것들은 풀어질 것이다. 너희가 어떠한 사람이 되어야 마땅하냐?"

그 다음, 베드로는 거룩한 삶과 관련해서 특별히 두 가지를 설명합니다. 첫째, "거룩한 행실"입니다. 곧, 사람들에 대한 모든 거룩한 행위를 가리킵니다. 둘째, "경건함"입니다. 그것은 하나님을 향한 경건한 태도를 뜻합니다. 진정한 신앙은 율법의 두 번째 돌판에 새겨진 계명들을 결코 경시하지 않습니다. 어떤 신자들은 일상생활에서의 일반적인 미덕들을 대단히 무시합니다. 그것은 매우 잘못된 것입니다. 결국 그들은 자신들이 곤란한 형편에 놓여 있다는 사실을 깨닫게 될 것입니다. 만약 여러분이 지니고 있는 은혜가 여러분을 정직하게 만들지 않는다면, 그런 은혜는 던져 버리십시오. 그러면 하나님께서 여러분에게 자비를 베풀어 주실 것입니다. 만약 여러분을 정숙하게 만들어 주지 못하는 은혜를 지니고 있다면, 또한 여러분의 행위를 고상하게 해주지 못한다면, 만약 여러분이 지니고 있는 은혜가 여러분이 다른 사람들을 속이고 거짓말하게 한다면, 또한 그 은혜가 상거래에서 부당한 이득을 얻는 것을 여러분에게 허락한다면, 그런 은혜는 던져 버리십시오. 그것은 하나님께서 베푸신 은혜가 아니라, 마귀가 가져다준 은혜입니다. 여러분은 잘못된 은혜로부터 구원받아야만 합니다. 만약 우리의 신앙이 우리를 도덕적인 사람으로 만들어 주지 않는다면, 그것은 우리를 멸망시키려고 우리의 목에 매달려 있는 연자 맷돌입니다. 여러분이 고상한 도덕을 추구하지 않는다면, 여러분은 어떻게 감히 거룩함에 대해서 말할 수 있겠습니까? 왜냐하면 거룩함은 도덕보다 고상하고 숭고한 것이기 때문입니다. 이 세상의 최상의 도덕도 어떤 사람을 그리스도인으로 만들어 주지 못합니다. 그러나 어떤 신자가 진정한 도덕적인 체계를 갖고 있지 않다면, 그것은 그가 하나님의 자녀가 아님을 증거하는 것입니다.

　　하나님과 관련해서, 우리는 첫 번째 돌판에 새겨진 의무들을 무시해서는 안 됩니다. 우리는 모든 모양의 경건을 이루어나가야만 합니다. 우리는 하나님께 진정으로 예배드려야만 합니다. 또한 하나님께서 원하시는 방법대로, 우리는 그를 경배해야만 합니다. 얼마나 많은 사람들이 단순히 행복이나 행운을 바라는 신앙을 추구하고 있습니까? 그들의 부모가 어떠한 사람들이든지, 그들은 단지 그러한 신앙을 지니고 있는 사람들입니다. 여러분 가운데 많은 사람들은 다양한 예배 장소들을 찾아갑니다. 어떤 교회가 속해 있는 교파가 교리적으로 올바른지 그렇지 않은지, 그들은 자세히 알아보지 않습니다. 단지 그들은 이곳저곳을 떠돌아다니다가, 교리적으로 문제점이 있는 교회에 정착합니다. 성경을 펼치고 하나님의 말씀을 진지하게 연구하는 사람들이 얼마나 적습니까? 성경을 연구하지 않은 사람들 가운데 아무도 하나님에게 올바로 순종하지 못했습니다. 만약 내가 정직하게 다음과 같이 주장할 수 없다면, 나는 지존자에게 올바르게 행했다고 생각할 수 없을 것입니다. 곧, "나의 믿음의 형제들이 신봉하는 진리들을 내가 진지하게 숙고해 보았기 때문에, 나는 이 교파의 일원이다. 나는 그 진리들이 하나님의 책에서 말하는 것과 일치한다고 믿는다." 훌륭한 사람들이 모든 교파들 안에 있다는 견해는 분명히 일리가 있습니다. 그러나 대단히 많은 사람들은 자신들이 하나님의 진리와 규정이 무엇인지 전혀 관심을 갖지 않는 것에 대한 변명의 구실로 그것을 변질시켰습니다. 그러나 그리스도의 계명들 가운데 가장 작은 것 하나라도 버리고 사람들에게 그렇게 가르치는 사람은 하늘나라에서 가장 작은 사람이라고 불리게 될 것이라고(참조. 마 5:19) 우리는 확신합니다. 모든 진리는 중요한 것입니다. 양심을 소홀히 여기는 것은 이 시대의 죄악 가운데 하나입니다. 어떤 사람들은 교회의 기본적인 교리들을 믿지도 않으면서, 많은 교회들의 설교단을 차지하고 있습니다. 자신들이 속해 있는 교파의 교리들을 받아들이지 않는다고 인정한 이후에도, 그들은 자신들이 설교단을 계속해서 차지할 권리가 있다고 주장합니다. 하나님께서 우리 가운데 각 사람을 이와 같이 자신의 신앙 양심을 속이는 것으로부터 구원해 주시기 바랍니다. 심지어 작은 일들에 있어서도, 여러분은 올바르게 판단하고 행동하기 바랍니다. 모든 일을 정확하게 처리하십시오. 여러분은 공의롭게 판단하시는 하나님을 섬기고 있는 것입니다.

다른 사람들에게 관용을 베푸는 것과 자신을 불분명한 사람으로 만드는 것은 전혀 다른 것입니다. 비록 어떤 형제가 실수한다고 하더라도, 그를 양심적인 사람으로 신뢰하십시오. 그러나 여러분 자신에게는 양심을 엄밀하게 적용하십시오. 진리에 대해서 신중하게 연구하여, 그것에 근거하여 판단을 내리십시오. 만약 여러분이 진리에 일치하는 어떤 결론을 이끌어 냈다면, 그것 때문에 여러분이 모든 것을 잃어버린다고 하더라도, 반드시 그것을 실행하십시오. 그러면 여러분은 결국 아무것도 잃어버리지 않을 것입니다. 만약 여러분이 받는 비난을 애굽의 모든 보화보다도 더 부요한 것으로 여긴다면, 여러분은 현명한 선택을 한 것입니다. 그리고 그 선택을 한 것에 대해서, 여러분은 기뻐하게 될 것입니다. 주변에 보이는 모든 것들이 장차 불살라진다는 것을 생각할 때, 하나님을 영화롭게 하는 삶 이외에, 어떤 것도 가치가 없는 것입니다. 만약 우리가 이곳에서 영원히 살게 된다면, 또한 이 세상이 우리에게 주어지는 모든 것이라면, 죄를 짓는 것에도 어떤 유익이 있다고 우리는 생각해 볼 수 있을 것입니다. 그러나 우리는 곧 이곳으로부터 사라질 것입니다. 또한 우리 주변에 있는 모든 것은 연기를 내며 불에 의해서 풀어질 것입니다. 따라서 하나님께서 우리를 태어나게 하신 이 땅에서, 우리의 죄를 용서해 주시는 그리스도의 보배로운 피와 우리를 영접해 주시는 그의 의를 의지하며, 하나님과 사람에 대한 우리의 의무를 다하는 것 이외에, 우리에게는 다른 현명한 방법이 없습니다. 왜냐하면 우리가 죽은 다음에도, 이러한 수고의 열매는 남아 있을 것이기 때문입니다. 그것과 관련해서, 성경에 이렇게 기록되어 있습니다. "지금 이후로 주 안에서 죽는 자들은 복이 있도다 성령이 이르시되 그러하다 그들이 수고를 그치고 쉬리니 이는 그들의 행한 일이 따름이라 하시더라"(계 14:13).

　우리 주변에 있는 모든 것들이 사라진다는 것은 우리가 영원한 것들을 바라보아야만 한다는 것을 암시해 줍니다. 나는 어제 대단히 엄숙한 마음으로 윈체스터의 주교님이 갑작스러운 죽음을 당한 장소를 돌아보았습니다. 그 장소를 표시하기 위해서, 잔디밭에는 십자가가 새겨져 있었습니다. 그곳은 매우 아름다운 풍경 속에 있었습니다. 아름다운 정경을 바라보며 기쁨이 가득한 채, 이전에 나는 때때로 그 지역을 산책했었습니다. 그렇게 검은 구름으로 뒤덮이기에는 그곳은 너무나도 아름다운 곳이었습니다. 우리의 눈을 매혹시키는 그곳의 모든 아름다움은 죽음과는 어울리지 않는 것 같습니다. 만약 그 순간에 주교님이 자신이 죽는다는 것에 대해서 알았다면, 죽기에 바로 앞서, '그는 어떤 대화를 나누었을까?'라고 나는 상상해 보았습니다. 말을 타고 내려가면서, 자신이 저 아래 골짜기에서 죽을 것을 예상하면서, 그 하나님의 사람은 어떤 이야기를 주고받았을까요? 우리의 대화도 항상 그래야만 합니다. 마치 우리가 조금 있으면 죽을 것처럼, 우리는 항상 그렇게 살아야만 합니다. 언젠가 웨슬리 목사님은 이런 말을 했습니다. "만약 내일 아침에 내가 죽는다는 것을 지금 내가 알고 있다고 하더라도, 나는 모든 것을 내가 계획한 그대로 실행할 것입니다. 정해진 시간에, 나는 강의를 할 것입니다. 또 설교하도록 정해진 시간에, 설교할 것입니다. 아침에도 정해진 시간에 일어나서, 나는 기도할 것입니다." 언제나 갑작스러운 이별을 예상하면서, 이 훌륭한 목사님은 자신의 삶을 살았습니다. 그래서 그의 삶은 매우 활동적이며 거룩했습니다. 우리의 삶도 그의 삶과 마찬가지입니까? 단순히 내가 언젠가 죽는다는 것보다, 내 주변에 있는 이 모든 것들은 뜨거운 불에 풀어질 것이라고 생각하는 것은 우리에게 거룩한 삶에 대한 좀 더 강력한 동기를 부여합니다. 이 산들바람, 저 높은 언덕, 저기 있는 높은 나무들, 이 가파른 절벽, 저 푸른 초원과 무르익어 가는 과일들과 곡식들, 이 모든 것들은 장차 한순간에 불길에 휩싸이게 될 것입니다. 나는 주님과 함께 공중으로 들어올려질 마음의 준비가 되어 있습니까? 아니면 대화재의 한가운데 남아서 불에 타버릴 것입니까? 나는 어떻게 살아야만 합니까? 주님께서 나를 부르실 때, 이 멸망하게 될 세상으로부터 멀리 벗어나서 영광으로 들림을 받기 위해서, 나는 어떻게 준비하고 서 있어야만 합니까? 이 질문은 우리가 모든 것을 다른 빛으로 바라보게 합니다. 우리의 눈을 영원한 것들에 고정시켜서, 그것들을 주의 깊게 바라봅시다. 또한 하나님을 위해서 살기 위해서 더 굳게 결심합시다. 죄로 말미암아 무생물체의 피조세계도 불을 통해서 깨끗하게 만들어야 한다면, 또한 이 땅에서 범해진 죄 때문에 하나님께서 모든 것을 불사르셔야만 한다면, 죄는 틀림없이 무시무시한 것입니다. 오, 나는 죄로부터 깨끗해지기를 원합니다! 모든 것을 정화하는 불이여, 내 마음속을 통과하여 그것을 깨끗하게 만드소서! 살아 계신 하나님의 영이시여, 당신의 권능의 불로 내 몸과 영혼과 마음을 철저하게 태우소서! 그래서 내 안에 있는 모든 죄악의 뿌리와 성향을 없애 버리소서! 모든 그리스도인은 이렇게 기도해야만 합니다. 만약 우리 안에서 이 모든 것들이 깨끗이 씻어지려면, 우리는 어떤 사람이 되어야 마땅합니까? 죄악에 대한 거룩한 질투심과 복수심을 통해서, 모든 부정한 소원과 모든 그릇된 말과 우리 안에 있는 것 가운데 영원한 생명과 어긋나는 모든 것으로부터 날마다 우리 자신을 깨끗하게 해야만 합니다.

하나님께서는 죄악에 대해서 대단히 분노하십니다. 따라서 그것에 대해서 심판하러 오실 때, 그는 불을 가지고 오실 것입니다. 악한 자들에 대한 하나님의 진노는 이루 말할 수 없이 두려울 것입니다. 그가 우리의 죄를 용서해 주신 것에 대해서 우리는 얼마나 감사해야만 하겠습니까? 주 예수 그리스도 안에서 우리가 안전하다는 것을 얼마나 기뻐해야만 하겠습니까? 또한 그것에 근거해서, 우리는 죄를 얼마나 증오해야만 하겠습니까? 다가올 진노에서 우리를 구원하기 위해서, 그리스도에게는 우리의 죄 때문에 죽으시는 것이 필요했습니다. 오, 신자들이여, 여러분은 결코 다음과 같이 말할 필요가 없습니다.

"산들이 나에게 무너져 내린다. 바위들아 나를 숨겨라."

여러분은 예수님을 구주로 믿습니다. 따라서 여러분은 무서운 불길로 바다를 핥아버릴 불의 혀로부터 도망갈 필요가 전혀 없습니다. 녹아내리는 산들을 보더라도, 여러분은 전혀 놀라지 않을 것입니다. 여러분의 머리카락 하나도 손상되지 않을 것입니다. 이러한 환난에서 피할 수 있게 하신 전능하신 하나님에게 여러분은 얼마나 큰 은혜를 입고 있습니까! 주 예수님을 찬양하십시오. 그의 발 앞에 엎드려서 경배하십시오. 그리고 일어나서 이렇게 말하십시오. "내가 무엇으로 주님께 영광을 돌릴 수 있겠습니까? 오, 주님, 나를 멸망시키는 죄로부터 나를 깨끗하게 해주시옵소서. 다가올 진노로부터 구원받은 사람에게 어울리는 삶을 살도록 나를 도와주시옵소서." 주의 날과 관련된 사도 베드로의 권면에는 커다란 힘이 있지 않습니까? 우리는 모두 그 힘을 느낄 수 있다고 나는 믿습니다.

주의 날이 갑자기 도둑 같이 찾아올 것이기 때문에, 다시 한 번 베드로는 우리가 항상 깨어 있어야만 한다는 것을 깨달으라고 권면합니다. 이 대화재는 아무런 징조도 미리 알리지 않고 찾아올 것입니다. 불경건한 자들은 그것을 알아채지 못할 것입니다. 깨어서 망을 보고 있는 여러분은 그것을 관측할 것입니다. 여러분은 그리스도의 재림에 대한 징조들을 보게 될 것입니다. 다시 오시는 주님을 영접하러 나갈 때, 여러분은 기뻐할 것입니다. 그런데 예수님께서는 온 세상이 잠들어 있던 한밤중에 태어나셨습니다. 주님의 성육신 때와 마찬가지로, 불경건한 자들은 주님의 재림에 대해서도 모를 것입니다. 그들은 여전히 물건을 사고 팔 것입니다. 그것을 통해서, 이익을 얻을 것입니다. 그들은 주님의 재림에 대해서 거의 생각하지 않을 것입니다. 그때 주님께서 나타나실 것입니다. 그리스도인이여, 여러분에게 주의 날이 도둑처럼 오지 않게 하십시오. 일어나 서서, 항상 잘 지키고 있으십시오. 여러분에게 스스로 다음과 같이 말하면서, 살아가십시오. "바로 오늘, 내가 소유하고 있는 모든 것이 불에 타 버릴 수 있다. 바로 오늘, 나의 모든 토지에 용암이 흘러내릴 수 있다. 나의 모든 금이 납처럼 녹아버릴 수 있다. 바로 오늘, 나 자신이 이 세상과 함께 없어질 수 있다. 또한 세상은 불에 타버릴 수 있다." 날마다 이러한 의식을 갖고 살아가십시오. 어떤 사람은 이렇게 질문합니다. "그렇다면 우리는 순례자와 나그네처럼 살아야만 합니까?" 여러분은 바로 그렇게 살아야만 합니다. 또 어떤 사람은 다음과 같이 묻습니다. "그렇다면 우리는 은행에 재산을 축적하는 데에도 별로 관심이 없고, 미래를 위해서 양식을 쌓아놓지도 말아야만 합니까?" 바로 그렇습니다. 그것이 주님께서 여러분에게 원하시는 삶의 방식입니다. 그는 여러분이 신중하고 미래에 대해서 올바르게 대비하기를 바라십니다. 그러나 여러분이 탐욕스럽고 미래에 대해서 염려하는 것은 원하지 않으십니다. 이 모든 것이 풀어질 것이라고 여러분이 깨닫는다면, 여러분은 모든 것을 하나님 앞에서 하는 것처럼 행하게 될 것입니다. 여러분은 자신이 지닌 모든 것을 남용하지 않고 올바르게 사용하려고 할 것입니다. 또한 여러분이 그것을 사용하고 있지만, 언젠가 없어질 것으로 여길 것입니다. 형제자매 여러분! 하나님께서 여러분이 그렇게 살도록 이끌어 주시기를 간절히 기도합니다.

이곳에 있는 모든 사람들이 미래를 위해서 준비되어 있도록, 나는 하나님에게 기도합니다. 존 번연의 천로역정을 읽어보면, 복음 전도자로부터 그 도성이 불에 타버릴 것이라는 말을 들을 때까지, 그리스도인은 멸망의 도시에 안락하게 앉아 있습니다. 그러자 그는 이렇게 부르짖습니다. "아, 화로다. 나는 이 도성 안에서 멸망할 것이다." 그러한 생각을 하게 되자, 그는 달아나기 시작합니다. 아무것도 그를 멈추게 할 수 없었습니다. 그의 아내는 그에게 돌아오라고 간청했습니다. 그러나 그는 이렇게 말했습니다. "아니오, 나는 반드시 안전한 도성으로 피해야만 하오. 왜냐하면 이 도시는 불타버릴 것이기 때문이오." 여러분, 모든 것은 불에 타버릴 것입니다! 여러분이 사랑하는 모든 대상들이 이 세상에 있습니까? 그 모든 것들은 불에 타버릴 것입니다. 여러분의 금과 은도 녹아 버릴 것입니다. 그러므로 여러분은 그리스도를 영접하지 않겠습니까? 여러분은 구세주를 필요로 하지 않습니까? 왜냐하면 만약 여러분이 구주를 원하지 않는다면, 오직 심판과 불의 진노만이 여러분을 기다리고 있을 것입니다. 하나님의 분노를 시험하지 마십시오. 지금 그의 자비에 복종하십시오. 그의 사랑하는 아들을 믿으십시오. 오늘 여러분이 구원받는 것을 위해서 나는 기도합니다. 여러분이 구원받으면, 하나님께서 영광을 받으실 것입니다. 아멘.

제
6
장

—

언제나 존재하는 위험

—

"그러므로 사랑하는 자들아 너희가 이것을 미리 알았은즉
무법한 자들의 미혹에 이끌려 너희가 굳센 데서 떨어질까
삼가라" — 벧후 3:17

사도 베드로는 마지막 때에 비방하는 자들이 나타날 것이라고 우리에게 말했습니다. 오늘날 우리는 그것이 사실이라는 것을 알고 있습니다. 왜냐하면 오늘날 많은 사람들이 진리에 대해서 비방하고 있기 때문입니다. 어떤 것에 대해서 미리 경고를 받는다면, 우리가 그것에 대해서 사전에 대비하라는 것을 의미합니다. 지금 비방하는 자들이 나타났기 때문에, 우리는 그들을 보지 않을 수 없습니다. 이와 같이, 우리는 성경 말씀이 진리라는 것에 대한 또 하나의 증거를 깨닫습니다. 계시의 진리를 부인하려고 비방하는 자가 입을 열 때마다, 우리는 그가 부인하는 진리가 참이라는 우리의 확신을 더욱 견고하게 합니다. 베드로의 붓을 통해서, 성령님께서 그것이 사실이라는 것을 우리에게 증거해 주었습니다. 지금 우리는 베드로가 얼마나 진실하게 기록했는지를 깨닫습니다.

이 시대가 얼마나 악한지에 대해서, 자리에 앉아서 안타까워하는 것은 아무런 도움이 되지 않는다고 나는 생각하지 않습니다. 내가 사물의 이치에 대해서 무엇인가를 깨닫기 시작한 이후로부터, 나는 '위기'가 있다는 말을 항상 들었습니다. 어떤 사람들은 우리가 어떤 무시무시한 사건이 일어나기 직전에 놓여 있다고 끊임없이 주장합니다. 그래서 사람들이 그것에 대해서 확신하게 만들려고

합니다. 이제까지 나는 어떤 특정한 시대가 그 이전의 시대보다 특별히 더 악하다고 확실하게 분별할 수 없었습니다. 삼십년 전에, 나는 그 시대를 더 이상 악해질 수 없을 만큼 악하다고 여겼습니다. 그래서 더 이상 나빠질 어떤 여지가 있는지 나는 간파할 수 없었습니다. 그 당시 "옛날이 좋았어!"라고 사람들이 탄식하는 말을 나는 끊임없이 들었습니다. 나도 그 시절이 좋은 옛날이었다고 말했던 것이 기억납니다. 모든 것을 고려해 볼 때, 그 시대의 악한 상태는 이전보다 훨씬 더 나쁘지 않았다고 나는 생각합니다. 최근에 나는 시대가 더 악해졌다고 믿고 싶은 생각이 들었습니다. 적어도, 성경의 진리를 비방하는 자들과 관련해서는 그렇습니다. 이전에 그들은 동굴 속이나 구석에 움츠리고 있었습니다. 그러나 지금 그들은 바깥으로 나왔습니다. 그리고 상황이 더욱 악화되었습니다. 이제 그들은 설교단까지 차지하고 있습니다. 만약 구체적으로 비방할 것이 없으면, 그들은 신자들에게 의심을 불어넣습니다. 그래서 이미 신앙을 지니고 있는 사람들 가운데 많은 이들의 신앙의 기초를 위태롭게 합니다. 지난 시대에 어떠했든지 간에, 이 시대는 신앙적으로 분명히 매우 위험한 상황에 놓여 있습니다. 우리가 성경을 연구해 보면, 신약성경은 예언이라는 정확한 형태를 취하고 있지는 않습니다. 하지만 신약성경은 인류 역사에서 우리가 예견할 수 있는 것에 대해서 많은 암시들을 제공합니다. 그 암시들은 우리 주변에서 계속해서 입증되고 있습니다. 성경을 통해서, 우리는 이것들에 대해서 미리 알게 되었습니다. 따라서 본문을 통해서, 베드로가 주는 교훈에 우리는 좀 더 주의를 기울여야만 합니다. 내가 판단하기에, 그 교훈은 이 시대를 살고 있는 우리에게 매우 적합한 것 같습니다.

우리가 몹시 탄식하며 마음속으로 깊이 생각해 보아야 할 또 한 가지 사항이 있습니다. 곧, 모든 교회들에서 교인들이 빠져나가고 있다는 것입니다. 그것은 우리 교회에서도 마찬가지입니다. 많은 사람들이 교회에 새로 나옵니다. 그렇지만 많은 사람들이 계속해서 교회로부터 빠져나갑니다. 반드시 죄악의 요인에 의해서 그런 것만은 아닙니다. 사망이나 이민 또는 이사로 인해서, 많은 사람들이 더 이상 우리 교회에 나올 수 없습니다. 그러나 많은 사람들은 믿음이 약해지거나 그것을 잃어버려서 교회를 떠나갑니다. 그들을 주의 깊게 살펴보았던 사람들의 판단에 근거하면, 교회의 정식 구성원으로서 허락될 때, 그들은 자신들의 회심에 대해서 신빙성 있는 증언을 했습니다. 예배에 장기적으로 참석하지 않아서, 교회들이 발간한 교인 명부에서 삭제된 사람들의 명단과 숫자를 살펴보십시오. 그러면 얼마나 많은 사람들이 우리 곁을 떠나갔는지를 여러분은 알게 될 것입니다. 그리고 여러분은 그 사실에 대해서 몹시 슬퍼할 것입니다. 한동안 그들은 예수 그리스도의 선한 군사들인 것처럼 보였습니다. 이 슬픈 사실로 인해서, 다음 본문에 근거해서, 여러분에게 오늘 이 설교를 하는 것이 더욱 필요하다고 나는 생각하게 되었습니다. "그러므로 사랑하는 자들아 너희가 이것을 미리 알았은즉 무법한 자들의 미혹에 이끌려 너희가 굳센 데서 떨어질까 삼가라."

1. 첫째, 이 본문에는 우리가 잠시 주의 깊게 고려해 볼 만한 가치가 있는 어떤 주제가 제시되어 있습니다.

곧, 사도 베드로는 "그러므로 사랑하는 자들아"라고 말합니다.

베드로는 사랑의 사도라고 불리지는 않습니다. 우리가 요한서신에서 발견할 수 있는 용어들을 베드로의 편지들에서도 발견하리라고 기대하지 않습니다. 그런데 사랑에 대한 가장 위대한 찬가는 요한이 아니라, 바울에 의해서 쓰였습니다(참조. 고전 13장). 그것은 매우 특이한 것입니다. 자신이 말하는 방식에서 전혀 벗어나지 않은 채, 여기서 베드로는 요한이 말하는 것과 같이 애정 가득한 어조로 말하고 있습니다. 성도들을 책망할 때, 또한 커다란 위험에 대해서 경고할 때, 베드로는 그들에 대한 자신의 깊은 애정을 표현하는 단어들을 통해서 말하는 것이 옳다고 느꼈을 것이라고 나는 생각합니다. 사람들을 위협하는 것을 통해서, 그들에게 매우 좋은 일을 할 것이라고 나는 생각하지 않습니다. 만약 사람들이 사랑으로 섬김을 받지 않는다면, 과연 그들이 책망을 기꺼이 받아들일는지에 대해서 나는 의문을 품고 있습니다. 만약 어떤 사람이 사람들에게 몹시 화를 내면서 책망한다면, 그들은 그것을 불쾌하게 생각할 것입니다. 그러나 만약 책망하는 사람이 애정 어린 어조로 말한다면, 심지어 그들은 매를 맞는 것도 달갑게 받아들일 것입니다. 다음과 같이 말했던 다윗처럼, 그들은 책망을 받아들일 것입니다. "의인이 나를 칠지라도 은혜로 여기며 책망할지라도 머리의 기름 같이 여겨서 내 머리가 이를 거절하지 아니할지라"(시 141; 5).

본문에서, 베드로는 분명한 어조로 성도들에게 진지하게 경고합니다. 그러나 그는 성도들을 "사랑하는 자들"이라고 부릅니다. 또한 그는 사실에 일치하지 않는 단어는 하나도 사용하고 있지 않습니다. 우리가 모든 사람들에 대해서 "사랑하는 이 분" 또는 "사랑하는 저 분"이라고 말한다면, 그것이 언제나 지혜롭다고 나는 생각하지 않습니다. 만약 어떤 사람이 나에게 이와 같이 말한다면, 그러한 애정 어린 표현 속에 어떤 의도가 숨어 있는지 나는 의심하기 시작할 것입니다. 만약 사람들이 우리에게 "사랑하는 이 분" 또는 "사랑하는 저 분" 등이라고 말한다면, 그러한 표현을 통해서, 그들은 우리에게서 무엇인가를 얻어내려고 한다고 우리는 추측할 것입니다. 그렇게 추측하는 것은 자연스러운 일입니다. 진심이 결여된 채, 그들은 종종 그와 같이 매끄러운 말들을 사용합니다. 그들은 시종일관 다른 사람들을 헐뜯는 말을 주고받습니다. 그러면서도, 그들은 서로 형이니 아우니 하고 부르는 것을 우리는 알고 있지 않습니까? 그러나 베드로는 그렇지 않았습니다. 그는 자신의 편지를 쓰는 사람들을 진정으로 사랑했습니다. 그들을 정말로 사랑했기 때문에, 베드로는 그들에게 솔직하게 표현했습니다. 또한 그는 그들에게 필요한 경고의 말을 매우 진지하게 들려줍니다. 우리도 이 교훈을 배웁시다. 곧, 하나님의 백성의 지도자가 되려는 사람에게 진정한 사랑은 꼭 필요한 자질입니다. 이 사랑을 진실함으로 끊임없이 뒷받침하는 것은 참으로 지혜로운 것입니다. 만약 우리가 수술칼을 부드러운 손으로 다루지 않는다면, 상처내고 자르는 것을 통해서, 우리는 좋은 결과를 만들어 낼 수 없을 것입니다. 만약 우리가 수술칼을 몸 속 깊은 곳에 이르기까지 사용해야 한다면, 심지어 심장에 이르기까지 사용해야 한다면, 우리는 반드시 그것을 매우 부드럽게 사용해야만 합니다. 사자 같이 사나운 사람의 심장도 반드시 여인의 손과 같이 부드러운 손으로 다루어야만 합니다.

왜 사도 베드로는 이들을 사랑했습니까? 또한 왜 그는 이들을 "사랑하는 자들"이라고 불렀습니까? 베드로의 사역과 비교할 때, 우리는 그보다 낮은 위치에 있습니다. 그러나 우리 자신을 그와 비슷한 위치에 놓음으로써, 우리는 그 질문에 답변할 수 있다고 나는 생각합니다. 회개하고 그리스도에게 나온 사람들은 그리스도로 인해서 다른 하나님의 백성으로부터 사랑을 받습니다. 우리가 그리스도에게 속한 사람을 볼 때마다, 우리는 그에게 그리스도에게 합당한 사랑을 주기를 원합니다. 성령님께서는 신자들 안에 하나님의 생명을 주셨습니다. 우리가 신자들을 볼 때마다, 우리 안에 있는 생명이 그들 안에 있는 생명과 공감하는 것을 우리는 느낍니다. 목회자들은 그리스도에게 속해 있는 모든 사람들을 진실하고 뜨겁게 사랑해야만 합니다. 우리는 특별히 우리 교회에 나와서 회심한 사람들에게 이 사랑을 보여주어야만 합니다. 우리를 통해서, 그리스도에게로 인도된 사람들과 우리는 가장 가깝고 강력하게 연합되어 있는 것입니다. 그들이 형통합니까? 그렇다면 우리도 형통합니다. 그들이 쇠퇴합니까? 그렇다면 우리의 마음도 괴롭습니다. 그들은 우리들의 편지들입니다. 그 편지들에 얼룩이 생기면, 우리 자신에게도 오점이 있다는 것을 우리는 발견합니다. 얼룩이나 오점이 없는 편지들을 읽게 될 때, 사람들은 그것들을 읽고 하나님께 영광을 돌릴 것입니다. 그러면 우리의 영혼은 기쁨으로 가득 할 것입니다. 우리는 새신자들을 구세주에게로 인도했습니다. 이제 그들은 다른 교인들과 친교를 나누며 서로 연합되었습니다. 우리는 그들을 진정한 의미에서 "사랑하는 자들"이라고 부릅니다. 우리가 그들을 사랑합니다. 따라서 우리는 그들이 "견실하며 흔들리지 말고 항상 주의 일에 더욱 힘쓰는 자들"(고전 15:58)이 되는 것을 보기를 열망합니다. 주님께서 그들을 항상 지켜 주시기를 기도합니다. 정욕을 통한 이 세상에서의 유혹으로부터, 주님께서 그들을 보호해 주실 것을 간절히 바랍니다. 또한 태어날 때부터 지니고 있는 타락한 성품의 권세로부터, 주님께서 그들을 구원해 주시기를 원합니다. 그리고 모든 선한 일에 그들이 온전하게 되기를 바랍니다. 그래서 그들을 통해서, 하나님께서 보시기에 기뻐하시는 일들이 이루어지기를 기도합니다.

그리스도의 일꾼들이여, 다음 주제를 다루기에 앞서, "사랑하는 자들"이라는 표현이 주는 교훈을 배웁시다. 사랑으로 넘치는 마음을 지니고, 여러분이 축복하기를 원하는 사람들에게 가십시오. 그리고 그들을 사랑으로 대하십시오. 만약 그들이 아직 회심하지 않은 사람들이라면, 그들에게 사랑을 베풀어서 그리스도에게로 인도합시다. 만약 그들이 이미 회심한 사람들이라면, 사랑의 끈으로 그들을 십자가에 단단히 붙들어 맵시다. 비록 그들이 회심했지만 주님으로부터 멀어져서 방황하고 있다면, "사람의 끈과 사랑의 띠"로 그들을 주님에게로 다시 돌아오게 합시다. 여러분 자신도 구세주로부터 벗어나는 유혹을 받지 않도록 유의합시다. 이와 같이, 본문에서 베드로는 "사랑하는 자들"에 대해서 다루고 있습니다.

2. 본문에 근거해서, 이제 두 번째 주제에 대해서 다루고자 합니다.

그것은 "삼가라"입니다. 베드로는 그의 편지를 받는 사람들에게 "삼가라"는 좌우명을 주었습니다. "그러므로 사랑하는 자들아 너희가 이것을 미리 알았은즉 삼가라."

"삼가라"는 말은 회심하고 주님을 영접한 젊은 그리스도인들에게 들려줄 필요가 있습니다. 그들은 식욕이 왕성합니다. 그래서 영적인 양식처럼 보이는 것이 그들 앞에 놓이기만 하면, 그들은 무엇이든지 먹으려고 합니다. 건전하지 않은 영의 양식을 먹으면, 그들은 다양한 질병에 걸릴 수 있습니다. 특별히 오늘날, 교회는 교인들에게 "삼가라"는 경고의 말을 매우 진지하게 말해야만 합니다. 오늘날 많은 책들이 쏟아져 나옵니다. 여러분은 읽을 책들을 올바로 선택하십시오. 오늘날 유행하고 있는 성경과 관련된 가르침을 잘 분별하십시오. 또한 그리스도인이라고 불리는 사람들이 구체적으로 어떻게 사는지 잘 살펴보십시오. 여러분을 교묘하게 설득해서 그리스도에게서 벗어나게 하려고 하는 어떤 사람들의 거짓된 가르침에 유의하십시오. 무엇보다도, 여러분 자신이 삼가서 행동하십시오. 여러분 자신의 이해력에 의지하는 것을 삼가십시오. 여러분 자신의 뜻대로 하고자 하는 것을 삼가십시오. 여러분 자신의 장점을 신뢰하는 것을 삼가십시오. 여러분이 적의 사정거리 밖에 있다고 믿고 있는 것을 삼가십시오. "삼가라"는 권면이 여러분을 위로해 주는 말은 아닐 것입니다. 그러나 그 권면은 여러분에게 때때로 필요합니다. 어떤 장교가 한밤중에 초소들을 순찰한다면, 그는 보초병들의 귀에다 "졸지 말고, 잘 살펴보라"고 나지막하게 속삭일 것입니다. 그리고 아침에 군인들을 깨워서 집합시킨 다음에, 그들을 향해서 "주의를 집중시켜서 경계하라"고 외칠 것입니다. 하루 종일, 밤새도록, 어느 곳에서나, 우리는 정신을 차리고 경계해야만 합니다. 왜냐하면 이 세상에는 도처에 대적자들로 가득하기 때문입니다. 모든 숲속에는 적이 숨어 있습니다. 거의 모든 언덕에는 참호가 만들어져 있고, 그 안에 총이 놓여 있습니다. 조심하십시오. 여러분은 적들의 나라 안에 살고 있습니다. 그러므로 여러분이 방심한 채 잠에 빠져서는 안 됩니다. "나는 전적으로 안전하다. 그래서 나는 경계할 필요가 없다"라고 말하지 마십시오. 베드로는 오래 전에 성도들에게 이 말을 들려주었습니다. 나는 이 말을 오늘 여러분에게 들려줍니다. "삼가라."

쉽게 믿지 마십시오. "삼가라." 사도 요한이 이렇게 말한 것을 기억하십시오. "사랑하는 자들아 영을 다 믿지 말고 오직 영들이 하나님께 속하였나 분별하라 많은 거짓 선지자가 세상에 나왔음이라"(요일 4:1). 진기한 음료라고 선전하는 것마다 모두 받아서 마시지 마십시오. 오늘날 어떤 사람들이 새로운 이론이라고 가르치는 것들을 무비판적으로 받아들이지 마십시오. 그것은 "사람의 속임수와 간사한 유혹에 빠져 온갖 교훈의 풍조에 밀려 요동하지 않게"(엡 4:14) 하려는 것입니다. 그러므로 모든 면에서 삼가십시오.

자신을 지나치게 신뢰하지 마십시오. 온 마음을 다해서 주님을 신뢰하십시오. 그러나 사람들을 조심하십시오. 왜냐하면 가능하다면 심지어 하나님의 백성으로 선택된 사람들도 속이려는 사람들이 있기 때문입니다. 그들은 '어떻게 여러분을 속일 수 있을까?'라고 생각하며 기회를 엿보고 있습니다. 만약 그들이 여러분을 중대한 오류에 빠지게 할 수 없다면, 그들은 여러분에게 의심과 의혹을 불러일으킬 것입니다. 만약 그들이 큰 불이 나게 할 수 없다면, 그들은 불씨를 남겨둘 것입니다. 쿡(James Cook, 1728-1779; 영국의 탐험가, 항해사, 지도 제작자 — 역주) 선장은 세상의 이곳저곳을 항해하고, 수많은 해변에 상륙해서, 영국 문화와 관련된 모든 종류의 씨앗들을 뿌렸습니다. 어떤 사람들은 밭의 여기저기를 다니면서, 밀 사이에 가라지를 뿌립니다. 그들은 최근에 그리스도를 영접해서 대적의 간계를 아직 알지 못하는 초신자들에게 악한 씨를 떨어뜨리려고 안간힘을 씁니다. 그들이 초신자들에게 악한 씨를 떨어뜨릴 때보다 더 기뻐하는 때는 결코 없을 것입니다. "그러므로 사랑하는 자들아, 삼가라." 너무 자신만만해하지 마십시오. 온갖 종류의 악한 것에 대해서 언제나 경계하십시오.

무엇보다도, 경솔하지 마십시오. 그 대신 신중하십시오. 어떤 사람들이 이렇게 말하는 것을 나는 들은 적이 있습니다. "우리가 핵심적인 가르침들을 올바로 믿고 있다면, 그 이외의 것들과 관련해서, 우리가 무엇을 믿든지 그것은 문제되지 않는다." 그러나 그것은 분명히 문제가 됩니다. 왜냐하면 그리스도의 말씀들 중에서 어떤 것들을 무시하게 되면, 그는 점차적으로 믿음을 잃어버리기 때문입니다. 모든 진리는 무한한 가치를 지닌 다이아몬드입니다. 과연 중요하지 않은 진리가 있는 것인지 나는 알지 못합니다. 만약 우리가 어떤 진리들을 무시한다면, 중요하게 생각하지 않았던 부정적인 결과들이 나타나게 됩니다. 어떤 진리가 무시되면, 한 가지 오류가 그것을 대신합니다. 여러 세대를 거치면서, 그 오류는 불행을 초래합니다. 교회가 눈을 가리고 걷기 시작하면, 또는 교회가 그리스도께서 물려주신 규율이나 가르침을 무시하기를 스스로 바란다면, 그것은 그리스도의 교회를 위해서 좋지 않은 시대가 다가온다는 것을 암시합니다. 모세는 하나님께서 산 위에서 그에게 보여주신 대로 성막을 만들어야만 했습니다. 하나님의 집의 모형에 대해서, 성령님께서 자신에게 보여주신 그대로, 에스겔은 그 당시의 사람들에게 정확하게 상기시켜 주어야만 했습니다. 우리는 그리스도께서 거하시는 진리의 왕궁을 구성하고 있는 모든 것들을 항상 기억하고 있을 필요가 있습니다. "삼가라"는 사도 베드로의 경고의 말씀에 주의를 기울이고, 또한 하나님께서 도와주셔서, 우리가 모든 경솔함을 피할 수 있기를 바랍니다. 사랑하는 여러분, 나는 "삼가라"는 베드로의 경고를 여러분에게 전달합니다. 악한 자들의 미혹에 대해서 여러분이 경계할 것을 나는 특별히 기도합니다. 이 세상에 악한 자들은 많이 있습니다. 여러분은 교리와 관련된 미혹에 대해서 주의하십시오. 또한 믿음의 실천과 관련된 사악함에 유의하십시오. 하나님께서 여러분을 이 두 가지 잘못된 것으로부터 지켜 주시기를 바랍니다.

3. 셋째로, 나는 본문에 언급되고 있는 논증에 여러분이 주목하기를 바랍니다.

본문에는 두 가지 논증이 제시되어 있습니다. "그러므로 사랑하는 자들아 너희가 이것을 미리 알았은즉, 너희가 굳센 데서 떨어질까 삼가라."

첫째, "너희가 이것을 미리 알았은즉"에 대해서 살펴보고자 합니다. 만약 여러분이 속는다면, 여러분은 유죄입니다. 곧, 여러분은 속는 죄를 범한 것입니다. 왜냐하면 여러분은 사전에 그것에 대해서 경고를 받았기 때문입니다. 만약 여러분이 그리스도와 그의 진리와 거룩한 삶과 거룩한 사고로부터 벗어나도록 미혹되었다면, 여러분은 고의적으로 길을 잃어버린 것입니다. 왜냐하면 여러분은 유혹에 빠지지 않도록 반드시 깨어서 기도하라는 암시를 이미 받았기 때문입니다. 베드로는 여기서 여러분에게 말합니다. 먼저, 그는 비방자들이 있다고 합니다. 그러므로 그들의 길에서 벗어나려고 유의하십시오. 그 다음, 그는 미혹하는 자들이 있으며 그들은 점점 더 악해진다고 말합니다. 그들이 여러분을 미혹시키지 않도록 여러분은 조심하십시오. 물론 그들은 이마에 "미혹하는 자"라는 이름을 쓰고 여러분에게 다가오지 않을 것입니다. 그들은 여러분에게 사탄의 사자로 나타나지 않을 것입니다. 반면에 빛의 천사들로 위장해서 나타날 것입니다. 또한 처음부터 끝까지, 그들은 오직 사람들에게 해를 끼치는데 탁월합니다. 그러나 그들은 자신들이 매우 멋있고 뛰어난 사람들인 것처럼 보이려고 할 것입니다.

그들은 사탄의 목적을 이루는데 헌신합니다. 그래서 사탄은 그들에 대해서 매우 좋게 생각할 것입니다. 여러분은 이 사람들이 성경을 그릇되게 해석할 것이라는 경고를 받았습니다. 성경을 그릇되게 해석하는 것은 사악한 일입니다. 그들은 그 일에 능숙합니다. 우리가 성경으로부터 무엇이든지 배울 수 있다고 그들은 주장합니다. 만약 어떤 사람이 본래의 의미를 왜곡시킬 만큼 사악하다면, 그렇게 할 수 있습니다. 저자가 의도하는 것과는 정반대되는 뜻으로 해석될 가능성이 없는 책은 하늘 아래 한 권도 없습니다. 따라서 성경의 원래의 의미를 왜곡하는 원리와 방법에 의해서 영향을 받지 않기 위해서, 우리는 잘 준비되어 있어야만 합니다. 어떤 단어들의 의미를 왜곡시키는 사람은 도둑입니다. 왜냐하면 그는 그 단어들을 훔쳐가서, 그것들을 자신의 사악한 목적을 위해서 그릇되게 사용하기 때문입니다. 그러나 그들의 해석과는 달리, 저자는 원래 그 말들을 매우 다른 의미에서 사용했던 것입니다. 의심할 여지 없이, 어떤 단어들을 그릇되게 사용하는 사람은 심지어 성경을 왜곡시키는 것도 좋아합니다. 하나님께서 우리에게 주신 것으로서, 성경은 매우 명백한 책입니다. 성경에는 위대한 진리들이 들어 있습니다. 그러나 심지어 어린아이도 성경의 내용을 어느 정도 깨달을 수 있습니다. 하나님의 말씀에는 분명히 위대한 진리들이 담겨 있습니다. 그 진리들에 대해서 올바로 이해하는 것은 어렵습니다. 그러나 그것은 그것이 표현된 언어 때문에 어려운 것이 아닙니다. 진리 자체가 신비스럽고 심오하기 때문에, 우리가 그것을 온전히 깨닫기가 어려운 것입니다. 따라서 만약 우리가 성경을 진지하게 대하고, 성령님의 도움으로 가르침을 받기를 원한다면, 우리는 하나님의 일들에 대해서 배우게 될 것입니다. 만약 성경과 관련하여, 다른 사람들이 부정직하게 행동한다고 하더라도, 또한 그것을 그릇되게 해석해서 자신의 멸망을 초래한다고 하더라도, 우리는 놀랄 필요가 전혀 없습니다. 왜냐하면 그들이 그렇게 할 것이라고 성경에 예언되었기 때문입니다. 여러분은 그것에 대해서 미리 알고 있습니다. 그러므로 조심하십시오. 하나님의 말씀을 잘못 해석하는 사람들로부터 여러분을 잘 지키십시오.

이제 두 번째 논증에 대해서 살펴보고자 합니다. 곧, "너희가 떨어질까 삼가라"는 것입니다. 어떤 사람들이 옆길로 벗어나서 말씀을 억지로 풀다가 스스로 멸망에 이르렀던 것처럼, 우리도 동일한 잘못을 범할 수 있습니다. 왜냐하면 그들과 마찬가지로 여러분도 타락한 본성을 지니고 있기 때문입니다. 하사엘처럼 다음과 같이 말하지 마십시오. "당신의 개 같은 종이 무엇이기에 이런 큰일을 행하오리이까"(왕하 8:13). 만약 우리 자신에게만 맡겨진다면, 우리는 어떤 일이라도 저지를 수 있는 개들입니다. 만약 우리가 하나님의 은혜를 받지 않는다면, 우리는 개들이나 귀신들보다도 더 사악한 존재들일 것입니다. 만약 하나님께서 은혜를 통해서 우리가 진리를 고수하도록 지켜 주시지 않는다면, 또한 우리를 끝까지 보호해 주시지 않는다면, 우리는 거짓말도 잘 믿으며, 우리 자신이 멸망에 이르기까지 그것을 고수하고 있을 가능성을 지니고 있습니다. 따라서 우리 자신이 인간의 지성이 지닌 연약함으로부터 면제되었으며, 또한 인간의 마음속에 있는 사악함으로부터 벗어났다고 결코 생각하지 맙시다. 그 대신, 깨어 있으십시오. 왜냐하면 우리도 다른 사람들처럼 동일한 본성을 지니고 있기 때문에, 다른 사람들의 주변에 위험이 도사리고 있는 것처럼, 우리 주위에도 동일한 위험 요소가 있는 것입니다. 만약 하나님께서 무한한 자비로 우리를 보호해 주시지 않는다면, 우리도 변절하여 신앙을 버릴 수 있을 것입니다. 그러면 우리는 불신자들보다도 더 악한 사람들이 될 것입니다.

4. 넷째, 본문에 미리 암시되어 있는 비극의 가능성에 대해서 간단하게 살펴보고자 합니다.

"너희가 굳센 데서 떨어질까 삼가라."

계시된 진리와 관련하여, 여러분은 그것을 굳게 믿고 있는 것으로부터 떨어지지 않도록 삼가십시오. 여러분이 올바른 가르침을 무시해서, 마침내 오류의 바다에 빠지지 않도록 주의하십시오. 어떤 사람들은 우리의 설교나 여러분이 듣는 것이 전혀 중요하지 않다고 주장합니다. 여러분은 그들이 말하는 것을 믿지 마십시오. 반면에, 성경의 내용을 모두 받아들이십시오. 영감된 말씀이 지닌 최상의 권위에 근거해서, 우리가 말하는 것이나 다른 사람들이 말하는 것을 판단하십시오. 만약 내가 나 자신의 권위에 근거해서 어떤 것을 말한다면, 그것을 거부하십시오. 그러나 만약 그것이 하나님의 말씀의 권위에 근거하고 있는 데에도 불구하고, 그것을 거부한다면, 여러분은 스스로 위험을 초래하는 것입니다. 성경에 기록되어 있는 것은 무엇이든지 굳게 붙잡으십시오. 성령님에 의해서, 여러분의 마음에 말씀이 새겨지도록 기도하십시오. 여러분이 듣고 있는 하나님의 율법과 증거에 근거해서, 모든 것을 판단할 수 있도록, 언제나 준비되어 있으십시오. 왜냐하면 어떤 주장이 하나님의 말씀에 부합되지 않는다면, 거기에는 빛이 없기 때문입니다. 말씀의 진리들에 대한 견고한 신앙으로부터 벗어나지 않도록 주의하십시오. 왜냐하면 어떤 사람들은 오류에 빠지지는 않았지만, 진리의 말씀이 지닌 능력을 믿지 않기 때문입니다. 예를 들면, 그들은 어떤 신조(creed)를 단순히 문자로만 받아들이고 있습니다. 그렇다면 그 신조는 우리에게 어떤 유익을 줄 수 있습니까? 선반 위에 방치된 어떤 신조는 별로 중요한 의미를 지니고 있지 않습니다. 우리는 진리가 무엇인지를 올바로 깨닫기를 원합니다. 죄를 미워하기 위해서, 죄에 대한 진리를 알기 원합니다. 대속에 대해서 찬양하기 위해서, 대속에 대한 진리를 이해하기 원합니다. 또한 그리스도 안에서 기뻐하기 위해서, 그리스도의 신성에 대해서 깨닫기 원합니다.

나는 이 자리에서 모든 진리들에 대해서 상세하게 언급할 수 없습니다. 그러나 앞에서 언급한 진리들과 다른 모든 진리들이 여러분의 마음속에 새겨져야만 합니다. 그리고 일상생활 속에서, 그것들은 시험을 통과해서 입증되어야만 합니다. 진리에 대한 믿음과 관련해서, 우리 가운데 어떤 사람도 굳센 데에서 떨어지지 않기를 기도합니다. 이 의심과 불신앙이 만연하고 있는 사악한 시대에, 여러분이 붙잡고 있는 것을 절대로 놓치지 마십시오. 오늘날 무엇인가를 정말로 믿고 있는 사람을 만난다는 것은 기분 좋은 일입니다. 나는 어떤 사람을 만났습니다. 그는 목에까지 오류들로 가득 차 있었습니다. 그렇지만 그는 한 가지 진리를 꼭 붙잡고 있었습니다. 나는 그에게 이렇게 말했습니다. "앉으십시오. 한 번 이야기를 서로 나누어 봅시다. 왜냐하면 당신이 어떤 것을 믿고 있는데, 나도 그것을 믿고 있기 때문입니다 그러므로 그 점에 있어서, 우리는 서로 사이좋게 지내며 무엇인가를 이루어낼 수 있을 것입니다."

그러나 어떤 사람이 아무것도 믿지 않는다면, 그것은 사정이 다릅니다. 그 경우에는 다음과 같이 말할 수밖에 없습니다. "당신이 무엇을 원하든지, 그것에 대해서 당신의 돈을 지불하십시오. 그래서 마음에 드는 것을 가지십시오." 우리는 "시대에 뒤떨어져서는 안 됩니다. 진리는 항상 발전하는 것입니다"라는 말을 듣습니다. 만약 그 주장이 사실이라면, 1800년도에는, 어떤 것이 참이었습니다. 1830년도에는, 다른 것이 참이었습니다. 그리고 1840년도에는, 또 다른 것이 참이었습니다. 1860년도에는 다른 것이, 그리고 1880년도에는 또 하나의 다른 것이 참이었습니다. 1900년도에, 우리는 새로운 진리를 발견하게 될 것입니다. 달이나 날씨와 같이, 어떤 사람들은 하나님의 진리가 변하는 것처럼 생각합니다. 그들의 견해에 의하면, 하나님의 진리는 동일하게 머물러 있지 않습니다. 스스로 안정을 취할 수 없는 거친 바다와 같이, 진리는 밀려왔다가 물러가는 것 같습니다. 그러나 우리는 결코 변경되지 않는 진리를 믿습니다. 또한 그 진리는 절대로 변경될 수 없으며, 하나님 자신처럼 결코 변하지 않습니다. 그 진리에 대한 우리의 믿음이 항상 견고하기를 바랍니다.

그런데 그리스도인들이 그들의 신앙을 실천하는 데에 굳세지 못한 것은 가슴 아픈 일입니다. 교회가 느끼는 슬픔 가운데 가장 뼈아픈 것은 한동안 교회에 속했던 사람들이 불경건한 삶을 사는 것을 통해서 하나님의 이름을 더럽히는 것입니다. 그러한 사람들이 많이 있지 않습니까? 그들은 잘 달려왔었습니다. 그런데 무엇이 그들을 방해해서, 그들이 진리에 계속해서 순종하지 않는 것입니까? 한동안 그들은 기도 모임에 정기적으로 참석했었습니다. 한 때 그들은 가장 열심 있는 주일학교 교사들과 교회를 섬기는 사람들 가운데 포함되어 있었습니다. 그러나 지금 그들은 어디 있습니까? 그들은 세속적인 것에 깊이 물들었습니다. 바람직하지 않은 향락을 쫓는 욕망에 사로잡혔습니다. 그래서 그들의 영적인 삶은 생명력을 잃어버리고 말았습니다. 그리고 그들의 가치관과 삶의 내용은 도덕적으로 많은 문제점을 드러내고 있습니다. 사랑하는 여러분! 하나님께서 여러분을 그와 같은 불행으로부터 건져내셨습니다. 우리가 그리스도에게 아무리 가까이 다가가서 살아도 지나치지 않습니다. 진정한 신앙생활은 신앙의 내용을 가장 철저하게 실천하며 사는 데에 있는 것입니다. 신앙생활의 참된 기쁨을 온전히 누릴 수 있는 그리스도인들은 현실적으로 그렇게 많지 않다고 나는 확신합니다. 많은 신앙인들은 참된 믿음의 핵심과 본질로 대단히 가까이 나아가지 않습니다. 그래서 그들은 참된 신앙생활의 달콤함을 맛보지 못합니다. 그들은 자신들의 주님과 선생님에게 온전히 헌신하지 않습니다. 그리고 그들은 주님과 가장 친밀한 사귐을 갖는 삶을 살지 않습니다. 그래서 참된 경건의 한가운데에 풍성하게 차려져 있는 영양분이 풍부한 진미를 그들은 맛볼 수 없습니다. 우리가 영적인 진수성찬의 한가운데 이를 수 있도록 주님께서 도와주시기를 바랍니다. 우리가 그곳에 이르게 되면, 주님께서 우리를 그 복된 장소에 영원히 머무르게 해주시기를 기도합니다!

나아가 우리는 그리스도를 위해서 수고하는 데에 항상 견고해야만 합니다. 오늘은 부지런하지만, 내일은 게을러져서는 안 됩니다. 언제나 우리는 목표 지점을 향해서 달려가는 달리기 선수와 같은 사람이 됩시다. 자신이 상을 받기에 충분한 속도를 내고 있지 못하는 것처럼, 그는 앞을 향해서 힘차게 달리고 있습니다. 이와 같이, 우리도 하나님의 영광을 위해서 더욱 많은 일을 할 수 있도록 항상 최선의 노력을 다합시다. 우리 가운데는 달리기를 하면 곧 숨이 가빠지는 사람과 같은 신앙인들이 많이 있습니다. 그들은 단거리 경주에서는 이길 수 있습니다. 그러나 그들은 일생 동안 지속적으로 달리지 못합니다. 만약 주님께서 우리를 붙잡아 주시지 않는다면, 우리 가운데 누가 그렇게 달릴 수 있겠습니까? 베드로는 이 점에 대해서 경고하고 있습니다. 우리는 열매를 많이 맺고 견고한 믿음을 지니고 있는 데에서 떨어지지 않도록 조심합시다. 언제나 우리는 마치 영원하신 하나님께서 쏘신 화살들과 같이 됩시다. 완전한 목표점에 도달할 때까지, 그 화살들은 위를 향해서 쉬지 않고 날아가야만 합니다. 그러므로 여러분은 굳센 데서 떨어지지 않도록 삼가십시오. 왜냐하면 굳센 데서 떨어진다면, 그것은 끔찍한 불행으로 이어지기 때문입니다.

5. 다섯 번째로, 본문이 제시하는 또 하나의 경고에 대해서 살펴봅시다.

"너희가 무법한 자들의 미혹에 이끌려 굳센 데서 떨어질까 삼가라."

일반적으로, 사람들은 갑자기 나쁜 사람으로 변하지 않습니다. 어떤 그리스도인이 이렇게 말합니다. "어떤 사람이 한동안 우리와 친하게 지냈었습니다. 그런데 그는 큰 죄에 빠지고 말았습니다." 나빠지는 것은 그런 것입니다. 훨씬 이전에, 악의 외적인 징조들이 있었을 것입니다. 분명히 그의 성품을 서서히 약화시키는 무엇이 진행되고 있었을 것입니다. 사람들이 타락할 때, 그들은 종종 "미혹에 이끌려" 그렇게 됩니다. 어떤 사람이 여러분의 귀를 붙잡고, 여러분을 끌어갑니다. 또는 여러분이 물질적으로 궁핍할 때, 어떤 사람은 여러분의 지갑을 손에 쥐고 여러분을 끌어당깁니다. 또 어떤 사람은 여러분의 눈을 미혹해서, 여러분을 이끌어갑니다. 우리에게는 우리를 멸망시키려는 사람들이 붙잡을 수 있는 많은 취약점들이 있습니다. 사랑하는 여러분! 여러분이 아무에게도 쉽게 끌려가지 않기를 간청합니다. 여러분이 알아야만 하는 것을 스스로 깨우치려고 노력하십시오. 여러분 스스로 올바로 분별하십시오. 만약 여러분이 진리를 깨닫기를 원한다면, 그것을 위해서 성경의 한 구절 한 구절을 면밀하게 살펴보십시오. 또한 성령님의 가르침을 구하면서, 여러분 스스로 성경을 연구하십시오. 하나님의 말씀으로 여러분이 인도함을 받는다면, 여러분은 미혹에 이끌리지 않을 것입니다. 내가 알고 있는 하나님의 말씀으로부터, 내가 숨어 있는 피난처로부터, 또한 내가 세워져 있는 만세반석으로부터, 누구든지 나를 미혹시키기는 매우 어려울 것입니다.

> "주님이시여, 내가 당신을 떠나서
> 누구에게로 또한 어디로 갈 수 있겠습니까?"

만약 여러분이 이끌림을 받는다면, 미혹에 의해서 이끌려 가지 마십시오. 만약 어떤 사람이 지금 여러분이 알고 있는 것보다 더 많이 가르칠 수 있다면, 또한 그것이 참으로 하나님의 진리라면, 가서 그것을 배우십시오. 만약 잔치에서 더 높은 곳에 상이 차려져 있다면, 또한 왕이 여러분에게 "이리 올라오라"고 청한다면, 어떻게든지 그곳으로 올라가십시오. 만약 좀 더 높은 자리에 더 좋은 음식이 차려져 있다면, 우리는 여러분이 낮은 자리에 앉는 것을 원하지 않습니다. 그러나 사람들이 잘못된 것으로 여러분을 인도하지 않도록 하십시오. 특별히 무법한 자들이 여러분을 그릇된 말로 미혹할 때는 더욱 그렇습니다. 여러분은 그들의 주장이 틀렸다는 것을 곧 알아차릴 수 있습니다. 무법한 자들의 그릇된 주장으로 여러분을 미혹하는 자들을 여러분이 어떻게 간파할 수 있는지에 대해서 나는 간략하게 말하고자 합니다.

성경을 경시하도록 만드는 자들은 무법한 자들의 오류로 여러분을 미혹시키려는 자들이라는 사실을 항상 명심하십시오. 책들 중에서 가장 훌륭한 책인 하나님께서 주신 성경책을 무시하는 사람은 결코 좋은 사람이 아닙니다. 내가 이제까지 생각해 온 것보다 하나님의 말씀에 대해서 과소평가하게 만드는 사람과 나는 아무런 관계를 맺지 않을 것입니다. 나는 그가 어디에서 왔는지를 금방 알 수 있습니다. 그의 목적은 가능하다면 무법한 자들의 그릇된 주장으로 나를 미혹하려는 것이라고 나는 알고 있습니다.

여러분이 이제까지 그리스도에 대해서 생각해 온 것보다 그에 대해서 좀 더 낮게 생각하게 하는 사람과는 아무런 관계도 맺지 마십시오. 그의 주장은 무법한 자들의 그릇된 견해임에 틀림없습니다. 만약 그가 그리스도의 가르침 중에서 몇 가지 문제점이나 그의 생애 가운데 몇 가지 잘못을 여러분에게 지적한다면, 또한 그리스도가 하나님으로부터 나온 하나님이라고 주장하지 않는다면(참조. 니케아 신경), 그와 사귀는 것을 즉시 그만두십시오. 사도 요한이 그리스도의 신성을 부인했던 케린투스(Cerinthus; 사도 요한 시대에, 유대 율법을 따르던 영지주의 이단 – 역주)를 대했다고 전해지는 것과 같이, 여러분도 그렇게 하기를 나는 원합니다. 사도 요한은 공중목욕탕에 갔었습니다. 마침 케린투스가 그곳에 와 있었습니다. 그를 보자마자, 요한은 목욕탕에서 나왔다고 합니다. 왜냐하면 요한은 케린투스가 목욕한 물에 의해서 자신이 더럽혀질까봐 두려워서 그렇게 했다는 것입니다. 만약 그곳으로부터 나오지 않으면, 요한은 목욕탕의 천장이 두 사람 위에 무너져 내릴 것 같다는 두려움을 느꼈다고 합니다. 그리스도를 사랑하고 따르는 사람들은 사도 요한이 지닌 정신을 가져야만 합니다. 다음 말을 명심하십시오. 여러분의 주님을 존중하지 않는 사람은 여러분에게 아무런 유익을 주지 못할 것입니다. 따라서 가능하면 빨리, 그런 사람과 사귀는 것을 그만두십시오.

또한 여러분에게 기도를 경시하게 만드는 사람을 멀리 하십시오. 왜냐하면 그들은 무법자들의 그릇된 주장으로 여러분을 미혹할 것이기 때문입니다. 그들 가운데 어떤 사람들이 이렇게 말하는 것을 여러분은 알고 있습니다. "의심할 여지 없이, 사람들이 기도하는 것은 매우 특별한 것입니다. 기도는 사람들에게 유익을 가져다줍니다. 또한 그들의 마음을 위로해줍니다. 그러나 하나님께서 기도를 듣고 응답해 주신다고 생각하는 것은 분명히 우스운 일입니다." 그러나 그런데도 불구하고, 기도하는 것에 대해서 우리가 용기를 잃게 하려는 의도를 갖고 있지 않다고 그들은 말합니다. 나에게 그렇게 말하는 사람에게 나는 다음과 같이 말하고 싶습니다. "선생님, 당신은 내가 마치 바보처럼 선하다고 말했습니다. 나는 당신에게 그 찬사에 대해서 감사해야만 할 것 같습니다." 그러자 그는 이렇게 대답합니다. "아닙니다. 나는 당신을 바보라고 말하지 않았습니다." 만약 하나님께서 나의 기도에 응답하시지 않는다는 것을 알면서도, 내가 계속해서 기도한다면, 나는 정말로 바보입니다. 하나님께서 결코 기도를 들으시지도 않고 응답하시지도 않는다는 것을 믿는데도 불구하고, 어떤 사람이 가서 무릎을 꿇고 기도한다면, 나는 그를 진정한 바보라고 부르겠습니다. 왜냐고요? 그는 차라리 산꼭대기에 올라가서, 바람에다 대고 휘파람을 부는 것이 더 나을 것입니다. 만약 기도를 통해서 아무것도 이루어지지 않는다면, 그런데도 어떤 사람이 기도하는 것이 우리에게 유익할 것이라고 말한다면, 그것은 틀림없이 가치 없는 일일 것입니다. 우리는 그것이 유익하다고 믿을 만큼 어리석지 않습니다. 만약 우리가 그렇게 생각한다면, 우리는 얼스우드(Earlswood)나 베들레헴에 있는 정신병원에 입원하는 것을 기대해야 할 것입니다. 그러나 아직까지 우리는 그런 상태에 이르지는 않았습니다. 만약 어떤 사람들이 기도에 대해서 나쁘게 말한다면, 그들은 참된 신앙의 기본 요소에 대해서도 모르는 사람들이라고 우리는 이해합니다. 만약 어떤 사람이 나에게 읽는 법을 가르쳐 준다고 하면서, 알파벳의 첫 글자부터 시작해서 이렇게 말한다고 가정합시다. "이것은 '에이'가 아닙니다. 이것은 '비'가 아닙니다." 그러면 나는 다음과 같이 말할 것입니다. "오, 감사합니다. 나는 당신을 더 이상 수고스럽게 하지 않겠습니다. 내가 매우 어렸을 때에도, 나는 그것보다는 더 정확하게 알고 있었습니다."

또한 죄에 대해서 대수롭지 않게 말하는 사람도 여러분을 무법한 자들의 그릇된 주장으로 미혹할 것입니다. 여러분은 그가 어떻게 말하는지 알고 있습니다. "그러한 고리타분한 청교도적인 사상에 귀 기울이지 마십시오. 당신은 사회 속으로 들어가서, 그 안에서 어울릴 수 있습니다. 당신은 여러 가지 즐거움에 빠질 수 있습니다. 그래도 여러분은 이전처럼 여전히 그리스도인인 것입니다." 오, 그렇습니다! 하나님을 얼마나 가까이하면서 살 수 있을까에 대해서 애쓰는 것보다, 하나님으로부터 얼마나 멀리 떨어져서 살아갈 수 있을까를 추구하면서도 그리스도인들이라고 불릴 수 있기를 원하는 사람들을 나는 끊임없이 보아왔습니다. 또한 어떤 사람들은 우리의 젊은이들에게 다음과 같은 가르침을 불어넣으려고 시도합니다. "유혹을 피하려고 하지 말고, 반면에 유혹 안으로 들어가시오. 여러분을 불에 타게 내버려 두지는 마십시오. 그러나 단지 머리카락을 살짝 그슬리게 하십시오. 결코 여러분의 몸이 기계 속으로 빨려 들어가게 해서, 여러분을 실제적으로 죽게 하지 마십시오. 그러나 때때로 여러분의 손가락은 잘리게 하십시오. 그러면 여러분은 강철의 특성에 대해서 어느 정도 알게 될 것입니다. 또한 뼈를 뚫고 들어갈 때, 그것이 어떻게 작동하는지에 대해서도 이해하게 될 것입니다."

틀림없이 이 주장에는 무엇인가 가르쳐주는 것이 있습니다. 오늘날과 같이 악한 시대에, 우리는 많은 사람들로부터 이와 같은 말을 듣습니다. "물론 여러분은 인생에 대해서 무엇인가를 알아야만 합니다. 젊은이들이 언제나 어머니의 앞치마 끈에 묶여 있을 수 없습니다. 그들은 밖으로 나가야만 합니다. 그래서 스스로 체험을 통해서 깨달아야만 합니다." 그 말은 마치 이러한 주장과도 같은 것입니다. "때때로 독약을 한두 방울만 마셔 보십시오. 그리고 그것이 여러분에게 어떻게 작용하는지 살펴 보십시오. 청산가리(prussic acid)를 한 방울만 마셔 보십시오. 그리고 그것이 여러분에게 어떠한 효능을 나타내는지 관찰해 보십시오."

그러한 말과 관련해서, 나는 이렇게 충고합니다. "그러한 모든 것들로부터 멀리 하십시오. 베드로의 이 경고를 항상 기억하십시오." "삼가라, 삼가라, 삼가라." 어떤 규정이 나 자신에게 지나치게 가혹하다고 여겨지는 삶의 규율 아래 내가 놓여 있던 적은 이제까지 없습니다. 비록 내가 실제적으로 그렇게 행동하지는 않지만, 나는 생각을 통해서 매우 쉽게 방황하는 나 자신을 발견합니다. 그래서 만약 내가 묶여 있을 뿐만 아니라, 바로 십자가 위에 못 박힐 수 있다면, 나는 기뻐할 것입니다. 어떤 사람이 이렇게 질문하고자 할 것입니다. "그 말은 무엇을 의미합니까?" 나는 바울이 말한 것의 진리를 깨달을 수 있기를 원합니다. "내가 그리스도와 함께 십자가에 못 박혔나니 그런즉 이제는 내가 사는 것이 아니요 오직 내 안에 그리스도께서 사시는 것이라"(갈 2:20). 어떤 것이 의심의 여지가 있다면, 나는 그것을 행할 자유를 기꺼이 포기하겠습니다. 반면에, 완전히 거룩하게 되는 것 안에서 나의 자유를 발견하고자 합니다. 하나님께서 우리 각 사람이 그 지점에까지 이를 수 있도록 도와주시기를 기도합니다. 아멘.

제
7
장

—

새해를 위한 찬양

—

"오직 우리 주 곧 구주 예수 그리스도의 은혜와 그를 아는
지식에서 자라 가라 영광이 이제와 영원한 날까지 그에게
있을지어다" — 벧후 3:18

사랑하는 여러분, 우리에게 항상 여러 가지 위험이 도사리고 있는 것을 보
십시오. 위험을 피하기 위해서, 우리는 어디로 갈 수 있습니까? 유혹으로부터 벗
어나기 위해서, 우리는 어디로 날아갈 수 있습니까? 만약 우리가 사업을 하려고
하면, 거기에는 세속적인 욕심이 있습니다. 만약 우리가 집에 머물러 있다면, 거
기에도 여러 가지 시험이 있습니다. 하나님의 말씀의 푸른 풀밭에는 하나님의
양들을 위한 완전한 안전이 있을 것이라고 사람들은 상상할 것입니다. 분명히
그곳에는 사자도 없고, 몹시 굶주린 맹수도 그곳까지 올라오지 않을 것이라고
사람들은 추측할 것입니다. 그러나 심지어 우리가 성경을 읽는 동안에도, 우리
는 여전히 위험에 노출되어 있습니다. 그렇다고 성경의 진리 자체가 위험한 것
이라는 의미가 결코 아닙니다. 우리의 부패된 마음은 낙원의 꽃들 속에서도 독
을 찾아낼 수 있습니다. 바울이 쓴 편지들과 관련해서, 베드로가 말한 것에 유의
해 보십시오. "또 그 모든 편지에도 그 중에 알기 어려운 것이 더러 있으니"(벧후
3:16). 그러므로 우리가 노출되어 있는 위험에 주의를 기울이기 바랍니다. 그래
서 무식하거나 믿음이 굳세지 못해서, 우리가 심지어 하나님의 말씀을 잘못 해
석해서, 마침내 스스로 파멸에 이르지 않도록 하십시오. 우리 눈앞에 펼쳐 있는

성경을 통해서도, 우리는 죄를 지을 수 있습니다. 성령님의 감동을 받아서 기록된 하나님의 말씀에 대해서 숙고하는 과정을 통해서도, 우리는 "무법자들의 미혹"으로부터 치명적인 상처를 받을 수 있습니다. 제단의 뿔들 앞에서도, 하나님께서 그의 날개의 그늘로 우리를 보호해 주시는 것을 우리는 필요로 합니다. 은혜가 풍성하신 하나님 아버지께서 우리에게 방패를 주셔서, 그것을 통해서 우리가 모든 악으로부터 보호받게 하신다는 사실을 생각하면, 우리의 마음속에는 기쁨으로 가득하게 됩니다. 그리고 본문에서, 우리는 이단의 사악함을 물리칠 수 있는 적절한 예방법을 발견합니다. 성경 해석과 관련하여, 우리는 위험에 노출되어 있습니다. 우리가 성경을 잘못 해석해서, 하나님께서 그렇게 말씀하신 것이 아닌데도 불구하고, 그렇게 말씀하신 것처럼 만들어서는 안 됩니다. 성령님께서 가르쳐 주시는 것으로부터 벗어나서, 우리가 하나님의 말씀에 사용된 단어들을 왜곡시켜서, 그 말씀의 취지를 파악하지 못하게 해서는 안 됩니다. 그래서 그 단어들로부터 우리의 영혼을 파멸시키는 의미를 이끌어 내서는 안 됩니다. 어떻게 우리가 이 위험으로부터 벗어날 수 있을까요? 성령님의 감동에 의해서 말하면서, 오늘 본문을 통해서, 베드로는 우리에게 위험에 대한 예방 수단을 가리켜 주었습니다. 성경을 연구하여 그것에 대한 지식이 늘어 가면, 동시에 여러분이 하나님의 은혜도 더욱 풍성하게 받고 있는지 살펴보십시오. 여러분이 성경의 가르침에 대해서 알기를 열망할 때, 무엇보다도 우리의 주님과 구세주를 아는 지식도 자라가기를 사모하십시오. 성경을 연구하는 것과 은혜 안에서 성장하는 것과 그리스도를 아는 지식이 자라가는 것 등, 이 모든 것이 좀 더 숭고한 목적에 도움이 되게 하십시오. 곧, 지금부터 영원토록, 여러분을 사랑해서 자신의 피값으로 여러분을 사신 그리스도에게 영광을 돌리는 것이 여러분의 삶의 목적이 되어야만 합니다. 마음속 깊은 곳으로부터, "영광이 이제와 영원한 날까지 그에게 있을지어다"라는 찬양에 여러분은 항상 "아멘"이라고 고백하십시오. 그러면 여러분은 모든 위험한 미혹으로부터 보호받을 것입니다. 또한 여러분은 "굳센 데서 떨어지지" 않을 것입니다. 오늘 본문은 심지어 성경을 연구하는 사람들도 감염될 염려가 있는 여러 가지 질병에 대한 하늘의 처방전으로 적용될 수 있다고 여겨집니다. 또한 그 말씀이 한 해 동안 우리에게 가장 복된 지침이 될 것이라고 나는 확신합니다.

　　이전에 토머스 애덤스(Thomas Adams: 17세기 청교도 신학자. 산문의 셰익스피어로 불림)가 본문을 나누었던 것처럼, 오늘 아침 나도 본문을 두 부분으로 나누려고 합니다. 그는 이 본문에는 두 개의 나팔이 있다고 말합니다. 한 나팔 소리는 하늘에서 땅으로 울려 퍼집니다. 곧, "오직 우리 주 곧 구주 예수 그리스도의 은혜와 그를 아는 지식에서 자라 가라." 또 다른 나팔 소리는 땅에서 하늘을 향해서 울려 퍼진다고 말합니다. 곧, "영광이 이제와 영원한 날까지 그에게 있을지어다." 나는 애덤스의 말을 다시 한 번 인용하고자 합니다. 그는 이렇게 주장합니다. "첫째 부분은 신학적인 주제를 다루고 있습니다. 곧, '하나님의 은혜 안에서 성장해 가는 것'입니다. 둘째 부분은 송영(찬양)에 대해서 언급하고 있습니다. '영광이 이제와 영원한 날까지 그에게 있을지어다.'" 이와 같이, 우리는 두 부분으로 구분해서 본문을 설명할 것입니다. 첫째 부분은 특별한 지시 사항을 내포하고 있는 하나님의 명령입니다. 둘째 부분은 그리스도를 찬양하도록 결론적으로 제안합니다.

1. 이제 본문에 대한 설명을 시작하고자 합니다.

먼저, 이 본문에는 특별한 지시 사항을 내포하고 있는 하나님의 명령이 제시되어 있습니다. "오직 우리 주 곧 구주 예수 그리스도의 은혜와 그를 아는 지식에서 자라 가라"

"은혜 안에서 자라 가라." 이 말은 무엇을 뜻합니까? 이것은 우리가 하나님의 은혜에 의해서 새롭게 되었다는 것을 처음부터 암시하고 있습니다. 그렇지 않다면, 우리는 이 본문을 우리에게 적용할 수 없을 것입니다. 이미 죽은 것은 더 이상 성장할 수 없습니다. 죽은 자들 가운데 살아나신 예수 그리스도의 부활에 의해서 하나님에 대해서 살아 있는 사람들만이 그들 안에 자신들을 성장시킬 수 있는 진정한 능력을 지니고 있습니다. 사람들에게 새 생명을 주실 수 있으신 위대하신 하나님께서 먼저 그들 안에 생명의 씨를 심으셔야만 합니다. 그 다음, 그 씨들은 싹이 나서 자라날 수 있습니다. 따라서 허물과 죄로 인해서 죽은 사람들에게 이 본문은 전혀 적용될 수 없습니다. 그들은 아직까지 율법의 저주 아래 놓여 있기 때문에, 또한 하나님의 진노가 그들 위에 머무르고 있기 때문에, 그들은 은혜 안에서 성장할 수 없습니다. 허물과 죄와 진노 앞에서, 두려워 떠십시오. 회개하십시오. 그리고 예수님을 구주로 믿으십시오. 그러면 하나님께서 자비를 베푸실 것입니다. 반면에 사랑하는 형제자매 여러분, 여러분 안에 거하시는 성령님을 통해서, 여러분은 영적으로 죽은 자들 가운데서 다시 살아났으며, 새 생명을 갖게 되었습니다. 이미 거듭난 여러분은 하나님으로부터 성장하라는 명령을 받았습니다. 왜냐하면 성장은 여러분이 생명을 지니고 있다는 사실을 증명하기 때문입니다. 막대기를 땅에 심는다면, 그것은 성장하지 않습니다. 그러나 땅에 뿌리를 내린 나무는 작은 묘목에서 숲의 왕으로 자라납니다. 가장 기름진 땅에 자갈 하나를 파묻어 보십시오. 그것은 계속해서 똑같은 크기의 자갈로 머물러 있을 것입니다. 그러나 밀이나 콩의 씨를 그곳에 심어보십시오. 그러면 그것은 싹이 나고, 줄기가 자라고, 꽃을 피울 것입니다. 여러분은 하나님의 영광을 위해서 살아 있는 사람들입니다. 따라서 하나님께서 주시는 모든 은혜 안에서 여러분은 성장해야 합니다. **믿음**이라는 은혜의 뿌리 안에서 성장하십시오. 여러분의 행위보다 하나님의 약속들을 믿으십시오. "주여, 내가 믿나이다. 나의 믿음 없는 것을 도와주소서"(참조. 막 9:24)라고 말하며 두려워 떨고 있는 믿음으로부터, 하나님의 약속에 근거해서 조금도 흔들리지 않는 믿음으로 나아가십시오. 아브라함처럼, 하나님께서는 자신이 약속하신 것을 또한 이루실 수 있다는 믿음을 가지십시오. 더욱 많은 진리를 믿음으로, 여러분의 믿음의 범위를 넓히기를 바랍니다. 또한 모든 진리를 굳게 붙잡고 있는 것을 통해서, 여러분의 믿음을 더욱 견고하게 하십시오. 연약해지거나 동요되지 말고, 또한 바람이 불 때마다 흔들리지 말고, 믿음을 항상 성장시키십시오. 여러분의 믿음이 날마다 순수하게 성장하게 하십시오. 주 예수 그리스도께서 이루신 사역을 더욱 온전히 전적으로 완벽하게 의지하십시오. 또한 여러분의 사랑도 성장하게 하십시오. 만약 여러분이 작은 불꽃과 같은 사랑을 지니고 있다면, 그 불꽃이 모든 것을 삼키는 불길이 되도록 기도하십시오. 만약 여러분이 그리스도에게 무엇인가 작은 것을 가져왔다면, 그에게 여러분 전체를 드릴 수 있도록 기도하십시오. 마리아는 값비싼 나드 향유를 담은 옥합을 깨뜨리고 예수님에게 향유를 모두 부었습니다. 마리아와 같은 방식으로, 여러분의 모든 것을 그에게 바치십시오. 그러면 만왕의 왕은 여러분이 부은 향유에 만족해하실 것입니다. 여러분의 사랑의 대상이 더욱 넓어지기를 기도하십시오. 모든 성도들을 사랑할 수 있도록 기도하십시오. 여러분의 사랑이 좀 더 구체적인 것이 되어서, 여러분의 모든 생각과 말과 행위를 변화시키게 하십시오. 여러분의 사랑이 더욱 강렬해져서, 하나님과 사람을 사랑하는 타올라 빛나는 불길이 되게 하십시오. 또한 여러분의 소망 안에서 자라도록 하십시오. 소망에 대해서 바울은 이렇게 말합니다. "너희 마음의 눈을 밝히사 그의 부르심의 소망이 무엇이며 성도 안에서 그 기업의 영광의 풍성함이 무엇이며"(엡 1:18). "복스러운 소망과 우리의 크신 하나님 구주 예수 그리스도의 영광이 나타나심을 기다리게 하셨으니"(딛 2:13). 여러분이 아직 보지 못한 소망이 있습니다. 여러분이 오래 참으며, 그 소망이 이루어지는 것을 기다리기를 바랍니다. 여러분이 이 땅에 있는 동안에, 소망을 통해서 하늘의 기쁨을 맛보기를 원합니다. 여러분이 죽을 수밖에 없는 존재이지만, 그 소망이 여러분에게 불멸을 가져다주기를 기도합니다. 그 소망이 여러분이 죽기 이전에 부활을 가져다주고, 일시적으로 하나님과 분리되어 있는 상태에 놓인다고 하더라도, 여러분이 하나님을 볼 수 있게 해주기를 바랍니다. 또한 겸손에 있어서도, 여러분이 성장할 수 있도록 기도하십시오. 그래서 "모든 성도 중에 지극히 작은 자보다 더 작은 나"(엡 3:8)라고 고백할 수 있기를 원합니다. 나아가 여러분이 헌신에 있어서도 성장하기를 간구하십시오. 그래서 여러분이 이렇게 외칠 수 있기를 바랍니다. "내게 사는 것이 그리스도니 죽는 것도 유익함이라"(빌 1:21). 그리고 여러분이 만족에 있어서도 성장해서 다음과 같이 느낄 수 있도록 기도하십시오. "어떠한 형편에든지 나는 자족하기를 배웠노라"(빌 4:11). 또한 날마다 주 예수님을 더욱 닮아 가십시오. 그래서 여러분이 예수님과 함께 있으며, 그에게서 배운다는 것을 대적자들도 알게 하십시오. 만약 무엇이든지 덕이 되고, 무엇이든지 칭찬할 만하며, 무엇이든지 사랑스럽고 또한 명예로운 것이 있으면, 또한 여러분을 더욱 유능하게 만드는 것이 있으면, 이런 것들 안에서 성장하십시오(참조. 빌 4:8). 그리고 만약 여러분을 더욱 행복하게 만드는 것이 있으며, 사람을 더욱 잘 섬기게 하고 하나님에게 더욱 큰 영광을 가져다주는 것이 있으면, 그것들 안에서 자라가십시오. 왜냐하면 여러분은 아직 목표점에 도달하지 못했으며, 여전히 완전함에 이르지 못했기 때문입니다.

그리고 성경이 제공하는 실례를 따르십시오. 여러분은 그리스도 안에 있는 신실한 신자들입니다. 여러분은 주님께서 오른손으로 심은 나무들에 비유할 수 있습니다. 나무들이 자라는 것처럼, 여러분도 성장하기를 추구하십시오. 올해에는 여러분이 더욱더 낮아지기를 기도하십시오. 여러분이 얼마나 악한 존재인지를 철저하게 깨닫기를 바랍니다. 또한 여러분이 아무것도 아니라는 사실을 아십시오. 그래서 여러분의 겸손이 땅 속으로 깊게 뿌리를 내리게 하십시오. 여러분의 뿌리가 진리의 표면을 뚫고 땅 속으로 깊이 들어가서, 그 속에서 기초석 역할을 하고 있는 거대한 바위에까지 이르게 하십시오. 그리고 하나님의 영원한 사랑과 신자들을 끝까지 붙드시는 하나님의 신실하심과 완전한 대속과 그리스도와의 연합에 대한 가르침을 온전히 깨닫기를 간구하십시오. 세상이 지음을 받기 이전에 예수 그리스도 안에서 하나님께서 의도하신 하나님의 영원한 목적을 올바로 이해하기 위해서 기도하십시오. 하나님에 대한 이러한 깊은 지식들은 여러분에게 다양하고 풍성한 영의 양식을 공급할 것입니다. 여러분의 뿌리는 땅 속 깊은 곳에 감추어진 샘에서 풍족하게 마실 것입니다. 이러한 성장은 여러분에게 세상적인 명예를 더해주지 않을 것입니다. 또한 그것은 여러분의 허영심을 만족시켜 주지 않을 것입니다. 그러나 그 성장은 폭풍이 몰아치는 때에 대단히 소중한 것이 될 것입니다. 태풍이 위선자들을 낚아채고, 또한 태풍이 열매가 시들거나 열매 없는 나무들과 또한 죽은 나무들을 뿌리째 뽑아서(참조. 유 1:12) 멸망의 바다 속으로 던질 때, 영적인 성장이 얼마나 소중한지에 대해서, 누구도 이루 다 헤아릴 수 없을 것입니다. 여러분의 뿌리는 아래로 자라지만, 여러분의 줄기와 가지는 위를 향해서 자라게 하십시오. 여러분의 사랑의 줄기를 하늘을 향해서 자라게 하십시오. 나무들은 봄에 새싹을 냅니다. 한여름에는 짙푸른 나뭇잎들이 달린 가지를 자라게 합니다. 또한 전나무에는 봄에 새로운 초록색 가지들이 나와서, 그것들은 태양을 향해서 뻗어나갑니다.

이와 같이, 여러분도 하나님을 향해서 더욱 많은 사랑을 갖고 그에게 더욱 커다란 열정을 품으십시오. 또한 기도를 통해서 하나님에게 더욱 가까이 나아가십시오. 하나님의 자녀로서 디욱 즐거운 마음을 지니고, 하나님 아버지와 그의 아들 예수 그리스도와 더욱 열렬하고 친밀한 사귐을 갖기를 사모하십시오. 이렇게 위를 향해서 올라가는 것은 여러분의 아름다움과 기쁨을 더해 줄 것입니다. 또한 위와 아래 두 방향으로 모두 성장하기를 위해서 기도하십시오. 여러분의 가지들을 자라게 하십시오. 하나님께서 여러분에게 기회를 주시는 대로, 여러분의 거룩한 영향력의 그림자를 더욱 넓게 펼치십시오. 그러나 많은 열매를 맺기를 힘쓰십시오. 왜냐하면 열매가 별로 없으면서 가지만 무성하다면, 그것은 나무의 아름다움을 감소시키기 때문입니다. 올해에, 하나님의 은혜를 통해서, 하나님에게 이전보다도 더 많은 열매를 가져다 드릴 수 있도록 수고하십시오. 주여! 여기 모인 성도들에게 죄에 대한 더 많은 회개의 열매, 위대한 헌신을 통한 믿음의 열매, 예수님에 대한 사랑의 열매, 또한 불신자들을 회심시키려는 열정의 열매가 넘치게 하옵소서. 포도 수확기에, 올해 우리가 맺는 열매들이 단지 포도나무의 맨 위 가지에 포도송이가 드문드문 달려 있는 것을 수확하는 것과 같아서는 안 됩니다. 포도 짜는 틀이 새 포도주를 만들어 내는 에스골 골짜기와 같이 됩시다 (참조. 민 13:23-24). 한 마디로 말해서, 은혜 안에서 성장하는 것은 다음과 같습니다. 뿌리는 아래로 깊이 내리고, 줄기는 위를 향해서 자라가는 것입니다. 길고 넓게 뻗어가는 가지처럼, 여러분의 영향력을 더욱 크게 하는 것입니다. 또한 하나님의 영광을 위해서 열매를 많이 맺는 것입니다.

그런데 우리는 성경에서 또 하나의 비유를 발견합니다. 예수 그리스도 안에서의 형제자매 여러분! 우리는 나무에 비유될 뿐만 아니라, 자녀에 비유되기도 합니다. 어린아이들이 어머니의 젖을 먹고 자라나는 것처럼, 우리도 순수한 음식을 먹고 성장합시다. 꾸준히 천천히 확실하게 분명하게 성장합시다. 날마다 조금씩, 그러나 한 해 동안 여러분은 많이 성장하십시오. 어린아이가 점점 힘이 세어지는 것처럼, 우리도 성장할 수 있기를 바랍니다. 그래서 아장대며 걷는 다리와 같은 우리의 믿음이, 달려가도 피곤하지 않은 튼튼한 근육을 지닌 젊은이의 다리와 같은 믿음으로 성장합시다. 또한 건강한 사람이 많이 걸어도 힘들지 않은 것과 같이 우리의 믿음을 굳세게 합시다. 우리의 날개에는 아직 깃털이 나지 않았습니다. 그래서 우리는 둥지를 떠나기가 어렵습니다. 주여, 우리가 계속해서 성장하도록 도와주소서. 독수리와 같은 날개를 갖고, 구름과 폭풍우를 헤치고 우리가 당신에게까지 날아오르게 하소서. 그래서 지존자의 평화로운 면전에서 거하게 하소서. 또한 우리의 모든 능력이 발달하게 합시다. 우리가 더 이상 한 뼘밖에 안 되는 갓난아기가 아니라, 키가 무럭무럭 자라서, 예수 그리스도 안에서 우리가 온전한 사람으로 성숙해지도록 하나님께 간구합시다. 우리가 한결같이 건강하게 성장하는 것을 위해서 특별히 기도합시다. 만약 어떤 어린아이의 머리가 커지지만, 신체의 다른 부분은 성장하지 않는다면, 또는 팔이나 다리가 오그라든다면, 그것은 나쁜 징조입니다. 신체의 모든 부분이 균형을 이루어야 아름다운 것입니다. 사려 깊은 판단은 냉담한 가슴과 어울리지 않습니다. 총명한 눈은 오그라든 손과 어울리지 않습니다. 난쟁이의 어깨 위에 거인의 얼굴이 놓여 있다면, 그것은 조화를 이루지 못합니다. 다른 사람들을 희생시켜서 자신의 미덕을 쌓는 사람은 살해된 동족의 살을 먹고 피를 마셔서 살찐 식인종과 같습니다. 그러한 괴상한 생각을 품는 것은 그리스도인에게 어울리지 않습니다. 하나님의 은혜를 통해서, 우리의 믿음과 사랑이 성장하도록 기도합시다. 인간이 지닌 능력 가운데 한 부분도 영양분이 충분히 공급되지 않아서 제대로 성장하지 못하게 하는 일이 없도록 기도합시다. 왜냐하면 오직 그렇게 할 때만이, 우리는 우리 주 곧 구주 예수 그리스도의 은혜와 그를 아는 지식에서 자라 갈 수 있기 때문입니다.

왜 우리가 은혜 안에서 성장해야만 하는지 질문하고자 합니까? 만약 우리가 은혜 안에서 앞으로 나아가지 않는다면, 그것은 슬픈 징조를 보여주는 것입니다. 그것은 건강하지 않다는 것을 알게 해줍니다. 건강하지 않은 아이는 제대로 성장하지 않습니다. 썩은 나무는 새로운 가지를 자라나게 할 수 없습니다. 나아가 그것은 건강하지 못하다는 것에 대한 징조일 뿐만 아니라, 또한 그것은 이상한 모습을 드러냅니다. 만약 어떤 사람이 어깨는 널찍한데 팔다리가 매우 짧다면, 우리는 그를 난쟁이라고 부릅니다. 우리는 그를 동정의 눈빛으로 바라봅니다. 그는 보기 싫은 모습을 지니고 있습니다. 오, 주여! 우리가 성장하게 해주시옵소서. 그래서 우리가 미숙아나 이상한 모습을 지닌 사람이 되지 않게 하옵소서. 우리가 하나님 아버지의 자녀로서 그 신분에 어울리는 사람이 되기를 원합니다. 우리가 용모가 아름다운 사람으로서, 왕의 자녀들처럼 보이기를 원합니다. 나아가 성장하지 않는다는 것은 **죽음**에 대한 징조입니다. 성장하지 않는다면 이렇게 말할 수 있을 것입니다. "당신이 성장하지 않는 한, 당신은 살아 있지 않은 것입니다." 하나님의 은혜를 통해서 당신의 믿음과 사랑이 자라지 않는다면, 또한 당신이 영적인 추수를 위해서 익어가지 않는다면, 하나님 앞에서 두려워하며 떨고 있으십시오. 그래서 단지 살아 있다는 이름은 가졌지만, 당신이 실제로는 생명을 지니고 있지 않은 사람이 되지 마십시오(참조. 계 3;1). 당신은 그럴 듯하게 색칠해진 모조품이 되지 마십시오. 재능 있는 화가의 손에 의해서 그려진 꽃은 아름답기는 하지만, 그 꽃은 실제가 아닙니다. 생명력을 지니고 있지 않기 때문에, 그 꽃은 싹이 나게 하거나 자라게 할 수 없습니다. 또한 꽃을 피우고 열매를 맺게 할 수 없습니다. 은혜 안에서, 성장하십시오. 왜냐하면 성숙해가지 않는 것은 많은 나쁜 것들을 미리 보여주는 것이기 때문입니다. 또한 모든 것 가운데 가장 나쁜 것으로서, 그것은 영적인 생명을 지니고 있지 않음을 가르쳐 주기 때문입니다. 은혜 안에서 자라 가십시오. 날마다 지속적으로 성장하는 것이 영원한 고상함에 이르는 지름길입니다. 여러분은 주님을 대단히 잘 섬긴 후에 영원한 안식에 들어간 숭고한 사람들과 함께 서 있고 싶지 않습니까? 여러분 중에서 누가 오늘날 저드슨(Judson), 캐리(Carey), 윌리엄스(Williams)와 모팻(Moffat) 등과 같은 훌륭한 선교사들의 이름과 함께 기록되기를 원하지 않겠습니까? 우리 가운데 어떤 사람이 횟필드(Whitefield), 그림쇼(Grimshaw), 뉴턴(Newton), 로메인(Romaine)와 톱레디(Toplady) 등과 같이 말씀을 권능으로 전파했던 훌륭한 하나님의 종들의 이름과 함께 기록되는 것을 바라지 않겠습니까? 우리 가운데 누가 우리가 이미 빠져나온 "애석하게 여기는 사람도 없고 존경받지도 못하고 칭찬받지도 못하는" 악하고 비천한 상태로 되돌아가고 싶은 사람이 있습니까? 그러기를 원한다면, 지금의 모습 그대로 머물러 있읍시다. 우리의 행진을 중단합시다. 비천한 것이 여러분의 문 앞에 웅크리고 있습니다. 그것은 성장을 가로막는 비열한 것입니다. 그러나 만약 우리가 하나님의 기품 있는 자녀들이라면, 또한 만약 우리가 그리스도의 십자가의 용감한 전사들이라면, 우리는 이렇게 기도합시다. "주님, 우리가 은혜 안에서 성장하게 도와주시옵소서. 우리가 신실한 종들이 되게 하옵소서. 그래서 마침내 주님으로부터 칭찬을 받게 하옵소서." 그런데 성장한다는 것은 고상한 것일 뿐만 아니라, 그것은 행복한 것입니다. 성장을 멈춘 사람은 하나님의 축복을 받는 것을 거부하는 사람입니다. 사업을 하는 대부분의 사람들에게는, 그들이 이기지 못하면, 그것은 지는 것을 의미합니다. 만약 전사가 싸움터에서 승리하지 못한다면, 그것은 그의 대적자가 우세한 입장을 차지하고 있음을 뜻합니다. 계속해서 지혜로워지지 못하는 사람은 더욱 어리석게 됩니다. 주님에 대해서 더 알아가지 못하고 점점 더 주님을 닮아가지 않는 사람은 그에 대해서 점점 더 알지 못하게 되며, 그를 점점 더 닮아가지 않게 됩니다. 만약 우리의 무기를 사용하지 않으면, 그것은 녹이 슬게 됩니다. 만약 우리의 팔을 힘써 노력해서 강하게 만들지 않는다면, 그것은 게으름으로 인해서 약해질 것입니다. 우리의 영성이 쇠약해지는 것에 따라서 우리의 행복도 감소됩니다. 우리가 행복해지기를 원한다면, 우리는 앞으로 나아가야만 합니다. 우리 앞에 햇빛이 밝게 비치고 있습니다. 우리 앞에 승리가 기다리고 있습니다. 우리 앞에 하늘나라가 예비되어 있습니다. 우리 앞에 그리스도께서 계십니다. 그러나 여기에 멈추어 있는 것은 위험합니다. 그것은 곧 죽음입니다. 오, 주님! 우리의 행복을 위해서, 우리가 앞으로 나가도록 도와주시옵소서. 우리의 유익을 위해서, 우리가 저 높은 곳을 바라보며 올라가게 하시옵소서. 만약 우리가 성도들의 공동체로서 은혜 안에서 더욱 자라간다면, 또한 만약 우리의 믿음이 더 견고해지고, 기도에 더욱 힘쓰고, 마음속으로 더욱 열심을 품고, 더 거룩한 삶을 산다면, 이 시대를 위해서 우리가 얼마나 광범위한 영향을 미칠 수 있을지 누가 정확하게 말할 수 있겠습니까? 살살 걸어가는 사람은 희미한 발자국을 남길 뿐입니다. 그러나 로마 군인처럼 당당하게 걸어가는 사람은 시간의 모래 위에 결코 지워지지 않는 발자국을 남길 것입니다. 우리는 이와 같이 살아갑시다. 그래서 우리의 삶을 통해서, 이 시대와 오는 시대에, 세상이 더욱 좋은 곳으로 변화되고, 또한 그리스도의 교회가 더욱 많이 성장하게 합시다. 적어도 이러한 목적을 위해서, 우리는 은혜 안에서 성장해 갑시다.

내가 오늘 어떤 거룩한 야망으로 여러분에게 불을 붙일 수 있다면, 나는 매우 행복할 것입니다. 이사야의 입술 위에 닿았던 것과 같은 숯불을 옛날 제단으로부터 내가 가져올 수 있다면, 나는 여러분에게 이렇게 말할 것입니다. "보라. 이 숯불이 네 입술에 닿았도다. 지존자이신 하나님의 말씀과 권능으로 무장해서 앞으로 나아가라. 자신들의 생명을 소중한 것으로 여기지 않은 채, 자신들이 주님 안에서 발견되기를 바라며, 오직 주님만을 섬긴 사람들이 살았던 것과 같은 삶을 살아라." 그들은 성소의 휘장을 통과한 후에 하늘나라의 영원한 영광의 안식으로 들어갔습니다. 하나님의 은혜로, 그들은 승리를 얻었습니다. 그들의 승리의 수단은 은혜를 통한 성장이었습니다. 그들을 본받으십시오. 그들처럼 앞으로 나아가십시오. 은혜를 통해서, 여러분도 그들이 받은 것과 같은 안식과 승리를 기업으로 받을 것입니다. 그래서 여러분은 그들과 함께 영원히 앉아 있을 것입니다.

그런데 여러분은 어떻게 은혜 안에서 성장할 수 있는지 질문합니다. 그 대답은 단순합니다. 여러분에게 은혜를 주신 분께서 여러분에게 더욱 풍성한 은혜를 베푸실 것입니다. 여러분은 처음에 하나님으로부터 은혜를 받았습니다. 여러분은 계속해서 그에게서 더 많은 은혜를 받아야만 합니다. 가축을 만드신 하나님께서 인간도 창조하셨습니다. 또한 그가 이렇게 말씀하셨습니다. "생육하고 번성하여 땅에 충만하라"(창 1:28). 그래서 여러분에게 은혜를 베푸신 하나님께서 여러분의 마음속에 그의 전능하신 명령으로 말씀하셔야만 합니다. 또한 여러분에게 다음과 같은 은혜를 선포하셔야만 합니다. "네 마음속의 공허가 가득 채워질 때까지, 또한 마음속에 있는 황무지가 기뻐하며 장미와 같이 활짝 꽃을 피울 때까지, 열매를 많이 맺고 번성하며, 네 영혼을 가득 채우라." 그리고 하나님의 은혜 이외에, 여러분이 사용해야 하는 수단들이 있습니다. 그것은 첫째, 여러분이 기도를 많이 하는 것입니다. 둘째, 성경을 더욱 부지런히 연구하는 것입니다. 셋째, 주 예수 그리스도와 끊임없이 더욱 긴밀한 사귐을 갖는 것입니다. 넷째, 그리스도를 위한 일에 더욱 활발하게 참여하는 것입니다. 다섯째, 하나님의 은혜를 체험하는 예배와 모임 등에 더욱 열심히 참석하는 것입니다. 마지막으로, 모든 계시된 진리를 진심으로 받아들이는 것 등입니다. 만약 여러분이 이러한 것들을 열심히 행하면, 여러분은 성장하는 데에 방해를 받거나 위축되지 않을 것입니다. 왜냐하면 여러분에게 생명을 주신 하나님께서 사도 베드로를 통해서 말씀하신 것을 여러분이 성취할 수 있도록 이끌어 주실 것이기 때문입니다. "오직 우리 주 곧 구주 예수그리스도의 은혜와 그를 아는 지식에서 자라 가라"

지금까지 나는 본문의 거룩한 권고에 대해서 설명했습니다. 그러나 여러분은 그 권고가 특별한 명령을 포함하고 있다는 것을 알고 있습니다. 이제 그 명령에 대해서 간략하게 살펴보고자 합니다. "우리 주 곧 구주 예수 그리스도를 아는 지식에서." 사랑하는 여러분! 우리는 그리스도를 아는 지식에서 성장해가야만 합니다. 우리는 올해에 그리스도에 대해서 더욱 많이 알았으면 좋겠습니다. 그리스도의 신성에 대해서, 그와 우리의 인간적인 관계와 사귐에 대해서, 그가 성취하신 사역에 대해서, 그의 죽음과 부활에 대해서, 지금 하늘나라에서 우리를 위해서 간구하시는 것에 대해서, 또한 장차 오실 것에 대해서, 우리가 더욱 많이 알기를 원합니다. 우리가 그리스도의 사역에 대해서 더욱 많이 알게 되면, 그것은 그리스도를 위해서 더욱 많은 일을 할 수 있게 하는 복된 수단입니다.

또한 우리는 그리스도의 성품에 대해서도 더욱 많은 것을 알기 위해서 연구해야만 합니다. 곧, 그리스도의 완전함과 믿음과 열심과 하나님 아버지의 뜻에 대한 순종과 용기와 온유와 사랑 등 이 모든 것에 대해서, 우리는 더욱 많이 알아야만 합니다. 그는 유다 지파의 사자였습니다(참조. 계 5:5). 요단 강에서 세례를 받으실 때, 사람인 그의 위에 성령님께서 비둘기 같은 형체로 내려오셨습니다(참조. 마 3:16). 예수님의 대적자들도 그에 대해서 이렇게 말했습니다. "그 사람이 말하는 것처럼 말한 사람은 이때까지 없었나이다"(요 7:46). 우리는 이 예수님을 아는 것을 목이 마를 정도로 갈망합시다. 그를 불의하게 재판했던 빌라도는 이렇게 시인했습니다. "나는 그에게서 아무 죄도 찾지 못하였노라"(요 18:38).

무엇보다도, 그리스도의 인격에 대해서 알기를 사모합시다. 십자가에 달리신 그분을 올해에는 더욱 잘 알도록 노력합시다. 못 박힌 그의 손과 발에 대해서 묵상해 보십시오. 십자가에 가까이 머물러 있으십시오. 신 포도주를 적신 해면(참조. 요 19:29)과 손과 발에 못 박힌 것을 경건한 묵상의 주제로 삼으십시오. 올해에는 그의 가슴속까지 파고들어 가십시오. 그래서 그의 마음속에 있는 헤아릴 수 없이 깊숙한 사랑의 동굴을 탐사해 보십시오. 우리는 그의 사랑과 경쟁할 수 있는 사랑을 결코 찾을 수 없습니다. 그의 사랑에 필적하는 사랑은 전혀 없기 때문입니다. 만약 여러분이 이 지식에 그리스도의 고난에 대한 지식을 더한다면, 그것은 매우 잘하는 것입니다. 만약 올해에 여러분이 그리스도와 사귀는 것에 대한 지식에서 성장한다면, 만약 여러분이 그의 잔을 마시고 그의 세례를 받는다면, 또한 만약 여러분이 그의 안에 거하고 그가 여러분 안에 거한다면, 여러분은 복될 것입니다. 이것이야말로 은혜 안에서 성장하는 것입니다. 그것은 진정한 성장입니다. 우리가 그리스도를 아는 일에 성장할 수 있도록 이끌지 않는 다른 모든 성장은 육신의 자랑에 지나지 않습니다. 그것은 성령님께서 세워 주시는 것이 아닙니다.

그러므로 그리스도를 아는 지식에서 자라 가십시오. 여러분은 나에게 왜 그래야만 하는지 질문합니까? 만약 여러분이 그리스도를 진정으로 알았다면, 그와 같은 질문을 하지 않을 것입니다. 그리스도에 대해서 더욱 알기를 사모하지 않는 사람은 그에 대해서 아직 아무것도 알지 못하는 사람입니다. 이 포도주를 마셔본 사람은 그것을 더욱 마시고 싶어할 것입니다. 비록 그리스도께서 우리를 만족하게 하시지만, 그 만족은 우리가 그것에 대해서 계속해서 더욱더 맛보기를 원하도록 이끌기 때문입니다. 만약 여러분이 그리스도의 사랑에 대해서 알고 있다면, 목마른 사슴이 시냇물을 찾기에 갈급함 같이 여러분의 영혼이 그를 찾기에 갈급할 것(참조. 시 42:1)이라고 나는 확신합니다. 만약 여러분이 그를 더 잘 알기를 원하지 않는다고 말한다면, 여러분이 그를 사랑하지 않는다고 나는 말할 것입니다. 왜냐하면 사랑은 항상 "조금 더 가까이, 조금 더 가까이"라고 부르짖기 때문입니다. 그리스도가 없는 곳은 지옥입니다. 그러나 그리스도와 함께 있으면, 그곳은 바로 천국입니다. 우리가 그리스도에게 더욱 가까이 나아갈수록, 천국은 우리에게 더욱 가까워집니다. 우리는 천국을 더욱 많이 누립니다. 그리고 그것이 하나님으로부터 온 것임을 더욱 잘 깨닫게 됩니다. 올해에 여러분이 베들레헴의 성문 곁 우물로 올 수 있기를 바랍니다. 세 용사들의 목숨이 위태롭게 되는 것을 통해서, 다윗처럼 그 우물로부터 겨우 물 한 그릇을 받는 것에 머무르지 말기를 바랍니다(참조. 삼하 23:16). 그 대신, 여러분은 직접 그 우물로 와서 마시십시오. 그 우물에서는 결코 마르지 않는 영원한 사랑의 생수가 흘러나옵니다. 그 사랑의 생수를 흠뻑 마시십시오. 올해에도 신비스러운 주님의 임재가 여러분과 함께 하기를 바랍니다. 여러분이 지존자의 은밀한 곳에서 보호받기를 원합니다. 나의 주님이시여, 당신의 특별한 은총으로서, 내가 당신께 간청하는 한 가지를 허락하옵소서! 곧, "내가 그리스도와 그 부활의 권능과 그 고난에 참여함을 알고자 하여 그의 죽으심을"(빌 3:10) 본받기를 원합니다. 복되신 주님이시여, 당신께 더 가까이 나아가기를 원합니다. 이것이 우리 모두의 부르짖음이 되게 하옵소서. 주님께서 우리의 부르짖음을 들어주셔서, 우리가 그리스도를 아는 지식에서 자라 가게 해주시기를 간절히 기도합니다.

올해에도 우리는 그리스도를 우리의 **주님으로** 알기 원합니다. 주님께서 우리의 모든 생각과 모든 소원과 모든 말과 행동을 주관해 주시기를 바랍니다. 또한 우리의 **구주로** 알기 원합니다. 우리 안에 있는 모든 죄로부터, 지난날의 모든 죄악으로부터, 또한 앞으로 다가올 모든 시험으로부터, 주님께서 우리를 구원해 주시기를 소원합니다. 우리 모두 "예수님!"이라고 외치면서, 그에게 인사드립시다. 우리의 주님이신 당신께 문안드립니다. 주님께서 우리의 왕이심을 느낄 수 있도록 가르쳐 주시옵소서. 언제나 우리가 그것을 체험할 수 있도록 가르쳐 주시옵소서. 십자가에 못 박히신 당신께, 우리 모두 인사드립니다. 우리는 당신을 우리의 구주로 인정합니다. 당신의 구원 안에서 기뻐하게 하시옵소서. 온 영혼과 육신으로, 당신에 의해서 온전하게 구원을 받은 우리가 그 구원의 풍요로움을 체험하게 하시옵소서. 이제까지 18절에서 제시된 신학적인 주제에 대해서 설명했습니다. 여러분이 은혜 안에서 또한 주 곧 구주 예수 그리스도의 지식에서 자라가는 것을 위해서, 하나님께 나는 전심으로 기도합니다.

2. 18절의 후반부에는 매우 함축적인 용어들로 이루어진 찬양이 제시되어 있습니다.

"영광이 이제와 영원한 날까지 그에게 있을지어다."

　　마음을 활짝 열고 하나님을 찬양하기 위해서, 사도들은 때때로 글쓰기를 잠시 멈추었다는 사실에 대해서 우리는 언급해야만 합니다. 우리가 하나님을 찬양하는 데에는 정해진 때가 없습니다. 하나님을 찬양하기 위해서 우리가 하던 일을 잠시 멈춘다면, 그것은 방해받는 것이 결코 아닙니다. "영광이 그에게 있을지어다." 사랑하는 여러분! 지금 내가 설교를 잠시 멈추게 하십시오. 그 대신 여러분이 지금 마음속으로 느끼는 것을 해석하게 하십시오. 내 말이 아니라, 내 입술을 통해서 여러분의 말이 되게 하십시오. 각 사람이 마음속 깊이 기쁨으로 그분께 찬양을 드리고 싶다는 것을 느낍시다. 하늘과 땅을 지으신 그분께 찬양을 드립시다. 그가 없이 아무것도 존재하지 않은 그분을 찬양합시다. 또한 우리를 무한히 불쌍히 여기셔서 언약의 보증이 되신 그분께 찬양을 드립시다. 한 뼘 크기밖에 안 되는 갓난아기가 되신 그분께, 사람들로부터 멸시당하시고 버림받으신 그분께, 슬픔을 많이 겪고 고통에 친숙하신 그분께, 자신의 백성을 구속하기 위해서 피 묻은 십자가 위에서 자신의 생명을 내어주신 그분께, "내가 목마르다"와 "다 이루었다"라고 말씀하신 그분께, 호흡을 멈춘 육신이 무덤 속에서 잠잤던 그분께 영광이 있을지어다. 사망의 띠를 끊으신 그분께, 위로 올라가실 때에 사로잡혔던 자들을 사로잡으셨던 그분께, 아버지의 오른편에 앉으신 그분께, 산 자들과 죽은 자들을 심판하시기 위해서 곧 다시 오실 그분께 영광이 있을지어다. 그렇습니다. 무신론자들이 부인하는 그분께, 소치니주의자들(Faustus Socinus 및 Laelius Socinus의 신봉자들로서, 삼위일체와 그리스도의 신성 및 원죄 등을 부인함)이 신성을 부인하는 그분께, 세상의 왕들이 자신들의 영화를 자랑하지만 자기들을 통치하시는 것을 원하지 않는 그분께, 사람들이 대항하려고 일어난 그분께, 유대 지도자들이 없애기 위해서 모의했던 그분께 영광이 있을지어다. 하나님 아버지께서 그를 거룩한 산 시온에 왕으로 세우셨습니다. 주님이신 그분께 영광이 있을지어다. 만왕의 왕이시며 만주의 주이신 그분께 영광이 있을지어다. "그의 이름은 기묘자라, 모사라, 전능하신 하나님이라, 영존하시는 아버지라, 평강의 왕"(사 9:6)이십니다. 가장 높은 곳에서 호산나, 할렐루야 찬양할지어다. 그는 만왕의 왕이시며 만주의 주이십니다. 우리의 주님이신 그분께 영광이 있을지어다. 우리의 구주이신 그분께 영광이 있을지어다. 오직 그리스도 한 분만이 자신의 피로 우리를 하나님께 대속하셨습니다. 주님만이 홀로 포도주 틀을 밟으셨습니다(참조. 사 63:3). 그는 에돔에서 오는 분이시며, 붉은 옷을 입고 보스라에서 오는 분이십니다. 그는 그의 화려한 의복, 곧 큰 능력으로 걸으십니다(참조. 사 63:1). 그에게 영광이 있을지어다. 천사들이여 들어라. "그에게 영광이 있을지어다." 너희의 날개들을 펄럭일지어다. "할렐루야! 그에게 영광이 있을지어다"라고 외쳐라. 죽은 다음 완전해지고 지금 하늘나라에 있는 성도들이여, 들으십시오. 천국의 거문고를 연주하며, 이렇게 찬양하십시오. "할렐루야, 자신의 피로 우리를 하나님께 대속하신 그에게 영광이 있을지어다." "그에게 영광이 있을지어다." 하나님의 교회여, 이 찬양에 화답하십시오. 경건한 마음을 지닌 모든 사람들이여, "그에게 영광이 있을지어다"라고 외치십시오. 그렇다. 너희 지옥의 악한 영들이여, 주님 앞에서 두려워 떨며, 그에게 영광을 돌릴지어다. 주님의 허리에 달려 있는 감옥의 열쇠를 보라. 너희는 그 감옥에 갇혀 있다. 하늘과 땅과 지옥도, 또한 지금 존재하며 과거에 존재했으며, 미래에 존재하게 될 모든 피조물은 "영광이 그에게 있을지어다"라고 외치며 찬양하라.

그런데 사도 베드로는 "이제"라고, 곧 "이제 그에게 영광이 있을지어다"라고 덧붙입니다. 사랑하는 여러분, 주님의 승리의 날을 연기하지 마십시오. 주님께서 면류관을 쓰시는 시간을 늦추지 마십시오. 지금, 바로 지금 이 순간입니다.

"지금 너희는 왕관을 가져오라.
만유의 주님이신 그분께 그것을 씌워드려라."

지금, 바로 지금 이 순간입니다! 왜냐하면 지금, 그가 우리를 모두 들어올리셨기 때문입니다. 그리고 천국에서 예수 그리스도와 함께 우리를 앉게 하셨기 때문입니다. 사랑하는 여러분, 이제 우리는 하나님의 자녀입니다. 지금 우리의 모든 죄는 용서받았습니다. 지금 우리는 그의 의로움으로 옷을 입고 있습니다. 지금 우리의 발은 반석 위에 있습니다. 우리는 그 위에서 안전하게 걷고 있습니다. 여러분 가운데 누가 여러분의 구원자를 찬양해야 하는 시간을 늦추려고 하겠습니까? "이제 그에게 영광이 있을지어다." 오, 하늘의 그룹들이여! "지금 그에게 영광이 있을지어다"라고 찬양하라. 왜냐하면 너희는 쉬지 않고 "거룩하다, 거룩하다, 거룩하다. 만군의 주 여호와여!"라고 찬양하고 있기 때문이다. 그를 또 다시 찬양하라. 왜냐하면 "이제 그에게 영광이 있을지어다"라고 기록되어 있기 때문이다.

　　"영원한 날까지" 우리는 결코 찬양을 멈추지 않을 것입니다. 시간아! 너는 장차 낡아서 없어질 것이다. 영원이여! 너의 무한한 세월들은 영원한 길을 빠르게 지나갈 것이다. 그러나 "영원한 날까지 그에게 영광이 있을지어다." 그는 "멜기세덱의 반차를 따라 영원히 대제사장"(히 6:20)이 되신 분이 아닙니까? 그에게 영광이 있을지어다. 그는 영원한 왕이 아니십니까? 그는 왕중의 왕이시고 만주의 주이시며, 또한 영존하시는 아버지(사 9:6)가 아니십니까? "영광이 영원한 날까지 그에게 있을지어다." 그를 찬양하는 것을 멈추어서는 결코 안 됩니다. 피로 값을 주고 산 것은 불멸의 것으로서 영원히 지속될 가치가 있습니다. 십자가의 영광은 결코 그 빛을 잃게 해서는 안 됩니다. 무덤과 부활의 광채도 결코 희미해져서는 안 됩니다. 사랑하는 여러분! 나의 영혼은 불멸하는 자의 열정을 느끼기 시작합니다. 나는 하늘의 찬양을 고대합니다. 만약 나의 혀가 하늘나라에서처럼 자유로워진다면, 나는 마치 불길과 같은 혀로 찬양하는 하늘의 찬양에 지금이라도 동참하기를 시작하겠습니다. 오, 예수님! 당신은 영원히 찬양받으실 분입니다. 불멸의 영들이 영원히 살기 때문에, 하나님 아버지의 보좌는 영원히 존속하기 때문에, 우리는 당신을 찬양할 것입니다. 영원히, 영원히, 영원히 당신을 찬양할 것입니다.

　　이제 결론적으로, 여러 가지 의미가 함축된 "아멘"에 대해서 살펴보겠습니다. 여러분이 아멘이라는 단어를 단순히 이론적으로 이해하는 것이 아니라, 복된 기쁨의 요소를 지닌 것으로서, 그 단어를 깨닫기를 나는 바랍니다. 와서, 온 마음으로 다시 찬양하십시오. "영광이 이제와 영원한 날까지 그에게 있을지어다." 그런데 이 아멘은 무엇을 의미합니까? 성경에서, 아멘은 네 가지 뜻을 지니고 있습니다. 청교도들은 다음 사실에 대해서 간파했습니다. 그 사실은 매우 주목할 만한 것입니다. 곧, 구약의 율법에서 축복과 관련해서는 아멘이라는 말이 등장하지 않습니다. 그러나 오직 저주와 관련되어서 아멘이 사용되었습니다. 그들이 저주와 관련된 율법을 선포했을 때, 모든 백성은 "아멘"이라고 말했습니다. 율법 아래에서, 축복과 관련된 말씀에는 결코 아멘이 덧붙여지지 않았습니다. 그런데 동일하게 주목할 만한 것이며 더 복된 것으로서, 이제 복음 아래에서, 저주의 말에는 아멘이 없습니다. 그 대신 오직 축복의 말씀 뒤에 아멘이 나타납니다. "주 예수 그리스도의 은혜와 하나님의 사랑과 성령의 교통하심이 너희 무리와 함께 있을지어다 아멘"(고후 13:13). (개역개정에는 아멘이 포함되어 있지 않다. 그러나 어떤 헬라어 사본들에는 그 단어가 들어 있다 ― 역주). "만일 누구든지 주를 사랑하지 아니하면 저주를 받을지어다 우리 주여 오시옵소서"(고전 16:22)에는 아멘이 덧붙여지지 않았습니다. 이와 같이, 복음 아래에서, 저주에는 아멘이 없습니다. 반면에, "하나님의 약속은 얼마든지 그리스도 안에서 예가 되니 그런즉 그로 말미암아 우리가 아멘 하여"(고전 1:20)라고 축복과 관련된 말씀에는 아멘이 덧붙여졌습니다.

애덤스의 글을 통해서, 나는 아멘이 네 가지의 의미를 지니고 있다는 것을 알게 되었습니다. 첫째, 아멘은 마음의 갈망을 뜻합니다. "내가 진실로 속히 오리라 하시거늘 아멘 주 예수여 오시옵소서"(계 22:20). 기도의 맨 마지막에, 우리는 아멘이라고 말합니다. 그것은 "주여, 그렇게 이루어 주시옵소서"라고 우리가 마음으로 바라는 것을 표현하는 것입니다. 사랑하는 여러분, 마음을 온전히 기울여 주십시오. "영광이 이제와 영원한 날까지 그에게 있을지어다." 여러분의 마음이 그것을 진정으로 원합니까? 만약 그렇지 않다면, 여러분은 그 찬양에 아멘이라고 덧붙여 말할 수 없습니다. 여러분의 마음이 그리스도를 사모하고, 열망하며, 목이 타도록 갈망하고, 또한 그에게 신음하면서 부르짖습니까? 그렇다면 여러분은 무릎을 꿇고 기도할 때마다 다음과 같이 말할 수 있습니다. "나라가 임하시오며 뜻이 하늘에서 이루어진 것 같이 땅에서도 이루어지이다 나라와 권세와 영광이 아버지께 영원히 있사옵나이다 아멘"(마 6:10, 13). 여러분은 "아멘, 주여, 주의 나라가 임하게 하시옵소서"라고 기도할 수 있습니까? 만약 여러분이 이 의미로 그것을 말할 수 있다면, 또한 만약 여러분이 그리스도의 영광이 확장되고 그의 나라가 임하는 것을 마음속 깊이 원한다면, 오늘 아침 큰 소리로 아멘이라고 말하십시오. 이제 나와 함께 아멘이라고 말하십시오. 나의 마음은 아멘이라고 말하고 싶은 열망으로 불타고 있습니다. 나는 그것을 말할 수 있습니다. 모든 사람을 판단하시는 하나님께서 나의 마음이 예수님께서 찬양받으시는 것을 얼마나 사모하는지 아십니다. 나와 함께 그리스도를 찬양하십시오. 여러분은 그를 진심으로 찬양할 수 있습니다. 이제 나와 함께 본문의 송영을 찬양합시다. "영광이 이제와 영원한 날까지 그에게 있을지어다. 아멘." 주여, 우리의 찬양을 받으소서. 교회가 "아멘"이라고 외칠 때, 주님께서는 그것을 들으실 수 있습니다. 진실로 우리는 온 마음으로 주님을 찬양하기를 갈망합니다.

"이 땅에 사는 수많은 사람들이
'아멘'하며 거룩한 기쁨으로 외치나이다.
하늘에 있는 무수한 천군천사가
'아멘'하며 화답하나이다."

　그러나 아멘이라는 말은 그 이상을 의미합니다. 둘째로, 그것은 우리가 믿음에 근거해서 시인하는 것입니다. 우리는 정말로 사실이라고 믿는 것에 대해서만 아멘이라고 말합니다. 우리는 하나님의 약속들이 참이라는 것을 선서하며 진술하는 것입니다. 또한 하나님께서 신실하시며 참되신 분이라는 사실을 선서하며 인정하는 것입니다. 예수 그리스도께서 지금부터 영원히 영광을 받으신다는 것에 대해서 여러분은 어떤 의심을 갖고 있습니까? 주님께서 오늘 천사들과 그룹들과 스랍들로부터 영광을 받고 있다는 것에 대해서 여러분은 의심을 품고 있습니까? 광야에 거하는 자들이 그에게 절하고, 그의 대적자들이 먼지를 핥을 것이라는 사실을 여러분은 믿지 않습니까? 만약 여러분이 그렇다고 믿는다면, 만약 여러분이 완악한 이 세상과 교만한 죄인들 사이에서, 또한 미신과 사악함이 넘치는 한가운데에서, 여러분이 그리스도께서 영원히 영광을 받으실 것이라는 믿음을 지니고 있다면, 나와 함께 다시 한 번 아멘이라고 외치기 바랍니다. "영광이 이제와 영원한 날까지 그에게 있을지어다. 아멘." 주여, "아멘" 소리가 조금 전보다 다소 작았다고 하더라도, 주님께서는 그것을 기꺼이 들으십니다. 왜냐하면 그것을 믿는 사람들보다도 그것을 소망할 수 있는 사람들이 더욱 많기 때문입니다. 그렇지만, 주님께서는 영워히 신실하신 분입니다.

"하늘에서 온 이 작은 씨앗은
곧 커다란 나무가 될 것입니다.
이 영원히 복된 누룩은
온 세상으로 넓게 퍼져가야만 합니다.
하나님이신 하나님의 아들이 다시 오실 때까지,
그것은 계속해서 퍼져가야만 합니다. 아멘! 아멘!"

　이제 아멘이 지닌 세 번째 의미에 대해서 살펴보고자 합니다. 아멘은 때때로 마음의 기쁨을 표현합니다. 구약시대에 이스라엘에서 왕을 세울 때, 대제사장은 양의 뼈에 기름을 넣어서 그것을 왕의 머리 위에 뿌렸습니다. 그러면 전령이 앞으로 나와서 나팔을 불었습니다. 그때 한 사람이 큰 소리로 "여호와여, 왕을 구원하소서! 왕을 도와주소서!"라고 외쳤습니다. 그리고 모든 백성은 "아멘"이라고 화답했습니다. 그 외침은 하늘까지 올라갔습니다. 마음속에 기쁨이 가득한 채, 사람들은 왕에게 경의를 표했습니다. 그들은 왕의 통치가 형통하기를 원했습니다. 또한 왕을 통해서, 하나님께서 자신들을 축복해 주시고 승리를 가져다 주시는 것을 보기를 소망했습니다. 이제 여러분은 무엇이라고 말하겠습니까? 사망과 지옥을 자신의 발등상으로 삼으시고 시온 산에 앉아 계신 왕이신 예수님을 믿음으로 바라볼 때, 오늘 여러분이 주님의 영광스러운 재림을 고대하면서, 또한 오늘 주님과 함께 여러분이 영원히 통치하게 될 것을 고대하면서, 여러분의 마음은 "아멘"이라고 말하지 않습니까? 마음속에 가장 짙은 어둠이 깔려 있고 육신이 대단히 연약한 상태에 놓여 있을 때, 종종 나를 이루 말할 수 없이 격려해 준 성경 구절이 있었다는 것을 나는 기억합니다. 그 성경 구절에는 나 자신에 대해서 직접 말해주는 것은 전혀 없습니다. 또한 그것은 나에게 무엇인가를 약속해 주는 것도 아닙니다. 그것은 예수 그리스도에 대한 말씀입니다. 그 본문은 이렇게 증거합니다. "하나님이 그를 지극히 높여 모든 이름 위에 뛰어난 이름을 주사 하늘에 있는 자들과 땅에 있는 자들과 땅 아래에 있는 자들로 모든 무릎을 예수의 이름에 꿇게 하시고"(빌 2:9-10). 그리스도께서 지극히 높여지셨습니다. 그것은 얼마나 기쁜 일입니까? 그렇다면 그것은 나와 어떤 관련이 있습니까? 또한 그것은 우리 모두에게 무엇을 의미합니까? 다윗 왕의 후손이신 그리스도께서는 우리보다 만 배나 더 가치 있는 분입니다. 비록 우리의 이름이 잊힌다고 하더라도, 그의 이름은 영원히 찬양을 받을 것입니다. 사랑하는 여러분! 오늘 아침, 여러분에게 이 왕을 소개합니다. 오늘 여러분의 믿음의 눈앞에 그를 보여드립니다. 나는 그를 다시 한 번 왕으로 선포합니다. 만약 여러분이 그를 왕으로 모시기를 원한다면, 또한 그가 통치하시는 것을 기뻐한다면, "아멘"이라고 외치십시오. 바로 여기 여러분의 눈앞에 환상을 통해서 그가 서 계십니다. 그에게 왕관을 씌워드리십시오! 그에게 면류관을 얹으십시오! 보십시오, 오늘 그는 새롭게 왕관을 쓰셨습니다. "영광이 이제와 영원한 날까지 그에게 있을지어다." 마음속에 기쁨이 넘치는 사람들은 큰 소리로 외치십시오. 한 목소리로 "아멘"이라고 말하십시오. 아멘, 주님이시여! 우리 모두의 한가운데서 왕으로 통치해 주시옵소서.

> "아멘, 모든 피조물이여,
>   지극히 높은 보좌에 앉으신 주님을 찬양하라!
> 구세주여, 당신의 권능과 영광을 취하소서.
> 모든 나라들을 당신의 소유로 요구하소서.
> 오, 주여, 속히 오시옵소서!
> 할렐루야! 주여, 어서 오시옵소서."

　　마지막으로, 네 번째의 의미로서, 아멘은 매우 엄숙한 의미를 지니고 있습니다. 때때로 성경에서, 단호한 결심을 표현할 때, 아멘이라는 말이 사용됩니다. 그것은 다음과 같은 것을 뜻합니다. "하나님께서 주시는 힘으로 내가 그렇게 할 것이라는 것을 나는 하나님의 이름으로 엄숙하게 서약합니다. 영광이 이제와 영원한 날까지 그에게 있을지어다." 이제 여러분이 큰 소리로 "아멘"이라고 말하는 것을 나는 원하지 않습니다. 그 대신 여러분이 마음속으로 조용히 곧 "아멘"이라고 말하게 하기 위해서 나는 잠시 기다리겠습니다. 지난주에, 나는 인간의 허영심이 프랑스의 모든 영광을 위해서 헌정한 기다란 갤러리를 걸었습니다. 여러분은 여러 전시장들을 자세히 살펴보십시오. 그러면 특별히 화약 연기가 솟아오르는 가운데, 군인들이 몸부림치며 피를 흘리는 것을 통해서, 나폴레옹이 승리를 쟁취한 것을 여러분은 보게 될 것입니다. 그러나 성경의 페이지들을 통해서, 분명히 여러분은 훨씬 더 놀라운 미술관을 걷게 될 것입니다. 그곳에서 여러분은 그리스도의 영광을 볼 것입니다. 이 책은 그의 명예로운 기념품들을 소장하고 있습니다. 파리의 또 다른 곳에는, 나폴레옹 황제가 전쟁에서 빼앗은 대포로 만든 기둥이 서 있습니다. 분명히 그것은 대단한 전리품입니다. 오, 예수님! 주님께서는 이것보다 더 좋은 전리품을 갖고 계십니다. 그것은 죄를 용서받은 영혼들로 만들어진 전리품입니다. 그것은 흐르는 눈물이 닦여진 눈들로 만들어졌습니다. 고침을 받은 상한 마음들로 만들어졌습니다. 또한 영원히 기뻐하는 구원받은 영혼들로 만들어졌습니다. 그런데 어떤 전리품이 그리스도를 지금부터 영원토록 영광스럽게 하겠습니까? 그것은 바로 주님을 사랑하는 살아 있는 마음들로 만들어진 전리품입니다. 또한 지금 하늘나라에서 주님의 아름다움을 자세히 살펴보는 성도들로 만들어진 전리품입니다. 여러분과 나를 포함해서, 그리스도의 피값으로 사신 수없이 많은 사람들이 장차 하늘나라에 있게 될 때, 그리스도의 영원한 영광은 얼마나 눈부시고 놀라운 것이겠습니까? 우리가 그곳에서 수천 년을 보낸다고 하더라도, 마치 처음에 그곳으로 왔을 때처럼, 우리는 언제나 새롭게 큰 기쁨을 느낄 것입니다. 만약 그곳에서 주님께서 우리에게 심부름을 시키셔서 잠시 우리가 그의 앞을 떠나야만 한다면, 주님의 얼굴을 다시 보려고 가능한 한 빨리 돌아오기 위해서, 우리는 비둘기의 날개와 같은 것을 힘차게 펄럭일 것입니다. 우리가 주님의 보좌 둘레에 서 있을 때, 그의 피로 구원받은 죄인 중에 괴수인(딤전 1:15) 나는 어떤 노래를 불러야만 할까요?

오늘 여러분은 이미 모든 허물로부터 깨끗하게 되고 구원받았습니다. 여러분은 그에게 어떤 찬양을 드릴 것입니까? 그리스도의 은혜에 참여하게 된 수많은 사람들은 그에게 어떤 찬양을 드릴 것입니까? 우리는 그를 영원히 찬양해야만 합니다. 그러나 바로 지금 그를 영화롭게 하는 것에 대해서 여러분은 무엇이라고 말하겠습니까? 형제자매 여러분, 오늘 아침 이렇게 기도합시다.

"주여, 내가 주님을 영화롭게 하도록 나를 도와주소서. 나는 가엾은 존재입니다. 내가 온전히 만족하는 마음으로 주님을 영화롭게 하도록 도와주시옵소서. 나의 몸은 병들었습니다. 잘 인내하며, 주님을 높이도록 나를 도우소서. 주님께서 나에게 여러 가지 재능들을 주셨습니다. 그 재능들을 주님을 위해서 사용해서, 주님을 찬양하게 하옵소서. 나에게 시간을 주셨습니다. 시간을 아껴서, 주님을 섬기게 하옵소서. 주님께서 나에게 느낄 수 있는 마음을 주셨습니다. 내 마음이 오직 주님만을 사랑하게 하옵소서. 세상의 정욕에 불타지 않게 하시고, 내 마음이 주님을 온전히 사랑하게 하옵소서. 주님께서 나에게 생각할 수 있는 머리를 주셨습니다. 오직 당신에 대해서만, 또한 당신만을 위해서 모든 것을 생각하게 하옵소서. 주님께서 어떤 목적을 가지시고 나를 이 땅에 태어나게 하셨습니다. 주여, 나에게 그 목적을 알게 해주시옵소서. 내가 그 목적을 이루도록 도와주시옵소서. 나는 아멘이라고 말하기 원합니다. 나는 많은 일들을 할 수 없습니다. 나의 아멘은 미약한 것에 지나지 않습니다. 그러나 어떤 과부가 비록 보잘것없는 금액이지만 자신의 생활비 전체에 해당하는 동전 두 개를 헌금함에 넣었던 것처럼(참조. 막 12:42-44), 주여, 나도 나의 시간과 영원을 당신의 보고(寶庫)에 넣겠습니다. 내가 지닌 모든 것은 주님의 것입니다. 그것을 받으시옵소서. 그리고 사도 베드로의 송영에 내가 '아멘'이라고 말하게 하시옵소서."

　사랑하는 형제자매 여러분! 올 한 해 동안, 여러분은 계속해서 이것에 대해서 아멘이라고 말하겠습니까? 여러분이 그렇게 하기를 나는 기도합니다. 그리스도를 사랑하지 않는 사람들은 아멘이라고 말할 수 없습니다. 그러한 사람들은 율법 아래 있다는 사실을 기억하십시오. 그런 사람들에게는 장차 그들에게 임하게 될 모든 저주들에 대해서 아멘이 있습니다. 여러분이 율법 아래 있는 동안, 여러분에게는 아무런 축복도 없습니다. 율법 아래 있는 가엾은 죄인이여, 오늘이 여러분에게 율법의 노예 상태로부터 끝나는 날이 되기를 바랍니다. 여러분은 "어떻게 그렇게 될 수 있습니까?"라고 질문합니다. 그리스도를 믿는 것을 통해서 그렇게 된다고, 나는 대답합니다. "그를 믿는 자는 심판을 받지 아니하는 것이요"(요 3:18). 만약 여러분이 그리스도를 믿는다면, 마음속에는 기쁨이 넘치며, 여러분은 아멘이라고 말할 것입니다. 그리고 여러분은 이렇게 고백할 것입니다. "내가 예수님의 머리 위에 있는 왕관을 볼 때, 또한 그가 만유의 주로 인정을 받을 때, 하늘에 있는 모든 성도들 가운데 가장 큰 목소리로 나는 아멘이라고 외칠 것입니다." 하나님께서 우리 교회에게 올해가 최선의 해가 되게 해주시기를 기도합니다. 올해는 내가 이 교회에서 목회하기를 시작한지 팔 년째 되는 해입니다. 칠년 동안 설교한 것이 인쇄되어, 지금 성도들 앞에 놓여 있습니다. 하나님께서 우리의 심령에 얼마나 많은 축복을 베푸셨는지요. 우리가 하나님의 말씀을 깨닫고 그것을 우리의 것으로 만드는 것에 대해서 하나님께서 얼마나 기뻐하셨는지 우리는 이루 다 헤아릴 수 없습니다. 그러나 하나님께서 진정으로 우리와 함께 하셨다는 것을 우리는 알고 있습니다. 이제 우리는 새해를 시작하는 문턱에 있습니다. 지나간 모든 것은 우리에게 앞으로 다가올 것과 비교해 보면 아무것도 아닙니다. 우리가 그렇게 여길 수 있도록 하나님께서 도와주시기를 기도합니다. 주님의 이름으로, 나는 형제자매 여러분을 축복합니다. 그리고 새해를 시작하면서, 여러분이 더욱 기도에 힘써서 여러분의 사랑을 항상 새롭게 증거하기를 나는 또다시 간청합니다. 올 한 해 동안, 나도 그렇게 할 수 있기를 소망합니다. 그리고 내가 살아 있는 동안, 내가 본문의 송영에 아멘이라고 말할 수 있기를 간절히 바랍니다. "영광이 이제와 영원한 날까지 그에게 있을지어다."

💬 **독자 여러분들께 알립니다!**

'CH북스'는 기존 '크리스천다이제스트'의 영문명 앞 2글자와
도서를 의미하는 '북스'를 결합한 출판사의 새로운 이름입니다.

스펄전 설교전집 33

야고보서 · 베드로전후서

1판 1쇄 발행 2011년 4월 20일
1판 중쇄 발행 2024년 9월 1일

지은이 찰스 스펄전
옮긴이 신지철
발행인 박명곤 **CEO** 박지성 **CFO** 김영은
기획편집1팀 채대광, 김준원, 이승미, 김윤아, 이상지
기획편집2팀 박일귀, 이은빈, 강민형, 이지은, 박고은
디자인팀 구경표, 유채민, 임지선
마케팅팀 임우열, 김은지, 전상미, 이호, 최고은

펴낸곳 (주)현대지성
출판등록 제406-2014-000124호
전화 070-7791-2136 **팩스** 0303-3444-2136
주소 서울시 강서구 마곡중앙6로 40, 장흥빌딩 10층
홈페이지 www.hdjisung.com **이메일** support@hdjisung.com
제작처 영신사

ⓒ CH북스 2011